Conrad Ferdinand
Meyer

Gesammelte Werke
Fünfter Band

Herausgegeben von
Wolfgang Ignée

nymphenburger

Conrad Ferdinand
Meyer

Verserzählungen
Romanzen und Bilder
Vermischte Schriften

nymphenburger

Texte nach den Ausgaben letzter Hand

Umschlaggestaltung: R. Susanne Berner, Weyarn
Satz: Fotosatz Völkl, Germering bei München
Druck und Binden: Welsermühl, Wels OÖ.
Printed in Austria 1985
ISBN 3-485-00440-5

VERSERZÄHLUNGEN

HUTTENS LETZTE TAGE

Eine Dichtung

FRANZ WILLE
und
ELIZA WILLE
zu eigen

Da mir's zum erstenmal das Herz bewegt,
Hab ich das Buch auf euren Herd gelegt,

Und nun, sooft es tritt ans Tageslicht,
Vergißt es seine alten Wege nicht.

...ich bin kein ausgeklügelt Buch,
Ich bin ein Mensch mit seinem Widerspruch ...

Die Ufenau

I

Die Landung

Schiffer! Wie nennst du dort im Wellenblau
Das Eiland? – »Herr, es ist die Ufenau!«

Ein grüner Ort. Dank, Zwingli, für die Rast,
Die du, der Gute, mir bereitet hast!

In braunen Wölklein wirbelt auf ein Rauch,
Bewohnt von Menschen scheint das Eiland auch.

Willkommen, mein gewünschtes Ithaka!
Ein irrender Odysseus bin ich ja.

Viel kämpften, edler Dulder, beide wir;
In andern Stücken gleich ich wenig dir

Und nicht im Eignen werd ich wohnen dort,
Ich bleibe Gast auf Erden immerfort.

Dir, Vielgewandter, ward ein besser Los,
Der du im Fabeln und im Lügen groß!

Auch ohne deine Göttin fahr ich hier …
Ein Kirchlein winkt herüber still zu mir

Und dort! Ein Mann erwartet mich am Strand.
Er grüßt. Den Priester kündet das Gewand.

Es ist der Arzt, den Zwingli mir verhieß ...
Hier waltet Friede wie im Paradies!

Die Wache hält ein Eichbaum düsterkühn
Und färbt den kleinen Hafen dunkelgrün.

Der Ferge mäßigt seinen Ruderschwung
In breiter Abendschatten Dämmerung.

Mein Wirt, der Pfarrer, hat ein mild Gesicht,
Mit diesem Antlitz disputier ich nicht ...

– »Die Hand, Herr Hutten! Tretet aus dem Kahn!
Ihr seid's. Das Falkenauge zeigt es an.«

Wes ist der Boden? – »Klostergut. Doch jetzt
Schier herrenlos; hier wohnt Ihr unverletzt.«

Wie stark ist, Pfarrer, die Besatzung hier?
– »Der Schaffner drüben, ich und, Ritter, Ihr.«

Du gibst mir Herberg unter deinem Dach?
– »Ihr habt in meinem Haus das Gastgemach.

Hier durch! Jetzt, Ritter, bückt Euch, tretet ein!
Die Tür ist niedrig, das Gemach ist klein;

Doch steht der Bau nach allen Seiten frei,
Ihr schlürfet Bergluft ein als Arzenei

Und schauet auf den hellsten See der Schweiz,
Blickt aus! Er ist nicht ohne Augenreiz.

Dem einen Ufer fern, dem andern nah,
Haust, Ritter, Ihr nicht allzu einsam da.

Macht's Euch bequem! Hier werdet Ihr gesund!«
Ich glaub's. So oder so! Wahr spricht dein Mund.

II

Die erste Nacht

Ich hört's im Traum und hör es noch erwacht:
Ein Glockenreigen wandert durch die Nacht.

Nicht Domesglocken sind es dumpf und schwer,
Des Schaffners Herde weidet um mich her.

Sie läutete vom nahen Wiesenrain
In die Gefilde meines Traums herein.

Mir träumte von der Ahnen Burg so schön,
Die auch umklungen wird von Herdgetön.

Vor zwanzig Jahren aus der Väter Haus
Zog ich mit leichtem Wanderbündel aus.

Ein redlich Stück von Arbeit ist getan,
Nun hebt das Herdeläuten wieder an.

Der Reigen, der die Wiege mir umfing,
Hallt wieder hell und schließt den Schicksalsring.

III

Huttens Hausrat

Ich schau mich um in meinem Kämmerlein
Und räume meine Siebensachen ein.

Ich gebe jedem seinen eignen Ort,
Die Klinge lehn ich in den Winkel dort.

Die Feder leg ich, meinen besten Stolz,
Auf diesen Tisch von rohem Tannenholz.

Mein ganzes knappes Hausgerät ist hier,
Mit Schwert und Feder half und riet ich mir.

In einer schwertgewohnten Hand begehrt
Die Feder ihre Fehde, wie das Schwert.

Erst flog sie wie der Pfeil in Feindes Heer,
Doch meine Feder wuchs und ward zum Speer!

Frohlockend stieß ich sie, ein tötend Erz,
Der Priesterlüge mitten durch das Herz.

Und Schwert und Feder, wenn mein Arm erschlafft,
Sind Huttens ganze Hinterlassenschaft.

Mein Schwert, das länger ich nicht führen kann,
Ergreifen mag's getrost ein andrer Mann –

Von keinem Finger werde sie berührt,
Die Feder, welche Huttens Hand geführt!

Die streitet fort. Sie streitet doppelt kühn,
Wann ich vermodert bin im Inselgrün.

IV

»Ritter, Tod und Teufel«

Weil etwas kahl mein Kämmerlein ich fand,
Sprach ich zum Pfarrer: Ziere mir die Wand.

– »Da meine Brief' und Helgen! Hutten, schaut,
Was Euch belustigt oder auferbaut!

Ergötzt Euch, ›Ritter, Tod und Teufel‹«* hier?
»Nehmt hin das Blatt! Der Ritter, Herr, seid Ihr.«

Das sagst du, Pfarrer, gut. Ich häng es auf
Und nagl es an mit meines Schwertes Knauf.

Dem garst'gen Paar, davor den Memmen graut,
Hab immerdar ich fest ins Aug geschaut.

* Der berühmte Kupferstich Albrecht Dürers.

Mit diesen beiden starken Knappen reit
Ich auf des Lebens Straßen allezeit,

Bis ich den einen zwing mit tapferm Sinn
Und von dem andern selbst bezwungen bin.

V

Konsultation

Gib deine Weisheit kund! Was ist der Schluß,
Mein Gastfreund, Seelenhirt und Medicus?

Berichtet hab ich dir, was ich vermocht,
Du hast mir lauschend an die Brust gepocht.

Wie steht's? Sag an! – »Herr Hutten, Eure Kraft
Erliegt dem Stoß der Herzensleidenschaft

Und Euer Geist, das scharfe Schwert, zerstört
Den Leib, die Scheide, die zum Schwert gehört.

Des Leibes strengstes Fasten tut es nicht,
Solang die Seele noch die Fasten bricht.

Beschränket Euch auf dieses Eiland hier!
Horcht nicht hinaus, horcht nicht hinüber mir!

Vergesset, Ritter, was die Welt bewegt
Und Euch in jeder Fiber aufgeregt!

In dieser Bucht erstirbt der Sturm der Zeit:
Vergesset, Hutten, daß Ihr Hutten seid!«

Für deinen weisen Ratschlag habe Dank!
Ich sehe schon, ich bin zum Sterben krank.

Wie? Wenn der Papst die Christenheit betrügt,
So ruf ich nicht: Der arge Römer lügt?

Wie? Wirft die Wahrheit auf ihr kühn Panier,
So jubl ich nicht auf meiner Insel hier?

Wie? Springt ein deutsches Heer in heißen Kampf,
So atm und schlürf ich nicht den Pulverdampf?

Wie? Sinkt der Sickingen, bedeckt mit Blut,
So brennt mich's nicht, wie eigner Wunde Glut?

Freund, was du mir verschreibst, ist wundervoll:
Nicht leben soll ich, wenn ich leben soll.

Das Buch der Vergangenheit

VI

Das Geflüster

Erinnrung plaudert leise hinter mir
Auf diesen stillen Inselpfaden hier.

Sie rauscht im Eichenlaub, im Buchenhag,
Am Ufer plätschert sie im Wellenschlag,

Und mag ich schreiten oder stille stehn,
So kann ich ihrem Flüstern nicht entgehn.

Da streck ich lieber gleich mich aus ins Gras!
Erinnrung, rede laut! Erzähl etwas!

Hier lagre dich, zeig dein Geschichtenbuch!
Und wir ergötzen uns an Bild und Spruch.

VII

Gloriola

Wir malten eine Sonnenuhr zum Spaß,
Als ich in Fuldas Klosterschule saß.

Ringsum ein Spruch gedankentief und fein
Und schlagend mußte nun ersonnen sein.

Der Abbas sprach: »Zwei Worte sind gegönnt,
Ihr Schüler, sucht und eifert, ob ihr's könnt!«

Hell träumend ging ich um, mich mied der Schlaf,
Bis mich wie Blitzesstrahl das Rechte traf:

»Ultima latet.« Stund um Stunde zeigt
Die Uhr, die doch die letzte dir verschweigt.

Herr Abbas sprach: »Das hast du klug gemacht.
Es ist antik und christlich ist's gedacht.«

Manch Kränzlein hab ich später noch erjagt,
Wie dieses erste hat mir keins behagt;

Denn Süßres gibt es auf der Erde nicht
Als ersten Ruhmes zartes Morgenlicht.

VIII

Der Stoff

Als ich von hoher Schule Weisheit troff,
Bat ich die Muse: Jungfrau, gib mir Stoff.

»Wohlan, Herr Ritter«, sagte sie, »bedenkt,
Ob etwa jemand Euch das Herz gekränkt?«

Ich sprach: Die Lötze schenkten mir Gewand
Und nahmen's wieder mir mit Räuberhand.

Zornmütiger Querelen zweimal zehn
Ließ gegen Sohn und Vater ich ergehn.

Was Muse, nun? Gib Stoff! Hilf ab der Not!
Sie sang: »In Schwaben rinnt ein Bächlein rot.«

Da rannt ich wütend Herzog Ulrich an,
Der Vetter Hansen schimpflich abgetan.

Und wieder sprach ich zu der Muse nun:
Ich bin der starke Knecht. Frau, gib zu tun!

Sie lachte. »Ritter, mäßigt Euren Sturm!
Sonst singt Ihr um den Steckelbergerturm.«

Gib, Muse, Stoff! Erhöre mein Gesuch!
Gib Stoff! Ein starkes, dauerhaftes Tuch!

»Ein sächsisch Mönchlein aus der Kutte schloff.
Da, Ritter, habt Ihr einen guten Stoff!«

IX

Epistolae obscurorum virorum

Wir scharten uns zu lust'gem Mummenschanz,
Kapuzen über vollem Lockenkranz!

Wir trugen Pfaffenlarven heuchlerisch
Und blitzten draus mit Augen jugendfrisch.

Wir schlurften tappig mit Sandalentritt,
Wir äfften nach bis auf der Kutte Schnitt.

Gründlich studierten wir beim Becherklang
Der Mönchlein närrischen Gedankengang.

Die Dummheit haben wir mit Witz verziert,
Die Torheit mit Sentenzen ausstaffiert!

Wir haben sie zum Spott der Welt gemacht,
Wir haben uns und sie zu Tod gelacht!

Zu Tode? Nein. Wir haben sie geweiht
Aristophanischer Unsterblichkeit.

Schleiferius! Caprimulgius! Ochsenhorn!
Schlaraff! Der saubre Täufling Pfefferkorn!

Wir brachen keck in ihre Zellen ein
Und hausten schlimm in ihrem Bücherschrein.

Wir sprachen ihr Latein – ergötzlich Spiel –
Und Briefe schrieben wir im Klosterstil:

»Laetificor archiangelice
Cum una speciosa virgine!«

Hellauf! Der Narrenglöcklein schriller Schall!
Und heißa, hussa, Jagd und Peitschenknall!

Die Pfaffen sprangen über Stock und Stein,
Der Esel bockte, grunzend lief das Schwein.

Du Fest der jugendlichen Grausamkeit,
Verklungen bist du längst! Streng ward die Zeit.

Als wir im losen Mummenschanz getobt,
Da hat man unsres Witzes Salz gelobt;

Doch als die Wahrheit wir im Ernst gesagt,
Da wurden wir, die Jäger, selbst gejagt.

Wir irren heimatlos, geächtet, arm
Und essen fremdes Brot in Not und Harm.

Die Pfäfflein, denen unsre Hetze galt,
Sie tafeln alle noch gesund und alt.

Die Mönchlein, die wir kniffen bis aufs Blut,
Sie bechern alle wieder wohlgemut;

Und schneidet eines apfelschälend sich
Und quillt ein Tropfen Bluts bescheidentlich,

So stöhnt es: »Würd'ge Brüder, schauet hier!
Das blut'ge Märtertum erleiden wir!«

X

Der Vetter Hans

Ein schöner Mensch, mit dem das Glück gedahlt,
Hat dunklem Schicksal schweren Zoll bezahlt.

Fortunens Liebling war der Vetter Hans,
Der mich an Lebenskraft verdunkelt ganz.

Oft dacht ich, dem die Wange früh gebleicht:
In einem solchen Körper lebt sich's leicht!

Das Haupt mit dem gepflegten Bart, er trug's
Siegreich und war von schlankem Edelwuchs.

Er ritt und focht und tanzte meisterhaft,
War aller Fraun und Mädchen Leidenschaft.

Er freite flink. Das junge Weib gefiel
Dem Herzog und der Teufel trat ins Spiel.

Der Herzog sank vor Vetter Hans aufs Knie:
»Dein Weib! Nicht leben kann ich ohne sie!«

Das fand der Vetter Hans ein komisch Wort
Und er bespottet's weidlich hier und dort:

»Der Herzog wendet an den Rechten sich!
Den Mann ums Weib zu bitten! Lächerlich.«

Das Lachen ward dem Herzog hinterbracht
Und Vetter Hans hat sich zu Tod gelacht.

XI

Der Ritter ohne Furcht und Tadel

Als in Pavia ich studierte, ward
Mir dort gezeigt der tapfre Held Bayard.

Der »Ritter ohne Furcht«, der nie geflohn,
Befehligte die welsche Garnison.

Nach längst verschollnen Moden trug er sich,
Er und sein Knappe schritten feierlich.

Die abgekommne Cortesie erhob
Er hoch und seufzt': »Das junge Volk ist grob!«

Entgegen hielt den Spiegel zücht'ger Zeit
Er unsrer heut'gen Ungebundenheit.

Zu Grabe werde, gab er zu verstehn,
Mit ihm der letzte wahre Ritter gehn.

Lang, hager, würdevoll, galant mit Fraun,
Dabei ein bißchen komisch anzuschaun,

Hob er den Zeigefinger, wann er schalt,
Als eine unvergleichliche Gestalt.

Man grüßte tief und raunte sich ins Ohr,
Der »Ritter ohne Tadel« sei ein Tor.

Doch, daß ich sein gespottet, reut mich schwer;
Denn, Hutten, bist du nicht ein Tor wie er?

Ins Abendgold hat er zurückgeschaut –
Dein Auge späht, wo kaum der Morgen graut.

Dein Ohr vernimmt durch Nebel und durch Nacht
Den Siegesjubel einer künft'gen Schlacht.

Wie Mittagsglut hast du den Strahl verspürt,
Der kaum der Berge Spitzen noch berührt.

Bayard sah das Entschwundene verschönt,
Bayard, den du mit manchem Witz verhöhnt!

Er war ein Narr der eignen Phantasie –
Die Zukunft aber, Hutten, kennst du die?

Wer weiß, erlebst du noch die neue Welt,
Ob sie dem fränk'schen Edelblut gefällt!

Wer weiß, ob nicht das Ziel, drob du verscherzt
Der Erde Güter, ist's erreicht, dich schmerzt?

Bayard, der ohne Furcht und Tadel war,
Vergib! Reich mir die Hand! Wir sind ein Paar.

Wir sind ein fahrend Ritterpaar, Bayard,
Und taugen beide nicht zur Gegenwart.

XII

Romfahrt

Erwerben wollt ich fremder Muse Gunst,
Den edlen Kranz der alten Redekunst.

Latein gedrechselt hab ich manches Jahr
Und ein Latein, das schlank und zierlich war.

Nun blieb mir die Rotunde noch zu sehn,
Als Pilger auf das Kapitol zu gehn.

Am Wege traf ich manchen Lorbeerstrauch
Und Myrtenbusch und manchen Fladen auch.

Gewölk und schneid'ger Wind und Tannenduft
Bekommt mir besser als die welsche Luft.

Die Trümmer sah ich alter Römerpracht
Zur Festung dienen einer Priestermacht.

Entartet und verheuchelt sah ich da
Den Kopf des Claudiers und der Claudia.

Ich sah ein Weib, das mit sich handeln ließ,
Die man die »allgemeine Kirche« hieß.

Ich fand von feiler Schreiberschar entweiht
Die ciceronische Beredsamkeit.

Ich sah, wie man in dieser Pfaffenstadt
Uns ohne große Kunst zum Narren hat,

Sah unsrer Väter Glauben in der Hand
Ungläub'ger Priester als ein Gängelband.

Sag ich es kurz und klassisch, was ich sah
Am Tiberstrom? Cloaca maxima!

Mich freute Tempel nicht, noch Monument,
Mein Volk verachtet sehn! Das würgt und brennt!

Mir den Geschmack zu bilden hofft ich dort
Und bitter war der Mund mir immerfort.

Mir gor das Blut, die Galle regte sich,
Ich sprach: Jetzt, Hutten, schilt! sonst tötet's dich.

Vor Petri neuem Tempel höhnt ich laut:
Der Simon hat's mit unserm Geld gebaut!

Was soll die übermüt'ge Pfarre da
Mit Zinne, Portikus und Statua?

Wir wissen es, wer hier zu Miete saß:
Der unverschämten Hölle frechster Spaß!

Der Stier im Wappen sagt: Hie hat gehaust
Der Borgia Lust, davor's dem Teufel graust!

Der zehnte Leo nun verkauft den Geist,
Der über seinem roten Käppchen kreist!

Du malest, Raffael, zu seinem Glanz?
Freund! Mal ihm einen dreisten Totentanz,

Damit der Unfehlbare nicht vergißt,
Daß er, wie wir, ein armer Sünder ist.

Ich ging. Mit einem derben Kohlenstrich
Beschrieb des Vatikanes Mauer ich:

»In diesen tausend Kammern thront der Trug!
Ein Deutscher kam nach Rom und wurde klug.«

XIII

Die Ablaßbude

Und, sieh, da wälzte sich das Rad der Zeit,
Wir traten mit der welschen Macht in Streit.

Ich schrie: Ihr Männer, geht mir an die Hand:
Des Papstes Ablaßbude wird berannt!

Erkaufen Gold und Silber Seelenheil,
So steht es bald auf allen Märkten feil.

Die Ware wird von jung und alt gesucht
Und nur der arme Schlucker bleibt verflucht.

Die Tasche wende jeder! Ist sie leer,
So trete keck in unser Lager er!

Das rat ich dir, du heilsbedürft'ger Mann,
Der keinen Ablaßzettel lösen kann!

Wir greifen nach dem Himmel unverwehrt!
Uns wird die Seligkeit umsonst beschert!

Ich sprach ein rauhes Deutsch in Hast und Zorn,
Es dröhnte wie vom Turm das Wächterhorn.

Antwort erscholl wie Sturm und Meergebraus:
»Herr Hutten, fasset an und räumet aus!«

XIV

Lügengeister

Der Zaubrer Faust erschien am Hof zu Mainz,
Er liebt der Kardinäle Purpur, scheint's.

Verhangen ward ein Saal und blaß erhellt
Für die Besuche der Gespensterwelt.

Der Kurfürst setzte sich. Ihm stand ich links.
Der bleiche Magier harrte seines Winks.

Natürlich ging die erste Frage da
Nach der erlauchten Bübin Helena.

Er rief der Leda Kind. Es zeigte sich
Ein blanker Fuß und tanzte wunderlich.

Das leere Gaukelspiel, das mich verdroß,
Entzückte den vernarrten Pfaffentroß.

Was schiert die Metze mich? Herr Nekromant,
Seid Ihr mit edlern Toten nicht bekannt?

– »Wen fordert Ihr?« Den Kaiser Konstantin!
Er rief. Ein Purpurtragender erschien.

Ich frage Majestät, ob ihr gedenkt,
Daß sie dem Papst die ew'ge Stadt geschenkt?

»Ja«, nickte das Gespenst. Wie? Wo? und wann?
Ein Märchen ist's, das Eigennutz ersann!

Es ist Betrug und das beweis ich stramm
Mit scharfer Kunst, die nennt man Criticam.

Du bist ein Pfaffengeist! Zur Hölle fort!
Der Lügenkaiser schwand vor meinem Wort.

XV

Das Hütlein

Es war in Brüssel vor dem Ständehaus.
Die Sage ging: »Der Kaiser reitet aus!«

Noch hatt ich nie das junge Haupt geschaut,
Dem wir des Reiches höchstes Amt vertraut.

Ein edles Roß ist unsre Zeit. Es stampft.
Es wiehert mutig. Seine Nüster dampft.

Ob er die Zügel klug und kühn ergreift?
Ob er's bewältigt? Ob's ihn wirft und schleift?

Da wir Poeten abergläubisch sind,
Erdacht ich ein Orakel mir geschwind:

Für diesen Kaiser gelte fort und fort
Das erste seinem Mund entfallne Wort!

Er kam. Ein Hütlein trug er, meiner Treu,
Mit Reiherfedern, funkelnagelneu!

Der Himmel macht' ein mißvergnügt Gesicht,
Sich selber fragend: Regn ich oder nicht?

Jetzt klatschten Tropfen auf das Pflaster schwer,
Die junge Stirne legt' in Falten er

Und lugte sorgend zu den Wolken auf.
»Mein altes Hütlein!« rief er, »Kämmrer, lauf!«

Ich aber sprach zu mir: Das wird nicht gut!
Sein erster Ruf geht nach dem alten Hut.

XVI

Das Kindlein in Mainz

O Mainz, du lust'ger Sitz, du traute Stadt,
Die Huttens Feder oft belobet hat!

Der Mainzer Albrecht war mir redlich hold
Und bot mir manchen Trunk in purem Gold.

Er lauschte meinen kühnen Scherzen gern,
Ich nannt ihn meinen Freund und meinen Herrn.

Ich spottete vor seinem Ohre dreist,
Er zürnte nicht, er ist ein freier Geist;

Doch in der Stunde der Versuchung, ach,
Der Geist war willig und das Fleisch war schwach.

Ihm hielt ich Treue, bis er mich verstieß.
Wo lebt der Freund, den Hutten je verließ?

Die Kanzelei von Rom schrieb Brief um Brief,
Bis mich der Albrecht nicht mehr zu sich rief.

Geächtet wurde Luther und gebannt ...
Ich lebte von der Faust und streift im Land.

Ein treuer Rüde, stahl ich wieder hin
Zum Mainzer mich und still umschlich ich ihn.

Ich blickt ihm ins Gemach; er saß beim Mahl,
Landfremden Pfaffen bot er den Pokal.

Gemunkel ging: mit Luther sei's vorbei,
Der eingetan und aufgehoben sei.

Die langen welschen Nasen nickten fein
Und freuten sich an ihren Schelmerein.

Er lächelte! Mir gab es einen Stich –
Mein Edelfalke, Gott behüte dich!

Ade, mein Albrecht, mein verlorner Hort! ...
Ich schlich betrübt mich in die Krone fort,

Wo einst bei Becherklang ich manche Nacht
Mit witzigen Gesellen durchgelacht.

Hier setzt ich mich zu einem Kruge Bier,
Des Wirtes Kind gesellte sich zu mir.

Das Mägdlein, mein ich, stand im vierten Jahr,
Ich fuhr ihm durch das blonde Ringelhaar:

Sag mir dein Nachtgebetlein, wie du's weißt!
Das Kind hub an: »Gott Vater, Sohn und Geist,

Dein Name sei gelobt! Hüt uns vor drei:
Vor Wassernot und Brand und Kriegsgeschrei!

Den Schiffern gnade Du in Nacht und Sturm!
Sei Bruder Martins Burg und fester Turm!

Umschleicht ihn mit dem Dolch ein Mörder wild,
So deck ihn, Herr, mit Deinem starken Schild!

Und leidet Dein Gerechter Hungersnot,
So schick ihm Du durch Deine Raben Brot!«

Wer lehrte dich, mein Kindlein, dies Gebet?
– »Die Mutter heißt mich's beten früh und spät.«

Nun mein ich aber, daß kein Leid geschieht
Dem Mann, für den in Mainz ein Kindlein kniet.

XVII

Die Mainzerspieße

Sie machten mir ein Kämmerlein bereit,
Doch mied der Schlaf mich drinnen lange Zeit.

Ich hörte, wie das Pflaster dumpf erklang:
Die Mainzer Scharwach schritt mit schwerem Gang

Mich heimelt's aus den alten Zeiten an,
Denn oft mit diesem Heer gedieh mir Span,

Wann nächtlich ich, vom Humpen übermocht,
Mit ihnen auf der Gasse klirrend focht.

Versuchte Männer sind's von Schluck und Hand,
Geworben rings in Hoch- und Niederland.

Ich lauscht im Finstern heiter und mir schien:
Die Spieße sangen etwas vor sich hin.

Ein alter Bierbaß sang gemütlich vor
Und zehen Bässe brummten nach im Chor:

»Das reine Wort sie sollen lassen stan
Und dafür keinen Dank noch Löhnung han.

Gerichtet ist der Fürste dieser Welt,
Uns tut er nichts, wie saur er auch sich stellt –«

Ich, von den Mainzerspießen auferbaut,
Sang mit in meiner dunkeln Kammer laut:

»Drum fürchten wir uns wahrlich nicht zu sehr,
Denn unser Gott ist eine starke Wehr.«

XVIII

Die Gebärde

's war in der Krone, daß mich einer fand,
Der mich in meinem ersten Flaum gekannt.

Der Ott von Gemmingen. Er drückte sich
Durch das Gelag und rückte neben mich.

»He da! Utz! Lieber Utz! Was ward aus dir?
Bist du am Hof von Mainz ein großes Tier?

Bist Doctor juris utriusque du?
Des Kaisers Schreiber oder Rat dazu?

Nein? Nun, was bist du denn? Des Hofgerichts?«
Ich aber sagte trocken: Ich bin nichts.

Jetzt mustert' er mein ausgedient Gewand,
Die hohlen Wangen auch, die magre Hand.

»Eins bist du: Siech! Das redet dein Gesicht!«
Ich glaubte mich geheilt und bin es nicht.

Da streckt' den Finger er und zog damit
Sich sauber um die Gurgel einen Schnitt.

Du rätst ...? Er nickte. Drob hab ich gelacht.
Dann hab ich der Gebärde nachgedacht.

Unleidlich scheint dem frohen Kind der Welt
Dein Dasein, Hutten – drum verbrauch's als Held!

Wovor des kühnsten Mannes Busen zagt,
Das sei von dir in freier Lust gewagt!

XIX

Mißverständnis

Der Vater sprach zu mir mit leisem Hohn:
»Verstehst du's, bau mir eine Presse, Sohn!«

(Sie nennen Presse dort im Frankenland,
Was andern Ortes Kelter wird benannt.)

Sprach's und verritt. Ich ohne viel Geschrei
Berief die Meister schwarzer Kunst herbei.

Da ward gesetzt, gedruckt, gepreßt, gedreht,
Viel tausend Blätter flogen rings verweht.

Auf einem ward dem Cajetan gedroht:
»Schlagt, fromme Leute, den Legaten tot!«

Hier stand: »Und würd ich drüber Lands verjagt,
Ich Hutten breche durch, ich hab's gewagt!«

Und dort: »Die harsche Luft der Freiheit weht,
Ich Hutten sporn und stachle früh und spät.«

Das war ein heißer und ein zorn'ger Wein,
Den ich gepreßt am Steckelbergerrain.

XX

Jacta est alea

Nachdem ich meinen großen Wurf getan,
Da hub der Vater mich zu schelten an:

»Du trittst mit Rom in Fehde? Bist du toll?
Mich wundert's, Ulrich, wie das enden soll!

Poet war schlimm und klingt erbärmlich schon,
Doch Ketzer ist noch weit ein schlimmrer Ton!

Erlebt ich's nicht! Ein Sohn in Bann und Acht,
Der meinen grauen Haaren Schande macht!

So, Ulrich, mehrst du deines Stammes Glanz?
Jetzt gehst du halb zerlumpt, bald bist du's ganz!

Was kümmert dich, ob unser Haus zerfällt?
Was kümmert irgend noch dich auf der Welt?

Wenn nur in Holzschnitt du und Kupferstich
Den Lorbeer trägst – was anders kümmert dich?

Du lächelst? Du verziehst den Mund zum Scherz?
Ich wußt es nicht: du hast ein schlechtes Herz.«

Der Vater sprach's und blickte finster drein,
Mit Tränen bat das fromme Mütterlein:

»Mein süßer Ulrich, laß das böse Spiel!«
Ich gab zur Antwort: Nein! Der Würfel fiel.

Mein Mütterlein, behalt mich lieb und gern!
Bleib du mir milde wie der Abendstern!

Du kränkst mich, Vater, nicht, so herb du bist!
Hier schlägt ein Herz, das guter Meinung ist.

Beleidigt dich mein abgebraucht Gewand,
So laß mich treten aus des Hauses Band!

Ich sei ein Fremdling dir! Du bleibst in Ruh,
Mein Gut, du teilst es meinen Brüdern zu.

Und ärgre, Vater, dich am Lorbeer nicht,
Der nur im Bildnis mir die Stirn umflicht!

Ich selber trage sonder Prunk und Glanz
Im Leben einen schlichten Dornenkranz.

Wozu der Lorbeer? Das hat keinen Sinn.
Ein jeder weiß, daß ich der Hutten bin,

Den weder Zeit noch Tod noch Acht noch Bann
Vom Herzen seines Volkes scheiden kann!

Burg Steckelberg, die von der Höhe schaut,
Von Frankens schönen Hügeln rings umblaut,

Die Brücke nieder! Öffne mir dein Tor!
Ich reit aus dir zum letztenmal hervor.

Blas, Türmer, blas mir noch ein tapfer Stück!
Ich fahr in Kampf und kehre nicht zurück.

XXI

Der Edelstein

Als ich gen Zürich ritt im Abendschein,
Da rief ich aus: »Du schmucker Edelstein!«

Bei Meister Zwingli lebte man nicht schlecht,
Er deckte mir den Tisch mit einem Hecht.

Den hab ich auf der Brücke dann verdaut,
Lustwandelnd nahes Schneegebirg geschaut –

Da sah ich einen unterm Volk gehn,
Von dessen Hute Geierfedern wehn.

Dem bog ich fluchend aus dem Wege schnell,
Denn Herzog Ulrich war's, der Mordgesell!

O blaue Flut, o freier Bergeshauch,
Gibst ein Asyl du dem Tyrannen auch?

XXII

Der Komtur

Als ich entlang das helle Seegestad
Nach Pfäffers ritt ins heiße Felsenbad,

Wo man in Unterwelt und Wellenguß
An schwankem Seile niederschweben muß,

Wo keck zur Hölle fahren Mann und Weib
Und wiederkehren mit geheiltem Leib –

Fand ich in Küsnach gastlich Nachtquartier
Und scherzend sagte der Komtur zu mir:

»Braucht Ihr Moneten? Tuet nicht verschämt!
Der Pächter brachte zwanzig Gulden. Nehmt!

Werft keinen nieder! Hier ist's unerlaubt.
Nehmt! Und Ihr habet bloß den Staat beraubt!

Mein teurer Ritter, nehmet ungeziert!
Wir werden morgen säkularisiert

Und lieber als dem Staat, der alles frißt,
Gönn Euch ich's, der ein Mensch und Würfler ist.«

Ich strich es ein und schwang mich in den Sitz
Und lachte: Herr Komtur, Ihr habet Witz.

Und weiter oben, wo sich biegt der See
Und nah und näher tritt der ew'ge Schnee,

Bespiegelt' in der Flut ein Eiland sich,
Daran ich leichten Sinns vorüberstrich.

Ich ließ es rechts im flücht'gen Wellenspiel
Und ahnte nicht mein letztes Wanderziel.

Einsamkeit

XXIII

Die Flut

In meine Kammer blickt das blaue Licht
Der nahen Flut. Ich widerstehe nicht.

Die Mittagssonne rüstet mir das Bad,
Ich schleiche mich verstohlen ans Gestad.

Ich hab es eilig. Wär mein Pfleger hier,
Mich hieß' er Waghals und verwehrt' es mir.

Zum Strande nieder führt mich diese Schlucht
Und krause Wellchen plätschern in der Bucht.

Hinaus! Hinaus! Du abgrundkühle Flut,
Wie tust du meinem heißen Herzen gut.

Mit blauen Bannern ziehst du weit heran
Und immer neue Heere seh ich nahn.

Die Reihen schlagen mit gelindem Prall
Mir an die Brust und brechen sich am Wall.

Noch lob ich meiner Arme Schwung und Zug –
Nur etwas sachter – eben Kraft genug.

Die Kunst des Knaben hab ich nicht verlernt,
Doch sind die Ufer weiter hier entfernt.

Ich schlug als Kind in übermüt'ger Lust
Den sanften Main und trat ihn auf die Brust.

Da hab ich unter mir zu sehn geglaubt
Ein schilfbekränztes, göttlich mildes Haupt.

Es war mir immer nur zu nah das Land,
Mich warf der Flußgott scherzend auf den Sand.

Was einst des Knaben Spiel und Freude war,
Wird nun dem Mann zur Arbeit und Gefahr.

Er weiß es, wenn er ringt und wenn er strebt,
Daß er auf einer Todestiefe schwebt!

XXIV

Was die Glocken sagen

Heute geht am See ein endlos Glockenspiel,
Mir scheint, die taufen und begraben viel.

Wann Menschenblut in neuen Adern kreist,
Erneuert sich der träge Menschengeist.

Das Glöcklein sagt, das dort so kläglich schallt:
Ein Päpstler steigt ins Grab vergilbt und alt.

Das Glöcklein sagt, das hier so lustig schellt:
Es kam ein kleiner Protestant zur Welt.

XXV

Astrologie

Ihr lieben Sterne tröstet allezeit,
Wer dächte, daß ihre arge Zwingherrn seid!

Ihr seid's! Als sich die Erde mir erhellt,
Ward mir ein widrig Horoskop gestellt.

Weil, als ich kam, der Widder just geglüht,
Bin ich von unverträglichem Gemüt.

Ein flackernd Himmelsirrlicht trägt die Schuld
An meiner Wanderlust und Ungeduld.

Gewissen, lasse fürder mich in Ruh!
Den Sternen schreib ich meine Sünden zu.

Doch überleg es, Hutten! Dreimal nein!
Ein Sklave willst du nie gewesen sein.

Du bist ein Feind von jeder Tyrannei
Und deine Sünden auch begingst du frei!

XXVI

Homo sum

Ich halte Leib und Geist in strenger Zucht
Und werde doch vom Teufel scharf versucht.

Ich möchte meiner Seele Seligkeit
Und bin mit Petri Schlüsselamt im Streit.

Am Tisch der Fugger speist ich dort und hie
Und schimpfe weidlich Pfeffersäcke sie.

Den Städterhochmut haßt ich allezeit
Und hätte gern ein städtisch Kind gefreit.

Auf ehrenfeste Sitten geb ich viel
Und fröne dem verdammten Würfelspiel.

Ich bin des Kaisers treuster Untertan
Und riet dem Sickingen Empörung an.

Das plumpe Recht der Faust ist mir verhaßt
Und selber hab ich wohl am Weg gepaßt.

Ich bete christlich, daß es Friede sei,
Und mich ergötzen Krieg und Kriegsgeschrei.

Der Heiland weidet alle Völker gleich –
Nur meinen Deutschen gönn ich Ruhm und Reich!

Das heißt: ich bin kein ausgeklügelt Buch,
Ich bin ein Mensch mit seinem Widerspruch.

XXVII

Ariost

Die Feder leg ich weg. Heut ist ein Tag,
Da keine Zeile mir geraten mag!

Wie wend ich ab der Langenweile Fluch?
Ein Buch, Herr Pfarrer! Ein ergötzlich Buch!

– »Zu Dienst, Herr Ritter! Wenn Ihr Welsch versteht?«
Ich konnt es einst und meine noch, es geht.

Woher das Buch? – »Ein welscher Architekt
Las drinnen hier und hat's nicht eingesteckt.«

Roland in Furie. Verse, welscher Gauch?
Nun, Verse machen kann der Hutten auch.

Nur keinen Schwulst, mein Dichter, keinen Frost!
Dein Name lautet? *Ludwig Ariost.*

Mir unbekannt. Dein Erstling, junges Blut?
Respekt! Ich bin ein Alter! Zieh den Hut!

Du hoffst, daß ich dich lese? Wahn! mein Kind.
Ich sause durch die Blätter, wie der Wind.

Verwunschene Prinzessin – Drachenbrut –
Das tolle Zeug ist für die Kinder gut.

Was soll uns noch die bunte Wunderzeit?
Wir fußen jetzt in harter Wirklichkeit.

Ein frisches Bild! Nun ja – ein feiner Spruch!
Ei Zauber! Üppig Grün entsprießt dem Buch!

Da setzen zwei Verliebte sich hinein,
Das Blatt gewendet und sie sind allein.

Es kracht! Ein Ritterpaar, das Lanzen bricht!
Die Splitter fliegen auf zum Sonnenlicht

Und fallen nieder, schwärzlich angebrannt
Auf die Behelmten, die sich umgerannt.

Hanswurst, gemach! Das lohn der Teufel dir!
Verspottest du das löbliche Turnier?

Wes Geistes Kind? Laß sehen! Blättre, Hand!
Ein Feldgeschütz erobert Held Roland

Und flucht der Kugel und dem Pulverknall,
Als wären sie des Rittertums Verfall –

Der Sickingen erfuhr's, den, ach, ein scharf
Gezielter Schuß zum Sterben niederwarf!

Gewiß, viel änderte der Pulverblitz!
Und hier – das ist ein kapitaler Witz –

Hier läuft ein Kerl und schwingt die Halebard,
Der's nicht bemerkt, daß er getötet ward!

Bei meinem Bart! Das Bild der alten Zeit,
Die noch die Waffe führt und schilt und schreit,

Den jungen Tag bekämpft mit Trutz und List
Und nicht bemerkt, daß sie verstorben ist!

Ich wittre, Welscher, deinen Schlich und Brauch,
Des Witzes scharfen Bolzen schoß ich auch:

Aus wunderbaren Mären seh ich braun
Und lachend eines Schalkes Augen schaun.

Vor einer Fabelwelt verbeugst du dich
Und grüßest hübsch – und machst sie lächerlich.

Was ich befehdet mit des Herzens Kraft,
Zerstörst du mit des Scherzes Meisterschaft.

Ich reich dir über das Gebirg die Hand,
Mein Meister Ludowig im welschen Land!

In deines Maskenscherzes Fröhlichkeit
Bist du, wie ich, ein echtes Kind der Zeit.

XXVIII

Bin ich ein Dichter?

Das Lied des Welschen wandelt voller Glanz,
Es schwebt wie Musenschritt und Grazientanz.

Der Reim des Welschen hat ein hell Geläut –
Ob ich ein Dichter bin? Das plagt mich heut.

Du zweifelst, Hutten? Hat dich eines Tags
In Augsburg nicht gekrönt der Kaiser Max?

Das gilt! … Auch neben diesem welschen Lied?
Wär ich am Ende bloß ein Verseschmied?

Ich *bin* ein Verseschmied! So nenn ich mich!
Am Feuer meines Zornes schmiedet ich

Rüstung und Waffen zu des Tags Bedarf
Und wahrlich, meine Schwerter schneiden scharf!

XXIX

Der letzte Humpen

Herr Konrad der Komtur vergaß mich nicht
Und seine Sendung lacht wie Sonnenlicht.

Sie ist, ob auch in schlichtes Stroh gehüllt,
Bis oben an den Rand mit Geist gefüllt.

Statt eines Briefs hat der Bequeme mir
Geschickt das Fläschchen Rüdesheimer hier.

Dank! Einmal solche würz'ge Labe noch!
Ihr Gutes hat die Pfaffengasse doch.

Der Arzt verordnet mir den Wasserstrahl,
Wohlan, ich zeche heut zum letztenmal!

Nicht brauch ich dich zu schwenken, du bist rein,
Du kommst vom Brunnen, hölzern Becherlein!

Herr Rüdesheim, was gibt's am Rhein? Wie geht's
Der Klerisei von Mainz? Sie durstet stets?

Erlaucht, auf Schweizerboden keinen Stolz!
Bequemet Euch in dies Gefäß von Holz!

Lab ich allein mich aus dem Zauberquell?
Liegt nirgend hier im Gras ein Zechgesell?

Allein zu trinken ist mir schwer verhaßt,
Ein Mönchlein selber wär mir recht als Gast.

Ein Mönchlein! Wäre nur der Luther hier,
Mit Feuerzungen sprächen beide wir!

Ihn trat der Frundsberg auf der Dornenbahn
Zu Worms mit einem vollen Humpen an

Und sprach ihm zu: »Mach dir die Kehle naß!
Dann rede frisch! in vino veritas.«

Im Weine Wahrheit! Doch auch du bist hie,
Anmut'ge Lüge, Traum und Poesie!

Aus meinem Becher steigt ein Reigen klar
Und lächelnd grüßt mich eine Geisterschar.

Voraus die ewig junge Lebenslust,
Sie legt den Lockenkopf mir an die Brust

Und schaut zu mir mit hellen Augen auf:
»Du wirst genesen, Hutten! Zähle drauf!«

Und hier die Blasse mit dem süßen Schein
Der trauten Blicke muß die Liebe sein!

Sie flüstert das beseligende Wort:
»Noch hüte, Hutten, ich dir einen Hort!«

Mit beiden Armen winkt sie Heil mir zu:
»Es ist die Schönste, Hutten! Traue du!«

Und der Poet in meinem Herzen singt,
Von holder Erdefreuden Chor umringt,

In tausend Melodieen ein Getön:
O Erde, du bist lustig, du bist schön! ...

Verbleiche, Reigen! Sinnentanz, erlisch!
Herr Reformator Hutten, auf vom Tisch!

Des Weines Hälfte blieb, die heb ich auf
Dem Freunde, kehrt er müd vom Arzteslauf.

Drei Züge noch, das ist die heil'ge Zahl!
Drei Sprüche noch und sonder lange Wahl!

Den ersten Trunk dem heil'gen röm'schen Reich!
Möcht es ein weltlich deutsches sein zugleich!

Den zweiten meinem Kaiser! Möcht er sein,
Der fünfte Karl, so echt, wie dieser Wein!

Den dritten bring ich jedem auf der Welt,
Der sich und seinen Becher wacker hält!

XXX

Der Uli

Gelassen schreitet dort im Ackerfeld
Ein rüst'ger Mann, der späte Saat bestellt.

Schön ist ein jedes Werk das Jahr entlang,
Am liebsten doch ist mir des Säers Gang ...

Mein wackrer Albrecht Dürer, mal mir heut
Den lieben Heiland, wie er Körner streut,

Mit einem deutschen Himmel frisch und klar
Und deutscher Landschaft – für den Fronaltar ...

Als ich mit Zwingli jüngst am Mahle saß,
Erzählt' er etwas, das ich nicht vergaß.

Er sprach: »Das wilde Tal, das mich gebar,
Bringt weder Wein noch Frucht im wärmsten Jahr.

So kam's, daß ich gelebt der Jahre zehn,
Bevor ich Egge, Pflug und Saat gesehn.

Da nahm der Vater mich zu Tale mit,
Die Säer drunten zählten Schritt um Schritt

Und streuten edeln Wurfs, geheimen Winks
Die wundersamen Körner rechts und links.

Ich schaute die Gebärden allesamt,
Streng und gemessen, wie beim heil'gen Amt,

Und endlich frug ich mit erstauntem Wort:
›Vater! Was tun die Männer Frommes dort?‹

Er lachte. ›Solches sahst du nie zu Haus!
Sie streun das Brot des lieben Gottes aus.

Was ist dir, Uli? Weinst du? Schäme dich!‹
›Ei, Vater, es ist gar so feierlich.‹«

XXXI

Die deutsche Bibel

Ein frommer Tag, da ich, gestreckt ins Gras,
Die »Schrift, verdeutscht durch Martin Luther« las.

Gern hör ich deiner Sprache, Luther, zu,
Wer braucht das Wort gewaltiger als du?

Auf einer grün umwachsnen Burg versteckt,
Hast du die Bibel und das Deutsch entdeckt.

Ich las und alte Mär aus Morgenland
In Fleisch und Blut verwandelt vor mir stand.

Den Heiland hör ich, der mich traulich lehrt,
Aus einem Fischerboot mir zugekehrt.

Und plaudert' hier am Brunn im Schattenraum
Mit einem Weiblein er, mich wundert's kaum.

Vielleicht dortüben wandelt am Gestad
Durchs hohe Korn er auf verdecktem Pfad …

Der Rittersmann, der Knecht im Bauerkleid
Vernimmt von ihm den Weg zur Seligkeit –

Auch seine Henker tragen deutsche Tracht,
Zu Köln wird er im Dornenkranz verlacht

Und spottend geht an seinem Kreuz vorbei
Ein Chorherr aus der Mainzerklerisei …

Leer steht das Holz. Ein Zettel flattert dran
Mit got'scher Schrift. Es hebt die Predigt an.

Die Feuerzungen wehn. Fest Pfingsten flammt.
Martinus tritt in das Apostelamt.

Der Sturm erbraust und jede Sprache tönt –
Wie tief das Erz der deutschen Zunge dröhnt!

XXXII

Luther

Je schwerer sich ein Erdensohn befreit,
Je mächt'ger rührt er unsre Menschlichkeit.

Der selber ich der Zelle früh entsprang,
Mir graut, wie lang der Luther drinnen rang!

Er trug in seiner Brust den Kampf verhüllt,
Der jetzt der Erde halben Kreis erfüllt.

Er brach in Todesnot den Klosterbann –
Das Große tut, nur wer nicht anders kann!

Er fühlt der Zeiten ungeheuren Bruch
Und fest umklammert er sein Bibelbuch.

In seiner Seele kämpft, was *wird* und *war*,
Ein keuchend hart verschlungen Ringerpaar.

Sein Geist ist zweier Zeiten Schlachtgebiet –
Mich wundert's nicht, daß er Dämonen sieht!

XXXIII

Die Vorrede

Heut übermochte mich – seit langer Zeit
Zum erstenmal – ein Sturm von Lustigkeit.

Ich lag im Gras. Da blitzt' mir durch den Sinn,
Wie mit dem Papst ich umgesprungen bin.

Unbändig lacht ich in der grünen Saat
Und freute mich der frechen Jugendtat.

In einer Widmung und Praefatio
Schrieb ich an unsern Heil'gen Vater so:

»Die dir im Amt vorangegangen sind,
Die taugten nichts. Das weiß ein jedes Kind.

Sie fälschten, stahlen, raubten allezeit
Ein beßrer Mensch ist seine Heiligkeit.

Sie waren Schelme. Meinst du nicht? Verglich'
Ich dich mit ihnen, es betrübte dich!

Du billigst meine Rede, weiß ich schon,
Doch gib es, bitt ich, schriftlich deinem Sohn!

Verkünd es aller Christenheit und gib
Ein Breve: ›Ulrich Hutten ist mir lieb!‹«

Ich muß es mir bekennen dann und wann:
Nicht völlig ungerecht bin ich im Bann.

XXXIV

Erasmus

Frau Schwermut setzt sich heute neben mich
Und raunt mir zu: »Die Menschen lassen dich.

Du bist ein halbzertrümmert Kriegsgerät,
An dem man achtungslos vorübergeht.

Die Freunde wenden sich von dir mit Scheu,
Nur deine Feinde bleiben dir getreu.

Du warst zu kühn, und streckst du dich erbleicht,
So wird es dir und wird den andern leicht« …

Der Schiffer kommt. Freund! Was ist dein Gesuch?
– »Hier, Ritter, bring ich etwas wie ein Buch.«

Versiegelt ist's. Von wem? Ich weiß es nicht.
Die Hand, sie zaudert, die das Siegel bricht.

Schickt, Büchlein, dich ein Freund, mich zu erfreun?
Ein Feind, mir alte Wunden zu erneun?

Ich, sonst so kampfgewöhnt und wetterhart,
Auf dieser stillen Insel werd ich zart,

Und dessen Hand so rasch zum Schwerte fuhr,
Friedselig werd ich hier wie die Natur.

Wie? Hutten zagt? Enthieltst du Gottes Spruch
Und Urtel selbst, ans Licht, verhülltes Buch!

»Erasmus gegen Hutten. Offner Brief.«
Recht! *Hutten und Erasmus* wäre schief.

Latein ist gut! Latein verdient ein Lob!
Glatt, elegant ... Potz Blitz, da wird es grob!

»Zerlumpter Ritter!« redest du mich an,
Betitelst mich »verkommener Kumpan!«

»Zerlumpter Ritter!« Ein erbaulich Bild!
Mißgönnt der Bankert mir das Wappenschild?

Ich Hutten weiß, wieviel die Tinte tut,
Doch mehr vermag ein dreister Reutersmut!

Der Römling, der in unsern Landen haust,
Erbleicht vor der geschienten Edelfaust!

»Potator, aleator« ... Geht's auf mich?
Du munkelst, deutelst, heuchelst – schäme dich!

Und hier … und hier – nicht möglich! Büchlein, schweig!
Ein Musenliebling! Und so schlecht und feig!

Erasmus rät den Zürchern – niedrig Tun –
Mir zu verbieten, hier mich auszuruhn.

Mich aufzunehmen in des Gastes Recht,
Gefährlich sei's! Du kennst die Zürcher schlecht!

Das alles, weil ich, der du brav mir schienst,
Dich werben wollte für der Freiheit Dienst.

Mann, wären nicht gezählt die Tage mir,
Zu Basel auf die Bude stieg' ich dir!

Ich zöge dich mit diesen Armen, glaub
Es mir, hervor aus deinem Bücherstaub.

Doch, zittre nicht! dir sollte nichts geschehn,
Ich würde nur dir Aug in Auge sehn.

Dein edles Wissen, spräch ich, liegt dir tot,
Du bietest Gold und wir bedürfen Brot!

Die Menge hungert, ahntest du es nie?
Hervor mit deinen Schätzen! Sätt'ge sie!

Dein Denken, spräch ich, ist ein eitler Traum,
Wächst drangvoll nicht daraus ein Lebensbaum …

Was willst du? Weihrauch? Ehrerbietung? Gern.
Du bist ein großes Licht, ein heller Stern!

Vor deinem Ruhme beugt der Hutten sich –
Nun aber, großer Mann, ermanne dich!

Die Satyrmaske lege sie beiseit –
Ein offnes Antlitz fordert unsre Zeit.

Freund – alles ist vergeben, rede frei!
Ich schütze dich vor Papst und Klerisei!

Du kennst die Wahrheit, übe nicht Verrat,
Gib Zeugnis! Wage eine Mannestat!

Bekenn, Erasme, ob du ein Papist,
Ein Römer oder evangelisch bist!

Kein Drittes! Gib in großem Stile dich!
Du kneifst die Lippen – bist du unser? Sprich! …

Dein schlaues Auge blickt mich spöttisch an? …
Vale, Erasme! Tot und abgetan!

XXXV

Das Huttenlied

Der Ufenau vorüber glitt ein Kahn
Ganz nah. Fast stieß er an das Ufer an.

Von fahrnden Schülern war der Nachen voll,
Ein Lied aus zwanzig jungen Kehlen scholl.

Im Buchenlaub verborgen, unsichtbar,
Lag nahe zum Berühren ich der Schar.

Das Ruder schlug den Takt der Melodie,
Entlang das Inselufer sangen sie:

»Behüte Christ das edel fränkisch Blut!
Es schreibet uns viel köstlich Bücher gut!

Aus Treuen tut's der Ritter, ohne Lohn,
Die Treu verspürt die deutsche Nation!

Der Römer schickt dir Mörder vor die Tür,
Ach edler Hut aus Franken, sieh dich für!«*

Sie brachen Zweiglein ab vom Buchenhag
Und keiner ahnte, wer dahinter lag.

XXXVI

Deutsche Libertät

Ein lustig Trommeln zieht den Strand entlang
Mit gellen Pfeifen und mit Kriegsgesang.

Sie lösen ihre Stücke. Rauch und Dampf.
Er lichtet sich. Standarten, Roßgestampf.

* Huttenlied.

Gewalt'ge Körper! Es ist eine Lust,
Wie sie daherstolzieren selbstbewußt.

's ist Schwyzerboden. Üppig fließt der Sold,
Wild, immer wilder brennt der Durst nach Gold.

Die Älpler haben Lebensüberfluß
Und starkes Blut, daß man sie schröpfen muß.

Wem ziehn sie bei? Die Lilien seh ich wehn,
Zu König Franz wird dieser Reislauf gehn.

Nicht treibt der Schweizer seinen bösen Lauf
Allein. Der Landsknecht nimmt es mit ihm auf.

Der deutsche Ritter auch, er ficht und rauft
Für jeden fremden König, der ihn kauft.

Fürst, Pfaffe, Bauer, Städte, Ritterschaft,
Ein jedes trotzt auf eigne Lebenskraft!

Zum Henker eine Freiheit, die vergißt,
Was sie der Reichesehre schuldig ist!

Zum Teufel eine deutsche Libertät,
Die prahlerisch in Feindeslager steht!

Geduld! Es kommt der Tag, da wird gespannt
Ein einig Zelt ob allem deutschen Land!

Geduld! Wir stehen eins um *ein* Panier,
Und wer uns scheiden will, den morden wir!

Geduld! Ich kenne meines Volkes Mark!
Was langsam wächst, das wird gedoppelt stark.

Geduld! Was langsam reift, das altert spat!
Wann andre welken, werden wir ein Staat.

XXXVII

Der Schmied

Am Ufer drüben seh aus einem Schlot
Ich lust'ge Funken wirbeln purpurrot.

Und Schmied und Amboß kommt mir in den Sinn,
Davor ich einst erstaunt gestanden bin.

Als ein vom Weg Verirrter macht ich halt:
Es war um Mitternacht im schwarzen Wald.

Ein riesenhafter Schmied am Amboß stand
Und hob den Hammer mit berußter Hand.

Zum ersten schlug er nieder, daß es scholl
Ringsum in finsterm Forst geheimnisvoll,

Und rief: »Mach, erster Streich, den Teufel fest,
Daß ihn die Hölle nicht entfahren läßt!«

Den Hammer er zum andern Male hob,
Den Amboß schlug er, daß es Funken stob,

Und schrie: »Triff du den Reichsfeind, zweiter
Schlag,
Daß ihn der Fuß nicht fürder tragen mag!«

Den Hammer hob er noch zum drittenmal,
Der niederfuhr wie blanker Wasserstrahl,

Und lachte: »Schmiede, dritter, du die Treu
Und unsre alte Kaiserkrone neu!«

Huttens Gast

XXXVIII

Der Pilger

Mich drückt der Föhn. Er atmet schwer und
schwül.
Dort im Kapellendunkel ist es kühl.

Zu einer Abendruhe kehr ich ein
Und werde wohl der einz'ge Beter sein.

Grüß Gott, mein schwäb'scher Nachbar Adalrich!*
Du lächelst blöd. Ein Stümper malte dich.

* Der Kirchenheilige der Ufenau.

Ein Kirchlein trägst du sittig in der Hand:
Du schufst ein Kloster, merk ich, hiezuland!

Du gingest im Geleite deiner Zeit
Und hast's getan in Herzenslauterkeit.

Mir sinkt das Haupt … Wer da? Bin ich belauscht?
Am Fuß des Altars hat Gewand gerauscht.

Ein Pilger kniet, der stumm die Lippen regt
Und betend seinen Rosenkranz bewegt.

Ein kühner Wuchs, geduckt in Mönchsgewand!
Und – mein ich – eine schwertgewohnte Hand –

Was haucht mich an? Wie fällt mir plötzlich bei,
Daß dieser Mönch ein böses Wesen sei? …

Was flüstert mir im Ohr, daß dieser still
Versunkne Mensch mir an das Leben will? …

Ein Mörder ist's, gesendet gegen mich!
Nein. Ruhig kniet und edel hebt er sich.

Er wendet sich der Uferbrandung zu –
Du bist ein Ritter! Warum pilgerst du?

XXXIX

Die Mahlzeit

Er steht am Strand und scheint hinauszusehn,
Als wollt er auf dem Kamm der Wogen gehn.

Ein Blitz! Er stürzte prasselnd in die Flut!
Das Ufer glomm in bleicher Schwefelglut …

Das leidenvolle Schwärmerangesicht
Umgab ein Heil'genschein von Höllenlicht …

Mein armer Hutten – du bist leibesschwach!
Ruf du den Pilger lieber unter Dach!

Ins Trockne, Pilger, eh der Regen wogt!
Des Hauses Herr ist fort. Ich bin der Vogt.

Was stehet Ihr verzückt? Ihr werdet naß!
Gebt mir die Hand! Wir treten ins Gelaß.

Seid hier willkommen! Machet's Euch bequem!
Wohin die Reise? »Nach Jerusalem.«

Das, rüst'ger Pilgrim, liegt meerüber schon.
Ich fragte nach der nächsten Station.

»Dort hinterm Berg Einsiedelns Gnadenhaus.«
Leer ist das Nest. Die Vögel flogen aus.

Ihr schlagt ein Kreuz, als wär der Böse hier?
Erlaubt! Mit einem Christen redet Ihr!

(Die welsche Frömmelei behagt mir schlecht ...
Sei freundlich, Hutten! Er hat Gastes Recht!)

Ich wette, Herr, Ihr trugt Soldatenpracht,
Nennt mir den Feldzug, den Ihr mitgemacht!

»Pamplonas Wälle, Herr, verteidigt ich.“
Das ehrt. Die Festung hielt sich ritterlich.

Und kämpftet Ihr in keinem neuern Krieg?
»Ich kämpfe stets. Maria gibt den Sieg.«

Sein redlich Bündel trägt ein jeder Christ.
»Maria rettet uns vor Satanslist.«

(Mit solchen Nonnensprüchlein sticht er mich!
Potz Blut und Wunden ... Hutten, zähme dich!)

Pilger, ich hol Euch einen Becher Wein?
Ihr weigert Euch? So schenkt Euch Wasser ein.

(Er murmelt, exorziert den lautern Quell
In Ketzerland ... Unheimlicher Gesell!

Rasch dunkelt's. Lodre, Lämpchen ... Ein Gesicht,
Das meinem tiefsten Wesen widerspricht!

Weltfremde Augen voller Traum und Wahn –
Und doch der Mund Entschluß ... die Stirne Plan!)

– Hidalgo, Ihr beginget wilde Tat
Und suchet jetzt an heil'gen Orten Rat?

Ihr büßt? (Er kreuzt die Hände auf der Brust
Und schweigt. Auch mir erstirbt der Rede Lust.

's ist besser so, uns dürfte Streit entstehn,
Am klügsten ist es, wenn wir schlafen gehn.)

Seht, Pilger, wie der nächt'ge Himmel loht!
Heut abend fändet schwerlich Ihr ein Boot.

Nehmt hier vorlieb, ist auch der Raum beschränkt!
Wir suchen jetzt die Ruhe, wenn Ihr denkt.

Ihr wollet lagern auf dem nackten Stein?
Das duld ich nicht. Ihr werdet müde sein.

Da meine Decke! Hier den Mantel auch!
Ihr bettet Euch nach schlichtem Feldgebrauch!

Gut Nacht! Ihr seid ein Spanier? »Ritter, ja.«
Und nennet Euch? »Iñigo Loyola.«*

* Die Pilgerfahrt Loyolas nach Jerusalem fällt in diese Zeit.

XL

Das Gebet

Ein grauser Wetterschlag! Der Donner kracht.
Was sah ich dort in blitzerhellter Nacht?

Und wieder jetzt! Ein Rücken – schauerlich,
Der Spanier geißelt mit dem Gürtel sich!

An seinen hagern Schultern rieselt Blut!
Zu beten hebt er an in Andachtsglut.

Gezwungen lauschend hör ich jedes Wort
Auf jenen qualberauschten Lippen dort:

»Maria, makellos empfangne Magd,
Zu Deinen Knien hab ich der Welt entsagt.

Dem ird'schen Rittertum ersterb ich hier
Und zeichne mich zum ew'gen Knechte Dir.

Wo darf ich bluten? Gib das Feldgeschrei!
Du deutest schmerzlich auf die Ketzerei –

Sie haben Dir die Krone von dem Haupt
Und aus der Hand die Lilie Dir geraubt.

Du weinest? Deine Tränen brennen mich –
Ich führe Deine Sache. Tröste Dich!

Ein Wink von Dir – so stürz ich in die Schlacht.
Nicht kennst Du selbst die Größe Deiner Macht!

Im Bibelbuche spricht der eigne Sohn
Zu Dir, Du Hohe, nicht in würd'gem Ton.

Die heil'gen Schriften sind der Ketzer Hort –
Du lächelst und besiegst das Bibelwort.

Der ein'ge Richter Christus schreckt die Zeit,
Gern folgt sie eines Weibes Lieblichkeit.

Wenn sich der Sohn zu Martin Luther kehrt,
Dich krönen wir, die nicht der Wonne wehrt!

Du bebst in aller Abendglocken Erz,
Du füllst die Seele, Du beglückst das Herz.

Wir decken Dich mit duft'gen Rosen zu,
Gen Himmel schwebest ungekreuzigt Du!

Die Du dem gläub'gen Spanier oft erschienst,
Ihm glüht der Busen noch von Deinem Dienst.

Dir, Fürstin, werb ich eine Kompanie
Und führe gegen Deine Feinde sie.

Ein unbarmherzig Heer, das nie erschlafft,
Versamml ich unter meiner Hauptmannschaft.

Die Ketzer tötend, doch den Sündern mild,
Bekehren wir die Welt zu Deinem Bild.

Wo wir zerstörte Tempel wieder weihn,
Besteige, Göttin, den Altar allein!

Und wer zum Erdenweibe Dich entweiht,
Gerichtet sei er und vermaledeit! …

Tauch unter, Schwan, und aus der Welle Schoß
Erstehe doppelt blank und makellos! …

Du lächelst Deinem Knecht belohnend zu,
In goldne Himmelsglorie schwindest Du …«

XLI

Fiebernacht

Der Morgen graut – des Pilgers Stätte leer?
Beim Hahnenruf verschwand gespenstisch er!

Was ich geschaut, ist's Wahrheit? War es Traum?
Schlief mit dem Teufel ich im gleichen Raum?

Es war ein Spuk! Es war ein Fieberwahn!
Die welsche Fratze hat mir's angetan!

Nein, Wahrheit war's! Kein Morgenwind verweht
Das andachtsvoll irrsinnige Gebet! …

Was quäl ich mich! Unfähig ist der Tat
Ein Frömmler! Doch ein Spanier! Ein Soldat?

Kein Mönchlein ist's, in Müßiggang erschlafft,
Er hat des Kriegers Zucht und Willenskraft.

Er ist ein Schwärmer! Voller Selbstbetrug!
Daneben ist er wie die Hölle klug!

Ein Weib vergöttern – Aberwitz und Schmach –
Von Even stammend, die den Apfel brach!

Dem Weibe schmeicheln ist der Schlange List!
Ich Hutten weiß, was an den Weibern ist!

Der Wahrheit Trotz und Zorn und Fehdelust
Hat keinen Raum in einer runden Brust.

Zutulich naht die üpp'ge welsche Kunst,
Andacht verkuppelnd mit der Sinne Brunst.

Die Kirche steigt phantastisch wieder auf
Und gürtet sich zu neuem Siegeslauf;

Mit feiger Fürstentyrannei gepaart,
Steht sie um ihre Götzen fest geschart;

Der Drache Rom, getroffen bis ins Mark,
Durch seine Wunde wird er wieder stark

Und von der Wahrheit Schwert des Kopfs beraubt,
Wächst er empor mit einem gift'gern Haupt.

O Menschheit, qualenvoller Sisyphus,
Der seinen Felsen ewig wälzen muß!

Ein flüchtig Vorgefecht hat mich genarrt,
Jetzt erst erblick ich meinen Widerpart.

Nun ich auf Erden meinen Tag vertan,
Fängt sich der grimmste Feind zu zeigen an.

Verruchter Mördername: »Loyola!«
Blut klebt an diesen roten Silben da.

Der Höllensendling wird die Welt durchziehn!
Was stieß ich nieder nicht im Beten ihn?

Pfui, Hutten, Meucheltat! Das Fieber plagt
Und rüttelt dich. Gottlob, der Morgen tagt …

Vielleicht war's eine Ausgeburt der Nacht?
Und doch! Hätt ich den Spanier umgebracht!

Menschen

XLII

Die Bilderstürmer

Ich sprach: So, Hutten, kann's nicht länger gehn,
Heut mußt du wieder einmal Menschen sehn!

Und sprang ins Boot und bahnte mir den Pfad
Mit Ruderschlag ans rechte Seegestad.

Ein stattlich Dorf erzielt ich mit dem Boot –
Da regte sich's, als wäre Feuersnot.

Wo sich der Dorfbach in den See ergoß,
Lärmt' eine Männerschar, ein Kindertroß.

Aus ihrem Kirchlein schleppten mit Geschrei
Die Bilder ihrer Heil'gen sie herbei

Und warfen in die Flut den ganzen Hort
Mit manchem schnöden Witz und frechen Wort.

Der Strudel führte weg den alten Graus
Und wusch der Märt'rer blut'ge Wunden aus.

Wachsherz, Votivgeschenk, Reliquienschrein
Flog alles lustig in den Bach hinein –

Da werd ich eines Steingebilds gewahr,
Mit schwiel'gen Händen hob's ein Männerpaar

Und ich erschrak. Es war ein zart Gebild:
Die Magd Maria lächelte so mild

Und sah das grobe Volk so rührend an,
Als spräche sie: Was hab ich euch getan!

Wie kam das Werk in dieses Kirchleins Raum?
In Nürnberg selber sah ich Beßres kaum.

Man fühlte, daß ein Meister spät und früh
Daran gewendet lauter Lieb und Müh.

Zerstören, was ein gläubig Herze schuf,
Gehorsam einem leisen Engelruf,

Vernichten eine fromme Schöpferlust,
Ein Frevel ist's! Ich fühlt's in tiefer Brust ...

Gebiet ich Halt? Ich? Ulrich Hutten? Nein ...
Ihr Männer, stürzt das Götzenbild hinein!

Ich trat hervor und rief's mit strengem Mund.
Sie warfen. Etwas Edles ging zugrund.

XLIII

Der Trunk

Blaufarbne Krüge brachten her sie dann,
Sie schenkten ein und das Gelag begann.

– »Dem fremden Herrn ein Glas! Tut uns Bescheid,
Wenn Ihr nicht einer von den Stolzen seid!

Stoßt an, Herr Ritter! ... Ihr verzieht den Mund?
Trinkt! Unser Wein ist süffig und gesund!

Potz Hagel! Ist Euch unser Wein zu schlecht?
Seid Ihr ein Päpstler oder Fürstenknecht?

Schmeckt's?« – Köstlich. – »Noch ein Glas, und
eines noch!
Der deutsche Herr auf Ufnau lebe hoch!«

Ich trank und würgt – es war ein saurer Schluck –
Und schied mit einem biedern Händedruck.

Ich machte mich davon mit guter Art
Und lachte still ergötzt in meinen Bart:

Der ich dem Kaiser und dem Papst gedräut,
Dem Volke zu Gefallen log ich heut.

XLIV

Der Schaffner

Im Paradiese selber träfe man
Wohl einen an, den man nicht leiden kann.

So geht es mir auf diesem grünen Platz.
Der Schaffner ist ein Schelm und ist ein Fratz.

Ich möchte höchstens in der Lese sehn
Gekrümmt ihn unter einer Bütte gehn.

Ich Ketzer bin dem Klosterknecht verhaßt
Und seinen Geiz verdrießt der arme Gast.

Er schielt. Er blinzelt gegen's Sonnenlicht
Und meinen graden Blick verträgt er nicht.

Er wünscht mir: »Euch gedeih der Aufenthalt!«
Und betet: »Hole dich der Teufel bald!«

Ein Schurke, wer mir so ins Angesicht
Und hinter meinem Rücken anders spricht!

Nun hab ich ihn gelobt und damit gut!
Sein wackrer Junge hat gesunder Blut.

Hier wandeln die Geschlechter sich geschwind
Und anders als der Vater blickt das Kind.

Natur ist in den Hochgebirgen stark
Und ihre Lüfte stählen Herz und Mark:

Der Junge, der mit Hutten saß im Boot,
Wird brav und treu und bleibt's bis in den Tod!

XLV

Der kleine Ferge

Laß, Ruodi, deinen Nachen sachter gehn!
In klare Gründe laß mich niedersehn!

Hier im kristallnen Spiegel farbenmild
Erscheint ein Mann und eines Knaben Bild.

Du schaust empor in Ringellockenzier,
Vor zwanzig Sommern, Knabe, glich ich dir.

Und noch ein ander Bildnis schaut empor,
Das tief gefurchte kommt bekannt mir vor!

Nun, diese schwer beschriebne Stirn ist mein –
Fürwahr, ich möchte nicht ein andrer sein!

Die Fläche kräuselt sich im Abendwind,
Zergangen beide Bilder! Rudre, Kind!

XLVI

Schweizer und Landsknechte

Heut hat man mit Soldaten mir getischt.
Ein ungebunden Volk. Mich hat's erfrischt.

Päpstler und Ketzer saßen im Verein
Bei unsrer lieben Frauen Klosterwein.

Sie kamen eben braun und beuteschwer
Bergüber aus der welschen Sonne her.

Gleich frug ich einen, der ein Pflaster trug:
Bekenn, daß dich ein frommer Landsknecht schlug!

Unsinn, daß ihr euch täglich reizt und rauft,
Landsknecht und Schweizer, beide deutsch getauft!

– »Warum, Herr Ritter, ich vom Leder zog?
Weil Heini Wolleb mein Gefühl betrog.

Zum Imbiß saßen unser zwanzig da
In den ›Drei Königen‹ von Mantua.

Rings Pfuhl und Wall. Das Fieber hauchte schwül.
Am Seelisberge, dacht ich, weht es kühl.

Da brüllt's. Ein langgezogen ehrlich Muh.
Mich denkt's der braunen Lisli, unsrer Kuh.

Und wieder brüllt's. Nun kommt mir in den Sinn
Die andre Lisli auch, die Melkerin.

Zum dritten muht's. Aufblickt der Ürnersee,
Scharf blitzt am Himmel ein Gezack von Schnee.

Mir tropft das Aug. Da lacht der Jauch: ›Du Stier,
Ein Landsknecht brüllt. Kein Rindlein graset hier.‹

Ich fuhr empor: ›Bei meinem Eid und Schwur!
So täuschend muht der Heini Wolleb nur!‹

Ins Freie rannt ich. Um die Ecke strich
Der Heini grinsend und verhöhnte mich*.

›Steh, Heinz!‹ Er stand und ehrlich fochten wir,
Wie Zeugnis gibt das schwarze Pflaster hier.

In sumpf'gem Mantovanerboden ruht
Der Heini, der so trefflich hat gemuht.

Ehrbarer Ritter, reichet mir die Hand,
Und wäre sie geächtet und gebannt!

* Das Muhen, womit der Landsknecht den Schweizer verspottete, hat in jenen Tagen viel Blut gekostet.

Hier haust Ihr ungekränkt im Firnelicht,
Nur muhet, Herr, auf Eurer Insel nicht!«

XLVII

Vermächtnis

Der Florentiner brummte vor sich her:
»Der Fremde Treppen, ach wie steil, wie schwer!«

Hier sing ich außerm Reich und doch im Reich:
Der Schweizerrasen tritt sich leicht und weich!

Deutschland, vergiß nicht, wer dem Hutten bot
Den letzten Boden und das letzte Brot!

Zu arm bin ich zu einem Gastgeschenk,
So bleibe meiner Schuld *du* eingedenk!

XLVIII

Abendstimmung

Des Morgens lacht wie eine junge Frau,
Streng blickt am Abend meine Ufenau,

Durch Flutendunkel geisterhaft gestreckt,
Von nahen Bergesschatten zugedeckt.

Lang hat sich das Soldatenschiff ergetzt
An einem Echo. Beide schweigen jetzt.

Verklungen ist der Vesperglocke Schall,
Ein dunkler Friede waltet überall.

Wär ich ein Jüngling voller Leidenschaft,
Beängstigt von der eignen Lebenskraft,

In Tränen löste sich, was bang und wild
Ein junges Herz bestürmt, vor diesem Bild.

Nun hab ich handelnd meine Glut gedämpft,
Den Vesperfrieden hab ich mir erkämpft

Und schreite, wann du, Sonne, dich entfernst,
Getrost durch diesen tiefen Abendernst.

In den gestrengen Zügen der Natur
Empfind ich die verwandte Seele nur.

XLIX

Nachtgespräch

Mit glühnden Spuren ist der Tag entflohn,
Am Himmel blitzen frühe Sterne schon.

Der Alte sitzt auf seiner Lieblingsbank:
Du träumest, Pfarrer? Rück ein wenig! Dank.

Was schaust verzückt du auf zum Himmelszelt?
Was siehst du droben? – »Ritter, Welt an Welt!

Erfahrt, daß unter uns, die wir bemüht
Um die Natur sind, ein Geheimnis glüht!

Mir hat's ein fahrnder Schüler anvertraut.
Neigt Euch zu mir! Man sagt's nicht gerne laut.

Ein Chorherr lebt in Thorn, der hat gewacht,
Bis er die Rätsel deutete der Nacht.

Herr Köpernik beweist mit bünd'gem Schluß,
Daß – staunet – unsre Erde wandern muß!

Wißt, um die Fürstin Sonne kreisen wir
Und glaubten dienend uns umkreist von ihr!

Ihr meint, wir sitzen ruhig hier? Erlaubt –
Wir schweben, wie von Adlerkraft geraubt!

Nicht wandern, Ritter, wir allein! Erhebt
Das Haupt! Der ganze Himmel zieht und lebt!

Ein Kreis von Pilgern ist's, der uns umringt,
Von denen jeder sanft den andern zwingt,

Und unser Sternlein ist in dieser Schar
Wohl einer der geringsten Pilger gar.

Wir nahmen Welt und Himmel uns zum Raub,
Wir wähnten uns das All und sind ein Staub.

Doch besser als ein König und allein
Ist Bürger eines großen Reichs zu sein.

Mit höhern Welten bringt uns unser Gang
In einen leuchtenden Zusammenhang!

Ein neues Leben wird uns aufgetan
Auf hellern Stufen nach durchlaufner Bahn.

Ich lieb Euch, Hutten, und ich möchte gern
Euch wiedersehn auf einem schönern Stern.

Je näher dem Gestirn, das ewig ruht,
Um desto reiner wird die Liebesglut.

Die Leiter ist's, die Jakob einst erblickt.
Ihr lächelt, Ritter? Red ich ungeschickt?

Ist's zu begehrlich, was mir ahnen will?
Ins Dunkle blicket Ihr und bleibet still ...«

– Auf Ufnau, Pfarrer, ist der Abend kühl.
Ruhsame Nacht! Ich suche meinen Pfühl

Und laß Euch mit den Sternen jetzt allein,
Ich möchte morgen wieder wacker sein.

Erst dien ich aus auf Erden meine Zeit
Und bin ich dannzumal nicht dienstbefreit,

Verteilt man auf den Sternen neues Lehn –
Wohlan! ich denke meinen Mann zu stehn.

L

Mythos

»Herr Ritter, habt Ihr, sagt mir's im Vertraun,
Jüngst eines Mönchleins Ohren abgehaun?

Ist's wahr, wo blieb der feine Humanist
Bei der Zyklopentat? Wo blieb der Christ?

Ihr seid ein prächt'ger Hausgeselle zwar,
Doch habt Ihr ein gefährlich Augenpaar:

Im Zwiegespräche leuchtet's heiter mild,
Derweil Ihr sinnt und brütet, droht es wild.

Sagt, tapfrer Ritter, wispert mir ins Ohr,
Ob jenes arme Pfäfflein seins verlor?«

– Pfarrer, Kritik! Bin ich ein Polyphem?
Nie hab ein Glied gekappt ich irgendwem.

Erwirbt ein Erdensohn sich Lob und Preis,
Gleich bildet sich um ihn ein Sagenkreis.

Dem Pfaffen, merkt, hab ich das Haar gerupft,
Den fetten Ohrenlappen auch gezupft –

Das, Pfarrer, ist geschichtlich aufgehellt,
Das andre spielt in schwanker Fabelwelt.

LI

Der Pfarrer

Ein müdes Ruder rauscht. Der Pfarrer kehrt
Zurück, mit einem Pflanzenbund bewehrt.

Hier hoch am Etzel wächst ein kräftig Kraut,
Davon er mir ein heilsam Tränklein braut.

Noch weht die Abendluft nicht allzu frisch –
Im Freien rüst ich beiden uns den Tisch.

Hieher! Dir ist gedeckt! Nimm's nicht genau!
Noch fehlt die Wirtin auf der Ufenau.

Trotz deinem grauen Barte mußt du frein!
So reihst du dich der neuen Pfaffheit ein!

Ob diese neue Pfaffenart gedeiht
Und was sie taugt, ist ein Problem der Zeit …

– »Der neuen Pfaffheit wünsch ich alles Heil,
Mir selbst erkür ich doch ein ander Teil.

Mich treibt's aus meinem kirchlichen Beruf
Hinaus zu Dem, der mich ernährt und schuf,

Der heute noch gelind auf Erden geht,
Von seinem Blauen Mantel weit umweht.

Der Kirche schwere Fragen sind verwirrt,
Und ewiglich verdammt ist, wer sich irrt.

Die laß ich ohne Harm auf sich beruhn
Und halte mich zu meinen Pflanzen nun.

Die Körper heilen sei mein künftig Amt,
Zur Sühne, daß ich Seelen einst verdammt!

Ein großer Arzt, der hier im Land verkehrt,
Hat mich der Kräuter stille Kraft gelehrt.

Von Paracelso habt Ihr, Ritter, schon
Gehört, der Mutter Erde Lieblingssohn,

Dem sie geschäftig ihre Horte zeigt,
Dem plaudernd kein Geheimnis sie verschweigt?

Unfern von hier am Etzel hält er Haus.
Ich sandte neulich einen Boten aus

Und lud nach Ufenau den Wundermann
Und tröste mich, daß er Euch helfen kann.

Ihr zuckt die Achseln … Seine Kunst ist groß,
Und, Ritter, Ihr seid gar zu glaubenslos!«

Das Todesurteil

LII

Paracelsus

Gibt's auf der Welt ein Herz so männlich fest,
Das sich von Hoffnung nicht betören läßt?

Was mir der Freund von Paracelsus sprach,
Das flog mir wie ein lichter Falter nach,

Das senkte sich, mir selber unbewußt,
Ein treibend Keimlein in die sieche Brust.

Ich sehnte mich, bis der Gewünschte kam,
Wie Mägdlein blicken nach dem Bräutigam.

Heut war er da. Ich lag erbärmlich krank
Im Eichenschatten auf der Rasenbank.

Er tat, als würd er meiner nicht gewahr,
Doch streifte mich sein scharfes Augenpaar.

Er nahm den Pfarrer dort am Strand beseit
Und sprach zu ihm geheim mit Heftigkeit.

Er hat ein abenteuerlich Gesicht,
So denk ich mir den ernsten Forscher nicht.

Ich lauschte hin. Ob er mir Rettung schafft?
Und ich vernahm: »Es fehlt die Lebenskraft!« …

Mein feines Ohr hat flüstern ihn gehört:
»Hier ist ein edles Organon zerstört« …

Indem verstohlen er herübersah,
Raunt' schnell er: »Facies hippocratica!« …

Was spricht der Geck das liebe Deutsch nicht rein
Und mischt so garst'ge fremde Brocken ein!

Er trat heran, er bot die Rechte mir,
Er sprach mit Pomp: »Ich grüße Deutschlands Zier!«

Er nannte mich der Freiheit Turm und Hort,
Von meiner Krankheit redet' er kein Wort.

Mir deucht', daß sich ein Seufzer ihm entwand,
Als seinen Finger ich am Puls empfand.

Drauf hat er meine Verse mir gerühmt,
Der Narr. Er hieß sie »stolz« und »reich beblümt«.

»Die Ufnau«, sprach er, »wird durch Euch bekannt
Und noch von Kind und Kindeskind genannt.

Nicht einsam lebt Ihr auf dem Eiland hier,
Bevölkert mit Gedanken habt es Ihr!«

Ich dachte: Wie zu dir dein Name paßt!
Bombastus nennst du dich – und sprichst Bombast!

Ihm gab ich das Geleit bis an den Kahn,
Dann stieg den Hügel langsam ich hinan.

Es war ein goldner Morgen im August,
Das zweite Gras gedieh mit Kraft und Lust!

Die ganze dichte blühnde Wiese klang
Und wogt' und schwirrt' und flattert', zirpt' und sang.

Ich schritt in Halm und Blumen, überflammt
Von süßem Sonnenlicht – zum Tod verdammt!

Da warf ich in die duft'ge Wiese mich,
Verbarg das Haupt und weinte bitterlich

Und lange lag ich still im grünen Tal,
Mein eigen Bildnis oder Grabesmal.

LIII

Die Beichte

Hier schreit ich über meinem Grabe nun –
Hei Hutten, willst du deine Beichte tun?

's ist Christenbrauch. Ich schlage mir die Brust.
Wer ist ein Mensch und ist nicht schuldbewußt?

Mich reut mein allzu spät erkanntes Amt!
Mich reut, daß mir zu schwach das Herz geflammt!

Mich reut, daß ich in meine Fehden trat –
Mit schärfren Streichen nicht und kühnrer Tat!

Mich reut die Stunde, die nicht Harnisch trug!
Mich reut der Tag, der keine Wunde schlug!

Mich reut – ich streu mir Aschen auf das Haupt –
Daß nicht ich fester noch an Sieg geglaubt!

Mich reut, daß ich nur einmal bin gebannt!
Mich reut, daß oft ich Menschenfurcht gekannt!

Mich reut – ich beicht es mit zerknirschtem Sinn –
Daß nicht ich Hutten stets gewesen bin!

LIV

Göttermord

Heut aber tat ich, was die Frommen freut:
Entgöttert meine Schriften hab ich heut.

Wo »Zeus« und »Herakles« zu lesen stand,
Schrieb »Jesus Christus« ich mit fester Hand.

Statt »Nektarkrügen« und statt »Bacchanal«
Setzt stracks ich »Abrams Schoß« und »Himmels-
saal«.

Kein einz'ger Griechenschwur und Römerfluch
Prangt mehr in meinem Dialogenbuch.

Ich löge, sagt ich, wenn mir Bann und Acht
Des Heidenhimmels großen Kummer macht.

Das Wiesenbächlein flutet leicht und hell,
Was braucht's, daß eine Nymphe bad im Quell?

Brennt Herz und Stirn dem Zecher minder heiß,
Der nichts vom Kranz des Dionysos weiß?

Schiert's, ob man einen Sohn des Mars ihn tauft,
Den deutschen Knecht, der todeslustig rauft?

Was heißt: »Ich weihe dich der Furienschar?«
»Der Teufel hole dich!« ist kurz und klar.

Heut komm ich heim aus einer tapfern Schlacht:
Ich habe Götz und Götzin umgebracht!

LV

Das fallende Laub

Heut klang ein Beil den ganzen Morgen laut
Und bis zum Abend fort. Der Schaffner baut.

Ein Vordach nur, doch mocht ich's gerne sehn,
Ist's doch ein Werden, ist's doch ein Entstehn!

Da war ein Zimmrer, der es wacker trieb
Und seinen Balken säuberlich behieb.

In guten Treuen mühte sich der Mann,
Daß ihm das Wasser von der Stirne rann.

Am Abend kam der Zimmermeister leis,
Mit langgelocktem Bart ein güt'ger Greis,

Und rührt' dem Knecht, der nimmer wollte ruhn,
Die Schulter mahnend: »Lieber, feire nun!«

Jetzt ward die Stätte leer; ich aber schlich
Hinaus und auf den Balken setzt ich mich.

Betrachtend das behaune Tannenstück,
Dacht ich ans eigne Tagewerk zurück …

Ich starrte nieder, der Gedanken Raub,
Da traf die Schulter mir ein fallend Laub,

Mich schauderte, da ich das Blatt gespürt,
Als hätte mich des Meisters Hand berührt

Und mich gemahnt: Genug! Die Sonn ist fern,
Geh ein, du Knecht, zur Ruhe deines Herrn!

LVI

Reife

Es wendet sich das Jahr, die Welle raucht,
Mein Eiland ist in Morgenduft getaucht.

Vor mir in herbstlicher Verschleierung
Bewegt sich einer Barke Ruderschwung.

Herüber glänzt durch schwankes Nebelspiel
Die hochgetürmte Burg von Rapperswyl.

Zu Häupten mir durch hellre Schleier bricht
Das süße Blau, das warme Sonnenlicht;

Und schwerer hangt die Traube schon am Schaft,
Sie schwillt und läutert ihren Purpursaft,

Sie fördert ihre Reife früh und spat –
Was meinst du, Hutten? Auch die deine naht!

Dämonen

LVII

Der wilde Hutten

Glückselig schreit ich hier im Abendglanz,
In klaren Lüften zittert Mückentanz.

Das Heute war so sonnig, wolkenrein,
Das Morgen wird noch wolkenloser sein.

Ein Zug von Tagen warm und wonniglich
Geleitet zu den Todesschatten mich.

So heiter glaubt ich nicht davonzuziehn,
Der wilde Hutten fährt in Frieden hin.

Nicht allzu köstlich, reiche Erde, hast
Du mich bewirtet, deinen armen Gast!

Nun nehm ich Urlaub und zur Scheidezeit
Erweisest du mir alle Lieblichkeit,

Nun geh ich und du sprichst mit leichtem Sinn:
Du wanderst, Hutten? Sieh, wie schön ich bin!

LVIII

Herzog Ulrich

Er war's! Mir pocht das Herz von Groll bewegt
Und jede Fiber zittert aufgeregt.

Er war's! Er stand auf meiner Friedensstatt,
Der mir den Vetter Hans erschlagen hat,

Der ihm, zu seinem Weib entbrannt in Lust,
Den Degen meuchlings rannte durch die Brust,

Der ihm, da bang er mit dem Tode rang,
Ein Henker! um den Hals den Gürtel schlang,

Den ich vertrieb von seiner Väter Herd,
Mit meines Gurts und meiner Rede Schwert,

Auf dessen Spur ich wies den Furienchor,
Auf dessen Scheitel ich die Acht beschwor …

Ich saß im Hauskleid still am Hügelrand,
Ein philosophisch Büchlein in der Hand,

Da hört ich einen Fremden halb bezecht
Den Schaffner loben, wie man lobt den Knecht.

Ich kannte dieser hohen Stimme Schrein!
Er lachte widrig – er gewahrte mein.

Der Trunkne trat mit vollem Humpen vor –
Mir sträubte sich vor Graus das Haar empor;

Mich starr betrachtend, zweifelnd, ungewiß:
»Trink«, schrie er, »siecher Bettler und vergiß!«

Ich bin der Hutten, rief ich, den du kennst!
Er lallte: »Grabentstiegenes Gespenst!«

Ihn stieß ich weg, daß er den Wein vergoß,
Der purpurn über seine Hände floß.

Mit roten Händen, wie im Walde dort
Von meines Vetters Leiche, stürzt' er fort.

Verschollen bin ich auf der Erde schon!
Er wußte nicht, daß ich hieher geflohn.

Warum betrat er meine Friedensflur,
Der Bösewicht, dem ich Verderben schwur?

Der Schaffner wirbt! Schon lange weiß ich drum!
Es treibt sich öfter hier Gesindel um.

Zum Lachen ist's! An meinem Sterbehaus
Hangt Herzog Ulrichs Werbefähnlein aus!

Um Blut gefeilscht wird neben meiner Gruft
Und Schweizerlanzen führen heim den Schuft.

Es scheint, er ist in Zürich angesehn,
Man sieht ihn fleißig in die Predigt gehn.

Doch Ulrich Zwinglis lautres Auge kennt
Den Mann, in dessen Blick die Hölle brennt.

Er weiß, daß dieser wohlbeschaffne Christ
Ein Mörder und ein Ehebrecher ist.

Ich tat Bekenntnis meinem Glück zum Trutz,
Der schnöde Bube tut's aus Eigennutz!

Was mir aus tiefstem Herzen quoll empor,
Hält dieser Heuchler sich als Larve vor!

Mit Christi Jüngern sitzt im Tischverband
Wie Judas er, den Beutel in der Hand.

Der Schurke nahm den reinen Glauben an;
Potz Blut und Wunden, er hat wohlgetan!

Der Meuchler hat das reine Wort bekannt!
Darüber jubiliert das Schwabenland!

Der Gleisner Ulricht zahlt – es ist bequem –
Nicht für den Ulrich mehr von ehedem!

»Rom oder Luther«, spottet er beim Wein,
»Schuh oder Stiefel – *Herzog* will ich sein!«

Ich glaub's, daß er in Stuttgart Einzug hält –
Wer thront im Himmel? Wer regiert die Welt?

Wir stehn in gleichem Lebensalter schier,
Um zehen Jahre schien er jünger mir!

Er ist in voller Manneskraft erblüht,
Ich welke mit verbittertem Gemüt!

Ich büße leichte Jugendsünde schwer,
Den Fluch des Bösen überwindet er!

Er atmet unbeklommen, altert heil,
Und ich? Mir keucht die Brust – das Grab mein Teil!

Er wird von einem guten Sohn geehrt,
Wann längst mich ekles Erdgewürm verzehrt …

Dort gleitet durch die Flut des Mörders Boot –
Kein Wetter brütet, keine Wolke droht!

Gerechtigkeit, bist du nicht außer Amt,
Wirf einen Blitz, der tötend niederflammt!

Dort fährt ein Mörder! Hör, Gerechtigkeit,
Was dir der Hutten in die Ohren schreit!

Der Himmel lacht in unverwölktem Licht –
He, hast du Ferien, himmlisch Hofgericht?

Die Waage falsch! Gefälscht das Schuldenbuch!
Wie Wetterlaunen walten Heil und Fluch –

Halt! Frevle nicht! Die Lästrung sei verweht!
Beleid'ge, Hutten, nicht die Majestät.

LIX

Sturm und Schilf

Mit Gott zu hadern ist nicht wohlgetan,
Es lockt Gesellschaft von Dämonen an.

Durch meine Fensterluke späh ich vor,
Der Wurf der Welle sprüht zu mir empor.

Den schwarzen Riesenbaum am Inselhorn
Umlodert flammender Gewitterzorn.

Aufrauscht's im Schilf, wild fährt der Sturm einher,
An tiefsten Lebenswurzeln rüttelt er.

Der Teufel saust im Wind und pfeift und lacht
Und meinen Namen ruft er durch die Nacht.

»Hei Hutten, der, von Wellenschaum umspritzt,
Auf einer öden Klosterinsel sitzt!

Du gleichst dem Helden deines Scherzgedichts,
Du bist der *Niemand* und zerrinnst in Nichts!

Der du gedurstet und gehungert hast,
Hinweg! Mach Raum für einen klügern Gast!

Dir schlag ich eine Grabesinschrift vor:
›Er forscht für Wolken und er war ein Tor.‹

Fahr hin! Doch eh du stirbst, der Welt ein Spott,
Erleichtre dir das Herz und lästre Gott!«

Gebärde, Teufel, dich nicht allzu wild!
Entgegen halt ich dir des Glaubens Schild!

Den lichten Helm des Heils zerspellst du nicht
Mit deinen Feuerpfeilen, Bösewicht!

Ein Gutes gibt's! Du bist mir ärgerlich –
Und eine Wahrheit! Teufel, hebe dich!

Gesättigt wird das menschliche Geschlecht
Mit Wahrheit werden und getränkt mit Recht!

Der Sturm verstummt. Der Hohn des bösen schweigt …
Dort! Ein Gebilde, das dem Schilf entsteigt!

Es ringt die Hände, wie ein Geist in Pein!
Gebückt und jammernd, wie mein Mütterlein!

»Was wandeltest den Frieden du in Streit?
Warum zerstörtest du die alte Zeit?

Wo dich die Kirche mütterlich begrub
Und triumphierend in den Himmel hub!

Der den erprobten Segenskreis zerriß,
Bist, Hutten, du des neuen Pfads gewiß?«

– Wer flüstert mir so traute Worte zu?
Verschlagner Dämon, wieder bist es du!

Ich glaube nicht an alter Zeiten Glück!
Ich breche durch und schaue nicht zurück!

Hinüber retten wir in neue Zeit
Und edle Form den Hort der Frömmigkeit ...

Wir ziehn! Die Trommel schlägt! Die Fahne weht!
Nicht weiß ich, welchen Weg die Heerfahrt geht.

Genug, daß ihn der Herr des Krieges weiß –
Sein Plan und Losung! Unser Kampf und Schweiß!

Gesiegt! Doch schwer! Mir keucht die Brust so
bang
Wie einem Menschen, der mit Riesen rang.

LX

Die Menschheit

Ich schaute – wundersamer Morgentraum –
In eines Kampfs gestaltenvollen Raum.

Ein mächtig Ringen war's der Geisterwelt,
Von wehnden Flammen wechselvoll erhellt.

In Welschland, wenn ich mich besinnen mag,
Sah schier ich so gemalt den Jüngsten Tag:

Wo, streng gerichtet, was von Even stammt,
Zur Hälfte steigt, zur Hälfte sinkt verdammt.

Doch nein! Die letzte Scheidung war es nicht.
Es war ein mut'ger Sturm empor ins Licht!

Sie rangen alle mit vereinter Kraft,
Beseelt von *eines* Kranzes Leidenschaft.

Wankt' einer wie gelähmt von Pfeilgeschoß –
Den riß empor ein stärkrer Kampfgenoß

Und mancher Kühne stieg in schwerem Flug,
Der einen Wunden auf der Schulter trug.

Da hab ich eines Führers Ruf gehört:
»Der Kerker«, schrie er, »Geister, ist zerstört!

Das Tor gebrochen! Offen ist die Bahn!
Befreit die Brüder! Auf! Empor! Hinan!«

Aus lichten Wolken scholl Posaunenton,
Doch war's ein Siegesjubel, nicht ein Drohn.

Da plötzlich stund ich im Gewölke vorn
Und stieß aus voller Brust ins Jägerhorn.

Aufschwebt' der sel'ge Zug in mächt'gem Drang,
Ich stieß ins Horn, daß mir das Herz zersprang.

Das Sterben

LXI

Feldmann

Land, Wasser, Himmel – rings dasselbe Grau!
Wer ahnte deine Anmut, Ufenau?

Im Schilfe schwadert eine Entenschar
Und kündet frühen Winter diesem Jahr.

Des Schaffners »Feldmann« stellt zur Jagd sich dort.
Noch eine Birsch, bei meinem Ritterwort!

Mir hangt ein ländlich Armbrust an der Wand …
Hier ist's! Der Spanner fehlt, ich spann von Hand …

Gehorche, Ding! Schon manches Seil gestrafft
Hat diese Faust ... Verdammt! Mir fehlt die Kraft!

Wie? eine Träne ... Nieder, täppisch Tier!
Der wackre Köter leckt die Wange mir.

Gelt, wer die Armbrust nicht mehr spannen kann,
In deinen Augen ist's ein armer Mann!

Die wilde Jagd des Lebens geht zu End ...
Komm! Sehn wir, ob im Herd ein Feuer brennt.

LXII

»Der arme Heinrich«

Heut saß ich armer Ulrich still daheim
Und las den »armen Heinrich«, Reim an Reim.

Des siechen Ritters Abenteuer las
Ich gerne, der durch Wunderwerk genas.

Ihr braven Heil'gen, könntet – frag ich nun –
Am Hutten ihr ein schließlich Wunder tun?

Am Hutten? Nein. Da fühlt er selber, wißt,
Wie das von euch zu viel gefordert ist.

LXIII

Anzeige

Mein Ende steht bevor! Mir hat geahnt.
Mich hat mein Franz der Sickingen gemahnt.

Ich saß im abendstillen Kämmerlein
Just zwischen Tageslicht und Ampelschein –

Stracks ging ein Reutersmann durch mein Gelaß.
Er trug ein rot Barett. So schien er blaß …

Ha, Sickingen, du bist's, mein Kampfgespan!
An meine Brust, du redlicher Kumpan!

Da log Frau Fama wieder einmal dreist!
Sie rief ins Land, daß du getötet seist.

Du lebst, mein Vielgetreuer! Du entrannst!
Ich gönne dir's, daß du noch fechten kannst …

Er schwieg. Ich sah des Auges mindre Glut,
Das sonst so trutzig drohte unterm Hut.

Doch schaut' er selig, da die Schattenwelt
Für einen Helden keine Schmach enthält.

An mir vorüber schritt er ohne Wort
Und wandte noch sich an der Schwelle dort.

Und winkte mir gelassen mit der Hand,
Als wollt er sagen: Komm nun! – und verschwand.

LXIV

Der letzte Brief

Mein lieber und gewogner Prugner, merk
Es dir und schick mir etwas Feuerwerk!

Die Lese naht. Da blitzt und pufft und knallt
Es rings um meinen Inselaufenthalt.

Raketen kreuzen sich. Der Böller kracht.
Lodernde Räder rollen in die Nacht.

Nicht was sich dreht und schwingt und spritzt und sprüht,
Schick eine Leuchte mir, die stetig glüht!

Schick eine Kugel mir, die ruhig steigt
Und meiner Insel ganzen Umriß zeigt!

An meinem letzten Feste kost im Schein
Der Geisterfackel ich den neuen Wein.

LXV

Die Traube

Freund Holbein, fehlt im Totentanze dir
Der Dichter noch, so komm und mal mich hier,

In meinem Sessel schlummernd ausgestreckt,
Das Angesicht mit stillem Blaß bedeckt!

Daneben trete leis der Tod ins Haus
Doch laß mir lieber weg der Sense Graus!

Am Bogenfenster siehst die Traube du?
Die male goldig angehaucht hinzu!

Ein blitzend Winzermesser gibst du dann
In die verdorrte Hand dem Knochenmann!

Und der Verständ'ge merkt des Bildes Sinn,
Daß ich die Edeltraube selber bin,

Die heut gekeltert wird und morgen kreist
In Deutschlands Adern als ein Feuergeist.

LXVI

Das Kreuz

Heut ist der erste leidenvolle Tag,
Da ich mich nicht vom Lager heben mag!

Auf seiner Meeresinsel stöhnt' und fleht'
Und wimmerte der wunde Philoktet;

Mir geht das Jammern wider die Natur,
Weit eher noch entführe mir ein Schwur.

Doch beiß ich schweigend nur die Lippe mir;
Denn als ein Christ und Ritter lieg ich hier.

Fernab die Welt. Im Reiche meines Blicks
An nackter Wand allein das Kruzifix.

An hellen Tagen liebt in Hof und Saal
Ich nicht das Bild des Schmerzes und der Qual;

Doch Qual und Schmerz ist auch ein irdisch Teil,
Das wußte Christ und schuf am Kreuz das Heil.

Je länger ich's betrachte, wird die Last
Mir abgenommen um die Hälfte fast,

Denn statt des einen leiden unser zwei:
Mein dorngekrönter Bruder steht mir bei.

LXVII

Ein christliches Sprüchlein

In meinen Leidensnächten ohne Stern
Erlab ich mich an guter Sprüche Kern.

Sankt Paule, der mir zu jeder Frist
Aus dem Apostelbund der liebste bist,

Eins deiner Sprüchlein so von ungefähr
In bittern Nöten bet ich vor mich her:

Es ängstet sich, es sehnt sich allezeit
Die Kreatur in ihrer Endlichkeit.

Oft wird der edle Leib, das schöne Sein
Zum dumpfen Kerker ohne Licht und Schein.

Dann ist es nicht ein hergebracht Gebet,
Es ist der Geist, der in uns seufzt und fleht,

Und wärst du, Gott und Herr, nicht ewiglich,
Ein solches Stoßgebet erschüfe dich.

LXVIII

Ein heidnisches Sprüchlein

Heut fiel mir wieder ein – ich weiß nicht wie –
Ein Spruch aus Sokrates' Apologie:

»Was wartet unser, wann des Erdeseins
Unruhig Licht erlischt – von zweien eins:

Für sel'gen Wandel ein bequemer Raum?
Ein ungekränkter Schlummer ohne Traum?«

Wir Christen haben ein gewisses Licht,
Doch auch ein Heidensprüchlein schadet nicht.

LXIX

Der Strom des Lebens

Mir war: ich fuhr in halber Finsternis
Auf einem Strom, der mich von dannen riß.

Unwiderstehlich, ohne Frist und Halt
Entführte mich die jähe Stromgewalt.

Vorüber glitten dunkel Stadt und Schloß.
Ein ferner Donner scholl. Der Nachen schoß.

Und ich erriet, daß ich den Rhein befuhr
Ein wenig über seinem Sturze nur.

LXX

Scheiden im Licht

Verschärfte Schmerzen foltern mein Gebein,
Doch, soll ich sterben, muß es Morgen sein!

Doch, soll ich aus der Welt von hinnen gehn,
So muß ich erst erhellte Pfade sehn!

In meine Todesschauer sei gemischt
Der Frühe Schauer, der das All erfrischt!

Verstöhnen laß mich hier im Dunkel nicht,
Befreie deinen Kämpfer, starkes Licht!

Auf deinen goldnen Schwingen trägst du Heil,
Erlege mich mit deinem ersten Pfeil!

LXXI

Abfahrt

Ich reise. Freund, ein Boot! Ich reise weit.
Mein letztes Wort ... ein Wort der Dankbarkeit ...

Auch dir, du Insel, meine grüne Haft!
Den Hutten treibt es auf die Wanderschaft.

Noch gibt's zu tun. Geschwind! Wo bleibt der
Kahn?
Die Welle drängt! Ein Segel wallt heran!

Die Firne starren mir ins Angesicht ...
Das bleiche Geisterland erschreckt mich nicht ...

Ein langer hagrer Ferge rudert dort ...
Hehe! Hierher! Es will ein Wandrer fort!

Was hältst du, Freund, mich an die Brust gepreßt?
Bin ich ein Sklave, der sich fesseln läßt?

Gib frei! Gib frei! Zurück! Ich spring ins Boot ...
Fährmann, ich kenne dich! Du bist – der Tod.

ENGELBERG

Eine Dichtung

Ein firnbeglänztes Alpental,
Durchstreift in meiner Jugendzeit,
Stieg vor mir auf mit einemmal
In seiner herben Lieblichkeit,
Mit seinem Himmel tief und rein
Um düster schroffes Felsgestein,
Mit seinen hellen Wasserstürzen –
Ich atmete die Kräuterwürzen!
Was ohne Kunst ich dir erzähle,
Hab ich, o Leser, nicht ersonnen,
Es ist des Alpentales Seele,
Die hier von selbst Gestalt gewonnen.

Frühjahr 1872

I

Einsam und dunkelzackig stand
Des Engelberges schroffe Wand,
Ein wild zerrissen Felsgestein,
Am Morgenhimmel blaß und rein.
Steil senkte manche Schlucht und Rinne
Sich von des Gipfels öder Zinne
Und stieg in breiten, schatt'gen Falten
Hinunter in der Nebel Walten.

Gegenüber thronte silberbleich
Der Titlis in der Lüfte Reich.
Leis schwebt' ihn an ein Rosenglimmer,
Ihn überfliegt ein Freudeschimmer,
Des Königs blasses Haupt erwacht,
Zu Lebensröten angefacht,
Auf seine Stirne tritt das Blut
Und immer wärmer strömt die Glut,
Den Purpurmantel nimmt der Greis,
Dann weckt er seiner Diener Kreis,
Und um den hohen frühen Alten
Beleben sich die Berggestalten.
Die dunkel nun zu glühn beginnen,
Das sind des Engelberges Zinnen.

Jetzt aus der Nebel duft'gem Wallen
Steigt feierliches Glockenhallen,
Und in des heil'gen Tones Kreis
Zerteilen sich die Schleier leis.

Das Kloster in des Tales Grund
Tut seines Abtes Hingang kund.
Es ist das alte Gotteshaus,
Zu dem die Pilgerwege führen,
Seit hier gesiegt im Todesgraus
Der Märt'rer Kurd von Seldenbüren,
Und über ihm die Engel sangen
Und immergrüne Palmen schwangen.

Es ruft der Glocken ehrner Mund,
Bis morgenhell der Wiesengrund,
Wo stattlich sich die Klöster sonnen,
Eins heil'ger Mönche, eins der Nonnen.

Aus Bergestannenschatten tritt
Ein Mann mit rüst'gem Wanderschritt,
Das schwarze Mönchsgewand geschürzt,
Der querfeldein die Wege kürzt.
Ein fest entschlummert Mägdlein liegt
Blond seiner Schulter angeschmiegt,
Er hält die zarte Last geborgen
Im Priesterkleid mit frommen Sorgen.
Rasch schreitet durch die feuchten Aun
Er hin zum Klostertor der Fraun
Und vor dem heil'gen Zufluchtsorte
Pocht kräftig jetzt er an die Pforte.

Da wird vom kleinen Gitter oben
Gemach das Lädlein weggeschoben,
Und es bescheint das Tageslicht
Ein runzelvolles Angesicht.
Er grüßt: »Gelobt sei Jesus Christ!«
– »In Ewigkeit!« spricht Schwester Marthe,

»Hilar, Ihr kommt zu guter Frist,
Schon seit der ersten Frühe harrte
Ich sehnlich, daß mir Nachricht werde,
Wie unser Gnäd'ger ließ die Erde.
Wohl, dacht ich, wird sich heut erwahren,
Daß singend Engel niederfahren,
Wie's frommen Äbten oft geschehn
Vorzeiten beim Vonhinnengehen.
So gab ich auf das Wunder acht
Und lauschte still die ganze Nacht.
Da hört ich um die Morgenhelle
In meinem eifrigen Gebet
Musik der himmlischen Kapelle,
Vom Engelberge hergeweht.«
Jetzt wiegt gedankenvoll Hilar
Das Haupt und spricht: »Du redest wahr!
Was hier dein gläubig Ohr entzückt,
Am Berg ward ich's zu schaun beglückt!«
– »Um Gott, Ihr saht den Engelreigen?«
– »Demut gebietet mir zu schweigen.«
– »Zu solchem wart Ihr auserwählt?
Gesegneter des Herrn, erzählt!«
– »So höre, kann es dich erbaun,
Was ich gewürdigt ward zu schaun;
Doch kümmerlich nur kann erreichen
Mein armes Wort, was ohnegleichen.
Kurz ehe Tag und Nacht sich scheiden,
Stieg auf ich zu des Rotstocks Weiden,
Allsommerlich muß dort nach alten
Gebräuchen ich die Messe halten,
Und eben klettert ich entlang
Des Engelberges steilen Hang.

Ein Wölklein schwebt' am Firmament,
Als hätt es, eine weiße Locke,
Vom Titlishaupt sich losgetrennt,
Doch immer schneller wuchs die Flocke,
Sie flog im Morgenwind heran
Und dehnte sich zum Wolkenkahn.
Beweglich schienen seine hellen
Durchsicht'gen Segel sich zu schwellen,
Es ließen ihn die dienstbereiten
Frühwinde rasch talüber gleiten,
Und wenn ihm eine von den scharfen
Berglüften nah vorüberstrich,
Erschauert' es wie Geisterharfen,
Wie süße Saiten regt' es sich.

Es war die Barke oder Wolke
Gefüllt mit festlich frohem Volke.
Inmitten stand in wehndem Schleier
Die hehre Königin der Feier,
Cäcilia mit sel'gem Schall,
Des Paradieses Nachtigall,
Umringt von edler Knaben Schar:
Und aus dem Nachen hier und dort
Sahn blonde Kinder morgenklar
Mit frohen Augen über Bord.

Jetzt hat der Nachen angelegt,
Wo hoch der Berg die Zinne trägt.
Den Felsengipfel wild gezackt
Betritt die Meisterin im Takt,
Und mit den Flöten, mit den Geigen
Umlagert sie der helle Reigen,

Bereit den Abbas zu begrüßen;
Die Kleinsten saßen ihr zu Füßen,
In ihres Mantels Schutz gehalten,
Und spielten mit den Purpurfalten.

Ich schlich mich klimmend in die Nähe,
Ob ich vernehme, was geschähe.
Andächtig an geborgnem Orte
Hört ich der Heil'gen süße Worte.
Sie sprach: »Sein Stündlein ist gekommen
Dem greisen Engelbergerabt,
Herr Heinrich war vor allen Frommen
Mit Liebe zur Musik begabt,
Der Violine süße Geister
Gehorchten ihm als ihrem Meister.
Sankt Jürg, der flugs vom Leder zieht,
Ist tapfern Rittern ein Behüter,
Ich hege, das ist mein Gebiet,
Melodisch friedliche Gemüter.
Herr Heinrich hat mir frommgemut
Kapell und Altar aufgebaut,
Da steht mein Bild in Rosenglut
Und lächelt hold wie eine Braut.
Sein Klostervolk erzog er sich
Mit Hunger nicht und Geißelstreich,
Er schuf's mit sanftem Bogenstrich
Zum heiligsten im deutschen Reich.
Doch nun ist ihm das Blut versiegt,
Ich sehe, daß er sterbend liegt.
Noch möcht er nach dem Bogen greifen,
Doch ist er seiner Hand zu schwer,
Und mit der abgezehrten, steifen

Pflückt auf der Decke Blumen er.
Stimmt an! Daß ihm der Tod nicht bang,
Tun wir ihm Beistand mit Gesang!«

Sie winkt! Ein heller Chor erscholl,
Ein Kinderjubel himmlisch klar,
Der Heil'gen mächt'ge Stimme quoll
Aus Herzenstiefen wunderbar.
Und, sieh, da kam der Abt gezogen,
Das Antlitz licht und das Gewand,
Und Geige gaben gleich und Bogen
Sie dem Verklärten in die Hand.
Herr Heinrich musizierte leis,
Umgaukelt von dem hellen Kreis.
Wie sich ein Kranz in Eile flicht,
Wie Blume sich an Blume reiht,
Schwebt' Angesicht zu Angesicht
In unschuldsvoller Fröhlichkeit;
Und mit verstärkter Macht erscholl
Der Jubelsturm, der Freudechor,
Der Zug bewegt' sich wonnevoll,
Und wiegte sich, und schwand empor.

Wie noch ich in Verzückung stand,
Quoll Glockenton aus Talesgründen,
Den Klosterleuten rings im Land
Des frommen Herren Tod zu künden.«

Jetzt faltet Marthe froh die Hände
Und spricht: »Fürwahr, ein herrlich Ende!«
Fortfährt Hilar nach kurzem Sinnen:
»Hei, dacht ich, das ging rasch von hinnen!

Wenn sie so keck gen Himmel fahren,
Mich sollt es wundern, ob nicht eines
Zurückblieb aus den hellen Scharen,
Ob nicht verlorenging ein Kleines?
Wo Englein rings an Englein lacht,
Wie hätte man auf jedes acht?
So denkend, schon gewandt zum Gehn,
Fiel ein mir, rückwärts noch zu sehn.
O Wunder! An des Berges Zinnen
Sah wehen ich ein blankes Linnen!
Ich trat heran. Da saß ein Kind,
Mit seinen Locken spielt' der Wind,
Zum Hemdlein war die lichte Schwinge
Gewandelt! Das sind hohe Dinge!
Ein Mägdlein schien's. Wie ging das her?
Es ist dem Menschengeist zu schwer!
Die Heil'ge war nicht zu errufen,
So hob ich's in die Arme sacht
Und stieg hinab des Berges Stufen.
Hier ist's! Ich hab es dir gebracht.«

II

Die Pförtnerin des Klosters stand,
Ein blondes Mägdlein an der Hand,
Vor der Äbtissin Angesicht,
Drin Strenge dämpft der Schönheit Licht.
Demütig klingt das Wort der Alten:
»Wohl kann ich noch der Pforte walten,
Doch, wenn's die strenge Regel litte,

Hätt ich, Frau Mutter, eine Bitte.
Mein Ohr wird taub, mein Tritt wird schwer,
Mein Blick hat keine Schärfe mehr.
Dies Waislein, das heut hergekommen,
Und das so fremd und schüchtern blickt,
Zu Hilfe mir und ihm zu Frommen
Hat's uns der liebe Gott geschickt.
Mir wär's zu manchem Dienste schicklich,
Wenn erst ich's unterwiesen habe,
Und jetzt schon ist es mir erquicklich
Als Alterstrost und Augenlabe.
Erhöre, Herrin, mein Gesuch,
Mit deiner Herde laß es weiden!
Gewähr ein Restchen Klostertuch,
Das nackte Würmchen zu bekleiden!«
Dann raunt' zum Kinde sie gewandt:
»Arm Engelchen, küß ihr die Hand!«
Und nieder auf die fremde Kleine
Blickt' flücht'gen Augs die stolze Reine
Und winkte gnädig lächelnd: Ja.

So blieb im Kloster Angela.

Im Gotteshaus. Doch fern den Zellen
Und unbekannt den Himmelsbräuten,
Reicht sie mit Marthen vor den Schwellen
Die Zehrung armen Pilgersleuten.
Hilarius riet der gläub'gen Alten,
Das Wunder still für sich zu halten.
Sie schwieg, doch ihre Lust ist groß,
Daß sie zu pflegen ward erlesen
Ein Kind, das in Cäciliens Schoß

Ein singend Englein schon gewesen.
Die fromme Neugier, ungestillt,
Ward täglich schwerer ihr zu tragen,
Bis einst der Mund ihr überquillt,
Verblümt den Engel auszufragen:
»Siehst du die Herde, Kind, im Blau?
Die Schäfchen auf der Himmelsau?
Sie ziehn zum Engelberge dort –
Besinne dich! Du kennst den Ort!
Du warst ja bei den Reinen droben,
Die Gott mit feinen Harfen loben!
Du schwebtest durch den Himmelsglanz
Auf Flüglein schon im Ringeltanz!

Du schweigst! Heut bist du nicht gelaunt?
Flögst wieder lieber mir von hinnen?«
Das Kindlein sieht sie an erstaunt
Und sinnt; es kann sich nicht besinnen.
Sein Blondkopf sinkt vom Denken schwer,
Bis es entschlummert in den Decken.
Frühmorgens ist sein Lager leer
Und Marthe außer sich vor Schrecken!

Im Hemdlein wandert durch das Tal
Ein Kind im Morgensonnenstrahl
Und sieht die Schäfchen hocherfreut
Lichtweiß am Engelberg zerstreut,
Vergnügt will nach den Silberstreifen
Es wie nach hellem Spielzeug greifen.
Dann setzt es, klüger schon bedacht,
Ein Füßchen vor das andre sacht
Und wandert nach des Berges Neige,

Daß ungesäumt es ihn ersteige.
Es schreitet durch der Matten Grün,
Blaufalter flattern, Blumen blühn,
Und allwärts winken und verlocken
Im Wiesengrunde Stern' und Glocken.
Die Kühe liegen wiederkauend,
Aus braunen großen Augen schauend,
Und eine hebt sich, schön gefleckt,
Die feuchten Nüstern vorgestreckt,
Es sagt ihr Blick mit Neubegier:
Wer ist das feine Mägdlein hier?
Ihr lacht das Kind ins Angesicht:
Was du mich fragst, das weiß ich nicht!
Jetzt klimmt es schon an steilem Hang
Und kriecht ein rauh Gestein entlang,
Doch hüten sich die scharfen Spitzen,
Die zarten Sohlen ihm zu ritzen.
Nun aber steht es still und lauscht:
Was kommt so eifrig hergerauscht?
Ein Gießbach, der sich silbern schwingt
Und über träge Felsen springt.
Es spricht: »Ich sehe, du hast Eile,
Drum laß ich dich vorübergehn!«
Und es ergötzt sich eine Weile
Den krausen Wellen nachzusehn.
Jetzt, meint es, hüpft ins Tal er nieder,
Da kommt er von der Höhe wieder.
Müd setzt es sich auf einen Stein
Und harrt und harrt und schlummert ein.

Am Felsen klirrt ein sichrer Tritt,
Es rieseln Sand und Kiesel mit,

Und einer Sense schneidend Licht
Blitzt über dunkelm Angesicht.
Ein Heuer trägt die duft'ge Last
Von Gras in grobes Tuch gefaßt;
Und wie das Mägdlein goldgehaart
Am Bache sitzen er gewahrt,
So ruft er: »Wen erblick ich da?
Die kleine Kloster-Angela!
Was willst du an der Felsenwand?«
– »Heim zu den Himmelschwesterlein!«
Hell lacht er: »Kleiner Unverstand!
Da muß du erst gestorben sein.
Das hat noch Weile. Komme jetzt!«
Auf einen braunen Arm gesetzt,
Kehrt Engel heim von seiner Flucht
Zu Marthen, die verzweifelnd sucht.

Seit solches Unheil ihm entsprossen,
Blieb Marthens kluger Mund geschlossen.
Nie läßt das Kind sie außer acht,
Mit Fleiß es hütend Tag und Nacht;
Man fand es sicherlich um Marthen
Im Pfortnerstübchen und im Garten,
Und mit der Alten durch die Luken
Sah man ein lustig Englein gucken.
Gern folgte durch die Turmesengen
Der Glöcknerin sie zu den Strängen
Und in der Glocken schütternd Hallen
Ließ sie das kleinste Glöcklein schallen.
Auch lernte sie die Spindel drehn
An sonnenlosen Wintertagen
Und durfte bunte Bilder sehn

Und hörte schöne Heil'gensagen.
So lernte sie die Märt'rer kennen
An Rad und Rost, an Schwert und Pfeil
Und auf den ersten Blick benennen
Nach eines jeden Todesteil.

Im Chore war sie nicht zu finden,
Wann dort die Schwestern Mette sangen,
Doch durfte sie die Sträuße binden,
Die rechts und links am Altar prangen.
Im Garten suchte sie das Beste
Zum Farbenschmuck der Kirchenfeste,
Mit vollen duft'gen Blumenketten
Bekränzte sie die heil'gen Stätten
Und flocht aus weichem Moos und Eppich
Dem Fuß des Priesters einen Teppich.

Und wann die Kirche sie betrat,
Ob morgens früh, ob abends spat,
Vor Gottes Mutter fromm das Knie
Zu beugen, sie versäumt' es nie,
Sie grüßte treugesinnt die Milde,
Die auf gen Himmel fährt im Bilde.
An ihrem Wolkenschemel hangen
Die Engelknaben ohne Bangen
Und einer lacht sie schelmisch an:
Da bist du wieder, Herzgespan!
Und einer neigt sich aus dem Chor
Und streckt die Hand: Fahr mit empor!

III

Zwölfmal des Eises Decke schmolz,
Zwölfmal ergrünte frisch das Holz;
Doch Engel kümmert' nicht die Flucht
Der Zeit, der eil'gen Stunden Jagd,
Sie wuchs in Fleiß und strenger Zucht
Empor zur schlanken, hohen Magd.
Ihr Antlitz schimmert blaß und fein,
Märzglocken gleich am feuchten Rain,
Die halb noch blühn im Winterschatten,
Bevor die Sonne wärmt die Matten;
Doch ihrer weißen Stirn entsproß
Von blonden Haaren eine Macht,
Die sich verschwenderisch ergoß
In schwerer Ringe goldner Pracht,
Und unter diesen stolzen Wogen
Ging sie, den Nacken still gebogen.

Vor wenig Tagen war's geschehn,
Daß Schwester Marthe, wohlversehn
Mit Trost, in friedlichem Erblassen
Die Zeit gesegnet und verlassen.
Im leeren Pförtnerkämmerlein
Haust Engel nun am Tor allein.

Sturm brauste, Mitternacht war nah,
Als an das Tor ein Schlag geschah
Und durch das Fensterlein, das enge,
Schaut Engel in ein Roßgedränge,
An Lanzen, Helm und Harnisch bricht
Sich unstet flackernd Fackellicht,

Die Renner stampfen mit den Hufen,
Von wilden Stimmen wird gerufen
Und wieder kracht aufs Tor ein Streich:
»Wir sind erwartet! Öffne gleich!«

Da eilt sie durch des Hofes Schweigen
Die Klostertreppen zu ersteigen,
Es fallen auf die dunklen Steine
Der Bogenfenster helle Scheine,
Noch brennt die Ampel im Gemach,
Noch ist die Abbatissin wach.
Auf des gewölbten Ganges Wegen
Tritt ihr die Herrin schon entgegen
Und tut ihr mit gestrengem Mund
Des Klosters späte Gäste kund:
»Mein Bruder ist, der Kyburg, da.
Schließ auf die Pforten, Angela!«

Rasch öffnet sie des Tores Flügel,
Und Herr und Dame ritten ein,
Die Fremde gleitet aus dem Bügel,
Eh man zu Dienst ihr konnte sein,
Und als an der Äbtissin Hand
Sie auf der Klosterschwelle stand,
Wie war sie still, wie war sie bleich,
Als trete sie ins Totenreich!
Und die das weiße Bild gebracht,
Verschwanden wieder in die Nacht.

Sobald der Wintermorgen wach,
Ward in der Herrin Vorgemach,
Das stets mit Demut sie gemieden,

Die blonde Angela beschieden.
Am Fenster saß die fremde Maid,
Die Stirn gefurcht und schwer von Leid,
Versunken in die Flocken starrend,
Auch sie der Abbatissin harrend.
Aufschreckt die Träumende das Wort
Der Mutter: »Friede sei mit dir!
Dich, Engel«, fuhr die Herrin fort,
»Geb ich dem edeln Fräulein hier
Zu Dienst und Pflicht in meinem Haus.
Was sie dich heißt, das richte aus.
Sei willig ihr zu allem Guten,
Was ihr beliebt, dir zuzumuten.
Zeigst du dich treu, wo du berufen,
Heb ich dich wohl zu höhern Stufen,
Denn, ob du auch von den Geringen,
Zur Laienschwester kannst du's bringen.
Sei, Nichte, hier in deiner Stille
Dir tröstlich Engels guter Wille!«

Und Engel zeigte sich getreu
Und ließ sich dienstbar gern erfinden,
Doch blieb ihr eine bange Scheu
Vor ihrer Herrin zu verwinden,
Und oft mit leiser Furcht betrachtet
Sie dieses Antlitz schwer umnachtet.
Die Brauen schließen sich, die feinen,
Auf friedeloser Stirn zusammen,
Und unter seidnen Wimpern scheinen
Bald trüb die Blicke, bald wie Flammen.
Oft saß sie da in trägem Staunen,
Oft schritt sie schnell und ohne Rast,

Heut ist sie herrisch, herb von Launen,
Und morgen weich und kindlich fast,
Unnahbar jetzt in sich verschlossen,
Mit heißen Tränen dann begossen.
Oft sucht sie eifrig in der Schrift
Nach einem Spruch, der sie betrifft,
Dann läßt sie wieder, leer an Glauben,
Die heil'gen Rollen sich bestauben;
Und nimmt die Laute sie zur Hand,
Läßt mitten in den süßen Tönen
Sie wie an einer Felsenwand
Ihr Lied zerschmettern und verstöhnen.

So hausten in derselben Zelle
Das dunkle Wesen und das helle.

IV

Noch lag der blanke Schnee im Tal,
Doch schien der Märzensonne Strahl.
Zur Mittagstunde rauschte schon
Des Schmelzens frischer Rieselton;
Doch unterm Himmel licht und warm
Lag kalt die Erde noch und arm.
Am Gitterfenster heischten Speise
Der Sperling und die Spiegelmeise;
Und Engel, saß die Herrin stumm,
Von Gram verdunkelt um und um,
Begann die Vögel zu erfreuen,
Brotkrumen auf den Sims zu streuen,
Und durch die Gitterstäbe schritten
Sperling und Fink mit freien Sitten,

Das fromme Kloster, wußten sie,
Ermangelt reichen Vorrats nie.

Als einst sie durch die Gitter schlüpften
Und lustig auf dem Simse hüpften,
Fuhr auf im engen Zellenraum
Schön Jutta wie aus bösem Traum,
So daß erschreckt von ihrem Feste
Entflohen die gestörten Gäste.
Sie trat ans Fenster, seufzte tief,
Sie griff durchs Gitter und sie rief:
»Husch! Dürft auch ich die Flügel regen!
Fortbrausen mit dem wilden Bach!
Schon vor der Sonne auf den Wegen
Und noch mit Mond und Sternen wach,
Mein Brot erbettelnd ohne Scham,
Statt zu verschmachten hier im Gram!«

Da sah sie Engel an entsetzt,
Sprach: »Rauh ist noch der Winter jetzt,
Und rauh ist auch der Menschen Art,
Der Erdenweg bedornt und hart.
Sind nicht wir in des Klosters Hut
Bewahrt vor Fehl und Fährde gut?«

Drauf Jutta: »Wie du kindisch bist!
Du weißt nicht, was das Leben ist!
Was wär's, was dich von dannen triebe,
Kennst doch du weder Haß noch Liebe!
Doch wer den stolzen Flug versucht,
Der auf des Glückes Gipfel führt,
Doch wer die süße Lebensfrucht

Mit durst'gen Lippen schon berührt,
Der lernt die Höhn und Tiefen kennen,
Der weiß, wie Haß und Liebe brennen,
Und ob er auch zerschmettert wäre,
Ihn schaudert vor der Klosterleere.

Hör an! Du wirst mich nicht verraten!
Ich seufze hier im Kerker, Kind!
Gewalt an meier Freiheit taten,
Die mir zum Schirm verpflichtet sind.
Ich bin verwaist seit jungen Tagen,
Man hat mich von der Eltern Gruft
In meines Oheims Burg getragen,
Kyburg, umweht von Waldesluft.
Mit mütterlicher Treue minnte
Die Muhme mich, die mildgesinnte.
Vom Ohm war wenig nur die Rede,
Er lag am Hof und zog in Fehde.
Zu Haus erspeichert der Verhaßte
Durch schnöden Druck das dort Verpraßte.
Ihm lebt ein Sohn – er gleicht ihm nicht.
Wir spielten an der Muhme Knie,
Vom Morgenschein zum Abendlicht
Verließ er die Gespielin nie.
Er machte sich mit mir zu schaffen,
Daß ich die Armbrust führen lerne,
Im Winter saßen wir beim Pfaffen
Vor *einem* Buch und lernten gerne;
Und als wir wuchsen, ward der Jagd
Von uns gepflegt im grünen Tann,
Den Junker und die Edelmagd,
Die kannt und grüßte jedermann.

Wetteifernd blieben wir Genossen
Mit gleichen Waffen, gleichen Rossen.
Mich machte keine Kluft erbleichen,
Denn nicht an Mut wollt ich ihm weichen.

Und einig erst in Kindesmut,
Bald wurden wir's in Liebesglut.
Und tat es nicht der Muhme Mund,
Ihr Auge segnet' unsern Bund.
Sie starb und ließ mich Herrin fast,
Mir huldigte Gesind und Gast.
Doch eines Tags, weh unserm Glück!
Kehrt unversehns der Ohm zurück.
Er grüßt' mich kaum, so rief er schon
An seine Seite sich den Sohn.
Erst leert' er jach den vollen Becher,
Dann sprach zurückgelehnt der Zecher:
›Hug, eine Herrin muß aufs Schloß!
Ich kürte dir ein Ehgenoß,
Das Fräulein ist's von Rapperswyl.
Der Handel eilt, wir reiten morgen,
Denn drüben gibt's ein Ritterspiel;
Das Weitre magst du selbst besorgen.
Das Goldkind ist uns zugesagt,
Wir reiten morgen, eh es tagt.‹

Ich stand dabei mit dumpfer Stirn,
Er sah mich an: ›Du, bleiche Dirn,
Du mußt, ich kann dir's nicht ersparen,
Nach Engelberg ins Kloster fahren.
Schon sandt ich dessen Kunde gestern,
Dort waltet eine meiner Schwestern.

Du bist von altem edeln Blut,
Doch freit dich keiner ohne Gut.
So magst in Kirchendienst zu treten,
Für unsrer Seelen Heil zu beten.‹

Hug konnte keine Frist erbitten,
Und als sie früh vor Tag verritten,
Stand ich am Tor im Morgentaue,
Von Harm das Auge schwer befeuchtet,
Er schwieg, doch hat ein: Harre, traue!
In seinem Blicke hell geleuchtet.

Ich hab ihn nimmermehr gesehn!
Nach dreien Tagen ist's geschehn,
Da stieß der Türmer grell ins Horn.
Einritt der Graf in wildem Zorn
Und herrscht' mich an: ›Mach dich bereit!
Nach Engelberg! 's ist hohe Zeit!‹
Jetzt kennst du meines Unheils Lauf,
Tatst du ja selbst das Grab mir auf!«

Stumm lauschte Engel der Geschichte
Der Herrin, stumm und atemlos,
Dann rollten ihr vom Angesichte
Die hellen Zähren in den Schoß.
»Wir wollen zu den Heil'gen flehn«,
Sagt sie, »so wird es besser gehn,
Und eines sicher dir beschieden,
Ob Erdeglück, ob Himmelsfrieden.
Komm, knien wir vor den Helfern!« – »Nie«,
Schreit Jutta wild, »ich hasse sie!
Lang lag ich auf den Knien betört,

Es hat mich keiner je gehört!
Nein, laß uns raten, laß uns sinnen!
Doch, ach, ich kann ja nichts beginnen!
Wüßt ich, wo der Geliebte weilt,
Ich wäre längst zu ihm geeilt,
Die Riegel hätt ich längst zerbrochen,
Gelaufen wär ich Tag und Nacht
Und hätte mich mit Herzenspochen
Im Jubel ihm zurückgebracht!
Doch er, er kennt ja meine Ketten!
Er muß mich suchen, muß mich retten!
Wär er durchströmt von meinem Blut,
Er steckt' in Flammen dies Gemäuer,
Er trüg in Liebesfrevelmut
Mich hoch im Arme durch das Feuer!
Und kommen wird er – Engel, glaub
Es mir – und holen seinen Raub!
Ich bin umstellt, ich bin bewacht,
Auf dich, o Kind, hat keiner acht.
Du kennst den Turm, du weißt die Pforten,
Laß Blicke schweifen allerorten!
Steig auf die Höhe, nimm den Lauf
Bis an des Klostertales Grenzen,
Sieh, ob von Grafenort herauf
Nicht Speere durch die Tannen glänzen!
Geh täglich, stündlich! Hab Erbarmen,
Bring Lust und Leben einer Armen!«

Und Engel ging. Und klang ein Huf,
Blitzt' ein Geschirr, erscholl ein Ruf,
So pocht' ihr freudig selbst das Herz,
Sie fühlte selbst Enttäuschungsschmerz,

Wenn's friedlich nur ein Säumer war
Mit schwer beladner Mäuler Schar,
Die langsam, eines nach dem andern,
Auf rauh besteinten Pfaden wandern.

So zwischen Hoffen und Verzagen
Spann eine Reihe sich von Tagen.

Jetzt drang der Lenz ins Tal mit Macht,
Warm ward der Tag und lau die Nacht.
Die Bäche rauschten frischen Klang,
Das Grün aus Baum und Wiese sprang.
Da sprach einmal die gnäd'ge Frau:
»Such, Engel, Blumen auf der Au!
Du mußt uns heut die Kirche schmücken,
Wie deiner Hand, will's keiner glücken.«

Und Engel tat, wie ihr befohlen,
Sie ging und kehrt' mit flüchtgen Sohlen,
Von ihrer Lieblingsarbeit helle
Kam sie zurück in Juttas Zelle.
Die sitzt versteint, ihr Auge brennt,
Sie starrt auf einen goldnen Reif,
Daneben liegt von Pergament
Ein schmaler, frisch beschriebner Streif.
Und Engels klares Auge trifft
Den Spruch, der Juttas Blicke bannt:
Weh! Jutta vale! sagt die Schrift.
Und Engel forscht: »Von wessen Hand?«
– »Von ihm. Der Ring ist wieder mein,
Und morgen kleiden sie mich ein.«

Des Tages lange Helle wich,
Das Dunkel kam und senkte sich,
Und Engel lauschte bang im Düstern
Und hörte nur ein stetes Flüstern,
Das lauter wurde manche Male,
Dann tönt' es: Vale, Jutta, vale!
Und drauf ein Schrei! Dann gleicherweise
Beginnt das Flüstern wieder leise.

Als Engel auf den Laden schloß
Und Morgenglut durchs Fenster floß,
Erhebt sich Jutta rasch und preßt
Das Antlitz an das Gitter fest.
Der Garten sendet auf zu ihr
Der morgenfrischen Erde Düfte,
Sie schlürft den Balsam mit Begier,
Sie trinkt und trinkt die würz'gen Lüfte.
»Ich wittre Freiheit!« ruft sie jetzt
Und zittert leis im Morgenschauer.
»Sieh, Engel, schimmern taubenetzt
Das Röslein an der Klostermauer! ...
Wie ist es frisch, wie ist es rot,
Das erste, das der Frühling bot!
Bringst du mir's nicht?« ... Und Engel blickt
Und eilt der Herrin gleich zuliebe
Unmöglich daß, von ihr geschickt,
Im kleinsten Dienst sie lässig bliebe.
Schon fliegt sie durch die grünen Gänge,
Schon späht sie durch das Blattgedränge,
Sie hat den Zweig herabgezogen,
Sie hat die Rose schon gepflückt,
Dann winkt sie nach dem Fensterbogen

Und zeigt das junge Rot beglückt
Und wieder eilt sie, wie auf Schwingen,
Der Herrin Lenzesgruß zu bringen.

Nun steht sie in der Tür und graut
Vor dem Verderben, das sie schaut.

Schön Jutta liegt lang hingestreckt,
Die Stirn zerschmettert, blutbedeckt.
Berieselt ist mit dunkelm Blut
Die Mauer, hell von Morgenglut,
Und alles still. Ein Vöglein nickt
Am Fenster nur, das Krumen pickt.

Und Engel wirft in tiefstem Jammer
Sich nieder in der Unglückskammer,
Der Herrin Haupt, noch ist es warm,
Sie hebt's und faßt's in ihren Arm.
Aus Juttas Auge bricht ein Strahl,
Flammt ein Triumph: Nun bin ich frei!
Dann flackert's auf zum letztenmal,
Erlischt und starrt. Es ist vorbei.
Streng wird der Toten Angesicht
Und furchtbar, Engel kennt es nicht.
Noch hält sie's stets im Arm entsetzt –
Horch! ferne Tritte hallen jetzt,
Sie kommen näher, und die Magd
Springt auf, von jähem Schreck gejagt,
Sie gleitet über Gänge, Stufen,
Sie flieht, und hört sich noch gerufen,
Angstvoll mit furchtbetörten Sinnen
Stürzt aus dem Kloster sie von hinnen.

V

Talauf, durch taubeträufte Matten!
Sie achtet nicht auf Pfad und Gruß.
In dämmerfeuchte Tannenschatten
Trägt sie der angstbeschwingte Fuß,
Jetzt über eines Stammes Brücke,
Darunter Wellen wirbelnd jagen,
Jetzt durch die Schlucht, wo Felsenstücke
Als ungestalte Pforte ragen,
Jetzt über wirre Wurzelschlangen,
Davon die Erde weggewaschen,
Zuletzt, wo jäh die Wände hangen,
Hemmt ratlos sie den irren, raschen.
Noch drang der Morgensonne Licht
In diese tiefe Wildnis nicht.

Sie lehnt sich an die Felsenwand,
Von der ein Bach herniederschmettert,
Das Antlitz birgt sie mit der Hand,
Die andre hält noch unentblättert
Die Todesrose. Durch das Moos
Rinnt Waser, sie ist tränenlos.

Die Tannenschlucht ist wohlbekannt
Im ganzen Engelbergerland.
In des Gebirges Wall gerissen,
Ist sie von Felsen rings umstellt,
Und da jedweden Weg wir missen,
Heißt hier das Ende es der Welt.

Die Rose fällt aus Engels Hand.
Die Maid erwacht aus ihrem Sinnen
Und schaudert – blutig ihr Gewand!
Da sieht sie helle Wasser rinnen,
Und klettert rasch von Stein zu Stein
Zur Welle, wie Kristall so rein.
Sie kniet und hält das Kleid entgegen
Dem frischen Guß, dem Silberregen;
Und wie sie's taucht, und wie sie's reibt,
Und tief am Bache knien bleibt,
So hat sie nicht ihn kommen sehn,
Der keck von Fels zu Fels sich schwang,
Wo dort die Kluft im Berge nachtet,
Dann raschen Fußes niedersprang
Und nun sie lange schon betrachtet.

Der Köcher mit der Pfeile Bund,
Die Armbrust tut den Jäger kund.
Er trägt sich nicht nach Talessitte,
Sein Antlitz ernst, von fremdem Schnitte,
In dem sich Kraft mit Huld versöhnt,
Ist Sonn und Winde wohl gewöhnt.
Des sichern Auges scharfe Helle
Ruht auf dem Mägdlein an der Welle.

»Was schaffst du?« fragt er jetzt. Sie blickt
Von ihrem Tun empor, erschrickt
Und schweigt. »Geschah dir Leid? Sag an!
Hast selber Leides du getan?
Steh Rede.« – »Groß«, versetzt die Maid,
»Ist meine Schuld und groß mein Leid.«

Und ihre Wimpern sich beschweren
Sieht er mit jammervollen Zähren.

Da springt er auf den andern Rand
Des Bachs und nimmt sie bei der Hand:
»Wie helf ich dir? Gib mir Bericht!
An gutem Willen fehlt es nicht.«
Nun wagt sie's, offen anzuschaun
Den Fremdling, und sie faßt Vertraun;
Es ahnt ihr unverfälscht Gemüte
In seinem graden Wort die Güte.

Da liegt ein moosgefleckter Stein,
Der ladet sie zum Sitzen ein,
Und Engel sagt, wie alles kam,
Erzählt von Juttas dunkelm Leid,
Von ihrem wilden Liebesgram,
Von dem gehaßten Nonnenkleid,
Wie Jutta stand in schwacher Hut,
Wie Jutta liegt in ihrem Blut.

Sie endet, und ein Weilchen sinnt
Der Mann und schweigt, eh er beginnt:
»Maid, was geschehn ist, ist geschehn,
Die Welle kann nicht rückwärts gehn.
Mit Jutta wollen wir nicht rechten,
Die übergab sich fremden Mächten.
Dein Fehl dagegen dünkt mich klein.«
Doch Engel schreit in Ängsten: »Nein!
Sie zu verlassen unbedacht,
Hieß öffnen ihr des Grabes Pforte!«
– »In Irrung hat sie dich gebracht

Durch ihre trügerischen Worte.
Am besten drum zu deinem Glück
Kehrst du ins Kloster still zurück,
Und wenn die Frauen hart dich schelten,
So lässest du es ruhig gelten.«

Eh sein gelassen Wort verklingt,
Die Magd empor vom Sitze springt,
Die Hände streckt sie wie zur Wehr
Und ruft erschaudernd: »Nimmermehr!
Was Jutta in den Tod getrieben,
Das kann ich fürder nicht mehr lieben!«

Des goldnen Haars empörte Flut,
Der jungen Wange schnelle Glut,
Der hellen Augen Zornesfeuer,
Er schaut's mit Lust. Sie wird ihm teuer.

»O Maid, ich riet es dir zum Heil,
Und wußte dir kein besser Teil.
Wenn selbst ich Hof und Heimat hätte,
Böt ich dir wohl die Zufluchtsstätte;
Doch mich erwartet kein Gesind,
Mich herzt kein Weib, mich kost kein Kind;
Ich hause hoch am Engstlensee,
Mein Nachbar ist der Titlisschnee,
Und mir gehorchen wohlerzogen
Als meine Diener Pfeil und Bogen.«

»Herr«, sprach die blonde Maid in Harm,
»Auch ich bin heimatlos und arm!
Zur Hilfe bist du mir erschienen,

O laß mich mit dir gehn und dienen!
Nie hab ich hartes Werk gescheut,
Wenn mich ein gutes Wort erfreut;
Ich habe zu dir mehr Vertrauen
Als zu den bleichen Klosterfrauen.«

Ein Lächeln in des Mundes Ecken
Kann kaum der krause Bart verstecken.
Er blickt sie an, als wollt er wägen
Ihr Herzensgold streng und genau,
Doch wie ein arglos Kind entgegen
Kommt ihm das Auge treu und blau.
Tief schaut er in den vollen Quell.
Er ist von lautrer Unschuld hell.
Jetzt sinnt er ernst, den Blick gesenkt,
Die Arme auf der Brust verschränkt,
Und langsam spricht er: »Eins von beiden:
Du wirst mein Weib, sonst laß uns scheiden.
Doch eh zur Heimkehr dir die Stege
Verschwinden, hör mich und erwäge!

Die Hand, die ich dir hingestreckt,
O Maid, sie ist mit Mord befleckt.
Vernimm!« Er deutet nach dem Lauf
Der unverwölkten Sonnenflamme,
Die durch die Tannen steigt herauf:
»Dort liegt das Land, aus dem ich stamme.
Wo wild der Rhein die Schlucht durchbraust,
Hat lange mein Geschlecht gehaust.
Ein Staufen hat es hingesetzt,
Sich einen Alpenweg zu wahren,
Daß er nach Welschland unverletzt

Zur Kaiserkrone möge fahren.
Dort leuchtet saftig grüne Weide
Wie ein smaragdenes Geschmeide;
Der Pfeil entschwingt sich dort den Klüften
Und stürzt das Grattier aus den Lüften;
Beinah wie hier! nur stehen grüner
Die Wiesen und die Berge kühner.
Mein Ahne war es, dem ein Zwist
Mit einem Nachbar worden ist,
Es war um eines Weibes willen,
Um eines Weibs verbotner Glut,
Und nimmer war fortan zu stillen
Die ruhelose Rachewut.
Drin erst das Schwert als Waffe galt,
Dann Pfeil und Dolch und Hinterhalt.
Bald griffen zu des Stammes Ehre
Wir alle, jung und alt, zur Wehre.
Manch stattlich Haus hat da gelodert,
Drin fürder Nesseln nur gedeihn,
Und mancher junge Leib vermodert
Vorzeitig unterm Leichenstein.
Der Bruder ward mir graus erschlagen –
Von mir gerächt in wenig Tagen.

So hat der Haß die Glut getrieben,
Bis unser zwei nur überblieben,
Verrauchten Blutes warme Reste,
Erstorbner Stämme grün Geäste,
Von frischem Wuchs und jung wir beide.
Erst taten wir uns nichts zuleide,
Dann fing das Herz uns an zu grollen,
Noch war der alte Fluch im Rollen.

Schon traten wir auf Landeswegen
Mit Mörderblicken uns entgegen;
Da wies der Rätier einig Wort
Ihn südlich und mich nördlich fort.
Und wie den Grat ich überschritten
Und mildre Tale sah und Sitten,
Wie ich Alträtien geräumt,
War mir, als hätt ich schwer geträumt.
Ich staunte vor den blut'gen Taten,
In die ich blindlings war geraten.
Noch muß ich zählen in der Nacht,
Wie manchen dort wir umgebracht,
Die vielen, die man dort begraben,
Durchflattern meinen Traum wie Raben;
Doch wagen die Gespenster nicht
Sich an das süße Sonnenlicht,
Sie unter und ich auf der Erde,
So bringen wir uns nicht Beschwerde!
Gehn fern der Heimat meine Schritte,
Fest tret ich in des Lebens Mitte;
Und muß ich meiden auch die Lande
Alträtiens, frei bin ich von Schande.

Jetzt sprich! Gewährst du deine Huld?«

Sie sagt: »O Herr, ich bin dein eigen,
Und deine Schuld ist meine Schuld!«

– »So laß uns jetzt zu Berge steigen.«

VI

Das Tal erfüllen mit Geläute
Die Klöster; Sonntag ist es heute.

Fest Hand in Hand gelegt, durchschreiten
Die beiden jetzt des Tales Breiten.
Sie kümmert nicht, daß Älpler ihnen
Begegnen mit erstaunten Mienen;
Sie achten's nicht, ob ihnen Blicke
Manch buntgeschmücktes Mägdlein schicke,
Das, schimmernd in der Landestracht,
Den Pfeil im Haar, verstohlen lacht.

Er spricht: »Du trägst kein festlich Kleid,
Wir kaufen's heute nicht in Eil,
Doch geb ich dir als Brautgeschmeid
Aus meinem Köcher einen Pfeil!
Sieh, noch ist seine Spitze blank,
Die nie das Blut der Gemse trank;
Kein Geier fiel ihm noch zum Raube –
Ich schenk ihn meiner weißen Taube!«

Und lächelnd nimmt sie mit der Rechten
Das bittre Eisen, das er bot,
Und sticht durch ihre vollen Flechten
Beherzt sich den beschwingten Tod.

Behenden Fußes aufwärts steigen
Sie durch das harzesduftgewürzte
Der Tannen morgenkühles Schweigen,
Und zwischen hohen ruhn gestürzte

Bergriesen, die der Blitz getroffen,
Und eine schwarz, zerschmettert, offen,
Liegt überm Weg und ist zu schaun
Wie totes, hoffnungsloses Graun.
Als über sie mit festem Fuß
Zusammen schreiten die Genossen,
Sehn eines grünen Reises Gruß
Aus dunkelm Moder sie entsprossen.

Nun wandern sie auf falben Moosen,
Und, horch, da hebt sich mächtig Tosen,
Die Wogen sprudeln weiß bewegt,
Darüber ist ein Stamm gelegt,
Der, stets von nassem Staub umwittert,
Auf seinen Felsenstützen zittert.

Der Mann geht freien Tritts voran
Und mitten auf der schwanken Bahn
Sieht er sich fragend um und spricht:
»Traust du dich nach?« Sie zaudert nicht.
Die Augen fröhlich aufgeschlagen,
Auf ihn geheftet unverwandt,
Folgt seinen Tritten sonder Zagen
Sie schnell stegüber und ans Land.
Er sieht sie ob der Tiefe schweben,
Im Winde flattern ihre Locken,
Da hebt das Herz ihm an zu beben
Und ihm beginnt das Blut zu stocken.
Die Arme breitet er mit Bangen,
Die Wonnigliche zu empfangen,
Und hält sie, an die Brust gepreßt,
Als eine Siegerbeute fest;

Und wie des Wogensturzes Kraft
Den Felsen, daß er zittert, schlägt,
Erschüttert ihn die Leidenschaft
Zu ihr, die er im Arme trägt.
Er stürmt mit ihr den Berg hinauf
Durch Schneegefild und Felsenstrecke,
Er trägt in unerschöpftem Lauf
Sie fort auf knirschender Eisesdecke,
Bis er des Berges Joch erreicht,
Wo scharf der Wind vom Gletscher streicht.

Da tritt er an den Felsenrand
Und schwingt im Arm sie hoch empor,
Als wollt er zeigen sie dem Land,
Das diese Zierde heut verlor,
Als hielt er sie der Welt zur Schau
Hinaus ins tiefe Himmelblau.
Hell jauchzt er, daß die Öde schallt,
Sein Jubel dröhnend widerhallt,
Und Antwort kommt von allen Enden
Aus beider Tale Felsenwänden.

Er läßt sie aus den Armen gleiten,
Und von der lichten Höhe schreiten
Sie auf dem Pfad, der abwärts drängt
Und zwischen Fels und See sich engt.
Da öffnet sich mit einemmal
In Lieblichkeit das Alpental,
Wo hell ein Kirchlein ist zu schaun
Und Hütten steinbeschwert und braun.

Er spricht: »Auf meinem Boden Gruß
Und Segen dir von Haupt zu Fuß!«

Da ruft sie: »O du schöne Welt!
Doch, sieh, der See ist eisgefangen,
Noch hat er nicht sich aufgehellt,
Mit Lenzeslust mich zu empfangen.
Ich wollt, auf meinen neuen Wegen
Grüßt' lächelnd blau er mir entgegen!«
Sie spricht's und sie verläßt den Pfad
Und wirft sich nieder am Gestad,
Als klagte sie den Tod der Welle.
Und Primel glänzt und Soldanelle,
Es prunkt das Blau der Genzianen,
Der blühnden Halme leichte Fahnen,
Sie neigen sich im Wind und grüßen
An ihren Knien, zu ihren Füßen.

Indes hat Blumen er gepflückt,
Die schönsten, die er rings gefunden,
Und sanft ihr auf die Stirn gedrückt
Den Kranz, den rüstig er gewunden.
Wie er sie krönt mit blauen Glocken,
Entsinkt der Pfeil den blonden Locken,
Ihr Haar, das stürzend sich entrollt,
Umflutet sie wie flüssig Gold.

Er birgt den Pfeil im Köcher nicht,
Er birgt im Busen ihn und spricht:
»Verrichtet hat sein Amt er brav,
Da er im Flug zwei Herzen traf.«

Und höher steigt der Sonnenball
Und sendet flammend Blitz auf Blitze,

Es rauscht und rieselt überall
Am See und aus der Felsenritze.
Scharf trifft das feurige Geschoß
Der ungeduld'gen Fluten Kerker,
Und, die der Winter fest verschloß,
Sie sehnen sich nach Freiheit stärker:
Sie feilen, rütteln, und sie lecken
An ihren längst verhaßten Decken.
Da schießt zu der Gefangnen Heil
Senkrecht die Sonne einen Pfeil –
Das Eis zerreißt mit dumpfem Knall,
Und weiter rings fährt Riß und Schall.
Gemach versinkt die Kerkerwand,
Eistafeln ziehn mit grünem Rand,
Und Engel lachenden Auges schaut,
Wie's quillt, wie's flutet und wie's blaut.
Jetzt tut sie einen Freudeschrei,
Als würde sie von Fesseln frei.

Er hat indes sie leis umfangen,
Da sie zur Tiefe schaut entzückt,
Und ihr mit glühendem Verlangen
Den Brautkuß auf den Mund gedrückt.
Rings schwebt die stille Mittagshitze,
Durch frischen Bergeshauch gekühlt,
Sie kosen auf dem Felsensitze,
Von neugeborner Flut umspült.
Ein lichter Falter kommt geflogen,
Vom Duft des Kranzes angezogen,
Und auf den jungen Nacken setzt
Er sich mit bebenden Schwingen jetzt.

»Herr, laßt das züchtig unterwegen!
Dazu bedarf's der Kirche Segen!«
So plötzlich hinter ihnen spricht
Es barsch und einer Hand Gewicht
Sinkt auf des Rätiers Schulter schwer;
Das Haupt gelassen wendet er:
»Willkommen, Hilar, zur guten Stunde!
Kein andrer Priester in der Runde
Als du, mein Vater, soll mich trauen
Mit dieser süßesten der Frauen.
Schau meine Braut! Dann zur Kapelle!
Du segnest uns an heil'ger Stelle.«

»'s ist Engel!« ruft erstaunt der Pater,
»Potz Kreuz! Wie habt ihr euch gesellt?«
Sie spricht errötend: »Frommer Vater,
Wir fanden uns am End der Welt.«
»Am End der Welt?« erseufzt Hilar,
»Mich dünkt, daß es ihr Anfang war.«

VII

Wie rasch ein Jahr den Lauf vollbringt,
Sind seine Tage glückbeschwingt!
Von Treue warm, von Liebe hell,
Wie reihen sich die Jahre schnell!

Noch schreitet Engel jugendleicht,
Die frischen Wangen ungebleicht;
Schlank geht einher sie, von drei jungen
Wildfängen sonnenbraun umsprungen.

Dazu ein zartes Blondchen trägt
Sie noch im Mutterarm gehegt,
Sein Lockengold dem ihren gleich!
Wie glücklich ist sie und wie reich!

Des fremden Gatten Landesacht
Vergütet sie mit Liebesmacht,
Des Schicksals mächt'ge Widerpart
Ist ihre helle Gegenwart!
Und will es schwarze Schatten werfen,
So weicht sie nicht, bis er gesundet,
Wie um zerrißne Felsenschärfen
Fließt blauer Himmel unverwundet.

Doch schwamm ein Tropfen Bitterkeit
Im Tranke dieser Liebeszeit.

Dem Mann, wie sie's dem Jüngling war,
Blieb mächt'ge Lockung die Gefahr.
Er ist der Gemsenjagd ergeben,
Vermessen spielt er um das Leben,
Und treibt sie Lieb, ihm zu versagen
Den Urlaub, Liebe darf's nicht wagen.

Wenn spät am Berg das Rot verblaßt
Und rastlos er die Armbrust faßt,
Daß früh vor Tag den Fuß er setze
Auf seines Wildes Weideplätze,
Umschlingt sie ihn mit Lust und Qual,
Als küßten sie zum letztenmal.
Zum Schlummer ihrer Kinder tritt
Sie dann mit leisem Sorgeschritt,

Um bang und schlummerlos zu lauschen
Der Alpenwasser dunklem Rauschen.
Doch sieht sie kehren ihn mit Beute,
So ist verziehen alles Bangen,
Entgegen eilt ihm die Erfreute,
Den Neugeschenkten zu empfangen,
Auf scharfem Stein mit zarten Füßen
Bergan, ihn früher zu begrüßen.

Einst sah sie trüb zur Morgenstunde
Den Mann und spricht mit frischem Munde:
»Du träumtest schwer? Erzähl geschwind,
Was deine Stirne Nächt'ges sinnt!«

»Daheim in Rätien war ich«, spricht
Er, »wo die Pfade südwärts gehn.
Du kennst den *Berg des Unglücks* nicht,
Ich sah ihn einst von ferne stehn,
Als ich in meinen jungen Jahren
Bin nach Italia gefahren.
Viel Silberhörner ragen dort,
Er schweigt, gemieden von den andern,
Tief im Gebirg am düstern Ort,
Nur wen'ge schauen ihn, die wandern:
Doch wen der Fuß vorüberträgt,
Dem bleibt sein Bildnis eingeprägt.
Ihn sah ich wieder heut im Traum.
Ich drang in eines Tales Raum,
Das dicht gefüllt bis an den Rand
Von blühnden Alpenrosen stand.
Das ganze Tal war rot wie Blut –
Ich dachte dein in Liebesglut,

Doch, länger schauend in das Rot,
Gedacht ich an den jähen Tod.
Da hob den Blick ich und ich sah
Den Berg des Unglücks groß und nah.
Wie hing er über mir so schaurig!
Wie blickt' ins rote Tal er traurig!«

Und Engel schaudert und erbleicht.
»Vergangne Zeiten!« sagt er leicht.
»Du hast mich von dem Bann befreit
Des fernen Lands, der fernen Zeit.«

Als mit den Knaben waldwärts ging
Er, Holz zu fällen, eines Tages,
Erhob sich aus des Tales Ring
Das Brausen eines Flügelschlages.
Hoch schwang sich über seinem Haupt
Ein Geier, der ein Lamm geraubt.
Er wies auf ihn mit blankem Beil:
»Hätt Bogen ich bei Hand und Pfeil,
Der freche Räuber müßt es büßen,
Er läge stracks zu meinen Füßen!
Sieh, Kurd, er fliegt dem Horste zu
Dort an der Wand der Gadmenfluh!
Zu seinem Neste steig ich morgen!
Ihr möget für die Herde sorgen.
Die Alten wohl erleg ich beide
Und schaffe Sicherheit der Weide;
Ein Junges bring ich euch zum Zähmen,
Wir wollen ihm die Flügel lähmen.«

In erster Frühe brach er auf,
Der Morgen war kristallenklar;
Die Sonne fördert' ihren Lauf,
Und als sie hoch am Himmel war
Und immer er nicht wiederkehrt,
Wird Engels Herz von Angst beschwert.
Den Jüngsten auf den Armen, eilt
Sie fort, zu sehen, wo er weilt.

Sie kennt die Wand, drin eingezwängt
Der Geierhorst am Felsen hängt.
Sie eilt den See entlang zur Schlucht –
Er ist gefunden, den sie sucht!
Er liegt, den Geier fest umschlungen,
Mit dem er stürzt' im Kampfgedränge,
Als miteinander sie gerungen
Den Streit des Messers und der Fänge.
Die Geirin mit der toten Brut
Liegt pfeildurchbohrt in ihrem Blut.

Engel setzt ab in Felsenschatten
Das blonde Kind und eilt zum Gatten;
Sie löst des Geiers scharfe Klaun
In seine Schultern eingehaun.
Noch atmet er – sie kniet sich nieder
Und bettet ihn in ihrem Schoß,
Gebrochen sind die starken Glieder,
Die Arme hangen regungslos.
Ihr Auge läßt das seine nicht,
Das unter ihrem Blicke bricht.
Sie küßt den Mund, der ist so bleich!
Er stirbt. Ihr Leben stirbt zugleich.

Der Himmel blaut, der Titlis leuchtet,
Die schroffe Todeswand befeuchtet
Ein Silberfaden. Leise klopfen
Auf hartem Grunde seine Tropfen
Wie Blut aus Wunden. Weiter rinnt
Im Moos er seine schmale Bahn.
Den Toten blickt das stille Kind
Mit unverwandten Augen an.

VIII

Die Rosen blühn im Nonnengarten,
Doch andre sind's, die ihrer warten,
Und andre gehn mit sachten Schritten,
Wo Juttas trotzig Herz gelitten.
Im Kreuzgang, in der Grüfte Reihn
Beschrieb sich mancher Leichenstein.
Mit scharfen Rändern eingehaun,
Ist auch der Äbtin Schild zu schaun,
Sie selber liegt, in Stein gestaltet,
Die Hände zum Gebet gefaltet,
In eines mächt'gen Kreuzes Hut.
Wer aber weiß, wo Jutta ruht?
Wohl ward der freveln Gottesmagd
Geweihte Stätte hier versagt.
Wo bergen die begrünten Schollen
Den Schlaf der einst so Lebensvollen?
Wo ward das Lager ihr gemacht?
Und Engels auch wird nie gedacht,
Seit aus dem Kloster sie entwichen,
Auch sie ist aus dem Buch gestrichen.

Des flücht'gen Mägdleins Name scholl
In Liebe niemals noch in Groll.

Im Dorfe ward um jene Zeit
Zuweilen eine Frau gesehn –
Die trug um ihren Gatten Leid –
Mit Kindern ernst vorübergehn.
Es war die Würde der Gestalt,
Der seltne Klang der kargen Worte,
Der Augen schmerzliche Gewalt,
Ein fremdes Bild den Gottesleuten,
Die vormals bei der Klosterpforte
An Engels Antlitz sich erfreuten.
Sie sei des Rätiers Wittib, hieß
Es, der am Berg sein Leben ließ
Und der ein Meister war der Pfeile,
Die stetig nun im Tale weile,
Wo sie ein Häuschen sich erstand
Als Ruhesitz am Waldesrand,
In treuer Brust den Toten minnend,
Die Wolle ihrer Schafe spinnend
Und sorglich webend zu Gewanden,
Wie man sie trägt in diesen Landen.

Wenn abends schwimmt das Tal in Glut
Und Licht im Kirchenfenster blitzt
Und Engel von der Arbeit ruht
Und träumend vor der Hütte sitzt,
Zum schroffen Engelberge sendet
Den sonnenmüden Blick sie sacht,
Vom roten Titlis abgewendet
Und seiner mörderischen Pracht;

Und wenn versinkt der Sonne Brand
Und kalt ein Windstoß fährt durchs Land,
So fühlt sie's hauchen durch die Tannen,
Wie eine Seele fährt von dannen.

Einst schritt den Wiesenpfad Hilar
Entlang, der Engels Beicht'ger war,
Obwohl ergraut, mit rüst'gem Fuß,
Und bietet Engel seinen Gruß:
»Wo bist du? Statt dich stets zu kränken,
Mußt du an deine Kinder denken!
Wie streng die Buben wachsen, schau!
Was soll aus ihnen werden, Frau?
Ich sah sie spielen, Spiel enthüllt,
Was eines Kindes Herz erfüllt.
Komm, laß uns sehn – ich darf nicht bleiben –
Was drüben sie so ernstlich treiben!«

Sie gehn und an des Gärtchens Mauer
Stehn beide jetzt sie auf der Lauer.

Und sieh, da hebt auf grünem Plan
Sich eben erst die Handlung an.
Mit Händen emsig und geschickt
Hat Engels zweiter, Benedikt,
Sich nette Säcklein zugerichtet,
Mit Sand gefüllt und aufgeschichtet,
Er schreit: »Ihr Käufer nah und fern,
Mein Mehl und Salz kommt von Luzern!«
Und Engels dritt' und vierter naht,
Mit dicken Wangen der Beat,
An seiner Hand das Brüderlein,

Der blonde Werner zart und fein,
Und pünktlich zahlen jetzt die Kleinen
Ihr Mehl mit blanken Kieselsteinen.

»Beim heil'gen Markus!« raunt Hilar,
»Der wird ein Krämer offenbar.«

In einen Beutel hat die Last
Der Kiesel Benedikt gefaßt
Und ruft dem ältsten Bruder zu,
Der vornehm auf der Seite sitzt
Und sich ein langes Schwert in Ruh
Aus einem Arvenaste schnitzt:
»Was kauft der Junker Habenichts?«
Und Kurd entflammten Angesichts
Bedroht ihn mit dem Schwert, und her
Gibt wehrlos seinen Beutel er.

An Engels Ohre lacht Hilar:
»Nun ist der zweite offenbar!
Er hat uns sein Gemüt verraten:
Der Kurd gedeiht dir zum Soldaten.
Was andre speichern und erraffen,
Gewinnt er durch das Recht der Waffen.«

Doch sieh, da tritt hervor Beat
Und schreitet würdig im Ornat.
Er hat sich statt der Stola Prangen
Ein Halstuch Engels umgehangen,
Ein Kreuzlein trägt er in den Händen
Und spricht: »Gott mög euch Segen spenden!
Gib mir den Beutel, arger Kurd,
Der dir auf schlimmem Wege wurd!

Um das Gewissen dir zu heilen,
Mußt deine Beute du verteilen.
Die Hälfte soll der Kirche sein,
So darf sie dich von Schuld befrein.
Ein Viertel dann – das bringt dir Glück –
Stellst du dem Benedikt zurück.
Was jetzt noch bleibt, magst du behalten
Für Zeitverlust und Mühewalten.«

Und wunderlich! wie er entschieden,
So waren alle sie's zufrieden.

Da winkt Hilar mit Siegsgebärden:
»Beatchen, Frau, muß geistlich werden!
Er kennt die menschlichen Gewerbe,
Und jedem gönnt er gern sein Teil,
Bemüht mit Eifer ohne Herbe
Um aller Stände Seelenheil.«

Zur Hausbank schleichen sie zurück,
Ergötzt beginnt der Mönch zu plaudern:
»Zu Pfaff und Krämer wünsch ich Glück,
Die werden nicht am Wege zaudern!
Der eine wird dich leiblich kleiden,
Der andre wird dich geistlich weiden.«

Sie seufzt: »Des würd ich nimmer froh,
Müßt ich um meinen Kurd mich kränken!«
– »Ei«, mahnt Hilarius, »sprich nicht so!
Der Bube macht mir kein Bedenken.
Nicht wird es ihn zur Hölle bringen,
Braucht er Gewalt in rechten Dingen.

Zum Guten beugen weislich wir
Die angeborne Beutegier,
Daß deines Vaters strafend Ende
Der Herr in Gnaden von ihm wende.«

– »Mein Vater?« fährt sie auf erblaßt.

– »Nichts sagt ich!« wehrt der Mönch in Hast.

– »O redet, beim Erlöser Christ,
Wenn Ihr von meinen Eltern wißt!
Ihr sollt, Ihr dürft mir's nicht verhehlen!
Ihr müßt das Schlimmste mir erzählen!«

– »Das kommt vom Schwatzen!« grollt Hilar
Und greift sich unmutsvoll ins Haar,
»Du Graukopf, das war ungeschickt!
Lieb Engel, laß es mich bewahren!«

Und Engels pochend Herz erschrickt,
Doch spricht sie fest: »Ich will's erfahren.«

– »Nicht öffn ich gern das düstre Buch,
Ein schwaches Herz würd es beladen!
Doch sei's! Ist Segen ja aus Fluch
Gewachsen stets auf deinen Pfaden.
Vernimm! dich hat ein lustverloren,
Ein frevelmütig Weib geboren,
Das prächtig auf der Burg gelebt,
Die überm Schächental geschwebt.
Zu eigen war ihr dieses Tal
Kraft ihres angestammten Rechtes,
Ermordet hat sie den Gemahl

Und ward die Buhlin ihres Knechtes.
Ihm gab sie sich und alles Gut
Und ihre feste Burg in Hut.
Der Kastellan war allerende
Verklagt um seine blut'gen Hände,
Des Landes Geißel und Entsetzen,
Und sie sein sündiges Ergetzen.
Da hat das Volk die Burg gebrochen
Und den verhaßten Vogt erstochen.
Sie aber floh mit nächt'gem Schritt
Und trug dich unterm Herzen mit.
Nachdem den Berg sie überklommen,
Betrat sie unser Klosterreich
Und fand bei Hirten Unterkommen,
Doch sterbemüd und todesbleich.
Sie legte sich und ließ das Leben,
Nachdem sie, Engel, dir's gegeben.
Ich wurde noch zu ihr beschieden,
Daß nicht sie stürbe sondern Frieden.
Der Reuigen mußt ich geloben,
Dich ferne von der Welt Gefahren,
In Chor und Zelle aufgehoben,
Vor jeder Lockung zu bewahren,
Daß deine klösterliche Reine
Sie sühnend noch im Grab bescheine.

Die Hirten haben dich bewahrt
Bis zu Herrn Heinrichs Himmelfahrt.
Um Dunkles heiter einzukleiden
Und jeglich Ärgernis zu meiden,
Gab selben Tags der Geist mir ein
Die Märe von dem Engelein,

Als solches trug ich in der Frühe
Zu Marthen dich mit leichter Mühe.
So ward in heil'ger Morgenstille
Vollzogen deiner Mutter Wille!

Als Juttas Tod dich trieb zur Flucht,
Hab ich in Sorge dich gesucht
Und fand den Engel liebewarm
In eines schuld'gen Mannes Arm,
Der anders als dein Vater zwar,
Doch auch ein Blutbefleckter war.
In heil'gem Zorn sprach ich: Wohlan!
Hat mir der Teufel das getan,
Bewehr ich mit der Kirche Segen
Mich stracks, das Handwerk ihm zu legen.
Verschmäht sie leichte Klostermuße,
Hier schickt der Himmel schwere Buße,
Und will sie nicht zur Zelle kehren,
Wird schlimmre Not sie beten lehren!«

Und Engel senkt in Scham und Schmerz
Die nassen Augen niederwärts.
Sie drückt der Menschheit dunkles Erbe,
Der Lose lastende Verkettung,
Und eine Träne, eine herbe,
Weint sie dem Siechtum ohne Rettung.

Da wird sie wieder hell. Es liegt
Ein Blondkopf an ihr Knie geschmiegt,
Klein Werner, der der Mutter Gram
Gesehn, und ihr zu schmeicheln kam.
Derweil sie seine Locken kost,
Reicht er sein Spielzeug ihr zum Trost,

Ein Viehlein, das aus Lehm er schuf,
Bevor er folgt' des Bruders Ruf.
Und wie der Mönch das Rindlein schaut,
Entfährt ihm hell ein Freudelaut:
»Die liebe, leibliche Natur!
Wie bracht er das zustande nur!
Es wittert einen frischen Rasen!
Es senkt und streckt das Haupt zum Grasen!
Bei Sankt Hilar, das ist Genie!
Und auch die Schelle fehlt nicht, sieh!
Wie ich von seinen Brüdern sprach,
Sann auch ich diesem Kleinen nach
Und war um sein Geschick verlegen
Auf unsern rauhen Erdewegen,
Weil ihm, als einem Schmerzenskind,
Die Glieder dünn und schmächtig sind;
Hast du ihm doch die Brust geboten,
In deinem Herzen einen Toten.

Jetzt weiß ich es, wozu er tauge:
Gott segnete ihm Hand und Auge.

Ich werde deinen Knaben bringen
Zu Bruder Lukas, der gewitzt
Nicht eben ist in andern Dingen,
Doch wunderfeine Stühle schnitzt,
Der zeigt dem Knaben dann mit Fleiß
Die Griff' und Künste, die er weiß,
Und wie, gelöst durch zarten Schnitt,
Aus Holz ein lebend Wesen tritt.
Mit Ochs und Eslein fängt er an,
Dann kommt der heil'ge Joseph dran,

Zum Muster will ich mich bequemen,
Er mag mir Haupt und Bart entnehmen.
Die Jungfrau sieht er mannigfalt
In deiner züchtigen Gestalt;
Nach unsres Klosters würd'gen Köpfen
Kann er die Schar der Zwölfe schnitzen –
Eins muß er aus der Seele schöpfen:
Das Haupt gekrönt mit Dornenspitzen.

Der Knabe ist von eigner Art
Und für das Weltgedräng zu zart.
Da setzt es grobe Stöße traun
In jedem Amt, in jeder Gilde,
Er mag sich an der Kunst erbaun
Und sich des Lebens freun im Bilde,
In Stille tätig, unbeneidet!«

Hilar ergreift den Stab und scheidet.

Und wie's zu schaun ihm war gegeben,
So fiel der Knaben Los im Leben.

IX

Die Sonne leuchtet heiß und schön,
Im Tale schmettert Horngetön.
Der Graf von Habsburg, hoch zu Roß,
Zieht ein mit kriegerischem Troß,
Im Beichtstuhl jeden Sündenschaden
Zu heilen, daß er, frei von Fehle
Und aller alten Schuld entladen,
Dem Schutz der Heil'gen sich empfehle.
Denn heiße Fehde steht bevor.

Er ist der Held, den sich erkor
Die edle Zürich, deren Mauern
Die Herrn von Regensberg belauern,
Aus Übermut und Beutegier
Bedrohend ihres Kränzleins Zier.

Derweil den Gast das Kloster hegt
Und eifrig er der Andacht pflegt,
Zecht draußen in der Mauer Schatten
Hellauf sein reisiges Gesind,
Ringsum erfüllt die Klostermatten
Der Älpler Schar mit Weib und Kind,
Rudolf von Angesicht zu schauen,
Der als der Hort des Landes gilt,
Auf dessen Schirm und Schwert sie trauen
In Zeiten kaiserlos und wild.

Die Söhne Benedikti spenden
Heut Speis und Trank mit offnen Händen.
Da wird gezecht, da wird gelacht,
Dem Herrn manch Lebehoch gebracht.
Die Waffenknechte rühmen ihn,
Den Feuerwein von Valtellin,
Und wacker wird ihm zugesprochen;
Die Augen glühn, die Pulse pochen,
Jetzt kommen auch des Dorfes Fiedeln,
Sich auf der Mauer anzusiedeln.
Es wird ein Tanz, erst halb verzagt,
Und dann ein wilderer gewagt.

Wohl keiner aus der Älplerschaft
Springt höher, jauchzt und jubelt toller,

Als dort in voller Jugendkraft
Der schlanke Bursch im Lederkoller!
Sein kurzes Messer fliegt am Gurt,
Es ist der Gemsenjäger Kurd,
Und die er wirbelt durch die Reihn,
Das ist des Dorfwirts Töchterlein.
Sie wiegt sich schmeidig in den Hüften,
Er wirft sie auf, sie schwebt in Lüften.
Die schwarzen Haare flattern ihr,
Sie läßt die dunklen Blicke schweifen
Und eitel durch die Menge streifen,
Sie weiß: sie ist Schönste hier!

Und wie vom heißen Reigen nun
Aufatmen sie und schreitend ruhn,
Tritt zornrot ein Gesell heran,
Schier wie ein Ritter angetan,
Und höhnt mit frechem Angesicht:
»Dir, Kurd, gebührt die Dirne nicht!
Auf meinem Boden treibst du Jagd,
Sie hat den Tanz an mich versagt.
Gib Raum, sonst wird es dich verdrießen,
Ich bin der Herr zu Wolfenschießen!«
Kurd lacht. Die Beute fester faßt
Er nur und ruft: »Genug der Rast!
Komm! Wessen Lieb du bist, zu zeigen
Dem Junker, schwing mit mir den Reigen!«
Jäh reißt der andre aus der Scheide
Das Schwert und schon bedrohn sich beide.
Die Bahn des Tanzes ist verengt,
Die Fiedel schweigt, die Menge drängt.

Mit bangen Augen hat gesehn
Ein Kind den schlimmen Streit entstehn,
Und da gefährlich wird der Strauß,
Bricht es in helle Tränen aus.
Es läuft davon, auf schnellen Sohlen
Will Engel es zu Hilfe holen,
Die ferne dem verwirrten Kreise
Bescheiden stand nach ihrer Weise.

Kurd hat den Gegner angerannt
Und dreht das Schwert ihm aus der Hand,
Er stößt es in den Boden fest,
Bricht's mit dem Fuß, den Schwertesrest
Wirft hoch er über das Gedränge,
Und seinen Sieg bejauchzt die Menge.
Umsonst beschwichtigend umgeben
Von Habsburgs Waffenleuten, schreit
Der Wolfenschieß: »Dir geht's ans Leben!«
Und zückt den Dolch zu neuem Streit.
Kurd stürzt sich gegen ihn und hält
Ihn festgepreßt, die Waffe fällt.
Der Junker knirscht und sie umschlingen
Sich eisern, Leib an Leib zu ringen,
Sie keuchen voller Grimm und Wut,
Sie fühlen ihres Atems Glut.
Kurd wirft den bösen Gegner nieder
Und kommt auf seine Brust zu knien,
Der sucht die Waffe tastend wieder
Und zückt sie meuchlings gegen ihn.
Kurd zieht das Messer gleicherweise,
Die Klingen drehen sich im Kreise –
Da langt hinein mit einemmal

Ein weißer Arm nach seinem Stahl,
Er sieht den weißen Arm entsetzt
Von einem Tropfen Blut genetzt,
Gelöscht sind seines Zornes Gluten,
Denn seine Mutter sieht er bluten!

Und Engels lichtes Auge ruht
Auf ihm mit Ernst und treuer Hut.
Sie sind allein und ohne Worte –
Denn alles stürzt sich nach der Pforte,
– »Hoch Habsburg!« braust's im Sturmeschor.

Mit hellem Antlitz tritt hervor,
Den Abt und Mönche fromm geleiten,
Der Graf, und grüßt nach allen Seiten.
Ob auch aus adlichem Geblüte,
Leutselig ist er von Gemüte.
Er ruft: »Gesattelt! Aufgesessen!«
Und wendet sich zum Abt: »Vergessen
Will nicht ich, mein Gelübd zu lösen,
Bleib ich bewahrt vor allem Bösen!«

Schon hat er fast das Roß erreicht,
Als Engel, bittend und erbleicht,
Herführend an der blut'gen Hand
Den trotz'gen Jüngling, vor ihm stand.

Der Graf erstaunt: »Bei Gottes Leib!
Was ist das für ein schönes Weib!«
Sie aber beugt sich tief und sagt:
»Graf Habsburg, höre deine Magd!

Du ziehst in Fehde morgen schon,
Des Rechts Panier hast du erhoben.
Wohlan, ich schenk dir meinen Sohn!
Als Tapfern wirst du ihn erproben.
Bevor in frevelhaftem Spiele
Der Jugend Feuer ihm verraucht,
Herr, gib ihm Arbeit, gib ihm Ziele,
Danach er ring in Schweiß getaucht!
Den Knaben mache du zum Mann,
Der seine Brust bezähmen kann!«

Schnell mißt der Graf mit scharfen Augen
Des Jünglings tannenschlanken Bau,
Dann spricht er froh: »Er kann mir taugen.
Ich tu es dir zu Ehren, Frau!
In Kriegszucht will ich den Gesellen
Und unter edles Banner stellen,
Ich stell ihn zu des Reiches Aar,
Den nehm er stolzen Auges wahr!
Ein Roß für ihn! Herr Abt, Valet!«
Und rückwärts winkt er nach dem Tor,
Wo blank die Mauer war zuvor
Und jetzt ein Bild gezeichnet steht.
Ein blondes Kind beschäftigt sich
Daran mit fleiß'gem Kohlenstrich,
Klein Werner, der daheim entwichen
Und still der Mutter nachgeschlichen.

»Potz Velten!« ruft der Graf und lacht,
»Hast du dies Konterfei gemacht?
Sprich, Semmelköpfchen, wem gehört
Die Nas und Krone ungeheuer?«

Drauf meint das Knäblein ungestört
Und ernst am Werk: »Die Nas ist Euer.
Die Kron ist Kaiser Karles Krone,
Wie er im Buch sitzt auf dem Throne,
Ich habe sie für Euch gekürt,
Weil Eurer Nase sie gebührt.«
»Mir scheint, du hast mich nicht verschönt«,
Spricht Habsburg, »doch ich will's vergessen,
Nur daß du, Kleiner, mich gekrönt,
Den schlichten Mann, das ist vermessen!«

Der Abbas schmunzelt: »Kindermund,
Herr Graf, tat oft die Wahrheit kund!
Euch liebt das Land. Ich sag es frei:
Es liebt Euch auch die Klerisei,
Dem Reich, so lang des Schirms beraubt,
Ihr wäret ihm ein christlich Haupt!«

Der fromme Graf versetzt bescheiden:
»Solch Trachten würd mich übel kleiden!
Kein Kurfürst wird ja mein gedenken,
Gott müßt es durch ein Wunder lenken.«

Er spricht's und grüßt und steigt zu Roß,
Von dannen sprengen Herr und Troß,
Und in des Habsburgs Heergeleite
Braust Engels Sohn in alle Weite.

X

Ein reicher Händler von Luzern
Verkehrte mit den Klosterherrn,

Eintauschend ihre kräft'gen Käse
Für welschen Weines Edellese.
Zu zählen galt es mit Verstand,
Dazu war Benedikt bei Hand.
Von raschen Sinnen, klug und ehrlich,
Ward er dem Kaufherrn unentbehrlich,
Der führt' ihn unversehns davon
Und hielt ihn wie den eignen Sohn.

Schon sieben Jahre war er fern,
Da kam ein Schriftstück von Luzern,
Das Engel, die allein nicht klug
Draus wurde, zu Hilarius trug.
»Der Herr hat mir Gedeihn geschickt«,
Schreibt seiner Mutter Benedikt,
»So darf ich, ohne mich zu schämen,
Ein städtisch feines Weib mir nehmen,
Des Wechslers Thomas Töchterlein.
Ich lad Euch nicht zur Hochzeit ein,
Lieb Mutter; in des Schwiegers Haus
Geht stolzer Adel ein und aus,
Da würdet leichtlich Ihr verlegen
Der fürnehm edeln Gäste wegen.
Doch daß Ihr möget mein gedenken,
Send ich ein Saumtier mit Geschenken
Von weichem Stoff und schweren Spangen.
Berichtet, daß Ihr es empfangen!«

In tiefer Klosterweisheit tat
Indessen manchen Schritt Beat.
In schwierigen Gewissensfragen
War er bewandert und beschlagen.

Mit Eifer probt' er früh und spät
Der Kirche starkes Kriegsgerät.
Erbost entwich vor seinem Spruch
Der böse Geist mit Mißgeruch.
Frühzeitig nahm er alle Weihn,
Schloß dreifach ins Gelübd sich ein,
Und fürder leuchtete sein Licht
Nur selten außerhalb der Pforte.
Der Sohn der Kirche hatte nicht
Mehr Sinn für Engels schlichte Worte.
Sie sahn sich kaum. Doch eines bot
Der Mutter er, das heil'ge Brot,
Das sie, beseligt und gering,
Demütig auf den Knien empfing.

Ein Fremdling wandelt' dazumal
In welscher Tracht im Alpental.
Ob auch kein Freund von Ruh und Rast,
War er des Abts geehrter Gast,
Der aus dem Süden ihn gebracht,
Als eine Romfahrt er gemacht.
Auf eine prächt'ge Kirche dachte
Der Abbas, wenn er schlief und wachte.
Mit schwerem Gold und vieler Bitte
Verlockt' er in die Alpenmitte
Aus Welschlands blühendem Gefild
Die Meisterhand im Steingebild.

Doch als sie machten ihren Plan,
Da hub der beiden Unlust an.
Der Abbas hatte sich gedacht
Ein Werk von feierlicher Pracht;

Der welsche Meister widerspricht;
»Ich baue Eure Kirche schlicht!
Ein Turmgewimmel würde klein,
Gezierte Spitzen abgeschmackt,
Wo schwebt zerrissen Felsgestein
In freier Wildheit aufgezackt;
Die Kuppel gar, der Ebne Preis,
Von weiten Himmeln warm umblaut,
Verzwergt, wo ein Gewölb aus Eis
Mit breiten Schultern niederschaut.
Das Schneegebirg, Herr Abt, mit Gunst,
Ist keine Stätte für die Kunst!«

Als prüfend einst von einem Ende
Der Kirche sie zum andern schritten,
Gewahrt der Gast in einer Blende
Ein Josephhaupt aus Holz geschnitten:
Der Schädel breit, die Runzeln hart,
Struppig die Brauen und der Bart,
Ein Haupt in jedem Zuge wahr,
Kurz der leibhaftige Hilar.
Er hemmt den raschen Schritt und lacht,
Dann fragt er kurz: »Wer hat's gemacht?«

»Ein Kind des Tales. Herr, verzeiht,
Daß wir's den Heil'gen eingereiht,
Die hier auf goldnem Grunde prangen,
Von edeln Stiftern aufgehangen!«
– »Herr Abt, erlaubt mir, das ist Plunder!
Der alte Joseph ist ein Wunder!
Gebt mir den Kopf zum Gastgeschenk
Und Euer bleib ich eingedenk.

Erst aber sagt mir, wo er sitzt,
Der dieses derbe Haupt geschnitzt.«
– »Im Dorf. Doch sei Euch nicht verhehlt:
Des Jünglings Tage sind gezählt.
Er schwindet. Was der Knabe schafft,
Er tut's mit seiner letzten Kraft.
Wenn Ihr es wünscht, laß ich ihn holen.«
– »Nein·, meint der Gast mit Grußgebärde,
»Ich mache selbst mich auf die Sohlen,
Ich wandle gern auf dieser Erde!«

Vor Engels Hütte sitzt der Knabe
Und lenkt das Messer liebevoll,
Das heut ein Werk vollenden soll,
Das letzte noch vor seinem Grabe.
Ein Bild, das er als Kind gesehn,
Er läßt es wiederum entstehn:
Den Toten in der Mutter Arm,
Die ganz versunken ist in Harm.
Im Schoße hält die Schmerzenreiche
Das wunde Haupt der teuren Leiche.

Da schallt ein Gruß und streckt ihm dar
Die Hand ein krausgelockter Mann
Mit einem mächt'gen Augenpaar,
Aus dem er Feuer blicken kann.
»Von deinem Tun hab ich gesehn«,
So spricht er, »bei den Mönchen dort!
Ich wollte nicht von hinnen gehn,
Eh wir gewechselt Gruß und Wort
Und kannst du dich zur Fahrt bequemen,
Beglückt es mich, dich mitzunehmen.

Vollkommnes schaun, wetteifernd ringen,
Das trägt ans Ziel auf Feuerschwingen!

Mein Sohn, du bist zur Kunst geboren,
Doch geht im kalten Bergesschatten
Dir deine junge Kraft verloren
Und deine Schwinge wird ermatten!
Hinweg aus diesen kühlen Grüften!
Komm, heile dich in warmen Lüften!
Du hast dem Tod Gestalt gegeben –
Komm nach Italia, koste Leben!

Dort rauscht es in den Lorbeerhainen,
Dort lispelt des Ölbaums Silberblatt,
Dort ragt aus ruhmberedten Steinen
Gefügt manch marmorhelle Stadt.
Dort wogt der Markt von lautem Volke,
Dort wird der Himmel ohne Wolke,
Wo Zinne schwebt und Kuppel thront,
Von Götterbildern still bewohnt.
Dort spielt das Licht durch alle Räume,
Reift Frucht an Frucht der Sonne Glut
Und Segel ziehn wie helle Träume
Durch purpurdunkle Meeresflut.

Dort überströmt so voll das Leben,
Daß noch dem Tod ist Reiz gegeben.
Ihr möget in die Erde fallen,
Wenn, ungelebt, ihr hier verstöhnt,
Wir ruhn in lichten Säulenhallen,
Von einer heitern Kunst verschönt.
Dort lehnt der Held an seinem Schilde

Und lächelt stolz im Marmorbilde,
Die Lichtgestalten holder Sage
Umschlingen unsre Sarkophage.«

Der Älpler aber redet schlicht:
»So sehn den bittern Tod wir nicht.
Er ist der König aller Schrecken,
Kommt er die Stirn mit Schweiß zu decken!
Erst wenn der Stachel ihm genommen,
Beginnt die Freudezeit der Frommen ...«

Unmutig fällt der Fremdling ein:
»Noch ist der volle Becher mein!
Gehör ich minder zu den Frommen,
Weil ich verherrliche das Leben?
Sagt nicht der Heiland: Seid vollkommen!
Vollkommnes will auch ich erstreben –
Ich selbst kann nicht vollkommen heißen,
Drum will ich's keck dem Stein entreißen.
Noch ist mein eigen Erd und Sonne,
Noch fühlt mein frischer Leib die Wonne
Der Kraft, mein Geist die Lust der Tat,
Noch bin ich rüstig früh und spat,
Noch drängen sich vor meinen Schritten
Gebilde, die um Leben bitten!
Da steh ich, und nicht weich ich, eh
Mein leuchtend Werk ich ganz vollbracht –
Dann mag, wie eine Flocke Schnee,
Die Seele sinken in die Nacht.

Komm mit! Du darfst mir nicht verkümmern,
Ich will die Felsenwand zertrümmern,

Daß du den Garten siehst der Erde
Und deine Seele freudig werde!«

Er reißt das Kind zu sich empor,
Umschlingt's mit feuriger Gewalt –
Da fühlt er, daß ihr Blut verlor
Des Knaben leidende Gestalt,
Da sieht er, was ihm seine Hast,
Sein rasend Ungestüm verhehlt,
Daß er ein Leben grausam faßt,
Dem schon das Mark der Erde fehlt.

Erschrocken auf den Starken schauen
Die Augen jetzt, die flehend blauen:
»Hör auf zu ziehen in die Ferne!
Hier leb ich und hier sterb ich gerne.
Du selber, Fremdling, sprachst es aus:
Es dient die Kunst dem Vaterhaus,
Ein Werk, das nicht die trauten Züge
Der Heimat trägt, mir dünkt es Lüge,
Und unser armes Hirtenleben
Ist täglich von Gefahr umgeben,
Wohl elend wär's, wenn nicht uns bliebe
Der Trost des Glaubens und der Liebe.«

Und wieder schnitzt er ohne Wort
An den geliebten Zügen fort.

Den Tod in Mutterarm gehegt,
Beschaut der Welsche lange Zeit,
Er fühlt die starke Brust bewegt
Von einem Hauch der Innigkeit,

Er fühlt, daß auch die bittern Schmerzen
Beschieden sind dem Menschenherzen –
Ihm rinnt wie einer Träne Schein
Verstohlen in den Bart hinein.

»Ich sehe, Jüngling«, spricht der Fremde,
»Du bleibst in deinem Hirtenhemde!
Wir haben beide gut gelost:
Ich gebe Ruhm, du bietest Trost.

Leb wohl.« Er wendet sich zum Gehn,
Da sieht er Engel vor sich stehn
Und schnellen Augs erkennt er sie,
Die diese Schmerzenszüge lieh,
Er sieht die unverwandten Blicke
Behüten ihres Sohns Geschicke,
Sie faltet die ergebnen Hände
Zu ihres Kindes frühem Ende.

Denn heute war's zum letztenmal,
Daß Werner saß im Sonnenstrahl.

XI

So füllte sich der Jahre Zahl
Und wieder stieg der Lenz ins Tal,
Doch diesmal bracht er seine Rosen
Mit Sturmgebraus und Wassertosen.
Den heißen Atem mit Gestöhn
Haucht auf den Alpenschnee der Föhn,

Unruhig fliehn vor ihm die vollen
Gießbäche, die zu Tale rollen.

Die Tannenspitzen waren grün,
Da zog talan ein Krieger kühn
Zu Roß, gebräunt von Sonnengluten,
Und ließ ein fremdes Banner fluten.
Mit einem Saumtier, schwer beladen,
Folgt' ihm ein Knecht auf Waldespfaden.

Der Tapfre kehrt aus blut'ger Schlacht
Und hat ans Kloster eine Sendung
Von Rudolf, dem die Kaisermacht
Geworden ist durch Schicksalswendung.
Der Habsburg schirmt' die edle Stadt,
Die Weiß und Blau im Wappen hat,
Entriß sie niedern Raubgewalten
Und half ihr, frei zum Reich zu halten.
Das bracht ihm Heil, und wen bedenkt
Das Glück, bald steht er reich beschenkt.
Dem Kloster hatte werte Gabe
Der Graf gelobt aus seiner Habe.
Zwar das Gelübd ward unterdessen
In größrer Taten Drang vergessen,
Doch da er mit dem Böhmen rang,
Des Kampfes Waage drohend schwankte,
Da seine Heermacht wich und wankte,
Und er gen Himmel schaute bang,
Ward des er wieder eingedenk.
Nun sendet er das Weihgeschenk.
Er anvertraut' es einem Treuen,
Erprobt in manchem Dienste schon,

Talschaft und Kloster zu erfreuen
Hat er geordnet Engels Sohn.

Jetzt hebt der Reiter an zu lauschen:
Hört nicht er seinen Wildbach rauschen
Hier unten, wo die Wasser drängen
Sich schäumend zwischen Felsenengen?
Da steht die Klostersägemühle,
Wo er als Knabe zugesehn,
Wie sich im spritzenden Gewühle
Die großen Räder lustig drehn.
Was ist denn aus dem Müllerskind,
Was ist aus Lisbeth wohl geworden,
Die lief zur Mutter treugesinnt,
Da er den Junker wollte morden?

Es öffnet sich des Tales Rund,
Er reitet über Wiesengrund,
Gradaus zum Kloster zu gelangen,
Wo sie mit Ehren ihn empfangen.

»Herr Abt, von Kaiser Rudolfs Macht
Wird Euch durch mich ein Gruß gebracht.
Er schickt Euch, sein Gelübd zu zahlen,
Dies Böhmenbanner. Ohne Prahlen,
Ich hab's aus Feindesreihn gehaun.
Beliebt, das Beutestück zu schaun!«

Der Abt empfängt es ernst und spricht:
»Der Böhme zwingt den Deutschen nicht.
Wir hängen's zu des Reichen Ehre
An heil'gen Ort. Daß Gott sie mehre!«

Er spricht's und überlegt dabei,
Ob dies die ganze Gabe sei.

Aus einer Truhe zieht der Reiter –
Und fährt in seiner Rede weiter –
Vier große goldne Leuchter, fein
Verziert mit manchem Edelstein:
»Nehmt sie zu Eurer Kirche Frommen
Und fragt nicht, wo sie *wir* genommen!«

Und Herz und Mund und Auge lacht
Dem Abt ob solcher schweren Pracht.
»Die strahlen«, rühmt er, »hell und weit
Wie Kaiser Rudolfs Frömmigkeit!
Euch, Ritter Kurd, kann nicht entgehn
Das nächste fette Klosterlehn,
Damit ein Mann von Eurem Schlag
Uns Friedensleute schirmen mag.«

Schwül brütet Mittag auf den Matten,
In ihrer Hütte schmalem Schatten
Sitzt Engel mit dem Müllerskind,
Das plaudert, wie ein Brünnlein rinnt.
Schon sagte Lebewohl die Maid,
Und blieb, ihr tut das Gehen leid.
Es ist als ob noch eine Frage
Ihr schüchtern auf den Lippen zage.
Am Berge zuckt ein Wetterschein
Und langsam grollt es durch die Schwüle.
»Ich will talnieder nach der Mühle«,
Sagt sie. »Die Kinder sind allein!
Der Vater ist mit Holz gefahren

Nach Stanz. Ich muß das Haus bewahren.
Wie zieht es dunkel um die Wände
Des Titlis! ... Wißt von Kurd Ihr nichts?«

Sie fragt's und wendet sich behende
Und steht erglühnden Angesichts
Vor einem Mann im Reiterhut,
Der lächelnd sagt: »Es geht ihm gut.«

Und Engel hängt am Halse schon
Dem wilden und dem liebsten Sohn.

Sie treten friedlich Hand in Hand
In Engels niedre Täfelstube:
»War's Lisbeth nicht, die hier verschwand,
Die huckepack ich trug als Bube?
Wie lieblich hat sie sich entfaltet!
Wie hat sie bräutlich sich gestaltet!
Und diese Augen braun und licht
In einem blassen Angesicht!«

– »Ja Kurd, sie ist ein lieblich Kind,
Die Mutter starb, zwei Jahre sind
Dahin, nun übt sie brav und treu
An vier Geschwistern Mutterpflicht,
Doch ist sie wie die Gemse scheu
Und einem Kriegsmann taugt sie nicht.«

Und Kurd: »Ich muß doch nach ihr sehn,
Will morgen in die Mühle gehn,
Just diese, Mutter, will ich frein
Und rasch wie dieses Blitzes Schein!«

Die Wolken stoßen schwarz zusammen,
Der Himmel loht, die Blitze flammen,
Die beiden treten unter Dach
Und plaudern weiter im Gemach,
Vernehmen in den liebevollen
Gesprächen nicht der Donner Rollen
Und hören nicht die Regen rauschen,
Derweil sie trauten Worten lauschen.

Da hört er einen Schreckenston,
Im Dorf ein geller Ruf erschallt:
»Die wilden Wasser kommen schon!
Ihr Männer! Wehrt der Stromgewalt!
Die Mühle sinkt! Die Not ist groß!«
Kurd macht sich von der Mutter los.
Der beiden Klöster Glocken stürmen
Und jammern kläglich von den Türmen,
Mit Windlicht und mit Hacken laufen
Talabwärts aus dem Dorf die Haufen.

Die Mühle schwankt im Sturmgebraus,
Jetzt zugedeckt von Finsternissen,
Jetzt zündet auf den Wassergraus
Ein jähes Licht aus Wolkenrissen.
Der Wolkenschwall hat, wild empört,
Das Rad zermalmt, den Steg zerstört.
Das Haus, vom Ufer abgelöst,
Schwebt auf den letzten morschen Stützen,
Woran die Welle grimmig stößt.
Nichts kann es vor Verderben schützen.

Auf einem schmalen Brette steht,
Die Füße bloß, das Haar verweht,
Lisbeth mit der Geschwisterschar
Und hält das Jüngste bittend dar,
Sie hebt's empor mit flehndem Arme,
Ob seiner niemand sich erbarme.
Nicht einer, der sie nicht beklage!
Nicht einer, der die Rettung wage!

Umringt von bangem Volke stand
Beat am hohen Uferrand
Und zeigt' der Flut im Fackelschein
Beschwörend den Reliquienschrein;
Jedoch die trotz'gen Wassergeister
Erkennen heute keinen Meister.
Da ringt er im Gebet die Hände
Und ruft: »Herr, mach der Not ein Ende!
Schick einen gegen die Dämonen
Von denen, die im Himmel wohnen!
Hilf, Herr! Es ist die letzte Frist!«
Und hell erschallt's: »Da bin ich schon!
Und wenn es nicht ein Engel ist,
So ist es eines Engels Sohn!«

Es ist der tapfre Kurd. Er gleitet
Vom Ufer nieder in die Flut
Und zu der wanken Mühle schreitet
Er kämpfend mit des Strudels Wut.
»Lieb Lisbeht! Bücke dich und reich
Das Kindlein mir in seinem Laken,
Dann setze noch den Buben gleich
Mir heil'gem Christoph auf den Nacken!«

Er strebt zurück, mit starker Hand
Reicht er die Doppellast ans Land,
Und wieder ringt er mit den Wellen,
Die hoch und immer höher schwellen.
»Lieb Lisbeth! Springe!« keucht er. – »Nein!
Die müssen erst gerettet sein!
Bis ich sie kann am Ufer sehn,
Sie alle viere, bleib ich stehn!«
Und noch die beiden letzten schafft
Ans Ufer er mit Riesenkraft
Und stürzt zurück und er erreicht
Die Mühle noch. Ein Stoß! Ein Prall!
Des Hauses letzte Stütze weicht
Und untergeht's im Wogenschwall.
Er sieht sie neben sich versinken,
Hält und umschlingt sie mit der Linken,
Sie schweben, seine freie Rechte
Scheint mit dem Stromgeist im Gefechte,
Sie tauchen in die Tiefe nieder
Und kommen in die Höhe wieder,
Von jauchzenden Wassern fortgetragen,
Die über ihnen zusammenschlagen.

Da jetzt der Strom den Widerstand
Gebrochen und die Freiheit fand,
Wälzt er gelassener und breiter
Die Wogen der Zerstörung weiter,
Er legt die beiden jungen Leben
Das Liebespaar, das er geraubt,
Im Morgenlicht ans Ufer neben
Einander, bettend Haupt an Haupt.

XII

Es war ein schöner Leichenzug,
Da man den Kurd zu Grabe trug.
Von jungen Bräuten sechs im Land,
Den blanken Silberpfeil im Haare,
Im faltenreichen Festgewand,
Die führten Lisbeth auf der Bahre.
Sie lag auf einem Bett von Moosen
Im braungewellten Haare Rosen,
Und trug geheimer Wonne Licht
Auf ihrem stillen Angesicht.
Jetzt nahte hoch der Starke, Blasse,
Dahingestreckt im Todesschlaf.
Murmeln durchlief des Volkes Gasse,
Und: »Brav!« erscholl's und wieder: »Brav!«
Das grüngeschmückte Lager halten
Empor auf Schultern breit und stark
Sechs edle herrliche Gestalten,
Sechs Jünglinge, des Landes Mark.
Die Stirne ziert ein Eichenkranz,
Sein gutes Schwert gibt ihm Geleit,
Das tapfre Haupt verklärt ein Glanz
Von feierlicher Fröhlichkeit.
Der hohen Bahre schreitet nah
In tiefem Sinnen Angela,
Und ob ihr auch das Mutterherz
Zerreißt ein ungeheurer Schmerz,
So ist er doch gemischt mit Lust,
Hebt Freude doch ihr stolz die Brust,
Daß ihrer Sorge liebster Sohn
In hellem Ruhme zieht davon.

Jetzt kommen an des Vaters Hand,
Was Kurd dem wilden Strom entwand:
Lisbeths Geschwister, erst die kleinen,
Die größern folgen nach und weinen,
Und dann im brausenden Gedränge
Des Alpenvolkes bunte Menge,
Das unter dröhnendem Geläute
Dem Sieger folgt und seiner Beute.

Seit Engel wohnt in leerem Raum
Nicht weiß sie selbst wie lange Zeit,
Verklärt sich in der Einsamkeit
Das Leben ihr und wird zum Traum.
Des Auges und der Seele Sinnen
Hangt an des Engelberges Zinnen.
Wann purpurn brennt das Felsgestein
Auf Himmelsgründen tief und rein,
Fühlt sie Verlangen nach der Einheit
Mit dieser Glut und dieser Reinheit.
Noch weiß sie, wie sie unverzagt
Den ersten Felsenhang erklommen,
Und was ihr Marthe hat gesagt,
Daß sie vom Himmel hergekommen
In einer sel'gen Engelschar,
Sie glaubt es und es wird ihr wahr
Und fährt im Blau ein lichter Reigen,
So sieht sie heil'ge Mächte walten
Und sieht sich Arme segnend neigen
Und grüßt hinauf zu den Gestalten.

In einer Sommermitternacht
Ist Engel jählings aufgewacht:

Es hat ans Fenster ihr gepocht,
Trüb schimmert einer Leuchte Docht.
»Mach auf!« Ihr dünkt's der Ruf Hilars,
Sie öffnet und der Alte war's.
Er meldet, keuchend noch vom Gehn:
»Ein Unglück, Engel, ist geschehn.
Dem Baptist bracht in letzter Not
Ich Beistand eben. Er ist tot.
Das Wildheu hat er heut geschnitten
Am Engelberg und ist geglitten.
Ich sah das Weib in Schmerz versteinen,
Es tät ihr wohl, sich auszuweinen.
Ich weiß, du fürchtest keine Mühe:
Geh zu ihr morgen in der Frühe!
Es ist in deinen jungen Jahren
Dir gleiches Unglück widerfahren,
Und Gram wird nur von Trost gestillt,
Der selbst aus wundem Herzen quillt.
Du kennst den Weg. Leb wohl!«

Sie schaut
Hinaus ins Freie. Rings kein Laut,
Am Himmel wenig Sterngefunkel,
Lau ist die Nacht und wolkendunkel.
Sie denkt des armen Weibs. Es leidet
Sie nicht zu Haus, und rasch gekleidet,
Eilt sie auf wohlbekannten Wegen
Dem Hang des Engelbergs entgegen.
Die arme Hütte, die sie sucht,
Liegt fern in einer Bergesschlucht,
Wohin den Pfad sie oft gegangen,
Und ob er wild sei und zerrissen,

Sie schreitet rasch und ohne Bangen
Und kann des Mondes Leuchte missen.
Sie wandert, Stunden wandert sie,
Doch kommt sie zu der Hütte nie.
Schon auf den nackten Felsen tritt
Ihr Fuß, sie fördert stets den Schritt,
Sie ist den Steg vorbeigeeilt,
Der seitwärts nach der Hütte leitet,
Und immer steigt sie unverweilt,
Die hoch schon überm Tale schreitet.
Sie steigt als ob empor sie triebe,
Was sie gelitten und empfunden,
All ihre Wonnen, ihre Wunden,
All ihre Kraft, all ihre Liebe!
Sie schreitet ohne Rast und Ruh
Dem offnen Tor des Himmels zu –
Und ist am Gipfel angekommen,
Sie hat den steilen Berg erklommen,
Frei oben steht mit einemmal
Sie jetzt und rings versank das Tal.

Die Firne fangen an zu glimmen,
Zu leuchten und in Licht zu schwimmen,
Und von den hundert weißen Spitzen
Herüber kommt's wie Flügelblitzen,
Die Tiefe tönt, die Höhen klingen,
Die Erde schwindet ihrem Fuß,
Sie fühlt gehoben sich von Schwingen
Und sie vernimmt den Engelgruß:

»Es ging ein Himmelskind verloren
Und blieb dem Himmel doch getreu,

Es ward von einem Weib geboren
Und wußte doch, woher es sei.
Es dachte heim in bangen Stunden,
Es hat geweint und uns gesucht,
Wir haben wieder es gefunden
Und retten es in schneller Flucht.«

ROMANZEN UND BILDER

Stimmung

»Tag, schein herein, und, Leben, flieh hinaus!«
Romeo und Julia

Tag, schein herein! die Kammer steht dir offen!
Du blauer Frühlingsmorgen, steig herein!
Schon glitzert, von der Sonne Strahl getroffen,
Das Tintenfaß, der eichne Bücherschrein.
Der Winter räumt, ein mürrischer Verwalter,
Dem jungen schönen Erben Hof und Haus,
In meines Fensters Bogen schwebt ein Falter –
Tag, schein herein, und, Leben, flieh hinaus!

In meinem Manuskript beginnt zu blättern
Der Morgenwind, der lustige Student!
Vergoldet schimmern die bewegten Lettern,
Kaum fängt er an, und schon ist er zu End,
Und an den Boden wirft er's ohne Gnade,
Und jagt's durchs Fenster – Taugenichts! o Graus!
Komm mit! wir haschen's, rauscht er, 's wäre schade!
Tag, schein herein, und, Leben, flieh hinaus!

Ein Segel zieht auf wunderkühlen Pfaden,
Ein Meer von Güte, glänzt der blaue Tag.
Was hat die Barke wohl für mich geladen?
Vielleicht ist's etwas, das mich freuen mag!
Entgegen ihr! Was kann das Segel bringen
Mir durch der Wellen freudiges Gebraus?

Noch spannt der Lenz auch meiner Seele Schwingen!
Tag, schein herein, und, Leben, flieh hinaus!

Frühlingslüfte

1

Durch die Tannen, durch die Föhren
Nieder streicht der warme Föhn,
In der Ferne kann ich hören
Der Lawinen dumpf Getön;
Wie von ungestümen Bächen
Wird es unterm Eise laut –
Grollend mußt du heute brechen,
Mauer, die der Frost gebaut!

Von November bis zu Märzen
Lag das Herz in Eises Haft;
Aber fluten zu dem Herzen
Fühl ich es wie Stromeskraft.
Mit Erbleichen, mit Erröten
Ahn ich eines Lenzes Wehn –
Sage, Lenz, wirst du mich töten?
Lässest du mich auferstehn?

2

Goldne Lichter zittern heut
In den lauen blauen Lüften,
Rieselnd schmilzt der Schnee zerstreut

An den Felsen, in den Klüften,
Aus den Wiesen kommt ein Düften,
Das mir ganz das Herz erneut.

Unter dem bemoosten Steg
Tost es in den Felsenschlünden,
Primeln stehn an jedem Weg,
Die den jungen Lenz verkünden,
Anemonen in den Gründen,
Veilchen duften im Geheg.

In dem Äther warm und rein
Zartbeschwingte Falter schweben,
Aus der Erde dunkelm Schrein
Steigt das frische, grüne Leben,
Lüftet seine Decken eben,
Drängt sich an den Sonnenschein.

Nun die lauen Lüfte wehn,
Wie die großen, silberhellen
Schneegebirge nahe stehn!
Auf das Knospen, auf das Schwellen,
Auf das Strömen aller Quellen,
Reine Geister, niedersehn!

Von dem raschgeregten Blut
Fängt die Brust sich an zu dehnen:
Todesahnen! Lebensmut!
Wanderlust und Liebessehnen!
Neue Lieder, heiße Tränen
Brechen aus des Herzens Glut.

Efeu

Efeu, mein alter Hausgesell,
Du bist von neuen Blättern hell
In diesen kräft'gen Tagen:
Dein Wintergrün so still und streng,
Wie kann es mit dem Lustgedräng
Der Kinder sich vertragen?

– Mein Freund, ein jedes Leben hat
Zum alten auch ein junges Blatt,
Die grünen dicht beisammen,
Eins dunkel, eines hell von Lust,
Die beide doch aus einer Brust,
Aus einer Wurzel stammen.

Die Ruine

Gebrochen ist der alte Twing
Und hell ergrünt sein Mauerring,
Der Efeu schwankt im Fenster;
Tief unter das besonnte Moos
Versunken in der Erde Schoß
Sind dieser Burg Gespenster.

Wo stolz durch das gewölbte Tor
Die zorn'ge Fehde schritt hervor,
Und ließ die Hörner schmettern,
Da hat sich, duftig eingeengt,
Ein Zicklein ins Gesträuch gedrängt
Und nascht von jungen Blättern.

Wo hoch die Minne träumend stund,
Zerrann auf klarem Himmelsgrund
Der luft'ge Bau des Erkers;
Wo tief der stumme Haß gegrollt,
Ist in das weiche Gras gerollt
Ein feuchter Stein des Kerkers.

Und wo den See vom Hügelhang
Herab die trotz'ge Feste zwang,
Ihr finster Bild zu spiegeln,
Ziehn Schwäne nun ein friedlich Gleis
Und herrschen auf dem Wasserkreis
Mit silberhellen Flügeln.

Das tote Kind

Der Garten war in Schlaf gebannt,
Als man das schwarze Tuch gespannt,
Es lag der Schnee noch hoch genug,
Da man das Kind zu Grabe trug.

Nun wehn die Lüfte wieder lau,
Der Himmel leuchtet wieder blau,
Der Springbrunn plätschert hin und her,
Wo weilst du, Kindchen? plaudert er.

Die duft'ge Winde klettert schwank
Empor und blickt ins Fenster schlank:
Herzkindchen, wo verbirgst du dich?
Die Blumen drunten schicken mich!

Im Garten summt es weit und breit:
Was hast du für ein Sommerkleid?
Komm schnell aus deinem Kämmerlein
Und sieh den schönen Sonnenschein!

Auf dem See

1

Trüb verglomm der Tag,
Dumpf ertönt mein Ruderschlag,
Schwüles Brüten in der Luft
Über finstrer Wassergruft.

Bleich der Felsenhang!
Schilf, was flüsterst du so bang?
Sterne! – Abend ist es ja –
Kommet! Seid ihr nicht mehr da?

2

Ich gleite durch das Dunkel
In leicht geführtem Kahn,
Es spiegelt Sterngefunkel
Sich unter meiner Bahn.

Wo in der tät'gen Helle
Das Segel hat gerauscht,
Heb ich aus nächt'ger Welle
Mein Ruder unbelauscht.

Des Markts Gewinn und Beute
Belastet nicht mein Boot,
Und ruhig stirbt mein Heute
Den schmerzenlosen Tod.

Vom Ruder seh ich's triefen
Wie Silber niederwärts,
Und über stillen Tiefen
Entschlummert mir das Herz.

3

An des Waldgebirges Grenzen
Seh ich licht im Tannenhang
Wie ein Hirtenfeuer glänzen
Abendsternes Untergang.
Zeit ist's, daß der Sanfte weiche,
Schon in seiner vollen Pracht
Hebt sich der verhängnisreiche
Jupiter in blauer Nacht.

4

Mondesampel gießt den feuchten
Schimmer auf den stillen See,
Wie Erinnerungen leuchten
Gipfel drin mit ew'gem Schnee.
Alte Zeiten, die entschliefen
Längst im Tageswechsel hier,
Leben in geheimen Tiefen
Leise träumend unter mir.

Im Walde

1

Gegrüßt, mein Seelein, tief im Waldesgrün,
Auf welchem nie geflammt des Morgens Glühn,
Und das des Abends Fackel nie berührt,
Zu dem mich's wie geheime Liebe führt.

Dein Antlitz sagt mir alles, rasch erregt,
Was dir das kindliche Gemüt bewegt,
Und leicht erhellt, verdunkelt ohne Grund,
Tut es mir jede deiner Launen kund.

Das Boot, verborgen in dem Schilfe dort,
Gebunden ist es durch ein Zauberwort,
Und deine Wellen hat es nie durcheilt,
Mein eigen bist du ganz und ungeteilt.

Horch! Stimmen in dem Wald, ein Lustgeschrei!
Vorüber, Unwillkommene, vorbei!
Durchbrechend das Gebüsch naht eine Schar!
Seelein, erglänze nicht! dir droht Gefahr.

Ich schelte nicht der Jugend wilde Lust,
Nur dir, mein Liebchen, sei sie unbewußt!
Sie streife jubelnd rings, die Welt ist weit,
Nur rühre nicht sie an dein blaues Kleid!

Echo, die Hüterin, ist auch schon wach
Und spricht der Freude lose Worte nach;
Gekreisch, Gelächter, näher, ach, und nah!
Ich sehe zürnend schon im Geist sie da.

Nicht weiter! Weichet! Ich gebiet euch Halt! …
Was ist's ? Führst du sie irr, getreuer Wald?
Die frechen Stimmen hallen ferner schon,
Und nun erstirbt der letzte Jubelton.

Indessen hat die Sonne sich geneigt,
Das Waldesdunkel, o wie süß es schweigt!
Und unter Tannengrün und Himmelsruh,
Von meinem Blick bewacht, entschlummerst du.

2

Demantne Tropfen hangen
An Halm und Blatt und Strauch –
Mir klopft das Herz: gegangen
Bist diesen Pfad du auch!

Der schlanke Fuß, der leichte,
Der mir das Liebste trägt,
Ins Erdreich hat, ins feuchte,
Sein Bildnis er geprägt.

Doch ist zu manchen andern
Gesellt die zarte Spur;
Mir deucht, ein starkes Wandern
War heut auf Feld und Flur.

Aus allen Stapfen kennen
Kann ich der deinen Flucht,
Von allen möcht ich trennen
Sie voller Eifersucht.

Verzeichnet auf den Wegen
Dein stiller Morgengang?
Lösch aus die Spur, o Regen,
Den ganzen Pfad entlang!

3

Es flimmert in den Ästen,
Der Birke Stamm erblinkt,
Nun weiß ich, daß im Westen
Die Sonne purpurn sinkt.

Dort muß ein Meer von Gluten
Der Abendhimmel sein,
Hier rinnt ein stilles Bluten
Um mich auf Moos und Stein.

4

Laß dich umschlingen, Eiche,
Den Herzschlag mir zu lindern!
Behalt in deinem Reiche
Mich, Wald, bei deinen Kindern!

Steig auf mit deinen Kräften
In meine Adern, Erde!
Daß, wie ein Baum, von Säften
Ich frisch durchrieselt werde;

Bis ich, mir selbst entnommen,
Mit Baum und Blatt und Rinde,
Was mir gereicht zu Frommen,
Wie die Natur, empfinde;

Bis in der grünen Kühle,
Der schöpferischen Stille
Ich leise wachsend fühle,
Was Gottes Wink und Wille.

Waldtraum

Jüngst im Wald, der Sorge los,
Schlummert ich gestreckt ins Moos.
Sieh, was regt sich in der Hecke?
Horch, was klimpert im Verstecke?

Kinderstimmen, holder Sang,
Ein verworrner Saitenklang!
Sachte schlich ich zu belauschen
Der Gebüsche seltsam Rauschen.

Das Gesträuch mit leiser Hand
Teilt ich, bis das Nest ich fand:
Kinder rings im Grase sitzend,
Mit den hellen Augen blitzend.

Rutschend auf dem nackten Knie,
Stimmen eine Laute sie.
Sagt, was lagert ihr im Runde?
Sprecht, was schaffet ihr im Bunde?

Aber auf ihr Werk erpicht,
Achten sie der Frage nicht,
Bis die Saiten hell erklingen
Und sie mir die Laute bringen:

Nimm, du gibst uns viel zu tun,
Während dir gefällt zu ruhn,
Nimm sie wieder ohne Fehle
Deine rein gestimmte Seele!

Weinsegen

Heut atm ich mit den Lüften
Wie lauter Würzen ein!
O allerfeinstes Düften!
Heut blüht der Klosterwein.
Hier zog die ersten Trauben
Zum Liebesmahl der Abt,
Der mit dem wahren Glauben
Uns Heiden einst begabt.

Das Kloster ist verschwunden,
Zerstäubt mit Gruft und Chor;
Doch steigt in diesen Stunden,
So heißt's, der Abt empor.
Nicht will zur Lese kommen

Er, da die Kelter schäumt,
Nein, wie's geziemt dem Frommen,
Wann süß die Blüte träumt.

Wer öffnet leis das Gatter?
Berauscht die Würze mich?
In weißen Kleids Geflatter
Was wandelt feierlich?
Der Abt! ich sehe bücken
Das greise Haupt ihn dort,
Die Nachbarskinder drücken
Sich durch die Hecke fort.

Er prüft die zarte Blüte,
Die Schosse grün und licht,
Sein Antlitz voller Güte
Berührt das Sonnenlicht.
Hochwürden blickt so heiter:
Dies Jahr gerät der Wein!
Still wandelt aufwärts weiter
Die Stufen er von Stein.

Schon in der Höhe schreiten
Seh ich sein hell Gewand,
Blaß sehe noch ich breiten
Sich eine Geisterhand.
Er segnet seine Reben
Wie ein geliebtes Kind,
Uns alle auch daneben,
Die seine Erben sind.

Himmelsnähe

Auf schmalem Grat bin ich gelagert hier
In der Gebirge weißgezacktem Kreis,
Ein blendend Silberhorn blickt über mir
Hervor aus einem grünen Meer von Eis.

Der Schnee, der am Geklüfte hing zerstreut,
In hundert Rinnen rieselt er davon,
Und aus der schwarzen Feuchte schimmert heut
Der Soldanelle zarte Glocke schon.

Bald nahe tost, bald fern der Wasserfall,
Jetzt stürzt er hier verweht, jetzt stäubt er dort!
Ein tiefes Schweigen und ein steter Schall:
Der ungebrochnen Stille flüsternd Wort!

O Luft der Höhn, du wundersame Kraft!
Ich habe *seinen* Atemzug gefühlt!
Zusammenschrickt die dumpfe Leidenschaft
Von reinen Hauchen schauerlich gekühlt.

Es flattert in der staubbefreiten Brust,
Die kühnen Schwingen öffnend ungestüm,
Des gottentstammten Geistes Gotteslust
Und schwebt mit Adlerskräften auf zu ihm.

Jungfrau

Die erzürnten Wogen rollen,
Es erzittert bang der Steg.

Wie sie rufen, wie sie grollen
neben einem mächt'gen Weg!
Rissen gerne mich von dannen,
Wie entwurzeltes Gesträuch –
Blicke, lasset euch nicht bannen,
Zage Blicke, hebet euch!

Über wildem Felsgetrümmer,
Über finstrer Stromgewalt
Wacht in mildem Sternenschimmer
Eine selige Gestalt.
Sanfte Leuchte, hohe Firne,
Thronend in der Sterne Rat,
Neige deine klare Stirne
Über meinen dunkeln Pfad!

Im Engadin

Über dunkelm Arvenwipfel
Steigen auf die weißen Gipfel
Von dem tiefsten Blau begrenzt:
Heldenzelte, die sich breiten
Über wilden Einsamkeiten –
Wie die stolze Reihe glänzt!

Ruhe. Nur die Wasser rinnen,
Nur die Welle zieht von hinnen
Eifrig, die zu Tale will.
Über hell besonnten Matten
Nur der Arven kurze Schatten
Und ein Leuchten groß und still.

Das Glöcklein

Er steht an ihrem Pfühl in herber Qual
Und muß den jungen Busen keuchen sehn,
Er ist ein Arzt, und weiß, sein traut Gemahl
Erblaßt, sobald die Morgenschauer wehn.

Sie hat geschlummert. »Lieber, du bei mir?
Mir träumte, daß ich auf der Alpe war.
Wie schön mir träumte, das erzähl ich dir –
Du schickst mich wieder hin das nächste Jahr!

Dort vor dem Dorf – du weißt den moos'gen Stein –
Saß ich und rings umhallte mich Getön,
Die Herden zogen alle mit Schalmein
An mir vorüber von den Sommerhöhn.

Die Herden ziehen alle heut nach Haus –
Nun ist's die letzte wohl? Nein, eine noch.
Noch ein Geläut klingt an und eins klingt aus,
Das endet nicht! Da kam das letzte doch.

Nun alles still. Es starb das Abendrot,
Die Matten dunkelten so grün und rein,
Die hohen Gipfel standen bleich und tot
Und drüber glomm ein leiser Sternenschein.

Ein Glöcklein, horch! Klingt fern es aus der Schlucht?
Irrt es verspätet noch am Felsenhang?
Ein armes Glöcklein, das die Herde sucht –
Da wacht ich auf – und höre noch den Klang.

Du schickst mich wieder auf die lieben Höhn –
Sie haben, sagst du, mich gesund gemacht …
Da war's so schön, da war's so wunderschön!
Das Glöcklein! Wieder! Hörst du's? – Gute Nacht.« –

Der Erntewagen

Nun des Tages Gluten starben,
Mischen alle zarten Farben
Sich am Himmel golden klar.
In die Helle seh ich ragen
Einen hohen Erntewagen,
Den umeilt der Schnitter Schar.

Dunkle Arbeit lichtumgeben!
Nächtige Gestalten heben,
Schichten letzte Garben leis,
Und des Abends Feierstunde
Schmückt mit heilig goldnem Grunde
Müder Arme späten Fleiß.

Spätjahr

Verweht ist längst der Schleier
Der Ahnung mit dem Lenze,
Vorbei die Erntefeier,
Des Sommers goldne Grenze,
Entnommen ist die Traube
Dem roten Rebenblatt,

Der Wald bestreut mit Laube
Der Erde Ruhestatt.

Ein jedes Werk des Jahres
Hat seine eigne Weihe
Und ist ein wunderbares
In wunderbarer Reihe;
Das liebste doch von allen
Ist mir des Sämanns Gang
Und seiner Körner Fallen
Der Furche Flucht entlang.

Nun träumen ohne Leiden
Des Lebens neue Triebe –
Natur, wer kann mich scheiden
Von deiner Mutterliebe,
Solang du, Totgeglaubte,
Dich wonnevoll erneust,
Bist du mir auch zu Haupte
Die braunen Schollen streust!

Einer Toten

Laß gedenken heut im Liede
Deiner uns mit leisem Laut,
Die umfängt der ew'ge Friede,
Deren Grab die Nacht betaut!
Schwermutsvolle braune Augen,
Öffnet euch ein letztes Mal,
Laßt aus euern Tiefen saugen
Mich noch *einen* süßen Strahl!

Schreiten seh ich dich und weilen
Wieder wie beim ersten Gruß,
Sehe, wo sich Wege teilen,
Zweifeln deinen scheuen Fuß;
Wie ein Reh, dem Wald entronnen,
Das ein grünes Tal entdeckt,
Nahst du schüchtern dich den Bronnen,
Fliehst, vom eignen Bild erschreckt.

Wie ein Klang gedämpfter Saiten
Schlichen sich in jedes Herz
Deine stillen Lieblichkeiten,
Deiner Züge leiser Schmerz.
Frohgefühl umwand mit frischen
Rosen dir die Stirne nie,
Dunkel war von träumerischen
Feuchten Waldesschatten sie.

Warum war dir nicht gegeben,
Was die schlichte Treu vermag,
Mutig unter uns zu leben
Diesen flücht'gen Erdetag?
Zeigte jung ein arger Spiegel
Dir den Wurm in jeder Frucht?
Schwebte frühen Todes Flügel
Über dir mit Eifersucht?

Bangend vor dem Glück der Erde
Bangtest nicht du vor dem Grab,
Und mit freundlicher Gebärde
Stiegst die Stufe du hinab.
Laß mich auf die Gruft dir stellen

Dieses Liedes Weihgeschenk!
Sei du an den ew'gen Quellen
Unser liebend eingedenk!

Der Pfad

Wüst gespaltne Felsenmassen
Türmen sich vor meinem Blick,
Wie vor einem wilden Hassen
Weicht befremdet er zurück;
Aber auf das Schrecknis wieder
Zieht ihn ein geheimer Bann,
Durch die Trümmer auf und nieder
Sucht er, wo er haften kann.

Über schroffem Felsenrisse
Schweben sieht er einen Steg,
Durch die Tannenfinsternisse
Dämmert hier und dort ein Weg,
Er verfolgt ihn – an den Wänden
Klettern Stufen steil empor,
Dunkel öffnet, wo sie enden,
Sich ein stilles Felsentor.

Endlich hat der Blick gefunden
Eines Pfades sichern Gang,
Höh und Tiefen sind verbunden
Durch des Wegs Zusammenhang;
Ruhig weilt er auf dem Bildnis
Nun, daraus das Irrsal schwand,

Es getröstet in der Wildnis
Ihn das Werk der Menschenhand.

Die alte Brücke

Du Brückenbild tief unten hier,
Schon lange stehst du außer Amt,
Ein neuer Bau ragt über dir
Und dich bekleidet grüner Samt.

Wer dich betrat, bevor bemoost
Das Alter dich, vergaßest du,
Du schaust die Reuß, die dich durchtost
Und hörst dem Lied der Wellen zu.

Was über dir in Lust und Leid
Lateinisch einst der Schüler sang,
Verschollen ist es lange Zeit
Schon zwischen dieser Felsen Hang.

Nach Rom der segenlose Weg
Ging über deinen Bogen ja,
Der Kaiser schritt auf deinem Steg
Und mehr als ein Parricida.

Von jenseits kam da mancher Brief,
Der besser in die Fluten fiel,
In dem Verleumdung lüstern schlief
Und namenloser Ränke Spiel,

Der Söldner, der im welschen Land
Geraubt sich Pest und Leichentuch,
Der Mörder mit der blut'gen Hand,
Dem an der Sohle hing der Fluch –

Von allen längst verweht die Spur,
Du stehst so hell und frisch begrünt
Und harmlos hat dich die Natur
Vom Tritt der Menschen längst entsühnt.

Römische Mondnacht

Ein feierliches Mondenlicht ergießt
Sich auf das schlummernde, das ew'ge Rom,
Kein Laut, und unter stillen Brücken fließt
Des heil'gen Tibers unerschöpfter Strom;
Was sich erbaute sein Gestad entlang
Und was zerfällt in Trümmer voller Pracht,
Verwächst in ruhigem Zusammenhang
Zu einer ernsten, friedevollen Macht.

Wie Wellen schweben Ungemach und Glück
Vorüber, keine gleitet mehr allein,
Verschüchtert tritt das laute Heut zurück
In seiner Schwestern leise ziehnde Reihn;
Die Stunde schämt sich ihrer Ungeduld,
Wo still Jahrtausend an Jahrtausend ruht,
Und es versinkt des Tages Hast und Schuld
In eines großen Lebens stete Flut.

Der schöne Brunnen

Der Springquell plätschert und ergießt
Sich in der Marmorschale Grund,
Die, sich verschleiernd, überfließt
In einer zweiten Schale Rund;
Und diese gibt, sie wird zu reich,
Der dritten wallend ihre Flut,
Und jede nimmt und gibt zugleich
Und alles strömt und alles ruht.

Die gegeißelte Psyche

Wo von alter Schönheit Trümmern
Marmorhell die Säle schimmern,
Seh ich blaß und lieblich eine
Psyche atmen in dem Steine.

Unsichtbarem Geißelhiebe
Beugt sie sich in Schmerz und Liebe,
Auf den zarten Knieen liegend,
Enge sich zusammenschmiegend.

Flehend halb und halb geduldig
Trägt sie Schmach und weiß sich schuldig,
Jammernd scheint ihr Blick zu fragen:
Liebst du mich? und kannst mich schlagen?

Soll der Himmel dich begrüßen,
Arme Psyche, mußt du büßen!

Eros, der sich sucht und peinigt,
Will dich selig und gereinigt.

Kommet wieder!

Um die bleichen Kreidefelsen kreisen
Möwen immer in denselben Gleisen,
In des stillen Meeres dunkelm Spiegel
Flattern helle Lichter, weiße Flügel.

Und das Meer beginnt ein leises Singen:
Wolken, meine Kinder, regt die Schwingen!
Von der Erde seid ihr angezogen,
Rauscht im Regen! Glänzt im Regenbogen!

Füllt die Bronnen, murmelt in den Quellen!
Stürzt von Felsen, rieselt in den Wellen!
Zieht in Strömen durch die Lande nieder!
Kommet, meine Kinder, kommet wieder!

Karl IX. an Ronsard

Aus dem Französischen

Ich bin der Herr und Meister
Der Leiber, du der Geister,
Dein ist die größte Macht;
Du kannst mit deinem Singen
In alle Seelen dringen
Und ein Gemüt bezwingen,
Das des Tyrannen lacht.

Wir tragen Kronen beide,
Geborgt ist mein Geschmeide
Auf eine Lebensfrist;
Des Königs kühnem Streben
Kannst du das ew'ge Leben,
Den grünen Lorbeer geben,
Der unverwelklich ist.

Schon heut! erst morgen!

Aus dem Englischen

Wenn uns das Glück in leichtem Lauf
Und lächelnd Blüten streut,
Wann heben wir die Rosen auf?
Schon heute, Lieb, schon heut!
Doch blickt das Leben kummervoll
Und redet es von Sorgen,
So denn getrauert werden soll,
Erst morgen, Lieb, erst morgen!

Wenn einer, der uns Unrecht tut,
Die Hand versöhnend beut,
Wann werden wir ihm wieder gut?
Schon heute, Lieb, schon heut!
Muß einem streng vergolten sein,
Sei heut er noch geborgen,
Und muß einmal gescholten sein,
Erst morgen, Lieb, erst morgen!

Spielzeug

»Sieh doch das Spielzeug alt und lieb,
Das hier im Saale stehen blieb!
Es ist des Dorfes kleine Welt,
Von Nachbarskindern aufgestellt.

Wie niedlich reiht sich Haus an Haus,
Die Gasse sieht so sauber aus,
Wir schreiten Arm in Arm entlang
Den grünen, grünen Pappelgang.

Ein nettes Häuschen kommt zum Schluß,
Das unsre Wohnung werden muß!
Die Türe und vier Fensterlein!
Wir ziehen ohne Säumnis ein.«

– Sie lächelt, mit den Fingern hell
Ergreift am spitzen Turm sie schnell
Die Kirche mit dem roten Dach
Und stellt zum Häuschen sie gemach.

Jedes Ding hat seine Zeit

Jedes Ding hat seine Zeit,
Jede Zeit hat ihren Segen,
Heute stürzt ein finstrer Regen –
Morgen Sonnenherrlichkeit!
Und das goldne Korn gedeiht
Unter Blitz und Wetterschlägen;

Jede Zeit hat ihren Segen,
Jedes Ding hat seine Zeit.

Jedes Ding hat seine Zeit,
Jede Zeit hat ihren Segen,
Laß dich innig nur bewegen
Fremdes Leid und eignes Leid!
Trägst du heut ein Trauerkleid,
Kommt der Tag es abzulegen;
Jede Zeit hat ihren Segen,
Jedes Ding hat seine Zeit.

Erzählung

Die neuen Musen

Es brachte jüngst der dunkle Flug
Der Nacht den liebsten mir der Träume,
Der in des Vatikanes Räume
Mich auf der Sehnsucht Schwinge trug.
Still tret ich in den Musensaal
Und staune, daß er ist ein andrer,
Als scheidend ihn der junge Wandrer
Betrachtete das letzte Mal.

Apollo leuchtet nicht hervor,
Der sonst beherrscht des Saales Mitte,
Mit feierlich bewegtem Schritte
Voranzugehn dem edlen Chor,

Und in der Schwestern Kreise steht
In hoher Halle vollem Lichte
Die ernste Muse der Geschichte,
Von wallendem Gewand umweht.

Die Pergamente legt sie hin,
Die ihr der Dinge Saat verkünden,
Sie will die volle Garbe binden
Und schreitet wie die Schnitterin;
Die Schnitterin, die nimmer weilt,
Wenn über ihr die Wolken grollen,
Und unter Blitz und Donnerrollen
Die Ernte sorgenvoll beeilt.

Melpomene tritt ihr voran
Mit Mienen, die von Jammer sprechen,
Und schwingt das strenge Schwert, zu rächen,
Was die Begrabenen getan;
Sie rächt am Sohn der Väter Zeit,
Als ob wir alle schuldig wären,
Und dann erhellt sie unter Zähren
Sich über dem vollbrachten Leid.

Die sonst so kindlich mit Homer,
Dem blinden Sänger, ist gezogen,
Sie schreitet auf den hohen Wogen
Des Lebens ungestüm einher;
Erschütternd singt Kalliope
Und läßt auf schönem Munde schweben
Des einen Volkes neues Leben,
Des andern Volkes Sterbeweh.

Thaliens leicht geschürzten Gang,
Ich kann ihn nicht mehr lieblich heißen,
Die Seele will mir fast zerreißen
Der Glöcklein und des Reifes Klang;
Der alten Ehrfurcht frommen Bann
Freut sich die Trunkene zu höhnen
Und mordet mit den scharfen Tönen,
Was zeitig nicht ersterben kann.

Der Schwestern *eine* blieb sich gleich,
Urania, den Blick erhoben
Zu dem gemeßnen Gang der Globen,
Zu der Gestirne stillem Reich;
Wohl ist ihr fremd der Schwestern Tun,
Doch tritt sie nicht aus ihrem Ringe,
Sie sieht den Lauf der ird'schen Dinge
In ew'ger Weisheit Händen ruhn.

Ich hing an ihrem Angesicht
Und tröstete mich seiner Helle –
Da braust der Wind, versinkt die Schwelle,
Des Vatikanes Säule bricht!
Ich sehe die vereinte Schar
In freien Lüften mächtig schreiten,
Die Musen dieser neuen Zeiten
Mit Hymnenklang und wehndem Haar.

Cäsars Schwert

Die Gallier stritten manchen Tag,
Bis ihre letzte Stadt erlag –

Alesia ist gefallen
Und Cäsar tritt als Sieger ein
In ihren heil'gen Eichenhain,
In ihres Tempels Hallen.

Da prunkt so manches Weihgeschenk,
Verwegner Taten eingedenk,
Da leuchten edle Beuten;
Was neben diesem reichen Hort
Soll an der hohen Säule dort
Das schart'ge Schwert bedeuten?

Des Feldherrn Blicke haften dran,
Das Schwert, es hat's ihm angetan,
Ihn deucht, er sollt es kennen,
Und lächelnd zeigt er schon empor:
»Ihr Gallier, sagt mir, wer's verlor!
Könnt ihr den Mann mir nennen?«

Die Überwundnen schweigen still,
Kein Mund ist, der sich öffnen will –
»Nennt ihn! ich muß es wissen!«
Da ruft ein Jüngling unbedacht:
»Dir, Cäsar, im Gedräng der Schlacht,
Dir hab ich es entrissen!«

Ein Hauptmann langt mit rascher Hand
Empor, das Antlitz schamentbrannt,
Und faßt das Eisen eilig;
Doch Cäsar winkt gebietend: »Nein!
Laß es dem Tempel eigen sein,
Es ist den Göttern heilig.

Dem besten Fechter mag's geschehn,
Daß Schwerter ihm verlorengehn,
Es kann das Glück sich wenden,
Doch wer als Sieger sich bewährt,
Der findet sein verloren Schwert
Bewahrt von Götterhänden.«

Papst Julius

Um den Herrscher mühn mit bangen
Mienen Arzt und Diener sich,
Zweifelnd, ob er schlafbefangen,
Ob auf immer er erblich.
War das nicht ein leises Schüttern,
Das die Glieder ihm durchbebt?
Ja! Sie sehn mit Lust und Zittern,
Daß er atmet, daß er lebt.

Langsam hebt er auf dem Lager
Sich empor, noch halb erstarrt,
Mit der Rechten stark und hager
Greift er in den weißen Bart,
Unter den ergreisten Brauen
Sind die Flammen wieder reg
Und er schilt den Tod mit rauhen,
Ungestümen Worten weg:

»Fort mir aus dem Angesichte,
Larven, die mir bleich gedroht!
Aus dem warmen Sonnenlichte,
Charon, fort mit deinem Boot!

Keine Macht ist dir gegeben,
Bis ich selbst dich rufen mag;
Heute hab ich noch zu leben
Einen vollgedrängten Tag.

Arzt, statt deiner faden Tropfen
Gib mir des Falerners Glut!
Lasse meine Pulse klopfen,
Wirf mir Feuer in das Blut!
Auf die Türen! Weg die Kissen!
Meine Feldherrn, tretet ein!
Meine Meister, laßt sie wissen,
Daß sie doppelt eifrig sei'n!

Regst, Bramante, du die schnellen
Hände fleißig? Ich bin alt!
Wirst du mir die Kuppel stellen
Mitten in den Himmel bald?
Angelo, sei mir willkommen!
Warum blickst du wieder scheel?
Und dort seh ich meinen frommen,
Meinen süßen Raffael!

Als den Hirten nicht des Lammes,
Schildert mich als Mosen ab,
Der den Lästrer seines Stammes
Niederwarf mit raschem Stab,
Der die zage Volksgemeine
Gottbefohlne Wege wies,
Der aus dem zerbrochnen Steine
Lebensströme fluten ließ!

Ist's ein göttliches Versprechen,
Daß ich löse jedes Band,
Kann ich auch das Joch zerbrechen
Über meinem Vaterland;
Als mit seinem großen Werde
Gott erschuf der Sterne Heer,
Nahm den Himmel er, die Erde
Gab der Erde Söhnen er.

Einmal noch den Harnisch tragen
Muß ich, einmal noch zu Roß
Meiner Schar vorüberjagen,
Stürmen muß ich Stadt und Schloß!
Kämmrer, eilet! Mich zu letzen,
Führt mir in den Hof mein Tier,
Laßt es springen, laßt es setzen
Vor den alten Augen mir!

Unterhandeln, markten, rechten,
Dazu mangelt mir die Zeit –
Reicht ein Schwert mir, auszufechten
Mit dem Fremden unsern Streit!
Mein Italien muß ich retten!
Ruft zur Schlacht, Drommeten, ruft!
In der Faust zerrißne Ketten,
Steig ich freudig in die Gruft!«

Michel Angelo

Ein Lichtlein schimmert in der Mitternacht
Und Michel Angelo, der hohe Greis,

Der wundersame Meister, sinnt und wacht
In seiner Marmorbilder blassem Kreis.

Die Ruhe stört er nicht mit Hammerschlag,
Gewaltig ist er in ein Buch vertieft.
Ob Dantes Schatten er befragen mag?
Ob er die Sprüche wägt der Heil'gen Schrift?

Er hat die Tage Raffaels überlebt,
Der vollen Schönheit kurze Blütezeit,
Und Blatt um Blatt, das trauernd niederschwebt,
Ermahnt ihn an den Ernst der Ewigkeit.

Des Meisters Angesicht wird feierlich,
Er scheint mit jemand im Gespräch zu sein,
Er wendet von dem Buche langsam sich
Und redet in die stille Nacht hinein:

»Die süßen Fabeln haben mir geraubt
Die Zeit, die dich zu suchen du verliehn,
Unwillig schüttl ich das beschneite Haupt,
Die Schmeichlerinnen wollen nicht entfliehn.

Statt zu erfassen in dem Wesen dich,
Ergriff ich dich, o Gott, an deinem Kleid,
Die Macht der Schönheit übermannte mich
Und ich entbehre der Gerechtigkeit.

In Fehle bin gealtert ich und Schuld,
An deinem Himmel hab ich keinen Teil
Als meiner schnöden Knechtschaft Ungeduld,
Mein durstiges Verlangen nach dem Heil.

Ich stemme mich, und kann mich nicht befrein,
Mein Herz ist hart und trotzig, trüb und wild.
Mein Gott, entreiße du dem toten Stein
Mit starker Meisterhand dein Ebenbild!

Auf! Schwinge deinen Hammer mit Gewalt!
Erhabner Bildner, führe Schlag um Schlag,
Und aus den Splittern ziehe die Gestalt,
Die göttliche, hervor an deinen Tag!«

Cäsar Borgia

Romas Bischof starb in dieser Nacht.
Öde der Palast, die Diener flohn,
Und im Sessel, bleiern müd erwacht,
Stöhnt des dreigekrönten Priesters Sohn.

Ein Verschütteter in Grabes Raum,
Der sich hebt ans Tageslicht empor,
Starrt geblendet auf und faßt es kaum,
Daß in dumpfem Sturz er sich verlor.

»Gestern? Als ich aus dem Becher trank?«
So besinnt sich Borgia – und erbleicht.
»Ja, da war's daß jäh ich niedersank!
Und ihn hat der Vater mir gereicht!

War's der Becher, der dem Gaste galt,
Dem Valenza? Wechseltest du ihn,
Spott des Zufalls? Mich durchrieselt's kalt –
Auch der Vater trank! Er ist dahin.

Borgias Gasttrunk, tödlich ist dein Saft!
Keine Rettung mehr! Der Greis erliegt!
Doch ich lebe! Cäsars Drachenkraft
Hat das grimme Drachengift besiegt.

Keiner steigt mir mehr auf Petri Thron!
Dem Apostel hüt ich selbst das Haus!
Helle, starke Zeiten nahen schon,
Mit den alten Märchen ist es aus!«

Borgias Blicke schweben scharf und reg
Über Jagdgefilden unbegrenzt,
Sein Gedanke zieht sich einen Weg,
Wie durchs reife Korn die Sichel glänzt.

»Die ich rastlos brütend nahen sah,
Stunde, lange Jahre vorbedacht,
Schicksalsvolle Stunde, du bist da:
Sturz und Elend, oder Königsmacht!«

Schon ist er im Geist davongebraust,
Kühne Scharen stehen ihm bereit,
Und, das nackte Schwert in nerv'ger Faust
Endet rasch er jeden Widerstreit;

Über Leichen grausig hingemäht
Steigt zum Kapitol er unverzagt,
Wo in seiner Frevel Kreis er steht,
Die er alle haupthoch überragt –

Wahngebild vor eines Kranken Blick!
Borgia liegt gelähmt, des Giftes Raub,

Meteorgleich leuchtet hell sein Glück
Vor ihm auf, bevor es sinkt in Staub.

Vor des raschen Lebens Schranke liegt
Knirschend er, geschleudert aus der Bahn,
Eine Stunde flieht, die zweite fliegt
Und die dritte Stunde schwebt heran!

Finster quellen ihm die Tränen jetzt,
Auf der schmalen Lippe zuckt der Hohn,
Eh die stolze Wimper sie genetzt,
Lacht er seiner ersten Träne schon.

Immer rascher eilt der Stunden Lauf
Und er windet sich in stummer Qual,
Dehnt den schlanken Leib und schnellt ihn auf,
Aus dem Auge schießt ein Flammenstrahl,

Einen Schritt, von kaltem Schweiß bedeckt,
Tut in unsichtbarem Kerker er,
Wankt und stürzt und liegt dahingestreckt
Schweigend, angefesselt doppelt schwer.

Nebel steigen, Leichenaugen schaun,
Finger deuten auf den Mörder hin,
Langsam dunkelnd senkt unsagbar Graun,
Senkt die Todeswolke sich auf ihn.

Margarita

»Von Dolcino sollst du lassen,
Margarita, du Betörte,
Sollst den Sohn der Kirche hassen,
Der sich gegen sie empörte!
Willst als Asche du begleiten
Seinen Staub in Flut und Wind?
Oder lässest heim dich leiten
Du, ein irrgegangen Kind?«

»Mönch«, erwidert Margarite,
»Folgen muß ich ihm durch Schmerzen.
Ihn, vor dem ich lauschend kniete,
Nimmst du nicht mir aus dem Herzen!
Durstig horcht ich seinen Lehren
Mit des Volkes großer Schar,
Leidend will ich es bewähren,
Daß sein Wort die Wahrheit war.«

Doch der Schönen, Lebensvollen
Muß es vor dem Tode bangen,
Und zwei schwere Tränen rollen
Ihr von den erblaßten Wangen;
Braunen Haares lichte Fülle
Löst sie mit bewegter Hand,
Hellem Nacken eine Hülle,
Zarten Schultern ein Gewand.

Auf den Scheiterhaufen binden
Sie das blühend junge Leben,
Und die Henker selbst empfinden

Vor der grausen Tat ein Beben,
Die in Helm und Stahlgewande
Harrend dicht im Kreise stehn,
Selbst der Kirche Kriegerbande
Schauert vor der Flamme Wehn.

»Haltet ein!« In ihre Mitte
Stürzt ein Jüngling mit entflammten
Blicken und mit flehnder Bitte
Zu den Füßen der Verdammten:
»Margarita, laß dich retten!
Folge mir! Vertraue mir!
Ich zerreiße deine Ketten!«
Und das Knie umfängt er ihr.

»Vor dem Priester dich zu bergen,
Will ich, daß er uns vereine!
Weg von meinem Weibe, Schergen!
Margarita ist die Meine!«
Mit des Blickes heil'gem Leide
Widerstrebt sie seinem Arm:
»Wirb um Leben du und Freude,
Freie nicht um Tod und Harm!

Weiche, Jüngling, laß mich sterben,
Die Dolcinos Ruf vernommen!
Laß das weiße Kleid mich erben
Derer, die aus Trübsal kommen!
In den Stern laß mich entschweben,
Wo der Wahrheit Zeugen sind,
Mit Dolcino, meinem Leben,
Unter Männern als ein Kind!

Liebe wird die Flügel schlagen
Über mir im glühnden Dampfe!
Sollte denn die Treue zagen
Vor dem letzten guten Kampfe?
Liebe, die ans Kreuz sich heften
Ließ, erbarm dich meiner Not,
Hilf mir mit des Himmels Kräften
Überwinden Qual und Tod!

Priester, laß das Feuer steigen!«
Spricht sie fest. Er winkt den Knechten:
»Fahre hin und sei zu eigen,
Trotzige, den finstern Mächten!«
Flammend fallen schon die Bande,
Grüßend hebt sie schon das Haupt,
Und in loderndem Gewande
Wird die Liebende geraubt.

Der Mars von Florenz

Graue Türme stehen licht umblaut,
In des Arno Gärten grünt der Lenz,
Frauen singen leis und Kinder laut,
Finster nur der Mars von Marmor schaut,
Der die Brücke hütet in Florenz.

»Arger Mars, wohl magst du finster sehn,
Angelächelt von dem Sonnenschein;
Nur des Lenzes helle Banner wehn
Und du siehst zu meiner Braut mich gehn,
Eine Amidei wartet mein!«

Bondelmonte, kraus und schlank von Gang,
Scherzend ruft er's, schneller eilt davon
Plötzlich er, zu seinem Ohre drang
Aus des Gottes Lanze ehrner Klang,
Und am andern Ufer steht er schon.

Sieh da tritt aus stolzem Haus hervor,
Hohn im Angesicht ein Weib und lacht:
»Zu der Amidei? Junger Tor!
Wisset erst, was Eure Hast verlor:
Die Donati war Euch zugedacht!

Nun, nach Gottes Rat ist es geschehn!
Morgen, heißt es, werdet Ihr getraut;
Aber die Donati sollt Ihr sehn,
Sehn, und ihrer dann verlustig gehn –
Blicket her! Vergleicht mit Eurer Braut!«

Und ein Mägdlein auf der Schwelle Rand
Schmiegt sich in das dunkle Haus zurück,
Doch bevor sie sich der Mutter Hand
Und des Jünglings raschem Blick entwand,
Schaut er zornig das verlorne Glück.

Rasch entzündet von der zarten Glut,
Die aus schamgesenkter Wimper flammt,
Streckt die Hand er schon mit Frevelmut
Nach dem süßen, dem versagten Gut
Und ergreift es selig und verdammt.

»Wahrlich, wahrlich«, stammelt bebend er,
»Weil sie doch für mich gehütet war –
Herrin, strafet mich nicht allzuschwer!

Gute Herrin! Höret mein Begehr:
Gebt sie, gebt sie mir vor dem Altar!«

– »Kommt!« – Die Arge führt den Jüngling ein
In der Hauskapelle düstern Raum,
Auch ein Priester kann nicht ferne sein,
»Holet ihn!« in fahlem Ampelschein
Kniet das Paar und dünkt sich wie im Traum.

Leises, segenloses Priesterwort
Murmelt über der erschrocknen Magd,
Von dem Altar drängt der Jüngling fort,
Aber schon entflieht ein Diener dort,
Der den Amidei Kunde sagt.

»Mein geliebtes Weib, was zitterst du?
Was verbirgst du mir dein Angesicht?
Bald umflüstert dich des Waldes Ruh!
Rosse her! Und dem Gebirge zu,
In die Feste, die mir keiner bricht!« –

Auf der Brücke vor dem Marmorbild
Schnaubt das Roß, als wittr es Hinterhalt,
Und der Gott er lächelt falsch und wild,
Männer springen auf mit Schwert und Schild –
»Weichet, Mörder! Freunde, helft! Gewalt!«

– »Stirb, Verräter! Amidei hie!
Rache, Rache der verlaßnen Braut!« –
Und der Jüngling stöhnt: »Geliebte, flieh!«
Doch an seinen Busen gleitet sie,
Von derselben Todesnacht umgraut.

Eine Glocke gellt die Stadt entlang,
Haus mit Haus verfeindet ihr Geläut.
Bürgerkrieg viel hundert Jahre lang!
Darum war's, daß dir die Lanze klang,
Alter Gott, der sich des Mordes freut!

Atalante

Perugias Prachtpalästen
Sind die Geschicke gram,
An seinen Hochzeitsfesten
Erblaßt der Bräutigam;
Sich selbst vertilgt im Hasse
Bagliones kühn Geschlecht,
Wild rast auf Markt und Gasse
Das tägliche Gefecht.

Verklungen sind die Streiche
Des Bruderkampfes heut,
Und Leiche liegt bei Leiche
Wie Garben hingestreut;
Es rüstet die entbrannte
Zwietracht auf morgen schon,
Da naht sich Atalante
Und sucht den einz'gen Sohn.

Sie eilt mit bangem Schritte,
Da schaut den Wunden sie,
Und gleitet in der Mitte
Des Marktes auf das Knie,
Sie löst des Panzers Spangen

Und hält den Sohn im Schoß,
Tief in die Brust gegangen
Ist ihm des Speeres Stoß.

Verzweifelnd starrt den Blassen
Sie an mit finstern Braun,
Verzweiflung will erfassen,
Die bang von fern es schaun:
Kann nie der Fluch ermüden?
Muß Haß an Haß sich reihn?
Darf nimmermehr es Frieden
In diesen Mauern sein?

Sie streckt die zorn'ge Rechte,
Ihr bebt die Lippe schon,
Dem eigenen Geschlechte
Den Untergang zu drohn!
Still rieseln aus der Seite
Die Tropfen rot und warm –
Da sinkt der fluchbereite,
Der wild erhobne Arm.

Geschaut in diesem Bleichen,
Den sie umfangen hält,
Hat sie den Schmerzenreichen,
Der blutet für die Welt!
»Sohn, bei der heil'gen Wunde,
Vergib ihm, der dich traf!«
Ein Lächeln auf dem Munde
Sinkt er in Todesschlaf.

Die Dioskuren

Wo kann der Bote weilen?
Wer wird der Sieger sein?
Die Burg mit ihren Säulen
Erglüht im Abendschein.
Dort an des Landes Marke,
Da blitzt es blutigrot,
Da ringt Tarquin der Starke
Mit Rom bist auf den Tod.

Laut flehend läßt erschallen
Den Ruf die Frauenschar:
»Dich bitten wir vor allen,
Du hilfreich Brüderpaar!
Du hast mit deinem Sterne
Den Schiffer oft bewacht,
Auf weißen Rossen gerne
Durchleuchtest du die Schlacht!

Ihr Güt'gen, laßt zu lange
Den Boten nicht verziehn!
Die Stunde wird so bange –
Beflügelt, Götter, ihn!«
Horch! Horch! da klirren Hufe
Den Burgweg steil hinan!
Still, ohne Jubelrufe
Zwei schlanke Reiter nahn.

Sie halten an der Quelle
Des heil'gen Brunnens jetzt,
Sie senken in die Welle

Die Stirnen schweißbenetzt;
Dann sprechen zu den Frauen
Die Krieger kühn und schlicht,
Wie Brüder anzuschauen
Von Wuchs und Angesicht:

»Nun dürfet ihr euch freuen,
Der grimme Zwingherr wich,
Wir fochten in den Reihen,
Der Bruder traut und ich.
Schon könnt auf nahen Wegen
Ihr eure Tapfern sehn!
Auf! Wollt ihr nicht entgegen
Den Siegbelaubten gehn?«

Noch tönen seine Worte,
Da winkt ihm der Genoß
Und hebt sich zu der Pforte
Des Abends Mann und Roß;
Es kann vom Bruder lassen
Der andre Bruder nicht,
Sie schwinden und erblassen
Im stillen Dämmerlicht.

Da heben, wie sie scheiden,
Sich alle Hände auf:
»Dank sei euch Brüdern beiden
Für euern Botenlauf!
Bewohnet unsre Fluren,
Nehmt unsre Stadt in Hut!
Gelobte Dioskuren,
Wie seid ihr stark und gut!«

Die Fahrt des Achilles

Wogen, die wie Silber schäumen,
Seh ich langsam rollend nahn,
Rosse seh ich, die sich bäumen,
Mähnen flattern stolz heran;
Zu gewundner Muscheln Dröhnen
Über blauer Gründe Pracht
Singt ein Zug von Meeressöhnen
Speergetos und Männerschlacht.

Thetis fährt, die sie begrüßen,
Durch die rings belebte Flut,
Bleich liegt ihr Achill zu Füßen,
Der in tiefen Träumen ruht.
Da er stürzte mit der Wunde,
Glaubten wir den Schnellen tot,
Aber nur auf eine Stunde
Schlummert er im Muschelboot.

Daß er nicht unmächtig grolle
In des Hades düsterm Schoß
Neidend auf der grünen Scholle
Jedes ärmste Menschenlos,
Führt die Mutter ihn von hinnen
In ein neues Leben schon,
Und ein feierliches Sinnen
Senkt den Blick ihr auf den Sohn.

Schwert und Helm und Schildesleuchte
Hebt der Nereiden Schwarm,
Schwimmend durch die salz'ge Feuchte,

Hoch empor mit hellem Arm:
Waffen künden an und Wehren
Einen freud'gen Siegeslauf,
Seine Taten, seine Ehren
Tauchen vor dem Helden auf.

Aus des Meeres stillem Glanze
In der Sonne Strahlenspiel
Steigt mit grünem Rebenkranze
Chios auf als Wanderziel;
Wie beflügelt eilt der Nachen,
In des Blassen Angesicht
Blitzt ein mächtiges Erwachen,
Dämmert auf ein selig Licht.

Wo, das Vorgebirg umrauschend,
Weiße Brandung nimmer schweigt,
Steht ein blinder Seher, lauschend
In die Ferne vorgeneigt.
Hellgeschlagne Saiten klingen!
Weiß er, wer das Meer durchzieht?
Ja, er ahnt, daß sie ihn bringen –
Horch! Homer beginnt sein Lied!

Alexanders Fest

Breite Marmortreppen steigen
Durch der Gärten laub'ge Nacht,
Von den hellen Zinnen neigen
Palmen in des Himmels Pracht;
Über Tempeln, Hainen, Grüften
Lagert in den Abendlüften

Alexanders Zecherschar,
Knieend reicht ein schöner Knabe
Dunkeln Weines duft'ge Labe
Dem bekränzten König dar.

Zwischen mächtigen Entwürfen
Und der wundergleichen Tat
Glaubt er Nektar schon zu schlürfen,
Thronend in der Götter Rat;
Geister tauchen, ruhmeshelle,
Freudig aus der edeln Welle,
Aus der Traube kräftgem Blut,
Goldne Schalen überschäumen,
Geister, die gebunden träumen,
Wachen auf in Zornesglut.

Kleitos neben Philipps Sohne,
Schon dem großen Vater treu,
Der benarbte Mazedone
Leert den Becher ohne Scheu;
Er gedenkt der alten Zeiten,
Da es Ehre war zu streiten
Für den stammverwandten Herrn,
Denkt der tapfern Kampfgenossen,
Die die erste Phalanx schlossen
In den Bergen kühl und fern.

Auf der kühngeschwungnen Braue,
In des Herrschers Angesicht
Liest den stolzen Traum der schlaue
Schenk und lächelt hold und spricht:
»Herr, bevor den niedern Talen

Du dich nahtest ohne Strahlen,
Welches war dein himmlisch Amt?
Bist du Zeus? bist du ein andrer?
Bist du Helios, der Wandrer,
Dessen Stirne sonnig flammt?«

Kleitos faßt ein wildes Grämen,
Und er grollt in sich hinein:
»Wirst du dich des Vaters schämen!
Schämst du dich ein Mensch zu sein?
Schleuderst du des Blitzes Gluten,
Warum kämpfen denn und bluten
Wir für dich? Zum Schein und Spott?
Lebende kannst du belohnen,
Deine toten Mazedonen
Wecke sie, bist du ein Gott!«

Finster schaut der Herr der Erde
Zu dem halb vernommnen Wort,
Mit anmutiger Gebärde
Plaudert keck der Knabe fort:
»Bacchus bist du, der Belaubte,
Mit dem träumerischen Haupte,
Der ins Land der Sonne zieht!
Nur den Thyrsus darfst du schwingen,
Ohne Heer kannst du bezwingen!
Winke nur! und Indien kniet.«

Grimmig neigt der trunkne Fechter
Sich zu dem Erhabnen hin,

* Alexanders rechte Schulter war höher als seine schwächere linke.

Mit unseligem Gelächter
Rührt er an der Schulter ihn:
»Warum lässest nach der Linken,
Sohn des Zeus, das Haupt du sinken?
Lastet dir der Erde Raub?
Gab sie, sich voraus zu rächen,
Ihrem Zwingherrn ein Gebrechen,
Und erzählt dir, daß du Staub?«*

Spricht's. Des Gottes Augen flammen,
Wie der Strahl, der niederfährt,
Jäh getroffen stürzt zusammen
Kleitos, in der Brust ein Schwert.
Blutbesudelt rollt sein Becher
Zwischen die entsetzten Zecher;
Von des Festes Kranz umlaubt,
Auf versteinerte Gestalten
Und den ausgestreckten Alten
Starrt ein bleich Medusenhaupt.

Vercingetorix

Aus des Volkes lauten Wogen
Steigt in dreigeteiltem Bogen
Des Triumphes prangend Tor;
Ein Gespann von Marmorrossen,
Weiß wie Schnee, von Licht umflossen,
Springt mit leichtem Huf empor.

Mit dem Schlüsselbund ein Alter,
Der Gefängnisse Verwalter,

Schreitet um das Kapitol,
Steigt hinab die Seufzerstufen –
»Gallier! Gallier!« rollt sein Rufen
In die Tiefe dumpf und hohl.

»Gallier, komm den Zug zu zieren,
Rom und Cäsar triumphieren,
Uns der Ruhm und dir der Hohn!
Drauf bist du dem Henker eigen,
Und dann magst du ewig schweigen
Schweigst du ja so lange schon.«

In des Kerkers feuchter Ecke,
Wo sich niederwölbt die Decke,
Lehnt ein Haupt verhüllten Blicks;
Aber wie der Ruf erschollen,
Blitzend hebt die freudevollen
Augen Vercingetorix.

»Römer, Dank für deine Kunde!«
Schallt's aus seinem trotz'gen Munde,
»Reden will ich noch mit dir.
Weißt du denn, warum ich trage
Ohne Laut und ohne Klage
Die verhaßte Fessel hier?

Mit den jungen Gaugenossen,
Eng vom Römerwall umschlossen,
Cäsars ganzen Hasses wert,
Zückte schon zu freiem Sterben,
Den Triumph ihm zu verderben,
Ich auf diese Brust das Schwert.

Doch bevor mich Tod umgraute,
Sah ich die mir anvertraute
Schar verstummt in trübem Mut:
Birgt er mich mit nächt'gem Flügel,
Rötet mir den Grabeshügel
Cäsar mit der Brüder Blut.

Strömen werden heiße Tränen
Rings im Lande! – Schnell an jenen
Send ich: Cäsar, laß sie ziehn!
Mich, der dich aufs Haupt geschlagen,
Feßle mich an deinen Wagen,
Nimm die volle Beute hin!

In dem hellsten Waffenglanze
Jag allein ich aus der Schanze,
In der Faust des Schwertes Blitz,
Dreimal flieg ich um im Kreise,
Noch im Lauf nach Gallierweise
Spring ich ab vor Cäsars Sitz.

Mir ins Antlitz schnaubt das treue
Tier, ich stoß ihm ohne Reue
Meine Waffe durchs Genick,
Schleudre sie zu Cäsars Füßen:
Hei! das war ein blutig Grüßen,
War ein Trotzen Blick in Blick!

Über Meer entführt, gebunden,
Stunden Jahre, Jahre Stunden
Modernd in des Kerkers Gruft –
Komm! Noch aufrecht kann ich gehen

Unter Sklaven und Trophäen,
Schon umweht von Heimatluft!

Hat er sich mit mir gebrüstet,
Wird mir Block und Beil gerüstet,
Wenn die Sonne neigt den Lauf.
Dann ein Streich! der Kerker zittert
Und mein Roß, das Blut gewittert,
Aus der Tiefe braust es auf.

Sausend geht es durch die Felder
In die Geisternacht der Wälder,
Über Felsen kühn und wüst!
Hör ich meiner Rhone Stimme?
In den Strom, mein Tier, und schwimme!
Heimat, Heimat, sei gegrüßt!«

Das Amphitheater

Ende des zweiten Jahrhunderts

Μέχρι πότε τοιαῦτα πάσχομεν;
Dio Cassius LXXXV, 4.

Fechterspiel ist angesagt auf heut
Und die Römerin versäumt es nicht;
Aus dem Spiegel, den die Sklavin beut,
Schaut ein blasses, stolzes Angesicht,
  Auf die üpp'gen Flechten
  Drückt sie mit der Rechten
Eines Diademes blitzend Licht.

Bebend eilt das schöne Weib davon,
Das geliebte Spiel, sie muß es schaun,
Sklaven heben ihre Sänfte schon,
Auf den schwülen Plätzen brütet Graun;
  In der Gassen Enge
  Winkt sie durchs Gedränge
Eile mit den ungeduld'gen Braun.

In das Mauerrund, das riesig trotzt,
Strömt das Volk durch Pforten ein und Tor,
Und der Kreis, der schon von Menschen strotzt,
Drängt sich wuchtig in das Blau empor;
  Dicht darüber steigen
  Dumpfe Wolkenreigen,
Quellen schwerer, dunkler stets hervor.

Fechterpaare stehen kampfbereit,
Treten auf der Bühne hellen Sand,
Und in trunkner Selbstvergessenheit
Überneigt das Volk den Mauerrand.
  Kurze Schwerter spielen
  Lüstern schon und zielen
Rasch gelenkt von der geschulten Hand.

Und die Menge, gierig, Sitz an Sitz,
Sie belauscht das Spiel mit Lust und Graus,
Durch die Wolken oben zuckt ein Blitz,
Unten streckt ein Schwert sich tötend aus –
  Auf der höchsten Stufe
  Gellen Schreckensrufe
Und ein Schauder geht durchs ganze Haus.

Niederstarrend auf des Blutes Strom,
Wie ein Raub dämonischer Gewalt,
Groß, als wäre sie der Geist von Rom,
Hebt sich eine weibliche Gestalt.
  Spricht sie wider Willen,
  Eine der Sibyllen?
Horch, wie ehern ihre Stimme schallt!

»Toter Fechter, um ist deine Zeit,
Und was kümmert nun das Morgen dich!
Sterben können, welche Seligkeit!
Morgen, morgen, klingt so schauerlich!
  Feuerbrände schimmern –
  Höret ihr es wimmern?
Weh, sie schleppen an den Haaren mich!

Wirbeln in der Ebne seh ich Staub,
Auf der Appierstraße zieht ein Heer,
Seine Adler wittern schon den Raub:
Rom im Schauspiel schwelgend ohne Wehr.
  Horch, die Lüfte dröhnen
  Von der Tuba Tönen!
Schauet eure Beute! ruft Sever.«

Marmorn steht sie da. Die Menge lauscht.
Stille rings! Da schwirrt ein Flüstern leis,
Eine dunkle Rede irrt und rauscht,
Jeder spricht sie, ohne daß er's weiß,
  Stimmen viele tausend
  Wie die Brandung brausend,
Ein gewaltig Wehe füllt den Kreis:

»Roma, Königin, wann endet doch
Über dir der Götter Strafgericht?
Immer tiefer, immer tiefer noch
Neigst du dein geschändet Angesicht;
  Deine Schmach und Klage
  Wächst mit jedem Tage –
Sterben aber, Roma, kannst du nicht!«

Die Dryade

Der Jüngling tritt in Waldesraum,
Wo grün die Lichter schimmern,
Und sucht sich einen schönen Baum,
Ein Boot daraus zu zimmern.

»Du Eiche mit dem stolzen Wuchs,
Du bist mir gleich die rechte,
Dich zeichn ich mit dem Beile flugs,
Dann hol ich meine Knechte.«

Er führt den Schlag, da stöhnt ein Ach
Zusammen mit dem Streiche:
»Du mordest mich«, so seufzt es schwach,
Aus der verwundeten Eiche.

Ein Tröpfchen Blutes oder zwei
Sieht er am Beile hangen
Und schleudert's weg mit einem Schrei,
Als hätt er Mord begangen.

Schnell flüster's aus dem Baume jetzt:
»Noch ist kein Mord geschehen,
Ich bin nur leicht am Arm verletzt,
Rasch wußt ich mich zu drehen.«

Leicht schlüpft die Dryas aus dem Kleid
Der moosbedeckten Eiche:
»Tritt näher, der mir tat das Leid,
Daß ich die Hand dir reiche!«

Sie lächelt: »Bald bin wieder heil
Ich, und mein Arm gesundet.«
Da fühlt sie, daß vom scharfen Beil
Das Herz ihr tief verwundet.

Es ist der Tag verschwunden bald,
Im Flug vergeht er beiden,
Und wie es dunkel wird im Wald,
Da denken sie ans Scheiden.

»Ich in den Baum und du nach Haus!«
So lispelt sie verstohlen,
»Doch send ich wohl ein Bienchen aus,
Dich in den Wald zu holen.«

Das Bienchen muß sich oft bemühn,
Das fleißig immerrege,
Und Honig trägt es her und hin
Die stillen Waldeswege.

Doch einmal kam es wild gesummt:
»Dryas, mich kann's entrüsten!«

Es setzt sich an den Stamm und summt:
»Wohl sah ich, wie sie küßten.

Sie ist des Nachbars blühend Kind,
Er hat nicht weit zu gehen
Und läßt dich nun in Wetter und Wind
Im grünen Walde stehen.«

Da schwankt das Laubwerk hin und her
Aufrauschend in dem Winde,
Da stöhnt es bang, da ächzt es schwer
Und windet sich unter der Rinde.

O Liebe, wie schnell verrinnest du,
Du flüchtige schöne Stunde!
Mit einer Wunde beginnest du
Und endest mit einer Wunde.

Der Rubin

Aus Tausendundeine Nacht

Vor den Herrscher tief sich neigend
Tritt ein Mann in schlichtem Kleid,
Überreicht ihm ernst und schweigend
Eines Ringes Prachtgeschmeid.
Blaß wird Harun vor dem roten,
Warm erfunkelnden Rubin,
Er ergreift die Hand des Boten,
Mit dem Blicke prüft er ihn.

»Sage mir, bei deinem Leben,
Wo du das Geschmeid entdeckt!«
»Assur hat es mir gegeben!«
Ruft der Muselman erschreckt.
»Gartenhaus und Gartenmauer
Hat er trefflich mir gebaut,
Nun bin ich um ihn in Trauer,
Denn ich hab ihn tot geschaut.

Herr, den Besten auserlesen
Hatt aus dem Gewerk ich mir,
Rein von Herzen, still von Wesen,
Schlank und jung, ein Knabe schier.
Friedevollen Angesichtes
War er rüstig früh und spät,
Von dem Glanz des Morgenlichtes
Bis zum Ruf vom Minarett.

Fragt ich ihn, von wem er stamme,
Und aus welchem Lande her,
Stieg zur Stirn ihm eine Flamme,
Stand wie ein Beschämter er;
Herr, mich jammerte des Knaben,
Ich beschwor ihn: ›Sei mir Sohn!‹
Doch von den gebotnen Gaben
Nahm er nichts als seinen Lohn.

Als ich gestern ihn bestellte,
Fand ich auf dem Markt ihn nicht,
Fand am Strom, erkrankt im Zelte
Ihn, den Tod im Angesicht.
Stammelnd tastet' er am Ringe,

Bis ich sein Begehr erriet,
Daß ich dir ihn überbringe,
Mächt'ger Harun Arraschid!«

Harun blickt auf das Geschmeide,
Der Rubin erglüht so still:
»Bruder, höre, was im Leide
Harun dir vertrauen will!
Ernst ist dieses Ringes Kunde:
Als ich stieg auf Bagdads Thron,
In der Herrschaft erster Stunde
Sprach zu mir mein liebster Sohn:

›Heute wirst auf hoher Zinne,
Vater, du den Blicken kund,
Laß mich heut, dir zum Gewinne,
Tauchen in verborgnen Grund!
Wenn du alle deine Brüder
Streng beherrschest, ist es gut,
Daß ein Tropfen rinne nieder
In das Volk von deinem Blut.

Daß allmächtig du auf Erden,
Vater, lastet mir wie Raub,
Wirst du doch gerichtet werden,
Bist du doch geformt aus Staub.
Dein erhaben Los zu sühnen,
Das sich türmt den Blitzen zu,
Laß mich niedrig sein und dienen,
Laß mich in der Tiefe du!

Wenn vor dir mit heißer Bitte
Ein Bedrängter Recht erfleht,
Denk, daß in der Armen Mitte
Deines Herzens Liebling steht!
Wenn dir dumpfer Groll begegnet,
Wenn der Undank dich betrübt,
Weißt du *einen,* der dich segnet,
Kennst du *einen,* der dich liebt.«

Meinen Armen sich entwinden
Sah ich ihn und mir entfliehn;
Noch, ihn wieder einst zu finden,
Drängt ich auf ihm den Rubin.
Den Rubin bringst du mir wieder,
Den ein Sterbender dir gab.
Komm, wo legtest du ihn nieder?
Beten will ich auf dem Grab.«

Liebeszauber

Aus Tausendundeine Nacht

»Mächt'ger Sultan Scheherban,
Tu mir eine Gnade,
Höre mich geduldig an!«
Sagt Scheherezade.
»Was ich heut erzählen will,
Funkelt nicht von Scherzen,
Eine Märe warm und still
Ist's für gläub'ge Herzen.

Vor der alten Christenstadt
Stehn am Bronn die Frauen,
Moslem pilgern reisematt
Ohne hinzuschauen,
Und die Jüngste schöpft zuletzt,
Wartete bescheiden,
Hebt den Krug zu Haupte jetzt,
Will die Fremden meiden.

Doch ein Moslem blickt sie stumm
An, als möcht er trinken,
Sacht im Arme wiederum
Läßt den Krug sie sinken,
Hält den schweren Krug im Arm
Lehnend an den Bronnen,
Augen lächeln braun und warm,
Jung und unbesonnen.

Wie der Abend purpurn sinkt,
Brennt des Sods Gemäuer,
Wasser, das der Jüngling trinkt,
Wird zu lauter Feuer,
Und sie lispelt: ›Pilgerim!‹
Glühend übergossen,
Zeigt das Tor und deutet ihm:
›Nun wird gleich geschlossen.‹

Wandert heim das Tor hinein,
Schreitet durch die Gassen,
Und er folgt im Dämmerschein,
Kann nicht von ihr lassen.

Vor der Schönsten Türe wacht
Er auf harter Schwelle;
Zagend tritt sie nach der Nacht
In die Morgenhelle.

›Willst du hier gesehen sein!‹
Schilt sie sanft und leise,
›Hole deine Brüder ein
Auf der Pilgerreise!
Wirst du nicht von hinnen gehn,
Muß dir Leid begegnen,
Die sich nimmer wiedersehn
Dürfen noch sich segnen.‹

– ›Wanderziel und Reisezeit
Treibt mich nicht von hinnen,
Nur auf deine Lieblichkeit
Kann ich mich besinnen.
Sage mir, wie lebt ich fern
Deiner Augen Strahle?
Liebe, o du bittrer Kern
In der süßen Schale!‹

›Nimm ein Kleid, das besser steht!
Werd ein andrer Beter!‹
– ›Nie verleugn ich das Gebet
Meiner edlen Väter!‹
›Trotz'gen Lippen einen Kuß!
Fleuch! Es wächst die Helle!‹
– ›Nimmer! Wenn ich sterben muß,
Sei's auf deiner Schwelle!‹

In das Haus zurückgeflohn,
Muß sie bitter weinen,
Und die Nachbarn nahn und drohn,
Werfen ihn mit Steinen,
Baden ihn in seinem Blut:
›Stirb, Hund, oder weiche!‹
Schleppen in des Abends Hut
Fort die junge Leiche.

Auf dem Lager träumt sie schwer,
Träumt mit heißer Wange,
Schreitet im Gebirg einher
An des Abgrunds Hange;
Plötzlich durch ein Felsentor
Schaut sie Baum und Quelle,
Und ein Pilgrim hebt empor
Sich von lichter Schwelle.

In das Haus zurückgeflohn,
Muß sie bitter weinen,
Und die Nachbarn nahn und drohn,
Werfen ihn mit Steinen,
Baden ihn in seinem Blut:
›Stirb, Hund, oder weiche!‹
Schleppen in des Abends Hut
Fort die junge Leiche.

Auf dem Lager träumt sie schwer,
Träumt mit heißer Wange,
Schreitet im Gebirg einher
An des Abgrunds Hange;
Plötzlich durch ein Felsentor

Schaut sie Baum und Quelle,
Und ein Pilgrim hebt empor
Sich von lichter Schwelle.

›Pilgerim, was harrst du da
Vor dem schönsten Garten?‹
– ›In den Garten tret ich ja
Nur mit der Erharrten!
Manche zärtliche Gestalt
Winkt mir dort vergebens;
Deiner harr ich, komme bald,
Hälfte meines Lebens!‹

›Nimmer darf ich!‹ stöhnt sie bang,
Da erschallt ein Rufen
Durch das Tor: ›Beeilt den Gang,
Pilger aller Stufen!‹
Aus dem Schlummer fährt sie bleich,
Da, zum andern Male,
Schallt's ihr nach: ›Beeilet euch,
Pilger in dem Tale!‹

Sie erwacht und eilt hinab,
Schaut die öde Schwelle,
Blutbenetzt, ein leeres Grab,
In der Morgenhelle,
Und das junge Herz erstarrt
Ihr in wildem Harme.

Mönche kommen, neu zu weihn
Haus und Stufen eben,
Wo der Moslem unter Pein
Hat verhaucht das Leben,
Sehn wie sie den Stein umfaßt,
Denken an den Bösen
Und bekreuzen sich mit Hast
Argen Bann zu lösen.

Keiner, wie er hebt und rafft,
Bringt sie von der Stelle.
Eitle Müh! Mit Zauberkraft
Fesselt sie die Schwelle.
Nichts geschafft, so viel sie sind,
Und mit irren Blicken
Knüpfen sie ein Seil geschwind
Sich aus ihren Stricken.

Leise wandelnd naht ein Greis
In dem Derwischkleide:
›Mönche, löset euern Kreis,
Tut ihr nichts zuleide!
Nimmer, Mönche, blöd und blind,
Werdet ihr sie rauben,
Denn es starb das fromme Kind
Nicht in euerm Glauben.‹

Und sie sehn ihn knien zu ihr
Und sie sanft umfassen:
›Gruft sei diese Schwelle dir,
Kannst du nicht sie lassen!
Allbarmherz'ger, öffn ihr mild

Deine grünen Hallen,
Aber hier des Todes Bild
Laß in Staub zerfallen!‹

Von dem grausen Bann befreit,
Fällt der Leib in Asche,
Froh in lichtem Himmelskleid
Eilt davon die Rasche;
Zimbelspieles Silberton
Klingt auf ihren Spuren
Und die beiden treten schon
In die ew'gen Fluren.«

Der Klausner

Der Klausner blickt durchs Fensterlein:
»Wer pocht an meiner Tür so laut?«
Ein junger Wildfang tritt herein,
Ist naß bis auf die Haut.

Der Jüngling sagt: »Wir sind zu zwein,
Verirrt in diesem Walde hier,
Ich und der Heinz von Ortenstein,
Zu Hof ziehn beide wir.

Der sucht nun wohl ein ander Dach
Sich gegen des Gewitters Zorn,
Und morgen bläst er früh mich wach
Mit seinem Jägerhorn.

Doch, frommer Bruder, ich bin matt,
Ihr sehet, wie es um mich steht!
Gewährt mir Eure Lagerstatt
  Und sprecht mein Nachtgebet!«

Er legt sich, schließt das Augenlid,
Und schon ist er in süßer Ruh;
Der Bruder murmelt: »Der war müd!«
  Und deckt sein Lämpchen zu.

»Wie schläfst du fest im fremden Haus!
Hätt ich ein Füllhorn voller Glück,
Ich leert es dir zu Häupten aus,
  Es bliebe nichts zurück!«

Es eilt der nächt'gen Stunden Flug,
Da träumt der junge Wandrer schwer,
Lacht, zürnt in *einem* Atemzug
  Und wirft sich hin und her.

Wild fährt er auf und stammelt: »Blut!«
Der Alte faßt besorgt ihn an:
»Erwach, erwach! Du träumst nicht gut!
  Die Augen aufgetan!«

Der Jüngling starrt ihn an erschreckt:
»O frommer Bruder, helfet mir!
Schaut her, ich bin mit Blut bedeckt ...
  Wo aber bin ich hier?

Ich saß zu Hof und spielt und zecht,
Ein schönes Fräulein schenkt' mir ein:

›Willkommen, junger Edelknecht!
  Willst du mein Diener sein?‹

Erst gab sie mir manch liebes Wort
Und dann ergriff sie rasch die Flucht
Und schwebt' im Reigen hier und dort,
  Ich glüht von Eifersucht.

Da plötzlich hebt ein Hader an,
Man schilt, die Klingen werden bloß,
Der Heinze schreit: ›Du Herzgespan
  Gibst mir den Todesstoß!‹«

Der Alte mahnt: »Erwach, erwach!«
Und schiebt zurück das Fensterlein,
Da strömt ins dämmernde Gemach
  Ein Waldgeruch herein.

Und, horch, ein schmetternd Hifthorn schallt!
Der Jüngling ruft mit Jubelton:
»Wer reitet klingend durch den Wald?
  Das ist der Heinze schon!«

Dem Alten drückt die Hand geschwind
Er noch und drängt ins Freie sich.
»Heil auf die Fahrt, mein liebes Kind!
  Und Gott behüte dich!«

Die Spielleute

– Avec le prince d'Antioche vinrent trois ménétriers de la grande Arménie; et ils étaient frères, et s'en allaient à Jérusalem en pèlerinage et avaient trois cors ... et ils faisaient les plus douces mélodies et les plus gracieuses, en sorte que c'était merveille de l'ouir.

Joinville.

Vor Jaffa zu der Christen Hut
In Fieberluft und Sonnenglut
Weilt Ludwig mit den Treuen;
Nach Frankreich kehrt er nimmer heim,
Im Busen schon des Todes Keim,
Doch läßt er's nicht sich reuen.

Scheu lauscht in Zeltes Dämmerschein
Ein junger Edelknecht herein
Und hinter ihm die andern:
»Spielleute sind im Lager da,
Drei Brüder aus Armenia,
Die nach dem Grabe wandern.

Es heißt, sie spielen wunderschön,
Erlaubt ein frisches Horngetön
Uns allen anzuhören!«
Der König seufzt: »O junge Welt!
Bringt mir die Gaukler in das Zelt,
Daß sie euch nicht betören!«

Da heben an den Mund die drei
Das Horn und spielen frank und frei,
Als ging' es aus zum Jagen;

Dann wie aus Waldestiefen quillt
Und rieselt sanft und wächst und schwillt
Ein Jubeln und ein Klagen.

Gemach erstirbt der Hörner Schall,
Da ruft Rinald von Reineval:
»O Herzenstrost der Minne!
Die Herrin, die sich nach mir kränkt
Und des verschollnen Pilgers denkt,
Sah ich auf hoher Zinne.«

»Ich schaute«, fällt Graf Walter ein,
»In meinem Teich den Widerschein
Von Eichen kühl und düster,
Ich sah mein Boot der Ruder bar,
Das halb ans Land gezogen war,
Umneigt von Schilfgeflüster.

In Treuen, Herr, verharren wir
Mit Euch in heil'gen Landen hier,
Und wollt Ihr Euch beschweren,
Daß uns das Horn nach Hause rief,
So sagt uns erst, was sinnt ihr tief?
Was wehrt Ihr Euern Zähren?«

Der fromme König spricht: »O Traum!
Mich hoben durch den blauen Raum
Leichtschwebende Gestalten:
Willkomm, getreuer Knecht! erscholl
Ein Gruß – da konnt ich wonnevoll
Die Tränen kaum verhalten!«

Das Heimchen

Kolumbus lenkt das Schiff und schaut
Im Geiste das Gestade,
Doch seiner Fahrt Genossen graut
Auf ödem Meerespfade.
Zwei Spanier plaudern auf der Wacht
Und einer sagt zum andern:
»Mir deucht, Gesell, der Teufel lacht,
Daß wir ins Leere wandern!

Verwünscht der hohle Träumer dort,
Der mich zur Fahrt gedungen!
Was hab ich auch sein Lügenwort
So gierig eingeschlungen!
Er zeigt' mir Indiens üppig Reich
Und Gold in beiden Händen,
Ich sprang ins Schiff und meinte gleich
Zu sammeln, zu verschwenden.

Bei Genua haust am Meeresstrand
Der Mann und war nicht träge,
Herum an einer Kugel fand
Nach Indien er die Wege;
Die Klugen hat er schlecht erbaut,
Doch lockt er alle Toren,
Dem Schwärmer haben wir vertraut
Und sind mit ihm verloren!«

Der andre fällt ihm in das Wort,
Blickt ebenso verwogen:
»Wir haben einen kühnen Hort,

Sind nicht allein gezogen;
Das Diesseits war entleidet mir
Aus tausend trift'gen Gründen,
Liegt über Meer kein Jenseits hier,
So ist's im Tod zu finden.

Er traf mich elend und verbannt,
Ließ mich die Karten schauen,
Wohl hat er meinen Mut erkannt
Aus meinen finstern Brauen.
Was er mir sagt', begriff ich nicht,
Ich ließ es alles gelten,
Sein übermächtig Angesicht
Verhieß mir neue Welten.

Und nun er mich geworben hat,
Soll er mich auch behalten,
Soll unbeschränkt an meiner Statt
Mit Leib und Leben walten;
Ich hab's nun einmal eingesetzt,
Es steht auf seiner Karte,
Gewinnt er jetzt, verspielt er jetzt,
Das ist's, worauf ich warte.«

Der erste lacht mit hellem Hohn,
Sie fangen an zu hadern,
Auf trotz'gen Stirnen schwellen schon
Die blauen Zornesadern –
Da wirbelt zwischen sie hinein
Mit tollem Freudensprunge
Und hebt zum Jubeltanz das Bein
Miguel, der Küchenjunge.

»Das Heimchen zirpt! das Heimchen zirpt!«
So singt und tanzt er ihnen,
»Und wenn es nicht vor Freude stirbt,
So sitzt es bald im Grünen.
Das arme Tierchen hat Verstand
Und läßt sich nicht betören!
Mein liebes Heimchen wittert Land,
Das will ich euch beschwören.«

Da schilt und lacht die ganze Schar
Der bärtigen Genossen:
»Beim Kreuz! wir fahren dir ins Haar
Zum Lohne deiner Possen!«
Der Junge gleich beruhigt sich,
Mit ernstem Angesichte:
»Ihr Herren«, spricht er, »höret mich!
Beherzigt die Geschichte!

Es war in Andalusia,
Als man das Boot bemannte,
Ich lag betrübt im Grase da
Und starrt ins Unbekannte.
Zum Abschied, o mein Vaterland,
Was willst du noch mir schenken?
Ein Heimchen zirpt, mit flinker Hand
Hascht ich's zum Angedenken.

Und als zu Schiffe stiegen wir,
Die Zierden aller Lande,
Zirpt Heimchen fort im Busen mir,
Als säß ich noch am Strande;
Und wie der Wind die Segel bog,

Sang's unbekümmert weiter,
Da stolz das Schiff von dannen flog,
Sang noch es keck und heiter.

Doch als das letzte Grün verschwand,
Da ward's dem Heimchen schaurig,
Beklommen saß es an der Wand
Und wurde faul und traurig.
So darbt's und dämmert's lange hin,
Ich gab es schon verloren,
Und nun, so wahr getauft ich bin,
Ist es wie neu geboren!

Erlauchte Herren, gebet acht!
In meinem dunkeln Räumchen
Hat eure Fahrten mitgemacht
Ein andalusisch Heimchen.
Bedenket, es war gram und lahm,
Es war zu nichts zu bringen,
Jetzt singt es wie ein Bräutigam
Und reibt die dürren Schwingen.«

Miguel ist fort und wieder da
Die Fingerspitze zeigend.
Da sitzt es ja, da singt es ja!
Und alle lauschen schweigend.
Das Heimchen zirpt vergnüglich fort,
Es läßt sich gar nicht stören,
Die Bursche sprechen nicht ein Wort
Sie wollen alle hören.

Dann sinnen sie der Sache nach,
Die schlauen Augen glimmen,
Sie schütteln sich die Hände jach
Und schrein mit mächt'gen Stimmen:
»Das Heimchen zirpt! das Heimchen zirpt!
Es glaubt sich schon im Grünen!
Wer spielt, gewinnt! Wer wagt, erwirbt!
Das Glück ist mit dem Kühnen.«

Kolumbus lauscht, ihm schwillt die Brust,
Das Herz ihm freudig zittert,
Ein Heimchen hat die Heidelust
Der neuen Welt gewittert!
Die Segel schwellt ein frischer Wind,
Das Schiff fliegt wie Gedanken,
Und trägt der alten Erde Kind
Aus den gebrochnen Schranken.

Heinrich IV.

Frankreich, du armes Land,
Wie bist zu zerrissen!
Predigerrock, Meßgewand –
Verirrte Gewissen!
Büchsenschuß! Klinge bloß!
Endlich nach Hieb und Stoß
Stillstand der Waffen.

Das Bächlein nimmt nach der Loire den Gang,
Von beiden Seiten
Auf und ab die Ufer entlang

Siehst du sie reiten?
Sie trotzen noch und grüßten doch gern –
»Bon jour, meine Herrn!«
Klingt frisch eine Stimme.

Und, schau, ein feurig Reiterlein
Springt ab behende,
Setzt rechts ein Bein und links ein Bein
In beide Gelände.
»Liebe Herrn, meint ihr's gut –
Groß ist der Sonne Glut –
Schafft eins zu trinken!«

Rechts kommt ein Pokal und links ein Pokal
Von verschiedener Helle,
Der eine dunkelroter Strahl,
Der andre lichte Welle;
Hier Champagnerflut,
Dort Burgunderblut
Wiegt ernst er in den Bechern.

Er nimmt das rote Naß in acht,
Ein Schauer will ihn packen:
»Bartholomäusnacht!«
Er wird blaß wie ein Laken.
»Brudermord! mir graust!«
Er wirft den Becher aus der Faust:
»Geh, wasch dich im Meere!«

Dann schaut das helle Naß er an:
»Du kommst nicht aus Wunden,
Und darfst einem ehrlichen Kumpan

Und guten Christen munden!
Winzerfest! Erntekranz!
Flinker Tanz! Friedensglanz!
Nach außen edle Waffen!«

Spricht's und es fährt ein elektrischer Schlag
Rundum und setzt alles in Flammen:
»Frankreich hoch! Freudentag!
Heut wächst es zusammen!«
Und wäre der Bach ein gewaltiger Fluß,
Sie schwömmen hinüber zum Bruderkuß
Und schlössen sich frisch in die Arme!

Der Kleine küßt und drückt und herzt
Sie alle wie alte Bekannte.
»Wie aber, Herren, steht es«, scherzt
Er, »mit dem Proviante?
Bringt alles her, Fleisch oder Fisch!
Ihr seid gebeten heut zu Tisch
Bei Heinrich von Navarra.«

Miltons Wache

– when night
Darkens the streets, then wander forth the sons
Of Belial, flown with insolence and winde.
Paradise Lost. I. 500.

Verlassen und gemieden
Ein Rest der Heldenzeit,
Sitzt Milton abgeschieden
Und singt sein stolzes Leid,

In Blindheit und in Blöße
Singt er das Paradies
Der Freiheit und der Größe,
Daraus ihn Gott verwies.

Sein Mägdlein ist zu schreiben
Beflissen zart und rein
Die Worte, welche bleiben
Gehaun in Marmelstein.
Der Lampe trüb Gefunkel
Belebt sich wunderbar
Und leuchtet in das Dunkel
Wie Sternenschimmer klar.

Er singt: »Wenn Nacht gesunken« …
Aufgellend unterbricht
Ein Lärm ihn wüst und trunken,
Wild lodert Fackellicht.
Die Höflinge, die frechen,
Sie sind's in Saus und Braus,
Die aus den Schenken brechen
Unfern dem Dichterhaus.

»Du dort vom Bettlerorden!
In Torheit längst ergreist!
Willst du den König morden?
Zitierst du Cromwells Geist?
Stürmt ihm das Haus, Gesellen!
Will los er unser sein,
Muß auf die Gasse stellen
Er uns sein Töchterlein.«

Das Mägdlein fährt erschrocken
Empor mit einem Schrei,
Hart fliegt ein Stein den Locken
Des Dichterhaupts vorbei.
Den Vater will sie decken
Und bebt an Arm und Leib,
Da spricht er ohne Schrecken:
»Nimm deinen Stift und schreib!«

Er singt: »Wenn Nacht gesunken
Auf eines Königs Stadt,
Dann schwärmt das Laster trunken,
Wird keines Frevels satt;
Auf dringen zu den Türmen
Die Rufe frechen Schalls
Und durch das Dunkel stürmen
Die Söhne Belials« ...

So singt der Mund, der blasse,
Ernst lauscht die Mitternacht
Und es verstummt die Gasse,
Wie unter Geistermacht.
Wie Gott, des Bösen Richter,
Es lenkt in seinem Rat,
Verwebt der blinde Dichter
Ins Lied die Freveltat.

VERMISCHE SCHRIFTEN

Autobiographische Skizze

[1876]

Conrad (Ferdinand) Meyer, geboren den 12. Oktober 1825 in Zürich, Sohn des Regierungsrates Dr. Ferdinand Meyer, hat nach Abrede mit einem zweiten, gleichen Familien- und Vornamen tragenden schweizerischen Dichter, um die beständige Verwechslung zu vermeiden, dem eigenen Vornamen den des Vaters beigesetzt. Den Vater verlor er schon 1840 und wurde durch eine fast überzarte Mutter von seltener Liebenswürdigkeit und Begabung erzogen, durchlief dann das Gymnasium seiner Vaterstadt, wo das Fach der deutschen Literatur durch Friedrich Haupt und den gewissenhaften Ettmüller vertreten war, welche beide Meyers Freunde geblieben sind. Hierauf verlebte er ein glückliches Jahr in Lausanne, froh, das ihm wenig zusagende Studium der Jurisprudenz, das als Lebensberuf für ihn vorgesehen war, so lang als möglich hinauszuschieben. Dann, nach bestandenem Maturitätsexamen, machte er sich auf der zürcherischen Universität an das Studium der Pandekten, entdeckte aber bald, daß er dazu keinen Beruf habe, und überließ sich, da sich ihm unter den damaligen Umständen und bei seiner einseitig künstlerischen Anlage keine andere lohnende Lebensaussicht darbot, und bei einem gewissen Mangel an selbstbestimmender Initiative, einer fast gänzlichen

Mutlosigkeit. Lange Jahre brachte er in isolierten Privatstudien zu, bildete seine Kenntnisse in den alten Sprachen und der Geschichte aus, zeichnete und machte poetische Versuche, die aber aus Mangel an Berührung mit Vorbildern und Mitstrebenden bei vielleicht glücklichen Motiven in der Ausführung etwas Willkürliches und Unvollendetes behielten. Diese lange Abgeschlossenheit begann zuletzt trotz einer übrigens glücklichen und elastischen Konstitution ungünstig auf seine Nerven zu wirken. Der Rat eines Arztes entriß ihn dieser Lebensweise und den heimischen Verhältnissen. Hier ist der Wendepunkt seines Lebens. Die leichtere Atmosphäre in Lausanne und Genf, wohin er sich zunächst zu den Freunden seiner Familie wandte, und die fast väterliche Aufnahme, die er in dem gastfreien Hause des Geschichtsschreibers Ludwig Vulliemin fand, ließen ihn auftauen. Der raschere Austausch der Gedanken und die neuen geselligen Beziehungen lehrten ihn Seiten seines Wesens kennen, die ihm bis jetzt verborgen geblieben waren. Hier hat er die französische Sprache und Literatur mit Vorliebe studiert, Thierrys récits des temps mérovingiens und anderes ins Deutsche übersetzt und seine ersten Balladen gedichtet. Dabei verlor er aber etwas vom Gefühl seiner in ihrer Fülle der französischen Knappheit entgegengesetzten Muttersprache, und die Balladen in ihrer ersten Gestalt tragen die Spur dieser zeitweisen Entfremdung an sich. Auch ein längerer Aufenthalt in Paris fällt in diese Zeit.

Die Schönheit der Form ging ihm eigentlich erst später auf, als er, in seine Vaterstadt zurückgekehrt, mit deutschen Freunden in nahe Beziehung trat, sowie durch wiederholte Reisen nach Italien. Das Jahr 1870, unter dessen Inspiration er »Huttens letzte Tage« schrieb, hat ihn den deutschen Schriftstellern eingereiht.

Autobiographische Skizze

[1885]

Geboren bin ich in Zürich, den 12. Oktober 1825. Mein Geschlecht ist seit mehr als zwei Jahrhunderten hier einheimisch. Im Jahre 1802, als Zürich von den Truppen der helvetischen Regierung bombardiert wurde, befehligte mein Großvater, Oberst Meyer, die Verteidigung der Stadt, während mein anderer Großvater, Statthalter Ulrich, der Stellvertreter der helvetischen Regierung, sich hatte flüchten müssen. Dem Zusammenfließen des Blutes zweier sich schroff entgegenstehender politischer Gegner, eines Föderalisten und eines Unitariers schreibe ich meine Unparteilichkeit in politischen Dingen zu. Mein Vater, Regierungsrat Ferdinand Meyer, war ein Zwilling von sehr zartem Körper, ohne Leidenschaft, ein unglaublich gewissenhafter Arbeiter und ein bedeutendes organisatorisches Talent. Von durchaus makellosem Charakter war er ein überzeugter Verfechter der repräsentativen Republik und ein entschiedener Gegner der absoluten Demokratie, deren tumultuarisches Wesen ihn sozusagen körperlich verletzte. Meine Mutter, Betty Ulrich, war nach dem Urteile aller, die sie gekannt haben, eine Frau von großer Liebenswürdigkeit und originellem, aber feinem Wesen, nicht ohne einen Anflug von Melancholie, »heiterer Geist und trauriges Herz«, wie sie sich selbst charakterisierte. Bluntschli hat in seinem Buche

»Denkwürdigkeiten aus meinem Leben« (I. T. p. 156) die Bildnisse meines Vaters und besonders meiner Mutter mit Meisterhand entworfen; ich hätte kein Wort dazu und keines davon zu tun. Meinen Vater verlor ich früh (1839), kurz nach dem durch die Berufung von David Strauß an die Züricher Hochschule verursachten kantonalen Aufruhr. Dieses öffentliche Ereignis ist auch meine bedeutendste Jugenderinnerung. Ich besinne mich, wie den Knaben ein antistraußisches Pamphlet mit dem biblischen Motto: »Jagt den Strauß in die Wüste zurück!« zu der Frage veranlaßte: »In der Bibel ist doch der Vogel Strauß gemeint? Ist diese Anwendung der Bibel nicht ein Volksbetrug?« und ich sehe noch, wie der Vater dazu lächelte und seufzte. Nachdem ich das Unter- und das Obergymnasium durchlaufen, wo ich mir nichts erwarb als eine gründliche Kenntnis der klassischen Sprachen, die mir geblieben ist, zog ich zu einem längeren Aufenthalte nach Lausanne und Genf. Meine Mutter war mit einer Genfer Familie eng befreundet, und mein Vater, der sich eingehend mit Geschichte beschäftigt und ein von Ranke rühmlich erwähntes Buch »Die evangelische Gemeinde in Locarno« (1836) geschrieben, hatte mir in dem waadtländischen Historiker Ludwig Vulliemin einen intimen Freund hinterlassen. So war mir die französische Schweiz von jeher eine zweite Heimat, wohin ich mich mehr als einmal geflüchtet habe, wenn es mir zu Hause nicht nach Wunsch ging, und immer mit gutem Erfolge. Bei diesem ersten Aufenthalt gab ich mich widerstandslos den neuen Eindrücken der französischen Literatur hin und ließ Klassiker und Zeitgenossen auf mich wirken, die klassische Komik Molières nicht weniger als den lyrischen Taumelbecher Alfred de Mussets. So wurde mir von jung auf die französische Sprache vertraut und ich schreibe sie leidlich. Ungern von Lausanne nach Zürich zurückgekehrt, machte ich das Maturitätsexamen und immatrikulierte mich bei der juridischen Fakultät. Aber dieses Studium konnte mir nicht munden, obwohl Bluntschli mit viel Güte mich für dasselbe zu stimmen suchte. Ich zog mich bald aus den Kollegien zurück und begann ein einsames Leben, kein untätiges, aber ein zersplittertes und willkürliches. Ich habe damals unendlich viel gelesen, mich leidenschaftlich aber ohne Ziel und Methode in historische Studien vertieft, manche Chronik durchstöbert und mich mit dem Geiste der verschiedenen Jahrhunderte aus den Quellen bekannt gemacht. Auch davon ist mir etwas geblieben: der historische Boden und die mäßig angewendete Lokalfarbe, die ich später allen meinen Dichtungen habe geben können, ohne ein Buch nachzuschlagen. Dieses zurückgezogene Leben habe ich jahrzehntelang weitergeführt, da meine gute Mutter mir volle Freiheit ließ und nach ihrem Tode eine liebe Schwester mit mir haushielt. Wir zeichneten beide, und in jenen langen Jahren habe ich die bildenden Künste liebgewonnen. Immerhin war diese fortgesetzte, nur durch einige treue Freundschaften belebte Einsamkeit nicht geeignet, mir wohlzutun, wenn ich ihr auch durch körperliche Übungen, Schwimmen, Fechten und Wanderungen im Hochgebirge das Gleichgewicht zu halten suchte. Einmal hat mich die Ziellosigkeit meines Daseins fast zur Verzweiflung gebracht, und nur eine schnelle Flucht in die französische Schweiz hat mich gerettet. Was mich dann wieder neu belebt, waren wiederholte Reisen in das Ausland. Längere Zeit habe ich in Paris zugebracht und Italien mehrmals besucht (Paris 1857, Rom 1858). In Zürich fast ein Fremdling geworden, hatte ich inzwischen meinen Haushalt aus der Stadt an den See verlegt. Der Reihe nach bewohnte ich Landhäuser in Küsnach, Meilen und wieder Küsnach. Nach meiner Verehelichung mit einer Tochter des Obersten Eduard Ziegler (1875) erwarb ich schließlich den kleinen Landsitz in Kilchberg, wo ich jetzt mit Weib und Kind lebe.

Die Geschichte meiner literarischen Laufbahn ist folgende: 1868 beklagte sich einer meiner Genfer Bekannten, Ernst Naville, der jetzt Mitglied des Institut de France ist und damals in Genf populärwissenschaftliche Vorlesungen hielt, welche in viele Sprachen übersetzt wurden, über die Mangelhaftigkeit der deutschen Ausgabe der ersten dieser »Reden« und ersuchte meine Schwester, die nächste unter meiner Führung zu übersetzen. Das Büchlein erschien bei H. Haessel in Leipzig. Im folgenden Jahre besuchte mich dieser und wir wurden Freunde. Er verlangte von mir etwas Selbständiges zum Druck. Schon 1864 waren bei Metzler in Stuttgart durch Verwendung Gustav Pfizers »Zwanzig Balladen« erschienen. Ich gab Haessel ein neues Bändchen, das er unter dem Titel »Romanzen und Bilder« 1870 gedruckt hat. 1870 war für mich das kritische Jahr. Der große Krieg, der bei uns in der Schweiz die Gemüter zwiespältig aufgeregt, entschied auch einen Krieg in meiner Seele. Von einem unmerklich gereiften Stammesgefühl jetzt mächtig ergriffen, tat ich bei diesem weltgeschichtlichen Anlasse das französische Wesen ab, und innerlich genötigt, dieser Sinnesänderung Ausdruck zu geben, dichtete ich »Huttens letzte Tage«. Ein zweites Moment dieser Dichtung war meine Vereinsamung in der eigenen Heimat. Die Insel Ufenau lag mir sehr nahe und ebenso nahe lag es meinem Gemüte, den dort einsam gestorbenen Hutten als meinen Helden zu wählen. »Huttens letzte Tage« erschienen 1871 (5. Aufl. 1884) und fanden ein Publikum. 1872 folgte »Engelberg«, ein schon früher entstandenes und liegengebliebenes Idyll. Längst hatte mich eine historische Gestalt, die größte der Bündnergeschichte, gefesselt. Bünden war mir durch wiederholte und lange Sommerfrischen sozusagen Schritt um Schritt bekannt und in seinen Chroniken war ich so heimisch als möglich. Nachdem ich mich lange spielend mit dem Stoffe beschäftigt hatte, schrieb ich unter den Kastanienbäumen meiner Wohnung in Meilen den Roman »Jürg Jenatsch« (1. Auflage 1876, 7. Aufl. 1885). Mit dem französischen Historiker Augustin Thierry hatte ich mich schon in Lausanne viel beschäftigt und die »Récits des temps mérovingiens« ins Deutsche übersetzt (Elberfeld, Friedrichs). Aus der Histoire de la conquête de l'Angleterre war mir die rätselhafte Figur des Thomas Becket entgegengetreten, und ich habe so lange an ihr herumgebildet, bis sie mir fast quälend vor den Augen stand. Ich entledigte mich dieses Phantomes durch den »Heiligen«. Die Novelle erschien 1880 (4. Aufl. 1884). 1882 brachte die »Gedichte«, wo die meisten Balladen und Romanzen sich umgeschmolzen wiederfinden. Vier »Kleine Novellen« (Das Amulett, Der Schuß von der Kanzel, Plautus im Nonnenkloster, Gustav Adolfs Page) erschienen 1883. Meine neuesten Werke sind: »Das Leiden eines Knaben« (1883) und die »Hochzeit des Mönchs« (1884). 1880 hat mir die Universität meiner Vaterstadt den Doctor honoris causa gegeben.

Kleinstadt und Dorf
um die Mitte
des vorigen Jahrhunderts

Nach einem Manuskripte von Edmund Dorer
mitgeteilt von *C. Ferdinand Meyer*

Mein Freund Edmund Dorer hat mir die Handschrift einer zu zwei Dritteln ausgeführten Biographie von J. G. Zimmermann von Brugg (1728–1795), mit welcher er sich seit geraumer Zeit beschäftigt und deren Vollendung in Aussicht steht, zu freier Verfügung gestellt.

Die Züge Zimmermanns, wie die Lavaters, hat Goethes Hand spielend und genial entworfen, über keinen von beiden aber besitzen wir eine den Forderungen der Gegenwart entsprechende Biographie. Während Dorer aus einem unendlichen biographischen Material und einem sorgfältigen Studium der hinterlassenen Werke das lebensgroße Bild Zimmermanns zusammenarbeitet, benützen wir eines seiner Studienblätter, um von dem Werte und Umfange des noch im Bau begriffenen Werkes eine Idee zu geben.

Zwischen drei Kapiteln ist uns die Wahl schwer geworden.

Das erste erzählt uns Zimmermanns Anfänge und akademische Jahre im Hause und unter den Augen Hallers in Göttingen. Ein anderes ist überschrieben: »Das Erdbeben von Lissabon«. Es durchgeht, bei der Gelegenheit einer Dichtung Zimmermanns über diesen Gegenstand, die metaphysischen Betrachtungen und metrischen Übungen, zu welchen das Naturereignis die guten Köpfe jener Zeit anregte, und beginnt mit dem Eindrucke, welchen der sechsjährige Goethe und der vierzehnjährige Lavater auf der Schulbank davon empfingen. Aus einem kulturhistorischen eher als literarischen Standpunkte haben wir uns für ein drittes Kapitel entschieden. Dieses handelt von dem langjährigen Zerwürfnisse Zimmermanns mit seinen kleinstädtischen Mitbürgern.

Wenn wir an dem Prophetenstädtchen mit dem Bahnzuge vorübereilen, erinnert sich wohl mancher, daß dort ein Freund Geßners und Lavaters wohnte, aber wenige wissen, ein wie qualvolles Leben Zimmermann in diesem Städtchen geführt hat, welches sich dem Vorbeifahrenden oder von der Habsburg auf dasselbe Hinabblickenden so heimlich darstellt. Vierzehn Jahre – 1754 war der in Göttingen und Bern an eine bedeutendere Umgebung gewöhnte, erst sechsundzwanzigjährige Mann einem Rufe als Stadtphysikus in seine Vaterstadt gefolgt – vierzehn lange Jahre verbrachte er dort in so widrigen und gespannten Verhältnissen, daß er dieselben, auch in ganz andere Zustände versetzt, bis an das Ende seiner Tage nicht vergessen konnte, sowenig als die Persönlichkeiten, welche, wie er glaubte, ihm den Aufenthalt in Brugg verbittert hatten. Seine Galle fließt über bei der flüchtigsten Erinnerung an das dort in der Wirklichkeit und in der Einbildung Erlittene.

Bringen wir nun auch das reizbare, ja gefährliche Naturell des früh berühmten Mannes, seine Ruhmsucht und Eitelkeit oder was seinen Mitbürgern als solche erschien* in volle Rechnung und halten wir die Schuld, wie sie es auch war, für eine geteilte, so bleibt doch noch genug übrig, um uns eine Vorstellung zu geben, wie eng und gering zu jener Zeit das Dasein in einer Kleinstadt war und wie ein dazu verurteilter bedeutender Mensch darunter leiden konnte.

Wir Leute des zu Ende gehenden neunzehnten Jahrhunderts, die wir nicht an der Scholle haften, wundern uns über diesen ebenso schmerzlichen als unfruchtbaren Kampf Zimmermanns gegen seine Mitbürger, welche er absolut zur Anerkennung von Verdiensten zwingen wollte, die außerhalb ihres Horizontes lagen. Aber die Zustände des Prophetenstädtchens nach der Mitte des vorigen Jahrhunderts hat er in seinen Schriften und Briefen nun einmal verewigt und uns Epigonen dadurch in den Stand gesetzt, dieselben mit mehr Humor zu betrachten, als dem hypochondrischen Verfasser des Werkes »Über die Einsamkeit« damals möglich war.

Auf die Beschreibung der erbärmlichen Zustände einer Kleinstadt im vorigen Jahrhundert lassen wir dann das idyllische Gegenstück eines Dorflebens am Zürichersee in derselben Epoche folgen, welches wir ebenfalls der energischen Feder Zimmermanns verdanken. Dergestalt wird der Leser nicht unter einem pessimistischen Eindrucke bleiben und auf der andern Seite ist kaum zu befürchten, daß er daraus den irrigen Schluß ziehe, vor

* Goethe hat Zimmermann in »Wahrheit und Dichtung« – zwischen Ernst und Scherz – gegen den Vorwurf der Eitelkeit verteidigt. Als Tissot Zimmermann eine Abhandlung widmete mit der Dedikation: »celeberrimo nobilissimo etc.«, schrieb der Brugger seinem Lausanner Freunde: »Warum nicht einfach ›Zimmermann zugeeignet‹?« Das ist eher Stolz als Eitelkeit.

hundert Jahren sei Brugg eine Hölle, Richterswyl der Himmel gewesen.

Im Frühling (März) 1766 veröffentlichte der in Zürich erscheinende und von Lavater redigierte »Erinnerer« einen merkwürdigen Artikel, eine leidenschaftliche, für den damaligen Stand der deutschen Literatur meisterhaft geschriebene Diatribe, welche betitelt war: »Vorschlag zu einem Kleinstädter Katechismus«. Der mit einem G. unterzeichnete Artikel war datiert W. – 22. Februar 1766 und enthielt die schärfsten Ausfälle gegen Kleinstädterei. Begreiflicherweise wirkte das ungewöhnliche Produkt aufregend und die erste Frage ging weder nach seinem literarischen noch nach seinem ethischen Werte, sondern war natürlich die: »Wer damit gemeint sei?« Das W. und die Satire wurden auf Winterthur bezogen, und – merkwürdig – zu den hier gezeichneten Gesichtern fanden sich ohne Mühe in Winterthur die Originale. Es wird erzählt, daß der Herausgeber des »Erinnerers«, der junge Lavater, Gefahr lief, von den sich verspottet Glaubenden tätlich mißhandelt zu werden. So unentwickelt waren damals die Sitten.

Schließlich blieb man aber doch im ungewissen über den Verfasser der Satire und die authentische Zielscheibe ihrer Pfeile.

Nur die Brugger konnten, insoweit sie von dem »Erinnerer« Kenntnis nahmen, weder über den Urheber dieser öffentlichen Züchtigung noch über die von ihr Getroffenen im Zweifel schweben; denn sie erkannten aufs deutlichste sowohl ihre Stadtgeschichten als ihre Charakterköpfe und sie wußten, daß sie etwas auf dem Kerbholze hatten bei einem ihrer Mitbürger, welcher der Feder auf eine ungewöhnliche Weise mächtig war. Ihre Liebe zu Zimmermann mag nicht gewachsen sein. Der fragliche Artikel ist in dem aufgeregten Tone geschrieben, welcher Zimmermann kennzeichnet, übrigens mit Nachdruck und Feuer. Er verdient mitgeteilt zu werden, mit einigen Kürzungen natürlich; denn er enthält für ein aufmerksames Auge das Geheimnis der Begabung, mit welcher Zimmermann schon in ganz jungen Jahren sich einen schriftstellerischen Namen ersten Ranges erwarb, die eigentümliche Mischung nämlich einer kaum beherrschbaren Vehemenz und eines kalten, schneidenden Verstandes.

»Mein Herr Erinnerer!

Wir leben in unsern kleinen Landstädten noch immer in den mittlern Zeiten. Die Philosophie unseres Jahrhunderts wird unendlich später zu uns kommen, als die französischen Moden desselben, der griechische Kopfzeug und die Rechtmäßigkeit der Ehebrüche. Mir deucht Sie müssen daher mit uns ordentlich wie mit Kindern zu den ersten Anfangsgründen zurückgehen. Kurz und gut, mein Lieblingswunsch ist, daß Sie einen moralischen Katechismus für kleine Städte schreiben.

– –

Vorgreifen will ich Ihnen eben bei diesem gemeinnützigen Werke nicht. Aber doch möchte ich Sie bloß an einige Punkte erinnern, auf die Sie in Ihrem Katechismus mehr oder weniger zu sehen haben. Freilich werde ich vieles ohne die Ausnahmen sagen, die allerorten zu machen sind und auch vorzüglich in kleinen Städten gemacht werden müssen. Doch darauf können Sie immer zählen, daß ich nicht nötig habe, jemand zu verleumden.

Sie müssen uns in Ihrem Katechismus sagen, daß eine kleine Stadt nicht die Welt ist, daß man in einer kleinen Stadt etwas für groß, für wahr, für schön, für erlaubt halten kann, welches, außerhalb der kleinen Stadt, die ganze Welt für klein, falsch, läppisch, häßlich und verdammungswürdig hält.

Sie müssen uns in Ihrem Katechismus sagen, daß eine wohlweise Ratsversammlung einer kleinen Stadt zwar eine sehr hochansehnliche und aller Ehren würdige Gesellschaft an ihrem Orte ausmacht, aber daß doch noch zwischen diesen meinen hochgeehrten Herren und dem englischen Parlament ein Unterschied ist.

Sie müssen uns in Ihrem Katechismus sagen, daß unsern großen Matronen vergönnt sei, groß in ihrer kleinen Stadt zu sein, daß sie sich als Prinzessinnen brüsten, als Prinzessinnen befehlen und sich einbilden können, durchaus innerhalb ihres Geschäftskreises alles zu handhaben, zu bedeuten, zu lenken, zu wirken, allen Ansehen, Ehre, Leben, das Sein und Nichtsein zu geben und zu nehmen, aber daß sie sich außerhalb ihrem Miste stillschweigend, demütig und bescheiden aufführen, aus Furcht, man verweise sie, aller ihrer Diamäntchen ungeachtet, in ein Narrenhaus.

Sie müssen uns in Ihrem Katechismus sagen, daß man auf den Kanzeln kleiner Städte nicht von den ›Großen dieser Erde‹ übel reden soll, wenn man bloß zur Erbauung der christlichen Gemeinde diesen oder jenen Ratsherrn auf den Schädel treffen will.

Sie müssen uns in Ihrem Katechismus sagen, daß man in einer kleinen Stadt verachtet, verleumdet, verfolgt, geschändet, verschmäht und verabscheut sein kann, während man von einer Menge auswärtiger, vornehmer Herrn (ist diese Form des Selbstlobes nicht auch eine kleinstädtische Sünde gegen den guten Geschmack?) großer Geister und verdienstvoller Männer ganz das Gegenteil erfährt, und daß man auch in diesem Falle noch kein krätziger Hund ist, wenn man bei einem dummen Landvogt oder noch wichtigeren Herren im Vaterlande kein Ansehen hat.

Sie müssen uns in Ihrem Katechismus sagen, daß allen unsern Notariatspedanten, Advokaten, Zungendreschern, Richtern, Rechtsprechern und Rechthabern nur innerhalb ihrer kleinen Stadt oder höchstens in einem Bauernwirtshaus erlaubt sein soll, die gesunde Vernunft zu ›Recht‹ zu setzen und sodann zu verdammen, allem, was unleugbar ist, zu widersprechen; alles, was dumm und abgeschmackt ist, zu erhärten, aus allem, was in der Konversation vorkömmt, einen Prozeß zu machen, und von allem, was die größten moralischen Beobachter und scharfsinnigsten Menschenkenner für unumstößlich wahr halten würden, nichts anzunehmen, oder man könne es vor Gericht bescheinen.

Sie müssen uns in Ihrem Katechismus sagen, daß der König in Preußen oder der Herzog Ferdinand von Braunschweig darum noch kein Idiot in der Kriegskunst ist, wenn er schon bei dieser oder jener Gelegenheit nicht dahin marschierte, wohin ein Miliz-Lieutenant oder Ratsherr aus einer kleinen Stadt an seiner Stelle marschiert wäre.

Sie müssen uns in Ihrem Katechismus sagen, daß eine Jungfer darum nicht schön ist, wenn sie sich ihre Bakken alle zwei Stunden des Tags so derbe mit Flanell reibt, daß sie zuletzt blau werden wie der Hals eines kalekutischen Hahns, wenn sie ihren Schönpflästerchen die Gestalt von Sonne, Mond und Sternen gibt.

Sie müssen uns in Ihrem Katechismus sagen, daß es in einem Lande der Freiheit und Gleichheit höchst schändlich ist, vor Leuten die über uns sind zu kriechen und sich sodann für diese erbärmliche Unterwürfigkeit mit dem rasendsten Despotismus an Leuten zu erholen, die wir unter uns glauben. Daß man ohne eben eine Million zu besitzen oder ein bettelhafter Bürger der Hauptstadt zu sein, den Geist haben kann, der sich allein vor Gott, vor den Gesetzen, vor den Talenten, vor der Tugend, vor dem Verdienste beugt, und der uns in einem freien Lande nicht zum Sklaven eines einzelnen Menschen, sondern zum Untertanen der ganzen Republik und ihrer Gesetze macht; der es uns gleichgültig sein läßt, wenn uns gewisse im Lande hin und her wohnende Herrn ein geringschätziges Gesicht machen oder uns beim Eintritt in ihr Audienzzimmer mit einem tief in die Stirn gedrückten Hute bewillkommen oder uns Predigern nur vom Fenster herab Audienz geben, weil wir ohnedem gewohnt sind, von ferne zu reden.

Sie müssen uns in Ihrem Katechismus sagen, daß man in kleinen Städten die Leute wechselweise für unwissend und gelehrt, für hassenswert und tugendhaft, für geistreich und für dumm ausschreit, daß man sich heute untereinander beschimpft und morgen umarmt, daß man sehr oft nicht den geringsten Begriff von einem edeln Charakter und einem großmütigen aber ungewöhnlichen Betragen zu haben scheint, während man ganze Vipern und halbe Teufel für gute Christinnen hält, weil man sehr oft jeden Menschen und jede Handlung da bloß nach dem Grade der Verwandtschaft oder nach einem geringen vorübergehenden Interesse oder nach jeder kleinen schimpflichen Leidenschaft verurteilt und nicht nach festen und der Natur gemäßen Grundsätzen.

Sie müssen uns in Ihrem Katechismus sagen, daß die Fertigkeit, nur kleinere, unbedeutende und in die stumpferen Sinne eines jeden Dummkopfs fallende Fehler zu sehen, zu der bedauernswürdigen Unfähigkeit führt, an seinen Mitmenschen jemals das Gute zu entdecken, und daß eine solche Unfähigkeit allemal ganz gewiß in diesen krebsartigen Gemütern den aus der untersten Hölle stammenden Kitzel pflanzt, auch von den besten Leuten niemals zu reden als um sie zu verleumden.

Sie müssen uns in Ihrem Katechismus sagen, daß nicht nur bloß die Geschäfte wichtig sind, die in liliputische Sinne fallen, sondern daß in einer unendlich größern Ausbreitung auch mitten in einer kleinen Stadt gedacht und gehandelt werden kann, wenn der Nachbar glaubt, man sitze nach der wohlhergebrachten Manier müßig zu Hause und gähne; oder, welches man in kleinen Städten für weit unedler hält, man studiere; oder, welches man wenigstens bei uns als das charakteristische Zeichen eines dummen Narren ansieht, man schreibe Bücher.

Sie müssen uns in Ihrem Katechismus sagen, daß der bald auf feste Zähne, bald auf einen guten Magen, bald auf einen dicken Schädel, bald auf einen breiten Hintern, bald auf kleine oder große Ratsstellen und tausend andere nichtsbedeutende Dinge dieser Art sich bezie-

hende Familienstolz in kleinen Städten bei der großen Welt kein Aufsehen macht.
Sie müssen uns in Ihrem Katechismus sagen, daß es eben kein Beweis des Witzes ist, wenn man immer lacht oder wenn man einem das Schnupftuch aus der Tasche nimmt, ohne daß er es merkt, oder ihm den Stuhl unter dem Leibe wegzieht, wenn er sitzen will.*
Sie müssen uns in Ihrem Katechismus sagen, daß es in einer kleinen Stadt eigentlich beim klaren Lichte betrachtet, keine vornehmen Leute gibt und daß darum jene Weiber, die sich einbilden solche zu sein, doch in der Gefahr sind, lächerlich zu werden, wenn sie ohne Ende mit schiefem Gesichte von gemeinen Leuten sprechen.
Sie müssen uns in Ihrem Katechismus sagen, daß in kleinen Städten äußerst grausame Schmähsucht ganz allein aus dem Mangel von fremden Ideen herrührt, bei welchem Mangel man allerdings genötigt ist, seine Blicke in seines Nachbars Haus zu werfen, um sich mit diesem oder jenem unerheblichen und nichtsbedeutenden Fehler in seiner Haushaltung die Zeit zu verkürzen, bei welchem Mangel man genötigt ist, die schandbarsten Lügen zu erdenken, um in ehrbaren, aber ganz gedankenlosen Gesellschaften willkommen zu sein; und sagen müssen Sie, daß man weder an kleinstädtischen Klatschereien und Streithändeln ein Vergnügen findet, noch sich bei seines Nachbars Hühnern und

* Dieser Liebhaber kleinstädtischer geselliger Künste, wohl eine Art Stadt-Spaßvogel, der Sohn eines Ratsherrn, ist Zimmermann unvergeßlich geblieben. Noch in der lange nach seinen Bruggerleiden erschienenen Ausgabe in vier Bänden seines Hauptwerkes »Über die Einsamkeit« läßt er ihn mit seinen Kunststücken auftreten. Er nennt ihn dort den »Sohn eines Volksführers«.

Gänsen aufhält, wenn man mit erhitzter Brust in dem Reiche der Wissenschaften fortgeht und hoch über den Pfeilen der Verleumdung die Glut der Sonne trinkt.«
Eine erste Bemerkung drängt sich auf. Mögen uns auch manche Paragraphen dieses groben Katechismus mitten in die Gasse einer Kleinstadt, auf die Klatschbank vor der Haustüre, in die Trinkstube, in das Ratszimmer versetzen, so sind andere doch von weit ausgedehnterer Anwendung. Neid, Unbescheidenheit, Schmähsucht sind, wenn auch in wechselnden Formen, allgemein menschliche Eigenschaften. Blaise Pascal schrieb auf ein Sudelblatt seiner »Provinzialen«, in welchen er die unsittliche Kasuistik der Jesuiten brandmarkte: Omnis homo jesuita! Zimmermann hätte an den Rand der Handschrift seines Kleinstädter-Katechismus schreiben dürfen: Jeder Mensch ist ein Brugger!
Dann ist es merkwürdig, wie sich der Verfasser der Satire verlarvt und doch gleich aus seiner Rolle fällt. »Uns Predigern«, sagt er an einer Stelle und spricht dann an einer andern von seinem Ansehen »bei einer Menge auswärtiger, vornehmer Herrn, großen Geistern etc.«, um sich schließlich zu rühmen, »er trinke, hoch über den Pfeilern der Verleumdung, die Glut der Sonne«; was alles auf einen einfachen Geistlichen nicht anwendbar ist. In einem Punkte aber hat Zimmermann, und es ist ihm sicherlich schwergefallen, ein strenges Inkognito beachtet: er hat sich, so nahe es ihm liegen mochte, keinen Ausfall gegen den Unverstand der Kleinstädter in ärztlichen Dingen erlaubt.
Und doch mögen bittere Erfahrungen auf diesem seinen eigensten Gebiete das schlimmste Kapitel der Brugger Leidensgeschichte gewesen sein. Hier werden

wir darüber kurz weggehen, und diesen Punkt erledigen, bevor wir den Artikel des »Erinnerers« mit den biographischen Tatsachen zusammenhalten.

Es scheint, daß sich der junge Stadtphysikus mit seinem Kollegen und Rivalen Dr. Vätterli in kein Verhältnis setzen konnte; daß der Stadtschreiber Wetzel, um die Ankunft eines werten Verwandten, des Apothekers Wetzel, vorzubereiten, Zimmermanns Ruf systematisch zu untergraben suchte und den Schüler Hallers, wo sich die Gelegenheit bot, folgenderweise zu charakterisieren pflegte: »Er cha nüt, er weiß nüt, er verstoht nüt, ich will ims is Gsicht säge.«

Unter seinen Kollegen waren es die sogenannten Empiriker, welche sein Wirken mit der Behauptung erschwerten, man sei, bei der Verschiedenheit der Klimate, zu der Ausübung der Arzneikunst in der Schweiz nicht befähigt, wenn man die Anfangsgründe derselben nicht ebenhier gelegt habe. Sie wiesen dabei hohnlächelnd auf die englische Perücke, welche Zimmermann von Göttingen gebracht hatte.

Auch wurde ihm vorgeworfen, es mangle ihm Beobachtung und Aufmerksamkeit, er unterlasse den Kalender zu beraten und ein gewisses Glas zu schütteln.

Aber – nicht genug am Neide und der Feindschaft seiner Kollegen – auch bei dem Publikum brachten ihn einige Todesfälle in den Ruf eines unglücklichen oder ungeschickten Arztes, und, wie es zu geschehen pflegt, die einmal in Gang und Lauf gekommene öffentliche Meinung steigerte sich bis ins Ungeheure und Phantastische. Zimmermann wurde von den städtischen Klatschbasen, natürlich nur unter der Hand, aus den nichtigsten Ursachen und mit den lächerlichsten Gründen beschuldigt – so behauptet er wenigstens – Gift gemischt und ein Kindlein lebendig zergliedert zu haben. Aber nicht nur die Lebenden, auch die Toten klagten in ihrer Weise den Stadtphysikus an und eine von Zimmermann behandelte Bruggerin erschien nach ihrem Ableben mit seinen Medizinen in der Hand ihrer besten Freundin, um derselben warnend mitzuteilen, diese Arzneien seien an ihrem Tode schuld.

Über diese plumpen und grausamen Vorurteile der Kleinstädter gegen einen streng geschulten und berühmten Arzt wird man sich übrigens weniger wundern, wenn man sich vergegenwärtigt, daß es damals draußen auf dem Lande noch weit schlimmer stand. Der Bauer hielt den Satz aufrecht, ein freier Mann dürfe sich die Haut gerben lassen von wem er wolle, behandelte sich demgemäß in fast allen Fällen mit Wein, Gewürz und Käse, oder ließ sich von einem Scharlatan mißhandeln, der am Sonntag in demselben Augenblick, da der Pfarrer amen sagte und von der Kanzel stieg, seinen Kram vor die Kirchentüre und die Trompete an den Mund setzte, der vorüberströmenden Gemeinde verkündigend, er habe schon ein Dutzend Tote auferweckt.

Zimmermann entschädigte sich, wie er im Kleinstädter-Katechismus andeutet, für die Mißachtung seiner Mitbürger durch den schriftlichen Verkehr mit den bedeutendsten Zeitgenossen, und auch auf dem Gebiete seiner eigenen Kunst bot ihm das Schicksal, gütig und mannigfaltig wie es ist, für die Feindschaft seiner Kollegen einen vollen Ersatz. Der ausgezeichnete Lausanner Arzt Tissot hatte ihm seine Verteidigung der Schutzpocken zugesendet. Daran knüpfte sich ein Briefwechsel und dann eine wahre und warme Freundschaft, welche bis zu Zimmermanns Lebensende vorhielt. Dorer zitiert manche Stelle dieser interessanten Korrespondenz, unter anderm ein Wort Tissots, welches wir vorgreifend anführen, da es ein scharfes Licht auf Zimmermanns Charakter wirft und eine zerstörende Eigenschaft desselben kennzeichnet, die er freilich, als einen Grundzug der Epoche, mit manchem Zeitgenossen gemein hatte. Ich meine einen gewissen Zug von Unersättlichkeit. Der Franzose bezeichnet diese faustische Eigenschaft kurzweg als Untugend und vergleicht sie mit dem Benehmen ungezogener Kinder, die, wenn sie nicht alle die Spielsachen haben können, nach welchen sie langen, sich auch nicht mehr mit denen beschäftigen, die man ihnen läßt, und welche, um des Genusses willen der ihnen fehlt, denjenigen vernichten, der ihnen dargeboten wird.

Es ist Tatsache, daß es Zimmermann in kurzem nicht nur mit seinen Kollegen, sondern auch auf dem bürgerlichen und geselligen Boden mit den Regierenden und Tonangebenden gründlich verdarb, sogar mit den Bruggerinnen, welche ihn haßten und die er dann in seinem Katechismus so unritterlich behandelte. Und doch war er ein schöner Mann von sichern Umgangsformen, der ihnen überdies keinen Anlaß zu Herzensangelegenheiten und daraus entstehender Eifersucht gab. Zimmermann hatte ein zärtlich geliebtes Weib nach Brugg gebracht, eine Bernerin und Hallers Verwandte, eine verwitwete Steck, welche dem Ruhelosen Sanftmut und Gleichmaß der Stimmung als wertvollste Mitgift zubrachte.*

* Er verlor sie bald nach seiner Übersiedelung nach Hannover und

Wenn wir uns Zimmermann vergegenwärtigen, wie er durch die reinliche Hauptstraße von Brugg und über die altertümliche Brücke schritt, so war es eine vornehme Erscheinung vom Bernerschlage, ein großer und starkgebauter Herr, von Naturell heftig und gerade vor sich hin, doch sein Äußeres und sein Betragen vollständig beherrschend. Ein schöner, leicht von den Blattern markierter Kopf, ein geistvolles blitzendes Auge mit einem durchdringenden Blicke, eine gewinnende Stimme, ein fester und leichter Gang, kurz ein imponierendes Wesen zeichnete ihn – mit Lavater zu reden – vor Zehntausenden aus. Aber dieser Gestalt fehlte die natürliche Anmut; sie bewegte sich mit weltmännischer Gewandtheit, doch ohne Freiheit und Harmonie. Zimmermanns Gesundheit war von jung an eine bedrohte, und wenn er von seinem Lieblinge, J. J. Rousseau, sagt, daß fürchterliche Keime von Hypochondrie und Melancholie seit früher Jugend in seinen Eingeweiden und Nerven lagen, so mag er auch an sich selbst gedacht haben.

Ich glaube, daß Zimmermann nur selten jenes leichte, schmerzlose Dasein genoß, welches allein den Namen Leben verdient, und daß seine gewaltsame Selbstbeherrschung, die übrigens nur eine äußerliche war – denn sein eigentliches Wesen zu bändigen ist ihm nie gelungen – sich an seiner Gesundheit rächte. Lavater verrät uns, daß Zimmermanns Stimmungen in der Intimität auf eine erschreckende Weise wechselten und in

gewann dort eine zweite ebenso liebenswürdige und aufopfernde Frau.

ihr Gegenteil umschlugen, Kälte in Tränen, Zärtlichkeit in Härte, Rücksichtslosigkeit in Unterwürfigkeit, Empfindsamkeit in Satire und so weiter, und daß bei ihm die mittlern Zustände, Wärme, Wohlwollen, Bescheidenheit, Humor fast gänzlich fehlten. So nennt er ihn einen »fragmentarischen Charakter, der in einem Augenblick alle mögliche, im andern gar keine Herrschaft über sich besaß, der im intimen Umgange von beleidigender Kälte zur Liebeshitze und umgekehrt überging, einen herzregierenden Mann, den jedoch ein Kind leiten konnte, wenn es ihn kannte (was Zimmermanns Glück in der Ehe erklärt), dazu gebildet, keinem Menschen Langeweile zu machen, aber oft Langeweile mit Todesangst zu erdulden.«

Letzteres ist für einen in der Kleinstadt Lebenden eine gefährliche Anlage, und wenn man hinzunimmt, daß Zimmermanns Geist offenbar an gewissen Tagen mit gezogenem Schwerte erwachte und mit einem nicht zurückzudrängenden Bedürfnisse nach Polemik, ja nach Satire und Invektive, so fühlt man heraus, daß beide Teile, Zimmermann und seine Brugger, zugleich Beleidigte und Beleidiger waren.

Vor allem verdroß es Zimmermann, daß ihm von den örtlichen Gewalthabern die schuldigen Rücksichten – er war schon in ganz jungen Jahren eine wissenschaftliche und schriftstellerische Persönlichkeit – hartnäckig verweigert und er von denselben nicht nach den gültigen Gesetzen der guten Lebensart behandelt wurde.

Der »Empfang mit tief in die Stirne gedrücktem Hute« und die »den Predigern durch das Fenster erteilte Audienz«, von welchen im Katechismus die Rede ist, beziehen sich auf zwei verschiedene Lokalgrößen, auf den

Stadtschultheißen Zimmermann »im obern Hause« und auf den Hofmeister zu Königsfelden.

Der erstere Herr scheint der richtige Stadtmagnat und daneben ein prinzipieller Konservativer gewesen zu sein, der in Zimmermann den »Stürmer und Dränger« witterte. Das stattliche Rathaus von Brugg war seine Welt, da saß er chez soi mit bedecktem Haupte – vielleicht war er gegen die Zugluft empfindlich – zwischen Gültbriefen, sortierte Gold und Silber und verzeichnete die Korn- und Weinzehnten. Sein privater Silberkasten soll bei den Stadtwahlen, deren Modus wir kennenlernen werden, manchen Zuwachs erhalten haben. Die Brugger hielten große Stücke auf ihn, und als Zimmermann in einem Gedichte drucken ließ:

O du verwöhntes Volk der Großen dieser Erde ... behaupteten sie einstimmig, er habe damit auf ihren Schultheißen, seinen Namensvetter »im obern Hause«, gezielt.

Ein wirkliches Personnage war der die Staatsregierung vertretende Hofmeister zu Königsfelden*, natürlich ein Bernerpatrizier. Er genoß ein fürstliches Einkommen und unterhielt eine zahlreiche Dienerschaft, welcher er – so erzählt die Brugger Stadtgeschichte – ausgiebig Tee zu trinken befahl und alle Monate die Ader schlagen ließ, weil es majestätisch lasse, wenn um einen Vornehmen alles blaß aussehe. Dieser Herr beleidigte zwar den Stadtarzt von Brugg in keiner Weise persönlich, sondern er ignorierte ihn einfach und lud ihn nicht »zu Hofe«, was freilich für einen jungen Ehrgeizigen die schlimmste Beleidigung war.

* Der Narr in Königsfelden, so nennt ihn Zimmermann anderswo, der jeden hinauswerfen läßt, welcher ihn nicht mit »Durchlaucht« traktiert.

Dagegen mit einem Vorgänger dieses mit den Geistlichen seines Amtes nur durch das Fenster verkehrenden Edelmannes scheint der junge Schriftsteller auf gutem Fuße gestanden zu haben. Wenigstens ist das 1756 bei Heidegger in Zürich erschienene und jetzt sehr selten gewordene Büchlein »Betrachtungen über die Einsamkeit«, das, beiläufig gesagt, sofort in mehrere Sprachen übersetzt wurde und aus welchem im Laufe der Jahre Zimmermanns gleichnamiges Hauptwerk sich herausgebildet hat, einem Emanuel Tscharner, Hofmeister zu Königsfelden, zugeeignet. Diese Dedikation nimmt eine durch ihre Mischung von Schmeichelei und Menschenfeindschaft merkwürdige, auch stilistisch echt Zimmermannische Wendung.

»Ich bin so frei«, schreibt der Verfasser, »gegenwärtigen Blättern Dero erlauchten Namen vorzusetzen.

Ich würde mir schmeicheln, eine Art von Überzeugung bei einigen Lesern zuwege zu bringen, wenn ich mir die Denkungsart der größern Anzahl von Menschen so leicht angewöhnen könnte, als ich mich mit leichterer Mühe von derselben zu entfernen gewohnt bin. Sollten aber Ew. Wohledelgeboren einen gütigen Blick auf die Arbeit werfen, die ich Ihnen anzubieten die Ehre habe, so würde mein Gemüt die Beruhigung empfinden, die ein mächtiger Trost für jenen Griechen war, da alle seine Zuhörer ihn verließen und nur Plato blieb.«

Einen ganz besonderen Abscheu hatte Zimmermann gegen die Brugger Rechtssachen. Kalt wie in der Todesstunde floß ihm der Schweiß aus allen Gliedern, sagt er uns, sobald er von gerichtlichen Händeln sprechen hörte. So empfand er denn einen unüberwindlichen Widerwillen gegen den streitsüchtigen Stadtadvokaten, obgleich dieser auch ein Freund der Einsamkeit war. Zimmermann schildert uns diesen Brugger als einen »fürchterlichen Menschenfeind, der zu Hause immer Pandektengift kochte«. Ihm war beständig »als ob er Schlangen aus dessen wilder, ungekämmter Perücke wirbeln sähe«. »Roter und blauer Aussatz deckte des Mannes Gesicht. Der liebreichste Blick aus seinen buschigen Augenbrauen war ein Blick aus der Hölle. Bei jedem Worte hängte er euch einen Prozeß an den Hals. Er weidete sich an allem Bösen, wie ein Esel am Feigenbaum oder ein Herbstdieb am Weinstock. Sein Haus war die immer offene Zuflucht aller Poltergeister (sic) im Lande und aller Feinde der bürgerlichen Ruhe. Er verteidigte jede Ungerechtigkeit, verfolgte alle biedern Leute, liebkoste jeden Bösewicht, bewirtete jeden Verleumder, registrierte alle Verleumdungen, protokollierte alle Lügen, advokatisierte für den Teufel und war der Vater einer Furie.« Das heißt, gelassen gesprochen: der Stadtadvokat hatte eine Tochter und das Mädchen zeichnete sich nicht durch Sanftmut aus.

Dieser helvetische Timon, schließt Zimmermann, befand sich dabei vortrefflich. Er machte sich täglich jene kleinen menschenfeindlichen Freuden im stillen und lebte in seiner Einsamkeit zufrieden und glücklich.

Offen gestanden, ich möchte die Ähnlichkeit dieses Bildnisses nicht verbürgen. Zu deutlich tritt aus demselben die übertreibende Verve des Schriftstellers hervor, welcher um jeden Preis ein Portrait à la Labryuère liefern will.

Auch auf dem politischen Boden, wo der Schweizer sich so heimisch fühlt, konnte es der junge Stadtarzt zu nichts bringen.

Edmund Dorer gibt uns hier aus den besten Quellen ein Bild der städtischen Verfassung von Brugg, welches aufbewahrt zu werden verdient.

Brugg besaß – soweit die Dokumente zurückreichen – zwei Schultheißen, den Amtsschultheißen und den Altschultheißen, die je das zweite Jahr miteinander wechselten, und einen kleinen Rat von sieben Gliedern, die Schultheißen eingeschlossen, welche, ebenfalls abwechselnd, die verschiedenen Verwaltungszweige, die sogenannten Pflegen, besorgten; dann eine die Stadtrechnung kontrollierende Behörde, die Zwölfer, und – als unterste Stufe – eine »Kleinglocke« von zweiunddreißig Mitgliedern. Die Vakanzen dieser Kleinglocke aber wurden von dem kleinen Rate besetzt – jeder Ratsherr ernannte aus den in weißen Strümpfen bei ihm kandidierenden Bürgern einen Kleinglöckner. Man sieht, der kleine Rat von Brugg besaß das im vorigen Jahrhundert so gepriesene Arkanum: »sich selbst wiederzugebären«, er ernannte die Kleinglöckner, die Kleinglöckner ernannten die Zwölfer, aus den Zwölfern erstand der kleine Rat selbst wieder, wie der Phönix aus der Asche.

Die Ratsherrnstellen waren gut dotiert, mit einem Gehalte von 500 bis 800 Gulden, zwölf Klafter Holz, einem Quantum Getreide und acht jährlichen Mahlzeiten auf Staatskosten. Der Gewählte wurde von der ganzen geputzten Stadt beglückwünscht und bewirtete dieselbe reichlich. Dafür wurde er als ein Wesen höherer Art betrachtet und ein ausgebildetes Zeremoniell entsprach seiner Würde.

Es war ein imponierender Anblick, wenn sich Meine Herren von Brugg im Rathause oder sonntäglich in der

Kirche versammelten. In letzterer saßen sie in folgender Ordnung: zuhinterst die Schultheißen und der kleine Rat in Mantel, Rabat und Degen, vor ihnen der Groß- und der Kleinweibel in den Mänteln mit der Stadtfarbe und mit den Stäben, die zwei Stadtboten, der Hochwächter, die Nachtwächter und der Küster. Vor dem kleinen Rate nahmen die Zwölfer Platz, ebenfalls in Mantel, Rabat und Degen, und zuvorderst die Kleinglocke in Mantel und Degen, ohne Rabat.

Es ist ein Faktum: der schon weltberühmte Zimmermann brachte es in Brugg zu keiner Ratsstelle, nicht einmal zum Zwölfer und zum Rabat, sondern blieb schmählich in der Kleinglocke, welche er präsidierte, und vor der Kanzel sitzen. Wer über solche Zurücksetzungen nicht lachen kann, muß sich notwendig darüber ärgern und so kam es, daß sich Zimmermann von den Gastereien und Spieltischen seiner Mitbürger allmählich in die Einsamkeit seines Hauses zurückzog, wodurch er sie wieder gründlich kränkte.

Es ist anzunehmen, daß die Brugger, wenn sie von seinen wissenschaftlichen und schriftstellerischen Erfolgen wie von einem Märchen reden hörten, sich noch mehr gegen ihn verhärteten und das republikanische ne quis emineat! doppelt strenge geltend machten. Man verbiß sich gegenseitig und diese einbildischen und bornierten Spießbürger mögen sich wirkliche Ungezogenheiten und Roheiten gegen ihn erlaubt haben. Er aber war nicht ruhig und innerlich groß genug, um in diesen Fällen das zugleich milde und strenge Goethesche Wort in Anwendung zu bringen: »Das Gemüse muß man nicht rügen, denn das bleibt sich immer gleich.«

So gänzlich verlassen übrigens war Zimmermann nicht. Er besaß in Brugg einige gute Freunde, die Prediger Stapfer und Rengger und den Ratsherren Schmid, einen Verwandten, der ein sehr braver Mann gewesen sein muß. Diesen blieb er bis an sein Lebensende unwandelbar verpflichtet. Seine Freundestreue und seine Dankbarkeit werden einstimmig gerühmt.

Von seiner exemplarischen Frau wurde der Widerspruchsvolle verstanden und herzlich geliebt*; sie machte ihm das Flämmchen seines häuslichen Herdes anmutig. Auf seine zwei Kinder dagegen – und das ist die tragische Seite seiner Hypochondrie – färbte seine Ruhmsucht und seine Verstimmung gegen die kleine Vaterstadt nur allzubald ab. Das Herz zieht sich zusammen, wenn man den Vater selbst erzählen hört, wie der fünfjährige Knabe, welchem die Biographien Plutarchs in die Hand gegeben wurden, die Frage tut: »Wird man dann dereinst mein Leben auch beschreiben?« und wie die kleine Katharina, im Dialekt »Gattüngi« geheißen, sich beklagt: »Mutter, Mutter, ich weiß nirgends hin, ich habe gar erschrecklich lange Zeit, das Leben ist so einförmig ('s Lebe ist so glich)!« Aus dieser »Gattüngi« wurde das arme Mädchen, von dem Goethe erzählt, und der frühreife Knabe, der fragte, ob man sein Leben beschreiben werde, erlosch in der Dunkelheit des Wahnsinnes. Ich will Goethe reden lassen, welcher der Tochter Zimmermanns in seinem Vaterhause begegnete:

»Eine Tochter, die mit Zimmermann reiste, war, als er

* Ihr letztes Wort auf dem Sterbebette war: »Wer wird dich, armer Zimmermann, verstehen, wenn ich nicht mehr da bin?«

sich in der Nachbarschaft umsah, bei uns geblieben. Sie konnte etwa sechszehn Jahre alt sein. Schlank und wohlgewachsen, trat sie auf ohne Zierlichkeit, ihr regelmäßiges Gesicht wäre angenehm gewesen, wenn sich ein Zug von Teilnahme darin aufgetan hätte; aber sie sah immer ruhig aus wie ein Bild; sie äußerte sich selten, in der Gegenwart ihres Vaters nie. Kaum aber war sie einige Tage mit meiner Mutter allein und hatte die heitere, liebevolle Gegenwart dieser teilnehmenden Frau in sich aufgenommen, als sie sich ihr mit aufgeschlossenem Herzen zu Füßen warf und unter tausend Tränen bat, sie dazubehalten. Mit dem leidenschaftlichsten Ausdruck erklärte sie, als Magd, als Sklavin wolle sie zeitlebens im Hause bleiben, nur um nicht zu ihrem Vater zurückzukehren, von dessen Härte und Tyrannei man sich keinen Begriff machen könne. Ihr Bruder sei über diese Behandlung wahnsinnig geworden, sie habe es mit Not so lange getragen, weil sie geglaubt, es sei in jeder Familie nicht anders oder nicht viel besser; da sie nun aber eine so liebevolle, heitere, zwanglose Behandlung erfahren, so werde ihr Zustand zu einer wahren Hölle ... Meine Mutter gab sich viele Mühe mit dem guten Kinde, aber es ward dadurch nur immer unglücklicher. Man fand zuletzt noch einen Ausweg, sie in eine Pension zu tun. Sie hat übrigens ihr Leben nicht hochgebracht.«

Das ist nicht heiter. Aber so stand es um Zimmermann noch nicht, als er in Brugg lebte, sondern erst zehn Jahre später wurde die Härte des Vaters gegen seine Kinder unter den Zeitgenossen als eine bekannte Sache besprochen.

Es ist nicht wahrscheinlich, daß Goethe den Auftritt

zwischen der Frau Rat und der »Gattüngi« wesentlich übertrieben habe. Merkwürdig aber ist, wie diese »Gattüngi« ihrem Vater äußerlich und innerlich geglichen haben muß. Wie er, besaß sie einen schlanken Wuchs und regelmäßige Züge ohne Anmut und Wärme; wie bei ihm schlug ihre Selbstbeherrschung und anscheinende Kälte ohne Mittelstufe in Verzweiflung und strömende Tränen um.

Unter Zimmermanns vielen Aufzeichnungen befindet sich eine an den Lavaterschen »Erinnerer« gerichtete, worin er, zu einem bestimmten physiologischen Zwekke, der uns hier nichts angeht, eine seiner Tagesordnungen in Brugg bis ins einzelne beschreibt. Es sei uns erlaubt, diesen übrigens unbedeutenden Tagesverlauf mitzuteilen, nur um den Beweis zu erbringen, daß bei Zimmermann auch ganz erträgliche und lebbare, ja glückliche Tage den Druck der Bruggerverhältnisse und des eigenen schwierigen Naturells unterbrochen haben.

»5. November 1765. Den ganzen Morgen hindurch war mein Kopf ungemein helle, ich erfand den Plan zu einem ganz in die ausübende Arzneikunst einschlagenden Buche; eine Menge, dahin gehörender Ideen drängten sich herbei, ich schrieb alles auf und ging verjüngt zu meiner Mittagsmahlzeit. Nach Tische schrieb ich etwas ganz Mechanisches. Ich ging hierauf in Gesellschaft, wo ich ein paar Augenblicke sehr aufgeweckt war und die übrige Zeit bald mit einigen Frauen tändelte, bald in mich selbst zurückging und an mein Buch dachte. Von diesem Orte ward ich durch Berufsgeschäfte weggeführt und mit diesen brachte ich die ganze Zeit bis um acht Uhr des Abends zu. Meine Nachtmahlzeit war mäßig, ich aß einen Bissen von einem Rebhuhn und trank nach meiner Gewohnheit ein paar Gläser Wein. Bei Tische sprach ich aus meinem Herzensgrunde mit meiner Familie von der mir so seltenen Heiterkeit meines Geistes, die mir Gott in diesem dunkeln Monat schenkte. Um zehn Uhr legte ich mich, ohne die geringste Beklemmung in meinem Leibe oder in meiner Seele zu spüren, ganz heiter und friedsam zu Bette. Ich richtete nach meiner Gewohnheit mein Herz zu Gott und schlief ein.«

Der Glücklichste unter uns möchte sich kaum einen andern Tag wünschen!

Auch eine gütige schöne Freundin besaß Zimmermann in Brugg: die das Städtchen umgebende Natur. Wenn er hinauswandelte, ging er – wie Edmund Dorer hübsch sagt – in doppeltem Sinne ins Freie. Er hatte diese bei Melancholikern einen unglaublichen Grad von Intensität erreichende Naturliebe mit Jean Jacques gemein, dessen Neigung für englische Parke er gleichfalls teilte, aus seinem Eigenen den deutsch-romantischen Geschmack an Schloß- und Klosterruinen beifügend, die er schon als Knabe zu besuchen liebte.

Dorer begleitet Zimmermann auf einem seiner einsamen Spaziergänge.

»Der Verbitterte genoß«, sagt er uns, »die stille Natur und empfand nichts als Seelenfreude. Oft blickte er im Gefühle dieser sanften Lust, im Frühjahr, in das herrliche Heimattal hinab, da wo die Trümmer des Wohnsitzes Rudolfs von Habsburg auf dem Rücken eines waldigen Berges unter allem möglichen Grün sich erheben. Da sah er, wie die Aar bald unter hohen Ufern in einem weiten Bette herabströmt, bald durch enge Felsen sich stürzt und dann wieder ruhig und langsam sich schlängelt, während ihr die Reuß und die Limmat zueilen, friedlich mit ihr sich vereinigend. In dem schönen Vorgrund sah er die königliche Einsamkeit, wo die Gebeine der Habsburger und der von den Schweizern bei Sempach Erschlagenen in klösterlicher Stille ruhten. Weit umher breitete sich vor ihm das lange Tal, wo die große Stadt Vindonissa gestanden und die Ruinen lagen, auf welchen er so oft in stiller Betrachtung über die Vergänglichkeit menschlicher Größe saß. Im fernsten Gesichtskreise erhoben sich über anmutigen Hügeln die lichten Hochgebirge und mitten unter diesen Szenen fiel sein Blick vom hohen Walde, wo er stand, über die Weinberge hinab tief zu seinen Füßen auf seine kleine, reinliche Vaterstadt, auf jedes Haus und auf jedes Fenster. Dies alles sehend und vergleichend, sprach er dann zu sich selbst: Ach! warum ward doch meiner Seele so enge mitten unter so vieler Veranlassung zu großen Gedanken! Warum ward mir da doch der schöne heitere Winter so trübe? Warum hatte ich da so viele Langeweile, so viele Unlust, so vielen Gram, da ich doch jetzt nichts empfinde als Liebe und Ruhe und alle schiefen Urteile verzeihe und alles erlittene Unrecht vergesse? Warum ist dieses kleine, hier zu meinen Füßen zusammengepreßte Häuflein Menschen so unruhig? Warum lebt da manche gute Seele so verscheucht? Warum ist da der eine so stolz und der andere so demütig und zerschlagen? Warum ist da so viel Streit und Neid, da doch jeder Vogel in der Luft neben dem andern Platz hat? Dann stieg er, noch vergnügt und friedsam, von seinem Berge herab, machte den Regenten seiner Vaterstadt tiefe Referenzen, gab jedem seiner Mitbürger die Hand und behielt diese selige Stimmung, bis er« – nun bis er den nächsten Verdruß hatte und dieser den alten Ärger wieder aufweckte.

Endlich machte sich Zimmermann von Brugg los. Dorer nennt es scherzend ein »Heimweh eigener Art«, was den Stadtarzt aus seinem Vaterstädtchen vertrieb, und zitiert dazu eine Stelle aus dem Buche »Über die Einsamkeit«:

»Eine Traurigkeit aus der vergeblichen Begierde seine Leute wiederzusehen zeugt ein Krankheit, die zuweilen, nach einer kurzen Schwermut, dem Tode überliefert. Die Schweizer sind aus Überzeugung von den Vorteilen ihres Vaterlandes gewohnt, diese Melancholie sich allein zuzueignen, da doch andere Völker ebensoviel Recht dazu haben. Aber jeder Schweizer fühlt endlich, wie ich, das Heimweh unter einem andern Namen mitten auf dem Feuerherde seiner Hausgötter, wenn er glaubt, er lebte vergnügter in einer andern Stadt oder in einem andern Lande.«

Der treue Tissot bemühte sich nach Kräften, Zimmermann einen größern Wirkungskreis zu verschaffen. Diesem aber erschwerte dieselbe Gemüts- und Nervenstimmung, welche ihn nach einer Veränderung begierig machte, es zu einer entscheidenden Wahl und einem mannhaften Entschlusse zu bringen. Es ist wahr: die Anträge und Möglichkeiten – denn Zimmermann besaß einen europäischen Ruf – vervielfältigten sich auf eine verwirrende und fast beunruhigende Weise. Nach- und miteinander tauchten auf und kamen in Vorschlag: ein akademischer Stuhl in Göttingen; eine durch Subskription zu ermöglichende begünstigte Stellung in Bern; ein Ruf des Grafen Stadion nach seinem Tuskulum Warthausen, wo Zimmermann, als Arzt und Gesellschafter, eine edle Muße genossen hätte; ein Ruf nach Orbe, zwar auch einer kleinen Stadt, aber in Verhältnisse, welche »die Weisheit der dortigen Behörden zu höchst ehrenvollen machte«; ein Bibliothekariat bei dem Könige von Polen; eine Berufung als Stadt- oder oberster Staatsarzt nach Solothurn, wo Zimmermann die althergebrachte hübsche Geselligkeit und läßliche Lebensauffassung anmutete; die Stelle eines Leibarztes bei dem obenerwähnten König von Polen; endlich dieselbe, durch den Tod Werthofs erledigte Stelle in Hannover mit einem Gehalte von 1200 Talern, welche Zimmermann dann auch annahm. Er wurde königlich britischer Hofarzt, um es bis an sein Lebensende zu bleiben.

Nun kamen die gehetzten, unruhigen Stunden des Räumens und Packens. Drei Monate waren ihm zur Ordnung seiner Geschäfte gegeben. Ein Inventar wurde aufgenommen, Schwiegermutter und Frau wollten überall dabeisein und es gab stürmische Szenen. »Ich wäre der glücklichste Mann«, schreibt der Scheidende an Tissot, »wenn ich mit gutem Gewissen fünfzehn Tage nach Lausanne durchgehen könnte, aber, in der gegenwärtigen Lage der Dinge, gliche ich, mein Haus verlassend, einem Arzte der seine Stadt, wo die Pest herrscht, im Stiche ließe, um sich mit fernen Freunden zu belustigen.«

Zum Glücke stand der ruhige Ratsherr Schmid, der Freund und Verwandte der Familie, den Aufgeregten beschwichtigend bei und übernahm es auch, Zimmermanns ökonomische Angelegenheiten nach seiner Entfernung von Brugg zu besorgen; denn dieser gab seltsamerweise den Gedanken nicht auf, einmal wieder in das ihm so gründlich verleidete Vaterstädtchen zurückzukehren.

Hatte sich seine Stimmung geändert? Verließ er nicht ohne ein Gefühl der Wehmut, wo nicht die Gassen, doch das Bild seines Städtchens, die rauschende Aare und den Burgfrieden seiner Wohnung?

Zimmermann besaß in Brugg ein sehr schönes Haus mit bequemen Räumen und tausend Erinnerungen.

Da war das Fenster, an welchem er einst mit Lavater gestanden, einem militärischen Zuge zusehend, welcher sich durch die Gassen von Brugg bewegte. Lavater wurde trotz seines in die Ferne kurzen Auges von der Gasse herauf durch einen Kopf dergestalt frappiert, daß er sich bewogen fühlte ein sehr entscheidendes Urteil über denselben abzugeben, übrigens ohne die mindeste Überlegung, ohne den mindesten Gedanken, daß er etwas Merkwürdiges sage. Zimmermann fragte ihn mit einigem Erstaunen, worauf sich sein Urteil gründe, und Hans Kaspar erwiderte: ich las es aus dem Halse. Dies war die Geburtsstunde der Physiognomik.

Dort hinten hinaus lag das stille Schlafgemach, wo ein Traum geträumt worden war, welcher dem Zürcher den Anlaß zu seinem ersten Buche gab und so mittelbar den Grund zu seinem literarischen Namen legte. Das war so gekommen. Zimmermann hatte träumend eine Vision seiner Frau als einer Seligen gehabt, obwohl dieselbe ruhig an seiner Seite schlummerte. Das Traumbild hatte sich über die Zustände einer Abgeschiedenen würdig, ich hätte fast gesagt verständig geäußert und Zimmermann seinen Traum sofort an Lavater geschrieben. Die Einbildungskraft des Zürchers fing Feuer und es entstanden: »Die Aussichten in die Ewigkeit«, deren Behauptungen und Kombinationen man nicht einmal gewagt und abenteuerlich nennen kann, weil sie überhaupt jenseits des Erkennbaren, außerhalb der Grenzen von Erfahrung und Vernunft liegen und insbesondere dem Geistlichen, wie mir scheint, durch die Definition des Glaubens im Hebräerbriefe widerraten waren. Diese »Aussichten in die Ewigkeit« erschienen dann als »Briefe«, welche der noch unbekannte fünfundzwanzigjährige Lavater an den siebenunddreißigjährigen schon berühmten Zimmermann richten durfte. Sie fanden Verbreitung und trugen Hans Kaspar von orthodoxer Seite das Attribut eines Ketzers, von rationalistischer dasjenige eines »Lappi« ein, als Gegenwerte aber ein hübsch eingeschränktes öffentliches Lob von Herder und ein paar bibelfeste, herrliche Zeilen von Goethe, welcher bekanntlich seinen Unglauben an die mögliche Vernichtung des Individuums durch alle Entfaltungen seines Lebens fest und sich konsequent für einen Unsterblichen gehalten hat.

Da war vor allem, weit über die Häuser weg ins Freie blickend, die hoch und still gelegene Dachstube, welche Zimmermann zu seinem Museum erwählt hatte, eine luftige Klause, wo ihm nur etwa ein Vogel, auf dem Sims des offenstehenden Fensters herumhüpfend, Gesellschaft leistete. Hier lebte der halb freiwillige Eremit mit seinen Büchern und seiner Feder; hier schrieb er, neben manchem kleineren Versuche, das Leben seines Meisters Haller und die drei Werke (vom dritten wenigstens den ersten Entwurf), welche seinen Namen – Zimmermann war ohne Vergleich der am meisten übersetzte Deutsche seiner Zeit – von dieser Dachkammer aus über die Welt verbreiteten. Ich bin überzeugt, daß seine Bücher, das »Vom Nationalstolz«, das von Goethe in Wahrheit und Dichtung charakterisierte »Von der Erfahrung in der Arzneikunst« und das bekannteste »Über die Einsamkeit« heute noch in der kleinen Bibliothek manches französischen oder italienischen Pfarrers und Landarztes an dem Ehrenplatze stehen, mit Erbauung gelesen und als unbedingt klassisch betrachtet werden.

Sie entstanden in dem »reizlosen und alle Flammen des Geistes auslöschenden Orte«, wie Zimmermann öffentlich in einem seiner Werke – und das war entschieden zuviel – sein Vaterstädtchen nannte. »Wäre ich in Brugg nicht verachtet und verfolgt gewesen«, erklärt er uns, »ich hätte keine Bücher geschrieben und wäre nicht berühmt geworden.« Dergestalt legt uns Zimmermann selber das Geständnis ab, daß er seinen Ruhm nicht zum wenigsten seiner Vaterstadt schuldet. Wäre ich ein Brugger, etwa der Urenkel eines Schultheißen, ich würde den Antrag stellen, das Eigentumsrecht des Städtchens auf seinen undankbaren großen Mann geltend zu machen und dem Andenken des weiland Stadtarztes an einem ehrenvollen öffentlichen Orte oder lieber noch an einem kühlen Schattenplatze wider seinen Willen eine Büste zu weihen!

Auch wäre der Beweis leicht zu führen, daß sowohl das Buch »Vom Nationalstolze« als das über die »Einsamkeit« den Brugger Verhältnissen seinen Ursprung verdankt. Denn Zimmermann war eigentlich ein Gelegenheitsschriftsteller, der ein Motiv leidenschaftlich aufgriff, in seinem von allen Windstößen der Zeit durchbrausten Kopfe hin und her warf, und dann stimmungsvoll und rhapsodisch behandelte. Erst in der folgenden Auflage vergrößerte er den Rahmen, durchdachte und vertiefte das Thema, legte die Gewichte von Wahrheit und Gegenwahrheit, beseitigte die Paradoxen und die Widersprüche, strich die Invektiven oder richtete sie an eine andere Adresse und fügte, nach französischem und englischem Muster, den illustrierenden historischen Zug, die witzige Anekdote bei.

Und alles was er schrieb, wurde ihm zur persönlichen Sache. Sowenig als Lavater, hatte er den Begriff des uneigennützigen Denkens oder des selbständigen Kunstwerks. Das lag nicht in seiner Zeit. Beides, Denken und Kunst, sollten, echt republikanisch, bessern, belehren und sich unmittelbar praktisch verwerten lassen. Er gebärdete sich wie Rousseau und Lavater, als öffentlicher Lehrer, als Reformator und drängte der Welt die Willkür und Schrankenlosigkeit seiner Person auf. Das gab ihm Gewalt über die Seelen, sooft und solange er mit einem revolutionären Elemente oder mit einer gerechten Forderung der Zeit von ungefähr zusammenging, erklärt aber auch die Heftigkeit der persönlichen Angriffe, denen er sich bloßstellte, und die Verkennung, welche er erfuhr, als er dem Zeitgeiste zu widersprechen begann.

Sein Buch »Vom Nationalstolze« ist eigentlich oder war wenigstens ursprünglich – es hat sich bei jeder neuen Auflage verwandelt – gegen den Nationalstolz gerichtet. Das beweisen schon die Vignetten, welche Zimmermann den verschiedenen Auflagen voransetzen ließ. Vor der ersten: ein Tartar-Chan, der Milch und Pferdefleisch genießt und durch einen Herold verkündigen läßt: allen Herren dieser Erde erlaube ich nun auch zu essen! Vor der zweiten: die Buckligen, einen gerade Gewachsenen als Mißgestalt anstarrend und bedauernd. (So pflegte Zimmermann im Verkehre mit seinen Freunden das Verhältnis zu seinen Mitbürgern mit Vorliebe zu allegorisieren.) Die dritte Auflage war ein Wiener Nachdruck. Die vierte bringt zwei Vignetten: ein auf einem Pfau reitender Affe setzt Vertretern verschiedener Nationalitäten Brillen auf die Nasen und: ein auf einem Stücke Holz thronender schwarzer König fragt: wie spricht man in Paris von mir?

Überdies findet sich in der ersten Auflage eine bedenkliche Stelle, die dann in den folgenden verschwunden ist. Nachdem Zimmermann den falschen Nationalstolz aus humanen Gründen verworfen hat, lobt er den echten, welchen er der Vaterlandsliebe gleichsetzt, und zugleich die heimische republikanische Staatsform*, schließt dann aber mit folgender seltsamen und gespreizten Wendung: »Ich gehe zu weit. Ich habe eine Satire schreiben wollen und bin ein Lobredner geworden. So sehr muß ich zum Loben geneigt sein, daß ich auch lobe, wo ich nur zu schelten hätte.«

So dreht sich die Klinge in seiner Hand und sticht wieder gegen die Brugger.

Das Buch »Über die Einsamkeit« hat, aus wenigen Blättern zu vier starken Bänden anwachsend, Zimmermann durch sein ganzes Dasein begleitet. So ziemlich alles, was er über Leben, Religion, Politik gedacht hat, ist darin gesammelt an dem dünnen Faden, ich hätte fast

* In einer spätern Auflage läßt er in einem neu hinzugekommenen Kapitel auch dem Nationalstolz in monarchischen Staaten Gerechtigkeit widerfahren.

gesagt unter dem Vorwande folgenden Gedankenganges: Tugend macht selbständig und befreit von der Welt- und Menschenfurcht. Der Charakter und das Gemüt aber reinigt und befestigt sich durch einen gewissenhaften Gebrauch der Einsamkeit.

Zimmermann begann sein Werk, wie er ausdrücklich sagt, um seinen Hang zur Einsamkeit gegen seine Mitbürger zu verteidigen, welche, unterhaltsam und gesellig wie sie waren, ihm denselben verdachten und zum Vorwurfe machten.

Es ist, objektiv gesprochen, ein, trotz manchem Sophismus, gutes, jedenfalls ein geistreiches Buch; als »Selbstbekenntnis« betrachtet, kennzeichnet es den Menschen und die Epoche.

»Der Autor hat jedes Blatt dieses Buches gelebt«, sagt uns Edmund Dorer.

Zimmermann war ein Kenner der Einsamkeit. Er nennt sie seine erste Liebe und suchte sie schon als Knabe. Er suchte sie als Jüngling an den Ufern des Leman und empfand sie als eine Süßigkeit des Daseins. Er suchte sie als Mann in seiner Dachstube und sie gab ihm den Ruhm. Er suchte sie noch in der Agonie und endete mit den Worten: »Ich sterbe, lasset mich allein!«

Da war auch im zweiten Stockwerke das nette Sälchen, wo Zimmermann bei einem Glase Wein mit seinem Gaste, dem kaum einige Jahre jüngeren Wieland, sich so lustig gezankt und ein andermal mit seinem Zürcher Freunde Hans Kaspar Hirzel so ausgiebig geweint hatte.

Sicherlich ging es lebhaft zu, wann Zimmermann und Wieland sich zusammen gütlich taten. Da rückte der Schwabe dem Brugger seinen impetuosen Geist vor,

»der ihm einen Possen um den andern spiele«. Der Stadtarzt aber antwortete mit derben Späßen über das aus dem Seraphiker unvermutet herausgewachsene Weltkind, welches jetzt »den Horaz dem Plato, den Tokaier dem Nektar, eine rundliche Phyllis einer ätherischen Panthea vorziehe«. Dabei machte der kräftig Gebaute den angehenden Epikureer spöttelnd auf seine dünnen Beine aufmerksam. Wieland gab seine Wadenlosigkeit zu, wollte aber in der epikureischen Schule durchaus nicht so weit vorgeschritten sein, wie Zimmermann ihm zuschob, ja er leugnete überhaupt, im engern Sinne zu der Herde Epikurs zu gehören. Um Rache zu üben, sprach er dann dem Brugger, welcher seinen Vers, freilich einen sehr formlosen, dichtete wie ein anderer, jedes tiefere Verständnis für Poesie ab*, womit es ihm aber, zu seinem Erstaunen, nicht gelang, den sonst so reizbaren Stadtarzt aufzubringen. Dann stritten sie über den Wert der Metaphysik, die Berechtigung der Anachoreten und Mystiker und über andere interessante Gegenstände, ihre Meinungen wechselnd, wie die Fechter im »Hamlet« ihre Rapiere.

Da mochte Zimmermann dem jugendlichen Dichter wohl auch seine Bruggerleiden vorklagen und dieser, so leichtblütig er war, aus Gefälligkeit mit ihm sympathisieren. Wann sich dann aber der leidenschaftliche

* Ich glaube, daß Wieland nicht ganz unrecht hatte. Zimmermann, welcher die englischen Dichter im Originale lesen konnte, spricht in einem Jugendbriefe von Shakespeares »Strohfeuer«. Aber freilich aus einem hingeworfenen sinnlosen Worte läßt sich nichts schließen und später befreundete sich Zimmermann, wie immer den Impulsen der Zeit folgend, mit den Werken des größten Dichters.

Hauswirt von seiner Beredsamkeit und seiner Galle hinreißen ließ, von einer systematischen Verfolgung zu sprechen, deren Opfer er hier sei, schüttelte gewiß der kluge Schwabe den Kopf dazu und dachte an Rousseau, welcher sich aus ein paar widerwärtigen Vorfällen, Anfeindungen und Verfolgungen mit verderblicher Logik eine gegen ihn gezettelte allgemeine Verschwörung zusammengesonnen hatte. Und, um dem Gespräche eine vergnüglichere Wendung zu geben, forderte er dann wohl den Hypochonder auf, ihm einige der vorzüglichsten und aufdringlichsten Brugger Stadtkarikaturen mimisch vorzuführen. Das ließ sich Zimmermann nicht zweimal sagen, und sich selbst als den Naturforscher und Arzt Demokrit, seine Mitbürger aber als die Abderiten in Szene setzend, legte er ihnen Worte in den Mund, ungefähr wie folgende: »Unser Stadtarzt wird melancholisch. Man muß ihn vom Morgen bis in die Nacht besuchen; er muß mit uns Kegel schieben und in die Scheibe schießen.« Solche Worte mögen von den satirischen Lippen Zimmermanns als Saatkörner in die empfängliche Phantasie Wielands gefallen sein, dort sich entwickelnd, bis die eigene Erfahrung einer Kleinstadt, des Reichsstädtchens Biberach, den lustigen Roman der Abderiten zeitigte.

Die beiden blieben noch lange in freundlichem Verkehre, bis sie das Schicksal weit auseinanderführte, beide in günstige äußere Verhältnisse, aber den Poeten in ein zufriedenes Dasein, den Arzt in immer dunklere Tage.

Doch ich wollte noch erzählen, wie zwei erwachsene und stattliche Männer in diesem Sälchen anläßlich eines Exzerptenheftes sich umarmt und reichliche Zähren vergossen haben. Mit aller Ehrerbietung für die Tränen unserer literarisch gebildeten Urgroßväter sei es gesagt: ich kann mich des Argwohns nicht erwehren, daß ein wenig Mode, ein bißchen unschuldiges Schauspiel dabei war.

Zimmermann saß mit seinem Gaste Hans Kaspar Hirzel zusammen, welcher ein Arzt und ein patriotischer Schriftsteller und ein Poet war wie er, und überdies der Entdecker des »philosophischen Bauers« Kleinjogg.

Da begab sich Folgendes:

Zimmermann wies seinem Zürcher Freunde die Exzerpten seiner Lektüre, welche er sich nach Hallerscher Methode in bequemer Ordnung angelegt hatte. »Hirzel besah die Hefte sehr aufmerksam« (wir zitieren wörtlich), »unterhielt sich mit Zimmermann darüber, war sehr lustig und lachte oft. Endlich fing er auf einmal an stille und trübselig zu werden. Zuletzt brach er in Tränen aus.

Die Szene bestürzte Zimmermann. Er fragte mit Rührung nach der Ursache der Tränen. Hirzel blieb sprachlos. Zimmermann bat und beschwor ihn, daß er doch sprechen möge, daß er ihm die Ursache seiner Traurigkeit entdecke.

Endlich sagte Hirzel: ›Ich weine aus Neid!‹

Da fiel ihm Zimmermann um den Hals, drückte ihn an seine Brust und vergoß selbst tausend Tränen.«

Hirzel hinterließ als Gastgeschenk seinem Freunde ein Blatt Hexameter, worin er die Frau seines Wirtes besang, wie er denn Zimmermanns ganzes Leben bis zu dessen Abreise von Brugg mit seinen ausdauernden Hexametern begleitet hat*.

* Auch Wieland schwärmte für die Frau Zimmermanns. »Ein Brief

Einen kurzweiligeren Gesellen fand Zimmermann in Salomon Geßner, welcher auch in seinem Hause in Brugg erschien und den er dann nach Schinznach, dem Versammlungsorte der helvetischen Gesellschaft, begleitete. Sie verkehrten viel miteinander und eines Tages, zwischen Habsburg und der Aare sich ergehend, teilte Geßner seinem Freunde mit, er beschäftige sich mit dem Gedanken, »amerikanische Idyllen« zu schreiben, offenbar um für seine idealen Hirten einen unberührten Boden zu gewinnen. Aber es kam nicht dazu, Geßner blieb seiner heimatlosen Schäferei getreu. Daneben war er aber ein lustiger Schelm, wie ihn Kleist, der Verfasser des »Frühlings«, nennt, und dem Idyllendichter kommt das Verdienst zu, Zimmermann zu dem ausgelassensten Gelächter seines Lebens gebracht zu haben. Geßner, in Schinznach von einer heftigen Kolik befallen, ließ ihn zu sich rufen. Zimmermann eilte mit beklommenem Herzen hin, aber kaum hatte er mit dem Kranken ein paar Worte gewechselt, als dieser den Ausdruck seines Leidens mit verzweifelten Sprüngen und sprechenden Gebärden so toll karikierte, daß der Arzt und der Patient nicht aus dem Lachen kamen.

Alles dieses haftete an Zimmermanns Brugger Hause und der aus seiner Dachkammer überblickbaren Landschaft. So mag er es ungerne verlassen und, als den 12. Juli 1768 sein Reisewagen aus dem Tore des Vaterstädt-

von Deiner Frau«, schreibt er noch in seiner ersten Manier, »lehrt mich besser, was das Gute und Schöne ist, als Plato und Aristoteles, und, wenn sie mir entrissen würde, würde ich ihr in die Welt der Engel nachfolgen.« Das hatte gute Weile.

chens rollte, auch für dieses, wo nicht einen freundlichen Abschiedsblick, doch einen versöhnlichen Abschiedsgedanken gehabt haben.

Aber Jugendeindrücke sind unvertilglich und treten oft, bei Beginn des Alters, mit verschärfter Deutlichkeit hervor.

Zimmermann fand in Hannover, mit Goethe zu reden: »äußeres Ansehen, Ruhm, Ehre, Rang und Vermögen«, aber er fand auch die Dämonen wieder, welche ihn in der Kleinstadt gequält hatten.

In der großen Ausgabe des Buches »Über die Einsamkeit« fällt er mit verdoppelten Keulenschlägen über die Kleinstädter her, mit welchen man am Ende beinahe Mitleiden empfindet, und im Norden von Deutschland, nach zwanzig verflossenen Jahren, kann der königlich britische Leibarzt die alten Fratzen nicht loswerden. Das Thema ist: Hartnäckige Einsamkeit als das einzige Rettungsmittel in einer Kleinstadt. Trotz der sorgfältig gebauten Perioden einer sogenannten klassichen Prosa widerstrebt es uns, diese äußerlich gedrechselten und innerlich so wild menschenfeindlichen Sätze zu wiederholen; wir beschränken uns auf ein anderwärts niedergelegtes zusammenfassendes Wort, das noch bitter genug lautet:

»Ich kenne kein unglücklicheres Schicksal, als genötigt zu sein in einer kleinen Stadt zu leben. Gewiß, ganz gewiß werden die Menschen da schlimmer, als sie es insgemein sind. Ob sie gleich nicht stehlen und morden, so macht doch, die braven Leute ausgenommen, einer dem andern das Leben so betrübt als es nur immer möglich ist. Ich war doch in Brugg kein Monstrum, kein Verbrecher, kein Scheusal der menschlichen Gesellschaft und doch haßten mich meine Mitbürger vierzehn lange Jahre.« Und nun genug von der Kleinstadt.

Es ist eine bekannte Erscheinung, daß wir, auf Besuch bei einem Freunde, uns unwillkürlich sein Heim, seine Studierstube, die Linden seines Hofes, Licht und Schatten seines Gartens, kurz seine ganze Lebensbühne idealisieren, weil uns eben der fremde Besitz nicht wie der eigene durch den Staub der Gewohnheit und den Verdruß des Alltagslebens entzaubert ist. So erging es unserm Zimmermann, als er seinen Freund Hotze in Richterswyl besuchte. Er entwirft von dem Heime des Zürcher Landarztes, welcher übrigens ein in jeder Hinsicht ausgezeichneter Mann gewesen sein muß, ein Gemälde, das, wenn die Vergleichung erlaubt ist, ein wenig an die schwungvollen Linien des Poussin erinnert, dessen Werke Zimmermann wohl im Kupferstiche besaß und bewunderte. Das Dorfbild verdient hier einen Platz als Gegenstück der engen Kleinstadt und als eine hundertzwanzig Jahre alte Verherrlichung unseres Zürichsees:
»Die zwei Häuser des Arztes stehen mitten im Dorfe, mit ihren Gärten umringt, so frei und friedlich, wie auf dem weiten Felde. Unter der Kammer meines Freundes läuft am Garten ein murmelnder Bach und an dem Bache die Landstraße, auf der seit Jahrhunderten beinahe täglich eine Menge Pilgrime nach dem Kloster Einsiedeln gehen. Aus Zimmern und Gärten sieht man südwärts vor sich den majestätischen Ezelberg. Sein Haupt bedeckt ein schwarzer Wald, sein Fuß ist nur eine Stunde entfernt, an der Mitte des Berges hangt ein Dorf mit einer schönen Kirche und auf dieser Kirche ruht an je-

dem hellen Abend die Sonne. Vor den Gärten liegt der Zürichsee, in dessen Wasser sich die Ufer spiegeln oder dessen Wellen, durch sanfte Winde bewegt, wie eine Herde Schafe gaukeln.

Sieht man da in tiefer Nacht aus den Fenstern oder atmet man einsam im Garten erfrischende Blumendüfte, indes der Mond hinter den Bergen hervorwandelt und eine feurige Heerstraße über den See zeichnet, so hört man mitten unter dieser Totenstille doch jenseits am Ufer jeden Schlag der ländlichen Glocken, hört des Nachtwächters Stimme herüberhallen und das Bellen treuer Haushunde, hört von ferne den Kahn des langsam herbeirudernden Schiffers, sieht wie er in der feurigen Heerstraße fährt und mit den glänzenden Wellen spielt.

Hier, bei dem großen Arzte, ist alles lieblich, nahe, vertraulich, freundlich, innig. Man sitzt da auf Stühlen von Stroh. Er schreibt an Tischen von inländischem Holz und speist sich und seine Freunde aus Gefäßen von Erde. Reinlichkeit und Bequemlichkeit herrschen überall. Eine große Sammlung gemalter und in Kupfer gestochener Menschengesichter ist sein einziger Aufwand. Der erste Strahl der Morgenröte erheitert die kleine Zelle, wo er schläft, beim Erwachen begrüßt ihn das Girren der Turteltauben und der frühe Morgengesang der Vögel, die im Nebenzimmer mit ihm schliefen. Die erste Morgenstunde und die letzte Abendstunde sind sein. Alle übrigen widmet er der großen Menge von Traurigen, die ihn besuchen. Kommt das Volk aus den gebirgigen Kantonen der Schweiz und aus den Tälern der Alpen zu ihm, traut es ihm zu, daß er alles sehe und wisse, beantwortet es jede Frage einfältig, treu und offen, behorcht es jedes Wort, faßt es jeden Rat auf, wie Goldkörner, und geht dann von ihm weg, getröstet, voll Hoffnung und guter Entschlüsse, wie von seinem Beichtvater in Einsiedeln, o so ist er, am Abend eines solchen Tages, ein glückseliger Mann! Tritt eine treuherzige Bäuerin, die über die Lebensgefahr ihres Gatten weinte, in sein Zimmer, drückt sie ihm die Hand, daß es ihn schmerzt, ruft sie: ›Jesus Maria, wie war mein Mann so schlecht, als ich heimkam, und nun ist's seit zwei Tagen so viel besser, ach, wie seid Ihr mir so lieb, Herr Exzellenz‹, dann empfindet dieser Menschenfreund, wie es einem Könige zumute sein muß in der Stunde, da er einem ganzen Volke wohltut!«

Erinnerungen an Gottfried Keller

Die »Deutsche Dichtung« ersucht mich um einige Aufzeichnungen über Keller in der natürlichen Voraussetzung, daß wir uns als Landsleute nahestanden. Das war nun nicht der Fall, doch haben wir uns immerhin gekannt und es fand zwischen uns ein freundliches Verhältnis statt. Er zeigte sich mir immer – oder fast immer – liebenswürdig und geistreich unterhaltend, womit ich mich gerne zufriedengab. Meinerseits begegnete ich ihm stets mit Ehrerbietung und hielt diesen Ton fest, wenn er auch gelegentlich darüber spottete und einmal einen »in Ehrerbietung« unterzeichneten Brief mit »in Ehrfurcht« erwidert hat.
Obwohl, oder gerade weil nun unsere Begegnungen selten waren, haben sie sich meinem Gedächtnisse mit der größten Treue eingegraben, und wenn ich, den Wunsch der »Deutschen Dichtung« erfüllend, etwas tue, das mich reizt, das ich aber unaufgefordert sicherlich unterlassen hätte, werde ich mich nur vor dem Zuviel und vor der Anekdote zu hüten haben; denn nur Wesentliches und Charakteristisches will ich berichten. Hätte ich mehr Zeit und schriebe ich nicht im Lärm eines Kurhauses, würde ich meine Persönlichkeit mehr zurücktreten lassen, als es bei einer momentanen Niederschrift möglich ist.
Ich sage, daß ich für Keller Ehrerbietung empfand, und zwar durchaus keine konventionelle, sondern eine wahre und tiefe und nicht nur vor seiner unvergleichli-

chen Begabung, sondern nicht weniger vor seinem Herzen und seinem Charakter, dessen ethisches Gewicht mir schon bei unserm ersten Zusammensein auffiel. Es kam da die Rede auf eine Persönlichkeit, von der er sagte: »es ist ein notorischer Lügner«, und er sprach das mit einem solchen Nachdruck, ernst wie ein Gerichtshof, daß man sich unwillkürlich selbst prüfte. Und von einer andern Persönlichkeit sagte er noch bei meinem letzten Besuche: »er hat kein Herz!« in einem so seltsamen Tone, daß man die Entrüstung durchfühlte. Auch derjenige der Wehmut war ihm durchaus nicht fremd und ich höre ihn noch, wie er eines Tages klagte, auf seine Habseligkeiten weisend: »Das wird in gleichgültige Hände kommen.«

Am meisten aber und gewaltig imponierte mir seine Stellung zur Heimat, welche in der Tat der eines Schutzgeistes glich: er sorgte, lehrte, predigte, warnte, schmollte, strafte väterlich und sah überall zu dem, was er für recht hielt.

Gern und eingehend und völlig unbefangen plauderte er von seinen Arbeiten, selbst solange sie noch auf dem Webstuhl waren. »Zwei Jahre lang«, scherzte er, »habe ich von ›Salander‹ gesprochen und ein Jahr daran geschrieben.« Doch begann er stets, mit einer Herzenshöflichkeit, die ihn in seinen guten Stunden und Jahren nie verließ, zuerst von den Interessen seines Besuches zu sprechen, bis dieser selbst ablenkte und ihn auf die seinigen brachte.

Ästhetischen Betrachtungen war er abhold, nicht minder landläufigen Stichwörtern wie Realismus, Pessimismus usw. Gerne dagegen besah und untersuchte er den einzelnen Fall, das besondere Motiv, und sprach stets zur Sache. Gemäß seiner bekannten Definition des Schönen als der »mit Fülle vorgetragenen Wahrheit« nannte er die Kürze gern Schroffheit und das Schlanke dünn und mager.

Er sprach auch von der Genesis seiner Sachen. Zu den »gerechten Kammachern« z. B. habe der Ausspruch von Peter Bayle in seinem Diktionär den Anstoß gegeben: ein Staat von lauter Gerechten könnte nicht bestehen, und den Stoff zu den »Berlocken« im Sinngedicht habe er in der literarischen Korrespondenz des Barons Grimm, des Freundes von Diderot, gefunden und versucht, ob sich das Histörchen vertiefen lasse.

Im übrigen suchte er und oft peinlich das Reale, lange »bevor er Zola las«. Wie häufig hörte man ihn sagen, auch bei Behauptungen des gewöhnlichen Lebens: »Das ist! Ich habe es gesehen! Ich habe es selbst erfahren!« So tat er sich etwas darauf zugut, daß das Menschenbild, das er in der zweiten Braut seines portugiesischen Seehelden Don Corréa schildert, eine ethnographische Möglichkeit wäre. »Ich habe Rohlfs (oder einen andern gelehrten Reisenden) darüber beraten«, sagte er wichtig, um dann freilich ein andermal diesen seinen Realismus nach seiner Art selbst zu belächeln, indem er lustig fabelte, er sei expreß nach Kappel gereist, um sich durch den Augenschein davon zu überzeugen, daß die Vision der seligen Helden in seiner Zwingli-Novelle zwischen Rigi und Pilatus bequemen Raum habe.

Gegen geschichtliche Stoffe verhielt er sich merkwürdig spröde und verredete sie einmal ganz und gar. »Der Wirkung einer weiland geschehenen und überlieferten Sache bin ich bei weitem nicht so sicher, als der Wir-

kung einer von mir selbst angeschauten«, pflegte er zu sagen und führte dafür ein Beispiel aus derselben Zwingli-Novelle an: Die verrückten Wiedertäufer, die sich, um das Himmelreich zu erben, wie Kinder gebärden, mit Puppen spielen usw. »Ist es nicht zum Weinen«, sagte er, »wenn Erwachsene die Kinder nachäffen? Das tat dann aber gar keine Wirkung, weil das einst Mögliche dem heutigen Leser zu kraß und als unmöglich erschien. In einer historischen Erzählung bin ich wie mit Hunden gehetzt, weil ich nie weiß, ob ich in der Wahrheit stehe.«
Unter der Fülle seiner Werke werden die Legenden als Kunstwerke, als psychologisches Meisterstück dagegen die Zürcher Novellen den ersten Platz behaupten, schon durch die Einheit und Einfachheit des Grundgedankens und seine eindringliche, vielfach variierte Predigt: sich zu bescheiden und immer sich selbst zu sein. Da ist die unvergleichliche Tochter des Proselytenschreibers, deren Bescheidenheit zur Unbescheidenheit wird, und der ironische Schluß in der römischen Waschküche. Da ist vor allem die ins Große getriebene groteske Maske des Narren auf der Manegg, die mit den genialen, halb weinenden, halb grinsenden Masken Leonardo da Vincis wetteifert. Beiläufig, Keller liebte es nicht verglichen zu werden, natürlich nicht mit Kleinern als er, aber auch nicht mit den Großen. Wie ich ihm einmal sagte, eine Novelle von Cervantes, die ich eben gelesen, habe mich an eine der seinigen erinnert, murrte er: »Weder Shakespeare noch Cervantes«, worauf ich scherzend erwiderte: »Also Michelangelo.« »Wieso?« fragte er mißtrauisch und ich antwortete: »Nun, weil Sie wider Wissen eines seiner Motive wie-

derholt haben.« »Welches denn?« »Das überfallene, badende Heer, das, aus dem Wasser steigend, sich schleunig bewaffnet und dem Feinde entgegenstürzt. Das ist der plötzliche Übergang aus einem Zustande der Abspannung in den der höchsten Energie. Nicht anders Ihr beim Weine schwelgender, und von einer ausbrechenden Feuersbrunst überraschter, bürgerlicher Mummenschanz, der mitten aus dem Fest zu den Leitern und Eimern stürzt.« Das ließ er sich gefallen.

Da ich einmal äußerte: religiöse Fragen hätten mir viel zu tun gegeben, rief er: »Und mir erst!« »Die ewigen Dinge sind uns doch wohl unzugänglich«, meinte ich. Er gab es nicht zu, noch verneinte er es. »Ich hätte einen Wunsch«, fuhr ich fort, »wenn ich es sagen soll. Nichts ist inniger und verlockender, als Ihre Vergänglichkeitslieder; sie verzichten aus Bescheidenheit auf ein Jenseits. Das ist aber wohl doch eher ein Gefühl, ein Instinkt, als ein erwiesener Satz. Und da liegt es mir nun nicht recht, daß Sie, bei Ihrem ungeheuern Einfluß, statt die Geister nach Ihrer Gewohnheit freizulassen, Ihre Sterblichkeitslieder wie zu einem Glaubensbekenntnis zusammenstellen. Es wäre leicht zu helfen. Sie dürften nur diese süßen Stimmen als ebensoviel Stimmungen durch die ganze Sammlung verteilen ...« Da brach ich ab, denn er machte ein mißmutiges Gesicht.

Aber wie anmutig konnte er lächeln, wenn seine Seele heiter war. Dies eigentümliche Lächeln entstand langsam in den Mundwinkeln und verbreitete sich wie ein wanderndes Licht über das ganze Gesicht. Auch die Schwester besaß es.

Zwei Begegnungen mit ihm bleiben mir unvergeßlich, die erste, da ich ihm – wie lange mag es sein? – vor ungefähr zehn Jahren – einen namhaften deutschen Schriftsteller brachte, und die andere in diesem Frühjahr da er sich schon gelegt hatte.

Ich wollte meinen deutschen Freund nach Verabredung zu Kinkel führen, mit dem ich befreundet war. Da, schon fast vor dessen Schwelle, erklärte er mir, daß wir lieber zu Keller gehen wollten, von dem »jetzt alle Welt rede«. Mir war dabei nicht heimlich zumute, da mir schien, ich könnte leicht zwischen den zweien zu viel sein. Aber wir fanden Keller in der hellsten Morgenstimmung, und ich war nicht überflüssig; denn die beiden betrachteten sich eine Weile schweigend und wer weiß wie lange das gedauert hätte, wenn ich nicht ein Gespräch in Gang brachte. Dann wurde es sehr interessant, und da wir uns nach einer halben Stunde schieden, blieb Keller im Vorzimmer vor einer an der Wand hängenden großen Photographie der raffaelischen Tapete: Ananias und Saphira stehen und hielt nun eine allerliebste kleine Rede über die Vorzüge des Bildes, das, wie er sagte, die dramatische Spitze der Handlung fixiere. Davon ging er auf das Drama über und sprach sehr kluge Dinge, wie ich meine, die ich aber nicht vernahm, da ich plötzlich damit mich zu beschäftigen begann, ob dieser seltene Mann die höchste Form der Kunst, von welcher er jetzt mit einer gewissen Inbrunst sprach, vielleicht selbst einmal ins Auge gefaßt habe. Und nun lese ich in den öffentlichen Blättern, daß dem so war und Bruchstücke von Dramen sich in seinem Nachlaß befinden.

Als ich diesem Frühjahr von seiner Gesundheit Schlimmes berichtet wurde, drängte es mich, ihn noch einmal zu sehen. Ich fand ihn auf seinem Lager, völlig hellen

Geistes. Er empfing mich sehr freundlich und sprach viel, aber kaum hörbar. Es war ein Spinnen und Weben der Phantasie, von dem sich nicht leicht ein Begriff geben läßt. Ich weiß nicht, wie es kam, daß ich ihn an den Besuch jenes deutschen Freundes erinnerte und ihm erzählte, jener hätte mich hernach gefragt, was es eigentlich für eine Bewandtnis habe mit Ananias und Saphira. Er lächelte. »So sind viele von uns«, sagte er. »Man hat uns in der Jugend die Bibel verleidet und doch stehen so schöne Sachen darin, gerade in der Apostelgeschichte. Sehen Sie zum Beispiel den jungen Eutychus auf seinem gefährlichen Sitz im Fenster, während der langen nächtlichen Predigt des Paulus: er nickt ein, überwiegt und stürzt hinab auf die Gasse. Paulus aber nimmt ihn in die Arme und sagt: ›Klaget nicht! Seine Seele ist noch in ihm.‹ Wie hübsch ließ sich das wenden. Denken Sie sich die Szene in England während der Bürgerkriege. Ein Wachtposten, ein junger Royalist, entschlummert in einer hohen Schanze. Die Puritaner kriechen nächtlicherweile heran, ein bibelfester Alter packt den Jüngling und schleudert ihn in den Abgrund mit den Worten: Fahre wohl, Eutychus!« Auch von einem zweiten Teil des »Salander« phantasierte er und einer Überschwemmung, die ihn schließen sollte. Inzwischen drehte er unaufhörlich die Karte, durch die ich mich gemeldet hatte, bis ich sie ihm sachte aus den Fingern zog. »Ich meinte nur«, sagte er, »in den schönen weißen Raum ließe sich ein Vers schreiben«. »Welcher denn?« fragte ich. »Nun, zum Beispiel«, sagte er:

»Ich dulde,
Ich schulde ...«

womit er wohl den Tod meinte, welchen wir alle der Natur schuldig sind.

Stunden vergingen so und es wurde Zeit zu scheiden. »Wir wollen vom Sommer Heil erhoffen«, sagte ich. »Ja«, sagte er, »und ein Landhaus am Zürichberg mieten.« Es war ein Jammer. Ich glaubte nicht an seine Genesung und er wohl auch nicht. Die Tränen traten mir in die Augen und rasch nahm ich Abschied.

Rigischeidegg, im August 1890

Alphabetisches Verzeichnis der Gedichte nach Überschriften und Anfängen

Inhalt

Conrad Ferdinand Meyer

Gesammelte Werke
Vierter Band

Herausgegeben von

Wolfgang Ignée

nymphenburger

Conrad Ferdinand
Meyer

Gedichte und Balladen

nymphenburger

Texte nach den Ausgaben letzter Hand

Umschlaggestaltung: R. Susanne Berner, Weyarn
Satz: Fotosatz Völkl, Germering bei München
Druck und Binden: Welsermühl, Wels OÖ.
Printed in Austria 1985
ISBN 3-485-00440-5

GEDICHTE

ZUR NEUEN AUFLAGE

Mit dem Stifte les ich diese Dinge,
Auf der Rasenbank im Freien sitzend,
Plötzlich zuckt mir einer Vogelschwinge
Schatten durch die Lettern freudig blitzend.

Was da steht, ich habe es tief empfunden
Und es bleibt ein Stück von meinem Leben –
Meine Seele flattert ungebunden
Und ergötzt sich drüberhinzuschweben.

I

VORSAAL

Fülle

Genug ist nicht genug! Gepriesen werde
Der Herbst! Kein Ast, der seiner Frucht entbehrte!
Tief beugt sich mancher allzu reich beschwerte,
Der Apfel fällt mit dumpfem Laut zur Erde.

Genug ist nicht genug! Es lacht im Laube!
Die saft'ge Pfirsche winkt dem durst'gen Munde!
Die trunknen Wespen summen in die Runde:
»Genug ist nicht genug!« um eine Traube.

Genug ist nicht genug! Mit vollen Zügen
Schlürft Dichtergeist am Borne des Genusses,
Das Herz, auch es bedarf des Überflusses,
Genug kann nie und nimmermehr genügen!

Das heilige Feuer

Auf das Feuer mit dem goldnen Strahle
Heftet sich in tiefer Mitternacht
Schlummerlos das Auge der Vestale,
Die der Göttin ewig Licht bewacht.

Wenn sie schlummerte, wenn sie entschliefe,
Wenn erstürbe die versäumte Glut,

Eingesargt in Gruft und Grabestiefe
Würde sie, wo Staub und Moder ruht.

Eine Flamme zittert mir im Busen,
Lodert warm zu jeder Zeit und Frist,
Die, entzündet durch den Hauch der Musen,
Ihnen ein beständig Opfer ist.

Und ich hüte sie mit heilger Scheue,
Daß sie brenne rein und ungekränkt;
Denn ich weiß, es wird der ungetreue
Wächter lebend in die Gruft versenkt.

Schillers Bestattung

Ein ärmlich düster brennend Fackelpaar, das Sturm
Und Regen jeden Augenblick zu löschen droht.
Ein flatternd Bahrtuch. Ein gemeiner Tannensarg
Mit keinem Kranz, dem kargsten nicht, und kein
Geleit!
Als brächte eilig einen Frevel man zu Grab.
Die Träger hasteten. Ein Unbekannter nur,
Von eines weiten Mantels kühnem Schwung umweht,
Schritt dieser Bahre nach. Der Menschheit Genius
war's.

Liederseelen

In der Nacht, die die Bäume mit Blüten deckt,
Ward ich von süßen Gespenstern erschreckt,

Ein Reigen schwang im Garten sich,
Den ich mit leisem Fuß beschlich;
Wie zarter Elfen Chor im Ring
Ein weißer lebendiger Schimmer ging.
Die Schemen hab ich keck befragt:
»Wer seid ihr, luftige Wesen? Sagt!«

»Ich bin ein Wölkchen, gespiegelt im See.«
»Ich bin eine Reihe von Stapfen im Schnee.«
»Ich bin ein Seufzer gen Himmel empor!«
»Ich bin ein Geheimnis, geflüstert ins Ohr.«
»Ich bin ein frommes, gestorbenes Kind.«
»Ich bin ein üppiges Blumengewind –«
»Und die du wählst, und der's beschied
Die Gunst der Stunde, die wird ein Lied.«

Schwarzschattende Kastanie

Schwarzschattende Kastanie,
Mein windgeregtes Sommerzelt,
Du senkst zur Flut dein weit Geäst,
Dein Laub, es durstet und es trinkt,
Schwarzschattende Kastanie!
Im Porte badet junge Brut
Mit Hader oder Lustgeschrei.
Und Kinder schwimmen leuchtend weiß
Im Gitter deines Blätterwerks,
Schwarzschattende Kastanie!
Und dämmern See und Ufer ein
Und rauscht vorbei das Abendboot,
So zuckt aus roter Schiffslatern

Ein Blitz und wandert auf dem Schwung
Der Flut, gebrochnen Lettern gleich,
Bis unter deinem Laub erlischt
Die rätselhafte Flammenschrift,
Schwarzschattende Kastanie!

Nachtgeräusche

Melde mir die Nachtgeräusche, Muse,
Die ans Ohr des Schlummerlosen fluten!
Erst das traute Wachtgebell der Hunde,
Dann der abgezählte Schlag der Stunde,
Dann ein Fischer-Zwiegespräch am Ufer,
Dann? Nichts weiter als der ungewisse
Geisterlaut der ungebrochnen Stille,
Wie das Atmen eines jungen Busens,
Wie das Murmeln eines tiefen Brunnens,
Wie das Schlagen eines dumpfen Ruders,
Dann der ungehörte Tritt des Schlummers.

Die toten Freunde

Das Boot stößt ab von den Leuchten des Gestads.
Durch rollende Wellen dreht sich der Schwung des
Rads.
Schwarz qualmt des Rohres Rauch ... Heut hab ich
schlecht,
Das heißt mit lauter jungem Volk gezecht –

Du, der gestürzt ist mit zerschossener Stirn,

Und du, verschwunden auf einer Gletscherfirn,
Und du, verlodert wie schwüler Blitzesschein,
Meine toten Freunde, saget, gedenkt ihr mein?

Wogen zischen um Boot und Räderschlag,
Dazwischen jubelt ein dumpfes Zechgelag,
In den Fluten braust ein sturmgedämpfter Chor,
Becher läuten aus tiefer Nacht empor.

Der schöne Tag

In kühler Tiefe spiegelt sich
Des Julihimmels warmes Blau,
Libellen tanzen auf der Flut,
Die nicht der kleinste Hauch bewegt.

Zwei Knaben und ein ledig Boot –
Sie sprangen jauchzend in das Bad.
Der eine taucht gekühlt empor,
Der andre steigt nicht wieder auf.

Ein wilder Schrei: »Der Bruder sank!«
Von Booten wimmelt's schon. Man fischt.
Den einen rudern sie ans Land,
Der fahl wie ein Verbrecher sitzt.

Der andre Knabe sinkt und sinkt
Gemach hinab, ein Schlummernder,
Geschmiegt das sanfte Lockenhaupt
An einer Nymphe weiße Brust.

Über einem Grabe

Blüten schweben über deinem Grabe.
Schnell umarmte dich der Tod, o Knabe,
Den wir alle liebten, die dich kannten,
Dessen Augen wie zwei Sonnen brannten,
Dessen Blicke Seelen unterjochten,
Dessen Pulse stark und feurig pochten,
Dessen Worte schon die Herzen lenkten,
Den wir weinend gestern hier versenkten.

Maiennacht. Der Sterne mildes Schweigen ...
Dort! ich seh es aus der Erde steigen!
Unterm Rasen quillt hervor es leise,
Flatterflammen drehen sich im Kreise,
Ungelebtes Leben zuckt und lodert
Aus der Körperkraft, die hier vermodert,
Abgemähter Jugend letztes Walten,
Letzte Glut verrauscht in Wunschgestalten,
Eine blasse Jagd:

Voran ein Zecher,
In der Faust den überfüllten Becher!
Wehnde Locken will der Buhle fassen,
Die entflatternd nicht sich haschen lassen,
Lustgestachelt rast er hinter jenen,
Ein verhülltes Mädchen folgt in Tränen.
Durch die Brandung mit verstürmten Haaren
Seh ich einen kühnen Schiffer fahren.
Einen jungen Krieger seh ich toben,
Helmbedeckt, das lichte Schwert erhoben.
Einer stürzt sich auf die Rednerbühne,

Weites Volksgetos beherrscht der Kühne.
Ein Gedräng, ein Kämpfen, Ringen, Streben!
Arme strecken sich und Kränze schweben –

Kränze, wenn du lebtest, dir beschieden,
Nicht erreichte!
Knabe, schlaf in Frieden!

Der Marmorknabe

In der Capuletti Vigna graben
Gärtner, finden einen Marmorknaben,
Meister Simon holen sie herbei,
Der entscheide, welcher Gott es sei.

Wie den Fund man dem Gelehrten zeigte,
Der die graue Wimper forschend neigte,
Kniet' ein Kind daneben: Julia,
Die den Marmorknaben finden sah.

»Welches ist dein süßer Name, Knabe?
Steig ans Tageslicht aus deinem Grabe!
Eine Fackel trägst du? Bist beschwingt?
Amor bist du, der die Herzen zwingt?«

Meister Simon, streng das Bild betrachtend,
Eines Kindes Worte nicht beachtend,
Spricht: »Er löscht die Fackel. Sie verloht.
Dieser schöne Jüngling ist der Tod.«

Liebesflämmchen

Die Mutter mahnt mich abends:
»Trag Sorg zur Ampel, Kind!
Jüngst träumte mir von Feuer –
Auch weht ein wilder Wind.«

Das Flämmchen auf der Ampel,
Ich lösch es mit Bedacht,
Das Licht in meinem Herzen
Brennt durch die ganze Nacht.

Die Mutter ruft mich morgens:
»Kind, hebe dich! 's ist Tag!«
Sie pocht an meiner Türe
Dreimal mit starkem Schlag

Und meint, sie habe grausam
Mich aus dem Schlaf geschreckt –
Das Licht in meinem Herzen
Hat längst mich aufgeweckt.

Brautgeleit

Ich sehe dich, den Kranz im Haar,
Die zur Vermählung schreitet,
Von einer jungen Genienschar
Umjubelt und begleitet.

Ein kleines Heer, ein feines Heer,
Sind alles deine Schwestern.

Du bist sie und bist sie nicht mehr
Und warest sie noch gestern.

Wer gibt Geleit mit Lustgetön
Dem stillen Hochzeitspaare?
Das sind, bekränzt mit Rosen schön,
All deine raschen Jahre.

Voran ein Kindlein weint und lacht,
Vom Mutterarm getragen,
Das zweite setzt die Füßchen sacht
Und schreitet noch mit Zagen.

Es folgen Stufen mannigfalt
Des jungen Menschenbildes,
Mit einem scheuen Kinde wallt
Ein Mägdlein schon, ein wildes.

Dann ist ein frisches minniges
Lenzangesicht zu schauen,
Und dann ein blasses inniges
Antlitz mit ernsten Brauen.

Nun eines noch, versunken ganz
In still verklärten Zügen,
Erfüllung in des Blickes Glanz
Und seliges Genügen.

Jetzt trittst du durch das Kirchentor,
Dich ewig zu verbinden,
Die Mädchen bleiben all davor,
Vergehen und verschwinden.

Hochzeitslied

Aus der Eltern Macht und Haus
Tritt die zücht'ge Braut heraus
An des Lebens Scheide –
Geh und lieb und leide!

Freigesprochen, unterjocht,
Wie der junge Busen pocht
Im Gewand von Seide –
Geh und lieb und leide!

Frommer Augen helle Lust
Überstrahlt an voller Brust
Blitzendes Geschmeide –
Geh und lieb und leide!

Merke dir's, du blondes Haar:
Schmerz und Lust Geschwisterpaar,
Unzertrennlich beide –
Geh und lieb und leide!

Die Jungfrau

Wo sah ich, Mädchen, deine Züge,
Die drohnden Augen lieblich wild,
Noch rein von Eitelkeit und Lüge?
Auf Buonarottis großem Bild:

Der Schöpfer senkt sich sachten Fluges
Zum Menschen, welcher schlummernd liegt,

Im Schoße seines Mantelbuges
Ruht himmlisches Gesind geschmiegt:

Voran ein Wesen, nicht zu nennen,
Von Gottes Mantel keusch umwallt,
Des Weibes Züge, zu erkennen
In einer schlanken Traumgestalt.

Sie lauscht, das Haupt hervorgewendet,
Mit Augen schaut sie, tief erschreckt,
Wie Adam Er den Funken spendet
Und seine Rechte mahnend reckt.

Sie sieht den Schlummrer sich erheben,
Der das bewußte Sein empfängt,
Auch sie sehnt dunkel sich, zu leben,
An Gottes Schulter still gedrängt –

So harrst du vor des Lebens Schranke,
Noch ungefesselt vom Geschick,
Ein unentweihter Gottgedanke,
Und öffnest staunend deinen Blick.

Die Fei

Mondnacht und Flut. Sie hangt am Kiel,
Umklammert mit den Armen ihn,
Sie treibt ein grausam lüstern Spiel,
Den Nachen in den Grund zu ziehn.

Der Ferge stöhnt: »In Seegesträuch
Reißt nieder uns der blanke Leib!
Rasch, Herr! Von Sünde reinigt Euch,
Begehrt Ihr heim zu Kind und Weib!«

Der Ritter hält den Schwertesgriff
Sich als das heil'ge Zeichen vor –
Aus dunklen Haaren lauscht am Schiff
Ein schmerzlich bleiches Haupt empor.

»Herr Christ! ich beichte Rittertat,
Streit, Flammenschein und strömend Blut,
Doch nichts von Frevel und Verrat,
Denn Treu und Glauben hielt ich gut.«

Er küßt das Kreuz. Gell schreit die Fee!
Auflangen sieht er eine Hand
Am Steuer, blendend weiß wie Schnee,
Und starrt darauf, von Graun gebannt.

»Herr Christ! Ich beichte Missetat!
Ich brach den Glauben und die Treu,
Ich übt an einem Lieb Verrat.
Es starb. Ich tue Leid und Reu!«

Sie löst die Arme. Sie versinkt.
Das Ruder schlägt. Der Nachen fliegt.
Vom Strand das Licht des Erkers winkt,
Wo Weib und Kind ihm schlummernd liegt.

Die Dryas

O Liebe, wie schnell verrinnest du,
Du flüchtige, schöne Stunde,
Mit einer Wunde beginnest du
Und endest mit einer Wunde.

Ein Jüngling irrt in Waldesraum,
Umspielt von goldnen Schimmern,
Und späht nach einem schönen Baum,
Sich draus ein Boot zu zimmern.

»Jungeiche mit dem stolzen Wuchs,
Du bist mir gleich die rechte,
Dich zeichn ich mit dem Beile flugs,
Dann ruf ich meine Knechte.«

Er führt den Streich. Ein schmerzlich Ach
Macht jählings ihn erbleichen.
»Ich sterbe!« stöhnt's im Stamme schwach,
»Die jüngste dieser Eichen!«

Ein Tröpfchen Blutes oder zwei
Sieht er am Beile hangen
Und schleudert's weg mit einem Schrei
Als hätt er Mord begangen.

Schnell flüstert's aus dem Baume jetzt:
»Der Mord ist nicht vollendet!
Ich bin nur leicht am Arm verletzt,
Ich hatt mich umgewendet.«

»Komm, Göttin«, fleht er, »Waldeskind,
Daß ich Vergebung finde!«
Die Schultern schmiegend schlüpft geschwind
Die Dryas aus der Rinde.

Ein Dämmer lag auf Stirn und Haar,
Ein Brüten und ein Weben,
Von grünem Blätterschatten war
Der schlanke Wuchs umgeben.

Er fing den Arm zu küssen an,
Die Stelle mit dem Hiebe,
Und, der er viel zuleid getan,
Die tat ihm viel zuliebe.

»In meinem Baum – ist lauter Traum« ...
Sie schlüpft zurück behende
Und lispelt in den Waldesraum:
»Ich weiß, wen ich dir sende!«

Der Botin Biene Dienst ist schwer,
Sie muß sich redlich plagen,
Honig und Wermut hin und her,
Waldaus, waldein zu tragen.

Einmal kam Bienchen wild gebrummt.
»Dryas, mich kann's entrüsten!«
Es setzt sich an den Stamm und summt:
»Ich sah's, wie sie sich küßten!

Sie ist ein blühend Nachbarkind,
Muß ihn beständig necken –

Dich läßt er nun bei Wetter und Wind
In deinem Baume stecken!«

Ein schmerzlich Ach, als wände sich
Ein schlanker Leib und stürbe!
Das Laub vergilbt, die Krone blich,
Die Rinde bröckelt mürbe.

Ein Lied Chastelards

Sehnsucht ist Qual!
Der Herrin wag ich's nicht zu sagen,
Ich will's den dunkeln Eichen klagen
Im grünen Tal:
Sehnsucht ist Qual.

Mein Leib vergeht
Wie schmelzend Eis in bleichen Farben,
Sie sieht mich dursten, lechzen, darben,
Bleibt unerfleht –
Mein Leib vergeht.

Doch mag es sein,
Daß sie an ihrer Macht sich weide!
Ergetzt sie grausam sich an meinem Leide,
So denkt sie mein –
Drum mag es sein.

Sehnsucht ist Qual!
Dem Kühnsten macht die Folter bange,
Ein Grab, darin ich nichts verlange,

Gib mir, o Tal!
Sehnsucht ist Qual.

Die kleine Blanche

An dem kleinen Hofe von Navarra
War das Leben eine lose Fabel,
Eine drohnde oder heitre Maske,
Eine überraschende Novelle,
Ein phantastisch wahrheitsloses Schauspiel –
Der am Hofe war auf kurzen Urlaub,
Hauptmann Duplessis saß vor der Bühne,
Drauf ein Mädchen an verratner Liebe
Starb. Im letzten Akte lag sie marmorn
Auf dem Grabmal als ihr eigen Bildnis,
Schluchzend rang die Hände der Verräter,
Sieh! da hob sie sachte sich und lebte.
Andern Tages wandelte der Hauptmann
In des Schlosses irrsam dunklen Gärten,
An die zarte kleine Blanche denkend,
Die er schnell geküßt und schnell verraten –
Etwas sieht er schimmern durch Zypressen:
Auf dem Grabmal liegt die kleine Blanche
Marmorn. An dem Sockel ist zu lesen:
»Blanche schlummert nach verratner Liebe.«
»Heb dich, kleine Blanche!« ruft der Hauptmann.
»Wickle dich aus deinen weißen Tüchern!
Spiel nicht mit dem Tode, kleine Blanche!«
Doch der Marmor fühlte nichts. Es fühlte
Nichts, die drunter schläft. Sie starb im Ernste.

Die gelöschten Kerzen

Ein gewalt'ger Herd mit glühnden Kohlen
Und zwei hellen Kerzen auf dem Simse,
Dran ein plaudernd Paar: ein narb'ger Feldherr
In der Majestät des Greisenalters
Und ein unbefangnes Kind der Neuzeit,
Ein geliebter und verzogner Neffe.
Würdevoll erzählt der Greis von weiland,
Von Verschollnem oder halb Verschollnem.
»Damals warst du noch ein Ungeborner,
Neffe«, sagt er, »oder in den Windeln« ...
Auf dem Herde zuckt ein blaues Flämmchen,
Ein vergeßnes Flämmchen aus der Asche,
Und die beiden sehn den Irrwisch tanzen,
Und der Irrwisch unversehens springt er
Auf des Jünglings blühend kecke Lippen:
– »Ohm, wie war es denn mit der Camargo?«
Der Benarbte lächelt: »Wissen willst du
Das mit der Camargo?« – Eine Kerze
Haucht er aus und auch die andre Kerze.
»Du erlaubst? Nur daß ich nicht erröte!
Also ...« Durch das Dunkel glühn die Kohlen.
Und der Jüngling streicht ein Holz, die eine
Kerze flammt er an und dann die andre:
»Ohm, wie war's denn mit dem Sturm auf Düppel?«

Fingerhütchen

Liebe Kinder, wißt ihr, wo
Fingerhut zu Hause?

Tief im Tal von Acherloo
Hat er Herd und Klause;
Aber schon in jungen Tagen
Muß er einen Höcker tragen,
Geht er, wunderlicher nie
Wallte man auf Erden!
Sitzt er, staunen Kinn und Knie,
Daß sie Nachbarn werden.

Körbe flicht aus Binsen er,
Früh und spät sich regend,
Trägt sie zum Verkauf umher
In der ganzen Gegend,
Und er gäbe sich zufrieden,
Wär er nicht im Volk gemieden;
Denn man zischelt mancherlei:
Daß ein Hexenmeister,
Daß er kräuterkundig sei
Und im Bund der Geister.

Solches ist die Wahrheit nicht,
Ist ein leeres Meinen,
Doch das Volk im Dämmerlicht
Schaudert vor dem Kleinen.
So die Jungen wie die Alten
Weichen aus dem Ungestalten –
Doch vorüber wohlgemut
Auf des Schusters Räppchen
Trabt er. Blauer Fingerhut
Nickt von seinem Käppchen.

Einmal geht er heim bei Nacht
nach des Tages Lasten,
Hat den halben Weg gemacht,
Darf ein bißchen rasten,
Setzt sich und den Korb daneben,
Schimmernd hebt der Mond sich eben:
Fingerhut ist gar nicht bang,
Ihm ist gar nicht schaurig,
Nur daß noch der Weg so lang,
Macht den Kleinen traurig.

Etwas hört er klingen fein –
Nicht mit rechten Dingen,
Mitten aus dem grünen Rain
Ein melodisch Singen:
»Silberfähre, gleitest leise« –
Schon verstummt die kurze Weise.
Fingerhütchen spähet scharf
Und kann nichts entdecken,
Aber was er hören darf,
Ist nicht zum Erschrecken.

Wieder hebt das Liedchen an
Unter Busch und Hecken,
Doch es bleibt der Reimgespan
Stets im Hügel stecken.
»Silberfähre gleitest leise« –
Wiederum verstummt die Weise.
Lieblich ist, doch einerlei
Der Gesang der Elfen,
Fingerhütchen fällt es bei,
Ihnen einzuhelfen.

Fingerhütchen lauert still
Auf der Töne Leiter,
Wie das Liedchen enden will,
Führt er leicht es weiter:
»Silberfähre gleitest leise«
– »Ohne Ruder, ohne Gleise.«
Aus dem Hügel ruft's empor:
»Das ist dir gelungen!«
Unterm Boden kommt hervor
Kleines Volk gesprungen.

»Fingerhütchen, Fingerhut«,
Lärmt die tolle Runde,
»Faß dir einen frischen Mut!
Günstig ist die Stunde!
Silberfähre, gleitest leise
Ohne Ruder, ohne Gleise!
Dieses hast du brav gemacht,
Lernet es, ihr Sänger!
Wie du es zustand gebracht,
Hübscher ist's und länger!

Zeig dich einmal, schöner Mann!
Laß dich einmal sehen:
Vorn zuerst und hinten dann!
Laß dich einmal drehen!
Weh! Was müssen wir erblicken!
Fingerhütchen, welch ein Rücken!
Auf der Schulter, liebe Zeit,
Trägst du grause Bürde!
Ohne hübsche Leiblichkeit
Was ist Geisteswürde?

Eine ganze Stirne voll
Glücklicher Gedanken,
Unter einem Höcker soll
Länger nicht sie schwanken!
Strecket euch, verkrümmte Glieder!
Garst'ger Buckel, purzle nieder!
Fingerhut, nun bist du grad,
Deines Fehls genesen!
Heil zum schlanken Rückengrat!
Heil zum neuen Wesen!«

Plötzlich steckt der Elfenchor
Wieder tief im Raine,
Aus dem Hügelrund empor
Tönt's im Mondenscheine:
»Silberfähre gleitest leise
Ohne Ruder, ohne Gleise.«
Fingerhütchen wird es satt,
Wäre gern daheime,
Er entschlummert laß und matt
An dem eignen Reime.

Schlummert eine ganze Nacht
Auf derselben Stelle,
Wie er endlich auferwacht,
Scheint die Sonne helle:
Kühe weiden, Schafe grasen
Auf des Elfenhügels Rasen.
Fingerhut ist bald bekannt,
Läßt die Blicke schweifen,
Sachte dreht er dann die Hand,
Hinter sich zu greifen.

Ist ihm Heil im Traum geschehn?
Ist das Heil die Wahrheit?
Wird das Elfenwort bestehn
Vor des Tages Klarheit?
Und er tastet, tastet, tastet:
Unbebürdet! Unbelastet!
»Jetzt bin ich ein grader Mann!«
Jauchzt er ohne Ende,
Wie ein Hirschlein jagt er dann
Über Feld behende.

Fingerhut steht plötzlich still,
Tastet leicht und leise,
Ob er wieder wachsen will?
Nein, in keiner Weise!
Selig preist er Nacht und Stunde,
Da er sang im Geisterbunde –
Fingerhütchen wandelt schlank,
Gleich als hätt er Flügel,
Seit er schlummernd niedersank
Nachts am Elfenhügel.

Traumbesitz

»Fremdling, unter diesem Schutte
Wölbt sich eine weite Halle,
Blüht des Inka goldner Garten,
Prangt der Sessel meines Ahns!

Alles Laub und alle Früchte
Und die Vögel auf den Ästen

Und die Fischlein in den Teichen
Sind vom allerfeinsten Gold.«

– »Knabe, du bist zart und dürftig,
Deine greisen Eltern darben –
Warum gräbst du nicht die nahen
Schätze, die dein Erbe sind?«

»Solches, Fremdling, wäre sündlich!
Nein, ich lasse mir genügen
An dem kleinen Weizenfelde,
Das mir oben übrigblieb.

Im Geheimen meines Herzens,
Mit den Augen meines Geistes
Schwelg ich in den lichten Wundern,
In dem unermeßnen Hort:

O des Glanzes! O der Fülle!
Siehst du dort die Büschel Maises
Mit den schöngeformten Kolben?
Siehst du dort den goldnen Thron?«

Die gefesselten Musen

Es herrscht' ein König irgendwo
In Dazien oder Thrazien,
Den suchten einst die Musen heim,
Die Musen mit den Grazien.

Statt milden Nektars, Rebenblut
Geruhten sie zu nippen,

Die Seele des Barbaren hing
An ihren sel'gen Lippen.

Erst sang ein jedes Himmelskind
Im Tone, der ihm eigen,
Dann schritt der ganze Chor im Takt
Und trat den blühenden Reigen.

Der König klatschte: »Morgen will
Ich wieder euch bestaunen!«
Die Musen schüttelten das Haupt:
»Das hangt an unsern Launen.«

»An euren Launen? ...« Der Despot
Begann zu schmähn und lästern.
»Ihr Knechte«, schrie er, »Fesseln her!«
Und fesselte die Schwestern.

Der König wacht', um Mitternacht
Vernahm er leises Schreiten,
Geflüster: »Seid ihr alle da?«
Und Schüttern zarter Saiten.

Er fuhr empor: »Den hellen Chor
Ergreift, getreue Wächter!«
Die Schergen griffen in die Luft
Und silbern klang Gelächter.

Am Morgen war der Kerker leer,
Der Reigen über die Grenze –
Drin hingen statt der Ketten schwer
Zerrißne Blumenkränze.

II

STUNDE

Morgenlied

Mit edeln Purpurröten
Und hellem Amselschlag,
Mit Rosen und mit Flöten
Stolziert der junge Tag.
Der Wanderschritt des Lebens
Ist noch ein leichter Tanz,
Ich gehe wie im Reigen
Mit einem frischen Kranz.

Ihr taubenetzten Kränze
Der neuen Morgenkraft,
Geworfen aus den Lüften
Und spielend aufgerafft –
Wohl manchen ließ ich welken
Noch vor der Mittagsglut;
Zerrissen hab ich manchen
Aus reinem Übermut!

Mit edeln Purpurröten
Und hellem Amselschlag,
Mit Rosen und mit Flöten
Stolziert der junge Tag –

Hinweg du dunkle Klage,
Aus all dem Licht und Glanz!
Den Schmerz verlorner Tage
Bedeckt ein frischer Kranz.

Eppich

Eppich, mein alter Hausgesell,
Du bist von jungen Blättern hell,
Dein Wintergrün, so still und streng,
Verträgt sich's mit dem Lenzgedräng?

– »Warum denn nicht? Wie meines hat
Dein Leben alt und junges Blatt,
Eins streng und dunkel, eines licht
Von Lenz und Lust! Warum denn nicht?«

Das tote Kind

Es hat den Garten sich zum Freund gemacht,
Dann welkten es und er im Herbste sacht,
Die Sonne ging und es und er entschlief,
Gehüllt in *eine* Decke weiß und tief.

Jetzt ist der Garten unversehns erwacht,
Die Kleine schlummert fest in ihrer Nacht.
»Wo steckst du?« summt es dort und summt es hier.
Der ganze Garten frägt nach ihr, nach ihr.

Die blaue Winde klettert schlank empor

Und blickt ins Haus: »Komm hinterm Schrank hervor!
Wo birgst du dich? Du tust dir's selbst zuleid!
Was hast du für ein neues Sommerkleid?«

Lenz Wanderer, Mörder, Triumphator

I

Ich lag an einem Raine
Mit meinem dürren Stab.
Was lauf ich? Meine Beine
Erlaufen nur das Grab ...

Ein Wandrer zog derenden,
War noch ein Knabe fast,
Der hielt als Stab in Händen
Den blütenreichsten Ast.

»Grüß Gott dich, schöner Wandrer!
Bist du es, Knabe Lenz?«
Er rief: »Ich bin kein andrer
Und komme von Florenz!«

Das mußte mich erwecken.
»Kind Lenz, ich wandre mit!«
Wir hoben unsre Stecken
In einem Schritt und Tritt.

Die beiden Stäbe hoben
Kind Lenz und ich zugleich;

Auch meiner ward von oben
Bis unten blütenreich.

II

Nieder trägt der warme Föhn
Der Lauine fern Getön,
Hinter jenen hohen Föhren
Kann den dumpfen Schlag ich hören.

In des Lenzes blauen Schein
Aus der Scholle dunkelm Schrein
Drängt und drückt das neue Leben,
Lüftet Kleid und Decken eben –

Von derselben Kraft und Lust
Wächst das Herz mir in der Brust,
Heute kann es noch sich dehnen
Mit den Liedern, mit den Tränen!

Aber blauen wird ein Tag,
Da sich's nicht mehr dehnen mag –
Mit den Veilchen, mit den Flöten
Kommt mich dann der Lenz zu töten.

III

Frühling, der die Welt umblaut,
Frühling mit der Vöglein Laut,
Deine blühnden Siegespforten

Allerenden, allerorten
Hast du niedrig aufgebaut!

Ungebändigt, kreuz und quer,
Über alle Pfade her
Schießen blütenschwere Zweige,
Daß dir jedes Haupt sich neige,
Und die Demut ist nicht schwer.

Maientag

Englein singen aus dem blauen Tag,
Mägdlein singen hinterm Blütenhag,
Jubelnd mit dem ganzen Lenzgesind,
Singt mir in vernarbter Brust – ein Kind.

Was treibst du, Wind?

Was treibst du, Wind,
Du himmlisches Kind?
Du flügelst und flügelst umsonst in der Luft!
»Nicht Wanderscherz!
Ich nähre das Herz
Mit Erdgeruch und Waldesduft!«

Was bringst du, Wind,
Du himmlisches Kind?
»Einen Morgengruß, einen Schrei der Lust!«
Aus Vogelkehle nur?

Aus Lerchenseele nur?
»Nein, nein! Aus voller Menschenbrust!«

Was trägst du, Wind,
Du himmlisches Kind?
»Seeüber ein wallend, ein hallend Geläut!«
Senken sie ein
Den Totenschrein?
»Nein, nein! Sie halten Hochzeit heut!«

Lenzfahrt

Am Himmel wächst der Sonne Glut,
Aufquillt der See, das Eis zersprang,
Das erste Segel teilt die Flut,
Mir schwillt das Herz wie Segeldrang.

Zu wandern ist das Herz verdammt,
Das seinen Jugendtag versäumt,
Sobald die Lenzessonne flammt,
Sobald die Welle wieder schäumt.

Verscherzte Jugend ist ein Schmerz
Und einer ew'gen Sehnsucht Hort,
Nach seinem Lenze sucht das Herz
In einem fort, in einem fort!

Und ob die Locke dir ergraut
Und bald das Herz wird stillestehn,
Noch muß es, wann die Welle blaut,
Nach seinem Lenze wandern gehn.

Lenz, wer kann dir widerstehn?

Jedem, außer an die Toten,
Sendet Frühling einen Boten,
Ein Gezwitscher aus den Lüften,
Eines Wölkchens helles Wehn,
Einer roten Knospe Springen,
Irgendein verstohlnes Düften,
Oder ein verlornes Singen –
Lenz, wer kann dir widerstehn?

Durch das Wiesengrün, das linde,
Wandr ich mit dem eignen Kinde
Und es kann an Murmelbächen
Nicht mit stummen Lippen gehn –
Wann die Knospen alle brechen,
Wollen Lippen sich entfalten,
Auf den jungen, auf den alten,
Will ein kleines Lied entstehn.

Lieb und Lust und Leben saugen
Will ich aus den Kinderaugen,
In dem Blicke meiner Kleinen
Will ich nach dem Himmel spähn,
Ja, es ist das gleiche Scheinen,
Hier im Blauen, dort im Blauen,
Und das selbige Vertrauen –
Lenz, wer kann dir widerstehn?

Kuckuck ruft! Willst du erfahren
Deine Jahre, gläub'ge Seele?
Kuckuck ruft im Walde, zähle!

Neun und zehn und mehr als zehn …
Ei, das will ja gar nicht enden,
Frühling schenkt aus vollen Händen –
Soll auf diesen blonden Haaren
Noch den Myrtenkranz ich sehn? …

Der Lieblingsbaum

Den ich pflanzte, junger Baum,
Dessen Wuchs mich freute,
Zähl ich deine Lenze, kaum
Sind es zwanzig heute.

Oft im Geist ergötzt es mich,
Über mir im Blauen,
Schlankes Astgebilde, dich
Mächtig auszubauen.

Lichtdurchwirkten Schatten nur
Legst du auf die Matten,
Eh du dunkel deckst die Flur,
Bin ich selbst ein Schatten.

Aber haschen soll mich nicht
Stygisches Gesinde,
Weichen werd ich aus dem Licht
Unter deiner Rinde.

Frische Säfte rieseln laut,
Rieseln durch die Stille.
Um mich, in mir webt und baut
Ew'ger Lebenswille.

Halb bewußt und halb im Traum
Über mir im Lichten
Werd ich, mein geliebter Baum,
Dich zu Ende dichten.

Der verwundete Baum

Sie haben mit dem Beile dich zerschnitten,
Die Frevler – hast du viel dabei gelitten?
Ich selber habe sorglich dich verbunden
Und traue: Junger Baum, du wirst gesunden!
Auch ich erlitt zu schier derselben Stunde
Von schärferm Messer eine tiefre Wunde.
Zu untersuchen komm ich deine täglich
Und meine fühl ich brennen unerträglich.
Du saugest gierig ein die Kraft der Erde,
Mir ist, als ob auch ich durchrieselt werde!
Der frische Saft quillt aus zerschnittner Rinde
Heilsam. Mir ist, als ob auch ich's empfinde!
Indem ich *deine* sich erfrischen fühle,
Ist mir, als ob sich *meine* Wunde kühle!
Natur beginnt zu wirken und zu weben,
Ich traue: Beiden geht es nicht ans Leben!
Wie viele, so verwundet, welkten, starben!
Wir beide prahlen noch mit unsern Narben!

Das bittere Trünklein

Ein betrogen Mägdlein irrt im Walde,
Flieht den harten Tag und sucht das Dunkel,

Wirft auf eine Felsenbank sich nieder
Und beginnt zu weinen unersättlich.

In den wettermürben Stein des Felsens
Ist gegraben eine kleine Schale –
Da das Mägdlein sich erhebt zu wandern,
Bleibt die Schale voller bittrer Zähren.

Abends kommt ein Vöglein hergeflattert,
Aus gewohntem Becherlein zu trinken,
Wo sich ihm das Himmelswasser sammelt,
Schluckt und schüttelt sich und fliegt von hinnen.

Abendrot im Walde

In den Wald bin ich geflüchtet,
Ein zu Tod gehetztes Wild,
Da die letzte Glut der Sonne
Längs den glatten Stämmen quillt.

Keuchend lieg ich. Mir zu Seiten
Blutet, siehe, Moos und Stein –
Strömt das Blut aus meinen Wunden?
Oder ist's der Abendschein?

Jetzt rede du!

Du warest mir ein täglich Wanderziel,
Viellieber Wald, in dumpfen Jugendtagen,
Ich hatte dir geträumten Glücks soviel

Anzuvertraun, so wahren Schmerz zu klagen.
Und wieder such ich dich, du dunkler Hort,
Und deines Wipfelmeers gewaltig Rauschen –
Jetzt rede du! Ich lasse dir das Wort!
Verstummt ist Klag und Jubel. Ich will lauschen.

Die Lautenstimmer

Schlummernd jüngst in Waldesraum
Hatt ich einen hübschen Traum:
Etwas regt sich in der Hecke,
Etwas klimpert im Verstecke.

Das Gesträuch mit leiser Hand
Teilt ich, bis das Nest ich fand:
Kinder, rings im Grase sitzend,
Mit den hellen Augen blitzend!

Rutschend auf dem nackten Knie,
Stimmten eine Laute sie –
»Sagt, was lagert ihr im Runde?
Sprecht, was schaffet ihr im Bunde?«

Auf das zarte Werk erpicht,
Hörten sie die Frage nicht.
»Seht, wie ist sie zugerichtet!
Wundgerissen! Fast vernichtet!«

Emsig ward geklopft, gespäht,
An den Saiten flink gedreht,
Ließen eine tiefer klingen,
Ließen eine hohe springen –

Endlich klang die Laute rein
Und die Kinder spielten fein,
Bis ich aus dem Traum erwachte
Und mir seinen Sinn bedachte:

Dumpf entschlummert, jetzo hell,
Ganz ein anderer Gesell!
Was die Kinder ohne Fehle
Stimmten, es war meine Seele!

Sonntags

Ich liebe, Nymphe, deine keusche Flut,
Die kühl im allertiefsten Walde ruht.
Du spiegelst weder Stadt noch Firneschnee,
Den Himmel schimmerst du, mein kleiner See!
Dein Antlitz sagt mir alles, rasch erregt.
Was dir das kindliche Gemüt bewegt,
Und leicht erhellt, verdunkelt ohne Grund,
Macht es mir alle deine Launen kund.

Der Kahn, geborgen tief im Schilfe dort,
Gefesselt ist er durch ein Zauberwort.
Nie hat gelöst ihn eine trunkne Schar,
Nie hat sich eine Dirn im Flatterhaar,
Von rohen Buhlen durch den Wald gehetzt,
Vor deinen Spiegel keuchend hingesetzt.
Nie hat ein unstet zuckend Fackelrot
Dir über deine kühle Stirn geloht!

Horch! Stimmen durch den Wald! Ein Lustgeschrei!
Gekreisch! Gewieher! Freches Volk vorbei!
Den Gassenhauer, liederlich gejohlt –
Schäme dich, Echo! – hast du wiederholt!
Verhülle, Nymphe, deiner Augen Schein,
Verbirg dich tiefer in den Wald hinein!
Und zürnend gegen den Tumult gewandt:
»Hinweg!« gebot ich mit erhobner Hand.

»Nicht näher!« Und im Walde ward es Ruh.
Der Jubel zog sich einer Schenke zu.
Du bliebst in deinem blauen Kleide rein,
In deinem grünen Waldesdämmerschein –
Indessen hat die Sonne sich geneigt,
Wie süß in jedem Blatt die Stille schweigt!
In Tannenduft und unter Himmelsruh,
Bewacht von meinem Blick, entschlummerst du!

Schwüle

Trüb verglomm der schwüle Sommertag,
Dumpf und traurig tönt mein Ruderschlag –
Sterne, Sterne – Abend ist es ja –
Sterne, warum seid ihr noch nicht da?

Bleich das Leben! Bleich der Felsenhang!
Schilf, was flüsterst du so frech und bang?
Fern der Himmel und die Tiefe nah –
Sterne, warum seid ihr noch nicht da?

Eine liebe, liebe Stimme ruft
Mich beständig aus der Wassergruft –

Weg, Gespenst, das oft ich winken sah!
Sterne, Sterne, seid ihr nicht mehr da?

Endlich, endlich durch das Dunkel bricht –
Es war Zeit! – ein schwaches Flimmerlicht –
Denn ich wußte nicht, wie mir geschah.
Sterne, Sterne, bleibt mir immer nah!

In Harmesnächten

Die Rechte streckt ich schmerzlich oft
  In Harmesnächten
Und fühlt gedrückt sie unverhofft
  Von einer Rechten –
Was Gott ist, wird in Ewigkeit
  Kein Mensch ergründen,
Doch will er treu sich allezeit
  Mit uns verbünden.

Votivtafel

Mit kümmernden Gedanken schlief
Ich ein auf meinem Krankenbett,
Da kam sie, da erschien sie mir
In einem wunderklaren Traum.

Sie war ein Mädchen, groß und schlank
Mit feurig blauem Augenlicht,
Sie kam und nahm mich bei der Hand
Und sagte freundlich: »Wirb um mich!

Vertraue! Habe Zuversicht!
Halt an und überleg es nicht!
Halt an und überlaß es mir!
Erbitte mich! Erbitte mich!« –

Da wacht ich auf im Morgenlicht
Und hob die Hände hoch empor:
Gebt sie, versaget sie mir nicht,
Ihr Götter, sonst bin ich dahin.

Die Göttlichen erhörten mich,
Und wieder atm ich leichter schon,
Denn, siehe, die Genesung war's,
Die mir erschien im Morgentraum.

Eingelegte Ruder

Meine eingelegten Ruder triefen,
Tropfen fallen langsam in die Tiefen.

Nichts, das mich verdroß! Nichts, das mich freute!
Niederrinnt ein schmerzenloses Heute!

Unter mir – ach, aus dem Licht verschwunden –
Träumen schon die schönern meiner Stunden.

Aus der blauen Tiefe ruft das Gestern:
Sind im Licht noch manche meiner Schwestern?

Ein bißchen Freude

Wie heilt sich ein verlassen Herz,
Der dunkeln Schwermut Beute?
Mit Becher-Rundgeläute?
Mit bitterm Spott? Mit frevlem Scherz?
Nein, mit ein bißchen Freude!

Wie flicht sich ein zerrißner Kranz,
Den jach der Sturm zerstreute?
Wie knüpft sich der erneute?
Mit welchem Endchen bunten Bands?
Mit nur ein bißchen Freude!

Wie sühnt sich die verjährte Schuld,
Die bitterlich bereute?
Mit einem strengen Heute?
Mit Büßerhast und Ungeduld?
Nein. Mit ein bißchen Freude!

Im Spätboot

Aus der Schiffsbank mach ich meinen Pfühl,
Endlich wird die heiße Stirne kühl!
O wie süß erkaltet mir das Herz!
O wie weich verstummen Lust und Schmerz!
Über mir des Rohres schwarzer Rauch
Wiegt und biegt sich in des Windes Hauch.
Hüben hier und drüben wieder dort
Hält das Boot an manchem kleinen Port:
Bei der Schiffslaterne kargem Schein

Steigt ein Schatten aus und niemand ein.
Nur der Steurer noch, der wacht und steht!
Nur der Wind, der mir im Haare weht!
Schmerz und Lust erleiden sanften Tod.
Einen Schlummrer trägt das dunkle Boot.

Vor der Ernte

An wolkenreinem Himmel geht
Die blanke Sichel schön,
Im Korne drunter wogt und weht
Und raucht und wühlt der Föhn.

Sie wandert voller Melodie
Hochüber durch das Land,
Früh morgen schwingt die Schnittrin sie
Mit sonnenbrauner Hand.

Erntegewitter

Ein jäher Blitz. Der Erntewagen schwankt.
Aus seinen Garben fahren Dirnen auf
Und springen schreiend in die Nacht hinab.
Ein Blitz. Auf einer goldnen Garbe thront
Noch unvertrieben eine frevle Maid,
Der das gelöste Haar den Nacken peitscht,
Sie hebt das volle Glas mit nacktem Arm,
Als brächte sie's der Glut, die sie umflammt,
Und leert's auf einen Zug. Ins Dunkel wirft
Sie's weit und gleitet ihrem Becher nach.

Ein Blitz. Zwei schwarze Rosse bäumen sich.
Die Peitsche knallt. Sie ziehen an. Vorbei.

Schnitterlied

Wir schnitten die Saaten, wir Buben und Dirnen,
Mit nackenden Armen und triefenden Stirnen,
Von donnernden dunkeln Gewittern bedroht –
Gerettet das Korn! Und nicht einer, der darbe!
Von Garbe zu Garbe
Ist Raum für den Tod –
Wie schwellen die Lippen des Lebens so rot!

Hoch thronet ihr Schönen auf güldenen Sitzen,
In strotzenden Garben umflimmert von Blitzen –
Nicht eine, die darbe! Wir bringen das Brot!
Zum Reigen! Zum Tanze! Zur tosenden Runde!
Von Munde zu Munde
Ist Raum für den Tod –
Wie schwellen die Lippen des Lebens so rot!

Auf Goldgrund

Ins Museum bin zu später
Stunde heut ich noch gegangen,
Wo die Heil'gen, wo die Beter
Auf den goldnen Gründen prangen.

Dann durchs Feld bin ich geschritten
Heißer Abendglut entgegen,

Sah, die heut das Korn geschnitten,
Garben auf die Wagen legen.

Um die Lasten in den Armen,
Um den Schnitter und die Garbe
Floß der Abendglut, der warmen,
Wunderbare Goldesfarbe.

Auch des Tages letzte Bürde,
Auch der Fleiß der Feierstunde,
War umflammt von heil'ger Würde,
Stand auf schimmernd goldnem Grunde.

Requiem

Bei der Abendsonne Wandern
Wann ein Dorf den Strahl verlor,
Klagt sein Dunkeln es den andern
Mit vertrauten Tönen vor.

Noch ein Glöcklein hat geschwiegen
Auf der Höhe bis zuletzt.
Nun beginnt es sich zu wiegen,
Horch, mein Kilchberg läutet jetzt!

Abendwolke

So stille ruht im Hafen
Das tiefe Wasser dort,

Die Ruder sind entschlafen,
Die Schifflein sind im Port.

Nur oben in dem Äther
Der lauen Maiennacht,
Dort segelt noch ein später
Friedfert'ger Ferge sacht.

Die Barke still und dunkel
Fährt hin in Dämmerschein
Und leisem Sterngefunkel
Am Himmel und hinein.

Mein Stern

Oft in meinem Abendwandel hefte
Ich auf einen schönen Stern den Blick,
Zwar sein Zeichen hat besondre Kräfte,
Doch bestimmt und zwingt er kein Geschick.

Nicht geheime Winke will er geben,
Er ist wahr und rein und ohne Trug,
Er beseliget und stärkt das Leben
Mit der tiefsten Sehnsucht stillem Zug.

Nicht versteht er Gottes dunkeln Willen,
Noch der Dinge letzten ew'gen Grund,
Wunden heilt er, Schmerzen kann er stillen
Wie das Wort aus eines Freundes Mund.

In die Bangnis, die Bedrängnis funkelt
Er mit seinem hellsten Strahle gern,
Und je mehr die Erde mählich dunkelt,
Desto näher, stärker brennt mein Stern.

Holder, einen Namen wirst du tragen,
Aber diesen wissen will ich nicht,
Keinen Weisen werd ich darum fragen,
Du mein tröstliches, mein treues Licht!

Mein Jahr

Nicht vom letzten Schlittengleise
Bis zum neuen Flockentraum
Zähl ich auf der Lebensreise
Den erfüllten Jahresraum.

Nicht vom ersten frischen Singen,
Das im Wald geboren ist,
Bis die Zweige wieder klingen,
Dauert mir die Jahresfrist.

Von der Kelter nicht zur Kelter
Dreht sich mir des Jahres Schwung,
Nein, in Flammen werd ich älter
Und in Flammen wieder jung.

Von dem ersten Blitze heuer,
Der aus dunkler Wolke sprang,
Bis zu neuem Himmelsfeuer
Rechn ich meinen Jahresgang.

Wanderfüße

Ich bedacht es oft in diesen Tagen,
Meinem flücht'gen Wandel zu entsagen;
Doch was fang ich an mit meinen Füßen,
Die begehren ihre Lust zu büßen?
Von den ruhelosen Jugendtrieben
Sind mir meine Füße noch geblieben,
Schreitend mit dem Lenz und seinen Flöten,
Schreitend durch die Sommerabendröten,
Rasch vorüber den gefüllten Kufen,
Gleitend auf des Winters weißen Stufen
Über die verschneite Jahreswende,
Rastlos schreitend ohne Ziel und Ende!
Längst beschrieb die Stirne sich mit Falten,
Doch die Füße wollen nicht veralten,
Ihren Stapfen tritt auf Waldeswegen
Meiner Jugend Wanderbild entgegen,
Durch das leichte Paar, das stets entflammte,
Bin ich der zum Reiseschritt Verdammte!
Finden möcht ich ohne Sterbebette
Meinen Füßen eine Ruhestätte …

Die Veltlinertraube

Brütend liegt ein heißes Schweigen
Über Tal und Bergesjoch,
Evoe und Winzerreigen
Schlummern in der Traube noch.

Purpurne Veltlinertraube,
Kochend in der Sonne Schein,

Heute möcht ich unterm Laube
Deine vollste Beere sein!

Mein unbändiges Geblüte,
Strotzend von der Scholle Kraft,
Trunken von des Himmels Güte,
Sprengte schier der Hülse Haft!

Aus der Laube niederhangend,
Glutdurchwogt und üppig rund,
Schwebt ich dunkelpurpurprangend
Über einem roten Mund!

Weinsegen

Heut atm ich mit den Sommerlüften
Die allerfeinsten Würzen ein,
Ich kenne dieses seltne Düften:
Heut blüht der echte Klosterwein.
Hier zog im Land die ersten Trauben
Zum ersten Liebesmahl der Abt,
Der mit dem teuern Christenglauben
Uns öde Heiden einst begabt.

Das Kloster, längst ist's schon verschwunden,
Zerstäubt mit Altar, Gruft und Chor,
Doch steigt in diesen Mittagsstunden –
So heißt's – der erste Abt empor.
Nicht will er zu der Lese kommen,
Wo wild die Kelter überschäumt,

Nein, wie sich ziemt für einen Frommen,
Wann mystisch süß die Blüte träumt.

Was dort? wer öffnet still das Gatter?
Berauscht die starke Würze mich?
Ein wallend blankes Rockgeflatter
Bewegt sich sacht und feierlich!
Es ist der Abt. Ich sehe bücken
Das edelgreise Haupt ihn dort,
Die frechen Nachbarskinder drücken
Sich schleunig durch die Hecke fort.

Er prüft genau die zarte Blüte,
Die jungen Schosse licht und grün,
Sein Angesicht ist voller Güte
Und voll von herzlichem Bemühn.
Hochwürden blickt so hell und heiter,
Dies Jahr gerät der Wein wie nie!
Er wandelt zu den Stufen weiter
Und geisterleicht ersteigt er sie.

Schon auf des Weinbergs Höhe schreitet
Er bei dem kleinen Winzerhaus.
Er setzt sich auf die Bank. Er breitet
Die Geisterhände mächtig aus.
Er segnet seine Klosterreben,
Sein eigen, vielgeliebtes Kind,
Uns Ketzer segnet er daneben,
Die seines Weinbergs Erben sind.

Säerspruch

Bemeßt den Schritt! Bemeßt den Schwung!
Die Erde bleibt noch lange jung!
Dort fällt ein Korn, das stirbt und ruht.
Die Ruh ist süß. Es hat es gut.
Hier eins, das durch die Scholle bricht.
Es hat es gut. Süß ist das Licht.
Und keines fällt aus dieser Welt
Und jedes fällt, wie's Gott gefällt.

Einem Tagelöhner

Lange Jahre sah ich dich
Führen deinen Spaten,
Und ein jeder Schaufelstich
Ist dir wohlgeraten.

Nie hat dir des Lebens Flucht
Bang gemacht, ich glaube –
Sorgtest für die fremde Frucht,
Für die fremde Traube.

Nie gelodert hat die Glut
Dir in eignem Herde,
Doch du fußtest fest und gut
Auf der Mutter Erde.

Nun hast du das Land erreicht,
Das du fleißig grubest,

Laste dir die Scholle leicht,
Die du täglich hubest!

Ewig jung ist nur die Sonne

Heute fanden meine Schritte mein vergeßnes Jugendtal,
Seine Sohle lag verödet, seine Berge standen kahl.
Meine Bäume, meine Träume, meine buchendunkeln
Höhn –
Ewig jung ist nur die Sonne, sie allein ist ewig schön.

Drüben dort in schilf'gem Grunde, wo die müde Lache
liegt,
Hat zu meiner Jugendstunde sich lebend'ge Flut
gewiegt,
Durch die Heiden, durch die Weiden ging ein
wandernd Herdgetön –
Ewig jung ist nur die Sonne, sie allein ist ewig schön.

Novembersonne

In den ächzenden Gewinden
Hat die Kelter sich gedreht,
Unter meinen alten Linden
Liegt das Laub hoch aufgeweht.

Dieser Erde Werke rasten,
Schon beginnt die Winterruh –
Sonne, noch mit unverblaßten,
Goldnen Strahlen wanderst du!

Ehe sich das Jahr entlaubte,
Gingen, traun, sie müßig nie.
Nun an deinem lichten Haupte
Flammen unbeschäftigt sie.

Erst ein Ackerknecht, ein Schnitter,
Und ein Traubenkoch zuletzt,
Bist du nun der freie Ritter,
Der sich auf der Fahrt ergetzt.

Und die Schüler, zu den Bänken
Kehrend, grüßen jubelvoll,
Hingelagert vor den Schenken,
Dich als Musengott Apoll.

Aus der Höhe

Schreitend meinen Höhenpfad,
Seh ich, statt lebend'ger Flut,
Unter mir des Eises Flur,
Drauf der Wettlauf Tausender
Unermüdlich sich ergötzt.
Horch! Ein dunkel Geisterlied,
Wie des Bienenkorbs Gesumms:
Dröhnend sonder Unterbruch
Durch die reine Winterluft,
Des gestählten Schuhes Ton!
Meiner Jugend einz'ge Lust
Läutet dumpf zu mir empor.

Die Schlittschuhe

»Hör, Ohm! In deiner Trödelkammer hangt
Ein Schlittschuhpaar, danach mein Herz verlangt!
Von London hast du einst es heimgebracht,
Zwar ist es nicht nach neuster Art gemacht,
Doch damasziert, verteufelt elegant!
Dir rostet ungebraucht es an der Wand
Du gibst es mir!« Hier, Junge, hast du Geld,
Kauf dir ein schmuckes Paar, wie dir's gefällt!
»Ach was! Die damaszierten will ich, deine!
Du läufst ja nimmer auf dem Eis, ich meine?«
Der liebe Quälgeist läßt mir keine Ruh,
Er zieht mich der verschollnen Stube zu;
Da lehnen Masken, Klingen kreuz und quer
An Bayles staubbedecktem Diktionär,
Und seine Beute schon erblickt der Knabe
In dunkelm Winkel hinter einer Truhe;
»Da sind sie!« Ich betrachte meine Habe,
Die Jugendschwingen, die gestählten Schuhe.
Mir um die Schläfen zieht ein leiser Traum ...
»Du gibst sie mir!« ... In ihrem blonden Haar,
Dem aufgewehten, wie sie lieblich war,
Der Wangen edel Blaß gerötet kaum! ...
In Nebel eingeschleiert lag die Stadt,
Der See, ein Boden spiegelhell und glatt,
Drauf in die Wette flogen, Gleis an Gleis,
Die Läufer; Wimpel flaggten auf dem Eis ...
Sie schwebte still, zuerst umkreist von vielen
Geflügelten wettlaufenden Gespielen –
Dort stürmte wild die purpurne Bacchantin,
Hier maß den Lauf die peinliche Pedantin –

Sie aber wiegte sich mit schlanker Kraft,
Und leichten Fußes, luftig, elfenhaft
Glitt sie dahin, das Eis berührend kaum,
Bis sich die Bahn in einem weiten Raum
Verlor und dann in schmalre Bahnen teilte.
Da lockt' es ihren Fuß in Einsamkeiten,
In blaue Dämmerung hinauszugleiten,
Ins Märchenreich; sie zagte nicht und eilte
Und sah, daß ich an ihrer Seite fuhr,
Nahm meine Hand und eilte rascher nur.
Bald hinter uns verklang der Menge Schall,
Die Wintersonne sank, ein Feuerball;
Doch nicht zu hemmen war das leichte Schweben,
Der sel'ge Reigen, die beschwingte Flucht
und warme Kreise zog das rasche Leben
Auf harterstarrter, geisterhafter Bucht.
An uns vorüber schoß ein Fackellauf,
Ein glüh Phantom, den grauen See hinauf ...
In stiller Luft ein ungewisses Klingen,
Wie Glockenlaut, des Eises surrend Singen ...
Ein dumpf Getos, das aus der Tiefe droht –
Sie lauscht, erschrickt, ihr graut, das ist der Tod!
Jäh wendet sie den Lauf, sie strebt zurück,
Ein scheuer Vogel, durch das Abenddunkel,
Dem Lärm entgegen und dem Lichtgefunkel,
Sie löst gemach die Hand ... o Märchenglück!
Sie wendet sich von mir und sucht die Stadt,
Dem Kinde gleich, das sich verlaufen hat –
»Ei, Ohm, du träumst? Nicht wahr, du gibst sie mir,
Bevor das Eis geschmolzen?« ... Junge, hier.

Begegnung

Mich führte durch den Tannenwald
Ein stiller Pfad, ein tief verschneiter,
Da, ohne daß ein Huf geknallt,
Erblickt ich plötzlich einen Reiter.

Nicht zugewandt, nicht abgewandt,
Kam er, den Mantel umgeschlagen,
Mir deuchte, daß ich ihn gekannt
In alten, längst verschollnen Tagen.

Der jungen Augen wilde Kraft,
Des Mundes Trotz und herbes Schweigen,
Ein Zug von Traum und Leidenschaft
Berührte mich so tief und eigen.

Sein Rößlein zog auf weißer Bahn
Vorbei mit ungehörten Hufen.
Mich faßt's mit Lust und Grauen an,
Ihm Gruß und Namen nachzurufen.

Doch keinen Namen hab ich dann
Als meinen eigenen gefunden,
Da Roß und Reiter schon im Tann
Und hinterm Schneegeflock verschwunden.

Neujahrsglocken

In den Lüften schwellendes Gedröhne,
Leicht wie Halme beugt der Wind die Töne:

Leis verhallen, die zum ersten riefen,
Neu Geläute hebt sich aus den Tiefen.

Große Heere, nicht ein einzler Rufer!
Wohllaut flutet ohne Strand und Ufer.

Das Heute

Das Heut ist einem jungen Weibe gleich.
Schlag Mitternacht wird ihm die Wange bleich.
Es schaudert. Einen vollen Becher faßt
Es gierig noch und schlürft in toller Hast.
Der üpp'ge Mund, indem er lechzt und trinkt,
Entfärbt sich und verwelkt. Der Becher sinkt.
Langsam zieht es den Kranz sich aus dem Haar.
Das Haar ergraut, das eben braun noch war,
Tief runzelt sich das schöne schuld'ge Haupt,
Zusammenbricht das Knie, der Kraft beraubt.
Die Horen kleiden dicht in Schleier ein
Und führen weg ein greises Mütterlein.

Unter den Sternen

Wer in der Sonne kämpft, ein Sohn der Erde,
Und feurig geißelt das Gespann der Pferde,
Wer brünstig ringt nach eines Zieles Ferne,
Von Staub umwölkt – wie glaubte der die Sterne?

Doch das Gespann erlahmt, die Pfade dunkeln,
Die ew'gen Lichter fangen an zu funkeln,
Die heiligen Gesetze werden sichtbar.
Das Kampfgeschrei verstummt. Der Tag ist richtbar.

III

IN DEN BERGEN

*Schutzgeister**

Nahe wieder sah ich glänzen
Meiner Firne scharfe Grenzen,
Meiner Alpen weiße Bünde,
Wurzelnd tief im Kern der Schweiz;
Wieder bin ich dort gegangen,
Wo die graden Wände hangen
In des Sees geheime Gründe
Mit dem dunkelgrünen Reiz.

Nimmer war der Tag so helle,
Niemals reiner meine Augen,
Erd und Himmel einzusaugen,
Meine Schritte gingen sacht;
Schauend pilgert ich und lauschte,
Weil ein guter Weggeselle
Heimlich Worte mit nir tauschte
Von der Bergc Herzensmacht.

Traulich fühlt ich seine Nähe
Und mir ward, ob ich ihn sähe,
Und er sprach: »Vor manchen Jahren

* Goethe-Jahrbuch 1887.

Bin ich rüstig hier gereist,
Hier geschritten, dort gefahren!«
Und er lobte Land und Leute,
Daß sich meine Seele freute
An dem liebevollen Geist.

Und er wies auf ein Gelände:
»Hier an einem lichten Tage
Fand ich eure schönste Sage
Und ich nahm sie mit mir fort.
Wandernd hab ich dran gesonnen;
Was zu bilden ich begonnen,
Legt in Schillers edle Hände
Nieder ich als reichen Hort.«

Da er seinen Bruder nannte
Und mir drob das Herz entbrannte,
War's, als schlügen weite Flügel
Sausend über mir die Luft,
Schwingen, die den Raum besiegen,
Wie sie nicht um niedre Hügel
Flattern, Schwingen, die sich wiegen,
Herrschend über Berg und Kluft.

Selig war ich mit den beiden,
Dämmerung verwob die Weiden
Und ich sah zwei treue Sterne
Über meiner Heimat gehn.
Leben wird mein Volk und dauern
Zwischen seinen Felsenmauern,
Wenn die Dioskuren gerne
Segnend ihm zu Haupte stehn.

Der Reisebecher

Gestern fand ich, räumend eines langvergeßnen
    Schrankes Fächer,
Den vom Vater mir vererbten, meinen ersten
    Reisebecher.
Währenddes ich, leise singend, reinigt ihn vom Staub
    der Jahre,
War's, als höbe mir ein Bergwind aus der Stirn die
    grauen Haare,
War's, als dufteten die Matten, drein ich schlummernd
    lag versunken,
War's als rauschten alle Quelle, draus ich wandernd
    einst getrunken.

Nach der ersten Bergfahrt

(Einem jungen Mädchen)

Liebes Kind, du bist gemagert, bist verbrannt von
    Mittagssonnen,
Deine Wangen blühen frischer, wuschest dich an
    kühlen Bronnen,
Wie du schreitest, schlank und kräftig, über deines
    Gärtchens Stufen!
Deine Stimme wurde voller, die das Echo wachgerufen,
In dem klaren Herdgeläute wurde deine Stimme heller,
Deine wegeskund'gen Blicke kreisen rascher, streifen
    schneller,
Deine Lippen wurden stiller, edler wurde deine Stirne,
Und dein Auge, großgeöffnet, es betrachtet noch die
    Firne.

Das weiße Spitzchen

Ein blendendes Spitzchen blickt über den Wald,
Das ruft mich, das zieht mich, das tut mir Gewalt:

»Was schaffst du noch unten im Menschengewühl?
Hier oben ist's einsam! Hier oben ist's kühl!

Der See mir zu Füßen hat heut sich enteist,
Er kräuselt sich, flutet, er wandert, er reist,

Die Moosbank des Felsens ist dir schon bereit,
Von ihr ist's zum ewigen Schnee nicht mehr weit!«

Das Spitzchen, es ruft mich, sobald ich erwacht,
Am Mittag, am Abend, im Traum noch der Nacht.

So komm ich denn morgen! Nun laß mich in Ruh!
Erst schließ ich die Bücher, die Schreine noch zu.

Leis wandelt in Lüften ein Herdegeläut:
»Laß offen die Truhen! Komm lieber noch heut.«

Firnelicht

Wie pocht' das Herz mir in der Brust
Trotz meiner jungen Wanderlust,
Wann, heimgewendet, ich erschaut
Die Schneegebirge, süß umblaut,
Das große stille Leuchten!

Ich atmet eilig, wie auf Raub,
Der Märkte Dunst, der Städte Staub.
Ich sah den Kampf. Was sagest du,
Mein reines Firnelicht, dazu,
    Du großes stilles Leuchten?

Nie prahlt ich mit der Heimat noch,
Und liebe sie von Herzen doch!
In meinem Wesen und Gedicht
Allüberall ist Firnelicht,
    Das große stille Leuchten.

Was kann ich für die Heimat tun,
Bevor ich geh im Grabe ruhn?
Was geb ich, das dem Tod entflieht?
Vielleicht ein Wort, vielleicht ein Lied,
    Ein kleines stilles Leuchten!

Himmelsnähe

In meiner Firne feierlichem Kreis
Lagr ich am schmalen Felsengrate hier,
Aus einem grünerstarrten Meer von Eis
Erhebt die Silberzacke sich vor mir.

Der Schnee, der am Geklüfte hin zerstreut,
In hundert Rinnen rieselt er davon
Und aus der schwarzen Feuchte schimmert heut
Der Soldanelle zarte Glocke schon.

Bald nahe tost, bald fern der Wasserfall,
Er stäubt und stürzt, nun rechts, nun links verweht,
Ein tiefes Schweigen und ein steter Schall,
Ein Wind, ein Strom, ein Atem, ein Gebet!

Nur neben mir des Murmeltieres Pfiff,
Nur über mir des Geiers heisrer Schrei,
Ich bin allein auf meinem Felsenriff
Und ich empfinde, daß Gott bei mir sei.

Allerbarmen

An dem Bauerhaus vorüber
Schritt ich eilig, weil mir grauste,
Weil im dumpfen Hof ein trüber,
Brütender Kretine hauste.

Schaudernd warf ich einen halben
Blick in seinen feuchten Kerker –
Eben war die Zeit der Schwalben,
Wo sie baun an Dach und Erker.

Den Enterbten sah ich kauern,
Über seiner Lagerstätte
Blitzten Schwalben um die Mauern,
Nester bauend in die Wette.

Der erloschne Blick erfreute
Sich, in einem kleinen blauen

Raum das Werk der Schwalben heute,
Dieses kluge Werk zu schauen.

Blitzend kreiste das Geschwirre
An dem engen Horizonte,
Und das Lachen klang, das irre,
Drin sich doch der Himmel sonnte.

Göttermahl

Wo die Tannen finstre Schatten werfen
Über Hänge goldbesonnt,
Unverwundet von der Firne Schärfen
Blaut der reine Horizont,

Wo das Spiel den rastlos wehnden Winden
Kein Gebälk und keine Mauer wehrt,
Wo, wie einer dunkeln Sorge Schwinden,
Jede Wolke sich verzehrt,

Wo das braune Rind, wie Juno schauend,
Weidet und mit heller Glocke tönt,
Wo das Zicklein, lüstern wiederkauend,
Den bemoosten Felsen krönt,

Schlürf ich kühle Luft und wilde Würzen,
Mit den sel'gen Göttern kost ich da –
Die mich nicht aus ihrem Himmel stürzen –
Nektar und Ambrosia!

Das Seelchen

Ich lag im Gras auf einer Alp,
In sel'ge Bläuen starrt ich auf –
Mir war, als ob auf meiner Brust
Mich etwas sacht betastete.
Ich blickte schräg. Ein Falter saß
Auf meinem grauen Wanderrock.
Mein Seelchen war's, das flugbereit,
Die Schwingen öffnend, zitterte.
Wie sind die Schwingen ihm gefärbt?
Sie leuchten blank, betupft mit Blut.

Das Glöcklein

Er steht an ihrem Pfühl in herber Qual,
Den jungen Busen muß er keuchen sehn –
Er ist ein Arzt. Er weiß, sein traut Gemahl
Erblaßt, sobald die Morgenschauer wehn.

Sie hat geschlummert: »Lieber, du bei mir?
Mir träumte, daß ich auf der Alpe war,
Wie schön mir träumte, das erzähl ich dir –
Du schickst mich wieder hin das nächste Jahr!

Dort vor dem Dorf – du weißt den moos'gen Stein –
Saß ich, umhallt von lauter Herdgetön,
An mir vorüber zogen mit Schalmein
Die Herden nieder von den Sommerhöhn.

Die Herden kehrten alle heut nach Haus –
Das ist die letzte wohl? Nein, eine noch!
Noch ein Geläut klingt an und eins klingt aus!
Das endet nicht! Da kam das letzte doch!

Mich überflutete das Abendrot,
Die Matten dunkelten so grün und rein,
Die Firne brannten aus und waren tot,
Darüber glomm ein leiser Sternenschein –

Da horch! ein Glöcklein läutet in der Schlucht,
Verirrt, verspätet, wandert's ohne Ruh,
Ein armes Glöcklein, das die Herde sucht –
Aufwacht ich dann und bei mir warest du!

Oh, bring mich wieder auf die lieben Höhn –
Sie haben, sagst du, mich gesund gemacht ...
Dort war es schön! Dort war es wunderschön!
Das Glöcklein! Wieder! Hörst du's? Gute Nacht ...«

Spiel

Denkst, Freund, des wilden Knabenspiels du noch,
Das wir getrieben einst am Bergesjoch,
Wann unser freud'ger Wandertag verglomm
Und höher stets und immer höher klomm?
Wir sprangen jubelnd über Stock und Stein
Bergan und wieder in das Licht hinein,
Und noch einmal und noch einmal,
Bis uns entschlüpft' der letzte Sonnenstrahl.

Das Spiel, das wir am Alpentale dort
Getrieben, Freund, wir spielen's heut noch fort.
Wann neben uns das süße Licht erbleicht,
Wir steigen, bis von neuem wir's erreicht.
Wir springen rüstig über Stock und Stein
Und mitten wieder in den Tag hinein,
   Und noch einmal und noch einmal,
Bis uns entschlüpft der letzte Lebensstrahl.

Ich würd es hören

Läg dort ich unterm Firneschein
Auf hoher Alp begraben,
Ich schliefe mitten im Juchhein
Der wilden Hirtenknaben.

Wo sonst ich lag im süßen Tag,
Läg ich in dunkeln Decken,
Der Laue Krach und dumpfer Schlag,
Er würde mich nicht wecken.

Und käme schwarzer Sturm gerauscht
Und schüttelte die Tannen,
Er führe, von mir unbelauscht,
Vorüber und von dannen.

Doch klänge sanfter Glockenchor,
Ich ließe wohl mich stören
Und lauscht ein Weilchen gern empor,
Das Herdgeläut zu hören.

Die Bank des Alten

Ich bin einmal in einem Tal gegangen,
Das fern der Welt, dem Himmel nahe war,
Durch das Gelände seiner Wiesen klangen
Die Sensen rings der zweiten Mahd im Jahr.

Ich schritt durch eines Dörfchens stille Gassen.
Kein Laut. Vor einer Hütte saß allein
Ein alter Mann, von seiner Kraft verlassen,
Und schaute feiernd auf den Firneschein.

Zuweilen, in die Hand gelegt die Stirne,
Seh ich den Himmel jenes Tales blaun,
Den Müden seh ich wieder auf die Firne,
Die nahen, selig klaren Firne schaun.

’s ist nur ein Traum. Wohl ist der Greis geschieden
Aus dieser Sonne Licht, von Jahren schwer;
Er schlummert wohl in seines Grabes Frieden
Und seine Bank steht vor der Hütte leer.

Noch pulst mein Leben feurig. Wie den andern
Kommt mir ein Tag, da mich die Kraft verrät;
Dann will ich langsam in die Berge wandern
Und suchen, wo die Bank des Alten steht.

Die alte Brücke

Dein Bogen, grauer Zeit entstammt,
Steht manch Jahrhundert außer Amt;

Ein neuer Bau ragt über dir;
Dort fahren sie! Du feierst hier.

Die Straße, die getragen du,
Deckt Wuchs und rote Blüte zu!
Ein Nebel netzt und tränkt dein Moos,
Er dampft aus dumpfem Reußgetos:

Mit einem luftgewobnen Kleid
Umschleiert dich Vergangenheit
Und statt des Lebens geht der Traum
Auf deines Pfades engem Raum.

Das Carmen, das der Schüler sang,
Träumt noch im Felsenwiderklang,
Gewieher und Drommetenhall
Träumt und verdröhnt im Wogenschwall.

Du warst nach Rom der arge Weg,
Der Kaiser ritt auf deinem Steg,
Und Parricida, frevelblaß,
Ward hier vom Staub der Welle naß!

Du brachtest nordwärts manchen Brief,
Drin römische Verleumdung schlief,
Auf dir mit Söldnern beuteschwer
Schlich Pest und schwarzer Tod daher!

Vorbei! Vorüber ohne Spur!
Du fielest heim an die Natur,
Die dich umwildert, dich umgrünt,
Vom Tritt des Menschen dich entsühnt!

Der Kaiser und das Fräulein

Hoch am Septimer, dem Kaiserpasse –
Denn die Kaiser pflegten nach Italien
Über dieses Bergesjoch zu reiten –
Hielt ich unter steilen Sonnenstrahlen
Mittagsrast. Mir gegenüber wand sich
Um den Felsen noch ein Stück des alten
Saumwegs, schwebend über jähem Abgrund.
Mittag ist des Berges Geisterstunde.
In die Sonne blinzelt ich. Ein Hornruf!
Banner flattern. Schwert und Bügel klirren.
Fraun und Ritter gleiten aus den Sätteln.
Sorglich leiten Säumer scheue Rosse.
Die gestrenge Kaisrin seh ich schreiten,
Ein versteinert Weib mit harten Zügen.
Hinter ihr die Fräulein. Einer Zarten
Schwindelt plötzlich. Ihre Kniee wanken
Sich entfärbend lehnt sie an die Bergwand …
Rasch ein Held – er trägt das Kaiserkrönlein
Um die Kappe – fängt in seinen mächt'gen
Armen auf das wanke Kind und trägt es
An die Brust gedrückt. Das Mädchen schwebte
Sicher überm Abgrund und er raubt' ihr
Einen flücht'gen Kuß. Da schwand das Blendwerk.
Weiter pilgernd rätselt ich ein Weilchen:
War es einer der Ottonen oder
War's ein Heinrich oder war's ein Friedrich,
Der die wehrlos Schwebende geküßt hat?

Reisephantasie

Mittagsruhe haltend auf den Matten
In der morschen Burg gezacktem Schatten,
Vor dem Türmchen eppichübersponnen,
Hab ich einen Sommerwunsch gesonnen,
Während ich ein Eidechsschwänzchen blitzen
Sah und, husch, verschwinden durch die Ritzen …

Wenn es lauschte … wenn es meiner harrte …
Wenn – das Pförtchen in der Mauer knarrte …
Dem Geräusche folgend einer Schleppe,
Fänd ich eine schmale Wendeltreppe
Und, von leiser Hand emporgeleitet,
Droben einen Becher Wein bereitet …
Dann im Erker säßen wir alleine,
Plauderten von nichts im Dämmerscheine,
Bis der Pendel stünde, der da tickte,
Und ein blondes Haupt entschlummernd nickte,
Unter seines Lides dünner Hülle
Regte sich des blauen Quelles Fülle …
Und das unbekannte Antlitz trüge
Ähnlichkeiten und Geschwisterzüge
Alles Schönen, was mir je entgegen
Trat auf allen meinen Erdewegen …
Was ich Tiefstes, Zartestes empfunden,
Wär an dieses blonde Haupt gebunden
Und in eine Schlummernde vereinigt,
Was mich je beseligt und gepeinigt …
Dringend hätt es mich emporgerufen
Dieser Wendeltreppe Trümmerstufen,
Daß ich einem ganzen vollen Glücke

Stillen Kuß auf stumme Lippen drücke …
Einmal nur in einem Menschenleben –
Aber nimmer wird es sich begeben!

Der Rheinborn

Ich bin den Rhein hinauf gezogen
Durch manches schatt'ge Felsentor,
Entlang die blauen, frischen Wogen
Zu seinem hohen Quell empor.

Ich glaubte, daß der Rhein entspringe,
So liedervoll, so weinumlaubt,
Aus eines Sees lichtem Ringe,
Doch fand ich nicht, was ich geglaubt.

Indem ich durch die Matten irrte
Nach solchen Bornes Freudeschein,
Wies schweigend der befragte Hirte
Empor mich zum Granitgestein.

Ich klomm und klomm auf schroffen Stiegen,
Verwognen Pfaden, öd und wild,
Und sah den Born im Dunkel liegen
Wie einen erzgegoßnen Schild.

Fernab von Herdgeläut und Matten
Lag er in eine Schlucht versenkt,
Bedeckt von schweren Riesenschatten,
Aus Eis und ew'gem Schnee getränkt –

Ein Sturz! Ein Schlag! Und aus den Tiefen
Und aus den Wänden brach es los:
Heerwagen rollten! Stimmen riefen
Befehle durch ein Schlachtgetos!

Die Felswand

Feindselig, wildzerrissen steigt die Felswand.
Das Auge schrickt zurück. Dann irrt es unstet
Daran herum. Bang sucht es, wo es hafte.
Dort! Über einem Abgrund schwebt ein Brücklein
Wie Spinnweb. Höher um die scharfe Kante
Sind Stapfen eingehaun, ein Wegesbruchstück!
Fast oben ragt ein Tor mit blauer Füllung:
Dort klimmt ein Wanderer zu Licht und Höhe!
Das Aug verbindet Stiege, Stapfen, Stufen.
Es sucht. Es hat den ganzen Pfad gefunden
Und gastlich, siehe, wird die steile Felswand.

Hohe Station

Hoch an der Windung des Passes bewohn ich ein
niedriges Berghaus –
Heut ist vorüber die Post, heut bin ich oben allein.
Lehnend am Fenster belausch ich die Stille des
dämmernden Abends,
Rings kein Laut! Nur der Specht hämmert im harzigen
Tann!

Leicht aus dem Wald in den Wald hüpft über die Matte
das Eichhorn,
Spielend auf offenem Plan; denn es ist Herr im Bezirk.
Jammer! Was hör ich? Ein schrilles Gesurre:
»Gemordet ist Garfield!«
»Bismarck zürnt im Gezelt!« »Väterlich segnet der
Papst!«
Schwirrt in der Luft ein Gerücht? Was gewahr ich? Ein
schwärzliches Glöcklein!
Unter dem Fenstergesims bebt der elektrische Draht,
Der, wie die Schläge des Pulses beseelend den Körper
der Menschheit,
Durch das entlegenste Tal trägt die Gebärde der Zeit.

Vision

Als ich jüngst vom Pfad verirrt war,
Wo kein Jäger und kein Hirt war,
Führt' ein Licht aus dunkelm Tann
Mich an eines Hüttleins Schwelle,
Drin bei matter Ampelhelle
Eine greise Parze spann.

Draußen schlug der Wind die Schwingen,
Und die Bergesströme singen
Hört ich ihren dunkeln Sang …
Und ich sah den Faden schweben,
Und der Faden schien ein Leben –
Meines? dacht ich zauberbang.

Wage, Mensch, die höchsten Flüge,
Deiner Parze starre Züge
Sehen längst das nahe Ziel!
Tummle dich, ein kühner Ringer:
Ihre hagern, harten Finger
Enden bald das edle Spiel ...

Eine Träne seh ich zittern,
Einen Kranz mit Silberflittern
Seh ich hangen an der Wand:
In der Alpenhütte Kammer
Spinnt an einem alten Jammer
Einer Greisin welke Hand.

Der Hengert

Vater Lucas sprach beim Frühstück:
»Heute, Herr, ist hier ein Hengert!«
Und ich fragte: »Was ist Hengert?«
Mich belehrte Vater Lucas:
»Hengert, Herr, bedeutet Reigen,
Ball und Sprung und Fußgezappel
In der Sprache der Grisonen
Und Ihr möchtet böse schlummern,
Sucht Ihr heut nicht stillre Ruhstatt!«

»Vater Lucas, keine Sorge!
Hab ich erst mich müd gewandert,
Schlief' ich auch in einem Meersturm!«

Freudig nahm ich meinen Bergstock,
Stieg hinan die saft'gen Weiden,
Wo sich tummeln braune Fohlen,
Durch bewegliches Gerölle
Klomm ich auf zum sel'gen Gipfel,
Den mit leichtem Kuß berühren
Heimatlose Wanderwolken.

Müde kehrt ich heim ins Berghaus
Um die Zeit der ersten Lichter.
Vor der Pforte stand ein Häuflein,
In der Mitte Musikanten,
Rechts die Bursche, links die Mädchen,
Doch kein Scherzwort flog herüber
Und hinüber flog kein Trutzwort.
Lässig mit gekreuzten Armen
Standen sie geschieden, feindlich
Sich mit dunkeln Blicken messend.

Und ich stieg in meine Kammer,
Legte mich getrost zur Ruhe.
Bald erklang Musik piano,
Allgemach begann der Hengert,
Sachte schritt er, schläfrig schleift' er,
Wie Geschlurfe von Pantoffeln.
Heimlich spottet ich der trägen
Füße, der bequemen Herzen
Im Gebirge der Grisonen
Und versank in süßen Schlummer ...

Horch! Ein Ton, ein feurig greller,
Schlägt empor wie eine Flamme!

Jach erhitzen sich die Bleche
Und die Geige streicht ein Dämon!
Mir zur Rechten, mir zur Linken,
Mir zu Häupten, mir zu Füßen,
Ungezügelt, ungebändigt,
Erderschütternd stampft der Reigen,
Immer lauter, wilder, toller
Tobt und rast und dröhnt und tritt er,
Daß erbeben alle Balken.
Tosend sausten durch die Lüfte
Berghaus, Hengert, Folterkammer,
Wie voreinst die hochgelobte
Casa santa durch die Lüfte
Fuhr von Istrien nach Loretto,
Doch von Engeln sie getragen,
Ich von höllischen Gewalten
An den Sabbat auf dem Blocksberg ...

Also ging es bis zum Morgen,
Da die heil'ge Frühe löschte
Stern an Stern am ew'gen Leuchter
Über schwarzen Tannenbergen.
Lechzend öffnet ich das Fenster,
Einzuschlürfen Morgenlüfte,
Abzukühlen die zertanzte
Fieberschwüle Stirn im Winde ...
Wagen rollten in die Ferne,
Trugen fort die letzten Gäste.
Unterm Vordach ein Geflüster –
Ein aus tiefster Brust geseufztes,
Ein aus tiefster Brust erwidert,
Leidenschaftliches Addio ...

Die zwei Reigen

Ein Cherub schritt das Tal empor
Und schlug das Volk mit Schwert und Pest,
Hinsank der halbe Jugendflor –
Die Schwalbe kehrt und baut das Nest.

Brautführer will der Frühling sein,
Und wer das Lieb verloren hat,
Dem gibt mit einem blühnden Mai'n
Er eines an des toten statt.

Er führt auf schwellend grünen Plan
Den Rest der Jugend, neu gepaart,
Und hebt ein mächtig Fiedeln an
Von Liebesglück und Minnefahrt.

Die Paare fliegen rasch daher,
Ein Lenzgesind, gejagt vom Wind,
Dabei wird manches Herze schwer,
Das an die alte Liebe sinnt …

Doch Leben hat das Leben gern,
Und leicht gewöhnt sich Brust an Brust,
Die Toten liegen tief und fern
Und wissen nichts von unsrer Lust …

Die Sonne schwand. Hell scheint ins Land
Der Mond und streut den Silberglanz,
Der Reigen dreht sich Hand in Hand
Und Mund an Mund und Kranz an Kranz …

Da steigt es aus der Wiese leis
Und beut sich auch die Hände sacht:
Genüber schwebt ein stiller Kreis
Im blauen Duft der Lenzesnacht.

Es haucht ein sanfter Flötenlaut
Und toter Jüngling, tote Maid
Umschlingen sich im Reigen traut
Und ohne Neid und ohne Leid.

Bacchus in Bünden

Wo stürzend aus rätischen Klüften der Rhein
Um silberne Hüften sich gürtet den Wein,
Ziehn paukende Masken mit Zimbelgeläut:
»Du Traube von Trimmis, dich wimmeln wir heut!«

Sie treten den Reigen, sie stampfen den Chor,
Da dunkelt's und lodern die Fackeln empor:
Ein Kranz in den Lüften! Ein wirbelndes Paar!
Ein brennender Nacken! Ein purpurnes Haar!

Die Fackeln verlöschen. Es hebt sich der Glanz
Des schimmernden Monds und vergeistert den Tanz –
Ein adliger Jüngling von fremder Gestalt
Bemeistert den Reigen mit Herrschergewalt.

Er schwebt in der Mitte, bekränzt und allein,
Mit leuchtenden Füßen in himmlischem Schein,
Die Schulter umflattert getigertes Fell,
Er trägt einen Szepter, der kühne Gesell.

Er neigt ihn vor Irma, der träumenden Maid:
»In nachtdunkle Haare taugt blitzend Geschmeid!«
Er greift in den Himmel mit mächtiger Hand,
Er raubt aus den Sternen ein flimmerndes Band:

Schön Irma schwebt hin mit dem Krönlein von Licht,
Als fesselte fürder die Erde sie nicht,
Er schwingt ihr zu Häupten den Thyrsus, umrankt
Mit üppigem Laube, von Trauben umschwankt …

Zwölf Schläge verkünden die Mitte der Nacht.
Der Reigen ermüdet. Das Fest ist vollbracht!
»Herunter die Masken! So will es der Brauch!
Du Führer des Reigens, entlarve dich auch!

Wir sind unser zwanzig, und voll ist die Zahl!
Wer bist du, der frech in die Gilde sich stahl!
Ein Gaukler? Ein Zaubrer? Sprich, wie du dich nennst!
Sonst fürcht unsre Messer, bist du kein Gespenst!«

Ein Mönchlein, ein zechend entschlafnes, wird reg:
»Wer bist du? Der Satan? Dir weis ich den Weg!«
Er zeichnet ein Kreuz. »Nun entmumme dich nur!
Ich bin der gelehrte Pancrazi von Chur!«

Der Jüngling entlarvt ein von Eppich umlaubt,
Ein hohes, ein mildes, ein gnädiges Haupt:
»Zu Füßen dem Herrscher, vermessen Gesind!
Ich bin Dionysos, des Donnerers Kind!«

Er lächelt dem Mönch in das feiste Gesicht:
»Silenos, Silenos, verleugne mich nicht!

Mich hat Seine Gnaden, der Bischof, gebannt
Und ist doch mein treuster Bekenner im Land.

Weinfröhliche Räter, etrurisch Geschlecht,
Ihr habt schon am Reno* gehörig gezecht,
Doch hüben am Rhein, in germanischer Mark
Bezecht ihr euch doppelt und dreimal so stark!«

Fiebernacht

»Berggeist, ich höre deine Ströme rauschen –
Gib mir Gehör! Wir wollen Rede tauschen!
Du von der Firn und aus der Gletscher Kühle,
Ich aus der engen Krankenkammer Schwüle!
Du weißt es, Geist, ich liege hier gefangen
Und lasse den geknickten Flügel hangen,
Ich ächz und stöhne, den gelähmten, wunden,
Gebrochnen Arm dicht an den Leib gebunden.
Zwei kurzer Wandertage süßes Träumen –
Und dich verdroß ein Gast in deinen Räumen.
Von deinem Tische stießest du den Zecher,
Entrissest ihm den eisgewürzten Becher,
Und rolltest ihn hohnlachend durch die Klüfte
Hinunter in des Fieberlagers Grüfte.
Verräter, schmählich hast du mich betrogen!
Hast du mich leise rufend nicht gezogen?
Warst du mir lange Jahre nicht gewogen?
Und wann in deinem Reich ich mich verirrte,
Schritt nicht, wie Zufall, mir voran ein Hirte

* Ein italienischer Fluß.

Und ließ mich – ungerufen, ungebeten –
Bergab in seine sichern Stapfen treten?
Du bist mir gram geworden? Laß dich fragen!
Muß ich der führerlosen Fahrt entsagen?
Des hohen Irreganges mich entwöhnen?«
Mir gab Bescheid der Geist mit tiefen Tönen
Im Flutensturz und in der Laue Dröhnen,
Es klang wie Drohn und wieder klang's wie Höhnen:
»Ein junger Wandrer kam zu mir gefahren
Mit hast'gen Schritten und mit wehnden Haaren,
Ein bleiches Bild! So ist er ohne Bangen
Auf meinen schmalen Gräten umgegangen,
Und über Klüften, schwindelnd abgrundtiefen,
Aus welchen jubelnd ihn die Wogen riefen,
Ist er gewandelt auf gestürzten Föhren
Und schien in meine Wildnis zu gehören,
Ein dumpfer Ton in meinen dumpfen Chören –
Du warst's ... und gingst an eines Abgrunds Saume,
Unkundig der Gefahr, in wachem Traume!
Doch mir gefiel der Kühne und der Blinde,
Und Sorge trug ich dir als einem Kinde –
Jetzt, lieber Herr, bist leidlich du vernünftig,
Hast Weib und Hof, bist in der Gilde zünftig,
Verlaß dich nicht auf meine Flügel künftig!«

Noch einmal

Noch einmal ein flüchtiger Wandergesell –
Wie jagen die schäumenden Bäche so hell,
Wie leuchtet der Schnee an den Wänden so grell!

Hier oben mischet der himmlische Schenk
Aus Norden und Süden der Lüfte Getränk,
Ich schlürf es und werde der Jugend gedenk.

O Atem der Berge, beglückender Hauch!
Ihr blutigen Rosen am hangenden Strauch,
Ihr Hütten mit bläulich gekräuseltem Rauch –

Den eben noch schleiernder Nebel verwebt,
Der Himmel, er öffnet sich innig und lebt,
Wie ruhig der Aar in dem strahlenden schwebt!

Und mein Herz, das er trägt in befiederter Brust,
Es wird sich der göttlichen Nähe bewußt,
Es freut sich des Himmels und zittert vor Lust –

Ich sehe dich, Jäger, ich seh dich genau,
Den Felsen umschleichest du grau auf dem Grau,
Jetzt richtest empor du das Rohr in das Blau –

Zu Tale zu steigen, das wäre mir Schmerz –
Entsende, du Schütze, entsende das Erz!
Jetzt bin ich ein Seliger! Triff mich ins Herz!

Burg »Fragmirnichtnach«

Wo weiß die Landquart durch die Tannen schäumt,
Irrt unbekümmert ich um Weg und Zeit,
Da stand ein grauer Turm, wie hingeträumt
In ungebrochne Waldeseinsamkeit.
Ich sah mich um und frug: »Wie heißt das Schloß?«

Ein bucklig Mütterlein, das Kräuter brach;
Da murrte sie, die jedes Wort verdroß:
»Fragmirnichtnach«.
Ich schritt hinan; im Hof ein Brünnlein scholl,
Durch den verwachsnen Torweg drang ich ein,
Ein dünnes kühles Rieseln überquoll
Auf einer Gruft den schwarzbemoosten Stein.
Ich beugte mich nach des Verschollnen Spur,
Entziffernd, was des Steines Inschrift sprach,
Nicht Zahl, nicht Namen – ein Begehren nur:
Frag mir nicht nach!

Gespenster

Am Horizonte glomm des Abends Feuer;
Ich stieg, indes die Purpurglut verblich,
Zum Römerturm empor und lehnte mich
Randüber auf das dunkelnde Gemäuer –

Und sah, wie sich am Hange, scheu und scheuer,
Die Beerenleserin vorüberschlich.
Das arme Weibchen drückt' und duckte sich
Und schlug ein Kreuz: ihr war es nicht geheuer …

Mich flog ein Lächeln an. Im Eppich neben
Der Brüstung flüstert's: »Freund, in deinem Leben
Ist auch ein Ort, wo die Gespenster schweben!

Führt dich Erinnrung dem zerstörten Ort
Vorbei, du huschest noch geschwinder fort,
Als das von Graun gepackte Weibchen dort.«

Alte Schrift

Jüngst verlockt' es mich im Abendglimmen
Zum Lombardenturm emporzuklimmen,
Dem verschollnen Herrscher hier im Gaue,
Der die Ferne noch beherrscht, die blaue.

In den Mauern bin ich lang geblieben:
Alte Namen standen rings geschrieben
Hoch im Raume, wo die Luken schimmern,
Doch die Wendeltreppe lag in Trümmern.

Die den Blick ins Weite dort gerichtet,
Ihre Wanderstäbe sind vernichtet,
Ihre leichten Mäntel sind verstoben,
Ihre Sprüche blieben aufgehoben.

Einer dichtet anno fünfzehnhundert:
»Gott hab ich in der Natur bewundert!«
»Gaudeamus!« gräbt ein flotter Zecher
Um den keck entworfnen Riesenbecher.

Dort ein Herz von einem Pfeil durchschnitten:
»Hedewig« steht auf des Bolzes Mitten;
Dicht daneben schrieb ein Fahrtgenosse
Gut lateinisch eine derbe Posse –

Dann in des Kastelles tiefem Schatten
Warfen sich die Schüler auf die Matten,
Leerten einen Humpen und von dannen
Pilgerten sie singend durch die Tannen.

Das Gemälde

Trüb brennt der Schenke Kerzenlicht,
Der Wirtin junges Angesicht,
Ermüdet, schlummertrunken,
Nickt auf die Brust gesunken,
Denn schon ist Mitternacht vorbei.
Am Schiefertische spielen zwei,
Die weißen Würfel schallen,
Schlecht ist der Wurf gefallen –
Ein junges wildes Augenpaar
Droht aus verworrnem Lockenhaar:
»Das war mein letztes Silberstück!
Doch wenden muß sich jetzt das Glück!
Du, Alter, mußt mir borgen!
Wir spielen bis zum Morgen!«
Mit grünen Katzenaugen blitzt
Der andre, der im Dunkel sitzt:
»Laß dich zu Bette legen,
Die Mutter spricht den Segen!«
Des Jungen Faust zerdrückt das Glas
Mit einem Fluch – »Kind, weißt du was?
›Ein Schößlein steht auf grünem Plan‹
So fängt ein altes Märchen an.
Ich meine das im Walde,
Hier oben an der Halde.
Verschlossen sind die Fenster,
Drin hausen nur Gespenster
Für den, der an Gespenster glaubt –
Sobald das Jahr den Wald entlaubt,
Macht sich der Herr von hinnen
Von diesen luft'gen Zinnen –

Schwelgt in der Stadt im Marmorsaal
Und spielt bei lust'gem Kerzenstrahl.
Kling, kling! Ich hör es klingen,
Wie gold'ne Füchse springen …
Dein Vater – war mir recht gesagt? –
War Pächter und ist ausgejagt …
Da weißt du droben ein und aus,
Du kennst den Hund, du kennst das Haus –
Ich borgte mir mein Spielgeld frisch
Von dieses reichen Mannes Tisch!
Nimm, was da liegt, nimm, was da steht:
Ein Prunkgeschirr, ein Goldgerät,
Mir darfst du's gleich verhandeln,
Ich kann's in Münze wandeln.
Von selber öffnet sich der Schrein,
Du müßtest nicht ein Schlosser sein …«
Der Bursche lauscht mit dumpfem Hirn
Dem höllischen Gemunkel,
Ein Schatten steht auf seiner Stirn,
Ein Schatten tief und dunkel:
Und wieder leis und lüstern
Beginnt das grimme Flüstern:
»Kurt, sieh den Lauf der Welt dir an!
Was wohl gelingt, ist wohl getan!
Betrachte dir die Taten
Der großen Diplomaten,
Die klugen Herrn verstehn den Pfiff,
Ein leiser Schritt, ein sichrer Griff!
Dann spielt man hübsch Verstecken
Und läßt sich nicht entdecken –
Du blickst so wild, als wolltst du mich
Erstechen, Kurt, besinne dich!

Wo suchst du deine Schlüssel, Kurt?
Du trägst den ganzen Bund am Gurt! ...«
Er stürzt hinaus, empört, betört,
Die Wirtin, die ihn schreiten hört,
Lallt halb im Traum, sie weiß nicht wie:
»Wie geht's der Mutter? Grüße sie!«
Er taumelt in die Nacht hinaus,
Um seine Stirn fliegt ein Gebraus
Betrunkener Gedanken
Und seine Schritte wanken.
Er stürmt empor die Strecke
Zum Schloß auf Schneees Decke,
Das Gitter übersteigt er leis
Und knisternd bricht das Tannenreis,
Er schleicht und nach der Leiter langt
Er, die am Dach der Scheune hangt.
Er steht am Herrenhause schon,
Er klettert über den Balkon,
Sein Herz, er hört es pochen ...
Und hat die Tür erbrochen.
Rasch ist ein Wachslicht angebrannt,
Laut kracht es in der Täfelwand,
Ihm steigt das Haar, hin starrt er wild
Und sieht ein farbenlieblich Bild,
Von lichtem Reif umgeben,
Sich aus dem Düster heben:
Den Schlummer eines Knaben sieht
Er, neben dem die Mutter kniet,
Die blauen Augen strahlen licht
Von einer guten Zuversicht.
Nicht kann den Blick er wenden
Von diesen flehnden Händen ...

Da muß mit Tränenbächen
Die harte Rinde brechen –
Dumpf klirrend fällt der Schlüsselbund.
Die Mutter dankt mit frohem Mund.
Er flüchtet über den Balkon,
Die Leiter trägt er schnell davon,
Als wandelt' er auf Gluten –
Und wendet sich zum Guten.

Die Rehe

Fern von dem fürstlichen keuschen Gemahl
Jubelt ein blühender Jüngling im Saal:
»Hebet die Becher und ruft, daß es schallt:
Freiheit, sie lebe! Die Freiheit im Wald!«
All die Genossen der weidlichen Lust
Bringen das Hoch aus erglühender Brust:
»Lebe die Jugend und Bacchus' Gewalt!
Freiheit, sie lebe! Die Freiheit im Wald!«

Schmetternde Hörner! Dann flüstern sie sacht,
Scherzen und locken die Elfen der Nacht
Aus ihren Waldesverstecken hervor –
Ängstliche Schläge bestürmen das Tor.
»Setz dich ans Feuer, du herziges Kind!«
Lärmt im erleuchteten Hof das Gesind.
»Fürstlich bewirten mit Kuchen dich wir!
Drinnen was suchst du? Bescheide dich hier!«

Rasch in den Saal, in den fürstlichen, tritt
Eine Gescheuchte mit hastigem Schritt,

Über den Busen, vom Laufe bewegt,
Kreuzweis die flehenden Arme gelegt –
Blätter am Röcklein, herbströtlich und falb!
Krausdunkle Haare, noch flattern sie halb,
Süßbraune Augen und schmerzlich dabei,
Blutende Füße – nicht die einer Fei!

»Sage, wer bist du, krauslockiges Haupt,
Schimmernd von purpurnen Blättern umlaubt?«
– »Rehe, die Rehe, so heiß ich im Land
Von meinem braunen Gelock und Gewand –«
»Mein ist die Rehe! Des Herrn ist die Jagd!«
Jubelt der Jüngling, es sträubt sich die Magd …
»Halali!« hetzt es und tobt es und hallt.
Ringend entwindet sie sich der Gewalt.

Lodernde Augen, wie Blitze der Nacht –
Doch sie besinnt sich. Dann redet sie sacht:
»Rehe, die Rehe, so heiß ich im Land,
Wilpert der Schütz, ist der Vater genannt –
Auf eine Jagd, die dem Herrn nur gebührt,
Hat ihn ein äsendes Rudel verführt.
Siehe, da kniet er, da zielt er und knallt –
Heut hat der Vater gefrevelt im Wald!
Doch deine Förster ergriffen ihn, weh,
Ihn und das sündlich erbeutete Reh.
Ich, von der Angst und dem Jammer gejagt,
Lief in den Wald, eine hilflose Magd.
Da schier das Herz mir im Busen zersprang,
Sah ich die Kerzen und hörte den Klang –
Glaubte die gütige Herzogin hier,
Und nun erzittr ich und steh ich vor dir.

Gib mir den Vater und gib mir ihn bald,
Daß ich getröstet verlasse den Wald!
Gnade!«
Der Herzog gesteht sich verwirrt,
Daß man sich leichtlich im Walde verirrt,
Und er bekennt, vom Gewissen gerührt,
Daß eine Rehe vom Wege verführt.
Murmelnd verlangt er ein Blatt, einen Stift,
Schreibt eine Zeile mit schwankender Schrift:
»Wilpert dem Schützen gewähr ich Pardon!«
Und sie bedankt sich und fort ist sie schon.
Er tritt ans Fenster und öffnet es sacht:
Leuchtende Sterne der ruhigen Nacht ...
Dort eine flüchtige dunkle Gestalt!
Und eine Rehe verschwindet im Wald.

Die Zwingburg

Gebrochen ist der alte Twing,
Ringsum ergrünt sein Mauerring,
Der Eppich schwankt im Fenster,
Versunken in der Erde Schoß
Tief unter das besonnte Moos
Sind Ritter und Gespenster.
Wo durch das tiefgewölbte Tor
Die zorn'ge Fehde schritt hervor
Und ließ die Hörer schmettern,
Da hat sich, duftig eingeengt,
Ein Zicklein ans Gesträuch gehängt
Und nascht von jungen Blättern.

Wo wildverträumt Frau Minne stund,
Zerrann auf blauem Himmelsgrund
Der kecke Bau des Erkers;
Wo im Verlies der Haß gegrollt,
Ist in das weiche Gras gerollt
Ein Quaderstein des Kerkers.

Und wo den Teich vom Hügelhang
Herab die trotz'ge Feste zwang
Ein finster Bild zu spiegeln,
Da rudert, von der Flut benetzt,
Der Burg zerstörtes Wappen jetzt:
Ein Schwan mit Silberflügeln.

IV

REISE

»Tag, schein herein! und, Leben, flieh hinaus!«

Tag, schein herein! Die Kammer steht dir offen!
Holdsel'ger Lenzesmorgen, schein herein!
Schon glitzert, von der Sonne Strahl getroffen,
Das Tintenfaß, der eichne Bücherschrein.
Vogt Winter muß dem Lenze Rechnung geben,
Dem schönen Erben, über Hof und Haus –
Auch mir zugut geschrieben ist ein Leben –
Tag, schein herein! und, Leben, flieh hinaus!

Ich war von einem schweren Bann gebunden.
Ich lebte nicht. Ich lag im Traum erstarrt.
Von vielen tausend unverbrauchten Stunden
Schwillt ungestüm mir nun die Gegenwart.
Aus dunkelm Grunde grüne Saat zu wecken
Bedarf es Sonnenstrahles nur und Taus,
Ich fühle, wie sich tausend Keime strecken.
Tag, schein herein! und, Leben, flieh hinaus!

Ein Segel zieht auf wunderkühlen Pfaden,
In Flutendunkel spiegelt sich der Tag.
Was hat die Barke dort für mich geladen?
Vielleicht ist's etwas, das mich freuen mag!

Entgegen ihr! Was wird die Barke bringen
Durch blauer Wellen freudiges Gebraus?
Entgegen ihr! Mit weitgestreckten Schwingen!
Tag, schein herein! und, Leben, flieh hinaus!

*La Röse**

Als der Bernina Felsentor
Durchdonnerte der Wagen
Und wir im Süden sahn empor
Die Muschelberge ragen,
Blies schmetternd auf dem Rößlein vorn
Der in der Lederhose –
»Wen grüßest du mit deinem Horn?«
»Die Rose, Herr, die Rose!«

Mit flachem Dach ein Säulenhaus,
Das erste welsche Bildnis,
Schaut Röse, weinumwunden, aus
Erstarrter Felsenwildnis –
Es ist, als ob das Wasser da
In weichern Lauten tose,
Hinunter nach Italia
Blickt der Balkon der Rose.

Nun, Herz, beginnt die Wonnezeit
Auf Wegen und auf Stegen!
Mir strömt ein Hauch von Üppigkeit
Und ew'gem Lenz entgegen –

* Erste Station auf der Südseite des Berninapasses.

Es suchen sich um meine Stirn
Zwei Falter mit Gekose –
Den Wein bringt eine junge Dirn
Mit einer jungen Rose.

Noch einmal darf in südlich Land
Ich Nordgeborner wallen,
Vertauschen meine Felsenwand
Mit weißen Marmorhallen.
Gegrüßt, Italia, Licht und Lust!
Ich preise meine Lose!
Du bist an unsrer Erde Brust
Die Rose, ja die Rose!

Die Schlacht der Bäume

Hier am Sarazenenturme,
Der die Straße hielt geschlossen,
Ist in manchem wilden Sturme,
Deutsch und welsches Blut geflossen.

Nun sich in des Tales Räumen
Länger nicht die Völker morden,
Ringen noch mit ihren Bäumen
Hier der Süden und der Norden.

Arvbaum ist der deutschen Bande
Bannerherr, der düsterkühne,
Üppig Volk der Sonnenlande,
Rebe führt's, die sonniggrüne.

Ohne Schild- und Schwertgeklirre,
Ohne der Drommete Schmettern
Kämpfen in der Felsenirre
Hier die Nadeln mit den Blättern.

Der Triumphbogen

Ein leuchtend blauer Tag. Ein wogend Ährenfeld
Daraus ein wetterschwarzer Mauerbogen steigt.
In seinem kurzen Schatten schläft das Schnittervolk.
Allein emporgerichtet sitzt die schönste Maid,
Des Landes Kind, doch welchen Lands? Italiens!
Ein strenggeschnittnes, musenhaftes Angesicht,
Am halbzerstörten Sims des Bogens hangt der Blick,
Als müht' er zu enträtseln dort die Inschrift sich.
(Wenn nicht des Auges Dunkel von dem Liebsten träumt!)
Sie hebt die erste sich, erweckt die Schnitterschar,
Ergreift die blanke Sichel, die im Schatten lag,
Und schreitet herrlich durch das Goldgewog des Korns,
Umblaut vom Himmel, als ein göttliches Gebild.
's ist Klio, die das Altertum enträtselnde,
Vergilbten Pergaments und der Archive müd,
Gelockt vom Rauschen einer überreifen Saat,
Wird sie zur starken Schnitterin. Die Sichel klingt.

Venedigs erster Tag

Eine glückgefüllte Gondel gleitet auf dem Canal grande,

An Giorgione lehnt die Blonde mit dem roten
Samtgewande.
»Giorgio, deiner Laute Saiten hör ich leise, leise
klingen –«
»Julia Vendramin, Erlauchte, was befiehlst du mir zu
singen?«
»Nichts von schönen Augen, Giorgio! Solches Thema
sollst du lassen!
Singe, wie dem Meer entsteigen diese wunderbaren
Gassen!
Feßle kränzend keine Locken, die sich ringeln los und
ledig!
Giorgio, singe mir von meinem unvergleichlichen
Venedig!«

»Meine süße Muse will es! Es geschieht!« Er
präludierte.
»Weiland, eh des heilg'en Markus Flagge dieses Meer
regierte,
Drüben dort, wo duftverschleiert Istriens schöne Berge
blauen,
Sank vor ungezählten Jahren eine Dämmrung voller
Grauen.

Durch das Dunkel huschen Larven, angstgeschreckte
Hunde winseln,
Schreie gellen, Stimmen warnen: ›Löst die Böte! Nach
den Inseln!‹
In den Lüften haucht ein Odem, wie es in den Gräbern
modert –
Schaurig tagen Meer und Himmel! Aquileja brennt
und lodert!

Von der Stätte, wo die stillen, ungezähmten Flammen
wogen,
Kommt ein dumpfes Menschenbrausen nach dem
freien Strand gezogen:
Attila, die Gottesgeißel, jagt auf blutbesprengten
Pfaden
Krieger mit zerbrochnen Schwertern, Fraun mit
Schätzen schwer beladen.

Wie zum Hades Schatten wandern, ziehn zum Meere
die Gescheuchten,
Das die purpurrot gefärbten Wolken weit hinaus
beleuchten,
Witwen, Waisen schreiten jammernd, schweigend
stürzen wunde Männer,
Mitten im Gewühle bäumen Wagen sich und scheue
Renner.

Kniee wanken, Füße gleiten, Kästchen brechen, draus
die hellen
Goldnen Reife rollend springen und die weißen Perlen
quellen.
Nackte Küstenkinder starren gierig auf das rings
zerstreute
Gold, und doch betastet's keines – Etzels ist die ganze
Beute!

Schiffer rüsten dunkle Nachen, drüber Wogen
schäumend schlagen,
Durch die weiße Brandung werden bleiche Fraun an
Bord getragen –

Mit der Rechten an die phryg'sche Mütze langt der
Meerplebejer,
Beut zum Sprung ins Boot die Linke dem behelmten
Aquilejer.

Schon entflieht ein Schiff mit wehnden Segeln,
flatternden Gewanden,
Drin sich weitgetrennte Lose sonder Wahl
zusammenfanden,
Unbekannte Hände drücken sich in angstbeklommnem
Traume,
Aquilejas Überbleibsel schmiegen sich in engem
Raume.

Letzte Scheideblicke wendend, sehn sie noch den
Himmel bluten,
Aber tiefer stets und ferner brennen die gesunknen
Gluten.
Still verglimmt der Heimat müde Todesfackel. Auf die
Ruder
Beugt sich Unglück neben Unglück, Bruder seufzend
neben Bruder.

Eine Fürstin küßt ein Knäblein, ein dem Edelblute
fremdes,
Eine Sklavin wärmt ein fürstlich Kind im Schoß des
Wollenhemdes –
Unter ihnen *eine* Tiefe, über ihnen *eine* Wolke –
Liebe taut vom Himmel, Liebe wächst in diesem neuen
Volke.

Über eines Mantels Flattern, sturmverwehten greisen
Haaren
Will das Schweben einer Glorie einen Heil'gen
offenbaren,
Dieses ist der heil'ge Markus, rüstig rudernd wie ein
andrer –
Nach den nahenden Lagunen lenkt die Fahrt der sel'ge
Wandrer.

Neben ihm der Jugendschlanke schlägt die Wellen, daß
sie schallen,
Wirren Locken sind die Kränze schwelgerischer Lust
entfallen.
Der Bacchant wird zum Äneas. Niederbrannte Trojas
Feuer.
Mit den rudernden Genossen sucht er edles Abenteuer.

Mählich lichtet sich der Osten. In der ersten Helle
schauen
Kecke Männer tief ins Antlitz morgenbleicher schöner
Frauen –
Lieblich Haupt, das blonde Flechten wie mit lichtem
Ring umwinden,
Bald an einem tapfern Herzen wirst du deine Heimat
finden!

Scharfgezeichnet neigt sich eines Heldens narb'ge
Stirne denkend,
In das göttliche Geheimnis ew'gen Werdens sich
versenkend;
Rings in Stücke sprang zerschmettert Romas rost'ge
Riesenkette,

Neue Weltgeschicke gönnen junger Freiheit eine
Stätte ...

Wie geworfen aus dem Himmel, heiter spielend, von
Auroren,
Schwimmt ein lichter Kranz von Inseln in die blaue Flut
verloren,
Durch die Brandung gehn die Kähne mit beseelten
Ruderschlägen,
Fischer stehen, schaumgebadet, und sie rufen sich
entgegen:

›Fleh'nde kommen wir, Veneter! Drüben flammt ein
weit Verderben!
Unsre Seelen sind entronnen einem ungeheuren
Sterben!‹
›Freuet euch! Ihr lebt und atmet! Hier ist euch Asyl
gegeben.
Friede sei mit euren Toten! Freude denen, die da leben!‹

Machtvoll, Schwert und Ruder tragend, wallen Genien
vor den Böten;
Auch ein Schwarm von Liebesgöttern flügelt durch die
jungen Röten –
Über das Gestein der Inseln geht ein Hauch von Lust
und Wonne,
Ahnungsvollem Meer entsteigend, prangt Venedigs
erste Sonne.

Blonde Julia, deiner Heimat Ursprung hab ich dir
verkündet,

Liebe hat die Stadt Venedig, Liebe hat die Welt gegründet –
Deiner Augen strahlend blauer Himmel würde bleichen ohne
Liebesfeuer und verstummen, wie die Laute des Giorgione.«

Venedig

Venedig, einen Winter lebt ich dort –
Paläste, Brücken, der Lagune Duft!
Doch hier im harten Licht der Gegenwart
Verdämmert mählich mir die Märchenwelt.
Vielleicht vergaß ich einen Tizian.
Ein Frevel! Jenen doch vergaß ich nicht,
Wo über einem Sturm von Armen sich
Die Jungfrau feurig in die Himmel hebt,
So wenig als den andern Tizian –
Doch kein gemalter war's – die Wirklichkeit:
Am Quai, dem nächt'gen, der Slavonen war's.
Im Dunkel stand ich. Fenster schimmerten.
Zwei dürft'ge Frauen kamen hergerannt.
Hart an die Scheibe preßt' das junge Weib
Die bleiche Stirn. Was drinnen sie erblickt,
Das sie erstarren machte, weiß ich nicht.
(Vielleicht den Herzgeliebten, welcher sie
An eines andern Weibes Brust verriet.)
Ich aber sah den feinsten Mädchenkopf
Vom Tod entfärbt! Ein Antlitz voller Tod!
Die Mutter führte weg die Schwankende …
Die beiden Tiziane blieben mir

Stets gegenwärtig; löschen sie, so lischt
Die Göttin *vor* dem armen Menschenkind.

Auf dem Canal grande

Auf dem Canal grande betten
Tief sich ein die Abendschatten,
Hundert dunkle Gondeln gleiten
Als ein flüsterndes Geheimnis.

Aber zwischen zwei Palästen
Glüht herein die Abendsonne,
Flammend wirft sie einen grellen
Breiten Streifen auf die Gondeln.

In dem purpurroten Lichte
Laute Stimmen, hell Gelächter,
Überredende Gebärden
Und das frevle Spiel der Augen.

Eine kurze, kleine Strecke
Treibt das Leben leidenschaftlich
Und erlischt im Schatten drüben
Als ein unverständlich Murmeln.

Die Narde

(Nach einem venezianischen Bilde)

Die brave Marthe tat, was sie vermocht',
Sie rupfte, spickte, briet und sott und kocht',

Sie schob dem Herrn die braunsten Kuchen zu,
Und: »Diesen«, sagt' sie, »Herr, versuche du!«

Maria nahte, die den schlanken Krug,
Gefüllt mit einer seltnen Narde, trug.
Sie neigt' das Knie, den Krug. Die Narde floß.
Sie neigt' das Herz, das strömend sich ergoß.

In der beseelten Hand Mariens ruht'
Der edle Fuß. Drauf quoll der Narde Flut.
Ihn abzutrocknen, löste sie des Haars
Geschlungnen Knoten. Blond und seiden war's.

Ein spitz Geflüster regte sich am Tisch,
Wie der getretnen Viper scharf Gezisch:
»Das duftet! Tausend oder mehr Denar
Verduften mit! Ich wollt, wir hätten's bar!

Bei Levi legten wir's auf Zins geschwind
Und draus erzögen wir ein Waisenkind –«
»Still«, sagt' der Göttliche, »laß unentweiht,
Judas! Wer liebt, verschwendet allezeit.«

Nach einem Niederländer

Der Meister malt ein kleines zartes Bild,
Zurückgelehnt, beschaut er's liebevoll.
Es pocht. »Herein.« Ein flämischer Junker ist's.
Mit einer drallen, aufgedonnerten Dirn,
Der vor Gesundheit fast die Wange birst.
Sie rauscht von Seide, flimmert von Geschmeid.

»Wir haben's eilig, lieber Meister. Wißt,
Ein wackrer Schelm stiehlt mir das Töchterlein.
Morgen ist Hochzeit. Malet mir mein Kind!«
»Zur Stunde, Herr! Nur noch den Pinselstrich!«
Sie treten lustig vor die Staffelei:
Auf einem blanken Kissen schlummernd liegt
Ein feiner Mädchenkopf. Der Meister setzt
Des Blumenkranzes tiefste Knospe noch
Auf die verblichne Stirn mit leichter Hand.
– »Nach der Natur?« – »Nach der Natur. Mein Kind.
Gestern beerdigt, Herr, ich bin zu Dienst.«

Ja

(Nach einer alten Skizze)

Als der Herr mit mächt'ger Schwinge
Durch die neue Schöpfung fuhr,
Folgten in gedrängtem Ringe
Geister seiner Flammenspur.

Seine schönsten Engel wallten
Ihm zu Häupten selig leis,
Riesenhafte Nachtgestalten
Schlossen unterhalb den Kreis.

»Eh ich euern Reigen löse«,
Sprach der Allgewalt'ge nun,
»Schwöret, Gute, schwöret, Böse,
Meinen Willen nur zu tun!«

Freudig jubelten die Lichten:
»Dir zu dienen, sind wir da!«
Die zerstören, die vernichten,
Die Dämonen, knirschten: »Ja.«

Die Kapelle der unschuldigen Kindlein

Aus Henkerfäusten flogen zum Himmel sie empor,
Sie treten zwei und zweie hinein ins sel'ge Tor,
Einand' am Händchen haltend und singend
wohlgemut,
Sie tragen in den Locken ein leuchtend Mal von Blut.

»Wir kommen in den Himmel – und solches ist uns
lieb –
Weil das gelobte Kindlein statt unser unten blieb!
Wir litten für das Büblein den herben Todeskuß,
Den es am bittern Kreuze statt unser leiden muß!«

Die Engel alle kommen heran in hellem Flug,
Sie bringen schönes Spielzeug und Blumenlust genug.
Jetzt führen sie den Reigen mit Fiedel und Schalmei ...
Es klagt aus ferner Tiefe der Mütter Wehgeschrei.

Die Kartäuser

Ich sehe sie auf Sacchis süßem Bilde
Beschreiten ihrer toten Brüder Grüfte,
Gegürtet mit dem Knotenstrick die Hüfte,
In weißen Kleidern, festlich, göttlich milde –

Manch einer schleppte sich mit Schwert und Schilde,
Gepanzert saust' zu Roß er durch die Lüfte,
Bevor er suchte die verlornen Klüfte
Und weltentsagend trat in diese Gilde.
Sie alle wollen hier in öder Wildnis
Vergessen ein verführerisches Bildnis,
Sie alle wollen hier ein Stündlein büßen,
Um mit den Reinen rein sich zu begrüßen,
Sie alle wollen hier ein Stündlein beten,
Bevor sie vor den strengen Richter treten.

Der römische Brunnen

Aufsteigt der Strahl und fallend gießt
Er voll der Marmorschale Rund,
Die, sich verschleiernd, überfließt
In einer zweiten Schale Grund;
Die zweite gibt, sie wird zu reich,
Der dritten wallend ihre Flut,
Und jede nimmt und gibt zugleich
Und strömt und ruht.

Tarpeja

Am Brunnen überflutet im Dämmerlicht
Der volle Krug und die Mägde merken's nicht,
Denn Nina plaudert: »Freundinnen, wißt ihr wohl,
Daß eine sitzt im Gestein am Kapitol?

Mein Schatz, der Beppo, hat sie unlängst gesehn
Vor ihrem runden Silberspiegel stehn,

Die sich zu Haupt das güldene Krönlein hub –
Mein Schatz, der Beppo, da er nach Münzen grub.

Er schlüpfte durch einen schmalen Felsengang,
Er tappte sich einen finstern Pfad entlang –
Sie glomm in Höllenlicht! Er rief: ›Wie schön!‹
Die Treppe brach mit donnerndem Getön.

Sie war des römischen Kastellanes Kind
Und sie verriet die Burg und das Burggesind!
Mit Fingerdeut bedang sich die schlaue Maid
Des Feindes Helmgekrön und Schildgeschmeid!

Die Krönlein all und die Stein' und goldnen Ring'
Beäugelt' sie, die in Feindes Lager ging!
Sie öffnet' ihm ein Tor mit sünd'gem Mut
Und sah des Vaters Haupt, es schwamm in Blut.

Doch da am Feinde sie die Löhnung sucht',
Ward sie mit Hohn erdrückt und mit Schildeswucht,
Sie stürzte, von ihrem eigenen Hort entseelt,
Erstickt vom Lohne, den sie selbst gewählt.

Dann grub die Zeit sie tief und tiefer ein,
Sie sank hinunter, hinab ins Felsgestein,
Hinab, hinunter viel hundert Klafter tief
Mit ihrem gleißenden Hort, darin sie schlief.

Da sitzt die arme Seele nun in Pein
Und putzt, die eitle, sich mutterseelenallein –
Tarpeja, gib heraus der Kettlein drei!
Wir tragen's den Knaben zu Lust in Lüften frei!

Tarpeja, gleite durch den Felsenspalt
Drei Kettlein und drei goldene Ringlein bald!
Tarpeja lieb! Wir sind zufrieden, gibst
Du nur, was du verächtlich beseite schiebst.

Der Beppo sagt: ›Weil du begingst Verrat,
Bist du verdammt für deine Missetat!
Behüt mich Gott! In Ewigkeit verdammt!
Weil dir nach rotem Gold das Herz geflammt.

Man hört es oft ‹– so sagt er –› wie du lachst,
Wann du dich schön vor deinem Spiegel machst!
Man hört es oft ‹– so sagt er –› wie du weinst,
Weil nicht du kommst in den schönen Himmel einst!‹

Tarpeja lieb, entsage der bösen Lust!
Tarpeja, gibt die Kettlein um Hals und Brust!
Wir beten, Arge, für dich den Rosenkranz,
Du steigst empor, empor in den Himmelsglanz!«

Die gegeißelte Psyche

Wo von alter Schönheit Trümmern
Marmorhell die Säle schimmern,
Windet blaß und lieblich eine
Psyche sich im Marmelsteine.

Unsichtbarem Geißelhiebe
Beugt sich in Qual und Liebe,
Auf den zarten Knieen liegend,
Enge sich zusammenschmiegend.

Flehend halb, und halb geduldig,
Trägt sie Schmach und weiß sich schuldig,
Ihre Schmerzensblicke fragen:
Liebst du mich? und kannst mich schlagen?

Soll dich der Olymp begrüßen,
Arme Psyche, mußt du büßen!
Eros, der dich sucht und peinigt,
Will dich selig und gereinigt.

Der tote Achill

Im Vatikan vor dem vergilbten Marmorsarg,
Dem ringsum bildgeschmückten, träumt ich heute lang,
Betrachtend seines feinen Zierats üpp'gen Kranz:
Thetis entführt den Sohn, den Rufer in der Schlacht,
Den Renner, dem die Knie erschlafften, welchem schwer
Die Lider sanken – von Delphinen rings umtanzt,
Im Muschelwagen durch des Meers erregte Flut.
Tritonen, bis zum Schuppengurt umbrandete,
Bärt'ge Gesellen, schilfbekränztes, stumpfes Volk,
Gebärden sich als Pferdelenker. Es bedarf
Der mut'gen Rosse Paar, das, Haupt an kühnem Haupt,
Die weite Flut durchrudert mit dem Schlag des Hufs,
Des Zügels nicht! In des Peliden Waffen hat
Sich schäkernd ein leichtsinniges Gesind geteilt:
Die Nereiden. Eine hebt das Schwert und zieht's

Und lacht und haut und sticht und wundet Licht und Luft.
Ein schlankes Mädchen zielt mit rückgebognem Arm,
In schwachgeballter Faust den unbesiegten Speer,
Der auf und nieder, wie der Waage Balken, schwankt.
Die dritte schiebt der blanken Schulter einen Bug
Dem Erzschild unter, ganz als zöge sie zu Feld,
Dann deckt damit den sanften Busen gaukelnd sie,
Als schirmt' das Eisen eines Kriegers tapfre Brust.
Die vierte – Held, du zürnest, schlummertest du nicht! –
Setzt jubelnd sich den Helm, den wildumflatterten,
Auf das gedankenlose Haupt und nickt damit.
Scherzt Kinder! Nur mit dir ein Wort, Vollendeter!
(Denn mit der Mutter, die dein schlummerschweres Haupt
Im Schoß gebettet hält, der dir das Leben gab,
Der schmerzversunknen Mutter, plaudert es sich nicht.)
Pelide, sprich! Was ist der Tod? Wohin die Fahrt?
Wozu die Waffen? Zu erneutem Lauf und Kampf?
Zu deines Grabes Schmuck und düstern Ehren nur?
Was blitzt auf deinem Schwerte? Deine letzte Tat
Verglimmend, wie der Abend eines heißen Schlachtentags?
Die Morgensonnen eines neuen Kampfgefilds?
Bedarfst du deines Schwertes noch, du Schlummernder?
Wohin der Lauf? Zum Hades? Nein, es lügt Homer!
Den Odem neiden einem kleinen Ackerknecht
Sieht nicht dir ähnlich, Heros! Eher fährst
Du einer Geisterinsel bleichem Frieden zu,

Und trägst den Myrtenkranz, beseligt und gestillt,
Mit den Geweihten. Doch auch solches ziemt dir nicht!
Was einzig dir geziemt, ist Kampf und Kampfespreis –
Pelide! ein Erwachen schwebt vor deinem Boot
Und schimmert unter deinem mächt'gen Augenlid!
Du lebst, Achill? Gib Antwort! Wohin wanderst du?
Er schweigt! Er schweigt. Der Wagen rollt. Ein Triton bläst
Sein Muschelhorn, daß leis und dumpf der Marmor tönt.

Der Musensaal

Jüngst trug ein Traum auf dunkler Schwinge mich
Nach Rom, der ew'gen Stadt. Den Vatikan
Betrat ich. Ich betrat den Musensaal
Verwundert, denn er war ein andrer heut,
Als ich geschaut mit jungen Augen ihn,
Da Pio Nono höchster Priester war.
Verschwunden aus dem edeln Oktogon,
Dem kuppelhellen, war der Musaget,
Apollo, der die Zither zierlich schlug,
Voranzugehn dem Chor tanzmeisterlich.
Die Neune saßen oder standen nicht,
Umher verteilt, in schönen Stellungen –
In wilder Gruppe schritten eilig sie,
Wie Schnitterinnen, die auf blachem Feld
Ein flammendes Gewitter überrascht!
Voran die blutige Melpomene,
Die an den Söhnen rächt der Väter Schuld.
Sie trägt das Schwert und auch den Kranz von Wein.

Wer schreitet, schlicht gewandet, neben ihr?
Kalliope, die keusch und kindlich blickt,
Die den erblindeten Homer geführt,
Die tapfre Helden liebt und Schildgetos
Und Roßgestampf und dann abseits der Schlacht
Im jugendzarten Busen Lose wägt.
Weithallend redet dort ein mächtig Paar,
Terpsichore und Polyhymnia:
»Der Tag ist fern und er erfüllt sich doch:
Die Völker schreiten *einen* Reigen einst,
Sich an den Händen haltend, freigestellt,
Vieltausendstimmig dröhnt der Chorgesang!«
– »Dann weicht das Leid! Nicht alles, aber doch
Das meiste Leid!« Euterpe flötet es,
Das liebliche Geschöpf, die Schmeichlerin!
– »Dann füllt«, Erato lacht's mit blühndem Mund,
Die schöne Schelmin, die das Liebeslied,
Das Zechlied für allein unsterblich hält,
»Dann füllt ein jeder seine Schale sich
Mit duft'gem Wein und schlürft und keiner darbt!«
– »Törinnen!« gellt ein scharfgeschnittner Mund,
»Verspotte sie, mein Aristophanes! …
Doch eure Kampfgesellin bin ich auch!
Ich morde lachend, was nicht sterben kann,
In trunkner Lust, wie die Bacchante jach
Ein Zicklein oder Reh in Stücke reißt.
Mordlust'ger bin ich noch und tragischer
Als du, mein Schwesterchen Melpomene,
Denn du erhellest unter Zähren dich,
Doch mein Gelächter, Tränen schluchzen drin!«
Thalia rief's und unterm Efeukranz
Verlarvte mit der Satyrmaske sie

Die wehmutsvoll ergriffnen Züge sich
Und hob mit nerv'gem Arm das Tympanum.
Die letzte wandelt noch Urania,
Die Gläubige, mit dem gehobnen Blick.
Die andern nennen sie die Schwärmerin,
Doch trennt sie sich von den Geschwistern nicht.
Sie sieht den Sturm der Erdendinge ruhn
In friedevollen Händen immerdar ...
Aufflattert das Gewand! Die Locken wehn!
Die Kuppel weicht! In leuchtend tiefem Blau
Entfesselt schwebt der Musenchor einher.

*Alte Schweizer**

Sie kommen mit dröhnenden Schritten entlang
Den von Raffaels Fresken verherrlichten Gang
In der puffigen alten geschichtlichen Tracht,
Als riefe das Horn sie zur Murtener Schlacht:

»Herr Heiliger Vater, der Gläubigen Hort,
So kann es nicht gehn und so geht es nicht fort!
Du sparst an den Kohlen, du knickerst am Licht –
An deinen Helvetiern knausre du nicht!

Wann den Himmel ein Heiliger Vater gewann,
Ergibt es elf Taler für jeglichen Mann!
So galt's und so gilts's von Geschlecht zu Geschlecht,
Wir pochen auf unser historisches Recht!

* Bei der Thronbesteigung Leos XIII. brach im Vatikan eine kleine Palastrevolte aus, weil der sparsame Papst den Schweizern das übliche Donativ zurückhielt.

Herr Heiliger Vater, du weißt, wer wir sind!
Bescheidene Leute von Ahne zu Kind!
Doch werden wir an den Moneten gekürzt,
Wir kommen wie brüllende Löwen gestürzt!

Herr Heiliger Vater, die Taler heraus!
Sonst räumen wir Kisten und Kasten im Haus …
Potz Donner und Hagel und höllischer Pfuhl!
Wir versteigern dir den apostolischen Stuhl!«

Der Heilige Vater bekreuzt sich entsezt
Und zaudert und langt in die Tasche zuletzt –
Da werden die Löwen zu Lämmern im Nu:
»Herr Heiliger Vater, jetzt segne uns du!«

Abschied von Korsika

Ölbaumsilber, Myrte, Lorbeer, Pinie,
Bald im Schnee der Heimat denk ich euer –
Sanfte Buchten, blaue Meereslinie,
Auf dem Abend dunkelnd Burggemäuer!
Aus der Schlucht erstrahlend Hirtenfeuer!

Lebet, Korsen, wohl, mir lieb geworden!
Vor den Kirchen lüpft ihr leicht die Hüte!
Gerne knallt ihr und ein bißchen Morden
Steckt seit alter Zeit euch im Geblüte –
Daß die heil'ge Jungfrau euch behüte!

Klimmend am Gestein des Insellandes,
Lebet wohl, ihr hitz'gen kleinen Pferde!

Wallend um die Krümmungen des Strandes,
Lebet, Schafe wohl! Gedrängte Herde
Mit den weichsten Vliesen auf der Erde!

Lebet wohl, ihr grellen Hirtenflöten,
Um die Gunst der jungen Korsin werbend!
Lebet wohl, ihr warmen Abendröten,
In den weiten Himmeln selig sterbend,
Erst die Wolken, dann die Fluten färbend!

Märchen, aus dem Tageslicht verschollen,
An Ajaccios nächt'ger Hafenstiege
Töne fort im dumpfen Wogenrollen!
Ehernes Gedröhn der hundert Siege
Um des toten Welterobrers Wiege!

Schwer entsagt das Aug der offnen Ferne,
Schwer das Ohr dem Meereswellenschlage –
Unter kältre Sonnen, blaßre Sterne
Folget mir, ihr Inselwandertage,
Und umklingt mich dort, wie eine Sage …

Napoleon im Kreml

Er nickt mit seinem großen Haupt
Am Feuer eines fremden Herds:
Im Traum erblickt er einen Geist,
Der seines Purpurs Spange löst.

Der Dämon schreit mit wilder Gier:
»Mich lüstet nach dem roten Kleid!

In ungezählter Menschen Blut
Getaucht, verfärbt der Purpur nicht!«

Die beiden rangen Leib an Leib.
»Gib her!« »Gib her!« Der Dämon fleucht
Mit spitzen Flügen durch die Nacht
Und schleift den Purpur hinter sich.

Und wo der Purpur flatternd fliegt,
Sprühn Funken, lodern Flammen auf!
Der Korse fährt aus seinem Traum
Und starrt in Moskaus weiten Brand.

Die Korsin

Als das Mütterlein erkrankt,
Zog es ächzend aus die Schuh',
Ist dem Bettlein zugewankt,
Bettet' sich zur ew'gen Ruh,
Seine Haare weiß wie Flachs,
Seine Füße gelb wie Wachs –
Statt wie Mütterlein zu tun,
Sterb ich stracks in meinen Schuhn!

Heute war ich in der Stadt
Mit dem letzten Silberling,
Schaute, was der Krämer hat,
Kramte weder Kreuz noch Ring,
Kaufte Mehl von Weizenkorn
Und ein volles Pulverhorn –

In die freien Berge nun
Lauf ich stracks in meinen Schuhn!

Reiten just die Blauen* aus,
Trinken beim Battista Wein,
Laden scharf am Zollerhaus,
Sprengen ins Gebirg hinein ...
Rasch zur Linken abgeschweift!
Psss ... Die erste Kugel pfeift –
Nächtens bei dem Liebsten ruhn
Werd ich stracks in meinen Schuhn!

Der Gesang des Meeres

Wolken, meine Kinder, wandern gehen
Wollt ihr? Fahret wohl! Auf Wiedersehen!
Eure wandellustigen Gestalten
Kann ich nicht in Mutterbanden halten.

Ihr langweilet euch auf meinen Wogen,
Dort die Erde hat euch angezogen:
Küsten, Klippen und des Leuchtturms Feuer!
Ziehet, Kinder! Geht auf Abenteuer!

Segelt, kühne Schiffer, in den Lüften!
Sucht die Gipfel! Ruhet über Klüften!
Brauet Stürme! Blitzet! Liefert Schlachten!
Traget glühnden Kampfes Purpurtrachten!

Rauscht im Regen! Murmelt in den Quellen!
Füllt die Brunnen! Rieselt in die Wellen!

* Die Gendarmerie

Braust in Strömen durch die Lande nieder –
Kommet, meine Kinder, kommet wieder!

Das Strandkloster

Bollwerk und Mauer trutzen
Dem Wellenwurf schon ein Jahrtausend ja,
Wir singen, elf Kapuzen,
Ein kräftig schallend Deo Gloria!

Die Kutten, stark gewoben,
Umhingen uns in braunen Lappen lang,
Sie sind gemach verstoben,
Die Stäubchen irren durch den Klostergang.

Die Orgel im Empore
Spielt unser zwölftes totes Brüderlein,
Hier rieselt uns im Chore
Der morsche Kalk sanft ins Geripp herein.

Es glitt vor tausend Jahren
Dem Strand ein Sarazenensegel nah,
Sobald's vorbeigefahren,
Anstimmten wir ein kräftig Gloria.

Ergötzt von unserm Singen,
Nahm der Pirat zu uns zurück den Lauf,
Zwölf Köpfe ließ er springen,
Das Blut schoß wie aus Brunnenröhren auf.

Wir singen ohne Kehlen,
Wir sitzen fröhlich ohne Schädel da,
Wir singen mit den Seelen
Ein kräftig schallend Deo Gloria!

Der Morgenstrahl, der schiefe,
Durchs rechte Fenster äugelt er herein,
Vergoldend in der Tiefe
Ein lustiglich psallierend Totenbein.

Der Abendstrahl, der schräge
Durchs linke Fenster blinzelt er herein,
Und zählt, ob allewege
Wir richtig unser elf Gespenster sei'n.

Oft übertäubt das Dröhnen
Des Meers die Noten unsrer Litanei,
Aus unsern Orgeltönen
Erhebt sich oft ein schriller Möwenschrei –

Bollwerk und Mauer trutzen
Dem Wellenwurf noch tausend Jahre ja.
Wir singen, elf Kapuzen,
Ein kräftig schallend Deo Gloria!

Nicola Pesce

Ein halbes Jährchen hab ich nun geschwommen
Und noch behagt mir dieses kühle Gleiten,
Der Arme lässig Auseinanderbreiten –
Die Fastenspeise mag der Seele frommen!

Halb schlummernd lieg ich stundenlang, umglommen
Von Wetterleuchten, bis auf allen Seiten
Sich Wogen türmen. Männlich gilt's zu streiten.
Ich freue mich. Stets bin ich durchgekommen.

Was machte mich zum Fisch? Ein Mißverständnis
Mit meinem Weib. Vermehrte Menschenkenntnis.
Mein Wanderdrang und meine Farbenlust.

Die Furcht verlernt ich über Todestiefen,
Fast bis zum Frieren kühlt ich mir die Brust –
Ich *bleib* ein Fisch und meine Haare triefen!

Zwiegespräch

Sonne:
Meine Strahlen sind geknickte Speere,
Ich versank in blut'ger Heldenehre –

Abendröte:
Wie der Ruhm, will ich mit lichten Händen
In das nahe Dunkel Grüße spenden.

Sonne:
Folge deiner Sonne! Längs dem Strande
Schleppe nicht die dämmernden Gewande!

Abendröte:
Darf ich nicht ans Sterben mich gewöhnen
Mit den sanften, mit den grünen Tönen?

Sonne:
Eile dich! Bevor den jungen Helden
Eines neuen Tages Fackeln melden!

Abendröte:
Ich bin dein, dir folg ich unaufhaltsam!
Ich bin dein, doch zieh mich nicht gewaltsam ...

Flut und Ebbe

In einem fernen umbrandeten Land
Spielen die Mädchen ein Spiel an dem Strand,
Schreiten im Reigen, heiter gesinnt,
Wann zu steigen die Flut beginnt,
Weichen zurück in gemeßner Flucht
Aus der schwellenden Meeresbucht.
In den Gewässern ruhigklar
Werden sie krause Gestalten gewahr,
Rollt eine Woge, sie sehen ein Roß,
Sehn einen Reiter, bis er zerfloß.
»Schauet den Meermann! Garstig Gesicht!
Grinzende Larve, du haschest mich nicht!«
Aber das Meer es wächst und naht –
»Fliehet, ihr Schwestern! Sonst wird's zu spat!«
Alle sie stürzen in hastigem Lauf,
Gleiten, und reißen die Strauchelnden auf
Bis zu der Bank, wo die Ebbe beginnt,
Wo, wie sie wissen, das Wasser zerrinnt.
Dort ist gelagert der flüchtige Chor,
Zieht an dem Felsen die Füße empor,
Fleht in den Himmel mit brünstigem Schrein:

»Götter! ihr lasset die Unschuld allein?«
Aber die Flut, da den Raub sie berührt,
Hat das Verhängnis des Ebbens gespürt,
Und, wie erschreckt durch das maidliche Ach,
Gleitet sie nieder und fällt gemach! –
Gegen die Ziehnde mit drohendem Arm
Hebt sich verfolgend der blühende Schwarm:
»Höhnet die Feigen! Sie fliehn aus dem Krieg!
Kränzet die Locken und feiert den Sieg!«

Also vergnügt sich das sterbliche Heer
Mit dem gelaßnen, dem ewigen Meer.

Möwenflug

Möwen sah um einen Felsen kreisen
Ich in unermüdlich gleichen Gleisen,
Auf gespannter Schwinge schweben bleibend,
Eine schimmernd weiße Bahn beschreibend,
Und zugleich in grünem Meeresspiegel
Sah ich um dieselben Felsenspitzen
Eine helle Jagd gestreckter Flügel
Unermüdlich durch die Tiefe blitzen.
Und der Spiegel hatte solche Klarheit,
Daß sich anders nicht die Flügel hoben
Tief im Meer, als hoch in Lüften oben,
Daß sich völlig glichen Trug und Wahrheit.

Allgemach beschlich es mich wie Grauen,
Schein und Wesen so verwandt zu schauen,
Und ich fragte mich, am Strand verharrend,
Ins gespenstische Geflatter starrend:
Und du selber? Bist du echt beflügelt?
Oder nur gemalt und abgespiegelt?
Gaukelst du im Kreis mit Fabeldingen?
Oder hast du Blut in deinen Schwingen?

Das Ende des Festes

Da mit Sokrates die Freunde tranken,
Und die Häupter auf die Polster sanken,
Kam ein Jüngling, kann ich mich entsinnen,
Mit zwei schlanken Flötenbläserinnen.

Aus den Kelchen schütten wir die Neigen,
Die gesprächesmüden Lippen schweigen,
Um die welken Kränze zieht ein Singen ...
Still! Des Todes Schlummerflöten klingen!

V

LIEBE

Alles war ein Spiel

In diesen Liedern suche du
Nach keinem ernsten Ziel!
Ein wenig Schmerz, ein wenig Lust,
Und alles war ein Spiel.

Besonders forsche nicht danach,
Welch Antlitz mir gefiel,
Wohl leuchten Augen viele drin,
Doch alles war ein Spiel.

Und ob verstohlen auf ein Blatt
Auch eine Träne fiel,
Getrocknet ist die Träne längst,
Und alles war ein Spiel.

Zwei Segel

Zwei Segel erhellend
Die tiefblaue Bucht!
Zwei Segel sich schwellend
Zu ruhiger Flucht!

Wie eins in den Winden
Sich wölbt und bewegt,
Wird auch das Empfinden
Des andern erregt.

Begehrt eins zu hasten,
Das andre geht schnell,
Verlangt eins zu rasten,
Ruht auch sein Gesell.

Hesperos

Über schwarzem Tannenhange
Schimmerst mir zum Abendgange,
Eine Liebe fühl ich neigen
Sich in deinem Niedersteigen,
Unbemerkt bist du gekommen,
Aus der blassen Luft entglommen.
So mit ungehörten Tritten,
Durch die Dämmrung hergeglitten,
Kam die Mutter, die mir legte
Auf die Schulter die bewegte
Hand, daß ich ihr nicht verhehle,
Was ich leide, was mich quäle,
Und warum ich ohne Klage
Mich verzehre, mich zernage.
Und ich schwieg und unter Zähren
Ließ sie meinen Trotz gewähren.
Hat sie Wohnung jetzt, die Milde,
Dort in deinem Lichtgefilde?

Deiner Strahlen saug ich jeden,
Durch das Dunkel hör ich reden,
– Und mir ist, als ob die kühle
Hand ich auf der Schulter fühle –,
Reden, nicht von Seligkeiten,
Nur Erinnrung alter Zeiten!
Jetzt versteht sie ohne Kunde
Wer ich bin im Herzensgrunde.
Dies und jenes muß sie schelten,
Andres läßt sie heiter gelten,
Und sie meint, *wie* sich's entschieden,
Gebe sie sich auch zufrieden …
Abendstern, du eilst geschwinde!
Laß sie plaudern mit dem Kinde!
Freundlich zitternd gehst du nieder …
Mutter, Mutter, komme *wieder!*

Das begrabene Herz

Mich denkt es eines alten Traums.
Es war in meiner dumpfen Zeit,
Da junge Wildheit in mir gor.
Bekümmert war die Mutter oft.
Da kam einmal ein schlimmer Brief.
– Was er enthielt, erriet ich nie –
Die Mutter fuhr sich mit der Hand
Zum Herzen, fast als stürb es ihr.
Die Nacht darauf hatt ich den Traum:
Die Mutter sah verstohlen ich
Nach unserm Tannenwinkel gehn,
Den Spaten in der zarten Hand,

Sie grub ein Grab und legt' ein Herz
Hinunter sacht. Sie ebnete
Die Erde dann und schlich davon.

Ohne Datum

(An meine Schwester)

Du scherzest, daß ein Datum ich vergaß,
Und meinst, ich dürfte bei dem Stundenmaß
Mit einem Federstriche mich verweilen.
Du schreibst: »Datiere künftig deine Zeilen!«
Doch war das Zählen meine Sache nie,
Nach dem Wievielten such ich stets vergebens,
Auch diese Zeilen, wie datier ich sie?
»Auf allen Augenblicken meines Lebens!«

Kurz ist und eilig eines Menschen Tag,
Er drängt, er pulst, er flutet, Schlag um Schlag,
Wie eines Herzens ungestümes Klopfen …
Wer teilt die Jagd des Bluts und seiner Tropfen?
Es ist der Sturm, der nie zur Rüste geht,
Die Wechselglut des Nehmens und des Gebens,
Und meine Haare flattern windverweht
In allen Augenblicken meines Lebens.

Zu ruhn ist mir versagt, es treibt mich fort,
Die Stunde rennt – doch hab ich einen Hort,
Den keine mir entführt, in deiner Treue!
Sie ist die alte wie die ewig neue,
Sie ist die Rast in dieser Flucht und Flut,

Ein fromm Geleite leisen Flügelschwebens,
Sie ist der Segen, der beständig ruht
Auf allen Augenblicken meines Lebens.

Ich hemme die beschwingten Rosse nicht,
Ich freue mich, mit jedem neuen Licht,
Das Feld gestreckten Laufes zu durchmessen,
Ein fernes, dunkles Gestern zu vergessen,
Ich fliege – hinter mir versinkt die Zeit –
Im Morgensonnenstrahl verjüngten Strebens! ...
Vorbei! ... Nur du allein weißt noch Bescheid
Von allen Augenblicken meines Lebens.

Die Ampel

An des Jahres Wende sprach ich: Muse,
Keiner Mutter Hand beschert mich! Gib mir
Du mein Angebinde, Muse! fleht ich.
In die Kammer, lauschend von dem Lager,
Sah ich bald der Schwestern eine schreiten.
Auf mein Tischchen setzt sie einer Ampel
Zarte Form mit schlankgeschweiften Henkeln,
Aber die mir keineswegs antik schien.
Ich erschrak. Was meinst du, Muse? Rätst du
Nächtlich auszufeilen meine Verse?
Schon entschwebend, wandte sie das Antlitz
Halb. Ich sah des Musenhauptes edeln
Umriß mit den spottend feinen Lippen ...
Als ich dann in neuem Jahr erwachte,
Keine Ampel! Doch ich fand sie wieder –
Und erkannte gleich sie an der zarten

Form und an den schlankgeschweiften Henkeln –
In des Liebchens Hand, das mir die Treppe
Nächtlich hellt' mit stillen Ampelstrahlen.
Scheidend auf die letzte Stufe setzt' sie
Das Geschenk der Muse sacht und küßt' mich.

Unruhige Nacht

Heut ward mir bis zum jungen Tag
Der Schlummer abgebrochen,
Im Herzen ging es Schlag auf Schlag
Mit Hämmern und mit Pochen,

Als trieb sich eine Bubenschar
Wild um in beiden Kammern,
Gewährt hat, bis es Morgen war,
Das Klopfen und das Hammern.

Nun weist es sich bei Tagesschein,
Was drin geschafft die Rangen,
Sie haben mir im Herzensschrein
Dein Bildnis aufgehangen!

Der Kamerad

Mit dem Tode schloß ich Kameradschaft.
Über einem vollen Humpen saßen
Oft wir nächtens und philosophierten.
Auch zusammen gingen wir spazieren,
Lauschten mit elegischen Gefühlen

Nach dem Pilgerruf der Abendglocke.
Aber männlich auch an meiner Seite
Stand der Kamerad und sekundierte,
Oder wann ich im Gebirg verirrt war,
Hangend über schwindelnd tiefem Abgrund,
Sprach er: »Blick mir in das Auge ruhig!«
Und ich tat es und ich war gerettet.
Lange standen wir auf gutem Fuße,
Bis mich volles Leben überströmte
Glühend warm mit unbekannter Fülle,
Und mir schauderte vor meinem Freunde ...
Als das Liebchen heute mir am Hals hing,
Über seine Schulter weg erblickt ich
Meines Kameraden leichten Umriß
Auf dem Abendhimmel und er grollte:
»Bin ich dir verleidet? Deine feigen
Lippen meiden meinen schlichten Namen?
Ist das hübsch von einem Kameraden?«
In demselben Augenblick umarmte
Liebchen mich und rief: »So möcht ich sterben!
Komme, Tod, und raub mich, Tod, im Kusse!«
Und der Tod, von schwellend jungen Lippen
Heiß und leidenschaftlich angerufen,
Hörte seinen Namen mit Vergnügen,
Über sein geheimnisvolles Antlitz
Glitt ein Leuchten und er schied in Minne.

Spielzeug

Liebchen fand ich spielend. Einen Kasten
hatte sie entdeckt voll längstvergeßnen,

Staub'gen Kinderspielzeugs: Mauern, Tore,
Rathaus, Häuser, Häuserchen und Kirche …
Sie erbaut' das Städtchen mit gelenken
Händen, stellt' den Kirchturm in die Mitte.
Doch ein Häuschen hatt sie vorbehalten,
Vorbehalten sieben grüne Pappeln
Für ein allerliebstes kleines Landgut.
Nicht zu nah! Im Städtchen klatscht man sündlich.
Nicht zu ferne! Man bedarf der Menschen.
»Eben sind wir eingezogen!« jubelt'
Sie und klatscht' in ihre kleinen Hände.
In der Wonne des erworbnen Heimes
Riß ich Liebchen an mich so gewaltsam,
Daß den Arm sie streckte wie ertrinkend …
Was erwischte sie mit schnellen Fingern,
Eng an meine Brust gepreßt? Die Kirche,
Ja die Kirche mit dem roten Dach war's.
Und sie stellt' sie dicht vor unser Landhaus.

Weihgeschenk

Heute deiner zu gedenken,
Deren Grab die Nacht betaut,
Nahen wir mit Weihgeschenken
Und gedämpftem Klagelaut!

Warum war dir's nicht gegeben,
Mutig deinen Tag zu leben?
Chor:
Warum schwandst du vor dem Ziel,
Allerlieblichstes Gespiel?

Braune, schwermutvolle Augen,
Öffnet euch ein letztes Mal!
Laßt aus euren Tiefen saugen
Mich noch einen süßen Strahl!
O wie hätt ich euch so gerne,
Traute träumerische Sterne –
Chor:
Sanften Schlummer, gute Ruh!
Tu die Augen wieder zu.

Wie das Schüttern zarter Saiten
Schlichen sie in jedes Herz
Deine stillen Lieblichkeiten,
Deiner Züge leiser Schmerz!
Feuchte Waldesschatten lagen
Über dir in Lenzestagen –
Chor:
Schwermut, Königin der Nacht,
Hat ihr Mägdlein umgebracht.

Wie ein Reh dem Wald entronnen,
Das ein üppig Tal entdeckt,
Nahtest schüchtern du dem Bronnen,
Bebst, vom eignen Bild erschreckt!
Ängstlich, wo sich Wege teilen,
Seh ich zweifeln dich und weilen –
Chor:
Ohne Glauben an das Glück,
Flohst ins Dunkel du zurück!

Zeigte jung ein arger Spiegel
Dir den Wurm in jeder Frucht?

Schwebte nahen Todes Flügel
Über dir mit Eifersucht?
Nie hat dich ein Arm umschlossen,
Liebe hast du nie genossen –
Chor:
In der Sel'gen keuschen Hain
Tratest unvermählt du ein.

Willig stiegest du die Stufen
Nieder in dein frühes Grab,
Wandtest dich, von uns gerufen,
Lächelnd um – und stiegst hinab!
Mit gelassener Gebärde
Schiedest du vom Grün der Erde –
Chor:
Ließest du das süße Licht,
Doch vergessen bist du nicht!

Der Blutstropfen

Zur Zeit der Lese war's im Winzerhaus.
Des Herdes goldne Flamme prasselte,
Die Fensterscheiben überhauchten sich
Und draußen scholl das Evoe geisterhaft
Aus Nebeldämmer. Becher klangen. Jung
Und alt empfand die bacchische Gewalt.
Mit einem zarten Schimmer röteten
Selbst ihr die Wangen sich, die unser Gast
Und dieser Erde Gast nicht lange war,
Ein stilles, scheues, ungezähmtes Kind.

Zum Reigen rief Lyäus. Jene schlich
Sich weg. Ins Freie blickte sie hinaus
Durchs Fenster. Dann beschrieb sie träumerisch,
Die ganz sich unbeachtet Wähnende,
Die Scheibe mit dem Finger. Weh! umstellt,
Belauert wurde sie von einem Schwarm
Und überfallen. Rasch in Trümmer schlug,
Das Antlitz glutbedeckt, die Scheibe sie,
Sich selbst verwundend. Dieses Tüchlein hier,
Das als Reliquie mir im Schreine liegt,
Fing, über die verletzte Hand gelegt,
Das Quellen eines Tropfen Blutes auf,
Der warm ihr eben erst im Herzen rann.
Jung schwand sie hin, und kein Lebend'ger weiß,
Was dort geschrieben auf der Scheibe stand –
Als dieser bleiche Tropfen Bluts vielleicht.

Stapfen

In jungen Jahren war's. Ich brachte dich
Zurück ins Nachbarhaus, wo du zu Gast,
Durch das Gehölz. Der Nebel rieselte,
Du zogst des Reisekleids Kapuze vor
Und blicktest traulich mit verhüllter Stirn.
Naß ward der Pfad. Die Sohlen prägten sich
Dem feuchten Waldesboden deutlich ein,
Die wandernden. Du schrittest auf dem Bord,
Von deiner Reise sprechend. Eine noch,
Die längre, folge drauf, so sagtest du.
Dann scherzten wir, der nahen Trennung klug
Das Angesicht verhüllend, und du schiedst,

Dort wo der First sich über Ulmen hebt.
Ich ging denselben Pfad gemach zurück,
Leis schwelgend noch in deiner Lieblichkeit,
In deiner wilden Scheu, und wohlgemut
Vertrauend auf ein baldig Wiedersehn.
Vergnüglich schlendernd, sah ich auf dem Rain
Den Umriß deiner Sohlen deutlich noch
Dem feuchten Waldesboden eingeprägt,
Die kleinste Spur von dir, die flüchtigste,
Und doch dein Wesen: wandernd, reisehaft,
Schlank, rein, walddunkel, aber o wie süß!
Die Stapfen schritten jetzt entgegen dem
Zurück dieselbe Strecke Wandernden:
Aus deinen Stapfen hobst du dich empor
Vor meinem innern Auge. Deinen Wuchs
Erblickt ich mit des Busens zartem Bug.
Vorüber gingst du, eine Traumgestalt.
Die Stapfen wurden jetzt undeutlicher,
Vom Regen halb gelöscht, der stärker fiel.
Da überschlich mich eine Traurigkeit:
Fast unter meinem Blick verwischten sich
Die Spuren deines letzten Gangs mit mir.

Wetterleuchten

Im Garten schritt ich durch die Lenzesnacht.
Des Jahres erste Blitze loderten.
Die jungen Blüten glommen feuerrot
Und blichen wieder dann. Ein schönes Spiel,
Davor ich stillehielt. Da sah ich *dich!*
Mit einem Blütenzweige spieltest du,

Die junggebliebne Tote! Durch die Hast
Und Flucht der Zeit zurück erkannt ich dich,
Die just des Himmels Feuer überglomm.
Erglühend standest du, wie dazumal,
Da dich das erste Liebeswort erschreckt,
Du Ungebändigte, du Flüchtende!
Dann mit den Blüten wieder blichest du.

Lethe

Jüngst im Traume sah ich auf den Fluten
Einen Nachen ohne Ruder ziehn,
Strom und Himmel stand in matten Gluten
Wie bei Tages Nahen oder Fliehn.

Saßen Knaben drin mit Lotoskränzen,
Mädchen beugten über Bord sich schlank,
Kreisend durch die Reihe sah ich glänzen
Eine Schale, draus ein jedes trank.

Jetzt erscholl ein Lied voll süßer Wehmut,
Das die Schar der Kranzgenossen sang –
Ich erkannte deines Nackens Demut,
Deine Stimme, die den Chor durchdrang.

In die Welle taucht ich. Bis zum Marke
Schaudert ich, wie seltsam kühl sie war.
Ich erreicht die leise ziehnde Barke,
Drängte mich in die geweihte Schar.

Und die Reihe war an dir zu trinken,
Und die volle Schale hobest du,

Sprachst zu mir mit trautem Augenwinken:
»Herz, ich trinke dir Vergessen zu!«

Dir entriß in trotz'gem Liebesdrange
Ich die Schale, warf sie in die Flut,
Sie versank und, siehe, deine Wange
Färbte sich mit einem Schein von Blut.

Flehend küßt ich dich in wildem Harme,
Die den bleichen Mund mir willig bot,
Da zerrannst du lächelnd mir im Arme
Und ich wußt es wieder – du bist tot.

Einer Toten

Wie fühl ich heute deine Macht!
Als ob sich deine Wimper schatte
Vor mir auf diesem ampelhaften Blatte
Um Mitternacht!
Dein Auge sieht
Begierig mein entstehend Lied.

Dein Wesen neigt sich meinem zu,
Du bist's! Doch deine Lippen schweigen –
Und liesest du ein Wort, das zart und eigen,
Bist's wieder du,
Dein Herzensblut,
Indes dein Staub im Grabe ruht.

Mir ist, wann mich dein Atem streift,
Der ich erstarkt an Kampf und Wunden,

Als seist in deinen stillen Grabesstunden
Auch du gereift
An Liebeskraft,
An Willen und an Leidenschaft.

Die Marmorurne setzten dir
Die Deinen – um dich zu vergessen,
Sie erbten, bauten, freiten unterdessen,
Du lebst in mir!
Wozu beweint?
Du lebst und fühlst mit mir vereint!

Ihr Heim

Lang vorüber ging ich den Gehegen,
Drin der Giebel deines Heimes ragt,
Dieser Pforte, diesen Schattenwegen!
Wer da wohne, hab ich nicht gefragt.
Wer da wohne
Hinter einer dunkeln Lindenkrone,
Hat das Herz mir nicht vorausgesagt.

Pfade liefen durch die feuchte Wiese,
Kleine Sohlen sah ich hier und dort
Eingezeichnet auf dem weichen Kiese,
Aber meines Weges zog ich fort.
Ich begehrte
Zu verfolgen nicht die flücht'ge Fährte,
Zu betreten nicht den stummen Ort.

Auch ein Rauschen hört ich aus der Linde,
Die der Hauch der Abendlüfte bog;
»Komme, Wandrer«, rief es, »komm und finde!«
Während rascher ich des Weges zog.
        Ich vertraute
Dem Versprechen nicht der Geisterlaute,
Deren Wehn mir oft das Herz betrog.

Und den Stern der Liebe sah ich eilen
Dort zum dunkelscharfen Bergesrand,
Auf dem schlanken Giebel blitzend weilen
Wie ein zitternd Feuer, eh er schwand.
        Im Entweichen
Gab der Freund am Himmel mir ein Zeichen,
Wann er über meinem Glücke stand.

Längst Versunken glaubt ich's in die Ferne,
Das so nahe mir verborgen lag!
Wer versteht den stillen Wink der Sterne
Vor dem rechten, dem bestimmten Tag?
        Vor der Stunde,
Die ihn zieht zu dem ersehnten Bunde,
Den nicht Tod noch Leben trennen mag?

Lang vorüber ging ich deiner Liebe
Durch den Staub des Lebens unbewußt,
Daß zur Wonne mir die Klage bliebe,
Und ein leiser Schmerz in sel'ger Brust –
        Schmerz und Klage
Über ohne dich verdarbte Tage,
Die mit deinem Kuß du stillen mußt.

Liebensjahr

Hat sich die Kelter gedreht? Tanzt dort mit dem Lauf
eine Flocke?
Zuckte der Blitz im August? Blühten die Kirschen im
Mai?
Blüten und Ähren und Trauben erblickt ich in
schwellendem Kranz nur
Um das geliebteste Haupt und ich erblicke sie noch.

Weihnacht in Ajaccio

Reife Goldorangen fallen sahn wir heute, Mürte
blühte,
Eidechs glitt entlang der Mauer, die von Sonne glühte.

Uns zu Häupten neben einem morschen Laube flog ein
Falter –
Keine herbe Grenze scheidet Jugend hier und Alter.

Eh das welke Blatt verweht ist, wird die Knospe neu
geboren –
Eine liebliche Verwirrung, schwebt der Zug der
Horen.

Sprich, was träumen deine Blicke? Fehlt ein Winter dir,
ein bleicher?
Teures Weib, du bist um einen lichten Frühling reicher!
Liebst du doch die langen Sonnen und die Kraft und
Glut der Farben!

Und du sehnst dich nach der Heimat, wo sie längst
erstarben?

Horch! durch paradieseswarme Lüfte tönen
Weihnachtsglocken!
Sprich, was träumen deine Blicke? Von den weißen
Flocken?

Schneewittchen

Schneewittchen hast im Scherz du dich genannt,
Da plaudernd einst zusammen wir gesessen,
Der Augen tiefes Blau, die Elfenhand,
Des Nackens Blondgekraus, wer kann's vergessen?

Noch jüngst – ich schritt ein hohes Tal entlang,
Es war gekrönt mit sieben Silberspitzen,
Die von dem himmelnahen Felsenhang
Herunter auf die grünen Pfade blitzen –

»Schneewittchen!« rief ich laut und unbewußt,
»Schneewittchen hinter deinen sieben Bergen!
Führst droben pünktlich du mit kühler Brust
Den kleinen Haushalt deinen sieben Zwergen?«

Ein spottend Echo nur antwortet' mir,
Die Felsstirn rümpfte lachend ihre Falten;
Und doch, und doch, mir war's, ich hätt von dir,
Schneewittchen! einen lieben Gruß erhalten.

Hirtenfeuer

Ließest unter uns dich nieder,
Liebe, liebenswerte Frau,
Aber heute ziehst du wieder,
Wie die Sterne ziehn im Blau.

Siehst den Abendstern du blinken
Dort vor seinem Untergang?
Einen Augenblick im Sinken
Ruht er auf dem Bergeshang.

In der flüchtigen Minute,
In dem eilenden Moment
Ist's, als ob er gastlich ruhte,
Wie ein Hirtenfeuer brennt.

Aber nur die kleinste Weile
Bringt er auf der Erde zu,
Sieh – er zittert ja vor Eile
Und verschwindet, Frau, wie du.

Laß scharren deiner Rosse Huf!

Geh nicht, die Gott für mich erschuf!
Laß scharren deiner Rosse Huf
Den Reiseruf!

Du willst von meinem Herde fliehn?
Und weißt ja nicht, wohin, wohin
Dich deine Rosse ziehn!

Die Stunde rinnt! Das Leben jagt!
Wir haben uns noch nichts gesagt –
Bleib bis es tagt!

Du darfst aus meinen Armen fliehn?
Und weißt ja nicht, wohin, wohin
Dich deine Rosse ziehn ...

Dämmergang

Du lebst meerüber
In blauer Ferne
Und du besuchst mich
Beim ersten Sterne.

Ich mach im Felde
Die Dämmerrunde,
Umbellt, umsprungen
Von meinem Hunde.

Es rauscht im Dickicht,
Es webt im Düster,
Auf meine Wange
Haucht warm Geflüster.

Das Weggeleite
Wird trauter, trauter,
Du schmiegst dich näher,
Du plauderst lauter.

Da gibt's zu schelten,
Da gibt's zu fragen,
Und hell zu lachen
Und leis zu klagen.

Was wedelt Barry
So glückverloren?
Du kraust dem Liebling
Die weichen Ohren …

Die tote Liebe

Entgegen wandeln wir
Dem Dorf im Sonnenkuß,
Fast wie das Jüngerpaar
Nach Emmaus,
Dazwischen leise
Redend schritt
Der Meister, dem sie folgten,
Und der den Tod erlitt.
So wandelt zwischen uns
Im Abendlicht
Unsre tote Liebe,
Die leise spricht.
Sie weiß für das Geheimnis
Ein heimlich Wort,
Sie kennt der Seelen
Allertiefsten Hort.
Sie deutet und erläutert
Uns jedes Ding,
Sie sagt: So ist's gekommen.

Daß ich am Holze hing.
Ihr habet mich verleugnet
Und schlimm verhöhnt,
Ich saß im Purpur,
Blutig, dorngekrönt,
Ich habe Tod erlitten,
Den Tod bezwang ich bald,
Und geh in eurer Mitten
Als himmlische Gestalt –
Da ward die Weggesellin
Von uns erkannt,
Da hat uns wie den Jüngern
Das Herz gebrannt.

Mit einem Jugendbildnis

Hier – doch keinem darfst du's zeigen,
Solche Sanftmut war mir eigen,
Durfte sie nicht lang behalten,
Sie verschwand in harten Falten,
Sichtbar ist sie nur geblieben
Dir und denen, die mich lieben.

VI

GÖTTER

Die Schule des Silen

In der schattendunklen Laube gab Silen, der weise,
Stunde,
Der ihm weich ans Knie geschmiegte Bacchus hing an
seinem Munde,
Lieblich lauschend.

Unter seinem krausen Barte lachte schelmisch der
Ergraute,
Da er in das milde Feuer junger Götteraugen schaute,
Dann begann er:

»Kind, betrachte dieses Antlitz, die gedankenschweren
Lider!
Kind, in jedem greisen Zecher ehre du die Züge wieder
Deines Lehrers.

Oft, wo die Veliten wankten, jene prahlerischen
Knaben,
Sind es die Triarier, Liebling, die das Feld behauptet
haben
Unerschüttert!

Wenn auf Chios mit dem Mädchen teilt den Becher der
Ephebe,
Laß sie nippen, laß sie kosen – mit der vollsten Schale
schwebe
Du vorüber.

Lenke deine götterleichten Schritte zu Homer, dem
alten,
Netze seine heil'gen Lippen, glätte seiner Stirne Falten,
Wundertäter!

Lös ihm jeder Erdenschwere Fessel mit der Hand, der
milden,
Fülle du des Blinden Auge mit unsterblichen Gebilden,
Ewig schönen!«

Pentheus

Sie schreitet in bacchisch bevölkertem Raum,
Mit wehenden Haaren ein glühender Traum,
Von Faunen umhüpft,
Um die Hüfte den Gürtel der Natter geknüpft.

Melodisch gewiegt und von Eppich umlaubt,
Ein flüsterndes rücklings geworfenes Haupt –
»Ich opfre mich dir.
Verzehre, Lyäus, was menschlich in mir!«

»Agave!« ruft's, und der bacchische Schwarm
Zerstiebt und der Vater ergreift sie am Arm.
»Weg, trunken Gesind!
Erwach und erröte, verlorenes Kind!

Du dienst einem Gaukler!« Im Schutz des
Gewands
Verhüllt er den Busen, entreißt ihr den Kranz –
Wild hebt sie den Stab.
Sie schlug! Aufstöhnt, der das Leben ihr gab.

»Ich glaube den Gott! Ich empfinde die Macht!
Ich strafe den Frevler, der Götter verlacht!
Wer bist du, Gesicht?
Ich bin die Bacchantin! Ich kenne dich nicht!«

Er betrachtet sein Kind. Er erstaunt. Er erblaßt.
Er entspringt, von entsetzlichem Grauen erfaßt.
Er flieht im Gefild,
Ein rennender Läufer, ein hastendes Wild.

»Herbei, alle Schwestern! Mänaden, herbei!«
Erhebt sie den Weidruf, das helle Geschrei.
»Zur Jagd! Zur Jagd!«
– »Wir folgen dir, blonde, begeisterte Magd!«

Sie jagen den König, Agave vorauf,
Er stürzt in den Strom und erneuert den Lauf
Am andern Gestad,
Auf spritzen die Wasser, sie springen ins Bad.

Er wirbelt mit bebenden Füßen den Staub,
Es dämmert – die Bacchen verfolgen den Raub –
Es dämmert empor
Ein Fels ohne Pfad, eine Wand ohne Tor.

Er steht und er starrt an die grausige Wand,
Da trifft ihn der Thyrsus in rasender Hand –
Nacht schwebt heran
Und erschrickt und verhüllt, was Agave getan.

Vor einer Büste

Bist du die träumende Bacche? Der Sterblichen lieblichste bist du!
Still in den Winkeln des Munds lächelt ein grausamer Zug.

Die sterbende Meduse

Ein kurzes Schwert gezückt in nerv'ger Rechten,
Belauert Perseus bang in seinem Schild
Der schlummernden Meduse Spiegelbild,
Das süße Haupt mit müden Schlangenflechten.
Zur Hälfte zeigt der Spiegel längs der Erde
Des jungen Wuchses atmende Gebärde –
»Raub ich das arge Haupt mit raschem Hiebe,
Verderblich der Verderberin genaht?
Wenn nur die blonde Wimper schlummern bliebe!
Der Blick versteint! Gefährlich ist die Tat.
Die Mörderin! Sie schließt vielleicht aus List
Die wachen Augen! Sie, die grausam ist!
Durch weiße Lider schimmert blaues Licht
Und – zischte dort der Kopf der Natter nicht?«

Medusen träumt, daß einen Kranz sie winde,
Der Menschen schöner Liebling der sie war,
Bevor die Stirn der Göttin Angebinde
Verschattet ihr mit wirrem Schlangenhaar.
Mit den Gespielen glaubt sie noch zu wandern
Und spendet ihnen lockenschüttelnd Grüße,
In blühndem Reigen regt sie mit den andern
Die freudehellen, die beschwingten Füße,
Ihr Antlitz hat vergessen, daß es töte,
Es glaubt, es glaubt an die barmherz'ge Lüge
Des Traums. Es lauscht dem Hauch der Hirtenflöte,
Der weichmelodisch zieht durch seine Züge.
Es lächelt still, von schwerem Bann befreit,
In unverlorner erster Lieblichkeit.

Der Mörder tritt an ihre Seite dicht
Und dunkler träumt Medusens Angesicht.

Ihr ist, sie habe Haß empfunden schon,
Vor sich geschaudert, dumpf und bang gelitten.
Die Menschen haben scheu sie erst geflohn,
Dann ihnen nachgestellt mit Meuchlerschritten –
Sie sinnt, was Unheilbares sie gequält,
Daß sie dem eignen Leben Feind geworden,
Und andres Leben sich ergötzt zu morden –
Sie sinnt umsonst. Ihr hält's der Traum verhehlt.
Die grause Larve, die sie lang geschreckt,
Ist wie mit einem Purpurtuch bedeckt.
Das Graun ist aufgelöst in Seligkeit,
Begonnen hat der Seele Feierzeit,
Der Dämmer herrscht. Das harte Licht verblich.

Als eine der Erlösten fühlt sie sich.
Sie fürchtet keines Schreckens Wiederkehr,
Sie weiß, die Qualen kommen nimmermehr,
Nein, nimmermehr, und nun ist alles gut!

Sie liegt, den Hals gebogen, auf dem Rasen,
Sie hört die Hirtenflöte wieder blasen
Und lauscht. Sie zuckt. Sie windet sich. Sie ruht.

Nächtliche Fahrt

Ein Schiff befuhr das Meer. Aufrauschend quoll
Die Flut am Kiel. Er suchte Pylos' Strand.
Das Steuer führt' ein Jüngling kummervoll,
Dem früh des Vaters Rat und Hilfe schwand.

Der Glückbedürft'ge hieß Telemachos
Und schaute nach des Segels nächt'gem Flug,
Dicht neben ihm der hohe Fahrtgenoß,
Athene war's, die Mentors Züge trug.

Unendlich brach hervor der Sterne Heer,
Die lichten Waller wußten ihre Bahn ...
Da sprach die Tochter Zeus' auf dunklem Meer:
»Zusammen rufen wir die Götter an!«

Die Hände, wie der Staubgeborne fleht,
Erhob sie ausgebreitet in die Nacht –
Und sie erhörte selber das Gebet,
Von ihr für den Verlaßnen dargebracht.

Der Stromgott

Morgengraun. Die Karawane windet sich dem Nil zur Seite,
Eine Rede dröhnt und murmelt über dunkler Stromesbreite.

Längs dem Ufer nippen durstig silbergraubeperlte Tauben,
Trinken Ibisse mit blankem Flügelpaar und schwarzen Hauben.

Nil, der segenreiche Vater, sorgt für alle seine Kinder,
Speist und tränkt aus seiner Fülle keines mehr und keines minder –

Neben einem braunen Reiter ein gebundner Knabe wandelt,
Joseph ist's, von seinen Brüdern in die Sklaverei verhandelt.

Taub' und Ibis flattern nur um wenig Flügelschläge weiter.
Joseph lauscht des Stromes Worten. Ruhig sitzt der stumme Reiter.

»Knabe, deine Blicke trauern! Jüngling, deine Füße bluten!
Dich verkauften deine Brüder ... Sei willkomm an meinen Fluten!

Joseph, fremder Knabe Joseph, du gefesselter, du
müder,
Bist du einst der Herr der Ernten, speise deine
schlimmen Brüder!

Knabe Joseph!« rauscht es dumpfer. Das erstaunte
Kind in Banden
Tröstet sich des güt'gen Grußes, bleibt er auch ihm
unverstanden.

Auf des Niles weiten Wassern ist des Stromgotts Wort
verschollen,
Nur ein Antlitz schwimmt und schimmert, dessen
Haare lockig rollen ...

Jetzt beleben sich die Pfade. Schiffe blähen ihre Flügel.
Kleebeladene Kamele wandern, sanftbewegte Hügel.

Frauen kommen mit dem schlanken Kruge, die
gemessen schreiten
In verhülltem, stillem Zuge, wie die Jahre, wie die
Zeiten ...

Aus der ahnungsvollen Ferne ragen Spitzen, hell
besonnte,
Steigen wie beschneite Gipfel weiß am reinen
Horizonte –

Joseph schaut empor zum Reiter: »Mit dir meiner Väter
Frieden!
Herr, wie nennst du dort die Berge?« »Kind, du schaust
die Pyramiden!«

Thespesius

Zwei Greise ruhten unter einer Pinie,
Stab neben Stab, an einer Quelle klarer Flut,
Wo wandernd sie begegnet sich von ungefähr.
Sie führten Zwiegespräch und sie behagten sich.
– »Man nennt mich Eukrates, und wer, mein Freund,
bist du?«
– »Mich nannten Aridäus lange Jahre sie,
Seit langen Jahren bin ich nun Thespesius.«
– »Zwei Namen trugst du?« – »Beide Namen,
Eukrates.
Hör an! Ein Jüngling, peitscht ich rasend das Gespann.
Die Rosse flogen. Becher, Buhlen, Würfelspiel,
Wut, Zorn, vergossen Blut – verklagend Blut!
Dem ich entfloh, die Eumeniden hinter mir.
Sie folgten meiner raschen Füße schnellstem Lauf,
Ich warf mich in den Fluß, sie sprangen jauchzend nach
Und hoben schwimmend ihrer Fackeln düstre Glut.
Ich klomm bergan – verirrt stürzt ich von einer Wand –
Die Sinne schwanden mir. Dann lebt ich wieder – war's
Im Traum? – und schritt auf einem weichen
Wiesengrün,
Wo Sel'ge, solche schienen sie, lustwandelten
In still bewegten Scharen. Kränze trugen sie.
Den einen kannt' ich wohl und ward von ihm erkannt:
Mein Blutsverwandter, welcher jüngst geschwunden
war
Aus dieser Erde Staub nach einem reinen Lauf.
Der sprach mich an: ›Ich grüße dich, Thespesius!‹

›Wozu der neue Name, wundersamer Ohm?
Wie nennst du mich? Dein Aridäus bin ich ja!‹
Die Locken schüttelt' leis er, die ambrosischen,
Und abermals: ›Ich grüße dich, Thespesius!‹ ...
Jetzt wacht ich wirklich auf. Am Hange lag
Ich blutbefleckt, von gier'gen Raben schon
umschwärmt.
Was mehr? Ich ward ein andrer. Nicht mit kleinem
Kampf!
Der Kampf ist groß! Mein neuer Name stärkte mich,
Der makellose, der so rein und göttlich klang!
Hab gute Fahrt!« – »Fahr wohl auch du, Thespesius!«

Der trunkene Gott

Weiße Marmorstufen steigen
Durch der Gärten laub'ge Nacht,
Schlanke Palmenfächer neigen
In des Himmels blaue Pracht.
Über Tempeln, Hainen, Grüften
Zecht in abendweichen Lüften
Alexanders Lieblingsschar;
Knieend bietet ihm ein Knabe,
Daß der Erde Herr sich labe,
Wein in edler Schale dar.

Herrlich ist's, den Wein zu schlürfen,
Lagernd in der Götter Rat,
Zwischen schwelgenden Entwürfen
Und der wundergleichen Tat!
Goldne Becher überquellen,

Ruhmesgeister mit den hellen
Helmen tauchen aus der Flut –
Goldne Schalen überschäumen,
Geister, die gebunden träumen,
Steigen auf in Zornesglut.

Kleitos neben Philipps Sohne
Furcht die Stirne kummervoll,
Der benarbte Mazedone
Schlürft im Weine Gram und Groll:
Er gedenkt der Heergenossen,
Die die erste Phalanx schlossen
In den Bergen kühl und fern –
Seinen dunkeln Mut zu kränken
Lüstet es den schönen Schenken
Lagernd an dem Knie des Herrn.

Die erhabne Stirn und Braue
Träumt den Zug ins Inderland,
Lauschend liest den Traum das schlaue
Kind, den Blick emporgewandt:
»Bacchus bist du, der belaubte,
Mit dem schwärmerischen Haupte,
Der ins Land der Sonne zieht!
Ohne Heer kannst du bezwingen,
Nur den Thyrsus darfst du schwingen,
Winke nur und Indien kniet!«

Finster grollt der alte Streiter:
»Durch der Wüste heißen Sand?
Immer ferner, immer weiter?
Nach des Indus Fabelstrand?

Kann ein Wink dir Sieg erwerben,
Warum bluten, warum sterben
Wir für dich? Zu deinem Spott?
Lebende kannst du belohnen,
Deine toten Mazedonen,
Wecke sie, bist du ein Gott!« –

– »Welchen dampfenden Altares
Freust du auf der Erde dich?
Bist du die Gewalt des Ares,
Helmumflattert, fürchterlich?
Herr, bevor den niedern Talen
Du dich nahtest ohne Strahlen,
Welches war dein himmlisch Amt?
Bist du Zeus? Bist du ein andrer?
Bist du Helios, der Wandrer,
Dessen Stirne sonnig flammt?«

Grimmig neigt der graue Fechter
Sich zum Ohr des Gottes hin,
Mit unseligem Gelächter
Rührt er an der Schulter ihn:
»Gast des Himmels, warum sinken
Haupt und Schulter dir zur Linken?*
Lastet dir der Erde Raub?
Mit den Göttern willst du zechen?
Spotten hör ich dein Gebrechen:
Alexander, du bist Staub!«

Eine zürnende Gebärde!

* Alexander war schief, seine rechte Schulter etwas höher als die schwächere linke.

Blitz und Sturz! Ein Gott in Wut!
Ein Erdolchter an der Erde
Windet sich in seinem Blut ...
In den Abendlüften Schauer,
Ein verhülltes Haupt in Trauer,
Ausgerast und ausgegrollt!
Marmorgleich versteinte Zecher,
Und ein herrenloser Becher,
Der hinab die Stufen rollt.

Der Botenlauf

Blicke gen Himmel gewandt, gebreitete flehende Arme!
Murmeln und schallender Ruf knieender Mädchen und Fraun:
»Götter, beflügelt den Boten! Entscheidung, lieber als Bangnis!
Seit sich die Sonne erhob, ringen die Stadt und Tarquin.
Siehe, die Sonne versinkt! Mitkämpfer, Castor und Pollux,
Denkt der verlassenen Fraun, sendet den Boten geschwind!«
Horch! Achthufig Geklirr bergan. Zwei befreundete Reiter!
Schon am heiligen Quell spülen die Waffen sie rein.
Dann, zwei gewaltige Jünglinge, steht auf der ragenden Burg sie,
Gegen die schauernden Fraun hat sich der eine gekehrt:

»Freude, knospendes Mädchen! Entschlossene Römerin, Freude!
Herrlicher Sieg ist erkämpft! Geht ihr entgegen dem Heer?«
Einer spricht's und der andere lauscht, zu dem Bruder gewendet.
Jetzt in das bleichende Licht springen die Rosse empor.
Einer der Jünglinge schwindet im Abend, es schwindet der andre,
Denn wie ein liebendes Paar lassen die Brüder sich nicht.
Über der römischen Feste gewaltigem, dunkelndem Umriß
Hebt sich in dämmernder Nacht seliges Doppelgestirn.

Der Gesang der Parze

In der Wiege schlummert ein schönes Römerkind,
Die graue Parze sitzt daneben und spinnt.
Sie schweigt und spinnt. Doch ist die Mutter fort,
So singt die Parze murmelnd ein dunkles Wort:

»Jetzt liegst du, Kindlein, noch in der Traumesruh.
Bald, kleine Claudia, spinnest am Rocken du –
Du wachsest rasch und entwächst den Kleidlein bald!
Du wachsest schlank! Du wirst eine Wohlgestalt!

Die Fackel lodert und wirft einen grellen Schein,
Sie kleiden dich mit dem Hochzeitsschleier ein!

Die Knaben hüpfen empor am Festgelag
Und scherzen ausgelassen zum ernsten Tag.

Eine Herrin wandelt in ihrem eignen Raum,
Und ihre Mägd und die Sklaven atmen kaum.
Ihr ziemt, daß all die Hände geflügelt sind.
Ihr ziemt, daß all die Lippen gezügelt sind.

Die blühenden Horen schwingen im Reigen sich:
Dir ward ein Knabe, Julier, freue dich!
Doch wann die Freude schwebt und die Flöte schallt,
Dann« – singt die Parze – »kommt der Jammer bald.

Der Tiber flutet und überschwemmt den Strand,
Das bleiche Fieber steigt empor ans Land,
Der Rufer ruft und kündet von Haus zu Haus:
›Vernehmt! Den Julier tragen sie heut hinaus!‹

Jetzt, klein Claudia, trägst du unträglich Leid!
In strenge Falten legst du dein Witwenkleid.
Dein Römerknabe springt dir behend vom Schoß,
Und grüßt dich helmumflattert herab vom Roß …

Die Tuben blasen Schlacht und sie blasen Sieg …
Da naht's. Da kommt's, was empor die Stufen stieg:
Vier Männer und die Bahre, Claudia, sind's
Mit der bekränzten Leiche deines Kinds!

Jetzt, kleine Claudia, bist du zu Tode wund« –
Das Kindlein lächelt. Es klirrt ein Schlüsselbund.
Die Mutter tritt besorgt in die Kammer ein
Und die Parze bleicht im goldenen Morgenschein.

Der Ritt in den Tod

»Greif aus, du mein junges, mein feuriges Tier!
Noch einmal verwachs ich zentaurisch mit dir!

Umschmettert mich, Tuben! Erhebet den Ton!
Den Latiner besiegte des Manlius Sohn!

Voran die Trophän! Der latinische Speer!
Der eroberte Helm! Die erbeutete Wehr!

Duell ist bei Strafe des Beiles verpönt ...
Doch er liegt, der die römische Wölfin gehöhnt!

Liktoren, erfüllet des Vaters Gebot!
Ich besitze den Kranz und verdiene den Tod –

Bevor es sich rollend im Sande bestaubt,
Erheb ich in ewigem Jubel das Haupt!«

Das Joch am Leman

»Die einen liegen tot mit ihren Wunden,
Die andern treiben wir daher gebunden!
Den Römeraar der Zwillingslegion,
Im Männerkampf im Roßgestampf entrissen
Der eingegarnten Wölfin scharfen Bissen,
Schwingt Divico, der Berge Sohn!« –

Weit blaut die Seeflut. Scheltend jagen Treiber
Am Ufer einen Haufen Menschenleiber,
Die nackte Schmach umjauchzt Triumphgesang,
Ein Jüngling kreist auf einem falben Pferde
Um die zu zwein gepaarte Römerherde
Die Krümmen des Gestads entlang.

Er schleudert auf den Aar mit stolzem Schreie
Er schickt den Ruf empor zur Firnenreihe –
Die Grät und Wände blicken groß und bleich –
»Hebt, Ahnen, euch vom Silbersitz, zu schauen
Die Pforte, die wir für den Rächer bauen,
Der sich verstieg in euer Reich!

Wir bauen nicht mit Mörtel noch mit Steinen,
Zwei Speere pflanzt! Querüber bindet einen!
Zwei Römerköpfe drauf! Es ist getan!« –
Das Joch umstehn verwogne Kriegsgesellen
Mit Auerhörnern und mit Bärenfellen
Und schauen sich das Bauwerk an.

Die Hörner dröhnen. Zu der blut'gen Pforte
Strömt her das Volk aus jedem Tal und Orte,
Groß wundert sich am Joch die Kinderschar,
Ein Mädelreigen springt in heller Freude
Um das von Schande triefende Gebäude,
Den blühnden Veilchenkranz im Haar.

Der Manlierstirn verzogne Brauen grollen,
Des Claudierkopfs erhitzte Augen rollen –
Der Hirtenknabe geißelt wie ein Rind

Den Brutusenkel. Sich durchs Joch zu bücken,
Krümmt jetzt das erste Römerpaar den Rücken
Und gellend lacht das Alpenkind.

Mit starren Zügen blickt, als ob er spotte,
Ein Felsenblock, der eigen ist dem Gotte,
Drauf hoch des Landes Priesterinnen stehn:
Ein hell Geschöpf in sonnenlichten Flechten,
Und eine Drude mit geballter Rechten,
Und rabenschwarzer Haare Wehn.

Die Dunkle höhnt: »Geht, Römer! Schneidet Stecken!
Mit Lumpen gürtet euch und Bettelsäcken!
Euch peitsch ein wildes Wetter durch die Schlucht!
Verflucht der Steg, darüber ihr gekommen,
Und wen ihr euch zum Führer habt genommen,
Er sei am ganzen Leib verflucht!«

Die Lichte fleht: »Du blitzest in den Lüften,
Umschwebst die Spitzen, hausest in den Klüften!
Behüte, Geist der Firn, uns lange noch!«
Die beiden singen starke Zauberlieder –
Ein Geier hangt im Blau und stößt danieder,
Und setzt sich schreiend auf das Joch.

Das Geisterroß

Durch den dreigeteilten Bogen,
Des Triumphes prangend Tor,
Durch die lauten Menschenwogen

Dort zum Kapitol empor
Lenkt den Tanz der weißen Pferde
Cäsars lässige Gebärde.

Hinter des Triumphes Wagen
Duldend oder grollend gehn
Überwundne. Ketten tragen
Cäsars lebende Trophän.
»Dieser!« höhnt es im Gedränge,
»Dieser Trotz'ge!« zischt die Menge.

Unberührt vom Hohn der Stunde,
Starren, traumgefüllten Blicks,
Geht, ein Singen auf dem Munde,
Ruhig Vercingetorix –
Fremde Weise, fremde Worte,
Mit dem Geist an fremdem Orte:

»Cäsar, blendend weiße Rosse
Hat Hispanien dir gebracht!
Ellid, edler Ahnen Sprosse,
Dunkel ist er wie die Nacht –
Deine Schimmel, deine viere,
Tauscht ich nicht mit meinem Tiere ...

Ellid heißt der wackre Jager
Stark von Wuchs und fest im Bug
Welcher mich ins Römerlager
Mit gewalt'gen Sprüngen trug ...
Der zum Opfer ich gegeben
Mich für meines Volkes Leben!

Dreimal flog ich um im Kreise,
In der Faust des Schwertes Blitz,
Noch im Lauf, nach Gallier Weise,
Sprang ich ab vor Cäsars Sitz ...
Schwarzer Ellid, zu den Toten
Send ich dich als meinen Boten!

Wie er mir ins Antlitz schnaubte,
Stieß ich, Blick versenkt in Blick,
Hinter seinem mächt'gen Haupte
Stracks das Schwert ihm durchs Genick ...
Daß mir eines Rosses Ehre
Mangle nicht im Geisterheere.

Ellid sprengt seit langen Jahren
Mitten in der bleichen Jagd,
Wann daheim die Toten fahren
Durch die Wälder, bis es tagt ...
Sehn sie meinen led'gen Renner,
Wundern sich die stillen Männer ...

Lange Jahre lag gebunden
Ich in feuchter Kerkergruft –
Kettenschwere, dumpfe Stunden –
Endlich wieder Tag und Luft –
Ellid, schwarzer Ellid, spute
Dich! Du witterst, wo ich blute!

Heute endlich! Endlich heute!
Wann der Kahle schwelgt am Mahl,
Würgt er seine Siegesbeute,
Mit dem letzten müden Strahl,

Wann die Sonne niedergleitet,
Wird mir Block und Beil bereitet.

Henker, nimm das Beil zu Händen!
Nicht das Beil? ... So nimm den Strang!
Droßle mich! Nur enden, enden!
Letzte Schmach! Sie währt nicht lang ...
Ellids kurzes Hufgestampfe
Dröhnt in meinem Todeskampfe!

Sterbend pack ich Ellids Haare,
Ein Befreiter spring ich auf,
Fahre, schwarzer Ellid, fahre!
Nach der Heimat nimm den Lauf!
Wogen tosen! Rhodans Stimme!
In den Strom, mein Tier, und schwimme!«

Cäsars Schimmel blähn die Nüstern.
»Ave Triumphator!« schallt.
Des Gebundnen Lippen flüstern:
»In der Heimat bin ich bald!
Ellid mit gestrecktem Jagen
Wird mich nach der Heimat tragen!«

Das verlorene Schwert

Der Gallier letzte Burg und Stadt erlag
Nach einem letzten durchgekämpften Tag
Und Julius Cäsar tritt in ihren Hain,
In ihren stillen Göttertempel ein.
Die Weihgeschenke sieht gehäuft er dort,
Von Gold und Silber manchen lichten Hort

Und edeln Raub. Doch über Hort und Schatz
Hangt ein erbeutet Schwert am Ehrenplatz.
Es ist die Römerklinge kurz und schlicht –
Des Juliers scharfer Blick verläßt sie nicht,
Er haftet auf der Waffe wie gebannt,
Sie deucht dem Sieger wunderlich bekannt!
Mit einem Lächeln deutet er empor:
»Ein armer Fechter, der sein Schwert verlor!«
Da ruft ein junger Gallier aufgebracht:
»Du selbst verlorest's im Gedräng der Schlacht!«
Mit zorn'ger Faust ergreift's ein Legionar –
»Nein, tapfrer Strabo, laß es dem Altar!
Verloren ging's in steilem Siegeslauf
Und heißem Ringen. Götter hoben's auf.«

Das Heiligtum

Waldnacht. Urmächt'ge Eichen, unter die
Des Blitzes greller Strahl geleuchtet nie!
Dämmernde Wölbung, Ast in Ast verwebt,
Von keines Vogels Lustgeschrei belebt!
Ein brütend Schweigen, nie vom Sturm gestört,
Ein heilig Dunkel, das dem Gott gehört,
Darin, umblinkt von Schädel und Gebein,
Sich ungewiß erhebt ein Opferstein …
Es rauscht. Es raschelt. Schritte durch den Wald!
Das kurze römische Kommando schallt.
Geleucht von Helmen! Eine Kriegerschar!
Vorauf ein Gallier und ein Legionar:
»Die Stämme können dienen. Beil in Schwung!
Cäsar braucht Widder zur Belagerung!«*

* Von Massilia

Erbleichend spricht der Gallier ein Gebet,
Den Römer selbst ergreift die Majestät
Des Orts, doch hebt gehorchend er die Axt –
Der Gallier flüstert: »Weißt du, was du wagst?
Die Stämme – diese Riesen – sind gefeit,
Hier wohnt ein mächt'ger Gott seit alter Zeit,
In dessen Nähe nur der Priester tritt,
Ein totenblasses Opfer schleppt er mit.
Versehrtest nur ein Blatt du freventlich,
Stracks kehrte sich die Waffe wider dich!« ...
Die heil'gen Eichen drohen Baum an Baum,
Die Römer lauschen bang und atmen kaum,
Schwer, schwerer wird der Hand des Beiles Wucht
Und ihr entsinkt's. Sie stürzen auf die Flucht.
»Steht!« und sie stehn. Denn es ist Cäsars Ruf,
Der ihre Seelen sich zu Willen schuf!
Er ist bei seiner Schar. Er deutet hin
Auf eine Eiche. Sie umschlingen ihn,
Sie decken ihn wie im Gedräng der Schlacht,
Sie flehn. Er ringt. Er hat sich losgemacht,
Er schreitet vor. Sie folgen. Er ergreift
Ein Beil, hebt's, führt den Schlag, der saust und
pfeift ...
Sank er verwundet von dem frevlen Beil?
Er lächelt: »Schauet, Kinder, ich bin heil!«
Erstaunen: Jubel! Hohngelächter! Spott!
Soldatenwitz: »Verendet hat der Gott!«
Die Rinde fliegt! Des Stammes Stärke kracht!
Vom Laub zu dunklerm Laube flieht die Nacht.
Die Beile tun ihr Werk. Die Wölbung bricht
Und Riesentrümmer überströmt das Licht.

Die wunderbare Rede

Auf der Appierstraße zieht ein Heer
Schnellen Schrittes, weit umwölkt von Staub.
Weiß am Horizont das Häusermeer –
»Rom ist morgen euer!« zeigt Sever.
»Flieget, Adler! Stoßt auf euren Raub!«

Morgen? Rom sorgt sich um morgen nicht.
»Die Gladiatoren spielen heut!«
Weiber schmücken sich. Orestes ficht!
Manch unheimlich brennend Augenlicht
Blitzt im Spiegel, den die Sklavin beut.

Sänften hasten zum Theater schon,
Von Gewitterwolken überjagt,
Schwüle Blicke, die wie Fackeln lohn!
Ungeduldig finstre Brauen drohn:
»Eilet, Sklaven!« Spiel ist angesagt!

Über Dach und Zinne ragt empor
Himmelhoch ein riesenstarker Bau,
Der ein Volk empfängt durch manches Tor.
Hinter seinem Mauerkranz hervor
Steigt es schwarz und schwärzer auf im Blau.

Drinnen drängen sie sich Sitz an Sitz,
Jede Stufe strotzt und wogt und schwillt.
Auf der Bühne zündeln hell und spitz
Kurze Schwerter. Schimmernd flirrt ein Blitz
Und ein erster Sprudel Blutes quillt.

Starren Blickes, blaß vor Leidenschaft,
Lauert vorgeneigt die Römerin
Auf die Sterbewunde – eine gafft
Lüstern, eine sinnt dämonenhaft,
Eine lauscht mit hartem Mördersinn.

An der rasch gedrehten Klingen Spiel
Haften Seelen gierig, ohne Zahl –
Traf der Stoß? Er saß. Ein Fechter fiel,
Wälzt sich um im Sand und ist am Ziel
Nach der kurz empfundnen Sterbequal.

Mark und Herz erschütternd gellt ein Schrei!
Dort auf dem Balkon ein Weib im Traum:
Um die Schultern wehn die Haare frei
Und als ob sie die Sibylle sei,
Ruft sie ehern durch den vollen Raum:

»Wehe morgen! Fechter, du bist tot!
Gute Fahrt! Dir tun sie nichts zuleid!
Morgen wehe! Horch! Die Tuba droht!
Eine weite Flamme weht und loht!
Wehe! Sie zerreißen mir das Kleid!«

In das Morgen blickt sie voller Graun,
Schaudernd wie vor Blutes tiefem Strom,
Denn ihr Auge kann das Künft'ge schaun –
Es ist keine von den ird'schen Fraun!
Es ist Rom! Es ist die Göttin Rom!

Vor dem Volk auf hoher Stufe ragt
Rom die Herrin in versteintem Schmerz,

Rom, vor welcher einst die Welt gezagt,
Jetzt die wunde, die geschlagne Magd!
Leid und Mitleid füllen jedes Herz.

Durch die Menge geht ein Flüstern leis,
Eine Rede schwirrt und irrt und rauscht,
Flutet höher, höher stufenweis,
Braust wie Meeresbrandung, füllt den Kreis,
Jeder spricht sie mit und jeder lauscht:

»Schande! Brandmal! Striemen! Sklavenjoch!
Wehe! Sie zerreißen dir das Kleid!
Ach wie lange noch, wie lange noch?
Stürbest, Göttin Roma, stürbst du doch!
Aber du bist voll Unsterblichkeit!«

In einer Sturmnacht

Es fährt der Wind gewaltig durch die Nacht,
In seine grellen Pfeifen bläst der Föhn.
Prophetisch kämpft am Himmel eine Schlacht
Und überschreit ein wimmernd Sterbgestöhn.

Was jetzt dämonenhaft in Lüften zieht,
Eh das Jahrhundert schließt, erfüllt's die Zeit –
In Sturmespausen klingt das Friedelied
Aus einer fernen, fernen Seligkeit.

Die Ampel, die in leichten Ketten hangt,
Hellt meiner Kammer weite Dämmerung.

Und wann die Decke bebt, die Diele bangt,
Bewegt sie leise sich in sachtem Schwung.

Mir redet diese Flamme wunderbar
Von einer windbewegten Ampel Licht,
Die einst geglommen für ein nächtlich Paar,
Ein greises und ein göttlich Angesicht.

Es sprach der Friedestifter, den du weißt,
In einer solchen wilden Nacht wie heut:
»Hörst, Nikodeme, du den Schöpfer Geist,
Der mächtig weht und seine Welt erneut?«

Alle

Es sprach der Geist. Sieh auf! Es war im Traume.
Ich hob den Blick. In lichtem Wolkenraume
Sah ich den Herrn das Brot den Zwölfen brechen
Und ahnungsvolle Liebesworte sprechen.
Weit über ihre Häupter lud die Erde
Er ein mit allumarmender Gebärde.

Es sprach der Geist: Sieh auf! Ein Linnen schweben
Sah ich und vielen schon das Mahl gegeben,
Da breiteten sich unter tausend Händen
Die Tische, doch verdämmerten die Enden
In grauen Nebel, drin auf bleichen Stufen
Kummergestalten saßen ungerufen.

Es sprach der Geist: Sieh auf! Die Luft umblaute
Ein unermeßlich Mahl, so weit ich schaute,

Da sprangen reich die Brunnen auf des Lebens,
Da streckte keine Schale sich vergebens,
Da lag das ganze Volk auf vollen Garben,
Kein Platz war leer und keiner durfte darben.

VII

FRECH UND FROMM

Friede auf Erden

Da die Hirten ihre Herde
Ließen und des Engels Worte
Trugen durch die niedre Pforte
Zu der Mutter und dem Kind,
Fuhr das himmlische Gesind
Fort im Sternenraum zu singen,
Fuhr der Himmel fort zu klingen:
»Friede, Friede! auf der Erde!«

Seit die Engel so geraten,
O wie viele blut'ge Taten
Hat der Streit auf wildem Pferde,
Der geharnischte, vollbracht!
In wie mancher heil'gen Nacht
Sang der Chor der Geister zagend,
Dringlich flehend, leis verklagend:
»Friede, Friede ... auf der Erde!«

Doch es ist ein ew'ger Glaube,
Daß der Schwache nicht zum Raube
Jeder frechen Mordgebärde
Werde fallen allezeit:

Etwas wie Gerechtigkeit
Webt und wirkt in Mord und Grauen
Und ein Reich will sich erbauen,
Das den Frieden sucht der Erde.

Mählich wird es sich gestalten,
Seines heil'gen Amtes walten,
Waffen schmieden ohne Fährde,
Flammenschwerter für das Recht,
Und ein königlich Geschlecht
Wird erblühn mit starken Söhnen,
Dessen helle Tuben dröhnen:
Friede, Friede auf der Erde!

König Etzels Schwert

Der Kaiser spricht zu Ritter Hug:
»Du hast für mich dein Schwert verspellt,
Des Eisens ist bei mir genug,
Geh, wähl dir eins, das dir gefällt!«

Hug schreitet durch den Waffensaal,
Wo stets der graue Schaffner sitzt.
»Der Kaiser gibt mir freie Wahl
Aus allem, was da hangt und blitzt!«

Er prüft und wägt. Von ihrem Ort
Langt er die Schwerter mannigfalt –
»Sprich, wessen ist das große dort,
Gewaltig, heidnisch, ungestalt?«

»Des Würgers Etzel!« flüstert scheu
Der Graue, der es hält in Hut.
»Des Hunnenkönigs! Meiner Treu,
So lechzt und dürstet es nach Blut!«

»Laß ruhn. Es hat genug gewürgt!
Die tote Wut erwecke nicht!«
»Gib her! Dem ist der Sieg verbürgt,
Der mit dem Schwert des Hunnen ficht!«

Und wieder sprengt er in den Kampf.
»Du hast dich lange nicht geletzt,
Schwert Etzels, an des Blutes Dampf!
Drum freue dich und trinke jetzt!«

Er schwingt es weit, er mäht und mäht
Und Etzels Schwert, es schwelgt und trinkt,
Bis müd die Sonne niedergeht
Und hinter rote Wolken sinkt.

Als längst er schon im Mondlicht braust,
Wird ihm der Arm vom Schlagen matt,
Er frägt das Schwert in seiner Faust:
»Schwert Etzels, bist noch nicht du satt?

Laß ab! Heut ist genug getan!«
Doch weh, es weiß von keiner Rast,
Es hebt ein neues Morden an
Und trifft und frißt, was es erfaßt.

»Laß ab!« Es zuckt in grauser Lust,
Der Ritter stürzt mit seinem Pferd

Und jubelnd sticht ihn durch die Brust
Des Hunnen unersättlich Schwert.

Galaswinte

Im Saale jubelt Hochzeit –
Die Arme vor dem Busen
Kreuzt Fredegund in Demut,
Des Königs list'ge Buhlin:
»Ich bin die Magd und leuchte
Dem Bräutchen auf die Kammer!«
Die Alabasterampel
Mit römischen Skulpturen,
Die schwebend einst geschimmert
In stillem Grabesdunkel,
Trägt Fredegund in Demut
Und hellt die Hochzeitskammer,
Sie setzt die Ampel nieder
Und geht und lächelt tückisch.
Die zarte Galaswinte
Blickt in die wehnde Flamme,
Die Flamme loht und flackert,
Die Ampel springt in Scherben,
Die Fürstin weint im Dunkel:
»Die mich gebracht aus Spanien,
Dein Kind dem Frankenkönig,
Jetzt drehst du auf dem Rosse
Im Schein der Wanderfackel
Noch einmal dich und breitest
Nach mir die Arme, Mutter!«

Bettlerballade

Prinz Bertarit bewirtet Veronas Bettlerschaft
Mit Weizenbrot und Kuchen und edlem Traubensaft.
Gebeten ist ein jeder, der sich mit Lumpen deckt,
Der, heischend auf den Brücken der Etsch, die Rechte reckt.

Auf edlen Marmorsesseln im Saale thronen sie,
Durch Riss' und Löcher gucken Ellbogen, Zeh und Knie.
Nicht nach Geburt und Würden, sie sitzen grell gemischt,
Jetzt werden noch die Hasen und Hühner aufgetischt.

Der tastet nach dem Becher. Er durstet und ist blind.
Den Krüppel ohne Arme bedient ein frommes Kind.
Ein reizend stumpfes Näschen geckt unter strupp'gem Schopf,
Mit wildem Mosesbarte prahlt ein Charakterkopf.

Die Herzen sind gesättigt. Beginne, Musika!
Ein Dudelsack, ein Hackbrett und Geig und Harf ist da.
Der Prinz, noch schier ein Knabe, wie Gottes Engel schön,
Erhebt den vollen Becher und singt durch das Getön:

»Mit frisch gepflückten Rosen bekrön ich mir das Haupt,
Des Reiches ehrne Krone hat mir der Ohm geraubt.

Er ließ mir Tag und Sonne! Mein übrig Gut ist klein!
So will ich mit den Armen als Armer fröhlich sein!«

Ein Bettler stürzt ins Zimmer. »Grumell, wo kommst
du her?«
Der Schreckensbleiche stammelt: »Ich lauscht von
ungefähr,
Gebettet an der Hofburg ... dein Ohm schickt Mörder
aus,
Nimm meinen braunen Mantel!« Erzschritt umdröhnt
das Haus.

»Drück in die Stirn den Hut dir! Er schattet tief!
Geschwind!
Da hast du meinen Stecken! Entspring, geliebtes
Kind!«
Die Mörder nahen klirrend. Ein Bettler schleicht
davon.
– »Wer bist du? Zeig das Antlitz!« Gehobne Dolche
drohn.

– »Laß ihn! Es ist Grumello! Ich kenn das Loch im Hut!
Ich kenn den Riß im Ärmel! Wir opfern edler Blut!«
Sie spähen durch die Hallen und suchen Bertarit,
Der unter dunkelm Mantel dem dunkeln Tod entflieht.

Er fuhr in fremde Länder und ward darob zum Mann.
Er kehrte heim gepanzert. Den Ohm erschlug er dann.
Verona nahm er stürmend in rotem Feuerschein.
Am Abend lud der König Veronas Bettler ein.

Die Söhne Haruns

Harun sprach zu seinen Kindern Assur, Assad,
Scheherban:
»Söhne, werdet ihr vollenden, was ich kühnen Muts
begann?
Seit ich Bagdads Thron bestiegen, bin von Feinden
ich umgeben!
Wie befestigt ihr die Herrschaft? Wie verteidigt ihr
mein Leben?«

Assur ruft, der feurig schlanke: »Schleunig werb ich dir
ein Heer,
Zimmre Masten, webe Segel! Ich bevölkre dir das
Meer!
Rosse schul ich. Säbel schmied ich. Ich erbaue dir
Kastelle.
Dir gehören Stadt und Wüste! Dir gehorchen Strand
und Welle!«

Assad mit der schlauen Miene sinnt und äußert sich
bedächtig:
»Sicher schaff ich deinen Schlummer, Sorgen machen
übernächtig.
Daß du dich des Lebens freuest, bleibe, Vater, meine
Sache!
Über jedem deiner Schritte halten hundert Augen
Wache!

Wirte, Kuppler und Barbiere, jedem setz ich einen
Sold,

Daß sie alle mir berichten, *wer* dich liebt und *wer* dir
grollt.«
Harun lächelt. Zu dem Jüngsten, seinem Liebling,
sagt er: »Ruhst du?
Wie beschämst du deine Brüder? Zarter Scheherban,
was tust du?«

»Vater«, redet jetzt der Jüngste, keusch errötend, »es
ist gut,
Daß ein Tropfen rinne nieder warm ins Volk aus
deinem Blut!
Über ungezählte Lose bist allmächtig du auf Erden,
Das ist Raub an deinen Brüdern – und du wirst
gerichtet werden!

Dein erhaben Los zu sühnen, das sich türmt den
Blitzen zu,
Laß mich in des Lebens dunkle Tiefen niedertauchen
du!
Such mich nicht! Ich ging verloren! Sende weder Kleid
noch Spende!
Wie der Ärmste will ich leben von der Arbeit meiner
Hände!

Mit dem Hammer, mit der Kelle laß mich, Herr, ein
Maurer sein!
Selber maur ich mich in deines Glückes Grund und
Boden ein!
Jedem Hause wird ein Zauber, daß es unzerstörlich
dauert,
Etwas Liebe und Lebend'ges in den Grundstein
eingemauert!

Hörest du die Straße rauschen unter deinem Marmorschloß?
Morgen bin ich dieser Menge namenloser Tischgenoß –
Blickst du nieder auf die vielen Unbekannten, die dir dienen,
Einer segnet dich vom Morgen bis zum Abend unter ihnen!«

Der Berg der Seligkeiten

Ein Bergesrücken stillbesonnt,
Allum der duft'ge Horizont!
Hier saß der Christ und rings im Kreis
Die Galiläer, stufenweis
Gelagert, auf den steilen Triften.
Der Meister lobt' der Lilie Kleid,
Hieß göttlich Werk das Friedestiften
Und rühmte die Barmherzigkeit.
Er ließ die Segensschwingen breiten
All seines Reiches Seligkeiten.
Dann ist er sacht hinabgegangen ...
Und hat am Kreuzesstamm gehangen.

Am Berg der Seligkeiten irrten
Der Hirtin Stapfen und des Hirten.
Wie Wolken still, wie Stürme brausend,
Zog dran vorüber ein Jahrtausend.
Die Lilie blieb des Lobes froh,
Sie kleide sich wie Salomo,
Die Luft, drin nie das Erz erscholl,

Ist noch von Friedeworten voll.
Drommetenstoß! Jach klimmt empor
Ein Heer, das Schlacht und Raum verlor.
Kreuzritter sind's, von Saladin
Versprengt, die wild zur Höhe fliehn!
Heiß unter ihren Schritten her
Entflammt den dürren Rasen er,
In schwarzen Wolken wallt der Qualm.
Schlachtrosse schnauben auf der Alm.
Scharf pfeifen Sarazenenpfeile
Durch dieses Fluchtgedränges Eile.
Fort! Ein verfärbter Purpur weht,
Ein junger König wankt entkräftet,
Doch dieses Reiches Majestät
Ist König Christ, ans Kreuz geheftet.
Drum tragen sie das Kreuz voran,
Der Welterbarmer schwebte dran,
Das bittre Kreuz, davon herab
Er seines Mordes Schuld vergab.
Sie wuschen's dann mit roten Bächen,
Um des Erbarmers Tod zu rächen …
Das Wüten, Morden, Bluten, Streiten
Ersteigt den Berg der Seligkeiten.
Erklommen ist der Gipfel jetzt
Und hinter ihm erbraust das Meer
Der Kurdenschleuder ausgesetzt,
Steht auf dem Kulm das Christenheer.

Drommetenstoß: »Der Heiland lebt!
Christus regiert!« Der Berg erbebt.
»Hilf, König, der gekreuzigt wurde!« –
»Zielt auf das Kreuz!« befiehlt der Kurde.

»Wie blöde Falter um die Flamme,
So flattern sie am Kreuzesstamme!«
Es saust. Steilnieder zu der Bucht
Stürzt Roß und Reiter in die Schlucht.
Das Kreuz mit Glut und brünst'ger Hast
Umfängt's ein Mönch und hält's umfaßt:
»Hörst, König, du der Heiden Spott?
Vernichte sie, verhöhnter Gott!
In heller Rüstung komm gefahren
Mit deines Vaters Engelscharen!
Lebst du, regierst du, Christe, nicht?«
Kein Engelschwert erblitzt im Licht.
Die Luft verfinstert Pfeilgesaus –
»Komm!« schreit der Mönch und atmet aus.

Des Himmels innigtiefer Schein
Umfließt ein menschenleer Gestein.
Vom Schwert erkämpft, vom Schwert zerstört,
Dies Reich hat nicht dem Christ gehört.

Die Gaukler

Am Strande des gelobten Lands
In glühem Stich des Sonnenbrands
Kämpft Ludowig der Fromme;
Er trägt in sich des Todes Keim,
Ihm ahnt es, daß er nimmer heim
Ins schöne Frankreich komme.

Scheu lauscht in Zeltes Dämmerschein
Ein junger Edelknecht herein

Und hinter ihm die andern:
»Herr König, es sind Gaukler da,
Drei Brüder aus Armenia,
Die nach dem Grabe wandern.

Es heißt, sie spielen wunderschön!
Erlaubt ein frisches Horngetön
Uns allen anzuhören!«
Der König seufzt: »Betrug die Welt!
Bringt mir die Gaukler in das Zelt,
Daß sie euch nicht betören!«

Jetzt heben an den Mund die drei
Das Horn und spielen frank und frei,
Als ging' es aus zum Jagen.
Dann wie ein Quell im Walde quillt,
So rieselt sanft und wächst und schwillt
Ein Jubeln und ein Klagen.

Gemach vertönt der Hörner Schall,
Laut ruft Renaud von Reineval:
»Du Herzenstrost der Minne!
Lucinden, die sich um mich kränkt,
In Treuen ihres Pilgers denkt,
Sah ich auf stiller Zinne!«

»Ich schaute«, fällt Jung Walter ein,
»In meinem Teich den Widerschein
Von Eichen kühl und düster,
Ich sah mein Boot, der Ruder bar,
Das halb ans Land gezogen war,
Umneigt von Schilfgeflüster!«

Ein jeder hat im Horneslaut
Sein Herz belauscht, sein Lieb geschaut,
Sein Minnen und sein Sehnen.
– »Herr König, sagt, was sinnet Ihr?
Was sehnet Ihr? Was minnet Ihr?
Was rinnen Euch die Tränen?«

Herr Ludwig flüstert: »Sel'ger Traum!
Mich hoben durch den Himmelsraum
Angelische Gestalten.
›Getreuer Knecht willkomm!‹ erscholl
Ein Ruf – ich konnte wonnevoll
Die Tränen nicht verhalten.«

Thibaut von Champagne

»Heim bin ich aus dem Morgenland an Seel und Leib gesund,
Mich durstet' in der Wüste Sand nach Euerm frischen Mund,
Ihr bliebet mir ein treues Weib, da steht mein Glaube fest,
Drum bring ich Euch das Schönste mit, was sich bescheren läßt.«

Die Gräfin wandelt auf und ab in einem sachten Schritt.
Sie las den Brief und las den Brief. »Was bringt der Graf mir mit?
Ist's wohl ein Span vom echten Kreuz? Den küßt ich voller Scheu!
Ist's in dem Zwinger ein Getier? Ein Pardel oder Leu?

Ist's dünnen Schleiers Spinneweb, das Werk der
Feienhand?
Ein Perserteppich, wie der Fuß noch keinen weichern
fand?
Ist's denn ein lichter Edelstein? Ist's ein Geschirr von
Gold,
Daraus sich feiner Rauch empor in blauen Wölklein
rollt?«

Der Türmer ruft. Das Tor erfüllt der freud'ge Pilger-
zug:
Barhaupt der Graf in einem Helm wohl hundert Rosen
trug,
Auf manchem Wagen schwankte dann manch tönernes
Geschirr,
Darüber blüht' ein Rosenhain in würzigem Gewirr.

Der Gräfin Näschen sog den Duft, das Mündchen
zeigt' Verdruß,
Dann lächelt's zu dem leichten Hort und bietet sich
dem Kuß –
»Wie selig bin ich, liebe Frau, daß Euch der Flor gefällt!
Die Rosen von Damaskus sind die vollsten auf der
Welt!

In hundert Kübeln schleppten wir den Rosenwald an
Bord,
Er wär mir in der Sonnenglut verdorben und verdorrt,
Neun Tage stürzte Regenguß, der schier das Schiff
versenkt –

Ich dachte nur, ich lachte nur: Wie *der* die Rosen
tränkt!

Entpanzert, Knappen, mir die Brust, noch bin ich
erzumschient!
Ich habe meinem Himmel hier und einen dort verdient!
Mit Rosen will ich drum zu Tisch, mit Rosen
schlummern gehn,
Mit Rosen steigen in die Gruft, mit Rosen auferstehn!«

Der Pilger und die Sarazenin

Jüngst am Libanon in einem Kloster,
Drin ich eine kurze Reiserast hielt,
Langsam durch die kühlen Hallen wandelnd,
Blieb ich stehn vor einem Bilde,
Wohlbewahrt in eigener Kapelle.
Es berührte mich mit leisem Zauber
Trotz der byzantinischen Gestalten,
Denn darüber lag ein Glanz der Liebe:
Durch das Tor des Paradieses schritten
Eine Sarazenin und ein Pilger,
Hand in Hand versenkt und Blick in Blick auch.
»Was bedeutet dieses süße Märchen?«
Frug ich Anaklet, den Klosterbruder,
Der mich schleichend überall begleitet.
Mit gesenkten Augen gab er Antwort:
»Guter Herr, kein süßes Märchen ist es,
Sondern eine tröstliche Legende,
Auf ein altes Pergament verzeichnet

Zur Erbauung aller gläub'gen Christen.
Dieser Pilger ist ein heil'ger Märt'rer,
Eine Märt'rin ist die Sarazenin,
Er verschied, gesteinigt und gepeinigt,
Sie verblich, umarmend eine Schwelle!«
Märchenlustig bin ich wie Scheherban,
Wie die plaudernde Scheherezade!
Und ich bat den Mönch: »Erzähle, Vater,
Deinem Sohn die tröstliche Legende.«
Bruder Anaklet willfahrte, sprechend:

»Einst, vor ungezählten vielen Jahren –
Also steht's im Pergament verzeichnet,
Das ich gründlich lernte schon als Knabe –
Zogen Pilger nach dem Grab vorüber
Ohne Rast und ohne Trunk und Speise
Scheuen Fußes an der Stadt Damaskus,
Denn verhaßt ist Christus in Damaskus!
Vor der Stadt Damaskus rauscht ein Brunnen,
Wo ein Löwenkopf aus seines Maules
Tiefherabgezognen Winkeln sprudelt
Ein begehrtes, köstlich kühles Wasser.
Dort am Brunnen stand die Sarazenin.

Schleierlos, die jungen warmen Augen
Fünfzehnjährig oder sechzehnjährig,
Stand am Brunnen eine Sarazenin,
Die den schlanken Krug gelassen füllte.
Alle Pilger zogen ihr vorüber
Mit gesenktem Haupte niederblickend,
Denn die Moslemweiber treiben Künste.
– Aber überwunden hat sie Christus! –

Nur ein zarter Jüngling, fast ein Knabe
Noch, entwich der Pilgerreihe durstig,
Nahte sich der jungen Sarazenin
Flehend, forderte von ihr zu trinken.
Langsam senkte sie den Krug. Er schlürfte.
Langsam hob den Krug zu Haupt sie wieder,
Heimwärts wandelnd. Vor des Tores Wölbung
Wandte sie das Haupt mitsamt dem Kruge,
Schritte fühlend hinter ihren Sohlen:
›Pilger, hüte dich vor diesem Tore!
Denn es würde dir zum Tor des Todes!
Meine dunkeln Augen sind verderblich
Und verhaßt ist Christus in Damaskus!‹

Und sie wandelt durch des Tores Wölbung,
Und sie wandelt durch die dunkeln Gassen,
Schritte fühlend hinter ihren Sohlen.
Ihre Türe öffnet sie und schließt sie
Und empor zum innern Söller steigend,
Sieht sie mit den Sinnen ihres Geistes
Einen Pilger liegen auf der Schwelle,
Auf der Schwelle vor des Hauses Pforte.

In der ersten Morgenhelle stand sie
Vor dem Pilger, heftig ihn zu schelten:
›Pilger, hebe dich von dieser Schwelle,
Die zur Schwelle würde dir des Todes!
Will nicht schuldig sein an deinem Tode!
Meine dunkeln Augen sind verderblich!
Alle schlügen heute dich mit Stäben,
Alle würfen heute dich mit Steinen,
Und du lägest tot in deinem Blute!

Denn verhaßt ist Christus in Damaskus!
Weiche, Pilger! Heb dich, läst'ger Bettler!
Fremdling! Abergläub'scher! Götzendiener!
Diesen Lippen einen Kuß! Entweiche!‹
Doch er weigerte sich mit dem Haupte,
Zornig wich von ihm die Sarazenin.

In der letzten Abendhelle stand sie
Vor dem Pilger, dem das Blut aus vielen
Wunden strömte, heftig ihn zu schelten:
›Weiche, Pilger! Heb dich, läst'ger Bettler!
Fremdling. Abergläub'scher! Götzendiener!
Meine dunkeln Augen sind verderblich
Und verhaßt ist Christus in Damaskus!
Will nicht schuldig sein an deinem Tode!
Waschen will ich deine roten Striemen,
Küssen will ich deine blut'gen Wangen,
Leugnest du den bleichen Mann am Holze!‹
Doch er weigerte sich mit dem Haupte,
Weinend wich von ihm die Sarazenin
Und empor zum innern Söller steigend,
Hört sie mit den Sinnen ihres Geistes
Leise stöhnen einen Todeswunden
Auf der Schwelle vor des Hauses Pforte.
Ferne blieb der Schlummer ihren Lidern,
Endlich kam der Schlummer und ein Traum kam.

Rings empor an eines Gipfels Abhang
Klommen unter heiligen Gesängen
Pilger auf zum Tor des Paradieses.
Einer klomm voran, ein junger Märt'rer,
Den die andern grüßten ehrerbietig.

In des Tores Wölbung stand der Heiland:
›Tritt herein! Du hast für mich geblutet!‹
Doch der Pilger weigerte sich standhaft:
›Heiland, laß mich liegen auf der Schwelle,
Bis sie kommt, die stündlich ich erwarte!
Hand in Hand versenkt und Blick in Blick auch,
Tritt sie, mir gesellt, in deine Freude,
Keine Sarazenin, eine Christin.‹

Solches träumend stürzten ihr die Tränen
So gewaltig, daß sie drob erwachte.
Jählings springt sie auf von ihrem Lager,
Fliegt hinab des Hauses hundert Stufen:
Leer und blutbegossen lag die Schwelle
In des ungebornen Tages Frühlicht.
Auf die harte Schwelle kniet sie nieder,
Badet sie mit unerschöpften Tränen,
Drängt den warmen Busen ihr entgegen,
Preßt sie fest, als klopft' ein Herz im Steine,
Keines klopft, doch ihres zum Zerspringen.

Als die Füße derer wiederkehrten,
Die den Toten vor das Tor getragen,
Eilten sie der Schwelle scheu vorüber,
Auf der Schwelle sahn sie eine Tote,
Auf der Schwelle lag die Sarazenin.
Keine Sarazenin, eine Christin!«
Endet' Bruder Anaklet erbaulich.

Am Himmelstor

Mir träumt', ich komm ans Himmelstor
Und finde dich, die Süße!
Du saßest bei dem Quell davor
Und wuschest dir die Füße.

Du wuschest, wuschest ohne Rast
Den blendend weißen Schimmer,
Begannst mit wunderlicher Hast
Dein Werk von neuem immer.

Ich frug: »Was badest du dich hier
Mit tränennassen Wangen?«
Du sprachst: »Weil ich im Staub mit dir,
So tief im Staub gegangen.«

Mit zwei Worten

Am Gestade Palästinas, auf und nieder, Tag um Tag,
»London?« frug die Sarazenin, wo ein Schiff vor Anker lag.
»London!« bat sie lang vergebens, nimmer müde, nimmer zag,
Bis zuletzt an Bord sie brachte eines Bootes Ruderschlag.

Sie betrat das Deck des Seglers und ihr wurde nicht gewehrt.
Meer und Himmel. »London?« frug sie, von der Heimat abgekehrt,

Suchte, blickte, durch des Schiffers ausgestreckte Hand belehrt,
Nach den Küsten, wo die Sonne sich in Abendglut verzehrt ...

»Gilbert?« fragt die Sarazenin im Gedräng der großen Stadt,
Und die Menge lacht und spottet, bis sie dann Erbarmen hat.
»Tausend Gilbert gibt's in London!« Doch sie sucht und wird nicht matt.
»Labe dich mit Trank und Speise!« Doch sie wird von Tränen satt.

»Gilbert!« »Nichts als Gilbert? Weißt du keine andern Worte? Nein?«
»Gilbert!« ... »Hört, das wird der weiland Pilger Gilbert Becket sein –
Den gebräunt in Sklavenketten glüher Wüste Sonnenschein –
Dem die Bande löste heimlich eines Emirs Töchterlein!«

»Pilgrim Gilbert Becket!« dröhnt es, braust es längs der Themse Strand.
Sieh, da kommt er ihr entgegen, von des Volkes Mund genannt,
Über seine Schwelle führt er, die das Ziel der Reise fand.
Liebe wandert mit zwei Worten gläubig über Meer und Land.

Das kaiserliche Schreiben

Petrus, schreib – zu seinem Kanzler
sprach's der gramverstörte Staufen –
Satteln sollen meine Boten,
hundert Rosse sollen laufen!
Meinen Eignen, meinen Städtern,
meinen Pfaffen und Baronen!
Dem Geringsten wie dem Höchsten!
allen, die das Reich bewohnen!
Klage! Klage! Totenklage!
Meinen Sohn hab ich verloren …
Heinrich mit den finstern Locken …
den Konstanze mir geboren* …
Der das Reich verriet … dem eignen
Vater brach das Lehnsversprechen …
Den ich beugen, beugen mußte,
dessen Trotz ich mußte brechen …
Lange brütet' er im Kerker –
endlich hat er mich gerufen –
Da ich kam, flog er vorüber,
flog empor die Wendelstufen –
Wieder war's, als ob, verzweifelnd,
er vom höchsten Söller riefe –
Da! Der Knabe springt vor meinen
Augen in die Todestiefe!
Jammeranblick ohnegleichen!
Kommt, daß wir zusammen klagen!

* Dieser König Heinrich ist der Sohn des genialen Kaisers Friedrich II., gegen den er sich empörte. Er starb im Kerker, und man sprach von Selbstmord.

Helft mir meine schlimmen Träume,
meine Nachtgedanken tragen! –
Könnt ich ihn erwecken, nimmer
würd ich aus dem Arm ihn lassen!
Saget, ist es nicht entsetzlich,
daß mein Kind mich mußte hassen?
Petrus, zeig mir was du schreibest!
Willst du mir den Mund verhalten?
Über meine Qualen wirfst du
würdevolle Purpurfalten?
Meines Knaben Schrei erstickst du?
Meine Tränen sind verboten?
Kanzler Petrus, schreibe Wahrheit
über mich und meinen Toten!
Reden will ich zu den Vätern:
Sagt mir, würdet ihr nicht einen
Knaben, der euch Not und dunkeln
Kummer brachte, doch beweinen?
Den ihr in der Wiege küßtet –
ob er auch ein Arger wäre –
Wenn er ginge zu den Schatten,
weigertet ihr ihm die Zähre?
Prüfet eure Herzen, Väter!
Was wir von den Kindern dulden.
Ist es nicht gerechte Sühne,
nicht das eigene Verschulden? …
Petrus, du erschrickst, so ende!
Ende mit dem kurzgefaßten
Reichsbefehl: Wir ordnen Trauer
an für diesen Frühverblaßten.

Kaiser Friedrich der Zweite

In den Armen seines Jüngsten
Phantasiert der sieche Kaiser,
An dem treuen Herzen Manfreds
Kämpft er seinen Todeskampf.

Mit den geisterhaften blauen
Augen starrt er in die Weite,
Während seine fieberheiße
Rechte preßt des Sohnes Hand:

»Manfred, lausche meinen Worten!
Drüben auf dem Marmortische
Mit den Greifen liegt mein gültig
Unterschrieben Testament.

Eine Kutte, drin zu sterben,
Schenkten mir die braven Mönche,
Daß ich meine Seele rette
Trotz dem Bann des heil'gen Stuhls.

Manfred, meines Herzens Liebling,
Laß den Herold auf den Söller
Treten und der Erde melden,
Daß der Hohenstaufe schied.

Manfred mit den blonden Locken,
Sarge prächtig ein die Kutte,
Führe sie mit Schaugepränge
Nach dem Dome von Palerm!

Weißt du, Liebling, das Geheimnis?
Diese Nacht in einer Sänfte
Tragen meine Sarazenen
Sacht mich an den Strand des Meers.

Meiner harrt ein schwellend Segel:
Auf des Schiffes Deck gelagert,
Fahr entgegen ich dem Morgen
Und dem neugebornen Strahl.

Fern auf einem Vorgebirge,
Das in blaue Flut hinausragt,
Steht ein halb zertrümmert Kloster
Und ein schlanker Tempelbau.

Zwischen Kloster und Rotunde
Schlagen wir das Zelt im Freien.
Selig atm ich Meer und Himmel,
Bis mich Schlummer übermannt.«

Konradins Knappe

»Auf diesem kurzen Bergesrasen hier,
Nur wen'ge Monde sind es, zechten wir,
Er und das Edelvolk, in hohem Raum –
Und drüben war Italien wie ein Traum.

In diesem Passe lagen wir gestreckt,
Der Staufe hat mich minniglich geneckt:
›Nicht blöde, Hans! Sprich! Was begehrst du gleich?
Ich geb es dir in meinem Königreich!‹

Dann klomm die Fahrt an Wänden schwarz und
kahl!
Wo ich der Mutter Gottes mich empfahl.
Noch eh ich Amen sagte, glitt mein Tier –
Der Staufen und die Sinne schwanden mir.

Dann lag ich im Hospize fieberbang,
Wo ich verzweifelnd mit den Mönchen rang,
Ich focht und schrie: ›Dem jungen Staufen nach!
Hie Napoli!‹ Bis ich zusammenbrach.

Jetzt schlepp ich jeden Tag mich hier empor,
Wo ich den Staufen aus dem Blick verlor.
Genesen ist der Leib, die Seele schmerzt,
Denn all mein Erdenglück hab ich verscherzt.

Und zög ich heut, ich käme doch zu spät,
Schon krönte sich die junge Majestät,
Das Edelblut empfing den Ritterschlag,
Ich aber fluche meinem Unglückstag.« –

Ein Knechtlein kommt bergüber. »Gib Bescheid!
Der Staufenknabe thront in Herrlichkeit?« –
»Ja. Herr. Er litt gemach den Todesstreich
Und thront getröstet nun im Himmelreich.«

Die gezeichnete Stirne

»Weib, verrate mir, von wem gerufen
Du zur Leidgesellin dich gegeben?

Wer herunter dieses Kerkers Stufen
Dich gezogen, du mein süßes Leben?«

– »König Enzio, keine Menschen haben
Mich vermocht im Kerker zu verbleichen!
Nein, ein Schicksal war mir eingegraben,
Meine junge Stirne trug ein Zeichen.

Unsre Väter nahmen dich gefangen
Und wir Kinder hatten's bald erfahren,
Daß du nimmer wirst ans Licht gelangen,
König Enzio mit den Ringelhaaren!

Daß du nimmer tragen eine helle
Rüstung wirst, wo die Drommeten klingen,
Daß du nimmer rauschen Wald und Quelle
Hörst, noch einen freien Vogel singen!

Und wir Kinder lauschten sachte, sachte
Durch das Gitter in des Kerkers Tiefe,
Leis und heftig streitend, ob er wachte
Schwerbekümmert, oder ob er schliefe –

Meine Stirne drückt ich an das Eisen,
Drinnen lagst du schlummernd, wie mir deuchte,
Blickte ... blickte, war nicht wegzuweisen,
Bis der Wächter drohend mich verscheuchte.

Mütterlein ersah mich und wehklagte,
Schlug die Hände jammervoll zusammen:
›Kind, wer hat dir in die Stirne‹ – fragte
Sie – ›gezeichnet dieses Kreuz von Flammen?‹

Hieß mich dann in ihren Spiegel schauen –
Teuerwerter Herr, so wahr ich lebe,
Eingezeichnet über meinen Brauen
Waren deines Kerkers Eisenstäbe!

Außen wich das Zeichen; aber innen
Blieb's, da ich zur Maid erwuchs, geschrieben –
Herr, seit jenem Tag war all mein Sinnen,
Dich und deinen Kerker nur zu lieben.«

Der Tod und Frau Laura

Es war in Avignon am Karneval,
Daß sich ein Mörder in den Reigen stahl,
Und daß die Pest verlarvt sich schwang im Tanz
Mit einem schlotterichten Mummenschanz.

In einer nahen Villa täuschen sie
Die Angst mit Wohllaut und mit Phantasie,
Frau Laura war und auch Petrarca da,
Als an das Tor ein dumpfer Schlag geschah.

Die blassen Lippen schaudern vor dem Wein,
Es tritt ein Weißgewandeter herein,
Der eine Maske mit dem Sterbezug
Und einen frischgepflückten Lorbeer trug.

Der Dämon hebt den Lorbeer voller Ruh,
Und sinnt und schreitet auf Petrarca zu:
»Ich grüße, Freund, und komme priesterlich,
Das ist der Sel'gen Lorbeer! Neige dich!«

Der Lorbeer schwebt. Da raubt ihn eine Hand,
Frau Laura war es, die daneben stand,
Sie schmiegt ihn um die blonden Haare leicht,
Sie steht bekränzt. Sie schaudert. Sie erbleicht.

Die Gedanken des Königs René

Der fromme Lautenschläger Herr René
Trug braune Locken – sie sind weiß wie Schnee.
An seiner Stirn verglomm der Kronen Glanz,
Da haftet nichts als nur ein Lorbeerkranz.

Schloß Tarascon – er bietet's zum Verkauf –
Dran spritzt die blaue Rhone scherzend auf,
Von hoher Warte wandert rings der Blick –
Der König wägt als Denker sein Geschick:

»'s ist eigen, daß man immer mich vertreibt!
's ist eigen, daß mir nichts in Händen bleibt!
Lothringen erbt ich, wo die Trift sich sonnt,
Das nahm mir weg Anton von Vaudemont.

Dann erbt ich flugs das Fürstentum Anjou
Und noch das nette Ländlein Bar dazu –
Herr König Ludwig trat in mein Gelaß,
Als Gast, und schrieb mir meinen Wanderpaß.

Reich Napel war's, das dann zu Erb mir fiel,
Dort mischte sich der Aragon ins Spiel –
Das schöne Napel! Richtig werd ich schlemm!
Mir bleibt das himmlische Jerusalem!

Da schimmert unvergänglich Dach und Fach –
Ich erb es schon. Das Erben ist mein Sach!
Doch geht mein Sach, wie hier, so droben dort,
Holt aus dem Himmel mich der Teufel fort.«

Der Mars von Florenz

Die Türme von Florenz umblaut
Der süße Lenz, der junge Lenz,
Die Frauen singen leis und laut
In allen Gassen von Florenz.

Am Rand der Arnobrücke steht
Ein schwarzverwittert Marmelbild
Mit Helmgeflatter, Kriegsgerät,
Gott Mars, und lächelt falsch und wild.

– »Gott Mars, wohl magst du finster schaun,
Drommete dröhnt im Lenze nie,
Raub eine dir von unsern Fraun!
Hoch über Venus preis ich sie!«

Ein Jüngling ruft's dem Gott empor
Mit lachend ausgestreckter Hand –
Ihm dringt ein Erzgedröhn ans Ohr,
Er eilt und steht am andern Strand.

Rasch tritt aus einem Haus hervor
Ein Edelweib, das höhnt und lacht:
»Zur Amidei? Junger Tor!
Dir war das Schönre zugedacht!

Nach Gottes Ratschluß ist's geschehn!
Heut wirst du – heißt's – mit ihr getraut –
Jetzt sollst du die Donati sehn:
Blick her! Vergleich mit deiner Braut!«

Sie zerrt ein Mägdlein an das Licht,
Es kämpft ins dunkle Haus zurück,
Im jungen bangen Angesicht
Errät er aller Himmel Glück.

»Hinweg! Die Amidei harrt!
Hinweg. Mein Kind ist keine Dirn!
Ihr blicket frech!« Der Jüngling starrt
Auf die gesenkte Mädchenstirn.

Der Wunsch ist Glut! Die Scham ist Glut!
Die hohe Doppelflamme loht!
Er streckt die Hand. Das höchste Gut
Ergreift er und ergreift den Tod.

»Frau, strafet mich nicht allzuschwer!
Das süße Haupt! Das blonde Haar!
Gewähret sie mir!« stammelt er.
»Ich führe stracks sie zum Altar!«

Den Ring, der ihm die Hand bereift,
Der Amidei Trauungsring,
Hat rasend er sich abgestreift
Und schleudert ihn. Da rollt er. Kling ...

Jetzt kniet er im Kapellenraum,
An Freveln und an Wonnen reich,

Zur Linken kniet sein sünd'ger Traum,
Wie Engel schön, wie Tote bleich.

Dem Paar zu Häupten murmelt leer
Und schnell ein feiles Priesterwort –
»Die Rosse her! Die Rosse her!
Zum Tor hinaus! Ins Freie fort!

Du lieb Geschöpf! Du bebst wie Laub!
Verlarve dir das Angesicht!
Faß Mut! Ich bringe meinen Raub
In eine Burg, die keiner bricht!«

Am Rand der Arnobrücke steht
Ein schwarzverwittert Marmelbild
Mit Helmgeflatter, Kriegsgerät,
Gott Mars, und lächelt falsch und wild.

Das Schwert des Gottes schüttert leis.
Da springt hervor mit Erzeslaut
Ein Hinterhalt, ein Mörderkreis,
Die Sippe der verratnen Braut.

»Verdammter, stirb!« – »Geliebte, flieh!«
Wild ringend stürzt er umgebracht,
An seinen Busen gleitet sie
Und sinkt mit ihm in *eine* Nacht.

Herab von aller Türme Hang
Verkündet gellend Sturmgeläut
Den Bürgerkampf. Das Schwert erklang
Dem Gott, der sich des Mordes freut.

Die Ketzerin

Fra Dolcin, der Ketzer, der von Dante
In den achten Höllenkreis Gebannte,
Hat ein Weib geliebt, von dem sie sagen,
Daß kein schönres lebt' in jenen Tagen.
Kamen seine Jünger ihn zu grüßen,
Saß die Blonde schon zu seinen Füßen,
Segnet' er das Volk mit frevler Rechten,
Neigte sie zuerst die goldnen Flechten;
Dem Verfemten folgte sie, dem Fliehnden,
Durch die Schluchten des Gebirges Ziehnden –
Da er von den Schergen ward gefangen,
Ist sie seinen Fesseln nachgegangen;
Wo er in der Flamme sich gewunden,
Steht auch sie am Marterpfahl gebunden.

Lieblich ist, die Fra Dolcin verführte,
Wie noch nie ein Weib die Herzen rührte;
Augen, unergründlich wunderbare,
Schaun, als ob sie zu den Sel'gen fahre.
Die sie richten, fragen sich mit Grauen:
Kann die Hölle wie der Himmel schauen?
Und es zittern vor dem unschuldvollen
Engelsantlitz, die sie martern wollen.

Selbst der Priester spricht mit ihr gelinde,
Als mit einem irrgegangnen Kinde:
»Schwaches Weib, der dich verleitet hatte,
Weder Bruder war er dir, noch Gatte!
Seine Asche treibt im Wind! Verflogen
Sind die Stapfen, die dich nachgezogen!

Büße! Folge reuig den Geboten
Unsrer heil'gen Kirche! Laß den Toten!«
In den Banden kann sich nicht bewegen
Margherita, nur die Lippen regen:
»Leiden muß ich, was Dolcin gelitten …
Horch, er ruft! Ich folge seinen Schritten« –
Und die warmen, tiefen Blicke strahlen –
»Durch die Martern folg ich, durch die Qualen!«
– »Ketzerin, dich stärken finstre Mächte!
Brände her!« … Es rühren sich die Knechte.

Siehe da! Wie flammendes Gewitter
Unter die Gescheuchten fährt ein Ritter,
Will den schönen Dämon sich erstreiten;
Er bemächtigt sich der Maledeiten,
Ihre Kniee faßt er mit der Linken,
In der Rechten droht des Schwertes Blinken:
»Tretet aus die Glut! Bei Gottes Leibe,
Löscht die Fackeln! Weg von meinem Weibe!
Sage ja … mit einem Wink der Lider …
Und vom Scheiterhaufen steigst du nieder!
Keiner wird auf meiner Burg es wagen,
Dich um deinen Glauben zu befragen!«

– »Laß mich ziehn! … Ich darf mich nicht verweilen …
Horch, Dolcino ruft! … Ich muß mich eilen …
Gib mich frei!« er weicht mit einem herben
Hohngelächter: »Mag die Törin sterben!«

Über ihrem blonden Haupt zusammen
Schlagen Todesflammen, Liebesflammen.

Der Mönch von Bonifazio

»Korsen, löst des Portes Ketten! Jede Hoffnung ist
verschwunden!
Nirgend weht ein rettend Segel! Gebt euch! Pfleget
eure Wunden!

Genua, euer hat's vergessen! Spähet aus von eurem
Riffe!
Sucht im Meere! Schärft die Augen! Nirgend, nirgend
Genuas Schiffe!

Eure Kinder hör ich wimmern, eure Fraun, die hunger-
matten,
Blicken hohl wie Nachtgespenster und ihr selber wankt
wie Schatten!«

Vom Verdeck des Schiffes ruft's empor zu Bonifazios
Walle
König Alfons milden Sinnes, aber droben schweigen
alle.

Nimmer würden sich dem Dränger diese tapfern
Korsen geben,
Gölt es nur das eigne, gölt es nicht der Knaben junges
Leben!

Finster vor sich niederstarrend, treten flüsternd sie
zusammen –
Eines Mönchs empörte Augen schießen Blitze,
schleudern Flammen:

»Feige Hunde! Keine Korsen! In die Hölle der
Verräter!«
– »Schweige, Mönch! Wir haben Herzen. Wir sind
Gatten, wir sind Väter.«

Auf dem preisgegebnen Felsen kniet der Mönch in
wildem Harme:
»Leihe, Gott, mir deine Hände! Gib mir deine starken
Arme!

Heute komm ich Lohn zu fordern. Alles gab ich.
Nichts geblieben
Ist mir außer meinem Felsen. Aber etwas muß ich
lieben.

Gott, du kannst mit deinen Kräften eines Menschen
Kräfte steigern!
Was du tatst für deine Juden, darfst du keinem
Korsen weigern!

Genuas Schiffe will ich suchen. Will sie bei den
Schnäbeln fassen!
Spannen will ich weite Segel und sie nicht ermatten
lassen!«

Alle seine Muskeln schwellen, alle seine Pulse beben,
Schiffe durch das Meer zu schleppen, Segel aus der Flut
zu heben.

Aufgesprungen, überwindend Raum und Zeit mit
seinem Gotte,

Deutet er ins Meer gewaltig: »Dort! Ich sehe dort die
Flotte!«

Aber keine Segel blinken aus des Meeres farb'ger
Weite,
Unbevölkert flutet eine schrankenlose Wasserbreite.

Nur die Sonne wandert höher, ihre Strahlen brennen
wärmer.
Nichts als Meer und nichts als Himmel. Alfons lächelt:
»Armer Schwärmer!«

Dort! Am Saum des Meers das Pünktchen ... Sichtbar
kaum ... Der zweit und dritte
Punkt und jetzt ein viert und fünfter und ein sechster in
der Mitte!

Winde blasen, Wellen stoßen. Meer und Himmel sind
im Bunde.
Segel, immer neue Segel steigen aus dem blauen
Grunde.

Wende deine Schiffe, König! Sonst verlierst du Ruhm
und Ehre!
Woge, Fürstin Genua, woge, du Beherrscherin der
Meere!

Alle Glocken Bonifazios schlagen schütternd an und
stürmen,
Jubel wiegt sich in den Lüften über den zerschoßnen
Türmen.

Und der Mönch, der mit der Allmacht seinen ird'schen Arm bewehrte?
An der Erde liegt er sterbend, der von ihrem Hauch Verzehrte.

Jung Tirel

»Jung Tirel, fuhrest über See?
Jung Tirel, mir willkommen hie!
Sahst du so dunkle Forste je?
So stolze Forste sahst du nie!

Ein englisch Wild erst umgebracht!
Dann geb ich dir ein englisch Lehn!«
Jung Tirel, dem das Herze lacht,
Läßt seine blanken Zähne sehn.

»Wer heut den besten Schuß mir tut,
Den Achtzehnender mir erlegt,
Der nehme sich als Lehensgut
Den Königsforst, der ihn gehegt!

Zuschwör ich dir's auf diesen Bart,
Der feuerrot die Brust mir deckt!
Zu Wald! Zu Wald! Der Rappe scharrt!
Die Bracke spürt! Der Rüde bleckt!«

Herr Wilhelm stößt ins Jägerhorn,
Ein Geier krächzt in seinem Horst,
Die Wipfel peitscht ein dunkler Zorn,
Es braust und tost. Dann schweigt der Forst.

Herr Wilhelm schlägt mit Tirel Rat:
»Ich links, du rechts! Fort! Gute Birsch!«
Es knirscht das Laub, darauf er trat.
In heller Lichtung ist ein Hirsch:

Ein Rothirsch, der vier Ellen mißt,
Daß sich ein Jägerherze freut,
Der dieses Forstes König ist,
Mit weit verästetem Gestäud.

Herraunt's aus Waldesfinsternis
Zu Tirel, der sich duckt ins Moos:
»Verdammt, daß mir die Sehne riß!
Drück du in Teufels Namen los!«

Herr Tirel lauscht: »Wer sprach das Wort?«
Ein Weilchen schweigt's im Laubesdach.
»Schieß, Tirel!« raunt's von anderm Ort.
Er schießt. Genüber stöhnt ein Ach.

Herr Tirel, das war schlimme Birsch!
Im Dickicht rinnt ein Bächlein rot.
Ihr fehltet Englands größten Hirsch
Und schosset Englands König tot.

La Blanche Nef

»Herr König, ich bin Steffens Kind,
Der den Erobrer einst geführt!

Es ist ein Lehn, daß *mein* Gesind,
Mein Schiff allein den König führt!

Voraus den schnellen Seglern fliegt
Mein Boot, La Blanche Nef genannt,
Es weiß, wo sichre Tiefe liegt,
Es furcht das Meer, es kennt den Strand!«

– »Nicht mich, doch meinen besten Hort,
Vier Königskinder, führest du –
Sie knospen, weil mein Leben dorrt –
Die junge Normandie dazu!

Gelobe mir dein himmlisch Teil,
Gelobe mir dein männlich Wort:
Du bringst an Leib und Seele heil
Die Kinder mir nach England dort!«

– »Ich schwöre dir mein himmlisch Teil,
Ich schwöre dir mein männlich Wort:
An Leib und Seele bring ich heil
Die Kinder dir nach England dort!«

Des Schiffers geller Pfiff erscholl,
In See das Boot des Königs stach –
Ein Korb von frischen Blumen voll,
Glitt Blanche Nef, la Belle, nach.

So leichtbeschwingt wie nie zuvor,
Durchfurchte Blanche Nef die See
Mit ihrem kräft'gen Knabenflor
Und Mägdlein schlank wie Hirsch und Reh.

Die Königskinder hell und zart,
Erhöht, inmitten saßen sie,
Ringsum, gepaart in Zucht und Art,
Das Edelblut der Normandie.

Vier Stimmen sangen frisch und schön
Und hundertstimmig scholl der Chor,
Es zog das junge Lustgetön
Die Nixen aus der Flut empor.

– »Ich warne junge Herrlichkeit
Und dich, normännisch Edelblut,
Das Singen schafft der Nixe Leid,
Dem freudelosen Kind der Flut!«

– »Und schaffen dem Gezücht wir Leid,
Und quälen wir das Halbgeschlecht,
Und reizen wir der Nixe Neid,
Das, Steffen, ist uns eben recht!«

Gemach verlosch das Abendrot,
Des Tages Gluten schliefen ein,
Ausbreitet' über Meer und Boot
Der Mond den bleichen Geisterschein.

Die See ist wunderlich erregt.
Was wandert um des Kieles Lauf?
Von Armen wird die Flut bewegt,
Beglänzte Nacken tauchen auf.

Der Steffen ernst am Steuer stand:
»Das Meer ist klar ... doch droht Gefahr ...«

Er deutet mit gestreckter Hand:
»Da naht sie schon, die Nixenschar!«

Umklammert hält den schrägen Mast
Ein blanker Leib als Schiffsfigur,
Daß Blanche Nef, von Graun erfaßt,
In wilder Flucht von dannen fuhr.

– »Ich warne junge Herrlichkeit,
Vergeßt die Nachtgebete nicht!«
– »Ei, Steffen, Kind der alten Zeit,
Süß herzt es sich im Mondenlicht …«

Es klimmt und überklimmt das Bord,
Es läßt sich nieder aus den Taun,
Es kichert wie ein freches Wort,
Es schaudert wie ein lüstern Graun …

Es reizt, es quält, es schlüpft, es schmiegt
Sich zwischen Edelknecht und Maid,
Bis sich das Paar in Armen liegt
Zu früher Lust, zu Tod und Leid …

Dem Steffen steigt das Haar. Er starrt
Auf ein gespenstig Bacchanal:
Die Königskinder, hell und zart
Verblühen all im Mondenstrahl.

»Verloren geht mein himmlisch Teil,
Gebrochen ist mein männlich Wort:
Nicht bring an Leib und Seele heil
Die Kinder ich nach England dort!

Stirb, Blanche Nef! Bevor es tagt!
Im Wasser weiß ich hier ein Riff ...«
Er dreht das Steuer stracks und jagt
Der Klippe zu das Sündenschiff.

Der König lauscht zurück: »Das scholl
Wie Sterbeschrei!« Klar ist der Sund.
Ein Korb von welken Blumen voll,
Sinkt Blanche Nef zum Meeresgrund.

Der schwarze Prinz

Schwarzer Prinz und König Hans
Maßen sich in raschem Waffentanz,
Bis der Prinz den König überwand
Mit der erzgeschienten Hand.

Ins Gezelt nahm er den Raub,
Wusch den Wunden rein von Blut und Staub,
Bog das Knie und bot den Labetrank
Ihm, der tief in Gram versank.

Frankreichs armer König träumt
Also schwer, daß er den Wein versäumt,
Ihn ermahnt der Prinz wie er's vermag:
»Herr, es ist des Schicksals Tag!

Manchen hattet Ihr gestreckt,
Da Ihr sanket, Herr, mich hat's erschreckt,
Doch man lebt, und blieb nur Ehre heil,
Duldet man sein menschlich Teil!

Morgen als des Friedens Pfand
Send ich Euch nach meinem Engelland.
Zeit ist mächtig! Jede Fessel fällt!
Nur die Erde schließt und hält.«

König Hans, aus seinem Traum
Blickt er auf und sieht des Zeltes Raum,
Und in geisterbleichem Angesicht
Zweier schwarzer Augen Licht.

Er beschaut das edle Haupt,
Das ein unsichtbarer Kranz umlaubt,
Ärgert sich und murmelt: »Worte sind's.
Deine Augen spotten, Prinz!

Heuchle! Streichle meinen Schmerz!
Leis im Panzer jubelt dir das Herz.
Horch! Es triumphiert!« Der Sieger spricht:
»König, nein. Es jubelt nicht.

Ich bin eine kurze Kraft,
Heut geharnischt, morgen weggerafft!
Frühe Stunde lost' ich wie Achill,
Meinem Lose halt ich still.«

Der gleitende Purpur

»Eia Weihnacht! Eia Weihnacht!«
Schallt im Münsterchor der Psalm der Knaben.
Kaiser Otto lauscht der Mette,
Diener hinter sich mit Spend und Gaben.

Eia Weihnacht! Eia Weihnacht!
Heute da die Himmel niederschweben,
Wird dem Elend und der Blöße
Mäntel er und warme Röcke geben.

Hundert Bettler stehn erwartend –
Einer hält des Kaisers Knie umfangen
Mit den wundgeriebnen Armen,
Dran zerrißner Fesseln Enden hangen.

– »Schalk! Was zerrst du mir den Purpur?
Harr und bete! Kennst du mich als Kargen?«
Doch der Bettler hält den Mantel
Fest und jammert: »Kennst du mich, den Argen?

Du Gesalbter und Erlauchter!
Kennst du mich? ... Du hast mit mir gelegen,
Mit dem Siechen, mit dem Wunden,
Unter *eines* Mutterherzens Schlägen.

Aus demselben Wollentuche
Schnitt man uns die Kappen und die Kleider!
Aus demselben Psalmenbuche
Sang das frische Jugendantlitz beider!

Heinz, wo bist du? Heinz, wo bleibst du?
Hast zum Spiele du mich oft gerufen
Durch die Säle, durch die Gänge,
Auf und ab der Wendeltreppe Stufen ...

Wehe mir! Da du dich kröntest,
Hat des Neides Natter mich gebissen!

Mit dem Lügengeist im Bunde
Hab ich dieses deutsche Reich zerrissen!

Als den ungetreuen Bruder
Und Verräter hast du mich erfunden!
Du ergrimmtest und du warfest
In die Kerkertiefe mich gebunden …

In der Tiefe meines Kerkers
Hab ich ohne Mantel heut gefroren …
Eia Weihnacht! Eia Weihnacht!
Heute wird der Welt das Heil geboren!«

»Eia Weihnacht! Eia Weihnacht!«
Hundert Bettler strecken jetzt die Hände:
»Gib uns Mäntel! Gib uns Röcke!
Sei barmherzig! Gib uns deine Spende!«

Ein Spange löst der Kaiser
Sacht. Sein Purpur gleitet, gleitet, gleitet
Über seinen sünd'gen Bruder,
Und der erste Bettler steht bekleidet …

Eia Weihnacht! Eia Weihnacht!
Jubelt Erd und Himmelreich mit Schallen.
Glorie! Glorie! Friede! Friede!
Und am Menschenkind ein Wohlgefallen!

Das Goldtuch

»Ihr Mägde, schaut, was ihr im Schreine habt!
Nicht darfst du mir von hinnen unbegabt,
Mein blondgelockter Enkel, der mir bot
Mit priesterlichen Händen Gott im Brot!«

Mathilde sprach's, die Fürstin, sterbeschwach.
Richburg, die Schaffnerin, seufzt': »Weh und Ach!
Hingabst den Armen alles du! Allein
Dein goldgewoben Bahrtuch liegt im Schrein!«

– »Die goldne Decke! Gebt dem Bischof die!
Bahrtuch und Totenhemd, das mangelt nie!«
Der Bischof zaudert ... »Nimm die Decke! Kränk
Mich nicht!« Der Jüngling zieht mit dem Geschenk ...

Sie atmet aus. Es läutet lang und schön
Mit allen Glocken von des Münsters Höhn ...
Fern in der Ebne gleißt's wie Sonnenblick:
Mathildens Bahrtuch kehrt zu ihr zurück.

Abspringt ein Reiter, der den Turm ersteigt.
»Den Bischof warf das Roß. Ein Toter schweigt.
Wir bringen ihn! Verdoppelt das Geläut!
Ihr Glöckner, zwier bekommt ihr Löhnung heut!«

Frau Agnes und ihre Nonnen

Ein Klosterhof, ein Lenzestag!
Ein schwarzer Lindenschatten,
Wo der gekrönte Habsburg lag
Erstochen auf den Matten.

Frau Agnes, die gestrenge Frau,
Des Vaters Blut zu rächen,
Rief mordend aus: »Ich bad in Tau!«
Und schritt in roten Bächen.

Sie freute sich in warmes Blut
Die Knöchel einzutauchen,
Sie warf in stille Dörfer Glut,
Sie ließ die Burgen rauchen.

Nachdem Gericht gehalten war,
Vollbracht die Totenfeier,
Verbarg sie das Medusenhaar
Mit einem Nonnenschleier.

Sie schuf ein Kloster, wo hervor
Aus Grüften Geister schweben,
Sie füllt mit Blumen an den Chor,
Mit lauter jungem Leben:

Sie raubt das krause Blondgelock
Manch einem Edelkinde,
Beschert ihm einen schwarzen Rock
Und eine blanke Binde.

Sie geißelt sich den weißen Leib,
Bis rote Tropfen rinnen,
Sie will, das unbarmherz'ge Weib,
Den zarten Heiland minnen.

Dort sitzt sie unter Lindennacht
Am kühlen Klosterbronnen,
Sie hat die Bibel mitgebracht
Zur Andacht ihrer Nonnen.

Am Gatter lauschen Kinder scheu
Mit frisch gepflückten Veilchen,
Ein Weiblein hinkt mit Holz vorbei,
Bückt tief sich vor den Heil'gen.

Dem jüngsten Nönnchen gibt das Buch
Sie jetzt, der lieblich Bleichen:
»Wir blieben bei Sankt Pauli Spruch.
Sieh her! Da steckt das Zeichen!«

Die Zarte, die das Buch empfing,
Beschaut Sankt Paulum denkend.
Sie liest. Ihr lauscht der Schwestern Ring,
Die Wimper züchtig senkend –

»Was frommte mir die Fastenzeit,
Was frommten Geißelhiebe,
Was frommt' es, trüg ich hären Kleid,
Und mangelte der Liebe?«

Da schwellt ein Seufzer manche Brust
Im Nonnenrock erbaulich,

Und manche kecke Lebenslust
Blickt traurig und beschaulich …

Kaiser Sigmunds Ende

»Licht und lauter Bläue! Recht ein Wandertag!
Weit hinaus ins Freie! Weg aus diesem Prag!
Holt mir eine Sänfte, macht es mir zu Dank:
Vorn ein Rößlein, hinten eins, und beide blank!

Fröhlich will ich fahren tief ins Abendrot,
Sei mein schlanker Läufer, spring, Gevatter Tod!
Trabe, Läufer, trabe! Flugs bestelle mir
Ein geruhig Bettlein und das Nachtquartier!«

Durch die Gassen ging es, wo die Menge stand,
Statt des Purpurs trug er schlichtes Reis'gewand,
Von dem Lorbeerzweige das Gelock umlaubt,
Nickt' ins Volk er freundlich, zitternd mit dem Haupt.

Als er vor dem Tore blaches Feld gewann,
Pries er Erd und Himmel: »O ich sel'ger Mann!
Herden seh ich gerne, auch den Pflüger gern:
Sei gesegnet, Nähe! Sei gesegnet, Fern!«

Wie die wandermüde Sonne niedersank,
Öffnet' er die Lippen als zum Abendtrank,
Dann ist er entschlummert in der dunkeln Flur,
Drauf mit weißen Rößlein seine Sänfte fuhr.

Die drei gemalten Ritter

»Frau Berte, hört: Ihr dürftet nun
Mir einmal einen Gefallen tun!«

– »Was denkt Ihr, Graf? Wohin denket Ihr?
Vor den drei gemalten Rittern hier?«

Drei Ritter prahlen auf der Wand
Mit rollenden Augen, am Dolch die Hand.

»Wer, Frau, ist diese Ritterschaft?«
– »Drei Vettern und alle drei tugendhaft!

Gelobt Ihr, Graf, die Ehe mir
Bei den drei gemalten Rittern hier,

Will ich – Ihr laßt es doch nicht ruhn –
Euch einmal einen Gefallen tun.«

Das Gräflein zwinkert den Rittern zu:
Frau Berte, welch eine Gans bist du!

Das Gräflein hebt die Finger flink:
Frau Berte, du bist ein dummes Ding!

»Trautlieb, ich schwör und beschwör es dir
Bei den drei gemalten Rittern hier!«

Jetzt rufen aus *einem* Mund die drei:
»Es ist geredet und bleibt dabei!«

Die Wand versinkt: dahinter stehn
Drei gült'ge Zeugen. So ist's geschehn.

Einsiedel

»Was pocht mir an das Fenster?
Was klopft an meine Tür so laut?«
– »Ich bin ein junger Wildfang
Und naß bis auf die Haut.

Ich bin der Gerold Wendel,
Wir ziehen an den Hof zu zwein,
Der andre ist ein Konrad
Und nennt sich Lützelstein.

Der duckt sich etwo anders
Vor Blitzgezuck und Wetterzorn
Und bläst mich morgen munter
Mit seinem Jägerhorn.

Einsiedel, frommer Bruder,
Ihr sehet, wie es um mich steht!
Gewährt mir Euer Lager
Und sprecht mein Nachtgebet!«

Er lallt es, halb entschlummert,
Und streckt die Glieder aus zur Ruh,
Einsiedel deckt sein Lämpchen
Mit beiden Händen zu.

»Wie lieblich ist die Jugend!
Hätt ich ein Füllhorn voller Glück,
Ich leert es dir zu Häupten,
Es bliebe nichts zurück.«

Der Schlummrer wird zum Träumer,
In hast'gen Worten redet er,
Lacht, weint in *einem* Atem
Und wirft sich hin und her.

– »Ich habe Blut vergossen!«
Einsiedel faßt besorgt ihn an.
»Du träumst nicht gut. Erwache!
Die Augen aufgetan!«

Er starrt mit wilden Blicken.
»Mein Kind, wie hast du mich erschreckt!«
– »Einsiedel, frommer Bruder,
Ich bin mit Blut bedeckt.

Wir saßen unter Linden,
Ich und der Konrad Lützelstein,
Ein Fräulein von dem Hofe
Bot lachend uns den Wein.

Sie streift' mich mit dem Ärmel,
Die binsenschlank gewachsen war,
Sie hatte schnelle Augen
Und aschenblondes Haar.

Sie streift mich mit der Achsel
Und lispelt mir ins Ohr hinein:

›Wilt, junger Edelknabe,
Mein Trautgeselle sein?‹

Da schwang man einen Reigen,
Sie reigte mit dem Lützelstein –
›Wilt, junger Edelknabe,
Mein Trautgeselle sein?‹

Mir schwoll die Brust vor Eifer,
Ein Hader reißt die Klingen bloß –
›Herzbruder, mein Herzbruder,
Gabst mir den Todesstoß!‹« …

Einsiedel mahnt: »Erwache!«
Und schiebt zurück sein Fensterlein.
Da strömt mit Tannendüften
Ein Erdgeruch herein.

Und horch, ein Hifthorn schmettert
Und eine frische Stimme schallt:
»Wo steckt der Gerold Wendel?
Den such ich durch den Wald!«

Das Münster

Des Meisters hohle Wange brennt,
Sie bringen ihm das Sakrament,
Er ißt des ew'gen Lebens Brot,
Im Stubenwinkel grinst der Tod.
Fortträgt der Pfaffe die Monstranz.
Mit Augen scharf von Fieberglanz

Winkt weg der Meister seinem Weibe,
Dem Sohn, dem einz'gen, winkt er: Bleibe!
Und deutet auf den Eichenschrein:
Was mag da Köstlichs drinnen sein?
Der Jüngling hebt ein Pergament
Aus einer Lade, die er kennt,
Er breitet auf die Lagerstatt
Ein langsam aufgerolltes Blatt:
Da dehnt sich feierlich-gewaltig
Ein Münster eins und mannigfaltig
Vom obern bis zum untern Rand –
Ein Riß von jugendkühner Hand.
Der Meister sieht am Brett sich stehn
Und seine Zeichenkohle gehn,
Sieht über blühendfrische Wangen
Verworrne Haare niederhangen –
Und vor dem ersten seiner Pläne
Erstaunt er und zerdrückt die Träne.
Auflodern seine Lebensgeister.
Mit raschen Pulsen spricht der Meister:
»Dies Blatt erweckt den Tag mir wieder,
Wo in der Vaterstadt ich nieder
Gelegt den Stab der Wanderschaft –
Ich schritt in voller Jugendkraft.
Daheim war ein begeistert Leben,
Ein Münster wollten sie erheben
Mit andern Ländern um die Wette
Und höher noch als andre Städte,
Gott und den Heil'gen all zum Ruhm,
Zur Ehre deutschem Bürgertum.
Mich ließ auf seine Stube kommen
Der Rat. ›Laß, junger Meister, frommen,

Was du erwandert hast! Wohlan!
Entwirf uns eines Münsters Plan!‹

Da saß ich auf in langen Nächten,
Zur Linken standen mir und Rechten
Der Christ mit seiner Märt'rerschar,
Die Kaiser mit den Kronen gar,
Viel reine Fraun und Helden gut,
Die nahmen mich in Zucht und Hut,
Wollt ich in schwelgendes Verzieren,
In üppig Blattwerk mich verlieren,
Und opfert's nicht mit keuschem Sinn
Dem Ganzen streng ich zu Gewinn,
Gleich schlug ein altes Heldenbild
Erzürnt an seinen ehrnen Schild,
Den Finger hob, das Haupt von Licht
Umrahmt, ein Heil'ger: Tändle nicht!
Das Amt, das dir zu Lehen fiel,
Das ist ein Werk und ist kein Spiel!

Da war's, als ich die Kohle führte,
Daß Gott, der Geist, das Werk berührte:
Gemach begann der Dom zu schweben
Und regte sich aus eignem Leben,
Mich riß es über mich empor.
Mit schlanken Stämmen wuchs der Chor.
Gen Himmel blüht' in Laub und Ranke
Der menschlich-göttliche Gedanke –
Das Münster stand auf meinem Blatte,
Ich wußte, *wer's* vollendet hatte.
Im Flur auf unsrem städt'schen Haus
Stellt ich das Blatt den Blicken aus,

Und wie die Bürger nahe traten,
Sprach aller Mund: ›Du hast's erraten!
So und nicht anders soll es sein!‹
Ich legte meinen ersten Stein,
Aus allen Herzen, allen Händen,
In freud'ger Fülle quollen Spenden.
Beschattend schon die Häusermasse
Entstieg der Dom dem Lärm der Gasse
Und wuchs mit abgemeßnen Schritten.
Die Wolken und die Jahre glitten,
Doch karger werdend mit den Jahren,
Begannen Herz und Hand zu sparen,
Die Flamme der Begeistrung fiel
In müde Asche vor dem Ziel.
Erst sprach der Rat von kurzen Fristen,
Und stiller ward's auf den Gerüsten,
Dann setzten neue Frist sie wieder,
Das Baugestelle faulte nieder.
Laut feilschte rings der Markt und summte,
Sobald der Hammerschlag verstummte,
Mit ekeln Buden ward verklebt
Der Pfeiler, der nach oben strebt.
Ich aber ging dem Brote nach
Baut Erkerlein und Giebeldach,
Ein wackrer Lohnknecht wie die andern,
Doch abends im Nachhausewandern
Bei trauter Dämmerglocke Klang
Stand ich vor meinem Münster lang.
Die Glut erklomm den höchsten Trümmer,
Verglomm in letztem Tagesschimmer,
Noch ging das Knabenspiel im Braus
Rings um das dunkelnd hohe Haus,

Oft hemmt' ein Junge kurz den Lauf
Und schaut' am Münster trotzig auf –
Dann runzelt ich die weißen Braun
Und dachte: Werden's diese baun?

Inzwischen schossen auf die Reiser,
Sie wurden saft'ger und ich greiser –
Jüngst irrt ich traurig und allein
Um meinen Dom im Abendschein,
Da stand das junge Volk beisammen,
Die kräft'gen Augen sprühten Flammen,
Ich schlich in ihre Nähe leis,
Aus *einem* Munde schwur der Kreis:
›Bei Gottes Haupte! Wir vollenden
Den Dom mit diesen unsern Händen!‹ ...
Ob sie den ersten Meister kennen
Des Werks, das sie zu enden brennen?
Nach den Gesichtern keck und neu
Blickt ich hinüber still und scheu ...
Mit einem Male rief ein dreister
Gesell: ›Begrüßt den alten Meister!‹
Und riß die Kappe sich vom Haar,
Da grüßte mich die ganze Schar.

Habt Dank und Gottes Lohn, Gesellen!
Ihr wollet die Gerüste stellen?
Nicht ich – habt Dank und Gottes Lohn –
Geht hin und rufet meinen Sohn!
Wie wird mir? ... Schallt im Dom das Amt?
Die Glocken dröhnen allesamt ...«
Er faßt des Sohnes Rechte ... »Schau!
Es steigt ... Mein Münster steigt im Blau!«

Er starrt, den Blick emporgewendet.
Er neigt das Haupt. Er seufzt: »Vollendet!«

Die Krypte

Baut, junge Meister, bauet hell und weit
Der Macht, dem Mut, der Tat, der Gunst der Stunde,
Der Dinge wahr und tief geschöpfter Kunde,
Dem ganzen Genienkreis der neuen Zeit!

Des Lebens unerschöpften Kräften weiht
Die freud'ge, lichtdurchflutete Rotunde –
Baut auch die Krypte drunter, wo das wunde
Gemüt sich flüchten darf in Einsamkeit:

Vergeßt die Krypte nicht! Dort soll sich neigen
Das heil'ge Haupt, das Dornen scharf umwinden!
Ich glaube: Ein'ge werden niedersteigen.

Dort unten werden ein'ge Trost empfinden.
Wir mögen, wenn die Leiden uns umnachten,
Nicht Glück noch Ruhm, nur größern Schmerz
betrachten.

VIII

GENIE

Camoëns

Camoëns, der Musen Liebling,
Lag erkrankt im Hospitale.
In derselben armen Kammer
Lag ein Schüler aus Coimbra,
Ihm des Tages Stunden kürzend
Mit unendlichem Geplauder.

»Edler Herr und großer Dichter,
Was sie melden, ist es Wahrheit?
Daß gescheitert eines Tages
Am Gestad von Coromandel
Sei das undankbare Fahrzeug,
Das beehrt war, Euch zu tragen?
Daß Ihr, kämpfend in der Brandung.
Mit der Rechten kühn gerudert,
Doch in ausgestreckter Linken
Unerreicht vom Wellenwurfe
Hieltet Eures Liedes Handschrift?
Schwer wird solches mir zu glauben.
Herr, auch mir, wann ich verliebt bin,
Sind Apollos Schwestern günstig;
Aber ging' es mir ans Leben,

Flattern meine schönsten Verse
Ließ' ich wahrlich mit dem Winde,
Brauchte meine beiden Arme!«

Antwort gab der Dichter lächelnd:
»Solches tat ich, Freund, in Wahrheit,
Ringend auf dem Meer des Lebens!
Wider Bosheit, Neid, Verleumdung
Kämpft ich um des Tages Notdurft
Mit dem einen dieser Arme.
Mit dem andern dieser Arme
Hielt ich über Tod und Abgrund
In des Sonnengottes Strahlen
Mein Gedicht, die Lusiaden,
Bis sie wurden, was sie bleiben.«

Michelangelo und seine Statuen

Du öffnest, Sklave, deinen Mund,
Doch stöhnst du nicht. Die Lippe schweigt.
Nicht drückt, Gedankenvoller, dich
Die Bürde der behelmten Stirn.
Du packst mit nerv'ger Hand den Bart,
Doch springst du, Moses, nicht empor.
Maria mit dem toten Sohn,
Du weinst, doch rinnt die Träne nicht.
Ihr stellt des Leids Gebärde dar,
Ihr meine Kinder, ohne Leid!
So sieht der freigewordne Geist
Des Lebens überwundne Qual,
Was martert die lebend'ge Brust,

beseligt und ergötzt im Stein.
Den Augenblick verewigt ihr,
Und sterbt ihr, sterbt ihr ohne Tod.
Im Schilfe wartet Charon mein,
Der pfeifend sich die Zeit vertreibt.

Il Pensieroso

In einem Winkel seiner Werkstatt las
Buonarotti, da es dämmerte;
Allmählich vor dem Blicke schwand die Schrift ...
Da schlich sich Julianus ein, der Träumer,
Der einzige der heitern Medici,
Der Schwermut kannte. Dieser glaubte sich
Allein. Er setzte sich und in der Hand
Barg er das Kinn und hielt gesenkt das Haupt.
So saß er schweigend bei den Marmorbildern,
Die durch das Dunkel leise schimmerten,
Und kam mit ihnen murmelnd ins Gespräch,
Geheim belauscht von Michelangelo:
»Feigheit ist's nicht und stammt von Feigheit nicht,
Wenn einer seinem Erdenlos mißtraut,
Sich sehnend nach dem letzten Atemzug,
Denn auch ein Glücklicher weiß nicht, was kommt
Und völlig unerträglich werden kann –
Leidlose Steine, wie beneid ich euch!«*
Er ging und aus dem Leben schwand er dann
Fast unbemerkt. Nach einem Zeitverlauf
Bestellten sie bei Michelangelo

* Eigene Worte Julians in einem von ihm vorhandenen Sonett.

Das Grabbild ihm und brachten emsig her,
Was noch in Schilderein vorhanden war
Von schwachen Spuren seines Angesichts.
So waren seine Züge, sagten sie.
Der Meister schob es mit der Hand zurück:
»Nehmt weg! Ich sehe, wie er sitzt und sinnt
Und kenne seine Seele. Das genügt.«

Conquistadores

Zwei edle Spanier halten Wacht
Und einer spricht zum andern:
»Señor, mir deucht, der Teufel lacht,
Wie wir ins Leere wandern!
Das Segel bauscht, es rauscht der Kiel,
Noch keines Strandes Boten –
Die Hölle treibt mit uns ihr Spiel,
Wir fahren zu den Toten!

Wer einem Genuesen traut,
Hat den Verstand verloren!
Die Klugen hat er schlecht erbaut,
Doch lockt' er alle Toren –
Rund sei die Erde, log er mir,
Wie Pomeranzenbälle,
Doch unermeßlich flutet hier
Nur Welle hinter Welle!«

Der andre blickt ins Meer hinaus
Und runzelt finstre Brauen:

»Señor, mich zog Columb ins Haus,
Ließ mich die Karten schauen,
Was er doziert', verstand ich nicht,
Ich ließ es alles gelten –
Sein übermächtig Angesicht
Verhieß mir neue Welten!

Ist er ein Narr und haben wir
Uns in das Nichts verlaufen,
Ein räud'ger Hund, Señor, wie Ihr,
Darf fröhlich mit ersaufen!«
– »Señor, da betet Ihr nicht gut!
Zurück Euch in den Rachen
Den räud'gen Hund! Ihr raucht von Blut
Und risset aus den Wachen!«

»Señor, ich dolcht ein falsches Weib,
Bekenn ich unverhohlen!
Nicht hab dem Bäcker einen Laib
Vom Brett ich weggestohlen!
Señor, Ihr seid ein Galgenstrick!«
– »Señor, Ihr seid nicht besser!«
Sie ziehen mit entflammtem Blick
Und kreuzen blanke Messer …

Da zwischen ihre Messer walzt
In tollem Freudensprunge,
Mit ölgetränkten Fingern schnalzt
Miguel, der Küchenjunge.
Er drückt die Lider blinzelnd ein
Mit schlauem Wimperzwinken,
Bald hüpft er auf dem rechten Bein,

Bald hopst er auf dem linken,

In Lüften bläht sich sein Gewand,
Es puffen ihm die Hosen –
Neugierig kommen hergerannt
Soldaten und Matrosen.
Der Junge redet kunterbunt,
Als ob's im Kopf ihm fehle,
Dann öffnet er den großen Mund
Und singt aus voller Kehle:

»Das Heimchen zirpt, das Heimchen zirpt,
Stimmt Laudes an und Psalmen!
Und wenn's mir nicht vor Freude stirbt,
Bald weidet's unter Halmen!
Ich schwör es euch bei Gottes Haupt:
Es atmet duft'ge Weiden,
Es wittert Wälder dichtbelaubt
Und unermeßne Heiden!

Erlauchte Herren, gebet acht,
In meinem engen Räumchen
Hat unsre Meerfahrt mitgemacht
Ein andalusisch Heimchen –
Mitnahm ich's aus dem Vaterland,
Mich scheidend zu beschenken,
Ich fing's mit flinkem Griff der Hand
Zu einem Angedenken.

Da wir zu Schiffe stiegen dort,
Die Zierden aller Lande,
Zirpt' Heimchen mir im Busen fort,

Als weidet's noch am Strande.
Das grüne Vorgebirg verschwand,
Dem Heimchen ward es schaurig,
Beklommen saß es an der Wand
Und wurde faul und traurig.

So darbt's und dämmert's langezeit,
Schon gab ich es verloren,
Und nun, bei meiner Seligkeit,
Ist Heimchen neugeboren!
Bedenkt, es hockte gram und lahm
An Dielen und an Wänden,
Jetzt jubelt's wie ein Bräutigam
Und kann nur gar nicht enden!«

Miguel ist fort und wieder da,
Die Fingerspitze zeigend:
Da sitzt es ja! Da singt es ja!
Die Spanier lauschen schweigend –
Dann sinnen sie der Sache nach,
Den Lustgesang im Ohre,
Sie schütteln sich die Hände jach
Und schrein in wildem Chore:

»Das Heimchen zirpt! Das Heimchen zirpt!
Bald schwelgen wir in Beute!
Wer spielt, gewinnt! Wer wagt, erwirbt!
Wir sind gemachte Leute!
Die Küste winkt! Das Gold erblinkt,
Davon die Sagen melden!
Das Morgen steigt! Das Gestern sinkt!
Wir sind berühmte Helden!«

Don Fadrique

Don Fadrique bringt ein Ständchen
Der possierlichen Pepita:
»Liebchen, strecke durch die Türe
Deines Füßchens Spitze nur!«

Und die drollige Pepita
Streckt durch eine schmale Spalte
Eines allerliebsten Fußes
Weißes Spitzchen in die Luft.

Don Fadrique krümmt den Rücken,
Will das weiße Spitzchen küssen,
Knabe Amor steht beiseite,
Der den Bogen lachend spannt.

Nach dem ewigjungen Herzen
Zielt er, doch wer lacht, der zielt schlecht:
In des Ritters alten Rücken
Schießt er einen Hexenschuß.

Don Fadriques Knochen rasseln,
Don Fadrique stürzt zusammen,
Figaro holt eine Sänfte,
Figaro bringt ihn zu Bett.

»Frommer Bruder Agostino,
Exorziere mir das frevle
Allerliebste weiße Füßchen,
Das durch meine Beichte tanzt!«

Don Fadrique sucht den Hades,
Zierlich schreitend wie ein Stutzer,
Tänzelnd leuchtet ihm ein weißes
Füßchen durch die Unterwelt.

Die Schweizer des Herrn von Tremouille

Herr Karl war verdrossen,
Sein Pulver verschossen:
»O Gunst der Bellona, du wandelndes Glück!
Umstarrt allerenden
Von Felsen und Wänden,
Laß ich meine herrlichen Büchsen zurück?«

Da kam aus der Pouille
Herr Ludwig Tremouille
Und sprach: »Ich bezwinge die schwindelnde Bahn!
Nicht Rosse, nicht Farren
Vor Büchsen und Karren!
Ich spanne mich selbst und die Schweizer daran.

Die kennen die Berge!
Das sind keine Zwerge,
Wie deine Gascogner, die zapplige Brut!
Die haben dir Arme,
So harte, so warme!
Herr König, ich steh für die Büchsen dir gut!

Ihr Herrn aus den Bünden,
Bedenkt eure Sünden:
Den rollenden Würfel, den Becher, die Dirn!

Die wollen wir fegen
Auf brennenden Wegen,
Die büßen wir heute mit triefender Stirn!«

Weg warf er die Jacke,
Daß fester er packe
Das Seil um die erste Kanone geknüpft –
Da jauchzten die Buben
Und schoben und huben,
Im Nu aus den puffigen Wämsern geschlüpft.

Der stämmige Berner,
Der lust'ge Luzerner,
Sie streiften die nervigen Arme sich nackt;
Die Kinder der Rhone,
Der braune Grisone,
Sie zogen die rasselnden Büchsen im Takt.

Ein knarrendes Stöhnen,
Metallenes Dröhnen!
Sie fuhren zu Berg mit der Herde von Erz,
Vorüber den Schründen,
Die Herrn aus den Bünden,
Als ging' es zum Reigen mit Jubel und Scherz.

Ein prächtiges Wetter!
Drommetengeschmetter
Erschüttert die blaue, die strahlende Luft.
Ihr schollt, Apenninen,
Von hellen Klarinen
Und klangt bis in eure verborgenste Schluft!

Doch hartes Bedenken!
Da gab's keine Schenken
Für durstige Gaumen und siedendes Blut.
Herr Ludwig ruft munter:
»Bald geht es bergunter!«
Und reißt an dem Seil in der sengenden Glut.

Wie kicherte Flore.
Wie höhnte Aurore,
Erblickten hemdärmlig den Ritter sie hier!
Mit keuchender Lunge,
Mit lechzender Zunge,
Den zierlichen Helden an Fest und Turnier!

Noch einmal geschoben,
Und jetzt sind sie oben!
Sie rasten, auf glühende Felsen gestreckt,
Und sehen mit Weiden
Und goldnen Getreiden
Die fette lombardische Fläche bedeckt.

Der Liebling der Frauen
Nahm, sich zu beschauen,
In Züchten sein silbernes Spieglein hervor,
Besah in der Wildnis
Sein schreckliches Bildnis
Und fluchte: »Potz Blitz! Ich bin Ludwig der Mohr!«

Die Seitenwunde

Über ihre Tore statt der Muse
Meißeln die Baglioni die Meduse
Und an ihren grausen Hochzeitsfesten
Kämpft der Bräutigam mit seinen Gästen.

Heute liegen wieder sie wie Garben:
Blutsgenossen, die, sich würgend, starben!
Wo des Bruderhasses Fackel brannte,
Sucht das Kind und findet's Atalante.

Niederstarrend, auf das Knie gesunken,
Hebt des Sohnes Haupt sie jammertrunken,
Drüber hebt sie die geballte Rechte,
Daß sie fluche diesem Mordgeschlechte ...

Ihres Knaben Haupt, ein blondes ist es,
Wie das dorngekrönte Haupt des Christes!
Wie des Christes Haupt ist's ein erbleichtes,
Auf die Schulter friedevoll geneigtes!

Ihrem Knaben steht die Seite offen,
Wo der Speer Longins den Herrn getroffen ...
Haß und Fluch erlischt auf ihrem Munde,
Sie verehrt die heil'ge Seitenwunde ...

Cäsar Borjas Ohnmacht

Wer bin ich? Einer, welcher unterging,
Den Kranz im Haar, den Becher in der Faust,
Mit einem herkulanischen Gelag
Von einem ungeheuren Sturz bedeckt?
Ich weiß den Becher nur und meinen Sturz …
Im Belvedere … Gestern … Am Bankett …
Den Becher, ihn kredenzte schlürfend mir
Der Papst, der ewig heiter lächelnde,
Denn Cäsar Borja bin ich, Sohn des Papstes!

Die Ampel über meinem Lager kämpft
Mit eines neuen Tages fahlem Schein …
Ob's gestern oder ehegestern war,
Ich weiß es nicht, doch *eines* weiß ich wohl:
In jenem Becher gor der Borja Gift.
Er galt dem Gast, dem Bischof. Selbst gewürzt
Hat sich der Vater ew'gen Schlummers Trunk!
Ein Becher ward verwechselt. Warum nicht?
Verrat des Schenken? Zufall? … Es geschah.
Ich lebe. Meine Drachenkraft bezwang
Das Drachengift. Die Stunde ruft. Zur Tat!
Leer steht ein Thron und eine Krone rollt.
Verbraucht ist das Apostelmärchen. Weg
Damit! Der Vater war der letzte Papst!
Ein König folgt ihm nach und der bin ich.
Entscheidungsstunde, nicht erschreckst du mich,
Ich habe lange dich voraus bedacht:
Entlarve mir dein kühnes Angesicht!
Du heißest Heute: Kämmrer gib das Schwert!
Reif stehn die Ernten und die Sichel blitzt.

Marsch, meine Banden! Richtet das Geschütz
Auf des Konklave Kammern! Suchst du mich,
Hauptmann? Im Borgo, sagst du, wird gekämpft?
Ich komme! Ich vertausendfache mich!
Ich steige mordend auf das Kapitol
Und mit Italiens Krone krön ich mir
Dies Haupt, das seine Frevel überragt!

Ich träume nur und komme nicht vom Platz.
Sturmlaufend, bleib ich eingewurzelt stehn.
Gelähmte Sehnen! Meuchlerisches Gift!
Auf einem Krankenlager krümm ich mich.
Kein Diener hier! Kein Arzt an meinem Pfühl!
Mietlinge! Meine Stunde schwebt vorbei,
Mit fliehndem Fuß berührt sie spottend mir
Die Faust, die ein erdichtet Schwert umkrampft.
Verweile, Schicksalsstunde! ... Doch sie schwebt.
Ich fühle meiner Feinde heimlich Werk:
Sie schaufeln, sie minieren, während ich,
Geschleudert aus der Schranke, liege ... Dort!
Die grüne Feuerkugel! Ein Signal
Von meinen Banden? Nein, ein Meteor
Zuckt flüchtig durch die schwüle Sommernacht.
Hier über Romas Kuppeln loht es auf:
Nahn fackelschwingend meine Banden sich?
Nein, es ist Borjas Glück, das flammt und brennt,
Und seine Zinnen stürzen! Wehe mir!
Dem Valentino netzt die Wimper sich ...
Pfui! Ist das eines Weibes Augenlid?

Verzweiflung! Göttin! Stähle meinen Leib!
Ich winde mich von meinem Lager auf,

Ich schreite ... qualvoll ... doch ich schreite. Bei
Der nackten Hölle, Sehnen, strammet euch! ...
Verdammnis! ... Wieder lieg ich hingestreckt ...
Und ein erdolchter Knabe fesselt mich
Mit Ringen an den Stein ... Dort gafft ein Weib,
Die Haare triefend, mit geschwollnem Hals ...
Blutlose Brut! Weg in des Tibers Grab! ...
Aus allen Wänden quillt es schwarz hervor
Und dunkelt über mir ... Unsagbar Graun ...

Papst Julius

Halb vom Hades schon bezwungen,
Von Lemuren schon umschwebt,
Hat er doch sich losgerungen –
Sieh, er atmet! Sieh, er lebt!
Hinter seinen greisen Brauen
Flammt's! Jetzt langt er nach dem Bart,
Zürnt und schilt den Tod mit rauhen,
Ungestümen Worten hart:

»Weg mir aus dem Angesichte,
Larven, die mir bleich gedroht!
Charon, aus dem Sonnenlichte
Weg ins Schilf mit deinem Boot!
Keine Macht ist dir gegeben,
Bis ich selbst dich rufen mag!
Heute hab ich noch zu leben
Einen vollgedrängten Tag!

Arzt, statt deiner faden Tropfen
Gib mir des Falerners Glut!

Lasse meine Pulse klopfen,
Wirf mir Feuer in das Blut!
Auf die Türen! Weg die Kissen!
Meine Feldherrn, tretet ein!
Meine Meister, laßt sie wissen,
Daß sie dreifach emsig sein!

Regst, Bramante, die geschickten
Hände du? Vollende doch!
Diese Augen, sie erblickten
Gerne deine Kuppel noch!
Michelangelo, willkommen!
Warum schaust du wieder scheel?
Dort erblick ich meinen frommen,
Meinen süßen Raffael!

Als den Hirten nicht des Lammes,
Bildet mich als Mosen ab,
Der den Dränger seines Stammes
Niederschlug mit wucht'gem Stab –
Wo die Wasserstürze tosen
In die Brunnenschale jach,
Setzet, Meister, mich als Mosen,
Der die Felsenwand zerbrach!

Moses bin ich in dem Blitze
Sinais, in Rauch und Dampf:
Meine donnernden Geschütze
Enden flammend jeden Kampf!
Mit den neugegoßnen Stücken
Bring ich Burg und Stadt zu Fall,
Schmettre Breschen, breche Lücken
In den stärksten Mauerwall!

Falkner, sprich, was macht mein Sperber,
Der die Klaue sich zerstieß?
Marschalk, sag, wie lebt mein Berber,
Den zu scharf ich jagen ließ?
Tummelt, Diener, zum Ergötzen
Mir im Hof ein feurig Tier!
Laßt es springen, laßt es setzen
Vor den alten Augen mir!

Helmt mir die gefurchte Stirne!
Harnischt mir die welke Hand!
Der Italien macht zur Dirne,
Jagt den Fremdling aus dem Land!
Reicht ein Schwert! Ich will es retten.
Ruft, Drommeten, ruft zur Schlacht!
In der Faust zerrißne Ketten,
Schreit ich durch des Hades Nacht!«

In der Sistina

In der Sistine dämmerhohem Raum,
Das Bibelbuch in einer nerv'gen Hand,
Sitzt Michelangelo in wachem Traum,
Umhellt von einer kleinen Ampel Brand.

Laut spricht hinein er in die Mitternacht,
Als lauscht' ein Gast ihm gegenüber hier,
Bald wie mit einer allgewalt'gen Macht,
Bald wieder wie mit seinesgleichen schier:

»Umfaßt, umgrenzt hab ich dich, ewig Sein,
Mit meinen großen Linien fünfmal dort!

Ich hüllte dich in lichte Mäntel ein
Und gab dir Leib, wie dieses Bibelwort.

Mit wehnden Haaren stürmst du feurigwild
Von Sonnen immer neuen Sonnen zu,
Für deinen Menschen bist in meinem Bild
Entgegenschwebend und barmherzig du!

So schuf ich dich mit meiner nicht'gen Kraft:
Damit ich nicht der größte Künstler sei,
Schaff mich – ich bin ein Knecht der Leidenschaft –
Nach deinem Bilde schaff mich rein und frei!

Den ersten Menschen formtest du aus Ton,
Ich werde schon von härterm Stoffe sein,
Da, Meister, brauchst du deinen Hammer schon,
Bildhauer Gott, schlag zu! Ich bin der Stein.«

Der Schreckliche

Benvenuto, sprich, was schmiedest
Du wie rasend in der Werkstatt?
Welches ungeheure Kunstwerk?
– »Messer! Scharfe, feine Messer!«

Benvenuto, sprich, was prahlst du?
Welche ungeheure Lüge
Tischest auf du den Gesellen?
– »Ich bin stummer als ein Fischchen.«

Benvenuto, sprich, was drohst du?
Welche ungeheure Mordtat,

Die vor Abend du begehn wirst?
– »Ich bin frömmer als ein Lämmlein.«

Benvenuto bringt die Eisen
Meister Jakob von Perugia,
Der den kranken Finger schneidet
Dem geduld'gen Kind des Goldschmieds.

Benvenutos glühnde Blicke
Folgen jedem Schnitt des Stahles.
»Raffaela, schmerzt mein Messer?«
»Nein, es schmerzt nicht, Benvenuto.«

Pergoleses Ständchen

Nina, laß den Schlummer fahren!
Bist du denn gestorben? ach!
Bist du tot in jungen Jahren?
Horch, die Liebe ruft! Erwach!

Aus dem Schlummer sie zu wecken,
Der vor Tod und Sterben graut,
Mischt der Meister einen Schrecken
In den süßen Liebeslaut.

Willst du schweigen! Haucht's im Düster,
Ich bin glühend, bin gesund!
Küsse mich, sagt das Geflüster,
Fühle meinen frischen Mund!

Und der Wohllaut des Gesanges
Ward von Stadt und Land belobt,
Und die Macht des Liebeszwanges
Ward vom jungen Volk erprobt:

Nina, laß den Schlummer fahren!
Bist du denn gestorben? ach!
Bist du tot in jungen Jahren?
Horch, die Liebe ruft! Erwach!

Da geschah's, daß eine schwarze
Wolke über Napel glitt
Und der Tod sich eine volle
Garbe blühnder Jugend schnitt.

Sant Agnese flammt von Kerzen
Nina schlummert am Altar,
Pergolese spielt das Requiem
Auf der Orgel wunderbar.

In das Hallen der Posaunen,
In das Rufen, in das Drohn,
In das Zürnen mischt der Meister
Einen süßen Liebeston:

Nina, laß den Schlummer fahren!
Bist du denn gestorben? ach!
Bist du tot in jungen Jahren?
Horch, die Liebe ruft! Erwach!

Auf Ponte Sisto

Süß ist das Dunkel nach Gluten des Tags! Auf dämmernder Brücke
Schau ich die Ufer entlang dieser unsterblichen Stadt.
Burgen und Tempel verwachsen zu *einer* gewaltigen Sage!
Unter mir hütet der Strom manchen verschollenen Hort.
Dort in der Flut eines Nachens Gespenst! Ist's ein flüchtiger Kaiser?
Ist es der »Jakob vom Kahn«*, der Buonarotti geführt?
Gellend erhebt sich Gesang in dem Boot zum Ruhme des Liebchens.
Horch! Ein lebendiger Mund fordert lebendiges Glück.

Chor der Toten

Wir Toten, wir Toten sind größere Heere
Als ihr auf der Erde, als ihr auf dem Meere!
Wir pflügten das Feld mit geduldigen Taten,
Ihr schwinget die Sicheln und schneidet die Staaten,
Und was wir vollendet und was wir begonnen,
Das füllt noch dort oben die rauschenden Bronnen,

* In den dreißiger Jahren des sechzehnten Jahrhunderts setzte Meister »Jakob vom Kahn« zwischen Ponte Sisto und S. Angelo die Leute über den Tiber.

Und all unser Lieben und Hassen und Hadern,
Das klopft noch dort oben in sterblichen Adern,
Und was wir an gültigen Sätzen gefunden,
Dran bleibt aller irdische Wandel gebunden,
Und unsere Töne, Gebilde, Gedichte
Erkämpfen den Lorbeer im strahlenden Lichte,
Wir suchen noch immer die menschlichen Ziele –
Drum ehret und opfert! Denn unser sind viele!

IX

MÄNNER

Lutherlied

Ein Knabe wandert über Land
In einem schlichten Volksgewand,
Gewölke quillt am Himmel auf,
Er blickt empor, er eilt den Lauf,
Stracks fährt ein Blitz mit jähem Licht
Und raucht an seiner Ferse dicht –
So ward getauft an jenem Tag
Des Bergmanns Sohn vom Wetterschlag.

Schmal ist der Klosterzelle Raum,
Drin lebt ein Jüngling dumpfen Traum,
Er fleißigt sich der Möncherei,
Daß er durch Werke selig sei,
Ein Vöglein blickt zu ihm ins Grab,
»Luthere«, singt's, »wirf ab, wirf ab!
Ich flattre durch die lichte Welt,
Derweil mich Gottes Gnade hält.«

In Augsburg war's, daß der Legat
Ein Mönchlein auf die Stube bat,
Er war ein grundgelehrtes Haus,
Doch kannt er nicht die Geister aus,

Des Mönchleins Augen brannten tief,
Daß er: »Es ist der Dämon!« rief –
Du bebst vor diesem scharfen Strahl?
So blickt die Wahrheit, Kardinal!

Jetzt tritt am Wittenberger Tor
Ein Mönch aus allem Volk hervor:
Die Flamme steigt auf seinen Wink,
Die Bulle schmeißt hinein er flink,
Wie Paulus schlenkert' in den Brand
Den Wurm, der ihm den Arm umwand,
Und über Deutschland einen Schein
Wie Nordlicht wirft das Feuerlein.

In Worms sprach Martin Luther frank
Zum Kaiser und zur Fürstenbank:
»Such, Menschenherz, wo du dich labst!
Das lehrt dich nicht Konzil noch Papst!
Die Quelle strömt an tiefrem Ort:
Der lautre Born, das reine Wort
Stillt unsrer Seelen Heilsbegier –
Hier steh ich und Gott helfe mir!«

Herr Kaiser Karl, du warst zu fein,
Den Luther fandest du gemein –
Gemein wie Lieb und Zorn und Pflicht,
Wie unsrer Kinder Angesicht,
Wie Hof und Heim, wie Salz und Brot,
Wie die Geburt und wie der Tod –
Er atmet tief in unsrer Brust,
Und du begrubst dich in Sankt Just.

»Ein feste Burg« – im Lande steht,
Drin wacht der Luther früh und spät,
Bis redlich er, und Spruch um Spruch,
Verdeutscht das liebe Bibelbuch.
Herr Doktor, sprecht! Wo nahmt Ihr her
Das deutsche Wort so voll und schwer?
»Das schöpft ich von des Volkes Mund,
Das schlürft ich aus dem Herzensgrund.«

Herr Luther, gut ist Eure Lehr,
Ein frischer Quell, ein starker Speer:
Der Glaube, der den Zweifel bricht,
Der ew'gen Dinge Zuversicht,
Des Heuchelwerkes Nichtigkeit!
Ein blankes Schwert in offnem Streit! –
Ihr bleibt getreu trotz Not und Bann
Und jeder Zoll ein deutscher Mann.

In Freudenpulsen hüpft das Herz,
In Jubelschlägen dröhnt das Erz,
Kein Tal zu fern, kein Dorf zu klein,
Es fällt mit seinen Glocken ein –
»Ein feste Burg« – singt jung und alt,
Der Kaiser mit der Volksgewalt:
»Ein feste Burg ist unser Gott,
Dran wird der Feind zu Schand und Spott!«

Hussens Kerker

Es geht mit mir zu Ende,
Mein Sach und Spruch ist schon

Hoch über Menschenhände
Gerückt vor Gottes Thron,
Schon schwebt auf einer Wolke,
Umringt von seinem Volke,
Entgegen mir des Menschen Sohn.

Den Kerker will ich preisen,
Der Kerker, der ist gut!
Das Fensterkreuz von Eisen
Blickt auf die frische Flut,
Und zwischen seinen Stäben
Seh ich ein Segel schweben,
Darob im Blau die Firne ruht.

Wie nah die Flut ich fühle,
Als läg ich drein versenkt,
Mit wundersamer Kühle
Wird mir der Leib getränkt –
Auch seh ich eine Traube
Mit einem roten Laube,
Die tief herab ins Fenster hängt.

Es ist die Zeit zu feiern!
Es kommt die große Ruh!
Dort lenkt ein Zug von Reihern
Dem ew'gen Lenze zu,
Sie wissen Pfad und Stege,
Sie kennen ihre Wege –
Was, meine Seele, fürchtest du?

Der Landgraf

Mir sitzt zu Hause, jung gezähmt
Und leicht gelähmt,
Ein Steinaar im Verließe,
Der martert sich den Hals zu drehn,
Ins Blau zu sehn,
Aus dem er gerne stieße.

So streck ich Landgraf ebenfalls
Den Kopf und Hals
Wohl durch das Kerkergitter,
Ob etwas auf der Straße zieht
Für mein Gemüt,
Ein Schüler oder Ritter.

Der Kaiser, der vergichtet ist,
Drum gerne mißt
Die Kost der harschen Lüfte,
Vergaß, wie schwer ein ganzer Mann
Entraten kann
Das Jagdhorn an der Hüfte.

Ich wurde hinterrücks gefällt,
Ein Netz gestellt
Ward mir mit falschen Schriften!
Wer mir mit lächelndem Gesicht
Die Treue bricht,
Der kann mich auch vergiften!

Wär ich ein römisch blöder Mann,
Ich wähnte dann:

Damit hätt ich's verbrochen,
Daß triumphierend ich hinaus
Zum Gotteshaus
Schmiß Mühmchen Lisbeths Knochen!*

Jüngst warf ich auf den Festungsrain
Ein Stüberlein
Dem Bettler hin, dem lahmen:
Den schlug der Spanier bis aufs Blut –
Mich fraß die Wut –
Der Teufel hol ihn! Amen!

Wohl läg ich besser auf dem Feld –
Ade, du Welt –
Gewundet und erstochen!
Wie Meister Ulrich Zwingli lag
Am grünen Hag,
Den hellen Blick gebrochen!

Nur tröstet mich das eine doch:
Das päpstlich Joch
Ist in den Dreck getreten!
Wir dürfen ohne Klerisei
Und Heuchelei
Getrost zum Herrgott beten!

Der Rappe des Komturs

Herr Konrad Schmid legt' um die Wehr,
Man führt' ihm seinen Rappen her:

* Die Reliquien der heiligen Elisabeth

»Den Zwingli laß ich nicht im Stich,
Und kommt ihr mit, so freut es mich.«
Da griffen mit dem Herren wert
Von Küßnach dreißig frisch zum Schwert:
Mit Mann und Roß im Morgenrot
Stieß ab das kriegbeladne Boot.
Träg schlich der Tag; dann durch die Nacht
Flog Kunde von verlorner Schlacht.
Von drüben rief der Horgnerturm,
Bald stöhnten alle Glocken Sturm,
Und was geblieben war zu Haus:
Das stand am See, lugt' angstvoll aus.
Am Himmel kämpfte lichter Schein
Mit schwarzgeballten Wolkenreihn.
»Hilf Gott, ein Nachtgespenst!« Sie sahn
Es drohend durch die Fluten nahn.
Wo breit des Mondes Silber floß,
Da rang und rauscht' ein mächtig Roß,
Und wilder schnaubt's und näher fuhr's ...
»Hilf Gott, der Rappe des Komturs!«
Nun trat das Schlachtroß festen Grund,
Die bleiche Menge stand im Rund.
Zur Erde starrt' sein Augenstern,
Als sucht' es dort den toten Herrn ...
Ein Knabe hub dem edeln Tier
Die Mähne lind: »Du blutest hier!«
Die Wunde badete die Flut,
Jetzt überquillt sie neu von Blut,
Und jeder Tropfen schwer und rot
Verkündet eines Mannes Tod.
Die Komturei mit Turm und Tor
Ragt weiß im Mondenglanz empor.

Heimschritt der Rapp das Dorf entlang,
Sein Huf wie über Grüften klang,
Und Alter, Witwe, Kind und Maid
Zog schluchzend nach wie Grabgeleit.

Die spanischen Brüder

»Da find ich dich! In Wintergraus
Hält dich ein deutsches Donaunest,
Ein schneebelastet Giebelhaus,
Kind einer heißen Sonne, fest.

Was treibst du hier? Mit toller Brunst
Bohrst du dich in Folianten ein?
Vom Teufel kommt die schwarze Kunst!
Griechisch? Die Kirche spricht Latein!

Darüber sitzest, Nacht um Nacht,
Du auf? Noch qualmt der Lampe Docht!
Auch siehst du bleich und überwacht,
Der sonst so weidlich ritt und focht!

Du darbst? Du meidest jede Lust?
Von allem Denken mach dich frei!
Verbrenn an einer warmen Brust,
Ertränk in Wein die Ketzerei!

Ergreife Schwert und Eisenhut!
Dem Spanier ward die Welt zum Raub!
Nach Flandern! Eh dein Edelblut
Versiegt in ekelm Bücherstaub!

Mein Bruder Juan, komm mit mir,
Beflecke nicht der Diaz Ruhm!
Ersäuf im Guadalquivir
Das gottverdammte Luthertum!

In Wittenberg hast du – absurd! –
Auf einer Schule Bank gehockt!
Bei diesem Dolch an meinem Gurt,
Ich morde den, der dich verlockt!

Der Vater ist ein alter Christ
Und sähe lieber dich im Grab!
Die Mutter, welche gläubig ist –
Der Mutter drückst das Herz du ab!

Nie hat ein Diaz falsch geglaubt!
Nicht wahr? *Uns* tust du nicht die Schmach,
Geliebter Bruder, teures Haupt!
Ich eilte deinen Schritten nach!

– –

Juan, ich reiße dich heraus
Mit dieser meiner Arme Kraft!
Die Rosse stampfen vor dem Haus,
Geführt von meiner Dienerschaft.

Du schweigst? Bekenn mir, ob's geschah!
Tatst du den Schritt? Du schüttelst: Nein!
Wirst du ihn tun? Ja? Du nickst: Ja? …
Juan, es muß geschieden sein!«

Eng hält den Bruder er umfaßt,
Bang stöhnend senkt er Blick in Blick,

Küßt, küßt ihn noch einmal in Hast –
Und stößt den Dolch ihm durchs Genick.

Er hält den Bruder lang im Arm,
Mit unerschöpften Tränen netzt
Und badet er den Toten warm:
»Noch starbest als ein Christ du jetzt!«

Das Auge des Blinden

Durch das Marktgedräng von Namur
Stelzt ein armer narb'ger Krüppel.
»Leute, bringt mich zu Don Juan!«
»Schweigst du wohl! Da ist Don Juan!«

»Schweigst du wohl, blick auf! da ist er!«
In des Volkes Gasse reitet
Ein Gespenst am hellen Tage:
Don Juan der Österreicher –

Don Juan der Österreicher,
Der im Wein das Gift getrunken
König Philipps, seines Bruders,
Und Don Juan weiß den Mörder.

Seinen Mörder kennt Don Juan,
Auch den armen Krüppel kennt er,
Der den Bügel ihm betastet,
Der die Hand ihm deckt mit Küssen –

Der ihm deckt die Hand mit Küssen:
»Bin zerfetzt wie eine Fahne!

Wohne jetzt in Barcelona –
Braves Volk, bei meiner Ehre!

Braves Volk! Es speist und tränkt mich:
›Alter, leere dieses Glas mir!‹
›Alter, kanntest du Don Juan?‹
›Sprich uns immer von Don Juan!‹

Immer sprech ich von Don Juan!
In den Schenken, an dem Hafen
Gab ich tausendmal zum besten
Bei Lepanto, die Viktorie!

Die Viktorie von Lepanto
Gab ich tausendmal zum besten …
Hergestelzt bin ich nach Flandern
Zu dem Abgott meines Lebens!

Helle Freude meines Lebens!
Sohn des Kaisers! Kind des Glückes!
Deines Volkes Held und Liebling!
Ruhmgekrönter junger Feldherr!

Junger Feldherr mit dem Lorbeer
In den goldnen Ringelhaaren,
Mit dem Himmel in den Augen,
Sonnig wie ein Engel Gottes!

Eia, schöner Engel Gottes! …«
Durch die Menge, die des Todes
Bild betrachtet, geht ein Schauder.
Juan, der gespenstig bleiche,

Juan mit des Grabes Antlitz
Sucht erstaunt das Aug des Krüppels –
Ist es trunken? Loht's im Wahnsinn?
Es ist leer. Es ist erloschen!

Ist dem Tageslicht erloschen.
Don Juans zerstörte Jugend
Blüht in eines Blinden Auge
Fort in unversehrter Schönheit.

Die verstummte Laute

Sie mochte gern an seiner Schulter lehnen
In einem weichen Abenddämmerlicht,
Sie barg vor ihm das Rieseln ihrer Tränen,
Den halbenthüllten Reiz der Seele nicht:
»Freund, einz'ger Freund auf diesem düstern Eiland,
Ich welke! Chastelard, auch du bist bleich!
Schlag deine Laute! Singe mir von weiland!
Von meinem ersten Königreich!«

Er stürmte durch die Saiten: »Jener Tage
Ins Meer gesunkne Sonnen sind verblaßt!
Maria Stuart! Ich erhebe Klage,
Daß du geschluchzt an meinem Herzen hast!
Mit deinen Tränen bade hier dem reinen,
Entseelten Gott die Marmorfüße bleich –
Weib, sündlich ist's vor einem Menschen weinen
Mit diesen Augen warm und weich!

Was war ich dir? Der nichtige Vertraute!
Ein Echo, das von deinen Seufzern scholl!
Ein Spiegel, drin sie eitel sich beschaute,
Die Zähre, die dir an der Wimper quoll!
War dir die Laute nur, darauf zu breiten
Die Fingerspitzen und ich hallte schön –
Ich hasse dich!« Er riß entzwei die Saiten
Mit einem gellen Mißgetön.

Er floh davon, hinaus in Wald und Wildnis,
Doch wo er lechzend schlürft' aus einem Quell,
Sah er im Brunnen ein geliebtes Bildnis,
Aus naher Tiefe schimmern dunkelhell,
Sah er ein blasses Angesicht in Zähren,
Es schwand und blickte wiederum empor,
Von Sehnen und Erfüllen und Gewähren
Rauscht's um den Born in Schilf und Rohr.

»Maria!« so beginnt in ihrer Kammer
Am Lager knieend sie das Nachtgebet,
»Maria!« wiederholt voll Glut und Jammer
Ein Mund, der neben ihr im Dunkel fleht.
Sie schreit. Man kommt. Von Fackelglut gerötet
Bebt sie vor Zorn: »Ein Mörder! Fesselt ihn!«
Er lächelt: »Ist sie schön! Auch wenn sie tötet!«
Und gibt den Schergen sich dahin.

Er schreitet seinem Blutgerüst entgegen
In einem klaren, kühlen Morgenrot,
Mit hohlen Blicken flüstert angelegen
Als hagrer Pater der vermummte Tod:

»Freund, du bekommst es gut! Du wirst entlastet!
Ich absolviere dich von Lust und Pein!
Von keiner weichen, weißen Hand betastet,
Wirst du die stumme Laute sein!«

Das Weib des Admirals

Auf mondenhellem Lager wälzt ein Weib,
Ein schlummerloses, sich: »O banger Pfühl!
Auch du, mein sorgender Gemahl, du wachst!
Wer dürfte schlafen? Horch, die Folter stöhnt …
Erwürgte modern ohne Leichentuch,
Sieh unser Linnen, Chatillon, wie fein!
Gen Himmel schreit der Märt'rer frommes Blut,
Ich schreie, Herr, in deinen Armen mit!
Mein Held, ich rede Zeugnis gegen dich
Vor Gott, entrollest du dein Banner nicht!«
Sie schweigt in düstrer Glut. Er sinnt und sagt:
»Erwäge Weib, die Schrecken, die du wählst!
Dies Haus in Rauch und Trümmern! Dies mein Haupt
Verfemt, dem Meuchelmord gezeigt – geraubt!
Entehrt dies Wappen von des Henkers Hand!
Du mit den Knaben bettelnd auf der Flucht!
Wählst du dir solches? Nimm drei Tage Frist!«
– »Drei Tage Frist? Sie sind vorbei. Brich auf!«

Hugenottenlied

In die Schule bin ich gangen
Bei dem Meister Hans Calvin,

Lehre hab ich dort empfangen:
Vorbestimmt ist alles ewighin!
Jeder volle Wurf im Würfelspiele,
Jeder Diebestritt auf Liebchens Diele,
Jeder Kuß –
Schicksalsschluß!

Dann bin ich zu Roß gestiegen
Mit dem Hauptmann Des Adrets,
Der das Kindlein in der Wiegen
Würgt und sich ergötzt an Qual und Weh!
Jeder First, der raucht und dampft und lodert,
Jeder Tote, der im Graben modert,
Jeder Schuß –
Schicksalsschluß!

Die Karyatide

Im Hof des Louvre trägt ein Weib
Die Zinne mit dem Marmorhaupt,
Mit einem allerliebsten Haupt.
Als Meister Goujon sie geformt
In feinen Linien, überschlank,
Und stehend auf dem Baugerüst
Die letzte Locke meißelte,
Erschoß den Meister hinterrücks
(Am Tag der Saint-Barthelemy)
Ein überzeugter Katholik.
Vorstürzend überflutet' er
Den feinen Busen ganz im Blut,
Dann sank er rücklings in den Hof.

Die Marmormagd entschlummerte
Und schlief dreihundert Jahre lang,
Ein Feuerschein erwärmte sie
(Am Tag, da die Kommüne focht).
Sie gähnt' und blickte rings sich um:
Wo bin ich denn? In welcher Stadt?
Sie morden sich. Es ist Paris.

Mourir ou parvenir!

Herr Heinrich Guise schrieb. Da rauscht Gewand –
Es war sein Lieb, das aus der Kirche kam,
Sein zärtlich Lieb, dem schäkernd aus der Hand
Er das mit Gold beschlagne Meßbuch nahm.
Er blättert' drin. Hell war's von Farbenglut
Und keck verschlungner Arabeskenzier –
»Geliebter, dich verdirbt dein Übermut!
Hinweg! Entflieh von hier!

Du bist zu hoch! Der König, feig und schlau,
Bebt wie ein Kind vor deinen mächt'gen Braun!
Dich haßt er tödlich – glaub es einer Frau!
Ihn sah ich lächeln jüngst – mich schüttelt Graun!«
Zur Feder griff er. »Flora, schlanke Fei!
Wie könnt ich leben«, seufzt er, »fern von dir?«
Und schrieb ins Meßbuch, wo die Zeile frei:
Mourir –

»Versuche Gott nicht! Das Verderben reift!
Hinweg aus Blois! Mein Alles, Schmerz und Lust!

Ich weiß: in diesem Augenblicke schleift
Der Meuchelmord ein Schwert für deine Brust!«
In ihrem Büchlein schrieb er ruhig fort,
Soviel ihm Raum gewährte das Papier,
Als wär's ein auferbaulich Bibelwort:
– Ou parvenir!

»Mich so zu quälen! Schlimm hat mir geträumt!
Mein Gott! Du wandest dich in Todesschmerz!
Hinweg! Jetzt! Heute! Hörst du? Nicht gesäumt!«
Die Bange zog er kosend an das Herz,
Sie senkte des betränten Auges Glanz –
In kühnen Zügen stand der Spruch vor ihr,
Umrankt von einem üpp'gen Blumenkranz:
Mourir ou parvenir!

Das Reiterlein

Das Bächlein nimmt nach der Loire den Gang,
An beiden Seiten
Auf und ab, die Ufer entlang
Spähn sie und reiten.
Sie sind sich so nahe! Sie sind sich so fern!
»Bon jour, meine Herrn!«
Grüßt keck eine Stimme.

Ein feurig, unbändig Reiterlein
Springt ab behende,
Setzt rechts ein Bein und links ein Bein
In beide Gelände:
»Groß ist der Sonne Glut –

Liebe Herrn, meint ihr's gut,
Schafft eins zu trinken!«

Rechts kommt ein Pokal und links ein Pokal
Von verschiedener Helle,
Der: schäumender Champagnerstrahl,
Der andre: Purpurwelle –
»Katholik? Calvinist?
Hier ein Christ! Dort ein Christ!«
Er schlürft aus beiden Bechern.

»Mit streitender Theologie
Mach ich mir nichts zu schaffen,
Den Guisen überlaß ich sie,
Den Weibern und den Pfaffen!
Pred'gerrock? Meßgewand?
Stich und Schuß! Mord und Brand!
Ins Meer geschwemmte Leichen!

Bekennt mir, Herren, frei und frank:
Wie tut ihr, wann ihr dürstet?
Ihr setzt euch rittlings auf die Bank
Und ruft nach Wein und bürstet!
Zug und Schluck! Schluck und Zug!
Noch ein Trunk! Nie genug!
Die einen wie die andern.

Genießt ihr wonn'ge Minnelust
Nach Dogmen oder Schulen?
Kost alle nicht ihr Brust an Brust
Mit euren trauten Buhlen?
Tört ihr nicht? Trügt ihr nicht?

Schwört ihr nicht? Lügt ihr nicht?
Die einen wie die andern.

Drum lassen wir auf sich bestehn
Die Lehren, die uns trennten,
Da wir erbaulich einig gehn
In allen Elementen:
Erntefest! Winzertanz!
Ährenkranz! Traubenkranz!
Feldruhm und edle Waffen!«

Spricht's und es fährt ein elektrischer Schlag
Rundum und setzt alles in Flammen:
Frankreich hoch! Freudentag!
Heut wächst es zusammen!
Sie springen ins Wasser, sie waten im Fluß,
Sie spitzen die bärtigen Lippen zum Kuß,
Sie fallen sich all in die Arme.

Der Kleine drückt und küßt und herzt
Sie alle wie alte Bekannte.
»Wie aber, Herren, steht es«, scherzt
Er, »mit dem Proviante?
Alles her! Fleisch und Fisch!
Ihr seid geladen heut zu Tisch
Bei Heinrich von Navarra.«

Die Füße im Feuer

Wild zuckt der Blitz. In fahlem Lichte steht ein Turm.
Der Donner rollt. Ein Reiter kämpft mit seinem Roß,

Springt ab und pocht ans Tor und lärmt. Sein Mantel
saust
Im Wind. Er hält den scheuen Fuchs am Zügel fest.
Ein schmales Gitterfenster schimmert goldenhell
Und knarrend öffnet jetzt das Tor ein Edelmann ...

– »Ich bin ein Knecht des Königs, als Kurier geschickt
Nach Nîmes. Herbergt mich! Ihr kennt des Königs
Rock!«
– »Es stürmt. Mein Gast bist du. Dein Kleid, was
kümmert's mich?

Tritt ein und wärme dich! Ich sorge für dein Tier!«
Der Reiter tritt in einen dunkeln Ahnensaal,
Von eines weiten Herdes Feuer schwach erhellt,
Und je nach seines Flackerns launenhaftem Licht
Droht hier ein Hugenott im Harnisch, dort ein Weib,
Ein stolzes Edelweib aus braunem Ahnenbild ...
Der Reiter wirft sich in den Sessel vor dem Herd
Und starrt in den lebend'gen Brand. Er brütet, gafft ...
Leis sträubt sich ihm das Haar. Er kennt den Herd, den
Saal ...
Die Flamme zischt. Zwei Füße zucken in der Glut.

Den Abendtisch bestellt die große Schaffnerin
Mit Linnen blendend weiß. Das Edelmägdlein hilft.
Ein Knabe trug den Krug mit Wein. Der Kinder Blick
Hangt schreckenstarr am Gast und hangt am Herd ent-
setzt ...
Die Flamme zischt. Zwei Füße zucken in der Glut.
– »Verdammt! Dasselbe Wappen! Dieser selbe Saal!
Drei Jahre sind's ... Auf einer Hugenottenjagd ...

Ein fein, halsstarrig Weib … ›Wo steckt der Junker?
Sprich!‹
Sie schweigt. ›Bekenn!‹ Sie schweigt. ›Gib ihn heraus!‹
Sie schweigt.
Ich werde wild. *Der* Stolz! Ich zerre das Geschöpf …
Die nackten Füße pack ich ihr und strecke sie
Tief mitten in die Glut … ›Gib ihn heraus!‹ … Sie
schweigt …
Sie windet sich … Sahst du das Wappen nicht am Tor?
Wer hieß dich hier zu Gaste gehen, dummer Narr?
Hat er nur einen Tropfen Bluts, erwürgt er dich.«
Eintritt der Edelmann. »Du träumst! Zu Tische,
Gast …«

Da sitzen sie. Die drei in ihrer schwarzen Tracht
Und er. Doch keins der Kinder spricht das Tischgebet.
Ihn starren sie mit aufgerißnen Augen an –
Den Becher füllt und übergießt er, stürzt den Trunk,
Springt auf: »Herr, gebet jetzt mir meine Lagerstatt!
Müd bin ich wie ein Hund!« Ein Diener leuchtet ihm,
Doch auf der Schwelle wirft er einen Blick zurück
Und sieht den Knaben flüstern in des Vaters Ohr …
Dem Diener folgt er taumelnd in das Turmgemach.

Fest riegelt er die Tür. Er prüft Pistol und Schwert,
Gell pfeift der Sturm. Die Diele bebt. Die Decke
stöhnt.
Die Treppe kracht … Dröhnt hier ein Tritt? …
Schleicht dort ein Schritt? …
Ihn täuscht das Ohr. Vorüberwandelt Mitternacht.
Auf seinen Lidern lastet Blei und schlummernd sinkt
Er auf das Lager. Draußen plätschert Regenflut.

Er träumt. »Gesteh!« Sie schweigt, »Gib ihn heraus!«
Sie schweigt
Er zerrt das Weib. Zwei Füße zucken in der Glut.
Aufsprüht und zischt ein Feuermeer, das ihn verschlingt …
– »Erwach! Du solltest längst von hinnen sein! Es tagt!«
Durch die Tapetentür in das Gemach gelangt,
Vor seinem Lager steht des Schlosses Herr – ergraut,
Dem gestern dunkelbraun sich noch gekraust das Haar.

Sie reiten durch den Wald. Kein Lüftchen regt sich heut.
Zersplittert liegen Ästetrümmer quer im Pfad.
Die frühsten Vöglein zwitschern, halb im Traume noch.
Friedsel'ge Wolken schwimmen durch die klare Luft,
Als kehrten Engel heim von einer nächt'gen Wacht.
Die dunkeln Schollen atmen kräft'gen Erdgeruch.
Die Ebne öffnet sich. Im Felde geht ein Pflug.
Der Reiter lauert aus den Augenwinkeln: »Herr,
Ihr seid ein kluger Mann und voll Besonnenheit
Und wißt, daß ich dem größten König eigen bin.
Lebt wohl. Auf Nimmerwiedersehn!« Der andre spricht:
»Du sagst's! Dem größten König eigen! Heute ward
Sein Dienst mir schwer … Gemordet hast du teuflisch mir
Mein Weib! Und lebst! … Mein ist die Rache, redet Gott.«

Die Rose von Newport

Sprengende Reiter und flatternde Blüten,
Einer voraus mit gescheitelten Locken –
Ist es der Lenz auf geflügeltem Renner?
Karl ist's, der Jüngling, der Erbe von England,
Und die sich nähern in goldener Mailuft,
Das sind die Giebel und Tore von Newport,
Drüber das Wappen der Stadt: eine Rose!
Jubelnde Gassen und jubelnde Wimpel
Und ein von treibender Jugend geschwelltes,
Jubelndes Herz in dem Busen des Stuart …
Unter den blühenden Linden des Marktes
Schreitet ein Reigen von blühnden Gestalten
Und eine Schönste mit herzlichem Beben
Bietet dem Prinzen die Rose von Newport:
»Seliges Gestern und Morgen und Heute,
Herr, dir die Rose von Newport bedeute!«
Morgen erzählen die Linden das Märchen
Von der entblätterten Rose von Newport.

Sprengende Reiter und wirbelnde Flocken,
Einer voraus mit verwilderten Haaren –
Ist es der Winter, der finstre Geselle?
Karl ist's, der Flüchtling, der König von England.
Seit er das Blut seines Volkes vergossen,
Reitet er neben zerschmetterndem Abgrund …
Und die sich nähern in weißem Gestöber,
Das sind die Gipfel und Tore von Newport,
Drüber das Wappen der Stadt: eine Rose!
Nirgend ein Jubel und nirgend ein Wimpel,
Polternde Hämmer und kreischende Feilen,

Und ein von eisernen Fäusten gepreßtes,
Ächzendes Herz in dem Busen des Stuart ...
Unter den frierenden Linden des Marktes
Bettelt ein Kind mit verschatteten Augen,
Bietet dem König ein dorrendes Röschen:
»Seliges Gestern und Morgen und Heute,
Herr, dir die Rose von Newport bedeute!«
Karl, der die Züge des Kindes betrachtet,
Schmal und gespenstig im Spiegel des Elends
Sieht er das eigene Antlitz und schaudert.

Morgen erzählen die Linden das Märchen
Von dem enthaupteten König in England.

Der sterbende Cromwell

Vor der Königsburg in nächt'ger Stunde
Knickt der Tod die Eichen in die Runde,
Drinnen sucht er dann ein zäher Leben
Aus den Wurzeln allgemach zu heben –
Whitehall ist Cromwells Sterbestätte,
Ein Waldenser kniet an seinem Bette!
»Herr, ich komm, ein Kind des welschen Tales,
Wo du bist der Schutzgott jedes Mahles,
Unsern Dank auf deine Knie zu legen,
Leben, Cromwell, mußt du unsertwegen!
Rom befehdet uns mit seinen Pfaffen,
Unser Herzog rüstet frevle Waffen
Gegen unser Tal, den lautern Glauben
Will er oder uns das Leben rauben!
Doch du sahst in deinen Schmerzensnächten
Uns gefoltert schon von Henkersknechten

Und du hobest dich in Fieberschwüle.
Auf den Arm gestützt, empor vom Pfühle
Und du drohtest, über Meer gewendet –
Pfaffen, Henker blieben ungesendet.
Wenn wir, Cromwell, deine Söhne wären,
Herber könnten wir dich nicht entbehren!
Deine bangen Atemzüge geben
Uns den Odem, fristen *uns* das Leben.
Dennoch – wie du leidest, Herr – unsäglich –
Deine Qualen werden unerträglich?
Dennoch – ob uns Hartes sei beschieden –
Friedestifter, fahre hin in Frieden!«

Miltons Rache

Am Grab der Republik ist er gestanden,
Doch sah er nicht des Stuart Schiffe landen,
Ihn hüllt' in Dunkel eine güt'ge Macht:
Er ist erblindet! Herrlich füllt mit lichten
Gebilden und dämonischen Gesichten
Die Muse seines Auges Nacht …

Ein eifrig Menschenantlitz neigt sich neben
Der müden Ampel, feine Finger schweben,
Auf leichte Blätter schreibt des Dichters Kind
Mit eines Stiftes ungehörtem Gleiten
Die Wucht der Worte, die für alle Zeiten
In Marmelstein gehauen sind …

Er spricht: »Zur Stunde, da« – Hohnrufe gellen,
Das Haupt, das blinde, bleiche, zuckt in grellen,

Lodernden Fackelgluten, zürnt und lauscht ...
Durch Londons Gassen wandern um die Horden
Der Kavaliere, Schlaf und Scham zu morden,
Vom Wein und Übermut berauscht:

»Schaut auf! Das ist des Puritaners Erker!
Der Schreiber hält ein blühend Kind im Kerker!
Der Schuhu hütet einen duft'gen Kranz!
Wir schreiten schlank und jung, wir sind die Sünden
Und kommen ihr das Herzchen zu entzünden
Mit Saitenspiel und Reigentanz!

Vertreibt den Kauz vom Nest! Umarmt die Dirne! ...
Geklirr! Ein Stein! ... Still blutet eine Stirne,
Den Vater schirmt das Mädchen mit dem Leib,
Die Bleiche drückt er auf den Schemel nieder,
Ein Richter, kehrt zu seinem Lied er wieder:
»Nimm deinen Stift, mein Kind, und schreib!

Zur Stunde, da des Lasterkönigs Knechte
Umwandern, die Entheiliger der Nächte ...
Zur Stunde, da die Hölle frechen Schalls
Aufschreit, empor zu den erhabnen Türmen ...
Zur Stunde, da die Riesenstadt durchstürmen
Die blut'gen Söhne Belials ...«

So sang mit wunder Stirn der geisterblasse
Poet. Verschollen ist der Lärm der Gasse,
Doch ob Jahrhundert um Jahrhundert flieht,
Von einem bangen Mädchen aufgeschrieben,
Sind Miltons Rächerverse stehn geblieben,
Verwoben in sein ewig Lied.

Der Daxelhofen

Den Hauptmann Daxelhofen
Bestaunten in der Stadt Paris
Die Kinder und die Zofen
Um seines blonden Bartes Vlies –
Prinz Condé zog zu Felde,
Der Hauptmann Daxelhofen auch,
Da fuhr am Bord der Schelde
Der Blitz und quoll der Pulverrauch.

Die Lilienbanner hoben
Sich sachte weg aus Niederland
Und schoben sich und schoben
Tout doucement zum Rheinesstrand.
»Herr Prinz, welch köstlich Düften!
So duftet nur am Rhein der Wein!
Und dort der Turm in Lüften,
Herr Prinz, das ist doch Mainz am Rhein?

In meinem Pakt geschrieben
Steht: Ewig nimmer gegens Reich!
So steht's und ist geblieben
Und bleibt sich unverbrüchlich gleich!
Ich bin vom Schwabenstamme,
Bin auch ein Eidgenosse gut,
Und daß mich Gott verdamme,
Vergieß ich Deutscher deutsches Blut!

In Mainz als Feind zu rücken
Reißt mich kein Höllenteufel fort,
Betret ich dort die Brücken,

So sei mir Hand und Schlund verdorrt!
Nicht dürft ich mich bezechen
Mit frommen Christenleuten mehr!
Mein Waffen lieber brechen,
Als brechen Eid und Mannesehr!«

»La, la«, kirrt Condé, »ferner
Dient Ihr um Doppel-Tripellohn.«
Da bricht vorm Knie der Berner
In Stücke krachend sein Sponton,
Dem Prinzen wirft zu Füßen
Die beiden Trümmer er und spricht:
»Den König laß ich grüßen,
Das deutsche Reich befehd ich nicht!«

Ein Pilgrim

(Epilog)

's ist im Sabinerland ein Kirchentor –
Mir war ein Reisejugendtag erfüllt –
Ich saß auf einer Bank von Stein davor,
In einen langen Mantel eingehüllt,
Aus dem Gebirge blies ein harscher Wind –
Vorüber schritt ein Weib mit einem Kind,
Das, zu der Mutter flüsternd, scheu begann:
»Da sitzt ein Pilgerim und Wandersmann!«

Mir blieb das Wort des Kindes eingeprägt,
Und wo ich neues Land und Meer erschaut,
Den Wanderstecken neben mich gelegt,

Wo das Geheimnis einer Ferne blaut,
Ergriff mich unersättlich Lebenslust
Und füllte mir die Augen und die Brust,
Hell in die Lüfte jubelnd rief ich dann:
»Ich bin ein Pilgerim und Wandersmann!«

Es war am Comer- oder Langensee,
Auf lichter Tiefe trug das Boot mich hin
Entgegen meinem ew'gen, stillen Schnee
Mit einer andern lieben Pilgerin –
Rasch zog mir meine Schwester aus dem Haar,
Dem braungelockten, eins, das silbern war,
Und es betrachtend, seufzt ich leis und sann:
»Du bist ein Pilgerim und Wandersmann.«

Mit Weib und Kind an meinem eignen Herd
In einer häuslich trauten Flamme Schein
Dünkt keine Ferne mir begehrenswert,
So ist es gut! So sollt es ewig sein ...
Jetzt fällt das Wort mir plötzlich in den Sinn
Der kleinen furchtsamen Sabinerin,
Das Wort, das nimmer ich vergessen kann:
»Da sitzt ein Pilgerim und Wandersmann.«

ZWANZIG BALLADEN
VON EINEM SCHWEIZER

Der Frühling kommt, die Berge strahlen,
Der Himmel spiegelt sich in klarer Bucht,
Mit gleicher Güte neigt der milde Schein
Sich auf das sanfte Tal, die rauhe Schlucht.

Leis schmilzt der Schnee, es stürzt in breitem Guß
Der Wasserfall und braust zu Tale schon,
Mit vollen Borden rauscht der kühle Fluß,
Mit allen Wassern zieht der Rhein davon.

Du hast den Wanderstab nun in der Hand
O Frühling, alles rinnt und rauscht mit dir,
Nimm du mir meine Lieder über Land
Und gib aus deinem Füllhorn neue mir!

März 1864

BALLADEN

I

Die Stadt im Meer[1]

Die bekannten Sterne neigen
An dem Himmel ihren Lauf,
An dem Rand des Himmels steigen
Unbekannte Röten auf;
Und die Fischer bei den Booten
Halten an dem Strande Wacht,
Sinnen ängstlich diesem roten
Grauenvollen Zeichen nach.

Und sie sagen sich mit Schrecken:
»Das ist eine große Stadt,
Welche heut in Brand zu stecken
Attila geboten hat.
Laßt uns in die Kähne steigen,
Auf dem Meer sind wir in Ruh,
Und dort schauen wir in Schweigen
Diesen hohen Flammen zu.«

Horch, es regt sich ein Getümmel!
Ist es schon das Hunnenheer?
Sieh, es naht sich ein Gewimmel,
Schatten wandern längs dem Meer.

Schöne Frauen, blaß wie Leichen,
Männer mit zerbrochnem Schwert,
Trümmer sind es einer reichen
Stadt, von Attila verheert.

Bei der Fackel düstrem Leuchten
Die den kleinen Port erhellt,
Ziehn die Scharen der Verscheuchten
Wie ein Bild der Unterwelt.
Zitternd steht in engem Kreise,
Was der blut'gen Macht entrann,
Eine Witwe, eine Waise
Neben einem fremden Mann.

Müde gleitet nieder eine
Städterin, vom Arme rollt
Ihr ein Kästchen, aus dem Schreine
Springt ein heller Reif von Gold;
Aber von den Fischern allen
Hebt ihn keiner aus dem Sand,
Denn dem Attila verfallen
Glauben sie das goldne Band.

Aus den Reihen der Verbannten
Tritt ein Mann, der nie verzagt,
Und den Fischern, wie Bekannten,
Beut er seinen Gruß und sagt:
»Ja, wir sind von Gott geschlagen,
Aber ihr verstoßt uns nicht,
Bruder ist in schlimmen Tagen,
Wer dieselbe Sprache spricht.

Sehet ihr die Flamme steigen?
Wo sie flackert dort im Wind,
Liegen die entseelten Leichen
Aller, die uns teuer sind.
Aus der Sterbenden Gewinsel
Flohn wir an den öden Strand –
Weißt du, Fischer, eine Insel
Die dem Würger unbekannt?«

Und der Fischer sagt mit Zittern:
»Morgen ist der Mörder da!
Lieber mitten in Gewittern,
Als im Zelt vor Attila!
Weg, bevor die Sterne bleichen!
In die Boote! Weg geschwind!
Und ich will euch Inseln zeigen,
Wo wir alle sicher sind.

Unsre jungen Burschen fangen
Fische dort zur Winterzeit;
Nicht um Nahrung dürft ihr bangen
Dort, wenn ihr nicht weichlich seid. –
Schlagt das Leid euch aus den Sinnen,
Was verloren, gebt es auf!
Herr, ihr müßt mit uns beginnen
Einen kargen Lebenslauf.«

Und er rüstet schon die Ruder,
Lauscht zufrieden nach dem Wind;
»Gehn die Leute zu dem Bruder?«
Fragt das braune Fischerkind.
Einen Kleinen von den Städtern

Faßt der Junge freundlich an,
Trägt ihn auf den schwanken Brettern
Von dem Ufer in den Kahn.

Eilig füllen sich die Barken,
Rüstig stoßen sie vom Land,
Und es rudert mit der starken
Die der Mühn entwöhnte Hand.
Wie sie auf dem Meere schwimmen,
Wenden sie sich nach der Stadt,
Und sie sehn den Brand verglimmen,
Da wo sie gestanden hat.

Seufzend beugen die Vertriebnen
Sich und rudern angestrengt;
Seltsam sind die Überbliebnen
In des Bootes Raum gemengt.
Dort die Herrin hält ein fremdes
Knäblein in den Armen lind,
Hier im Schoß des Wollenhemdes
Wärmt die Magd ein Edelkind.

Alle sind sie schwer getroffen
Von des Unglücks raschem Streich,
Und, gerettet wider Hoffen,
Sind sie alle arm und gleich;
Keines von den andern scheiden
Kann es sich mit stolzem Blick,
Eines trägt des andern Leiden,
Aller wartet *ein* Geschick.

Schon beginnt der Tag zu grauen,
Leise stärkt sich schon das Licht,

Und die Männer und die Frauen
Blicken sich ins Angesicht;
Nur beim Namen sich zu nennen
Wird der Freundschaft festes Band,
Aber selbst die nicht sich kennen,
Reichen sich getrost die Hand.

Vorn im Boot die Knabenbande
Plaudert ohne Harm und lacht,
Und die Stadt hat mit dem Strande
Enges Bündnis gleich gemacht;
Nur ein Stündchen nach dem Leide
Ist es alles wieder gut –
Fische schießen, welche Freude!
Blitzend auf aus dunkler Flut.

Hörst du jenes Ruder schallen,
Dem die Arbeit ist ein Spiel?
Hast du nicht ein Wohlgefallen
An des Jünglings Kraftgefühl?
Aus den Augen sprüht das Leben,
Frei weht das verstürmte Haar,
Das von Kränzen sonst umgeben
Wild durchtobter Nächte war.

Er gedenkt der alten Helden
Die das offne Meer empfing,
Als sich, wie die Sagen melden,
Neigte Trojas Mauerring,
Und, wie jene, will er ziehen
Eine neue Stadt zu baun,

Schöner, als die Mutter, blühen
Soll sie noch und edler schaun.

Sieh dort zwei, die lang sich lieben,
Die getrennt der Väter Groll,
Und das Mißgeschick getrieben
Aus der Heimat liebevoll;
Selig lächelnd unter Tränen
Lehnt sie sich an ihn vertraut,
Und mit ruhigerem Sehnen
Blickt er auf die schöne Braut.

Beide sich den Tod zu geben
Sannen sie in Ungeduld;
Nun vereinigt sie das Leben
Ohne Frevel, ohne Schuld.
Die Paläste sind verschwunden,
Drin der Haß genistet hat,
Und sie haben sich gefunden
In dem Untergang der Stadt.

Mit dem Steuer, ohne Schwanken,
Lenkt der Mann den vollen Kahn
Und daneben in Gedanken
Ordnet er das Morgen an.
Alle kommenden Gefahren
Hat voraus er schon bedacht,
Meer und Erde tritt in klaren
Zügen aus der Schreckensnacht.

Aus des Römerreichs Ruinen
Reißt das schnelle Boot ihn fort,

Keinem feigen Herrscher dienen
Muß er mehr mit Schmeichelwort;
Mitten in dem Meereswiegen
Steht er nun für sich allein,
Atmet er mit vollen Zügen
Rauhe Luft der Freiheit ein.

Schwer von Mühen, bleich von Jahren,
Senkt ein Greis das edle Haupt,
»Wie die Patriarchen fahren«,
Seufzt er, »muß ich, längst entlaubt –
Gib mir, Herr, denselben Glauben,
Unerschüttert, felsenfest,
Der sich nicht die Stütze rauben
Deiner ew'gen Treue läßt.«

Auf der Woge dunkeln Reichen
Sieht er zittern einen Glanz,
Sieht er einen Strahl entsteigen,
Und nun flammt die Sonne ganz.
In den Strom der jungen Helle
Streckt die Hände zitternd er;
»Gib uns«, fleht er, »Herr der Welle,
Eine freie Statt im Meer!« –

Von den raschen Rudern sprühen
Goldne Tropfen in die Flut
Und die braunen Nachen ziehen
In der rings ergoßnen Glut;
Auf dem Wasser liegt ein frischer
Dunkler Kranz von Inseln da;
»Das ist Clugies«, zeigt der Fischer,
»Und das ist Albiola!«[1]

Und sein Bube: »Bei den Steinen
Seht den Bruder!« ruft er. »Seht!
Der ist's, der mit nackten Beinen
Mitten in dem Wasser steht!«
Und die plätschernden Gesellen,
Um das Haupt ein rotes Tuch,
Grüßen mit gedehnten, hellen
Jubelrufen den Besuch.

Zwischen Inseln eine Straße,
Ebnet sich des Meeres Bahn,
Und auf grüner Wassergasse
Fliegt der leicht beschwingte Kahn –
Großer Zukunft ernste Geister
Ziehen mit dem Ruderschlag,
Und sein Werde! spricht der Meister
Zu *Venedigs* erstem Tag.

II

Neues Leben

Aus dem Süden kam ein mut'ger Bote
Nach Erin, dem grünen Inselland,
Speiste täglich mit des Himmels Brote
Alle Seelen, die er hungrig fand.

Wo des Meeres Wellen fern verrauschen,
Fand er heute den bequemen Ort,
Nun zerrinnt die Schar, die kam zu lauschen,
Und nach allen Seiten zieht sie fort.

Überm Meere schlängelt hoch sich zweier
  Pfad, dem schroffen Bruch des Felsens nach,
  Einer schreitet keck mit stummem Feuer,
  Und der andre setzt den Fuß gemach.

Jener ist gegürtet mit dem Schwerte
  Und den Bogen trägt er in der Hand,
  Doch der Sohn der Scholle, sein Gefährte,
  Geht im schlichten wollenen Gewand.

»Zwiefach preis ich heute mein Gewerbe«,
  Spricht der zweite zu dem ersten nun,
  »Wer geworden ist des Friedens Erbe,
  Dem gebühret nur ein friedlich Tun.

Dort den Rauch erblick ich meiner Hütte,
  Siehst du wohl, die Herden ziehn nach Haus,
  Bald nun in der Kinder stiller Mitte
  Sprech ich segnend einen Namen aus.

Aber du, was willst du nun beginnen?
  Denn auf Beute ziehst du nimmermehr,
  Auf ein Werk des Friedens mußt du sinnen
  Und verlassen das bewegte Meer!«

Auf den dunkeln Spiegel ohne Schranken
  Über des Gefährten Schulter hin
  Blickt der andre, sieht vergnügt die blanken
  Raschen Segel mit dem Winde ziehn.

Und er spricht: »Es hat das Wort des Frommen
  Mir das Herz verwandelt in der Brust,

Aber glaube nicht, daß es genommen
Mir des Wanderns und der Beute Lust.

Manchmal bin ich auf den Raub gezogen,
Wie der Ahn, der Vater mich gelehrt,
Heut zerbrech ich meinen schnellen Bogen
Und zerstrümmere mein scharfes Schwert,

Doch mein Boot, das will ich nicht zerbrechen,
Fliegen soll es wieder, wie ein Pfeil,
Und mit allen Völkern will ich sprechen
Von dem Namen, der der Völker Heil!«

III

Der Mönch von Bonifacio[2]

Alphons sah den Wall sich neigen,
Und des grausen Mordes satt
Hieß er die Geschütze schweigen
Vor der eingeschloßnen Stadt;
Seiner ringsumgarnten Beute
Wird der list'ge Jäger froh,
Eigen nennt er dich noch heute
Tapfres Bonifacio!

In des Wasser grünem Scheine
Spiegelt sich der morsche Wall,
Von der Wehre rieseln Steine,
Lose Quadern drohen Fall.

Über die zerschoßnen Mauern
Späht der Korsen Wache leis,
Sieht des Spaniers Schiffe lauern
In des eignen Hafens Kreis.

Auf dem Markte lagern Trümmer,
Türme neigen sich im Blau,
Glänzend dringt des Tages Schimmer
In des Doms zerrißnen Bau.
Krieger steht mit finstern Mienen
In dem heil'gen Raum geschart,
Einer mitten unter ihnen,
Welcher keine Worte spart:

»Genua, wo magst du weilen,
Während Tag um Tag vergeht?
Du gelobtest uns zu eilen
Und nun kommst du doch zu spät.
Wir vertrauten deinem Bunde
Und vergossen unser Blut;
Wir erkauften eine Stunde
Noch mit unserm letzten Gut.

Und dem fremden Dränger gaben,
Wissend daß du nahe bist,
Wir zu Geiseln unsre Knaben
Nur für dreier Tage Frist.
Drei der Tage sind verronnen;
Korsen, was ist euer Rat?
Seid zu opfern ihr gesonnen
Eure Kinder? – eure Stadt?«

Keiner will das Schweigen brechen,
Alle blicken niederwärts,
Keiner wagt es auszusprechen,
Was beschlossen jedes Herz.
Nun ein Flüstern, nun ein Munkeln,
Winke werden rasch getauscht,
Und sie sehen nicht den dunkeln
Mönch, der an der Säule lauscht.

Ledig aller Herzensbande,
Von dem härnen Rock bedeckt,
Trotzt im ärmsten der Gewande
Eine Brust, die nichts erschreckt,
Eines nur ist ihr geblieben
Auf der Erde fern und nah:
Zu verteidigen, zu lieben
Deine Schluchten, Korsika!

Brausend steigt der Zorn im Herzen,
Bis er mächtig überquillt,
Worte findet er, die schmerzen,
Hebt den hagern Arm und schilt:
»Wer ist unter euch der Feige,
Der die Heimat gibt dahin?
Daß ich zur Verdammnis zeuge
Im Gerichte wider ihn!«

Alles schreit in wildem Grimme:
»Von dem Mönche solche Schmach!
Schweige du, dem nie die Stimme
Der Natur zum Herzen sprach!
Wirf dich am Altare nieder,

Nichts auf dieser Welt ist dein!
Gib uns unsre Kinder wieder,
Willst du, daß wir Männer sei'n!«

Nach der Mauer eilen alle,
Doch der Mönch eilt ihnen vor;
Von dem Schiffe zu dem Walle
Ruft der König froh empor:
»Korsen, sprecht, was will euch dünken?
Schärft die Augen, späht umher!
Sehet ihr ein Segel blinken?
Seht ein Schiff ihr auf dem Meer?«

Die verhöhnten Korsen blicken
Grollend auf die leere Flut;
Müssen sie den Nacken bücken
Vor des Königs Übermut?
Auf den morschen Rand des Walles
Kniet der blasse Mönch und spricht:
»Gott, du weißt, ich gab dir alles,
Nun verlaß mich heute nicht!

Wind und Meer und alle Mächte
Sind sie nicht dir untertan?
Rege deine starke Rechte,
Welche Wunder wirken kann!« –
Alle seine Muskeln beben,
Alle seine Pulse glühn,
Segel aus der Flut zu heben,
Schiffe durch das Meer zu ziehn.

Und er betet immer wärmer
Mit des Glaubens Zuversicht –
Alphons lächelt: »Armer Schwärmer,
Du erreichst die Schiffe nicht!«
Feurig blickt der Mönch ... erbleichend,
Zitternd auf gebognem Knie,
Über Meer gewaltig zeigend
Ruft er aus: »Ich sehe sie!«

Drüben in der lichten Weite
Wo sich Himmel teilt und Meer,
Ist des Wassers stille Breite
Wie der Glanz des Himmels leer. –
Wo sie duftig sich verlieren
Überm Blau, das dunkel prunkt,
Wo sie ferne sich berühren,
Taucht empor ein kleiner Punkt.

Und ein zweiter und der dritte –
Und der vierte schon dabei,
Und ein andrer in der Mitte –
Freudenschrei und Freudenschrei! –
»Herr der Katalanen, kehre,
Kehr dich ab von Korsika!
Denn die Fürstin naht der Meere,
Siehe dort ist Genua!«

Es vergrößern sich die hellen
Segel auf dem blauen Grund,
Eifrig stehen Wind und Wellen
Mit den Kommenden im Bund.
Wimpel flattern, Maste schwimmen

Näher immer näher her,
Und es rufen tausend Stimmen
Ein Willkommen auf das Meer.

Die zerschoßnen Mauern zittern
In der Freude wildem Strom,
Und die Glocken sie erschüttern
Sich in dem zerstörten Dom. –
Knieend an derselben Stelle
Hört der Mönch den Jubel nicht,
Hingewendet nach der Welle
Ist sein selig Angesicht. –

IV

Don Juan de Austria

Auf dem Markt zu Namur lärmen
Tausend Stimmen im Gedräng,
Schwärme kommen mit den Schwärmen
In ein derbes Handgemeng.

Breitgeschultert sind die Pferde,
Und die Bursche reiten gut,
Alles fröhliche Gebärde,
Kraft und Lust und Übermut!

In der Sonne lacht das bunte
Kleid und brüstet sich das Band,
Und dem Liebsten drückt das runde
Mädchen insgeheim die Hand.

Also geht das lust'ge Summen
  Hin und her, und zu und fort,
  Bis die Plaudernden verstummen
  Mitten plötzlich in dem Wort.

Und sie winken und sie deuten
  Und ein jeder weicht zurück,
  Mitten öffnet in den Leuten
  Sich ein Weg im Augenblick.

Und auf edlem Hengste reitet
  Durch die unbetretne Bahn
  Schwer bekettet, schwarz gekleidet,
  Juan d'Austria heran.

Er ist bleich und eingefallen
  In dem goldnen Tageslicht,
  Früh ergraute Locken wallen
  Um ein scheues Angesicht.

Herrscher in den Niederlanden
  Für Hispaniens fernen Thron,
  Einer dunkeln, unbekannten
  Mutter und des Kaisers Sohn.

Hochberühmt im Kriegsgewerbe,
  Von erprobter Ritterschaft,
  Aber, ach, der Schwermut Erbe,
  Die den Vater hingerafft.

Schwer erkrankt im Mark des Lebens
  Und verdunkelt im Gemüt,

Ringt er mit der Macht vergebens,
Die ihn in die Tiefe zieht.

Eben schrieb mit trübem Mahnen
An den Bruder er den Brief:
»König Philipp, mir will's ahnen,
Bald im Grabe ruh ich tief.

Schicke, König einen andern,
Nimmer lächelt mir das Glück;
Aber halten will ich Flandern
Bis zum letzten Augenblick.«

Die Flamänder sehn mit Grauen
Den erlauchten Reiter an,
Und die Mädchen und die Frauen
Klagen um den schönen Mann.

Können nicht ihn länger hassen,
Der sie hält im span'schen Joch,
Wird er doch sie bald verlassen,
Ist er ein Verlorner doch!

Schauernd sehn sie den zerstreuten
Blick aus zagem Augenlid
Über ihre Reihen gleiten,
So vergeßlich und so müd.

Schweigend steht die dichte Menge,
Alles stille fern und nah –
Lärmend ruft's aus dem Gedränge:
»O Don Juan d'Austria!

Don Juan, meines Herzens König!
Nicht vorüber darf dein Roß,
Halt es an und nick ein wenig
Deinem alten Kampfgenoß!«

Und so schreit es immer toller:
»Don Juan, Don Juan, sieh mich an!« –
Dort in dem verschabten Koller
Auf dem Stelzfuß steht der Mann.

Don Juan fährt empor und feindlich
Hat er halb das Schwert gezückt;
Doch wie lächelt er so freundlich,
Als den Alten er erblickt!

Von dem Roß springt er behende,
Drückt den Stelzfuß an die Brust,
Schüttelt ihm die harten Hände
Und der Alte strahlt vor Lust.

Rüstig plaudert seine Zunge:
»Kam's dir wieder in den Sinn,
Edler Feldherr, Herzensjunge,
Wer ich armer Krüppel bin?

Nun, so pilgert nicht vergebens
Ich von Barcelonas Strand
Zu dem Abgott meines Lebens
In dies feuchte Nebelland.

Dort erzählt ich es den Jungen,
Wo mein Häuschen steht am Meer,

Wie ich einst das Schwert geschwungen,
Herr, in deinem tapfern Heer.

Meinen hingerißnen Gästen
In zerlumpter Fischertracht
Gab ich jedesmal zum besten,
Herr, deine Lepantoschlacht.

O der herrlichen Viktorie!
O der unvergeßnen Zeit!
Glorie, Don Giovanni, Glorie,
Erster Held der Christenheit!

So beschrieb ich dich den andern,
Bis das Herz mir wurde schwer,
Bis das Herz mich trieb zu wandern,
– Und von Spanien komm ich her.

Laß die Hand in meiner rauhen,
Daß ich fest sie drücken mag;
Wieder kann ich dich erschauen,
Wie an deinem Ehrentag!

Aus der Stirn die Locken streichend,
Ei, du golden Ringelhaar!
Einem Engel Gottes gleichend
Vor der anvertrauten Schar!

Den Kommandostab erhebend,
Rings umwölkt von Pulverrauch,
Alles um dich her belebend
Mit dem leuchtend blauen Aug!« –

Don Juan staunt und blickt betroffen
Den geschwätz'gen Alten an,
Dieser hat die Augen offen,
Doch – es ist ein blinder Mann.

Don Juan hält ihn fest an beiden
Händen, seine Träne quillt,
Schluchzend sieht vorüberschreiten
Er sein strahlend Jugendbild.

V

Der Zweikampf

Die gebietende Stimme des Liktors ertönt:
Im Namen des Konsuls ist heute verpönt
Bei Strafe des Beiles der Kampf in dem Feld,
Im Einzelgefecht, wie zu Scharen gesellt.

Aus der Pforte des Lagers, der offenen, sprengt
Ein Reitergeschwader, die Zügel verhängt;
Des Konsuls in Jugend erblühender Sohn
Hat heute die Wache mit seiner Schwadron.

Und schon ist das feindliche Lager in Sicht,
Sie umkreisen es, aber verhöhnen es nicht,
Da reitet voran der latinischen Wacht
Ein bärtiger Hauptmann und spottet und lacht:

»Was üben die Jungen im Reiten sich hier?
Und wenn ich sie zähle sind's drei oder vier –

Ihr niedlichen Buben, wie Mägdlein so zart,
Wann wird er euch wachsen der fehlende Bart?

Wie lang ist es her, daß geworfen euch hat
Die gierige Wölfin der römischen Stadt?
Kriecht unter die Mutter!« so lacht er und lacht,
»Und laßt mich mit Männern bestehen die Schlacht!«

Sacht reitet der zornige Römer im Schritt:
»Wir bringen dir morgen die übrigen mit,
Da werd ich dich suchen, da find ich dich schon
Und zahle mit Blut dir den blutigen Hohn!«

Rasch spornt der Latiner den Renner und spricht:
»Ich sollte dich kennen, du glattes Gesicht!«
Dann reitet entgegen dem Römer er schnell
Und jubelt: »Was meinst du, mein junger Gesell?

Von heute bis morgen das dauert zu lang,
Auf, reit mir entgegen und mach einen Gang!
Ihr andern von hinnen! Wir kämpfen zu zwein!
Was fährst zu zusammen? Da steh ich allein.«

Wohl kehrt sich dem Römer das Herz in der Brust,
Doch bleibt das Verbot ihm des Vaters bewußt;
Hart reißt er den stampfenden Renner im Maul,
Aufbäumt sich mit flatternden Mähnen der Gaul.

Da spottet der andre mit steigendem Hohn:
»Du elender Feigling, des Manlius Sohn!
Willst du mir nicht stehen, so reiße nun aus
Und bringe dein Milchgesicht sauber nach Haus.«

Der Jüngling entfärbt sich, wird blaß wie der Tod
Und dann wie der dunkelste Purpur so rot,
Es rauscht in dem Ohr ihm, wie Zinken und Horn,
Mit Riesengewalt übermannt ihn der Zorn.

Die Gefährten sie warnen mit flehendem Blick
Und halten ihn mit der Gebärde zurück –
Da berührt mit der Ferse den Renner er schon
Und brauset im wirbelnden Staube davon.

Der Mann und der Jüngling, verblendet von Wut,
Sie fallen sich an und sie lechzen nach Blut;
Da gleiten die Speere, sie fehlen den Stoß
Und stürzen vorüber und wenden das Roß.

Der Römer hat schnell seinen Renner gekehrt,
Gewendet sich halb das latinische Pferd,
Da trifft mit dem Speer er's dicht hinter dem Ohr,
Wild springt es mit blutenden Nüstern empor,

Und wirft den Latiner zur Erde: Der liegt,
Und richtet sich auf an die Lanze geschmiegt,
Da fährt ihm der römische Speer ins Genick
Und sinkt er gemach an die Erde zurück.

Der Römer springt ab und enthelmt ihm das Haupt
Und entharnischt die Schulter ihm. – Nackt und beraubt
Starrt hohl der erlegte, verlorene Mann
Mit den irren, erlöschenden Blicken ihn an.

Schon eilen die jubelnden Freunde herbei …
Was verstummen sie mitten im Freudegeschrei?
Sie halten die schnaubenden Tiere zurück
Und meiden des Siegers frohlockenden Blick.

Der Jüngling erstaunt, und erschrickt, und erwacht:
Er hat sich mit ihm um das Leben gebracht …
Kühl schaudert es ihn in der sonnigen Luft
Und der strahlende Tag wird ihm schwarz wie die Gruft.

Von der schattigen Schwinge des Todes berührt,
Und bald vor den Vater in Banden geführt,
Ein rühmlicher Sieger – der Schuld sich bewußt
Und der Sühne begehrend in eigener Brust! –

Still sammelt der Jüngling die fliehende Kraft;
Er hat seine Geister zusammengerafft,
Die zagen Gedanken, er schüttelt sie fort
Und tröstet die Freunde mit männlichem Wort:

»Mein Haupt ist verwirkt und was ist es denn mehr?
Ich bin nur ein einzelner Mann in dem Heer.
Begleitet mich alle zum strengen Gericht,
Schaut mir in die Augen, ich fürchte mich nicht.

Mit den Blättern der Eiche bekränzt mir das Haupt,
Daß es falle mit grünender Ehre belaubt!
Und den schimmernden Helm und die glänzende Wehr,
Tragt meine Trophän mir voran auf dem Speer!

Greif aus, du mein edles, mein feuriges Tier,
Und laß mich noch einmal verwachsen mit dir!
Du letzte der Sonnen, wie spiegelst du schön
Dich in meinen ersten, ersehnten Trophän!«

IV

Die Römerin[3]

Sie sitzt am Rocken und sie spinnt,
Sie bleibt daheim, die Zeit verrinnt,
  Sie hört die Gasse rauschen
  Und zwingt sich, nicht zu lauschen,
Sie heftet den erregten Sinn
Auf ihren vollen Rocken hin.

In Trümmern liegt die Tuskerstadt,
Die Rom herausgefordert hat,
  Es läuft von Mund zu Munde
  Des Sieges schnelle Kunde,
Den heilen oder toten Sohn
Erwartet jede Mutter schon.

In strenge Falten hat ihr Kleid
Gelegt ein langes Witwenleid,
  Sie wartet in der Kammer
  Auf Jubel oder Jammer;
Sie hält gedankenvoll im Schoß
Des Lebens und des Todes Los.

Ihr Angesicht ist feierlich
Und ihre Haare bleichen sich,
  Sie sieht mit tiefen Sinnen
  Die graue Parze spinnen;
An ihr vorüber schwebt im Flug
Des Lebens ernster Genienzug.

Es setzt die Spindel sich in Schwung
Und alles ist noch Dämmerung.
  Die Spindel dreht sich schneller
  Und mählich wird es heller;
Im Elternhaus erblickt sie sich
Als Mädchen sitzend züchtiglich.

Da regt sich in gedrängtem Kreis
Der Schwester und der Mägde Fleiß,
  Der Mutter Schlüssel klimpern,
  Sie naht mit scharfen Wimpern
Sie prüft den Faden, ob er fein?
Und heißt die Tochter emsig sein.

Der Vater tritt in das Gemach,
Ein hoher Jüngling schreitet nach,
  Sie hat sich rasch erhoben,
  Längst hörte sie ihn loben,
Und sie errötet und erbleicht,
Indem sie ihre Hand ihm reicht.

Die Fackeln sprühen roten Glanz,
Die Knaben springen auf im Tanz,
  Sie singen durch die Gassen
  Und scherzen ausgelassen.

Des langen Schleiers Feuerschein
Bedeckt die Braut und hüllt sie ein.

Nun waltet sie im eignen Raum,
Die Mägd und Sklaven atmen kaum,
  Die Hände sind beflügelt,
  Die Lippen sind gezügelt,
Und rings regiert mit weisem Sinn
Des Hauses junge Herrscherin.

An ihrem Lager der Gemahl
Im stolzen Blick der Freude Strahl,
  Das Kind im Arm erhoben,
  Er muß die Tapfre loben,
Und dankt gerührt den Göttern dann,
Daß sie geboren einen Mann.

Nun kommt heran das böse Jahr,
Da Trauer in den Häusern war,
  Heimtückisch schleicht das Fieber
  Entlang die gelbe Tiber,
Und selbst die Starken sinken hin –
Sie wird des Gatten Wärterin.

Der Herold geht von Haus zu Haus
Und ruft an allen Ecken aus:
  »Am Tage vor den Iden
  Ist Mark Ämil verschieden,
Man trägt ihn weg, wer kommen kann,
Der gebe das Geleit dem Mann.«

Zu allem Guten angeführt,
Von ihren Lippen unberührt,
  Als anvertraute Habe
  Erwächst der edle Knabe,
Und von des Vaters Tugend spricht
Sie ihm und er vergißt es nicht.

Schon wird der schlanke Nacken hart,
Und kräuselt sich der junge Bart,
  Er nimmt das Kleid der Männer,
  Er tummelt seinen Renner,
Und in dem jungen Bürger gern
Verehrt die Mutter ihren Herrn. –

Ein wild Gebraus dringt an ihr Ohr
Und reißt sie aus dem Traum empor,
  Jetzt klingen nah – dann ferner –
  Die Zinken und die Hörner,
Und Schritt und Tritt, und Schritt und Tritt
Das ganze Volk es schreitet mit.

Nun wird es totenstill umher –
Dann steigt's empor die Stufen schwer.
  Jetzt öffnet sich die Türe,
  Es sind der Männer viere,
Und eine Bahre haben jetzt
Sie auf den Boden hingesetzt.

Und sie erblickt ein blasses Haupt
Von einem grünen Kranz umlaubt,
  Versteinert steht die Bleiche
  Vor der bekränzten Leiche,

Und starrt ihr in das Angesicht,
Das blasse Haupt, es rührt sich nicht.

Die stummen Träger breiten ihn
Auf seiner Mutter Lager hin,
  Da rafft sie sich zusammen
  Und ihre Blicke flammen,
Fest tritt mit ungebrochnem Sinn
Vor ihren Sohn die Römerin.

»Willkommen, mein bekränzter Sohn!
Du tatst die Pflicht und nahmst den Lohn,
  Der Atem und das Leben
  War dir dazu gegeben,
Und Ernten, welche wohl gedeihn,
Die dürfen früh geschnitten sein.«

Und wieder treten in die Tür
Und grüßen sie die stummen vier,
  Dann wird es still im Hause;
  Sie ist in ihrer Klause
Allein mit dem, den sie geliebt
Und der ihr keine Antwort gibt.

Nun kommt der Jammer über sie,
Und schluchzend sinkt sie auf die Knie:
  »Ich habe den verloren,
  Den ich so schwer geboren« –
Sie beugt sich nieder, arm und wund,
Und küßt und küßt den toten Mund.

VII

Siegesfeier am Leman

Nach einem Bilde von Gleyre[4]

Die Hochgebirge glänzen
Im blendenden Gewande,
Die unberührten Grenzen,
Der heimatlichen Lande,
  Das Felsenhorn, der weiße Grat,
  Die nie ein Menschenfuß betrat;
  Der tiefe See mit grünem Kranz
  Er spiegelt ihren stillen Glanz.

Und an dem Seegestade
Da schimmern nackte Leiber
Geführt, doch nicht zum Bade,
Von manchem wilden Treiber,
  Besiegte Römer Paar um Paar
  Und rings Helvetiens Kriegerschar,
  Ein Jüngling sitzt zu Roß und schwingt
  Das helle Schwert, sein Ruf erklingt:

»Die Lanze, Kampfgeselle!
Und Gaugenosse deine!
Erbaut mir auf der Stelle
Ein Pförtchen ohne Steine!
  Pflanzt hier den Speer und da den Speer,
  Den dritten bindet in die Quer!« –

Die gelb belockten Kinder sehn
Verwundert – was da soll geschehn.

Die Römer stehn gebunden,
Sie haben sich ergeben,
Es strömt aus tiefen Wunden
Die Ehre, nicht das Leben;
Entartet ist, verschwunden nicht
Der Ahnen großes Angesicht –
Der Jüngling herrschet: »Kommt heran
Und zieht vorüber Mann für Mann!«

Da schreiten sie und zürnen
Dem eisernen Geschicke,
Gefurcht die trotz'gen Stirnen,
Gesenkt die glühnden Blicke.
Der Römeradler liegt im Staub
In Baumgestrüpp und dürrem Laub,
Und Spott und Hohn und Schande trieft
Herab vom Joch auf seine Schrift.

Die blonden Kinder tanzen
Mit neckischer Gebärde –
Es naht sich zwischen Lanzen
Der Römer nackte Herde,
Der erste mit den Händen dicht
Bedecket sich das Angesicht,
Dann huscht er durch das Joch geschwind
Und laut lacht auf das Keltenkind.

Ein Fels, gerollt zu Tale
Mit längst verhalltem Tosen,

Erhebt das Haupt, das fahle
Gefleckt mit braunen Moosen,
  Und hoch, das Haar vom Wind verweht,
  Die drohende Druide steht;
  Sie streckt den Arm und hebt die Faust
  Und singt, daß es dem Römer graust:

»Zurück in deine Lande,
Von Mißgeschick begleitet,
Du räuberische Bande,
Entwaffnet und entkleidet!
  Verflucht der Weg, auf dem du kamst,
  Und wen du dir zum Führer nahmst!
  Wer dich gebracht durch Tal und Schlucht,
  Er sei am ganzen Leib verflucht!

Ihr kamet uns zu knechten
Und Arges anzusinnen;
Den Stab nun in der Rechten
Zieht baren Haupts von hinnen!
  Durchirrt die Wildnis ohne Beil,
  Die Sonne schieße Pfeil um Pfeil
  Euch auf das Haupt, es krümme sich
  Die Natter gegen euch zum Stich!«

Und nun den Blick erhebend
Zur lichten Himmelsrunde,
Spricht die Druide bebend
Mit priesterlichem Munde:
  »O Geist, der in der Wolke haust
  Und in dem Wassersturze braust,

Verjage diese fremde Brut
Und unsre Grenze hüte gut!«

Jetzt murmelt scheu und leise
Sie alte Zauberlieder –
Da fährt in mächt'gem Kreise
Ein Alpenadler nieder,
Er breitet seine Schwingen aus
Und schlägt die Lüfte mit Gebraus,
Und immer tiefer kreist er noch,
Bis alle sind gejagt durchs Joch. –

VIII

Der Druidenhain

Waldnacht, ungebrochnes Schweigen,
Finster Ast in Ast verwebt,
Stolze Kronen alter Eichen,
Welche kein Gesang belebt.

Nie hat hier ein Blitz gelodert
Und dies Dunkel aufgestört,
Was da wächst und was da modert,
Alles ist es unversehrt.

Nattern liegen träg im Laube,
Rascheln im Druidenhain,
Und es ist der alte Glaube,
Daß die Schlangen heilig sei'n.

Grau verwittert richten Steine
In dem Dunkel sich empor,
Schädel blinken und Gebeine
Aus dem braunen Moos hervor.

Horch, es rauscht, und nahe Tritte!
Zweie sind's, ein ungleich Paar,
Eines Galliers bange Schritte
Und ein alter Legionar.

Hinter ihnen Waffentöne!
Römisches Kommando schallt,
Und des Krieges rauhe Söhne
Treten in den heil'gen Wald.

»Diese Stämme können dienen«,
Spricht der Hauptmann, »Beil in Schwung
Vorwärts! Cäsar braucht Maschinen
Zu der Stadt Belagerung.«

Murmelnd und verstohlnerweise
Sagt der Gallier ein Gebet,
Auch der Römer schaudert leise
Vor des Ortes Majestät.

Cäsars Willen zu vollstrecken
Hebt gehorsam er die Axt,
Doch der Gallier spricht mit Schrecken:
»Weißt du, Fremdling, was du wagst?

Eine Gottheit wohnt in diesen
Eichen schon seit alter Zeit,

Diese Stämme, diese Riesen
Sind verzaubert, sind gefeit!

Opfer nur und Priester treten
Hier vor einen nahen Gott,
Und der Priester kommt zu beten
Und das Opfer geht zum Tod.

Würdest du ein Blatt versehren
Nur des Waldes freventlich,
Möchte von dem Baum sich kehren
Deine Waffe wider dich.« –

Von des Hauptmanns bärt'gem Munde
Weicht der Trotz und flieht der Spott,
Lauern in dem Hintergrunde
Sieht er einen bösen Gott.

Er belauscht das tiefe Schweigen,
Die Gefährten atmen kaum,
Unbeweglich stehn die Eichen
Finster drohend Baum an Baum.

Aus des Hauptmanns bangen Händen
Stürzt des Beils gesenkte Wucht,
Und von Schreck geschüttelt wenden
Sich die Römer in die Flucht.

»Steht!« schallt eine starke, helle
Stimme, jedem wohlbekannt,
Und sie stehen auf der Stelle
Nach dem Rufe hingewandt.

Mit des Zaubers böser Tücke
Sind sie länger nicht allein;
Cäsar mit dem Adlerblicke
Waltet im Druidenhain.

Alle, die sich um ihn scharen,
Halten flehend ihn zurück,
Doch der Kenner der Gefahren
Zaudert keinen Augenblick.

Kühn des Nächsten Beil ergreifend
Holt er aus, der Arm ist stramm,
Sausend fährt der Schlag und pfeifend
In den alten Eichenstamm.

Und sie glauben, daß er sinke
Blutend von dem eignen Beil,
Doch er ruft mit raschem Winke:
»Kinder, sehet, ich bin heil!«

Rinden fliegen, Stämme krachen!
Schlaget zu und hauet ein!«
Unter Jubel, unter Lachen
Wankt und sinkt der heil'ge Hain.

Bläulich leuchtet nun ein Schimmer,
Und die Beile feiern nicht;
Auf den Moder in die Trümmer
Lächelt nieder schon das Licht.

IX

Jakobs Söhne in Ägypten

Die Brüder ziehn auf nächt'gem Pfad
Indes der Morgen schauernd naht;
Und neben ihnen wandert fort
Des breiten Stromes mächtig Rauschen,
Sie müssen seinem dumpfen Wort
Und seiner Riesenstimme lauschen;
Den Söhnen Jakobs zieht voran
Ein heitres Kind, ein ernster Mann.

Der Knabe plaudert wohlgemut
In seines Bruders sichrer Hut:
»Was dünkt dir von dem Prachtgewand,
O Bruder Ruben, mein geliebter,
Das umgelegt mit eigner Hand
Der Mächtigste mir der Ägypter?«
Und Ruben lächelt ohne Neid
Zu seines Bruders buntem Kleid.

Dann wird er ernst und senkt den Blick
Und seine Seele denkt zurück:
»Bin ich derselbe Ruben? Bin
Ich's der den Bruder einst beneidet?
Wer warf in einen Brunnen ihn,
Weil ihn der Vater bunt gekleidet?«
Die dumpfen Fluten murmeln: Du! –
Und ohne Ruh – und immerzu. –

Der Knabe treibt sein träges Tier
Und jubelt: »Heimwärts ziehen wir!
Glück auf! Aus dem Ägypterland
Entführen wir den weißen Weizen,
Und mit dem Bissen in der Hand
Braucht nicht der Vater mehr zu geizen.
Weißt du noch, wie er ängstlich war
Und schüttelte sein graues Haar?«

Und Ruben schweigt und senkt den Blick
Und seine Seele denkt zurück:
»Hüt ich den Jüngsten nun getreu,
Wer war's der einst den Jüngsten raubte?
Und der dem Vater ohne Reu
Die Locken hat gebleicht am Haupte?«
Die dunkeln Fluten murmeln: Du! –
Und immerzu – und ohne Ruh.

Da bebt die Erde, horch, es saust
Und stürmisch kommt ein Roß gebraust!
Und andre schnauben nahe schon,
Hell wiehernd stampfen sie die Erde,
Die Reiter ziehn das Schwert und drohn
Und einer ruft mit Zorngebärde:
»Wer hat von euch mit frevler Hand
Den Becher meines Herrn entwandt?«

Der stille Ruben ist erblaßt;
Dann beugt er sich und spricht gefaßt:
»So harte Worte redest du!
Wir zahlten redlich das Getreide;
Da schütt es aus und siehe zu,

Ob es verheimlicht ein Geschmeide!
Und findest du's, so binden wir
Den Schuldigen dir auf sein Tier.«

Der braune Reiter spricht: »Es sei.
Er wird mein Knecht, ihr gehet frei!«
Sie legen ihre Säcke hin
Der Reihe nach, die schweren, vollen,
Doch nichts als Weizen ist darin,
Die fromme Gabe dunkler Schollen,
Und zu dem Jüngsten tritt zuletzt
Der listige Ägypter jetzt.

– »In meinem Weizen ist er nicht!« –
Sagt der mit lauterm Angesicht. –
– »Was glitzert golden da hervor?«
Ruft spähend aus der finstre Wächter,
Und aus dem Weizen zieht empor
Die Schale er mit Hohngelächter,
Und blitzen in dem Golde rein
Läßt er den ersten Sonnenschein.

Doch Ruben starrt den Becher an
Als hingen blut'ge Tropfen dran,
Er rauft den Bart, zerreißt das Kleid,
Der Knabe schmeichelt: »Sei geduldig,
Gott schlummert nicht, wacht allezeit
Und weiß es wohl, daß ich unschuldig.« –
Und Ruben sagt: »Mein Augenlicht,
Ich bin bei dir, ich laß dich nicht.«

Die Brüder rufen ungestüm:
»Nimm uns zu Knechten an mit ihm!«
Sie ziehn hinauf den Strom gemach,
An dem sie sich herabgewunden,
Und folgen ihrem Bruder nach,
Der auf dem Tiere liegt gebunden.
Sanft glänzen an dem Horizont
Die Pyramiden weiß besonnt.

Im Dickicht rauscht es hier und dort
Und flattert an des Weges Bord,
Der Ibis ist's, wie Schnee so weiß,
Mit seiner dunkelschwarzen Haube
Und an dem Wasser wandelt leis
Die silbergrau geperlte Taube.
Des Stromes Kinder haben's gut
In ihres Vaters milder Hut.

Kamele ziehn auf engem Pfad
Und steigen nieder ans Gestad,
Beladen hoch mit blühndem Klee,
Das eine schreitet nach dem andern,
Wie grüne Höh an grüner Höh,
Wie duft'ge Hügel, welche wandern,
In breiten Barken lassen sie
Gemach sich nieder auf das Knie.

Am Ufer kommen Fraun herauf,
Die schöpfen aus des Flusses Lauf.
Sie ziehen weiter ohne Gruß,
Verhüllten Haupts in langem Zuge,
Mit hellem Kleid und dunkelm Fuß,

Das Haupt beladen mit dem Kruge.
Man sieht sie auseinandergehn,
Wo die zerstreuten Hütten stehn.

Die Sonne schärft den goldnen Strahl,
Da dunkelt es mit einemmal,
Der heiße Weg ist überdacht
Von eines Palmenhaines Fächern,
Und geht in grüner Zaubernacht
Geschlängelt unter Schattendächern,
Und aus der Kühle süßem Traum
Tritt wieder er in hellen Raum.

So wechselt friedlich Bild an Bild
Und reiht sich in dem Flußgefild;
Das Maultier – immer schneller geht's,
Die Pyramiden werden höher,
Und Rubens Angst wird größer stets
Und banger wird ihm stets und weher.
Da glitscht des Tieres Huf am Tor,
Auf Säulen ragt die Burg empor. –

Um den bestaubten Zug geschwind
Versammelt sich das Hausgesind.
Die Brüder treten ins Gemach,
Es rauscht der Vorhang hinter ihnen,
Und auf den Zehen schleichen nach,
Ägypter und Ägypterinnen.
Sie horchen an der Schwelle still,
Was nun ihr Herr beginnen will.

Und eine Knabenstimme spricht
Im Saal, doch sie verstehn es nicht –
Dazwischen fleht ein rauher Schall:
– »Nimm mich, und gib den Knaben wieder!« –
Und zehenfach ein Widerhall:
»Laß ihn und feßle seine Brüder!
Statt seiner nimm uns, wir sind dein,
Der alte Vater harret sein.«

Die Diener neigen Stirn an Stirn,
Es lauscht die atemlose Dirn:
Da hören sie an Zornes Statt
Ein Rauschen, wie von Tränenbächen,
Und seiner Tränen nimmer satt
Den schluchzenden Gebieter sprechen:
»Erkennet mich! Umarmt mich doch!
So lebt der alte Vater noch?

Ich bin's, den ihr vor langer Zeit
Verkauft im armen Sklavenkleid!
Doch zürnet nicht auf euern Rat,
Er ist gediehen euch zum Frommen!
Die eurer Hand entrollte Tat
Hat Gott in seine Hand genommen,
Und der verkaufte Bruder bot
Euch fremder Ernte rettend Brot.« –

Den Lauschenden gefällt es wohl,
Daß es so glücklich enden soll.
Den Vorhang wirft der Herr zurück,
Da sieht er die Ägypter weinen,
Und ruft mit einem Freudenblick:

»Ägypter, seht, da sind die Meinen!«
Es drängt sich um das jüngste Paar
Der Brüder dunkle Männerschar.

Und Joseph spricht zu Benjamin
Und zieht an seinen Busen ihn:
»Wie du, des heil'gen Stromes Lauf
Sah ich, ein Kind, in fremden Landen,
Wie du, zog ich den Strom hinauf
Gedrückt von unverdienten Banden!
Getrost! es trägt ein dunkel Kleid,
Was kommen soll zur Herrlichkeit!« –

Und Ruben, der zur Seite steht,
Ergießt sich in ein Dankgebet:
»Herr, deine Stimme zieht mit Macht,
Es rauscht dein Mantel in den Winden,
Du treibst die Wandrer Tag und Nacht,
Bis sie das Zelt der Ruhe finden.
Die Wellen eilen ohne Ruh,
Doch auf den Wassern wandelst du.«

X

Thespesius[5]

Nach Plutarch

Sich begegnend auf der Reise
Rasteten in Griechenland

Zwei sich unbekannte Greise
  Hoch an eines Berges Rand.

Wie sie so beisammen ruhten,
  Dünkten sie sich bald bekannt,
Sahn sich freundlich in die guten
  Augen, reichten sich die Hand.

Und der eine spricht zum andern:
  »Sag mir deinen Namen, Freund,
Den mit mir ein heißes Wandern,
  Eine kühle Rast vereint.« –

»Meinen ersten? meinen zweiten?«
  Spricht der andre rätselvoll,
»Doch ich muß dir dieses deuten,
  Denn es scheint dir dunkel wohl.«

Mit gesenktem Angesichte
  Hebt in ernstem Ton er an:
»Meine Jugend ward zunichte
  In der Sinne Lust und Wahn.

Von dem Wein des Lebens trunken
  Peitscht ich mein Gespann mit Wut,
Bis der Weg vor mir versunken
  Und verschwendet war mein Gut.

Dann erwacht in nacktem Elend
  Ging auf Gold ich gierig aus,
Aber freche Wege wählend
  Bracht ich dunkle Schmach nach Haus.

Endlich selber mich erblickend,
Floh ich tief erschreckt das Licht,
Und ich trug ein niederdrückend
Immer wachsendes Gewicht.

Ringend mit der Reue Schlangen,
Ihren Biß im Herzen schon
Eilt ich mit verirrten, bangen
Schritten aus der Stadt davon.

Und in nächt'ger Wildnis schreitend
Über einer Felsenwand,
Stürzt ich plötzlich, niedergleitend
Bis mir das Bewußtsein schwand.

Wie der Körper lag, und stille
Sich des Lebens Puls verlor,
Stieg aus abgeworfner Hülle
Der erstaunte Geist empor.

Und mich wie auf Schwingen hebend
Über Fläche, Meer und Strand,
Kam ich wandelnd oder schwebend
In ein blau gebirgig Land.

Auch den lichten Bergesspitzen
Sah ich mit bekränztem Haar
Und in weißen Kleidern sitzen
Eine feierliche Schar.

Friede lag auf ihren Zügen,
Wonne ruht' in ihrem Blick,

Und sie schauten mit Vergnügen
  Auf den steilen Pfad zurück.

Eine dieser Lichtgestalten
  Hatt ich wohl als Kind gekannt,
Vielmal kam ich zu dem Alten,
  Denn er war mir blutsverwandt.

Gutes Werk im engen Kreise
  Tat er, ein bescheidner Mann,
Friedlich zog er seine Gleise
  Und im Frieden schwand er dann.

Dieser schwebte mir entgegen,
  Und entbot mir seinen Gruß;
›Glück zu deinen neuen Wegen‹,
  Sprach er, ›o Thespesius!‹

Und ich frug den wundersamen
  Alten: ›Sag mir, wie du's meinst!
Trag ich einen neuen Namen?
  Aridäus hieß ich einst.‹

Doch er schüttelte die Locken,
  Die ambrosischen, zum Gruß;
›Wandle fürder unerschrocken‹,
  Sprach er, ›o Thespesius!‹

Da verschwanden rings die Bilder.
  Aus der sel'gen Insel Glück
Führte mich ein schwarzer wilder
  Sturm in meinen Leib zurück.

Ich erwacht beim Schrei der Raben
 Blutend an des Felsens Fuß,
Einen Namen eingegraben
 In das Herz: Thespesius.

Wieder kehrt ich in das Meine,
 Anders bin ich, als ich war;
Denn es stärkte mich der reine
 Neue Name wunderbar.

Nun sich meine Jahre senken,
 Meine Tage niedergehn,
Muß ich jener oft gedenken
 Auf den wolkenlosen Höhn.

Sich erheben, sich befreien,
 Dieser Kampf, er ist nicht klein,
Aber, glaub mir, unsre neuen
 Namen werden herrlich sein.«

Schweigend sinnen beide Greise,
 Und: »Auf Wiedersehen bald« –
Sagen scheidend sie sich leise,
 »In der Sel'gen Aufenthalt.«

XI

Die Schlacht bei Tiberias[6]

Drommeten sammeln die zerstreute Flucht
Der Frankenritter mit gebrochnen Tönen,

Sie ringen sich empor aus enger Schlucht,
Getrieben von des Morgenlandes Söhnen.

Der Rasen an dem Hange knistert leis
Und raucht und qualmt – in Flammen steht der dürre;
Die Erde brennt auf Saladins Geheiß
Und Rosse bäumen wild sich im Gewirre.

Gestalten jagen durch den braunen Rauch,
Den Reitern und den Rossen glühn die Adern,
Der Qualm verweht, und in dem frischen Hauch
Des Bergs beginnt die flücht'ge Schar zu hadern.

Der Templer zürnt: »Raimond von Tripolis« –
Und hebt die Hand zum Schwur, die blut'ge, wunde,
– »Beim heil'gen Kreuz! Dein schnödes Werk ist dies,
Ich weiß, du stehst mit Saladin im Bunde!« –

Der Graf erblaßt beim Namen Saladin,
Jäh braust er auf: »Das sollst du mir entgelten!«
Und haut mit seinem Schwerte gegen ihn,
Da naht der dritte sich mit bitterm Schelten,

Sibyllens übermütiger Gemahl;
Sie messen ihn vom Scheitel zu den Füßen,
Als spotteten des Purpurs sie, der fahl
Um seinen Panzer flattert und zerrissen.

»Dein trügerischer Stern versinkt in Nacht,
Veit Lusignan!« so grollen sie und höhnen;
Da wird ein morsches Holz herbeigebracht,
Als hätte Kraft es, Feinde zu versöhnen.

Die Sarazenen drängen näher schon,
Die auf der Wüste raschen Tieren reiten,
Es reißt die Flucht die Hadernden davon,
Empor den Berg! die müden Renner gleiten.

Und mitten unter Lanzen und der Zier
Der Helme und der Banner Wehen ragen
Sieht man das dunkle Holz als Feldpanier
Hoch über eines Rosses Haupt getragen.

Es ist das Holz, an dem geblutet hat
Das Lamm, das nicht dem Schlächter widerstanden,
Das Kreuz, erobert mit der heil'gen Stadt
Von den erlauchten Ahnen dieser Banden.

Und schwärmerische Blicke hangen dran,
Die noch von Haß und Mordbegierde brennen.
Ob sie des Gottes Zeichen retten kann,
Den sie den König ihres Reiches nennen! –

Frei tut sich auf des Himmels ganzer Kreis,
Ein Felsstück steht im Blau, ein hellbesonntes,
Davor ein sanfter Rasen stufenweis,
Und Gipfel rings im Duft des Horizontes.

Bergeinsamkeit! In dichten Büschen steht
Ein Lilienheer; sie blühen ohne Sorgen;
Und auf des nahen Tabors Haupt erhöht,
Wie bliebe dort die weiße Stadt verborgen!

An diesem Felsen saß der Herr und ließ
Das Volk sich lagern in den reinen Lüften,

Als er den Sanften Reich und Land verhieß,
Und göttlich nannte, die den Frieden stiften.

Wohl atmen hier dieselben Lüfte noch,
Die wehten, als er dieses Wort gesprochen,
Noch leuchtet eine Stadt am Berge hoch,
Des Feldes Lilien sind noch ungebrochen. –

Das Felsenhorn erklimmt die Frankenschar
Von Waffen dröhnt es nieder zu der Stufe,
Die einst des sanften Meisters Lehne war,
Und zornig schmettern die Drommetenrufe.

Gewaltig schallt: »Christus regiert und lebt!«
Wie von den Zinnen einer Burg es nieder,
Der ganze Berg vernimmt den Ruf und bebt,
»Regiert und lebt!« so hallt es rollend wider.

Es mehren schon sich um den Felsenhort
Der Sarazenen ungestüme Wogen,
Und Saladin ruft das Prophetenwort:
»Erkämpft das Paradies mit Schwert und Bogen!«

Er zeigt den Felsen: »Seht das Räuberheer,
Das sich besudelt hat mit jeder Sünde!
Auf, jagt sie in das überschrittne Meer,
Auf, werft sie nieder in die Höllengründe!

Seht ihr sie flattern dort um ihr Idol,
Wie um das Licht betörte Schmetterlinge?
Spannt eure Bogen, zielt und treffet wohl!«
Der Kurde zeigt das Kreuz mit seiner Klinge.

Der Kreuzesträger sinkt erblaßt zurück,
Ein Mönch ergreift's und hält es ohne Wanken,
Am Kreuze haftet der entflammte Blick
Der von der Pfeile Flug getroffnen Franken.

Doch er, den ihre Lippe zuckend nennt,
Er wandelt nicht in diesem grausen Streite,
Und seines Opfertodes Zeichen kennt
Er nicht mehr, das zum Mordpanier entweihte.

Gen Himmel schreit der Mönch: »Hörst du den Spott?
Bei deinem Kreuz, das brünstig wir verehren,
Komm! räche deine Schmach, verhöhnter Gott,
Gefolgt von deines Vaters Engelheeren!«

Wie leuchtet wonnig über ihm das Licht!
Die Wolken schiffen friedlich mit den Winden.
Das Reich, das hier zerfällt, ist jenes nicht,
Das einst der Himmel niederstieg zu gründen.

Der Mönch umfängt das Holz mit Ungestüm,
Der Sarazenen Pfeile sausen wieder –
Er wankt und sinkt, es sinkt das Kreuz mit ihm –
Wehklagend in den Abgrund stürzt er nieder. –

XII

Kaiser Ottos Weihnachten

Weihnacht ist's, die Zeit der ersten Mette,
Die durch das gefüllte Münster tönt;

Mit dem Volke steht an heil'ger Stätte
Otto, den das deutsche Volk gekrönt.

Dunkel wogt die Menge von der Schwelle
Durch das tiefe Schiff zum hellen Chor,
»Fürchtet nichts!« erschallt es aus der Helle,
»Große Freude stehet euch bevor!«

Um den König sammeln sich die Armen
Die er wird begaben mit Gewand,
Dieser Stunde himmlisches Erbarmen
Öffnet seine milde Fürstenhand.

Noch dem Boten lauscht er aus der Höhe,
Unter ihm versinkt der Erde Leid,
Es versinkt ein Jahr von Streit und Wehe,
Eine brudermörderische Zeit.

Dürft'ge Frauen, Greise, längst entlaubte,
Die gedrängte Schar der Armen steht
Vor des Königs ernst gesenktem Haupte,
Aber keiner stört ihn im Gebet.

Nur ein Bettler mit gefurchten Wangen
Läßt ihm auch nicht im Gebete Rast,
Hat verzweifelnd ihm das Knie umfangen,
Hat ihn heftig am Gewand gefaßt.

Doch des Königs ruhige Gebärde
Wehrt dem Fremdling und beschwichtigt ihn –
Jammernd ruft der Bettler an der Erde:
»Siehst du nicht, daß ich dein Bruder bin?

In der heil'gen Nacht bin ich gebrochen
Aus des Kerkers, aus der Erde Schoß!
Bis du dein verzeihend Wort gesprochen
Lasse dein Gewand ich nicht mehr los.

An die Krone hab ich dir getastet,
Ich umgarnte dich mit Mörderlist,
Keiner ist wie ich mit Schuld belastet,
Keiner, der vom Weib geboren ist.

Willst du alle meine Schuld bedecken?
Aus dem Abgrund wind ich mich hervor!
Laß dich seine Tiefe nicht erschrecken,
Tritt heran und zieh mich stark empor!

Hab ich nicht mit dir gespielt als Knabe?
Teilt ich Freude nicht mit dir und Leid?
Bruder, wiederfinden, vor dem Grabe,
Laß die Treue mich der Kinderzeit!

Laß mich werden, der ich vor der Stunde
War, da mich des Neides Natter biß,
Eh ich mit der Lüge Geist im Bunde
Frevelnd dieses deutsche Reich zerriß!

In des Hasses unfruchtbaren Werken
Hat verzehrt sich meiner Jugend Glut,
Doch die Liebe wird mich wieder stärken,
Und ich bringe dir mein übrig Blut.

Als ich's hielt mit frevelnden Genossen,
Schlug ein dir getreues Schwert mich hart;

Sachter rinnt mein Blut, das nicht vergossen
In dem segenlosen Kampfe ward.

Herr, mit einem einz'gen Wink verscheuchen
Kannst du das Geflüster meiner Schuld,
Stufen aus dem Dunkel kann mir zeigen
Das geringste Leuchten deiner Huld.

Neige, Herr, dich meiner tiefen Reue,
Daß sie nicht verhindre dein Gebet,
Mache mich zu einem Bild der Treue,
Welches ernst an deinem Throne steht.

Alle Armen werden heut sich freuen,
Jedem hältst du sein Geschenk bereit;
Willst du deinem Bruder nicht verzeihen,
Herr, in dieser gnadenreichen Zeit?« –

Und er atmet schwer, es klammert bange
An den Purpur sich die starre Hand …
König Otto löst die goldne Spange,
Um den Bruder legt er sein Gewand.

Wie sich dieser also sieht begnadet,
Da verdoppelt sich sein Herzeleid,
Und mit einem Tränenstrome badet
Er sein unverdientes Purpurkleid.

In den Armen liegen sich die Brüder,
Ottos klares Auge glänzt vor Lust,
Aber Heinrich schlägt das seine nieder,
Und verbirgt sich an des Bruders Brust.

Und des Himmels unsichtbare Heere,
Die in dieser Nacht versammelt sind,
Stimmen an die hellen Jubelchöre:
»Friede jedem will'gen Menschenkind!«

XIII

Königin Mathilde

Das Jahr verarmt, das Feld verliert sein Grün,
Danieder liegt die greise Königin;
Sie ist ein abgelöstes, dürres Laub,
Und wird des Winters Raub.

Und was sie hat gegründet mild und reg,
Das muß nun gehen seinen eignen Weg,
Doch manches schöne Stift im deutschen Land
Es bleibt nach ihr genannt.

Sie aber sehnt sich nach dem reinen Licht,
Hat nur noch *einen* Wunsch und sagt ihn nicht,
Hat einen Liebling, den sie möchte sehn
An ihrem Lager stehn.

Vor Jahren hielt sie wohl ihn auf dem Schoß,
Ein feiner Knabe war's – nun ist er groß.
Ihr farbig Meßbuch hat er oft beschaut
Und las die Sprüche laut.

Und wie sie denkt: »Ich wollt, er wäre hier!«
Da öffnet er mit leiser Hand die Tür;

Sein braunes Lockenhaar, es trägt die Spur
Der geistlichen Tonsur.

Ihr Enkel Wilhelm ist's, des Kaisers Sohn,
Und nun im Reich der erste Bischof schon;
Sie sieht ihn zärtlich an und freut sich still –
Da weiß er, was sie will.

Dem jungen Bischof beichtet sie ihr Fehl,
Er netzt die Sohlen ihr mit heil'gem Öl,
In ihrem Blicke glänzt des Glaubens Strahl,
Sie nimmt das Abendmahl.

Nun muß er scheiden, doch es wird ihm schwer –
Mathilde mahnt – noch immer zögert er,
Da spricht sie: »Geh, die Stunde kaum ist dein,
Laß du mich nun allein.

Doch darfst du nicht von hinnen unbegabt,
Ihr Mägde, seht, was ihr im Schranke habt.
Der Weg ist weit, die Herberg, die ist schlecht ...
Wie deckst du nachts dich recht?« –

Richburg, die Schaffnerin, klagt: »Nichts ist da,
Den Armen, Herrin, gabst du alles ja,
Nur eine Decke blieb, die liegt bereit
Bei deinem Totenkleid.«

Da sagt Mathilde lächelnd: »Gib ihm die!
Brautkleid und Leichenhemd, die mangeln nie;
Beschwerlich ist sein Weg, und oft entlaubt
Ein Jahr sich eh man's glaubt.« –

Der Bischof zieht, sie träumt im Dämmerlicht,
Und Tag um Tag vergeht, sie merkt es nicht,
Ihr Lager deckt ein goldgewirktes Tuch,
Das schimmert hell genug.

Und eines Morgens ist sie aufgewacht
Und spricht erfreut: »Nun wird es nicht mehr Nacht.
Doch, Schaffnerin, woher der Decke Glanz?
Sie blendet mich ja ganz.«

– »Gerberge schickt sie, deine Tochter, dir,
Und es ist noch ein andrer Bote hier« –
Schnell hat die Schaffnerin sich abgewandt,
Und weint in ihre Hand.

Mathilde fragt: »Was redet Ihr so leis?
Warum verberget Ihr mir, was ich weiß?
Ich weiß, daß Ihr um einen Toten klagt,
Bevor Ihr mir's gesagt.« –

– »O Herrin, auf dem Wege war er krank;
Für deine Decke schickt er noch dir Dank« –
Mathilde spricht: »So betet für sein Heil …
Nun aber hab ich Eil.«

Das große Münster hebt zu läuten an,
Und ernste Männer sich im Zuge nahn;
Mathildens Lager fließt in goldnem Schein,
Sie schlummert selig ein.

Und in der Greisin Totenkammer dröhnt
Der Glockenschlag, der für den Enkel tönt,

Im Quedlinburger Münster läutet heut
Ein doppelt Grabgeläut.

XIV

Königin Agnes,

in Königsfelden

Ein tiefer Klosterhof, ein Gittertor,
Mit Eppich ist sein Bogen übersponnen,
Im Hintergrund der Kirche schmaler Chor,
Eintönig plätschert ein verborgner Bronnen.

Der Boden, den bedeckt der Kirche Schiff,
War König Albrechts grünes Sterbebette;
Nun schläft er unter dem Altare tief,
Und seine Tochter hütet streng die Stätte.

Sie hat den Vater schauerlich gerächt;
Die Burgen ließ sie lodern allerenden,
Und der entflohnen Mörder ganz Geschlecht
Frohlockend mähte sie's mit blut'gen Händen.

Und als das Rachewerk vollendet war,
Und als vollbracht die grause Totenfeier,
Verbirgt sie der Meduse flatternd Haar
Als Büßerin mit einem Nonnenschleier.

Und zwischen sich und ihre schwere Tat
Läßt sie die frommen Klostermauern treten,

Und an die Gruft des Vaters früh und spat
Kommt sie für seiner Seele Heil zu beten.

Siehst du sie sitzen an der Linde dort,
Wo ihren feuchten Schatten wirft die Mauer,
Und an des sonn'gen Hofes dunklem Bord
Entlang die Wand des Klosters schleicht ein Schauer.

Sie stickt an einem reichen Meßgewand
In ihrer Nonnen ehrfurchtsvollem Kreise,
Es regt sich sacht die schmale, weiße Hand
Und auf dem Purpurstoffe rauscht sie leise.

Durchs Gitter blicken arme Kinder scheu
Und wagen's nicht zu bieten ihr die Veilchen,
Und kommt ein Weib der Nachbarschaft vorbei,
So bückt es tief sich als vor einer Heil'gen.

Sie fastet viel und gibt den Armen reich,
Von ihrer Frömmigkeit ergeht die Kunde,
Doch steinern ist ihr Angesicht und bleich,
Und nie ein Lächeln auf dem harten Munde.

Es ist verflossen eine lange Zeit.
Seit sie in Lachen Blutes ist gegangen
Nun übt sie Werke der Barmherzigkeit
Und möchte gern Barmherzigkeit erlangen.

Des Pilgrims müde Füße wascht sie rein,
Bald ist der Staub der Straße weggebadet,
Ein kräftig Wasser aber müßt es sein,
Das Füße wüsche, die in Blut gewatet.

Auf ihrem Steinsitz liegt ein offen Buch,
Schön ist's bemalt und ohne Fehl geschrieben,
Ein gold'nes Zeichen haftet bei dem Spruch,
Wo sie zuletzt beim Lesen stehngeblieben.

Sie nimmt's und reicht es hin der jüngsten Dirn
Und spricht: »Zur Arbeit lesen ist erbaulich.«
Die Nonnen senken die verhüllte Stirn,
Die schatt'ge Wimper auf ihr Werk beschaulich.

Und die von ihr das heil'ge Buch empfing,
Verwaist in jenen wilden Rachetagen
Und still erwachsen in des Klosters Ring,
Liest von dem Blatte, welches aufgeschlagen:

»Was hülf es mir, wenn offen meine Hand,
Und daß ich mich in harten Werken übe,
Und wenn ich trüge hären Bußgewand
Auf bloßem Leib – und mangelte der Liebe?«

XV

Die Rehe

Im Schloß, in grüner Einsamkeit,
Die wachen Hunde bellen,
Es stampft ein Roß von Zeit zu Zeit
Und wiehert in den Ställen;
Der edle Herzog zecht im Saal
Fern von dem fürstlichen Gemahl
Mit seinen Weidgesellen.

Den Becher schwingt er sorgenlos:
»Sie zählen nicht im Leben,
Drei Tage, da in Waldesschoß
Der Jagd wir uns ergeben.
Es lebe«, ruft er jubelnd aus
Und donnernd hallt es durch das Haus,
»Das Junggesellenleben!

In meines weisen Kanzlers Joch
Verkümmert wär ich balde;
Da ist's ein ander Leben doch
So mitten in dem Walde!
Die Freiheit lebe!« ruft er aus,
Und donnernd hallt es durch das Haus,
»Die Freiheit in dem Walde!«

Musik sie schmettert zu dem Hoch,
Dann fängt sie an zu scherzen
Und flüstert nur wie Blätter noch
Und säuselt um die Herzen.
Der Herzog lacht: »Was wird das sein?
Tritt meines Waldes Fee herein
Gelockt von unsern Kerzen?«

Im Hofe lärmt die Dienerschar,
Die Jägerbursche fluchen.
»Du schmucke Dirn, du Flatterhaar,
Hast drinnen nichts zu suchen!
Bleib du bei deinesgleichen hier
Und fürstlich dich bewirten wir
Mit Met und würz'gem Kuchen!«

Und wie die Schar der Knechte ruft,
Da tritt sie in die Helle,
Es strömt mit ihr ein Tannenduft
Herüber von der Schwelle.
Sie schmiegt sich wie ein schüchtern Reh,
Das zögert, ob es weitergeh,
Und wo den Fuß es stelle.

Ihr braunes Haar noch flattert's halb,
Halb ist's im Garn gefangen,
Und Blätter blieben rot und falb
An ihrem Röcklein hangen,
Die schwarzen Augen blicken scheu;
Der Herzog, wie durch Zauberei,
Bleibt in dem Netze hangen.

Und spricht: »Mein lieblicher Besuch,
Du Reh im braunen Kleide,
Tritt näher, sage dein Gesuch
Und komm an meine Seite!«
Sie eilt herbei mit leichtem Fuß,
Sie neigt sich zu bescheidnem Gruß,
Ihr klopft das Herz vor Freude.

Da ruft der Herzog heiß von Wein
Und will das Kind umschlingen:
»Das Schloß ist dein und du bist mein
Und kannst mir nicht entspringen!«
Und die Musik sie tobt und hallt,
Wie wenn gehetzt durch Busch und Wald
Die armen Rehe springen.

Sie macht sich los und blickt ihn an,
Die zorn'gen Augen blitzen,
Und schon gelaßner spricht sie dann:
»Ich bin das Kind des Schützen!
Doch heute hat im Wald getan
Der Vater, was nicht frommen kann,
Und muß im Kerker sitzen.

Er traf im Tal ein flüchtig Reh,
Das führt ihn sacht von hinnen,
Und dein Gebiet betritt er, eh
Er mochte sich besinnen.
Dein Förster hört es, wie es knallt,
Und überrascht ihn in dem Wald
Beim frevelnden Beginnen.

Vorüber führt er unserm Haus
Gebunden ihn zum Kerker,
Da lief ich in den Wald hinaus
Und immer lief ich stärker,
Und als mir fast das Herz zersprang,
Da hört ich deinen Liederklang,
Sah Licht in deinem Erker.

Die güt'ge Herrin glaubt ich da
Und wollte zu ihr flehen,
Und nun muß tief beschämt ich ja
Vor meinem Herzog stehen!
Oh, gib den Vater wieder los,
Daß ich aus deinem hellen Schloß
Getröstet möge gehen!«

Der edle Herzog ist verwirrt,
Mißt Fehle gegen Fehle.
Wie leicht man sich im Wald verirrt,
Das tritt ihm vor die Seele,
Und daß ein Reh verlockt vom Weg –
Noch pocht das Herz ihm viel zu reg,
Als daß er sich's verhehle.

Er fordert eilig Blatt und Stift
Und einer kann sie leihen,
Und auf das Blatt mit großer Schrift
Schreibt kurz er: »Wir verzeihen.« –
»Mein gnäd'ger Herr, ich danke schön
Und will nun schnell von hinnen gehn,
Den Vater zu befreien.« –

Der Herzog tritt ans Fenster sacht
Und öffnet es den Winden;
Hell breitet eine Sternennacht
Sich über Waldesgründen.
Da sieht er sie von dannen gehn
Und ohne nur sich umzusehn
Im finstern Wald verschwinden.

XVI

Die Novize

»In der stillen Klause
Fühl ich mich so wohl;

Was mich einst so tief bewegt,
Hat sich nun zur Ruh gelegt,
Alles hier im Hause
Ist so friedevoll!« –

– »Tochter, übereil es
Nicht mit rascher Wahl!
Gibt es nichts mehr auf der Welt,
Das dich in den Banden hält?
Ist dein Herz ein heiles?
Frag es noch einmal!« –

– »Nein, in dem Gewande
Geht man leicht einher!
Was die falsche Welt mir bot,
Bittrer war es, als der Tod,
Und gelöste Bande
Knüpfen sich nicht mehr.

Vor Mariens Bilde
Ist mein Herz geheilt! –
Zürnend, ohne Scheidewort
Ritt beim ersten Zwist er fort ...
Weiß ich, wo der Wilde,
Wandert oder weilt?

Nein, ich bin genesen
Von der Erde Tand;
Selber will ich pflegen nun
Fremde Leiden, nimmer ruhn,
Mit gelaßnem Wesen
Mit gelinder Hand.« –

– »Machen wir die Runde
Tochter, im Spital!
Gestern brachten Wagen schwer
Aus dem Feld von Lützen her
Sterbende und Wunde
Eine große Zahl.« –

Eilig gehn die zweie
Ohne Aufenthalt;
Die Äbtissin geht voran,
Tief begrüßt von jedermann,
Hinter ihr die scheue
Schwebende Gestalt.

In den Kreuzgang treten
Beide Nonnen nun;
Bogenfenster blicken hin
Auf der Gräber frisches Grün,
Für die Schwestern beten
Sie, die drüben ruhn.

Über manche Schwelle
Wandeln sie geschwind,
Zu den Wunden hier und dort
Sprechen sie ein tröstend Wort,
Bis sie in der Zelle
Nun des letzten sind.

Auf den Arm gesunken
Ruht sein Haupt geknickt,
Und vom Schemel hebt sich sacht
Eine Nonne, die gewacht,

Und wird, schlummertrunken,
Nun zu Bett geschickt.

»Klara, bleib und hüte,
Er ist fieberkrank –
Siehst die blaue Schale du?
Schlummert er, gönn ihm die Ruh –
Regt er sich, so biete
Ihm den kühlen Trank.« –

Klara läßt sich nieder
Fern im düstern Raum,
Und hinüber blickt sie still,
Ob er nicht erwachen will,
Und dann blickt sie wieder,
Doch er regt sich kaum.

Anders sich zu legen
Nötigt ihn der Schmerz,
Und nun zeigt im Dämmerlicht
Er sein schlafend Angesicht;
Mit verstärkten Schlägen
Pocht der Nonne Herz.

Leise will sie beten
Ihren Rosenkranz,
Stöhnen hört sie schmerzlich ihn,
Und die junge Wärterin
Muß ans Lager treten,
Aber zittert ganz.

Den verstoßnen Knaben
Sieht sie Zug um Zug,
Nur der herbe Stolz ist nicht
Mehr auf seinem Angesicht,
Furchen sind gegraben
In die Stirn genug.

Und sie möchte weinen
Und ihr Herz ist schwer;
Sinnend steht sie und vergißt,
Wo die blaue Schale ist;
Schlummernd flüstert einen
Lieben Namen er.

O wie lauscht sie bange:
Wer so teuer ihm!
Eine Weile bleibt er stumm –
»Klara!« haucht er wiederum;
Und ihr färbt die Wange
Sich mit Ungestüm.

Seine blut'gen Locken
Küßt sie sanft und gut …
Heftig zieht sie eine Hand;
Schnell hat sie sich umgewandt
Und ist arg erschrocken
Und wird lauter Glut.

Unversehns ist wieder
Die Äbtissin da.
Zitternd schlägt die Himmelsmagd
Von dem ersten Blick befragt

Tief die Augen nieder,
Ist den Tränen nah.

Lange schweigen beide,
Und zuletzt beginnt
Die Äbtissin voller Schmerz:
»O du schwaches Menschenherz!
Geh, und lieb und leide,
Armes Erdenkind!« –

XVII

Das Münster

Der alte Meister liegt danieder
Und seine hohle Wange brennt;
Die Hände faltend schlicht und bieder
Empfängt er fromm das Sakrament.
Der Priester schreitet sacht von hinnen,
Des treuen Weibes Zähre fließt,
Es steht der Sohn in ernstem Sinnen,
Der seines Vaters Schüler ist.

Der Alte spricht zu seinem Weibe:
»Laß mich mit meinem Sohn allein!«
Und zu dem jungen Meister: »Bleibe!«
Und weist auf den verzierten Schrein;
Der weiß es, was der Vater deutet,
Und holt die Rolle, die er kennt,
Und auf das Sterbelager breitet
Er aus das alte Pergament.

Da reicht ein Münstertum gewaltig
Vom obern bis zum untern Rand,
Gezeichnet eins und mannigfaltig
Mit kühnem Wurf und sichrer Hand.
Und wie den liebsten seiner Pläne
Vergilbt er sieht und modernd schon,
Zerdrückt der Meister eine Träne
Und spricht zu seinem wackern Sohn:

»Dies welke Blatt erinnert wieder
Mich an die Tage meiner Kraft;
Als in der Vaterstadt ich nieder
Gelegt den Stab der Wanderschaft:
Da war ein tausendfaches Leben
Und mitgerissen alt und jung;
Ein Münster wollen sie erheben
In glühender Begeisterung;

Mit seinen Hunderten von Stufen
Soll's schaun ins deutsche Land hinaus,
Mit seinen Glocken soll es rufen
Auf jeden Platz, in jedes Haus,
Umspielt von muntrer Knabenrunde,
Vom Wandrer ferne schon gesehen,
Des Lebens Hort, bis zu der Stunde,
Wo drin die Toten schlafen gehn.

Die Herzen schlugen in die Wette,
Es war ein herrliches Vertraun;
Gewaltiger als andre Städte
Und höher wollten noch sie baun.
Nun hießen mich die Bürger kommen

Und es ermahnte mich der Rat:
Was du gelernt hast, laß es frommen
Dem Heile deiner Vaterstadt.

Da saß ich auf in langen Nächten,
Es wich der Schlaf von meinem Pfühl,
Zur Linken stunden mir und Rechten
Der Heiligen und Helden viel;
Und schuf ich nicht als strenger Meister:
Gleich, mit erzürntem Angesicht,
Droht' einer mir der alten Geister:
Nimm dich zusammen, tändle nicht.

Ich grub im Geist nach festen Gründen,
Dann stellt ich Pfeiler sacht und Wand,
Ließ jeden Stein die Stütze finden
Und wog ihn ab mit strenger Hand.
Ich hob das Werk und fühlte heben
Mich selbst das Werk, das ich vollbracht,
Da plötzlich fing es an zu leben
Und regte sich aus eigner Macht.

Mit luftiger, durchbrochner Hülle
Erhob sich der befreite Chor,
Es riß des neuen Lebens Fülle
Mich trunken über mich empor,
An allen Pfeilern schwebt' die Ranke,
Das Laub der Erde himmelan,
Mit allen Bogen stieg das schlanke
Gebäude zu der Sternenbahn.

So stund das Münster auf dem Blatte,
So frei und voll, so scharf und kühn!
Still dacht ich, wer's vollendet hatte,
Und lobte dankergriffen ihn.
Zum Ganzen reiht er das Zerstreute,
Bis er es wiederum zerstreut,
Für jedes irdische Gebäude
Zeigt er den Ort und weiß die Zeit.

Aus meiner stillen Kammer tretend
Stellt auf den Markt das Bild ich dann,
Daneben stund ich heiß errötend,
Und sie betrachteten den Plan.
Das Große muß das Herz verlocken,
Der Geist begreift es nicht allein,
Sie hörten schon des Münsters Glocken
Und sprachen: Ja, so muß es sein!

Und mitten in des Volkes Wogen
Legt ich den ersten Stein gemach,
Ich schloß beherzt den ersten Bogen,
Die andern wuchsen mächtig nach.
Der Ärmste brachte seine Spende,
Den Schmuck verkaufte Magd und Frau,
Und alle Herzen, alle Hände
Vereinigten sich zu dem Bau.

Doch als das ernste Werk in Jahren
Nur langsam strebte himmelwärts,
Fing wieder an die Hand zu sparen
Und bald erkaltete das Herz.
Sie sprachen zweifelnd und erschrocken

Zuerst von einer kleinen Frist;
Und nun geriet der Bau ins Stocken,
Und dann verfaulte das Gerüst.

Wie die Begeisterung verstummte,
Ist hungrig die Begier erwacht,
Es feilschte rings der Markt und summte
Vom Morgen an bis in die Nacht.
Die Bürgerhäuser und die Buden
Verkleideten den edlen Bau,
Doch wie ein Fels aus niedern Fluten
Ragt er vereinsamt in das Blau.

Vertrieben aus dem Heiligtume
Trat ich in Dienst für Brot und Dach
Und baute, statt zu Gottes Ruhme,
Des Reichen stattliches Gemach.
In eigennützigen Geschäften
Wie wird das Leben müd und lang: –
Erschüttert von des Himmels Kräften
Bekommt es einen tiefen Klang!

Ich trieb es wacker, wie die andern,
Und ward darüber alt genung,
Doch manchmal beim Nachhausewandern
Beschlich mich die Erinnerung,
Und wann des Tages letztes Schimmern
Auf mein geliebtes Münster fiel,
Stund ich vor den erglühnden Trümmern
In dunkler Tiefe lange still.

Die Alten waren schon zu Hause
Und legten sich zurecht den Pfühl;
So ging ums Münster noch im Brause
Das zügellose Knabenspiel.
Wohl manchen sah ich trotzig schauen
Auf an dem dämmernd hohen Haus;
Da sagt ich mir: Was gilt's, es bauen
Die Jungen noch das Münster aus.

Gebeugter ward ich stets und greiser
Und lebte fürder schlecht und recht;
Indessen schossen auf die Reiser
Und es ergrünt' ein frisch Geschlecht;
Die Alten kann ich alle nennen
Und weiß es was ein jeder wert,
Ich möchte wohl die Jungen kennen
Und was ihr pochend Herz begehrt.

Jüngst stund das junge Volk beisammen,
Als ich am Münster schlich vorbei,
Ich las in ihrer Blicke Flammen,
Daß etwas hier im Werke sei.
Schon wurde die Gebärde dreister,
Ein Jüngling rief mit blondem Haar:
Gesellen, grüßt den alten Meister!
Da grüßte mich die ganze Schar!

Gott dank euch, biedere Gesellen!
Ihr nehmet mich zu spät in Lohn,
Doch wollt ihr die Gerüste stellen,
So geht und rufet meinen Sohn!
Ich segne euch, ihr grünen Ranken!

Vergeßt den alten Meister nicht,
Der zögernd muß zu Grabe wanken
In diesem frischen Morgenlicht.

Mein Sohn, dir ist es übergeben;
Du baust es, oder keiner mehr;
Mein Münster machte mir das Leben,
Nun macht es mir das Sterben schwer. –
– Was seh ich in die Lüfte ragen?
Vollendet steigt's im Blau empor!
Und seine Glocken hör ich schlagen,
Und singen hör ich es im Chor!« –

XVIII

Das Bild der Mutter

Der Schenke trübes Kerzenlicht
Ist tief herabgesunken,
Der Wirtin junges Angesicht
Nickt bleich und schlummertrunken,
Und an dem Tische spielen zwei,
Es rückt die Mitternacht herbei,
Die weißen Würfel schallen,
Der Wurf ist schlecht gefallen.

Der Jäger brennt das Pfeifchen an,
Beginnt bequem zu schmauchen,
Da murrt der junge Handwerksmann
Mit überwachten Augen:
»Das war mein letztes Silberstück!

Doch wenden muß sich noch das Glück,
Du, Grüner! kannst mir borgen
Und alles zahl ich morgen!«

Der Jäger schneidet ein Gesicht:
»Ich muß die Münze sehen,
Und hast du sie im Beutel nicht,
So magst du schlafen gehen.«
Den Burschen hat der Spott empört,
Er ballt die Hand und blickt verstört –
Da hört er mit Erstaunen
Den Spielgesellen raunen:

»Wer mag der Herr des Gutes sein
Hier rechts am Hügel oben?
Geschlossen sind die Fensterreihn,
Die Riegel vorgeschoben.
Er ist, so mein ich, in der Stadt,
Seit sich der Wald entblättert hat;
Ihr Wesen treiben leise
Im Haus die lust'gen Mäuse.

Die Reichen, ja, die sind gescheit,
's ist eine feine Bande,
Sie wechseln mit der Jahreszeit
Die Häuser, wie Gewande.
Der Herr sitzt im Kasinosaal
Und spielt beim hellen Kerzenstrahl,
Mir ist, ich höre klingen,
Wie die Dukaten springen.

Hat mir die Wirtin recht gesagt,
Dein Vater war sein Pächter?
Und seit der Herr ihn ausgejagt,
Ging's deinem Vater schlechter? –
Da weißt du ja, wo ein und aus
Dort in des reichen Mannes Haus! ...
Hat nichts zurückgelassen
Als Teller er und Tassen?

Ei, wär ich da, wie du, bekannt,
Ich borgt mir auf ein Weilchen
Von seinem Gut auf eigne Hand
Ein ganz bescheiden Teilchen!
Und holst du nichts Gemünztes dir,
Bring ein Gerät, bring ein Geschirr,
Du kannst mir's gleich verhandeln,
Ich will's in Gold verwandeln.

Wer alle Türen öffnen kann,
Braucht keine zu erbrechen ...
Was blickst du mich so grimmig an,
Als wolltst du mich erstechen!
Von selber fast geht auf der Schrein,
Du müßtest nicht ein Schlosser sein;
Es merkt es keine Seele,
's ist alles ohne Fehle.«

Der Bursche lauscht mit dumpfem Hirn
Dem höllischen Gemunkel,
Es überschattet seine Stirn
Die Macht der Tiefe dunkel –

Und schlimmer wird ihm stets zumut,
Ihm klopft der Puls in Fieberglut;
Und wieder leis und lüstern
Beginnt das böse Flüstern:

»Kurt, sieh dir doch den Weltlauf an«,
So lacht der Jäger heiser,
»Und mach's, wie der berühmte Mann,
Der welterfahrne Kaiser.
Der kluge Herr versteht den Pfiff,
Erst tut er einen sichern Griff,
Und dann spielt er Verstecken
Und läßt sich nicht entdecken.« –

Jetzt beut er ihm ein volles Glas
Und flüstert: »Rasch gehandelt!«
Der Jüngling schlürft das scharfe Naß,
Da ist er wie verwandelt: …
»Wo suchst du deine Schlüssel, Kurt?
Du trägst den ganzen Bund am Gurt;
Du hast ja heut die Schränke
Geschlossen in der Schenke.«

Die Wirtin, überwacht und müd,
Sitzt in dem dunkeln Raume,
Und wie den Gast sie fliehen sieht,
Spricht sie schon halb im Traume,
Sie weiß nicht was, sie weiß nicht wie: –
»Wie geht's der Mutter? Grüße sie!«
Der Bursch schon in der Pforte
Hört die verträumten Worte.

Er taumelt in die Nacht hinaus
  Und seine Schritte schwanken,
  Um seine Stirn fliegt ein Gebraus
  Verworrener Gedanken:
  »Wo war der Silberschrein? – Er stand
  An der damastgewirkten Wand ...
  Da wird er ja noch stehen! ...
  Wie mag's der Mutter gehen?

Die schläft nun überm Berge weit«,
  Denkt er, »in finstrer Hütte« –
  Und fördert mit Behendigkeit
  Die frevelhaften Schritte;
  Die Mauer übersteigt er leis
  Und knisternd bricht das Tannenreis,
  Er wandelt eine Strecke
  Auf dichtgeschneiter Decke.

Und an der dunkeln Scheune hangt
  Die wohlbekannte Leiter,
  Die er sich auf die Schulter langt,
  Dann schreitet rasch er weiter
  Und steht am Herrenhause schon –
  Er klettert über den Balkon –
  Sein Herz, er hört es pochen –
  Er hat die Tür erbrochen.

Schnell ist ein Wachslicht angebrannt,
  Er leuchtet nach dem Schreine,
  Da kracht es in der Täfelwand –
  Er lauscht beim Kerzenscheine –
  Erschrocken starrt er hin und wild,

Und sieht ein friedevolles Bild
Von lichtem Reif umgeben
Sich aus dem Dunkel heben.

Auf warmem Lager schläft ein Kind,
Die Mutter kniet zur Seite
Mit Händen, die gefaltet sind
In dürftig dunklem Kleide;
Die Augen sind so warm und licht,
Und strahlen voller Zuversicht,
Und auf dem Munde sehen
Kann er das heiße Flehen.

Und kann die Blicke von dem Mund
Der Betenden nicht wenden –
Da plötzlich klirrt der Schlüsselbund
Ihm aus den starren Händen;
Die Mutter betet fort und fort
Und weiß, der Himmel hört ihr Wort –
Da muß mit Tränenbächen
Die harte Rinde brechen.

Er faltet auch die Hände dann,
Es wendet sich zum Guten –
Er flieht davon, so schnell er kann,
Als eilt' er über Gluten.
Die Leiter trägt er still davon –
Jetzt springt er von der Mauer schon –
Und trägt mit wachen Sinnen
Ein neues Herz von hinnen.

XIX

Die Flucht Karls I.

Einer voraus mit verwilderten Locken,
Finster das Antlitz, den Hut überschneit,
Sprengende Reiter und wirbelnde Flocken!
Ist es Verfolgung? ist es ein Geleit?

Karl ist's, der König, mit wenig Genossen,
Und vor dem Feind zu dem Feind muß er fliehn;
Seit er das Blut seines Volkes vergossen,
Sprengt an zerschmetterndem Abgrund er hin.

Das ist die Schuld der erschütternden Zeiten,
Welche das Fieber des Werdens durchglüht,
Die mit dem eigenen Volk ihn entzweiten,
Die ihn entzweit mit dem eignen Gemüt.

Seinem Gefolge von Dienern und Spähern
Eilt der unmutige König zuvor;
Neblicht die Türme von Newport sich nähern
Sieht er, und reitet gemach durch das Tor.

Durch die geschäftigen, summenden Sraßen
Zieht er die reinlichen Häuser entlang;
Aber sein Werkzeug hat keiner verlassen,
Keiner geschmückt sich zu Gruß und Empfang.

Trotzig, wie grollende Republikaner,
Haben die Bürger an ihn kein Gesuch,

Dort in der Werkstatt klopft ein Puritaner –
Dieser verwünscht ihn mit biblischem Fluch.

Ist sie vergessen die heimische Sitte,
Daß ihm das Mädchen, am schönsten erblüht,
Reiche die Rose mit festlichem Schritte,
Wenn an dem Markte vorüber er zieht?

Keine der stattlichen, britischen Frauen
Tritt ihm entgegen, den Strauß in der Hand,
Selbst aus dem Erker mag keine mehr schauen,
Seit er mit Krieg überzogen sein Land.

Auch nicht ein einziges Zeichen der Liebe,
Sonnig kein Lächeln, kein Wimpel das wallt!
Alles ist düster und alles ist trübe,
Himmel und Menschen verschlossen und kalt.

Ruhig durchreitet der König die Stille;
Aber im Innern zerreißt ihn der Schmerz,
Und seines Volkes entfremdeter Wille
Preßt, eine eiserne Faust, ihm das Herz.

Wie er die letzte der Straßen durchritten,
Tritt aus dem letzten verödeten Haus,
Dunkel gekleidet, mit ängstlichen Schritten
Eilig ein schüchternes Mädchen heraus.

Schmächtig und bleich, nicht die Schönste von allen,
Und mit wie traurigen Augen sie blickt!
Ist für den König der Vater gefallen?
Hat sie die weinende Mutter geschickt?

Unter dem Tüchlein hervor weht das lose
Haar in dem Wind, doch es kümmert sie nicht,
Und dem sich neigenden König die Rose
Reicht sie, verbeugt sich und flüstert und spricht:

»Nimm es, das unter dem Schnee sich gerötet,
Nimm es, das Röschen, zum Reisegeleit,
Das sich im Garten versteckt und verspätet,
Daß es uns tröste zur traurigen Zeit …

Herr, nach den alten, den guten Gebräuchen
Reich ich die Rose von Newport dir dar;
Möge, der Zahl ihrer Blätter zu gleichen,
Wonniglich reihen sich Jahr dir an Jahr!«

Karl nimmt das Röschen und dankt der Getreuen,
Welche den Spruch nicht, den alten, vergaß;
Aber im Herzen kann er sich nicht freuen,
Und sein beschattetes Auge wird naß.

Sachte den Renner von hinnen nun lenkend,
Und an sein eignes verlassenes Kind
Und an sein Weib, das geflüchtete, denkend,
Birgt er im Busen die Rose geschwind:

»Rose, was soll dein Geleit mir bedeuten,
Und dein so schimmernd entfaltetes Rot?
Darf ich noch glauben an glückliche Zeiten,
Oder weissagst du mir blutigen Tod?« –

XX

Der Hugenott

Wild zuckt der Blitz, der Donner kracht,
Es kämpft ein Reiter mit dem Sturm,
Ein neuer Blitz zerreißt die Nacht
Und grell beleuchtet steht ein Turm.
Der Reiter spornt sein scheues Roß,
Und eine Brücke führt zum Schloß.
Rasch springt er ab und pocht ans Tor,
Sein Mantel saust im Wind empor.

Er drückt sich in die Stirn den Hut
Und hält das Tier am Zügel fest,
Verdoppelt tobt des Sturmes Wut,
Der kaum den Renner schnaufen läßt.
Ein Gitterfenster schimmert hell,
Dann öffnet sich die Türe schnell,
Ein Edelmann im schwarzen Kleid
Erscheint, und Diener stehn bereit.

Der Reiter ruft: »Des Königs Knecht!
Nach Nîmes eil ich als Kurier!
Beherbergt mich, es wettert schlecht,
Den Rock des Königs kennet ihr!«
Des Schlosses Herr versetzt: »Mein Gast,
Was kümmert's mich, welch Kleid du hast.
Komm an den Herd, tritt ins Gemach
Und wärme dich, ich folge nach.«

Ein knisternd Feuer flackert gut;
Der Kriegsknecht tritt an den Kamin,
Und Ahnenbilder von der Glut
Beleuchtet, schauen rings auf ihn,
Die Ritter mit den strengen Braun,
Im Samtgewand die Edelfraun.
Des Hauses Wappen wiederholt
Sich oft, es ist ein Kreuz in Gold. –

Der Reiter staunt, ihm scheint bekannt
Der heller stets gewordne Saal;
Scheu blickt er in des Herdes Brand
Und auf das Wappen noch einmal –
Da tritt mit Sohn und Töchterlein
Der ernste Herr des Hauses ein,
Und spricht ihm zu: »Du rittest weit,
Komm zu dem Mahl, es steht bereit.«

Dem fremden Gaste tönt wie Drohn
Des Wirtes mahnendes Geheiß.
Gerüstet ist die Tafel schon,
Das Linnen schimmert blendend weiß.
Erschaudernd wie in Fieberglühn
Wirft er auf einen Stuhl sich hin,
Und in die Runde treten sacht,
Die drei in ihrer schwarzen Tracht. –

Es haftet auf dem Fremden bald
Der Kinder unverwandter Blick;
Der wünscht sich in den nächt'gen Wald
Und in den finstern Sturm zurück.
Den Becher faßt der wilde Gast
Und füllt, und übergießt ihn fast,

Da wehrt der Herr des Hauses: »Nein!
Laß erst das Mahl gesegnet sein.«

Unruhig wird der Knabe jetzt
Und ist zum Vater hingerückt;
Das bleiche Mädchen starrt entsetzt,
Als hätt's ein reißend Tier erblickt.
Den Kindern winkt der Vater: »Still!«
Und weiß nicht, was da werden will –
Der Reiter stammelt: »Ich bin matt –
Herr, gebt mir eine Lagerstatt.«

Er eilt davon mit Ungestüm
Und seine Tritte dröhnen schwer,
Ein alter Diener leuchtet ihm,
Doch mit dem Leuchter zittert er.
Und an der Schwelle wirft zurück
Der Reiter einen wilden Blick,
Da sieht den Knaben er empor
Sich heben zu des Vaters Ohr.

Er stürzt erschreckt zum Saal hinaus,
Und alle Sinne sind ihm wirr,
Er flöhe gern in Nacht und Graus,
Doch seine Schritte gehen irr,
Und wie ein Trunkner folgt er nach
Dem Diener in das Schlafgemach.
Da ist er nun und weiß nicht wie,
Er prüft die Tür und riegelt sie.

Fest preßt er mit der Hand die Stirn
Und frägt sich: »Ist es Sinnentrug?«
Da fügt im dämmernden Gehirn

Zum düstern Bild sich Zug an Zug.
»In dieser Burg vor einem Jahr
Lagst du mit deiner Reiterschar,
Wie du die Hugenottenjagd
In den Gebirgen mitgemacht. –

Wo hat der Junker sich versteckt?
Frag ich ein bleiches Frauenbild.
Sie weint und hat mir's nicht entdeckt,
Die Kinder schrein – ich werde wild –
Da seh ein Feuer ich verglühn,
Da reiß ich sie zum Herde hin,
Die Füße hab ich ihr gepackt
Und hielt sie in die Gluten nackt.

Will sich die Kammer mit mir drehn?
Bin ich berauscht? Nein! Es ist wahr!
Wer hieß dich hier zu Gaste gehn,
Du blöder Tor! Du blinder Narr!
Hat er nur einen Tropfen Blut,
So rächt er deinen Übermut,
Er überfällt dich heute nacht,
Da liegst du morgen umgebracht.«

Wild greift nach Schwert er und Pistol
Und stellt sich an die Tür und lauscht;
Es pfeift der Sturm und rast wie toll,
Der Erker bebt, die Diele rauscht;
Und will es einmal stille sein,
So zuckt ein fahler Blitz herein,
Und über seinem Haupte rollt
Der Donner schwer und zürnt und grollt.

Schon weit ist's über Mitternacht,
Noch immer steht der Reiter da,
Und wenn im Haus ein Balken kracht,
Glaubt er den Schritt der Rache nah,
Doch endlich bricht des Sturmes Wut
Und plätschernd stürzt die Regenflut,
Da schließt sich ihm das Augenlid
Und nieder sinkt er bleiern müd.

Er schlummert ... Fackeln in dem Saal,
Ein höllisches Gelächter schallt:
Weib, wo versteckst du den Gemahl?
Sprich! oder du bereust es bald!
Er zerrt mit widerwill'ger Wut
Die Füße nieder in die Glut;
Da sprüht die Flamme weit umher
Und wird ein lodernd Feuermeer.

Er krümmt auf feuchtem Lager sich
Und er erwacht ... Es ist so still.
Am Himmel steht ein lichter Strich,
Der schon den Tag verkünden will.
Er schleppt sich an das Fenster sacht
Und öffnet und blickt in die Nacht,
Es zwitschert in dem nahen Baum
Ein Vögelein, noch halb im Traum.

Die Scholle atmet kräft'gen Duft,
Gebadet ist der Garten ganz,
Es schwimmen Wolken in der Luft
Mit einem matten Silberglanz,
Und in dem ersten Dämmerschein

Wie ist die Erde still und rein? –
Da fühlt er dumpf wie sich verwies
Er aus des Friedens Paradies.

Rasch klopft es an: »Mach dich bereit!
Bist du bereit? Der Tag bricht ein.
Ich gebe selbst dir das Geleit,
Du solltest schon von hinnen sein.« –
Mit seinem Führer reitet bald
Der Kriegsknecht durch den dichten Wald,
Mit Ästen ist der Weg bestreut,
Doch nicht ein Lüftchen regt sich heut.

Der Reiter lauert tückisch scheu
Indem sie rüstig fürder ziehn,
Erstaunt, daß er am Leben sei,
Und fragt sich: »Weiß er, wer ich bin?«
Da deucht ihn halb ergraut das Haar,
Das gestern noch so dunkel war,
Da scheint ihm, wie vom Sturm gebeugt,
Der ihm des Waldes Wege zeigt.

Und schon im Felde sehn den Pflug
Sie in der Morgensonne gehn,
Da ruft der Reiter: »Herr, genug!
Habt Dank! Auf Nimmerwiedersehn!
Ihr seid ein Mann von weisem Sinn,
Und seht, daß ich des Königs bin,
Des größten Königs in der Welt,
Der meinen Weg im Auge hält!«

Jetzt spricht der andre feierlich:
»Du hieltst in meinem Hause Rast,
Und durch den Wald geleit ich dich,
Der du mein Weib gemordet hast!
Ich weiß, daß du *des* Königs bist,
Der über alle mächtig ist …
Doch wurde heut sein Dienst mit schwer;
Mein ist die Rache! spricht der Herr.«

ANHANG

XX

Fingerhütchen

Märchen

Wissen es die Kinder, wo
Seßhaft Fingerhütchen?
In dem Tal von Acherlo
Steht sein einsam Hüttchen;
Aber schon in jungen Tagen
Muß er einen Höcker tragen;
Setzt auf seinen Stuhl er sich,
Ist's ein seltsam Sitzen,
Und das Kinn kann wunderlich
Auf das Knie er stützen.

Körbe flicht aus Binsen er
Früh und spät sich regend,
Trägt sie zum Verkauf umher,
In der ganzen Gegend
Und so lebt er wohl zufrieden,
Aber einsam und gemieden,
Denn man zischelt mancherlei,
Und man trägt es weiter,
Wie er wohl ein Zaubrer sei,
Kundig aller Kräuter.

Dieses ist die Wahrheit nicht,
Ist ein leeres Meinen,
Doch das Volk im Dämmerlicht
Schaudert vor dem Kleinen,
Und die Jungen und die Alten
Weichen aus dem Ungestalten;
Einen Zweig von Fingerhut
Oder Elfenkäppchen
Steckt er stets an seinen Hut,
Trägt er auf dem Käppchen.

Einmal geht er heim bei Nacht
Nach des Tages Lasten,
Hat den halben Weg gemacht,
Darf ein bißchen rasten,
Und er sitzt an einem Hügel;
Eben steigt des Mondes Spiegel,
Doch es ist ihm gar nicht bang
Ist ihm gar nicht schaurig,
Nur daß noch der Weg so lang,
Dieses macht ihn traurig.

Etwas hört er klingen klar,
Nicht mit rechten Dingen,
In den Lüften, unsichtbar
Ein bezaubernd Singen …
Deutlich hört er nun, doch leise:
»Mondenscheibe, stille, weiße«,
Fingerhütchen spähet scharf
Und kann nichts erblicken,
Aber was er hören darf,
Das ist zum Entzücken.

Wieder hebt das Liedchen an
Unter Busch und Hecken,
Und wo's nicht mehr weiter kann,
Bleibt es wieder stecken.
»Mondenscheibe, stille, weiße« –
Dann verstummt die kurze Weise.
Lieblich ist, doch einerlei
Der Gesang der Elfen;
Fingerhütchen fällt es bei
Ihnen fortzuhelfen.

Und nun lauscht er scharf und still
Auf der Töne Leiter;
Wie sie eben enden will,
Führt er leicht sie weiter:
»Mondenscheibe, stille, weiße,
Sei begrüßt auf deiner Reise!«
Aus dem Hügel ruft's hervor:
»Trefflich und gelungen!«
Unterm Boden kommt empor
Kleines Volk gesprungen.

»Fingerhütchen, Fingerhut«
– Lärmt die tolle Runde –
»Faß dir einen frischen Mut!
Günstig ist die Stunde!
›Mondenscheibe, stille, weiße,
Sei begrüßt auf deiner Reise!‹
Dieses hast du gut gemacht,
Lernet es, ihr Sänger!
Wie du es zustand gebracht,
Hübscher ist's und länger.

Zeig dich einmal, schöner Mann,
Laß dich einmal sehen!
Daß uns nichts entgehen kann,
Sollst du noch dich drehen.
Ei, was müssen wir erblicken,
Fingerhut, auf deinem Rücken?
Weißt du, daß du schrecklich bist,
Schrecklich bist zum Grausen?
Nein, was innen lieblich ist,
Sei auch lieblich außen!

Wem die ganze Stirne voll
Glücklicher Gedanken,
Unter einem Höcker soll
Länger nicht er schwanken!
Strecket euch, gesunde Glieder!
Garst'ger Höcker, purzle nieder!
Fingerhut, nun bist du grad
Und geschickt zum Wandern,
Und ein schlankes Rückengrat
Hast du, wie die andern!«

Plötzlich wieder unsichtbar
Wird der Kleinen Menge,
Wieder läuten silberklar
Die entfernten Klänge:
»Mondenscheibe, stille, weiße,
Sei begrüßt auf deiner Reise.«
Fingerhut ist müd und laß,
Wäre gern daheime;
Er entschlummert in dem Gras
Über seinem Reime.

Und er schläft die ganze Nacht
An derselben Stelle;
Wie er morgen früh erwacht,
Scheint die Sonne helle,
Kühe weiden, Schafe grasen
Neben ihm auf grünem Rasen.
Fingerhut ist bald bekannt,
Läßt die Blicke schweifen;
Und dann will er mit der Hand
Nach dem Höcker greifen.

Was ihm halb im Traum geschehn –
Ist es eine Wahrheit?
Wird das Elfenwort bestehn
Vor des Tages Klarheit?
Und er tastet sachte hinten,
Aber nichts ist mehr zu finden!
Jubelnd springt er in die Höh,
Jubelt ohne Ende,
Und dann jagt er wie ein Reh
Über Feld behende.

Fingerhut steht plötzlich still,
Tastet leicht und leise,
Ob er wieder wachsen will? –
Nein in keiner Weise!
Fingerhütchen fühlt sich selig
Und an Leib und Seele fröhlich,
Und er wandelt grad und schlank
Und als hätt er Flügel,
Seit er schlummernd niedersank
An dem Elfenhügel.

ANMERKUNGEN

[1] *(Die Stadt im Meer.)* Clugies und Albiola, mittelalterliche Namen venezianischer Inseln.

[2] *(Der Mönch von Bonifazio.)* Die Belagerung von Bonifazio auf Korsika durch Alphons V. (1420) ist erzählt von Platen in seinen Geschichten des Königreichs Neapel.

[3] *(Römerin.)* »Des langen Schleiers Feuerschein«: das velum flammeum.

Zum Leichengeleite wurde geladen durch den Ruf des Weibels der Gemeinde: »Jener Wehrmann ist Todes verblichen; wer da kann, der komme dem Lucius Ämilius das Geleite zu geben; er wird weggetragen aus seinem Hause.« Mommsens röm. Geschichte.

[4] *(Die Siegesfeier am Leman.)* Zur Erinnerung an das Bild Gleyres im Museum von Lausanne. Der Sieg des jungen Tiguriners Diviko über den Konsul L. Cassius am Ufer des Genfersees fällt in das Jahr 107 v. Chr. Das Joch wird ausdrücklich erwähnt von Cäsar, bellum gall. I. 12.

[5] *(Thespesius.)* Nach Plutarch.

[6] *(Die Schlacht bei Tiberias.)* Siehe Felix-Bovet, Voyage en Terre-Sainte. »Seht ihr sie flattern dort um ihr Idol«, Saladins eigene Worte in seinem Schlachtbericht, Michaud, Croisades.

Alphabetisches Verzeichnis der Gedichte nach Überschriften und Anfängen

Inhalt

Conrad Ferdinand Meyer

Gesammelte Werke
Dritter Band

Herausgegeben von
Wolfgang Ignée

nymphenburger

Conrad Ferdinand Meyer

Novellen

Das Leiden eines Knaben
Die Richterin
Die Versuchung des Pescara
Angela Borgia

nymphenburger

Texte nach den Ausgaben letzter Hand

Umschlaggestaltung: R. Susanne Berner, Weyarn
Satz: Fotosatz Völkl, Germering bei München
Druck und Binden: Welsermühl, Wels OÖ.
Printed in Austria 1985
ISBN 3-485-00440-5

NOVELLEN

DAS LEIDEN EINES KNABEN

Der König hatte das Zimmer der Frau von Maintenon betreten und, luftbedürftig und für die Witterung unempfindlich wie er war, ohne weiteres in seiner souveränen Art ein Fenster geöffnet, durch welches die feuchte Herbstluft so fühlbar eindrang, daß die zarte Frau sich fröstelnd in ihre drei oder vier Röcke schmiegte.

Seit einiger Zeit hatte Ludwig der Vierzehnte seine täglichen Besuche bei dem Weibe seines Alters zu verlängern begonnen und er erschien oft schon zu früher Abendstunde, um zu bleiben, bis seine Spättafel gedeckt war. Wenn er dann nicht mit seinen Ministern arbeitete, neben seiner diskreten Freundin, die sich aufmerksam und schweigend in ihren Fauteuil begrub; wenn das Wetter Jagd oder Spaziergang verbot; wenn die Konzerte, meist oder immer geistliche Musik, sich zu oft wiederholt hatten, dann war guter Rat teuer, welchergestalt der Monarch vier Glockenstunden lang unterhalten oder zerstreut werden konnte. Die dreiste Muse Molières, die Zärtlichkeiten und Ohnmachten der Lavallière, die kühne Haltung und die originellen Witzworte der Montespan und so manches andere hatte seine Zeit gehabt und war nun gründlich vorüber, welk wie eine verblaßte Tapete. Maßvoll und fast genügsam wie er geworden, arbeitsam wie er immer gewesen, war der König auch bei einer die Schranke und das Halbdunkel liebenden Frau angelangt.

Dienstfertig, einschmeichelnd, unentbehrlich, dabei voller Grazie trotz ihrer Jahre, hatte die Enkelin des

Agrippa d'Aubigné einen lehrhaften Gouvernantenzug, eine Neigung, die Gewissen mit Autorität zu beraten, der sie in ihrem Saint-Cyr unter den Edelfräulein, die sie dort erzog, behaglich den Lauf ließ, die aber vor dem Gebieter zu einem bescheidenen Sichanschmiegen an seine höhere Weisheit wurde. Dergestalt hatte, wann Ludwig schwieg, auch sie ausgeredet, besonders wenn etwa, wie heute, die junge Enkelfrau des Königs, die Savoyardin, das ergötzlichste Geschöpf von der Welt, das überallhin Leben und Gelächter brachte, mit ihren Kindereien und ihren trippelnden Schmeichelworten aus irgendeinem Grunde wegblieb.

Frau von Maintenon, welche unter diesen Umständen die Schritte des Königs nicht ohne eine leichte Sorge vernommen hatte, beruhigte sich jetzt, da sie dem beschäftigten und unmerklich belustigten Ausdrucke der ihr gründlich bekannten königlichen Züge entnahm: Ludwig selbst habe etwas zu erzählen und zwar etwas Ergötzliches.

Dieser hatte das Fenster geschlossen und sich in einen Lehnstuhl niedergelassen. »Madame«, sagte er, »heute mittag hat mir Père Lachaise seinen Nachfolger, den Père Tellier gebracht.«

Père de Lachaise war der langjährige Beichtiger des Königs, welchen dieser, trotz der Taubheit und völligen Gebrechlichkeit des greisen Jesuiten, nicht fahrenlassen wollte und sozusagen bis zur Fadenscheinigkeit aufbrauchte; denn er hatte sich an ihn gewöhnt, und da er – es ist unglaublich zu sagen – aus unbestimmten, aber doch vorhandenen Befürchtungen seinen Beichtiger in keinem andern Orden glaubte wählen zu dürfen, zog er diese Ruine eines immerhin ehrenwerten Mannes einem jüngern und strebsamern Mitgliede der Gesellschaft Jesu vor. Aber alles hat seine Grenzen. Père Lachaise wankte sichtlich dem Grabe zu und Ludwig wollte denn doch nicht an seinem geistlichen Vater zum Mörder werden.

»Madame«, fuhr der König fort, »mein neuer Beichtiger hat keine Schönheit und Gestalt: eine Art Wolfsgesicht und dann schielt er. Er ist eine geradezu abstoßende Erscheinung, aber er wird mir als ein gegen sich und andere strenger Mann empfohlen, welchem sich ein Gewissen übergeben läßt. Das ist doch wohl die Hauptsache.«

»Je schlechter die Rinne, desto köstlicher das darin fließende himmlische Wasser«, bemerkte die Marquise erbaulich. Sie liebte die Jesuiten nicht, welche dem Ehebunde der Witwe Scarrons mit der Majestät entgegengearbeitet und kraft ihrer weiten Moral das Sakrament in diesem königlichen Falle für überflüssig erklärt hatten. So tat sie den frommen Vätern gelegentlich gern etwas zuleide, wenn sie dieselben im stillen krallen konnte. Jetzt schwieg sie und ihre dunkeln mandelförmigen, sanft schwermütigen Augen hingen an dem Munde des Gemahls mit einer bescheidenen Aufmerksamkeit.

Der König kreuzte die Füße, und den Demantblitz einer seiner Schuhschnallen betrachtend, sagte er leichthin: »Dieser Fagon! Er wird unerträglich! Was er sich nicht alles herausnimmt!«

Fagon war der hochbetagte Leibarzt des Königs und der Schützling der Marquise. Beide lebten sie täglich in seiner Gesellschaft und hatten sich auf den Fall, daß er vor ihnen stürbe, Asyle gewählt, sie Saint-Cyr, er den botanischen Garten, um sich hier und dort nach dem

Tode des Gebieters einzuschließen und zu begraben.
»Fagon ist Euch unendlich anhänglich«, sagte die Marquise.
»Gewiß, doch entschieden, er erlaubt sich zu viel«, versetzte der König mit einem leichten halb komischen Stirnrunzeln.
»Was gab es denn?«
Der König erzählte und hatte bald zu Ende erzählt. Er habe bei der heutigen Audienz seinen neuen Beichtiger gefragt, ob die Tellier mit dem Le Tellier, der Familie des Kanzlers, verwandt wären? Doch der demütige Père habe dieses schnell verneint und sich frank als den Sohn eines Bauers in der untern Normandie bekannt. Fagon habe unweit in einer Fensterbrüstung gestanden, das Kinn auf sein Bambusrohr gestützt. Von dort, hinter dem gebückten Rücken des Jesuiten, habe er unter der Stimme, aber vernehmlich genug, hergeflüstert: »Du Nichtswürdiger!« »Ich hob den Finger gegen Fagon«, sagte der König, »und drohte ihm.«
Die Marquise wunderte sich. »Wegen dieser ehrlichen Verneinung hat Fagon den Pater nicht schelten können, er muß einen andern Grund gehabt haben«, sagte sie verständig.
»Immerhin, Madame, war es eine Unschicklichkeit, um nicht mehr zu sagen. Der gute Père Lachaise, taub wie er endlich doch geworden ist, hörte es freilich nicht, aber mein Ohr hat es deutlich vernommen, Silbe um Silbe. ›Niederträchtiger!‹ blies Fagon dem Pater zu und der Mißhandelte zuckte zusammen.«
Die Marquise schloß lächelnd aus dieser Variante, daß Fagon einen derbern Ausdruck gebraucht habe. Auch in den Mundwinkeln des Königs zuckte es. Er hatte

sich von jung an zum Gesetze gemacht, wozu er übrigens schon von Natur neigte, und was er dann bis an sein Lebensende hielt, niemals, auch nicht erzählungsweise, ein gemeines oder beschimpfendes, kurz ein unkönigliches Wort in den Mund zu nehmen.

Der hohe Raum war eingedämmert, und wie der Bediente die traulichen zwei Armleuchter auf den Tisch setzte und sich rücklings schreitend verzog, siehe da wurde ein leise eingetretener Lauscher sichtbar, eine wunderliche Erscheinung, eine ehrwürdige Mißgestalt: ein schiefer, verwachsener, seltsam verkrümmter kleiner Greis, die entfleischten Hände unter dem gestreckten Kinn auf ein langes Bambusrohr mit goldenem Knopfe stützend, das feine Haupt vorgeneigt, ein weißes Antlitz mit geisterhaften blauen Augen. Es war Fagon.

»›Du Lump, du Schuft!‹ habe ich kurzweg gesagt, Sire, und nur die Wahrheit gesprochen«, ließ sich jetzt eine schwache, vor Erregung zitternde Stimme vernehmen. Fagon verneigte sich ehrfürchtig vor dem Könige, galant gegen die Marquise. »Habe ich einen Geistlichen in Eurer Gegenwart, Sire, dergestalt behandelt, so bin ich entweder der Niedertracht gegenüber ein aufbrausender Jüngling geblieben, oder ein würdiges Alter berechtigt, die Wahrheit zu sagen. Brachte mich nur das Schauspiel auf, welches der Pater gab, da sich der vierschrötige und hartknochige Tölpel mit seiner Wolfsschnauze vor Euch, Sire, drehte und krümmte und auf Eure leutselige Frage nach seiner Verwandtschaft in dünkelhafter Selbsterniedrigung nicht Worte genug fand, sein Nichts zu beteuern? ›Was denkt die Majestät?‹« – ahmte Fagon den Pater nach – »›Verwandt mit einem so vornehmen Herrn? Keineswegs! Ich bin der Sohn eines gemeinen Mannes! eines Bauers in der untern Normandie! eines ganz gemeinen Mannes! ...‹ Schon dieses nichtswürdige Reden von dem eigenen Vater, diese kriechende, heuchlerische, durch und durch unwahre Demut, diese gründliche Falschheit verdiente vollauf schuftig genannt zu werden. Aber die Frau Marquise hat recht: es war noch etwas anderes, etwas ganz Abscheuliches und Teuflisches, was ich gerächt habe, leider nur mit Worten: eine Missetat, ein Verbrechen, welches der unerwartete Anblick dieses tückischen Wolfes mir wieder so gegenwärtig vor das Auge stellte, daß die karge Neige meines Blutes zu kochen begann. Denn, Sire, dieser Bösewicht hat einen edeln Knaben gemordet!«

»Ich bitte dich, Fagon«, sagte der König, »welch ein Märchen!«

»Sagen wir: er hat ihn unter den Boden gebracht«, milderte der Leibarzt höhnisch seine Anklage.

»Welchen Knaben denn?« fragte Ludwig in seiner sachlichen Art, die kurze Wege liebte.

»Es war der junge Boufflers, der Sohn des Marschalls aus seiner ersten Ehe«, antwortete Fagon traurig.

»Julian Boufflers? Dieser starb, wenn mir recht ist«, erinnerte sich der König und sein Gedächtnis täuschte ihn selten, »17 ... im Jesuitenkollegium an einer Gehirnentzündung, welche das arme Kind durch Überarbeitung sich mochte zugezogen haben, und da Père Tellier in jenen Jahren dort Studienpräfekt sein konnte, hat er allerdings, sehr figürlich gesprochen«, spottete der König, »den unbegabten, aber im Lernen hartnäckigen Knaben in das Grab gebracht. Der Knabe hat sich eben übernommen, wie mir sein Vater, der Marschall, selbst erzählt hat.« Ludwig zuckte die Achseln. Nichts weiter. Er hatte etwas Interessanteres erwartet.

»Den unbegabten Knaben …« wiederholte der Arzt nachdenklich.

»Ja, Fagon«, versetzte der König, »auffallend unbegabt, und dabei schüchtern und kleinmütig, wie kein Mädchen. Es war an einem Marly-Tage, daß der Marschall, welchem ich für dieses sein ältestes Kind die Anwartschaft auf sein Gouvernement gegeben hatte, mir ihn vorstellte. Ich sah, der schmucke und wohlgebildete Jüngling, über dessen Lippen schon der erste Flaum sproßte, war bewegt und wollte mir herzlich danken, aber er geriet in ein so klägliches Stottern und peinliches Erröten, daß ich, um ihn nur zu beruhigen oder wenigstens in Ruhe zu lassen, mit einem: ›Es ist gut‹ geschwinder, als mir um seines Vaters willen lieb war, mich wendete.«

»Auch mir ist jener Abend erinnerlich«, ergänzte die Marquise. »Die verewigte Mutter des Knaben war meine Freundin und ich zog diesen nach seiner Niederlage zu mir, wo er sich still und traurig, aber dankbar und liebenswert erwies, ohne, wenigstens äußerlich, die erlittene Demütigung allzu tief zu empfinden. Er ermutigte sich sogar zu sprechen, das Alltägliche, das Gewöhnliche, mit einem herzgewinnenden Ton der Stimme, und – meine Nähe schaffte ihm Neider. Es war ein schlimmer Tag für das Kind, jener Marly. Ein Beiname, wie denn am Hofe alles, was nicht Ludwig heißt, den seinigen tragen muß« (die feinfühlige Marquise wußte, daß ihr gerades Gegenteil, die brave und schreckliche Pfälzerin, die Herzogin-Mutter von Orléans, ihr den allergarstigsten gegeben hatte), »einer jener gefährlichen Beinamen, die ein Leben vergiften können und deren Gebrauch ich meinen Mädchen in Saint-Cyr aufs strengste untersagt habe, wurde für den bescheidenen Knaben gefunden, und da er von Mund zu Munde lief, ohne viel Arg selbst von unschuldigen und blühenden Lippen gewispert, welche sich wohl dem hübschen Jungen nach wenigen Jahren nicht versagt haben würden.«

»Welcher Beiname?« fragte Fagon neugierig.

»›Le bel idiot‹ ... und das Zucken eines Paares hochmütiger Brauen verriet mir, wer ihn dem Knaben beschert hat.«

»Lauzun?« riet der König.

»Saint-Simon«, berichtigte die Marquise. »Ist er doch an unserm Hofe das lauschende Ohr, das spähende Auge, das uns alle beobachtet« – der König verfinsterte sich – »und die geübte Hand, die nächtlicherweile hinter verriegelten Türen von uns allen leidenschaftliche Zerrbilder auf das Papier wirft! Dieser edle Herzog, Sire, hat es nicht verschmäht, den unschuldigsten Knaben mit einem seiner grausamen Worte zu zeichnen, weil ich Harmlose, die er verabscheut, an dem Kinde ein flüchtiges Wohlgefallen fand und ein gutes Wort an dasselbe wendete.« So züngelte die sanfte Frau und reizte den König, ohne die Stirn zu falten und den Wohlklang ihrer Stimme zu verlieren.

»Der schöne Stumpfsinnige«, wiederholte Fagon langsam. »Nicht übel. Wenn aber der Herzog, der neben seinen schlimmen auch einige gute Eigenschaften besitzt, den Knaben gekannt hätte, wie ich ihn kennenlernte und er mir unvergeßlich geblieben ist, meiner

Treu! der gallichte Saint-Simon hätte Reue gefühlt. Und wäre er wie ich bei dem Ende des Kindes zugegen gewesen, wie es in der Illusion des Fiebers, den Namen seines Königs auf den Lippen, in das feindliche Feuer zu stürzen glaubte, der heimliche Höllenrichter unserer Zeit – wenn die Sage wahr redet, denn niemand hat ihn an seinem Schreibtische gesehen – hätte den Knaben bewundert und ihm eine Träne nachgeweint.«

»Nichts mehr von Saint-Simon, ich bitte dich, Fagon«, sagte der König, die Brauen zusammenziehend. »Mag er verzeichnen, was ihm als die Wahrheit erscheint. Werde ich die Schreibtische belauern? Auch die große Geschichte führt ihren Griffel und wird mich in den Grenzen meiner Zeit und meines Wesens läßlich beurteilen. Nichts mehr von ihm. Aber viel und alles, was du weißt, von dem jungen Boufflers. Er mag ein braver Junge gewesen sein. Setze dich und erzähle!« Er deutete freundlich auf einen Stuhl und lehnte sich in den seinigen zurück.

»Und erzähle hübsch bequem und gelassen, Fagon«, bat die Marquise mit einem Blick auf die schmucken Zeiger ihrer Stockuhr, welche zum Verwundern schnell vorrückten.

»Sire, ich gehorche«, sagte Fagon, »und tue eine untertänige Bitte. Ich habe heute den Père Tellier in Eurer Gegenwart mißhandelnd mir eine Freiheit genommen und weiß, wie ich mich aus Erfahrung kenne, daß ich, einmal auf diesen Weg geraten, an demselben Tage leicht rückfällig werde. Als Frau von Sablière den guten – oder auch nicht guten – Lafontaine, ihren Fabelbaum, wie sie ihn nannte, aus dem schlechten Boden, worein er seine Wurzeln gestreckt hatte, ausgrub und wieder in die gute Gesellschaft verpflanzte, willigte der Fabeldichter ein, noch einmal unter anständigen Menschen zu leben, unter der Bedingung jedoch, jeden Abend das Minimum von drei Freiheiten – was er so Freiheiten hieß – sich erlauben zu dürfen. In ähnlicher und verschiedener Weise bitte ich mir, soll ich meine Geschichte erzählen, drei Freiheiten aus –«

»Welche ich dir gewähre«, schloß der König.

Drei Köpfe rückten zusammen: der bedeutende des Arztes, das olympische Lockenhaupt des Königs und das feine Profil seines Weibes mit der hohen Stirn, den reizenden Linien von Nase und Mund und dem leicht gezeichneten Doppelkinne.

»In den Tagen, da die Majestät noch den größten ihrer Dichter besaß«, begann der Leibarzt, »und dieser, während schon der Tod nach seiner kranken Brust zielte, sich belustigte, denselben auf der Bühne nachzuäffen, wurde das Meisterstück: ›Der Kranke in der Einbildung‹ auch vor der Majestät hier in Versailles aufgeführt. Ich, der ich sonst eine würdige mit Homer oder Virgil verlebte Stunde und den Wellenschlag einer antiken Dichtung unter gestirntem Himmel den grellen Lampen und den verzerrten Gesichtern der auf die Bühne gebrachten Gegenwart vorziehe, ich durfte doch nicht wegbleiben, da wo mein Stand verspottet und vielleicht, wer wußte, ich selbst und meine Krükke« – er hob sein Bambusrohr, auf welches er auch sitzend sich zu stützen fortfuhr – »abbildlich zu sehen waren. Es geschah nicht. Aber hätte Molière mich in einer seiner Possen verewigt, wahrlich, ich hätte es *dem* nicht verargen können, der sein eigenes schmerzlichstes Empfinden komisch betrachtet und verkörpert hat.

Diese letzten Stücke Molières, nichts geht darüber! Das ist die souveräne Komödie, welche freilich nicht nur das Verkehrte, sondern in grausamer Lust auch das Menschlichste in ein höhnisches Licht rückt, daß es zu grinsen beginnt. Zum Beispiel, was ist verzeihlicher, als daß ein Vater auf sein Kind sich etwas einbilde, etwas eitel auf die Vorzüge, und etwas blind für die Schwächen seines eigenen Fleisches und Blutes sei? Lächerlich freilich ist es und fordert den Spott heraus. So lobt denn auch im Kranken in der Einbildung der alberne Diafoirus seinen noch alberneren Sohn Thomas, einen vollständigen Dummkopf. Doch die Majestät kennt die Stelle.«

»Mache mir das Vergnügen, Fagon, und rezitiere sie mir«, sagte der König, welcher, seit Familienverluste und schwere öffentliche Unfälle sein Leben ernst gemacht, sich der komischen Muse zu enthalten pflegte, dem die Lachmuskeln aber unwillkürlich zuckten in Erinnerung des guten Gesellen, den er einst gern um sich gelitten und an dessen Masken er sich ergötzt hatte.

»›Es ist nicht darum‹«, spielte Fagon den Doktor Diafoirus, dessen Rolle er seltsamerweise auswendig wußte, »›weil ich der Vater bin, aber ich darf sagen, ich habe Grund, mit diesem meinem Sohne zufrieden zu sein, und alle, die ihn sehen, sprechen von ihm als von einem Jüngling ohne Falsch. Er hat nie eine sehr tätige Einbildungskraft, noch jenes Feuer besessen, welches man an einigen wahrnimmt. Als er klein war, ist er nie, was man so heißt, aufgeweckt und mutwillig gewesen. Man sah ihn immer sanft, friedselig und schweigsam. Er sprach nie ein Wort und beteiligte sich niemals an den sogenannten Knabenspielen. Man hatte schwere Mühe ihn lesen zu lehren, und mit neun Jahren kannte er seine Buchstaben noch nicht. Gut, sprach ich zu mir, die späten Bäume tragen die besten Früchte, es gräbt sich in den Marmor schwerer, als in den Sand‹ … und so fort. Dieser langsam geträufelte Spott wurde dann auf der Bühne zum gründlichen Hohn durch das unsäglich einfältige Gesicht des Verlobten und zum unwiderstehlichen Gelächter in den Mienen der Zuschauer. Unter diesen fand mein Auge eine blonde Frau von rührender Schönheit und beschäftigte sich mit den langsam wechselnden Ausdrücken dieser einfachen Züge: zuerst demjenigen der Freude über die gerechte Belobung eines schwer, aber fleißig lernenden Kindes, so unvorteilhaft der Jüngling auf der Bühne sich ausnehmen mochte, dann dem andern Ausdrucke einer traurigen Enttäuschung, da die Schauende, ohne jedoch recht zu begreifen, innewurde, daß der Dichter, der es mit seinen schlichten Worten ernst zu meinen schien, eigentlich nur seinen blutigen Spott hatte mit der väterlichen Selbstverblendung. Freilich hatte Molière, der großartige Spötter, alles so naturwahr und sachlich dargestellt, daß mit ihm nicht zu zürnen war. Eine lange und mühsam verhaltene, tief schmerzliche Träne rollte endlich über die zarte Wange des bekümmerten Weibes. Ich wußte nun, daß sie Mutter war und einen unbegabten Sohn hatte. Das ergab sich für mich aus dem Geschauten und Beobachteten mit mathematischer Gewißheit.

Es war die erste Frau des Marschalls Boufflers.«

»Auch wenn du sie nicht genannt hättest, Fagon, ich erkannte aus deiner Schilderung meine süße Blondine«, seufzte die Marquise. »Sie war ein Wunder der Unschuld und Herzenseinfalt, ohne Arg und Falsch, ja ohne den Begriff der List und Lüge.«

Die Freundschaft der zwei Frauen, welche der Marquise einen so rührenden Eindruck hinterließ, war eine wahre und für beide Teile wohltätige gewesen. Frau von Maintenon hatte nämlich in den langen und schweren Jahren ihres Emporkommens, da die still Ehrgeizige mit zähester Schmiegsamkeit und geduldigster Konsequenz, immer heiter, überall dienstfertig, sich einen König und den größten König der Zeit eroberte, mit ihren klugen Augen die arglose Vornehme von den andern ihr mißgünstigen und feindseligen Hofweibern unterschieden und sie mit ein paar herzlichen Worten und zutulichen Gefälligkeiten an sich gefesselt. Die beiden halfen sich aus und deckten sich einander mit ihrer Geburt und ihrem Verstand.

»Die Marschallin hatte Tugend und Haltung«, lobte der König, während er einen in seinem Gedächtnis auftauchenden anmutigen Wuchs, ein liebliches Gesicht und ein aschenblondes Ringelhaar betrachtete.

»Die Marschallin war dumm«, ergänzte Fagon knapp. »Aber wenn ich Krüppel je ein Weib geliebt habe – außer meiner Gönnerin«, er verneigte sich huldigend gegen die Marquise, »und für ein Weib mein Leben hingegeben hätte, so war es diese erste Herzogin Boufflers. Ich lernte sie dann bald näher kennen, leider als Arzt. Denn ihre Gesundheit war schwankend und alle diese Lieblichkeit verlosch unversehens wie ein ausgeblasenes Licht. Wenige Tage vor ihrem letzten beschied sie mich zu sich und erklärte mir mit den einfachsten Worten von der Welt, sie werde sterben. Sie fühlte ihren Zustand, den meine Wissenschaft nicht erkannt hatte. Sie ergebe sich darein, sagte sie, und habe nur *eine* Sorge: die Zukunft und das Schicksal ihres Knaben. ›Er ist ein gutes Kind, aber völlig unbegabt, wie ich selbst es bin‹, klagte sie mir bekümmert, aber unbefangen. ›Mir ward ein leichtes Leben zuteil, da ich dem Marschall nur zu gehorchen brauchte, welcher nach seiner Art, die nichts aus den Händen gibt, auch wenn ich ein gescheites Weib gewesen wäre, außer dem einfachsten Haushalte mir keine Verantwortung überlassen hätte – du kennst ihn ja, Fagon, er ist peinlich und regiert alles selber. Wenn ich in der Gesellschaft schwieg oder meine Rede auf das Nächste beschränkte, um nichts Unwissendes oder Verfängliches zu sagen, so war ihm das gerade recht, denn eine Witzige oder Glänzende hätte ihn nur beunruhigt. So bin ich gut durchgekommen. Aber mein Kind? Der Julian soll als der Sohn seines Vaters in der Welt eine Figur machen. Wird er das können? Er lernt so unglaublich schwer. An Eifer läßt er es nicht fehlen, wahrlich nicht, denn es ist ein tapferes Kind ... Der Marschall wird sich wieder verheiraten, und irgendeine gescheite Frau wird ihm anstelligere Söhne geben. Nun möchte ich nicht, daß der Julian etwas Außerordentliches würde, was ja auch unmöglich wäre, sondern nur, daß er nicht zu harte Demütigungen erleide, wenn er hinter seinen Geschwistern zurückbleibt. Das ist nun deine Sache, Fagon. Du wirst auch zusehen, daß er körperlich nicht übertrieben werde. Laß das nicht aus dem Auge, ich bitte dich! Denn der Marschall übersieht das. Du kennst ihn ja. Er hat den Krieg im Kopf, die Grenzen, die Festungen ... Selbst über der Mahlzeit ist er in seine Geschäfte vertieft, der dem König und Frankreich unentbehrliche Mann, läßt sich plötzlich eine Karte holen, wenn er nicht selbst danach aufspringt, oder ärgert sich über irgendeine vormittags entdeckte Nachlässigkeit seiner Schreiber, welchen man bei der um sich greifenden Pflichtvergessenheit auch nicht das Geringste mehr überlassen dürfe. Geht dann durch einen Zufall ein Täßchen oder Schälchen entzwei, vergißt sich der Reizbare bis zum Schelten. Gewöhnlich sitzt er schweigend oder einsilbig zu Tische, mit gerunzelter Stirn, ohne sich mit dem Kinde abzugeben, das an jedem seiner Blicke hängt, ohne sich nach seinen kleinen Fortschritten zu erkundigen, denn er setzt voraus: ein Boufflers tue von selbst seine Pflicht. Und der Julian wird bis an die äußersten Grenzen seiner Kräfte gehen ... Fagon, laß ihn keinen Schaden leiden! Nimm dich des Knaben an! Bring ihn heil hinweg über seine zarten Jahre! Mische dich nur ohne Bedenken ein. Der Marschall hält etwas auf dich und wird deinen Rat gelten lassen. Er nennt dich den redlichsten Mann von Frankreich ... Also du versprichst es mir, bei dem Knaben meine Stelle zu vertreten ... Du hältst Wort und darüber hinaus ...‹

Ich gelobte es der Marschallin und sie starb nicht schwer.

Vor dem Bette, darauf sie lag, beobachtete ich den mir anvertrauten Knaben. Er war aufgelöst in Tränen, seine Brust arbeitete, aber er warf sich nicht verzweifelnd über die Tote, berührte den entseelten Mund nicht, sondern er kniete neben ihr, ergriff ihre Hand und küßte diese, wie er sonst zu tun pflegte. Sein Schmerz war tief, aber keusch und enthaltsam. Ich schloß auf männliches Naturell und früh geübte Selbstbeherrschung und betrog mich nicht. Im übrigen war Julian damals ein hübscher Knabe von etwa dreizehn Jahren, mit den seelenvollen Augen seiner Mutter, gewinnenden Zügen, wenig Stirn unter verworrenem blonden Ringelhaar und einem untadeligen Bau, der zur Meisterschaft in jeder Leibesübung befähigte.

Nachdem der Marschall das Weib seiner Jugend beerdigt und ein Jahr später mit der Jüngsten des Marschalls Grammont sich wieder verehelicht hatte, dem rührigen, grundgescheiten, olivenfarbigen, brennend magern Weibe, das wir kennen, beriet er aus freien Stükken mit mir die Schule, wohin wir Julian schicken sollten; denn seines Bleibens war nun nicht länger im väterlichen Hause.

Ich besprach mich mit dem geistlichen Hauslehrer, welcher das Kind bisher beaufsichtigt und beschäftigt hatte. Er zeigte mir die Hefte des Knaben, die Zeugnis ablegten von einem rührenden Fleiß und einer tapfern Ausdauer, aber zugleich von einem unglaublich mittelmäßigen Kopfe, einem völligen Mangel an Kombination und Dialektik, einer absoluten Geistlosigkeit. Was man im weitesten Sinne Witz nennt, jede leidenschaftliche – warme oder spottende – Beleuchtung der Rede, jede Überraschung des Scharfsinns, jedes Spiel der Einbildungskraft waren abwesend. Nur der einfachste Begriff und das ärmste Wort standen dem Knaben zu Gebote. Höchstens gefiel dann und wann eine Wendung durch ihre Unschuld oder brachte zum Lächeln durch ihre Naivetät. Seltsamer- und traurigerweise sprach der Hausgeistliche von seinem Zögling unwissentlich in den Worten Molières: ›ein Knabe ohne Falsch, der alles auf Treu und Glauben nimmt, ohne Feuer und Einbildungskraft, sanft, friedfertig, schweigsam und‹ – setzte

er hinzu – ›mit den schönsten Herzenseigenschaften.‹ Der Marschall und ich wußten dann – die Wahl war nicht groß – keine bessere Schule für das Kind als ein Jesuitenkollegium; und warum nicht das in Paris, wenn wir Julian nicht von seinen Standes- und Altersgenossen sondern wollten? Man muß es den Vätern lassen: sie sind keine Pedanten, und man darf sie loben, daß sie angenehm unterrichten und freundlich behandeln. Mit einer Schule jansenistischer Färbung konnten wir uns nicht befreunden: der Marschall schon nicht als guter Untertan, der Euer Majestät Abneigung gegen die Sekte kannte und Euer Majestät Gnade nicht mutwillig verscherzen wollte, ich aus ebendiesem Grunde« – Fagon lächelte – »und weil ich für den durch seine Talentlosigkeit schon überflüssig gedrückten Knaben die herbe Strenge und die finstern Voraussetzungen dieser Lehre ungeeignet, die leichte Erde und den zugänglichen Himmel der Jesuiten dagegen hier für zuträglicher oder wenigstens völlig unschädlich hielt, denn ich wußte, das Grundgesetz dieser Knabenseele sei die Ehre.
Dabei war auf meiner Seite die natürliche Voraussetzung, daß die frommen Väter nie von dem Marschalle beleidigt würden, und das war in keiner Weise zu befürchten, da der Marschall sich nicht um kirchliche Händel kümmerte und als Kriegsmann an der in diesem Orden streng durchgeführten Subordination sogar ein gewisses Wohlgefallen hatte.
Wie sollte aber der von der Natur benachteiligte Knabe mit einer öffentlichen Klasse Schritt halten? Da zählten der Marschall und ich auf zwei verschiedene Hilfen. Der Marschall auf das Pflichtgefühl und den Ehrgeiz seines Kindes. Er selbst, der nur mittelmäßig Begabte,

hatte auf seinem Felde Rühmliches geleistet, aber kraft seiner sittlichen Eigenschaften, nicht durch eine geniale Anlage. Ohne zu wissen oder nicht wissen wollend, daß Julian jene mittlere Begabung, welche er selbst mit eisernem Fleiße verwertete, bei weitem nicht besitze, glaubte er, es gebe keine Unmöglichkeit für den Willenskräftigen, und selbst die Natur lasse sich zwingen, wie ihn denn seine Galovins beschuldigen, er tadle einen während der Parade über die Stirn rollenden Schweißtropfen als ordonnanzwidrig, weil er selbst nie schwitze.

Ich dagegen baute auf die allgemeine Menschenliebe der Jesuiten und insonderheit auf die Berücksichtigung und das Ansehen der Person, wodurch diese Väter sich auszeichnen. Ich beredete mich mit mehreren derselben und machte sie mit den Eigenschaften des Knaben vertraut. Um ihnen das Kind noch dringender an das Herz zu legen, sprach ich ihnen von der Stellung seines Vaters, sah aber gleich, daß sie sich daraus nichts machten. Der Marschall ist ausschließlich ein Kriegsmann, dabei tugendhaft, ohne Intrige, und die Ehre folgt ihm nach wie sein Schatten. So hatten die Väter von ihm nichts zu hoffen und zu fürchten. Unter diesen Umständen glaubte ich Julian eine kräftigere Empfehlung verschaffen zu müssen und gab den frommen Vätern einen Wink –« Der Erzähler stockte.

»Was vertuschest du, Fagon?« fragte der König.

»Ich komme darauf zurück«, stotterte Fagon verlegen, »und dann wirst du, Sire, mir etwas zu verzeihen haben. Genug, das Mittel wirkte. Die Väter wetteiferten, dem Knaben das Lernen zu erleichtern, dieser fühlte sich in einer warmen Atmosphäre, seine Erstarrung

wich, seine kargen Gaben entfalteten sich, sein Mut wuchs und er war gut aufgehoben. Da änderte sich alles gründlich in sein Gegenteil.
Etwa ein halbes Jahr nach dem Eintritt Julians bei den Jesuiten ereignete sich zu Orléans, in dessen Weichbild die Väter Besitz und eine Schule hatten, welche beide sie zu vergrößern wünschten, eine schlimme Geschichte. Vier Brüder von kleinem Adel besaßen dort ein Gut, welches an den Besitz der Jesuiten stieß und das sie ungeteilt bewirteten. Alle vier dienten in Euerm Heere, Sire, verzehrten, wie zu geschehen pflegt, für ihre Ausrüstung und mehr noch im Umgang mit reichern Kameraden ihre kurze Barschaft und verschuldeten ihre Felder. Nun fand es sich, daß jenes Jesuitenhaus durch Zusammenkauf dieser Pfandbriefe der einzige Gläubiger der vier Junker geworden war und ihnen aus freien Stücken darüber hinaus eine abrundende Summe vorschoß, drei Jahre fest, dann mit jähriger Kündigung. Daneben aber verpflichteten sich die Väter den Junkern gegenüber mündlich aufs feierlichste, die ganze Summe auf dem Edelgute stehen zu lassen; es sei eben nur ein rein formales Gesetz ihrer Ordensökonomie, Geld nicht länger als auf drei Jahre auszutun.
Da begab es sich, daß die Väter jenes Hauses unversehens in ihrer Vollzahl an das Ende der Welt geschickt wurden, wahrhaftig, ich glaube nach Japan, und die an ihre Stelle tretenden begreiflicherweise nichts von jenem mündlichen Versprechen ihrer Vorgänger wußten. Der dreijährige Termin erfüllte sich, die neuen Väter kündigten die Schuld, nach Jahresfrist konnten die Junker nicht zahlen und es wurde gegen sie verfahren. Schon hatte sich das fromme Haus in den Besitz ihrer

Felder gesetzt, da gab es Lärm. Die tapferen Brüder polterten an alle Türen, auch an die des Marschalls Boufflers, welcher sie als wackere Soldaten kannte und schätzte. Er untersuchte den Handel mit Ernst und Gründlichkeit nach seiner Weise. Der entscheidende Punkt war, daß die Brüder behaupteten, von den frommen Vätern nicht allein mündliche Beteuerungen, sondern, was sie völlig beruhigt und sorglos gemacht, zu wiederholten Malen auch gleichlautende Briefe erhalten zu haben. Diese Schriftstücke seien auf unerklärliche Weise verlorengegangen. Wohl fänden sich in Briefform gefaltete Papiere mit gebrochenen, übrigens leeren Siegeln, welche den Briefen der Väter zum Verwundern glichen, doch diese Papiere seien unbeschrieben und entbehren jedes Inhalts.

Dergestalt fand ich, eines Tages das Kabinett des Marschalls betretend, denselben damit beschäftigt, in seiner genauen Weise jene blanken Quadrate umzuwenden und mit der Lupe vorn und hinten zu betrachten. Ich schlug ihm vor mir die Blätter für eine Stunde anzuvertrauen, was er mir mit ernsten Augen bewilligte.

Ihr schenktet, Sire, der Wissenschaft und mir einen botanischen Garten, der Euch Ehre macht, und bautet mir im Grünen einen stillen Sitz für mein Alter. Nicht weit davon, am Nordende, habe ich mir eine geräumige chemische Küche eingerichtet, die Ihr einmal zu besuchen mir verspracht. Dort unterwarf ich jene fragwürdigen Papiere wirksamen und den gelehrten Vätern vielleicht noch unbekannten Agentien. Siehe da, die erblichene Schrift trat schwarz an das Licht und offenbarte das Schelmstück der Väter Jesuiten.

Der Marschall eilte mit den verklagenden Papieren

stracks zu Deiner Majestät« – König Ludwig strich sich langsam die Stirn – »und fand dort den Pater Lachaise, welcher aufs tiefste erstaunte über diese Verirrung seiner Ordensbrüder in der Provinz, zugleich aber Deiner Majestät vorstellte, welche schreiende Ungerechtigkeit es wäre, die Gedankenlosigkeit weniger oder eines einzelnen eine so zahlreiche, wohltätige und sittenreine Gesellschaft entgelten zu lassen, und dieser einzelne, der frühere Vorsteher jenes Hauses habe überdies, wie er aus verläßlichen Quellen wisse, kürzlich in Japan unter den Heiden das Martyrium durch den Pfahl erlitten. Wer am besten bei dieser Wendung der Dinge fuhr, das waren die vier Junker. Die Hälfte der Schuld erließen ihnen die verblüfften Väter, die andere Hälfte tilgte ein Großmütiger.«

Der König, der es gewesen sein mochte, veränderte keine Miene.

»Dem Marschall dankte dann Père Lachaise insbesondere dafür, daß er in einer bemühenden Sache die Herstellung der Wahrheit unternommen und es seinem Orden erspart habe, sich mit ungerechtem Gute zu belasten. Dann bat er ihn, der Edelmann den Edelmann, den Vätern sein Wohlwollen nicht zu entziehen und ihnen das Geheimnis zu bewahren, was sich übrigens für einen Marschall Boufflers von selbst verstehe.

Der geschmeichelte Marschall sagte zu, wollte aber wunderlicherweise nichts davon hören, die verräterischen Dokumente herauszugeben oder sie zu vernichten. Es fruchtete nichts, daß Père Lachaise ihn zuerst mit den zartesten Wendungen versuchte, dann mit den bestimmtesten Forderungen bestürmte. Nicht daß der Marschall im geringsten daran gedacht hätte, sich dieser gefährlichen Briefe gegen die frommen Väter zu bedienen; aber er hatte sie einmal zu seinen Papieren gelegt, mit deren Aufräumen und Registrieren er das Drittel seiner Zeit zubringt. In diesem Archive, wie er es nennt, bleibt vergraben, was einmal drinne liegt. So schwebte kraft der Ordnungsliebe und der genauen Gewohnheiten des Marschalls eine immerwährende Drohung über dem Orden, die derselbe dem Unvorsichtigen nicht verzieh. Der Marschall hatte keine Ahnung davon und glaubte mit den von ihm geschonten Vätern auf dem besten Fuße zu stehn.

Ich war anderer Meinung und ließ es an dringenden Vorstellungen nicht fehlen. Hart setzte ich ihm zu, seinen Knaben ohne Zögern den Jesuiten wegzunehmen, da der verbissene Haß und der verschluckte Groll, welchen getäuschte Habgier und entlarvte Schurkerei unfehlbar gegen ihren Entdecker empfinden, sich notwendigerweise über den Orden verbreiten, ein Opfer suchen und es vielleicht, ja wahrscheinlich in seinem unschuldigen Kinde finden würden. Er sah mich verwundert an, als ob ich irrerede und Fabeln erzähle. Geradeheraus: entweder hat der Marschall einen kurzen Verstand, oder er wollte sein gegebenes Wort mit Prunk und Glorie selbst auf Kosten seines Kindes halten.

›Aber Fagon‹, sagte er, ›was in aller Welt hat mein Julian mit dieser in der Provinz begegneten Geschichte zu schaffen? Wo ist da ein richtiger Zusammenhang? Wenn ihm übrigens die Väter ein bißchen strenger auf die Finger sehen, das kann nichts schaden. Sie haben ihn nicht übel verhätschelt. Ihnen jetzt den Knaben wegnehmen? Das wäre unedel. Man würde plaudern, Gründe suchen, vielleicht die unreinliche Geschichte ausgraben und ich stünde da als ein Wortbrüchiger.‹ So sah der Marschall nur den Nimbus seiner Ehre, statt an sein Kind zu denken, das er vielleicht, solang es lebte, noch keines eingehenden Blickes gewürdigt hatte. Ich hätte ihn für seinen Edelmut mit dieser meiner Krücke prügeln können.

Es ging dann, wie es nicht anders gehen konnte. Nicht in auffallender Weise, ohne Plötzlichkeit und ohne eigentliche Ungerechtigkeit ließen die Väter Professoren den Knaben sinken, in welchem sie den Sohn eines Mannes zu hassen begannen, der den Orden beleidigt habe. Nicht alle unter ihnen, die bessern am wenigsten, kannten die saubere Geschichte, aber alle wußten: Marschall Boufflers hat uns beschämt und geschädigt, und alle haßten ihn.

Eine feine Giftluft schleichender Rache füllte die Säle des Kollegiums. Nicht nur jedes Entgegenkommen, sondern auch jede gerechte Berücksichtigung hatten für Julian aufgehört. Das Kind litt. Täglich und stündlich fühlte es sich gedemütigt, nicht durch lauten Tadel, am wenigsten durch Scheltworte, welche nicht im Gebrauche der Väter sind, sondern fein und sachlich, einfach dadurch, daß sie die Anmut des Blondkopfes nicht länger freundlich unterstützten und die geistige Dürftigkeit nach verweigertem Almosen beschämt in ihrer Blöße dastehen ließen. Jetzt begann das Kind von einem verzweifelnden Ehrgeiz gestachelt seine Wachen zu verlängern, seinen Schlummer gewalttätig abzukürzen, sein Gehirn zu martern, seine Gesundheit zu untergraben – ich mag davon nicht reden, es bringt mich auf …«

Fagon machte eine Pause und schöpfte Atem.

Der König füllte dieselbe, indem er ruhig bemerkte: »Ich frage mich, Fagon, wieviel Wirklichkeit alles dieses hat. Ich meine diese stille Verschwörung gelehrter und verständiger Männer zum Schaden eines Kindes und dieser brütende Haß einer ganzen Gesellschaft gegen einen im Grunde ihr so ungefährlichen Mann, wie der Marschall ist, der sie ja überdies ganz ritterlich behandelt hatte. Du siehst Gespenster, Fagon. Du bist hier Partei und hast vielleicht, wer weiß, gegen den verdienten Orden neben deinem ererbten Vorurteil noch irgendeine persönliche Feindschaft.«

»Wer weiß?« stammelte Fagon. Er hatte sich entfärbt, soweit er noch erblassen konnte, und seine Augen loderten. Die Marquise wurde ängstlich und berührte heimlich den Arm ihres Schützlings, ohne daß er die warnende Hand gefühlt hätte. Frau von Maintenon wußte, daß der heftige Alte, wenn er gereizt wurde, gänzlich außer sich geriet und unglaubliche Worte wagte, selbst dem Könige gegenüber, welcher freilich dem langjährigen und tiefen Kenner seiner Leiblichkeit nachsah, was er keinem andern so leicht vergeben hätte. Fagon zitterte. Er stotterte unzusammenhängende Sätze und seine Worte stürzten durcheinander, wie Krieger zu den Waffen.

»Du glaubst es nicht, Majestät, Kenner der Menschenherzen, du glaubst es nicht, daß die Väter Jesuiten jeden, der sie wissentlich oder unwissentlich beleidigt, hassen bis zur Vernichtung? Du glaubst nicht, daß diese Väter weder Wahr noch Falsch, weder Gut noch Böse kennen, sondern nur ihre Gesellschaft?« Fagon schlug eine grimmige Lache auf. »Du *willst* es nicht glauben, Majestät!

Sage mir, König, du Kenner der Wirklichkeit«, raste Fagon abspringend weiter, »da die Rede ist von der Glaubwürdigkeit der Dinge, kannst du auch nicht glauben, daß in deinem Reiche bei der Bekehrung der Protestanten Gewalt angewendet wird?«

»Diese Frage«, erwiderte der König sehr ernsthaft, »ist die erste deiner heutigen drei Freiheiten. Ich beantworte sie. Nein, Fagon. Es wird, verschwindend wenige Fälle ausgenommen, bei diesen Bekehrungen keine Gewalt angewendet, weil ich es ein für allemal ausdrücklich untersagt habe und weil meinen Befehlen nachgelebt wird. Man zwingt die Gewissen nicht. Die wahre Religion siegt gegenwärtig in Frankreich über Hunderttausende durch ihre innere Überzeugungskraft.«

»Durch die Predigten des Père Bourdaloue!« höhnte Fagon mit gellender Stimme. Dann schwieg er. Entsetzen starrte aus seinen Augen über *diesen* Gipfel der Verblendung, *diese* Mauer des Vorurteils, *diese* gänzliche Vernichtung der Wahrheit. Er betrachtete den König und sein Weib eine Weile mit heimlichem Grauen.

»Sire, meine nicht«, fuhr er fort, »daß ich Partei bin und das Blut meiner protestantischen Vorfahren aus mir spreche. Ich bin von einer ehrwürdigen Kirche abgefallen. Warum? Weil ich, Gott vorbehalten, von dem ich nicht lasse und der in meinen alten Tagen mich nicht verlassen möge, über Religionen und Konfessionen samt und sonders denke, wie jener lukrezische Vers …«

Weder der König noch Frau von Maintenon wußten von diesem Verse, aber sie konnten vermuten, Fagon meine nichts Frommes.

»Kennt Ihr den Tod meines Vaters, Sire?« flüsterte Fagon. »Er ist ein Geheimnis geblieben, aber Euch will ich es anvertrauen. Er war ein sanfter Mann und nährte sich, sein Weib und seine Kinder, deren letztes und sechstes ich Verwachsener war, in Auxerre von dem Verkaufe seiner Latwergen redlich und kümmerlich; denn Auxerre hat eine gesunde Luft und ein Schock Apotheken. Die glaubenseifrigen Einwohner, die meinen Vater liebten, wollten ihm alles Gute und hätten ihn gern der Kirche zurückgegeben, aber nicht mit Gewalt, denn Ihr habet es gesagt, Sire, man zwingt die Gewissen nicht. Also verbrüderten sie sich, die calvinistische Apotheke zu meiden. Mein Vater verlor sein Brot und wir hungerten. Die Väter Jesuiten taten dabei, wie überall, das Beste. Da wurde sein Gewissen in sich selbst uneins. Er schwur ab. Weil aber die scharfen calvinistischen Sätze ein Gehirn, dem sie in seiner Kindheit eingegraben wurden, nicht so leicht wieder verlassen, erschien sich der Ärmste bald als ein Judas, der den Herrn verriet, und er ging hin wie jener und tat desgleichen.«

»Fagon«, sagte der König mit Würde, »du hast den armen Père Tellier wegen einer geschmacklosen Rede über seinen Vater beschimpft, und redest selber so nackt und grausam von dem deinigen. Unselige Dinge verlangen einen Schleier!«

»Sire«, erwiderte der Arzt, »Ihr habet recht und seid für mich wie für jeden Franzosen das Gesetz in Dingen des Anstandes. Freilich kann man sich von gewissen Stimmungen hinreißen lassen, in dieser Welt der Unwahrheit und ihr zum Trotz von einer blutigen Tatsache, und wäre es die schmerzlichste, das verhüllende Tuch unversehens wegzuziehen ...

Aber, Sire, wie vorzeitig habe ich die erste meiner Freiheiten verbraucht, und wahrlich, mich gelüstet, gleich noch meine zweite zu verwenden.« Die Marquise las in den veränderten Zügen des Arztes, daß sein Zorn vorüber und nach einem solchen Ausbruche an diesem Abend kein Rückfall mehr zu befürchten sei.

»Sire«, sagte Fagon fast leichtsinnig, »habt Ihr Euern Untertan, den Tiermaler Mouton gekannt? Ihr schüttelt das Haupt. So nehme ich mir die große Freiheit, Euch den wenig hoffähigen, aber in diese Geschichte gehörenden Künstler vorzustellen, zwar nicht in Natur, mit seinem zerlöcherten Hut, den Pfeifenstummel zwischen den Zähnen – ich rieche seinen Knaster –, hemdärmelig und mit hangenden Strümpfen. Überdies liegt er im Grabe. Ihr liebet die Niederländer nicht, Sire, weder ihre Kirmessen auf der Leinwand, noch ihre eigenen ungebundenen Personen. Wisset, Majestät: Ihr habt einen Maler besessen, einen Pikarden, der sowohl durch die Sachlichkeit seines Pinsels als durch die Zwanglosigkeit seiner Manieren die Holländer bei weitem überholländerte.

Dieser Mouton, Sire, hat unter uns gelebt, seine grasenden Kühe und seine in eine Staubwolke gedrängten Hämmel malend, ohne eine blasse Ahnung alles Großen und Erhabenen, was dein Zeitalter, Majestät, hervorgebracht hat. Kannte er deine Dichter? Nicht von ferne. Deine Bischöfe und Prediger? Nicht dem Namen nach. Mouton hatte kein Taufwasser gekostet. Deine Staatsmänner, Colbert, Lyonne und die andern? Darum hat sich Mouton nie geschoren. Deine Feldherrn, Condé mit dem Vogelgesicht, Turenne, Luxembourg und den Enkel der schönen Gabriele? Nur den letztern, welchem er in Anet einen Saal mit Hirschjagden von unglaublich frecher Mache füllte. Vendôme mochte Mouton und dieser nannte seinen herzoglichen Gönner in rühmender Weise einen Viehkerl, wenn ich das Wort vor den Ohren der Majestät aussprechen darf. Hat Mouton die Sonne unserer Zeit gekannt? Wußte er von deinem Dasein, Majestät? Unglaublich zu sagen: den Namen, welcher die Welt und die Geschichte füllt – vielleicht hat er nicht einmal deinen Namen gewußt, wenn ihm auch, selten genug, deine Goldstücke durch die Hände laufen mochten. Denn Mouton konnte nicht lesen, sowenig als sein Liebling, der andere Mouton. Dieser zweite Mouton, ein weiser Pudel mit geräumigem Hirnkasten und sehr verständigen Augen, über welche ein schwarzzottiges Stirnhaar in verworrenen Büscheln niederhing, war ohne Zweifel – in den Schranken seiner Natur – der begabteste meiner drei Gäste: so sage ich, weil Julian Boufflers, von dem ich erzähle, Mouton der Mensch und Mouton der Pudel oft lange Stunden vergnügt bei mir zusammensaßen.

Ihr wisset, Sire, die Väter Jesuiten sind freigebige Ferienspender, weil ihre Schüler, den vornehmen, ja den höchsten Ständen angehörend, öfters zu Jagden, Komödien oder sonstigen Lustbarkeiten, freilich nicht alle, nach Hause oder anderswohin gebeten werden. So nahm ich denn Julian, welcher von seinem Vater, dem Marschall, grundsätzlich selten nach Hause verlangt wurde, zuweilen in Euern botanischen Garten mit, wo Mouton, der sich unter Pflanzen und Tieren heimisch fühlte, mich zeitweilig besuchte, irgendeine gelehrte Eule oder einen possierlichen Affen mit ein paar entschiedenen Kreidestrichen auf das Papier warf und wohl auch, wenn Fleiß und gute Laune vorhielten, mir ein stilles Zimmer mit seinen scheuenden Pferden oder saufenden Kühen bevölkerte. Ich hatte Mouton den Schlüssel einer Mansarde mit demjenigen des nächsten Mauerpförtchens eingehändigt, um dem Landstreicher eine Heimstätte zu geben, wo er seine Staffeleien und Mappen unterbringe. So erschien und verschwand er bei mir nach seinem Belieben.

Einmal an einem jener kühlen und erquicklichen Regensommertage, jener Tage stillen aber schnellen Wachstumes für Natur und Geist, saß ich in meiner Bibliothek und blickte durch das hohe Fenster derselben über einen aufgeschlagenen Folianten und meine Brille hinweg in die mir gegenüberliegende Mansarde des Nebengebäudes, das Nest Moutons. Dort sah ich einen blonden schmalen Knabenkopf in glücklicher Spannung gegen eine Staffelei sich neigen. Dahinter nickte der derbe Schädel Moutons und eine behaarte Hand führte die schlanke des Jünglings. Außer Zweifel, da wurde eine Malstunde gegeben. Mouton der Pudel saß auf einem hohen Stuhle mit rotem Kissen daneben, klug und einverstanden, als billige er höchlich diese gute Ergötzung. Ich markierte mein Buch und ging hinüber.

In meinen Filzstiefeln wurde ich von den lustig Malenden nicht gehört und nur von Mouton dem Pudel wahrgenommen, der aber seinen Gruß, ohne das Kissen zu verlassen, auf ein heftiges Wedeln beschränkte. Ich ließ mich still in einen Lehnstuhl nieder, um dem wunderlichsten Gespräche beizuwohnen, welches je in Euerm botanischen Garten, Sire, geführt wurde. Zuerst aber betrachtete ich aus meinem Winkel das Bild, welches auf der Staffelei stand, den Geruch einatmend, den die flott und freigebig gehandhabten Ölfarben verbreiteten. Was stellte es dar? Ein Nichts: eine Abendstimmung, eine Flußstille, darin die Spiegelung einiger aufgelöster roter Wölkchen und eines bemoosten Brükkenbogens. Im Flusse standen zwei Kühe, die eine saufend, die andere, der auch noch das Wasser aus den Maulwinkeln troff, beschaulich blickend. Natürlich tat Mouton das Beste daran. Aber auch der Knabe besaß eine gewisse Pinselführung, welche nur das Ergebnis mancher ohne mein Wissen mit Mouton vermalten Stunde sein konnte. Wie viel oder wenig er gelernt haben mochte, schon die Illusion eines Erfolges, die Teilnahme an einer genialen Tätigkeit, einem mühelosen und glücklichen Entstehen, einer Kühnheit und Willkür der schöpferischen Hand, von welcher wohl der Phantasielose sich früher keinen Begriff gemacht hatte und die er als ein Wunder bestaunte, ließ den Knaben nach so vielen Verlusten des Selbstgefühls eine große Glückseligkeit empfinden. Das wärmste Blut rötete seine keuschen Wangen und ein Eifer beflügelte seine Hand, daß nichts darüber ging und auch ich eine helle väterliche Freude fühlte.

Inzwischen erklärte Mouton dem Knaben die breiten Formen und schweren Gebärden einer wandelnden Kuh, und schloß mit der Behauptung, es gehe nichts darüber, als die Gestalt des Stieres. Diese sei der Gipfel der Schöpfung. Er sagte wohl, um genau zu sein, der Natur, nicht der Schöpfung, denn die letztere kannte er nicht, weder den Namen, noch die Sache, da er verwahrlost und ohne Katechismus aufgewachsen war.

Wenig Glück genügte, die angeborene Heiterkeit wie

eine sprudelnde Quelle aus dem Knaben hervorzulokken. Die Achtung Moutons vor dem Hornvieh komisch findend, erzählte Julian unschuldig: ›Père Amiel hat uns heute morgen gelehrt, daß die alten Ägypter den Stier göttlich verehrten. Das finde ich drollig!‹
›Sapperment‹, versetzte der Maler leidenschaftlich, ›da taten sie recht. Gescheite Leute das, Viehkerle! Nicht wahr, Mouton? Wie? Ich frage dich, Julian, ist ein Stierhaupt in seiner Macht und drohenden Größe nicht göttlicher – um das dumme Wort zu gebrauchen – als ein Dreieck oder ein Tauber oder gar ein schales Menschengesicht? Nicht wahr, Mouton? Das fühlst du doch selber, Julian? Wenn ich sagte: fades Menschengesicht, so rede ich unbeschadet der Nase deines Père Amiel. Alle Achtung!‹ Mouton zeichnete, übrigens ohne jeden Spott, mit einem frechen Pinselzug auf das Tannenholz der Staffelei eine Nase, aber eine Nase, ein Ungeheuer von einer Nase, von fabelhafter Größe und überwältigender Komik.
›Man sieht‹, fuhr er dann in ganzem Ernste fort, ›die Natur bleibt nicht stehen. Es würde sie ergötzen, zeitweilig etwas Neues zu bringen. Doch das ist verspätet: die Vettel hat ihr Feuer verloren.‹
›Père Amiel‹, meinte der Knabe schüchtern, ›wird der Natur nicht für seine Nase danken, denn sie macht ihn lächerlich, und er hat ihrethalber viel von meinen Kameraden auszustehen.‹
›Das sind eben Buben‹, sagte Mouton großmütig, ›denen der Sinn für das Erhabene mangelt. Aber beiläufig, wie kommt es, Julian, daß ich, neulich in deinem Schulhaus einen Besuch machend, um dir die Vorlagen zu bringen, dich unter lauten Kröten fand? Dreizehn- und

vierzehnjährige Jüngelchen? Paßt sich das für dich, dem der Flaum keimt und der ein Liebchen besitzt?‹ Dieser plötzliche Überfall rief den entgegengesetzten Ausdruck zweier Gefühle auf das Antlitz des Jünglings: eine glückliche, aber tiefe Scham, und einen gründlichen Jammer, der überwog. Julian seufzte. ›Ich bin zurückgeblieben‹, lispelte er mit unwillkürlichem Doppelsinne.

›Dummheit!‹ schimpfte Mouton. ›Worin zurückgeblieben? Bist du nicht mit deinen Jahren gewachsen und ein schlanker und schöner Mensch? Wenn dir die Wissenschaften widerstehen, so beweist das deinen gesunden Verstand. Meiner Treu! ich hätte mich als ein Bärtiger oder wenigstens Flaumiger nicht unter die Buben setzen lassen und wäre auf der Stelle durchgebrannt.‹

›Aber, Mouton‹, sagte der Knabe, ›der Marschall, mein Vater, hat es von mir verlangt, daß ich noch ein Jahr unter den Kleinen sitzen bleibe. Er hat mich darum gebeten, ihm diesen Gefallen zu tun.‹ Er sagte das mit einem zärtlichen Ausdruck von Gehorsam und ehrfürchtiger Liebe, der mich ergriff, obschon ich mich zu gleicher Zeit an dem die kindliche Verehrung mißbrauchenden Marschall ärgerte und auch darüber höchst mißmutig war, daß Julian, gegen mich und jedermann ein hartnäckiger Schweiger, einem Mouton Vertrauen bewies, einem Halbmenschen sich aufschloß. Mit Unrecht. Erzählen doch auch wir Erwachsenen einem treuen Tiere, welches uns die Pfoten auf die Kniee legt, unsern tiefsten Kummer, und ist es nicht ein vernünftiger Trieb aller von der Natur Benachteiligten, ihre Gesellschaft eher unten zu suchen als bei ihresgleichen, wo sie sich als Geschonte und Bemitleidete empfinden.

›Weißt du was‹, fuhr Mouton nach einer Pause fort, und der andere Mouton spitzte die Ohren dazu, ›du zeichnest dein Vieh schon jetzt nicht schlecht und lernst täglich hinzu. Ich nehme dich nach dem Süden als meinen Gesellen. Ich habe da eine Bestellung nach Schloß Grignan. Die Dingsda – wie heißt sie doch? das fette lustige Weibsbild? richtig: die Sévigné! – schickt mich ihrem Schwiegersohn, dem Gouverneur dort herum. Du gehst mit und nährst dich ausgiebig von Oliven, bist ein freier loser Vogel, der flattert und pickt, wo er will, blickst dein Lebtag in nichts Gedrucktes und auf nichts Geschriebenes mehr und lässest den Marschall Marschall sein. Auch dein blaues kühles vornehmes Liebchen bleibt dahinten. Meinst, ich hätte dich nicht gesehen, Spitzbube, erst vorgestern, da der alte Quacksalber in Versailles war, vor den Affen stehen, mit der alten Kräuterschachtel und der großen blauen Puppe? Für diese wird sich schon ein brauner sonneverbrannter Ersatz finden.‹
Dieses letzte Wort, welches noch etwas zynischer lautete, empörte mich, wiewohl es den Knaben, wie ich ihn kannte, nicht beschädigen konnte. Jetzt räusperte ich mich kräftig, und Julian erhob sich in seiner ehrerbietigen Art mich zu begrüßen, während Mouton, ohne irgendeine Verlegenheit blicken zu lassen, sich begnügte in den Bart zu murmeln: ›Der!‹ Mouton war von einer gründlichen Undankbarkeit.
Ich nahm den Knaben, während Mouton lustig fortpinselte, mit mir in den Garten und fragte ihn, ob ihn wirklich der Zyniker in seinem Collège aufgesucht hätte, was mir aus naheliegenden Gründen unangenehm war.

Julian bejahte. Es habe ihn etwas gekostet, sagte er aufrichtig, unter seinen Mitschülern im Hofraum den Händedruck Moutons zu erwidern, dem die nackten Ellbogen aus den Löchern seiner Ärmel und die Zehen aus den Schuhen geguckt hätten, ›aber‹, sagte er, ›ich tat es und begleitete ihn auch noch über die Straße; denn ich danke ihm Unterricht und heitere Stunden und habe ihn auch recht lieb, ohne seine Unreinlichkeit.‹

So redete der Knabe, ohne weiter etwas daraus zu machen, und erinnerte mich an eine Szene, die ich vor kurzem aus den obern, auf den Spielplatz blickenden Arkaden des Collège, wohin man mich zu einem kranken Schüler gerufen, beobachtet hatte und von welcher ich mich lange nicht hatte trennen können. Unten war Fechtstunde, und der Fechtmeister, ein alter benarbter Sergeant, der lange Jahre unter dem Marschall gedient hatte, behandelte den Sohn seines Feldherrn, welcher kurz vorher neben Kindern auf einer Schulbank gesessen, mit fast unterwürfiger Ehrerbietung, als erwarte er Befehl, statt ihn zu geben.

Julian focht ausgezeichnet, ich hätte fast gesagt: er focht edel. Der Knabe pflegte in den langen Stunden des Auswendiglernens das Handgelenk mechanisch zu drehen, wodurch dasselbe ungewöhnlich geschmeidig wurde. Dazu hatte er genauen Blick und sichern Ausfall. So wurde er, wie gesagt, ein Fechter erster Klasse, wie er auch gut und verständig ritt. Es lag nahe, daß der überall Gedemütigte diese seine einzige Überlegenheit seine Kameraden fühlen ließ, um ein Ansehen zu gewinnen. Aber nein, er verschmähte es. Die in dieser Körperübung Geschickten und Ungeschickten behandelte er, ihnen die Klinge in der Hand gegenüberstehend, mit der gleichen Courtoisie, ohne jemals mit jenen in eine hitzige Wette zu geraten oder sich über diese, von welchen er sich zuweilen zu ihrer Ermutigung großmütig stechen ließ, lustig zu machen. So stellte er auf dem Fechtboden in einer feinen und unauffälligen Weise jene Gleichheit her, deren er selbst in den Schulstunden schmerzlich entbehrte, und genoß unter seinen Kameraden zwar nicht einen durch die Faust eroberten Respekt, sondern eine mit Scheu verbundene Achtung seiner unerklärlichen Güte, die freilich in ein der Jugend sonst unbekanntes aufrichtiges Mitleid mit seiner übrigen Unbegabtheit verfloß. Die Ungunst des Glükkes, welche so viele Seelen verbittert, erzog und adelte die seinige.

Ich war mit Julian in Euerm Garten, Sire, lustwandelnd zu den Käfigen gelangt, wo Eure wilden Tiere hinter Eisenstäben verwahrt werden. Eben hatte man dort einen Wolf eingetan, der mit funkelnden Augen und in schrägem, hastigem Gange seinen Kerker durchmaß. Ich zeigte ihn dem Knaben, welcher nach einem flüchtigen Blick auf die ruhelose Bestie sich leicht schaudernd abwendete. Der platte Schädel, die falschen Augen, die widrige Schnauze, die tückisch gefletschten Zähne konnten erschrecken. Doch ich war die Furcht an dem Knaben, der schon Jagden mitgemacht hatte, durchaus nicht gewohnt. ›Ei, Julian, was ist dir?‹ lächelte ich, und dieser erwiderte befangen: ›Das Tier mahnt mich an jemand –‹ ließ dann aber die Rede fallen, denn wir erblickten auf geringe Entfernung ein vornehmes weibliches Paar, das unsere Aufmerksamkeit in Anspruch nahm: eine purzlige Alte und ein junges Mädchen, die erstere die Gräfin Mimeure – Ihr erinnert

Euch ihrer, Sire, wenn sie auch seit Jahrzehnten den Hof meidet, nicht aus Nachlässigkeit, denn sie verehrt Euch grenzenlos, sondern weil sie, wie sie sagt, mit ihren Runzeln Euern Schönheitssinn nicht beleidigen will. Garstig und witzig und wie ich an einem Krückenstock gehend, ein originelles und wackeres Geschöpf, war sie mir eine angenehme Erscheinung.
›Guten Tag, Fagon!‹ rief sie mir entgegen. ›Ich betrachte deine Kräuter und komme dich um ein paar Rhabarbersträuche zu bitten für meinen Garten zu Neuilly; du weißt, ich bin ein Stück von einer Ärztin!‹ und sie nahm meinen Arm. ›Begrüßet euch, ihr Jugenden! Tun sie, als hätten sie sich nie gesehen!‹
Julian, der schüchterne, begrüßte das Mädchen, welches ihm die Fingerspitzen bot, ohne große Verlegenheit, was mich wunderte und freute. ›Mirabelle Miramion‹, nannte sie mir die Gräfin, ›ein prächtiger Name, nicht wahr, Fagon?‹ Ich betrachtete das schöne Kind und mir fiel gleich jenes ›blaue Liebchen‹ ein, mit welchem Mouton den Knaben aufgezogen. In der Tat, sie hatte große blaue, flehende Augen, eine kühle, durchsichtige Farbe und einen kaum vollendeten Wuchs, der noch nichts als eine zärtliche Seele ausdrückte.
Mit einer kindlichen, glockenhellen Stimme, welche zum Herzen ging, begann sie, da mich ihr die Gräfin als den Leibarzt des Königs vorstellte, folgendermaßen: ›Erster der Ärzte und Naturforscher, ich verneige mich vor Euch in diesem weltberühmten Garten, welchen Euch die Huld des mächtigsten Herrschers, der dem Jahrhundert den Namen gibt, in seiner volkreichen und bewundernswerten Hauptstadt gebaut hat.‹ Ich wurde so verblüfft von dieser weitläufigen verblühten Rheto-

rik in diesem kleinen lenzfrischen Munde, daß ich der Alten das Wort ließ, welche gutmütig verdrießlich zu schelten begann: ›Laß es gut sein, Bellchen. Fagon schenkt dir das übrige. Unter Freunden, Kind – denn Fagon ist es und kein Spötter – wie oft hab ich dich schon gebeten in den drei Wochen, da ich dich um mich habe, von diesem verwünschten gespreizten provinzialen Reden abzulassen. So spricht man nicht. Dieser hier ist nicht der Erste der Ärzte, sondern schlechthin Herr Fagon. Der botanische Garten ist kurzweg der botanische Garten, oder der Kräutergarten, oder der königliche Garten. Paris ist Paris und nicht die Hauptstadt, und der König begnügt sich damit, der König zu sein. Merke dir das.‹ Der Mund des Mädchens öffnete sich schmerzlich, und ein Tränchen rieselte über die blühende Wange.

Da wendete sich zu meinem Erstaunen Julian in großer Erregung gegen die Alte. ›Um Vergebung, Frau Gräfin!‹ sprach er kühn und heftig. ›Die Rhetorik ist eine geforderte, unentbehrliche Sache und schwierig zu lernen. Ich muß das Fräulein bewundern, wie reich sie redet, und Père Amiel, wenn er sie hörte –‹

›Père Amiel!‹ – die Gräfin brach in ein tolles Gelächter aus, bis sie das Zwerchfell schmerzte – ›Père Amiel hat eine Nase! aber eine Nase! Eine Weltnase! Stelle dir vor, Fagon, eine Nase, welche die des Abbé Genest beschämt! Was ich im Collège zu schaffen hatte? Ich holte dort meinen Neffen ab – du weißt, Fagon, ich habe die Kinder von zwei verstorbenen Geschwistern auf dem Halse – meinen Neffen, den Guntram – armer, armer Junge! – und wurde, bis Père Tellier, der Studienpräfekt zurückkäme, in die Rhetorik des Père Amiel geführt. O Gott! o Gott!‹ Die Gräfin hielt sich den wakkelnden Bauch. ›Hab ich gelitten an verschlucktem Lachen! Zuerst das sich ermordende römische Weibsbild! Der Pater erdolchte sich mit dem Lineal. Dann verzog er süß das Maul und hauchte: ‚Paete, es schmerzt nicht!' Aber was wollte das heißen gegen die sterbende Kleopatra mit der Viper! Der Père setzte sich das Lineal an die linke Brustwarze und ließ die Äuglein brechen. Daß du das nicht gesehen hast, Fagon! ... Ih!‹ kreischte sie plötzlich, daß es mir durch Mark und Bein ging, ›da ist ja auch Père Tellier!‹ und sie deutete auf den Wolf, von welchem wir uns nicht über zwanzig Schritte entfernt hatten. ›Wahrhaftig, Père Tellier, wie er leibt und lebt! Gehen wir weg von deinen garstigen Tieren, Fagon, zu deinen wohlriechenden Pflanzen! Gib mir den Arm, Julian!‹

›Frau Gräfin erlauben‹, fragte dieser, ›warum nanntet Ihr den Guntram einen armen Jungen, ihn, der jetzt den Lilien folgt, wenn er nicht schon die Ehre hat, die Fahne des Königs selbst zu tragen?‹

›Ach, ach!‹ stöhnte die Gräfin mit plötzlich verändertem Gesichte, und den Tränen des Gelächters folgten die gleichfarbigen des Jammers, ›warum ich den Guntram einen armen Jungen nannte? Weil er gar nicht mehr vorhanden ist, Julian, weggeblasen! Dazu bin ich in den Garten gekommen, wo ich dich vermutete, um dir zu sagen, daß Guntram gefallen ist, denke dir, am Tage nach seiner Ankunft beim Heer. Er wurde gleich eingestellt und führte eine Patrouille so tollkühn und unnütz vor, daß ihn eine Stückkugel zerriß, nicht mehr nicht weniger als den weiland Marschall Turenne. Stelle dir vor, Fagon: der Junge hatte noch nicht sein sech-

zehntes erreicht, strebte aber aus dem Collège, wo er rasch und glücklich lernte, wachend und träumend nach der Muskete. Und dabei war er kurzsichtig, Fagon, du machst dir keinen Begriff! So kurzsichtig, daß er auf zwanzig Schritte nichts vor sich hatte als Nebel. Natürlich haben ich und alle Vernünftigen ihm den Degen ausgeredet – nutzte alles nichts, denn er ist ein Starrkopf erster Härte. Ich stritt mich mütterlich mit dem Jungen herum, aber eines schönen Tages entlief er und rannte zu deinem Vater, Julian, der eben in den Wagen stieg, um sein niederländisches Kommando zu übernehmen. Dieser befragte das Kind, wie er mir jetzt selbst geschrieben hat, ob es unter einem väterlichen Willen stünde, und als der Junge verneinte, ließ ihn der Marschall in seinem Reisezuge mitreiten. Nun fault der kecke Bube dortüben‹ – sie wies nördlich – ›in einem belgischen Weiler. Aber die schmalen Erbteile seiner fünf Schwestern haben sich ein bißchen gebessert.‹
Ich las auf dem Gesichte Julians, wie tief und verschiedenartig ihn der Tod seines Gespielen bewegte. Jenen hatte der Marschall in den Krieg genommen und sein eigenes Kind auf einer ekeln Schulbank sitzen lassen. Doch der Knabe glaubte so blindlings an die Gerechtigkeit seines Vaters, auch wenn er sie nicht begriff, daß die Wolke rasch über die junge Stirn wegglitt und einem deutlichen Ausdruck der Freude Raum gab.
›Du lachst, Julian?‹ schrie die Alte entsetzt.
›Ich denke‹, sagte dieser bedächtig, als kostete er jedes Wort auf der Zunge, ›der Tod für den König ist in allen Fällen ein Glück.‹
Diese ritterliche, aber nicht lebenslustige Maxime und der unnatürlich glückliche Ton, in welchem der Knabe

sie aussprach, beelendete die gute Gräfin. Ein halbverschluckter Seufzer bezeugte, daß sie das Leiden des Knaben und seine Mühe zu leben wohl verstand. ›Begleite Mirabellen, Julian‹, sagte sie, ›und geht uns voraus, dorthin nach den Palmen, nicht zu nahe, denn ich habe mit Fagon zu reden, nicht zu fern, damit ich euch hüte.‹

›Wie schlank sie schreiten!‹ flüsterte die Alte hinter den sich Entfernenden. ›Adam und Eva! Lache nicht, Fagon! Ob das Mädchen Puder und Reifrock trägt, wandeln sie doch im Paradiese, und auch unschuldig sind sie, weil eine leidenvolle Jugend auf ihnen liegt und sie die reine Liebe empfinden läßt, ohne den Stachel ihrer Jahre. Mich beleidigt nicht, was mir sonst mißfällt, daß das Mädel ein paar Jahre und Zolle‹ – sie übertrieb – ›mehr hat als der Junge. Wenn *die* nicht zusammengehören!

Es ist eine lächerliche Sache mit dem Mädchen, Fagon, und ich sah, wie es dich verblüffte, da du von dem schönen Kinde so geschmacklos angeredet wurdest. Und doch ist dieser garstige Höcker ganz natürlich gewachsen. Meine Schwester, die Vicomtesse, Gott habe sie selig, sie war eine Kostbare, eine Preziöse, die sich um ein halbes Jahrhundert verspätet hatte, und erzog das Mädchen in Dijon, wo ihr Mann dem Parlamente und sie selbst einem poetischen Garten vorsaß, mit den Umschreibungen und Redensarten des weiland Fräuleins von Scudéry. Es gelang ihr, dem armen folgsamen Kinde den Geschmack gründlich zu verderben. Ich wette‹ – und sie wies mit ihrer Krücke auf die zweie, welche, aus den sich einander zärtlich aber bescheiden zuneigenden Gestalten zu schließen, einen seligen Augenblick genossen – ›jetzt plaudert sie ganz harmlos mit dem Knaben, denn sie hat eine einfache Seele und ein keusches Gemüt. Die Luft, die sie aushaucht, ist reiner als die, welche sie einatmet. Aber geht sie dann morgen mit mir in Gesellschaft und kommt neben ein großes Tier, einen Erzbischof oder Herzog, zu sitzen, wird sie von einer tödlichen Furcht befallen, für albern oder nichtig zu gelten, und behängt ihre blanke Natur aus reiner Angst mit dem Lumpen einer geflickten Phrase. So wird die Liebliche unter uns, die wir klar und kurz reden, gerade zu dem, was sie fürchtet, zu einer lächerlichen Figur. Ist das ein Jammer und werde ich Mühe haben, das Kind zurechtzubringen! Und der Julian, der dumme Kerl, der sie noch darin bestärkt!‹

›Uff!‹ keuchte die Gräfin, die das Gehen an der Krücke ermüdete, und ließ sich schwer auf die Steinbank nieder in dem Rondell von Myrten und Lorbeeren, wo, Sire, Eure Büste steht.

›Von dem Knaben zu reden, Fagon‹, begann sie wieder, ›den mußt du mir ohne Verzug von der Schulbank losmachen. Es war empörend, ich sage dir, empörend, Fagon, ihn unter den Jungen sitzen zu sehen. Der Marschall, dieser schreckliche Pedant, würde ihn bei den Jesuiten verschimmeln lassen! Nur damit er seine Klassen beendige! Bei den Jesuiten, Fagon! Ich habe dem Père Amiel auf den Zahn gefühlt. Ich kitzelte ihn mit seiner Mimik. Er ist ein eitler Esel, aber er hat Gemüt. Er beklagte den Julian und ließ dabei einfließen, sehr behutsam, doch deutlich genug: der Knabe wäre bei den Vätern schlecht aufgehoben. Diese seien die besten Leute von der Welt, nur etwas empfindlich, und man dürfe sie nicht reizen. Der Marschall sei ihnen auf die

Füße getreten: der neue Studienpräfekt aber lasse mit der Ehre des Ordens nicht spaßen und gebe dem Kinde die Schuld des Vaters zu kosten. Dann erschrak er über seine Aufrichtigkeit, blickte um sich und legte den Finger auf den Mund.

Ich nahm die Knaben mit: den Guntram, unsern Julian, der mit ihm irgendein Geheimnis hatte, und noch einen dritten Freund, den Victor Argenson, diesen zu meiner eigenen Ergötzung, denn er ist voller Mutwille und Gelächter.

An jenem Abend trieb er es zu toll. Er und Guntram quälten Mirabellen, die ich schon zu Mittag für eine ellenlange Phrase gezankt hatte, bis aufs Blut. ‚Schön ausgedrückt, Fräulein Mirobolante', spotteten sie, ‚aber noch immer nicht schön genug! Noch eine Note höher!' und so fort. Julian verteidigte das Mädchen, so gut er konnte, und vermehrte nur das Gelächter. Plötzlich brach die Mißhandelte in strömende Tränen aus und ich trieb die Rangen in den großen Saal, wo ich mit ihnen ein Ballspiel begann. Nach einer Weile Julian und Mirabellen suchend, fand ich sie im Garten, wo sie auf einer stillen Bank zusammensaßen: Amor und Psyche. Sie erröteten, da ich sie überraschte, nicht allzusehr.

Merke dir's, Fagon, der Julian ist jetzt mein Adoptivkind, und wenn du ihn nicht von den Vätern befreiest und ihm ein mögliches Leben verschaffst, meiner Treu! dann stelze ich an dieser Krücke nach Versailles und bringe trotz meiner Runzeln die Sache an den hier!‹ und sie wies auf deine lorbeerbekränzte Büste, Majestät.

Die Alte plauderte mir noch hundert Dinge vor, während ich beschloß, sobald sie sich verabschiedet hätte, mit dem Knaben ein gründliches Wort zu reden.

Er und das Mädchen erschienen dann wieder, still strahlend. Der Wagen der Gräfin wurde gemeldet und Julian begleitete die Frauen an die Pforte, während ich meine Lieblingsbank vor der Orangerie aufsuchte. Ich labte mich an dem feinen Dufte. Mouton, einen lästerlichen Knaster dampfend und die Hände in den Taschen, schlenderte ohne Gruß an mir vorüber. Er pflegte seine Abende außerhalb des Gartens in einer Schenke zu beschließen. Mouton der Pudel dagegen empfahl sich mir heftig wedelnd. Ich bin gewiß, das kluge Tier erriet, daß ich seinen Meister gern dem Untergang entrissen hätte, denn Mouton der Mensch soff gebranntes Wasser, was zu berichten ich vergessen oder vor der Majestät mich geschämt habe.

Der Knabe kam zurück, weich und glücklich. ›Laß mich einmal sehen, was du zeichnest und malst‹, sagte ich. ›Es liegt ja wohl alles auf der Kammer Moutons.‹ Er willfahrte und brachte mir eine volle Mappe. Ich besah Blatt um Blatt. Seltsamer Anblick, diese Mischung zweier ungleicher Hände: Moutons freche Würfe von der bescheidenen Hand des Knaben nachgestammelt und – leise geadelt! Lange hielt ich einen blauen Bogen, worauf Julian einige von Mouton in verschiedenen Flügelstellungen mit Hilfe der Lupe gezeichnete Bienen unglaublich sorgfältig wiedergegeben. Offenbar hatte der Knabe die Gestalt des Tierchens liebgewonnen. Wer mir gesagt hätte, daß die Zeichnung eines Bienchens den Knaben töten würde!

Zuunterst in der Mappe lag noch ein unförmlicher Fetzen, worauf Mouton etwas gesudelt hatte, was meine Neugierde fesselte. ›Das ist nicht von mir‹, sagte Julian, ›es hat sich angehängt.‹ Ich studierte das Blatt, welches

die wunderliche Parodie einer ovidischen Szene enthielt: jener, wo Pentheus rennt, von den Mänaden gejagt, und Bacchus, der grausame Gott, um den Flüchtenden zu verderben, ein senkrechtes Gebirge vor ihm in die Höhe wachsen läßt. Wahrscheinlich hatte Mouton den Knaben, der zuweilen seinen Aufgaben in der Malkammer oblag, die Verse Ovids mühselig genug übersetzen hören und daraus seinen Stoff geschöpft. Ein Jüngling, unverkennbar Julian in allen seinen Körperformen, welche Moutons Malerauge leichtlich besser kannte als der Knabe selbst, ein schlanker Renner, floh, den Kopf mit einem Ausdrucke tödlicher Angst nach ein paar ihm nachjagenden Gespenstern umgewendet. Keine Bacchantinnen, Weiber ohne Alter, verkörperte Vorstellungen, Ängstigungen, folternde Gedanken – eines dieser Scheusale trug einen langen Jesuitenhut auf dem geschorenen Schädel und einen Folianten in der Hand – und erst die Felswand, wüst und unerklimmbar, die vor dem Blicke zu wachsen schien, wie ein finsteres Schicksal!
Ich sah den Knaben an. Dieser betrachtete das Blatt ohne Widerwillen, ohne eine Ahnung seiner möglichen Bedeutung. Auch Mouton mochte sich nicht klargemacht haben, welches schlimme Omen er in genialer Dumpfheit auf das Blatt hingeträumt hatte. Ich steckte dasselbe unwillkürlich, um es zu verbergen, in die Mitte der Blätterschicht, bevor ich diese in die Mappe schob.
›Julian‹, begann ich freundlich, ›ich beklage mich bei dir, daß du mir Mouton vorgezogen hast, ihn zu deinem Vertrauten machend, während du dich gegen mein Wohlwollen, das du kennst, in ein unbegreifliches

Schweigen verschlossest. Fürchtest du dich, mir dein Unglück zu sagen, weil ich imstande bin, dasselbe klar zu begrenzen und richtig zu beurteilen, und du vorziehst, in hoffnungslosem Brüten dich zu verzehren? Das ist nicht mutig.‹

Julian verzog schmerzlich die Brauen. Aber noch einmal spielte ein Strahl der heute genossenen Seligkeit über sein Antlitz. ›Herr Fagon‹, sagte er halb lächelnd, ›eigentlich habe ich meinen Gram nur dem *Pudel* Mouton erzählt.‹

Dieses artige Wort, welches ich ihm nicht zugetraut hätte, überraschte mich. Der Knabe deutete meine erstaunte Miene falsch. Er glaubte sich mißredet zu haben. ›Fraget mich, Herr Fagon‹, sagte er, ›ich antworte Euch die Wahrheit.‹

›Du hast Mühe zu leben?‹

›Ja, Herr Fagon.‹

›Man hält dich für beschränkt und du bist es auch, doch vielleicht anders, als die Leute meinen.‹ Das harte Wort war gesprochen.

Der Knabe versenkte den Blondkopf in die Hände und brach in schweigende Tränen aus, welche ich erst bemerkte, da sie zwischen seinen Fingern rannen. Nun war der Bann gebrochen.

›Ich will Euch meine Kümmernis erzählen, Herr Fagon‹, schluchzte er, das Antlitz erhebend.

›Tue das, mein Kind, und sei gewiß, daß ich dich jetzt, da wir Freunde sind, verteidigen werde wie mich selbst. Niemand wird dir künftig etwas anhaben, weder du noch ein anderer! Du wirst dich wieder an Luft und Sonne freuen und dein Tagewerk ohne Grauen beginnen.‹

Der Knabe glaubte an mich und faßte mit hoffenden

Augen Vertrauen. Dann begann er sein Leid zu erzählen, halb schon wie ein vergangenes:
›Einen schlimmen Tag habe ich gelebt und die übrigen waren nicht viel besser. Es war an einem Herbsttage, daß ich mit Guntram zu seinem Ohm, dem Komtur, nach Compiègne fuhr. Wir wollten uns dort im Schießen üben, für uns beide ein neues Vergnügen und eine Probe unserer Augen.
Wir hatten ein leichtes Zweigespann und Guntram unterhielt mich in einer Staubwolke von seiner Zukunft. Diese könne nur eine militärische sein. Zu anderem habe er keine Lust. Der Komtur empfing uns weitläufig, aber Guntram hielt nicht Ruhe, bis wir auf Distanz vor der Scheibe standen. Keinen einzigen Schuß brachte er hinein. Denn er ist kurzsichtig wie niemand. Er biß sich in die Lippe und regte sich schrecklich auf. Dadurch wurde auch seine Hand unsicher, während ich ins Schwarze traf, weil ich sah und zielte. Der Komtur wurde abgerufen und Guntram schickte den Bedienten nach Wein. Er leerte einige Gläser und seine Hand fing an zu zittern. Mit hervorquellenden Augen und verzerrtem Gesichte schleuderte er seine Pistole auf den Rasen, hob sie dann aber wieder auf, lud sie, lud auch die meinige und verlor sich mit mir in das Dickicht des Parkes.
Auf einer Lichtung hob er die eine und bot mir die andere. ‚Ich mache ein Ende!‘ schrie er verzweifelt. ‚Ich bin ein Blinder und die taugen nicht ins Feld, und wenn ich nicht ins Feld tauge, will ich nicht leben! Du begleitest mich! Auch du taugst nicht ins Leben, obwohl du beneidenswert schießest, denn du bist der größte Dummkopf, das Gespötte der Welt!‘ ‚Und Gott?‘ frag-

te ich. ‚Ein hübscher Gott', hohnlachte er und zeigte dem Himmel die Faust, ‚der mir Kriegslust und Blindheit und dir einen Körper ohne Geist gegeben hat!' Wir rangen, ich entwaffnete ihn und er schlug sich in die Büsche.
Seit jenem Tage war ich ein Unglücklicher, denn Guntram hatte ausgesprochen, was ich wußte, aber mir selbst verhehlte, so gut es gehen wollte. Stets hörte ich das Wort Dummkopf hinter mir flüstern, auf der Straße wie in der Schule, und meine Ohren schärften sich das grausame Wort zu vernehmen. Es mag auch sein, daß meine Mitschüler, über welche ich sonst nicht zu klagen habe, wenn sie sich außer dem Bereiche meines Ohres glaubten, kürzehalber mich so nennen. Sogar das Semmelweib mit den verschmitzten Runzeln, die Lisette, welche vor dem Collège ihre Ware vertreibt, sucht mich zu betrügen, oft recht plump, und glaubt es zu dürfen, weil sie mich einen Dummen nennen hört. Und doch hangt an der Mauer des Collège Gott der Heiland, der in die Welt gekommen ist, um Gerechtigkeit gegen alle und Milde gegen die Schwachen zu lehren.‹ Er schwieg und schien nachzudenken.
Dann fuhr er fort: ›Ich will mich nicht besser machen, Herr Fagon, als ich bin. Auch ich habe meine bösen Stunden. Bei keinem Spiele würde ich Sonne und Schatten ungerecht verteilen, und wie kann Gott bei dem irdischen Wettspiel einem einzelnen Bleigewichte anhängen und ihm dann zurufen: Dort ist das Ziel: lauf mit den andern! Oft, Herr Fagon, habe ich vor dem Einschlafen die Hände gefaltet und den lieben Gott brünstig angefleht, er möge, was ich eben mühselig erlernt, während des Schlafes in meinem Kopfe wachsen und

erstarken lassen, was ja die bloße Natur den andern gewährt. Ich wachte auf und hatte alles vergessen und die Sonne erschreckte mich.

Vielleicht‹, flüsterte er scheu, ›tue ich dem lieben Gott Unrecht. Er hülfe gern, gütig wie er ist, aber er hat wohl nicht immer die Macht. Wäre das nicht möglich, Herr Fagon? Wurde es dann allzu arg, besuchte mich die Mutter im Traum und sagte mir: ‚Halt aus, Julian! Es wird noch gut!'‹

Diese unglaublichen Naivitäten und kindischen Widersprüche zwangen mich zu einem Lächeln, welches ein Grinsen sein mochte. Der Knabe erschrak über sich selbst und über mich. Dann sagte er, als hätte er schon zu lange gesprochen, hastig, nicht ohne einige Bitterkeit, denn die Zuversicht hatte ihn im Laufe seiner Erzählung wieder verlassen: ›Nun weiß jedermann, daß ich dumm bin, selbst der König, und diesem hätte ich es so gerne verheimlicht‹ – Julian mochte auf jenen Marly anspielen – ›einzig meinen Vater ausgenommen, der nicht daran glauben will.‹

›Mein Sohn‹, sagte ich und legte die Hand auf seine schlanke Schulter, ›ich philosophiere nicht mit dir. Willst du mir aber glauben, so trage ich dich durch die Wellen. Wie du bist, ich werde dich in den Port bringen. Zwar du wirst trotz deines schönen Namens kein Heer und keine Flotte führen, aber du wirst auch keine Schlacht leichtsinnig verlieren zum Schaden deines Königs und deines Vaterlandes. Dein Name wird nicht wie der deines Vaters in unsern Annalen stehen, aber im Buche der Gerechten, denn du kennst die erste Seligpreisung, daß das Himmelreich den Armen im Geiste gehört.

Merk auf! Der erste Punkt ist: du gehst ins Feld und kämpfst in unsern Reihen für den König und das jetzt so schwer bedrohte Frankreich. Im Kugelregen wirst du erfahren, ob du leben darfst. Daß du bald hineinkommst, dafür sorge ich. Du bleibst oder du kehrst heim mit dem Selbstvertrauen eines Braven. Ohne Selbstvertrauen kein Mann! Niemand wird dir leicht ins Angesicht spotten. Dann wirst du ein einfacher Diener deines Königs und erfüllst deine Pflicht aufs strengste, wie es in dir liegt. Du hast Ehre und Treue, und deren bedarf die Majestät. Unter denen, die sie umgeben, ist kein Überfluß daran. Marstall, Jagd oder Wache, ein Dienst wird sich finden, wie du ihn zu verrichten verstehst. Deine Geburt wird dich statt des eigenen Verdienstes vor anderen begünstigen: das mache dich demütig. Die Majestät, wenn sie sich im Rate müde gearbeitet hat, liebt es, ein zwangloses Wort an einen Schweigsamen und unbedingt Getreuen zu richten. Du bist zu einfach, um dich in eine Intrige zu mischen; dafür wird dich keine Intrige zugrunde richten. Man wird, wie die Welt ist, hinter deinem Rücken höhnen und spotten, aber du blickst nicht um. Du wirst gütig und gerecht sein mit deinen Knechten und keinen Tag beendigen ohne eine Wohltat. Im übrigen: verzichte!‹

Der Knabe blickte mich mit gläubigen Augen an. ›Das sind Worte des Evangeliums‹, sagte er.

›Verzichtet nicht jedermann‹, scherzte ich, ›selbst deine Gönnerin, Frau von Maintenon, selbst der König auf einen Schmuck oder eine Provinz? Habe ich, Fagon, nicht ebenfalls verzichtet, vielleicht bitterer als du, wenn auch auf meine eigene Weise? Verwaist, arm, mit einem elenden Körper, der sich gerade in deinen Jahren von Tag zu Tag verwuchs und verbog, habe ich nicht eine strenge Muse gewählt, die Wissenschaft? Glaubst du, ich hatte kein Herz, keine Sinne? Ein zärtliches Herzchen, Julian! – und entsagte ein für allemal dem größten Reiz des Daseins, der Liebe, welche deinem schlanken Wuchse und deinem leeren Blondkopf nur so angeworfen wird!‹« Fagon trug, was ihn vielleicht in seiner Jugend schwer bedrängt hatte, mit einem so komischen Pathos vor, daß es den König belustigte und der Marquise schmeichelte.

»Ich begleitete Julian bis an die Pforte und zog ihn mit Mirabellen auf. ›Ihr habt rasch gemacht‹, sagte ich. ›Es ist so gekommen‹, antwortete er unbefangen. ›Man hat sie mit dem Geiste gequält, sie weinte und da faßte ich ein Vertrauen. Auch gleicht sie meiner Mutter.‹

Eine Arie aus irgendeiner verschollenen Oper meiner Jugendzeit trällernd, die einzige, deren ich mächtig bin, kehrte ich zu meiner Bank vor der Orangerie zurück. Er muß gleich ins Feld, sagte ich mir. Wenig fehlte, ich schlug ihm vor: ohne weiteres eines meiner Rosse zu satteln und stracks an die Grenze zum Heere zu jagen; aber dieser kühne Ungehorsam hätte den Knaben nicht gekleidet. Überdies wußte man, daß der Marschall für einmal nur die Grenzen sicherte und die Festungen in Flandern instand setzte, um vor einer entscheidenden Schlacht nach Versailles zurückzukehren und die endgültigen Befehle Deiner Majestät zu empfangen. Dann wollte ich ihn fassen.

Als ich, die liegengebliebene Mappe noch einmal öffnend, den Inhalt zurechtschüttelte, da, siehe! lag der Pentheus mit der grausigen Felswand obenauf, den ich geschworen hätte in die Mitte der Blätter geschoben zu haben …

Wenig später begab es sich, daß Mouton der Pudel in dem Gedränge der Rue Saint-Honoré seinen Herrn suchend verkarrt wurde. Er schläft in deinem Garten, Majestät, wo ihn Mouton der Mensch unter einer Katalpa beerdigte und mit seinem Taschenmesser in die Rinde des Baumes schnitt: ›II Moutons‹.

Und wirklich lag er bald neben seinem Pudel. Es war Zeit. Der Trunk hatte ihn unterhöhlt und sein Verstand begann zu schwanken. Ich beobachtete ihn mitunter aus meinem Bibliothekfenster, wie er in seiner Kammer vor der Staffelei saß und nicht nur vernehmlich mit dem Geiste seines Pudels plauderte, sondern auch mit hündischer Miene gähnte oder schnellen Maules nach Fliegen schnappte, ganz in der Art seines abgeschiedenen Freundes. Eine Wassersucht zog ihn danieder. Es ging rasch und als ich eines Tages an sein Lager trat, in der Hand einen Löffel voll Medizin, drehte er seinem Wohltäter mit einem unaussprechlichen Worte den Rücken, kehrte das Gesicht gegen die Wand und war fertig.

Es begab sich ferner, daß der Marschall aus dem Felde nach Versailles zurückkehrte. Da sein Aufenthalt kein langer sein konnte, ergriff ich den Augenblick. Ich war entschlossen, Julian an der Hand vor ihn zu treten und ihm die ganze Wahrheit zu sagen.

Ich fuhr bei den Jesuiten vor. In der Nähe der Hauptpforte hielt das von den Dienern kaum gebändigte feurige Viergespann des Marschalls, Julian erwartend, um den Knaben rasch nach Versailles zu bringen. Das Tor des Jesuitenhauses öffnete sich und Julian wankte heraus, in welchem Zustande! Das Haupt vorfallend, den

Rücken gebrochen, die Gestalt geknickt, auf unsichern Füßen, den Blick erloschen, während die Augen Victor Argensons, welcher den Freund führte, loderten wie Fackeln. Die verblüfften Diener in ihren reichen Livreen beeiferten sich, ihren jungen Herrn rasch und behutsam in den Wagen zu heben. Ich sprang aus dem meinigen, den Knaben von einer tückischen Seuche ergriffen glaubend.

›Um Gottes willen, Julian‹, schrie ich, ›was ist mit dir?‹ Keine Antwort. Der Knabe starrte mich mit abwesendem Geiste an. Ich weiß nicht, ob er mich kannte. Ich begriff, daß der sonst schon Verschlossene jetzt nicht reden werde, und da überdies der Stallmeister drängte: ›Hinein, Herr, oder zurück!‹ denn die ungeduldigen Rosse bäumten sich, so ließ ich das Kind fahren, mir versprechend, ihm bald nach Versailles zu folgen. Schon hatte sich um die aufregende Szene vor dem Jesuitenhause ein Zusammenlauf gebildet, dessen Neugierde ich zu entrinnen wünschte, und Victor erblikkend, welcher mit leidenschaftlicher Gebärde dem im Sturm davongetragenen Gespielen nachrief: ›Mut, Julian! Ich werde dich rächen!‹ stieß ich den Knaben vor mich in meinen Wagen und stieg ihm nach. ›Wohin, Herr?« fragte mein Kutscher. Bevor ich antwortete, schrie das geistesgegenwärtige Kind: ›Ins Kloster Faubourg Saint-Antoine!‹

In dem genannten Kloster hat sich, wie Ihr wisset, Sire, Euer Ideal von Polizeiminister einen stillen Winkel eingerichtet, wo er nicht überlaufen wird und heimlich für die öffentliche Sicherheit von Paris sorgen kann. ›Victor‹, fragte ich durch das Geräusch der Räder, ›was ist? was hat sich begeben?‹

›Ein riesiges Unrecht!‹ wütete der Knabe. ›Père Tellier, der Wolf, hat Julian mit Riemen gezüchtigt und er ist unschuldig! Ich bin der Anstifter! Ich bin der Täter! Aber ich will dem Julian Gerechtigkeit verschaffen, ich fordere den Pater auf Pistolen!‹ Diese Absurdität, mit dem Geständnisse Victors, das Unglück verschuldet zu haben, brachte mich dergestalt auf, daß ich ihm ohne weiteres eine salzige Ohrfeige zog. ›Sehr gut!‹ sagte er. ›Kutscher, du schleichst wie eine Schnecke!‹ Er steckte ihm sein volles Beutelchen zu. ›Rasch! peitsche! jage! Herr Fagon, seid gewiß, der Vater wird dem Julian Gerechtigkeit verschaffen! Oh, er kennt die Jesuiten, diese Schurken, diese Schufte, und ihre schmutzige Wäsche! Ihn aber fürchten sie wie den Teufel!‹ Ich hielt es für unnötig, das rasende Kind weiter zu fragen, da er ja seine Beichte vor dem Vater ablegen würde, und die fliegenden Rosse schon das schlechte Pflaster der Vorstadt mit ihren Hufen schlugen, daß die Funken spritzten.

Wir waren angelangt und wurden sogleich vorgelassen. Argenson blätterte in einem Aktenstoß. ›Wir überfallen, Argenson!‹ entschuldigte ich.

›Nicht, nicht, Fagon‹, antwortete er mir die Hand schüttelnd und rückte mir einen Stuhl. ›Was ist denn mit dem Jungen? Er glüht ja wie ein Ofen.‹ ›Vater –‹ ›Halt das Maul! Herr Fagon redet.‹

›Argenson‹, begann ich, ›ein schwerer Unfall, vielleicht ein großes Unglück hat sich zugetragen. Julian Boufflers‹ – ich blickte den Minister fragend an – ›Weiß von dem armen Knaben‹, sagte er – ›wurde bei den Jesuiten geschlagen und der Knabe fuhr nach Versailles in einem Zustande, der, wenn ich richtig sah, der Anfang einer

gefährlichen Krankheit ist. Victor kennt den Hergang.‹
›Erzähle!‹ gebot der Vater. ›Klar, ruhig, umständlich. Auch der kleinste Punkt ist wichtig. Und lüge nicht!‹
›Lügen?‹ rief der empörte Knabe, ›werde ich da lügen, wo nur die Wahrheit hilft? Diese Schufte, die Jesuiten –‹
›Die Tatsachen!‹ befahl der Minister mit einer Rhadamanthusmiene. Victor nahm sich zusammen und erzählte mit erstaunlicher Klarheit.
›Es war vor der Rhetorik des Père Amiel und wir steckten die Köpfe zusammen, welchen Possen wir dem Nasigen spielen würden. ‚Etwas Neues!' rief man von allen Seiten, ‚etwas noch nicht Dagewesenes! eine Erfindung!' Da fiel uns ein –‹
›Da fiel *mir* ein‹, verbesserte der Vater.
›– mir ein, Julian, der so hübsch zeichnet, zu bitten, uns etwas mit der Kreide an die schwarze Tafel zu malen. Ich legte ihm, der auf seiner Bank über den Büchern saß, eine Lektion einlernend – er lernt so unglaublich schwer – den Arm um den Hals. ‚Zeichne uns etwas!' schmeichelte ich. ‚Ein Rhinozeros!' Er schüttelte den Kopf. ‚Ich merke', sagte er, ‚ihr wollt damit nur den guten Pater ärgern, und da tue ich nicht mit. Es ist eine Grausamkeit. Ich zeichne euch keine Nase!'
‚Aber einen Schnabel, eine Schleiereule, du machst die Eulen so komisch!'
‚Auch keinen Schnabel, Victor.'
Da sann ich ein wenig und hatte einen Einfall.‹ Der Minister runzelte seine pechschwarze Braue. Victor fuhr mit dem Mute der Verzweiflung fort: ›‚Zeichne uns ein Bienchen, Julian', sagte ich, ‚du kannst das so allerliebst!' ‚Warum nicht?' antwortete er dienstfertig und

zeichnete mit sorgfältigen Zügen ein nettes Bienchen an die Tafel.
,Schreibe etwas bei!'
,Nun ja, wenn du willst', sagte er und schrieb mit der Kreide: ,abeille.'
,Ach, du hast doch gar keine Einbildungskraft, Julian! Das lautet trocken.'
,Wie soll ich denn schreiben, Victor?'
,Wenigstens das Honigtierchen, bête à miel.'‹
Der Minister begriff sofort das alberne Wortspiel: bête à miel und bête Amiel. ›Da hast du etwas dafür!‹ rief er empört und gab dem Erfinder des Calembourgs eine Ohrfeige, gegen welche die meinige eine Liebkosung gewesen war.
›Sehr gut!‹ sagte der Knabe, dem das Ohr blutete.
›Weiter! und mach es kurz!‹ befahl der Vater, ›damit du mir aus den Augen kommst!‹
›– In diesem Augenblick trat Père Amiel ein, schritt auf und nieder, beschnüffelte die Tafel, verstand und tat dergleichen, der Schäker, als ob er nicht verstünde. Aber: ,Bête Amiel! dummer Amiel!' scholl es erst vereinzelt, dann aus mehreren Bänken, dann vollstimmig, ,bête Amiel! dummer Amiel!'
Da – Schrecken – wurde die Tür aufgerissen. Es war der reißende Wolf, der Père Tellier. Er hatte durch die Korridore spioniert und zeigte jetzt seine teuflische Fratze.
,Wer hat das gezeichnet?'
,Ich', antwortete Julian fest. Er hatte sich die Ohren verhalten, seine Lektion zu studieren fortfahrend, und verstand und begriff, wie er ja überhaupt so schwer begreift, nichts von nichts.
,Wer hat das geschrieben?'

'Ich', sagte Julian.
Der Wolf tat einen Sprung gegen ihn, riß den Verblüfften empor, preßte ihn an sich, ergriff einen Bücherriemen und –‹ Dem Erzählenden versagte das Wort.
›Und du hast geschwiegen, elende Memme?‹ donnerte der Minister. ›Ich verachte dich! Du bist ein Lump!‹
›Geschrieen habe ich wie einer, den sie morden‹, rief der Knabe, ›'ich war es! ich! ich!' Auch Père Amiel hat sich an den Wolf geklammert, die Unschuld Julians beteuernd. Er hörte es wohl, der Wolf! Aber mir krümmte er kein Haar, weil ich dein Sohn bin und dich die Jesuiten fürchten und achten. Den Marschall aber hassen sie und fürchten ihn nicht. Da mußte der Julian herhalten. Aber ich will dem Wolf mein Messer‹ – der Knabe langte in die Tasche – ›zwischen die Rippen stoßen, wenn er nicht –‹
Der gestrenge Vater ergriff ihn am Kragen, schleppte ihn gegen die Türe, öffnete sie, warf ihn hinaus und riegelte. Im nächsten Augenblicke schon wurde draußen mit Fäusten gehämmert und der Knabe schrie: ›Ich gehe mit zum Père Tellier! Ich trete als Zeuge auf und sage ihm: Du bist ein Ungeheuer!‹
›Im Grunde, Fagon‹, wendete sich der Minister kaltblütig gegen mich, ohne sich an das Gepolter zu kehren, ›hat der Junge recht: wir beide suchen den Pater auf, ohne Verzug, fallen ihn mit der nackten Wahrheit an, breiten sie wie ein Tuch vor ihm aus und nötigen ihn mit uns zu Julian zu gehen, heute noch, sogleich, und in unsrer Gegenwart dem Mißhandelten Abbitte zu tun.‹
Er blickte nach einer Stockuhr. ›Halb zwölf. Père Tellier hält seine Bauerzeiten fest. Er speist Punkt Mittag mit Schwarzbrot und Käse. Wir finden ihn.‹

Argenson zog mich mit sich fort. Wir stiegen ein und rollten.

›Ich kenne den Knaben‹, wiederholte der Minister. ›Nur eines ist mir in seiner Geschichte unklar. Es ist Tatsache, daß die Väter damit anfingen, ihn zu hätscheln und in Baumwolle einzuwickeln. Seine Kameraden, auch mein Halunke, haben sich oft darüber aufgehalten. Ich begreife, daß die Väter, wie sie beschaffen sind, das Kind hassen, seit der Marschall das Mißgeschick hatte, sie zu entlarven. Aber warum sie, denen der Marschall gleichgültig war, einen Vorteil darin fanden, das Kind zuerst über die Schwachen gebührende Schonung hinaus zu begünstigen, das entgeht mir.‹

›Hm‹, machte ich.

›Und gerade das muß ich wissen, Fagon.‹

›Nun denn, Argenson‹, begann ich mein Bekenntnis – auch dir, Majestät, lege ich es ab, denn dich zumeist habe ich beleidigt – ›da ich Julian bei den Vätern um jeden Preis warm betten wollte und ihm keine durchschlagende Empfehlung wußte – man plaudert ja zuweilen ein bißchen und so erzählte ich den Vätern Rapin und Bouhours, die ich in einer Damengesellschaft fand, Julians Mutter sei dir, dem Könige, eine angenehme Erscheinung gewesen. Die reine Wahrheit. Kein Wort darüber hinaus, bei meiner Ehre, Argenson!‹ Dieser verzog das Gesicht.

Du, Majestät, zeigest mir ein finsteres und ungnädiges. Aber, Sire, trage ich die Schuld, wenn die Einbildungskraft der Väter Jesuiten das Reinste ins Zweideutige umarbeitet?

›Als sie dann‹, fuhr ich fort, ›den Marschall zu hassen und sich für ihn zu interessieren begannen, lauschten und forschten sie nach ihrer Weise, erfuhren aber nichts, als daß Julians Mutter das reinste Geschöpf der Erde war, bevor sie der Engel wurde, der jetzt über die Erde lächelt. Leider kamen die Väter zur Überzeugung ihres Irrtums gerade, da das Kind desselben am meisten bedurft hätte.‹ Argenson nickte.«

»Fagon«, sagte der König fast strenge, »das war deine dritte und größte Freiheit. Spieltest du so leichtsinnig mit meinem Namen und dem Rufe eines von dir angebeteten Weibes, hättest du *mir* wenigstens diesen Frevel verschweigen sollen, selbst wenn deine Geschichte dadurch unvollständiger geworden wäre. Und sage mir, Fagon: hast du da nicht nach dem verrufenen Satze gehandelt, daß der Zweck die Mittel heilige? Bist du in den Orden getreten?«

»Wir alle sind es ein bißchen, Majestät«, lächelte Fagon und fuhr fort:

»Mitte Weges begegneten wir dem Père Amiel, der wie ein Unglücklicher umherirrte und, meinen Wagen erkennend, sich so verzweifelt gebärdete, daß ich halten ließ. Am Kutschenschlage entwickelte er seine närrische Mimik und war im Augenblicke von einem Kreise toll lachender Gassenjungen umgeben. Ich hieß ihn einsteigen.

›Der Mutter Gottes sei gedankt, daß ich Euch finde, Herr Fagon! Dem Julian, welchen Ihr beschützet, ist ein Leid geschehen, und unschuldig ist er, wie der zerschmetterte kleine Astyanax!‹ deklamierte der Nasige. ›Wenn Ihr, Herr Fagon, den seltsamen Blick gesehen hättet, welchen der Knabe gegen seinen Henker erhob, diesen Blick des Grauens und der Todesangst!‹ Père Amiel schöpfte Atem. ›Flöhe ich über Meer, mich verfolgte dieser Blick! Begrübe ich mich in einem finstern Turm, er dränge durch die Mauer! Verkröche ich mich –‹

›Wenn Ihr Euch nur nicht verkriechet, Professor‹, unterbrach ihn der Minister, ›jetzt, da es gilt, dem Père Tellier – denn zu diesem fahren wir und Ihr fahret mit – ins Angesicht Zeugnis abzulegen! Habt Ihr den Mut?‹

›Gewiß, gewiß!‹ beteuerte Père Amiel, der aber merklich erblaßte und in seiner Soutane zu schlottern begann. Père Tellier ist selbst in seinem feinen Orden als ein Roher und Gewaltsamer gefürchtet.

Da wir am Profeßhause ausstiegen, Père Amiel den Vortritt gebend, sprang Victor vom Wagenbrett, wo er neben dem Bedienten die Fahrt aufrecht mitgemacht hatte. ›Ich gehe mit!‹ trotzte er. Argenson runzelte die Stirn, ließ es aber zu, nicht unzufrieden, einen zweiten Zeugen mitzubringen.

Père Tellier verleugnete sich nicht. Argenson bedeutete den Pater und den Knaben, im Vorzimmer zurückzubleiben. Sie gehorchten, jener erleichtert, dieser unmutig. Der Pater Rektor bewohnte eine dürftige, ja armselige Kammer, wie er auch eine verbrauchte Soutane trug, Tag und Nacht dieselbe. Er empfing uns mit gekrümmtem Rücken und einem falschen Lächeln in den ungeschlachten und wilden Zügen. ›Womit diene ich meinen Herrn?‹ fragte er süßlich grinsend.

›Hochwürden‹, antwortete Argenson und wies den gebotenen Stuhl, der mit Staub bedeckt war und eine zerbrochene Lehne hatte, zurück, ›ein Leben steht auf dem Spiel. Wir müssen eilen es zu retten. Heute wurde der junge Boufflers im Kollegium irrtümlich gezüchtigt. Irrtümlich. Ein durchtriebener Range hat den beschränkten Knaben etwas auf die Tafel zeichnen und schreiben lassen, das sich zu einer albernen Verspottung des Père Amiel gestaltete, ohne daß Julian Boufflers die leiseste Ahnung hatte, wozu er mißbraucht wurde. Es ist leicht zu beweisen, daß er der einzige seiner Klasse war, der solche Possen tadelte und nach Kräften verhinderte. Hätte er den fraglichen Streich in seinem Blondkopfe ersonnen, dann war die Züchtigung eine zweifellos verdiente. So aber ist sie eine fürchterliche Ungerechtigkeit, die nicht schnell und nicht voll genug gesühnt werden kann. Dazu kommt noch etwas unendlich Schweres. Der mißverständlich Gezüchtigte, ein Kind an Geist, hatte die Seele eines Mannes. Man glaubte einen Jungen zu strafen und hat einen Edelmann mißhandelt.‹

›Ei, ei‹, erstaunte der Pater, ›was Exzellenz nicht alles sagen! Kann eine einfache Sache so verdreht werden? Ich gehe durch die Korridore. Das ist meine Pflicht. Ich höre Lärm in der Rhetorik. Père Amiel ist ein Gelehrter, der den Orden ziert, aber er weiß sich nicht in Respekt zu setzen. Unsre Väter lieben es nicht, körperlich zu züchtigen, aber das konnte nicht länger gehn, ein Exempel mußte statuiert werden. Ich trete ein. Eine Sottise steht auf der Tafel. Ich untersuche. Boufflers bekennt. Das übrige verstand sich.

Unbegabt? beschränkt? Im Gegenteil, durchtrieben ist er, ein Duckmäuser. Stille Wasser sind tief. Was ihm mangelt, ist die Aufrichtigkeit, er ist ein Heuchler und Gleisner. Hat's geschmerzt? O die zarte Haut! Ein Herrensöhnchen, wie? Tut mir leid, wir Väter kennen kein Ansehn der Person. Auch hat uns der Marschall selbst gebeten, sein Kind nicht zu verziehn. Ich war älter als jener, da ich meine letzten und besten Streiche erhielt, im Seminar, vierzig weniger einen wie Sankt Paulus, der auch ein Edelmann war. Bin ich draufgegangen? Ich rieb mir die Stelle, mit Züchten geredet, und mir war wohler als zuvor. Und ich war unschuldig, von der Unschuld dieses Verstockten aber überzeugt mich niemand!‹

›Vielleicht doch, Hochwürden!‹ sagte Argenson und rief die zwei Harrenden herein.

›Victor‹, bleckte der Jesuit den eintretenden Knaben an, ›du hast es nicht getan! Für dich stehe ich. Du bist ein gutartiges Kind. Ein Dummkopf wärest du, dich für schuldig zu erklären, den niemand anklagt!‹

Victor, der in trotzigster Haltung nahte, schaute dem Unhold tapfer ins Gesicht, aber der Mut sank ihm. Sein Herz erbebte vor der wachsenden Wildheit dieser Züge und der funkelnden Wolfsaugen.

Er machte rasch. ›Ich habe den Julian verleitet, der nichts davon verstand‹, sagte er. ›Das schrie ich Euch in die Ohren, aber Ihr wolltet nicht hören, weil Ihr ein Bösewicht seid!‹

›Genug!‹ befahl Argenson und wies ihm die Türe. Er ging nicht ungern. Er begann sich zu fürchten.

›Père Amiel‹, wandte sich der Minister gegen diesen, ›Hand aufs Herz, konnte Julian das Wortspiel erfinden?‹

Der Pater zauderte, mit einem bangen Blick auf den Rektor. ›Mut, Pater‹, flüsterte ich, ›Ihr seid ein Ehrenmann!‹

›Unmöglich, Exzellenz, wenn nicht Achill eine Memme und Thersites ein Held war!‹ beteuerte Père Amiel, sich mit seiner Rhetorik ermutigend. ›Julian ist schuldlos wie der Heiland!‹

Das erdfarbene Gesicht des Rektors verzerrte sich vor Wut. Er war gewohnt, im Kollegium blinden Gehorsam zu finden, und ertrug nicht den geringsten Widerspruch.

›Wollt Ihr kritisieren, Bruder?‹ schäumte er. ›Kritisiert zuerst Euer tolles Fratzenspiel, das Euch dem Dümmsten zum Spotte macht! Ich habe den Knaben gerecht behandelt!‹

Diese Herabwürdigung seiner Mimik brachte den Pater gänzlich außer sich und ließ ihn für einen Augenblick alle Furcht vergessen.

›Gerecht?‹ jammerte er. ›Daß Gott erbarm! Wie oft hab ich Euch gebeten, dem Unvermögen des Knaben Rechnung zu tragen und ihn nicht zu zerstören! Wer antwortete mir: ‚Meinethalben gehe er drauf!' wer hat das gesprochen?‹

›Mentiris impudenter!‹ heulte der Wolf.

›Mentiris impudentissime, pater reverende!‹ überschrie ihn der Nasige, an allen Gliedern zitternd.

›Mir aus den Augen!‹ herrschte der Rektor, mit dem Finger nach der Türe weisend, und der kleine Pater rettete sich, so geschwind er konnte.

Da wir wieder zu dreien waren, ›Hochwürden‹, sprach der Minister ernst, ›es wurde der Vorwurf gegen Euch erhoben, den Knaben zu hassen. Eine schwere Anklage! Widerlegt und beschämt dieselbe, indem Ihr mit uns geht und Julian Abbitte tut. Niemand wird dabei zugegen sein, als wir zwei.‹ Er deutete auf mich. ›Das genügt. Dieser Herr ist der Leibarzt des Königs und um die Gesundheit des Knaben in schwerer Sorge. Ihr entfärbet Euch? Laßt es Euch kosten und bedenket: Der, dessen Namen Ihr traget, gebietet, die Sonne nicht über

einem Zorne untergehen zu lassen, wieviel weniger über einer Ungerechtigkeit!‹ Ein Unrecht bekennen und sühnen! Der Jesuit knirschte vor Ingrimm.
›Was habe ich mit dem Nazarener zu schaffen?‹ lästerte er, in verwundetem Stolze sich aufbäumend, und der Häßliche schien gegen die Decke zu wachsen wie ein Dämon. ›Ich bin der Kirche! Nein, des Ordens! ... Und was habe ich mit dem Knaben zu schaffen? Nicht ihn hasse ich, sondern seinen Vater, der uns verleumdet hat! verleumdet! schändlich verleumdet!‹
›Nicht der Marschall‹, sagte ich verdutzt, ›sondern mein Laboratorium hat die Väter – verleumdet.‹
›Fälschung! Fälschung!‹ tobte der Rektor. ›Jene Briefe wurden nie geschrieben! Ein teuflischer Betrüger hat sie untergeschoben!‹ und er warf mir einen mörderischen Blick zu.
Ich war betroffen, ich gestehe es, über diese Macht und Gewalt: Tatsachen zu vernichten, Wahrheit in Lüge und Lüge in Wahrheit zu verwandeln.
Père Tellier rieb sich die eiserne Stirn. Dann veränderte er das Gesicht und beugte sich vor dem Minister halb kriechend, halb spöttisch: ›Exzellenz, ich bin Euer gehorsamer Diener, aber Ihr begreift: ich kann die Gesellschaft nicht so tief erniedrigen, einem Knaben Abbitte zu leisten.‹
Argenson wechselte den Ton nicht minder gewandt. Er stellte sich neben Tellier mit einem unmerklichen Lächeln der Verachtung in den Mundwinkeln. Der Pater bot das Ohr.
›Seid Ihr gewiß‹, wisperte der Minister, ›daß Ihr den Sohn des Marschalls gegeißelt habt, und nicht das edelste Blut Frankreichs?‹

Der Pater zuckte zusammen. ›Es ist nichts daran‹, wisperte er zurück. ›Ihr narrt mich, Argenson.‹
›Ich habe keine Gewißheit. In solchen Dingen gibt es keine. Aber die bloße Möglichkeit würde Euch als – Ihr wißt, was ich meine und wozu Ihr vorgeschlagen seid – unmöglich machen.‹
Ich glaubte zu sehen, Sire, wie Hochmut und Ehrgeiz sich in den düstern Zügen Eures Beichtvaters bekämpften, aber ich konnte den Sieger nicht erraten.
›Ich denke, ich gehe mit den Herren‹, sagte Père Tellier.
›Kommt, Pater!‹ drängte der Minister und streckte die Hand gegen ihn aus.
›Aber ich muß die Soutane wechseln. Ihr seht, diese ist geflickt, und ich könnte in Versailles der Majestät begegnen.‹ Er öffnete ein Nebenzimmer.
Argenson blickte ihm über die Schulter und sah in einen niedern Verschlag mit einem nackten Schragen und einem wurmstichigen Schreine.
›Mit Vergunst, Herren‹, lispelte der Jesuit schämig, ›ich habe mich noch nie vor weltlichen Augen umgekleidet.‹
Argenson faßte ihn an der Soutane. ›Ihr haltet Wort?‹
Père Tellier streckte drei schmutzige Finger gegen etwas Heiliges, das im Dunkel einer Ecke klebte, entschlüpfte und schloß die Tür bis auf eine kleine Spalte, welche Argenson mit der Fußspitze offenhielt.
Wir hörten den Schrank öffnen und schließen. Zwei stille Minuten verstrichen. Argenson stieß die Türe auf. Weg war Père Tellier. Hatte er der Einflüsterung Argensons nicht geglaubt und nur die Gelegenheit ergriffen, aus unserer Gegenwart zu entrinnen? Oder hatte er

sie geglaubt, der eine Dämon seines Ordens aber den andern, der Stolz den Ehrgeiz überwältigt? Wer blickt in den Abgrund dieser finstern Seele?

›Meineidiger!‹ fluchte der Minister, öffnete den Schrein, erblickte eine Treppe und stürzte sich hinab. Ich stolperte und fiel mit meiner Krücke nach. Unten standen wir vor den höchlich erstaunten Mienen eines vornehmen Novizen mit den feinsten Manieren, welcher auf unsere Frage nach dem Pater bescheiden erwiderte, seines Wissens sei derselbe vor einer Viertelstunde in Geschäften nach Rouen verreist.

Argenson gab jede Verfolgung auf. ›Eher schleppte ich den Cerberus aus der Hölle, als dieses Ungeheuer nach Versailles! ... Überdies, wo ihn finden in den hundert Schlupfwinkeln der Gesellschaft? Ich gehe. Schickt nach frischen Pferden, Fagon, und eilet nach Versailles. Erzählt alles der Majestät. Sie wird Julian die Hand geben und zu ihm sprechen: Der König achtet dich, dir geschah zu viel! und der Knabe ist ungegeißelt.‹ Ich gab ihm recht. Das war das Beste, das einzig gründlich Heilsame, wenn es nicht zu spät kam.«

Fagon betrachtete den König unter seinen buschigen greisen Brauen hervor, welchen Eindruck auf diesen die ihm entgegengehaltene Larve seines Beichtigers gemacht hätte. Nicht daß er sich schmeichelte, Ludwig werde seine Wahl widerrufen. Warnen aber hatte er den König wollen vor diesem Feinde der Menschheit, der mit seinen Dämonflügeln das Ende einer glänzenden Regierung verschatten sollte. Allein Fagon las in den Zügen des Allerchristlichsten nichts als ein natürliches Mitleid mit dem Lose des Sohnes einer Frau, die dem Gebieter flüchtig gefallen hatte, und das Behagen an einer Erzählung, deren Wege wie die eines Gartens in einen und denselben Mittelpunkt zusammenliefen: der König, immer wieder der König!

»Weiter, Fagon«, bat die Majestät, und dieser gehorchte, gereizt und in verschärfter Laune.

»Da die Pferde vor einer Viertelstunde nicht anlangen konnten, trat ich bei einem dem Profeßhause gegenüber wohnenden Bader, meinem Klienten, ein und bestellte ein laues Bad, denn ich war angegriffen. Während das Wasser meine Lebensgeister erfrischte, machte ich mir die herbsten Vorwürfe, den mir anvertrauten Knaben vernachlässigt und seine Befreiung verschoben zu haben. Nach einer Weile störte mich durch die dünne Wand ein unmäßiges Geplauder. Zwei Mädchen aus dem untern Bürgerstande badeten nebenan. ›Ich bin so unglücklich!‹ schwatzte die eine und kramte ein dummes Liebesgeschichtchen aus, ›so unglücklich!‹ Eine Minute später kicherten sie zusammen. Während ich meine Lässigkeit verklagte und eine zentnerschwere Last auf dem Gewissen trug, schäkerten und bespritzten sich neben mir zwei leichtfertige Nymphen.

In Versailles –«

König Ludwig wendete sich jetzt gegen Dubois, den Kammerdiener der Marquise, der, leise eingetreten, flüsterte: »Die Tafel der Majestät ist gedeckt.« »Du störst, Dubois«, sagte der König, und der alte Diener zog sich zurück mit einem leisen Ausdrucke des Erstaunens in den geschulten Mienen, denn der König war die Pünktlichkeit selber.

»In Versailles«, wiederholte Fagon, »fand ich den Marschall tafelnd mit einigen seiner Standesgenossen. Da war Villars, jeder Zoll ein Prahler, ein Heros, wie man behauptet und ich nicht widerspreche, und der unverschämteste Bettler, wie du ihn kennst, Majestät; da war Villeroy, der Schlachtenverlierer, der nichtigste der Sterblichen, der von den Abfällen deiner Gnade lebt, mit seinem unzerstörlichen Dünkel und seinen großartigen Manieren; Grammont mit dem vornehmen Kopfe, der mich gestern in deinem Saale, Majestät, und an deinen Spieltischen mit gezeichneten Karten betrogen hat, und Lauzun, der unter seiner sanften Miene gründlich Verbitterte und Boshafte. Vergib, ich sah deine Höflinge verzerrt im grellen Lichte meiner Herzensangst. Auch die Gräfin Mimeure war geladen und Mirabelle, die neben Villeroy saß, welcher dem armen Kinde mit seinen siebzigjährigen Geckereien angst und bange machte.

Julian war von seinem Vater zur Tafel befohlen und bleich wie der Tod. Ich sah, wie ihn der Frost schüttelte, und betrachtete unverwandt das Opfer mit heiliger Scheu.

Das Gespräch – gibt es beschleunigende Dämonen, die den Steigenden stürmisch emporheben und den Gleitenden mit grausamen Füßen in die Tiefe stoßen? – das Gespräch wurde über die Disziplinarstrafen im Heere geführt. Man war verschiedener Meinung. Es wurde gestritten, ob überhaupt körperlich gezüchtigt werden solle, und wenn ja, mit welchem Gegenstande, mit Stock, Riemen oder flacher Klinge. Der Marschall, menschlich wie er ist, entschied sich gegen jede körperliche Strafe, außer bei unbedingt entehrenden Vergehen, und Grammont, der falsche Spieler, stimmte ihm bei, da die Ehre, wie Boileau sage, eine Insel mit schroffen Borden sei, welche, einmal verlassen, nicht mehr erklommen werden könne. Villars gebärdete sich, wenn ich es sagen soll, wie ein Halbnarr und erzählte, einer seiner Grenadiere habe, wahrscheinlich ungerechterweise gezüchtigt, sich mit einem Schusse entleibt, und er – Marschall Villars – habe in den Tagesbefehl gesetzt: Lafleur hätte Ehre besessen auf seine Weise. Das Gespräch kreuzte sich. Der Knabe folgte ihm mit irren Augen. ›Schläge‹, ›Ehre‹, ›Ehre‹, ›Streiche‹ scholl es hin- und herüber. Ich flüsterte dem Marschall ins Ohr: ›Julian ist leidend, er soll zu Bette.‹ ›Julian darf sich nicht verwöhnen‹, erwiderte er. ›Der Knabe wird sich zusammennehmen. Auch wird die Tafel gleich aufgehoben.‹ Jetzt wendete sich der galante Villeroy gegen seine schüchterne Nachbarin. ›Gnädiges Fräulein‹, näselte er und spreizte sich, ›sprecht und wir werden ein Orakel vernehmen!‹ Mirabelle, schon auf Kohlen sitzend, überdies geängstigt durch das entsetzliche Aussehen Julians, verfiel natürlich in ihre Gewöhnung und antwortete: ›Körperliche Gewalttat erträgt kein Untertan des stolzesten der Könige: ein so Gebrandmarkter lebt nicht länger!‹ Villeroy klatschte Beifall und küßte ihr den Nagel des kleinen Fingers. Ich erhob mich, faßte Julian und riß ihn weg. Dieser Aufbruch blieb fast unbemerkt. Der Marschall mag denselben bei seinen Gästen entschuldigt haben.

Während ich den Knaben entkleidete – er selbst kam nicht mehr damit zustande – sagte er: ›Herr Fagon, mir ist wunderlich zumute. Meine Sinne verwirren sich. Ich sehe Gestalten. Ich bin wohl krank. Wenn ich stürbe –‹ er lächelte. ›Wisset Ihr, Herr Fagon, was heute bei den Jesuiten geschehen ist? Lasset meinen Vater nichts davon wissen! nie! nie! Es würde ihn töten!‹ Ich versprach es ihm und hielt Wort, obgleich es mich kostete. Noch zur Stunde ahnt der Marschall nichts davon.

Den Kopf schon im Kissen, bot mir Julian die glühende Hand. ›Ich danke Euch, Herr Fagon ... für alles ... Ich bin nicht undankbar, wie Mouton.‹

Deine Majestät zu bemühen, war jetzt überflüssig. In der nächsten Viertelstunde schon redete Julian irre. Prozeß und Urteil lagen in den Händen der Natur. Die Fieber wurden heftig, der Puls jagte. Ich ließ mir ein Feldbett in der geräumigen Kammer aufschlagen und blieb auf dem Posten. In das anstoßende Zimmer hatte der Marschall seine Mappen und Karten tragen lassen. Er verließ seinen Arbeitstisch stündlich, um nach dem Knaben zu sehen, welcher ihn nicht erkannte. Ich warf ihm feindselige Blicke zu. ›Fagon, was hast du gegen mich?‹ fragte er. Ich mochte ihm nur nicht antworten.

Der Knabe phantasierte viel, aber im Bereiche seines lodernden Blickes schwebten nur freundliche und aus dem Leben entschwundene Gestalten. Mouton erschien und auch Mouton der Pudel sprang auf das Bette. Am dritten Tage saß die Mutter neben Julian.

Drei Besuche hat er erhalten. Victor kratzte an die Türe und brach, von mir eingelassen, in ein so erschütterndes Wehgeschrei aus, daß ich ihn wegschaffen mußte. Dann klopfte der Finger Mirabellens. Sie trat an das Lager Julians, der eben in einem unruhigen Halbschlummer lag, und betrachtete ihn. Sie weinte wenig, sondern drückte ihm einen brünstigen Kuß auf den dürren Mund. Julian fühlte weder den Freund noch die Geliebte.

Unversehens meldete sich auch Père Amiel, den ich nicht abwies. Da ihn der Kranke mit fremden Augen anstarrte, sprang er possierlich vor dem Bette herum und rief: ›Kennst du mich nicht mehr, Julian, deinen Père Amiel, den kleinen Amiel, den Nasen-Amiel? Sage mir nur mit einem Wörtchen, daß du mich liebhast!‹

Der Knabe blieb gleichgültig. Gibt es elysische Gefilde, denke ich dort den Père zu finden, ohne langen Hut, mit proportionierter Nase, und Hand in Hand mit ihm einen Gang durch die himmlischen Gärten zu tun.

Am vierten Abende ging der Puls rasend. Ein Gehirnschlag konnte jeden Augenblick eintreten. Ich trat hinüber zum Marschall.

›Wie steht es?‹

›Schlecht.‹

›Wird Julian leben?‹

›Nein. Sein Gehirn ist erschöpft. Der Knabe hat sich überarbeitet.‹

›Das wundert mich‹, sagte der Marschall, ›ich wußte das nicht.‹ In der Tat, ich glaube, daß er es nicht wußte. Meine Langmut war zu Ende. Ich sagte ihm schonungslos die Wahrheit und warf ihm vor, sein Kind vernachlässigt und zu dessen Tode geholfen zu haben. Das Golgatha bei den Jesuiten verschwieg ich. Der Marschall hörte mich schweigend an, den Kopf nach seiner Art etwas auf die rechte Seite geneigt. Seine Wimper zuckte und ich sah eine Träne. Endlich erkannte er sein Unrecht. Er faßte sich mit der Selbstbeherrschung des Kriegers und trat in das Krankenzimmer.

Der Vater setzte sich neben seinen Knaben, der jetzt unter dem Druck entsetzlicher Träume lag. ›Ich will ihm wenigstens‹, murmelte der Marschall, ›das Sterben

erleichtern, was an mir liegt. Julian‹, sprach er in seiner bestimmten Art. Das Kind erkannte ihn.
›Julian, du mußt mir schon das Opfer bringen, deine Studien zu unterbrechen. Wir gehen miteinander zum Heere ab. Der König hat an der Grenze Verluste erlitten, und auch der Jüngste muß jetzt seine Pflicht tun.‹
Diese Rede verdoppelte die Reiselust eines Sterbenden ... Einkauf von Rossen ... Aufbruch ... Ankunft im Lager ... Eintritt in die Schlachtlinie ... Das Auge leuchtete, aber die Brust begann zu röcheln. ›Die Agonie!‹ flüsterte ich dem Marschall zu.
›Dort die englische Fahne! Nimm sie!‹ befahl der Vater. Der sterbende Knabe griff in die Luft. ›Vive le roi!‹ schrie er und sank zurück wie von einer Kugel durchbohrt.«
Fagon hatte geendet und erhob sich. Die Marquise war gerührt. »Armes Kind!« seufzte der König und erhob sich gleichfalls.
»Warum arm«, fragte Fagon heiter, »da er hingegangen ist als ein Held?«

DIE RICHTERIN

Erstes Kapitel

»Precor sanctos apostolos Petrum et Paulum!« psalmodierten die Mönche auf Ara Coeli, während Karl der Große unter dem lichten Himmel eines römischen Märztages die ziemlich schadhaften Stufen der auf das Kapitol führenden Treppe emporstieg. Er schritt feierlich unter der Kaiserkrone, welche ihm unlängst zu seinem herzlichen Erstaunen Papst Leo in rascher Begeisterung auf das Haupt gesetzt. Der Empfang des höchsten Amtes der Welt hatte im Ernste seines Antlitzes eine tiefe Spur gelassen. Heute, am Vorabend seiner Abreise, gedachte er einer solennen Seelenmesse für das Heil seines Vaters, des Königs Pippin, beizuwohnen. Zu seiner Linken ging der Abt Alkuin, während ein Gefolge von Höflingen, die aus allen Ländern der Christenheit zusammengewählte Palastschule, sich in gemessener Entfernung hielt, halb aus Ehrerbietung, halb mit dem Hintergedanken, in einem günstigen Augenblicke sich sachte zu verziehen und der Messe zu entkommen. Die vom Wirbel zur Zehe in Eisen gehüllten Höflinge schlenderten mit gleichgültiger Miene und hochfahrender Gebärde in den erlauchten Stapfen, die Begrüßung der umstehenden Menge mit einem kurzen Kopfnicken erwidernd und sich über nichts verwundern wollend, was ihnen die Ewige Stadt Großes und Ehrwürdiges vor das Auge stellte.

Jetzt hielten sie vor der ersten Stufe, während oben auf dem Platze Karl mit Alkuin bei dem ehernen Reiterbilde stillestand. »Ich kann es nicht lassen«, sagte er zu dem gelehrten Haupte, »den Reiter zu betrachten. Wie mild er über der Erde waltet! Seine Rechte segnet! Diese Züge müssen ähnlich sein.«
Da flüsterte der Abt, den der Hafer seiner Gelehrsamkeit stach: »Es ist nicht Konstantin. Das hab ich längst heraus. Doch ist es gut, daß er dafür gelte, sonst wären Reiter und Gaul in der Flamme geschmolzen.« Der kleine Abt hob sich auf die Zehen und wisperte dem großen Kaiser ins Ohr: »Es ist der Philosoph und Heide Mark Aurel.« »Wirklich?« lächelte Karl.
Sie gingen der Pforte von Ara Coeli zu, durch welche sie verschwanden, der Kaiser schon in Andacht vertieft, so daß er einen netten jungen Menschen in rätischer Tracht nicht beachtete, der unferne stand und durch die ehrfürchtigsten Grüße seine Aufmerksamkeit zu erregen suchte.
»Halt, Herren«, rief einer der inzwischen bei dem Reiterbilde angelangten Höflinge und fing rechts und links die Hände der neben ihm Wandelnden, »jetzt da alles treibt und schwillt« – Erd- und Lenzgeruch kam aus nahen Gärten – »will ich meinen Becher und was mir sonst lieb ist mit Veilchen bekränzen, aber keinen Weihrauch trinken, am wenigsten den einer Totenmesse. Ich habe hierherum eine Schenke entdeckt mit dem steinernen Zeichen einer säugenden Wölfin. Das hat mir Durst gemacht. Sehen wir uns noch ein bißchen den Reiter an und verduften dann in die Tabernen.«
»Wer ist's?« fragte einer.
»Ein griechischer Kaiser –«

»Den setzen wir ab –«
»Wie er die Beine spreizt!« –
»Reitet der Kerl in die Schwemme?« –
»Holla, Stallknecht!« –
»Nettes Tier!« –
»Wülste wie ein Mastschwein!«
So ging es Schlag auf Schlag und ein frecher Witz überblitzte den andern. Das antike Roß wurde gründlich und unbarmherzig kritisiert.
Der artige Räter hatte sich nach und nach dem Kreise der Spötter genähert. Seine Absicht schien, zwischen zwei Gelächtern in ihre Gruppe zu gelangen und auf eine unverfängliche Weise mit der Schule anzuknüpfen. Aber die Höflinge achteten seiner nicht. Da faßte er sich ein Herz und sprach in vernehmlichen Worten zu sich selbst: »Erstaunliche Sache, diese Palastschule, und ein Günstling des Glücks, wer ihr angehören darf!«
Über eine gepanzerte Schulter wendete sich ein junger Rotbart und sprach gelassen: »Wir schwänzen sie meistenteils.« Dann kehrte sich der ganze Höfling, ein baumlanger Mensch, und fragte der Räter mit einem spöttischen Gesichte: »Welcher Eltern rühmst du dich, Knabe?«
Dieser gab vergnügten Bescheid. »Ich bin der Neffe des Bischofs Felix in Chur und mit seinen Briefen an den Heiligen Stuhl geschickt.«
»Räter«, sprach der Lange ernsthaft, »du bist an den Quell der Wahrheit gesendet. Hier stehst du auf den Schwellen der Apostel und über den Grüften unzähliger Bekenner. Lege wahrhaftes Zeugnis ab und bekenne tapfer: Ich bin der Sohn des Bischofs.«

Eben intonierten die Mönche von Ara Coeli mit jungen und markigen Stimmen die dunkle Klage und flehende Entschuldigung: »Concepit in iniquitatibus me mater mea!«

»Hörst du«, und der Höfling deutete nach der Kirche, »die dort wissen es!« Der ganze Haufe schlug eine schallende Lache auf.

Der kluge Bischofsneffe hütete sich in Zorn zu geraten. Mit einem flüchtigen Erröten und einer leichten Wendung des Kopfes sagte er: »Bischof Felix, der im Schatten seiner Berge die aus eurer Schule aufsteigende Sonne der Bildung mit frommem Jubel begrüßt, hat mir den Auftrag gegeben, für seine jung gebliebene Lernbegierde einige Hauptschriften der erwachenden Wissenschaft und insbesondere das unvergleichliche Büchlein der Disputationen des Abtes Alkuin zu erwerben. Nun wird erzählt, dieser große und gute Lehrer habe jeden von euch mit einem kostbaren Exemplare ausgerüstet, und ich meine nur, einer dieser Herren hätte vielleicht Lust einen Handel zu schließen.«

»Du sprichst wahr und weise, Bischofssohn«, parodierte ihn der Höfling, »und wäre mein Alkuin nicht längst unter die Hebräer gegangen, mochte es geschehen, daß wir zweie zu dieser Stunde darum ein kurzweiliges Würfelspielchen machten.«

»In unchristliche Hände! diese göttliche Weisheit!« wehklagte der Räter.

»Weisheit!« spottete der Rotbart, »ich versichere dir: lauter dummes Zeug. Übrigens weiß ich es auswendig. Höre nur, Bergbewohner!« Er krümmte den langen Rücken wie ein verbogener Schulmeister, zog die Brauen in die Höhe und wendete sich an den jüngsten der

Bande, einen Krauskopf, der, fast noch ein Knabe, aus südlichen Augen lachend mit Lust und Liebe auf das gottlose Spiel einging.

»Jüngling«, predigte der falsche Alkuin, »du hast einen guten Charakter und einen gelehrigen Geist. Ich werde dir eine ungeheuer schwere Frage vorlegen. Siehe, ob du sie beantwortest. Was ist der Mensch?«

»Ein Licht zwischen sechs Wänden«, antwortete der Knabe andächtig.

»Welche Wände?«

»Das Links, das Rechts, das Vorn, das Nichtvorn, das Oben, das Unten.« Jeden dieser Räume bezeichnete er mit einer Gebärde: beim fünften starrte er in den leuchtenden Himmel hinauf, als bestaune er einen Engelreigen, und bohrte schließlich einen stieren Blick in den Boden, als entdecke er die verschüttete Tarpeja. Jubelndes Klatschen belohnte die Faxe.

Die wachsende Lustigkeit der Palastschule begann den Bischofsneffen zu ängstigen. Da trat im guten Augenblicke einer aus dem Kreise, ein kühner Krieger, dem an der rechten Seite des stämmigen Wuchses ein seltsam gewundenes Hifthorn hing. »Sei getrost«, sagte er und ergriff die Hand des Räters, »du sollst ein Pergament haben. Das meinige. Es schleppt sich unter dem Gepäcke.« Er führte den Erlösten weg, die Treppe des Kapitols hinunter, sich nicht weiter um seine Gefährten bekümmernd.

Jetzt gingen sie freundlich nebeneinander, wenn auch nicht mehr Hand in Hand. Die des Palastschülers war auf das Hifthorn geglitten, das der Bischofsneffe mit aufmerksamen Blicken betrachtete. »Das hier kommt aus dem Gebirge«, sagte er.

»So«, machte der Behelmte. »Aus welchem Gebirge?«
»Aus unserm, Landsmann. Ich kenne dich an deiner Sprache, wie du mich ebendaran erkannt haben wirst, da du mich, wofür ich dir danke, den Neckereien der Palastschule entzogest. Daß du es wissest, ich bin Graciosus« – der kluge Räter hatte diesen seinen hübschen Namen den Spöttern am Reiterbilde weislich verschwiegen – »oder auf deutsch Gnadenreich, und du bist Wulfrin, Sohn Wulfs, wenn dieses Hifthorn dein Erbteil ist, wie ich vermute.«
Wulfrin runzelte die Stirn. Es mochte ihm nicht willkommen sein, von der Heimat zu hören. Dann musterte er Gnadenreich und fand einen anmutenden wohlgebildeten Jüngling, eine Gott und Menschen gefällige Erscheinung, nicht anders als der Name lautete. Er klopfte ihn auf die runde Schulter, deren Schmiegsamkeit zu dieser beschützenden Liebkosung einlud, und sagte: »Es macht warm.« In der Tat strahlte nicht nur die römische Märzsonne, sie brannte sogar.
»Ja, es macht warm«, wiederholte er, hob den Helm und wischte mit der Hand einen Schweißtropfen. »Leeren wir einen Becher?« und ohne die Antwort zu erwarten, bog er nach wenigen Schritten in den offenen Hofraum eines klösterlichen Gebäudes und warf sich dort auf eine Steinbank, wo Graciosus in Züchten sich neben ihn setzte. »Ich darf mich nicht weiter verziehen«, sagte der Höfling, »als das Horn reicht, wann Herr Karl die Schule zusammenruft. Auch liebe ich dieses junge Geschöpf«, scherzte er und zeigte auf eine Palme, welche in geringer Entfernung auf dem Vorsprunge eines Hügels, von leichten Windstößen bewegt, sich im blauen Himmel fächerte und etwa sech-

zehn Jahresringe zählen mochte. »Hier heißt es ad palmam novellam und Pförtner Petrus schenkt einen herben. He, Petrus!« Dieser, ein Alter mit struppigem Bart, feurigen Augen und zwei riesigen Schlüsseln am Gurte, brachte Kanne und Becher.

»Palma novella ist auch ein Frauenname«, bemerkte Graciosus und netzte den Mund.

»Mag sein«, versetzte Wulfrin. »In Hispanien, wenn mir recht ist, läuft derlei Getauftes oder Ungetauftes herum. Ich habe mich nicht damit befaßt. Ich mache mir nichts aus den Weibern.«

»Deine rätische Schwester heißt auch nicht anders«, sagte Gnadenreich unschuldig.

»Meine – rätische – Schwester?«

»Nun ja, Wulfrin, das Kind der Judicatrix, meiner Nachbarin auf Malmort am Hinterrhein. Du hast sie nie von Angesicht gesehen, die Frau Stemma, das zweite Weib deines Vaters?«

»Das dritte«, murrte Wulfrin. »Ich bin von der zweiten.«

»Das weißt du besser. Auch das jähe Ende deines Vaters weißt du, bei seinem Auftritt in Malmort. Palma ist nachgeboren.«

»Es sei«, versetzte Wulfrin verdrossen. »Warum auch sollte es nicht sein? Rührt mich aber nicht. Was mich kümmern konnte, hat mir der Knecht des Vaters, der Steinmetz Arbogast, umständlich berichtet. Ich habe es mit ihm beredet und erörtert mehr als einmal und noch zuletzt am Wachfeuer vor Pertusa, wenige Augenblikke bevor den treuen Kerl der maurische Pfeil meuchelte. Das ist nun fertig und abgetan. Wisse: als Siebenjähriger bin ich daheim ausgerissen – der Vater hatte mir

das sieche Mütterlein ins Kloster gestoßen – und über Stock und Stein zu König Karl gerannt. Dorthin hat mir der Arbogast mein Erbe gebracht, das Wulfenhorn, dieses hier. Der Wulfenbecher, der dazugehört, obschon er heidnisch ist – das Horn ist biblischen Ursprungs – blieb auf Malmort und mag dort bleiben, bis ich freie, und das hat Weile. Sie werden ihn aufgehoben haben. Du hast ihn wohl gesehen, wenn du dort ein und aus gehst.«
Graciosus nickte.
»Verstehe: beide, Horn und Kelch, sind zwei Altertümer, mit Tugenden und Kräften begabt. Den Becher gab einem Wölfling ein Elb oder eine Elbin von denen im Hinterrhein. Solang eines Wolfes Weib ihn ihrem Wolfe kredenzt und den darein gegrabenen Spruch ohne Anstoß hersagt, einmal vorwärts und einmal rückwärts, gefällt und mundet sie dem Wolfe. Über das Hifthorn sind die Meinungen geteilt. Nach den einen ist es gleichfalls ein elbisches Geschenk, und vor dem Burgtor bei der Rückkehr geblasen, zwingt es die Wölfin zu bekennen, was immer sie in Abwesenheit des Gatten gesündigt hat. Andere dagegen behaupten, daß ein Wolf im Gelobten Lande das Horn mit seinem Schwert aus dem erstarrten Pech und Schwefel des Toten Meeres grub. So ist es ein im Getümmel zur Erde gestürztes Harschhorn, von denen welche die himmlischen Haufen bliesen zum Gericht über Sodom und Gomorrha.«
Wulfrin blickte dem Räter ins Gesicht, der ihm – Schlauheit oder Einfalt – zwei gläubige Augen entgegenhielt.
Eben wurde vom Winde ein Bruchstück der Seelenmesse aus Ara Coeli hergetragen. Zornig und drohend san-

gen sie dort: »Dies irae, dies illa, dies magna et amara valde!«
»Schöne Bässe«, lobte Wulfrin. »Um wieder auf den Becher zu kommen, so glaube ich nicht an seine Kraft. Sicherlich hat die Mutter nicht unterlassen, seinen Spruch herzubeten, vorwärts und rückwärts. Es hat nichts gefruchtet. Sie welkte und der Vater verstieß sie.« Er tat einen Seufzer.
»Und das Horn?« fragte Schelm Graciosus.
Der Höfling wog es in den Händen und lächelte. Graciosus lächelte gleichfalls.
»Übrigens ist es das beste Hifthorn im Heere. Das ruft! Höre nur!« und er setzte es an den Mund.
»Um aller Heiligen willen, Wulfrin, laß ab!« schrie Graciosus ängstlich. »Willst du die Stadt Rom in Aufruhr bringen?«
»Du hast recht, ich dachte nicht daran.« Wulfrin ließ das Horn in die tragende Kette zurückfallen.
»Dieses Hifthorn«, sagte jetzt Graciosus bedächtig, »wurde mir beschrieben. Auch hat es der Knecht Arbogast in Stein gemeißelt auf dem Grabmal im Hofe von Malmort, wo er den Comes deinen Vater abbildete und die Wittib daneben.«
»So?« grollte Wulfrin. »Konnte der Vater nicht allein liegen?«
Graciosus ließ sich nicht einschüchtern. »An den Herrn des Hifthorns habe ich einen Auftrag«, sagte er.
»Du bist voller Aufträge. Von wem hast du diesen?«
»Von der Richterin.«
»Welche Richterin?« Entweder war Wulfrin von harten Begriffen oder seine Laune verschlechterte sich zusehends.

»Nun, die Judicatrix Stemma, deine Stiefmutter.«
»Was hab ich mit der Alten zu schaffen! Warum lächelst du, Männchen?«
»Weil du so mit ihr umgehst, die noch schön und jung ist.«
»Ein altes Weib, sage ich dir.«
»Ich bitte dich, Wulfrin! Dein Vater freite sie als eine Sechzehnjährige. Dein Geschwister ist nicht älter. Zähle zusammen! Doch jung oder alt, sie gab mir den Auftrag und ich darf ihn nicht unausgerichtet heimbringen.«
Der Höfling verschluckte einen Fluch. »Du verdirbst mir den Krätzer, er schmeckt wie Galle.« Erbost stieß er den Becher von der Bank und setzte den Fuß darauf. »So sprich!«
»Frau Stemma«, begann Gnadenreich in bildlicher Rede, »will sich vor dir die Hände in ihrer Unschuld waschen.«
»Ein Becken her!« spottete Wulfrin, als riefe er in die Gasse hinaus nach einem Bader.
»Wulfrin, stünde sie vor dir, du straftest deine Lippen! Keine in Rätien hat edlere Sitte. Was sie verlangt, ist gebührlich. Auf der Schwelle ihres Kastells, vor ihrem Angesichte, jählings ist dein Vater erblichen. Das ist schrecklich und fragwürdig. Frau Stemma läßt dir sagen, sie wundere sich, daß sie dich rufen müsse, sie habe dich längst, täglich, stündlich erwartet, seit du zu deinen mündigen Jahren gekommen bist. Nur ein Sorgloser, ein Fahrlässiger, ein Pflichtvergessener – nicht meine Worte, die ihrigen – verschiebe und versäume es, sie zur Rechenschaft zu ziehen.«
Wulfrin blickte finster. »Das Weib tritt mir zu nahe«,

sagte er. »Ich wußte, was man einem Vater schuldig ist. Er hat an meiner Mutter gefrevelt und sein Gedächtnis – die Kriegstaten ausgenommen – ist mir unlieb: dennoch habe ich mir seine Todesgebärde vergegenwärtigt, den Augenzeugen Arbogast, der das Lügen nicht kannte, habe ich scharf ins Verhör genommen. Jetzt will ich noch ein übriges tun und dir die gemeine Sache herbeten, vom Credo bis zum Amen. Du bist aus dem Lande und kennst die Geschichte. Mangelt etwas daran oder ist etwas zuviel, so widersprich!«

Der Vater kam aus Italien und nächtigte bei dem Judex auf Malmort. Bei Wein und Würfeln wurden sie Freunde und der Vater, der, meiner Treu, kein Jüngling mehr war – ich habe aus der Wiege seinen weißen Bart gezupft – warb um das Kind des Richters und erhielt es. Beim Bischof in Chur wurde Beilager gehalten. Am dritten Tage setzte es Händel. Der Räzünser, dessen Werbung der Judex abgewiesen haben mochte, wurde zu spät oder ungebührlich geladen oder an einen unrechten Platz gesetzt oder nachlässig bedient oder schlecht beherbergt oder es wurde sonst etwas versehen. Kurz, es gab Streit und der Räzünser streckt den Judex. Der Vater hat den Schwieger zu rächen, berennt Räzüns eine Woche lang und bricht es. Inzwischen bestattet das Weib den Judex und reitet nach Hause. Dort sucht sie der Vater, mit Beute beladen. Er stößt ins Horn, der Sitte gemäß. Sie tritt ins Tor, sagt den Spruch und kredenzt den Wulfenbecher, den ihr der Vater in Chur nach wölfischer Sitte als Morgengabe gereicht hatte. Kredenzt ihn mit drei Schlücken. Der Arbogast, der durstig daneben stand, hat sie gezählt: drei herzhafte Schlücke. Der Vater nimmt den Becher, leert ihn auf einen Zug und haucht die Seele aus. War es so oder war es anders, Bischofsneffe?«

»Wörtlich und zum Beschwören so«, bestätigte Graciosus. »Von hundert Zeugen, die den Burghof füllten, zu beschwören! Soviel ihrer noch am Leben sind. Und solches ist geschehen nicht im Zwielichte, nicht bei flackernden Spänen, sondern im Angesicht der Sonne zu klarer Mittagszeit. Der Comes dein Vater war rasend geritten, hatte im Bügel manchen Trunk getan –«

»Und mit fliegender Lunge ins Horn gestoßen, vergiß nicht!« höhnte Wulfrin.

»Er triefte und keuchte –«

»Er lechzte wie eine Bracke!« überbot ihn Wulfrin.

»Er sehnte sich nach seinem Weibe«, dämpfte Graciosus.

»Trunken und brünstig! unter gebleichten Haaren! pfui! Ist das zum Abmalen und An-die-Wand-Heften? Was will die Judicatrix? Mich schwören lassen, daß wir Wölfe gemeinhin am Schlage sterben? Was freilich auf die Wahrheit herausliefe.«

»Es ist ihr Wille so und man gehorcht ihr in Rätien.«

»Seht einmal da! ihr Wille!« hohnlachte Wulfrin. »Mein Wille ist es nicht und meine Heimat ist nicht ein Bergwinkel, sondern die weite Welt, wo der Kaiser seine Pfalz bezieht oder sein Zelt aufschlägt. Sage du deiner Richterin, Wulfrin sei kein Laurer noch Argwöhner! Sie rühre nicht an die Sache! Sie zerre den Vater nicht aus dem Grabe! Ich lasse sie in Ruhe, kann sie mich nicht ruhig lassen?« Er drohte mit der Hand, als stünde die Stiefmutter vor ihm. Dann spottete er: »Hat das Weib den Narren gefressen an Spruch und Urteil?

Hat es eine kranke Lust an Schwur und Zeugnis? Kann es sich nicht ersättigen an Recht und Gericht?«
»Es ist etwas Wahres daran«, sagte Graciosus lächelnd. »Frau Stemma liebt das Richtschwert und befaßt sich gerne mit seltenen und verwickelten Fällen. Sie hat einen großen und stets beschäftigten Scharfsinn. Aus wenigen Punkten errät sie den Umriß einer Tat und ihre feinen Finger enthüllen das Verborgene. Nicht daß auf ihrem Gebiete kein Verbrechen begangen würde, aber geleugnet wird keines, denn der Schuldige glaubt sie allwissend und fühlt sich von ihr durchschaut. Ihr Blick dringt durch Schutt und Mauern und das Vergrabene ist nicht sicher vor ihr. Sie hat sich einen Ruhm erworben, daß fernher durch Briefe und Boten ihr Weistum gesucht wird.«
»Das Weib gefällt mir immer weniger«, grollte Wulfrin. »Der Richter walte seines Amtes schlecht und recht, er lausche nicht unter die Erde und schnüffle nicht nach verrauchtem Blute.«
Graciosus begütigte. »Sie redet davon, ihr Haus zu bestellen, obwohl sie noch in Blüte und Kraft steht. Vielleicht sorgt sie, wenn sie nicht mehr da wäre, könntest du deine Schwester in Unglück stürzen –«
»In Unglück?«
»Ich meine sie berauben und verjagen unter dem Vorwande einer unaufgeklärten und ungeschlichteten Sache. Darum, vermute ich, will sie dich nach Malmort haben und sich mit dir vertragen.«
Wulfrin lachte. »Wirklich?« sagte er. »Sie hat einen schönen Begriff von mir. Meine Schwester plündern? Das arme Ding! Im Grunde kann es nicht dafür, daß es auf die Welt gekommen ist. Doch auch von ihr will ich

nichts wissen.« Während er redete, zählte sein Blick die Jahresringe der jungen Palme. »Fünfzehn Ringe?« sagte er.
»Fünfzehn Jahre«, berichtigte Graciosus.
»Und wie schaut sie?«
»Stark und warm«, antwortete Gnadenreich mit einem unterdrückten Seufzer. »Sie ist gut, aber wild.«
»So ist es recht. Und dennoch will ich nichts von ihr wissen.«
»Sie aber weiß von nichts anderm als von dem fremden reisigen fabelhaften Bruder, der sich mit den Sachsen balgt und mit den Sarazenen rauft. ›Wann der Bruder kommt‹ – ›Das gehört dem Bruder‹ – ›Das muß man den Bruder fragen‹ – davon werden ihr die Lippen nicht trocken. Jedes Hifthorn jagt sie auf, sie springt nach deinem Becher und damit an den Brunnen. Sie wäscht ihn, sie reibt ihn, sie spült ihn.«
»Warum, Narr?«
»Weil sie dir ihn kredenzen will und dein Vater sich daraus den Tod getrunken hat«
»Dummes Ding! Du also wirbst um sie?«
Der ertappte Graciosus errötete wie ein Mädchen. »Die Mutter begünstigt mich, aber an ihr selbst werde ich irre«, gestand er. »Kämest du heim, ich bäte dich, ein Wort mit ihr zu reden.«
Wieder musterte Wulfrin den netten Jüngling und wieder klopfte er ihn auf die Schulter. »Sie hält dich zum besten?« sagte er.
»Sie redet Rätsel. Da ich neulich auf mein Herz anspielte –«
»Schlug sie die Augen nieder?«
»Nein, die schweiften. Dann zeigte sie mit dem Finger

einen Punkt im Himmel. Ich blinzte. Ein Geier, der ein Lamm davontrug. Unverständlich.«

»Klar wie der Morgen. ›Raube mich.‹ Das Mädchen gefällt mir.«

»Du willst sie sehen?«

»Niemals.«

Jetzt trat ein Palastschüler mit suchenden Blicken in den Hofraum und dann rasch auf Wulfrin zu. »Du«, sagte er, »die Messe ist aus, der König verläßt die Kirche.« Der »Kaiser« wollte ihm noch nicht über die Zunge.

Wulfrin sprang auf. »Nimm mich mit!« bat Graciosus, »damit ich dem Herrn der Erde nahe trete und ihn reden höre.«

»Komm«, willfahrte Wulfrin gutmütig und bald standen sie neben dem Kaiser, vor welchem ein ehrwürdiger, aber etwas verwilderter Graubart das Knie bog. Gnadenreich erkannte Rudio, den Kastellan auf Malmort, und wunderte sich, welche Botschaft der Räter bringe, denn Karl hielt ein Schreiben in der Hand. Er reichte es dem Abte und Alkuin las vor:

»Erhabener, da ich höre, Du werdest von Rom nach dem Rheine ziehen, flehe ich Dich an, daß Du Deinen Weg durch Rätia nehmest. Seit Jahren haben sich in unsern verwickelten Tälern versprengte Lombarden eingenistet unter einem Witigis, der sich Herzog nennt. Wir, die Herrschenden im Lande, unter uns selbst uneins und ohne Haupt, werden nicht mit ihnen fertig, ja einige von uns zahlen ihnen Tribut. Ein unerträglicher Zustand. Du bist der Kaiser. Wenn Du kommst und Ordnung schaffst, so tust Du, was Deines Amtes ist. Stemma, Judicatrix.«

»Keine Schwätzerin«, sagte der Kaiser. »Meine Sendboten haben mir von der Frau erzählt.« Alkuin betrachtete die Handschrift. »Feste Züge«, lobte er.
»Alkuin, du Abgrund des Wissens«, lächelte Karl, »was ist Rätien? Welche Pässe führen dahin?«
Der kleine Abt fühlte sich durch Lob und Frage geschmeichelt, wendete sich aber nicht an den Gebieter, sondern, als der Höfling und der Schulmeister welcher er war, an die Palastschule, die schon zu einem guten Drittel, den Blondbart inbegriffen, um den Kaiser versammelt stand.
»Jünglinge«, lehrte er und zog die Brauen in die Höhe, »wer seinen Weg durch das rätische Gebirge nimmt, hat, ohne den harten aber in Stücke zerrissenen Damm einer Römerstraße zu zählen, die Wahl zwischen mehreren Steigen, die sich alle jenseits des Schnees am jungen Rheine zusammenfinden. Diese Wege und Stapfen führen im Geisterlicht der Firne durch ein beirrendes Netz verstrickter Täler, das die Fabel mit ihren zweifelhaften Gestalten und luftigen Schrecken bevölkert. Hier ringelt sich die Schlangenkönigin, wie verlockt von einer Schale Milch, einem blanken Wasser zu, gegenüber, aus einem finstern Borne, taucht die Fei und wehklagt.«
»Lehrer, was hat sie für Gründe dazu?« fragte der Rotbart wißbegierig.
»Sie ahnt das ewige Gut und kann nicht selig werden. Dahinter, zwischen Schnee und Eis, in einem grünen Winkel, weidet eine glockenlose Herde und ein kolossaler Hirte, halb Firn halb Wolke, neigt sich über sie. Tiefer unten, bei den ersten Stapfen, verliert die harmlose Fabel ihre Kraft und menschliche Schuld findet ihre Höhlen

und Schlupfwinkel. Hier raucht und schwelt eine gebrochene Burg, dort starrt, von Raben umflattert, ein Mörder in den zerschmetternden Abgrund.«
»Wen hat er hinuntergeworfen?« fragte der Rotbart spöttisch.
»Eheu!« jammerte der Abt, »bist du es, Liebling meiner Seele, Peregrin, mein bester Schüler, dessen Knochen in der rätischen Schlucht bleichen?« Er trocknete sich eine Träne. Dann schloß er: »Gegen beides, Fabel und Sünde, hält Bischof Felix in Chur beschwörend seinen Krummstab empor.«
»In schwachen Händen«, scherzte der Kaiser.
»Er ist sehr schön gearbeitet«, rief Graciosus mit der schallenden Stimme eines Chorknaben, »und in seiner Krümmung neigt sich der Verkündigungsengel mit der Inschrift: ›Friede auf Erden und an den Menschen ein Wohlgefallen.‹«
Karl gönnte dem Bischofsneffen einen heitern Blick und wendete sich gegen die Schule: »Stammt einer von euch aus Rätien?«
Wulfrin trat vor. »Ich, Herr. Jung bin ich ausgewandert, doch kenne ich Sprache und Steige.«
»So reite und berichte.«
»Dir zu Dienste, Herr«, verabschiedete sich Wulfrin, wurde aber von dem hartnäckigen Gnadenreich gehalten, der sich seiner bemächtigte und ihn vor den Kaiser zurückbrachte. »Durchlauchtigster«, verklagte er ihn, »er soll auf Malmort bei der Richterin seiner Stiefmutter erscheinen, keiner andern als die dir den Brief geschrieben hat, und er will nicht. Sie besteht darauf, sich vor ihm zu rechtfertigen über das jähe Sterben ihres Gemahles des Comes Wulf.«

»Jener?« besann sich der Kaiser. »Er hat mir und schon meinem Vater gedient und verunglückte im rätischen Gebirge.«
»Vor dem Kastell und zu den Füßen seines Weibes Stemma, die ihm den Willkomm kredenzt hatte«, erinnerte Gnadenreich.
Karl verfiel in ein Nachdenken. »Eben habe ich für die Seele meines Vaters gebetet«, sagte er. »Kindliche Bande reichen in das Grab. Mich dünkt, Wulfrin, du darfst bei der Richterin nicht ausbleiben. Du bist es deinem Vater schuldig.«
Wulfrin schwieg trotzig. Jetzt griff der Kaiser rechts nach dem Hifthorn, um die ganze Schule zusammenzurufen und ihr seine Befehle zu geben. Es mangelte. Er hatte es im Palaste vergessen oder absichtlich zurückgelassen, um der Messe als ein Friedfertiger beizuwohnen. »Deines, Trotzkopf!« gebot er und Wulfrin hob sich sein Hifthorn über das Haupt. Karl betrachtete es eine Weile. »Es ist von einem Elk«, sagte er, hob es an den Mund und stieß darein. Da gab das Horn einen so gewaltigen und grauenhaften Ton, daß nicht nur die Höflinge aus allen Ecken und Enden des Kapitols hervorstürzten, sondern auch, was sich ringsum von römischem Volke gehäuft hatte, erstaunt und erschreckt die Köpfe reckte, als nahe ein plötzliches Gericht. Karl aber stand wie ein Cherub.
Im Gedränge des Aufbruchs machte sich der Bischofsneffe noch einmal an den Höfling. »Auf Wiedersehen in Malmort: du gehorchst?«
»Nein«, antwortete Wulfrin.

Zweites Kapitel

Innerhalb der dicken Mauern eines wie aus dem Felsen gewachsenen rätischen Kastells sprudelte ein Quell in klösterlicher Stille. Durch die Zacken bemooster Ahorne rauschte der Abendwind mächtig über den Hof weg und schon rückte das Spätrot hinauf an dem klotzigen Gemäuer. Am Brunnen aber stand ein junges Mädchen und ließ den heftigen Strahl in einen Becher springen, aus dessen von Alter geschwärztem Silber er schäumend empor und ihr über die bloßen Arme spritzte.
»Berg und Wetter sind gut«, murmelte sie. »Mir brannten die Sohlen von früh an ihm entgegenzurennen. Kommt er heute noch? oder erst morgen? oder übermorgen zum allerspätesten? Graciosus verschwor sich, der Bruder ziehe mit dem Kaiser – nein, er reite ihm weit voraus! Und der Kaiser ist nahe, was flüchteten sonst die Lombarden Hals über Kopf? Bum!« machte sie und ahmte den dumpfen Schlag einer Laue nach, dem bald ein zweiter und noch der dritte folgte, denn im Gebirge, das in Gestalt einer breiten blanken Firn über die Firste blickte, hatte es heute in einem fort gerieselt und geschmolzen.
»Die ihr auf weißen Stürzen in den Abgrund schlittet, seid ihm hold, bärtige Zwerge! Verberget ihm nicht den Pfad, verschüttet ihm nicht die Hufen des Rosses! Sprudle, Flut! Spül aus den Hauch des Todes! Lust und Leben trinke der Bruder!« und sie streckte den schlanken Arm. Dann hob sie den gebadeten Becher in die Höhe der Augen und buchstabierte den Elbenspruch, welchen sie sich deutlicher in das Herz schrieb, als er mit erblindeten Lettern in das Silber gegraben stand.

Der Spruch aber lautete folgendermaßen:

»Gesegnet seiest du!
Leg ab das Schwert und ruh!
Genieße Heim und Rast
Als Herr und nicht als Gast!
Den Wulfenbecher hier
Dreimal kredenz ich dir!
Erfreue dich am Wein!
Willkomm ...«

Hier schloß entweder der zaubertüchtige Spruch oder dann kam noch etwas gänzlich Unleserliches, wenn es nicht zufällige Male der Verwitterung waren.
Eigentlich wußte sie ihn schon lange auswendig. Sie sagte ihn vorwärts, das ging, rückwärts, das ging auch. Dann sah sie ihn darauf an – zum wievielten Male! – ob er ihr mundgerecht sei und von der Schwester dem Bruder sich sagen lasse, denn Graciosus hatte es erraten: sie liebkoste den Wunsch, mit dem Wulfenbecher dazustehen und ihn Wulfrin zu kredenzen. Ob es die Mutter erlaube? Diese machte sich mit dem Becher nichts zu schaffen, sie ließ ihn wo er langeher seinen Platz hatte. Der Spruch gefiel dem Mädchen und es malte sich die Ankunft.
»Das Horn klingt! Oder wäre es möglich, daß er mich still beschliche? mit heimlichen Schritten? Aber nein, er will ja nichts von mir wissen – wenn Graciosus nicht seinen Scherz mit mir getrieben hat. Das Horn dröhnt! Ich ergreife den Becher, fliege der Mutter voran – oder noch lieber, sie ist verritten und ich bin Herrin im Hause – jetzt naht er! jetzt kommt er!« Ihr Herz pochte. Sie

begann zu zittern und zu zagen. »Er ist da! er ist hinter mir!« Sie wendete sich zögernd erst, dann plötzlich gegen das Burgtor. In der niedern Wölbung desselben stand kein junger Held, aber lauernd drückte sich dort ein armseliger Pickelhering.

Das Mädchen brach in ein enttäuschtes Gelächter aus und trat beherzt der Fratze entgegen. Es war ein Lombarde, das erriet sie aus den ziegelroten Nesteln seiner schmutzig-gelben Strümpfe. In die schreiendsten Farben gekleidet, wie sie Armut und Zufall zusammenwürfeln, trug der Kleine einen langausgedrehten pechschwarzen Spitzbart, der mit den gezackten Brauen und dem verzerrten Gesichte eine possierliche Maske schuf.

»Wer bist du und was willst du?« fragte das Mädchen.

»Nur nicht gerufen, kleine Herrin oder vielmehr große Herrin, bei meiner katholischen Seele! du hast die Mutter dreimal handbreit überwachsen. Wo ist sie?« Er schaute sich ängstlich um. Sein Blick fiel auf etwas Graues. In der Mitte des Hofes und im Schatten der Ahorne stand ein breiter Steinsarg, auf dessen Platte ein gewappneter Mann neben einem Weibe lag, das die Hände über der Brust faltete. »Ei, da hält ja unsere liebe Frau neben ihrem Alten stille Andacht«, spaßte der Lombarde, »und trübt kein Wässerchen, während sie zugleich in ihrer grünen Kraft bergauf bergab reitet und hängen und köpfen läßt.« Er blickte bedenklich zu dem prächtig gebildeten leuchterförmigen Ast eines Ahorns empor. »Hier würde ich ungerne prangen«, sagte er. »In Kürze: ich bin Rachis der Goldschmied und habe ein Geschäftchen mit dir. Liebst du deinen Bruder, junge Herrin?«

Diese plötzliche Frage setzte das Mädchen kaum in Erstaunen, das sich heute und gestern mit nichts anderem als nur mit diesem selben Gegenstande beschäftigt hatte. »Wie mein Leben«, sagte sie.

»Das ist schön von dir, aber wenig fehlt, so liebst du einen Toten. Wulfrin der Höfling ist in unsere Gewalt geraten.«

»Er lebt?« schrie das Mädchen angstvoll.

»Zur Not. Herzog Witigis zielt auf sein Herz – aber wird uns die Richterin nicht überraschen?«

»Nein, nein, sie ist nach Chur verritten. Rede! schnell!«

»Nun, ich habe ein feines Ohr und weiß auch ein Loch in der Mauer, denn ich bin hier nicht unbekannter als der Marder im Hühnerhof. Also: dein Bruder ist in einen Hinterhalt gefallen. Er schlug um sich wie ein Rasender und unser sechse wichen vor ihm, die einen verwundet, die andern um es nicht zu werden. Doch sein Pferd rollte in den Abgrund und er selbst verirrte sich auf eine leere Felsplatte, wo wir ein Treiben auf ihn anstellten und ihm hinterrücks ein langes Jagdnetz über den Kopf warfen. Denn der Herzog wollte ihn lebendig fangen, um ihn über die Wege des Franken unsers Verderbers auszufragen. Der Trotzkopf aber verschwieg alles, auch den eigenen Namen. Da legte der Herzog den Pfeil auf den Bogen und –« Rachis tat einen grausamen Pfiff.

»Du lügst! er lebt!« rief das Mädchen mutig.

»Vorläufig. Der Herzog drückte nicht ab, denn – jetzt wird die Geschichte lustig – das junge Weib eines Unsrigen, eine freigegebene Eigene der Richterin, wenig älter als du –«

»Mein Gespiel Brunetta, das Kind Faustinens –«

»Gerade diese sprang dazwischen. ›Bei der durchlöcherten Seite Gottes‹, heulte sie, ›der arme Herr trägt das Wulfenhorn und ist kein anderer als der Sohn des Comes, der im Steinbild auf Malmort liegt. Seine leibliche Schwester, Herrin Palma, hat mir von ihm erzählt, von klein an und in einem fort ohne Aufhören. Du darfst nicht sterben‹, wendete sie sich an den Gebundenen, ›das wäre ihr ein großes Leid und tötete ihr das Herzchen. Denn wisse, du bist ihr Herzkäfer, wenngleich sie dich noch nie mit Augen gesehen hat. Sende hin und sie löst dich mit ihrem ganzen Geschmeide. Es sind köstliche Sachen. All ihr Kleinod hat die Richterin dem Kinde, sobald es seinen Wuchs hatte, gespendet und dahingegeben.‹

So erfuhr Herzog Witigis den Namen seines Gefangenen und die blonde Rosmunde, die er um sich hat, das Dasein eines herrlichen Schatzes. Sie umhalste den Herzog und erflehte sich das Geschmeide von Malmort. Ihr Stirnband habe seine Perlen und ihr elfenbeinerner Kamm die Hälfte seiner Zähne verloren. Kurz, Goldschmied Rachis wurde an dich geschickt und bietet dir den Tausch. Wähle: Schmuck oder Bruder!«

Ehe noch der Lombarde geendigt hatte, stürzte das Mädchen gegen die Burg, die steile Treppe hinauf, verschwand in der Pforte und kam atemlos wieder, Schimmerndes und Klingendes in dem zur Schürze gefaßten hellen Oberkleide tragend. Dieses hielt sie mit der Linken, während die Rechte Stück um Stück wie aus einem Horte emporhob und den gekrümmten Fingern des Goldschmieds überantwortete. Spangen, Stirnbänder, Gürtel, Perlschnüre verschwanden in dem Sacke, welchen Rachis geöffnet hatte, auch für die blonden Flechten Rosmundens ein kunstvoller Kamm von Elfenbein mit dem Heiland und den Aposteln in erhabener Arbeit. Jedes durch seine Hände wandernde Stück begleitete der Goldschmied mit dem Lobe des Kenners, nicht ohne ein bißchen Bosheit, die dem begeisterten Mädchen seine Verluste fühlbar machen wollte. Sie zuckte nicht einmal mit dem Mund, sie leuchtete vor Freude bei der Hingabe alles ihres Besitzes.

Da kam ihr denn doch ein Zweifel. »Du bist redlich?« sagte sie. »Du schickst mir den Bruder? Es ist besser, ich begleite dich!« und sie machte sich wegfertig.

»Unmöglich, Herrin«, widersprach der Lombarde, »das geht nicht! Du entdeckst unsere Schlupfwinkel und gefährdest mit dem Leben des Bruders auch das deinige. Die Richterin aber würde dich von uns geraubt glauben. Sei nicht unklug und gib dich nicht in fremde Gewalt!« Er belud sich mit dem Sacke. »Ein Schlummerchen, Fräulein! und wenn du die Augen wieder öffnest, hast du den Bruder, der dich Gold und Gut kostet. Das schwöre ich dir!« Er senkte die drei Finger mit einem grimmigen Blicke gegen den Erdboden. »Bei dem da unten!« gelobte er.

»Ein glaubhafter Schwur!« sprach eine weibliche Stimme. Rachis wendete sich erschrocken und bog das Knie vor einer behelmten Frau mit strengen Zügen, die den Speer, den sie in der Hand getragen, einem bewaffneten Knechte reichte. Die Richterin mochte aus Schonung für ihr ermüdetes Tier den steilen Burgweg zu Fuß erklommen haben. Sie faßte Palma schützend am Arm und blickte geringschätzig auf den Lombarden. »Schwürest du bei Gott und seinen Heiligen«, sagte sie,

»so schwürest du falsch; eher schwörst du die Wahrheit bei dem Vater der Lügen. Habet ihr euch nicht bei allem Göttlichen verpflichtet, ihr Lombarden, nie mehr in Rätien zu rauben und zu brennen? Und jetzt da ihr, wie alles Böse, vor den Augen des Kaisers flüchtet, schleudert ihr rechts und links verheerende Flammen! Ich komme von Chur und weiß um eure Taten, Eidbrüchige! Sage du deinem Witigis, die Richterin würde ihm nachjagen und ihn züchtigen, wenn nicht ein Höherer käme und er ist schon da, dessen Hand ihn erreicht, flöhe er an die Enden der Erde!« Jetzt fielen ihre Augen auf den Sack des Goldschmieds. »Was trägst du da weg, Dieb?« fragte sie verächtlich.

»Ein ehrlicher Handel«, beteuerte dieser und öffnete den Sack, während das Mädchen die Mutter stürmisch umarmte. »Ich kaufe den Bruder!« rief sie. »Er ist in die Gewalt des Witigis geraten, der auf ihn zielt, bis ich der Frau Herzogin« – das unschuldige Kind erhob die blonde Rosmunde in den Ehestand – »meinen Schmuck gegeben habe, und wie gerne gebe ich ihn!«

Die Richterin machte sich von ihr los und fragte Rachis: »Ist das wahr?«

»Bei meinem Halse, Herrin!«

»Ich würde dir nicht glauben, wüßte ich nicht, daß der Höfling Wulfrin dem Kaiser voranritt, und hätte ich nicht selbst eben jetzt in Chur gehört, daß die Lombarden einen Höfling gefangen haben. Dennoch kann es eine Lüge sein, denn es ist kaum glaublich, daß ein Tischgenosse Karls dem Feinde seinen Namen nennt und zu einem Mädchen um Lösung sendet.«

»Nein, nein, Mutter, so war es nicht!« rief Palma und erzählte den Vorgang.

»Ein eitles Weib, dem ein Leben feil ist für einen Schmuck, das hat mehr Sinn«, meinte die Richterin. Sie schien zu überlegen. Dann warf sie einen Blick auf das Geschmeide. »Ich will den Höfling mit Byzantinern lösen«, sagte sie.

»Das steht nicht in meinem Auftrag und würde der Rosmunde schlecht gefallen.«

»Dann tue ich es nicht.«

»Auch gut«, grinste Rachis. »So lässest du eben den Wulfrin umkommen. Du magst deine Gründe haben. Ganz wie du willst.«

»Das willst du nicht, Mutter!« jammerte Palma und stürzte auf die Kniee.

»Nein, das will ich auch nicht«, sprach die Richterin mit nachdenklichen Brauen. »Warum auch? Nimm das Zeug!« und Rachis war weg.

Das jubelnde Mädchen fiel der Mutter um den Hals und bedeckte den strengen Mund mit dankbaren Küssen. Dann raubte sie ihr den kriegerischen Helm so ungestüm, daß die Flechten des schwarzen Haares sich lösten und niederrollend dem entschlossenen Haupte der Richterin einen jugendlichen und leidenden Ausdruck gaben. Die nicht enden wollende Freude Palmas ermüdete endlich die Richterin. »Geh schlafen, Kind«, sagte sie, »es dunkelt.«

»Schlafen? Wer könnte das, bis Wulfrin ruft?«

»So wirf dich wie du bist auf das Polster. Was gilt's, ich finde dich schlummern? Zu Bette, Hühnchen! husch! husch!« und sie klatschte in die Hände.

Palma flog die Stiege hinauf und die Richterin wendete sich zu Rudio ihrem Kastellan, der schon eine Weile ruhig harrend vor ihr stand. »Was meldest du?« fragte sie.

»Eine Albernheit, Herrin. Ich sah die Tür zu unserm Kerker sperrangelweit offen. Freilich hatte ich sie nicht verriegelt, da gerade niemand sitzt. Ich steige hinab und auf dem Stroh liegt ein Geschöpf, das ich in der letzten Helle mir nur mühsam enträtsle. Es war die Faustine, welche, wie du dich erinnerst, mit deiner Erlaubnis ihr Kind die Brunetta einem Lombarden, einem leidlichen Manne, den du auf mein Fürwort unter deinem Gesinde duldetest, zum Weibe gegeben hat. Jetzt da das fremde Volk wandert, hat auch ihr Kind sein Bündel geschnürt und das muß sie irre gemacht haben. Sie hat sich eine Hand in den Kettenring gezwängt und ist übrigens guten Mutes. ›Meister Rudio‹, redete sie mir zu, ›wetze dein Beil am Schleifstein und tue mir morgen nicht weher als recht ist.‹ Ich schelte sie und will ihr den Arm aus der Fessel ziehen. ›Welche Posse!‹ sage ich, ›du bist ja die ehrliche Armut am Rocken und im Rübenfeld, die ihr Kind rechtschaffen großgezogen hat. Hier ist nicht dein Ort. Mit deinesgleichen habe ich nichts zu tun.‹ Sie sperrte sich und sagte: ›Das weißt du nicht, Rudio. Geh und rufe die Richterin. Die wird das Garn schon abwickeln und mir armem Weibe geben, was mir gehört.‹ Sollte ich die Törin zerren? Du steigst wohl hinab und bringst sie zurecht.«
Die Richterin hieß Rudio eine Fackel anbrennen und ihr vorschreiten. In dem tiefen Gelasse saß ein gefesseltes Weib, das der Kastellan beleuchtete. Auf einen Wink der Herrin steckte er den brennenden Span in den Eisenring und ließ die Frauen allein.
Stemma beugte sich über die freiwillig Eingekerkerte und befühlte ihr als geschickte Ärztin den Puls der freien Hand, welchen aber kein Fieber beschleunigte.

»Faustine«, sagte sie, »was ficht dich an? was ist über dich gekommen? Dich verwirrt der Schmerz, daß du dich von deinem Kinde trennen mußtest. Willst du ihr folgen? Noch ist es Zeit. Ich gebe dich frei. Du bist nicht länger meine Eigene. Der Kaiser wird den Lombarden feste Sitze weisen und du behältst deine Brunetta.«
Faustine schüttelte das Haupt. »Das fehlte noch«, sagte sie, »daß ich mich an die Sohlen der Brunetta heftete und auch ihr zum Fluche würde! Richterin Stemma, nimm mir das ab!« Sie wies auf ihren Kopf. »Du weißt ja wohl und langeher, daß ich meinen Mann ermordete.«
Mit ruhigen Blicken prüfte Stemma das grellbeleuchtete knochige Gesicht der gleichaltrigen Räterin. Dann ließ sie sich auf eine Treppenstufe nieder und Faustine kroch zu ihren Knieen, ohne diese zu berühren. Ihre Augen waren gesund. »Herrin«, sagte sie, »du weißt alles, und wenn du mich ein Jahrzehnt und länger gnädig verschont und meine Missetat bedeckt hast, so war es, weil du nicht wolltest, daß die Brunetta, der unschuldige Wurm, zu Schanden komme. Ich durfte sie aufziehen und diese Gunst hast du mir erwiesen, weil ich dein Gespiel gewesen bin. Jetzt aber, da die Brunetta einem Manne folgt, ist kein Grund länger zu trödeln und zu tändeln. Laß uns die Sache ins reine bringen. Gib mir mein Urteil!«
Die Richterin erkannte aus der ganzen Gebärde Faustinens, daß diese bei Sinnen sei, und sosehr sie das schlimme Geständnis überraschte, sowenig gab sie den furchtbaren Ruf ihrer Allwissenheit preis. »Lege Bekenntnis ab«, sagte sie streng. »Das ist der Anfang der

Reue.« Und Faustine begann: »Kurz ist die Geschichte. Der Schütze Stenio umwarb mich –«
»Den der Eber, welchen er gefehlt hatte, schleifte und zerriß –«
»Jener. Hernach gab mich der Judex seinem Reisigen Lupulus zur Ehe. Ich bequemte mich und doch –« sie hielt inne, um das reine Ohr Stemmas nicht zu beleidigen. Die Richterin half ihr und sagte ernst und traurig: »Und doch warest du das Weib des Toten.«
Faustine nickte. »Dann, vor dem Altar, plötzlich, zu meinem Entsetzen –«
»Fühltest du, daß du dem Toten gehörtest, du und ein Ungeborenes«, half ihr die Richterin.
Wieder nickte Faustine. »Das ist alles, Herrin«, sagte sie. »Lupulus, jähzornig wie er war, hätte mich umgebracht. Das Ungeborne aber verhielt mir den Mund und flüsterte mir Feindseliges gegen den Mann zu.«
»Genug«, schloß Stemma. »Nur eines noch: woher hattest du das Gift?«
»Siehst du, Herrin«, rief das Weib, »daß du weißt, *wie* ich ihn tötete! Das Gift hat mir Peregrin gezeigt.«
»Peregrin?« fragte die Richterin mit verhüllter Stimme. »Das ist nicht möglich«, sagte sie.
»Er zeigte es mir und warnte mich davor. Ich irrte verzweifelnd unter den Kiefern von Silvretta. Da sehe ich ihn in seinem langen dunkeln Gewande, der sich bückt und Wurzeln gräbt. Blumen nicken mit braunen Glokken. Er ruft mich herbei, und eine dieser Blumen in der Hand, sagt er zu mir: ›Frau, hüte dich und die Kinder vor diesem Gewächs! Sein Saft tötet außer in den Händen des Arztes.‹ Er meinte es gut mit seinem warnenden Blick unter dem braunen Gelocke hervor und

hauchte mir doch einen grimmig bösen Gedanken an. Keine Schuld komme auf seine Seele! Doch ich rede töricht. Er ist ja längst ein Engel Gottes, seit er nach der großen Ebene wandernd im Gebirge unterging, wie sie sagen, und das war nicht lange nach jener Stunde. Du erinnerst dich noch, der Judex dein Vater, dem er die Wunde heilte, hatte ihn abgelohnt, was dir unlieb war, da er dich als ein weiser Kleriker noch vieles hätte lehren können.«

»Schwatze nicht«, gebot die Richterin, »und endige dein Bekenntnis. Am folgenden Tage bist du aus deiner Hütte nach Silvretta gegangen und hast die Wurzeln gegraben?«

»Ja. Du rittest vorüber und ich duckte mich, damit du mich nicht erkennen möchtest, aber du wendetest dich zweimal im Sattel. Und nun sei barmherzig, Herrin, und gib mir mein Teil.« Sie ließ den Kopf auf die Brust fallen, so daß ihr der üppige schwarze Haarwuchs über das Gesicht sank.

Stemma sann, auf Faustinen niederblickend, und zog ihr mit zerstreuten Fingern einen langen Strohhalm aus dem Haar. »Faustine mein Gespiel«, sagte sie endlich, »ich kann dich nicht richten.«

Die ganze Faustine geriet in Aufruhr. »Warum nicht?« schrie sie empört, »du mußt es, oder ich schreie, daß alle Mauern tönen: Sie hat ihren Mann umgebracht!«

Stemma verhielt ihr den Mund. »Laß das Totengebein!« schalt sie, als drohe sie einem den verscharrten Knochen hervorkratzenden Hunde.

»Sei barmherzig!« flehte Faustine, »laß mir das Haupt abschlagen, nachdem es Gott gekostet und sein Kreuz geküßt hat. Dann wächst es mir im Himmel wieder an und, Stenio rechts, Lupulus links, sitzen wir auf *einer* Bank und geben uns die Hände. Danach verlangt mich«, und sie streckte den Hals.

»Ich kann dich nicht richten, Törin«, sagte Stemma sanfter. »Aus drei Gründen nicht. Merk auf!

Als du deine Tat begingest, lebte und regierte noch der Judex mein Vater. Nach seinem Ende und dem des Comes, da ich das Richtschwert erbte, habe ich laut verkündigt: ›Ab ist alles Geschehene! Von nun an sündige keiner mehr!‹ Aber auch wenn ich dieses nicht hätte ausrufen lassen, könnte ich dennoch dich nicht richten und du gingest frei aus, denn seit deiner Tat sind fünfzehn völlige Jahre in das Land gegangen und hier ist uralter Brauch, daß Schuld verjährt in fünfzehn Jahren.«

»Verjährt? was ist das?« fragte Faustine verblüfft.

»Durch die Wirkung der Zeit ihre Kraft verliert.«

Ein höhnisches Lachen lief blitzend über die weißen Zähne der Räterin. »Also zum Beispiel«, sagte sie, »wenn ich gestern noch meinen Mann vergiftet hatte und über Nacht wird die Zeit völlig, so bin ich heute keine Mörderin mehr. Diese Dummheit!«

»Doch, du bleibst eine Mörderin«, belehrte sie Stemma langmütig, »aber du hast mit dem irdischen Richter nichts mehr zu schaffen, sondern nur noch mit dem himmlischen. Sühne durch gute Werke! Du hast den Anfang gemacht: fünfzehn mühselige und rechtschaffene Jahre wiegen.«

»Nichts wiegen sie!« zürnte Faustine. »Ich sehe schon, du willst meiner schonen! Du heißest die Richterin, aber du bist die Ungerechte, du machst Ausnahmen, du siehst die Person an!«

»Schweige!« befahl die Richterin. »Ich bin denn doch

klüger als du und ich sage dir: deine Sache ist nicht mehr richtbar. Noch aus einem letzten Grunde. Ich kann dich nicht verdammen, auch wenn ich dir den Gefallen tun wollte, denn es steht kein Zeuge gegen dich als deine törichte Zunge. Aber weißt du was: gehe nach Chur und beichte dem Bischof. Er ist der Hirte und du bist das Schäflein. Er mag dir die härteste Buße auflegen: Fasten, schwere Dienste, härenes Hemde, blutige Geißelungen. Fordere sie, ist er dir zu milde! Dann aber gib dich zufrieden! Unterwirf dich ganz der Kirche: sie vertritt dich und du hast eine sichere Sache!« Sie sagte das mit einem überzeugenden Lächeln.

»Ich weiß nicht«, schluchzte Faustine. »Gott sei davor, daß eine Missetäterin wie ich seiner heiligen Kirche nicht gehorche. Aber anders wäre es einfacher gewesen. Geplagt habe ich mich schon und im Schweiße meines Angesichtes zerarbeitet fünfzehn Jahre lang mit dem Trost und Vorsatz, sobald mein Kind in sein Alter und an den Mann gekommen, stracks in den Himmel zu fahren. Jetzt verrückst du mir die kurze Leiter und vertrittst mir den Weg.«

»Der nach Chur ist kurz und der an unser Ende ist nicht lang. Gehorche, Faustine!« Sie ergriff die Fackel und schritt die Stufen vorauf. Faustine folgte wie eine Seele in Pein.

Unter dem Burgtor, das sich wie von selbst öffnete, denn der Wärtel hatte die wandernde Helle wahrgenommen, blickte die Richterin in die Nacht hinaus und sagte zu Faustinen: »Lege die Schuhe ab und laß die scharfen Kiesel deine Sohlen zerreißen, denn du bist eine große Sünderin!« Weinend trat Faustine ihren dunkeln Weg an.

Frau Stemma hatte recht gesagt. Da sie die hochgelegene Burgkammer betrat, schlief Palma. Neben ihren tiefen Atemzügen glomm auf einem Dreifuß eine hütende Flamme. Das Mädchen lag in ihrem ganzen Gewande auf dem Polster, die Hand über das Herz gelegt. Sie hatte das freudig pochende beruhigen wollen und war dann entschlummert. Die Mutter betrachtete die Gebärde und konnte sich der Erinnerung nicht erwehren. Nach dem Tode des Vaters und des Gatten und nach der Geburt Palmas hatte die noch nicht zwanzigjährige Richterin die Regierung ihres Erbes mit entschlossener Hand ergriffen. Die dem jungen und schönen Weibe unter einem verwilderten, begehrlichen Adel von selbst entstehenden Freier und Feinde hatte sie mit einer über ihre Jahre scharfsinnigen Politik veruneint und der Reihe nach mit den Waffen ihrer Lehensleute gebändigt. Helm und Schwert und die gerechte Seele der mutigen Richterin wurden von dem friedseligen Bischof Felix in seinem festen Hofe Chur mit weit ausgestreckten Händen gesegnet. Nach einigen stürmischen Jahren war Stemmas Herrschaft befestigt und es trat eine große Stille ein. Jetzt rächte sich die überhetzte Natur und Stemma verlor den Schlummer. Wenn sie nicht selbst ihn verscheuchte mit brennenden Leuchtern und endlosen Schritten. Nicht weit von dem Lager ihres Kindes, auf einer schmalen Bank in der tiefen Fensterwölbung saß sie damals oft mit verschlungenen Armen oder dann konnte sie lange, lange mit zwei Fläschchen spielen, welche sie in der Mauer verwahrte, und die der arzneikundige junge Kleriker Peregrin auf Malmort zurückgelassen hatte, da er von dannen zog, um spurlos im Gebirge zu verschwinden. Beide waren von starkem

Kristall und hatten über den gläsernen Zapfen goldene Deckel, auf deren einem das Wort »Antidoton« mit griechischen Lettern eingekritzt war, während auf dem andern ein winziges Schlänglein sich krümmte. Mit diesen Fläschchen zu spielen bis der Tag anbrach wurde Stemma zu einem Bedürfnis. Da geschah es einmal, daß sie darüber einnickte und, als das Frühlicht sie weckte, das eine Fläschchen, das unbeschriebene, aus ihrer halbgeöffneten Hand verschwunden war. Sie geriet in entsetzliche Angst und suchte und suchte. Endlich fand sie es in dem Händchen ihres Kindes. Die kleine Palma mochte, vor ihr erwacht, sie auf nackten Sohlen beschlichen, ihr das schmucke Spielzeug entwendet und mit ihm das Lager und den Schlummer wiedergefunden haben. Das Kind hielt den Kristall an das kleine Herz gepreßt und vorsichtig löste Frau Stemma Fingerchen um Fingerchen.

Jetzt holte sie, verlockt von der frühern Gewohnheit, die lange im Verschluß gelegenen Kristalle hervor. Nachdem sie dieselben eine Weile in den Händen gehalten und mit den Fläschchen, sie unablässig wechselnd, nach ihrer alten Weise gespielt hatte, legte sie das eine unter ihren mit Gemsleder beschuhten Fuß und zertrat es auf der steinernen Fliese mit einem kräftigen Drucke zu Scherben. Die ausströmende Flüssigkeit verbreitete einen angenehmen Mandelgeruch. Im Begriffe den zweiten Kristall unter die Sohle zu legen, besah sie noch seinen goldenen Deckel und erkannte, daß sie sich zwischen den Fläschchen geirrt hatte. Sie glaubte das inschriftlose zuerst zermalmt zu haben und hielt es noch in der Hand. Kopfschüttelnd legte sie das Schlänglein unter die Ferse, doch das festere Glas widerstand hartnäckig. Sie ergriff es wieder und schon hob sie den Arm, um es an der Wand zu zerschmettern, da hielt sie inne, aus Furcht, mit dem klirrenden Wurfe den Schlummer des Mädchens zu stören. Oder mit einem andern Gedanken barg sie es sorgfältig in dem weiten Busen ihres Gewandes.

Frau Stemma wurden die Lider schwer und sie ließ sich betäubt in einen Sessel fallen. Da sah sie ein Ding hinter ihrem Stuhle hervorkommen, das langsam dem Lager ihres schlummernden Kindes zustrebte. Es floß wie ein dünner Nebel, durch welchen die Gegenstände der Kammer sichtbar blieben, während das blühende Mädchen in fester Bildung und mit kräftig atmendem Leibe dalag. Die Erscheinung war die eines Jünglings, dem Gewande nach eines Klerikers, mit vorhangenden Lokken. Das ungewisse Wesen rutschte auf den Knieen oder watete, dem Steinboden zutrotz, in einem Flusse. Stemma betrachtete es ohne Grauen und ließ es gewähren, bis es die Hälfte des Weges zurückgelegt hatte. Dann sagte sie freundlich: »Du, Peregrin! Du bist lange weggeblieben. Ich dachte, du hättest Ruhe gefunden.« Ohne den Kopf zu wenden und sich wieder um einen Ruck vorwärts bringend, antwortete der Müde: »Ich danke dir, daß du mich leidest. Es ist ohnehin das letzte Mal. Ich werde zunichte. Aber noch zieht es mich zu meinem trauten Kindchen.«

»Seid ihr Tote denn nicht gestorben?« fragte die Richterin.

»Wir sterben sachte, sachte«, antwortete der Kleriker. »Wie denkst du? Die« – er stotterte – »die Seele wird damit nicht früher fertig als der Leib vermodert ist. Inzwischen habe ich mir diesen ärmlichen Mantel gelie-

hen.« Der Schatten schüttelte seine Gestalt wie einen rinnenden Regen. »Ei, was war der irdische Leib für ein heftiges und lustiges Feuer! In diesem dünnen Röcklein friert mich und ich lasse es gerne fallen.«
»Hernach?« fragte Stemma.
»Hernach? Hernach, nach der Schrift –«
Stemma runzelte die Stirn. »Zurück von dem Kinde!« gebot sie dem Schatten, der Palma fast erreicht hatte.
»Harte!« stöhnte dieser und wendete das bekümmerte Haupt. Dann aber, von dem warmen Atem Stemmas angezogen, schleppte er sich rascher gegen ihre Kniee, auf welche er die Ellbogen stützte, ohne daß sie nur die leiseste Berührung empfunden hätte. Dennoch belebte sich der Schatten, die schöne Stirn wölbte sich und ein sanftes Blau quoll in dem gehobenen Auge.
»Woher kommst du, Peregrin?« sagte die Richterin.
»Vom trägen Schilf und von der unbeweglichen Flut. Wir kauern am Ufer. Denke dir, Liebchen, neben welchem Nachbar ich zeither sitze, neben dem –« er suchte.
»Neben dem Comes Wulf?« fragte die Richterin neugierig.
»Gerade. Kein kurzweiliger Gesell. Er lehnt an seinen Spieß und brummt etwas, immer dasselbe, und kann nicht darüber wegkommen. Ob du ihm ein Leid antatest oder nicht. Ich bin mäuschenstille« – Peregrin kicherte, tat dann aber einen schweren Seufzer. Darauf schnüffelte er, als rieche er den verschütteten Saft, und suchte mit starrem Blicke unter Stemmas Gewand, wo das andere Fläschchen lag, so daß diese schnell den Busen mit der Hand bedeckte.
Da fühlte sie eine ungebärdige Lust, das kraftlose We-

sen zu ihren Füßen zu überwältigen. »Peregrin«, sagte sie, »du machst dir etwas vor, du hast dir etwas zusammengefabelt. Palma geht dich nichts an, du hast kein Teil an ihr.«

Der Kleriker lächelte.

»Du bildest dir etwas Närrisches ein«, spottete die Richterin.

»Stemma, ich lasse mir mein Kindchen nicht ausreden.«

»Torheit! Wie wäre solches möglich? Was weißt du, Traum?«

»Ich weiß« – der flüchtig Beseelte schien eine Süßigkeit zu empfinden, in sein kurzes und grausames Los zurückzukehren – »wie mich dein Vater überfiel, da ich von meinem Lehrer dem Abte weg über das Gebirge zog. Der Judex litt an einer Wunde und hatte von meiner Wissenschaft vernommen. Da hob er mich auf und brachte mich dir mit. Du warest noch sehr jung und o wie schön! mit grausamen schwarzen Augen! Dabei herzlich unwissend. Ich lehrte dich Buchstaben und Verse bilden, doch diese da mochtest du nicht. Lieber regiertest du in den Dörfern, schiedest Händel und machtest die Ärztin bei deinen Eigenen. Ich zeigte dir die Kräfte der Kräuter, lehrte dich allerlei brauen und du brachtest mir aus dem Schmuckkästchen zwei Kristalle –«

Die Richterin lauschte.

»Stemma, du bist noch jung, und auch ich bin jung geblieben, wenig älter als da wir uns liebten«, schluchzte Peregrin zärtlich.

»Wir liebten uns«, sagte Stemma.

»Du lagest in meinen Armen!«

»Wo dich der Judex überraschte und erwürgte«, sprach sie hart. Peregrin ächzte und Flecken wurden an seinem Halse sichtbar. »Er lud mich auf ein Maultier, zog mit mir davon und warf mich in den Abgrund.«
»Peregrin, ich habe geweint! Aber besinne dich: dein ist die Schuld! Bin ich nicht dreimal vor dich getreten, mein Bündel in der Hand? Habe ich dich nicht drohend beschworen, mit mir zu fliehen? Wer wollte Fuß neben Fuß in Armut und Elend wandern? Du aber erblaßtest und erbleichtest, denn du hast ein feiges Herz. Ich liebte dich und, bei meinem Leben! – warest du ein Mann – Vater, Heimat, alles hätte ich niedergetreten und wäre dein eigen geworden.«
»Du wurdest es«, flüsterte der Schatten.
»Niemals!« sagte Stemma. »Sieh mich an: gleiche ich einer Sünderin? Blicke ich wie eine Leidenschaftliche und Leichtfertige? Bin ich nicht die Zucht und die Tugend? Und so war ich immer. Du hast mich nicht berührt, kaum daß du mir mit furchtsamen Küssen den Mund streiftest. Wo hättest du auch den Mut hergenommen?«
Da geriet der Schatten in Unruhe. »O ihr Gewalttätigen beide, der Vater und du! Er hat mich geraubt und erwürgt, du Stemma, locktest mit dem Blutstropfen! Gib den Finger, da sitzt das Narbchen!«
Stemma hob die Achseln. »Es war einmal«, höhnte sie.
Da wiegte Peregrinus, der sich gleich wieder besänftigte, die Locken und sang mit gedämpfter Stimme:

»Es war einmal, es war einmal
Ein Fürst mit seinem Kinde,
Es war einmal ein junger Pfaff
In ihrem Burggesinde.

Am Mahle saßen alle drei,
da riefen den Herrn die Leute:
›Herr Judex, auf! Zu Roß! Zu Roß!
Im Tal zieht eine Beute!‹

Er gürtet sich das breite Schwert
Und wirft mit einem Gelächter
Den Hausdolch zwischen Maid und Pfaff
Als einen scharfen Wächter.

Den Judex hat das schnelle Roß
Im Sturm davongetragen,
Zweie halten still und bang
Die Augen niedergeschlagen.

Stemma hebt das Fingerlein,
Sie tut es ihm zu Leide,
Und fährt damit wohl auf und ab
Über die blanke Schneide.

Ein Tröpflein warmen Blutes quoll –«

»Stille, Schwächling!« zürnte die Richterin. »Das hast du dir in deinem Schlupfwinkel zusammengeträumt. Solche Schmach kennt die Sonne nicht! Stemma ist makellos! Und auch der Comes, er komme nur! ihm will ich Rede stehen!«

»Stemma, Stemma!« flehte Peregrin.

»Hinweg, du Nichts!« Sie entzog sich ihm mit einer starken Gebärde und seine Züge begannen zu schwimmen.

»Mein Weib, mein –« »Leben« wollte er sagen, doch das Wort war dem Ohnmächtigen entschwunden. »Hilf, Stemma«, hauchte er, »wie heißt es, das Atmende, Blühende? Hilf!« Die Richterin preßte die Lippen und Peregrinus zerfloß.

Erwacht stand sie vor dem Lager ihres Kindes. Sie küßte ihm die geschlossenen Augen. »Bleibet unwissend!« murmelte sie. Dann glitt sie neben Palma auf das breite Lager und schlang den Arm um das Mädchen, wie um eine erkämpfte Beute: »Du bist mein Eigentum! Ich teile dich nicht mit dem verschollenen Knaben! Dich siedle ich an im Licht und umschleiche dich wie eine hütende Löwin!« Der Traum hatte ihr Peregrin gezeigt nicht anders als sein Bild in ihr zu leben aufgehört hatte. Längst war der Jüngling, dem sie sich aus Trotz und Auflehnung mehr noch als aus Liebe heimlich vermählt, an ihrem kasteiten Herzen niedergeglitten und untergegangen, und der einst aus ihrer Fingerbeere gespritzte Blutstropfen erschien der Geläuterten als ein lockeres und aberwitziges Märchen. Schon glaublicher deuchte ihr der andere Bewohner der Unterwelt, und da sie sich auf dem Lager umwendete und das Haupt in die Kissen begrub, ohne den Arm von der Schulter ihres Kindes zu lösen, erblickte die Entschlummernde den Comes, wie er an den Speer gelehnt verdrießlich im Schilfe saß und etwas Feindseliges in den Bart murmelte. Ein Lächeln des Hohnes glitt über ihr verdunkeltes Gesicht, denn Stemma kannte die Hilflosigkeit der Abgeschiedenen.

Im ersten Lichte weckte die zwei Schlafenden ein jäher Hornstoß und riß sie vom Lager empor. Der gewaltsame Tagruf beleidigte das feine Ohr der Richterin. Sie

erriet, wen er meldete, und mit schnellem Entschluß und festem Schritte ging sie Wulfrin entgegen. Noch vor ihr, den rasch ergriffenen Wulfenbecher in der Hand, war Palma durch die Tür gehuscht.
In das von Rudio geöffnete Tor tretend, stand Stemma vor dem Höfling, der sie mit verwunderten Augen betrachtete. Das Antlitz gebot ihm Ehrfurcht. Er verschluckte ein unziemliches Scherzwort über sein durch vier Weiber gerettetes Leben. Bewältigt von dem ruhig prüfenden Blicke und der Hoheit der blassen Züge sagte er nur: »Hier hast du mich, Frau«, worauf sie erwiderte: »Es hat Mühe gekostet, dich nach Malmort zu bringen.«
»Wo ist die Schwester, daß ich sie küsse?« fuhr er fort und diese, die inzwischen den Becher gefüllt hatte, eilte ihm mit klopfendem Herzen und leuchtenden Augen zu, obwohl sie vorsichtig schritt und den Wein nicht verschütten durfte. Sie trat vor den Bruder und begann den Spruch. Da aber Stemma den Kelch, der dem Comes den Tod gebracht, in den Händen ihres Kindes erblickte und den frischen Mund über seinem Rand, empfand sie einen Ekel und einen tiefen Abscheu. Mit sicherm Griffe bemächtigte sie sich des Bechers, den das überraschte Mädchen ohne Kampf und Widerstand fahrenließ, führte ihn kredenzend an den eigenen Mund und bot ihn dem Höfling mit den einfachen Worten: »Dir und dieser zum Segen!« Wulfrin leerte den Becher ohne jegliche Furcht.
Palma stand bestürzt und beschämt. Da hieß die Mutter sie die Glocke ziehen, die hoch oben in einem offenen Türmchen hing und das Gesinde weither zum Angelus rief. Palma hatte als Kind Freude gehabt das leichtbe-

wegliche Glöcklein erschallen zu lassen und das Amt war dem Mädchen geblieben. Sie fügte sich zögernd.
»Frau, warum hast du ihr die Freude verdorben?« fragte Wulfrin. Stemma wies ihm die Inschrift des Bechers.
»Siehe, es ist der Spruch eines Eheweibes«, sagte sie.
»Davon lese ich nichts«, meinte er.

»Erfreue dich am Wein!
Willkomm ...!«

Der Finger der Richterin zeigte das Verwischte, aus welchem für ein genauer prüfendes Auge noch drei Buchstaben leserlich hervortraten, ein i, ein K, ein l. Wulfrin erriet ohne Mühe:

»Willkomm im Kämmerlein!«

»Du hast recht, Frau«, lachte er.
Sie nahm ihn an der Hand und führte ihn vor das Grabmal. Da lag ihm der Vater, die Linke am Schwert, die Rechte am Hifthorn, die steinernen Füße ausgestreckt. Wulfrin betrachtete die rohen aber treuherzigen Züge nicht ohne kindliches Gefühl. Das abgebildete Hifthorn erblickend, hob er in einer plötzlichen Anwandlung das wirkliche, das er an der Seite trug, vor den Mund und tat einen kräftigen Stoß. »Fröhliche Urständ!« rief er dem in der Gruft zu.
»Laß das!« verbot die Richterin, »es tönt häßlich.«
Sie setzte sich auf den Rand des Steinsarges, neben ihr eigenes liegendes Bild, das die betenden Hände gegeneinander hielt, und begann: »Da du nun auf Malmort bist, verlässest du es nicht, Wulfrin, ohne mich – nach

vernommenen Zeugen – angeklagt oder freigegeben zu haben von dem Tode des Mannes hier.« Der Höfling machte eine widerwillige Gebärde. »Füge dich«, sagte sie. »Ist es dir keine Sache, so ist es eine Form, die du mir erfüllen mußt, denn ich bin eine genaue Frau.«
»Gnadenreich wird dir ausgerichtet haben«, versetzte der Höfling aufgebracht, »daß ich dich nie beargwöhnte, weder ich noch Arbogast, der mir das Zusammensinken des Vaters beschrieben hat. Ich bin kein Zweifler und möchte nicht leben als ein solcher. Es gibt deren, die in jedem Zufall einen Plan, und in jedem Unfall eine Schuld wittern, doch das sind Betrogene oder selbst Betrüger. Der Himmel behüte mich vor beiden! Hätte ich aber Verdacht geschöpft und Feindseliges gegen dich gesonnen, jetzt da ich dein Antlitz sehe, stünde ich entwaffnet, denn wahrlich du blickst nicht wie eine Mörderin. Wärest du eine Böse, woher nähmest du das Recht und die Stirn, das Böse aufzudecken und zu richten? Dawider empört sich die Natur!«
Ein Schweigen trat ein. »Aber was ist das für ein dumpfes Dröhnen, das den Boden schüttert?« »Das ist der Strom«, sagte die Richterin, »der den Felsen benagt und unter der Burg zu Tale stürzt.«
»Wahr ist es, Frau«, fuhr der Höfling treuherzig fort, »daß ich dich nie leiden mochte, und ich sage dir warum. Dieser Greis hier mein Vater war ein roher und gewaltsamer Mann. Ich sage es ungern: er hat an meinem Mütterlein mißgetan, ich glaube, er schlug es. Ich mag nicht daran denken. Ins Kloster hat er es gesperrt, sobald es abwelkte. Da ist es nicht zu wundern, wie wir Menschen sind, daß ich von dir nichts wissen wollte, die es von seinem Platze verstieß.«

»Nicht ich. Hier tust du mir Unrecht. Da wir so zusammensitzen, Wulfrin, warum soll ich es dir nicht erzählen? Ich habe deiner Mutter nichts zuleide getan. Kälter und lebloser als diese steinerne war meine Hand, da sie gewaltsam in die deines Vaters gedrückt wurde. Aus dem Kerker hergeschleppt, zugeschleudert wurde ich ihm von dem Judex, der mir einen zitternden und zagenden Liebling von niederer Geburt erwürgt hatte. Nicht jedes Weib würde dir solches anvertrauen, Wulfrin.«

»Ich glaube dir«, sagte dieser.

»Einer Gezwungenen und Entwürdigten«, betonte sie, »gab dein Vater sterbend die Freiheit. Und ich wurde Herrin von Malmort. Du hast Grund, Wulfrin, dir die Sache zu besehen. Sie ist dunkel und schwer. Betrachte sie von allen Seiten! Denn, du räumst mir ein, vernichtete ich deinen Vater, so bin ich oder du bist zuviel auf der Erde.«

»Verhöhnst du mich?« fuhr er auf, »doch nein, du blickst ernst und traurig. Siehe, Frau, das ewige Verhören und Richten hat dich quälend und peinlich gemacht und wahrhaftig, ich glaube« – seine Augen deuteten auf den Stein – »auch eine Frömmlerin bist du.« Er hatte rings um das Frauenhaupt die Worte gelesen: »Orate pro magna peccatrice.« »Das hier ist großgetan.«

»Ich bin eine kirchliche Frau«, antwortete Stemma, »doch wahrlich, ich bin keine Frömmlerin, denn ich glaube nur, was ich an dem eigenen Herzen erfahren habe. Dein Knecht der Steinmetz Arbogast fragte mich in seiner einfältigen Art, was er mir um das Haupt schreiben dürfe. In seiner schwäbischen Heimat sei bei vornehmen Frauen die Umschrift gebräuchlich: Betet für eine Sünderin. ›Schreibe mir‹, sagte ich, ›Betet für die große Sünderin‹, denn, Wulfrin, du hast recht gesagt, was ich tue, tue ich groß.«

»Hübsch!« rief der Höfling, aber nicht als Antwort auf diesen Selbstruhm, sondern das Haupt in die Höhe richtend, wo Palma stand und das helltönige Glöcklein zog. Sie hatte sich lange auf der Wendeltreppe gesäumt und aus den Luken nach dem ihr vorenthaltenen Bruder zurückgeblickt. In der weiten Bogenöffnung des von den ersten Sonnenstrahlen vergoldeten Turmes wiegte sich ein lichtes Geschöpf auf dem klingenden Morgenhimmel. Der Höfling sah einen läutenden Engel, wie ihn etwa in der zierlichen Initiale eines kostbaren Psalters ein farbenkundiger Mönch abbildet. Eine Innigkeit, deren er sich schämte, rührte und füllte sein Herz. Hatte ihn doch dieses lobpreisende Kind vom Tode errettet.

Inzwischen sammelte sich im Burghofe das Gesinde der Richterin, wohl einhundert Köpfe stark, Männer und Weiber, ein finsteres, sehniges, sonneverbranntes Geschlecht, das den Behelmten eher feindlich als neugierig musterte. Dieser, die wieder zur Erde gestiegene Palma darunter erblickend, machte sich Bahn, und als wollte er sich für die flüchtige Andacht rächen, welche er zu einem Geschöpf aus irdischem Stoffe empfunden, legte er ihr die Hand auf die Achsel und den blühenden Mund findend küßte er ihn kräftig. Sie zitterte vor Freude und wollte erwidern, doch schneller faßte die Richterin mit der Linken ihre Hand, die Rechte Wulfrin bietend, und führte die beiden in die Mitte ihres Volkes.

»Bruder und Schwester«, verkündigte sie und sich auf

die andere Seite wendend noch einmal: »Schwester und Bruder.«
So ungefähr hatten es sich Knechte und Mägde schon zurechtgelegt, denn die Ähnlichkeit Wulfrins mit dem steinernen Comes war unverkennbar, nur daß sich der Vater in dem Sohne beseelt und veredelt hatte, des Hifthorns an der Seite Wulfrins zu geschweigen, das anschauliches Zeugnis gab von seiner Abstammung.
Nur das runzlige stocktaube Mütterchen, die Sibylle, hatte nichts vernommen und nichts begriffen. Sie trippelte kichernd um das Mädchen, zupfte und tätschelte es, grinste zutulich und sprudelte aus dem zahnlosen Munde: »O du mein liebes Herrgöttchen! Was für einen hat dir da die Frau Mutter gekramt! Zum Wieder-jung-Werden. Von Paris ist er verschrieben, aus den Buben, die dem Großmächtigen dienen. Krause Haare, prächtige Ware!«
»Halt das Maul, Drud!« schrie dem Mütterchen der Knecht Dionys ins Ohr, »es ist der Bruder!« und sie versetzte: »Das sage ich ja, Dionys: der Gnadenreich ist ein tröstlicher und auferbaulicher Herr, aber der da ist ein gewaltiger stürmender Krieger! O du glückseliges Pälmchen!« und so unziemlich schwatzte sie noch lange, wenn man sie nicht zurückgedrängt und ihr den frechen Mund verhalten hätte. Denn die Morgenandacht begann und von einer entfernteren Gruppe wurde schon die Litanei angestimmt. Wie von selbst ordnete sich der Frühdienst, einen Halbkreis bildend, in dessen Mitte die Richterin den schleppenden Gesang leitete, der dieselben Rhythmen und Sätze immer dringender und leidenschaftlicher wiederholend den Himmel über Malmort anrief.

Wulfrin, welcher er wußte nicht wie an das eine Ende des andächtigen Kreises geraten war, erblickte sich gegenüber die Schwester. Alles hatte sich niedergeworfen, er und die Richterin ausgenommen. Seine Blicke hingen an Palma. Auf beiden Knieen liegend, die Hände im Schoß gefaltet, sang sie eifrig mit den jungen rätischen Mägden. Aber das Freudefest, das sie in der vollen Brust mit dem endlich erlangten Bruder, dem neuen und guten Gesellen feierte, strahlte ihr aus den Augen und jubelte ihr auf den Lippen, daß die Litanei darüber verstummte. Die geöffneten gaben durch die Lüfte den Kuß des Bruders zurück. Und jetzt sich halb erhebend, streckte sie auch die Arme nach ihm. Nur eine flüchtige Gebärde, doch so viel Glut und Jugend ausströmend, daß Wulfrin unwillkürlich eine abwehrende Bewegung machte, als würde ihm Gewalt angetan. »Der Wildling!« lachte er heimlich. »Aber die wird dem wackern Gnadenreich zu schaffen machen! Ich muß ihm noch das wilde Füllen zähmen und schulen, daß es nicht ausschlage gegen den frommen Jüngling! Warte du nur!« Und um die Erziehung zu beginnen, wendete er sich, da die Richterin das Amen sprach und Palma gegen ihn aufsprang, von ihr ab, geriet aber an Frau Stemma, die seine Hand ergriff, ihn feierlich in die Mitte führte und mit eherner Stimme zu reden begann: »Meine Leute! Wer von euch, Mann oder Weib, so alt ist, daß er vor jetzt sechzehn Jahren hier stand, während ich den Comes empfing, der davon herkam euren erschlagenen Herrn den Judex zu rächen – wer so alt ist und dabei gegenwärtig war, der bleibe! Ihr Jüngern, lasset uns, auch du, Palma!«
Sie gehorchten. Palma zog sich schmollend in den äu-

ßersten Burgwinkel zurück, eine halbrunde Bastei, die, ein paar Stufen tiefer als der Hof, über dem senkrechten Abgrunde ragte, durch welchen die Bergflut in ungeheurem Sturze zu Tale fiel. Sie setzte sich auf die breite Platte der Brüstung, blickte, den Arm vorgestützt, in den schneeweißen Gischt hinein, der ihr mit seinem feinen Regen die Wange kühlte, und hörte in dem Tumulte der Tiefe nur wieder den Jubel und die Ungeduld des eigenen Herzens.

Im Hofe hinter ihr ging inzwischen die rechtliche Handlung ihren Schritt und Rede und Gegenrede folgte sich, rasch und doch gemessen, nach dem Winke der Richterin.

»Hier steht der Sohn des Comes. Ihr seid ihm die Wahrheit schuldig. Saget sie. Habet ihr das Bild jener Stunde?«

»Als wäre es heute« – »Ich sehe den Comes vom Rosse springen« – »Wir alle« – »Dampfend und keuchend« – »Du kredenztest« – »Drei lange Züge« – »Mit einem leerte er den Becher« – »Er sank« – »Wortlos« – »Er lag.«

»Bei eurem Anteil am Kreuze?« fragte sie.

»So und nicht anders. Bei unserm Anteil am Kreuze!« antwortete der vielstimmige Schwur.

»Wulfrin, ich bitte dich, du blickst zerstreut! Wo bist du? Nimm dich zusammen!«

Hastig und unwillig erhob er die Hand.

Die Richterin faßte ihn am Arm. »Kein Leichtsinn!« warnte sie. »Frage, untersuche, prüfe, ehe du mich freigibst! Du begehst eine ernste, eine wichtige Tat!«

Wulfrin machte sich von ihr los. »Ich gebe die Richterin frei von dem Tode des Comes und will verdammt sein, wenn ich je daran rühre!« schwur er zornig.

Der Burghof begann sich zu leeren. Wulfrin starrte vor sich hin und vernahm, so überzeugt er von der Unschuld der Richterin war und so erleichtert, mit einer häßlichen Sache fertig zu sein – dennoch vernahm er aus seinem Innern einen Vorwurf, als hätte er den Vater durch seinen Unmut und seine Hast preisgegeben und beleidigt. So stand er regungslos, während die Richterin langsam auf ihn zutrat, sich an seiner Brust emporrichtete und ihm Kette und Hifthorn leicht über das Haupt hob. »Als Pfand meiner Freigebung und unsers Friedens«, sagte sie freundlich. »Ich kann seinen Ton nicht leiden.« Und sie schritt durch den Hof die Stufen hinunter und hinaus auf die Bastei und schleuderte das Hifthorn mit ausgestreckter Rechten in die donnernde Tiefe.

Jetzt kam Wulfrin zur Besinnung und eilte ihr nach, das väterliche Erbe zurückzufordern. Er kam zu spät. In den betäubenden Abgrund blickend, der das Horn verschlungen hatte, hörte er unten einen feindlichen Triumph wie Tuben und Rossegewieher. Sein Ohr hatte sich in den Ebenen der lauten Rede entwöhnt, welche die Bergströme führen. Als er wieder aufschaute, war die Richterin verschwunden. Nur Palma stand neben ihm, die ihn umhalste und herzlich auf den Mund küßte. »Laß mich!« schrie er und stieß sie von sich.

Drittes Kapitel

An einem Fenster von Malmort, durch welches der Talgrund mit seinen Türmen und Weilern als duftige Ferne hereinschimmerte, stand die Richterin mit Wulfrin und zeigte ihm die Größe ihres Besitzes. »Das beherrsche ich«, sagte sie, »und Palma nach mir. Dich aber, Wulfrin, habe ich schon ehevor dazu ausersehen – wie es auch deine brüderliche Pflicht ist – der Schwester, wenn ich stürbe, dieses weite Erbe zu sichern.«

»Planvoll, aber ferneliegend«, sagte er.

»Fern oder nahe. Du bist ihr natürlicher Beschützer. Ich kann mein Kind keinem Mächtigen dieses Landes vermählen, denn sie sind ein zuchtloses und sich selbst zerstörendes Geschlecht. Ich bände sie an den Schweif eines gepeitschten Rosses! Ringsherum keine Burg, an der nicht Mord klebte! Soll mir mein Kind in einem Hauszwist oder in einer Blutrache untergehen? Ja, fände ich für sie einen Guten und Starken wie du bist, dann wäre ich ruhig und könnte dich freigeben, du hättest weiter keine Pflicht an ihr zu erfüllen. Ich weiß ihr keinen Gatten als allein Gnadenreich, und der besitzt das Land, nach der Verheißung, als ein Sanftmütiger, kann es aber gegen die Gewalttätigen nicht behaupten, deren Zahl hier Legion ist. Erst seine Söhne werden kraft meines Blutes Männer sein. Bis diese kommen und wachsen, wirst du schon deine gepanzerte Hand über Gnadenreich und Palma halten und die Herrschaft führen müssen. Denn ewig reitest du nicht mit dem Kaiser. Vielleicht auch, wer weiß, erhebt er dich zum Grafen über diesen Gau, oder dann erhältst du von mir eine Burg, jene« – sie wies auf einen Turm am Horizonte – »oder eine andere, nach deinem Gefallen. Oder du hausest hier auf meinem eigenen festen Malmort.« Sie legte ihm vertrauend die Hand auf die Schulter.

»Aber, Frau«, sagte er, »du lebst!« und sie erwiderte: »Solang ich lebe, herrsche ich.«

»Dann hat es keine Eile«, antwortete er. »Daß der Schwester nichts geschehen darf, versteht sich und gelobe ich dir. Doch jetzt muß ich reiten, heute! in einer Stunde!«

»Zum Kaiser? Du hast ihm bereits meinen ortserfahrenen Rudio geschickt mit der sichern Kundschaft, daß die Lombarden sich am Mons Maurus befestigen und dort noch ein blutiger Sturm wird gegen sie geführt werden müssen. Herr Karl sitzt in Mediolanum, wie wir wissen. So braucht es dir nicht zu eilen.«

»Ich lag schon zu lange hier, mich verlangt in den Bügel«, sagte der Höfling und die Richterin erwiderte nachgiebig: »Dann schenkst du mir noch diesen Tag. Ich sähe es gerne, wenn *du* Palma verlobtest. Warum Gnadenreich sich hier nicht blicken läßt? Er hält sich wohl in seinem Pratum eingeschlossen, der Lombarden halber, vorsichtig wie er ist, obschon, wie ich glaube, diese hier verstoben sind. Weißt du was? Geh und bring ihn. Oder wüßtest du deiner Schwester einen bessern Mann?«

»Nein, Frau, wenn sie ihn mag! Doch was habe ich dabei zu raten und zu tun? Das ist deine Sache und die des Pfaffen, der sie zusammengibt. Ich will den Rappen satteln gehen, den du mir geschenkt hast.«

Sie blickte ihn mit besorgten Augen an. »Was ist dir, Wulfrin? Du siehst bleich! Ist dir nicht wohl hier? Und mit Palma gehst du um wie mit einer Puppe, du stößest sie weg und dann hätschelst du sie wieder. Du verdirbst mir das Mädchen. Wo hast du solche Sitte gelernt?«

»Sie ist aufdringlich«, sagte er. »Ich liebe freie Ellbogen und kann es nicht leiden, daß man sich an mich hängt. Sie läuft mir nach, und wenn ich sie schicke, weint sie.

Dann muß ich sie wieder trösten. Es ist unerträglich! Ich habe die Gewohnheit breiter Ebenen und großer Räume – auf diesem Felsstück ist alles zusammengeschoben. Das Gebirge drückt, der Hof beengt, der Strom schüttert – an jeder Ecke, auf jeder Treppe dieselben Gesichter! Verwünschtes Malmort! Hier hältst du mich nicht. Hier lasse ich mich nicht einmauern. Mache dir keine Rechnung, Frau.«

»Du tust mir wehe«, sagte sie.

Die harte Rede reute ihn. »Frau, laß mich ziehen!« bat er. »Und daß du dich zufriedengebest, hole ich dir heute noch den Gnadenreich und wir verloben die Schwester. Wo haust er?«

»Ich danke dir, Wulfrin. Graciosus wohnt nicht ferne von hier, in Pratum.« Sie deutete nach einer zerrissenen Schlucht, über welcher eine grüne Alp hoch emporstieg. »Ich gebe dir einen Führer. Den Knaben hier.« Sie zeigte in den Hof hinunter, wo ein Hirtenbube sich damit beschäftigte eine Sense zu wetzen. Palma stand neben ihm und plauderte.

»Gabriel«, rief ihn die Richterin, »du führst deinen Herrn Wulfrin nach Pratum.«

»Den Höfling? Mit Freuden!« jauchzte der Bube.

»Er träumt davon«, erklärte die Richterin, »hinter dem Kaiser zu reiten. Besieh dir ihn.«

»Darf ich mit?« fragte Palma und hob das Haupt.

»Nein«, sagte die Richterin.

»Bruder!« bat sie und streckte die Hände.

»Schon wieder! Zum Teufel!« fluchte er. Ihre Augen füllten sich mit Tränen. »So komm, Närrchen!«

Da die dreie barhaupt und reisefertig in dem feuchten Tore standen, während ringsum die Sonne brannte, sagte die geleitende Richterin zu Wulfrin: »Ich anvertraue dir Palma: hüte sie!«

»Halleluja! Voran, Engel Gabriel!« jubelte das Mädchen.

Unten am Burgweg sagte der Hirtenbube: »Herr, es gibt zwei Wege nach Pratum. Der eine steigt durch die Schlucht, der andere über die Alp.« Er wies mit der Hand. »Wenn es dir und der jungen Herrin beliebt, so nehmen wir diesen. Oben schaut es sich weit und lustig und es könnte trübe werden gegen Abend. Es ist ein Gewitterchen in der Luft.«

»Ja, über die Alp, Wulfrin!« rief Palma. »Ich will dir dort meinen See zeigen«, und leichtgeschürzt schlug sie sich über eine lichte Matte, die bald zu steigen begann und immer steiler wurde.

Leicht wie auf Flügeln, mit frei atmender Brust ging das Mädchen bergan und blieb unter der sengenden Sonne frisch und kühl wie eine springende Quelle. Der Berg hatte an dem Kinde seine Freude. Glänzende Falter umgaukelten ihr das Haupt und der Wind spielte mit ihrem Blondhaar.

Wulfrin schaute um nach Malmort, das grau schimmernd kaum aus der Morgenlandschaft hervortrat. »Wie geschah mir«, fragte er sich, »in jenem Gemäuer dort? Wie konnte mich dieses unschuldige Geschöpf beängstigen, dieses fröhliche Gespiel, diese behende Gems mit hellen Augen und flüchtigen Füßen?« Ihm wurde wohl und er mochte es gerne, daß der Knabe zu plaudern begann.

Gabriel erzählte von den Lombarden, welche er als Späher der Richterin beschlichen hatte. Sie seien überall und nirgends. Sie nisten in den Pässen, belauern die Boten und plündern die Säumer. Sie berauschen sich in dem geraubten heißen Weine von drüben, prahlen mit besiegten Waffen, fabeln von der Herstellung der eisernen Krone und leugnen oder lästern den Weltlauf. Sie beten den Teufel an, der das Regiment führe, »und doch«, endigte der Knabe, »sind sie gläubige Christen, denn sie stehlen aus unsern Kirchen alles heilige Gebein zusammen, soviel sie davon erwischen können. Es ist Zeit, daß der Herr Kaiser zum Rechten sehe und ihnen feste Bezirke und einen Richter gebe.«

Da nun Gabriel bei dem Kaiser angelangt war, dessen erneuerte Würde ihren Schimmer bis in dieses wilde Gebirge warf, begeisterten sich seine Augen und er rief: »Diesem und keinem andern will ich dienen! Ich heiße Gabriel und schlage gerne mit Fäusten, lieber hieße ich Michael und hiebe mit dem Schwerte! Recht muß dabei sein und der Kaiser hat immer Recht, denn er ist eins mit Gott Vater, Sohn und Geist. Er hat die Weltregierung übernommen und hütet, ein blitzendes Schwert in der Faust, den christlichen Frieden und das tausendjährige Reich.«

Nun mußte ihm Wulfrin den Kaiser beschreiben, die Spangen seiner Krone, den blauen langen Mantel, das tiefsinnige Antlitz, das kurzgeschorene Haupt, den hangenden Schnurrbart, »den wir Höflinge ihm nachahmen«, sagte er lachend.

»Wie blickt der Kaiser?« fragte Palma und Wulfrin antwortete ohne Besinnen: »Milde.«

Die Kinder lauschten andächtig und bestaunten den Mann, der mit dem Herrn der Welt Umgang pflog; sobald aber die Höhe erreicht war, wo sich der Rasen breitete, war es mit der Andacht vorbei. Gabriel jauchzte gegen eine ernsthafte Felswand, die den Knabenjubel gütig spielend erwiderte, und Palma lief, den Höfling an der Hand, einem gründunkelklaren Gewässer entgegen, das die Wand mit ihrem Riesenschatten noch immer vor der schon hohen Sonne verbarg. Sie umwandelten das mit Felsblöcken besäte Ufer bis zu einem bemoosten Vorsprung, der weiche Sitze bot. Hier zog sie ihn nieder, und wie sie so lagerten, sagte sie: »Nun ist das Märchen erfüllt von dem Bruder und der Schwester, die zusammen über Berg und Tal wandern. Alles ist schön in Erfüllung gegangen.«

»Haust hier unten auch eine?« neckte Wulfrin den Buben. Gabriel blieb die Antwort schuldig, denn er mochte sich vor dem Höfling nicht bloßstellen.

»Dumme Geschichten«, lachte dieser, »es gibt keine Elben.«

»Nein«, sagte Gabriel bedenklich und kratzte sich das Ohr, »es gibt keine, nur darf man sie nicht mit wüsten Worten rufen oder gar ihnen Steine ins Wasser schmeißen. Aber, Herr, wo hast du dein Hifthorn? Du trugest es an der Seite, da du nach Malmort kamst.«

»Es ist in den Strom gestürzt«, fertigte ihn der Höfling ab.

»Das ist nicht gut«, meinte der Knabe.

»Heho, Gabriel!« rief es aus der Ferne und ein anderer Hirtenbube wurde sichtbar. »Ein Fohlen hat sich nach Alp Grun verlaufen, kohlschwarz mit einem weißen Blatt auf der Stirn. Ich wette, es gehört nach Malmort.«

Gabriel sprang mit einem Satz in die Höhe. »Heilige Mutter Gottes«, rief er, »das ist unsere Magra, der muß ich nach! Lieber Herr, entlasse mich. Du wirst dich schon zurechtfinden. Ein Mensch ist vernünftiger als ein Vieh. Dort«, er deutete rechts, »siehst du dort den roten Grat? Den suche, dahinter ist Pratum. Auch weiß die kleine Herrin Bescheid.« Und weg war er, ohne sich um Antwort zu kümmern.

»Palma«, lachte Wulfrin, »wenn da unten eine Elbin leuchtete?«

»Mich würde es nicht wundern«, sagte sie. »Oft, wenn ich hier liege, erhebe ich mich, steige sachte ans Ufer nieder und versuche das Wasser mit der Zehe. Und dann ist mir, als löse ich mich von mir selbst und ich schwimme und plätschere in der Flut. Aber siehe!«

Sie deutete auf ein majestätisches Schneegebirge, das ihnen gegenüber sich entwölkte. Seine verklärten Linien hoben sich auf dem lautern Himmel rein und zierlich, doch ohne Schärfe, als wollten sie ihn nicht ritzen und verwunden, und waren beides, Ernst und Reiz, Kraft und Lieblichkeit, als hätten sie sich gebildet, ehe die Schöpfung in Mann und Weib, in Jugend und Alter auseinanderging.

»Jetzt prangt und jubelt der Schneeberg«, sagte Palma, »aber nachts, wenn es mondhell ist, zieht er bläulich Gewand an und redet heimlich und sehnlich. Da ich mich jüngst hier verspätete, machte sich der süße Schein mit mir zu schaffen, lockte mir Tränen und zog mir das Herz aus dem Leibe. Aber siehe!« wiederholte sie.

Eine Wolke schwebte über den weißen Gipfeln, ohne sie zu berühren, ein himmlisches Fest mit langsam sich wandelnden Gestalten. Hier hob sich ein Arm mit einem Becher, dort neigten Freunde oder Liebende sich einander zu und leise klang eine luftige Harfe. Palma legte den Finger an den Mund. »Still«, flüsterte sie, »das sind Selige!« Schweigend betrachtete das Paar die hohe Fahrt, aber die von irdischen Blicken belauschte himmlische Freude löste sich auf und zerfloß. »Bleibet! oder gehet nur!« rief Palma mit jubelnder Gebärde, »wir sind Selige wie ihr! Nicht wahr, Bruder?« und sie blickte mit trunkenen Augen bis in den Grund der seinigen.

Es kam die schwüle Mittagsstunde mit ihrem bestrikkenden Zauber. Palma umfing den Bruder in Liebe und Unschuld. Sie schmeichelte seinem Gelocke wie die Luft und küßte ihn traumhaft wie der See zu ihren Füßen das Gestade. Wulfrin aber ging unter in der Natur und wurde eins mit dem Leben der Erde. Seine Brust schwoll. Sein Herz klopfte zum Zerspringen. Feuer loderte vor seinen Augen ...

Da rief eine kindliche Stimme: »Sieh doch, Wulfrin, wie sie sich in der Tiefe umarmen!«

Sein Blick glitt hinunter in die schattendunkle Flut, die Felsen und Ufer und das Geschwisterpaar verdoppelte. »Wer sind die zweie?« rief er.

»Wir, Bruder«, sagte Palma schüchtern und Wulfrin erschrak, daß er die Schwester in den Armen hielt. Von einem Schauder geschüttelt sprang er empor, und ohne sich nach Palma umzusehen, die ihm auf dem Fuße folgte, eilte er in die Sonne und dem nahen Grate zu, wo jetzt eine Figur mit einem breiten Hut und einem langen Stabe Wache zu halten schien.

»Grüß Gott! grüß Gott!« bewillkommte Gnadenreich die Geschwister, ohne einen Schritt vom Platze zu tun. Er streckte ihnen nur die Hände entgegen. »Ich habe es dem Ohm feierlich geloben müssen«, erklärte er, »solange die Lombardengefahr dauert, die Grenze meiner Weiden hütend zu umwandeln, aber nicht zu überschreiten, denn Pratum ist ein Lehen des Bistums und die Kirche hält Frieden. Sei willkommen, Wulfrin, und Palma nicht minder!« Seine Blicke liefen rasch zwischen dem Höfling und dem Mädchen: beide schienen ihm befangen. Er wurde es auch, denn er glaubte die Ursache ihres Weges zu wissen, und da sie schwiegen, begann er ein großes Geplauder.

»Sie haben dem guten Ohm böse mitgespielt«, erzählte er. »Wir saßen zu dreien in der Stube beim Nachtische, denn die Richterin war nach Chur gekommen, um den Bischof gegen die Lombarden in die Waffen zu treiben, was er ihr als ein Kind des Friedens verweigern mußte. Frau Stemma und der Ohm stritten sich bei den Nüssen, wie sie zuweilen tun, über die Güte der Menschennatur. Nun hatten sich kürzlich zwei arge Geschichten ereignet. Jucunda, die junge Frau des Montafuners, welche Bischof Felix gefirmelt hatte –«

»Mit mir. Sie war sein Liebling«, rief Palma, die wieder dicht neben dem Höfling schritt.

»Still!« sagte dieser ungebärdig und das Mädchen lief nach einer Blume.

»– wurde von ihrem Manne mit einem Edelknecht ertappt und durch das Burgfenster geworfen. Wenige Tage später schlug der Schamser mitten im Stiftshofe dem Bergüner nach kurzem Wortwechsel den Schädel ein und doch hatten sie eben auf die priesterliche Zusprache des Ohms sich geküßt und miteinander den Leib des Herrn empfangen. Solches hielt ihm Frau Stemma vor, doch der Ohm erwiderte: ›Das sind Wallungen und augenblickliche Verfinsterungen der Vernunft, aber die Natur ist gut und wird durch die Gnade noch besser.‹ Der Ohm ist ein bißchen Pelagianer, hi, hi!«

»Pelagianer?« fragte der Höfling zerstreut, denn sein Blick rief Palma, die ihm gleich wieder zusprang. »Ist das nicht eine Gattung griechischer Krieger?«
»Nicht doch, Wulfrin, es ist eine Gattung Ketzer. Also: Frau Stemma und der Ohm stritten über das Böse. Da sieht der Bischof, der kurzsichtig ist, auf Felicitas – diesen Namen hat er der nahen Höhe gegeben, wo ihm ein Sommerhaus steht – eine Flamme. ›Wir feiern den Abzug der Lombarden‹, lächelte er. Frau Stemma blickt hin und bemerkt in ihrer ruhigen Weise: ›Ich meine, sie sind es selber‹, und richtig tanzten sie auf dem Hügel wie Dämonen um den Brand.
Da lärmt es auf dem Platz. Ein Bösewicht fällt mit der Türe ins Haus und redet: ›Bischof, tue nach dem Evangelium und gib mir den Rock, nachdem du seine Taschen mit Byzantinern gefüllt hast, denn deine Mäntel haben wir in der Sakristei drüben schon gestohlen!‹ Der Ohm erstarrt. Jetzt tritt der Lombarde auf Stemma zu, welche im Halbdunkel saß. ›Die Frau da‹, höhnt er, ›hat einen Heiligenschein um das Haupt, her mit dem Stirnband!‹ Da erhebt sich Frau Stemma und durchbohrt den Menschen mit ihren fürchterlichen Augen: ›Unterstehe dich!‹ ›Ja so‹, sagt er, ›die Richterin!‹ und biegt das Knie. Da der arme Ohm endlich aufatmete, nach erbrochenen Kisten und Kasten, rief ihn der Höllenkerl wieder vom Domplatze her ans Fenster. Er ritt mit nackten Fersen den schönsten Stiftsgaul, dem er eine purpurne Altardecke übergelegt – sich selbst hatte er ein Meßgewand umgehangen – und zog dem Kirchenschimmel mit dem entwendeten Krummstab von Chur einen solchen über den blanken Hinterbacken, daß er bolzgerade stieg und der Stab in Trümmer flog.

›Bischof, segne mich!‹ schrie der Lombarde. Der Ohm in seiner Frömmigkeit besiegte sich. ›Ziehe hin in Frieden, mein Sohn!‹ sprach er und hob die Hände.
›Dich, Bischof‹, jauchzte der Lombarde, ›hole der Teufel!‹
›Und dich hole er gleichfalls!‹ gab der Ohm zurück. Ich hätte es eigentlich nicht erzählen sollen«, endete Gnadenreich halb reuig, »es hat den Ohm schrecklich erbost.«
Palma hatte gelacht, auch der Höfling verzog den Mund und Gnadenreich wurde immer gesprächiger und zutulicher.
»Wir haben uns eine Ewigkeit nicht gesehen, Wulfrin«, sagte er. »Ich verließ Rom bald nach dir, aber was habe ich nicht dort noch erlebt! Welche Bekanntschaften habe ich gemacht! Ich ging dein Büchlein im Palaste holen und traf ihn selbst, der es geschrieben. Welch ein Kopf! Fast zu schwer für den kleinen Körper! Was da alles drinnesteckt! Kaum ein Viertelstündchen kostete ich den berühmten Mann, aber in dieser winzigen Spanne Zeit hat er mich für mein Lebtag in allem Guten befestigt. Dann pochte es ganz bescheiden und leise und wer tritt ein? – ich bitte dich, Wulfrin! – der Kaiser. Ich verging vor Ehrfurcht. Er aber war gnädig und ergötzte sich, denke dir! an deiner Geschichte, Wulfrin, die er sich von mir erzählen ließ –«
Jetzt verstand Graciosus sein eigenes Wort nicht mehr, denn sie gerieten zwischen die Herden und das grüne Pratum wurde voller Geblöke und Gebrülle. Einer der magern und wolfähnlichen Berghunde beschnoberte den Höfling, sprang dann aber liebkosend an ihm auf und beleckte ihn, wenn Graciosus dem Tiere seine Un-

gezogenheit nicht verwiesen hätte. Palma aber wurde von den Hirtenmädchen umringt und mit Verwunderung angestarrt. Die junge Herrin von Malmort war leutselig und frug alle nach ihren Namen und Herden.
»Ich bin gewiß kein Plauderer«, sagte Graciosus, nachdem er Raum geschafft hatte, »aber du begreifst, wenn der Kaiser befiehlt – haarklein mußte ich berichten von Horn und Becher und zumal die erstaunliche Frau Stemma machte dem hohen Herrn zu schaffen.«
Der Höfling blickte verdrießlich.
»Welch ein Mann!« lobpries Gnadenreich. »Der Inhalt und die Höhe des Jahrhunderts! Wer bewundert ihn genug? Und doch, aber doch – Wulfrin, ich habe von den Höflingen, deren Umgang ich nicht ganz meiden konnte, etwas vernommen, das mich tief betrübt, etwas von einer gewissen Regine ... weißt du es?«
»Das ist seine Kebsin«, fuhr Wulfrin ehrlich heraus.
»Schlimm, sehr schlimm! Ein Flecken in der Sonne! Kein vollkommenes Beispiel! Und die Karlstöchter?«
»Alle Wetter und Stürme«, brauste Wulfrin auf, »wer hat mich zum Hüter der Karlstöchter bestellt?«
»Die Karlstöchter!« rief mitten aus den Herden Palma, die in der Entfernung die schallende Rede Wulfrins verstanden hatte. »Sie heißen: Hiltrud, Rotrud, Rothaid, Gisella, Bertha, Adaltrud und Himiltrud. Gnadenreich hat eine Tabelle davon verfertigt.« Die rätischen Mädchen wiederholten die ihnen fremdklingenden Namen und zogen unter jubelndem Gelächter die junge Herrin mit sich fort.
Gnadenreich verlangsamte den Schritt. Traulich suchte er die Hand des Höflings. »Die Ehe ist heilig«, sagte er, »und das sollte der Kaiser nicht vergessen, da er so hoch

steht. Du hast erraten, Wulfrin, daß ich außer ihr geboren bin. Deshalb habe ich eine große Meinung von ihr und eine wahre Leidenschaft, in der meinigen ein Muster von Tugend zu sein. Ein gutes Mädchen führe nicht schlecht mit mir. Du kennst meine Neigung, an der ich festhalte, wenn mir auch Palma zuweilen Sorge macht. Jetzt sind wir allein – sie scheint heute lenksam – das könnte die Stunde sein – wenn es dein Wille wäre –«

»Sei nur getrost, Gnadenreich«, ermutigte Wulfrin, »die Sache ist abgemacht.«

Hätte einer der Gewalttätigen, welche auf den rätischen Felsen nisteten, begehrlich nach Palma gegriffen, Wulfrin möchte ihm ins Angesicht getrotzt und das Schwert aus der Scheide gerissen haben, aber Graciosus war zu harmlos, als daß er ihm hätte zürnen können. Und er selbst fühlte sich mit einem Male von einem dunkeln Schrecken getrieben, die Schwester zu vermählen.

»Abgemacht?« fragte Graciosus, »du willst sagen: zwischen dir und der Richterin? Doch wie meinst du – ist Palma nicht am Ende zu wild und groß für mich?«

»Sei nicht blöde und fackle nicht länger! Willst du sie?«

Die Schreitenden hatten eine Hügelwelle überstiegen und erblickten jetzt diejenige wieder, von der sie redeten. Sie hatte sich von den Hirtinnen getrennt und stand vor einem der tiefen und schnellströmenden Bäche, welche die Hochmatten durchschneiden. Neben ihr irrte ein blökendes Lämmchen, das die Herde verloren hatte, und am Uferrand sitzend löste sich eine kropfige Bettlerin blutige Lumpen von ihrem wunden Fuße und wusch ihn mit dem frischen Wasser. Rasch entledigte sich das Mädchen der Schuhe, stellte dieselben mit einem mitleidigen Blick neben die Kretine, hob das

Lamm in die Arme, watete mit ihm durch die Strömung und ließ es seiner Herde nachlaufen.

Da kam über Gnadenreich eine Erleuchtung. »Ich wage es! Ich nehme sie!« rief er aus. »Sie ist gut und barmherzig mit jeglicher Kreatur!«

»So gehe voraus und richte das Brautmahl! Ich werde für dich werben. Das ist doch dein Kastell?« In einiger Entfernung stieg aus einem Bezirke von Hürden und Ställen ein neugebauter Rundturm, über welchem gerade der Föhn einen ungeheuerlichen Wolkendrachen emportrieb. Gnadenreich bog seitwärts die Brücke suchend, während der Höfling den reißenden Bach in einem Satze übersprang.

Wulfrin erreichte die Schwester. »Du läufst barfuß, Bräutchen?«

»Ich bin kein Bräutchen, und was nützen mir die Schuhe, wenn ich nicht mit dir durch die Welt laufen darf?«

»Du bist nicht die Törin, das im Ernste zu reden, und die Frau auf Pratum darf nicht unbeschuht gehen.«

»Gnadenreich hat nicht den Mund gegen mich geöffnet.«

»Er wirbt durch den meinigen. Nimm ihn, rat ich dir, wenn du keinen andern liebst.«

Sie schüttelte den Kopf. »Nur dich, Wulfrin.«

»Das zählt nicht.«

Sie hob die klaren Augen zu ihm auf. »Geschieht dir damit ein so großer Gefallen?«

Er nickte.

»So tue ich es dir zuliebe.«

»Du bist ein gutes Kind.« Er streichelte ihr die Wange. »Ich werde euch schützen, daß euch nichts Feindliches widerfahre, und bei eurem ersten Buben Gevatter stehen.«

Sie errötete nicht, sondern die Augen füllten sich mit Tränen. »Nun denn«, sagte sie, »aber wir wollen langsam gehen, daß es eine Stunde dauert, bis wir Pratum erreichen.« Der Turm stand vor ihnen. Dem Höfling aber wurde es offenbar, jetzt da er die Schwester weggab, daß sie ihm das Liebste auf der Erde sei.

»Hier thronen wir wie die Engel«, sagte Graciosus, nachdem er seine Gäste die Wendeltreppe empor durch die Gelasse seines Turmes und auf die Zinne geführt hatte, wo das Mahl bereitet war. Der Tisch trug neben den Broten eine Schüssel Milch mit dem geschnitzten Löffel und einen Krug voll schwarzdunkeln Weines, ein bischöfliches Geschirr, denn es war mit der Mitra und den zwei Krummstäben bezeichnet. Die dreie saßen auf *einer* Bank, das Mädchen in der Mitte. Die ringsum laufende Brüstung reichte so hoch, daß sich kaum darüber wegblicken ließ. Nur der Himmel war sichtbar, und an diesem häuften sich unheimliche schwefelgelbe Wolken.

»Die Milch für mich, für dich der Wein, Wulfrin«, sagte Graciosus. »Der verreiste noch glücklich aus dem bischöflichen Keller, ehe ihn die Lombarden leerten. Aber mit wem hält es Fräulein Palma?« »Mit dir«, meinte der Höfling.

Graciosus sprach das Tischgebet. »Nun gleich auch den andern Spruch, frisch heraus, Gnadenreich!« ermunterte Wulfrin.

Da geschah es, daß der Bischofsneffe, so redegewandt er war, sich auf nichts besinnen konnte von alle dem Zärtlichen und Verständigen, was er sich für diesen entscheidenden Augenblick langeher ausgesonnen hatte. Ratlos blickte er in die warmen braunen Augen. Jetzt gedachte er des Lämmchens und der bloßen Füße und kam in eine fromme Stimmung. »Palma novella«, bekannte er, »ich liebe dich von ganzem Herzen, von ganzer Seele und von ganzem Gemüte.«

Das war hübsch. Das Mädchen wurde gerührt und reichte ihm die Hand. Auch Wulfrin mißfiel diese Werbung nicht. »Nun aber wollen wir ein bißchen lustig sein!« rief er aus. »Das bringe ich euch!« Er hob den Krug und trank. Graciosus schöpfte einen Löffel Milch und bot ihn dem Munde seiner Braut. Es war nicht der einzige auf Pratum, aber Gnadenreich wollte eine sinnbildliche Handlung begehen.

Sie öffnete schon die roten Lippen, da sagte sie: »Heute widersteht mir die Milch. Gib *du* mir zu trinken, Wulfrin.« Er reichte ihr den Krug und sie schlürfte so hastig, daß er ihr denselben wieder aus den Händen nahm. Darauf schien sie ermüdet, denn sie ließ den Kopf auf die Schulter und allmählich in die Arme sinken und nickte ein. Die Föhnluft wurde zum Ersticken heiß. Wulfrin und Graciosus verstummten ebenfalls und dieser half sich, indem er seine Milch auslöffelte und nach ländlicher Sitte zuletzt die Schüssel mit beiden Händen an den Mund hob. Wulfrin betrachtete den jungen Nacken. Er enthielt sich nicht und berührte ihn mit den Lippen. Sie erwachte.

»Aber wir sitzen auf dem Turm wie die drei Verzauberten«, sagte sie. »Geh, Gnadenreich, hole uns das Buch, wo der Bruder abgebildet ist, das aus dem Stifte – weißt du – welches du bei deinem letzten Besuche der Mutter, der ich über die Schulter blickte, gezeigt hast.« Gnadenreich willfahrte ihr, aber sichtlich ungerne.

Palma suchte und fand das Blatt. Über dem lateinischen

Texte war mit saubern Strichen und hellen Farben abgebildet, wie ein Behelmter den Arm abwehrend gegen ein Mädchen ausstreckt, das ihn zu verfolgen schien. Mit dem Krieger deuchte er sich nichts gemein zu haben als den Helm, doch je länger er das gemalte Mädchen beschaute, desto mehr begann es mit seinen braunen Augen und goldenen Haaren Palma zu gleichen. Um die Figur aber stand geschrieben: »Byblis.«

»Erzähle und deute, Gnadenreich«, bat Palma. Graciosus blieb stumm. »Nun, so will *ich* erklären. Das hier ist der Bruder auf Malmort, wie er anfangs war und mich wegstößt.«

»Das ist nichts für dich, Palma!« wehrte Graciosus ängstlich, »laß!«, und er entzog das Buch ihren Händen.

»Ihr seid beide langweilig!« schmollte sie. »Ich gehe lieber. Drüben am Hange sah ich blühende Rosen in dichten Büschen stehen. Ich will mir einen Kranz winden«, und sie entsprang.

Ein blendender Blitz fuhr über Pratum weg und dem Höfling wie Feuer durch die Adern. »Warum hast du ihr das Buch weggenommen?« fragte er gereizt.

»Weil es für Mädchen nicht taugt«, rechtfertigte sich Gnadenreich.

»Warum nicht?«

»Die Schwester im Buche liebt den Bruder.«

»Natürlich liebt sie ihn. Was ist da zu suchen?«

Graciosus antwortete mit einer Miene des Abscheus: »Sie liebt ihn sündig! sie begehrt ihn.«

Wulfrin entfärbte sich und wurde totenbleich. »Schweig, Schurke!« schrie er mit entstellten Zügen, »oder ich schleudere dich über die Mauer!«

»Um Gottes willen«, stammelte Graciosus, »was ist dir? Bist du verhext? Wirst du wahnsinnig?« Er war von Wulfrin und dem Buche weggesprungen, in welches dieser mit entsetzten Blicken hineinstarrte. »Ich beschwöre dich, Wulfrin, nimm Vernunft an und laß dir sagen: das hat ein heidnischer Poet ersonnen, leichtfertig und lügnerisch hat er erfunden, was nicht sein darf, was nicht sein kann, was unter Christen und Heiden ein Greuel wäre!«

»Und du liesest so gemeine Bücher und ergötzest dich an dem Bösen, Schuft?«

»Ich lese mit christlichen Augen«, verteidigte sich Gnadenreich beleidigt, »zu meiner Warnung und Bewahrung, daß ich den Versucher kenne und nicht unversehens in die Sünde gleite!«

Die Hände des Höflings zitterten und krampften sich über dem Blatte.

»Bei allen Heiligen, Wulfrin, zerstöre das Buch nicht! Es ist das teuerste des Stiftes!«

»Ins Feuer mit ihm!« schrie der Höfling, und weil kein Herd da war als der lodernde des offenen Himmels, riß er das Blatt in Fetzen und warf sie hoch auf in den wirbelnden Sturm.

Es trat eine Stille ein. Graciosus betrachtete stöhnend das verstümmelte Buch, während Wulfrin mit verschlungenen Armen und unheimlichen Augen brütete. So beschlich ihn die zurückkommende Palma und setzte ihm den leichten von ihr gewundenen Kranz auf das belastete Haupt.

Er fuhr zusammen, da er das Geflechte spürte, zerrte es sich ab, riß es entzwei und warf es mit einem Fluche dem vom Laufe erhitzten Mädchen zu Füßen.

Da flammten ihr die Augen und sie streckte sich in die Höhe: »Du Abscheulicher! Tust du mir so?« Zornige Tränen drangen ihr hervor. »Nun nehme ich auch den Gnadenreich nicht, dir zuleide!«
»Palma«, befahl er, »gleich kehrst du nach Hause! Über die Alp! Wende dich nicht um! Ich gehe durch die Schlucht! Läufst du mir über den Weg, so werfe ich dich in den Strom!«
Sie sah ihn jammervoll an. Seine Todesblässe, das gesträubte Haar, das unglückliche Antlitz erfüllten sie mit Angst und Mitleid. Sie machte eine Bewegung gegen ihn, als wollte sie ihm mit beiden Händen die pochenden Schläfen halten. »Hinweg!« rief er und riß das Schwert aus der Scheide.
Da wandte sie sich. Er blickte über die Brüstung und sah, wie sie in wildem Laufe durch die Alp eilte. Auch er verließ das Kastell und schlug, von dem nahen Tosen des Stromes geführt, den Weg gegen die Schlucht ein, die furchtbarste in Rätien. Gnadenreich gab ihm kein Geleit.
Da er in den Schlund hinabstieg, wo der Strom wütete, und er im Gestrüppe den Pfad suchte, störte sein Fuß oder der ihm vorleuchtende Wetterstrahl häßliches Nachtgevögel auf und eine pfeifende Fledermaus verwirrte sich in seinem Haare. Er betrat eine Hölle. Über der rasenden Flut drehten und krümmten sich ungeheure Gestalten, die der flammende Himmel auseinanderriß und die sich in der Finsternis wieder umarmten. Da war nichts mehr von den lichten Gesetzen und den schönen Maßen der Erde. Das war eine Welt der Willkür, des Trotzes, der Auflehnung. Gestreckte Arme schleuderten Felsstücke gegen den Himmel. Hier

wuchs ein drohendes Haupt aus der Wand, dort hing ein gewaltiger Leib über dem Abgrund. Mitten im weißen Gischt lag ein Riese, ließ sich den ganzen Sturz und Stoß auf die Brust prallen und brüllte vor Wonne. Wulfrin aber schritt ohne Furcht, denn er fühlte sich wohl unter diesen Gesetzlosen. Auch ihn ergriff die Lust der Empörung, er glitt auf eine wilde Platte, ließ die Füße überhangen in die Tiefe, die nach ihm rief und spritzte, und sang und jauchzte mit dem Abgrund.

Da traf der starre Blick seines zurückgeworfenen Hauptes auf ein Weib in einer Kutte, das am Wege saß. »Nonne, was hast du gefrevelt?« fragte er. Sie erwiderte: »Ich bin die Faustine und habe den Mann vergiftet. Und du, Herr, was ist deine Tat?«

Lachend antwortete er: »Ich begehre die Schwester!«

Da entsetzte sich die Mörderin, schlug ein Kreuz über das andere und lief so geschwind sie konnte. Auch er erstaunte und erschrak vor dem lauten Worte seines Geheimnisses. Es jagte ihn auf und er floh vor sich selbst. Schweres Rollen erschütterte den Grund, als öffne er sich, ihn zu verschlingen. Von senkrechter Wand herab schlug ein mächtiger Block vor ihm nieder und sprang mit einem zweiten Satz in die aufspritzende Flut.

Der Himmel schwieg eine Weile und Wulfrin tappte in dunkler Nacht. Da erhellte sich wiederum die Schlucht und auf einer über den Abgrund gestürzten Tanne sah er die Schwester mit nackten und sichern Füßen gegen sich wandeln und jetzt lag sie vor ihm und berührte seine Kniee.

»Was habe ich dir getan«, weinte sie, »warum fliehst, warum verwünschest du mich? Bruder, Bruder, was habe ich an dir gesündigt? Ich kann es nicht finden! Siehe, ich muß dir folgen, es ist stärker als ich! Ich lief drüben, da sah ich den Steg. Töte mich lieber! Ich kann nicht leben, wenn du mich hassest! Tue, wie du gedroht hast!«

Er stieß einen Schrei aus, ergriff, schleuderte sie, sah sie im Gewitterlicht gegen den Felsen fahren, taumeln, tasten und ihre Kniee unter ihr weichen. Er neigte sich über die Zusammengesunkene. Sie regte sich nicht und an der Stirn klebte Blut. Da hob er sie auf mächtigen Armen an seine Brust und schritt ohne zu wissen wohin, das Liebe umfangend, dem Tale zu.

Er hatte die Klus hinter sich, da sauste es an ihm vorüber und er erblickte einen Knaben, der ein scheues Roß zu bändigen suchte. »He, Gabriel«, rief er ihm nach, »sage der Richterin, sie rüste den Saal und richte das Mahl! Tausend Fackeln entzündet! Malmort strahle! Ich halte Hochzeit mit der Schwester!« Der Sturm verschlang die rasenden Worte. Malmort mit seinen Türmen stand schwarz auf dem noch wetterleuchtenden Nachthimmel.

Mit seiner Last den Burgpfad emporsteigend, sah er oben Lichter hin und her rennen. Dann begegnete er der geängstigten Mutter, die ihm halben Weges entgegengeeilt war. »Wulfrin«, flehte sie mit ausgestreckten Armen, »wo hast du Palma?« »Da nimm sie«, sagte er und bot ihr die Leblose.

Viertes Kapitel

Da Wulfrin am folgenden Tage erwachte, lag er unter den schwarzschattenden Büscheln einer gewaltigen Arve, während die Matten ringsum schon in der Mittagssonne schimmerten. Er hatte eben noch, den würzigen Waldgeruch einatmend, heiter und glücklich geträumt von dem Wettspiel in einer römischen Arena und im Speerwurf einen Lorbeerkranz davongetragen. Sein Blut floß ruhig und seine Stirne war hell.

Nachdem er gestern Palma der Mutter in die Arme gelegt, war er ins Dunkel zurückgewichen. Mit irren Füßen, in ruhelosem Laufe, kreuz und quer, hatte er das Gebiet von Malmort durchjagt, bis weit über Mitternacht hinaus, und war dann im Morgengrauen niedergestürzt und in einen bleiernen Schlaf versunken.

Er fand sich auf einer von leichtgeschwungenen Hügeln umgebenen Wiese, fernab von dem Geläute der Herdglocken, in tiefer Einsamkeit. Nur ein Specht hämmerte und zwei Eichhörner tummelten und neckten sich in der Mitte ihres grünen Bezirkes. Wulfrin rieb sich den Schlummer aus den Augen und schaute umher. Da entdeckte er über dem Hügelrande die Giebel und Turmspitzen von Malmort. Er ließ sich auf dem Hange gleiten und sie verschwanden.

Allmählich schlich sich das Gestern an ihn heran, er wehrte es ab, er mißtraute ihm, er wollte, er konnte es nicht glauben. War er nicht der Starke und Freie, der Fröhliche und Zuversichtliche, der dem Feinde ins Auge sah und das Irrsal mit dem Schwerte durchschnitt? Was war denn geschehen? Eine rätselhafte Frau hatte ihn übermocht, zu beschwören was er nicht bezweifelte. Ein Mädchen, das sich in der langen Weile eines Bergschlosses den vollkommensten Bruder ausgesonnen, war ihm zugesprungen und hatte sich närrisch ihm an den Hals gehängt. Ein tückischer Becher ungewohnten Weines, oder das freche Bild einer ausschweifenden Fabel, oder der heiße Hauch des Föhnes oder was es sonst gewesen sein mochte, hatte ihn betört und verstört. Und was er an den Felsen geschleudert, war nicht die Schwester – wie hätte sie den gähnenden Abgrund überschritten? – sondern irgendein Blendwerk der Gewitternacht.

»Und war es die Schwester und habe ich sie zerschmettert, so bin ich ihrer ledig«, trotzte er und zugleich ergriff ihn ein unendliches Mitleid und die inbrünstigste Liebe zu dem jungen Leben, das er mißhandelt und vernichtet hatte. Er sah sie mit allen ihren Gebärden, jedes ihrer süßen und unschuldigen Worte nahm Gestalt an, er schaute in ihre seligen Augen und in ihre wehklagenden. Jetzt fühlte er sie, die sich weinend und schmeichelnd mit ihm vereinigte, und wußte, daß sie noch lebte und atmete.

»Meine Seele! Blut meiner Adern!« rief er und wieder: »Palma! Palma!«

»– alma!« wiederholte das Echo.

»Palma mein Weib!« Das Echo entsetzte sich und verstummte.

Ein tödlicher Schauer durchrieselte sein Mark. Sich auf die Rechte stützend, hob er sich halb von der Erde und langte mit der Linken nach der blutenden Brust wie auf dem Schlachtfelde. »Es sitzt!« ächzte er. »Ich bin der Schrankenlose, der Übertreter, der Verdammte! Ich muß sterben, damit die Schwester lebe! Doch womit habe ich den Himmel beleidigt? wodurch habe ich die Hölle gelockt?« Rasch übersann er sein Leben, er fand darin keinen Makel, nur läßlichen Fehl. »Nun, wen's trifft, den trifft's! Ich habe eben das schlimme Los aus dem Helme gezogen und verwundere mich nicht, kenne ich ja die Grausamkeiten der Walstatt. Es geht vorüber!« Da schien ihm denn doch das Dasein ein Gut, so leicht er es sonst wertete, jetzt da er, ob auch unter grimmigen Schrecken, seinen tiefsten Reiz und seine geheimste Lieblichkeit gekostet hatte. Er hob die starken Hände vor das Angesicht und schluchzte ...

Mählich verlängerten sich die Schatten und es wurde still über der Wiese. Da legte sich ihm eine Hand auf die Schulter. Ohne das Haupt zu wenden, sagte er: »Ich komme«, und wollte sich erheben, denn er wußte, es war der Tod, der zu ihm trat, um ihn an den jähesten Abgrund zu führen.

»Bleibe, Wulfrin!« sprach weich die Stimme der Richterin, »ich setze mich zu dir«, und Frau Stemma ließ sich neben ihn auf das Moos gleiten in einem weiten langen Gewande, das selbst die Spitzen der Füße verhüllte.

»Berühre mich nicht!« schrie er und warf sich zurück. »Ich bin ein Unseliger!«

»Ich suchte dich lange«, sagte sie. »Warum bliebest du ferne? Dir ist bange für Palma? Die wurde nur leicht verwundet, hat aber in tiefer Ohnmacht gelegen. Erwachend hat sie erzählt, wie euch gestern das Gewitter in der Schlucht überraschte, wie sie glitt und die Besinnung verlor. Auf deinen Armen hast du sie getragen.«

Wulfrin blieb stumm.

»Oder redete sie unwahr und du warfest sie an den Felsen, um sie zu zerschmettern?«

Er nickte.

Sie schwieg eine Weile, dann hob sie die Hand und be-

rührte wiederum seine Schulter. »Wulfrin, du hassest deine Schwester oder – du liebst sie!« Sie fühlte, wie der Höfling vom Wirbel zur Zehe zitterte.
»Es ist entsetzlich«, stöhnte er.
»Es ist entsetzlich«, sagte sie, »aber unerklärlich ist es nicht. Ihr seid ferne voneinander erwachsen, wurdet eurer Angesichter und Gestalten nicht gewöhnt, und so waret ihr euch frisch und neu, da ihr euch fandet, wie ein fremder Mann und ein fremdes Weib. Mutig! Rufe und rufe es deinen Gedanken und Sinnen zu: Palma und Wulfrin sind eines Blutes! Sie werden schaudern und erkalten und nicht länger die himmlische Flamme der Geschwisterliebe verwechseln mit dem schöpferischen Feuer der Erde.«
Er antwortete nicht, kaum daß er ihre Worte gehört hatte, sondern murmelte zärtlich: »Warum hast du sie Palma novella getauft? Das ist ein gar seltsamer und schöner Name!«
Stemma erwiderte: »Ich habe sie die junge Palme genannt, weil sie aus dem Schutte des Grabes frisch und freudig aufsprießt und, bei meinem Leben! wer an dem schlanken Stamme frevelt, den richte und töte ich! Noch ist Palma unschuldig. Deine rasende Flamme hat ihr nicht ein Härchen der Wimper, nicht den äußersten Saum des Kleides versengt. Unglücklicher, wie ist ein solches Leiden über dich gekommen?«
»Wie eine Seuche, die aus dem Boden dampft! Aber mein Schutzengel warnte mich vor Malmort. Da du mich riefest, verschloß ich das Ohr. Ich bog ab und fiel in die Hände der Lombarden. Warum hast du den Pfeil des Witigis gehemmt?« Er starrte vor sich nieder. Dann schrie er verzweifelnd auf und ergriff und preßte den

Arm der Richterin, die finstern Augen fest auf das ruhige Antlitz heftend: »Bei dem Haupte Gottes –«

»Bei dem Haupte Palmas«, sagte sie.

»– ist sie meine Schwester?«

»Wie sonst? Ich weiß es nicht anders. Was denkst du dir?«

»Dann ist mein Haupt verwirkt und jeder meiner Atemzüge eine Sünde!« Er sprang auf, während sie ihn mit nervigen Armen umschlang, so daß er sie mit sich emporzog.

»Wohin, Wulfrin? In die Tiefe? Nein, du darfst diesen starken Leib und dieses tapfere Herz nicht zerstören! Nimm dein Roß und reite! Reite zu deinem Kaiser! Mische dich unter deine Waffenbrüder! Ein paar Tagritte und du bist gesundet und blickst so frei wie die andern!«

»Das geht nicht«, sagte er jammervoll. »Wir leiden nicht den geringsten Makel in unserer Schar und ich sollte verräterisch die Schande unter uns verstecken?«

»So stachle dein Roß, reite Tag und Nacht, über Berg und Fläche, springe in ein Schiff, bringe ein Meer und ein zweites zwischen sie und dich, und wenn dich Delphin und Nixe umgaukelt, tauchen vor dir aus der Bläue Inseln und Vorgebirge, verwegenes Abenteuer und die Schönheit als Beute!«

»Was hülfe es?« sagte er. »Sie zöge mit mir, die Nixe trüge ihr Angesicht und ich umarmte sie in jedem Weibe! Denn ich bin mit ihr vermählt ewiglich. Nein, ich kann nicht leben!«

»Das ist Feigheit!« sprach sie leise.

Der Schimpf trieb ihm wie ein Schlag das Blut ins Angesicht. Er bäumte sich auf. »Du hast recht, Frau!« schrie er. »Ich darf nicht als Feigling umkommen, du selbst sollst mich richten und verurteilen. Am lichten Tag, unter allem Volke, will ich den Greuel bekennen und die Sühne leisten!« So rief er in zorniger Empörung, dann aber besänftigte sich sein Angesicht, denn er hatte die Lösung gefunden, die ihm ziemte.

»Unsinn!« sagte sie. »Solche verborgene Dinge bekennt man nicht dem Tage, denn du bist ein Verbrecher nur in deinen Gedanken. Die Tat aber und nur die Tat ist richtbar.«

»Frau, das wird sich offenbaren! Vernimm, was ich tue. Ich wandere zu dem Kaiser und spreche zu ihm: Siehe, Wulfrin der Höfling begehrt das eigene Blut, das Kind seines Vaters! Es ist so, er kann nicht anders. Schaffe den Sünder aus der Welt! Und spricht der Kaiser: Die Tat ist nicht vollbracht, so antwortet Wulfrin: Ich vollbringe sie mit jedem Atemzuge!«

»Auf sündiger Geschwisterliebe«, drohte Frau Stemma, »steht das Feuer.«

Wulfrin lachte.

»Und du willst vor dem ganzen Volke dastehen in deiner Blöße?«

»Ich will dastehn«, sagte er, »als der welcher ich bin.«

»So mangelt dir der Verstand und die Kraft, das Geheimnis der Sünde zu tragen?«

»Das ist Weibes Art und Weibes Lust«, sagte er verächtlich.

»Und du wirst mit dem Kaiser kommen und ich soll dich richten?«

»Du!«

»Das werde ich!« sagte sie und entfernte sich langsam. Jetzt da Wulfrin sein Schicksal entschieden und vollendet glaubte, kam die Ruhe des Abends über ihn. Er blieb unter seiner Arve, bis die Sonne niederging und der Tag ihr folgte. Und wie sie mit gebrochenen Speeren sich legte und ihr Blut am Himmel verströmte, erlosch er mit ihr und sah sich die Schwester, wie das Spätlicht, im grünen Gewande und auf stillen Sohlen nachschreiten. Das aufgegebene Schwert reute ihn nicht. »Sie werden drüben einen Krieger brauchen«, sagte er sich und wandelte schon unter den seligen Helden.

Wie es Nacht war und der Mond leuchtete, ging er sachte bergab, denn er gedachte ein Seitental zu gewinnen und seinen Kaiser zu erreichen, ohne daß er Malmort und die Stapfen der Schwester berühre. Beide wollte er nur am Gerichtstage wiedersehen. Er gelangte an den Strom, der hier ohne Gewalt und Sturz Klippen und Felsen breit überflutete. Das Mondlicht verlockte ihn, sich auf ein Felsstück zu lagern und wunsch- und schmerzlos mit den Wellen dahinzufließen. Er wurde sich selbst zum Traume.

Da sah er Elb oder Elbin tauchen. Es schwamm weiß im Strome, ein Nacken schimmerte und jetzt hob der blanke Arm ein Hifthorn in die Höhe, das der Mond versilberte. Er erkannte sein entwendetes Erbteil und trat ohne Hast und Erstaunen dem freundlichen Wunder nahe.

»Herr Wulfrin«, jubelte eine Knabenstimme, »freue dich! Glück über dir! Ich halte dein Horn!« und Gabriel, der sein Hirtenhemde wieder umgeworfen hatte, sprang zu ihm empor.

»Schon heute mittag«, erzählte er, »sah ich es beim Fischen auf dem Grunde. Ich kannte es gleich, doch war ich nicht allein und mußte die Nacht erwarten. Hat es schon lange gelegen?« Er schüttelte das Horn und ließ das Wasser sorgfältig aus der Bauchung abtropfen. »Wenn es nur nicht verdorben ist!« Er hob es an den Mund und stieß darein, daß die Berge widerhallten. »Hier, Herr!« sagte er. »Wahrhaftig, es hat ihm nichts getan. Ein wackeres Schlachthorn!«

Wulfrin ergriff es und hing es sich um. Als er sich aber einen Goldring – irgendein Beutestück – von der Hand ziehen wollte, um den Knaben abzulohnen, wehrte Gabriel. »Nein, Herr, lege lieber ein Wort für mich ein, daß mich der Kaiser mitreiten läßt! Doch jetzt muß ich heim! Ich habe noch in den Ställen zu tun. Kommst du mit? Ich weiß Stapfen an dem Felsen empor und wir gelangen durch ein Hinterpförtchen noch einmal so rasch in den Hof als auf dem Burgwege.«

Und Wulfrin folgte. Die Handlichkeit und Herzlichkeit des Buben hatte seine Sinne und Geister erwärmt. Der Wiedergewinn seines Erbes weckte das Bild des Vaters und die kindliche Gesinnung auf. Und obwohl aus dem Elben ein Menschenknabe geworden war, zitterte doch über den Strom ein Schimmer von Geisterhilfe. »Am Ende ist es der Vater«, sagte er sich, »und der wird mir beistehen, wenn er kann. Wenn er noch irgend da ist, läßt er mich nicht elend umkommen. Ich will ihn rufen. Vielleicht antwortet er. Es ist ein Glaube, daß der Tote aus dem Grabmal mit seinen Kindern redet. Ich wage es! Ich blase ihn wach! Dann frage ich nichts als: Vater, ist Palma dein Kind? Redet er nicht, so nickt er wohl, oder schüttelt das Haupt.« Obschon der Höfling an Stemma nicht zweifelte, deren Wesen über ihn Gewalt hatte, focht ihn doch der Widerspruch zwischen dem Glauben an die Lebendige und der Frage an den Toten wenig an. Er fühlte einfach, daß er den Vater – wenn dieser zu erreichen sei – befragen und beraten müsse, ehe er sich anklage und sich richten lasse. Aber seine Ruhe war weg, sein Geist gespannt und er hörte kein Wort von dem, was der Knabe unterwegs plauderte.

Ebenso unruhig schritt Stemma hinter dem erhellten Fenster, das der Emporklimmende über dem Burgfelsen aufsteigen sah. Aus der Ferne und Tiefe war ein Ton zu ihr hergedrungen, den sie haßte und den sie vernichtet zu haben glaubte. Während ihr Kind auf dem Lager schlummerte, ging sie rastlos auf und nieder. Sie vergegenwärtigte sich Wulfrin, wie er vor Kaiser und Volk eines seltenen, ja unglaublichen Frevels sich beschuldigte, und ihr wurde bange, daß sie und wie sie über ihn richten werde.

War es denkbar, daß sich die Natur so verirrte? daß ein so lauterer Mensch in eine solche Sünde verfiel? War es nicht wahrscheinlicher, daß hier Irrtum oder Lüge Bruder und Schwester gemacht hatte? So hätte die Richterin ohne Zweifel geforscht und untersucht, wäre sie nicht Stemma und Palma nicht ihr Kind gewesen. Aber sie durfte nicht untersuchen, denn sie hätte etwas Vergrabenes entdeckt, eine zerstörte Tatsache hergestellt, ein Glied wieder einsetzen müssen, das sie selbst aus der Kette des Geschehenen gerissen hatte.

Jetzt begann es mit einem Male vor ihr aufzutauchen, die Sünde des Unschuldigen sei das gegen sie selbst heranschreitende Verhängnis. »Gilt es mir? Wird ein Plan gegen mich geschmiedet? Ist eine Verschwörung im Werke?« rief sie ins Dunkel hinein.

Da hatte sie ein Gesicht. Sie erblickte mit den Augen

des Geistes durch die dämmernde Wand, weit in der Ferne und doch ganz nahe, ein gewaltiges Weib von furchtbarer Schönheit. Diese saß in langen blauen Gewanden, eine Tafel auf das übergelegte Knie gestützt, einen Griffel in der Hand, schreibend oder zählend, irgendeine Lösung suchend. Nach einigem Sinnen ging ein stilles langsames Lächeln über den strengen Mund und schien zu sagen: So ist es gut und siehe da, es ist so einfach!

Da glaubte die Richterin eine Feindin sich gegenüber zu sehen und trotzte ihr, Weib gegen Weib. »Das bringst du nicht heraus! Du findest keine Zeugen!« Die Fremde aber hob die Tafel mit beiden Händen empor über die sonnenhellen Augen und verschwand. »Du hast keine Zeugen!« rief ihr die Richterin nach. Ihr antwortete ein erschütternder Ruf, der aus allen Wänden, aus allen Mauern drang, als werde die Posaune geblasen über Malmort.

Stemma erbebte. Sie sprang an das Lager ihres Kindes, um es fest in den Armen zu halten, wenn Malmort unterginge. Palma war nicht erwacht, sie schlief ruhig fort. Die Richterin besann sich. Hatte der grauenhafte Ton in Tat und Wahrheit diese Luft, diese Räume, diese Mauern erschüttert? Müßte Palma nicht aus dem tiefsten Schlummer aufgefahren sein? Es war unmöglich, daß der gewaltige Ruf sie nicht geweckt hätte. Frau Stemma war nicht unerfahren in solchen unheimlichen Dingen: sie kannte die Schrecken der Einbildung und die Sprache der überreizten Sinne. Sie hatte es erfahren an den Schuldigen, die sie richtete, und an sich selbst. »Das Ohr hat mir geklungen«, sagte sie, die noch am ganzen Leibe zitterte.

Hätte sie durch Dielen und Mauern blicken können, so sah sie den bleichen Wulfrin, der an der Gruft des Vaters kniete, ins Horn stieß, ihn rührend beschwor, ihm herzlich zusprach, Rede zu stehen. Sie hätte gesehen, wie Wulfrin, da der Stein schwieg, das Horn zum andern Male an den Mund setzte und endlich verzweifelnd über die Mauer sprang.

Wieder schütterte Malmort in seinen Tiefen, stärker noch als das erste Mal. Da war kein Zweifel mehr, es war das Wulfenhorn, das sie mitten in Gischt und Sturz geschleudert und in unzugängliche Tiefen hatte versinken sehen. Sie sann an dem ängstlichen Rätsel und konnte es nicht lösen. Sie sann, bis ihr die Stirnader schwoll und das Haupt stürmte.

Da fiel ihr zur bösen Stunde der Comes ein, wie er murmelnd im Schilfe sitze und mit dem schweren Kopfe unablässig daran herumarbeite, ob Frau Stemma ihm ein Leides getan. »Er besucht sein Grabmal und stößt in sein Horn! Er stört die Nacht! Er verwirrt Malmort! Er schreckt das Land auf! Das leide ich nicht! Ich verbiete es ihm! Ich bringe den Empörer zum Schweigen!« Und der Wahn gewann Macht über diese Stirn.

Ohne sich nach Palma umzusehen, stürzte sie zornig die Wendeltreppe hinab und betrat den Hof, wo der Comes und ihr eigenes Bild auf der Gruft lagen. Darüber webte ein ungewisser Dämmer, da eine leichte Wolke den Mond verschleierte. Der Comes ließ sein Horn zurückgleiten und die steinerne Stemma hob die Hände als flehe sie: Hüte das Geheimnis!

Aufgebracht stand die Richterin vor dem Ruhestörer. »Arglistiger«, schalt sie, »was peinigst du mein Ohr und bringst mein Reich in Aufruhr? Ich weiß, worüber

du brütest, und ich will dir Rede stehen! Keine Maid hat dir der Judex gegeben! Ich trug das Kind eines andern! Du durftest mich nie berühren, Trunkenbold, und am siebenten Tage begrub dich Malmort! Siehst du dieses Gift?« Sie hob das Fläschchen aus dem Busen. »Warum ich leben blieb, die dir den Tod kredenzte? Dummkopf, mich schützte ein Gegengift! Jetzt weißt du es! Palma novella unter meinem Herzen hat dich umgebracht! Und jetzt quäle mich nicht mehr!«
So grelle und freche Worte redete die Richterin.
Durch ihr lautes Schelten zu sich selbst gebracht, betrachtete sie wieder den Comes, der jetzt im klarsten Mondenlichte lag. Die furchtbare Geschichte kümmerte ihn nicht, er lag regungslos mit gestreckten Füßen. Jetzt sah sie, daß sie zum Steine gesprochen, und schlug eine Lache auf. »Heute bin ich eine Närrin!« sagte sie, »Ich will zu Bette gehen.«
Sie wandte sich. Palma novella stand hinter ihr, weiß, mit entgeisterten Augen, das Antlitz entstellt, starr vor Entsetzen. Der zweite Hornstoß hatte sie geweckt und sie war der Mutter auf besorgten Zehen nachgeschlichen.
Zwei Gespenster standen sich gegenüber. Dann packte Stemma den Arm des Mädchens und schleppte es in die Burg zurück. Sie selbst hatte ihrem Geheimnisse einen Mund und einen Zeugen gegeben und dieser Zeuge war ihr Kind.

Fünftes Kapitel

Seit der Höfling aus Malmort verschwunden war, lastete auf den schweren Mauern Schweigen und Kümmernis. Das Gesinde munkelte allerlei und Knechte und Dirnen steckten die Köpfe zusammen. Die junge Herrin sei krank. Es sei ihr angetan worden. Irgendein Zauber – ob sie einer Drude begegnet oder ein giftiges Kraut verschluckt oder aus einem schädlichen Quell getrunken – habe die Ärmste der Vernunft beraubt. Ihr mangle der Schlummer, sie weine unablässig und lasse sich weder trösten noch auch nur berühren. Ihr widerstehe Speise und Trank und sie schwinde zum Gerippe. Die Laute und Wilde sei gar still und zahm und ihr Lebensfaden zum Reißen dünn geworden. Die bekümmerte Richterin folge ihr auf Schritt und Tritt und dürfe sie nicht aus den Augen lassen.

Zwei Mägde standen am Brunnen zusammen und flüsterten. Benedikta war der jungen Herrin unversehens im Flur begegnet und wollte ihr gebührlich die Hand küssen. Palma sei angstvoll zurückgewichen und habe aufgeschrieen: »Rühre mich nicht an!« Veronika hatte durch das Schlüsselloch gespäht und was erblickt? etwas ganz Unglaubliches: die stolze Frau Stemma vor ihrem Kinde niedergeworfen, ihm liebkosend, die Kniee umfangend und um die Gnade flehend, daß es den Mund öffne und einen Bissen berühre.

Die Mägde verstummten, hoben sich die Krüge zu Haupte und drückten sich, eine hinter der andern, während langsam die Richterin mit Palma aus der Pforte trat und die Stufen herunterschritt. Frau Stemma stützte das Mädchen, das, elend und zerstört, sich selbst nicht mehr gleichsah. Palma ging mit gebeugtem Rücken und unsicheren Knieen. Groß, doch ohne Strahl und Wärme, traten die Augen aus dem vermagerten Antlitz. »Komm, Kindchen«, sagte Frau Stemma,

»du mußt Luft schöpfen«, und sie öffnete ein Gatter, das auf eine zirpende und summende Wiese führte, die einen weiten leicht geneigten Vorsprung der Burghöhe bekleidete und über die Grenzlinie der unsichtbaren Tiefe hinweg in eine lichte Ferne verlief.

Sie setzten sich auf eine Bank und Frau Stemma betrachtete ihr Kind. Da ergrimmte sie und weinte zugleich in ihrem Herzen über die Verwüstung des einzigen was sie liebte. Aber sie blieb aufrecht und gürtete sich mit ihrer letzten Kraft. »Wie«, sagte sie sich, »mir gelänge es nicht, dieses Gehirnchen zu betören, dieses Herzchen zu überwältigen?«

»Mein Kind«, begann sie, »hier sind wir allein. Laß uns noch einmal recht klar und klug miteinander reden –«

»Wenn du willst, Mutter.«

»– miteinander reden von dem Wahne jener Nacht. Ich wachte, du schliefest. Da lärmt es im Hofe. Ich gehe hinunter, es war nichts und ich lache über meinen leeren Schrecken. Ich wende mich. Du stehst vor mir nachtwandelnd, mit offenen stieren Augen. Ich ergreife dich und führe dich in das Haus zurück. Und du erwachst aus dem abscheulichen Traume, der dich jetzt peinigt und zugrunde richtet.«

»Ja und nein, Mutter. Mich weckte ein Ruf, ich sehe dich hinauseilen und folge dir auf dem Fuße. Du standest im Hofe vor den Steinbildern und schaltest den Vater und erzähltest ihm –« sie hielt schaudernd inne.

»Was erzählte ich?« fragte die Richterin.

»Du sagtest« – Palma redete ganz leise – »daß ich nicht sein Kind bin. Du sagtest, daß ich schon unter deinem Herzen lag. Du sagtest, daß du und ich ihn getötet haben.«

»Liebe Törin«, lächelte Frau Stemma, »nimm all dein Denken zusammen und verliere keines meiner Worte. Ich hätte mit einem Steine geredet? als eine Abergläubische? oder eine Närrin? Kennst du mich so? Und du wärest nicht das Kind des Comes? Mit wem war ich denn sonst vermählt? Habe ich dir nicht erzählt, daß ich eine Gefangene war auf Malmort, bis mich der Comes freite? Und ich hätte den Gatten getötet? Ich, die Richterin und die Ärztin des Landes, hätte Gifte gemischt? Kannst du das glauben? Hältst du das für möglich?«
»Nein, Mutter, nein! Und doch, du hast es gesagt!«
»Palma, Palma, mißhandle mich nicht! Sonst müßte ich dich hassen!«
Palma brach in trostlose Tränen aus und warf sich gegen die Brust der Mutter, die das schluchzende Haupt an sich preßte. »Du bringst mich um mit deinem Weinen«, sagte sie. »Glaube mir doch, Närrchen!«
Palma hob das Angesicht und blickte sich um. »Weidet hier am Rande ein Zicklein, Mutter?«
»Ja, Palma.«
»Läutet dort Maria in valle?« Sie wies ein im Tale schimmerndes Kloster.
»Ja, Palma.«
»Ebenso wahr, als ich jetzt nicht träume und das Zicklein weidet und das Kirchlein läutet, ebensowenig habe ich geträumt, daß du vor Wulfrins Vater gestanden und ihn angeredet hast. Es war so, es ist so. Du sprachst immer die Wahrheit, Mutter.«
»Ich sage dir, Palma, es ist ein Traum. Und ich will, daß es ein Traum sei!«
Palma erwiderte sanft: »Belüge mich nicht, Mutter!

Habe ich doch vorhin, da du mich an dich preßtest, den scharfen Kristall empfunden, welchen du aus dem Busen gezogen und dem Comes gezeigt hast.«
Die Richterin schnellte empor mit einem feindseligen Blicke gegen ihr Kind, glitt aber langsam auf die Bank zurück, und nachdem sie eine Weile in den Boden gestarrt, sagte sie: »Wäre es so und hätte ich so getan, so wäre es deinetwegen.«
»Ich weiß«, sagte Palma traurig.
»Habe ich es getan«, wiederholte Stemma, »so tat ich es dir zuliebe. Ich tötete, damit mein Kind rein blieb.«
Palma zitterte.
»Warum hast du dich in mein Geheimnis gedrängt, Unselige?« flüsterte Stemma ingrimmig. »Ich hütete es. Ich verschonte dich. Du hast es mir geraubt! Nun ist es auch das deinige und du mußt es mir tragen helfen! Lerne heucheln, Kind, es ist nicht so schwer, wie du glaubst! Aber wo sind deine Gedanken? Du bist abwesend! Wohin träumst du?«
»Was ist aus Wulfrin geworden?« fragte sie leise und eine schwache Röte glomm und verschwand auf den gehöhlten Wangen.
»Ich weiß nicht«, sagte die Richterin.
»Jetzt verstehe ich, daß er mich verabscheut«, jammerte Palma. »O ich Elende! Er stößt mich von sich, weil er Mord an mir wittert. Mir graut vor meinem Leibe! Läge ich zerschmettert!«
»Ängstige dich nicht! Wulfrin hat keinen Argwohn. Er ist gläubig und er traut.«
»Er traut!« schrie Palma empört. »Dann eile ich zu ihm und sage ihm alles wie es ist! Ich laufe, bis ich ihn finde!« Sie wollte aufspringen, die Mutter mußte sie nicht

zurückhalten, erschöpft und entkräftet sank sie ihr in den Schoß.

»Ich verrate dich, Mutter!«

»Das tust du nicht«, sagte Stemma ruhig. »Mein Kind wird nicht als Zeugin gegen mich stehen.«

»Nein, Mutter.«

Die Richterin streichelte Palma. Diese ließ es geschehen. Darauf sagte sie wieder: »Mutter, weißt du was? Wir wollen die Wahrheit bekennen!«

Frau Stemma brütete mit finstern Blicken. Dann sprach sie: »Foltere mich nicht! Auch wenn ich wollte, dürfte ich nicht. Dieser wegen!« und sie deutete auf ihr Gebiet. »Würde laut und offenbar, daß hier während langer Jahre Sünde Sünde gerichtet hat, irre würden tausend Gewissen und unterginge der Glaube an die Gerechtigkeit! Palma! Du mußt schweigen!«

»So will ich schweigen!«

»Du bist meine tapfere Palma!« und die Richterin schloß ihr den Mund mit einem Kusse. »Aber Kind, Kind, wie wird dir?« Palmas Augen waren brechend und das Herz klopfte kaum unter der tastenden Hand der Mutter. Diese bettete die Halbentseelte und eilte verzweifelnd in die Burg zurück.

Sie kam wieder mit einer Schale Wein und einem Stücklein Brot. Sie kniete sich nieder, brach und tunkte den Bissen und bot ihn der Entkräfteten. Diese wandte sich ab.

Da bat und flehte die Richterin: »Nimm, Kind, deiner Mutter zuliebe!« Jetzt wollte Palma gehorchen und öffnete den entfärbten Mund, doch er versagte den Dienst. Stemma sah eine Sterbende. Da starb auch sie. Ihr Herz stand stille. Ein Todeskampf verzog ihr das Antlitz.

Eine Weile kniete sie starr und steinern. Dann verklärte sich das Angesicht der Richterin und ein Schauer der Reinheit badete sie vom Haupt zur Sohle.
»Palma«, sagte sie zärtlich und dieser warme Klang hob die Lider des Kindes, »Palma, was meinst du? Ich lade den Kaiser ein nach Malmort. Wir treten vor ihn Hand in Hand, wir bekennen und er richtet.«
Da freuten sich die Augen Palmas und ihre Pulse schlugen.
»Nimm den Bissen«, sagte die Richterin und speiste und tränkte ihr Kind.
Sie führte die Neubelebte in den Hof zurück. In der Mitte desselben stand Rudio, noch keuchend vom Ritte. »Heil und Ruhm dir, Herrin!« frohlockte er. »Ich melde den Kaiser! Der Höchste sucht dich heim! Er naht! Er zieht mächtig heran und mit ihm ganz Rätien!«
»Dafür sei er gepriesen!« antwortete die Richterin. »Komm, Kind, wir wollen uns schmücken!«
Da Kaiser Karl mit allem Volke den Burgweg erstiegen hatte, hieß er Gesinde und Gefolge vor dem Tore zurückbleiben und betrat allein den Hof von Malmort. Stemma und Palma standen in weißen Gewändern. Die Richterin schritt dem Herrscher entgegen und bog das Knie. Palma hinter ihr tat desgleichen. Karl hob die Richterin von der Erde und sagte: »Du bist die Frau von Malmort. Ich habe deine Botschaft empfangen und bin da, Ordnung zu schaffen, wie du gefordert hast. Hier ist Freiheit in Frevel und Kraft in Willkür entartet. Ich will diesem Gebirge einen Grafen setzen. Weißt du mir den Mann?«
»Ich weiß ihn«, antwortete die Richterin. »Es ist Wulfrin, Sohn Wulfs, dein Höfling, ein treuer und tapferer

Mann, zwar noch leichtgläubig und unerfahren, doch die Jahre reifen.«
»Ich führe ihn mit mir«, sprach der Kaiser, »aber als einen, der sich selbst anklagt und dein Gericht begehrt, sich so großen Frevels anklagt, daß ich nicht daran glauben mag. Frau, heute ist mir unter diesem leuchtenden Berghimmel ein Zeichen begegnet. Vor deiner Burg hat mein Roß an einer Toten gescheut, die mitten im Wege lag. Ich ließ sie aufheben. Es ist deine Eigene. Sie harrt vor der Schwelle.«
Er dämpfte die Stimme: »Frau, was verbirgt Malmort? Wärest du eine andere, als die du scheinest, und stündest du über einem begrabenen Frevel, so wäre deine Waage falsch und dein Gericht eine Ungerechtigkeit. Lange Jahre hast du hier rühmlich gewaltet. Gib dich in meine Hände. Mein ist die Gnade. Oder getraust du dich, Wulfrin zu richten?«
»Herr«, antwortete sie, »ich werde ihn und mich richten unter deinen Augen nach der Gerechtigkeit.«
Karl betrachtete sie erstaunt. Sie leuchtete von Wahrheit. »So walte deines Amtes«, sagte er.
Dann ging er auf das knieende Mädchen zu. »Palma novella!« sagte er und hob sie zu sich empor. Sie blickte ihn an mit flehenden und vertrauenden Augen und sein Herz wurde gerührt.
»Rudio«, gebot die Richterin, »bringe Faustinen her!« Der Kastellan gehorchte und trug die Bürde herbei, die er an den Grabstein lehnte. »Jetzt tue auf das Tor und öffne es weit! Alles Volk trete ein und sehe und höre!«
Da wälzte sich der Strom durch die Pforte und füllte den Raum. Die Höflinge scharten sich um den Kaiser, Alkuin und Graciosus unter ihnen, während die Menge

Kopf an Kopf stand und selbst Tor und Mauer erklomm, ein dichter und schweigender Kreis, in dessen Mitte die Gestalt des Kaisers ragte, in langem blauen Mantel, mit strahlenden Augen. Neben ihm Stemma und ihr Kind. Vor den dreien stand Wulfrin und sprach, den Blick fest und ungeteilt auf Stemma geheftet: »Jetzt richte mich!«

»Gedulde dich!« sagte sie. »Erst rede ich von dieser«, und sie wies auf die entseelte Faustine, die mit gebrochenen Augen und hangenden Armen an der Gruft saß. »Räter«, sprach sie und es wurde die tiefste Stille, »ihr kennet jene dort! Sie hat unter euch gewandelt als eine Rechtschaffene, wofür ihr sie hieltet. Nun ist ihr Mund verschlossen, sonst riefe er: Ihr irret euch in mir! Ich bin eine Sünderin. Ich, die das Kind eines andern im Schoße barg, habe den Mann gemordet.« –

»Frau«, schrie Wulfrin ungeduldig, »was bedeutet die Magd! Mich laß reden, meinen Frevel richte, damit ein Ende werde!«

»Nun denn! Aber zuerst, Wulfrin – nicht wahr, wenn diese hier« – sie zeigte Palma – »nicht das Kind deines Vaters, nicht deine Schwester, sondern eine andere und Fremde wäre, dein Frevel zerfiele in sich selbst?«

»Frau, Frau!« stammelte er.

»Kaiser und Räter«, rief Stemma mit gewaltiger Stimme, »ich habe getan wie Faustine. Auch ich war das Weib eines Toten! Auch ich habe den Gatten gemordet! Die Herrin ist wie die Eigene. Hört! Nicht ein Tropfen Blutes ist diesen zweien gemeinsam!« Sie streckte den Arm scheidend zwischen Wulfrin und Palma. »Hört! hört! Kein Tropfen gleichen Blutes fließt in diesem Mann und in diesem Weibe! Zweifelt ihr? Ich stelle euch einen Zeugen, Palma novella, das Kind Stemmas und Peregrins des Klerikers, hat das Geheimnis meiner Tat belauscht. Sie glaubt daran und stirbt darauf, daß ich wahr rede. Gib Zeugnis, Palma!«

Aller Augen richteten sich auf das Mädchen, das mit gesenktem Haupte dastand. Palma bewegte die Lippen.

»Lauter!« befahl die Richterin.

Jetzt sprach Palma hörbar den Vers der Messe: »Concepit in iniquitatibus me mater mea ...«

Da glaubte das Volk und entsetzte sich und stürzte auf die Kniee und murmelte: »Miserere mei!« Wulfrin streckte die Arme und rief gen Himmel: »Ich danke dir, daß ich nicht gefrevelt habe!« Karl aber trat zu Palma und hüllte sie in seinen Mantel.

»Nun richte *du*, Kaiser!« sprach Stemma.

»Richte dich selbst!« antwortete Karl.

»Nicht ich«, sagte sie, wendete sich zu dem Volke und rief: »Gottesurteil! Wollt ihr Gottesurteil?«

Es redete, es rief, es dröhnte: »Gottesurteil!«

Da sprach die Richterin feierlich: »Erstorbenes Gift, erstorbene Tat! Lebendige Tat, lebendiges Gift!« und hatte den Kristall aus dem Busen gehoben und geleert. Eine Weile stand sie, dann tat sie einen Schritt und einen zweiten wankenden gegen Wulfrin. »Sei stark!« seufzte sie und brach zusammen. Rudio neigte sich über die Tote, hob sie auf seine Arme und trug sie zu Faustinen. Dort saß sie am Grabe, die Hörige aber neigte sich und legte das Antlitz in den Schoß der Herrin.

Jetzt enthüllte der Kaiser das Mädchen, das einen jammervollen Blick nach der Mutter warf, faltete die Hände und gebot: »Oremus pro magna peccatrice!« Alles Volk betete.

Dann sagte er mit milder Stimme: »Was wird aus diesem Kinde? Ich ziehe nicht, bis ich es weiß. Wie rätst du, Alkuin?«
»Sie tue die Gelübde!« riet der Abt.
»Ehe sie gelebt hat?« schrie Wulfrin angstvoll.
»Dann weiß ich ein anderes, Graciosus« – der Abt hielt ihn an der Hand – »dieser hier, ein frommer Jüngling, hat ein Wohlgefallen an der Ärmsten –«
»Herr Abt«, unterbrach ihn der aufgeregte Gnadenreich, »das geht über Menschenkraft. Mir graut vor dem Kinde der Mörderin. Alle guten Geister loben Gott den Herrn!«
Wulfrin sprang in die Mitte. »Kaiser und ihr alle«, rief er, »*mein* ist Palma novella!«
Da redete Karl: »Sohn Wulfs, du freiest das Kind seiner Mörderin? Überwindest du die Dämonen?«
»Ich ersticke sie in meinen Armen! Hilf, Kaiser, daß ich sie überwältige!«
Karl hieß das Mädchen knieen und legte ihr die Hände auf das Haupt. »Waise! Ich bin dir an Vaters Statt! Begrabe, die deine Mutter war! Dieser folge mir ins Feld! Gott entscheide! Kehrt er zurück und stößt er ins Horn, so freue dich, Palma novella, fülle den Becher und vollende den Spruch! Dann entzündet Rudio die Brautfackel und schleudert sie in das Gebälke von Malmort!«

DIE VERSUCHUNG DES PESCARA

Erstes Kapitel

In einem Saale des mailändischen Kastelles saß der junge Herzog Sforza über den Staatsrechnungen. Neben ihn hatte sich sein Kanzler gestellt und erklärte die Zahlen mit gleitendem Finger.

»Eine furchtbare Ziffer!« seufzte der Herzog und entsetzte sich vor der Summe, welche die mit Eile betriebenen Festungsarbeiten verschlungen hatten. »Wie viele Schweißtropfen meiner armen hungernden Lombarden!« Und um dem Anblick der verhängnisvollen Zahl zu entrinnen, ließ er die melancholischen Augen über die Wände laufen, die mit hellfarbigen Fresken bedeckt waren.

Links von der Tür hielt Bacchus ein Gelag mit seinem mythologischen Gesinde, und rechts war als Gegenstück die Speisung in der Wüste behandelt von einer flotten, aber gedankenlosen, den heiligen Gegenstand bis an die Grenzen der Ausgelassenheit verweltlichenden Hand. Oben auf der Höhe, klein und kaum sichtbar, saß der göttliche Wirt, während sich im Vordergrunde eine lustige Gesellschaft ausbreitete, die an Tracht und Miene nicht übel einer Mittag haltenden lombardischen Schnitterbande glich und zum Lachen alle Gebärden eines gesunden Appetites versinnlichte.

Der Blick des Herzogs und der demselben aufmerksam folgende seines Kanzlers fielen auf ein schäkerndes

Mädchen, das, einen großen Korb am Arme, wohl um die überbleibenden Brocken zu sammeln, sich von dem neben ihr gelagerten Jüngling umfangen und einen gerösteten Fisch zwischen das blendend blanke Gebiß schieben ließ. »Die da wenigstens verhungert noch nicht«, scherzte der Kanzler mit mutwilligen Augen.
Ein trübes Lächeln bildete und verflüchtigte sich auf dem feinen Munde des Herzogs. »Warum Festungen bauen?« kam er auf den Gegenstand seiner Sorge zurück. »Das ist ein schlechtes Geschäft! Pescara, der große Belagerer, wird sie schnell wegnehmen und mir dann noch die Kriegskosten aufhalsen. Höre, Girolamo«, und er richtete seinen binsenschlanken Körper in die Höhe, »laß mich weg aus deinen geheimen Bündnissen und Artikeln, du unermüdlicher Zettler! Ich will nichts davon wissen. Du richtest mich und meine Lombarden zugrunde, du Strafe Gottes! Ich will mich nicht an dem Kaiser versündigen: er ist mein Lehensherr. Und lieber will ich mich von seinen höllischen Spaniern schinden lassen, als daß mich meine neuen Bundesgenossen voranschieben und verraten.« Wie ein sich Aufgebender ließ er sich, die spitzen Kniee vorgestreckt, in seinen Sessel niedergleiten und rief voller Verzweiflung: »Ich will eine Muhme oder eine Schwester des Kaisers heiraten! Das sollst du veranstalten, wenn du der große Staatsmann bist, der zu sein du dir einbildest.«
Der Kanzler brach in ein zügelloses Gelächter aus.
»Du hast gut lachen, Girolamo. Von den steilsten Dächern herabrollend, kommst du wie eine Katze immer wieder auf die Füße zu stehen! Ich aber gehe in Stücke! Ich und mein Herzogtum verflüchtigen uns in dem He-

xenkessel, der in deinem Kopfe brodelt. Miserere: eine Liga mit dem Heiligen Vater, mit San Marco, mit den Lilien! O die böse Klimax! O die unheilige Dreieinigkeit! Dem Papste traut man nicht über den Weg, weder ich noch irgendeiner. Er ist ein Medici! Marcus aber, mein natürlicher Feind und Nachbar, ist der ruchloseste aller Heiligen. Und nun gar Frankreich, das mir den Vater in einem Kerkerloche verwesen ließ und den armen Bruder Max, den du verkauft hast, du Schlimmer, in Paris versorgt!« Die beweglichen Züge des fürstlichen Knaben entstellten sich, als sehe er den Genius seines Hauses die Fackel langsam senken und auslöschen. Eine Träne rann über seine magere Wange.

Der Kanzler streichelte sie ihm väterlich. »Sei nicht unklug, Fränzchen«, tröstete er. »Ich hätte den Max verraten? Keineswegs. Es war die Logik der Dinge, daß er sich gab nach der Zermalmung der Schweizer. Ich habe seine Rente mit König Franz vereinbart und noch um ein Gutes hinaufgemarktet. Er selbst sah ein, daß ich es redlich mit ihm meine, und dankte mir. Er ist ein Philosoph, sage ich dir, der die Welt von oben herunter betrachtet, und da er zu Rosse stieg, um von hinnen zu ziehen, hat er, schon im Bügel, noch Weisheit geredet. ›Ich segne den Himmel‹, sprach er, ›daß ich in Zukunft nichts mehr zu schaffen habe mit den groben Fäusten der Schweizer, den langen Fingern des Kaisers‹ – er meinte die hochselige Majestät, Fränzchen – ›und den spanischen Meuchlerhänden.‹ Auch hatte der Max gar nicht das Zeug, einen italienischen Fürsten darzustellen, plump und unreinlich wie er ist. Da bist du denn doch eine andere Erscheinung, Fränzchen. Du hast etwas Fürstliches, wenn du dich aufrecht hältst, und dazu

die Kunst der Rede, die du von deinem unvergleichlichen Vater dem Mohren geerbt. Ich sage dir, du wirst mit den Jahren noch der klügste und glücklichste Fürst in Italien werden.«
Der Herzog betrachtete seinen Kanzler zweifelnd. »Wenn du mich nicht vorher verkaufst und mein Leibgeding in die Höhe marktest«, lächelte er.
Morone, der jetzt in seinem langen schwarzen Juristenrocke vor ihm stand, entgegnete zärtlich: »Mein holdseliges Fränzchen! Dir tue ich nichts zuleide. Du weißt ja, daß du mir ins Herz gewachsen bist. Du bleibst der Herzog von Mailand, so wahr ich der Morone bin. Aber du mußt dich hübsch belehren und überzeugen lassen, was zu deinem Besten dient.«
»Nicht einen einzigen guten Grund hast du mir gegeben für deine neugebackene Liga! Und ich will mich einmal nicht empören gegen meinen Lehensherrn! Das ist sündhaft und gefährlich.«
Schnellen Geistes wählte der Kanzler unter den Truggestalten und Blendwerken, über welche seine Einbildungskraft gebot, eine hinreichend wahrscheinliche und wirksame Larve, um sie seinem beweglichen Gebieter entgegenzuhalten und ihn damit heilsam zu erschrecken.
»Fränzchen«, sagte er, »der Kaiser ist für dich eine verschlossene Pforte. Hast du ihm nicht die rührendsten Briefe geschrieben und er hat niemals geantwortet! Es ist ein in der Ferne verschwindender Jüngling und, wie man behauptet, die geduldige Wachspuppe in den formenden Händen seiner burgundischen Höflinge. Da bist du ihm überlegen, du beurteilst die Dinge selbständig. Das Wetter aber in Madrid macht der Borbone, der

verschwenderische Connétable, der das Gold mit vollen Händen auswirft und dessen Treue außer allem Verdachte steht, da er seinen König Franz verraten hat und jetzt in Ewigkeit zum Dienste des Kaisers verdammt ist. Der Borbone aber will Mailand. Dein Leben ist ihm zugesagt. Er ist ein Gonzaga von der Mutter her und strebt nach einem italienischen Throne. Warum kann sich der Kaiser nicht entschließen dich zu belehnen, nachdem du ihm Hunderttausende bezahlt hast? Weil er dein Mailand dem Borbone zudenkt, darauf nehme ich Gift. Dieser ist seiner Sache gewiß. Unlängst, da du mich in das kaiserliche Lager sendetest, hat er mich mit Liebkosungen fast erdrückt und mir sogar einen Beutel zugesteckt, um mich auf die günstige Stunde vorzubereiten. Denn freilich sind wir alte Bekannte von der französischen Herrschaft her.«

Das war Lüge und Wahrheit: der Connétable hatte in seiner tollen Weinlaune einen witzigen Einfall seines Gastes fürstlich belohnt.

»Und du nahmst, Ungeheuer?« entsetzte sich der Herzog.

»Mit dem besten Gewissen von der Welt«, erwiderte Morone leichtfertig. »Weißt du nicht, Fränzchen, was die Kasuisten lehren, daß ein Weib soviel nehmen darf, als man ihr gibt, wenn sie nur ihre Tugend behauptet? Das gilt auch für Minister und erlaubt mir, in dieser kargen Zeit unter Umständen auf mein Gehalt zu verzichten. Dafür kannst du dir zuweilen ein gutes Bild kaufen, Fränzchen. Du mußt auch deine ehrbare Ergötzung haben.«

Sforza war erbleicht. Das Schreckbild des Borbone in seiner Burg und in seinem Reiche, welche beide dieser schon einmal – vor seinem berühmten Verrat – jahrelang als französischer Statthalter besessen hatte, brachte ihn um alle Besinnung. »Ich habe immer geglaubt, und es verfolgt mich auf Schritt und Tritt«, jammerte der Ärmste, »daß der Borbone mein Mailand haben will. Rette mich, Girolamo! Schließe die Liga! ohne Verzug! Sonst bin ich verloren.« Er sprang auf und ergriff den Kanzler am Arm.

Dieser erwiderte gelassen: »Ja, das geht nicht so geschwind, Fränzchen. Doch wird sich vielleicht heute noch etwas dafür tun lassen. Es trifft sich. Gestern ist die Exzellenz Nasi – nicht der Horatius, sondern der schöne Lälius – bei unserm Wechsler Lolli abgestiegen, und durch einen glücklichen Zufall auch Guicciardin hier angekommen, der trotz seiner Borsten im Vatikan eine angenehme Person ist. Mit diesen zwei gescheiten Leuten ließe sich reden, und ich habe den Venezianer und den Florentiner an deine Abendtafel geladen, da ich weiß, daß du ein harmloses Geplauder und eine unterhaltende Gesellschaft liebst.«

»O verfluchte, nichtswürdige Verschwörung!« klagte der Herzog wankelmütig.

»Und auch noch ein anderer ist eingeritten, im Morgengrauen. Dieser hat sich auf die dritte Stunde nachmittags angesagt, er wolle erst ausschlafen.«

»Ein anderer? Welcher andere?« Der Herzog zitterte.

»Der Borbone.«

»Gott verpeste den bleichen Verräter!« schrie Sforza. »Was will der hier?«

»Das wird er selbst dir sagen. Horch! es läutet Vesper im Dome.«

»Empfange du ihn, Kanzler!« flehte der Herzog und

wollte durch eine Tür entwischen. Morone aber ergriff ihn am Arm und führte ihn zu seinem Sessel zurück. »Ich bitte, Hoheit! Es geht vorüber. Wenn der Connétable eintritt, erhebe sich die Hoheit und empfange ihn stehend. Das kürzt ab.« Er umkleidete seinen Herrn mit dem am Stuhle hangen gebliebenen Mantel, und dieser nahm allmählich, seine Angst bekämpfend, eine fürstlichere Haltung an, indem er seinen hübschen Wuchs geltend machte und den natürlichen Anstand, den er besaß.

Inzwischen blickte der Kanzler durch das Fenster, das den Schloßplatz und hinter demselben den Umriß eines der neu angelegten Bollwerke des Kastelles zeigte. »Köstlich!« sagte er. »Da steht dieser treuherzige Connétable, zehn Schritte vor seinem Gefolge, und zeichnet unbefangen unsere neue Schanze in sein Taschenbuch. Ich will nur gehen und ihn einführen.«

Da er mit Morone eintrat, der berühmte Verräter, eine schlanke und hohe Gestalt und ein stolzes, farbloses Haupt mit feinen Zügen und auffallend dunklen Augen, eine unheimliche, aber große Erscheinung, verbeugte er sich höflich vor Franz Sforza, der ihn scheu betrachtete.

»Hoheit«, sprach Karl Bourbon, »ich bezeuge meine schuldige Ehrerbietung und bitte um Gehör für eine Botschaft der Kaiserlichen Majestät.«

Herzog Franz antwortete mit Würde, daß er bereit sei den Willen seines erhabenen Lehensherrn ehrfürchtig zu vernehmen, wankte dann aber und glitt in seinen Sessel zurück.

Als der Connétable den Herzog sich setzen sah, blickte auch er sich nach einem Stuhl oder wenigstens nach einem Schemel um. Nichts dergleichen war vorhanden und auch kein Page gegenwärtig. Da warf er seinen kostbaren Mantel dem Herzog gegenüber an den Marmorboden und lagerte sich geschmeidig, den linken Arm aufgestützt, den rechten in die Hüfte setzend. »Hoheit erlaube«, sagte er.

Karl Bourbon lebte seit seinem Verrate in einer sengenden und verzehrenden Atmosphäre des Selbsthasses. Niemand, sogar der Vornehmste nicht, hätte es gewagt, den stolzen Mann auch nur mit einer Miene an seine Tat zu erinnern und ihn das Urteil erraten zu lassen, welches die öffentliche Meinung seines Jahrhunderts einstimmig und mit ungewöhnlicher Härte über ihn gefällt hatte, aber er kannte dieses strenge Urteil und sein Gewissen bestätigte es. Die gründlichste Menschenverachtung brachte er, bei sich selbst anfangend, der ganzen Welt entgegen, doch beherrschte er sich vollkommen, und niemand benahm sich tadelfreier und redete farbloser, jeden Hohn, jede Ironie, selbst die leiseste Anspielung sich und damit auch den andern untersagend. Nur selten verriet, wie eine plötzlich aus dem Boden zuckende Flamme, ein höllischer Witz oder ein zynischer Spaß den Zustand seiner Seele.

Nachdem der Connétable eine Weile gesonnen, begann er mit angenehmer Stimme und einer leichten Wendung des Kopfes: »Ich bitte Hoheit, mich nicht entgelten zu lassen, was meine Sendung Unwillkommenes für Sie haben könnte. Meine Person völlig zurückstellend, übermittle ich der Hoheit einen Beschluß der Kaiserlichen Majestät, welchen dieselbe in ihrem Ministerrate gefaßt hat, allerdings nach Vernehmung ihrer drei italienischen Feldherren, Pescara, Leyva und meiner Untertänigkeit.«

»Wie befindet sich Pescara?« fragte der Kanzler, der in gleicher Entfernung von den zwei Hoheiten stand, frech dazwischen. »Ist er geheilt von seiner Speerwunde bei Pavia?«

»Freundchen«, versetzte der Connétable geringschätzig, »ich bitte Euch, nicht zu reden, wo Ihr nicht gefragt werdet.«

Da nahm der Herzog die Frage auf. »Herr Connétable«, sagte er, »wie befindet sich der Sieger von Pavia?«

Bourbon verneigte sich verbindlich. »Ich danke der Hoheit für die huldvolle Nachfrage. Mein erlauchter und geliebter Kollege Ferdinand Avalos Marchese von Pescara ist völlig hergestellt. Er reitet ohne Beschwerde seine zehn Stunden.« Dann fuhr er fort: »Lasset mich jetzt zur Sache kommen, Hoheit. Bittere Arznei will schnell gereicht sein. Die Kaiserliche Majestät wünscht sehr, daß die Hoheit zurücktrete aus der neuen Liga, die Sie mit der Heiligkeit, den Kronen von Frankreich und England und der Republik Venedig geschlossen hat oder abzuschließen im Begriffe ist.«

Jetzt fand der Herr von Mailand den Fluß der Rede und beteuerte mit gut gespieltem Erstaunen und herzlicher Entrüstung, daß ihm von einer solchen Liga nichts bekannt sei und er selbst sicherlich der erste wäre, nach seiner Lehenspflicht den Kaiser ungesäumt zu unterrichten, wenn seines Wissens in Oberitalien derlei gegen die Majestät gesponnen würde. Und er legte die Hand auf das feige Herz.

Mit vorgebogenem Haupte höflich lauschend, ließ der

Connétable den jungen Heuchler seine Lüge in immer neuen Wendungen wiederholen. Dann erwiderte er in kühlem Tone, mit einer unmerklichen Färbung verächtlichen Mitleids: »Die Worte der Hoheit unangetastet, muß ich glauben, daß Dieselbe von der Sachlage nicht genau unterrichtet ist. Wir denken es besser zu sein. Der Friede zwischen Frankreich und England mit einer bösen Absicht gegen den Kaiser ist eine Tatsache, die uns mit Sicherheit aus den Niederlanden gemeldet wurde. Ebenso gewiß sind wir, daß in Oberitalien gegen uns gerüstet wird. Und soweit sich der Heilige Vater beurteilen läßt, scheint auch er, den wir verwöhnt haben, sich verdeckt gegen uns zu wenden. Zu unterscheiden, was getan und was im Werden ist, kann nicht unsere Aufgabe sein: wir bauen vor. Ehe die Liga«, fügte er mit leiserer Stimme bedeutsam hinzu, »einen Feldherrn gefunden hat.«

Dann stellte er seine Forderung: »Hoheit gibt uns Sicherheit, in Monatsfrist, daß Sie Neutralität hält. Das ist die inständige Bitte Kaiserlicher Majestät. Unter Sicherheit aber versteht sie: Verabschiedung der Schweizer, Beurlaubung der lombardischen Waffen auf die Hälfte, Einstellung aller und jeder Festungsbauten und Überlassung dieses erfindungsreichen Mannes« – er wies mit dem Haupte seitwärts – »an Kaiserliche Majestät. Wo nicht« – und er erhob sich ungestüm, als wollte er zu Pferde springen – »wo nicht, blasen wir zum Aufbruch, den letzten September, um Mitternacht, keine Stunde früher, keine später, und besetzen in wenigen Märschen das Herzogtum. Hoheit überlege.« Er verbeugte sich und schied.

Da ihm Morone das Geleite geben wollte, verfiel Bour-

bon in eine seiner tollen Launen und wies den Kanzler mit einer possenhaften Gebärde ab. »Adieu, Pantalon mon ami!« rief er über die Schulter zurück.
Morone geriet in Wut über diese Benennung, welche seiner Person allen Ernst und Wert abzusprechen schien, und entrüstet auf und nieder schreitend, verwickelte er sich mit den Füßen in den liegengebliebenen Mantel des Connétable; der junge Herzog aber hielt den Kanzler fest, hing sich ihm an den Arm und weinte: »Girolamo, ich habe ihn beobachtet! Er glaubt sich hier schon in dem Seinigen. Schließe ab! heute noch! Sonst entthront mich dieser Teufel!«
Noch lag der hilflose Knabe in den Armen seines Kanzlers, als ein greiser Kämmerer den Rücken vor ihm bog und feierlich das Wort sprach: »Die Tafel der Hoheit ist gedeckt.« Die beiden folgten ihm, der mit wichtiger Miene durch eine Reihe von Zimmern voranschritt. Eines derselben, ein Kabinett, das keinen eigenen Ausgang hatte, schien mit seiner Tapete von moosgrünem Sammet und seinen vier gleichfarbigen Schemeln ein für trauliche Mitteilungen bestimmter Schlupfwinkel zu sein. In seiner Mitte blieb der Herzog verwundert stehen, denn die Hinterwand des sonst leeren Raumes füllte jetzt ein Bild, das er nicht als sein Eigentum kannte. Es war heimlich in den Palast gekommen, eine ihm bereitete Überraschung, das Geschenk des Markgrafen von Mantua, wie auf dem Rahmen zu lesen stand. Der Herzog ergriff seinen Kanzler an der Hand und beide Italiener näherten sich mit leisen Tritten und einer stillen, andächtigen Freude dem machtvollen Gemälde: auf einem weißen Marmortischchen spielten Schach ein Mann und ein Weib in Lebensgröße. Dieses, ein helles

und warmes Geschöpf in fürstlichen Gewändern, berührte mit zögerndem Finger die Königin und forschte zugleich verstohlenen Blickes in die Miene des Mitspielers, der, ein Krieger von ernsten und durchgearbeiteten Zügen, in dem streng gesenkten Mundwinkel ein Lächeln versteckte.

Beide, Herzog und Kanzler, erkannten ihn sogleich. Es war Pescara. Die Frau errieten sie mit Leichtigkeit. Wer war es, wenn nicht Victoria Colonna, das Weib des Pescara und die Perle Italiens? Sie konnten sich nicht von dem Bilde trennen. Sie fühlten, daß sein größter Reiz die hohe und zärtliche Liebe sei, welche die weichen Züge der Dichterin und die harten des Feldherrn in ein warmes Leben verschmolz, und nicht minder die Jugend der beiden, denn auch der benarbte und gebräunte Pescara erschien als ein heldenhafter Jüngling. In der Tat, achtzehnjährig beide, waren sie miteinander an den Altar getreten, und sie hatten sich mit Leib und Seele Treue gehalten, oft und lang getrennt, sie bei der keuschen Ampel in Italiens große Dichter vertieft, er vor einem glimmenden Lagerfeuer über der Karte brütend, dann endlich wieder auf Ischia, dem Besitztum des Marchese, wie auf einer seligen Insel sich vereinigend. Solches wußte das sittenlose Italien und zweifelte nicht, sondern bewunderte mit einem Lächeln.

Auch die zwei vor dem Bilde Stehenden empfanden die Schönheit dieses Bundes der weiblichen Begeisterung mit der männlichen Selbstbeherrschung. Sie empfanden sie nicht mit der Seele, aber mit den feinen Fingerspitzen des Kunstgefühls. So wären sie noch lange gestanden, wenn nicht der Kammerherr untertänig gemahnt hätte, daß zwei Geladene im Vorzimmer des Eßsaales warteten. Durch ein paar Türen wurde jenes erreicht und, nach einer kurzen Vorstellung der Gäste, dieser betreten.

Jetzt saßen die viere an der nicht überladenen, aber ausgesuchten Tafel. Während des ersten leichten Gespräches besah sich der Herzog insgeheim seine Gäste. Keine Gesichter konnten unähnlicher sein als diese dreie. Den häßlichen Kopf und die grotesken Züge seines Kanzlers freilich wußte er auswendig, aber es fiel ihm auf, wie ruhelos dieser heute die feurigen Augen rollte und wie über der dreisten Stirn das pechschwarze Kraushaar sich zu sträuben schien. Daneben hob sich das Haupt Guicciardins durch männlichen Bau und einen republikanisch stolzen Ausdruck sehr edel ab. Der Venezianer endlich war eines schönen Mannes Bild mit einem vollen weichen Haar, leise spottenden Augen und einem liebenswürdigen verräterischen Lächeln. Auch in der Farbe unterschieden sich die drei Angesichter. Die des Kanzlers war olivenbraun, der Venezianer besaß die durchsichtige Blässe der Lagunenbewohner, und Guicciardin sah so gelb und gallig aus, daß der Herzog sich bewogen fühlte ihn nach seiner Gesundheit zu fragen.

»Hoheit, ich litt an der Gelbsucht«, versetzte der Florentiner kurz. »Die Galle ist mir ausgetreten, und das ist nicht zum Verwundern, wenn man weiß, daß mich die Heiligkeit in ihre Legationen versendet hat, um dieselben zu einem ordentlichen Staate einzurichten. Da schaffe einer Ordnung, wo die Pfaffen Meister sind! Nichts mehr davon, sonst packt mich das Fieber, trotz der gesunden Luft von Mailand und den guten deutschen Nachrichten.« Er wies eine süße Schüssel zurück und bereitete sich mit mehr Essig und Öl einen Gurkensalat. »Nachrichten aus Deutschland?« fragte der Kanzler. »Nun ja, Morone. Ich habe Briefe von kundiger Hand. Die Mordbauern sind zu Paaren getrieben und – das Schönste – Fra Martino selbst ist mit Schrift und Wort gewaltig gegen sie aufgetreten. Das freut mich und läßt mich an seine Sendung glauben. Denn, Herrschaften, ein weltbewegender Mensch hat zwei Ämter: er vollzieht, was die Zeit fordert, dann aber – und das ist sein schwereres Amt – steht er wie ein Gigant gegen den aufspritzenden Gischt des Jahrhunderts und schleudert hinter sich die aufgeregten Narren und bösen Buben, die mittun wollen, das gerechte Werk übertreibend und schändend.«

Der Herzog war ein wenig enttäuscht, denn er liebte Krieg und Aufruhr, wenn sie jenseits der Berge wüteten und seine Einbildungskraft beschäftigten, während er selbst außer Gefahr stand. Der Kanzler aber tat einen Seufzer und sagte mit einem wahren menschlichen Gefühle: »In Germanien mag nun viel Grausames geschehen.«

»Tut mir leid«, versetzte der Florentiner, »doch ich behalte das Ganze im Auge. Jetzt, nach Bändigung der trotzigen Ritter und der rebellischen Bauern, führen die Fürsten. Die Reformation, oder wie ihr es nennen wollet, ist gerettet.«

»Und Ihr seid ein Republikaner?« stichelte der Kanzler.

»Nicht in Deutschland.«

Auch der schöne Lälius gönnte sich einen Scherz. »Und Ihr dienet dem Heiligen Vater, Guicciardin?« lispelte er.

Dieser, dem das süßliche Lächeln widerstand und den seine Gelbsucht reizbar machte, antwortete freimütig: »Jawohl, Herrlichkeit, zur Strafe meiner Sünden! Der Papst ist ein Medici, und diesem Hause ist Florenz verfallen. Ich aber will nicht aus meiner Vaterstadt vertrieben werden, denn flüchtig sein ist das schlimmste Los und gegen seine Heimat zu Felde liegen das größte Verbrechen. Der Heilige Vater weiß, wer ich bin, und nimmt mich nicht anders, als ich bin. Ich diene ihm, und er hat nicht über mich zu klagen. Aber ich lasse mir nicht das Maul verbinden, und so sei es mit Wonne ausgesprochen unter uns Wissenden: Fra Martino hat eine gerechte Sache, und sie wird sich behaupten.«
Dem Herzog machte es Spaß und er empfand eine Schadenfreude es zu erleben, wie der große germanische Ketzer von einem Sachwalter des Heiligen Vaters verherrlicht wurde. Freilich überfiel ihn eine Gänsehaut, daß solches in seiner Gegenwart und in seinem Palaste geschehe. Er winkte die Diener weg, welche eben die Früchte aufgesetzt hatten und der spannenden Unterhaltung ihre stille Aufmerksamkeit widmeten.
Jetzt forderte Morone, der sich auf seinem Stuhle hin und her geworfen, mit flammenden Augen den Florentiner auf: »Ihr seid ein Staatsmann, Guicciardin, und auch ich pfusche ins Handwerk. Wohlan, begründet Eure merkwürdigen Sätze: Bruder Martinus tut ein gerechtes Werk, und dieses Werk wird gelingen und dauern.«
Guicciardin leerte ruhig seinen Becher, während der schöne Lälius ein Zuckerbrot zerbröckelte, der Herzog nach seiner Art sich im Sessel gleiten ließ und Morone begeistert von dem seinigen aufsprang.

»Nicht wahr, Herrschaften«, begann der Florentiner, »kein Kind, kein Tor würde es ertragen, wenn ein Ding vorgeben wollte, dasselbe Ding geblieben zu sein, nachdem es sich in sein Gegenteil verwandelt hätte, zum Beispiel das Lamm in den Wolf, oder ein Engel in einen Teufel. Wie wir nun in unserm gebildeten Italien von der heiligen Gestalt denken mögen, die sich in den Päpsten fortsetzt, eines ist nicht zu leugnen: daß sie nur Gutes und Schönes gewollt hat. Und ihre Nachfolger, die das Werk und Amt des Nazareners übernommen haben – sehet nur die viere der Wende des Jahrhunderts! Da ist der Verschwörer, der unsern gütigen Julian gemeuchelt hat! Dann kommt der schamlose Verkäufer der göttlichen Vergebung! Nach ihm der Mörder, jener unheimliche zärtliche Familienvater! Keine Fabelgestalten, sondern Ungeheuer von Fleisch und Blut, in kolossalen Verhältnissen vor dem Auge der Gegenwart stehend! Und der vierte, den ich von jenen trenne: unser großer Julius, ein Heros, der Gott Mars, aber ein Gegensatz noch schreiender als jene drei zu dem sanftmütigen Friedestifter! Viermal nacheinander dieser Widerspruch, das ist ein Hohn gegen die menschliche Vernunft. Es nimmt ein Ende: entweder verschwindet jene erste himmlische Gestalt in dieser dampfenden Hölle und flammenden Waffenschmiede, oder Bruder Martinus löst sie mit einem scharfen Schnitt von solchen Nachfolgern und Amtsbrüdern.«

»Das ist lustig«, meinte der Herzog, während der Kanzler wie besessen in die Hände klatschte.

»Eine Predigt Savonarolas«, ließ sich der schöne Lelio vernehmen, ein Gähnen verwindend. »Wenn wir Fra Martino in Venedig hätten, so könnten wir ihn zügeln und sachdienlich verwenden. Aber seinem germanischen Trotzkopf überlassen, wird er, fürcht ich, über kurz oder lang dem andern auf den Scheiterhaufen folgen.«

»Nein«, versetzte Guicciardin heiter, »seine braven deutschen Fürsten werden ihr Schwert vor ihn halten und ihn schützen.«

»Doch wer schützt seine Fürsten?« spottete der Venezianer.

Guicciardin schlug eine fröhliche Lache auf. »Der Heilige Vater«, sagte er. »Sehet, Herrschaften, das ist einer jener verdammt feinen Zwickmühlen, wie sie der Zufall oder ein Besessener in der Weltgeschichte anlegt. Seit unsere Päpste sich verweltlicht haben und einen Staat in Italien besitzen, ist ihnen das kleine Szepter teurer als der lange Hirtenstab. Ist nicht, diesem Szepter zuliebe, unser Clemens im Begriff, dem frommgläubigen Kaiser förmlich den Krieg zu erklären? Einem Heiligen Vater aber, der mit Kanonen auf ihn schießt, wird Karl kaum den Gefallen tun, seine tapfern germanischen Landsknechte in die Kirche zurückzuzwingen. Und umgekehrt: wenn die ketzerischen deutschen Fürsten gegen die Kaiserliche Majestät sich empören und Panier aufwerfen, wird der Heilige Vater nicht ihre Seele vorläufig in Ruhe lassen und sich heimlich ihrer Waffen bedienen? Unterdessen aber wächst der Baum und streckt seine Wurzeln.«

Jetzt wurde der Herzog unruhig. Es kam die angenehme Stunde seines Tagewerkes, in welcher er seine Hunde und Falken mit eigenen Händen fütterte. »Herrschaften«, sagte er, »mich würde dieser germanische Mönch nicht verführen. Man hat mir sein Bildnis gezeigt: ein plumper Bauernkopf, ohne Hals, tief in den Schultern. Und seine Gönner, die saxonischen Fürsten – Bierfässer!«

Guicciardin zerdrückte den feinen Kelch in der Hand und einen Fluch zwischen den Zähnen. »Es ist schwül hier im Saale«, entschuldigte er sich, und gleich hob der Herzog die Tafel auf. »Wir wollen frische Luft schöpfen«, meinte er. »Auf Wiedersehen, Herrschaften, nach Sonnenuntergang, im grünen Kabinette.«

Er verließ das Zimmer, um dem Venezianer, an welchem er ein Wohlgefallen fand, seine Gebäude, Terrassen und Gärten zu zeigen. Es waren noch jene unvergleichlichen Anlagen, welche der letzte Visconte gebaut und mit seinem gespenstischen Treiben erfüllt hatte, die Überbleibsel jener »Burg des Glückes«, wo er, wie ein scheuer Dämon in seinem Zauberschlosse, Italien mit vollendeter Kunst regierte, und aus welcher er seine Günstlinge, sobald sie erkrankten, wegtragen ließ, damit niemals der Tod an diese Marmorpforten klopfe.

Ein guter Teil der alten Pracht war verfallen, oder zertreten und verschüttet durch den Krieg und die neu aufgeworfenen Bollwerke. Immerhin blieb noch genug übrig für die schmeichelnde Bewunderung des schönen Lälius, und Franz Sforza verlebte ein paar hübsche Stunden. Nur da sie eine Reitbahn betraten, welche der Bourbon während seiner mailändischen Statthalterschaft errichtet, verschatteten sich die fürstlichen Züge, um sich dann aber gleich wieder zu erheitern. Er hatte das schallende Gelächter Guicciardins vernommen und darauf diesen selbst erblickt, der sich in eine ländliche Veranda hemdärmlig mitten unter lombardische Stallknechte gesetzt hatte, mit ihnen Karten spielte und einem herben Landweine zusprach. »Die Vergnügungen eines Republikaners«, spottete Franz Sforza. »Er erholt sich von seinem fürstlichen Umgange.« Der schöne Lelio lächelte zweideutig, und sie setzten ihren Lustwandel fort.

Der erste, welcher sich in dem moosgrünen Kabinette einfand, wenn er es nicht etwa gleich nach aufgehobener Tafel betreten und nicht wieder verlassen hatte, war Girolamo Morone. Er stand vertieft in das Bild. Eine Weile mochte er die entzückten Augen an dem holdseligen Weibe geweidet haben, jetzt aber durchforschte er mit angestrengtem Blicke das Antlitz des Pescara, und was er aus den starken Zügen heraus- oder in dieselben hineinlas, gestaltete sich in dem erregten Manne zu heftigen Gebärden und abgebrochenen Lauten. »Wie wirst du spielen, Pescara?« stammelte er, die schalkhafte Frage, die in Victorias unschuldigem Auge lag, ingrimmig wiederholend und die pechschwarze Braue zusammenziehend.

Da erhielt er einen kräftigen Schlag auf die Schulter. »Verliebst du dich in die göttliche Victoria, du Sumpf?« fragte ihn Guicciardin mit einem derben Gelächter.

»Spaß beiseite, Guicciardin, was denkst du von dem hier mit dem roten Wamse?« und der Kanzler wies auf den Feldherrn.

»Er sieht wie ein Henker.«

»Nicht, Guicciardin. Ich meine: was sagst du zu diesen Zügen? Sind es die eines Italieners oder die eines Spaniers?«

»Eine schöne Mischung, Morone. Die Laster von beiden: falsch, grausam und geizig! So habe ich ihn erfahren, und du selbst, Kanzler, hast mir ihn so gezeichnet. Erinnere dich! in Rom, vor zwei Jahren, da der witzige Jakob uns zusammen über den Tiber setzte.«

»Hab ich? Dann war es der Irrtum eines momentanen Eindrucks. Menschen und Dinge wechseln.«

»Die Dinge, ja; die Menschen, nein: sie verkleiden und spreizen sich, doch sie bleiben, wer sie sind. Nicht wahr, Hoheit?« Guicciardin wendete sich gegen den Herzog, welcher eben eintrat und dem der Venezianer auf dem Fuße folgte.

Die vier grünen Schemel besetzten sich und die Türen wurden verboten. Das offene Fenster füllte ein glühender Abendhimmel.

»Herrschaften«, begann der Herzog mit würdiger Miene, »wie weit die Vollmachten?«

»Meine Bescheidenheit«, sagte der schöne Lälius, »ist beauftragt abzuschließen.«

»Die Weisheit des Heiligen Vaters«, folgte Guicciardin, »wünscht ebenfalls ein Ende. Die Liga war langeher der Liebling ihrer Gedanken: sie stellt sich, wie ihr gebührt, an die Spitze, mit Vorbehalt der schonenden Formen des höchsten Hirtenamtes.«

»Die Liga ist geschlossen!« rief der Herzog mutig. »Kanzler, statte Bericht ab!«

»Herrschaften«, begann dieser, »in ihren Briefen verspricht die französische Regentschaft, im Einverständnis mit dem zu Madrid gefangen sitzenden Könige, ein ansehnliches Heer und entsagt zugleich endgültig, in die Hände des Heiligen Vaters, den Ansprüchen auf Neapel und Mailand.«

»Optime!« jubelte der Herzog. »Und Schweizer bekämen wir soviel wir wollen, in lichten Haufen, wenn wir nur Dukaten hätten, ihnen damit zu klingeln. Nicht wahr, Kanzler?«

»Da ist Rat zu schaffen«, versicherten die zwei andern.

»Aber, Herren«, drängte Morone, »es eilt! Der Borbone war hier. Man blickt uns in die Karten. Die drei Feldherrn drohen in Monatsfrist Mailand zu nehmen, wenn wir nicht abrüsten. Wir müssen losschlagen, und um loszuschlagen, müssen wir unsern Capitano wählen, jetzt, sogleich!«

»Dazu sind wir gekommen«, sprachen die zweie wiederum einstimmig.

»Der Liga den Feldherrn geben!« wiederholte der Kanzler. »Das ist nicht weniger als über das Los Italiens entscheiden! Wen stellen wir dem Pescara entgegen, dem größten Feldherrn der Gegenwart? Nennet mir den ebenbürtigen Geist! Unsern großen Kriegsleuten, dem Alviano, dem Trivulzio, ist längst die Grabschrift gemacht, und die übrigen hat Pavia getötet. Nennet mir ihn! Zeiget mir die mächtige Gestalt! Wo ist die gepanzerte rettende Hand, daß ich sie ergreife?«

Eine trübe Stimmung kam über die Gesellschaft, und der Kanzler weidete sich an der Niedergeschlagenheit der Verbündeten.

»Wir haben den Urbinaten oder den Ferraresen«, meinte Nasi, doch Guicciardin erklärte bündig, den Herzog von Ferrara schließe die Heiligkeit aus als ihren abtrünnigen Lehensmann. »Wählen wir den Herzog von Urbino. Er ist kleinlich und selbstsüchtig, ohne weiten Blick, ein ewiger Verschlepper und Zauderer, aber ein versuchter Kriegsmann, und es bleibt uns kein anderer«, sprach der Florentiner mit gerunzelter Stirn.

»Da wäre noch Euer Hans Medici, Guicciardin, und Ihr hättet den jungen Waghals, nach dem Euer Herz zu begehren scheint«, neckte ihn der Venezianer.
»Höhnt Ihr mich, Nasi?« zürnte Guicciardin. »Daß ein junger Frevler unsere patriotische Sache entweihe und ein tollkühner Bube unsern letzten Krieg mit den Würfeln einer leichtsinnigen Schlacht verspiele? Der Urbinate wird uns wenigstens nicht verderben, wenn er den Krieg verewigt, die Hilfe eines würgenden Fiebers oder eines Auflaufes der Landsknechte im kaiserlichen Lager abwartend. Wählen wir ihn.« Er seufzte, und in demselben Augenblicke fuhr er wütend gegen den Kanzler los, den er das Ende seiner Rede mit einem verzweifelnden Gebärdenspiele begleiten sah. »Laß die Grimassen, Narr!« schrie er ihn an, »... ich bitte um Vergebung, Hoheit, wenn ich ungeduldig werde, und Hoheit ist auf meiner Seite, wie ich glaube ...« Der Herzog blickte auf seinen Kanzler.
»Sei es«, sagte Morone, »wir stimmen bei, aber es ist ein unfreudiges Ja, das die Hoheit zu dem seelenlosen Anfange unsers Bündnisses gibt.« Der Herzog nickte trübselig. »Nein«, rief der Kanzler, »sie gibt es nicht, die Hoheit tritt zurück, sie kann es nicht verantworten, die letzten Kräfte dieses Herzogtums zu erschöpfen! Sie zieht nicht zu Felde, im voraus entmutigt und geschlagen! Die Liga ist aufgehoben! Oder wir suchen ihr einen siegenden Feldherrn.«
Die zwei andern schwiegen mißmutig.
»Und ich weiß einen!« sagte Morone.
»Du weißt ihn?« schrie Guicciardin. »Bei allen Teufeln, heraus damit! Rede! Wen werfen wir in die Waagschale gegen Pescara?«

»Redet, Kanzler!« trieb auch der Venezianer.

Morone, der von seinem Schemel aufgesprungen war, trat einen Schritt vorwärts und sprach mit starker Stimme: »Wen wir gegen Pescara in die Waagschale werfen? welchen Ebenbürtigen? Pescara, ihn selber!«

Ein Schrecken versteinerte die Gesellschaft. Der Herzog starrte seinen außerordentlichen Kanzler mit aufgerissenen Augen an, während Guicciardin und der Venezianer langsam die Hand an die Stirn legten und zu sinnen begannen. Beide errieten sie als kluge Leute ohne Schwierigkeit, wie Morone es meinte. Sie waren die Söhne eines Jahrhunderts, wo jede Art von Verrat und Wortbruch zu den alltäglichen Dingen gehörte. Hätte es sich um einen gewöhnlichen Condottiere gehandelt, einen jener fürstlichen oder plebejischen Abenteurer, welche ihre Banden dem Meistbietenden verkauften, sie hätten wohl dem Kanzler sein frevles Wort von den Lippen vorweggenommen. Aber den ersten kaiserlichen Heerführer? aber Pescara? Unmöglich! Doch warum nicht Pescara? Und da Morone leidenschaftlich zu sprechen begann, verschlangen sie seine Worte.

»Herrschaften«, sagte dieser, »Pescara ist unter uns geboren. Er hat Spanien niemals betreten. Die herrlichste Italienerin ist sein Weib. Er *muß* Italien lieben. Er gehört zu uns, und in dieser Schicksalsstunde, da wir mit dem noch ledigen Arm unsern andern schon gefesselten befreien wollen, nehmen wir den größten Sohn der Heimat und ihren einzigen Feldherrn in Anspruch. Wir wollen zu ihm gehen, ihn umschlingen und ihn anrufen: Rette Italien, Pescara! Ziehe es empor! Oder es reißt dich mit in den Abgrund!«

»Genug deklamiert!« rief Guicciardin. »Ein Phantast wie du, Kanzler, mit den unbändigen Sprüngen deiner Einbildungskraft ist dazu da, das Unmögliche zu erdenken und auszusprechen, das vielleicht, näher betrachtet, nicht völlig unmöglich ist. Jetzt aber sei stille und laß die Vernünftigen es beschauen und sich zurechtlegen, was du im Fieber geweissagt hast. Gebärde dich nicht wie ein Rasender, sondern setze dich und laß mich reden!

Herrschaften, oft, und in verzweifelten Lagen immer, ist Kühnheit der beste und einzige Rat. Der Krieg unter dem Urbinaten starrt uns an wie eine Maske mit leeren Augen. Wir alle fühlen, er würde uns langsam lähmen und methodisch zugrunde richten. Lieber ein halsbrechendes Wagnis. Also ja! Wenn es nach mir geht, versuchen wir den Pescara! Verrät er uns an den Kaiser, so kann er uns alle verderben. Aber wer weiß, ob er nicht seinem Dämon unterliegt? Zuerst müssen wir uns fragen: wer ist Pescara? Ich will es euch sagen: ein genialer Rechner, der die Möglichkeiten scharfsinnig scheidet und abwägt, der die Dinge unter ihrem trügerischen Antlitz auf ihren wahren Wert und ihre reale Macht zu untersuchen die Gewohnheit hat. Wäre er sonst, der er ist, der Sieger von Bicocca und Pavia? Wenn wir ihn antreten, wird er zuerst eine große Entrüstung heucheln über eine Sache, die er sicherlich selbst schon in gewissen Stunden sich besehen und betrachtet hat, wenn auch vielleicht nur als Übung seines immerfort arbeitenden Verstandes. Dann wird er langsam und sorgfältig abwägen: den Stoff, den wir ihm geben, das heißt unser Italien, ob sich daraus ein Heer und später ein Reich bilden ließe, und – seinen Lohn. Und da der Stoff zwar edel, aber spröde ist und einer gewaltig bildenden Hand bedarf, müssen wir ihm die größte Belohnung bieten: eine Krone.«

»Welche Krone?« stammelte der Herzog angstvoll.

»Eine Krone, Hoheit, sagte ich, keinen Herzogshut, und meinte die schöne von Neapel. Sie ist in Feindeshand, also erledigt, und ein Lehen der Heiligkeit.«

»Wenn wir Kronen austeilen«, spottete der Venezianer, »warum bieten wir dem Pescara nicht gleich die Fabel- und Traumkrone von Italien?«

»Die Traumkrone!« Das Antlitz des Florentiners zuckte schmerzlich. Dann sprach er trotzig, sich und die Umsitzenden vergessend: »Die Krone von Italien! Wenn Pescara an der Spitze unserer Heere reitet, wird sie ungenannt vor ihm her schweben. Möchte er sie, als der Größte unserer Geschichte, fassen und ergreifen, diese ideale Krone, nach welcher schon so manche Hände und die frevelhaftesten sich gestreckt haben! Möge sie auf seinem Haupte zur Wahrheit werden! Und«, sagte er kühn, »weil wir heute jedes gewöhnliche Maß verlassen und unsern Endgedanken und innersten Wünschen Gestalt geben, so wisset, Herrschaften: ist Pescara der Vorausbestimmte, wie es möglich wäre, in der Zeit liegen große Begünstigungen und in den Sternen glückliche Verheißungen. Baut er Italien, so wird er es auch beherrschen. Aber, Kanzler, ich habe dich einen Phantasten genannt, und phantasiere größer als du. Kehren wir zurück aus dem Reiche des Ungebornen in die Wirklichkeit und stellen wir die Frage: wer übernimmt die Rolle des Versuchers?«

»Ich stürze mich wie Curtius in den Abgrund!« rief der Kanzler aus.

»Recht«, billigte Guicciardin. »Du bist die Person dazu. Einem andern würde die Stimme versagen und er würde vor Scham versinken, wenn er vor Pescara träte, um mit ihm von seinem Verrate zu reden. Du Schamloser aber bist zu allem fähig, und deine Schellenkappe bringt dich aus Lagen und Verwicklungen, wo jeder andere hängenbliebe. Will Pescara nicht, so nimmt er dich von deiner närrischen Seite und behandelt dich als Possenreißer; will er, so wird er unter deinen tragischen Gebärden und deinen komischen Runzeln den Ernst und die Größe der Sache schon zu entdecken wissen. Gehe du hin, mein Sohn, und versuche den Pescara!«
Der Herzog, der sich grübelnd auf seinem Schemel zusammengekauert hatte, wollte eben nach Licht rufen, denn die Dämmerung wuchs, und er fürchtete das Dunkel. Da sah er die Dinge unvermutet auf ihre Spitze kommen und wurde ängstlich. »Kanzler, du darfst nicht!« verbot er. »Ich will mit diesem großmächtigen Pescara nichts zu schaffen haben. Bekommen wir ihn, so wird er zuerst meine Ebenen nehmen, welche den Krieg anlocken, und meine Festungen, welche sie behaupten. Und hat er sie, so wird er sie behalten. Verspielt er aber, so büße ich zuerst und verfalle ohne Gnade dem Spruche des Kaisers meines Lehensherrn. Oh, ich durchschaue euch! Ihr alle, selbst dieser da« – er blickte wehmütig nach seinem Kanzler – »habet immer nur euer Italien im Sinne, und ich gelte euch« – er blies über die flache Hand – »soviel! Ich aber bin ein Fürst und will mein Erbe, mein Mailand, und nichts als mein Mailand! Und du, Girolamo, gehst nicht zu Pescara. Die Geschäfte würden darunter leiden. Ich kann dich keine Stunde entbehren!«

Jetzt nahm der schöne Lälius das Wort und lispelte: »Wenn Hoheit darauf bestünde, so würde durch ihren Einspruch unser Plan hinfällig, und ich hätte einen andern. Da wir uns einmal, sonderbarerweise, nach unserm Capitano unter den kaiserlichen Feldherrn umsehen, wäre nicht etwa der Versuch zu machen, ob sich der Borbone, gegen ein großes Anerbieten, zu einem zweiten Verrat entschlösse?«

Der Herzog schrak zusammen. »Wann verreisest du, mein Girolamo?« fragte er.

»Zuerst, Kanzler«, fiel Guicciardin ein, »habe ich Auftrag dich nach Rom mitzunehmen. Der Heilige Vater wünscht dich näher kennenzulernen. Denn er hat eine große Meinung von dir. Er nennt dich den Kanzler Proteus und behauptet, du seiest, trotz deiner tollen Augen, einer der klügsten Männer Italiens.«

»Das ist gut«, bemerkte der Venezianer, »schon weil es die entscheidende Stunde verschiebt, in welcher Girolamo Morone als Versucher zu Pescara tritt. Ich wünsche dieser Stunde zuvor einen Grund und eine Wurzel in der öffentlichen Meinung zu geben. Darf ich mich darüber verbreiten, Herrschaften?«

Das fade Gesicht des Venezianers nahm, soweit sich in der Dämmerung noch unterscheiden ließ, einen energischen Ausdruck an und er redete mit markiger Stimme: »Der Kanzler, da er sein bedeutendes Wort aussprach, hat uns ohne Zweifel erschreckt, aber nicht eigentlich in Verwunderung gesetzt. Nachdem der vernichtende Schlag von Pavia dem Kaiser unser ganzes Italien wehrlos zu Füßen geworfen hatte, suchte die öffentliche Meinung von selbst eine Schranke gegen die drohende Allmacht und ließ aus der Natur der Dinge unsere Liga emporwachsen. Zugleich beschäftigte sich die öffentliche Meinung mit dem Lohne, der Pescara für seinen vollkommenen Sieg und die Erbeutung eines Königes gebühre. Und da die Kargheit und der Undank des Kaisers weltbekannt sind, zog sie den Schluß, daß er seinen Feldherrn nicht zufriedenstellen und dieser anderwärts einen Ersatz suchen werde. Jetzt verbindet die öffentliche Meinung diese beiden Dinge: unsern schon durchschimmernden patriotischen Bund und einen möglichen größern Gewinn des Pescara. So wird sein Übertritt glaubwürdig, bevor er sich vollzieht. Nur ist es dienlich, daß dieser begründeten allgemeinen Ansicht durch eine geschickte Hand eine überzeugende Gestalt und durch eine geläufige Zunge eine für ganz Italien verständliche Sprache gegeben werde. Nun ist seit kurzem ein wanderndes Talent unter uns aufgetaucht, ein vielversprechender junger Mann, der sich hoffentlich noch an Venedig fesseln läßt –«

»Einen Fußtritt dem Aretiner! Er hat mich schändlich verleumdet ...« »Ein göttlicher Mann! Er hat mich den ersten Fürsten Italiens genannt!« riefen Guicciardin und der Herzog miteinander aus.

»Ich sehe«, lächelte Nasi, »daß der Mann auch hier nach seinem Werte gekannt ist. Seine Briefe, an wahre oder erfundene Personen, in tausend und tausend Blättern ausgestreut, sind eine Macht und beherrschen die Welt. Ich will ihm eine sehr starke Summe senden, und ihr werdet euch über die Saat von schönfarbigen Giftpilzen verwundern, die über Nacht aus dem ganzen Boden Italiens emporschießt: Verse, Abhandlungen, Briefwechsel, ein bacchantisch aufspringender, taumelnder Reigen verhüllter und nackter, drohender und verlockender Figuren und Wendungen, alle um Pescara sich drehend und um die Wahrscheinlichkeit und Schönheit seines Verrates. So bildet sich eine unüberwindliche allgemeine Überzeugung, welche den Pescara zu uns herüberreißt und ihn zugleich – da liegt es – am kaiserlichen Hofe so gründlich und endgültig untergräbt, daß er zum Verräter werden *muß*, er wolle oder nicht.«

»Nichts da, Exzellenz!« rief der Kanzler aus dem Dunkel. »Ihr verderbt mir das Spiel! Der Befreier Italiens soll sich in voller Freiheit entscheiden, nicht als das Opfer einer teuflischen Umgarnung ...«

»Du bist prächtig, Kanzler, mit deinen moralischen Skrupeln!« unterbrach ihn Guicciardin. »Wisse, auch mein Herz empört sich und nimmt Teil für den unrettbar Überlisteten! Aber ich heiße den Menschen schweigen und handle als Staatsmann. Das Mittel der Exzellenz ist ohne Vergleichung unter alledem, was heute Abend gefunden wurde, das ruchloseste, aber auch das klügste und wirksamste. Erst jetzt wird die Sache wahrhaft gefährlich für Pescara, und sein Verrat wahrscheinlich. Ans Werk.«

»Er ist unter uns und lauscht!« schrie der Herzog mit gellender Stimme, daß alle zusammenfuhren. Ihre Blikke folgten seinem geängstigten. Der Mond, der als blendende Silberscheibe über den Horizont getreten war und seine schrägen Strahlen in das kleine Gemach zu werfen begann, spielte wunderlich auf der Schachpartie. Victorias hervorquellendes Auge blickte erzürnt, als spräche es: Hast du gehört, Pescara? Welche Verruchtheit! und jetzt fragte es angstvoll: Was wirst du tun, Pescara? Dieser war bleich wie der Tod, mit einem Lächeln in den Mundwinkeln.

Zweites Kapitel

In der weiten hellen Fensternische jener edeln vatikanischen Kammer, an deren Dielen und Wänden Raffael die Triumphe des Menschengeistes verherrlicht, saß ein Greis mit großen Zügen und von ehrwürdiger Erscheinung. Er sprach bedächtig zu dem emporgewendeten, mit dunkelblonden Flechten umwundenen Haupte eines Weibes, das zu seinen Füßen saß und mit einem warmen menschlichen Blut in den Adern ebenso schön war als die Begriffe des Rechtes und der Theologie, wie sie der Urbinate in herrlichen weiblichen Gestalten verkörpert. Der betagte Papst mit seinem langen gebückten Rücken und in seinem fließenden weißen Gewande ähnelte einer klugen Matrone, welche lehrhaft mit einem jungen Weibe plaudert.

Noch nicht gar lange mochte Victoria auf ihrem Schemel gesessen haben, denn der Heilige Vater erkundigte sich eben erst nach dem Befinden ihres Gatten des Marchese von Pescara. »Die Seitenwunde von Pavia macht sich nicht mehr fühlbar?« sagte er.

»Der Marchese ist völlig geheilt«, erwiderte Victoria unschuldig. »Die Seitenwunde ist vernarbt sowie auch die schlimmere Stirnwunde. Er wird Eure Heiligkeit begrüßen, wenn er den Urlaub antritt, den ihm die Gnade des Kaisers zugesagt hat und der uns Glückselige« – sie sprach es mit jubelnden Augen – »auf unserer Meeresinsel vereinigen wird. Aber er selbst verweigert sich denselben für einmal noch, weniger des politischen Horizontes wegen, der nicht heller noch trüber sei als sonst – so schreibt er – sondern weil er gerade jetzt das Heer ungern verlasse. Der Mörder«, sagte sie lächelnd,

»beschäftigt sich nämlich mit einer vervollkommneten Feuerwaffe und einem neuen Manöver. Das brächte er nun gerne erst zu einem Ergebnis. So hat er mich, die er anfänglich hier in Rom überraschen wollte, in sein Feldlager nach Novara beschieden und ich reise morgen, nicht im Schneckenhaus meiner Sänfte, sondern im Sattel meines hitzigen türkischen Pferdchens. Hätte ich Flügel! mich verlangt nach den Narben meines Herrn, dessen Antlitz ich nicht gesehen seit jener berühmten Schlacht, die ihn unsterblich gemacht hat. Und so bin ich zu der Heiligkeit geeilt in der Freude meines Herzens, um mich bei Ihr zu beurlauben: denn das ist der Zweck meines Besuches.« So redete Victoria aufwallend und überquellend wie ein römischer Brunnen.

Ihre aufrichtigen Worte belehrten den Heiligen Vater, daß Pescara sein Tun und Lassen in dasselbe Zwielicht stelle, welches auch er liebte. Nur mit dem Unterschiede, daß der junge Pescara im entscheidenden Augenblicke wie ein Blitz aus seiner Wolke hervorsprang, während Clemens unentschlossen, über sich selbst zornig, in der seinigen verborgen blieb, weil er aus greisenhafter Überklugheit den Moment zu ergreifen versäumte. Er schärfte, in einem andern Bilde gesprochen, den Stift so lange, bis zu seinem Ärger die allzu feine Spitze abbrach. Jetzt trat er leise und tastete.

»Einen Urlaub hat der Marchese verlangt?« verwunderte er sich. »Ich dächte, seinen Abschied? Achilles zürnt im Zelte, so hörte ich.«

»Davon weiß ich nichts und das glaube ich nicht, Heiliger Vater«, entgegnete Victoria und warf mit einer stolzen Gebärde das Haupt zurück. »Warum seinen Abschied?«

»Nicht wegen einer rosigen Briseis, Madonna«, antwortete Clemens ärgerlich mit einem frostigen Scherze, »sondern geprellt um einen erbeuteten König und um die Türme von Sora und Carpi.«
Damit spielte der Papst auf zwei bekannte Tatsachen an. Der Vizekönig von Neapel hatte bei Pavia, Pescara zuvorkommend, den Degen des französischen Königs in Empfang und damit die Ehre vorweggenommen, die erlauchte Beute nach Spanien führen zu dürfen. Und dann hatte der Kaiser Sora und Carpi den begehrlichen Colonnen, den eigenen Verwandten der Victoria geschenkt, nicht seinem großen Feldherrn, welcher ebenfalls einen Blick danach geworfen.
Victoria errötete unwillig. »Heiliger Vater, Ihr denkt gering von meinem Gemahl. Ihr stellet Euch einen kleinlichen Pescara vor: gebet mir Urlaub, damit ich reise und mich überzeuge, daß Euer Pescara nicht mein Pescara ist. Ich habe Eile vor den wahren zu treten.«
Sie erhob sich und stand groß vor dem Papste, aber schon verbeugte sie sich wieder tief mit demütiger Gebärde, um seinen Segen flehend. Da bat er sie, sich wiederum zu setzen, und sie gehorchte. Clemens durfte sich die Gelegenheit nicht entrinnen lassen, Pescara durch den geliebten Mund seines Weibes zum Abfalle zu bereden. Daß aber mit Anspielungen und Vorbereitungen bei der Colonna, wie er sie vor sich sah, nichts getan wäre, begriff er leicht: entweder würde sie sich gegen das Zweideutige aufbäumen, oder es als etwas Unverständliches und Nichtiges unbesehen in den Winkel werfen. Er mußte dieser wahren und auf Wahrheit dringenden Natur die Sache in klaren Umrissen vorzeichnen und in ein volles Licht stellen, damit sie

dieselbe ihres Blickes würdige. Das ging ihm gegen seine Art, und er tat einen schweren Seufzer.

Da fand er eine Auskunft, die nicht ohne Geist und List war. Er fragte Victoria mit einer harmlosen Miene, während er die Hand mit dem Fischerring auf ein in blauen Sammet gebundenes Buch mit vergoldeten Schlössern legte: »Spinnst du wieder etwas Poetisches, geliebte Tochter? Wahrlich, ich bin ein Verehrer deiner Muse, weil sie sich mit dem Guten und Heiligen beschäftigt. Und ich liebe sie insbesondere, wo sie moralische Fragen stellt und beantwortet. Aber das schwerste sittliche Problem hast du noch in keinem deiner Sonette behandelt. Weißt du, welches ich meine, Victoria Colonna?«

Diese wunderte sich nicht über den plötzlichen Einfall des Heiligen Vaters, weil sie hier auf dem eigenen Boden stand und, bei ihrem schon gefeierten Namen, Gelehrte und Laien wohl nicht selten ähnliche Fragen an sie richten mochten. Sie fühlte sich und erhob den schlanken Leib kampflustig, während sich ihre Augen mit Licht füllten. »Der größte sittliche Streit«, sagte sie ohne Besinnen, »ist der zwischen zwei höchsten Pflichten.«

Jetzt hatte der Heilige Vater Fahrwasser gewonnen. »So ist es«, bekräftigte er mit theologischem Ernste. »Das heißt: scheinbar höchsten, denn eine der beiden ist immer die höhere, sonst gäbe es keine sittliche Weltordnung. Ich flehe zu Gott und seinen Heiligen, daß sie dir beistehen und dich die höhere Pflicht erkennen lassen, damit du sie der geringern vorziehest, du und dein Gatte, denn siehe, dieser große und schwere Kampf wird an euch beide herantreten.«

Victoria erblaßte, da ihr die akademische Frage plötzlich in das lebendige Fleisch schnitt, der Heilige Vater aber redete feierlich: »Höre mich, meine Tochter! Alles, was ich dir jetzt zu sagen habe, ist auch dem Marchese gesagt, den meine Worte durch dich erreichen. Vernimm es: der Heilige Stuhl trennt sich zu dieser Stunde von der Kaiserlichen Majestät und bietet ihr die Spitze. Ich handle so als Fürst und als Hirte. Als Fürst: weil heute die Schicksalsstunde Italiens ist. Lassen wir sie verrinnen, so verfallen wir italienischen Fürsten alle auf Jahrhunderte hinaus dem spanischen Joche. Frage, wen du willst: so urteilen alle Einsichtigen. Aber auch als höchster Hirte. Ersteht in jenem rätselhaften Jüngling, der Völker in seinem Blut und auf seinem Haupte Kronen vereinigt, der alte Kaisergedanke, so ist die ganze leidenvolle Arbeit meiner heiligen Vorgänger umsonst gewesen, und die Kirche wird durch die neue Staatskunst enger gefesselt und tiefer gedemütigt, als von den eisernen Fäusten jener fabelhaften germanischen Ungetüme, der Salier und der Staufen. So steht es. Blieb dir fremd, was Italien mit Furcht und Hoffnung erfüllt?«

»Der Marchese will es nicht glauben«, sagte Victoria mit einem schnellen Erröten. Der Heilige Vater lächelte. »Heiligkeit vergesse nicht«, lächelte sie ebenfalls, »ich bin eine Colonna, das ist eine Ghibellinin.«

»Du bist eine Römerin, meine Tochter, und eine Christin«, wies sie Clemens zurecht.

Es entstand eine Pause. Dann fragte sie: »Und Pescara?«

»Pescara«, antwortete der Papst und dämpfte die Stimme, »ist eher mein Untertan als derjenige des Kaisers.

Denn er ist ein Neapolitaner, und ich bin der Lehensherr von Neapel. Glaube nicht, Victoria, daß ich leichthin rede. Wie dürfte ich es, da ich das Gewissen der Welt bin? Wahrlich, ich sage dir: in schlaflosen Nächten und bekümmerten Frühstunden habe ich mein Recht auf Pescara geprüft. Meiner politischen Vernunft mißtrauend, habe ich die zwei größten Rechtsgelehrten Italiens zu Rate gezogen, Accolti und … hm … den zweiten.«

Der Papst zerdrückte den Namen klüglich auf der Zunge, da ihm noch zur rechten Zeit einfiel, dieser zweite Rechtsgelehrte, der Bischof von Cervia, genieße des Rufes der schamlosesten Käuflichkeit. »Beide« – Clemens klopfte mit dem Fischerring auf das blaue Buch – »stimmen zusammen, daß Pescara, nach strengem Rechte betrachtet, viel mehr mein Mann sei als der des Kaisers, und beide erinnern mich daran, daß ich überdies, kraft meines Schlüsselamtes, jetzt da der Kaiser mein Feind wird, die Macht besitze, den Marchese eines Eides zu entbinden, den er einem Feinde des Heiligen Stuhles geschworen hat.«

Der Papst hatte sich langsam erhoben. »Und so tue ich!« sagte er priesterlich. »Ich löse Ferdinand Avalos vom Kaiser und zerbreche seine Treue. Ich ernenne den Marchese von Pescara zum Gonfaloniere der Kirche und zum Feldherrn der Liga, welche die heilige heißt, weil Christus in der Person seines Nachfolgers an ihrer Spitze steht.« Der Papst hielt inne.

Jetzt hob er die rechte und die linke Hand in gleicher Höhe, als hielten sie eine Krone über dem Haupte der Colonna, die, von Staunen überwältigt, auf die Kniee sank, und sprach mit lauter Stimme: »Die Verdienste meines Gonfaloniere um mich und die heilige Kirche voraus belohnend, kröne ich Ferdinand Avalos Marchese von Pescara zum Könige von Neapel!« Die junge Königin erbebte vor Freude. Sie glaubte eine Krone zu verdienen. Sprachlos, mit brennenden Wangen empfing sie den Segen. Dann stand sie auf und ging, in gemessenen, aber eiligen Schritten, als könne sie es nicht erwarten, dem erhöhten Gemahl seine Krone zu bringen.

Der Heilige Vater, selbst aufgeregt, folgte ihr so hastig, daß er beinahe einen Pantoffel verloren hätte. An der Schwelle erreichte er sie und wollte ihr den Band von blauem Sammet bieten. »Für den Marchese«, sagte er.

Da erblickte er hinter ihr Guicciardin mit Morone, die vielleicht ein bißchen an der Türe gehorcht hatten. Victoria mit strahlenden Augen voll glühender Wonne erschien dem Kanzler als ein solches Wunder, daß er fast von Besinnung kam. Rasch gesammelt aber flehte er den Papst an: »Die Heiligkeit mache mich Unheiligen bekannt mit der himmlischen Victoria!« worauf Clemens ihm einen kleinen Klaps auf die Schulter gab und ihn mit den Worten vorstellte: »Der Kanzler von Mailand, ein Weltkind, auf das sich der Heilige Geist herabzulassen beginnt!« Dann wisperte er Victorien ins Ohr: »Morone, Buffone.«

Diese verschwand in der Verwirrung ihres Glückes, während der Papst in der seinigen das wichtige blaue Buch zurückbehielt, denn er war noch ganz berauscht von der kühnen symbolischen Tat, zu welcher ihn der Anblick der schönen Frau hingerissen hatte. Nun fühlte er doch, daß er das Gleichgewicht verloren; er wies

mit einer Handbewegung den Besuch des Florentiners und des Lombarden ab und trat in die raffaelische Kammer zurück.
Die beiden nicht Empfangenen sahen sich einen Augenblick an, dann ergriff Guicciardin lachend den Arm des Kanzlers und zog ihn sanftgestufte Treppen hinunter, in die vatikanischen Gärten, deren Schattengänge sie nicht aufzusuchen brauchten, denn der Himmel hatte sich mit schwarzen Wolken bedeckt.
»Eigentlich«, plauderte Guicciardin, »mag ich den Alten leiden. So fein er spinnt und so bedacht er redet, ist er doch innerlich ein leidenschaftlicher, ein zorniger Mensch wie ich, und jetzt höchst aufgeregt, weil er der Colonna unsere gefährliche Heimlichkeit geoffenbart hat. Du in deiner Verzückung hast es freilich nicht gesehen, wie er ihr die Gutachten des Accolti und des Angelo de Cesis in die Hand drücken wollte. Zwei käufliche Schurken, die den Meineid mit Bibelstellen belegen! Übrigens ist es ein starkes Ding, daß Clemens in seinen alten Tagen so Kühnes und Folgenschweres unternimmt, und noch mehr, er unternimmt es mit tiefem Mißtrauen gegen sich selbst, ohne Glauben an seinen Stern, denn er hält sich heimlich für einen Pechvogel. Das ist schlimm. Da war denn doch der Leo ein anderer, immer strahlend und triumphierend, und darum immer glücklich, während die gegenwärtige Heiligkeit, wie sie mir neulich im Tone des Jeremias prophezeite, die Ewige Stadt schon geplündert und aus diesen Dächern« – er wies auf den Vatikan – »Rauch und Flamme steigen sieht. Dennoch beginnt er den Kampf gegen den Kaiser, und das rechne ich ihm hoch an, ob es ihm auch zuerst um sein Florenz zu tun ist. Er hat noch Blut in

den Adern und knirscht die Zähne, soviel ihm geblieben sind, wenn er den hochmütigen spanischen Adel auf dem Kapitole stolzieren sieht wie in Neapel oder Brüssel. Aber wohin träumst du, Kanzler? von dem Weibe? Natürlich.«

»Ich will zu der Römerin reden wie ein alter Römer!« rief der Kanzler.

»Schön! Nur hüte dich, daß du in der Begeisterung nicht deinen klassischen Bocksfuß unter der Toga hervorstreckest. Sei züchtig, mache große Worte und pakke sie fest an ihrer Eitelkeit!«

»An ihrem Herzen will ich sie packen!«

»Das heißt, an ihrer Tintenflasche, denn die Herzen schreibender Weiber sind mit Tinte gefüllt«, lästerte der schmähsüchtige Florentiner. »Aber weißt du, Kanzler« – und Guicciardin kniff ihn kräftig in den Arm – »daß es nicht der Heilige Vater allein ist, den unsere Unternehmung schlaflos macht. Auch ich habe in dieser Woche noch kein Auge geschlossen. Immer muß ich mir diesen Pescara zurechtdenken. Auf seinen Groll gegen den Kaiser gebe ich nichts: sie können sich über Nacht versöhnen. Ebensowenig auf den Einfluß des Weibes. Sie wird ihm die Botschaft des Papstes ausrichten dürfen; weiter wird er nicht auf sie hören. Aber ich glaube auch nicht an seine feudale Treue. Pescara ist kein Cid Campeador, oder wie die Spanier ihren loyalen Helden nennen, dafür ist er zu sehr ein Sohn Italiens und des Jahrhunderts. Er glaubt nur an die Macht und an die einzige Pflicht der großen Menschen, ihren vollen Wuchs zu erreichen mit den Mitteln und an den Aufgaben der Zeit. So ist er und so paßt er uns. Unfehlbar, er wird unsere Beute und wir die seinige. Dennoch ... lache mich aus, Morone ... etwas umhaucht mich: ich wittere Verborgenes oder Geheimgehaltenes, etwas Wesentliches oder auch etwas Zufälliges, etwas Körperliches oder einen Zug seiner Seele, kurz, ein unbekanntes Hindernis, das uns den Weg vertritt und unsere genaue Rechnung fälscht und vereitelt.«

»Aber«, sagte Morone nachdenklich werdend, »wenn er so ist, wie du ihn nimmst, und wenn die Tatsachen liegen, wie wir sie kennen, aus welcher Geisterquelle sollte denn jenes Feindselige aufsteigen?«

»Ich weiß es nicht! Nur – von diesem Pescara geht der Ruf, er verstehe es, einen stürmenden Feind alle Höhen erklimmen zu lassen, um ihm dann plötzlich einen letzten mit Feuerschlünden besetzten und ihn zerschmetternden Wall entgegenzustellen. Wenn in seinem Innern ein solcher Wall gegen uns emporstiege, gerade im Augenblicke da wir glauben seine Seele bewältigt zu haben? Doch weg mit dem Spuk, der nichts ist als die Schwüle vor dem Gewitter, die natürliche Angst und Ungewißheit, die jedem großen und gefährlichen Unternehmen vorangeht.«

Ein Blitz flammte über den Vatikan. Er stand in weißem Feuer und zeigte die schönen Verhältnisse der neuen Baukunst. Unter dem Rollen des Donners verloren sich die zweie zwischen den Säulen eines Portikus, Guicciardin betroffen und sich fragend, was das Omen bedeute, der Kanzler unbekümmert um den Himmel und seine Zeichen, denn er sah sich schon zu den Füßen der Colonna.

Diese hatte im Taumel ihrer Begeisterung den Vatikan über die nächste seiner zahlreichen Treppen und durch eines seiner Nebentore verlassen. Sänfte und Gefolge, welche sie an der Hauptpforte vergeblich erwarteten, hatte sie vergessen und wandelte, mehr von ihrem ehrgeizigen Traume getragen als von dem aufziehenden Gewitter gejagt, mit bewegten Gewanden nach ihrem Palast am Apostelplatz zurück. Sie schritt mit einer geraubten Krone wie die erste Tullia, nicht über den Leichnam des Vaters, sondern über die gemeuchelte Staatstreue; denn die Tochter des Fabricius Colonna und die Gattin Pescaras war eine Neapolitanerin und die Untertanin Karls des Fünften, des Königs von Neapel.

Die krönende Gebärde des Papstes hatte sie überwältigt. Gewöhnung und Umgebung, der Glaube der Jahrhunderte und die überlieferten Formen der Frömmigkeit ließen sie in dem Haupte der Kirche, so entartet diese sein mochte, immer noch eine Werkstätte des göttlichen Willens und ein Gefäß der höchsten Ratschlüsse erblicken – und wie hätte das eigene Selbstgefühl und mehr noch der Stolz auf den Wert ihres Gatten sie zweifeln lassen an dem päpstlichen Rechte, auf das würdigste Haupt eine Krone zu setzen? So konnte ihr die anmaßende Handlung des Mediceers trotz der veränderten Zeiten als ein Ausspruch der Gottheit erscheinen.

Die neue Königin ohne Gefolge hatte den Borgo durcheilt, die Engelsbrücke überschritten und ging nun schon durch die »gerade Gasse«, wie sie hieß, im Gelärme der Menge. Diese gab der Colonna ehrerbietig Raum, ohne zu erstaunen über den unbegleiteten Gang und die eilenden Füße der erlauchten Frau, welche jetzt der dem Gewitter vorangehende Sturm beflügelte. Nach und nach aber verlangsamten sich ihre Schritte in dem dichter werdenden Gewühle der nicht breiten Straße, obwohl der schmale Himmel darüber immer dunkler und drohender wurde.

Da erblickte sie über die Menge hinweg eine Kavalkade. Herren der spanischen Gesandtschaft begleiteten, wohl zu einer Audienz im Vatikan, den dritten kaiserlichen Feldherrn in der Lombardei, Leyva. Dieser vormalige Stallmeister, der Sohn eines Schenkwirts und einer Dirne, den ein knechtischer Ehrgeiz und ein eiserner Wille emporgebracht, hatte einen plumpen Körper und das Gesicht eines Bullenbeißers, denn Stirn, Nase und Lippen waren ihm von demselben Schwerthiebe gespaltet. Neben ihm auf einem herrlichen andalusischen Vollblute ritt, in einen weißen Mantel gehüllt, ein vornehmer Mann mit braunem Kopf und energischen Zügen, welcher jetzt mit einer devoten Verbeugung Victorien zu grüßen schien; aber er hatte sich nur vor den steinernen Heiligen einer nahen Kirche verneigt.

War es die grelle Gewitterbeleuchtung, oder die gemessen feindselige Haltung der Herren in einer Stadt, von deren dreigekröntem Gebieter sie ihren König insgeheim verraten wußten, oder war es Victorias erregte Einbildungskraft, sie sah und fühlte in der Grandezza der Reiter und Rosse, den in die Hüfte gesetzten Armen, den verächtlich halb über die Schulter auf die Romulussöhne niedergleitenden Blicken und bis in die steifen Bartspitzen den Hohn und die Beleidigung der beginnenden spanischen Weltherrschaft, sie empfand Grauen und Ekel und ein tödlicher Haß regte sich in ihrem römischen Busen gegen diese fremden Räuber und hochfahrenden Abenteurer, welche die neue und die alte Erde zusammen erbeuteten. Warum war der

junge Kaiser zugleich der König dieser ruchlosen Nation, in deren Adern maurisches Blut floß und die Italien mit ihren Borjas vergiftet hatte?
Sonst hätte sie wohl der uralte Familiengeist ihres ghibellinischen Geschlechtes, das Jahrhunderte lang seinen Vorteil darin gefunden hatte, der kaiserlichen Sache ohne Gehorsam zu dienen, an Karl gefesselt, aber nein, nicht an diesen Kaiser, auch wenn er kein Spanier gewesen wäre. Sie konnte sich nichts machen aus dem undeutlichen Knaben, den sie nie von Angesicht gesehen, weder sie noch irgendwer in Italien, das jener zu betreten zögerte.
Einen Brief freilich hatte er an sie geschrieben nach dem Siege von Pavia, um sie zu beglückwünschen, daß sie die Gattin Pescaras sei. Aber gerade in diesen kargen Zeilen schien sich ein kümmerliches Gemüt zu spiegeln, und was der großgesinnten Frau am meisten mißfiel, war die in ihren Augen ängstliche und frömmelnde Demut, mit welcher der junge Kaiser Gott und seinen Heiligen die ganze Ehre des Sieges gab. Obwohl selbst dem Himmel dankbar, schätzte Victoria solche Demut gering an einem Manne und an einem Herrscher. War hier nicht das Geständnis, daß der begeisternde Sieg den Fernstehenden kühl gelassen hatte, ja, war hier nicht die kleinliche Absicht, den Lorbeer Pescaras zu schmälern? Darum mußte der Himmel alles getan haben. Victoria aber war brennend eifersüchtig auf den Ruhm ihres Gatten. Und wie ungroßmütig hatte sich Karl erwiesen! Er hatte es über sich gebracht, dem Feldherrn, welchem er Italien verdankte, zwei armselige italienische Städtchen zu verweigern! Nein, einen so kleinen Menschen konnte man gar nicht verraten, man

konnte höchstens von ihm abfallen und ihn fahrenlassen. Jetzt blendete sie ein gewaltiger Blitz, derselbe, der den Kanzler und Guicciardin unter die Dächer des Vatikans zurückgetrieben, und eben da der Regen zu stürzen begann, erreichte sie, rechts durch ein Seitengäßchen biegend, die dunklen Stufen des Pantheon und seine erhabene Vorhalle. Ohne das Innere des machtvollen Tempels zu betreten, lehnte sie, die entstehende Kühle einatmend, an eine der enge zusammengerückten gewaltigen Säulen, und unter dem Vordache des alten Bauwerkes kehrte ihr Geist in ein noch früheres Altertum zurück, dessen Tugenden die flüssige Bildkraft des Jahrhunderts verherrlichte, ohne sie zu besitzen oder auch nur begreifen zu können in ihrer eintönigen Starrheit und strengen Wirklichkeit.

Jene tugendhaften Lucretien und Cornelien traten ihr wie Schwestern vor das altertumstrunkene Auge, trug sie doch zwei Namen, die beide so römisch als möglich klangen, und war ihr doch wie jenen hohen Frauen das weiblich Böse unbekannt. Jene schlichten und stolzen Geschöpfe hatten die Eroberer der Welt geboren, Virgils großartiges »Tu regere imperio«, das sie sich wie oft schon vorgesagt hatte, überwältigte sie jetzt bis zu den Tränen. Sie betrat den Tempel und warf sich nieder in der Mitte desselben unter der wetterleuchtenden Wölbung und rang die Hände und flehte, daß Rom und Italien nicht versinke in das Grab der Knechtschaft. Sie flehte in den christlichen Himmel hinauf und nicht minder zu dem Olympier, der über ihr donnerte, zu alledem, was da rettet und Macht hat, mit der wunderlichen und doch so natürlichen Göttermischung der Übergangszeiten.

Da sie das Pantheon verließ – wie lange sie auf den Knieen gelegen, wußte sie nicht – heiterte sich der italienische Himmel eben wieder auf, und in ihrem gewöhnlichen Wandel, leicht und gemessen, beendigte sie den Weg nach ihrem Palaste.

Jetzt kehrten ihre Gedanken zu Pescara zurück. Nicht diese ihre Frauenhände konnten den Spanier verjagen, sondern nur er vermochte es, welcher in jeder der seinigen einen Sieg hielt, wenn sie und die Umstände ihn dazu überredeten. Durfte sie es hoffen? Hatte sie solche Gewalt über ihn? Und Victoria mußte sich sagen, daß sie trotz ihrer langen und trauten Ehe den innersten Pescara nicht kenne. Sie wußte sein Angesicht, seine Gebärde, die kleinste seiner Gewohnheiten auswendig. Daß der Enthaltsame ihr treu sei, glaubte sie und täuschte sich nicht. Daß er sie anbetete und als sein höchstes Gut mit der äußersten Liebe und Sorgfalt hegte, zärtlich und verehrungsvoll zugleich, darauf war sie stolz. In den seligen Stunden ihres kurzen, stets wieder von Feldzug und Lager aufgehobenen Zusammenseins warf er Pläne und Karten und seinen Livius weg, um sein Weib und gemeinsam mit ihr Meerbläue und wandernde Segel zu betrachten. Er spielte mit ihr Schach und sie gewann. Er bat sie, die Laute zu schlagen, schloß die Augen und lauschte. Er gab ihr für ihre Sonette spitzfindige Themata auf und verschärfte zuweilen den Umriß ihrer allgemeinen Gedanken und weiten Wendungen, denn er selbst hatte früher, in der unfreiwilligen Muße einer Gefangenschaft – und wahrhaftig gar nicht übel für einen Geharnischten – zur Verherrlichung Victorias einen »Triumph der Liebe« gedichtet. Seine Siege aber erzählte er, jung wie er war und größerer gewärtig, seinem Weibe niemals, da er sie, wie er sagte, weder langweilen noch mit Blut bespritzen wolle, denn ein Feldzug sei eine lange Geduldsprobe, die zu der roten Lache einer Schlachtbank führe. Von Politik sprach er ihr nur gar nicht, weder von Vergangenem noch von Schwebendem, obwohl ihm einmal das Wort entschlüpfte, Menschen und Dinge mit unsichtbaren Händen zu lenken, sei das Feinste des Lebens, und wer das einmal kenne, möge von nichts anderem mehr kosten. Doch gewöhnlich meinte er, Politik sei ein schmutziger Markt und sein Weib dürfe nicht einmal die helle Spitze ihres Fußes in den ekeln Sumpf tauchen. So gestand sich Victoria, daß ihr der alles untäuschbar durchblickende Pescara undurchdringlich und sein Denken und Glauben verschlossen sei.

War das recht? Durfte es für sie verbotene Türen und verschlossene Kammern geben in der Seele ihres Mannes? Nach den Plänen des Feldherrn und den Ränken des Staatsmannes war sie nicht begierig, aber sie verlangte eingeweiht zu werden in seinen Ehrgeiz und in sein Gewissen. Und jetzt da Pescara vor einer ungeheuren Entscheidung stand, nein, jetzt ließ sie sich nicht abschütteln von seinem kämpfenden Herzen, nicht abspeisen mit einer Liebkosung oder einem Scherze, jetzt wollte sie mitraten und mithandeln. Hatte sie ihm nicht eine frische Seele und eine reine Jugend gebracht? War sie nicht eine Colonna? Brachte sie nicht heute eine Krone? Ob er diese zurückweise, ob er sie aus ihren Händen nehme und sie sich aufs Haupt setze, hier wollte sie seine Mitschuldige oder seine Mitentsagende sein, ein bewußter Teil seiner verschwiegenen Seele. Wäre sie schon bei Pescara! Herz und Sohlen brannten ihr

vor Ungeduld, und schon durchschritt sie den Apostelplatz, wo ihr ein geharnischter Jüngling entgegentrat, der unter dem Tor ihres Palastes auf sie gewartet hatte.
»Ich war um Euch in Sorge, erlauchte Frau«, begrüßte er sie, »da Eure Sänfte und Eure Leute ohne Euch aus dem Vatikan zurückgekehrt sind. Nun, da seid Ihr ja, Patin, wenn ich Euch so nennen darf, wie ich von jung an gewohnt war und es auch mein gutes Recht ist.« Ohne Antwort zu geben, stieg sie mit ihm die Treppe hinan, kaum auf seinen dargebotenen Arm sich lehnend. Diesen gewöhnlichen Dienst von ihm anzunehmen durfte sie sich nicht weigern, was sie auch gegen ihn haben mochte. Denn Del Guasto – so hieß der Jüngling – war der Neffe Pescaras und wie er ein Avalos. Der fünfzehnjährige Pescara und die gleichaltrige Victoria hatten den Knaben gemeinsam aus der Taufe gehoben. So hatte es der Vater Victorias, der Feldherr Fabricius Colonna, veranstaltet, um seine zwei Lieblinge, den jungen Krieger und sein aufgeblühtes Kind, zusammen vor einen Taufstein zu stellen und die beiden Gesichter und Gestalten sich einander erblicken zu lassen.
Später nahm Victoria den wohlgebildeten und feurigen Knaben, der in seinem kostbaren Taufhäubchen ihre Ehe mit Pescara gestiftet und dem die Eltern früh wegstarben, an Kindes Statt. Wäre er nur ein Knabe geblieben! Mit der Weichheit seiner Züge aber verlor er auch die Liebenswürdigkeit seiner Seele. Das schöne Profil bekam einen Geierblick und den immer schärfer sich biegenden Umriß eines Raubvogels, und die sich offenbarende Unbarmherzigkeit begann Victoria zu befremden und abzustoßen. Pescara hatte ihn dann in den

Krieg entführt, und in der einzigen Schule des von ihm vergötterten Feldherrn war er zu dem verwegenen Soldaten erwachsen, der in der Schlacht von Pavia durch Niederlegung der Parkmauer den Sieg begann, aber auch zu dem harten, grausamen Menschen, der auf dem vorjährigen schnellen Rückzug aus der Provence ein Haus, in dessen Keller ein Dutzend seiner Leute sich verspätet hatten, ohne mit der Wimper zu zucken, anzünden und in Flammen aufgehen ließ.

Doch Victoria hatte ihm Schlimmeres vorzuwerfen, einen Frevel, der die Frau in ihr empörte, und davon sollte er nun hören, jetzt da er zum ersten Male seit diesem jüngsten Verbrechen vor ihr stand. Sie erkundigte sich, ob er von Pescara komme und was er bringe. Er antwortete, daß er da sei, um die Herrin nach Novara zu geleiten. Er glaube zu wissen, daß sein Anblick der Herrin mißfalle, habe aber den Auftrag des Feldherrn nicht ablehnen dürfen, der die Marchesa nur dem sichersten Schwerte anvertrauen wolle. Denn die Straße werde ebenso unsicher wie die Weltlage, und er müsse die Marchesa ersuchen, sich morgen in der Frühe bereitzuhalten, er brenne ins Lager zurückzukehren, wo jeder nächste Moment den Krieg bringen könne, und da dürfe er nicht fehlen. Der Mailänder, Venedig, die Heiligkeit beteuern in die Wette ihre friedlichen Gesinnungen: also stehe der Kampf bevor. »Das wissen wir lange schon, es ist nur eine Frage des günstigen Augenblickes. Aber« – er trat einen Schritt zurück – »etwas anderes, etwas Neues, etwas Ungeheures habe ich auf meiner Reise durch Mittelitalien gehört, und ich brauchte nicht einmal zu lauschen. In Städten und Herbergen rauschte es öffentlich wie die Brunnen auf den

Plätzen. Freilich reiste ich unter fremdem Namen und mit nur einem Diener.« Er hielt inne und blickte mit brennenden Augen, als verfolge er die spannende Wendung einer Jagd oder einen in Monddämmerung kriechenden Hinterhalt.

»Redet, Don Juan«, flüsterte Victoria.

»Für Euch, Madonna, die aus dem Vatikan zurückkehrt, gibt es kein Geheimnis, und es ist nicht einmal eines, sondern, wie ich sagte, ein öffentliches Geflüster, ein schadenfrohes, rachsüchtiges Gekicher, ein kaum unterdrückter italienischer Jubel, eine allgemeine patriotische Rede und Ermunterung, von der ich die größte Eile habe den Feldherrn zu unterrichten. Denn noch weiß er nichts davon. Wie ich meine«, fügte er argwöhnisch bei.

Victoria erbleichte. »Was wird geflüstert«, fragte sie beklommen, »und über wen? doch nicht über Pescara?«

»Von ihm. Er ist überall. Sie sagen« – er dämpfte die Stimme – »der Feldherr löse sich vom Kaiser und unterhandle mit der Heiligkeit und den italienischen Mächten.«

Victoria erschrak über den glühend sinnlichen Ausdruck seines Gesichtes. »Und Pescara …« sagte sie undeutlich.

»Wie ich den Feldherrn beneide!« träumte Don Juan. »Welche Aufregungen, welche Genüsse! Italia wirft sich ihm in die Arme … er wird sie liebkosen, unterjochen und wegwerfen … oh, er wird mit ihr spielen wie die Katze mit der Maus!« und er machte mit der Rechten eine haschende Gebärde.

Ein flammender Zorn übermochte die Colonna. »Verworfener«, rief sie, »habe ich dich gefragt, wie Pescara tun würde? Bist du der Mensch, es zu wissen? Habe ich dir erlaubt, an ihm herumzudeuten? ... Wie die Katze mit der Maus ... abscheulich! So hast du mit Julien gespielt, Ehrloser!«

Diese Julia stammte aus einem edeln novaresischen Geschlechte und war die Enkelin des gelehrten Arztes Messer Numa Dati, welcher die Speerwunde Pescaras geheilt hatte. Del Guasto, der im Hause des Arztes Quartier genommen, hatte das Mädchen mißleitet und die Wohnung gewechselt. Die Preisgegebene war dann, von Scham vernichtet, vor dem arglosen Antlitz ihres Großvaters von Novara weit weg in ein römisches Kloster geflohen und hatte die mächtige Colonna auf den Knieen angefleht, sich ihrer zu erbarmen und ihre Ehre herzustellen.

Da ihn Victoria einen Ehrlosen hieß, biß sich Don Juan die Lippe. »Sachte, Herrin«, sagte er, »wäget Eure Worte. Ich bin kein Ehrloser, sondern ich wäre es, wenn ich Julien nicht verlassen hätte. Ich rede nicht von dem Unterschiede des Blutes eines Avalos und einer Dati, sondern einfach davon, daß mir wie jedem Manne keine Gefallene, sondern eine Unschuldige zur Braut geziemt.«

Victorias menschliches Herz empörte sich. »Du bist es, der die Ärmste mit deinen Liebkosungen und Beteuerungen, ja vielleicht gar mit falschen Gelübden und Eiden zu Falle gebracht! Bist du es nicht? Kannst du es leugnen?«

Er erwiderte: »Ich leugne es nicht, aber es war mein Kriegsrecht, denn Krieg ist zwischen dem männlichen Willen und der weiblichen Unschuld. Ich versuchte sie, ja. Warum widerstand sie nicht? Warum gab sie sich? Warum beschuldigt Ihr *mich*, daß sie schwach war und daß ich sie jetzt verachte und verschmähe?«

Victoria erstarrte vor Entsetzen. »Ruchloser!« stöhnte sie.

»Madonna«, kürzte der Jüngling das Gespräch, »das ist eine peinliche Unterhaltung, und Ihr tut mir leid dabei. Ich schlage Euch ein Tribunal vor. In Novara angelangt, treten wir vor den Feldherrn und Ihr verklaget mich. Ich werde mich rechtfertigen, und der Feldherr, der die Welt und ihre Ordnungen kennt, wird mich freisprechen, wie ich denke. Jetzt verlasse ich Euch. Ich habe noch Leute zu werben, denn ohne eine starke Bedeckung wage ich in diesen unruhigen Zeiten nicht für Euch zu haften.« Er verbeugte sich und verließ sie hohen Hauptes.

Victoria wendete sich unwillig und wählte den entgegengesetzten Ausgang. Sie bedurfte Kühlung und stieg in den Garten hinab. Mit dem letzten Tageslichte betrat sie den hinter dem Palaste liegenden Raum, welcher von hohen Mauern eingehüllt, voller Lorbeer und Myrte war und den der nachtröpfelnde Regen erfrischte. Ihre Schritte suchten das den Garten abschließende Kasino.

Die Helle genügte noch, wenn auch mit Mühe die Lettern zu unterscheiden in dem Evangelienbuche, welches sie im Vorbeigehen aus der Bibliothek genommen und vor das sie sich gesetzt hatte, die heiße Stirne in den gefalteten Händen. Ganz erfüllt von dem Schicksale Juliens und dem größeren Pescaras, durchlief sie mit den Augen gedankenlos die aufgeschlagene Seite und atmete in vollen Zügen die erfrischte Luft. Nach einer Weile wurde sie sich dessen bewußt, was sie las: es war die dreimalige Versuchung des Herrn durch den Dämon in der Wüste. Sie las weniger mit dem leiblichen als dem geistigen Auge, was sie von Kind an auswendig wußte. Sie sah den Dämon vor den Heiland treten, welcher das einfache Worte der Treue und des Gehorsams den Sophismen des Versuchers entgegenhielt. Als der Versucher heftiger drängte, deutete des Menschen Sohn auf die Stelle seiner künftigen Speerwunde ... Da wandelte sich das weiße Kleid in einen hellen Harnisch und die friedfertige Rechte bepanzerte sich. Nun war es Pescara, der die Hand über seine durchschimmernde Wunde legte, während der Dämon jetzt einen langen schwarzen Juristenrock trug und sich wie ein Gaukler gebärdete. So sah es die Colonna auf dem vor ihr liegenden Bibelblatte. Ärgerlich über das Spiel ihrer Sinne, tat sie sich Gewalt an und blickte auf.

»Wer bist du und was willst du?« rief sie erstaunt, und eine vor ihr stehende dunkle Gestalt antwortete: »Ich bin Girolamo Morone und komme zu reden mit Victoria Colonna.« Victoria erinnerte sich, wen ihr heute der Papst gezeigt hatte, und gewahrte jetzt auch den einführenden Diener. Dieser entflammte die über der Herrin schwebende Ampel, rückte dem Kanzler einen Schemel und entfernte sich, während die Marchesa in der entstehenden Helle das häßliche, aber mächtige Gesicht ihres nächtlichen Gastes betrachtete, das ihr keinen Widerwillen einflößte.

»Zu später Stunde«, sagte sie, »suchet Ihr mich; doch Ihr bringet mir wohl einen Auftrag an meinen Herrn, zu welchem ich morgen in der Frühe verreise.«

»Vor Pescara denke ich bald selbst zu stehen«, erwiderte Morone, »und nicht von ihm werde ich Euch reden, sondern allein von Victoria Colonna, welche ich mit ganz Italien verehre und anbete wie eine Gottheit, der ich aber zürne und gegen die ich Klage erhebe.«

Wer seid Ihr, um so mit mir zu sprechen? lag es auf den Lippen der Marchesa, doch sie fragte rasch und warmblütig: »Wessen klaget Ihr mich an? Was ist meine Schuld, Morone?«

»Daß Ihr Euer helles und begeisterndes Antlitz in Rollen und Bücher vergrabet und unter Schatten und Fabeln lebet! Daß Ihr den ersten Cäsar verabscheut und dem neuesten huldigt, daß Ihr Troja beweinet und Euer Volk vergesset, daß Euch Prometheus' Bande drücken und die Fesseln Italiens nicht schmerzen! Drei Frauen haben sie geschmiedet!«

»Welche dreie?« fragte sie.

»Die erste war Beatrix Este. Wann ihr alternder Gemahl der Mohr sie auf den schwellenden Mund küßte, flüsterte sie, daß ihren blonden Flechten ein Diadem anstünde, der kluge Mohr verstrickte sich in die blonden Flechten und vergiftete seinen Neffen den Erben von Mailand.«

»Die Schändliche!«

»Der welkende Knabe hatte ein stolzes und feuriges Weib, die Aragonesin Isabelle, die Beatrix tödlich haßte und mit ihren jungen kräftigen Armen den siebten Knaben ihren Gemahl auf den vorenthaltenen Thron heben wollte, sie beschwor und bestürmte ihren Vater den König von Neapel, bis dieser den Mohren bedrohte.«

»Ärmste!«

»Der Mohr war sicher, solange der Gebieter von Florenz, der junge Medici, dazwischenstand. Dieser war das Spielzeug seines schönen Weibes, der hochmütigen Alfonsine Orsini, und das Weib übermochte ihn, daß der Tor dem Mohren Freundschaft und Bündnis kündigte. Da rief der Mohr den Fremden.«

»Unselige!«

»Dreie haben Italien gefesselt. Die vierte, die Ihr seid, muß es erlösen!«

»Kanzler, ich bin nicht das Weib eines Greises, noch eines Knaben, noch eines Toren, noch eines andern von denen, die sich vom Weibe berücken lassen, und ... ich begehre keine Krone.« Sie errötete und wurde wie Purpur.

»Herrin«, sagte der Kanzler, »die Krone begehrt Euch. Erbarmt Euch Eures Volkes und vertretet es bei Pescara! Ich sage nicht: liebkoset, umgarnet, verleitet ihn! Ich verschwöre mich nicht mit Euch, ich verabrede keine Rollenteilung, ich lasse Euch reisen, ich laufe mit Euch in die Wette, wer ihn zuerst erreiche. Und seid Ihr die erste, so umfanget seine Kniee und redet aus der Fülle Eures Herzens und flehet: Pescara! Ich bin Italien und liege zu deinen Füßen: erhebe mich und nimm mich an deine Brust!«

Victoria war gerührt und auch der Kanzler vergoß Tränen.

»Erlauchte Frau«, sagte er, »wer bin ich, der so zu Euch reden darf! Ich bin nicht wert, daß ich den Saum Eures Gewandes küsse. Ludwig der Mohr, mein allergütigster Herr, hat mich in Mailand von der Gasse aufgelesen und wie einen drolligen kleinen Pudel zu seinen Füßen spielen lassen. Da habe ich meine Erziehung genossen und an seinem Hofe und später in seinem Dienste das Gesicht und die Gebärde meiner Zeit, den ganzen ausgelassenen Triumphzug des Jahrhunderts betrachtet.

Der arme Mohr! Sein Unstern und die Franzosen entführten ihn nach Loches, wo er zehn lange Jahre im Kerker schmachtete. In seinem letzten habe ich ihn dort wiedergesehen; denn damals, durch die Macht der Umstände, befand ich mich in französischem Dienste, und mich verlangte nach dem Antlitz meines Wohltäters. Da ich ihn erblickte, erschrak ich und hatte Mühe ihn zu kennen. Er sah wie ein Geist: Kerker und Elend hatten seine Miene seltsam veredelt. Erst da er den Mund öffnete, fand ich mich wieder in ihm zurecht. Er lächelte und sagte in seiner unvergleichlich feinen Weise: ›Bist du es, Girolamo? Es ist hübsch von dir, daß du mich besuchest. Ich verarge dir nicht, wenn du in den Dienst meines Feindes getreten bist. Die Umstände zwingen, und wie ich dich kenne, wirst du meinen Söhnen noch ein treuer Freund und Berater sein, wenn das Rad der Fortuna sich wiederum gedreht haben wird. Du bist nun ein gereifter Diplomat geworden und verrätst keine schlechte Schule. Weißt du noch, wie ich dir untersagte, dein komisches Gesicht wegzulegen und dein Gebärdenspiel zu mäßigen, mit welchen du dir jetzt deine neuen Freunde gewonnen hast?‹

So scherzte er eine Weile großmütig, dann aber redete er ernst und sagte: ›Weißt du, Girolamo, was mich hier in meiner Muße beschäftigt? Nicht mein Los, sondern Italien und immer wieder Italien. Ich betraure als die Qual meiner Seele, daß ich, vom Weibe verlockt, den Fremden gerufen habe, mit dem ihr jetzt rechnen müßt und der ein zerstörender Teil eures Körpers zu werden droht. Ich aber sinne, wie ihr wieder euer werdet. Da war der Valentino, jener Cäsar Borgia, der versuchte es mit dem reinen Bösen. Aber, Girolamo mein Söhnchen, das Böse darf nur in kleinen Portionen und mit Vorsicht gebraucht werden, sonst bringt es um. Da ist jetzt der Rovere, dieser Papst Julius, der auf einer Donnerwolke gegen den Fremden fährt, welchen er selbst gerufen hat nicht minder als ich. Aber der Greis verzehrt sich, seine gewalttätige Seele wird bald in den Hades schweben, und nach ihm bleibt der gewöhnliche Hohepriester, der zu schwach ist, Italien zu gründen, doch gerade stark genug, um jeden andern an dem Heilswerke zu hindern.

Girolamo mein Liebling: ich glaube nicht, daß mein Italien untergeht, denn es trägt Unsterblichkeit in sich; aber ich möchte ihm das Fegefeuer der Knechtschaft ersparen. Gib acht, Söhnchen: ich lese zwischen deinen Augen, daß du noch eine Rolle spielen wirst in dem rasenden Reigen von Ereignissen, der über meinen lombardischen Boden hinwegfegt. Tritt eines Tages aus diesen wechselnden Bildungen eine Macht und aus diesen flüchtigen Gestalten eine Person, aber weder ein Frevler, noch ein Priester, sondern ein Feldherr, der den Sieg an seine eiserne Sohle fesselt, wer und wessen Stammes er sei, nur kein Fremder, dem gib du dich, mit Leib und Seele! Was an List und Lüge notwendig ist – denn anders gründet sich kein Reich – das übernimm du, mein Söhnchen, er aber bleibe makellos!«

Der Kanzler war aufgesprungen. Seine begeisterte Rede riß ihn, ohne daß er es merkte – und auch die ergriffene Victoria merkte es nicht – weit über die Grenze der Wahrheit. »Diesem Erkorenen«, rief er aus, »stehe das schönste und reinste Weib zur Seite! Italien will die Tugend leiblich einherschreiten sehen, um ihr nachzuleben. Unser Verderben ist die Entfesselung aus der Sitte, der zerrissene Gürtel der Zucht. Hier ist ein Sieg davonzutragen, größer als der auf dem Schlachtfelde, und ein Zauberstab zu schwingen, mächtiger als der Feldherrnstab. Ich sehe sie vor mir, diese Königin der Tugend, die Priesterin, die das heilige Feuer hütet, die Erhalterin der Herrschaft, und, hosianna! ganz Italien wandelt hinter ihren Schritten, lobpreisend und frohlockend!« Der Kanzler machte Miene, Victorien huldigend zu Füßen zu stürzen, doch er trat zurück und flüsterte verschämt: »So sprach Ludwig der Mohr in seinem Kerker.«

Victoria senkte die Augen, denn sie fühlte, daß sie voller Wonne waren und brannten wie zwei Sonnen.

Da sagte der Kanzler: »Ich habe Euch ermüdet, edle Frau, die Augen fallen Euch zu. Ihr müsset morgen frühe auf und seid schwer von Schlummer.« Und der Listige trat in die Nacht zurück, die sich inzwischen auf die Ewige Stadt gesenkt hatte.

Drittes Kapitel

An einem Fenster, dessen Blick über die Türme von Novara und eine schwül dampfende Ebene hinweg die noch morgenklaren Schneespitzen des Monte Rosa erreichte, saß Pescara und arbeitete an dem Entwurfe des Feldplanes, der das Heer des Kaisers nach Mailand führen sollte. So unablässig ging er seinem Gedanken nach, daß er die leisen Tritte des Kammerdieners nicht ver-

nahm und ihn erst gewahr wurde, als jener die Limonade bot. Während er das leichte Getränk mit dem Löffel umrührte, bemerkte er: »Ich schelte dich nicht, Battista, daß du heute nacht gegen meinen ausdrücklichen Befehl bei mir eingetreten bist. Du magst, nebenan schlafend, mich wohl schwerer als gewöhnlich atmen gehört haben – ein Alp, eine Beklemmung ... nicht der Rede wert.« Er nahm einen Schluck aus dem Glase.
Battista, ein schlauer Neapolitaner, verbarg seinen Schrecken unter einer devoten Miene. Er log und beteuerte bei der heiligen Jungfrau, er habe geglaubt sich bei Namen rufen zu hören, nimmer hätte er sich erdreistet ohne Befehl das Schlafzimmer der Erlaucht zu betreten, während er doch in Tat und Wahrheit ungerufen und gegen ein strenges Verbot seines Herrn aus einer schönen menschlichen Regung diesem beigesprungen war. Er hatte ihn schrecklich stöhnen hören und dann in seinen Armen auf dem Lager emporgehalten, bis der Feldherr den Atem wiederfand.
»Es war nichts«, wiederholte dieser, »ich bedurfte keinen Beistand. Doch will ich dich, wie gesagt, nicht schelten, jetzt da wir uns trennen müssen. Ich verliere dich ungern, aber Sohnespflicht geht vor. Und da deine greisen und siechen Eltern in Tricarico darben, darf ich dich nicht halten. Gehe und bereite ihnen ein sorgenloses Alter. Als perfekter Barbier und zungenfertiger Schelm, wie ich dich kenne, wirst du dir überall zu helfen wissen. Gehe mit Gott, mein Sohn, du sollst mit mir zufrieden sein.« Und er ergriff die Feder.
Battista fiel aus den Wolken. Er verschwor sich mit einer verzweifelten Gebärde, dieses Mal der Wahrheit gemäß, sein Vater sei längst im Himmel und seine Mut-

ter, die Carambaccia, gewerbsam und kerngesund und fett wie ein Aal. Der schreibende Feldherr erwiderte: »Du hast recht, Battista, in Potenza wohnen deine armen Eltern, nicht in Tricarico, doch das liegt nahe beisammen.« Er reichte dem verabschiedeten Diener eine Kassenanweisung.

So niedergeschmettert Battista sein mochte – er wußte, ein Wort Pescaras sei unwiderruflich – ließ er doch blitzschnell einen schrägen Blick über die Ziffer der Summe gleiten, welche nur eine bescheidene war. Der Feldherr verschwendete weder im Großen noch im Kleinen, weder das Gut des Kaisers noch das seinige. Auch hütete er sich wohl den Barbier durch eine allzu reiche Spende auf die Wichtigkeit des Vorfalles aufmerksam zu machen und in den Schein zu kommen, als wolle er sein Schweigen erhandeln, denn er war völlig überzeugt, daß Battista bei erster Gelegenheit sein Wissen noch teurer verkaufen würde, dort wo man ein Interesse hatte von dem leiblichen Befinden des Feldherrn genau unterrichtet zu sein.

Schmerzlich enttäuscht und seine Geburtsstunde verwünschend, fiel Battista dem gnädigen Herrn zu Füßen, umfing ihm das Knie und küßte ihm die Hand. »Lebe wohl«, sagte dieser, »und räume das noch ab.« Er wies auf das Geschirr und winkte den Übertreter seines Befehles freundlich weg aus seinem Dienste.

Bevor er sich wieder in seinen Plan vertieft hatte, klirrte draußen ein fallender Löffel und ein in Scherben springendes Glas und der Herzog von Bourbon, der den vernichteten Battista unsanft beiseite geworfen, zeigte unangemeldet seine hohe schlanke Gestalt, denn er hatte zu jeder Stunde freien Eintritt bei dem Feldherrn.

»Hoheit?« wendete sich Pescara gegen ihn und erhob sich vom Sitze.

»Um Vergebung. Ich war im Begriffe zu meinen Truppen zu verreiten«, erklärte der Herzog, »da kam mir in der Vorstadt ein reisender Kaufmann unter die Augen, welcher eben vor der Pforte des Arztes Euer Erlaucht, des Messer Numa Dati von seinem Maultier absaß. Hätte die Gestalt nicht ein würdiges Antlitz getragen, ich hätte darauf geschworen, meinen unvergeßlichen Freund, den Kanzler von Mailand, zu erblicken. Ich ließ einen meiner Leute sich nach dem Fremdling erkundigen und erfuhr, der Reisende sei ein Gastfreund des Arztes, ein Juwelier aus Mailand namens Scipione Osnago. Vielleicht, oder auch nicht, sondern eine der zahlreichen Larven des vielgestaltigen Kanzlers. Er schiebt den Leib auf eine gewisse Weise, die sich schwer verleugnen läßt, und da ich noch nicht durch das Tor war, ritt ich leicht wieder zurück, um Euch den wahrscheinlichen Besuch dieses kostbaren Mannes zu melden.«

»Ich erwartete ihn längst mit den Ausflüchten und Beteuerungen des Mailänders«, erwiderte der Feldherr. »Da er aber nicht erschien und wir aus guten Quellen wußten, sein Herzog fahre fort zu befestigen und zu rüsten, begann ich auf den Kanzler zu verzichten. Nun kommt er zu spät. Morgen, um Mitternacht, verläuft die dem Herzog gegebene Frist. Schlag zwölf marschieren wir; es wäre denn, Morone brächte große Neuigkeiten.«

»Ja, dieser Morone!« plauderte der Bourbon. »Der wird schon etwas gebraut haben. Da ich unser Ultimatum nach Mailand brachte, sah ich es hinter seiner Stirn wimmeln wie in einem Ameisenhaufen. Ihr macht Euch keinen Begriff, Marchese, was das für ein frecher Kopf ist. Während ich in Mailand regierte und er mein Rat und Schreiber war, hat er mich über Tisch – denn ich liebte es, mit ihm zu speisen und mich an seinen Fabeln und Einfällen zu ergötzen – auf alle Throne gesetzt und mit allen Fürstinnen gekuppelt. Und das Tollste: es war Verstand in dem Unsinn. Ich bin doch neugierig, was er wieder ausgeheckt haben wird, um sich und seinem Herzog aus der Klemme zu helfen. Sicherlich etwas ungeheuer Geniales, einen Gipfel, einen Abgrund. Wenn er zum Beispiel« – der Herzog lachte herzlich – »uns beiden kaiserlichen Feldherrn die Führung der Liga böte und als Handgeld zwei verlockende italienische Kronen aus den Falten seiner Toga zum Vorschein brächte?«

»Hoheit scherzt!«

»Wie anders, Marchese!« erwiderte der Herzog und wollte sich beurlauben. Da ergriff er noch die Hand des Feldherrn und sagte in einem weichen Tone, der eine vor der Welt verheimlichte Freundschaft enthüllte: »Pescara, ich danke dir, daß du mir Leyva vom Halse hältst, indem du mir den rechten Heerflügel gibst und ihm den linken. Ich mag mit dem Unleidlichen nicht zusammenreiten. Es entstünde Unglück und größeres als jüngst auf dem Markte von Novara. Er könnte sich wiederum gegen mich vergessen und ich müßte ihn niederstoßen wie einen tollen Hund.« Er sagte es leise mit gesenktem Blick.

Pescara behielt die Rechte des Herzogs und warnte und bat. »Welch ein Auftritt!« sagte er. »Hier auf offenem Markte, wegen der Armseligkeit eines bestrittenen

Quartiers! Ich versendete Leyva gleich nach Neapel, um vom Vizekönig Truppen für unsern Feldzug zu verlangen, obwohl ich weiß, daß er keine abgeben kann, nur um Euch die Verlegenheit und den Anblick eines verhaßten Gesichtes zu ersparen. Wie konntet Ihr das gegen einen Mitfeldherrn! Das war nicht gut. Das ist beklagenswert. Das darf sich nicht wiederholen, ich bitte Euch darum.«

»Der Anlaß war nicht der Rede wert, Pescara, aber –«

»Das schlimmste Wort, das Leyva gebraucht hat, war, nach Zeugen, er lasse sich nichts bieten von einem Vornehmen, und Ihr zoget und Eure Leute mußten Euch halten.«

»Oh«, flüsterte der Herzog, »von einem Vornehmen? Ich habe feine Ohren. Es war ein anderes Wort ... das ich dem Kaiser und dem Papst in die Kehle zurückstieße!«

»Ein anderes Wort?« sagte Pescara, um seine Frage sogleich zu bereuen, da er den Herzog erbleichen und völlig fahl werden sah. Er erriet, daß der alte Leyva gemurrt, er lasse sich nichts bieten von einem Verräter, oder daß das wunde Gewissen des Bourbon so verstanden hatte.

Die unausgesprochene Freundschaft, die den einfachen Adeligen und den Mann von königlichem Geblüte verband und die das Wunder tat, zwischen zwei jugendlichen und schon berühmten Feldherrn mit nicht völlig klar geschiedenen Gewalten und Befugnissen die natürliche Eifersucht zu ersticken, beruhte einfach auf dem Bewußtsein des Herzogs, daß seine Verbündung mit dem Feinde Frankreichs der Achtung Pescaras keinen Eintrag tue. War es Klugheit, war es Gleichgültigkeit

gegen die sittlichen Dinge, war es Freiheit von jedem, auch dem begründetsten Vorurteil, oder war es die höchste Gerechtigkeit einer vollkommenen Menschenkenntnis, was immer – Pescara hatte den in kaiserlichen Dienst tretenden fürstlichen Hochverräter mit offenen Armen empfangen und mit der feinsten Mischung von Kollegialität und Ehrerbietung behandelt. Vielleicht auch hatte er in diesem Zerrütteten, der sich selbst verfluchend sein Vaterland mit fremden Waffen verwüstete, den ursprünglichen und unterzerstörbaren Adel erkannt. Dafür war der Herzog Pescara dankbar.
Der Feldherr, die Hand des Unseligen in der seinigen, redete ihm mit sanfter Stimme zu: »Gespenster, Hoheit! Ihr habet gehört, was nicht gesprochen wurde. Werft hinter Euch! Verschüttet den Abgrund mit Lorbeer! Seid Ihr nicht der Liebling des Kriegsgottes? und ein Meister der Staatskunst? Sind nicht wir beide noch Jünglinge mit unzähligen Tagen, diesseits der Lebenshöhe, kaum in der Hälfte der Dreißig, und im ersten Drittel eines Jahrhunderts, das überquillt von großen Möglichkeiten und weiten Aussichten! Unser die Fülle des Daseins! Karl, laß uns leben!«
Der Bourbon vernahm nicht den verstohlenen Seufzer, welcher sich der Brust des Feldherrn entwand. Er drückte heftig die Hand Pescaras und seine dunkeln Augen blitzten eroberungslustig. Dann, um seine innere Bewegung zu verbergen, sprang er nach seiner Weise mit beiden Füßen ins Zynische über. Der feurige Ton Pescaras hatte seine frechste Jugendlichkeit erweckt. »Und schöne Männer sind wir!« jubelte er. »Du begreifst, Gatte der prächtigen Victoria, daß sich mir Herz und Magen umkehrte, da mich diese Porcaccia die

Königin-Mutter um jeden Preis zum Manne haben wollte! Siehst du mich als den Vater König Franzens? O das liebe Stiefsöhnchen! ›Madame‹, sagte ich und machte ihr eine tiefe Verbeugung, ›es geht nicht. Ihr würdet mich mit Eurer Nase vom Bette stoßen!‹ und ganze Wendung und über die Grenze!« Während er eine ausgelassene Lache aufschlug, trat der vom Staub der Reise bedeckte Del Guasto ein, begrüßte den Ohm und Feldherrn und verneigte sich vor der lustigen Hoheit.

Dann wendete er sich wieder gegen Pescara, welchen er mit erstaunten und bewundernden Augen betrachtete, als hätte die von der italienischen Verschwörung dem Feldherrn angesonnene Rolle dessen Gestalt vergrößert, und erzählte: »Wir verritten von Rom, nicht zur Freude der Herrin in zahlreicher Gesellschaft, mit Leyva, der aus Neapel zurück ist, und mit einem Vornehmen, von königlichem Geblüte, wie sie sagen, der sich Moncada nennt und den Ihr kennen werdet. Er bringt Euch eine Botschaft des Vizekönigs. Ich gewann einen Vorsprung, um Donna Victoria anzumelden. Sie strahlt vor Freude Euch wiederzusehen und schließt zugleich fest die Lippen, denn sie bringt ein politisches Geheimnis, wie ich vermute, und ein päpstliches Mysterium, wie ich ahne, und dieselbe Donna Victoria legt die Stirn in zornige Falten gegen Euren bei ihr in Ungnade gefallenen Neffen, den sie vor Euch in aller Form rechtens verklagen wird. Wegen etwas Menschlichem«, lächelte er.

»Oder etwas Unmenschlichem«, spottete Pescara. »Meldet Ihr sonst etwas, Don Juan?«

»Wenn mich meine Augen nicht getäuscht haben, die Ankunft des Kanzlers von Mailand.«

»Ah!« lachte Bourbon.
»Ich bin mit ihm schon in Rom zusammengestoßen, unfern des Palastes Colonna, da ich nächtlicherweile dahin zurückkehrte. Längs der Mauer sah ich etwas Diebisches in langer Gewandung schleichen, und da ich das Verdächtige mit der Fackel meines Dieners beleuchtete, war es die unverschämte Stumpfnase und unter einem Juristenbarett das freche Kraushaar, das ich von Pavia her kenne, wohin der tolle Kanzler, wie sie ihn nennen, nach der Schlacht Euch zu beglückwünschen kam. Er mag Donna Victoria eine letzte Heimlichkeit des Papstes gebracht haben, bei welchem sie sich an jenem Nachmittage verabschiedet hatte.« Er sagte das mit einer versteckten Bosheit.
Der Feldherr blickte streng. »Don Juan«, sagte er, »Ihr habet Euch um den Wandel Donna Victorias nicht zu kümmern und noch weniger ihn zu beaufsichtigen. Jeden ihrer Schritte, ihre leiseste Miene und Gebärde billige und lobe ich zum voraus.«
Don Juan verneigte sich. »Unterwegs nach Novara«, fuhr er fort, »bin ich ihm dann noch mehrere Male begegnet, das heißt einem gewissen Fruchthändler Paciaudi aus den Marken mit einer greulichen Warze auf der Nase, welcher mir, da ich ihn anredete, nicht vorenthielt, er sei ein zugrunde gerichteter Mann: eine unvermutete päpstliche Maßregel verbiete die Ausfuhr und er habe einen strengen Lieferungsvertrag mit Euer Erlaucht. Dabei schob und gebärdete er sich nicht viel anders als der Kanzler. Dieser hat gegenwärtig allerhand Geschäfte und nimmt die possierlichsten Figuren an. Man findet ihn überall auf der Halbinsel wie – ohne die fernste Vergleichung – Eure große Gestalt.«

»Was wollt Ihr sagen, Don Juan?«
Del Guasto, der vor nichts erschrak, zögerte doch mit der Antwort vor der kalten Miene Pescaras, und dann hielt ihn die Anwesenheit des Herzogs zurück.
»Ich habe kein Geheimnis vor der Hoheit«, sagte der Feldherr. »Redet, Don Juan.«
Trotz diesem Befehle kam dem verwegenen Jüngling die allgemeine Rede an diesem Orte und zu dieser Stunde, mitten im kaiserlichen Lager und während er durch das Fenster den taktfesten Schritt eines vorbeimarschierenden spanischen Heerhaufens vernahm, so ungeheuerlich vor, daß er der schamlosen Öffentlichkeit der italienischen Verschwörung ein leichtes Gewand umwarf.
»Ohm«, berichtete er geringschätzig, »wovon mir noch immer die Ohren gellen, das ist ein wütender Streit, welcher unter allen Ständen, in Schenken und Barbierstuben, auf den Ballspielplätzen und, wie ich glaube, bis in die Plauderecke der Sakristeien ausgebrochen ist – über das wahre und gültige Vaterland der Avalos: ob wir Neapolitaner sind oder Spanier. Und nicht genug an Geschrei und Gebärde, auch Blätter und Schriften voll von unserm Ursprung flattern durch die Luft.«
Der Feldherr zuckte die Achseln. »Das Geschreibsel«, sagte er, »fand sich auch über meine Tische verstreut, ich habe es weggeworfen. Müßiges Gezänke.«
Don Juan wurde hartnäckig. »Zugleich erzählte man mir, daß an den Universitäten unter Juristen und Theologen wieder heftig über Umfang und Grenzen des päpstlichen Lehensrechtes auf Neapel gestritten wird.«
»Das überlassen wir diesen Gelehrten. Nicht wahr, Hoheit?« scherzte Pescara. »Und was das Vaterland

der Avalos angeht, Neffe, so rate ich dir, Ehre zu halten, spanische oder neapolitanische.«

Jetzt meldete der diensttuende Page, ein zarter Knabe mit großen unschuldigen Augen, ein Enkel des Arztes Numa Dati und der Bruder der von Del Guasto zerstörten Julia, den Besuch eines Apothekers namens Baldassare Bosi aus Orvieto, welcher mit einem Paket im Vorzimmer stehe und sich durchaus nicht abweisen lasse. Er sei bei dem Großvater abgestiegen, der dem Gaste diesen Zettel für die Erlaucht gegeben habe. Der Knabe überreichte das Papier, auf welchem mit verzitterten Zügen »Morone« geschrieben stand.

Pescara besann sich einen Augenblick. »Weiß der Fremde die Gegenwart der Herrschaften?« fragte er den Pagen.

»Ich denke nicht, Erlaucht«, antwortete dieser.

»So führe ihn ein, aber erst, wann ich rufen werde.«

Jetzt wendete er sich rasch gegen den Herzog. »Hoheit muß mir einen Gefallen tun. Da Sie für möglich hält, daß der Kanzler von Mailand mit mir konspirieren will, würde ich gegen die gewöhnlichste Vorsicht fehlen, wenn ich den Menschen, der draußen steht, ohne Zeugen mit mir reden ließe. Ich muß solche haben, zwei höchst glaubwürdige Zeugen, wo nicht unserer Gesichter, doch eines jeden unserer Worte, damit nicht der Argwohn von Madrid, noch die Eifersucht unsers Leyva, noch« – er dämpfte die Stimme – »jener Verderbliche, mit welchem Ihr geritten seid, Don Juan, und der unter dem Vorwand einer Botschaft des Vizekönigs mich hier umlauern soll, Grund finde, mich, ich sage nicht des Verrates, sondern nur eines falschen Schrittes zu bezichtigen. Hören aber will ich den Kanzler, der mir in seiner Torheit und Leidenschaft die Pläne und Mittel des Feindes enthüllen wird. Er kann es wie kein anderer. Unter dem Zwang dieser Umstände lasse sich Hoheit herab den Lauscher zu machen. Und Ihr, Del Guasto, leistet der Hoheit Gesellschaft.« Er schritt auf einen schweren roten Vorhang mit goldenen Quasten zu, dessen breite Falten den Eingang in ein Nebenzimmer bis auf die Schwelle nieder verbargen und den er jetzt auseinanderschlug. »Hier ist Hoheit aufgehoben«, sagte er.

Sosehr den Herzog das würzige Abenteuer lockte, stand er doch einen Augenblick unschlüssig. »Aber wenn Morone die Decke hebt?« fragte er, und der Marchese erwiderte: »Das wird er nicht. Keine Besorgnis. Ich stehe dafür.« Del Guasto blähte die Nüstern voll Wollust. Er rückte einen Schemel für den Herzog, hinter dessen Schultern er Stellung nahm als der zweite Lauscher. Der rote Vorhang zog sich zusammen.

Pescara aber fühlte sich von dem Pagen Ippolito umschlungen, der an ihm emporflüsterte, mit Tränen in den Augen: »Es ist kein Apotheker mehr, sondern ein Zauberer in langen schwarzen Gewändern mit einem Talisman auf der Brust und einem schrecklichen Gesichte!«

»Furchtsamer Junge! Bring ihn!«

»Da ist er schon!« schrie Ippolito und flüchtete sich.

»Ihr, Morone? und im Staatsgewand? doch von der Reise erhitzt, wie ich sehe. Eure drei Masken haben Euch wohl den Atem benommen.«

Morone atmete schwer und hörbar. Schweißtropfen quollen ihm auf der Stirn. Er stand wortlos.

»Was bringt Eure Weisheit?« fragte der Feldherr mit

ernsthaften Augen und empfing von dem Stammelnden keine deutliche Antwort. Nach einer Pause ergriff Pescara mit spielender Hand die Münze, welche der Kanzler an einer schweren goldenen Kette auf der Brust trug. »Ein Lionardo, Kanzler? Und wen stellt es dar? den Mohren? Ein geistvoller Kopf!«
Aber selbst an seinen geliebten Herrn vermochte der Kanzler nicht anzuknüpfen, so völlig war er außer Fassung.
Da begann der Feldherr ohne weitere Einleitung: »Euer Herzog, Morone, wünscht günstigere Bedingungen? Es könnte Rat werden, sobald mich die Hoheit von ihren guten Absichten überzeugt haben wird. Nehmen wir einmal mein Ultimatum Punkt um Punkt miteinander durch.« Er trat an den Tisch und suchte ein Papier.
Nun empfand er einen heißen Atem an der Wange und ein Geflüster füllte sein Ohr. »Pescara«, keuchte es, »nicht darum handelt es sich, sondern Italien gibt dir sein Heer!«
»So ist es gut«, erwiderte der Feldherr, ohne den Kopf zu drehen. »Es unterwirft sich dem Kaiser?«
Da schrie es hinter ihm: »Nicht dem Kaiser, sondern dir, wenn du von ihm abfällst!«
Jetzt wendete sich Pescara gegen den Tollkühnen und drohte mit feindseliger Gebärde: »Du rasest! Ich weiß nicht, was mich abhält, dich zu ergreifen und aus dem Fenster zu werfen!«
Der Kanzler blieb furchtlos und schrie zum andern Male mit flammenden Augen: »Diese Stunde bietet dir deine Größe, Pescara! Laß sie nicht vorüber! Du würdest es bereuen! Du würdest daran sterben!«
»St! Wie du schreist! Wenn man lauschte! hinter diesem

Vorhang ... wenn ich selbst ... hältst du mich dessen für unfähig? Überzeuge dich doch und hebe die Dekke!«

Morone war wieder völlig im Besitze seiner selbst, nachdem er die Scham und den Schreck der ersten Worte überwunden hatte. »Pescara«, sagte er, »ich habe stets gefunden, daß der Schlaueste und am meisten Argwöhnische endlich doch an eine Stelle tritt und an einem Abgrunde steht, wo er trauen und glauben muß. So der Valentino mit dem Rovere, so mein geliebtester Herzog der Mohr mit seinen Hauptleuten und Schweizern.«

»Beide wurden verraten, Morone!«

»Ja, Pescara, aber der feine Mohr und der ruchlose Borgia, beide gingen sie vertrauend unter, und das war ein heller Schimmer von Menschlichkeit über dem Dunkel ihres verdienten Sturzes. Wenn ich das Größte wage und von dir das Größte fordere, werde ich in diesem heiligen Augenblicke so lächerlich sein, einen Vorhang zu heben wie ein betrogener Ehemann, der den versteckten Buhlen seines Weibes sucht? Nein, ich gebe mich preis! Höre mich an, und dann überliefere mich dem Blocke, wenn du darfst!«

»Das ist nicht klein«, sagte Pescara ohne Spott und fügte dann zweifelnd hinzu: »Ob ich dich höre? Meine Neugierde ist rege, das bekenne ich, und einem so heroischen Menschen darf ich doch nicht einfach die Türe weisen. Zuerst aber saget mir, Kanzler: habe ich Euch oder Eurem Fürsten Grund oder auch nur den geringsten Anlaß gegeben, meine Feldherrntreue zu beargwöhnen?«

Der Kanzler verneinte.

»Viel Unwahres wird geredet: die Majestät habe mich schlecht belohnt, und ich soll dieses schwer empfunden haben. Fußet Ihr auf diesem Undanke des Kaisers und auf diesem Grolle Pescaras, so tut keinen Schritt weiter: Ihr würdet in den trügerischen Boden versinken.«
»Da fuße ich nicht.«
»Oder ermutigt Euch jene öffentliche Rede Italiens, die mir schmeichelt und mir droht, mich verherrlicht und verdächtigt? Diese italienische Meinung ist eine heimtückische Mache. Sie soll mich in Madrid entwurzeln und in Italien vergewaltigen. Ich habe vorgebeugt und die arglistigen Schriften wie in einen Käfig eingesperrte Schlangen dem Kaiser überliefert. Habet Ihr Eure Finger auch in dieses Gift getaucht, Morone?«
Der Kanzler erbleichte. »Bei den Göttern der Unterwelt, daran trage ich keine Schuld!« rief er aus.
»Du willst mich nicht überlisten, Kanzler, so willst du mich überreden?«
»Nein.«
»Was denn?«
»Überzeugen.«
»Das Beste. Aber es wird Zeit kosten. Setzet Euch, Kanzler!« Er rückte mit rascher Bewegung zwei Stühle, und jetzt saßen sie sich gegenüber, Morone mit vorgebogenem Leib und Knie, während der Feldherr nachlässig zurücklehnte.
»Pescara, welches ist die schönste deiner Schlachten, das Wunder der Kriegskunst?«
Der Feldherr gab keine Antwort, da sich diese von selbst verstand, aber er tat einen leichten Seufzer.
»Und was hat der Kaiser aus deinem Siege von Pavia gemacht?«

Ein Blitz fuhr aus dem grauen Auge Pescaras. »Er hat ihn verstümpert«, murmelte er.

»Du gabst ihm einen erbeuteten König, und Karl weiß nichts mit ihm anzufangen! Er preßt ihn wie ein Wucherer. Er verlangt Vielfältiges und Unmögliches statt des Möglichen und Einfachen. Verzichte auf Italien, Bruder, so hätte ein großer Sieger zu König Franz geredet, das ist dein natürliches Lösegeld, und das kannst du, ohne deinem Frankreich wehe zu tun. Verzichte und ziehe!«

Pescara lächelte. »Du bist ein gefährlicher Mensch, Morone, wenn du Gedanken errätst. Aber nicht ich, du hast ihnen Worte gegeben. Ich habe nichts gesprochen.«

»Ich danke dem Kaiser!« fuhr der Kanzler sich begeisternd fort. »Er hat die Siegesgöttin von Pavia beleidigt, und sie kehrt zu dir, mein Pescara, zurück! Nicht nur für, auch gegen den Kaiser hat sie gekämpft. Sie hat Italien gegen die Fremdherrschaft vereinigt. Sie hat ihm seinen Feldherrn gezeigt.

Mein Pescara, welche Sternstellung über dir und für dich! Die Sache reif und reif du selbst! Eine entscheidende Zeit, ein verzweifeltes Ringen, Götter und Titanen, Freiheit sich aufbäumend gegen Zwingherrschaft, die Welt heute noch Bewegung und Fluß, morgen vielleicht zur Lava erstarrend! Und eine Tat, die für dich bereitliegt und zu welcher du geboren wurdest! Zuckt dir die formende Hand nicht danach? Ein vernünftiges Werk, eine ewige Gründung! Blick auf die Karte und überschaue die Halbinsel zwischen zwei Meerfarben und dem Schnee der Gebirge! Befrage die Geschichte: ein lebendiges Geflecht, oft gewaltsam zerrissen und immer wieder zusammenwachsend, von Republiken und Fürsten, mit zwei alten Feinden, zwei falschen Ideen, zwei grausamen Chimären, Papst und Kaiser! Siehe den ausgestreckten Finger Gottes, daran sich eine neue Menschheit emporrichtet: eine sich selbst regierende und veredelnde Menschheit ohne höchstes Amt, weder weltliches noch geistliches, ein Reigen frei entwickelter Genien, ein Konzert gleichberechtigter Staaten –«

Pescara ergriff den beschwingten Redner am Arm, als wollte er ihn festhalten. »Fliege mir nicht davon, Girolamo!« scherzte er.

Dieser riß sich los und: »Laß dich nicht hindern an diesem göttlichen Werke«, rief er, »durch abergläubische Vorurteile und veraltete Begriffe, die weder in deinem Kopfe, noch in deinem Herzen, noch in der Natur der Dinge sind. Ich kenne dich, Pescara: du bist ein Sohn Italiens und wie dieses erhaben über Treue und Gewissen!«

»Ihr seid doch ein lasterhaftes Geschlecht, ihr Italiener«, lächelte Pescara. »Aber du machst dich größer im Bösen, als du bist: denn diese Weisheit kommt nicht von dir, sondern euer Dämon, der Florentiner, hat sie dir eingeblasen. Lebt er noch?«

Der Kanzler wußte, wen Pescara meinte. »Er darbt, vergessen und verachtet«, erwiderte er mit Beschämung, »unser größter Geist.«

»Verdientermaßen. Es gibt politische Sätze, die ihre Bedeutung haben für kühle Köpfe und besonnene Hände, die aber verderblich und verwerflich werden, sobald sie ein frecher Mund ausspricht oder eine strafbare Feder niederschreibt. Doch das sind Allgemeinheiten, und alles käme auf die Anwendung an. Wie denkst du dir zum Beispiel, Kanzler, das Tatsächliche meines Verrates?«

Dieser öffnete den Mund, als hätte er unerschöpflich zu reden. Da berührte ihn Pescara leise mit dem Finger. »Sachte, vorsichtig!« warnte er. »Jetzt betrittst du ein schmales und schwankes Brett: es könnte kommen, daß ich dich nach deiner Rede als Verschwörer müßte in Fesseln legen lassen. Sprich nicht in deinem eigenen Namen, rate ich dir, sondern laß dir eine Maske bieten, wie du sie liebst, und warum nicht die des verschollenen florentinischen Sekretärs, ob er nun noch unter uns wandle oder schon im Geisterreiche? Rede, Niccolò Machiavelli! Ich werde dich schweigend und bewundernd anhören und dir dann doch vielleicht beweisen, daß du für einen Staatsmann immer noch viel zuviel Einbildungskraft besitzest. Oh, ich will dich kritisieren, mein Niccolò! Aber beginne.«

Dieser fortgesetzt scherzende Ton des Feldherrn beleidigte den Kanzler und er empörte sich dagegen: »Jetzt sei des Spieles ein Ende. Erniedrige den nicht zum Schauspieler, welcher sein Leben wagt für die Rettung seines Vaterlandes! Pescara, ich bitte dich um Ernst!«

»Um Ernst? Es sei!« erwiderte der Feldherr und schloß die Augen, wie um besser zu lauschen. Jetzt erschrak der Kanzler einen Augenblick vor der Blässe und Strenge des magern Angesichtes. Doch er war entschlossen.

»Es ist kein Übel, Erlaucht«, begann er, »was Ihr dem Kaiser berichtet habt; es ist gut, daß Ihr Euch so lange als möglich sein Vertrauen erhaltet und Euch selbst dann noch nicht erkläret, wann der Papst und die Liga ihr Manifest werden erlassen haben. Inzwischen befestigt Ihr Eure Stellungen und sichtet Euer Heer.«

Pescara runzelte die Stirn.
»Leyva muß weg«, forderte der Kanzler.
Pescara zählte an den Fingern.
»Was rechnet Ihr, Pescara?« fragte der Kanzler verwundert.
Dieser erwiderte ruhig: »Muß Leyva draufgehen, so dürfen meine deutschen Hauptleute auch nicht leben bleiben, denn sie hangen an Kaiser und Reich. Ihre Häupter müssen fallen. Oder vergifte ich sie in einem gastlichen Trunke? Was rätst du, Kanzler?«
Morone erbleichte.
»Und was fange ich mit meinen spanischen Edelleuten an? Lasse ich sie auch ermorden?«
»Die Kastilianer«, antwortete Morone mit klopfendem Herzen, »fallen wohl zum Kaiser zurück. Die andern verlocket Ihr mit unendlicher Beute. Sie widerstehen nicht, am wenigsten die neapolitanischen Aragonesen. Ich kenne diese Rasse: sie gleicht den räuberischen Helden der Neuen Welt. Denket nur an Euren Del Guasto, welch ein Ungeheuer!«
Pescara widersprach nicht.
»Eure Gemeinen aber, die aus allen Ländern der Erde zusammengeflossen sind, beherrscht Ihr durch Eure unerschütterliche Seele und durch Eure eiserne Kriegszucht, nicht zu vergessen einen regelmäßigen Sold, wie ihn der Kaiser nie zu geben vermochte, Euch aber gehören jetzt alle Schätze Italiens. Und erlittet Ihr eine Einbuße an Leuten, so füllet Ihr das Heer aus den Schweizern, die sich nun überallhin vermieten, seit sie aus Mangel an Führung und an einem Staatsgedanken ihre schon gewonnene Weltstellung und ihre auswärtige Politik verscherzt haben.«

»Schade«, redete Pescara mit sich selber. Er hatte eine Art Zärtlichkeit für die Schweizer, die er zweimal überwunden und von welchen er bei Bicocca, mit einer insbesondere gegen deren rasende Sturmläufe erfundenen Stellung des Geschützes, in wenig Minuten ein volles tollkühnes Tausend vernichtet hatte. Er liebte dies tapfere Volk, obwohl er seine Speerwunde von Pavia dem Stoß einer Schweizerlanze verdankte. »Ihre Freiheit wird ihnen bleiben, aber schade«, wiederholte er.

»Eures Heeres sicher«, fuhr der Kanzler fort –

»Nehme ich Mailand«, ergänzte Pescara. »Mein Plan ist entworfen.«

»Ihr braucht es nicht zu nehmen, da der Herzog ein Mitglied der Liga ist, deren Feldherr Ihr seid.«

»Richtig, das hatte ich vergessen. Auf alle Fälle, Mailand ist der Zentralpunkt. Und dann?«

»Gebietet Ihr über die Truppen der Heiligkeit, Venedigs und Neapels, die kleinern nicht zu nennen.«

»Halt, Morone! Neapel ist spanisch.«

»Nach Neapel habet Ihr dann Euren Neffen gesendet als Euren Vizekönig, der es durch seine Grausamkeit in wenigen Wochen unterworfen haben wird.«

»Als meinen Vizekönig? Ich König von Neapel? Seit wann trage ich die Krone?« fragte Pescara gelassen.

»Siehe, die geflügelten Füße, die sie Euch bringen, sind vor Eurer Schwelle«, sprach der Kanzler errötend.

Die kalte Miene des Feldherrn erwärmte sich, wie von einem Strahle berührt, nicht aus einer Krone, sondern aus dem Lichtkreise seines nahenden Weibes. »Weiter geträumt, Morone«, sagte er.

»Einmal an der Spitze der vereinigten italienischen Waffen und in unnehmbaren Stellungen«, fuhr der

Kanzler mit erstaunlicher Sicherheit fort, »hindert nichts, daß Ihr Euch mit dem Kaiser auseinandersetzt, vielleicht sogar ohne Schlacht, denn ich weiß, daß Ihr, obschon, nein, *weil* der erste Feldherr der Zeit, das scharfsinnige Schachspiel und die umfassenden Berechnungen der Strategie jenen plötzlichen und immerhin blinden Entscheidungen der Walstatt vorziehet. Ich sage, vielleicht sogar ohne Blutvergießen, denn der Kaiser wird nicht so leicht einen neuen Feldherrn finden und ein zweites Heer in Italien zusammenbringen, nachdem er Euch und das Eurige verloren hat, wenigstens wenn ihm Frankreich und England zu tun geben, laut des von ihnen mit unserer Liga getroffenen Abkommens.«

»Ich kenne euer Bündnis mit König Franz, sogar seinen Wortlaut«, warf Pescara hin, »kann aber keinen Wert darauf legen. Der König verquält sich in seinem spanischen Kerker. Um eine Stunde früher auf ein gesatteltes Pferd zu springen, verrät er eure Liga hundertmal, wie ich ihn zu kennen glaube.«

»Noch vor wenigen Tagen«, beteuerte der Kanzler mit einem komischen Gesichte, »hat mir die Regentin Louise von Paris geschrieben, sie halte das Bündnis fest wie ihre Tugend –«

Ein Pfiff durchschnitt das Gemach ... der Kanzler horchte verwundert. Es mochte ein Vogel am Fenster vorbeigeschwirrt sein.

»Es sind noch andere da, die den Kaiser beschäftigen«, fuhr er fort, »der Halbmond und die deutschen Fürsten.«

»Der Halbmond, ja«, urteilte der Feldherr. »Mit den deutschen Fürsten aber und selbst mit ihrer neuen Lehre könnte sich der Kaiser allenfalls vertragen. Meinst du nicht, Morone?«

Dieser antwortete denkend: »Es scheint so, aber ist doch nicht, wenn ich richtig sehe. Jedenfalls nicht mit der neuen Lehre. Der Kaiser bedarf der Kirche für sein schweres und dunkles Gemüt, das er von der Mutter geerbt hat. Der neue Glaube verlangt kräftigere Seelen.«

»Verstehst du etwas von diesen Dingen, Kanzler?« fragte der Feldherr neugierig.

»Wie sollte ich, Pescara? Ich bin wie du und wir alle ein Bewohner der Wirklichkeit, ein Kind der Helle, das mit der antiken Weisheit über das Ende hinaus nichts sieht als Larven und Schemen und auf wogendem Nebel die riesigen Spiegelungen wieder dieses unsers eigenen und irdischen Daseins. Unter denen aber, welche mit dem Volke Gut und Böse glauben und Leib und Seele und die Fabel eines letzten Gerichtes, wird jetzt, wie du weißt, unversöhnlich gestritten über die beste Rüstung an jenem Tage der blasenden Posaune. Unsere kluge Kirche öffnet ihre Buden und legt verständig ihren Vorrat an guten Werken zum Verkauf aus. Der deutsche Mönch aber zankt und schreit: Das ist Plunder! Werft euer Geld nicht weg! Ihr habt es umsonst. Eure Schulden sind bezahlt. Glaubet es nur, und sie sind nicht mehr! Solches aber zu glauben, braucht es eine große Tapferkeit, denn es ist unter dem Unglaublichen das Unglaublichste. Doch bringen es diese deutschen Köpfe fertig, so brauchen sie gar keine Pfaffheit mehr und sind in ihrer trotzigen Sicherheit uns Italienern gewaltig überlegen, die wir ungläubig sind oder abergläubisch.

Ich rede im groben, Pescara. Aber diese Vorstellungen, nichtig an sich, werden im Leben zu den realsten Mächten, die kein Staatsmann vernachlässigen darf. Und du mit deiner großen Aufgabe am wenigsten, Pescara, wenn du auch selbst ein Gottloser bist, wie ich dich kenne.« Sein Lächeln blieb unerwidert.

»Hier irrst du dich, Kanzler«, sagte Pescara ernst. »Ich glaube an eine Gottheit, und wahrlich keine eingebildete. Doch in dem andern hast du recht. Ich habe es mit Augen gesehen. Am Abende meiner Schlacht« – er meinte die von Pavia – »sah ich im Lazarett zwei höchst frevelhafte Menschen sterben, einen Deutschen und einen Spanier, diesen unter seinen Reliquien und in den Armen zweier Priester zitternd und bebend, jenen allein, doch voller Zuversicht und Freude. Ich sprach ihn an, denn ich weiß ein paar deutsche Wörter, und erfuhr, daß er traue und trotze auf den reuigen Schächer. Doch lassen wir diese Farben der Seele. Zurück zu deiner Sache, denn ich meine, daß du noch nicht damit zu Ende bist.«

»Gewiß nicht, Pescara. Dann erst, wann du durch das Schwert oder durch ein listiges Abkommen den Kaiser außer Spiel gesetzt haben wirst, dann erst baust du deine Größe und Italiens Freiheit. Die zwölf Arbeiten des Herkules! Doch du rufst alle Seiten und Eigenschaften deines Wesens unter die Waffen: Geduld und Entschluß, Begeisterung und Berechnung, Arglist und große Gesinnung. Kein Teilchen von dir wird müßig gehen. Du kennst dich noch gar nicht, Pescara! Dann erst wirst du dich zeigen als der, welcher du bist, in deinem ganzen Wuchse: für das Volk ein furchtbarer und wohltätiger Dämon, für das Heer ein unfehlbarer Sieger, für den Patrioten der Vollender Italiens, für den Gelehrten der wiederaufgelebte römische Ehrgeiz, für die Fürsten, soviel du ihrer bestehen lässest, der herrschende Bundesgenosse. Du beutest alle Möglichkeiten und Begünstigungen des Jahrhunderts aus. Du wirst der Verteidiger des Papstes und eroberst ihm seine Städte und Provinzen zurück, die du für dich behältst; du reitest als Schiedsrichter zwischen der verröchelnden Republik und den Mediceern in Florenz ein und sie gehorchen dir beide. Ja sogar die stolze Fürstin der Hadria zwingst du in deinen Machtkreis! Ich sehe dich«, jubelte Morone, »wie du ihr Doge wirst und dich dem Meere vermählst.

So wächsest du, bis dich und dein herrliches Weib auf dem römischen Kapitol tausend frohlockende Arme vergötternd in die Lüfte heben und dich ganz Italien als seinen König zeigen, welches du dann, wie dir jetzt, ich fürchte, noch nicht möglich ist, als deinen Besitz und deinen Ruhm ein wenig lieben wirst, damit endend, womit ich angefangen habe, denn allein meine Liebe zu Italien, das Beste, das einzig Gute an mir, wirft mich dir zu Füßen, du Kaltherziger!« Und er umfing das Knie des Feldherrn mit einer so inbrünstigen Gebärde, daß dieser aufspringend einer solchen Anbetung sich entzog, aber doch innerlich ergriffen schien, sei es daß ihn diese Wahrheit des Gefühls in einem lügnerischen Geiste fesselte, sei es daß sein mächtiger Verstand die angedeuteten Züge seiner und Italiens möglicher Größe unwillkürlich zu einem lebensfähigen Ganzen zusammenschloß.

Er ließ den Kanzler und schritt mit über der Brust gekreuzten Armen mehrere Male langsam durch das Zimmer, zuletzt wie zufällig wieder vor ihm stehenbleibend. »Wie viele meiner Jahre verlangst du von mir, Morone?« warf er hin.

»Viele, ohne Zweifel«, versetzte der Kanzler. »Je mehrere, desto besser! Nur mit jenen langen und fruchtbaren Pausen, welche die Dinge still und unaufhaltsam wachsen lassen, unzerstörlich scheinende Hindernisse zernagen, die Gewissen abstumpfen und beruhigen und selbst das ursprünglich Frevle entsühnen und heiligen, nur auf solchen breiten und notwendigen Stufen ist Bleibendes im Staate erreichbar. Dein bester Verbündeter, Pescara, ist das Leben. Zehn, zwanzig, warum nicht dreißig Jahre, Pescara? Du stehst ja in der Fülle der Kraft und schöpfst nur so mit der Hand aus der überströmenden Quelle. Du hast deinen Schatz kaum noch angegriffen, und nicht zum wenigsten darum haben dich die unsterblichen Götter Italiens zu diesem deinem herrlichen Werke berufen, weil du, römisch gesprochen, ein Jüngling bist und dich noch lange kein Todesschatten berühren darf!«

Ein plötzlich hervortretender harter und finsterer Zug hatte das Antlitz des Feldherrn verwandelt. Er traf den Kanzler mit einem so feindseligen Blicke, daß dieser um einen Schritt zurückwich. »Weißt du«, drohte er, »daß, wenn mich mein Ehrgeiz überwältigen sollte, das erste Opfer dein Gebieter der Sforza wäre? Denn ich finge damit an, euer Mailand dem Bourbon zu geben, der mein Alter ego, meine rechte Hand und ein Gonzaga ist. Ich würde es ihm gönnen! Überlieferst du mir den Sforza?«

»Bei allen Göttern, nein!« schrie der entsetzte Kanzler. »Ich meinen Herzog verraten! Niemals! Nimmermehr!

Und«, rief er empört, »wie darfst du daran denken, Pescara, unsere reine und heilige Sache mit dem Borbone zu beflecken!«

»Sehet diesen Menschen!« verhöhnte ihn Pescara. »Gibt es etwas Frecheres? Dem armseligen Fürsten will er Treue halten, und mutet mir zu, sie meinem erhabenen Kaiser zu brechen! Sehet diesen unzusammenhängenden Geist! Er verlockt mich zum Verrat und will rein bleiben von Verrat!«

»Das ist etwas völlig anderes«, wehklagte der Kanzler. »Der Connétable hat sein Vaterland verraten, und du rettest es, indem du von einem Fürsten abfällst, welcher nicht der deinige ist. Meinen Herzog preisgeben, meinen holdseligen Herrn! Der Mohr wird mir im Traume erscheinen!« ... er tat einen erbärmlichen Seufzer ... »Doch, dennoch, es sei! Aber jetzt, Pescara, widerstehe auch du nicht länger! Erbarmst du dich Italiens? Gib Antwort, Grausamer!« und die Tränen brachen ihm aus den Augen.

»Heute nicht, Morone!« tröstete ihn Pescara. »Wir sind beide ermüdet und bedürfen der Ruhe. Es ist die Stunde der Siesta.« Er klingelte. »Ippolito«, unterwies er den Knaben, »führe den Herrn, der ein großer Staatsmann ist, in den Turmflügel. Der Haushofmeister soll ihm die ganze Zimmerreihe des Oberstockes öffnen und ihn sorgfältig bedienen und reichlich bewirten lassen. Ihr findet eine gewählte Bibliothek, Kanzler, und wollet Ihr Luft schöpfen, so steiget in den Garten hinab, er ist schattig und reicht bis an die Wälle. Ich lade Euch nicht zu Tafel, da ich Donna Victoria erwarte, der mein Abend gehört. Lasset Euch die Zeit nicht lange werden. Morgen sehen wir uns wieder.«

»Wie wird mir der Tag vergehen?« jammerte der Kanzler.
»Alles geht vorüber. Noch eins: nähert Euch, ich bitte, den Wachtposten nicht, Ihr verstündet denn das Deutsche.« Er sah den Kanzler erbleichen. »Fürchtet nichts«, schloß er freundlich und entließ ihn.
Wie er sich wieder umwendete, näherten sich ihm der Herzog und Del Guasto, die ihr Versteck verlassen hatten, beide in der höchsten Aufregung, der bleiche Bourbon mit fieberhaft geröteten Wangen, Del Guasto mit lodernden Augen. Pescara erriet, daß das belauschte Gespräch und der gezeigte Ruhm sie beide verführt und bezaubert hatte. Del Guasto lechzte nach Beute und der Herzog nach dem reinigenden Lorbeer. Noch schwiegen sie, aber ihre dringende und flehende Gebärde wollte sich in Worte verwandeln. Da schloß ihnen Pescara den Mund.
»Herrschaften«, sagte er, »hier wurde Theater gespielt. Das Stück dauerte lange. Habt ihr nicht gegähnt in eurer Loge?«
Da schlug der Bourbon in plötzlich umspringender Stimmung eine gelle Lache auf. »Trauerspiel oder Posse?« fragte er.
»Tragödie, Hoheit.«
»Und betitelt sich?«
»Tod und Narr«, antwortete Pescara.

Viertes Kapitel

Durch seine lange Zimmerreihe schritt der Kanzler von

Mailand ruhelos auf und nieder. Die Fensterläden waren gegen die brennende Nachmittagssonne geschlossen und nur durch eine Spalte schoß hin und wieder ein neckischer Strahl in die Dämmerung, einen grellen Streifen über die Fliesen ziehend, während die Tiefe der Gemächer im Geheimnis blieb. Doch nicht der schmalste Lichtblitz erhellte dem Kanzler die Seele Pescaras. Er hatte seinen ganzen Menschen preisgegeben, Pescara auch nicht ein Teilchen seiner selbst, und nicht nur ein Schuldiger und Geständiger war jetzt der Kanzler, sondern auch ein Gefangener oder nicht viel anders. Doch weit entfernt, daß seine Bloßstellung ihn gereut oder sein Halbgefängnis ihn geängstigt hätte: im Gegenteil, er schwelgte in der Großmut seiner völligen Hingabe. Nicht einmal sein schmählich verratener Herzog beunruhigte jetzt sein Gewissen, so gänzlich erfüllte ihn die Leidenschaft sich Pescaras zu bemächtigen und der Reiz seines Anschlages auf diesen einzigen Menschen, dessen große Haltung und ernstes Spiel in der eben beendeten Szene er aufrichtig bewunderte. Er setzte diese Szene fort: jedes Wort des Zwiegespräches wiederholte sich in seinem Ohr und selbst jede Miene und Gebärde desselben bildete sich ab in seinen Zügen und schwang in seinen Muskeln fort – doch über Sinn und Tragweite des Gesprochenen verstrickte er sich in unlösbare, in tödliche Zweifel. Eine Auslegung nach der andern verwarf er, um zuletzt zu dem wahrscheinlichen Schlusse zu kommen, noch sei Pescara ungewiß, noch liege er im Kampfe mit sich selber.

Da gedachte er sehnsüchtig der Bundesgenossin, die jede Stunde, jede Minute ihm bringen konnte, und der Wert Victoria Colonnas deuchte ihm unermeßlich.

Nur eine solche konnte einen solchen besiegen. Nicht ein aufstachelndes, herrschsüchtiges Weib, wie damals deren manches in Italien sein Wesen trieb, sondern die edelste Frau der Zeit führte seine Sache, und in dieser jede Schönheit und Tugend Italiens verkörpernden und von seinen Freveln und Sünden freien Gestalt erschien ihm sein Vaterland so unvergleichlich und der Ruhm, es sich selbst wiederzugeben, so einzig, daß hier sogar ein Pescara und gerade ein Pescara unmöglich widerstehen konnte. Ein mit unsittlichen Mitteln wirkendes Bündnis verklärte sich in diesen himmlischen Augen zu einer Reinheit, die den Namen einer »heiligen Liga« in einem freien und weltlichen Sinne rechtfertigte. Die Bewunderung des göttlichen Weibes, welches, wie er glaubte, Italien zu retten berufen sei, wurde dem Kanzler zur Anbetung und seligen Inbrunst, denn er war der erhabensten und der gemeinsten Gefühle in gleicher Weise und Stärke fähig.

Jetzt da die gewonnene Zuversicht sein Inneres erhellte, verlangte es ihn nach dem Tageslichte, er stieß einen Laden auf und stand, sich umblickend, in dem sogenannten Schlangensaale, von welchem sein Herzog ihm oft erzählt, den er selbst aber noch nie gesehen hatte. Über dem Getäfel lief die vier Wände entlang ein gemaltes Geflechte von Schlangen, je zweie sich umwindend, die eine der feuerspeiende Drache der Sforza, die andere das entsetzliche Wappenbild der Visconti, die Schlange mit dem Kind im Rachen. Legende oder Wahrheit, der süße Lionardo da Vinci galt als der Schöpfer des scheuseligen Kranzes: während seines langen Dienstes bei dem Mohren habe er einmal im herzoglichen Hause zu Novara sich aufgehalten und in wenigen Stunden dieses Spiel einer grausamen Laune begonnen und beendigt unter dem Vorwande einer Verherrlichung seines Fürstenhauses. Keine Unmöglichkeit, denn der Bildner des zärtlichsten Lächelns liebte zugleich die Fratze und das Grauen. Zuerst mit ergötzten, bald mit beängstigten Augen betrachtete der Kanzler den wilden Ring, das Werk einer unerschrockenen Einbildungskraft, die sich daran geübt hatte, den Ungetümen und dem nackten Kinde in dem verschlingenden Rachen eine Folge von natürlichen Bewegungen zu geben. Dann plötzlich erschien es ihm, als lebe und drehe sich das Gewinde. Der Kanzler wendete sich schaudernd und trat wieder an das Fenster.

Er erblickte den einsamen Schloßgarten, der sich unter einem weiten Gewölbe von Bäumen in tiefdunkle Schatten verlor. Darüber das blendende Lichtmeer, und hin und wieder ein Bruchstück der gezackten Stadtmauer. Nur in einiger Entfernung stieg aus dem üppigsten Grün auf drei Terrassen eine kleine Villa, im Winkel und von zwei Seiten sichtbar, deren jede ein Bild bot, jene mit einem Turmbau endigend, diese in einen weinumwundenen Säulengang verlaufend. Es wollte Morone scheinen, das anmutige Landhaus, dessen Teile leicht auseinander herauswuchsen, müsse für Victoria bestimmt und der Gedanke Pescaras sein, der ihr nicht in einem schweren und von dem Schritte der Wachen dröhnenden Schlosse, sondern an einer gefälligen und friedlichen Stätte liebenden Empfang bereite. Auch deutete mancherlei drüben hin und her eilende Dienerschaft auf das Kommen eines Gastes, und jetzt glaubte er aus der entgegengesetzten Richtung den Lärm einer Ankunft zu vernehmen. Da litt es ihn nicht länger in den unbehaglichen Räumen, er suchte Treppe und Pforte und wandelte bald in einem grünen Schattenreiche.

Seine Schritte führten ihn in ein weites Rondell, wo das lieblichste Halbdunkel herrschte und in dessen Mitte ein Brunnen seine schimmernde Schale mit einer langsam strömenden Flut durchsichtig und einschläfernd verschleierte. Vier breite Marmorsitze standen im Umkreise. Auf einem derselben, dessen Lehnen zwei Sphinxe bildeten, schlummerte der Feldherr, das Haupt über die Brust gesenkt.

Nach einem leichten Erstaunen näherte sich Morone auf vorsichtigen Füßen, um das schlafende Antlitz zu belauschen, ob nicht die jetzt willenlose Miene den verschwiegenen Gedanken abbilde und ausdrücke. Lange stand er davor. Nein, es träumte nicht ehrgeizig, dieses Haupt, noch sann es Verrat, sondern seine unbeherrschten Züge trugen, ohne die Spur von Triumph und List, einen Ausdruck, der kein anderer sein konnte als der des Leidens und der Entsagung. Wie Morone es betrachtete, erstarrte seine eigene aufgeregte Miene, denn die des stillen Hauptes war so überredend, daß auch ihn eine fatalistische Stimmung unwiderstehlich erfaßte, eine Gewißheit von dem Nichts der menschlichen Pläne und der Allgewalt des Schicksals. Nichts anderes sagte das mächtige Antlitz als Frömmigkeit und Gehorsam.

Da legte sich unversehens eine Hand auf die Schulter des Kanzlers. Nach einem kleinen gespenstischen Schrecken, als ob ihn der Geist des vor ihm Schlummernden von hinten berühre, wandte er sich und erblickte einen gelben Schädel und eine von Alter gebro-

chene Gestalt. Zwei braune kluge, aber unendlich wehmütige Augen waren ihr einziges Leben.
»Numa! Wahrhaftig, du hast mich erschreckt.«
»Ich glaube es. Aber komm, Kanzler. Lassen wir ihn schlummern und setzen uns dort gegenüber, daß ich ihn von ferne beobachte.« Sie taten es, und der Arzt der wohl achtzig zählen mochte, doch sein feines Gehör bewahrt hatte, ließ sich mit dem Kanzler in ein lispelndes Gespräch ein. »Du glaubst gewonnen zu haben?« fragte er.
»Ich weiß nicht«, sagte der Kanzler. »Est in votis.«
»Enttäusche dich, Girolamo! Ich sage dir, auch wenn er wollte, so kann er nicht.«
»Er könnte nicht? Warum? Das tönt geheimnisvoll. Welcher Gott oder welche Göttin verbietet es ihm? Kreuzige mich nicht! Rede!«
»Dürfte ich reden, ich hätte dir von der Schwelle meines Hauses und aus Novara weggewinkt, aber meine Lippen sind gebannt. Doch ich darf dich, du Ärmster, auch nicht in dein Verderben stürzen lassen. Du verlierst hier deine Worte und vielleicht dein Leben. Er kann nicht, beteure ich dir! Es ist ihm versagt. Es ist ihm nicht beschieden. Fliehe! Es ist alles umsonst.«
»Fliehen? vor Pescara? Ich denke nicht daran und halte ihn fest umschlungen! Bei allen Dämonen, warum ist es ihm nicht beschieden?«
Da hauchte der Arzt, daß ihn Morone kaum verstehen konnte: »Ist nicht aller sterbliche Wandel in Zeit und Raum? Beide aber versagen diesem.«
Er legte den Finger auf die Lippen, ihnen Schweigen gebietend, und dann gleich zum andern Male, um den Kanzler auf nahende Schritte aufmerksam zu machen.

»Still! Siehe!« flüsterte er.
Auf leisen Sohlen kam Victoria Colonna in den weiten grünen Saal, den Gatten an seinem Lieblingsplatze suchend. Noch trug ihr Kleid den Staub der Straße; sie mochte kaum vom Pferde geglitten sein. Da sie ihn schlummern sah, blieb sie stehen und verlor sich in seinem Anblick. Dann zerfloß sie plötzlich in Tränen, aus einem Übermaß der Freude, oder es erschreckte sie der heilige Ernst der geliebten, nun von Mühen und Wunden tiefer gegrabenen Züge. Wenige Augenblicke aber, und sie trat zu ihm. Mit unendlicher Liebe legte sie die Hand unter das strenge Haupt, und es sachte hebend, weckte sie es mit inbrünstigen Küssen. Pescara öffnete die Augen. Sanft drückte er sein Weib an die rechte Brust und gab ihr einen Kuß auf die Stirne.
Da sich der Feldherr erhob, hatte sich Morone in einer seltenen Regung von Keuschheit weggeschlichen und Pescara sah nur den Arzt vor sich. Die Linke um Victoria schlingend, ergriff er mit der Rechten die Hand Numas und sprach zu seinem Weibe: »Das ist mein Arzt«, und diese, in ihrer feurigen Art, bog das Knie und bedeckte die schlaffe Hand mit Küssen. »Sie hat die Wunde meines Helden geschlossen!« jubelte sie voller Dankbarkeit. Dann aber richtete sie sich auf und fragte in tiefer Erregung: »Messer Numa Dati?«
Der Alte verneigte sich.
Und Victoria, von ihrem warmen Herzen hingerissen, wendete sich an den Gemahl, Mund gegen Mund, und klagte: »Ehe wir uns freuen, mußt du mir und diesem Recht schaffen! Unser Neffe hat ihm die Enkelin verleitet und weigert sich, der Frevler, seine Schuld durch die Ehe zu sühnen!«

»Ist es so, Numa?« sagte der Feldherr, und da der Greis traurig bejahte: »Warum hast du mir das verheimlicht?«

»Anfangs, Herrlichkeit, war es eine bloße Vermutung, da sie mein Haus und Novara heimlich verließ. Und wie durfte ich Euch, der sein eigenes großes Schicksal trägt, mit dem kleinen eines Mädchens beschäftigen? Erst heute erhielt ich Gewißheit, durch ein Schreiben aus Rom, von der Äbtissin, in deren Kloster das arme Kind sich geflüchtet hatte.«

Jetzt drängte sich Victoria flehend an die linke Seite ihres Helden, der unter dem Drucke des Frauenleibes einen körperlichen Schmerz zu empfinden schien. Um ihn zu verbergen und zu verwinden, tat er ein paar Schritte vorwärts.

Die dreie standen vor den spielenden Lichtern des Brunnens. »Schönste Frau, mich hat herzlich verlangt Euch wiederzusehen«, sagte der Feldherr, »und da bist du ja, meine Seele!« Er blickte ihr in die strahlenden Augen. »Aber deine edeln Lider sind ja noch ganz bestäubt von der Reise. Dein Tuch!« Sie gab es ihm, der es netzte, und schloß die Augen, während er ihr Stirn und Lid und Wange wusch und badete.

»Ich erinnere mich deiner Enkelin ganz wohl, Numa, obwohl ich sie kaum gesehen habe. Tiefblaue Augen und kastanienbraune Haare, wie diese da, nicht wahr, und Julia heißt sie? Was ihre Sache betrifft, die dünkt mich schwer und tragisch. Nicht daß ich anstünde den Bösen, den du kennst, Victoria – auch ich kann ihn nicht anders nennen – zur Ehe mit ihr zu zwingen, er würde sich fügen, ohne Zweifel, denn er ist mein Geschöpf und ich habe Macht über ihn. Aber ich frage

mich, ob es gut sei, die Verschmähte an einen Herzlosen und Grausamen zu fesseln, der freilich durch seine Vermessenheit und Begabung in der Welt die höchsten Stufen erreichen wird. Und sie selbst? Wird sie es verlangen? Glaubst du, Victoria? Hat sie es verlangt, die sich dir in Rom zu Füßen geworfen hat, wie ich vermute, da du sie kennst?«
»So tat sie«, sagte Victoria mit flehender Stimme.
»Ertrug sie deinen reinen Anblick? Und im Ernst, du willst sie dem Manne geben, der sie verschmäht? Wenn sie mein Kind wäre, ich vergrübe sie ins Kloster. Ihr aber seid menschlich und barmherzig, Madonna. Und wer weiß, vielleicht liebt sie ihn noch, oder liebt und haßt ihn zugleich – ich verstehe das nicht. Doch ich will mich ihrer annehmen, sie habe die Wahl.«
Jetzt öffnete der Arzt den welken Mund. »Arme Julia! Welche Wahl! Selig, daß sie ihrer überhoben ist!«
»Wodurch?« fragte Pescara.
»Durch eine dunkle, aber weise Gottheit.«
»Ich verstehe«, sagte der Feldherr rasch, »sie lebt nicht mehr.«
»Du sagst es, Herrlichkeit.«
»Sie hat sich ein Leides getan?« wehklagte Victoria. »Da sei ihr Schutzengel davor!«
»Wer weiß es? Als sie in ihr Kloster zurückkam, nachdem sie sich Euch geoffenbart, ist sie gestorben. Ihr Geständnis muß sie getötet haben, und der Anblick Eurer Reinheit, Madonna, wie die Herrlichkeit es gewollt hat. Vielleicht ein Herzschlag, vielleicht – das willige Mädchen ist mir in meiner Apotheke oft mit Verständnis und Geschick beigestanden.«
Jetzt urteilte der Feldherr: »Das bleibe unberedet. Sie

ist eingegangen in den Frieden und steht jetzt in Dienst und Pflicht einer heiligen Macht, die unserer erbärmlichen Gerechtigkeit spottet.«

Victoria weinte und der Greis flehte: »Ich kann nicht mehr! Es sei gut!«

»Ja, es *ist* gut«, schloß der Feldherr.

Dann bot er Victoria die Hand und sagte leichthin: »Edle Frau, ich habe Euch und mir, solange wir zusammensein dürfen, ein helleres Haus gerüstet als dieses alte Schloß mit seinen plumpen Deckenbalken, diese Wohnung des Verrates, denn auf seiner Zugbrücke wurde der Mohr ausgeliefert. Sehet Ihr dort bei den Pinien die anmutige Baute, Madonna? Die habe ich Euch bestimmt: sie ziemt Eurem klaren Wandel.«

Sie durchschritten den Park und langten am Fuße der drei Treppen an, wo der greise Arzt stehenblieb, Atem schöpfend und den Feldherrn zurückerwartend. Da Victoria die dritte Treppe erstieg, erblickte sie zwei Bildwerke, welche rechts und links die höchste Stufe schmückten. »Das hat der junge Franz Sforza ersonnen, an welchem sein guter Geschmack immer noch das Beste ist«, plauderte Pescara. »Diese Gruppen sind hübsche Gedanken aus seinem flüchtigen Kopfe. Die rechts zum Beispiel. Erst konnte ich nicht aus ihr klug werden, sosehr sie mir gefiel. Da sagte mir der Gärtner die Inschrift, die sie anfangs trug, die aber der feine Herzog verschwinden ließ, damit der Beschauer fühle und rate. Sie lautete … doch das bringst du heraus, Geliebte?«

Victoria, nachdem sie einen flüchtigen Blick auf die linke Gruppe, ein ungebunden kosendes Paar geworfen hatte, betrachtete lange Zeit die rechte. Es waren zwei weibliche Gestalten, eine liegend und etwas wie eine Blume oder einen Schmetterling leichtsinnig zerpflükkend; die andere stand, innig vertieft in sich selbst, oder in die Ferne verloren. Alle drei Mädchen aber, das kosende, das vergessende, das sich sehnende, hatten unter verschiedenem Ausdrucke das gleiche Gesicht. Victoria sann. Da blies ihr der Feldherr mutwillig ins Ohr, wie in der Schule ein Knabe einem Mädchen: »Tu die Augen auf, ein paar Buchstaben sind noch lesbar.« Victoria entdeckte links, schwach ausgeprägt: Pres ..., rechts aber unterschied sie etwas deutlicher: Ass ... »Presenza und Assenza«, ergänzte sie beschämt, und der Feldherr sagte: »Die Gegenwart ist frech. Die Abwesenheit aber, die vergißt, ist gedankenlos. Ich preise die gegenwärtige Abwesenheit: die Sehnsucht.«

»Wir werden uns nicht mehr trennen, Ferdinand, wenn du mich liebhast.«

»Nur noch einmal. Für einige Tage, höchstens eine Woche, Madonna, bis ich Mailand werde genommen haben. Ihr folget mir, und forthin, wenn Ihr wollt, trennen wir uns nicht mehr. Es liegt an dir, Victoria«, sagte er zärtlich.

»Ob ich will!«

»Erinnerst du dich, Geliebte«, scherzte er wiederum, »daß du mir einmal in Ischia am plätschernden Strande gesagt hast, du begreifest nicht, wie ein Weib, das geliebt habe, jemals einem zweiten gehören könne? Es widerspricht der Liebe, sagtest du. Freilich, aber es hat Erfahrung und menschliche Natur für sich. Assenza, Assenza!«

Jetzt erhob sich Victoria zu ihrem ganzen stolzen Wuchs und streckte den herrlichen Arm, von welchem der Ärmel zurückfiel, gegen den leuchtenden Himmel und schwur: »Nie gehöre ich einem andern, bei den reinen Strahlen dieser Sonne!«

Der Feldherr beschwichtigte: »Dort stehen deine Kammerfrauen, Kind, und bestaunen dein Gelübde, das sie dir wahrlich nicht nachtun werden.« Er winkte den in ehrerbietiger Entfernung harrenden Zofen und beurlaubte sich bei der Marchesa. »Ihr werdet Euch umkleiden, Herrin, und ich selbst habe noch bis zur Abendstunde zu tun. Auf Wiedersehen hier, nach Sonnenuntergang, zum Spätmahle.« Er wendete sich und ging, ohne nach ihr sich umzublicken. Unten an der Treppe nahm er den Arm des greisen Arztes, langsam mit ihm durch einen Zypressengang nach dem Schlosse zurückwandelnd.

»Wie war die Nacht Eurer Herrlichkeit?« fragte der Alte.

»Wie gewöhnlich«, antwortete Pescara. »Du hast gegen deinen Gastfreund reinen Mund gehalten, Numa?«

»Ich erinnerte mich Eures Befehles ... Aber wie möget Ihr mit dem Kanzler und meinem armen Italien dieses grausame Spiel treiben! Wie dürft Ihr es?«

»Ich spiele mit Italien, sagst du? Im Gegenteil, deine Landsleute, Numa, spielen mit mir: sie heucheln Leben und sind tot in ihren Übertretungen und Sünden.«

Sie gingen eine Weile schweigend. »Weißt du, Numa«, spottete jetzt der Feldherr, »daß mich neulich ein Astrologe besucht und mir das Horoskop gestellt hat? Er schätzte mich auf sechzig Jahre, ich fand das wenig.«

Der Greis seufzte.

Wieder wandelten sie wortlos. Vor der schmalen Pforte der Burg beurlaubte Pescara den Alten. »Meine Feldherrn erwarten mich, Numa, ich habe sie auf diese Stunde beschieden.« Da beschlich ihn noch ein Mitleid mit den guten braunen Augen und dem zahnlosen Munde, und er sagte freundlich: »Fürchte nichts, Numa. Ich werde dein Italien nicht mißhandeln, ich werde gerecht und milde verfahren.«

In seinem Vorsaale fand der Feldherr den Herzog von Bourbon und Leyva sich gegenüberstehen, zwischen ihnen Del Guasto, als ob er sie auseinanderhielte, und dann noch einen vierten, der in einer Fensterbrüstung lehnte. Dieser war ein vornehmer Mann in Jahren, halb Mönch, halb Weltmann, mit einem bronzefarbenen Kopfe und tiefen, unergründlichen Zügen, in einen kuttenähnlichen weißen Mantel gehüllt. Wie Pescara ihn erblickte, schien der Feldherr leicht zu schaudern, ging aber auf ihn zu und begrüßte ihn.

»Was verschafft mir die Ehre, Moncada?«

Der andere erwiderte: »Erlaucht, ich bin in Sendung und ersuche im Namen des Vizekönigs um eine Unterredung.«

»Ich gewähre sie«, versetzte der Feldherr, »aber ich bitte Eure Gnade, sich kurz zu fassen am Vorabende des Feldzuges.«

»Eine geheime Unterredung.«

Pescara besann sich. »Eine geheime? Nicht, Ritter. Geschäftliches würde ich diesen zwei Herrschaften meinen Kollegen nicht vorenthalten. Ersparet mir die Mühe. Mein Neffe hier ist verschwiegen. Was ist Euer Auftrag? Sprechet, Ritter!« Er bot Moncada keinen Stuhl.

Dieser musterte die anwesenden Gesichter. »Nach Eurem Willen«, sagte er. »Erlaucht, der Vizekönig ist in tiefster Besorgnis. Die italienische Liga ist eine Tatsache, an welcher Erlaucht nicht zweifelt, da sie durch Leyva den Vizekönig um Truppen ersuchen ließ, welche dieser freilich nicht entbehren kann, selbst ihrer bedürftig, um im Falle des ausbrechenden Krieges eine ehrfürchtige, aber drohende Bewegung gegen die irregegangene oder mißleitete Heiligkeit zu machen. Erlaucht gibt zu, daß unsere Heere im Süden und Norden der Halbinsel zusammenwirkend in denselben Plan eingreifen müssen. In diesem Sinne sendet mich der Vizekönig, Euch zu begleiten und ihn auf dem laufenden zu halten. Genehmigt Erlaucht?«

Der Feldherr bejahte, seinen Unmut niederkämpfend.

»Ein anderes«, fuhr Moncada fort. »Ich bedaure, daß Ihr mich nicht geheim empfangen habet, aber ich ergreife den Augenblick. Es wird gewünscht, in Madrid, daß Erlaucht, wenn Sie Mailand erobert haben wird, dort zum Heile der Monarchie, und um das Übel mit der Wurzel auszurotten, streng und durchgreifend verfahre. Es wird geraten: der abtrünnige Herzog werde in Ketten gelegt und nach Spanien gesendet; der trotzige lombardische Adel verliere seine Güter und besteige das Schafott; starke Besatzung und schwere Kriegssteuer bändige den Bürger; der Schrecken herrsche in Mailand!« Er suchte in der Miene des Feldherrn zu lesen.

Dieser stand ruhig. »Der Schrecken?« wiederholte er. »Niemals, solange ich lebe und meinem Kaiser diene! Mailand ist Reichsgebiet, und der Kaiser will nicht, daß das Reich mißhandelt werde. Wer wünscht? Wer rät? Verschonet mich mit Räten und Wünschen, Moncada, ich brauche sie nicht.«

»Hat der Herzog um Aufschub gebeten?« fragte Moncada mißtrauisch.
»Nein, Ritter.«
»Durch seinen Kanzler?«
»Der Kanzler der Hoheit von Mailand bewohnt seit heute diese Burg. Eure Gnade kann ihn sprechen und sich bei ihm selbst erkundigen, Sie wird ihm damit ein Vergnügen machen, denn ich fürchte, daß er sich langweilt.«
»Erlaucht hat ihn nicht empfangen? Keine Neugierde läßt mich fragen, sondern das Interess'e der königlichen Sache, welcher wir alle hier dienen.«
»Ich habe den Kanzler gesprochen, heute morgen, zwei Stunden.«
Diese Aufrichtigkeit setzte Moncada in Erstaunen, aber sie sagte ihm nichts Neues. Er war durch die spähenden Ohren, welche er unter dem Gesinde Pescaras besoldete, von der Ankunft und der Audienz Morones genau unterrichtet.
»Eine lange Beredung, da doch allein von der Unterwerfung des Herzogs die Rede sein konnte.«
Pescara schwieg. Geheimer Abscheu, so schien es, verbot ihm, den vor ihm Stehenden nur eines Wortes zu würdigen über das Nötige hinaus.
»Ich wundere mich«, sprach Moncada weiter, »daß Erlaucht nicht kurz abgebrochen, und ich erstaune, daß Sie diesen Niederträchtigen überhaupt empfangen hat, jetzt da jene Verleumdungen über Erlaucht Italien erfüllen.«
»Nicht weiter! Jedes Wort wäre eine Beleidigung und ein Zeitverlust! Ich habe diese Lügen meinem Kaiser berichtet. Das genügt. Ich kenne meine Feinde ...«

»Weise. Und ebenso weise, wenn Erlaucht Ihrer Unterredung mit Morone unverdächtige Zeugen gegeben hätte.«

»Das geschah«, erwiderte Pescara verächtlich. »Diese Herrschaften hier.« Bourbon und Del Guasto nickten. »Was aber den Inhalt der Unterredung betrifft, nach welchem Ihr neugierig zu sein scheinet, so werdet Ihr ihn der Antwort entnehmen, welche ich in Eurer Gegenwart, wenn Ihr es wünscht, dem Kanzler morgen zu geben gewillt bin, bevor er meinem Heerzug als ein Gefangener folgen wird. Hier in diesem Saale. Nun aber lasse ich Euch.« Und er entfernte sich in sein inneres Gemach, wohin die drei andern ihm folgten.

Moncada stand allein. »Eine Maske«, überlegte er, »eine durchdachte Maske. Welch ein Antlitz verbirgt sie? ... Ich werde es wissen ... Du entrinnst mir nicht, ich umschwebe dich, Pescara!« Er ging langsam weg in streitenden Gedanken.

Während die drei Feldherrn drinnen den Krieg vorbereiteten, blieb der Vorsaal eine Weile leer und unbehütet. Der Page Ippolito hatte sich zu der Herrin hinübergeschlichen, deren Ankunft er belauscht hatte und deren Schönheit und Leutseligkeit er kindlich bewunderte. Er brannte sie zu begrüßen und ihr seine Dienste zu bieten. Dann aber bevölkerte sich der feierliche Saal mit einer lustigen Gesellschaft. Die fünf silbergrauen Windspiele des Connétable, närrische, noch ganz junge Tiere, hatten irgendeinen unbewachten Eingang in das Schloß gefunden und beschnoberten jetzt die Spalten der Türe, hinter welcher sie ihren Herrn vermuteten. Diese Rasse war Modesache. Nun kam auch der Windhund des Marchese, ein edles Tier und ein unermüdli-

cher Läufer, zu sehen, was es gebe, und war nicht sehr erbaut von dieser leichtsinnigen Sippe, die ihm nicht in diesen ernsten Raum zu gehören schien und der er knurrend sein Mißfallen kundgab.
Siehe da erschien noch ein zartes, zierliches Windspiel, ein schneeweißes Geschöpf von den feinsten Formen, das auf schimmerndem Silberhalsband die Inschrift trug: »Ich gehöre der Victoria Colonna.« Zuerst mit Freude und Bewunderung empfangen, wurde das schmucke Spielzeug bald zu einem gejagten und gehetzten Wilde, hinter welchem die ganze jugendliche Meute kläffend im Kreise herumfuhr. Da kam der Page hereingesprungen, nahm das Eigentum der Herrin, welche ihn danach gesendet haben mochte, in die Arme und flüchtete es aus dem Tumulte, die wilde Jagd hinter sich ziehend, den besonnenen Läufer des Pescara ausgenommen. In demselben Augenblicke trat Leyva aus dem innern Gemache und beschleunigte die allgemeine Flucht, indem er dem hintersten Hündchen des Connétable einen Tritt versetzte, daß es winselnd durch die Luft flog.
Der ergraute Feldherr hatte einen zornroten Kopf und ließ sich von Pescara, der ihn geleitete, kaum mehr an der Hand zurückhalten. »Leyva«, sagte der Marchese, »ich bitte Euch, bleibt! Beherrschet Euch! Ich kann Euch nicht zwingen, gegen den Herzog gerecht zu sein, aber beobachtet wenigstens die Formen! Der Herzog benimmt sich musterhaft gegen Euch, mit tadelloser Courtoisie, Ihr aber zoget ihm die grinsende Miene eines Bauers und jetzt lauft Ihr weg, ehe unsere Beratung geschlossen ist. Das ist kein Betragen, wie es sich für Eure Stellung und Euer Verdienst geziemt.«

»Ich konnte den Verräter nicht länger ertragen, Pescara! Mit jeder Miene, jeder Bewegung hat mich der Hochmütige beleidigt! Nichts als Hohn! Seine Kälte verachtet mich, und seine Verbeugungen spotten meiner. Ich möchte wissen, woher er das Recht nimmt auf mich herabzusehen. Ich stehe über ihm, trotz seiner hohen Geburt, denn meine Ehre ist rein und ich bin ein treuer Knecht meines Königs, den seinigen aber hat er verraten! Er ist gezeichnet und sein glattes Gesicht garstiger als meine Wunde hier! Doch nicht alle Fürsten verachten mich, es gibt deren, die meinen Wert kennen. So dieser verständige Moncada, mit dem ich gereist bin. Der wenigstens hat mich seines Vertrauens gewürdigt.«
Pescara wurde sehr ernst. »Leyva«, sagte er, »Ihr gebet mir die Genugtuung, daß ich Euch immer für voll genommen habe. Ich frage nicht nach der Geburt, sondern ich nehme den Menschen, wie ich ihn erprobe. Habet Ihr mich je hochmütig gesehen oder kleindenkend erfunden? Du hast nichts gegen mich, Alter«, sagte er zutraulich, »wir kennen uns.« Er suchte mit den hellen grauen Augen die des Mitfeldherrn, der sie ihm aber, den Kopf senkend, hartnäckig entzog. »Nichts«, murrte Leyva, »außer daß Ihr Freundschaft haltet mit dem andern. Doch ich habe Eile: Erlaucht schickt mir die Instruktionen nach. Ich besitze dergleichen gerne schriftlich. Leyva tut seine Pflicht. Zählt darauf!«
Der Feldherr ließ ihn gehen und streichelte nachdenklich den feinen Kopf seines Windspieles, das ihm denselben in die Hand zu legen gekommen war.
Dann trat er in sein Gemach zurück, wo er Bourbon und Del Guasto in einem aufgeregten Gespräche fand, wohl über den Kanzler, denn sie deuteten mit den Blik-

ken in der Richtung der Turmgemächer. Der Feldherr lächelte. »Herrschaften«, sagte er, »ihr habet heute morgen eine wunderbare Rede belauscht und – noch wunderbarer – diese Rede hat mich nicht verführt, aber euch meine Zeugen. Meine Treue blieb fest, und die eurige wurde erschüttert, wie ich glaube: ein Triumph, den der Kanzler nicht beabsichtigte, der ihm aber schmeicheln darf.«

Jetzt wendete er sich mit veränderter Miene gegen Del Guasto: »Don Juan, ich sah Eure Augen habgierig nach Beute flammen. Danket es mir, daß ich Euch nicht zu Worte kommen und Euern Herrn den Kaiser verraten ließ. Denn gerade Ihr, Don Juan, müsset der Majestät unverbrüchliche Treue halten, wenn Ihr nicht ein Verbrecher werden wollet. Treue am Fürsten ist die einzige Tugend, deren Ihr zur Not fähig seid, und der letzte Ehrbegriff, der Euch übrigbleibt. Sie wird Eure Unerbittlichkeit adeln, wenn Ihr dieselbe gegen Abfall und Empörung ausübet, und Eure grausamen Triebe werden der irdischen Gerechtigkeit dienen. Nehmet das als meinen wohlgemeinten Rat, und nun gehet und vermeidet heute die Augen Donna Victorias. Euer Anblick ist ihnen verhaßt, sie können einen Mörder nicht ertragen.«

»Einen Mörder?« Don Juan lehnte sich auf.

»Einen Mörder. Kennet Ihr Euer Opfer noch nicht? Ich nenne es Euch: es ist Julia, die Enkelin meines Numa Dati, gestorben in Rom am gebrochenen Herzen, und Ihr seid es, der sie umgebracht hat. Ihr geschah wohl, aber das mindert Euren Frevel nicht im geringsten. Fürchtet nicht, daß sie Euch erscheinen werde, sie ist versenkt in die Ruhe und überläßt Euch den Furien Eurer Seele, zu früher oder später Reue.«

Del Guasto erbleichte und sein Haar sträubte sich wie ein Gewirr von Schlangen. Nicht seine Tat erschreckte ihn, aber der furchtbare Richterernst des Feldherrn, dessen vernichtende Strafgewalt von jenseits des Grabes zu kommen schien. Er entwich bestürzt vor den Blitzen dieses Auges.

»Familienangelegenheiten«, bemerkte Bourbon.

»Aber weißt du, Ferdinand, daß der Kanzler mich mehr, als du denkst, begeistert hat? Trotz seiner Schmähungen – er ist der einzige, dem ich nichts übelnehme – war er auf dem Wege mich völlig zu betören, oder vielmehr du hast mich betört, da du sagtest, ich sei dein Alter ego und du würdest mir Mailand geben. Du hast dich über mich lustig gemacht und ich Stumpfsinniger habe den Spaß nicht verstanden.«

»Vergib, Karl! Ich war neugierig, ob der Kanzler seinem Herzog Treue hielte. Aber glaube mir, Karl, auch dir bleibt nichts als die Sache des Kaisers. Der Niedergang Italiens ist unaufhaltsam, es unterhöhlt sich selbst. Besieh dir doch die Sache: Italien bietet sich mir flehend und bedingungslos, mit einem Schein von Wahrheit und Größe, und zugleich zieht es mir mit vollendeter Tücke den Boden unter den Füßen weg, um mich zum Sprung über den Abgrund zu zwingen. Ich begreife bei solchen Gerüchten und Verleumdungen, daß mir Madrid einen Aufseher und Belauscher sendet. Aber warum meinen Feind? warum Moncada? Zwar er wird mir nichts anhaben, und ich werde mein Tagewerk zu Ende bringen und dir, Karl, werde ich geben, was ich kann, mein Amt und meine Nachfolge ... Nicht wahr, Karl, du bist gerecht in Italien? Du quälst es nicht? Du drückst es nicht über das Maß? Das gelobst du mir. Obwohl sie es nicht um mich verdient haben. Ich kenne dich: du gehst menschlich mit ihnen um.«

»Ausgenommen mit dem Heiligen Vater, der schlecht von mir gesprochen hat. Aber, Ferdinand, was redest du? Du erschreckst mich! Wir sind gleichen Alters, und eine Kugel kann mich vor dir oder uns beide zusammen niederstrecken. Dieser Moncada ist über dich gekommen wie ein Frost, ich sah dich zusammenschauern. Was liegt zwischen euch?«

Jetzt ging die Sonne unter und es klopfte leise an der Türe. Der eintretende Ippolito wendete sich flehend gegen seinen Herrn: »Erlaucht lasse Madonna nicht warten. Die Tafel drüben ist gedeckt und Madonna steht harrend auf der Terrasse, wenn sie nicht die Stufen herabsteigt.«

»Gehe, mein Kind, und sage ihr, ich komme.«

»Das tue ich nicht«, versetzte Ippolito mit anmutigem Trotze, »sonst läßt sich Erlaucht mit Hoheit wieder in ein endloses hochpolitisches Gespräch ein und die süße Frau wird vergessen.«

Der Feldherr litt den Knaben neben sich, und die Unterhaltung mit dem Herzog fortsetzend, um dessen Schulter er vertraulich den Arm geschlungen hatte, bediente er sich der spanischen Sprache, von welcher er wußte, daß sie von dem Pagen nicht verstanden wurde.

»Was zwischen mir und Moncada liegt, Karl? Etwas Entsetzliches, ein Verdacht, der für mich eine Wahrheit ist, für welchen ich aber keinen Beweis habe als meine Überzeugung. Ich glaube, ja ich bin gewiß: dieser Mensch hat meinen Vater umgebracht.« Er glättete die Locken des Kindes, das mit unschuldigen Augen zu ihm emporblickte.

»Es war nach der Wende des Jahrhunderts und ich wie dieser hier, jedenfalls nicht älter. Mein Vater, ein guter Feldherr und ein besserer Mann als ich, ein treuherziger Mann, ging in Sendung des damaligen Vizekönigs, des großen Gonsalvo, der später den spanischen Undank so grausam erfuhr, nach Barcelona, wo der alte Ferdinand eben hofhielt. Dort erblickte er den letzten Sprossen unsers neapolitanischen Fürstenhauses, jenen unglücklichen Jüngling, der unter dem argwöhnischen Auge Ferdinands welken mußte, mit einem unfruchtbaren Weibe verheiratet. Arglos und unklug wie der Vater war – ich sage dir, es gab keinen schlichtern Mann – ließ er sich mit dem entthronten Prinzen in ein teilnehmendes Gespräch ein und besuchte ihn dann zuweilen im Palaste. Das reichte hin, ihn dem Könige verdächtig zu machen, und dieser Verdacht genügte, um ihm das Leben abzusprechen.

Ich erzähle dir die Sache, wie ich sie nachher erforscht und zusammengebracht habe, da, bei reiferm Verstande und erlangter Menschenkenntnis, die Vergangenheit Sinn und Bedeutung für mich gewann. Es ist höchst wahrscheinlich, daß der König selbst sein Opfer bezeichnete, wenn auch nur mit einem halben Wort oder einer kurzen Gebärde. Die Ausführung seines geheimen Spruches aber übernahm ein junger Mensch, den er um sich hatte und von dem es hieß, daß er sein natürlicher Sohn sei. Der junge Moncada, kein anderer, begegnete meinem Vater, der von dem Prinzen zurückkam, in einer Galerie des Schlosses und stieß ihn nieder.

Kein Zweikampf, sondern ein Meuchelmord, denn die Rechte des Vaters war durch eine alte Verwundung gelähmt. Und Pescara fiel unschuldig, so wahr ich dich umschlungen halte, denn nichts lag dem Redlichen ferner als Intrige und Verschwörung. Ist das nicht verrucht? Und vielleicht glaubte der junge Moncada eine Pflicht zu erfüllen und als guter Christ zu handeln, da er dem Wink einer Königsbraue gehorchte. Ist das nicht abscheulich? Wäre so etwas bei euch möglich, Karl?«

»In Frankreich? Je nachdem. Doch nein, so einfach nicht.«

»Nach Jahren, da ich meine ersten Sporen verdient hatte, treffe ich den Moncada im Zelte meines Feldherrn und Schwiegervaters, des Fabricius Colonna. Er umarmt mich, nennt mich seinen jungen Helden, den aufgehenden Stern und die Hoffnung Spaniens, und sein Blick gleitet mit ruhiger Beobachtung über meine Züge. Er versichert mir, ich gleiche meinem Vater, den er gekannt habe, und das Blut erstarrt mir in den Adern, denn ich hatte die Gewißheit, daß mich der Mörder Pescaras liebkosend in den Armen halte.«

»Du ließest ihn gehen?«

»Am Abende jenes Tages ging ich, ihm das Leben zu nehmen oder ihn das meinige nehmen zu lassen. Er war verschwunden. Ich konnte ihn nicht verfolgen. Wo hätte ich die Zeit dazu genommen, immer im Zelte und in der Mitte der Entscheidungen wie ich lebte? Aber der Geist des gemordeten Vaters folgte mir überall.

Später erfuhr ich, der Verhaßte habe sich in irgendeine Kartause geworfen, um eine Sünde zu büßen. Dann ist er jenseits des Meeres, in Cuba wiederaufgetaucht, wo ihm König Ferdinand reiche Besitzungen verlieh, und hat den kühnen Cortez nach Mexiko begleitet. Ich denke, um den ehrgeizigen Eroberer zu überwachen: denn Moncada lebt in den Gedanken und Plänen seines Vaters und ist im Zusammenhange mit jener fanatischen spanischen Partei am kaiserlichen Hofe, welcher die Burgunder und Niederländer glücklicherweise die Waage halten. Über das Meer zurückgekehrt, hat er sich ein Verdienst daraus gemacht, durch sein verborgenes Wirken Neuspanien der Krone erhalten zu haben, und steht in halb gefürchtetem Ansehen, auch bei dem Kaiser seinem Neffen. Jetzt ist er in Italien, um mich zu unterjochen oder zu verderben. Das ist Moncada.«

»Weißt du, Ferdinand«, sagte Bourbon, der aufmerksam gelauscht hatte, »ich hätte dir längst gern einen Gefallen getan. Räche ich dir den Vater und schaffe dir zugleich den Feind vom Halse? Nicht durch Meuchelmord, das ist nicht meine Art, sondern in geregeltem Duell, zu welchem ich schon einen Anlaß finde. Ich gefährde mich nicht, denn, ohne dir nahezutreten, du gibst zu: wir Franzosen fechten besser als ihr Spanier. Du bleibst außer Spiel, und mich schützt meine fürstliche Geburt. Willst du? Ich bin zu deiner Verfügung.«

Da antwortete Pescara mit fast verklärten, bläulich schimmernden Augen: »Nein. Es ist zu spät. Ich denke jetzt anders und gebe den Mörder der ewigen Gerechtigkeit.«

Bourbon blickte erstaunt. Pescara aber nahm Ippolito an der Hand und sagte: »Nun dürfen wir Madonna Victoria nicht länger warten lassen.«

Er gab dem Herzog den Vortritt. Auf der Wendeltreppe fragte er den Knaben: »Die Herrin ist dir schon so lieb, die du heute zum ersten Male gesehen hast?«

»Sie war gleich so gütig«, erwiderte Ippolito, »und ihr sah die Schwester ähnlich, die ich jetzt nicht mehr sehen soll« – helle Zähren rieselten ihm über die Wange – »weil sie, wie mir der Großvater erzählte, in einem römischen Kloster ist und dort die Gelübde abgelegt hat. Und sie war sonst so fröhlich, die Julia, aber freilich in der letzten Zeit ist sie sehr still geworden. Wie mag sich die Schwester so jung begraben!« Er sagte das, während sie ins Freie traten.

»Ich flehe, mich der erlauchten Frau vorzustellen«, bat der Connétable. »Jüngst fand ich, ein Buch öffnend, die Natur habe das Herrlichste gebildet und dann die Form zerbrochen, damit Victoria Colonna einzig bleibe. Ihr gönnet mir den Anblick?«

Sie beschritten den langen Zypressengang, und jetzt gewahrten sie in einiger Entfernung einen bewegten Auftritt: eine vorwärtsstrebende weibliche Gestalt riß sich von einem Manne los, der ihr zu Füßen lag. In demselben Augenblicke schrie Ippolito: »Dort ist der böse Zauberer, er will der Herrin ein Leides tun!« und eilte spornstreichs Donna Victoria zu Hilfe, während der Kanzler von den Knieen aufsprang und hinter einer Lorbeerhecke verschwand.

Die Befreite eilte dem lächelnden Gemahl mit schnellen Füßen entgegen und mit einem so jungen und kräftigen Erröten, daß Pescara sie niemals schöner gesehen zu haben glaubte. Während ihr Gewand noch flog, sagte die nicht einmal außer Atem Gekommene: »Ein Flehender hat mich überfallen und beschworen, seine Sache bei Euer Erlaucht zu führen: er bittet, ihn nicht allzulange auf Bescheid harren zu lassen, da er sich in Zweifel und Erwartung verzehre.«

»Er hat seine Fürbitterin gut gewählt, Madonna«, versetzte der Feldherr, »aber alles zu seiner Zeit. Jetzt gestattet, daß ich Euch die Hoheit Bourbon vorstelle.« Victoria, lebhaft wie sie war, verbarg einen Ausdruck frauenhafter Teilnahme nicht.

Der Herzog ließ nicht im geringsten merken, daß ihn der knieende Kanzler belustigt hatte. Er verneigte sich ehrerbietig und hielt sich fein und stolz aus Rücksicht für Pescara und im Bewußtsein seines schmachvollen Ruhmes, das ihn nie verließ. Er bewunderte die Schönheit Victoriens, ohne sein dunkles Auge auf ihrem Antlitz oder ihrem Wuchse ruhen zu lassen. Er schmeichelte nicht, er streute keinen Weihrauch, sondern er sagte einfach: »Ich freue mich Madonna Victoria zu erblikken, die Gattin meines Freundes des Marchese, und huldige ihr nach Gebühr.« Dann verwickelte er sie, zu ihrer Linken gehend, in ein leichtes und gefälliges, aber unbedeutendes Gespräch, und da sie ihn zur Tafel bat, bedankte er sich und schied unten an der Treppe des Landhauses mit ruhiger Höflichkeit. Victoria, so bescheiden sie war, hatte mehr erwartet, schon aus Gewöhnung, denn ihr pflegte von den Berühmtheiten der Zeit auf das übertriebenste gehuldigt zu werden. Doch sie verwand leicht und belächelte ihre Enttäuschung, mit dem Feldherrn die Stufen hinansteigend in der schon wachsenden Dämmerung.

Die Mahlzeit war kurz, wie Pescara es liebte. Victoria ließ es sich nicht nehmen, selbst dem Gemahl die Speisen vorzulegen, er aber rächte sich beim Nachtisch. Zwischen Eis, Früchten und Naschwerk erblickte er eine von seinem Zuckerbäcker kunstvoll geformte Mandelkrone. »Siehe da«, scherzte er, »etwas für meine ehrgeizige Victoria!« Er bot sie ihr, deren Herz zu pochen begann.

Sie erhoben sich und betraten das Nebenzimmer, das eine schwebende Ampel gleichmäßig erhellte und in seinem noch frischen Schmucke schimmern ließ. An den Wänden liefen Kinder mit Blumenkränzen, während das Lattenwerk der Decke in seinen Feldern grau auf Goldgrund gemalte Heroenbüsten zeigte, eine willkürlich gewählte Gesellschaft, auf den vier ampelhellen Mittelfeldern: Äneas, König David, Herkules und Pescara. Das ganze Gerät war ein Ruhebette, dessen Rücklehne in ihrem Kastanienholze mit ausgebrochenen Lettern die Schrift trug: »Hier muß man plaudern.«

»Wie kommt es«, fragte Victoria, sich neben Pescara niederlassend, »daß mir der Connétable trotz seiner feinen Art einen unangenehmen Eindruck macht, daß er mich – geradeheraus gesagt – abstößt?«

»Der Arme!« scherzte Pescara. »Mars und Muse, Rauheit und Anmut, der garstige Leyva und die schöne Victoria fühlen sich gleicherweise von dem Kapetinger beleidigt, der sich doch gegen beide unsträflich benommen hat, wie ich bezeugen kann. Da muß sich etwas zwischen ihn und jeden andern, wer es sei, einschleichen, und ich glaube wohl, dieser entstellende Dunst und verhäßlichende Nebel ist sein Verrat, oder welchen Namen man dem Abfall von seinem Könige geben will.«

Eine leichte Blässe überzog das Antlitz Victorias.

»Verrat ...« Pescara dehnte die zwei Silben des Wortes.

»Es ist begreiflich, daß ein edles Weib diese Sünde verabscheut. Ob ich meinem Fürsten Treue breche oder meinem Freunde oder meinem ahnungslosen Weibe oder selbst meinem Mitschuldigen, alles das sind Spielarten derselben Gesinnung ... Schon dein finsterer und großer Dichter, aus welchem du deine Seele erneuerst, wertet den Verrat als die schwerste Schuld, da ja in seiner Giudecca sein Cerberus oder Luzifer in jedem der drei Rachen einen Verräter zermalmt. Den ersten weiß ich: es ist jener, der den Heiland geküßt hat. Wer aber sind die zwei andern: die, welche Luzifer an den Füßen gepackt hält und die das Haupt nach unten schweben? Das ist mir in diesem Augenblicke nicht erinnerlich. Sprich doch die Stelle, du weißt ja die hundert Gesänge auswendig.«

Victoria rezitierte:

»Degli altri due, ch'hanno il capo di sotto,
Quel, che pende dal nero ceffo, è Bruto:
Vedi come si storce, e non fa motto:
E l'altro è Cassio, che par sì membruto.«*

Behaglich plauderte der Feldherr weiter: »Dieser schweigend sich windende Brutus ist gut, doch – mit der schuldigen Ehrfurcht – den dürren Cassius, dessen Magerkeit Julius Cäsar fürchtete, wie kann ihn Dante muskulös nennen? Überhaupt, Victoria, wie gefällt dir diese Speise des Cerberus?«

Da antwortete Victoria tapfer: »Herr, die Mörder Cäsars gehören nicht in die Hölle. Hier tadle ich meinen Dichter.«

»Beileibe nicht!« neckte Pescara. »Und doch, brav,

* Hier windet Brutus sich mit festem Schweigen,
Und aus dem dritten Maul hangt Cassius nieder,
An dessen Leib sich alle Muskeln zeigen.

meine Römerin! Treue ist eine Tugend, aber nicht die höchste. Die höchste Tugend ist die Gerechtigkeit.«
So schaukelte Pescara sein Weib über dem Abgrund und dem Geheimnis seiner Seele und hinderte sie, Fuß zu fassen, die mit dem ganzen Ungestüm ihres Wesens Boden suchte, den Sieg erstrebend, den zu erringen sie nach Novara geeilt war. Auf immer neuen Wegen verfolgte sie das Ziel, von welchem Pescara sie ferne hielt. Jetzt hatte sie die Eingebung, den größten lebenden Patrioten Italiens zu Hilfe zu nehmen.
»Ich mußte mich immer wundern, Pescara«, sagte sie, »daß du, wie du bist, unter unsern Bildnern und Dichtern die lieblichen den gewaltigen vorziehst, den Ariost und Raffael dem erhabenen Dante und seinem späten, aber ebenbürtigen Bruder, dem Buonarotti – du selbst aber bist eine tiefe und verborgene Natur.«
»Eben darum, Victoria, wenn ich es bin. Die Kunst ist eine Ergötzung. Was aber deinen Michelangelo angeht, so mache mich nur nicht eifersüchtig auf den Zyklopen mit dem zertrümmerten Nasenbein, da du ihn so sehr bewunderst.«
Victoria lächelte. »Ich habe sein Angesicht nie gesehen und kenne nur seine Sistine.«
»Die Propheten und Sibyllen? Diese habe ich vor Jahren auch betrachtet und aufmerksam, doch sind sie mir wieder verschwommen, bis auf ein paar Einzelheiten. Zum Beispiel der Mensch mit gesträubtem Haar, der vor einem Spiegel zurückbebt –«
»Worin er die Drohungen der Gegenwart erblickt«, ergänzte sie erregt.
»Und dann die Karyatide, von einer ungeheuern Last zusammengedrückt, das kurze, viereckige, jammervol-

le Geschöpf! Das häßlichste Weib ohne Frage, wie du das schönste bist –«

»Eine Vergewaltigte, eine Unterjochte, eine Sklavin –«

»Nun tauchen mir auch die Propheten wieder auf: der kahle Sacharja, oder wer es sein mag, ein Bein oben, eines unten, der scheltende Hesekiel im Turban, Daniel schreibend, schreibend, schreibend. Auch die Sibyllen: die gekrümmte Alte mit der Habichtsnase, die glimmenden Augen in ein winziges Büchlein vertieft, mit der Nachbarin, die sich Öl in die erlöschende Ampel gießen läßt, und, die schönste von allen, die Jugendliche mit dem delphischen Dreifuß. Alles in rasender Tätigkeit. Was soll dieser Sturm? Was predigen und weissagen diese?«

Da rief Victoria in flammender Begeisterung, als säße sie selbst im Rate der Prophetinnen: »Sie bejammern die Knechtschaft Italiens und verkündigen den kommenden Retter und Heiland!«

»Nein«, urteilte Pescara streng, »die Stunde des Heils ist vorüber. Nicht Gnade verkündigen sie, sondern das Gericht.«

Victoria erbebte, aber schon wieder war der strafende Ernst aus den Zügen Pescaras gewichen. »Verlassen wir jene prophetische Kapelle«, sagte er schmeichelnd, »und eine Kunst, die erschreckt und erschüttert. Mich aber darfst du nicht gemeint haben, da du von einem Heiland Italiens sprachest, obwohl ich freilich die Seitenwunde schon besäße«, schloß er mit einem jener herben Scherze, welche ihm eigentümlich waren.

Die ganze Zärtlichkeit Victoriens überquoll, da Pescara jene Wunde nannte, welche ihre Tage und Nächte beschäftigt hatte, bis er ihr schrieb, sie habe sich geschlossen. Das liebende Weib umschlang ihn mit der Linken und mit der Rechten strich sie ihm die rötlich blonden, vorne leicht gelockten Haare tief in die Stirn, so daß er im Ampellicht und in ihrer wonnigen Nähe ein ganz jugendliches Ansehen gewann.

Da überkam sie eine Erinnerung an einen zusammen verlebten, nicht allzu fernen Tag. Es war in der Nähe von Tarent, auf einer ihrer Besitzungen. Dort hatten sie, freilich erst nach dem völligen Untergang einer sengenden Erntesonne, unter dem verglühenden Abendhimmel neben ihren noch rüstigen Schnittern zur Sichel gegriffen und sich jedes seine Garbe gebunden. Wieder sah sie den Feldherrn lässig auf der seinigen liegen, während sie die Schnittermädchen, leicht improvisierend, eine neue Kantilene lehrte nach dem Muster der dort im Süden gebräuchlichen, die dann das junge Volk bis in die Nacht zu wiederholen nicht müde wurde. Jenen Abend brachte sie jetzt dem Feldherrn ins Gedächtnis.

Es freute ihn. »Weißt du jenes Liedchen noch?« fragte er.

»Wie sollte ich?«

»Nun, es gab da einen Reim: Schnitter und Zither. Sonst sagte das Liedchen nichts weiter, als daß, wie auf dem Felde, auch im Himmel gesungen und die Garbe getragen werde. Das bescheidene Liedchen klingt vielleicht noch im Munde des Volkes, wenn ich und später auch du längst verstummt sind, und, aufrichtig, es gefällt mir besser als ein mir neulich übersendetes Sonett, in welchem du feierlich zu mir redest. Ruhig, Victoria! Es ist nicht von dir. Ich weiß, daß es nicht von dir ist.«

Sie loderte vor Zorn. »Wer erkühnt sich«, rief sie aus,

»meine Maske zu nehmen und in meinem Namen zu dir zu reden? Wer ist der Freche? Wo ist das Machwerk, daß ich es zerreiße!«

»Oh, das wäre schade. Es sind Verse, die dir keine Schande machen. Hier.« Der Feldherr zog ein Blatt aus dem Busen. Sie entriß es ihm und trat unter die Ampel. Mit wogender Brust und hastigen Lippen begann sie:

»Victoria an Pescara.

Ich heiße Sieg, Pescara, und ich kröne
Mit Lorbeer deine Schlachten und Gefechte,
Doch wehe mir, wenn ich die Heimat knechte,
Mißbrauchend meines Namens stolze Töne.

Da ich mich dir vermählt in Jugendschöne,
Aus Römerblut und fürstlichem Geschlechte,
Gab ich dir in Italien Bürgerrechte
Und brachte dir die Liebe seiner Söhne.

Ich komme, Lohn zu fordern für ein Leben,
Nur dir geweiht in hellem Opferbrande!
Mein Held, was wirst du deinem Weibe geben?

Ich weiß die Geister, welche dich umschweben!
Zerschneidend mit dem Schwert Italiens Bande,
Belohnst du mich mit meinem Vaterlande!«

Nie verwandelte sich eine Stimmung seltsamer unter dem Eindruck eines Gedichtes: unmutig hatte die Colonna das Blatt ergriffen, bald besänftigte sie sich, dann sprach sie innig und die letzten Zeilen jubelte sie hingerissen. Jetzt bekannte sie offen: »So bin ich und solches hoffe ich, wenn ich dieses auch nicht geschrieben habe!«

Pescara blickte spöttisch. »Das Sonett«, sagte er, »hat sich auf deinen Lippen wunderbar veredelt, aber es ist innerlich hohl und stammt aus einer niedrigen Seele. Liebe fordert keinen Lohn, Liebe gibt sich umsonst, Liebe rechnet nicht. Solches ist gemein. Nein, so kann Victoria nicht denken. Ein Mietling hat diese Verse gemacht, und ich weiß seinen Namen: seine ungeheure Eitelkeit hat ihn gezwungen, die Maske frech zu lüften. Sieh her.« Pescara wies mit dem Finger auf zwei winzige Buchstaben, ein P und ein A, in die untere rechte Ecke des Blattes gekritzelt. »Auch ein Göttlicher, wie er sich nennt! Ich sehe den Aretiner mit seinem Zeltgenossen, dem Giovanni Medici, dem zügellosesten Jüngling Italiens, weintriefend und witzereißend zusammensitzen und höre ihn lästern: ›Glaube mir, Hans, es ist kein leichtes, sich in die göttliche Victoria hineinzudenken!‹ Und ein faunischer Jubel. Der Aretiner lacht, daß er fast mit dem Stuhl überschlägt, er schüttelt sich, er lacht aus vollem Halse.«

»Bräche er ihn, der Schamlose!« schluchzte Victoria; denn Petrus Aretinus und sein Wesen waren schon damals weltkundig.

»Brav, meine Römerin!« begütigte Pescara. »In einem aber hat er recht, Geliebte: dein Vorname hat schon den Bräutigam begeistert. Es ist schön, mit dem Siege vermählt zu sein.«

Aber die Colonna verstand keinen Scherz mehr. Sie war in den Tiefen ihrer Seele aufgewühlt, in den Wurzeln ihres Wesens erschüttert, voller Tränen und zugleich voller Glut und Leidenschaft. »Doch in dem andern hat er unrecht!« redete sie heftig. »Ich weiß nicht, auf welchen Geist du lauschest, und mühe mich umsonst in deinem Herzen zu lesen! Du spielst mit deinem Weibe! Du umarmst mich und du drückst mich weg! Hast du Grausamer mich doch nicht einmal meine Botschaft ausrichten lassen, die ich dir bringen wollte in dem Jubel meines Herzens!«

»Weil ich sie erriet. Ich tadle den Heiligen Vater, mein edles Weib zur Dienerin mißbraucht und dir, der Wahrhaften, eine Botschaft aufgelistet zu haben, eine Botschaft seiner und deiner unwürdig, voller Lüge und Sophismen, welche ich, in den nächsten Tagen schon, ihn nötigen werde zu widerrufen und zu verleugnen. Die Heiligkeit gibt mir Neapel, wenn ich es erobere, und absolviert mein Gewissen, wenn ich es abstumpfe. Ich aber glaube nicht an ein solches Binden und Lösen, nicht in weltlichen Dingen, weder ich noch irgendein anderer mehr, und«, sagte er höhnisch, »auch in geistlichen nicht. Das ist vorbei, seit Savonarola und dem germanischen Mönche.«

»Und mein Italien, das du wie ein Magnet anziehst, lässest du es an dir scheitern? Achtest du es für nichts? Verachtest du es?« schrie Victoria verzweifelnd.

Der Feldherr erwiderte sanft: »Wie dürfte ich ein Volk verachten, das mir dich gegeben hat? Aber ich will dir nicht verhehlen: Italien redet umsonst, es verliert seine Mühe. Ich kannte die Versuchung lange, ich sah sie kommen und sich gipfeln wie eine heranrollende Woge, und habe nicht geschwankt, nicht einen Augenblick, mit dem leisesten Gedanken nicht. Denn keine

Wahl ist an mich herangetreten, ich gehörte nicht mir, ich stand außerhalb der Dinge.«

Victoria entsetzte sich. »Wie? Bist du kein Mensch? Bist du ein Geist ohne Fleisch und Blut? Betrittst du den Boden nicht, über den du wandelst?«

»Meine Gottheit«, antwortete er, »hat den Sturm rings um meine Ruder beruhigt.«

Da flehte Victoria: »Deine Gottheit?« und sie umschlang ihn mit beiden Armen, »ich lasse dich nicht, du nennest mir denn deinen Gott!«

Pescara löste sich sachte und erwiderte mit schmerzlichen Augen: »Wenn du es verlangst, aber komm mit mir in den Garten, ich muß Luft schöpfen.«

Da sie auf die Terrasse traten, standen alle Sterne über ihnen, und drüben im alten Schlosse erblickten sie noch ein einsames Licht von irdischer Farbe. »Dort«, sagte sie mitleidig, »ist der Kanzler schlummerlos und verzehrt sich in Angst und Hoffnung.« »Ich glaube nicht«, versetzte Pescara, »eher hat er sich mit einem Mutwillen oder einer Nichtswürdigkeit in den Schlaf gelesen und seine niederbrennende Ampel leuchtet den Wänden.« Er hatte es erraten. Nach qualvollen Stunden hatte sich Morone mit einem Catull eingeschläfert.

Der Feldherr nahm seinen Weg nach dem Boskette mit den weißen Marmorbänken, wo er zu ruhen pflegte. Sie saßen unter dem dunkeln Laubdache, Hand auf Hand.

Da flüsterte Victoria: »Nun rede!« Der Feldherr aber schwieg.

Tritte nahten und eine andere Bank füllte sich mit Geflüster. »Steht es wirklich so mit dem Feldherrn, Moncada? Ich habe Mühe es zu glauben.«

»Auch ich glaube es noch nicht, Leyva, aber ich forsche. Erlange ich Gewißheit, so trete ich hervor und wir handeln. Der König darf sein Heer in Italien nicht verlieren.«

»Ihr meint?«

»Du ziehst deine Truppen zusammen und wir verhaften ihn.«

»Er wird sich zur Wehre setzen.«

»Dann fällt er.«

»Und die Majestät?«

»Besorge nichts, die Majestät bedarf unser, wir beherrschen sie. Verweigerst du mir deine Hilfe, so muß ich ihn durch eine gedungene Hand töten lassen. Kann ich auf dich zählen?«

»Ihr dürft ... eine schwere Tat ...« Da zog ihn der andere fort. »Mir ist«, sagte er, »ich habe hier atmen hören.«

Wirklich, die feuchte Nachtluft drückte den lauschenden Feldherrn und benahm ihm den Atem. Er keuchte leise. Jetzt sagte auch er: »Gehen wir. Tau fällt und Verderben brütet in der Luft.« Sie drängte sich an ihn. Drei Hornstöße ertönten, vom alten Schlosse her.

»Ein Kurier. Ich werde heute noch zu lesen haben.«

»Ferdinand«, flehte sie, »du bist umlauert. Du wirst dem Kaiser verdächtig. Du bist verloren! Wirf dich Italien in die Arme! Da ist dein Heil und deine einzige Rettung!«

»Ich fürchte nichts«, sagte er. »Der Weg ist dunkel, aber meine Zuflucht ist offen.«

Jetzt standen sie in der kleinen Halle des Landhauses, und Pescara weckte den auf einem Schemel schlummernden Ippolito. »Geh hinüber«, befahl er, »und

bringe, was eben angelangt ist.« Dann sagte er zu Victorien: »Ich meine, es ist von Madrid, vielleicht eine Zeile der Majestät selbst, die mir zuweilen schreibt, ohne das Wissen ihrer Minister. Ich bin doch begierig.«
Jetzt schlug die Turmuhr des alten Schlosses Mitternacht, müde und zitternd, mit so weit ausholenden Schlägen, daß je zwischen zweien ein Leben Raum zu haben schien. Der zwölfte Schlag – unwiderruflich.
Ippolito kratzte an der Tür und brachte ein Paket, das der Feldherr öffnete. Es enthielt, neben einigen andern Briefschaften, einen kaiserlichen Erlaß, welcher den Marsch auf Mailand guthieß und den Oberfeldherrn bevollmächtigte, in der genommenen Stadt durchaus nach seinem Ermessen und gemäß den Umständen zu verfahren.
»Alles?« fragte Pescara.
Da bog der Knabe ehrfürchtig das Knie, überreichte ein Briefchen, welches er dem Kurier mit Not abgerungen hatte, und entfernte sich. Es war überschrieben: »In die eigenen Hände des Marchese.«
»Vom Kaiser«, sagte Pescara und öffnete. »Da, Victoria, lies vor. Er schreibt so kritzlig.« Sie gehorchte. Es war nicht viel, wenige Zeilen, und lautete:

»Mein Pescara!
Ich bin es, der diese Vollmacht durchgesetzt hat gegen meine Minister. Ihr habet viele Feinde. Hütet Euch vor Moncada. Ich aber bin gläubig an Euch, denn ich habe für Euch gebetet und sah einen Engel, der Euch an der Hand hielt. Ich traue.

Ich Euer König.«

Pescara lächelte mühsam. »Karl traut zu leicht«, sagte er. »Das könnte ihn zu Schaden bringen mit einem andern, als ich bin. Aber – seltsam – er hat meinen Genius erblickt.«

»Jetzt nenne mir deine Gottheit!« flehte Victoria. »Ich beschwöre dich, Pescara, nenne sie mir!«

»Ich glaube, da ist sie selbst«, keuchte er heiser. Immer schwerer begann er zu atmen, er stöhnte, er ächzte, er röchelte. Ein furchtbarer Krampf beklemmte seine Brust. Er sank, mit der Hand nach dem gepeinigten Herzen langend, auf die Ottomane und rang nach Atem. Da kniete sich Victoria neben ihn nieder, hielt und stützte ihn mit ihren Armen und litt mit ihm. Sie wollte Ippolito rufen und den Knaben nach seinem Großvater dem Arzte schicken, er verbot es mit einer Gebärde. Endlich entschlummerte er, aufs tiefste erschöpft, nachdem Victoria geglaubt hatte, er stürbe ihr. Da sie sich der Tränen gesättigt, entschlummerte auch sie. Dann erlosch die Ampel.

Fünftes Kapitel

Als Victoria erwachte, lag ihr Haupt auf einem leeren Pfühle, und durch das geöffnete Fenster strömte die Morgenluft. Sie sprang auf, den Gatten zu suchen, und fand ihn, der die Terrasse auf und nieder schritt und den der Schlummer erfrischt und wie neu belebt hatte. Sie wurde ungläubig an den nächtlichen grausamen Kampf in ihren Armen, er war ihr wie ein Traum.

Da begann Pescara: »Gestern, liebe Herrin, habet Ihr

mich um den Namen meines Genius befragt und mir bangte ihn vor Euch auszusprechen. Endlich hättet Ihr mir mein Geheimnis fast entrissen, denn es ist schwer, einem geliebten Weibe etwas vorzuenthalten. Da erschien er selbst und berührte mich. Ihr kennet ihn nun und der gefürchtete Name bleibe unausgesprochen. Keine Tränen! Ihr habet sie gestern vergossen. Sondern saget mir jetzt, wohin wünschet Ihr Euch zu begeben, während ich das Heer des Kaisers gegen Mailand führe?«

»Wie konntest du es mir so lange verbergen, Ferdinand?«

»Zuerst – nicht lange – verheimlichte ich es mir selbst ... doch nein, ich wußte mein Los schon am Schlachtabend von Pavia. Mit jener blutigen Wintersonne bin ich untergegangen. Meines Zieles und meiner gezählten Tage gewiß, wie hätte ich die deinigen vorzeitig verfinstern dürfen? Du sagtest mir zuweilen, es sei grausam, eine süß Schlummernde zu wecken, und littest es nicht. Ich aber bin nicht grausam.«

»Du bist es«, erwiderte sie, »sonst hättest du mich nicht so bitter getäuscht, sondern mich gerufen und dich von mir pflegen lassen.«

»Niemand durfte darum wissen«, sagte er.

»Und dein Arzt? Der mußte es wissen und ich zürne ihm, daß er mich belogen hat, da ich an ihn schrieb und ihn beschwor, mir die Wahrheit zu sagen!«

»Der arme Numa!« sagte der Feldherr. »Er ist schon unglücklich genug, daß er mich nicht heilen kann. Er riet mir damals eine lange Ruhe auf Ischia, ich aber sagte ihm: es ist umsonst. Doch wozu dies alles? ... Wohin gedenkst du zu gehen, Victoria?«

»Nein, Ferdinand, sprich! Verheimliche mir nichts mehr!«

»Es ist umsonst, sagte ich ihm, die Lunge ist durchbohrt und das Herz leidet. Friste mich, Numa! Ziehe mich hinaus, in den Sommer, in den Herbst, bis zu den ersten Flocken! Soviel Zeit brauche ich, meinen Sieg zu vollenden. Und vor allem, sagte ich, halte reinen Mund! Niemand erfahre unser Geheimnis! Es würde die Kräfte des Feindes verdreifachen und mich und mein Heer verderben. Noch einmal, schweige! Ich will es! gebot ich ihm ... Und ich habe das Leben geheuchelt, so gut, daß mir Italien den Brautring bot!« Er lächelte. »Und ich werde noch einmal zu Pferde sitzen! Du aber, Victoria, gelobst mir – doch kein Gelübde, du tust es mir zuliebe – nicht ungerufen mir nachzueilen durch die Staubwolke meines Marsches und über blutgetränkte Felder. Auch würdest du dem Kriegsvolke zu spotten geben, nicht über dich, gut und schön wie du bist, sondern über den verhätschelten Feldherrn. Also du bleibst. Aber wo? Hier?«

Victoria besann sich, trostloses Leid in den Zügen. Dann sagte sie: »Gestern, wie ich herritt, kam ich, schon im Weichbilde der Stadt, an einem kleinen Frauenkloster vorüber. Es heißt, wie ich erfuhr, Heiligenwunden. Dort will ich deines Rufes harren, Buße tun und für deine Genesung beten.«

»Für meine Genesung?« lächelte er. »Tue das. Auch wirst du dich in Heiligenwunden nicht langweilen: das Kloster, höre ich, hat herrliche Stimmen und ist berühmt wegen seines Chorgesanges. Reiten wir hin, bald, jetzt da es frisch und der Staub der Heerstraße noch nicht aufgewühlt ist.« Er ging leichten Schrittes durch den Park nach dem alten Schlosse hinüber, um satteln zu lassen.

Victoria folgte mit langsamen Schritten, und da sie Numa den Arzt erblickte, der sich nach der Nacht des Feldherrn zu erkundigen kam, ging sie auf ihn zu mit schmerzlich bewegter Miene: sie wollte ihm vorwerfen, daß er ihr die Wirklichkeit verhehlt, und zugleich ihn beschwören, mit den letzten Mitteln und Geheimnissen seiner Kunst das geliebte Leben zu fristen. Da aber der Arzt die Colonna kommen sah, streckte er in dem Gefühle seiner Ohnmacht die zitternden Hände abwehrend gegen sie aus, als flehe er: Schone meiner, ich vermag nichts! Sie verstand die Gebärde und ging ihres Weges, an Ippolito vorüber, der das Knie vor ihr bog, und den sie nicht gewahr wurde, zum großen Herzeleid des Knaben.

Im Schloßhofe fand sie den schwer und kostbar geschirrten Rappen Pescaras und ihren ebenfalls gesattelten falben Berber. Der Feldherr hob sie zu Pferde und sie ritten unter grüßendem Trommelwirbel über die sich senkende Zugbrücke hinaus in die unabsehbaren Reisfelder der lombardischen Ebene. Ihnen folgte in gemessener Entfernung ein Reitknecht des Pescara, ein von südlicher Sonne geschwärzter Kalabrese, und auf einem Maultier die römische Zofe Victorias.

Hinter den Reisenden verhallten im Schloßhof die ungehörten Hilferufe des vergessenen Kanzlers. Er war aus schlimmen Träumen erwacht und schon in der Frühe durch die Gärten geirrt, immer wieder an Mauern und Wälle gelangend, hier von deutschen, dort von spanischen Wachtposten beobachtet. Die Schwaben ergötzten sich weidlich an seinem ausschweifenden Gebärdenspiel, während die Spanier einverstandene schadenfrohe Blicke tauschten: sie zweifelten nicht, der Feldherr habe den Minister des Feindes in die Falle gelockt, und versprachen sich, ihn morgen, wenn er dem Heere nachgeschleppt würde, nach Herzenslust zu quälen und gründlich auszuplündern. Endlich war er in das Rondell gekommen und erschöpft auf dieselbe Bank gesunken, wo er gestern den schlummernden Pescara gefunden und belauscht hatte. Da vernahm er den Salut der Torwache, rannte nach dem Schloßhof und wollte über die Brücke nachstürzen. Von dem Posten mit vorgestreckten Hallebarden empfangen, sah er jammernd den Feldherrn und Victoria in den Dunst der Ferne entschwinden.

Es war nach einem leuchtenden ein trüber Tag. Kein Windhauch und nicht der leiseste Versuch einer Wolkenbildung. Keine Lerche stieg, kein Vogel sang, es dämmerte ein stilles Zwielicht wie über den Wiesen der Unterwelt. Das Frauenkloster wurde sichtbar und vergrößerte langsam seine friedlichen Mauern. Freilich ritten die beiden fast nur im Schritte, die verwitwende Victoria in tiefem Schweigen, während, durch einen wunderbaren Gegensatz, das Gedächtnis des jetzt ausruhenden Feldherrn auf leichten und liebenden und inbrünstigen Schwingen in die Jugend zurückkehrte und die an seiner Seite Trauernde wieder in die reizenden und rührenden Gestalten des knospenden Mädchens und der zärtlichen Braut verwandelte. Er enthielt sich nicht sie an kleine Dinge jener glücklichen Tage zu erinnern, aber er gewann ihrer Kümmernis kein Lächeln ab. Er war seines lastenden Geheimnisses ledig, dessen Bitterkeit sie jetzt auf einmal und in vollen Zügen kostete.

Nun waren sie schon so nahe, daß sie Chorgesang im Kloster vernahmen. »Was singen sie dort?« fragte er gleichgültig. »Ich meine, ein Requiem«, sagte sie.

Wie sie vor dem Kloster abstiegen, da siehe trat ihnen aus der Pforte die Äbtissin entgegen, hinter sich zwei bescheidene Nonnen. Sie mochte irgendein Kind in ein Reisfeld auf die Lauer gelegt haben, das nun auf schnellen nackten Füßen vorausgelaufen war. Die Äbtissin hatte die Ankunft Donna Victorias in Novara schon gestern in Erfahrung gebracht und sich gleich geschmeichelt, die gottesfürchtige und leutselige Frau werde Heiligenwunden nicht unbesucht lassen, denn das Kloster besaß neben den geschulten Stimmen seines Chores noch eine größere Auszeichnung: die mystische und täglich sterbende Schwester Beate, welche die blutigen Male an ihrem kranken und abgezehrten Leibe trug. Die unternehmende und beherzte Äbtissin hatte sich vorgenommen von der Colonna, der sie Macht über den Gatten zutraute, den Nachlaß einer schweren Kriegssteuer zu erbitten, welche der gottlose und habgierige Feldherr – dieses Rufes genoß Pescara bei der italienischen Klerisei – zuwider den kanonischen Sätzen und gegen alle Billigkeit auf die Güter des Klosters gelegt hatte. Daß aber der Feldherr, der es vermied eine christliche Stätte zu betreten, Madonna Victoria begleiten würde, war der Äbtissin nicht im Traume eingefallen.

Sie begrüßte, eine angenehme Frau mit dunkeln, klugen Augen und blassen, gefälligen Zügen, das hohe Paar in wenigen gewählten Worten. Dann schwieg sie aufmerksam, die Rede Pescaras erwartend, dessen edle Erscheinung ihr Eindruck machte.

»Ehrwürdige«, begann der Feldherr, »Donna Victoria wünscht während des Feldzuges, den ich morgen beginne und dessen Dauer ich auf eine Woche berechne, ein paar ruhige und fromme Tage hier in eurem Konvente zu genießen, bis ich sie nach Mailand rufen werde, nach vollendetem Kampfe. Habet Ihr ein schickliches Gemach zu vergeben?«

Rasch erwiderte die Äbtissin, das ihrige stehe zu Gebote.

»Ich verlange eine einfache Zelle wie die der geringsten Schwester, mit dem gewöhnlichen Geräte«, sagte Victoria, deren Blässe die Äbtissin befremdete. Aber sie schrieb dieselbe der begreiflichen Sorge um den zu Felde ziehenden Gatten zu.

»Wenn sich Donna Victoria eingerichtet hat«, schloß Pescara, »werde es mir gemeldet. Ich habe noch mit ihr zu sprechen, und bitte Klausur und Zelle betreten zu dürfen. Ausnahmsweise, da ich dem Kloster wohlwill. Ihr findet mich in der Kirche.« Er verneigte sich und schritt auf diese zu.

Victoria fragte, was die Nonnen gesungen hätten, und erhielt die Antwort: »Ein Requiem. Für die junge Julia Dati, die Enkelin unsers greisen Arztes, welche in Rom gestorben ist.« Dann folgte sie der Äbtissin, während die beiden Nonnen zugeflüsterte Befehle auszurichten gingen.

Indessen durchmaß der Feldherr, ohne das Haupt zu entblößen oder irgendeine der üblichen Devotionen zu verrichten, die Länge der Kirche mit festem Gange, die Arme über dem Panzer kreuzend. Er hatte sich, da er auf dem Heimritte seinen in Novara feldmäßig einrükkenden Truppen begegnen mußte, leicht behelmt und

beharnischt, und schritt wie ein Held und Herrscher auf der Stätte des Gebetes und der Demut.
»Nein«, sprach er zu sich mit geschlossenem Munde, »es sei heute das letzte Mal. Ich will von ihr Abschied nehmen als ein Lebender. Ich will es ihr ersparen, mich leiden zu sehen. Sie soll mich wiederfinden, wenn ich ruhe.«
Sich allein glaubend, wurde er durch das Gitter des Chores belauscht. Diesen hatten die Nonnen wieder betreten, auf das Geheiß der Äbtissin, denn Pescara sollte die Stimmen ihres Klosters hören. Selbst die mystische Beate war gekommen und vereinigte ihren schwärmerischen Blick mit demjenigen vieler feurig braunen oder schwarzen Augen, welche die Heldengestalt verschlangen. Alle versammelten Himmelsbräute priesen die Colonna selig und beneideten ihre irdische Lust, während die glücklich Geglaubte nicht ferne davon in einer Zelle mit gerungenen Händen verzweifelte. Auch Schwester Beate erlag der Versuchung diesen stolzen Herrn der Welt zu bewundern, überwand sich aber tapfer und flehte den Himmel inbrünstig an, der Colonna zum Heil ihrer Seele ihren Abgott zu entreißen. Aber diese heftigen Gefühle wichen dem harmloseren der Eitelkeit. Nach dem Geflüster einer kleinen Beratung und einem leisen Räuspern intonierten die Schwestern jubelnd ihr Prachtstück, ein Tedeum, das sich auch für den Sieger von Pavia besser eignete als irgendeine andere Prosa oder Sequenz.
Und er hätte wohl gelauscht, aber er stand regungslos, wie gebannt vor dem gekreuzigten und schon entseelten Christus eines großen Altarbildes, dessen helle Farben noch in voller Frische leuchteten. Doch es war

nicht das göttliche Haupt, das er beschaute, sondern er betrachtete den Kriegsknecht, der seine Lanze in den heiligen Leib stieß. Dieser war offenbar ein Schweizer; der Maler mußte die Tracht und Haltung eines solchen mit besonderer Genauigkeit studiert oder frisch aus dem Leben gegriffen haben. Der Mann stand mit gespreizten Beinen, von denen das linke gelb, das rechte schwarz behost war, und stach mit den behandschuhten Fäusten von unten nach oben derb und gründlich zu. Kesselhaube, Harnischkragen, Brustpanzer, Arm- und Schenkelschienen, rote Strümpfe, breite Schuhe, nichts fehlte. Aber nicht diese Tracht, die er zur Genüge kannte, fesselte den Feldherrn, sondern der auf einem Stiernacken sitzende Kopf. Kleine, blaue, kristallhelle Augen, eingezogene Stumpfnase, grinsender Mund, blonder, krauser Knebelbart, braune Farbe mit rosigen Wangen, Ohrringe in Form einer Milchkelle, und ein aus Redlichkeit und Verschmitztheit wunderlich gemischter Ausdruck. Pescara wußte gleich, mit dem Gesichtergedächtnis des Heerführers, daß er diesen kleinen, breitschultrigen, behenden Gesellen, dessen schwarzgelbe Hose den Urner bedeutete, schon einmal gesehen habe. Aber wann und wo? Da schmerzte ihn plötzlich die Seite, als empfange er einen Stich, und jetzt wußte er auch, wen er da vor sich hatte: es war der Schweizer, der ihm bei Pavia die Brust durchbohrt. Kein Zweifel. Den Lanzenstoß des neben ihm an die Erde Geduckten empfangend, hatte er einen Moment in dieses kristallene Auge geblickt und diesen Mund vergnüglich grinsen gesehen. Nach der Erkennung machte das unerwartete Wiederfinden auf den Feldherrn weiter keinen Eindruck und mit freundlicher

Miene fragte er die Äbtissin, die jetzt neben ihm stand, um ihn zu Donna Victoria abzuholen, wer das gemalt hätte. Sie antwortete, die Augen flüchtig niederschlagend: »Zwei Mantovaner, begabte junge Leute, aber von bedenklichen Sitten, die das Kloster gerne wieder scheiden sah.«

Da Pescara die Zelle öffnete, sah er Victoria auf den Knieen liegen. Eine Weile schaute er schweigend, als wolle er nicht stören, durch ein Fenster des gekuppelten Rundbogens, in dessen Brüstung er sich gesetzt hatte, auf Rasenhügel und Grabkreuze, endlich fragte er: »Was tust du, Victoria?«

»Buße«, sagte sie.

»Für wen?«

Sie erhob sich und antwortete mit noch gefalteten Händen: »Ich tue Buße für mich und Euch und Italien. Für dieses seiner stolzen Frevel und ungewöhnlichen Sünden wegen, an denen es zugrunde gehen wird, da Ihr der einzige waret, der es retten konnte. Für mich, weil ich gekommen bin, Euch in Versuchung zu führen. Für Euch, da Ihr diese Erde verlassen wollet. Ich habe gebetet für Euer unvergängliches Teil, aber der Himmel« – sie schüttelte traurig das Haupt – »hat mich noch nicht erhört.«

Er zog sie auf die Bank der Fensterbrüstung und nahm sie bei der Hand, wie der Bruder die Schwester. Eine Lust sich hinzugeben überkam ihn, sei es weil das Geheimnis zwischen ihm und seinem Weibe weggenommen war, oder in dem unbewußten Wunsche das letzte Beisammensein zu verlängern.

»Kleingläubige«, begann er heiter, »überlasse mich meinem dunkeln Beschützer! Als ein Knabe glaubte ich mit der Mutter, die eine Heilige war, an das, was die Kirche verheißt; jetzt sehe ich rings das Fluten der Ewigkeit. Der Todesengel war mir nahe, schon in meiner ersten Schlacht, da, von ihm bezeichnet, mein Zeltgenosse – dein Bruder, Victoria – lautlos, eine Kugel im Herzen, zusammenbrach. Ich habe ihm manche Hekatombe geschlachtet, und auch er hat mich oft, fast auf jeder Walstatt, grüßend berührt; denn es scheint, ich bin verwundbarer als andere. Aber Zeit hat es gebraucht, bis ich den Schnitter lieben lernte. Noch in den Wochen nach Pavia, da ich wußte, daß er mich erwählt hatte, habe ich mich gegen ihn gesträubt und aufgebäumt und empört wie ein trotziger Jüngling. Allmählich aber ahnte ich und jetzt bin ich gewiß, daß er die rechte Stunde kennt. Der Knoten meines Daseins ist unlösbar, er zerschneidet ihn.«

Die bleiche Victoria hing an seinen Lippen und staunte mit starren Augen, als sehe sie den herrlichsten Palast brennen und von der lodernden Flamme jeden Säulenknauf beleuchtet.

»Ich sage dir, Weib«, fuhr er fort, »mein Pfad versinkt vor mir! Ich gehe unter an meinen Siegen und an meinem Ruhme. Wäre ich ohne meine Wunde, dennoch könnte ich nicht leben. Drüben in Spanien Neid, schleichende Verleumdung, hinfällige und endlich untergrabene Hofgunst, Ungnade und Sturz; hier in Italien Haß und Gift für den, der es verschmäht hat.

Wäre ich aber von meinem Kaiser abgefallen, so würde ich an mir selbst zugrunde gehen und sterben an meiner gebrochenen Treue, denn ich habe zwei Seelen in meiner Brust, eine italienische und eine spanische, und sie hätten sich getötet. Auch glaube ich nicht, daß ich ein lebendiges Italien hätte schaffen können. Zwar es trägt die strahlende Ampel des Geistes, doch es hat sich aufgelehnt in der unbändigen Lust eines strotzenden Daseins gegen ewige Gesetze. Es büße, du hast es gesagt, Victoria; in Fesseln leidend, lerne es die Freiheit. Dieses spanische Weltreich aber, das in blutroten Wolken aufsteigt jenseits und diesseits des Meeres, erfüllt mich mit Grauen: Sklaven und Henker. Ich spüre die grausame Ader in mir selbst. Und das Entsetzlichste: ich weiß nicht, welcher mönchische Wahnsinn! Dein verderbtes Italien aber ist wenigstens menschlich.«

Victorias Augen verklärten sich, da sie sah, daß Pescara Italien liebte. »Du hättest ihm Freiheit und Freiheit ihm Tugend gegeben!« rief sie, doch Pescara fuhr fort, als hätte er nicht gehört: »Nun aber bin ich aus der Mitte gehoben, ein Erlöster, und glaube, daß mein Befreier es gut mit mir meint und mich sanft von hinnen führen wird. Wohin? In die Ruhe. Und jetzt laß uns scheiden, Victoria.« Er wollte ihr die Tränen vom Auge küssen, fand aber den zärtlichsten Mund, der ihm entgegenkam.

»Noch eines«, sagte er. »Laß die Welt über mich urteilen, wie sie will. Ich bin jenseits der Kluft. Lebe wohl! Begleite mich nicht! Besuche mich in Mailand, aber nicht, bevor ich rufe!«

Victoria versprach, um nicht Wort zu halten.

Da Pescara sich bei der Äbtissin verabschiedete, brauchte sie ihr Anliegen gar nicht auszusprechen. Der Feldherr gewährte den Nachlaß der Kriegssteuer als ein selbstverständliches Gegengeschenk für die seinem Weibe gegebene Herberge. Über dieses Ende einer ökonomischen Bedrängnis und eines schmalen Tisches ward eine solche Freude im Kloster, daß die Schwestern zu Ehren ihres Gastes die Tafel mit den ausgesuchtesten Leckerbissen besetzten. Doch Victorias Platz blieb leer.

Sachte ritt Pescara, von den Segnungen des Klosters begleitet, gegen die Türme der Stadt zurück. Sein feuriger Rappe schien sich über den gemessenen Gang zu wundern. Die auf der Ebene gellende Feldmusik und die überall marschierenden Truppen verrieten ihm den Beginn eines Feldzuges. Er schnoberte, als wittere er schon den Pulverdampf, und schritt stolz, als trage er den Sieg.

Abschied ist schwer, dachte der Feldherr, ich möchte ihn nicht wiederholen. Noch einmal hatte sich das Leben an ihn gedrängt und er das Beste des Daseins, Schönheit und Herzenskraft, in den Armen gehalten. Der Jüngling war in ihm aufgelodert und wenige Augenblicke, nachdem er Victorien so erbaulich zugeredet, lehnte er sich auf gegen die Vernichtung. Das edle Blut, das in den sterblichen Adern rinnt, die Tatkraft, empörte sich gegen den ewigen Frieden. Ein Zorn blitzte auf in seinen hellen grauen Augen gegen seinen Mörder, den er im Bilde wiedererblickt, und er schlug mit der gepanzerten Rechten gegen seine Brust, als zerdrücke er darauf die Wespe, die ihn gestochen hatte. Jetzt wieherte auch der Rappe und setzte sich in kurzen Galopp, von dem Feldherrn unwissentlich mit der Ferse berührt oder so verwachsen mit ihm, daß er seinen Unmut mitfühlte.

In dieser Stimmung gewahrte Pescara auf einem nahen Reisfelde die wechselnden Stellungen eines tollen Kampfes, welcher dasselbe zerstampfte. Ein einzelner wehrte sich verzweifelt gegen eine Übermacht. Der zerlumpte kleine Kerl in gelben und schwarzen Fetzen focht wütend mit seiner Speerhälfte wider ein Dutzend Spanier. Zweie hatte er hingestreckt, wurde jetzt aber von den übrigen überwältigt, und schon saß ihm eine Schwertspitze an der Kehle, als der auf ihm knieende Spanier von einem andern zurückgerissen wurde, welcher auf den heransprengenden Feldherrn deutete.

Pescara winkte und der Trupp mit dem Gefangenen folgte ihm unter eine mächtige Eiche, die an der Landstraße stand, weitum der einzige Baum in der schwülen Ebene. Der Feldherr stieg ab und lehnte sich an den bemoosten Riesenstamm. Seine Brust keuchte von dem raschen Ritt und es kam ihm gelegen, sie zu beruhigen, Rast haltend unter dem Vorwand eines Verhöres.

Der spanische Wachtmeister berichtete: sie hätten einen Schweizer durch das Getreide laufen sehen, wohl einen Versprengten von Pavia, welcher bislang sich irgendwo untergeduckt, und ihn gehascht, da es möglicherweise ein mailändischer Spion sei. Seinen Vortrag beendigend, blickte der spanische Spitzbart zu einem starken Aste auf, welchen die Eiche waagrecht hervorstieß.

Pescara deutete die Spanier weg, die sich in einiger Entfernung wachehaltend verteilten, und musterte dann den Schweizer vom Wirbel zur Zehe. So verrostet der Harnisch und so zerlumpt das schwarzgelbe Unterkleid war, erkannte er doch gleich die Tracht des Klosterbildes und nicht minder die glitzernden Äuglein und jetzt, wahrhaftig, verzog der vor ihm Stehende sein

Gesicht zu jenem lächelnden Grinsen, sei es aus Angst, sei es weil auch er sich den Feldherrn ins Gedächtnis zurückrief.

»Heb auf und gib«, befahl dieser und zeigte auf den Lanzenstumpf, welchen einer der Kriegsknechte zu den Füßen des Gefangenen geworfen hatte als Beweisstück für die Verwundung seiner Kameraden. Es war eine vordere Spießhälfte, deren Spitze blutete. Der Schweizer gehorchte, und der Feldherr betastete prüfend die Spitze mit dem Finger; dann warf er den Stummel weg.

»Wie heißest du?« fragte er.

»Bläsi Zgraggen aus Uri«, war die Antwort.

Der Feldherr verzichtete darauf, diesen unmundlichen Geschlechtsnamen zu wiederholen, der von dem zerrissenen Kamm eines Schweizergebirges zu stammen schien, und bediente sich des Vornamens, welchen er italianisierte. »Biagio«, sagte er, »du hast mir zwei Leute verwundet; ich denke, ich lasse dich hier aufknüpfen.«

Bläsi Zgraggen versetzte trotzig: »Lasset Ihr mich henken, so ist es weniger wegen dieses letzten Handels, sondern eher weil ich –«

»Schweig!« gebot der Feldherr. Er konnte sich rächen, indem er dem Kriegsrechte freien Lauf ließ, aber eine solche Rache weder sich selbst noch seinem Opfer eingestehen. »Wie bist du hier zurückgeblieben?« fragte er.

Zgraggen, der ein geläufiges Lombardisch sprach, begann herzhaft: »Auf dem Felde von Pavia wurde ich verwundet und niedergeritten und lag, den geknickten Spieß neben mir. Nächtlicherweile schleppte ich mich dann den Bergen zu, hungernd und bettelnd. Herr, sehet Ihr rechts von den zwei Pappeln das lange rote Dach? Dort haust die Narracivallia mit ihrem Manne. Dieser dingte mich zur Feldarbeit – bis sich der Krieg verzogen hätte, jetzt käme ich doch nicht über die Grenze. Hernachmals machte mir die Narracivallia Augen. Da erschienen mir im Schlaf der Vater und die beiden Großväter, die mir alle noch daheim leben, wenn auch die Ahnen in großer Schwachheit. Zuerst kam der Vater, hob den Finger und sagte: ›Nimm dich in acht, Bläsi!‹ Dann kam der väterliche Ahn, faltete die Hände und sagte: ›Denk an deine Seele, Bläsi!‹ zuletzt kam der mütterliche Ahn, zeigte die Tür und sagte: ›Lauf, Bläsi!‹ Da schoß ich auf und suchte meine Kleider. Freilich meine seidenen Handschuhe und meinen gekettelten Kragen hatte mir die Narracivallia abgeschwatzt, um damit in der Kirche Staat zu machen. Ich war nur noch meines halben Verstandes mächtig und verlor auch diesen, da ich im Morgenlicht bei Heiligenwunden eintrete zum Englischen Gruß und – denket Euch meinen Schrecken – mich selber erblicke wie ich leibe und lebe und Gott ersteche!«

»Ei«, lächelte Pescara.

»Ein Schelmstück!« zürnte Zgraggen. »Wisset, Herr, ein paar Pinsler hatten sich zeither mit ihrem Zeuge da herumgetrieben und ließen sich einmal in der Meierei ein Glas Milch geben. Der eine faßt mich ins Auge. ›Da haben wir, den wir brauchen‹, sagt er und beschaut mein Schwarzgelb. ›Mann, holt Euern Spieß und Harnisch.‹ Ich tue ihm den Willen. Jetzt heißt mich der Pinsler die Beine spreiten, spreitet sie gleichfalls und reißt mich ab auf ein Stück Leinwand. Dann versprachen mir die Spitzbuben mein Konterfei zu hohen Ehren zu bringen, ich aber stehe in Heiligenwunden und steche in den Salvator!«

Der Feldherr empfand ein gewisses Wohlwollen für den ehrlichen Gesellen. »Nimm«, rief er in einer seltsamen Laune und streckte dem Urner seinen vollen Beutel entgegen. Dieser nahm ihn mit der Rechten und ließ die Goldstücke zählend in die Linke gleiten, ernsthaft und bedächtig. Dann schob er die Dukaten in die Tasche und wollte den Beutel dem Feldherrn zurückstellen.

»Behalte! Er hat goldene Schleifen!«

Der Urner schickte den Beutel den Dukaten nach. »Wo stellet Ihr mich ein, Herr?« fragte er. Er konnte sich nichts denken, als daß ihn Pescara geworben und ihm Handgeld gegeben habe.

Pescara erwiderte: »Ich habe dich nicht gedingt und ich meine, nachdem dich die dreie so ernst vermahnt haben, kehrst du am besten in deine Heimat zurück und nährst dich redlich, wie es im Sprichwort heißt.«

»Aber warum denn schenkt Ihr mir so viel Geld wo ich Euch nichts zuliebe getan habe?« sagte Zgraggen. Sondern viel Leides, setzte er in Gedanken hinzu. Diese Vergeltung Pescaras überstieg das Fassungsvermögen des Urners und beängstigte seine Rechtlichkeit.

»Aus Großmut«, scherzte der Feldherr.

Bläsi kannte das Wort nicht. Da fiel ihm ein, es werde Großtun bedeuten, und da er im Lager oft gesehen hatte, wie Prahlerei das Geld mit vollen Händen wegwirft, beruhigte er sich dabei. »Ja so«, sagte er. Pescara aber winkte, sein Roß vorzuführen.

»Und damit du durchkommst«, sprach der Feldherr

schon im Bügel, »nimm noch das.« Er warf ihm eine Passiermarke zu und wenig fehlte, Zgraggen hätte gedankt. Wenigstens wollte er noch langes Leben wünschen; aber den Feldherrn zum Abschied anschauend, erkannte er das Siechtum in diesem Antlitze mit seinen Älpleraugen, welche das alle Welt täuschende geistige Leben desselben nicht bestach. Unwillkürlich wünschte er: »Gott gebe Euch selige Urständ, Herr!« Dann über seine eigene Rede und ihre böse Bedeutung bestürzt, lief er querfeldein mit seinem halben Spieße, den er sorglich aufgehoben und nun als Reisestab führte. Die Spanier hatten verwundert zugesehen, der alte Wachtmeister aber schüttelte bedenklich und abergläubisch den Kopf über die seltsame Freigebigkeit seines sparsamen Feldherrn.

Der Trupp, welcher den Urner gefangen hatte, gehörte zu dem Heerhaufen, der jetzt in einer Staubwolke hinter schlagenden Trommeln heranrückte. Der Feldherr ritt seinen Tapfern entgegen, von brausendem Jubel empfangen, und lenkte das Roß zwischen die Feldmusik und die erste Kompanie, deren Hauptmann ehrerbietig Raum gab.

Eine Weile blieb er allein an der Spitze der Truppen. Da nahte von Novara ein Reitender in weißem Mantel und gesellte sich zu ihm. Zusammen ritten sie durch das Schloßtor. Schweigend folgte der Begleiter dem Gange Pescaras und überschritt hinter ihm die Schwelle des Gemaches.

Pescara wendete sich. »Was wollt Ihr, Moncada?« fragte er, und dieser antwortete: »Eine Unterredung ohne Zeugen, die Ihr mir nicht zum zweiten Male verweigern werdet.«

»Ich stehe zu Diensten.«

»Erlaucht«, begann der Ritter, »ich habe, wie Ihr erlaubtet, den Kanzler drüben gesprochen. Er war voller Angst und Blässe und beteuerte mit tausend Eiden, er sei gekommen, Aufschub und leichtere Bedingungen zu erlangen, nur dieses habe ihn nach Novara geführt. Dann schwatzte er wild durcheinander wie das böse Gewissen. Dieser Mensch ist ein Abgrund von Lüge, in welchem der Blick sich verliert. Ich bin sicher, daß er im Namen der Liga hier ist.«

»Nicht anders«, sagte der Feldherr.

»Und daß er Euch die Führung derselben angeboten hat?«

»Nicht anders.«

Jetzt entstand Lärm im Vorzimmer. Ippolito beiseite werfend, verwildert, mit rasenden Mienen und verrückten Augen stürzte der Kanzler herein. Ihm folgten auf dem Fuße, beide schon gepanzert, Bourbon und Del Guasto, denen er auf dem Gange begegnet, und die ihn zurückhalten wollten. In Verzweiflung warf er sich dem Feldherrn zu Füßen, während Moncada langsam in den Hintergrund zurückwich.

»Mein Pescara«, schrie der Geängstigte, »alle Geduld nimmt ein Ende! Ich kann die Marter nicht länger ertragen. Jede Minute dehnt sich mir zur qualvollen Ewigkeit. Ich vergehe. Sei barmherzig und gib mir deine Antwort!«

Pescara erwiderte mit Ruhe: »Vergebet, Kanzler, wenn ich Euch habe warten lassen. Meine Zeit war nicht frei, doch eben wollte ich nach Euch schicken. Eure gestrige Rede hat mich beschäftigt, denn das Los eines Volkes ist keine Kleinigkeit – aber bitte, setzet Euch, ich kann

nicht sprechen, wenn Eure Gebärden so heftig dareinreden.«
Der Kanzler packte krampfhaft die Lehne eines Sessels.
»Ich habe die Sache gewogen ... doch, Kanzler, lassen wir zuerst alles Persönliche, denket weg von Euch selbst und von mir, es bleibt die Frage: verdient Italien zu dieser Stunde die Freiheit und taugt es, so wie es jetzt beschaffen ist, sie zu empfangen und zu bewahren? Ich meine nein.« Der Feldherr sprach langsam, als prüfe er jedes seiner Worte auf der Waage der Gerechtigkeit.
»Zweimal hat Freiheit in Italien gelebt, zu verschiedenen Zeiten. In der beginnenden römischen Republik, da das Staatswohl alles war. Dann in jenen herrlichen Gemeinwesen, Mailand, Pisa und den andern. Jetzt aber steht es an der Schwelle der Knechtschaft, denn es ist los und ledig aller Ehre und jeder Tugend. Da kann niemand helfen und retten, weder ein Mensch noch ein Gott. Wie wird verlorene Freiheit wiedergewonnen? Durch einen aus der Tiefe des Volkes kommenden Stoß und Sturm der sittlichen Kräfte. Ungefähr wie sie jetzt in Germanien den Glauben erobern mit den Flammen des Hasses und der Liebe.
Aber hier! Wo in Italien ist, ich sage nicht Glaube und Gewissen, da das für euch veraltete Dinge sind, sondern nur Rechtssinn und Überzeugung? Nicht einmal Ehre und Scham ist euch geblieben, nur die nackte Selbstsucht. Was vermöget ihr Italiener? Verführung, Verrat und Meuchelmord. Worauf zählet ihr? Auf die Gunst der Umstände, auf die Würfel des Zufalls, auf das Spiel der Politik. So gründet, so erneuert sich keine Nation. Wahrlich, ich sage dir, Kanzler« – und Pescara

erhob die Stimme wie zu einem Urteilsspruch – »dein Italien ist willkürlich und phantastisch, wie du selbst es bist und deine Verschwörung!«

»Wahrheit«, ließ sich die Stimme Moncadas vernehmen.

»Auch der Held, Morone, den ihr euch erwählt habet, entbehrt des Daseins.«

Doch diese leisen letzten Worte Pescaras wurden überschrieen. Morone hatte schnell den Kopf gewendet und den Ritter erblickt: wie er seinen Anschlag dem Spanier preisgegeben sah, geriet er in Wut, seine Züge verzerrten sich und er tobte wie ein Besessener. »Falsch und grausam! Falsch und grausam! O ich mit Blindheit Geschlagener!« Dann von sinnloser Rachgier überwältigt, schrie er gegen Moncada: »Wisset es, Ritter, dieser« – er wies auf den Feldherrn – »ist der Schuldige! Seinetwillen die ganze Verschwörung! Ich bin seine Kreatur, und nun opfert mich der Unmensch!«

Jetzt sprang der Herzog dazwischen, der mit Del Guasto hinter Pescara stehend den leidenschaftlichen Auftritt genoß. »Saute, Paillasse mon ami, saute pour tout le monde!« verhöhnte er Morone. »Ja, wenn wir nicht gelauscht hätten, wir zweie, hinter dem roten Vorhang und der goldenen Quaste dort! Ich muß dir das mal erzählen, Schatz, es ist zum Totlachen. Hörtest du nicht, wie ich dich auspfiff?« Dann plötzlich ernst werdend, richtete er den Blick fest auf Moncada, legte die Hand auf die Brust und beteuerte: »Bei meinem königlichen Blute, der Feldherr hat in jener gestrigen Stunde nicht haarbreit geschwankt in seiner Ehre und Treue!«

Morone war vernichtet. Del Guasto legte Hand an ihn und zog ihn mit sich fort. »Herr Kanzler«, spottete er,

»bedanket Euch, unser Lauschen erspart Euch die Folter.« Auch der Herzog ging, einer bittenden Gebärde Pescaras gehorchend.

»Erlaucht«, begann Moncada, »hier bin ich überzeugt. Mit diesem habet Ihr nur Euer Spiel getrieben, vielleicht herablassender, als für spanischen Stolz sich geziemte. Mit einem solchen Menschen konspiriert kein Pescara. Aber, Erlaucht, in seiner ohnmächtigen Wut hat dieser Verlogene Wahrheit gesprochen, wenn er Euch beschuldigte, der Urheber der italienischen Verschwörung zu sein. Nicht der Urheber, aber der Begünstiger. Sie nicht entmutigend, habet Ihr sie genährt und großgezogen. Es war leicht, ein entschiedenes Wort zu sprechen und ihr Halt zu gebieten mit einer entrüsteten und weithin sichtbaren Gebärde. Das habet Ihr nicht getan: Ihr stundet als eine dunkle und deutbare Gestalt.«

»Ritter«, unterbrach ihn Pescara, »nicht Euch habe ich Rechenschaft zu geben von meinem Tun und Lassen, sondern allein meinem Kaiser.«

»Eurem Könige«, versetzte Moncada. »Ihn so zu nennen, gebietet Euch die Ehrfurcht, denn ein König von Spanien ist mehr als der Kaiser. Und der Enkel Ferdinands wird ein König von Spanien werden. Karl entwickelt sich langsam, unter verschiedenen und streitenden Einflüssen, aber sein spanisches Blut wird erstarken und sein deutsches aufsaugen bis auf den letzten Tropfen. Er verabscheut die Ketzerei und seine Frömmigkeit wird ihn zum Spanier machen.« Er sagte das mit einem stillen Lächeln und schwärmerisch erglänzenden Augen.

»Avalos«, fuhr er fort, »deine Väter haben für den

Glauben gegen die maurischen Heiden gekämpft, bis dein Ahn mit jenem Alfons nach Neapel schiffte. Kehre zu deinem Ursprung zurück! Das edelste Blut fließt in deinen Adern. Wie kannst du, der das Große liebt, zaudern zwischen dem spanischen Weltgedanken und den erbärmlichen italienischen Machenschaften? Unser ist die Erde, wie sie einst den Römern gehorchte. Siehe die wunderbaren Wege Gottes: Kastilien und Aragon vermählt, Burgund und Flandern erworben, das gewonnene Kaisertum, eine entdeckte und eroberte neue Welt, und, das alles beherrschend, ein gestähltes Volk mit einem gesegneten, zwiefach in Heidenblut getauften Schwerte! Was dir jener Elende bot, Spanien gibt es dir tausendfältig: Schätze, Länder, Ruhm und – den Himmel!

Denn für den Himmel kämpfen wir und für den katholischen Glauben, daß *eine* Kirche herrsche auf Erden. Sonst wäre Gott vergeblich Mensch geworden. Voraussehend, wie in diesen Tagen die Hölle den Apostolischen Stuhl besudeln und ihre letzte Ketzerei, den germanischen Mönch, ausspeien werde, erschuf er den Spanier, jenen zu reinigen und diese zu zertreten. Darum gibt er uns die Welt zur Beute, denn alles Irdische hat himmlische Zwecke. Ich habe lange darüber gesonnen in meinem sizilischen Kloster, und wähnte wohl selbst der Auserwählte zu sein zu diesem geistlichen Kriegsdienste. Da wurde er mir in einem Gesichte gezeigt, der andere, der Berufene. Ich war solcher Ehre unwürdig, meiner Sünde wegen, und trat in die Welt zurück.«

Pescara schwieg und betrachtete den Verzückten.

»Aber ich wirke, solange es Tag ist. Kein Jahr ist um,

ich stand hinter Ferdinand Cortez, da ihm auf dem Berge der Dämon die goldenen Zinnen Mexikos zeigte, wie er dir, Pescara, jetzt Italien zeigt. Diese Hand hielt den Strauchelnden zurück, und nun strecke ich sie gegen dich, Pescara, daß du ein Sohn Spaniens bleibest, welches die Welt ist, und das der in der Glorie schwebende katholische Ferdinand beschützt.«

Jetzt brach der Feldherr sein Schweigen und zürnte: »Nenne mir jenen nicht, er hat mir den Vater getötet!«

Moncada seufzte schwer.

»Du bereust?«

Der Ritter schlug sich zerknirscht die Brust und murmelte, mit sich selbst sprechend: »Meine Sünde ... meine Sünde ... ungebeichtet und ungespeist!«

Da erriet Pescara, daß dieser Fromme nicht seinen Mord bereue, sondern daß er ihn vollbracht an einem geistlich Unvorbereiteten. »Weiche von mir!« gebot er.

Moncada trat zurück bis zur Schwelle, wie aus einem Traum erwachend. Dann sammelte er sich und sagte: »Verzeihung, Erlaucht! Ich war abwesend. Noch ein nüchternes Wort. Ich kenne Euer Ziel nicht. Noch bin ich nicht Euer Feind. So oder so werdet Ihr Mailand nehmen. Dieser erste Schritt enthält weder Treue noch Untreue. Ich erwarte Euern zweiten, ob Ihr den Herzog absetzet und die Empörung strafet. Tut Ihr es nicht, so verratet Ihr Spanien und Euern König!« Und er verschwand.

Pescara zog sich zurück und genoß Speise. Dann empfing er vor seinem flackernden Kaminfeuer, das an einem Herbstabende nicht fehlen durfte, den Herzog mit Del Guasto und gab ihnen seine letzten Befehle. Den Rest der Zeit benützte er, um seine geheimen Papiere zu sichten: was sich um einen Mächtigen dreht, eine Welt von Schlechtigkeit. Er vernichtete das meiste, es in den Herd werfend: er wollte niemanden verderben. Auch das Geheimschreiben des Kaisers sollte verschwinden, doch seine Asche nicht mit der übrigen sich vermengen. Er ließ ein glimmendes Kohlenbecken bringen, in dessen bläulichen Flämmchen er den Brief seines Kaisers verbrannte. Als er zu Ende war, hatten sich seine Kerzen schon zur Hälfte verzehrt: es ging auf Mitternacht. Pescara kreuzte die Arme über der Brust und verfiel in ein so tiefes Sinnen, daß er die Schritte eines Eintretenden nicht vernahm. Da sprach es zu ihm: »Was ist dein Ziel, Avalos?« Er erblickte Moncada.

Der Feldherr griff mit der Hand in das erloschene Kohlenbecken, schloß sie und streckte sie gegen Moncada. »Mein Ziel?« sagte er und öffnete die Hand: Staub und Asche.

Jetzt gellten Drommetenrufe durch das Schloß. Trommelwirbel folgten. Alles geriet in Bewegung. Der Feldherr ließ sich von seiner Dienerschaft waffnen. Als er bei flackerndem Fackellicht, das sich auf Speeren und Rüstungen spiegelte, die gepflasterte Halle des Erdgeschosses betrat, erblickte er sein schwarzes Tier, welches, kostbar geschirrt, mit ungeduldigen Hufen Funken aus dem Boden schlug, daneben eine Sänfte mit zwei leichten Trabern. Beide hatte er befohlen, die Wahl dem Augenblicke vorbehaltend. Mit einem Seufzer bestieg er die Sänfte, seine wiederbeginnenden Schmerzen darin zu verbergen, und verschwand durch das Tor, während sein verschmähtes Schlachtroß sich zornig gebärdete und den Reitknecht, welcher es be-

steigen wollte, abwarf. Es mußte seinem Herrn ledig nachgeführt werden.
Nun wurde auch der gefangene Kanzler gebracht. Spanische Soldaten umringten ihn, beraubten ihn seiner Kette, seiner Ringe, seines Beutels und setzten ihn, nicht auf sein edles Maultier aus dem mailändischen Marstalle, sondern rücklings auf einen armseligen Esel, dessen Schwanz sie ihm nach ihrer grausamen Art durch die gefesselten Hände zogen. Dann ging es durch das Tor unter einem höllischen Gelächter, in welches der Kanzler aus Verzweiflung mit einstimmte.

Letztes Kapitel

Inzwischen verlebte in dem aus einer Burg des Glückes zu einer Behausung der Angst gewordenen Kastelle von Mailand Franz Sforza jammervolle Tage und noch schlimmere Nächte, hilf- und ratlos nach seinem Kanzler rufend. Er hatte den Besuch Del Guastos erhalten, der ihm zu melden kam, sein Feldherr habe vor ablaufender Frist den Kanzler von Mailand empfangen, dieser ihm aber, statt der erwarteten Zugeständnisse, im Namen der Hoheit ebenso törichte als verbrecherische Eröffnungen gemacht, die den Feldherrn bestimmen, ohne Verzug, übrigens ganz im Sinne seiner ersten Drohung, auf Mailand zu marschieren und gegen die Hoheit als einen Hochverräter zu verfahren. Del Guasto hatte sich an dem Zittern des Herzogs geweidet und war aus der Stadt verschwunden. Während sich die kaiserlichen Truppen in raschen Märschen näherten und selbst da sie schon auf den Wällen von Mailand in Sicht waren, hatte der Kleinmütige zwischen Übergabe und Verteidigung geschwankt, wurde dann aber von ein paar tapfern lombardischen Edelleuten auf den Weg der Ehre gerissen und endlich selbst von einer kriegerischen Stimmung angewandelt, deren er kraft seines großväterlichen Blutes nicht völlig unfähig war. Er ließ sich mit einer kunstvoll geschmiedeten Rüstung bekleiden und setzte sich einen Helm von herrlicher getriebener Arbeit auf das schwache Haupt.

Es ist Tatsache, daß er in der großen Schanze stand, in dem Augenblicke da Pescara seine Truppen gegen dieselbe zum Sturm führte. Mit bebender Stimme befahl der Herzog das Feuer seiner auserlesenen Geschütze. Wie sich der Rauch verzog, lag das Feld mit Spaniern bedeckt. Zwischen Toten und Verwundeten schritt Pescara, wenige mehr neben sich und noch unerreicht von den vielen unter der Führung Del Guastos ihm stürmisch Nacheilenden. Er war ohne Harnisch. Der Helm war ihm vom Kopfe gerissen und sein dunkler Mantel flatterte zerfetzt. In flammend rotem Kleide, mit gelassenen und gleichmäßigen Schritten ging er weit voran, einen blitzenden Zweihänder schwingend. Es war, als schritte der Würger Tod in Person gegen die Schanze, und da sich dort in demselben Augenblicke die böse Kunde verbreitete, der Borbone habe das Südtor genommen und Leyva stürme an der nördlichen Pforte, packte der bleiche Schreck die Besatzung. Die wieder geladenen Stücke blieben ungelöst, die Hauptleute, die sich den Furchtbetörten entgegenwarfen, wurden niedergetreten und die panische Flucht riß den Herzog mit sich fort.

Wie er, in seinen Palast zurückgekehrt, mit irrenden Schritten den Thronsaal betrat, siehe da stürzte vor seinen Augen die goldbrokatene und mit Löwen und Adlern durchwirkte Bekleidung des Thronhimmels zusammen. In der allgemeinen Verwirrung hatte sich der herzogliche Tapezierer in den Saal geschlichen und das Prachtstück gelockert, um es zu entwenden, war dann aber vor dem sich nahenden Getöse unverrichteter Dinge entwichen. Von dem schlimmen Omen erschreckt, warf sich der Herzog verzweifelnd in einen Lehnstuhl und bedeckte das Gesicht mit beiden Händen, sein Los und den Sieger erwartend.

Dieser ließ nicht lange auf sich harren. Ein kurzer Lärm – die treue schweizerische Palastwache wurde niedergestreckt oder entwaffnet – und Pescara betrat den Saal, barhaupt und ohne Schwert, hinter ihm Karl Bourbon, behelmt, in voller Rüstung, den Degen in blutender Faust. Er war, der erste auf der Sturmleiter, mit derselben in den Stadtgraben zurückgeworfen worden, ohne sich jedoch ernstlich zu verletzen.

Der Marchese verneigte sich vor seinem Besiegten, der sich von seinem Sitze aufraffte. »Hoheit beruhige sich«, sprach Pescara. »Ich komme nicht als Feind, sondern um Hoheit aufs neue in Pflicht zu nehmen für Ihren Lehensherrn den Kaiser.«

Sforza erhob die Augen, und da er in dem überlegenen Antlitz weder Hohn noch Strafe las, sondern eher teilnehmende Einsicht und Milde, brach der haltlose Knabe in Tränen aus und stammelte: »In meinem Herzen bin ich der Majestät immer treu gewesen, sie hat keinen ergebeneren Diener und bessern Lehensmann, aber ich Unseliger wurde mißleitet, wurde irregeführt ... mein höllischer Kanzler ... auch den bewaffneten Widerstand habe ich nicht befohlen ... ich wurde geschoben, gestoßen ... von dem Valabrega und ein paar andern Edelleuten ... bei allen Aposteln und Märtyrern, ich bin kein italienischer Patriot, sondern der bedrängteste Fürst in der unmöglichsten Lage!«

Diese völlige Zerknirschung des Enkels und Urenkels zweier Heroen schien den Feldherrn peinlich zu berühren. Doch ließ er der Buße freien Lauf, weigerte aber, scheinbar aus Ehrerbietung, dem endlich Verstummenden seine Hand, welche dieser zu ergreifen suchte. Er befürchtete, der gänzlich Vernichtete möchte sie küssen.

Während dieser Selbsterniedrigung, und sie im Grunde seines verbitterten Herzens kostend, schlürfte Karl Bourbon, welcher hinter Pescara stehen geblieben war, in langsamen Zügen einen vollen Becher, den er sich von einem herbeigewinkten Pagen hatte holen und reichen lassen.

»Hoheit«, sagte der Feldherr, »ich habe Vollmacht. Wenn Sie davon durchdrungen ist, daß Sie sich in ein falsches und gefährliches Spiel eingelassen hat, und wenn sich der feste Wille in Ihr gestalten kann, forthin Ihr Heil da zu suchen, wo es ist, bei dem Kaiser, und von der Majestät nimmermehr zu weichen, wage ich es, auf meine Verantwortlichkeit, Ihr Verzeihung zu gewähren und Ihre Hand darauf anzunehmen. Hoheit darf es mir glauben, Sie fährt in jedem Falle besser mit dem Kaiser als mit der Liga.«

Jetzt sah er, wie die unverhoffte Milde den Sohn des Mohren plötzlich wieder mißtrauisch machte, wie der vom Schicksal zum Argwohn Erzogene eine List vermutete und wie seine Hand zögerte und zitterte. »Hoheit darf trauen«, sprach er kraftvoll. »Der Kaiser und ich halten Wort.«

Sforza gab die Hand und der Feldherr fügte freundlich hinzu: »Ich kenne die schwierige Lage der Hoheit und – wenn ich es aussprechen darf – Ihre durch eine unglückliche Jugend erkrankte und entkräftete Seele. Sie bedarf vor allem der Stetigkeit. In der Bahn des Kaisers wandelnd und verharrend, wird Sie von keiner Zeitwelle verschleudert werden. Ich persönlich«, schloß er, seine Lehrhaftigkeit mildernd, in einem fast herzlichen Tone, »war der Hoheit immer zugetan, aus Dank für meine Vorbilder, Ihre zwei herrlichen Ahnen, obwohl mir die beiden«, scherzte er, »in meiner Jugend manchen Schlaf geraubt haben: ein solcher Reiz und Stachel liegt in Männlichkeit und Seelengröße.«

Franz Sforza getröstete sich dieser Freundschaft, fragte aber doch ängstlich: »Und ich bleibe Herzog? Euer Wort, Pescara?«

»Unverbrüchlich. Wenn ich etwas über den Kaiser vermag, und wenn Ihr es vermöget, Eure Seele zu befestigen.«

»Und meinem Kanzler geschieht nichts?«

»Ich glaube nein, Hoheit«, versprach Pescara.

»Und er bleibt mein Minister?«

Der Feldherr konnte ein Lächeln nicht verwinden über die Unzertrennlichkeit dieses Paares. »Hoheit vergißt, daß Sie soeben Girolamo Morone den verderblichsten aller Ratgeber genannt hat. Ich empfehle Hoheit, sich von der kaiserlichen Majestät für dieses schwierige Amt einen andern und weisern Kopf zu erbitten. Es gibt deren in Italien, es braucht kein Spanier zu sein.«

»Nichts da, Hoheit! Ihren Kanzler bekommt Sie nicht heraus!« mischte sich jetzt der Bourbon ins Gespräch. »Diese Helena ist mein Beutestück.«
Franz Sforza starrte Bourbon mit angstvollen Augen an. »Der hier?« stöhnte er. »Er will mein Mailand! Er träumt langeher davon. Hilf mir, mächtiger Pescara!«
Da schmetterte Bourbon, als zerstöre er sich selbst, mit einem zornigen Wurf sein kristallenes Glas an den Marmorboden, daß es mit schrillem Mißton in Scherben zerfuhr. »Hoheit«, rief er, »da liegt mein Fürstentum Mailand!«
Während die Scherben flogen, trat Moncada mit Leyva ein, dieser von oben bis unten mit Staub und Blut besudelt. »Erlaucht«, begann der Ritter, »ich beglückwünsche Sie zu Ihrem heutigen schönen Siege, der, wieder in voller Kraft erfochten, sich an so viele andere reiht. Ich hielt mich geziemend im Vorzimmer. Doch da ich bechern und lachen hörte und als auch Leyva anlangte, der das Nordtor genommen und ebenfalls seinen Trunk verdient hat, wagte ich den Eintritt, und ich glaube zur rechten Stunde. Denn ich meine: hier wird Gericht gehalten werden und Hoheit Bourbon hat diesem verräterischen Herzog in symbolischer Weise seinen verdienten Untergang verkündigt. Aber nicht so stürmisch, Hoheit! Ich denke, der Feldherr setzt ein Kriegsgericht zusammen, bei dem ich als ein Angehöriger des königlichen Hauses Sitz und Stimme beanspruchen darf. Natürlich ein vorläufiges Gericht, in Erwartung des Entscheides aus Madrid.«
Pescara blieb kalt. »So tue ich«, sagte er. »Ich ernenne zu Richtern meine zwei Kollegen die Hoheit Bourbon und Leyva. Ich präsidiere. Euch, Ritter, muß ich aus-

schließen, weil Ihr keinen Rang bekleidet. Hier meine Beglaubigung.« Er zog aus seinem Wams die kaiserliche Vollmacht.

Moncada ergriff das Schreiben und las: »Nach seinem Ermessen ... gemäß den Umständen ... hm ... Erlaucht erlaube ... diese kaiserliche Weisung scheint zu sagen, daß Sie bevollmächtigt ist alle militärischen und bürgerlichen Maßregeln in dem genommenen Mailand nach Belieben zu treffen, präjudiziert aber in keiner Weise die Rechte und Interessen der Katholischen Majestät. Ich werde daher bleiben als ein stummer, aber aufmerksamer Zuhörer.«

»Sei es«, sagte Pescara geduldig.

Jetzt regte sich auch Leyva und verlangte, daß Girolamo Morone vorgeführt werde. »Er ist im Palaste«, sagte er. »Ich sah ihn gefesselt einbringen unter den Verwünschungen und Kotwürfen des mailändischen Volkes, das ihm sein ganzes Elend zurechnet.« Pescara gab den Befehl.

Eine peinliche Pause. Stühle wurden gerückt von der verlegenen Dienerschaft, welche ihrem verklagten Herrn ehrerbietig den herzoglichen Sessel mit Krone und Wappen brachte, und als Morone erschien, nicht ohne Spuren von Mißhandlung, sah er die drei Feldherrn als Richter sitzen, Pescara in der Mitte, und vor ihnen seinen Herzog. »Mut, Fränzchen«, flüsterte er ihm zu, neben den er sich aus alter Gewohnheit gestellt hatte, »wirf du nur alles auf mich!«

Pescara nahm das Wort: »Die Hoheit von Mailand beteuert an der Treue gegen ihren Lehensherrn festzuhalten und nur vorübergehend fehlgetreten und in den Schein der Felonie gekommen zu sein unter den Einflüsterungen dieses Mannes da.« Der Herzog nickte mit dem Haupt.

»So ist es! Ich bekenne, daß ich der allein Schuldige bin!« sprach der Kanzler unerschrocken.

»Auch die Verteidigung von Mailand gegen das kaiserliche Heer beteuert die Hoheit nicht befohlen zu haben, sondern sie versichert, es sei die eigenmächtige Tat einiger aufrührerischer Lombarden, und ich halte es für glaublich. Wie urteilt Leyva?«

Leyva verzog das häßliche Gesicht und murrte: »Dieser Franz Sforza ist der Felonie schuldig und durch die nackte Tatsache überwiesen. Er werde in schärfstem Gewahrsam gehalten. Der Kaiser, wie ich meine, wird ihn absetzen und nach Spanien bringen lassen.«

»Und wie urteilt Sie?« Pescara hatte sich gegen Bourbon gewendet.

Der Connétable spielte mit seinem zerrissenen Handschuh und bemerkte mit melodischer Stimme: »Die Hoheit wurde betört von dem wunderlichen Gaukler da, der auch mich und viele andere bezaubert hat, bis er an unserm Feldherrn seinen Meister fand. Aber sie scheint mir wieder zur Besinnung gekommen zu sein, und ich meine, daß ihr die Schmach des Gefängnisses anzutun weder schicklich wäre noch auch notwendig ist, da sich ja die Stadt in unsern Händen befindet. Die Hoheit von Mailand bleibe frei.«

»Zwei Stimmen gegen eine, denn so lautet auch meine Meinung«, entschied Pescara. Moncada schwieg mit verschlungenen Armen, Leyva, dessen große Narbe sich mit Blut zu füllen schien, zerrte den Schnurrbart, Bourbon aber erhob sich, bot Franz Sforza den Arm und geleitete ihn aus dem Saale.

Draußen stieß er mit Del Guasto zusammen, der ihm zuflüsterte, es sei befremdend: die Truppen Leyvas zögen sich gegen den Palast. Bourbon runzelte die Stirn. »Beobachtet und berichtet!« gebot er. Del Guasto wollte enteilen, rief aber zurück: »Noch eins: ich höre, Donna Victoria sei am Tore angelangt und verlange nach dem Feldherrn.«

Da Bourbon in den Saal zurücktrat, forderte eben Leyva den Kerker, die Folter und, nach vervollständigtem Bekenntnisse, Block und Beil für den erbleichenden Morone.

»Auf die Folter!« stöhnte dieser. »Wenn ihr mich windet wie ein Tuch, so werdet ihr nichts anderes als Blut und Schweiß aus mir herauspressen. Ich habe mich vor dem Feldherrn ausgebeichtet. Du bist nicht grausam, Pescara!«

»Pfui, Leyva!« rief Bourbon, sich wieder in den Kreis setzend. »Will sich der Herr an den Zuckungen dieses närrischen Gesichtes ergötzen? Das leide ich nicht. Ich lasse mir meinen Morone nicht verdrehen. Zittre nicht, Girolamo! Dir wird kein Haar gekrümmt: du wirst mein Schreiber. Mein gnädiges Urteil lautet: Girolamo sitze in seinem Hause und man bewache ihn, bis ich mir ihn vom Kaiser werde erbeten haben.«

»Mir scheint, das genügt«, entschied der Feldherr. »Morone hat gestanden vor drei glaubwürdigen Zeugen, deren einer ich selber bin. Keine unnütze Marter, sondern sichere Haft. Zwei Stimmen gegen eine. Nehmet ihn, Hoheit. Mir ahnt, daß Girolamo Morone sich noch einmal umwandelt und in kaiserliche Dienste tritt.«

Da schrie Morone unklug vor Freude über das geschenkte Leben und die erlassene Folter: »Pescara, ohne dich kein Italien! Das ist vorbei. Mach mit mir, was du willst. Ich bin das Geschöpf deiner Großmut und Güte ... Und wenn noch weitergeredet werden soll, so erfahret, Herrschaften, und darin ist alles andere enthalten: die Liga ist dem Kopfe der Heiligkeit entsprungen, wie Athene der Stirne des Zeus ...« Seine Zunge stand plötzlich still, da er neben sich einen ansehnlichen Mann im Reisekleid gewahrte, der eben eingetreten war. Dann rief er: »Das weiß niemand besser als der da!« Es war Guicciardin, dessen Blicke neugierig im Kreise umliefen, endlich aber unverwandt auf dem Antlitze des Pescara haften blieben.

»Ich störe, Erlaucht?« sagte er. »Doch ich werde mich kurz fassen. Ich komme mit Eilpost von der Heiligkeit, die diesmal besser einen andern geschickt hätte. Die Heiligkeit läßt Erlaucht wissen, sie habe auf die erste Kunde der eröffneten Feindseligkeiten einen ihrer Vertrautesten nach Madrid gesendet, den Kaiser zu unterrichten, daß sie dem Bündnis der italienischen Staaten fremd geblieben ist. Eine heilige Liga existiert nicht. Der oberste Hirte schaudert vor dem Schwert.«

»Halleluja!« rief der Kanzler, den die Lebensfreude berauscht und völlig toll gemacht zu haben schien, der Feldherr aber entgegnete: »Wie, Guicciardin? Eben hat Morone an den Tag gebracht, daß die Liga das Werk der Heiligkeit ist. Was ist Wahrheit?«

»Beides«, versetzte Guicciardin. »Mein Auftrag ist ausgerichtet und damit gut.« Er verbeugte sich und verließ den Saal, aber Bourbon, in den der Satan fuhr, rief dem Gesandten des Papstes nach: »Florentiner, sage deinem Herrn, ich werde nach Rom kommen, Seiner Wahrhaftigkeit den Pantoffel zu küssen, mit lauter Lutheranern und Marranen, und nachts will ich meine brennende Kerze umwerfen, daß der Heiligkeit ein Licht aufgehe!« Die Lache, die der Unselige aufschlug, scholl gellend wider aus der Kuppelwölbung und aus den Ecken des Saales wie aus dem Munde schadenfroher Dämonen, so daß Guicciardin erschreckend umblickte. Der Feldherr wies nun auch den Kanzler mit seiner Wache weg, sei es daß er es für unziemlich hielt, das Haupt der Christenheit preiszugeben, oder er war der menschlichen Komödie müde.

Da sich Guicciardin und der Kanzler draußen zusammenfanden, fragte jener: »Man führt dich zum Blokke?«

»Bewahre!«

»Durchgeschlüpft? Unvergleichlicher! Doch wie begab es sich in Novara?«

»Oh, ich kam auf den Esel zu sitzen ... Dieser Pescara ist das Rätsel der Sphinx ...«

»Das ich errate, Kanzler, aus seinem Antlitz. Es trägt die hippokratischen Züge, und ich werde vielleicht der Heiligkeit eine Todesnachricht zu bringen haben. Erinnerst du dich noch, Girolamo, was ich dir in den vatikanischen Garten sagte, von einem möglichen letzten Hindernis in der Brust Pescaras? Wenn ich wörtlich wahr geredet? Wenn der Feldherr bei Pavia den Tod empfing und ihn verheimlicht hat? Wenn wir einen nicht mehr Versuchbaren in Versuchung führten?«

Der Kanzler schlug sich vor die Stirn: »Du sagst es, Guicciardin! Ähnliches, das ich damals nicht verstand, hat mir der Arzt des Feldherrn, Messer Numa Dati, in Novara angedeutet.«

»Also die Wahrheit«, schloß der Florentiner. »Nicht

Pescara trog. Wir selbst haben uns betrogen. O Weisheit der Menschen!« Mit dieser Betrachtung schieden die beiden.

In dem Thronsaal herrschte eine unheimliche Luft. Die drei Feldherrn und der bei ihnen zurückgebliebene Moncada standen in weiten Entfernungen. Pescara völlig entkräftet wie es schien, hatte sich auf den über den Thron ausgebreiteten Goldbrokat geworfen. Blässe bedeckte sein Gesicht, die Brust arbeitete. Bourbon maß den Saal in leichtfertigem Tanzschritt, während er Moncada scharf beobachtete. Dieser, in einer Fensterbrüstung lehnend, winkte aus einer andern Leyva zu sich und flüsterte ihm ins Ohr: »Es ist Zeit. Er hat sich enthüllt. Tot oder lebendig ...«

Jetzt rief auch Pescara den Herzog. »Setze dich neben mich, Karl«, keuchte er leise. »Führst du Papier und Stift?«

»Um Gottes willen, Ferdinand, merkst du nichts? Du bist bedroht! Die beiden flüstern. Leyva ist verdächtig. Sie wollen dich verhaften!«

»Führst du Papier und Stift?« wiederholte der Feldherr. Der Herzog gab sie. Nach ein paar Zügen sagte Pescara: »Meine Hand zittert, schreibe du, Karl.«

»Ferdinand, bist du blind? Siehst du nicht, wie Moncada sich regt?«

»Er wird mich nicht erreichen«, sagte der Feldherr und diktierte mit gepreßter Stimme: »An die Majestät des Kaisers. Erhabener Herr, Mailand ist Euer. Pescara hält Treue bis zum letzten Atemzug. Lohnet sie ihm mit drei Erfüllungen ...«

»Ich beschwöre dich, Ferdinand! Er kommt auf dich zu! Ermanne dich! Wir fechten ... Ich rufe die Wachen ...« Bourbon wollte aufspringen, Pescara aber hielt ihn fest: »Schreibe! Er erreicht mich nicht, sage ich dir. Wo bist du? ... mit drei Erfüllungen: Majestät schütze Sforza! Majestät begnadige Morone! Majestät gebe mein Kommando dem Connétable! ...

»Er steht wenige Schritte vor dir! Zieh! Wo hast du deinen Degen?«

»Ich vergieße kein Blut mehr ...« Pescara unterzeichnete, und der Stift entglitt seiner Hand. Mit einem schwachen Schrei und erlöschenden Augen sank er in die Arme seines Freundes.

Moncada, der jetzt ganz nahe getreten war, stand bestürzt. »Was ist dem Feldherrn?« fragte er, und ihn betrachtend: »Verschieden?«

»Geschieden!« weinte der Herzog.

»Ein Herzschlag. Der Feldzug hat ihn getötet«, sagte Moncada und hob das Papier auf, das an den Boden gefallen war. Er las, und bei der dritten Bitte angelangt, stand er sinnend. Dann übergab er, ohne die Miene zu ändern, das Papier dem Herzog mit den Worten: »Wir ehren seinen letzten Willen. Hoheit hat das Kommando. Hoheit befehle!«

Bourbon erschien als ein Heimatloser und Entwerteter dem Sohne Ferdinands des Katholischen ungefährlich und war, ohne Pescara, auch Leyva minder verhaßt, denn um die Gunst des großen Feldherrn hatte dieser den Connétable beneidet.

Karl Bourbon winkte sie weg und bettete Pescara auf den Goldbrokat. Der Palast war ganz stille geworden, und selbst die Wachen an den Toren schritten leise, in der Meinung, der Feldherr halte zu dieser Stunde Siesta, wie seine Gewohnheit war. Auch der Herzog, das geliebte Haupt im Schoße haltend, versank in einen Mittagstraum, er vergaß das tragische Los des Toten und das eigene aus Ruhm und Schmach geflochtene, er empfand nur einen dumpfen Schmerz über den Verlust des einzigen Freundes.

Stimmen erschollen vor der Saalpforte. »Nein, Madonna, er ruht!« verbot Del Guasto und Victoria rief durchdringend: »Weiche, Böser! Ich will zu ihm!« Bourbon vernahm nahende Schritte, er wendete nicht einmal das Haupt. Er legte den Finger an den Mund und flüsterte: »Leise, Madonna! Der Feldherr schlummert.«

Victoria trat zu dem Gatten. Pescara lag ungewaffnet und ungerüstet auf dem goldenen Bette des gesunkenen Thronhimmels. Der starke Wille in seinen Zügen hatte sich gelöst und die Haare waren ihm über die Stirn gefallen. So glich er einem jungen, magern, von der Ernte erschöpften und auf seiner Garbe schlafenden Schnitter.

ANGELA BORGIA

Erstes Kapitel

Als die Angetraute des Erben von Ferrara, welche die Tochter des Papstes und Donna Lucrezia genannt war, von ihrem Gatten, Don Alfonso von Este, im Triumph nach ihrer neuen Residenz geholt wurde, ritt sie, während er den glänzenden Zug anführte, in der Mitte desselben auf einem schneeweißen Zelter unter einem purpurnen Thronhimmel, den ihr die Professoren der Universität zu Häupten hielten.

Die würdigen Männer schritten feierlich je vier an einer Seite des Baldachins, neben welchen andere acht gingen, um sie an den vergoldeten Stangen abzulösen und ihrerseits des Dienstes und der Ehre teilhaftig zu werden. Hin und wieder erhob der eine und der andere den sinnenden Blick auf die zart gefärbte, lichte Erscheinung im wehenden Goldhaar. Der Professor der Naturgeschichte erforschte und bedachte die seltene Farbe ihrer hellen Augen und fand sie unbestimmbar, während der Professor der Moralwissenschaften, ein Greis mit unbestechlichen Falten, sich ernstlich fragte, ob auf dem unheimlichen, mit Schlangen gefüllten Hintergrunde einer solchen Vergangenheit ein so frohes und sorgenloses Geschöpf eine menschliche Möglichkeit wäre, oder ob Donna Lucrezia nicht eher ein unbekannten Gesetzen gehorchendes dämonisches Zwitterding sei. Der dritte, ein Mathematiker und Astrolog, hielt die Fürstin für ein natürliches Weib, das nur, durch maßlose Verhältnisse und den Einfluß seltsamer Konstellationen aus der Bahn getrieben, unter veränderten Sternen und in neuer Umgebung den Lauf gewöhnlicher Weiblichkeit einhalten werde.

Der vierte, ein Jüngling mit krausem Haar und kühnen Zügen, verzehrte die ganze schwebende Gestalt vom Nacken bis zur Ferse mit der Flamme seines Blickes. Das war Herkules Strozzi, Professor der Rechte, und trotz seiner Jugend zugleich der oberste Richter in Ferrara. Wäre es nicht seine Fürstin gewesen, er hätte sie als florentinischer Republikaner vor sein Tribunal geschleppt, aber gerade dieser strahlende rechtlose Triumph über Gesetz und Sitte nach so schmählichen Taten und Leiden riß ihn zu bewunderndem Erstaunen hin.

Unangefochten von diesem Gedankengefolge, aber es leicht erratend, klar und klug, wie sie war, verbreitete die junge Triumphatorin Licht und Glück über den Festzug mit ihrem Lächeln. Doch auch sie hing unter ihrer lieblichen Maske ernsten Betrachtungen nach, denn sie erwog die Entscheidung dieser sie nach Ferrara führenden Stunde, welche die Brücke zwischen ihr und ihrer gräßlichen Vergangenheit zerstörte. Diese würde noch hinter ihr drohen und die Furienhaare schütteln, aber durfte nicht nach ihr greifen, wenn sie selbst sich nicht schaudernd umwandte und zurücksah, und solche Kraft traute sie sich zu.

Eine zarte Pflanze, aufwachsend in einem Treibhause der Sünde, eine feine Gestalt in den schamlosen Sälen des Vatikans, den ersten Gatten durch Meineid abschüttelnd, einen anderen von ihrer Brust weg in das Schwert des furchtbaren und geliebteren Bruders treibend, hatte Lucrezia Mühe gehabt, in den Kreuzgängen der Klöster, wohin sie sich mitunter nach der Sitte zu mechanischer Buße zurückzog, die einfachsten sittlichen Begriffe wie die Laute einer fremden Sprache sich anzulernen; denn sie waren ihrer Seele fremd. Höchstens geschah es, daß ihr einmal ein Buße predigender Mönch, den dann der Heilige Vater zur Strafe in den Tiber werfen ließ, eine plötzliche Röte in die Wangen oder einen Schauder ins Gebein jagte. Mit der von ihrem unglaublichen Vater ererbten Verjüngungsgabe erhob sie sich jeden Morgen als eine Neue vom Lager, wie nach einem Bade völligen Vergessens. Dergestalt verwand sie ohne Mühe, was eine gerechte Seele mit den schwersten Bußen zu sühnen für unmöglich erachtet, was sie zur Selbstvernichtung getrieben hätte. Und wenn sie nach einer unerhörten Tat verfolgende Stimmen und Tritte der Geisterwelt hinter sich vernahm, so verschloß sie die Ohren und gewann den Geistern den Vorsprung ab auf ihren jungen Füßen.

Nur ihr Verstand, und der war groß, überzeugte sie durch die Vergleichung der römischen Dinge mit den Begriffen der ganzen übrigen, der lebenden und der vergangenen Welt, oder durch ein irgendwo gehörtes männliches Urteil, oder durch das von ihr wahrgenommene Erschrecken eines Unschuldigen bei ihrem Anblick – ihr Verstand allein überführte sie nach und nach von der nicht empfundenen Verdammnis ihres Daseins, aber allmählich so gründlich und unwidersprechlich, daß sie mit Sehnsucht, und jeden Tag sehnlicher, ein neues zu beginnen und Rom wie einen bösen Traum hinter sich zu lassen verlangte.

Ihr Begehren, dessen Heftigkeit sie verbarg, erfüllte ihr

dritter Gemahl, der Erbe von Ferrara. Beim Anblick dieser ruhigen, geschlossenen Miene hatte sie sich gesagt: Jetzt ist es erreicht. Mit diesem bin ich gerettet. Sicherlich kennt er meine Vergangenheit und täuscht sich darüber, so reizend ich bin, keinen Augenblick. Es kostet ihn Überwindung, mit mir den Ring zu wechseln bei dem Geschrei, in dem ich stehe, und bei seiner bürgerlichen Ehrsamkeit; wenn er sich nun aber entschlossen hat, mich zum Weibe zu nehmen zur Wohlfahrt seines Staates und um mit vollen Händen aus dem Schatze des heiligen Petrus zu schöpfen – aus welchem Grunde es sei, so wird der Mann, wie er ist, einen mutigen Strich durch meine Vergangenheit ziehen und mir dieselbe niemals vorhalten, fall ich nicht in neue Schuld ... davor aber werde ich mich wahren. Und er wird meine Gaben kennenlernen, meine Regentenkunst bewundern – Donna Lucrezia hatte schon Fürstentümer und während der Abwesenheit des Vaters selbst die apostolische Kirche verwaltet – meine unverwirrbare Geistesgegenwart, meine Billigkeit, meine Leutseligkeit ... Niemals werde ich ihm den Schatten eines Anlasses geben, Treue oder Gehorsam seines Weibes zu beargwöhnen ... wenn nicht, außer wenn – – eine Furche senkte sich zwischen die fröhlichen Brauen, und sie schauderte – – außer wenn der Vater befiehlt; aber der sitzt in Rom – oder der Bruder ruft; aber der liegt in seinem spanischen Kerker.
Sie lächelte das Volk an, um die Schmach ihrer Abhängigkeit tief zu verstecken, kraft deren sie mit Vater und Bruder zu einer höllischen Figur verbunden war. Dann nahm sie ihre ganze Kraft zusammen, und mit einem kräftigen Ruck entschlug sie sich der Sache.

In diesem Augenblicke hielt der Zug vor einem Kastell, von dessen ausdrucksvoller Mauerkrone ein Seiltänzer herabschwebte. Sie sah das Kunststück an und sagte sich: »Du gleitest und stürzest nicht, und ich ebensowenig.«

Es war ein Amor, der unten vom Seile sprang, vor ihr das Knie bog und ihr einen Myrtenkranz bot mit den huldigenden Worten: »Der keuschen Lucrezia!« Unter dem Jubel der Menge krönte sie sich und ergab sich ganz der Lust des Augenblickes.

Jetzt fuhren Blitze aus der Brüstung des runden Turmes, der sich donnernd in Rauch hüllte. Don Alfonso war ein leidenschaftlicher Liebhaber von Geschütz – ganz Kanone – und konnte sich zur Zeit und zur Unzeit des Pulverknalls nicht ersättigen. Dem Zelter Donna Lucrezias dagegen zerriß der gewaltsame Ton das feine Ohr. Er stieg, und die Fürstin glitt sanft aus dem Sattel in die Arme der Professoren, während dicht hinter ihr ein herrliches Mädchen mit krausem Haar und leuchtenden Augen ihren erschreckten Rappen ohne Zagen bändigte und beruhigte.

Neben ihr klemmte ein hagerer Kavalier mit eisernen Schenkeln die Seiten seines Pferdes. Diese höhnische Larve gehörte Don Ferrante, der bei der Vermählung in Rom Don Alfonso, seinen Bruder, vertreten hatte, und den die Ferraresen kurzweg den Menschenfeind hießen. Er hatte es sich zur Aufgabe gemacht, seiner heutigen Reisegefährtin Ferrara und das Fürstenhaus, dem er selbst angehörte, auf seine Weise zu beleuchten und auf jede zu verleiden.

Die sichere Reiterin aber war Angela Borgia, eine nahe Verwandte der Fürstin und ihr Fräulein, das sie nach

Ferrara begleitete und hinter der Berückenden bescheiden die Bühne der Welt betrat.
Und dieses Theater entfaltete sich heute in ungewöhnlicher Pracht: Strahlender Himmel, glänzende Trachten, öffentlicher Jubel, der festliche Verkehr der Begünstigten und Glücklichen dieser Erde, berauschende Musik, stolzierende Rosse, reizende Frauen, verliebte Jünglinge, schmeichelnde Huldigungen, klopfende Pulse, die Welt, wie sie sich schmückt und lächelnd im Spiegel besieht, alle diese Lust und Fülle lag vor ihr ausgebreitet und wurde ihr vergällt durch den spottenden Teufel an ihrer Seite.
»Seht, junge Herrin«, so höhnte er jetzt, »wie anmutig Donna Lucrezia fällt und wie sie von den Tugenden und Wissenschaften«, er wies auf die Professoren, »feierlich wieder zu Rosse gehoben wird. Ich halte es mit dem Gaukler und preise ihre Keuschheit. Nur stand sie in der Familie vereinzelt und litt unter dem Zwange des Vaters und Bruders. Darum ergriff sie die Hand Don Alfonsos, um hier«, er zeigte die nahen Türme und Kuppeln Ferraras, »einen passenderen Umgang zu finden; aber Donna Lucrezia irrt. Ohne uns mit Seiner Heiligkeit oder dem erlauchten Don Cesare messen zu wollen, sind wir Söhne des Herzogs, und er selbst doch in unserer Art ein ruchloses Geschlecht, natürlich jeder von uns nach seinen Kräften und nach seinem Maße, soweit es für Laien tunlich ist.
Ihr erstaunt, daß ich hier im Zuge des Herzogs so ungebunden rede! Aber seht, Fräulein, es ist meine Charaktermaske, öffentlich zu schmähen und zu lästern, die mir der Herzog mein Vater erlaubt und zugesteht, insofern ich mich enthalte, mich insgeheim gegen ihn zu

verschwören, eine Untugend, die von alters her im Blute der Familie versteckt ist.
Und wisset, tapferes Mädchen, damit habet Ihr mich gleich für Euch gewonnen, daß Ihr nicht fade seid, sondern, wie ich, der Wahrheit Zeugnis gebt, ohne Menschenfurcht – wenn es sein muß, auf offenem Markte. Die anderen, die da hinter uns«, er wies verächtlich auf die folgenden Paare des Hofstaates, »was sind sie? Geputztes Gesindel, Schelme und Dirnen! Heuchler und Bübinnen! Nicht wert, daß sie die Sonne bescheint – mit Ausnahme selbstverständlich der hundert Maultiere, die den Brautschatz Donna Lucrezias tragen. Das sind redliche und verdiente Geschöpfe. Aber Mühe hat es uns gekostet, mich und den Bruder Kardinal, diesen Brautschatz dem Heiligen Vater und der Kirche unter den Krallen hervorzuziehen! Doch ich sagte: Entweder – oder! wie mich der Herzog, mein Vater, beauftragt hatte. Leichter gelang es uns, die Heiligkeit mit dem von unserem Vater Herkules der Braut zugestandenen Wittum hinter das Licht zu führen.« Don Ferrante kicherte. »Wir schwatzten nämlich dem Heiligen Vater unsere berühmten flavianischen Güter auf, die zwar von unserem ferraresischen Fiskus verwaltet, aber ihm von dem Grafen Contrario gerichtlich bestritten werden. Ihr wißt, von dem liebenswürdigen Grafen Contrario, dem zähesten Widersprecher und Rechthaber in ganz Italien! Und das war es eigentlich, was den Herzog Herkules, unsern sparsamen Vater, an dieser Heirat am meisten erfreut hat. So wurde alles nach Gerechtigkeit geordnet! Und mit welcher Wollust schrieb ich nach der Vermählung die Depesche für den harrenden Kurier: Mitgift zugestanden. Heilig-

keit überlistet. Donna Lucrezia getraut und gar nicht unheimlich. Das wollte sagen: diesmal trägt sie kein weißes Pülverchen in der Tasche. Und wirklich, ich glaube, Bruder Alfonso darf heute abend ohne Gefährde sein Haupt mit diesem Goldhaar«, er wies mit dem Spitzbart unter den Thronhimmel, »auf dasselbe Kissen legen.«

Diese Anspielung auf die Giftmischereien der Borgia preßte dem Mädchen eine Träne aus, die sie zornig von der langen Wimper schüttelte. »Eure Zunge meuchelt, Don Ferrante!« sagte sie.

Angela Borgia stammte aus einer Seitenlinie des berühmten spanischen Geschlechtes und wurde, nachdem sie, wie viele Kinder ihrer Zeit, frühe auf tragische Weise beide Eltern verloren hatte, mit anderm weiblichen Edelblut in einem Kloster des Kirchenstaates eher aufgenährt als erzogen. Als beschützte Verwandte des Papstes erfreute sie sich der Bevorzugung der Nonnen und der Führerschaft unter den Gespielinnen.

Es bestand damals eine seltsame, von den grellsten Widersprüchen gepeitschte Welt, die selbst einem italienischen Mädchen, das sonst alles, was Wirklichkeit besitzt, unbefangen angreift und durchlebt, ernstlich bange machen und Kopf und Herz verwirren konnte. Der jungen Angela wurde in Bild und Predigt eine sittliche Schönheit und Vollkommenheit vorgehalten, deren irdischer Vertreter, der Greis, auf welchem, wie der gleichzeitige Sultan sich ausdrückt, das Christentum beruhte, milde gesagt, ein entsetzlicher Taugenichts war, über dessen Ruchlosigkeiten die Schwestern weinten und die Schlimmsten ihrer Gespielinnen insgeheim sich lustig machten.

Angela aber erschrak und brachte es nicht über sich, das Leben als einen Widerspruch zu verspotten.
Sie begann nun, sich schwere Bußen und Geißelungen aufzuerlegen zugunsten ihres Verwandten, des Heiligen Vaters, und ihrer Base Lucrezia, von welcher im Kloster gleichfalls mit geheimen Seitenblicken des Abscheues geredet wurde. Von diesen Peinigungen brachten sie die verständigen Schwestern indessen bald zurück, indem sie ihr vorhielten, alle ihre Anstrengungen wären einem solchen Unmaß der Sünde gegenüber gänzlich unzureichend und vergeblich.
Dafür entwickelte sich in Angela gegen die herrschende Nichtswürdigkeit ein Bedürfnis verzweifelter Gegenwehr und, mit einem zarten Flaum auf den Wangen und dem Feuer ihrer Augen, eine gewisse ritterliche Tapferkeit, nicht nach dem duldenden Vorbilde ihrer weiblichen Heiligen, sondern mehr nach dem kühnen Beispiel der geharnischten Jungfrauen, die in der damaligen Dichtung umherschweiften, jener untadeligen Prinzessinnen, die sich der Schwächen ihres Geschlechtes schämten und welche zu handeln und sich zu verteidigen wußten, ohne dabei die Grazien zu beleidigen.
So erwuchs Angela kraft einer edlen Natur zu einem widerstandsfähigen und selbstbewußten Mädchen, zu dem, was das Jahrhundert in lobendem Sinne eine Virago nannte.

Nun begab es sich an einem Sommertage, daß aus dem Dunkel des Eichwaldes, der den Fuß des das Kloster tragenden apenninischen Felsens umnachtete, auf weißem Zelter eine helle Waldfee mit ihren Gespielen, oder

vielleicht Göttin Diana mit ihrem Jagdgefolge, oder gar die erlauchte Donna Lucrezia mit ihren Frauen emporstieg und an die Pforte klopfte.
Wirklich, es war diese. Sie wurde von der Äbtissin empfangen, der sie die Hand küßte und von welcher sie gesegnet wurde. Dann ließ sie sich die Nonnen und die Klosterzöglinge vorstellen und richtete an jede holdselig das ihr nach Rang und Stand gebührende Wort mit einer wohllautenden Stimme, die noch lange nachklang, nachdem sie gesprochen hatte. Zuletzt nahm sie Angela beiseite, und Hand in Hand mit ihr durch einen Lorbeergang des Gartens auf und nieder wandelnd, sagte sie ihr fröhlich, daß sie die Verlobte des Thronerben von Este sei, und daß sie Angela als ihre Verwandte und ihr Hoffräulein nach Ferrara mitnehmen werde. »Base«, lächelte sie, »ich will dein Glück machen. Du gefällst mir, und ich behalte dich, bis ich dich vermähle.«

Ebenso vetterlich wohlwollend begrüßte sie im Vatikan, den sie mit geheimem Grauen betrat, Lucrezias furchtbarer Bruder, ein Jüngling von vornehmer Erscheinung und grün schillderndem Blick. Unbefangen mit der Base tändelnd, sagte er: »Ich werde euch beide nicht nach Ferrara begleiten, die Geschäfte verbieten es; doch möchte ich euch Don Giulio empfehlen, den ihr dort finden werdet, einen jüngeren Bruder Don Alfonsos. Er ist ein bescheidener, aber hochbegabter Jüngling, nur daß er den Sinnen noch zu viel einräumt. Er wäre es aber wert, und ich möchte es ihm gönnen, daß er sich durch eine edle Frau fesseln ließe.«
Und jetzt ritt Angela hinter Madonna Lucrezia, und

wiederholte Kanonenschläge verkündigten die Nähe des Tores.
Don Ferrante mußte sich beeilen, wenn er noch vor dem Betreten der Stadt die Brüder in der Meinung seiner jungen Begleiterin völlig entwurzeln wollte; er ging aber rüstig ans Werk.
»Mich wundert«, sagte er, »wie Donna Lucrezia, der die öffentliche Stimme oder doch die Einbildungskraft der Männer etwas Außerordentliches und Geflügeltes verleiht, mit meinem Bruder, ihrem künftigen Eheherrn, dem Gewöhnlichsten aller Sterblichen, der von früh bis spät an Essen und Öfen Geschütz gießt, wird haushalten können! Venus neben dem rußigen Vulkan. Doch es mag gehen, so gut es dort ging. Sie wird seine herrlichen Fayencemalereien bewundern und ihn damit glücklich machen. Aber sie hüte sich«, fuhr er fort, und seine höhnende Stimme wurde drohend, »sie hüte sich! Don Alfonso ist der Rachsüchtigste unter uns, nur daß er seine Stunde abwartet und seine Rache das Recht heißt. Doch nein, ich tue dem Bruder Kardinal unrecht. *Seine* Rache ist die grausamste, da er der größere Geist ist und als der uns allen Unentbehrliche keinen Prätor zu fürchten hat. Er ist der Diplomat unseres Hauses; die Fäden unserer Politik laufen alle durch seine gelenken Finger, und er kennt unsere schlimmsten Geheimnisse. Fürchtet diesen Geier, junges Mädchen!«
Ebendieser Kardinal Ippolito, der Staatsmann, die hagere Gestalt in Purpur, die gleichfalls zur Freite nach Rom gekommen und jetzt noch dort war, um mit dem Papste die Übergabe der Ländermitgift zu regeln, hatte sich viel und herablassend mit Angela beschäftigt, sie

ermutigend, Ferrara mit ihrer Gegenwart zu verschönern.

Eine bange Angst bemächtigte sich Angelas. Sonne, Staub und Lärm, die vergiftenden Reden Don Ferrantes, das vor ihr aufsteigende hagere Bild des Kardinals! Ein Gefühl der Verlorenheit und Hilflosigkeit brachte das kräftige Mädchen einer Ohnmacht nahe – es entfuhr ihr ein leiser Schrei.

Da wandte sich die vor ihr schwebende Donna Lucrezia rasch nach ihr um, ein bleicher Blitz schoß aus ihren bläulichen Augen, und sie rief: »Womit ängstigt er dich, Angela? Wisset, Don Ferrante, und präget Euch ein: wer Angela zu nahe tritt, der tritt mir zu nahe. Und Lucrezia Borgia wollet Ihr nicht zur Gegnerin haben!«

Das wollte Don Ferrante von ferne nicht. Er lächelte liebenswürdig. »Keine Rede davon, erlauchte Frau! Ich tue mein möglichstes, Donna Angela angenehm zu unterhalten und unserm Hause ihre Gunst zu erwerben.«

»Was beschreib ich Euch noch Schönes, junge Herrin?« fuhr er fort, nachdem sich die Fürstin wieder abgewendet hatte. »Die unvergleichlichen und verbrecherischen Augen meines Bruders Don Giulio! Ihr kennet ihn?« fragte er, da er eine Bewegung auf ihrem Gesichte sah. »Wohl nur seinem Rufe nach! Denn der ist groß. Über ein kurzes aber wird er persönlich vor Euch stehen, wenn Ihr seinen Kerker öffnet, Donna Lucrezia und Ihr.«

»Seinen Kerker öffnen?« fragte sie erstaunt.

»Gewiß! Und den aller Missetäter«, erklärte ihr Don Ferrante lustig. »Donna Lucrezia wird durch ihr Erscheinen die Verbrecher unschuldig machen. Solches ist in Ferrara Herkommen bei jeder fürstlichen Vermählung und durchaus keine Allegorie. Es sind wirkliche Verbrecher, und sie werden auch tatsächlich freigelassen, so daß wir während der Feste wohl daran tun werden, unsern Schmuck festzuhalten und nachts nicht ohne Fackeln und Bewaffnete auszugehen.«

»Was hat denn Don Giulio verbrochen?« fragte sie.

»Oh, nichts! Er hat mit seinen Augen ein Weib bezaubert und ihrem Manne den Degen durch die Brust gerannt.«

»Schmachvoll!«

»Er ist ein ungezogener Knabe! In den Weingarten des Lebens eingebrochen, reißt er, statt sich ordentlich eine Traube zu pflücken, deren, so viele er mit beiden Händen erreichen kann, vom Geländer, zerquetscht vor Gier die süßen Beeren und besudelt sich mit dem roten Safte Brust und Antlitz.«

Und mit diesem freveln Jüngling hatte sie Don Cesares Gedanke zusammengestellt!

Wieder donnerten die Stücke. Beim Schalle der Zimbeln und Pauken ging es durch das Tor. Die Professoren beschleunigten den Schritt und bald langte Lucrezias Triumphzug vor dem Schlosse an, unter dessen schwerem Bau die Kerker lagen.

Der herantretende alte Herzog hob die Fürstin vom Pferde und schritt mit den Neuvermählten und Angela die Stufen hinunter nach der tiefen Pforte. Dort stand der Kerkermeister und überreichte Donna Lucrezia auf einem Sammetkissen einen gewaltigen verrosteten Schlüssel. Sie ergriff ihn, und die Tür, kaum von ihm berührt, drehte sich in den Angeln und sprang wie durch Zauber weit auf. Jetzt brach die Schar der Gefangenen hervor, Lucrezia zu Füßen stürzend und ihr die

Hände küssend. Alle hatten sie sich zuvor gereinigt, und ihre leidenschaftliche Dankgebärde ermangelte nicht des Anstandes. Doch gab es unter ihnen erbarmungswürdige Jammergestalten und abschreckende Verbrechermienen.

Zuletzt, nachdem der Kerker sich seines ekeln Inhalts entleert hatte, stieg noch ein Jüngling von edelster Bildung mit gekreuzten Armen die dunkeln Stufen empor. Ans Tageslicht tretend, erhob er die Hände, als ob er die Sonne begrüßte; dann beschirmte er mit ihnen die Augen, als blende ihn der scharfe Strahl oder die Schönheit der oben stehenden beiden Frauen. Ein Knie vor Donna Lucrezia beugend, bedankte er sich bei ihr mit den Worten: »Erlauchte Frau und Schwägerin, ich begrüße in Euch die Barmherzigkeit, die jedes weibliche Herz bewohnt, und die fürstliche Gnade, vor welcher die Fesseln fallen.«

Mit diesen und noch schöneren Reden huldigte er der neuvermählten Fürstin, dann richteten sich seine Augen, die wirklich in ihrer tiefen Bläue unter dem edeln Zuge der dunkeln Brauen von seltenem Zauber waren, auf die jüngere Borgia und er erstaunte aufrichtig über die strenge Haltung des kaum erwachsenen Mädchens.

»Doch, rettende Fürstin«, fuhr er fort, »wen bringt Ihr in Euerm Gefolge? Ist es die Göttin der Gerechtigkeit, besänftigt durch die Göttin der Huld?«

Angela war schon von der Reise und durch die Bosheiten Don Ferrantes aufgeregt; jetzt empörte sie das Gaukelspiel der Begnadigung des Sünders durch die Sünderin und der Flitter der Phrase. Wie sie nun gar in den Born dieser wunderbaren Augen blickte, wurde sie von Zorn und Jammer aufs tiefste erschüttert. Ihre innerste, starke Natur überwältigte sie, und jede Verschleierung abwerfend, trat ihr Wesen unverhüllt hervor. Ihre redlichen Augen richteten sich auf die seinigen, und es bewegte sich etwas Undeutliches auf ihren ausdrucksvollen Lippen.

»Was meint die Herrin?« fragte Don Giulio.

Da brach es hervor. Angela sprach deutlich vor den hundert und hundert Zeugen, und ihre Stimme klang über den Platz: »Schade, jammerschade um Euch, Don Giulio! Fürchtet Gottes Gericht!« – Ein großes Schweigen entstand.

Und noch einmal erscholl die Stimme des Mädchens über Don Giulio:

»Schade um Euch!« –

Seltsam! Die Ferraresen teilten vollständig Angelas Gefühl und Urteil über das verwerfliche und gefährliche Treiben des Fürstensohnes, das Bedauern seiner Entwertung und ihr Leid um ihn, den sie liebten um seiner Schönheit und Anmut willen.

Rings erhob sich ein Gemurmel und Echo: »Schade! Sie hat recht! Es ist wahr! Schade um ihn!«

Donna Lucrezia aber ergriff die Hand Angelas, wie die ältere Schwester die einer jüngeren, welche sich etwas Unziemliches hat zuschulden kommen lassen.

»Wie kannst du dich so vergessen?« sagte sie und führte die Bewegte hinweg, die vor Scham und Aufregung in ein krampfhaftes Schluchzen ausbrach, worüber auch der bisher gelassen gebliebene Don Giulio die Haltung verlor.

Zweites Kapitel

Da, wo der weite Park von Belriguardo in die ferraresische Ebene ohne Grenzmauer verläuft, saßen auf einer letzten verlorenen Bank im Schatten einer immergrünen Eiche zweie, die, aus Haltung und Miene zu schließen, voneinander Abschied nahmen.

Bald legte der junge, in die schwarze Tracht von Venedig gekleidete Mann die Hand beteuernd auf sein Herz, bald betrachtete er die still in sich versunkene Gestalt Lucrezias, wie um sie sich auf ewig einzuprägen.

»So gehet Ihr denn, Bembo«, sagte sie, »und ich halte Euch nicht, da Ihr damit erfüllet, um was ich Euch bat, ohne es auszusprechen. Ihr geht, und wie lange wird es dauern, bis Ihr mich vergesset!«

»Donna Lucrezia«, erwiderte der Venezianer bewegt, »wie lange ich Euer gedenken und Euch lieben werde, wahrlich, das ist mir verborgen, denn ich kenne nicht meine Todesstunde.«

Er sagte es mit so trauriger Zärtlichkeit in der Stimme, daß die Herzogin gerührt erwiderte: »Um mein Andenken in Euch zu erhalten, sollt Ihr etwas von mir mit Euch nehmen, mein Freund«, und sie winkte eine schlanke, dunkle Mädchengestalt heran, die am Waldsaum auf und nieder schritt, wohl um die Herrin vor sich selber zu hüten, oder um das Nahen eines unwillkommenen Zeugen zu verraten.

»Setze dich neben mich, Angela«, sagte sie, »und schneide mir eine Locke vom Haupt!« Sie öffnete ihr Gurttäschchen, zog daraus ein kleines, scharfes Messer

mit goldenem Griff hervor und bot es Angela, die, den Befehl ausführend, ihr vom Überflusse eine flutende Locke raubte.
Die Fürstin suchte nach einer Hülle, um den Ringel hineinzulegen, fand aber nichts, als in derselben Gurttasche eine in Gold und gepreßtes Leder gebundene Ausgabe der sieben Bußpsalmen, ein beliebtes Handbüchlein der damaligen Hofwelt. Unbefangen legte sie ihre Locke hinein und reichte Bembo das Liebespfand. Dieser drückte es an die Brust, dann an den Mund und dankte für den süßen Kern in der herben Schale mit einer seelenvollen Miene, durch welche sich ein ganz leises, ironisches Lächeln schlich.
»Schreibt mir«, sagte sie dann, »durch sichere Gelegenheit, jedesmal, wenn Ihr ahnet, daß mir Gefahr droht und ich Eures Rates bedarf. Bleibet um mich, auch in der Ferne! Ich weiß, Ihr verlasset mich nicht, nachdem Ihr mir geholfen habt, den Bau meines neuen Glückes in Ferrara aufzurichten.«
»Es war eine Freude«, erwiderte Bembo, »Eure klugen Hände bauen zu sehen. Ich frage mich noch mit schmerzlichem Zweifel: Fordert Eure Sicherheit von mir das Opfer, daß Ich Ferrara meide und mich Eurer Gegenwart beraube, die wie eine goldige Luft das ganze Dasein erhellt und verklärt?«
»Das habe ich vom Vater«, sagte sie harmlos.
Der feine Venezianer zog die Brauen zusammen.
»Die Bande Eures Blutes und der Dämon Eures Hauses sind Eure Gefahr«, seufzte er. »Und darum verlasse ich Euch ungern. Dennoch ist es besser, ich gehe. Eure Sicherheit, Madonna, ruht auf dem Vertrauen, das Don Alfonso Euch schenkt. Unsere geistige Liebe würde er

kaum beargwöhnen, sachlich, wie er ist; und doch ist es besser ... wer liebt, der opfert sich.«

»Es ist besser«, bestätigte sie leise.

»Erlaubt mir nun zum Abschied, geliebte Frau, ein freies und schützendes Wort!« bat er. »Die Verhältnisse liegen vor Euch im Licht Eures scharfen Verstandes, aber dieser helle Tag reicht nur bis an den Schattenkreis, wo Eure Liebe zu Vater und Bruder beginnt.«

Hier entfärbte sich Lucrezia, und ihr bleiches Auge erstarrte zu einem Medusenblick.

»Zürnet nicht, Madonna«, rief Bembo. »Weiß ich doch, wie Ihr als unschuldiges Kind in diese schwere Verstrickung gerietet! Reden muß ich zu Euerm Heil. Erinnert Euch: Jahre waren vergangen seit Euerm Einzug, Euer Gemahl war regierender Herzog geworden, Ihr hattet Wurzeln geschlagen in Ferrara und die Liebe des Volkes gewonnen; da starb Euch der Vater. Ihr aber ergabet Euch maßloser Trauer und unendlichen Tränen, bis ich kam und Euch ins Ohr flüsterte: Ihr beleidigt mit Euern Tränenergüssen Don Alfonso und vergesset die unleidlichen Dinge, denen er Euch entriß.«

Lucrezia hörte ihm aufmerksam zu, und ihr Verstand mußte ihm gegen ihr leidenschaftliches Gefühl recht geben.

»Wenn dergestalt Euer Urteil über den weiland Heiligen Vater ein verblendetes ist, so entsteht jetzt, da er dahingefahren, für Euch daraus kein Unheil mehr. Ein anderes aber ist es mit Cäsar, Euerm furchtbaren Bruder: er lebt und besitzt noch seine Drachenkraft. Er ist ein Jüngling und wird sicherlich heute oder morgen seine Fesseln durchfeilt haben und wieder aus dem Orkus steigen, um ganz Italien zu verwirren. Diese schwarze

Klippe bedroht Euere Barke; möge sie nicht daran scheitern! Das Wiederkommen Cäsars ist Eure Schicksalsstunde. Und Ihr werdet« – er besann sich, ob er die bittere Arznei erspare, fuhr aber mit entschlossener Liebe fort: »wehe Euch, Ihr werdet folgen, wenn Euch Don Cäsar ruft. Ihr werdet dem Teufel gehorchen, wie sie erzählen, daß Euer Vater auf dem Sterbebette sagte: Du rufst, ich komme.« Lucrezia bekreuzigte sich.

»Teure Herrin!« Bembo machte eine Bewegung, ihr zu Füßen zu fallen, hielt sich aber zurück, da die wandelnde Angela sich gerade nach ihnen umwandte.

»Ich beschwöre dich, Lucrezia«, flüsterte er, sich zu ihr beugend, »sobald diese gefährlichen Stunden kommen und du fühlst, daß du die Herrschaft über dich verlierst, so wirf dich vor dem Herzog nieder und bekenne, daß du sein Verbot übertreten willst, denn sicherlich wird er seinen Untertanen bei Todesstrafe verbieten, mit Cäsar zu zetteln, dessen Erscheinung Italien wie ein Erdbeben erschüttern würde ... Doch ich beschwöre Euch vergeblich, Madonna! Denn ich weiß, Ihr werdet die Zügel verlieren, Ihr werdet des Herzogs Verbot unter die Füße treten.«

»Werde ich?« fragte Lucrezia, wie abwesend. Doch erschien ihr glaublich, daß sie es tun werde, denn sie kannte ihre Bande.

»Herrin«, schluchzte der Venezianer, »wann immer ich erfahre, Cäsar sei aus dem Kerker gebrochen, ich eile auf Windesflügeln nach Ferrara und umklammere Euch, daß Ihr ihm nicht in die Arme stürzet – doch käme ich zu spät, so gedenket meines Rates, sobald Ihr Euch wieder besitzt und besinnet. Schützet und berget Euch vor der Strafe des Herzogs an seinem Herzen.

Und habt Ihr menschliche Werkzeuge angewandt, um Euch mit dem Bruder zu verbinden, opfert sie unbedenklich und gebet sie der Rache des Herzogs preis. – Der Herzog liebt Euch ...«

»Ich glaube, daß er mich liebt«, sagte Lucrezia, sich wieder erhellend.

»Seid dessen gewiß«, beteuerte der Venezianer. »Jüngst an der Tafel nannte er den Namen Cäsars – nicht unabsichtlich – und sprach von einem dunkeln Gerüchte seiner Entweichung. Dabei beobachtete er Euch scharf ... Ihr bliebet ruhig, nur Eure Hand zitterte, die den Becher hielt, daraus Ihr schlürftet. Er betrachtete Euch lange, doch wohlwollend und wie mit der gerechten Erwägung, was Eurer Natur gemäß und welcher Widerstand Euch möglich sei. Gewiß, er wird Euch halten und retten, wenn Euch nicht das Verhängnis gewaltig fortreißt.«

Die Herzogin, die wieder völlig heiter war, sagte jetzt mit wunderbarem Leichtsinn: »Ich werde Eure Sorge beherzigen. Aber, Freund, nun genug von mir! Spendet mir lieber einen Rat für jene dort –« sie blickte nach der wandelnden Angela, »die mir in weit näherer Gefahr zu schweben scheint. Seht hin!«

Ein schreiender Raubvogel erhob sich aus dem Walde und kreiste über den Wiesen. Zugleich rauschte es im Gebüsch, und ein hagerer, in Purpur gekleideter Mann trat auf Angela zu, wandte sich aber, Bembo neben der Herzogin entdeckend, grüßend an diese.

»Ihr findet uns, Eminenz«, sagte die Herzogin unbefangen, »wie sich mein liebenswürdiger venezianischer Besuch, den ich schwer vermissen werde, von mir verabschiedet.«

»Ihr verlaßt uns, Bembo?« sagte der Kardinal leutselig. »Das sollte mir leid tun. Wohin gehet Ihr?«
»Nach Urbino, Eminenz.«
»Um wieder zu uns zurückzukehren? ... Denn uns gehöret Ihr an, und wir können Euch nicht entbehren, ebensowenig als eine andere, die man auch von uns fortsenden will.«
Die Fürstin zog das neben ihr stehende Mädchen zu sich auf die Bank nieder und behielt seine Hand in der ihrigen, als nähme sie von Angela Besitz.
»Wir bilden hier einen festgeflochtenen, farbigen Kranz«, fuhr er fort, »aus dem es Unrecht wäre eine Blume zu entfernen, geschweige die süßeste Knospe wegzureißen!«
Lucrezia erhob ihre Augen groß gegen den Kardinal, überlegend, ob jetzt, da Bembo noch als Zeuge hier stehe, nicht der Augenblick gekommen sei, ein längst im Finstern schleichendes Übel an die Helle zu ziehen und durch das darauffallende Tageslicht zu vernichten.
Geistesgegenwärtig, wie sie war, besann sie sich nicht lange.
»Kardinal«, sagte sie, »wenn Ihr unter der andern uns bald Verlassenden diese hier versteht, so wisset, ich trachte danach, daß sie von uns scheide. Ihr Alter ruft der Vermählung, und hier weiß ich für sie keinen Gemahl, während Graf Contrario, den Ihr kennt und der sie heimzuführen begehrt, alle Eigenschaften besitzt, die ich als die Schützerin Angelas von ihrem Manne fordern darf. So ist mein Wille; doch werde ich gern noch Eure Meinung darüber in Betracht ziehen.«
Bembo wollte sich bescheiden entfernen, wurde aber durch einen Blick Lucrezias festgehalten. Sie kannte

das Unberechenbare in der Natur des Kardinals und scheute seine Überraschungen.

Dieser schien die Herausforderung in den Worten der Fürstin nicht zu fühlen; er wählte, während der Venezianer sich neben den Frauen auf eine Rasenböschung niederließ, gelassen ihnen gegenüber einen bequemen Platz im Dunkel einer Kastanie, deren Stamm sich nahe dem Boden teilte, mit den üppigen Ästen den Rasen bedekkend, und begann, indem er mit dem schaukelnden Fuße nach einer flüchtigen Eidechse stieß, mit ruhigen Worten:

»Wie ich den Grafen Contrario kenne, taugt er nimmermehr für eine Borgia, denn er ist ein armer Mensch, zusammengesetzt aus peinlichen Tugenden und ewigem Widerspruch, ein Berg rechthaberischer Grundsätze, der die Maus einer knickerischen Rechenkunst gebiert, gänzlich unfähig, eine Frau um ihrer selbst willen mit Größe und Verschwendung zu lieben! Ich behaupte, seiner Werbung um dieses Schöne, dieses Liebe hier liegt ein grobes Rechenexempel zugrunde. Hier auf diese Tafel will ich es niederschreiben!«

Er zog ein Täfelchen hervor, schrieb mit dem Stift und las zugleich:

»Graf Ettore Contrario freit um die hochherzige Angela Borgia, weil er mit dem Fiskus in Ferrara einen von seinem Vater geerbten Prozeß über bedeutende, auf ferraresischem Boden gelegene Ländereien führt, den er aller Wahrscheinlichkeit nach bei den zuständigen ferraresischen Gerichten verlieren würde ohne den Schutz eines höchsten Einflusses, wie der, zum Beispiel, unserer erlauchten Fürstin, für deren einziges Lächeln der verliebte Großrichter Herkules Strozzi Ehre und Seele verkauft. Unsre Herzogin aber und ihr Skla-

ve Herkules wären zu bestechen, wenn der vollkommene Graf die Hand dieser Unschuld begehrt, welche Donna Lucrezia aus Ferrara entfernen will, weil das junge Mädchen aufs zärtlichste und rasendste von dem Kardinal Ippolito geliebt wird, während sie selbst, als echtes Weib, unwissend und hoffnungslos für den größten Taugenichts der Erde entflammt ist.
Ohne innern Kampf wird der mäßig tapfere Graf sich nicht entschließen, zwischen diese lodernden Feuer zu greifen. Aber es ist möglich, daß seine Habsucht stärker ist als seine Feigheit. Beurteilt Ihr ihn anders, Herzogin?«
Lucrezia wunderte sich über dies freche Bekenntnis und diese verwegene Bloßlegung der Tatsachen, die ihrer eigenen Wertung der Dinge und Personen nicht allzu fernlag, welche aber nicht gelten durfte, weil sie es nicht wollte.
Ehe sie indessen antworten konnte, ergriff Ippolito, der sich nach einer von Angela aus leichten Grashalmen zusammengefügten Kette gebückt hatte, die eben ihren zitternden Händen entglitten war, wiederum das Wort: »Wie diese Ringe verkettet sich Absicht mit Absicht, um Euch zu kuppeln, Angela Borgia; aber wie ich Euch kenne und liebe, werdet Ihr diese Kette zerreißen, wie ich dieses nichtige Geflecht! Denn«, flüsterte er heiß, »Angela ließe sich eher von einem Dämon in die Hölle ziehen, wenn er sie liebte, als daß sie sich dazu darböte, die Summe eines Rechenexempels zu werden! – So rede ich, wie redet Ihr, Schwägerin?«
Er wandte sich mit einem Antlitz, das drohte und trauerte, gegen Lucrezia.
Sie antwortete fest: »Ich aber vermähle diese mit dem

Grafen Contrario. Berechnend ist er – zugestanden – wie es das Leben erfordert, doch nicht unadelig. Diese aber wird er behüten, besser als ich es vermöchte. Und was wollt denn Ihr mit Angela, Kardinal? – Euer Weib kann sie nicht werden, solange Ihr den Purpur tragt, und den werdet Ihr nicht verschleudern wollen einem Mädchen zuliebe!«

»Wer weiß, Fürstin!« entgegnete er wegwerfend. »Euer Bruder vertauschte ihn gegen ein Herzogtum, und ich achte diese für ein neidenswerteres Gut! Auch ist mir minder darum bange, daß sie sich Eurem Günstling, dem Contrario, zuwende, sie wird es nicht über sich bringen – sie versuche es nur, es wird nicht gehen! Selbst nicht, um sich vor mir zu retten! ... Denn sie gibt mir innerlich recht und findet sein Bildnis getroffen! Das Dreihellergesicht ist ihr ein Ekel. Dieser tugendsame Graf also kümmert mich nicht. Eine andere Marter peinigt mich und dreht sich Tag und Nacht mit mir, wie das Rad des Ixion – Höre mich, Mädchen!«

Angela hielt seinen fieberscharfen Blick mit erstaunten, aber mutigen Augen aus.

»Weigerst du dich meiner Liebe, so verbiete ich dir auch die jenes andern, bei seinem und deinem Leben! – Wie du wild errötest! ... Ich hasse den, welchen du in deinem Herzen verbirgst! Reiße ihn heraus! ... er beschmutzt den edeln Schrein ... ich kann es nicht ertragen! ... Erinnere dich, wer du bist, und wende dich mit Verachtung von dem, der dich in den Armen der Coramba, oder wie sonst die Dirne seines heutigen Tages heißt, beschimpft und vergißt! – Gehorche, oder es wächst Unheil!«

Mitten in dieser erhitzten Szene betrat ein Page den verlorenen Schattenplatz und bat die Herrschaften, in den Park zurückzukehren. Der versammelte Hof harre der Herzogin, und der Herzog wünsche, in seinem Kabinette den venezianischen Herrn zu beurlauben, dann aber die Eminenz zu sprechen. Den Großrichter habe er eben zu Seiner Hoheit gerufen und Don Giulio auf später bescheiden müssen.

Drittes Kapitel

Im Schatten der herrlichsten Bäume wandelte die kleine Gesellschaft, die Frauen voran, der Kardinal mit Bembo harmlos plaudernd, gegen die Mitte des Parkes, wo sie den in gerader Linie dem Schlosse zulaufenden Zypressengang betraten. Dieses, ein schlichtes Gebäude von nur mäßigen Verhältnissen, erhob sich auf dem Grunde eines schwülen, bleiernen Julihimmels. Eben wurde ein neuer, befestigter Seitenpavillon angebaut, von dem die hölzernen Gerüste der Maurer noch nicht entfernt worden waren.

Zu der hellen, kleinen Fassade stieg eine breite Doppeltreppe empor, und der in den Parkanlagen sich ergehende Hofstaat erblickte oben auf der Rampe den unermüdlichen Herzog, wie er, seinen müßigen Hof auf sich warten lassend, den Neubau besichtigte, und, von den Werkleuten zurückgehalten, mit ihnen eifrig die Arbeit besprach.

Im Schatten der Hauptallee wandelte langsam die Herzogin, welche jetzt auf den Arm des Kardinals sich stützte, den rechts und links vom Wege gesammelten Hof begrüßend und nach sich ziehend.

Vor die beiden trat ein wohlgebildeter, mittelgroßer

Mann und bemühte sich mehr noch um den Kardinal, dem er besonders ergeben schien, als um die Herzogin, so gütig sie ihm zunickte.

»Man sieht, Messer Ludovico, daß Ihr aus dem Strahlenkreise der Musen kommt, so licht ist Euer Antlitz!« sagte sie.

»Diesmal ist es eher der geistreiche Umgang meines morgenländischen Freundes, der mich erheitert«, versetzte Ariost, »und, wie immer, Eure beseligende Gegenwart.«

Er stellte seinen Begleiter, der, ein fein erzogener Mann, die Arme auf orientalische Weise über der Brust kreuzend, sich ernst verneigte, der Herzogin vor.

Der persische Teppichhändler Ben Emin war in Ferrara die Mode des Tages. In Venedig vorübergehend niedergelassen, wo er in der Merceria die herrlichste Ware auslegte, hatte er einen Flug nach Ferrara getan, um dem prachtliebenden Hofe seine kostbaren Gewirke zu verkaufen und in Wahrheit nicht minder, um Ariosto kennenzulernen, aus dessen Heldengedicht – die ersten Gesänge hatten vor kurzem die Presse verlassen – er sein höheres Italienisch erlernte und überhaupt den mannigfaltigsten Genuß schöpfte; denn Ben Emin war ein Kenner, wußte seine großen persischen Dichter auswendig und liebte besonders die Moral im Prachtgeschmeide der Dichtung.

»Es ist eine ganz eigentümliche Lust, Erlauchteste«, begann Ariost, »mit einem gebildeten Manne aus einer fremden Nation umzugehen, die Verschiedenheiten von Gebrauch und Sitte zu belächeln und sich an dem lieben, allgemeinen Menschenantlitz zu erfreuen, das aus den größten Unterschieden immer wieder sieghaft hervorbricht. Doch immerhin groß und wunderbar sind diese. So, zum Beispiel«, scherzte er, »scheint es ein überall verbreiteter Zug zu sein, daß der Mann schenkt, wo er das Weib bewundert. Nicht so mein Perser! Ben Emin denkt anders. Er ist zwar der größte Verehrer unserer Ferraresinnen und verfolgt die raschen Bewegungen ihrer schlanken, seine Ware prüfenden Finger mit aufmerksamen und leuchtenden Augen; aber meinet Ihr, daß er der ihn am schönsten Anlächelnden ein ›Behaltet, Sonne!‹ oder ›Nehmet, mein Stern!‹ zuflüstere? Nein! Vielmehr nennt er unglaubliche Preise, so daß sich der süßeste Mund zum Schmollen verzieht. So grausam ist Ben Emin!«

Die Neckerei erregte die Heiterkeit der Höflinge; Ben Emin aber, der unter seiner Mütze von schwarzem Lammfell mit klugen Augen blickte, wendete sich würdevoll an die Herzogin:

»Wunder Italiens! Vollkommenste der Frauen!« sprach er in gutem Italienisch, »ich erwähle dich zur Richterin. Da ich Ferrara erreichte, warf ich mich dir zu Füßen, meinen schönsten Teppich vor dir ausbreitend und dich anflehend, ihn als dein Eigentum zu betreten. Du hattest die Gnade, meinen Wunsch zu erfüllen. Wäre es nun nicht eine Verkennung und Beleidigung deiner Einzigkeit, wäre es nicht eigentlicher Hochverrat, wenn ich mit undankbarem Herzen nach und neben dir andere und Geringere beschenken würde? Nicht davon zu reden, daß, was einer Fürstin gegenüber gerechte Huldigung ist, die Tugend einer niedriger Geborenen in Verruf bringen könnte. Solches aber sei ferne von Ben Emin!«

Die Hofleute beglückwünschten den Perser zu seiner

Rede und gestanden sich heimlich, daß der schlaue Kaufmann Ben Emin in Ferrara nicht der Gefoppte sei. Da die Schwüle des Hochsommertages wuchs und sich in den dichten Zypressenhecken verfing, suchte die Herzogin mit Ariost und dem Perser das große Boskett in der Tiefe des Parkes auf, wo ein Ring hoher Ulmen seine Kronen wiegte un zu einer luftigen Wölbung zusammenschloß. Hier stand in der Mitte auf einem verwitterten Marmor ein eherner Cupido, der sich mit zerrissenen Flügeln und verschütteten Pfeilen in Fesseln wand. Dieses Bild sagte in der wunderbar freien Sprache des Jahrhunderts, daß für die verheiratete Lucrezia die Zeit der Leidenschaft vorüber sei, und hier in der Runde auf den Steinbänken pflegte die Gemahlin Herzog Alfonsos im Sommer hofzuhalten.

Währenddessen haschte in der verlassenen Hauptallee ein Jüngling einen anderen, der ihm in das Gebüsch zu entschlüpfen suchte. Beides waren Jugendgestalten voller Kraft und Anmut, von vollkommenem Wuchs und geschmeidigen Gliedern – zwei Könige des Lebens.

»Halt ich dich endlich, Julius!« rief der eine und legte seinem Gefangenen den Arm um den Nacken. »Ich denke, wir sind beide zum Herzog befohlen und wandeln nun diese kurze Lebensstrecke zusammen!« Er wies auf den grünen Gang mit dem Schloß am Ende.

»Sie ist lang, Herkules«, seufzte Don Giulio, »und gewährt dir Raum zu einer rednerischen Leistung; doch ich leide mein Schicksal.«

»Mein Freund«, begann Strozzi, »ich werde nicht predigen, teils weil ich von der Eitelkeit solcher Zusprüche im allgemeinen und ihrer Vergeblichkeit dir gegenüber insbesondere überzeugt, teils weil ich zum Herzog gerufen bin, ich fürchte, um mit ihm das jüngste Ärgernis zu betrachten, das du in deinem Pratello gegeben hast, wovon ihm der umständliche Bericht des Polizeihauptmanns Zoppo vorliegt: Tumult, Blasphemie, Entführung, Blut, Gewalttat, mehrere Tote!«

»Oh, so stand es nicht im Programm. Es war ein klassisches Bacchusfest beabsichtigt. Du hättest nur die Coramba mit ihren wilden Reizen als Ariadne sehen sollen! Trage ich vielleicht die Schuld, daß die Krönung der Ariadne durch den Mißverstand meiner Bauern in den Raub der Sabinerinnen und in zentaurischen Mord und Totschlag ausartete?«

»Kein Wort mehr davon, Giulio! Dein ruchloser Leichtsinn könnte das treueste, das angeborene Wohlwollen erschöpfen, und ich hätte mich längst mit Ekel von dir abgewendet, so lieb du mir bist, du schönes Laster, hättest du nur die Hälfte deiner Taten gefrevelt; aber das Ganze übersteigt derart die Schranke, daß ich dich als eine Sondergestalt betrachte, welche jeden menschlichen Maßstab verspottet. Deshalb bin ich entschlossen, statt dich von neuem in Fesseln legen zu lassen, beim Herzoge deine Verbannung aus Ferrara von wenigstens einem Jahre zu beantragen. Das verkünde ich dir. Du magst in den venezianischen Kriegsdienst zurückkehren, den du nie hättest verlassen sollen.«

»Ob ich nach Venedig zurückgehe«, versetzte Don Giulio, »wer lebt, der erfährt's!« Und es wetterleuchtete über seine junge Stirn.

»Doch ich bitte dich, mache mich Menschlichen nicht zum Unmenschen! Ich bin kein sittliches Ungeheuer – nicht einmal deine Donna Lucrezia ist es, deren farblose Augen dich bannen, daß du ihr sinnlos zustreben mußt! Die deine Einteilungen und Fächer zerstört und deine Göttin Gerechtigkeit stürzt und überwindet! Auch sie ist nicht der Dämon, vor dem du erbebst.«

»Daß dich die Gesetzlose lieben muß, ist Schicksal«, sagte der Richter mit einem peinvollen Lächeln. »Doch daß ich ihr zulieb das Gesetz vergessen, das heilige Recht verletzen sollte, erscheint mir unmöglich!« Und er seufzte, schmerzlich fühlend, daß er nicht minder als sein genußsüchtiger Freund an einem giftigen Schlangenbisse dahinsieche.

»Ich sage dir ja«, tröstete Don Giulio, ungeduldig bewegt von dem Schmerzensausdruck, »du übertreibst dir das Weib ins Große. Das Weib, das dich entsetzt und bestrickt, ist nicht jene Lucrezia, die dort unten lustwandelt. Du erstaunst und deine Augen befragen mich! Nun ja, ich nehme sie natürlicher. Wo sie herstammt und wie sie aufwuchs, das wissen wir. Es scheint dir wunderbar, Prätor, daß sie die Frevel ihrer Vergangenheit verwindet ohne Gericht und Sühne. Siehst du nicht, daß es nur der Rettungsgürtel ihres vom Vater ererbten Leichtsinnes ist, der sie oben hält? Und daß sie nun über der tödlichen Tiefe hell und sorglos dem Porte der Tugend zukämpft, hältst du für dämonische Größe. Ich sage dir: Mit Ausnahme der Anmut, die sie füllt bis in die Fingerspitzen, ist sie ein gewöhnliches, rasch bedachtes Weib!« endete der Jüngling mit einem übermütigen Gelächter.

Sie waren am Fuße des Schlosses angelangt und betraten das Freie, wo sich unter einem bleiernen Himmel in stumpfer Helle der Neptunusbrunnen erhob. Dieser stand, an das Fundament des Mittelbaues gelehnt, in

dem Halbrund, das die beiden zur Schloßterrasse ansteigenden Freitreppen bildeten, und rauschte und plätscherte in der Schwüle, genährt von den Wasserstrahlen, welche das Gesinde des Meergottes aus Urnen und Muscheln in die Riesenschale herabgoß.
Der Richter wollte die nächste Treppe hinaufeilen, denn er wußte sich vom Herzog erwartet. Da wandte sich Don Giulio, dessen Arm ihn umfaßt hielt, rasch wieder gegen den dunkeln Park zurück und zog den widerstrebenden Freund mit sich.
Er hatte noch nicht ausgeredet.
Seltsam verschlangen sich auf dem hellen Kiesgrund zu ihren Füßen zwei ringende, kurze Schatten. Strozzi sah den grotesken Kampf und lachte: »Siehe, wie du mich zwingst!«
»Mein Bruder also schickt mich nach Venedig«, sagte der Este, während sie noch einmal den endlosen Baumgang betraten, »derselbe Bruder, der mich unlängst aus politischen Gründen von Venedig zurückberief!«
»Hättest du die Geringschätzung in dem Lächeln seiner Mundwinkel gesehen, als er die Meldung deines augenblicklichen Gehorsams empfing! Ich stand daneben. Er hatte dich Papst Julius zu Gefallen zurückrufen müssen; aber es war nur zum Schein: er erwartete, du würdest ihn verstehn und ihm nicht gehorchen.«
Eine zornige Macht leuchtete jetzt aus den sanften Augen Don Giulios. Noch war er nicht so verweichlicht, daß es ihn nicht empört hätte, sich mißachtet zu sehen; doch verbarg er seinen Unwillen unter einem Lächeln.
»Zu klug für mich! Und dann, du weißt, ich bin kein Feldherr, nicht einmal ein Soldat«, sagte er. »Ich liebe Blutvergießen nicht ...«

»Und vergießest so viel, daß es dir von den Händen träufelt und deine Fußstapfen füllt!«

»Nur wenn ein Lästiger mein Vergnügen stört!« erwiderte der Este frevelmütig. »Aber was du sagst, Herkules! Ihr schickt mich wieder nach Venedig! Halb bin ich es zufrieden, halb schmerzt es mich – halb bin ich hier gebunden, halb streb ich fort – mir selbst ein Rätsel!« ...

»Das die dunkellockige Angela löst! Du suchst und fliehst sie!«

»Keineswegs«, sagte Don Giulio, »sie ist mir gleichgültig. Aber seit jenem Einzug vor zwei Jahren – du warst ja dabei und nahmst dich prächtig aus als ernsthafter Träger einer goldenen Baldachinstange ... da hast du es selbst gehört, wie sie mich vor allem Volke bedroht und gerichtet hat ... seit jenem Tage bin ich nicht mehr derselbe! Meine Sinne taumeln, und wie ein Rasender suche, wechsle ich Mund und Becher und habe nur einen Wunsch, daß jene, die sich feindselig und kalt von mir abwendet, mir noch einmal ihr hell flammendes Antlitz zukehre und mich noch einmal bedrohe – noch stärker als das erste Mal ... Doch ich rede Unsinn. Sendet mich nach Venedig!«

Er schöpfte Atem. »Auch ist es gut für ihn und mich«, fuhr er fort, »wenn ich dem Bruder Kardinal eine Weile aus den Augen komme. Er liebte mich einst, und jetzt beginnt er mich zu hassen auf eine unmenschliche Weise. Urteile selbst! Neulich hält er mich fest und raunt mir mit drohender Stimme ins Ohr: ›Julius, ich verbiete dir das Antlitz Angelas! Ich verbiete dir ihre Augen! Ich verbiete dir ihren Atem! Bei deinem Leben!‹«

»Ich weiß«, antwortete der Richter, »der Ungerechte

liebt die Ärmste wütend. Und sündig wie die Welt und allmächtig, wie er auf diesem Ferrara heißenden sündigsten Flecke derselben ist, würde sie dem Geier schon längst ohne Erbarmen zum Raube gefallen sein, wenn nicht ...«

»Und du schneidest nicht dazwischen, Großrichter? Du Liebhaber und Diener der Gerechtigkeit! Rette das Mädchen! Damit wollte ich dich betrauen, mein Herkules, bevor ich nach Venedig gehe. Ich kann es nicht, denn ich würde ihr Unglück bringen« ... er schwieg und träumte – »wie sie mir! Bei jener Herausforderung des Kardinals – du weißt, ich bin ein Genießender, aber kein Feigling! – wallte mein Blut, und ich hätte ihn sein wahnsinniges Verbot ins Angesicht zurückgeschleudert, hätte es sich um eine meiner Schönen gehandelt – aber ich überlegte mir«, er deckte die Augen sinnend mit der Hand, »daß ich das Mädchen nicht liebe, und daß ich bei der Art meines Bruders schweres Unheil auf sie herabzöge, wenn ich mich schützend neben sie stellte. Und sie würde es nicht dulden – sie will es nicht. Sie verachtet mich, sie richtet mich – und ruft Unheil auf mich herab: ›Oh, schade!‹« – Dann fuhr er im Zorne der Erinnerung fort: »Der Kardinal mag sein Netz über sie werfen, obwohl ich es grausam und abscheulich finde, abscheulich und hassenswert, wie diese ganze Welt, wenn ich nicht trunken bin oder einen Frauenmund küsse.«

»Beruhige dich«, sagte der Großrichter ernst, »es wird ihr nichts geschehen, davon bin ich überzeugt; keine Falte des Gewandes darf ihr verschoben werden, denn sie wird beschützt – von Lucrezia Borgia.«

»Gut so! Ich überlasse sie dieser Heiligen«, spottete der

Este; »ich aber will mich in einen Myrtenschatten an die frische Quelle setzen und darin meinen Wein kühlen ... Wenn nicht der andere Bruder, Ferrante, durch die Büsche bricht, sich neben mir ins Gras wirft und mir mit seinen Verschwörungen und hochverräterischen Einflüsterungen das Ohr vergiftet, wo ich dann die Wahl habe, ob ich ihn für einen Narren oder Bösewicht oder für beides halten soll. Neulich lud er mich brüderlich ein, den Herzog, wie er sich ausdrückte, aus der Mitte zu schaffen; doch sei überzeugt, hätte ich nur halbwegs hingehorcht, der Arge wäre zur selben Stunde an mir zum Verräter geworden. Auf diese Fährte aber folge ich ihm nicht, sondern schließe ihm den Mund, denn ich verehre den Herzog und hasse die Felonie. Aber sage mir, Strozzi, hältst du Don Ferrante eines bösen Streiches für fähig um der Krone willen?«

»Es sind Tücken ohne Folge und Frucht«, antwortete der Richter, »wenn nicht ungewöhnliche Lagen oder unerwartete Erschütterungen die Drachensaat verhängnisvoll zeitigen.«

»Macht das unter euch aus, ihr Raubtiere«, lachte der leichtherzige Julius, »und wenn ich aus Venedig zurückkehre, will ich sehen, welche Leichen auf der Hofbühne von Ferrara herumliegen. Lebe wohl, Anbeter der Gerechtigkeit, und eile dich! Der Herzog wartet.« Er umarmte den Freund und ließ ihn dann mit solchem Ungestüm fahren, daß jener taumelte. Strozzi suchte mit schnellen Schritten die Villa und Julius schlenderte ihm gelassen nach.

Da er den Neptunusbrunnen erreichte, badete er sich, der Kühle bedürftig, das Antlitz und ließ den aus der

Steinbrust eines Meerweibes springenden Wasserstrahl gegen seine durch die vertobte Nacht entkräftete Stirn fahren. Da, während er sich das Haupt mit seinem Tuche trocknete, wurde er eines müden Strolches gewahr, der unbeweglich auf einer Steinbank im schmalen Schatten des Mauerrunds lagerte und, den Kopf auf den Ellbogen gestützt, ihn unter dem Filz hervor mit unverwandten Augen beobachtete. Jetzt sprang er rasch auf die Füße und verneigte sich mit der Begrüßung: »Ich verehre Euch, Don Giulio!«

»Bleib!« bedeutete ihn der leutselige Este, »aber rücke! Es ist Raum für zwei. Ich habe Lust zu schlummern; du bewachst mich!«

Der Bravo zeigte lächelnd die weißen Zähne und lüftete den Dolch, der ihm am Gurt hing, ein wenig in der Scheide.

»Du bist von den Leuten des Kardinals?« sagte Don Giulio. »Wie heißest du?« – Der Kardinal war als der Besitzer und Ernährer einer stattlichen Bande bekannt.

»Ich nenne mich Kratzkralle«, antwortete der andere untertänig.

»Aber dein christlicher Name?«

»Vergessen. Er war auch ein bißchen stinkend geworden.«

»Den neuen hat dir wohl dein Kardinal gegeben? Und wie nennen sich die andern vom Gesinde?«

»Sie heißen, mit Erlaubnis Eurer Herrlichkeit, Dornbart, Zähnefletscher, Drachenblut, Eberzahn, Grimmrot und Firlefanz. Mit mir unser sieben – wohlgezählt. Wir sind die sieben Todsünden des Kardinals, wie uns das Volk von Ferrara nennt.«

»Nun kenne ich auch eure Marschordnung«, sagte Don

Giulio, auf den fratzenhaften Teufelsmarsch in der Danteschen Hölle anspielend, wo der Kardinal als ein Verehrer des göttlichen Dichters die Namen seiner Bande gefunden hatte.

Er brach in ein helles Gelächter aus. Don Giulio konnte noch recht kindlich lachen. Dann aber reckte er die Arme: »Wie ich müde bin!«

Er warf sich auf die Bank nieder, ohne die Berührung des anderen zu scheuen, suchte seine Lage und war entschlummert.

Der Bandit betrachtete ihn und murmelte liebevoll: »O du schöne Jugend!«

Zuerst versank der Müde in eine traumlose Tiefe, Vergessen schlürfend in langen, durstigen Zügen; dann öffnete sich langsam sein inneres Auge, und daran vorüber eilte, aufdämmernd, eine flüchtige Jagd, ein hastiges Gedränge bacchischer Erscheinungen, rasende Körper, rücklings geworfene Häupter, geschwungene Zimbeln, Pauke und Evoeschrei. Horch! In weiter Ferne, aus anderer Richtung, zuerst kaum hörbar, dann schwer anschwellend, dröhnende Posaunen!

Unbekannte Angst befiel ihn. Da stand er plötzlich in einer ernsten Versammlung, in einem Kreise von Richtern verschiedener Völker und Zeiten. In der Mitte saß, grau und streng, wie aus Stein gehauen, Carolus Magnus, sein großes Richtschwert auf die Kniee gelegt; zu seiner Rechten stand der Prophet Samuel, den geisterhaften Mantel über der Brust mit gekreuzten Armen zusammenhaltend; zu seiner Linken der Römer Brutus, der strenge Vater, inmitten seiner Liktoren, von denen seltsamerweise der Richter Herkules, Giulios

Freund, eben gefesselt wurde. Der Träumende erstaunte, daß ihrer beider ferraresische Sünden eines so hohen Gerichtes würdig erfunden seien. Jetzt ertönte die mächtige Stimme Kaiser Karls, ohne daß er die Lippen bewegte: »Julius Este, das von der Jungfrau dir verkündigte Gericht ist da. Sie ist es selbst.« Wieder dröhnte die Posaune und alles stürzte zusammen.

Nach einem raschen Durchgang durch einige dunkle Vorstellungen ruhte Don Giulio im Grase, zu der freundlich über ihn geneigten Angela emporblickend. »Du Tor«, sagte sie, wie in einem Gespräche fortfahrend, »darf auch ein Mädchen zu einem Jüngling sagen: ich liebe dich? Sie muß ihr Inneres verlarven und verkleidet Wunsch und Geständnis in Zorn und Drohung. Auch, wie könnte sich irgendein reines Weib mit einiger Ruhe und Sicherheit dir zu eigen geben? Und dennoch: Gerade deine viele Sünde, die ich strafen muß, ist es, die mich an dich kettet. Die Schuld liegt in deinen zauberischen Augen, mit denen du frevelst. Reiße sie aus und wirf sie von dir!«

Don Giulio wunderte sich im Traume, wie frech und vertraut die stolze Angela zu ihm rede; er lauschte bange, was da noch kommen werde, und als sie schwieg, wuchs seine Angst von Augenblick zu Augenblick. Er wollte sich aufschnellen, war aber von unsichtbaren Banden an den Boden gefesselt und außerstande, die kleinste Bewegung zu machen.

»Du willst nicht?« begann jetzt die Traum-Angela wieder; »aber es ist einmal nicht anders.« Damit tauchte sie den Finger in eine Schale, die sie in der Linken hielt, und träufelte dem Ärmsten, der sich umsonst zu winden und das Haupt abzuwenden suchte, einen Tropfen roter Flüssigkeit zuerst in das eine und dann in das andere Auge. Ihn durchzuckte ein entsetzlicher Schmerz, und tiefe Finsternis, dunkler als die schwärzeste sternlose Nacht, umfing ihn.

Don Giulio heulte vor Unglück und erwachte in den Armen des Banditen, der ihn mit unverhohlenem Grauen betrachtete.

»Schlimm geträumt, Herrlichkeit!« sagte Kratzkralle.

»Entsetzlich! Mir war, ich werde geblendet.«

»Ich sah die Sache vorgehen auf Eurem erlauchten Angesicht«, meinte der Bandit. »Meine Verehrungen, Herrlichkeit! Doch nun beurlaubt mich.«

Er verbeugte sich, blieb aber stehen, wie durch eine gewisse Zärtlichkeit zurückgehalten, und begann mit bedenklicher Miene und gedämpfter Stimme: »Wenn die junge Herrlichkeit einem armen Manne Glauben schenken will, so verzieht sie sich sachte von hier in dieser gegenwärtigen Stunde noch, sucht ein Klösterlein auf – Sant Andrea in den Stauden liegt nahe, der Heilige ist gut und die dortige Brüderschaft diskret – gibt jedem Bettler, dem sie auf dem Wege begegnet, ein Goldstück, tut in Sant Andrea ein gewichtiges Gelübde, verschließt sich in eine Zelle und zieht sich das Bettuch über die lieben bedrohten Augen. Die heilige Jungfrau bewahre sie Euch!« schloß er mit Inbrunst.

»Bist du so traumgläubig?« scherzte Don Giulio, der schnell seine Sicherheit wiedergewonnen hatte.

»Ich weiß, was ich weiß«, versetzte der Bandit. »Mir hat einst geträumt, ebenso eindrücklich wie Euch heute, ich ersteche meinen Schwager. Erwacht, tat ich das Mögliche von frommen Dingen; aber es mußte nur sein.«

Er grüßte tief und war weg. Offenbar hatte er es eilig, aus der Nähe eines Menschen wegzukommen, der nach seiner festen Überzeugung einem dunkeln Schicksal verfallen war.

Viertes Kapitel

Don Giulio erstieg langsam die Treppen und suchte, den Blick aufwärts wendend, sehnsüchtig das süße Blau, welches er im Traume für immer verloren hatte. Aber er suchte vergebens; denn der Himmel war von den trüben Dämpfen der Julihitze gänzlich verdüstert. Als er den Fuß auf die oberste Stufe setzte, kam ihm aus der Halle des Hauses mit ungewissen Schritten der Oberrichter entgegen, bleich wie ein Toter und mit so unglücklich blickenden Augen, daß Don Giulio vom innigsten Mitleid ergriffen wurde und, den Arm um die Schulter des Freundes schlagend, ihn an das Terrassengeländer zog und mit ihm auf das Brunnenbecken und in das rauschende Spiel seiner Wasser niederblickte.

»Was geschah denn?« flüsterte er ihm ins Ohr. »Was ist dir begegnet?«

Strozzi erwiderte mit schmerzlich verzogenem Munde: »Nichts. Du verreisest für zwei Jahre nach Venedig. Deine Sache ist beigelegt und kommt nicht vor Gericht. Deine Orgie in Pratello bleibt ungestraft. Wiederum und noch einmal eine unverurteilte blutige Tat! Auch der Herzog beklagt es und seufzt über euch, seine Brüder.«

»Auch über den Kardinal?«

»Über euch alle. Den Kardinal nannte er einen Eigenmächtigen, einen Gesetzlosen, einen dem Staate Ferrara unentbehrlichen Frevler, und befahl mir, seine Bande, wenn er sie nicht, wie er fest zugesagt, heute noch ablöhne und auflöse, mit Galgen und Rad zu verfolgen – unnachsichtlich! Dabei erhitzte er sich«, berichtete Strozzi weiter, »und sprach eifrig von dem Staate Ferrara, wie er ihn sich denke, als ein Staatswesen von unbedingter Gerechtigkeit, durchaus ohne Ansehen der Person, ohne Begünstigung, ohne Bestechung.

›Eine Justiz, wie sie Eure Republik besitzt‹, sagte er, sich zur Seite wendend, und ich erblickte in einer Fensternische den Venezianer, der gekommen war, vom Herzog Urlaub zu nehmen, und bescheiden in einem Buche blätterte, um meine Audienz nicht zu stören. Der Angeredete lächelte höflich.

›Vergebung, Bembo!‹ fuhr der Herzog fort. ›Ich weiß, Euer Reisezug wartet, denn Ihr wollt die Nachtkühle benützen zu Eurem Romritt, um der Julisonne auszuweichen. Verzeiht meinem Schreiber, daß der Langsame und Gewissenhafte Euch auf das Memorial warten läßt, das Ihr mir die Gunst erweisen wollt, für mich in die Hände des Heiligen Vaters zu legen. Ein furchtbarer Mensch, dieser Julius. Er liebt mich nicht; empfehlt mich ihm. Und was werdet Ihr dem Schrecklichen sagen‹ – der Herzog lächelte –, ›wenn er Euch fragen wird, was Euch bewog, Ferrara zu verlassen? Er weiß, daß ich von Männern, wie Ihr, nicht gerne verlassen werde. So gut als ich, schätzt er Euch als einen Bedeutenden und Zukunftsvollen, den zu verkennen eine Schmach der Unbildung wäre, und der jedem italienischen Hofe zur Zierde gereicht. Nun, Bembo, saget mir, was werdet Ihr der Heiligkeit antworten?‹

›Die Wahrheit, Herzog‹, erwiderte der Venezianer mit seiner einschmeichelnden Stimme. ›Heiligkeit, werde ich sagen, ich verlasse Ferrara, weil ich den Herzog verehre, und fürchte, die Herzogin zu lieben. Kein Sterblicher wird ihres täglichen Umgangs genießen, ohne von ihrem geheimnisvollen Wesen und von ihrer klaren Anmut gefesselt zu werden. Wo ist da die Grenze zwischen Bewunderung und Leidenschaft? Wo liegt das richtende Schwert, das die Körper und die Seelen trennt? Es tötet, ohne zu blitzen! Lieber aber verendete ich in tausend Qualen, als daß ich die hohe Frau durch eine auflodernde Flamme verletzte, oder an meinem edlen Gastfreunde, auch nur im Fiebertraume, Raub verübte. So werde ich zum Heiligen Vater reden‹ ...«

»Kühn und auch klug gesprochen!« unterbrach hier Don Giulio den Erzählenden, indem er zum Spiel nach einem Wasserbogen haschte, dessen fallenden Regen ein Hauch des Südwindes ihm zutrieb.

Der Richter aber fuhr fort: »Don Alfonso schien durch das Bekenntnis seines Gastes befriedigt und mit dessen Abreise einverstanden. ›Ich könnte Euch solche freimütige Rede an den Heiligen Vater nicht verargen‹, sagte er, ›sie hätte nichts Unziemliches, sondern ehrt uns alle. Schreibt uns zuweilen, Bembo!‹ Dann aber wurde er drohend und wies auf mich. ›Dieser Mensch‹, sagte er, ›krankt an dem gleichen Übel, ohne so weise zu sein, wie Ihr, und ein Heilmittel zu suchen. Redet zu ihm und gebet ihm Rat.‹

Da erhob ich zornig das Haupt und versetzte: ›Solches, Herzog, gestehe ich nicht ein mit dem Munde; meine Gedanken aber anerkennen keinen Richter. Wenn solches wäre, ich wüßte mir Rat, so gut wie Bembo. Laßt

mich ziehen, Herzog! Die Luft von Ferrara erstickt mich. Ich bin noch zu jung mit meinen zwanzig Jahren, die heilige Waage der Themis zu halten; ich bin ein noch unfertiges Metall, eine flüssige Lava. Noch kämpfen um mich verschiedene Gesetze und Anbetungen! Gebt mir Urlaub! Ich will die Hochschule von Paris besuchen, wohin ich schon lange trachte, und ich werde einst Euch und dem Staate Ferrara reifer und brauchbarer zurückkehren, als ein Mann des Rechts, den nichts mehr besticht und blendet.‹
Der Herzog entgegnete mir ernst: ›Keine Rede davon, daß Ihr Euer kaum angetretenes Amt verlasset. Unter meinen Augen begannet Ihr eine Reform unseres Gerichtswesens, und ich ertrage es nicht, daß in Ferrara eine unternommene öffentliche Arbeit leichtsinnig unterbrochen und verspätet werde. Wohin würde uns solche Gewissenlosigkeit führen? – Was aber die Sklaverei betrifft, in der Ihr schmachtet, so leugnet Ihr sie mit dem Munde, aber mit Blicken und Gebärden legt Ihr sie auf eine ärgerliche Weise an den Tag. Darum bitte ich unsern scheidenden Freund‹, er ergriff den Venezianer bei der Hand, ›Euch über Euern gefährlichen innern Zwist aufzuklären. Er ist Euch glaubwürdig; denn, wie Dante im wilden Walde, ist er angstvoll den reißenden Bestien entronnen. Seid sein Führer, Bembo. Redet in meiner Gegenwart ohne Zwang und Schleier. Es besteht kein Geheimnis unter uns, wir kennen unsere Gesichter und Masken.‹ – So quälte uns der grausame Pedant, und wir knirschten unter der Marter!«
– »In der Tat, ein genialer Gedanke des Ehemannes, in seiner Gegenwart den einen Anbeter seiner Frau durch den andern abkanzeln zu lassen!« lachte Don Giulio.

»Das gleicht dem Bruder! Ich sehe, wie du in verhaltenem Ingrimm die Augen rollst, und wie der schlangengewandte Venezianer seine zerrissene Seele zu einem schmerzlichen rhetorischen Meisterstücke stimmt. Was sagte er denn?«

– »Zuerst zog er die feinen Brauen zusammen und schwieg eine Weile. Dann trat er zu mir und ergriff mitleidig meine Hand. ›Herkules‹, begann er, ›die Zeit drängt; meine Rosse stampfen vor dem Tore, und mein Geist ist schon unterwegs. Möge diese meine letzte Minute Frucht tragen mit der Hilfe Gottes! Ich habe keine Zeit, meine Worte zu wägen; und da die Hoheit selbst es ausgesprochen hat, daß hier kein Geheimnis walte, so enthülle ich schonungslos das Antlitz der Dinge. Dein Leiden ist ein wundersamer Fall. Nicht wie mich armen Sünder, besiegt dich die Übergewalt des weiblichen Reizes. Du bist weit gefährlicher krank; denn dein Übel entspringt auf dem Gebiete deines stolzen und eigenwilligen Geistes. Dein strenger Rechtssinn verdammt das, was dein Auge beglückt und das Feuer deines Herzens entzündet. Das ist dein Widerspruch und dein Irrsal. Der Richter wird entflammt für die von ihm Gerichtete. Besieh dir doch ihr Schicksal! Ein kindliches Weib, in unselige Abhängigkeiten hineingewachsen, schuldig schuldlos, wie die liebliche Frauenschwachheit ist, flieht, von innerer Klarheit erhellt, mit zitternden Füßen aus dem Banne des Bösen und ergreift die ihr gebotene Hand eines seltenen, ja einzigen Mannes, der dein Führer ist, o Strozzi! und ein weiser Erforscher der Menschennatur. Er erkennt die edle Anlage Lucrezias und zieht sie in göttlicher Weise mit sich empor. Nun werden ihre Schritte täglich sicherer, und

immer größeres Wohlgefallen gewinnt sie an der Tugend und an ihren belohnten Kämpfen. Da kommst du, Unseliger, siehst die Emporgehobene in den Armen ihres Schutzengels, verurteilst sie zu den Höllenkreisen und stürzest dich auf sie, um dein Urteil selbst auszuführen. Wehe dir, du bist ihr verfallen! Du umklammerst ihre Kniee; sie aber wird sich von dir lösen, und du stürzest allein in die Tiefe! Armer Ixion, du umschlingst statt der Göttin die Wolke, und daß dein Frevel völlig unausführbar und unmöglich ist, das allein entschuldigt ihn. Frage dein Herz, Strozzi!‹ und der Venezianer drückte mir in Tränen die Hand. ›Fühlst du nicht, wie rührend und geschmackvoll die neue Lucrezia ist, die in ihrer stillen und bedachten Weise das schlichte Gute tut und ohne prunkende Buße sich mit den allgemeinen Tröstungen der Kirche begnügt. Wenn du die einfache Anmut dieser Erscheinung betrachtest, beschleicht dich nicht der Zweifel, ob die Verleumdung, das Laster unserer Zeit – denn wir alle verleumden und werden verleumdet – sich nicht an diesem erlauchten Weibe mehr als an andern vergangen und das menschlich natürliche Bild einer Dulderin ins Dämonische verzerrt habe?‹ ...«
Das laute Gelächter seines Freundes unterbrach ihn. »Das ist stark!« rief Don Giulio. »O Jahrhundert unverschämter Wahrheit und gründlicher Lüge!«
Da zuckte er leicht zusammen, denn ein leiser Finger berührte seinen freien Nacken. Kurz wandte er sich um und blickte in das abgezehrte und feindliche Gesicht des Kardinals, dessen langsames Emporsteigen das Springen der Wasser übertönt und verborgen hatte.
»Ich glaube, der Herzog erwartet uns beide«, sagte Ip-

polito, über das Wort seines jungen Bruders, das er noch aufgefangen hatte, unwillkürlich lächelnd. »Folget mir ohne Verzug!« Und er verschwand in der Villa.

»Ich verlasse dich, Herkules!« sagte der Este. »Nur eines muß ich noch wissen: Woher deine tödliche Blässe, die mich erschreckte, da ich dir hier entgegentrat?«

»So höre denn das Ende des Auftritts und das Meuchelwort des Herzogs! Zuerst sagte er ruhig und finster: ›Euer Bildnis der Herzogin, Bembo, ist treffend und nicht geschmeichelt.‹ Er fixierte uns beide. Mit meiner Miene schien er nicht zufrieden. Es erhob sich etwas Heißes in ihm, und er wandte sich drohend gegen mich. ›Ich frage mich, Strozzi‹, sagte er, ›ob Eure Leidenschaft nicht gelegentlich Euern Gehorsam gegen den Fürsten und das Gesetz zu Euerm Unheil ins Wanken bringen könnte! Nicht zwar auf Euerm eigensten Boden in Rechtsfragen, da halte ich Euch für unbestechlich und unterordne mich Eurem Urteil. So bin ich zum Beispiel überzeugt, daß Ihr in dem Erbstreite meines Fiskus mit dem Grafen Contrario das Rechte finden werdet. Auch wird Euch hier die Herzogin trotz ihrer Begünstigung des Grafen nie irreleiten; aber es gibt einen Fall und eine Stunde, die sie ihres klaren Sinnes berauben werden. Ihr verderblicher Bruder wird Italien wiederum betreten und uns verwirren. Ich werde meinen Untertanen jede Verknüpfung mit ihm verbieten. Doch meine erste Untertanin, die Herzogin, wird nicht gehorchen; denn sie kann es nicht, es steht nicht in ihrer Macht. Mit den härtesten Strafen werde ich verhüten, daß sie kein Werkzeug finde, und doch wird sie eines finden ... Euch wird sie ergreifen, Herkules Strozzi. Damit ist Euer Haupt verwirkt. Ich werde

Euch richten. Nicht öffentlich, denn es ist eine Familiensache und eine Staatssache, die beide das Geheimnis fordern. Man wird Euch tot auf der Straße finden.‹ – Hier erblaßte Bembo, und du sagst, daß auch ich blaß geblieben bin. – Unbeirrt und gemessen jedoch fuhr der Herzog fort: ›Bembo, Ihr seid vor Gott und Menschen mein Zeuge, daß dieser nicht ungerichtet stirbt. Du aber, Herkules Strozzi, siehe zu, wie du der Herzogin und mir entrinnest!‹ Jetzt brachte ein furchtsamer Schreiber die Rolle für den Papst, und wir waren entlassen. Ich begleitete den Venezianer zu seinen Dienern und Pferden. Den Fuß schon im Steigbügel, flüsterte er mir zu: ›Hüte dich vor dir selber, Herkules!‹«

Don Giulio schauderte. Strozzi berührte flüchtig seine Lippen und sagte: »Nun reise auch du schnell und glücklich!«

»Diesen Abend noch!«

»Nein, sobald du aus dem Schlosse trittst!« sprach der Richter und stieg die Treppe hinunter, während der andere seinem Bruder, dem Kardinal, nacheilte.

Fünftes Kapitel

Diesen fand er mit dem Herzog in einer schmalen, hohen Kammer, die ein einziges großes Fenster erhellte. Es war ein geheiligter Raum, den zu betreten dem Hofe untersagt war. Die Wände waren mit Plänen und Karten bekleidet, und in der Mitte auf dem breiten Schreibtische, an dem der Herzog, die Stirn in die Hand gelegt, sich niedergelassen hatte, ruhte ein Globus.

Sowie sich die Brüder vor ihm gegenüberstanden, blitzten sie, durch den bloßen Anblick ihrer Gesichter gereizt, sich feindselig an, und während der Herzog mit einem Zuge der Besorgnis zuhörte, überschüttete der Kardinal Don Giulio mit zornigen Worten.

»Ich verlange«, rief er, »daß Eure Hoheit diesem Nichtswürdigen den Hof verbiete; ich will, daß er Ferrara meide ewiglich und uns nicht länger das Ärgernis seiner Nichtigkeit und Straflosigkeit gebe. Er beschämt und entehrt unser Geschlecht! Stoße ihn aus, Bruder!«

Unter so unerhörter Beleidigung zuckte Don Giulio zusammen. Er bäumte sich unter dieser Geißelung; es war, als ob sich seine Züge vergrößerten und ein edleres Urbild durchschiene, das sich empört erhebe gegen solche Erniedrigung.

»Kardinal«, sagte er, »was ich sündigte, habe ich mir gesündigt. Und ich weiß nicht, ob ein frei Genießender nicht schuldlos ist neben einem Staatsmanne, der, wie ein Giftmischer, das Böse berechnend und wissenschaftlich zu seinen Zwecken braucht und verarbeitet.«

»Diese Gedankenlosigkeit ist gerade, was ich dir vorwerfe, du trauriger Gegenstand!« versetzte der Kardinal, »und daß du ohne jede geistige Freude dem gemeinsten Genusse frönst. Und darum, weil ich weiß, was du, Verworfener, Liebe nennst, verbiete ich dir Donna Angela! Berühre sie nicht mit dem leisesten Atem, mit dem flüchtigsten Gedanken, denn – pfui deine Gedanken!«

Mit Tränen erwiderte Gon Giulio: »Warum stößest du mich in den Schlamm, daß ich darin ersticke, während du mich früher emporheben wolltest? Warum hassest du mich so wild, der du einst den Knaben väterlich geliebt hast?«

»Das will ich dir sagen, Julius. Als ich, der zehn Jahre Ältere, dich als Kind neben mir sah, freute ich mich deines offenen Antlitzes und deines hellen Geistes. Herzgewinnend, schön, aufmerksam und begabt, schienest du mir ein unter günstigen Sternen geborener Este, uns geschenkt zum Gedeihen unseres Hauses und Staates, ein Labsal, eine Stütze für Tausende, und es war mein stolzes Bemühen in einer Zeit des Zerfalles, wo die Persönlichkeit alles ist, die deinige zu entwickeln. Jetzt, nach deinem kindlichen Aufglänzen, standest du, ein Jüngling, am Scheidewege; da wandtest du dich ab von den Zielen der Ehre und Arbeit und verlorest dich völlig in Spiel und Lust. Dir gelang, deinen ganzen reichen Hort nutzlos und schädlich zu vergeuden. Nicht der Staat, nicht die Wissenschaft, nicht einmal der die Jugend entflammende Kriegsdienst vermochte dich zu gewinnen. Du tötest deine Tage mit großen und kleinen Freveln ... ein kleinlicher und niedriger Geist. Du hast Raub begangen an deinem Hause, und da du ihm, Wechselbalg, keine Ehre mehr machen kannst, sondern es mit lauter Schande bedeckst, sähe ich dich wahrlich lieber tot als lebendig. Hast du dich doch selbst von uns losgesagt, als du dein Pratello, an das du grenzenlose Summen verschwendet hast, nicht mit unserem erlauchten Wappen, sondern mit leeren und sinnlosen Larven verziertest, wie du selbst eine bist.«

»Bruder«, erwiderte niedergeschlagen Don Giulio, den sein Gewissen strafte, »höre auf, mich zu zertreten, weil ich meine Lebensfreiheit gebraucht habe. Es sind genug Este da, die dem Staate dienen! Glaube mir, die Tugendlehre steht deinem Geiergesicht übel an! – Über eines aber, Ippolito d'Este, beruhige dich gänzlich« – und Don Giulio ermannte sich, einen Boden erreichend, wo er sich schuldlos fühlte – »über meinen Stand zu Donna Angela! Ich schwöre dir«, er suchte nach einer gültigen Beteuerung, »so wahr unser Fürst und Bruder hier lebt! Angela Borgia, die der Grund ist deines grausamen Hasses gegen mich, gehört nicht zu mir, sie geht mich nichts an, sie ist mir feind! Ich biege ihr aus, so schlank ich kann. Wuchs und Gebärde dieser Virago sind nicht mein Stil. Auch kann sie mich nicht lieben, denn sie denkt über mich, wie du. Und mit Recht, denn ich weiß nichts davon, daß ich mich geändert hätte, seit sie mich vor allem Volke bejammert hat!«

Weit entfernt, daß dieses Geständnis den Kardinal beruhigt hätte, blies es vielmehr anfachend in die Flamme seiner Eifersucht. Er traute den Worten Don Giulios, denn er wußte, daß dieser trotz seiner Übertretungen eine innerlich unverfälschte und wahrhafte Natur geblieben war, und er sagte sich, daß dieser Wunderquell, in dessen Tiefe man durch seine leuchtenden Augen hinunterblicken konnte, für die wahrheitsdurstige Angela eine geheime Anziehungskraft haben mußte, ohne welche sie nicht hingerissen worden wäre, den aus dem Kerker Steigenden auf offenem Markte zu mißhandeln und zu beklagen. Seine Eifersucht wurde zur Wut, als Don Giulio unschuldig fortfuhr:

»Nein, Bruder, ich rede nicht aus Neigung!« Er legte beteuernd die Hand aufs Herz. »Bei Bacchus! Das Mädchen ist mir so gleichgültig wie Göttin Diana! Nur hat man sein Erbarmen mit jedem weiblichen Geschöpfe – was soll aus ihr werden bei deiner rasenden Liebe zu ihr? Heiraten kannst du sie nicht – du bist ein Priester! Gewinnen noch weniger, denn sie ist keusch und tapfer! Was bleibt? Was bereitest du ihr? Du wirst sie töten!«

Seine Stimme hatte einen so warmen, mitleidigen Klang, daß der Kardinal darüber in Raserei geriet.

»Wer sagt dir, Bube«, wütete er, »daß ich sie töten werde! Was hindert mich, dies hier«, er packte mit beiden Fäusten den Purpur über seiner Brust, »in Fetzen zu reißen und Angela als mein Weib an das Herz zu drükken? Ich bin jung genug dazu und ich speie auf das kirchliche Gaukelspiel!« ...

»Gelassen, Bruder!« mischte sich endlich der Herzog in den Zweikampf. »Das tust du nicht. Daß du ein Weib bis zur Raserei liebst, darf dir begegnen. Es ist eine menschliche Plage – eine Krankheit – ein Unglück! Eine verspätete Verweltlichung aber zum Behufe einer Heirat wäre ein Ärgernis – ein Spott! Und du darfst dich nicht verhöhnen lassen, du Stolzer! Was Donna Angela betrifft, die ein wertvolles Mädchen ist, so wird die Herzogin sich damit beschäftigen, sie standesgemäß zu versorgen, wozu sie als Verwandte verpflichtet ist. Und du, Kardinal, wirst Donna Angela unter dieser Obhut in Ruhe lassen, aus Ehrerbietung für Donna Lucrezia, die du scheust und achtest.«

»Die ich scheue und achte!« wiederholte der Kardinal gedankenabwesend. »Und mit wem wird Donna Lucrezia sie vermählen? erkühne ich mich zu fragen.«

»Das überlassen wir ihrer Klugheit«, sagte der Herzog. »Ich für mein Teil denke, es wäre nicht unweislich gehandelt, sie dem Grafen Contrario zu geben.«

Nun war es seltsam, wie bei der Nennung dieses in Italien Reichtum und Ehrbarkeit bedeutenden Namens beide feindlichen Brüder in ein einträchtiges und einstimmiges Hohngelächter ausbrachen.

Dann aber wandte sich der Kardinal mit erneuter Wut gegen seinen Mitlacher.

»Es sei!« schrie er. »Donna Lucrezia verfüge! Sie wird etwas anderes finden, oder Donna Angela sich selbst besser beraten. Wenn nur dieser Auswurf der Este«, er deutete auf den jungen Bruder, »aus dem Spiele bleibt!« Und so tötende Blicke schoß er gegen ihn, daß dieser erbleichte.

Jetzt schwindelte Ippolito auf dem Gipfel seinen Hasses; er fühlte, daß er die Besinnung verliere und einer Ohnmacht nahe sei. Sich an die Stuhllehne des Herzogs klammernd, keuchte er in abgebrochenen Worten:

»Wenn dir dein Leben lieb ist, Bruder, so entweiche aus meinem Gesichtskreis! Verlaß Ferrara! Noch zu dieser Stunde! ... Jetzt gleich! ... Geh! ...«

Don Giulio betrachtete den Kardinal mit erschrockenen Augen. Ihm schien, daß ihn dieser unwillkürlich und aufrichtig warne vor den mörderischen Ausbrüchen seines Hasses, und er beschloß, ihm zu gehorchen.

»So tue ich, Kardinal!« sagte er und wollte sich entfernen. Doch der Herzog gebot anders.

»Keine Übereilung!« hielt er ihn zurück. »Nichts Auffallendes! Nichts, was Mutmaßungen und Gerede verursachen könnte! Begebt Euch jetzt in den Kreis der Herzogin. Unterhaltet sie und lasset gelegentlich einfließen, Eure Lust am Kriegswesen sei wieder erwacht, und da jetzt die Euerm Dienste in Venedig entgegenstehenden Staatsgründe weggefallen wären, so kehrtet Ihr dahin zurück. Ich hätte Euch Urlaub gegeben, wenn auch ungern.«

Don Giulio verneigte sich gehorsam.

Da ließ sich draußen eine scharfe Stimme vernehmen, und alle drei wendeten sich gegen den Eingang der Kammer. Es war Don Ferrante, der Einlaß begehrte und in meckernden Tönen zu rezitieren begann, denn neben andern Torheiten huldigte er auch der, zuweilen in Versen zu reden:

»Holdsel'ger Anblick, selten, aber wahr:
Drei Brüder schließen liebend sich zusammen,
Die von verschiednen schönen Müttern zwar,
Doch von demselben edeln Vater stammen!
Sie würgen sich und sie ersticken gar
Sich in Umarmungen und Liebesflammen.
So groß ist ihr Verlangen und Entzücken,
Sich gegenseitig an die Brust zu drücken!

Der vierte kommt, den dreien anzusagen,
Daß im Boskett, wo Amor liegt in Banden,
Wo die Gelehrten unsrer Fürstin tagen,
Ein philosophischer Disput entstanden.
Es handelt sich um nadelspitze Fragen,
Und eine Lösung ist noch nicht vorhanden.
Erlauchte Prinzen, laßt euch nicht verdrießen,
Auch eures Witzes Bolzen abzuschießen.

Komm Brüderchen! Die Königin von Ferrara gebietet.«

Er faßte Don Giulio unter dem Arme und lud den Herzog und den Kardinal mit einer gezierten Handbewegung zum Vortritte ein.

Sechstes Kapitel

Während die ernsten Gestalten des Herzogs und des Kardinals zusammen durch den langen Mittelgang des Gehölzes schritten, stellte sich das darin lustwandelnde Hofgesinde rechts und links zu ehrerbietiger Begrüßung auf, wenn es sich nicht in anständiger Flucht auf Nebenpfaden, die zu irgendeiner geheimen Lästerbank führten, ins Dickicht verlor.

Wer von ihnen hätte begreifen können, daß der Mann im Purpur mit dem bedeutenden Kopfe und den durchgearbeiteten Zügen, wie sie große politische Geschäfte ausprägen, gleich einem Verdammten leidend, in den Banden eines von ihm sich abwendenden jungen Mädchens lag. – Unglaublich! –

Ähnliches sagte sich der Herzog, und der Kardinal erriet dieses schweigende Urteil.

»Keine Sorge, Bruder«, begann er beschwichtigend, »wegen meiner und des Mädchens! Ich überwinde ... eines von beiden: mich oder sie! Nur Don Giulio muß aus der Mitte geworfen werden. Und du schaffst mir ihn weg, den mit den vorwurfsvollen Augen!«

Der Herzog blickte den noch immer vor Leidenschaft Zitternden verwundert an. Dann warf er einen Blick rückwärts nach den ihm folgenden Brüdern und sah Don Ferrante, der den Gehaßten fast gewaltsam vom Wege in das Gebüsch zog.

»Sieh dich um«, sagte er zum Kardinal. »Dort schleppt der Verschwörer Ferrante den unschuldigen Giulio in ein Versteck, um ihn in eines seiner närrischen Komplotte gegen uns einzuweihen. Zu solchem Verrat aber, das mußt du mir zugestehen, gibt sich der leichtherzige Knabe nicht her.«

»Je nach Umständen!« zischte der Kardinal. Dann raffte er sich selbst und die Falten seines Purpurs zusammen, denn sie näherten sich dem Kreise der Herzogin.

Die Hitze des Julitages hatte sich gegen Abend unter dem dichten Laubdache verfangen. Es war unerträglich dumpf, und wo der Horizont zwischen den Stämmen sichtbar wurde, regten unaufhörlich die lautlosen Blitze ihrer Feuerschwingen.

In dem dämmernden Boskette des gefesselten Cupido erhob sich beim Eintritte der beiden die Gesellschaft von den niedrigen Steinsitzen; nur die Herzogin, zu deren Füßen Angela sich barg, blieb auf ihrer Bank ruhen, dem Herzog neben sich Raum gebend.

Der Perser Emin aber stand an den ehernen Cupido gelehnt, den Kreis mit orientalischen Märchen, wie es dem Herzoge schien, unterhaltend, während Ariosto hinter seinen Schultern ihn anfeuerte und auch wohl mit dem richtigen italienischen Ausdruck unterstützte.

»Wovon war die Rede, Madonna?« fragte der Herzog.

»Herr, davon«, erwiderte sie, »wie es möglich sei, daß gewisse Lichtgestalten, die in ihrer Glorie schützend über uns stehen, auch in fremde Länder und auf andersgläubige Völker ihre Strahlen werfen, wenngleich wie im Spiegel eines dunkeln Gewässers gebrochen. Davon hat uns Ben Emin eben ein schönes persisches Beispiel erzählt.«

»Ich errate«, sagte Don Alfonso, den die Frage anzuziehen schien. »Solche Besitznahme unserer Helden durch die morgenländische Sage kommt vor. Wenn ich nur an Kaiser Karl und seine Paladine denke. Diese freilich haben unsere Dichter – und nicht am unschuldigsten jener dort, der seine lustigen Augen hinter Cupido verbirgt – schon so abenteuerlich verkleidet, daß den Persern wenig mehr zu tun übrigbleibt.«

»Auf falscher Fährte, Herzog!« lächelte Donna Lucrezia.

»So sind es denn die großen Staufen«, riet der Herzog weiter, »der Rotbart und sein Enkel, der ungläubige Friedrich, welche beide freilich den Morgenländern ihre natürlichen Angesichter gezeigt haben, und die sie nach dem Leben abbilden konnten.«

»Immer weiter weg!« schüttelte Lucrezia das leichte Haupt. »Doch, ich fürchte, selber habe ich Euch irregeführt, indem ich einen ganz Unvergleichlichen und Unerreichbaren in die Menschheit einreihe und das Heiligste selbst in unser weltliches Gespräch verflocht. Weder Karl den Großen und seine Paladine, noch die Staufen nannte Ben Emin, sondern unsern Herrn Christus selbst. Verzeiht meiner Unvorsicht! Es ist ferne von mir, die Kirche zu entweihen, in deren Kreis ich durch Geburt und Schicksal gebannt bin und von der allein ich mein Heil verhoffe. Die Barmherzigkeit des Himmels, die sich in Menschengestalt des abscheulichsten Elends erbarmt, das ist auch der Inhalt der persischen Erzählung, die mich verführte. Doch ich werde unklar. Höret und urteilet selbst.

Ben Emin berichtet:

Eines Tages trat der Heiland mit seinen Jüngern aus dem Tore einer Stadt. An der Landstraße lag in der Sonne ein toter Hund, dem die Jünger mit Ekel und Schmähungen auswichen. Der Heiland aber blieb bei dem Aase stehen, und, das einzige, was daran rein geblieben war, hervorhebend, sprach er: ›O sehet, wie blendend weiß seine Zähne sind!‹«

Die Hofleute, welche eine Erzählung im Geschmacke des Boccaccio vorgezogen hätten, fanden diese persische Legende befremdend, ja unanständig; der Herzog aber schwieg.

Donna Lucrezia, die von dem Gegenstande nicht loskommen konnte, redete in bewegter Stimmung weiter: »Und ist es nicht seltsam, mein Herzog! Wie auf einer kostbaren Tapete, gewoben nach der Zeichnung eines unserer heiligen Maler, wird auf der Rückseite, ich meine in der heidnischen Überlieferung, zwar nicht das volle Bild des Weltheilandes, aber doch die Purpurfarbe seiner Barmherzigkeit sichtbar! Die heidnische Sage bestätigt den Heiland als den, welchen die Kirche verehrt und darstellt, als einen göttlichen Brunnen der Barmherzigkeit. Selbst an dem ekelsten Gegenstande findet die Güte noch eine Schönheit.«

Und schwere Tränen stürzten über ihre Wangen.

Die Hofleute waren erstaunt, ihre Herrin also reden zu hören. Es war offenbar, daß sie an sich selbst dachte und unter der Gewalt eines plötzlich über sie kommenden unüberwindlichen Wahrheitsbedürfnisses ohne Hehl und Scham unter einem durchsichtigen Schleier ihren Ursprung aus der Kirche und ihre entsetzliche römische Sünde zeigte. Der Mund des einen verzog sich in der Dämmerung zum Spott, während die Stirne des andern sann und grübelte. Es ist schwül und sie fühlt das Gewitter – dachten sie.

Die Blässe der Herzogin schimmerte wie Marmor durch das Halbdunkel. Alfonso sprach kein Wort, aber er betrachtete sein Weib ohne Groll, mit Liebe und Teilnahme. Der Teppichhändler Emin aber freute sich des Gleichnisses von der Tapete.

In dem entstandenen Schweigen wurde die bange Schwüle noch fühlbarer. Man hörte in der Ferne unheimliche Unkenrufe und das Schreien eines Käuzleins, nach welchem der Kardinal, der an der Unterhaltung keinen Anteil genommen, aufmerksam und geärgert hinhorchte.

Da trat unversehens Don Ferrante aus den Bäumen und ließ seine mißtönige Stimme vernehmen.

»Hier wird erbaulich gesprochen«, höhnte er, »wohl von der Eminenz! Ich lese es im Dunkel auf den kasteiten Mienen. Schade, daß ich zu spät komme! Ich kann immer etwas Moral brauchen und noch mehr Bruder Julius, den ich mitbrachte, der mir aber unterwegs in den Pfirsichspalieren hängenblieb. Es steckt dort eine Pica, die Tochter des neuen Gärtners, der er jetzt Pfirsiche für die herzogliche Abendtafel pflücken hilft mit den üblichen Griffen und Bissen und ehrbaren Spielen und Wortspielen, welche seit Adams Zeiten das Ergötzen unserer edeln Menschheit sind.«

Diese mehr bittere als lose Rede schlug wie ein Blitz in einen Pulverturm.

Donna Angela, die bisher ihr Angesicht an den Knieen der Herzogin verborgen hatte, fuhr wie eine vom Pfeil getroffene Löwin in die Höhe und wollte, durch die Büsche brechend, davoneilen, da der nächste Augenblick den Unwürdigen in ihre Gegenwart bringen konnte; doch die dunkle Figur des Kardinals verwehrte ihr die Flucht. Er stellte sich vor sie, und es schwirrte von seinen Lippen:

»Der Nazarener fand an dem ekeln Aase noch etwas Schönes, an dem Hunde Don Giulio hätte er es nicht gefunden!«

Da änderte sich plötzlich die Haltung des aufgebrachten Mädchens. Die Brandmarkung des ausschweifenden Jünglings, zu der – wunderbarerweise – nur sie ein Recht zu haben glaubte, kochte in ihr als Zorn und Widerspruch. Sie schüttelte ihr stolzes Haupt und bewegte die Lippen.

»Es wäre denn, Ihr allein, Donna Angela, wüßtet ein Lob auf ihn!« beleidigte er sie.

Da sprach die Trotzige mit erhobener Stimme: »Don Giulio hat wundervolle Augen! Die muß ihm der Neid, die müsset Ihr, Kardinal, ihm lassen!«

»Muß ich? Muß ich wirklich?« rief Ippolito bebend und trat in die Nacht der Bäume zurück. Er verließ das Boskett und erschien wieder nach wenigen Minuten und einer entsetzlichen Tat.

Was war geschehen?

Er hatte kaum das Dunkel betreten und einen leisen Ruf hören lassen, so kroch Kratzkralle, der sich durch »Unke« und »Käuzlein«, wie der Kunstausdruck lautete, angemeldet hatte, auf dem Bauche, wie eine Schlange, aus dem Dickicht, und ihm gegenüber auf der andern Seite des Pfades wurden in derselben Haltung Firlefanz und Drachenblut sichtbar. Es waren die drei Schlimmsten seiner verabschiedeten Bande, die vor ihm aufstiegen.

»Was wollt ihr von mir, Schurken?« fuhr er sie an.

Die Mützen mit den Händen vor die Brust drückend, wisperten die drei:

»Gold, Gold, Gold, Eminenz! Wir haben Euch länger

gedient, als die andern und erwarten mehr von Euch! Euer Schatzmeister aber hat uns alle gleich bedacht.«
Da überwältigte den Kardinal sein böser Dämon. Er zog einen schweren Beutel hervor.
»Euer!« lockte er, »wenn ihr Don Giulio ...«
Firlefanz machte die Gebärde des Erstechens: »Abgemacht, Eminenz!« –
»Nicht so! Sondern ...« das Wort zauderte in seinem Munde, »ihn blenden.«
Zuerst wollten ihn seine Banditen nicht verstehen.
»Kennt ihr ihn?« fragte er.
»Er ist mein Freund!« versetzte Kratzkralle mit Stolz.
»In wenigen Minuten geht er hier vorbei. Horcht! ... Ich vernehme schon seine Schritte!« In der Tat wurde ein fernes Schreiten auf dem knirschenden Kiese der Allee hörbar.
Da warf sich Kratzkralle dem Kardinal zu Füßen und stöhnte mit dem tiefsten Selbstbedauern:
»Ich Verdammter! Wär ich nicht geboren! Herrlichkeit, befehlt mir, ihn zu erstechen! Nacken oder Herz! Nur nicht die lieben schönen Augen! ... Das tu ich nicht!« sagte er dann entschlossen.
Da stieß ihn Firlefanz beiseite. »So laß uns zweie machen, Kapaun! Desto besser, wenn wir nicht mit dir teilen müssen!«
Das wollte nun Kratzkralle auch nicht. Der Kardinal ließ seinen Beutel fallen und ging auf dem Pfade, den er gekommen war, nach dem Boskette, ohne zurückzulauschen.
Hier aber war nicht nur der eherne Amor gefesselt, sondern alle Geister der Unterhaltung lagen in Banden. Man saß, in der Schwüle schwer atmend, zusammen

und konnte bei der sinkenden Nacht kaum mehr die Züge des Nachbarn unterscheiden. Eine bleierne Müdigkeit und zugleich die beklemmende Angst einer Erwartung lähmte die Glieder, wenn auch nur das Warten auf die Flammen und Donner eines Gewittersturmes, dessen Fittiche zur Stunde noch gebunden waren.

Da plötzlich zitterte durch die Luft ein Geschrei. Solche Schreckens- und Schmerzenstöne, daß alle Herzen bebten und alle Pulse stockten!

»So brüllt der Stier des Phalaris!« rief der entsetzte Ariost. »Wo bleibt Don Giulio!« Er stürzte fort.

Da kam er mit ihm zurück, der sich, der Unglückliche, an ihn anklammerte und von ihm vorwärts schleifen ließ.

»Bruder! Herzog!« rief der vor Schmerz Sinnlose, »wo bist du? Hilf mir, räche! strafe!«

»Fasse dich, ärmster Bruder! Was geschah? Was tat man dir?« sprach ihm der Herzog zu, während ihn alle umringten.

»Der Kardinal ließ mich meuchlings überfallen! Er hat mir die Augen ausgerissen!«

Man schrie: »Bringt Fackeln! Holt Ärzte!« während Don Giulio den ihn aufhaltenden Ariost mit sich reißend, vorwärts strebte und die Arme nach dem Kardinal ausstreckte, der neben dem Herzog stand und dessen Gegenwart er fühlte. Seine ungewisse Hand fuhr in die Falten des Purpurs, in den er, auf das Knie stürzend, sich verwickelte und das blutige Haupt begrub.

Er hielt sich an dem Leibe des Kardinals fest und schluchzte:

»Oh, oh, warum raubst du mir das Licht? Was nimmst du mir das all' und einzige weg, das ich war … ein in der

Sonne Atmender! ... Du, der du alles bist und hast! Dem ich nichts nahm und nichts neidete! ... Ich winde mich vor dir wie ein blinder Wurm! Bruder, zertritt mich! Töte mich ganz! ...«

Der Kardinal erschrak. Er zog krampfhaft seinen Purpur an sich, und seine Stimme klang unnatürlich, als er ausrief: »Nicht ich! ... Das Weib verführte mich! ... Sie lobte deine Augen! ...«

Dieses Wort drang nicht mehr in das Ohr des vor Schmerz ohnmächtig werdenden Blinden, aber vernichtend in das Herz der entsetzten Angela.

Es kam Hilfe, Dienerschaft mit Fackeln und Sänften. Die verwirrte Gesellschaft verlor sich ohne Abschied in ängstlichen Gruppen und auf verschiedenen Wegen. Das dunkle Boskett war verlassen.

Jetzt rötete ein Blitz den gefesselten Amor, Windstöße sausten durch den Wald und beugten die Wipfel der Bäume. Bald war der Himmel lauter Lohe und die Luft voller Donnergetöse. Dann stürzten die finstern Wolken auf die Erde, und schwere Regen wuschen und überschwemmten den mit Blut und Sünde befleckten Garten.

Siebentes Kapitel

Geraume Zeit war verflossen seit der Missetat des Kardinals, und der erste Frevel verlangte andere zu erzeugen. Die Saat war ausgestreut und keimte.

In Pratello, wohin man Don Giulio an jenem Abende noch, mitten durch das Gewitter, in einer von Pferden getragenen Sänfte zurückgebracht hatte, brütete der

Unglückliche in seiner Finsternis oder ließ sich durch die Gänge seiner neu angelegten Gärten führen, die heißesten Sonnenstrahlen auffangend, um wenigstens das Licht zu empfinden, das er nicht mehr sehen sollte.
Besucht wurde er nicht vom Hofe, denn er galt für in Ungnade gefallen, da der Herzog nicht daran zu denken schien, die Tat des Kardinals vor Gericht zu ziehen, nicht einmal daran, durch eine ernsthafte Verurteilung des grausamen und unerklärlichen Verbrechens sich davon zu trennen und persönlich loszusagen. Die drei Banditen freilich wurden, kurze Zeit nach der Tat, in Neapel, wohin sie mit ihrem Solde geflohen, wohl von ihren früheren Kameraden umgebracht und ihre Köpfe an die Gerichte von Ferrara gesendet, die einen Preis auf die Einlieferung der lebendigen oder toten Verbrecher ausgesetzt hatten.
Der eigentliche Täter, Ippolito d'Este, kam mit einer so leichten Strafe davon, daß es schlimmer erschien, als wenn man die Schuld an ihm nicht gesehen noch gesucht hätte, und daß es einer Verhöhnung des von ihm mehr als Getöteten glich. Der Herzog begnügte sich damit, den Kardinal für wenige Wochen aus seinem Angesichte zu verbannen. Nicht einmal das Gebiet von Ferrara war ihm verboten worden.
Aber er hätte es auch nicht verlassen können, denn er lag schwer krank darnieder in der stillsten und verborgensten Kammer seines Stadtpalastes – so antwortete wenigstens seine Dienerschaft auf die vorsichtigen Fragen der Ferraresen. Ob es so sei, oder ob der Kluge sich nur sterbend stelle, um die gegen ihn empörte öffentliche Stimme zu besänftigen, darüber waren die Meinungen verschieden.

Von dem Gerüchte der Erkrankung des Kardinals erfuhr der Blinde von Pratello nichts; denn die zwei einzigen sehr ungleichartigen Ferraresen, die ihn besuchten, Don Ferrante und Ludwig Ariost, hüteten sich aus verschiedenen Gründen und Interessen, ihn davon zu unterhalten.

Der Dichter, welcher nach Pratello kam, um nach seiner Art den Blinden zu trösten und seine Seele zu erfreuen, war ein Höfling des Kardinals und setzte Wert auf das Wohlwollen dieses gefürchteten Beschützers. Er hielt sich ohne Falsch in der Schwebe zwischen Schlächter und Opfer; er bedauerte seinen Freund, ohne seinen Gönner zu verabscheuen, dessen Namen er in Pratello nie über die Lippen ließ, um ihn nicht von Don Giulio verfluchen zu hören, um nicht das Gemüt des Blinden im Grunde aufzuwühlen und auf lange Tage zu verfinstern.

Don Ferrante dagegen kam in anderer Absicht. Er weidete sich am Schmerze des Bruders, weil er Pläne darauf baute. Er vergiftete seine Wunde, weil er sie nicht heilen lassen wollte. Sie sollte immer heftiger brennen, damit der Groll des von Natur nicht Rachsüchtigen gegen die älteren Brüder, den schuldigen und den gleichgültigen, immer tiefer glühe. Er nahm sich darum in acht, dem armen Herzen mitzuteilen, daß der Kardinal auch nicht heil und ungestraft geblieben, sondern heimgesucht sei von schwerer Krankheit, und damit gar sein Mitleid zu erregen. Der Blinde sollte ihm nützlicher werden, als ihm der Sehende je gewesen war.

Don Giulio hatte in Pratello verschiedene Stufen des Elendes überschritten. Nach den ersten, langen, im

Dunkel verstöhnten Tagen und Nächten, sobald die Fieber des Körpers und der Seele nachgelassen hatten, suchte er nach seiner genußbedürftigen Natur die Berührung der sanften Lüfte und den Geruch der Blumen. Er vergrub sich in die kühlsten Blätter, unter die duftigsten Zweige seines Gartens.

Zu dieser Zeit fing Ariost an, den Freund zu besuchen, vor dessen unheilbaren Elend ihm anfangs unüberwindlich gegraut hatte. Er wandelte mit ihm durch die Laubgänge von Pratello und legte sich neben ihn auf den weichen Rasen. Er war dafür besorgt, daß die Schaffnerin Körbe voll saftiger Früchte und Schalen edeln Weines bringe, und ließ den Blinden genießen und schlürfen.

Er klagte mit ihm das Verhängnis als etwas Unpersönliches an. Er lobte die Mäßigung des Empfindens wie im Glück also im Unglück, und meinte, es hänge alles von der Farbenbrechung der Seele ab; Glück könne schmerzen, und Unglück – als Tragödie betrachtet – lasse sich genießen. Ja, er behaupte, auch der Sinnlichste besitze eine geheime stoische Ader, und über den Geschicken zu stehen, gewähre eine göttliche Genugtuung.

Eines Tages zog er auch beschriebene Rollen aus der Tasche und begann mit wohllautender Stimme, Strophe nach Strophe, die schlanken Gestalten und die herrlichen Entfaltungen seines Heldengedichtes in Don Giulios Ohr tönen zu lassen, bis sich nach und nach das Dunkel heller färbte und in der entzückten Seele des Blinden eine Sonne aufging.

Im Anfang beachtete er wohl, solche Gesänge zu wählen, deren Grundstimmung ein heroischer Ernst und

Ergebung im Leiden war. Trennungen, Aufopferungen, Erniedrigungen und ähnliches passives Heldentum!

Da rührte es oft den Dichter, wie tief Don Giulio den schmerzvollen Wahnsinn Rolands mitempfand, trotz der schalkhaften und grotesken Darstellung, mit welcher der Dichter seiner Frohnatur gemäß den Schmerz wieder aufhob. Das ins Komische Übertriebene der Leidenschaft, die von Roland, wie ungeheure Ausrufungspunkte, in die Luft geschleuderten Felsstücke störten das Mitgefühl des Blinden nicht.

Endlich aber, da Meister Ludwig den Freund mit seinen zweiundzwanzig Jahren so schlank und schön neben sich ins Gras gestreckt sah, die rasch geheilten zwei Wunden im unter dem Haupte ruhenden Arme verborgen, stachelte ihn die Freude an dem von ihm eben neu Geschauten und Geschaffenen, einen Gesang vorzutragen, der nichts als Farbe, Lust und Leichtsinn war und in dem das trunkene Leben über flatterndem Haar die lauten Becken schlug.

Da dies zum ersten Male geschah, legte der Este die feine Hand auf die des Dichters und das Manuskript zugleich: »Etwas anderes, Ludwig!« sagte er, »das ist nichts für einen Blinden!«

Da weinte der Poet innerlich über diese Abwendung von der Freude, obwohl er sie höchst erklärlich und würdig fand. Auch kam sie ihm nicht ganz unerwartet, denn er hatte unlängst einem kleinen Auftritte beigewohnt, der ihm einen Blick in die Seele des Blinden gewährte.

Coramba, die frühere Hausgeliebte des Este, hatte sich nach der zugreifenden Art solcher Wesen, bei dem Verbinden der durchstochenen Augen aufs löblichste betätigt und ihren erblindeten Herrn gepflegt und geführt, bis er sich selbst zu helfen wußte. Im Freien aber hatte er das aufdringliche Geleit nie geduldet, schon weil ihn die unterdrückten Mitleidsrufe seiner Untergebenen: »Da kommt der arme Herr mit seiner Kreatur!« oder: »Sie hütet ihn wie eine Mutter!«, die sein geschärftes Ohr vernommen hatte, gründlich verdrossen.

Eines Tages nun erkühnte sich die Coramba, den Blinden in Gegenwart des Ariost zu umfangen und wie ein Kind zu herzen. Der Este aber schob sie gemach und kühl auf die Seite und sprach: »Gehe, Coramba, gehe auf immer! Du bist nichts für einen Blinden! Gehe, und nimm meinen Dank mit.«

Sie gab ihm recht und ging noch an demselben Tag, nachdem sie sich, ohne daß er es ihr wehrte, die Taschen mit seinem Golde gefüllt hatte, ein wärmeres Klima aufzusuchen.

Auf seinem weiten Besitztum lebten und arbeiteten für ihn Hunderte von ländlichen Familien, fleißige, genügsame Leute, deren bewundernde Anhänglichkeit das wilde und üppige Treiben des jungen Gebieters nicht hatte zerstören können. Jetzt in seinem einsamen Unglück traten seinen Gedanken diese treuen und harmlosen Nachbarn täglich näher. Er fing an, wenn er ihnen auf seinen lichtlosen Gängen begegnete, ihre Stimmen zu unterscheiden, sich von ihrer Lage zu unterrichten und an ihrer Sorge teilzunehmen. Ihr einfaches, echtes Mitleid tat seiner kranken Seele wohl, und er sprach von ihnen zu Ariost wie von Brüdern und Schwestern.

Solchen und ähnlichen Äußerungen des Blinden entnahm der Poet, daß der Este sich in einer andern Lebensabteilung, unter einer andern Menschenklasse einzurichten begann, als die war, welcher er bisher angehört hatte, in derjenigen der Unglücklichen und Leidenden, der Benachteiligten und Enterbten, in einem Lebenskreise, der offenbar unter andern Bedingungen stand und andern Gesetzen folgte, als die Vollsinnigen und zum Genusse Berechtigten.

Auch erriet Meister Ludwig, daß der Este diese seine Herabwürdigung und Entwertung nicht immer dem Hasse der Menschen oder dem blinden Verhängnisse, sondern, in gewissen Augenblicken wenigstens, einer eigenen Verschuldung zuschrieb. So mußte es in der Tat sein. Diese mußte teil daran haben. Wenn in des Dichters sonst so hellen Bildern mitunter die Nemesis waltete – wie bisweilen ja auch in der wirklichen Welt, laut dem Sprichworte, die Strafe der Missetat auf dem Fuße folgt – dann versank Don Giulio in Nachdenken, und Ariost vernahm wohl einen erstickten Seufzer.

Bei solchen Wahrnehmungen aber hütete er sich, auf ein Gefühl, das er an sich selbst nicht kannte und das ein flüchtiges sein konnte, unzart zu drücken, teils weil er jedes fremde Eingreifen in einen Seelenvorgang als Gewalttat verabscheute, teils auch, weil er sich, leicht beschwingt, wie er war, und immer auf die sonnige Oberfläche der Dinge zurückstrebend, am wenigsten dazu berufen fühlte.

Denn der Quell echter Reue, das wußte er, sprudelte in heiligen Tiefen, und nur in der einsamen Stille seines göttlichen Ursprungs waschen sich schuldige Hände und Seelen rein.

Ihm aber schauderte vor dem Verharren in solcher gestaltlosen Tiefe. Alles, was er dachte und fühlte, was ihn erschreckte und ergriff, verwandelte sich durch das bildende Vermögen seines Geistes in Körper und Schauspiel und verlor dadurch die Härte und Kraft auf seine Seele.

Meister Ludwig trug auf der Tafel seiner offenen Stirn das sittliche Gebot geschrieben, doch allerlei lustiges und luftiges Gesindel tanzte über die helle Wölbung und hauste in den dahinter liegenden geräumigen Kammern, ohne daß der Dichter selbst seine Mieter alle recht gekannt hätte.

Auf Don Giulio aber wirkte er wohltätig, und wenn er von ihm schied und der Este ihn begleitete, gingen sie Hand in Hand durch den Platanengang von Pratello, ohne daß der Blinde den Schauenden beneidete, oder dieser jenen bemitleidete, als zwei gute Brüder; denn die Liebe hatte für den Augenblick jeden Unterschied zwischen ihnen aufgehoben.

Mehr Besuche aber noch als von Ariost erhielt Don Giulio von seinem Bruder Don Ferrante. So mischte sich ein dunkles stygisches Gewässer in den hellen Einfluß des Dichters und verwüstete Don Giulios Seele in einer Tiefe, wohin Ariost nicht gelangen konnte.

Don Ferrante war ein wunderlicher Zwitter, gemengt aus geistiger Armut und unerschöpflichem Erfindungstriebe. Seine Jugend war unter dem Drucke beständiger Furcht verkrüppelt. Als Kind schon Zeuge unzähliger Intrigen und Komplotte in Ferrara selbst und ängstlicher Zuhörer, sooft noch grausamere Dinge von den anderen italienischen Höfen seiner Zeit berichtet wurden, fühlte er sich von jeher von Schrecknissen umgeben, denen seine unehrliche und machtlose Natur keinen andern Widerstand entgegensetzen konnte, als den der wechselnden Maske und der seltsamsten Empfindungen. Er verleumdete, um der Verleumdung die Spitze zu bieten; er zettelte kleine Verschwörungen an, um keiner Familienintrige zum Opfer zu fallen. Alles aus geheimer Furcht und ohne Ernst und Folge, außer daß er dabei immer unwahrer und verschrobener wurde.

An jenem Abend aber, da derjenige seiner Brüder, gegen den er am wenigsten Mißtrauen hegte, auf schauerliche Art in der Mitte des Hofstaates überfallen und der Augen beraubt wurde, geschah ein Riß in seinem schwachen Geiste, und von nun an stand es ihm fest, daß er selbst, als der gefährlichere der beiden, wie er meinte, einer noch schrecklicheren Vernichtung entgegengehe.

Diese krankhafte Angst, die ihm keinen harmlosen Moment mehr gönnte, ihm den Schlaf raubte und ihn jede Speise, jeden Becher beargwohnen ließ, steigerte seine Furcht vor seinen zwei regierenden Brüdern zum verzweiflungsvollen Haß, und er entschloß sich, sie zu entthronen und zu töten.

Dazu aber bedurfte er seines geblendeten Bruders.

Don Ferrante hatte nämlich die Wahrnehmung gemacht, daß die rechtlose und gerichtlose Blendung Don Giulios gewaltig auf das öffentliche Gefühl gewirkt hatte, nicht zu reden von dem schändlichen, die Einbildungskraft aufregenden Vorgange selbst. Ferrara, auf welchem ein Joch der Knechtschaft und der Befehle unbedingten Schweigens in Staats- und Hofsachen härter als sonst irgendwo in Italien lastete, Ferrara sogar, wo sich freilich dieses Unerhörte zugetragen hatte, geriet in Gärung. Es mußte ein besonderes Verbot erlassen werden, sich um Don Giulio zu kümmern, nach ihm sich zu erkundigen, oder gar sich Pratello zu nähern und seine Gebüsche zu umschleichen.

Natürlich geschah es, daß das Bild des Geblendeten in den Gedanken und Gesprächen der Ferraresen sich veredelte und aus dem zügellosen Jüngling, dessen gefährliche Buhlschaften und leichtsinniges Blutvergießen sie früher verwünscht hatten, ein bejammernswertes Opfer, ein edler Märtyrer wurde.

Dies bemerkte Don Ferrante wohl, und da er auch eine starke schauspielerische Ader hatte, sann er sich eine wirkungsvolle Szene aus, welche den Umsturz von Ferrara mit Sicherheit herbeiführen würde.

Don Giulio, zu Roß auf einem weißen, von zwei Dienern in Trauer begleiteten Zelter, mit starrenden, leeren Augenhöhlen und einer Leidensmiene; er selbst daneben, durch die Hinweisung auf die Untat und ihre Straflosigkeit das öffentliche Mitleid aufstachelnd.

Einige Einverstandene zu werben, erschien ihm als eine geringe Schwierigkeit, denn das herkömmliche Material eines Aufruhrs in einer kleinen italienischen Tyrannenherrschaft mangelte auch in Ferrara nicht. Über das Weitere war sich Don Ferrante nicht klargeworden; aber ein schneller Überfall und die Ermordung des Herzogs und des Kardinals erschienen ihm unerläßlich.

Mit diesen Ausgeburten seiner Angst und Bosheit verfolgte er täglich den armen Blinden. Dieser aber sträubte sich gegen die Ermordung der Fürsten aus Menschlichkeit und verwarf mit einer edeln Empörung, deren er, solange er nur genoß und schwelgte, niemals fähig gewesen wäre, die ihm angesonnene Rolle eines mitleiderregenden Schauspiels. Er schämte sich, auf den

Märkten von Ferrara sich selber auszustellen als das Bänkelsängerbild seiner tragischen Geschichte.
Und doch blieb sein Herz dem beängstigenden Einflusse des Bruders nicht verschlossen. Was er in seinen hellen Tagen mit einem verächtlichen Lächeln als törichte Hirngespinste zur Seite geschoben hatte, das gewann in einer durch die Blindheit verdunkelten Gefühlswelt Wahrscheinlichkeit und Inhalt. Konnte nicht der unglückliche Bruder in gewissen Grenzen recht haben, und ihm wirklich Schlimmes angetan worden sein? Hatte er nicht eine verstoßene Kindheit verlebt? War es nicht möglich, daß ihm noch heute nach dem Leben getrachtet wurde? War Don Giulio doch selbst, den die Hofintrigen immer angeekelt hatten, einem unbegreiflichen Attentat zum Opfer gefallen!
So war er nicht ferne davon, dem Bruder beizustimmen, wenn dieser die gepriesene Gerechtigkeit des Herzogs einen Abgrund der Ungerechtigkeit nannte, nicht besser als die teuflische Bosheit des Kardinals, und den Hof von Ferrara ein Geflecht sich erwürgender oder miteinander buhlender Schlangen, einen eklen Knäuel, den es ein Verdienst wäre, zu zerhauen und zu zertreten.
Der arme Don Giulio war nicht imstande, seine eigene entsetzliche Erfahrung anders zu erklären als durch die allgemeine Verderbnis, und gab allmählich und unbewußt dem Bruder, welchem er sein Mitleid nicht versagen konnte, gewonnenes Spiel.
Er war von dem Wahn und den Verschwörungsgedanken Don Ferrantes mehr umsponnen, als er selbst es wußte, und ein neues Erlebnis gab den Ausschlag.

Unter dem durchsichtigen Himmel eines Herbsttages ritt auf einem der von der Polizei verbotenen Waldwege, die nach Partello führten, eine Amazone, schlank von Wuchs und untadelig im Sattel, welche, wie aus einem Rittergedicht entsprungen, auf Abenteuer fuhr. Wie sie aber näher kam, trug ihr Antlitz den Ausdruck so tiefen und unheilbaren Leides, daß sie eher mit einem ewigen Schmerz das Kloster zu suchen schien. Nun erreichte sie eine den Niederblick auf das Schloß gewährende Lichtung, glitt vom Pferde und schlang unter den letzten Bäumen die Zügel ihres offenbar dem herzoglichen Marstall zugehörigen Rappen um eine junge Ulme.

Dann schritt sie vor und war wiederum eine andre. In den feurigen, von flatterndem Kraushaar beschatteten Augen wohnte Wahrheit und auf dem weichen Munde neben einem kindlichen Zuge der Trotz der Liebe, ja eine gefährliche Entschlossenheit.

Von der Höhe des Waldrandes, an dem sie stand, erblickte sie den ganzen ruhigen Reiz der Landschaft von Pratello.

Das nur mit den notwendigsten Verteidigungswerken umgebene Schloß lag in einer unendlichen grünen Wiese, durch welche ein breiter spiegelklarer Fluß zog, wo kleine Fischerboote ihre Segel blähten. Gondeln lagen an dem vorragenden Halbrund der bequemen Landungstreppe, die unter den Säulengang des innern Hofes und zum Hauptgebäude führte. Statt der von der kriegerischen Zeit geforderten Festungsgräben hielt der Fluß die schöne Wohnstätte mit ihren Umfassungsmauern und Rundtürmen beschützend in den Armen.

Von der Schönheit Pratellos ergriffen, suchte die Fahrende eine etwas tiefer im Wiesengrunde gelegene dichte Baumgruppe zu erreichen, in deren schwarzen Schatten eine breite Steinbank stand. In dieser Verborgenheit ließ sie sich nieder, denn sie scheute sich, Pratello zu betreten, und ließ die Stunden vorübergehen, bald das Schloß aufmerksam betrachtend, bald in ihre Gedanken versunken.

Schon stand die Sonne auf der Mittagshöhe. Da sah sie, wie an der Landungstreppe von einem alten Fährmann eine Gondel gelöst wurde, an deren Steuer er sich wartend setzte.

Nun trat ein schlanker Jüngling in schwarzer Tracht aus dem Schlosse, dessen Gesicht ein breitkrempiger Hut beschattete, ehrerbietig beobachtet von einem Häuflein ihm folgender Diener, und durchkreuzte den von Weinlaub umrankten Säulengang. Auf der Landungstreppe bot ihm der Fährmann die Hand zum Tritte in die Gondel, die er behend, aber behutsam bestieg. Dann übergab ihm der Alte die Ruder, und während sie der Jüngling zu schwingen begann, lenkte der andere das kleine Fahrzeug mit dem Steuer.

Als sie am jenseitigen Wiesenbord anstießen, war es der Fährmann, der ans Ufer sprang und dem Jüngling beide Arme entgegenstreckte, den Aussteigenden eher bewahrend als ihn berührend. Dieser wandte sich ohne viel Besinnen in gerader oder beinahe gerader Richtung über die sanft ansteigenden Wiesen nach der Bank unter den Steineichen.

Die Lauscherin blieb nach einem leichten Zusammenschrecken und Auffahren sitzen; sie erriet den Blinden, der sich eine tägliche Anstrengung und Übung daraus machte, die Sehenden nachzuahmen, um diese und, soviel als möglich, sich selber zu täuschen, wobei ihm seine jugendliche Biegsamkeit, sein Ortssinn, sein scharfes Gehör und die Beflissenheit seines ihm jedes Hindernis sorgfältig aus dem Wege räumenden Gesindes zu Hilfe kam.

Während zwei teilnahmvolle Augen von der Steinbank aus den sich nähernden Gang des Blinden beobachteten, strauchelte der Ärmste über einen im Grase liegenden Gegenstand, den die Spähende nicht unterscheiden konnte. Er stürzte auf das Knie, schnellte sich aber, mit der vorgestreckten Linken kaum den Boden berührend, leicht und geschmeidig wieder empor, ohne nur die Gerte zu verlieren, die er in der Rechten trug. Mit dieser prüfte er nun, sie leicht in der Hand führend, den übrigen Weg, einen kleinen Verdruß auf dem blassen, vom Hute verschatteten Angesicht verwindend.

Die Hände über den Knieen gefaltet, das Haupt lauschend vorgeneigt, verfolgte sie jede seiner Bewegungen.

Er kam und setzte sich auf die bemooste Bank neben sie, von deren Dasein er keine Ahnung hatte.

Was murmelte er? Was tönte nur halblaut, nur halbverständlich ununterbrochen von seinen Lippen?

Erhob er Klage gegen das Schicksal? Beleidigte oder verneinte er die Gottheit? Beschuldigte er seine Brüder? Oder sie, die ohne sein Wissen neben ihm saß? Beweinte er seine Verirrungen?

Nichts von alledem. Die Mittagsruhe, die Stunde des Pan träumte auf seinen Zügen. Don Giulio trieb ein seltsames Geistesspiel, das sie erst nach und nach aus seinen abgebrochenen Worten und geflüsterten Verszeilen erriet und zusammensetzte.

Nach der Zeichnung der Danteschen Hölle, wie sie jedem italienischen Geiste innewohnt, beschäftigte er sich damit, nicht zwar den trichterförmigen Höllenabgrund zu bevölkern, sondern einen Krater des Unglücks zu graben, dessen Stufen er auch nicht mit Verdammten und Unseligen des geisterhaften Jenseits, sondern mit den Elenden, den Leidenden, den Verzweifelten dieses irdischen Lebens füllte – immer eine Stufe unseliger als die andere, wobei er ohne Bedenken in die unterste, dunkelste Kluft die Blinden versetzte.

Mit grausamem Genusse malte er, vor sich hin singend, diesen Ort aus. Wie sich Blinde Blinden als Führer anboten und mit ihnen in den Abgrund stürzten! Blinde Jünglinge rochen Rosenduft, aber wenn sie die Hände zum Pflücken ausstreckten, stolperten sie über Totengerippe.

Er sang die Terzinen reimlos, oder wie sie der Zufall reimte. Nun dachte er offenbar an seinen Bruder Ferrante, den er in einer höher gelegenen Kluft unter den furchtlos Ehrgeizigen erblickte:

»Du willst, o Bruder, nach der Krone greifen!
Doch reckst du in die Hohe dich vergebens!
Doch wehren die Dämonen dir den Reifen!

O harte Qual des bodenlosen Schwebens! –
Ich aber *bin* ein König … und entthront …
In Wahrheit war ich König dieses Lebens!

Ich hatte Götteraugen, war gewohnt
Zu herrschen – was sie sahen, war mein eigen.

Doch weh, der Mörder hat mich nicht verschont …

Ich bin geblendet! Elend ohnegleichen!«

»Don Giulio«, sagte dicht neben ihm eine weiche Stimme, »es gibt einen noch tieferen Abgrund des Elends – es gibt Unseligere als du bist! Das sind die, welche die Wonne ihres Lebens unbedacht und ungewollt selber auf ewig vernichten!«
Und er hörte gewaltsam schluchzen und spürte einen warmen Hauch und einen Schauer von Tränen, die auf seine Hände fielen.
Träumte oder wachte er? Er streckte bebend seine Hände aus und ergriff zwei andere, die in den seinigen zitterten.
»Wer bist du?« sagte er. »Wer darf sich noch unglücklicher nennen als der verstoßene Blinde?«
Und die Stimme: »Ich bin Angela Borgia, die deine Augen über alles liebte und sie zerstörte, dadurch daß sie einem Bösen ihre Schönheit lobte.«
Er ließ ihre Hände fahren und sprang erbleichend auf, wie wenn er fliehen wollte, stieß sich aber an der Ecke der Steinbank und schwankte.
Mit einem Strome von Tränen stürzte sie vor ihm nieder und umschlang und stützte seine Kniee:
»Es ist unmöglich, daß du mir verzeihest! … O könnte ich dir meine eigenen Augen geben, ich risse sie mir aus dem Haupte! … Aber was ich dir nahm, kann ich nie dir ersetzen! … Wo ist meine Sühne? Wie soll ich büßen?«
»Arme Angela«, sagte er sanft, indem er sich von ihr zu lösen suchte, »geschehen ist geschehen! Deine Schuld

verstehe ich nicht – aber ich sehe, daß auch du in das Tal des Unglücks verstoßen bist. Zweimal wehe über ihn, der uns beide gemordet hat! ... Dich und mich! ... Sühnen kannst du nicht! Meine Augen kannst du nicht neu schaffen! Laß mich allein! Gehe und vergiß!«

Dann wandte er sich und ging. Nicht einmal zu stützen wagte sie ihn, kaum mit den Augen zu begleiten.

Er schien ruhig, aber seine Schritte schwankten. Der Alte bei der Barke sah es, eilte ihm besorgt entgegen, setzte ihn über und geleitete ihn mit den andern Dienern wie ein krankes Kind in sein Schloß.

Dort warf er sich im kühlen Saale auf sein Lager und brach in wilde Tränen aus.

So war es denn Wahrheit, was er für eine schauerliche Verzierung und phantastische Lüge Don Ferrantes gehalten, sooft ihm der Bruder die Ereignisse jenes Abends im Boskette des gefesselten Amors erzählte! ... Der Kardinal hatte das Lob Angelas an ihm gerächt! Aber wo war die Schuld, die das Mädchen erdrückte? Mit teuflischer Bosheit hatte er ihr das verderbliche Wort aus dem Munde gezwungen, und hätte sie feige geschwiegen und ihn beschimpfen lassen, der Arge hätte bald eine andre Gelegenheit gefunden, die spröde Kälte des Mädchens an ihm, dem völlig Unbeteiligten, den der Zurückgewiesene bevorzugt glaubte, satanisch zu rächen.

Und auch sie hatte der Ruchlose tödlich getroffen!

Ein rasender Zorn gegen den Schuldigen und nicht minder gegen den die Missetat ungestraft lassenden kaltherzigen Fürsten bemächtigte sich Don Giulios, kochte in seiner Brust und brauste durch seine Adern. Er lechzte nach dem Untergange beider! Er sprang vom

Lager auf, riß ein Blatt aus seinem Taschenbuch und schrieb an Don Ferrante mit zornigen, mißgestalteten, durcheinanderspringenden Buchstaben, er stelle zum Morde des Herzogs und des Kardinals sich an seine Seite.

Der berittene Bote war von dannen geeilt, bevor Don Giulios Blut sich beruhigte und er erwägen konnte, was er getan.

In der nächsten Frühe erschien in Pratello der Oberrichter Strozzi mit bewaffnetem Gefolge und verhaftete den Este.

»Ei, schön! Dein erster Besuch, mein Freund, nach meinem Unglück!« rief ihm der Blinde bei seinem Eintritt höhnisch entgegen.

»Es war mir vom Herzog untersagt«, versetzte dieser in richterlichem Tone.

»Vom Herzog untersagt? ... Hat dir der Herzog nicht auch untersagt, Schatz, mit seinem Weibe täglich und stündlich im Geiste, wie du tust, die Ehe zu brechen? ... Aber dein Gericht erwartet dich, du getünchte Wand!«

Mit diesen Worten streckte Don Giulio die Hände den ihn fesselnden Schergen entgegen.

Achtes Kapitel

Wenige Tage nach der Verhaftung Don Giulios, welcher die von Don Ferrante vorangegangen war, wurden beide Brüder vor ein vom Herzog ausgewähltes Gericht gestellt. Er schied aus dem zwölf Glieder zählenden höchsten Gerichtshof die sechs jüngsten aus, so daß ein Tribunal von Silberbärten übrigblieb unter dem

Vorsitze eines Jünglings; denn daß der rechtskundige Römerkopf des Herkules Strozzi die Verhandlungen leitete, verstand sich von selbst.

Das strengste Geheimnis war in dem Hochverratsprozesse vom Gesetze geboten und vom Herzog noch besonders eingeschärft. Aber es wurde, wie die meisten Geheimnisse, nur unvollständig bewahrt. Es ist anzunehmen, daß das eine und andere der beschneiten Häupter gegenüber der quälenden Neugierde einer Frau, der eigenen oder einer andern, nicht vollkommen widerstandsfest blieb.

So geschah es, daß sich über den Prozeß sowohl, als über das Leben der Brüder im Kerker eine Legende mit ziemlich deutlichen Zügen bildete und diese erzählte: die Verschwörung sei aus sehr verschiedenen Elementen herausgewachsen. Neben einigen beleidigten oder sich vernachlässigt glaubenden vornehmen Geschlechtern, den Boschetti von San Cesario zum Beispiel, habe daran mancherlei abgehauster und auf alle möglichen Auskünfte und Einkünfte erpichter Hofadel teilgenommen. Auch unbezahlt gebliebene Künstler, ein Maler, ein Bildhauer, ein stimmlos gewordener Hofsänger, vor allem aber der durch das Spiel zugrunde gerichtete Hauptmann der Schloßwache und ein gewisser zweideutiger Kämmerer des Herzogs, der, halb in Ungnade gefallen, noch im Amte stehen geblieben war. Diesen hatte Don Ferrante mit einer hohen Summe gekauft und dieser verriet die Verschwörung, als ihm, dem zunächst Stehenden, die gefährliche Rolle zugewiesen wurde, den Herzog Alfonso auf einem Maskenballe zu erdolchen. Er warf sich ihm reuig zu Füßen und bekannte. Der Herzog geriet über das Komplott in flammenden Zorn und der sonst seiner Mächtige vergaß sich so weit, daß er dem Menschen mit einem Stokke, den er in der Hand führte – der Auftritt fand in einem Garten statt – das Haupt blutig schlug. Dann besann er sich, begnadigte ihn und betraute den Verräter mit der Rolle des Spions unter den Verschworenen. Im Palaste Ferrantes glückte es dem Kämmerer, der einwilligenden Zeilen des Blinden habhaft zu werden, die Don Ferrante den Verschworenen triumphierend mitteilte. So geriet das entscheidende Beweisstück, Don Giulios unförmliche zornige Schriftzüge, in die Hände des Herzogs und dieser wies es dem Gerichte zu. Mit den Schuldigen von geringerem Range wurde kurzer Prozeß gemacht. Albertino Boschetti und der Hauptmann der Schloßwache wurden nach erlittener Folter enthauptet, die drei Künstler aufs Rad geflochten.

Mehr Umstände machte man mit den Brüdern des Herzogs. Sie wurden eingehend und in höflichen Formen verhört, ob auch ihre Schuld von Anfang an durch das unselige Schriftstück erwiesen war. Don Giulio war vor Gericht einfach in seinen Worten, mäßig im Ausdruck seiner Gefühle und von niedergeschlagener Haltung. Er verklagte weder sich noch andre, sondern nannte seine Geschichte ein Verhängnis, ohne damit seine Schuld mindern zu wollen. Er habe, sagte er, sich den Haß des Kardinals zugezogen durch seine unabhängige Art und seinen wilden Wandel, nicht aber durch Beleidigung der brüderlichen Person. Er räumte ein, daß ihm der Kardinal über seinen Mangel an Ehrgeiz Vorwürfe gemacht, ihn wiederholt seiner Antipathie versichert und ihn davor gewarnt habe.

Dessen erinnere er sich jetzt.

Damals aber habe die an ihm verübte Tat ihn schlimmer als Mord, eine unmenschliche Ungerechtigkeit, eine höllische Grausamkeit gedeucht. Am tiefsten habe ihn getroffen, daß sie vom Herzog ungeahnt geblieben sei. Die Gleichgültigkeit des regierenden Bruders habe sein Herz gebrochen, und er habe nur noch an Rache gedacht. Jetzt aber sei ihm lieber, daß diese mißlungen sei, als daß neues Blut an seinen Händen klebte, zumal das vergossene Blut seiner Brüder, seines Fürsten!

Don Ferrante dagegen, erzählten sich die Ferraresen, habe zwar ebensowenig geleugnet, aber nach seiner zynischen Art nicht nur das Gericht, sondern auch die Hoheit des Herzogs und den Kardinal mit Schimpf und Hohn überschüttet. Jenen habe er einen engen Hirnkasten, diesen einen Philosophen des Verbrechens genannt. Dann habe er an das Gericht das Ansinnen gestellt, ihm aus seinen konfiszierten Schätzen Purpur und Gold zu einem kostbaren Hofnarrenkleide mit einer Schellenkappe auszuliefern und durch den Hofschneider dieses tolle Gewand für ihn anfertigen zu lassen. Denn es sei, so begründete er seine Bitte, der Narr, welcher von jeher in ihm gekauert, in die Tagesklarheit herausgebrochen, und diese seine intime Persönlichkeit wünsche den Sprung ins Nichts in gebührendem Gewande und mit Schellengeläute zu vollziehen.

Dies Gesuch wurde ihm aus Rücksicht auf den Herzog verweigert.

Ganz andre Bitten habe Don Giulio gestellt. Dieser habe sich im Kerker so schlicht benommen, wie vor Gericht. Zuerst habe er wie ein Kind geweint, bis der Quell der Tränen völlig versiegt war. Dann, nachdem er lange Tage seinen Bruder ertragen, dessen gottlose

Lästerungen und grelle Possen ihn bis zur Qual angriffen und ermüdeten, habe er um ein eigenes Gelaß gebeten und um die Gesellschaft seines Beichtigers, des Paters Mamette von Pratello. Das sei ihm gewährt worden. Nun lasse er sich von dem Franziskaner, der seit Jahren, aber früher vergeblich, an seinem Gewissen gerüttelt, auf ein christliches Ende vorbereiten, das er eher ersehne, als fürchte, da, wie er sage, das einzige Licht, das ihm in seine Nacht heruntergestreckt werden könne, das ewige sei.

Und er tat wohl daran, sich auf den Tod gefaßt zu halten.

Die Richter hatten nach dem in Ferrara gültigen römischen Recht, welches das Majestätsverbrechen mit dem Tode bestraft, einstimmig das Urteil gesprochen zu Block und Beil in Ansehung des hohen Ursprungs der Schuldigen. Aber der Herzog zögerte noch, es vollziehen zu lassen. Er zögerte, doch niemand in Ferrara, der ihn kannte, zweifelte daran, daß der Aufschub der Hinrichtung nur eine Anstandsfrist von einigen Wochen sei.

Dieses Hangen und Harren verursachte Don Giulio schlimme Tage und schlaflose Nächte. So wendete er sich wiederum an das Gericht mit dem Bekenntnis, die Geister des Dunkels mißbrauchten seine Blindheit, um seine Seele zu zerrütten, und mit der Bitte, ihm, um die langen Stunden zu täuschen, eine Handarbeit zu erlauben, wie sie ein armer Blinder betreiben könne, ein Gewebe oder Geflecht oder etwas ähnliches. Da beauftragte das Gericht den Kerkermeister, von Pratello ein paar Wellen Stroh bringen zu lassen, wie man es zum Flechten von feinen Matten verwendet.

Nun zogen eines Tages vor den ergötzten und gerührten Augen der Ferraresen ein Dutzend Bauern von Pratello in ihrem Festgewand, die Schulter mit Garben des feinsten und glänzendsten Strohes beladen, ernsthaft durch die Straßen Ferraras nach den Kerkern im Schlosse, wo ihre Gaben zwar in Empfang genommen, sie selbst aber zurückgewiesen wurden mit einziger Ausnahme des Findelkindes Strappovero. Diesen Jungen nämlich behielt der Kerkermeister, damit er Don Giulio flechten lehre. So hatte der Blinde wieder Gesellschaft, eine harmlosere als anfangs, mit der man ihn oft kindlich lachen hörte. Aber nur für kurze Zeit.
Sobald er die leichte Kunst ergriffen hatte, schloß der Kerkermeister den von Don Giulio reich belohnten Jungen aus dem Gefängnis. Dieser aber sperrte sich dagegen wie ein Verzweifelnder und klammerte sich an die Gitterstäbe, ein jämmerliches Geschrei erhebend, so daß er einen kleinen Auflauf des Mitleids verursachte in dem stillen und wohlgehüteten Ferrara.
Es war unglaublich, wie die Leute von Pratello ihren geblendeten Herrn zu lieben begannen! Sei es, daß sie seine vergangenen Übertretungen für reichlich gesühnt hielten, sei es, daß für sie auf dem dunklen Hintergrunde seines Unglücks das Grundbild seines warmen und ehrlichen Gemütes fesselnd und blendend hervortrat.
Allen diesen aufregenden Ereignissen war die Hauptperson am Hofe des Herzogs, der größte Schuldige aber in den Augen des Volkes, vollständig fern geblieben; denn es war Wahrheit, der mächtige Kardinal rang im Dämmer eines Krankenzimmers mit seinem Gewissen und dem Tode.
An jenem Unglücksabende in Belriguardo, da Don

Giulio das blutende Haupt in den Purpur des Kardinals vergrub, die erschrockenen Gäste auseinanderstoben und der erste Windstoß durch die Wipfel fuhr, hatte Ippolito nach seinen Dienern und seinen Pferden gerufen, sich auf seinen Leibhengst geworfen und war, Belriguardo verlassend, wo er sich für längere Zeit eingerichtet hatte, unter den sich kreuzenden Blitzen des Gewitters, ohne sich nach dem Gefolge und den stürzenden Pferden umzusehen, nach Ferrara geflohen. Dort in seinem Stadtpalaste im Fackelschein der Halle fiel sein Blick auf seinen von den verwüsteten Augen des Bruders befleckten Purpur, den die Gewitterströme nicht hatten rein waschen können, und ein Schauder schüttelte sein Gebein!

Er aber raffte seine Geister zusammen und verschloß sich in seine Kammer. Er verfiel in bleiernen Schlaf, der gegen Morgen in unheimliche Fiebergefühle überging. Dennoch verließ er das Lager und begann wie sonst seine Tagesgeschäfte. Er erzwang es, sie zu verstehen und zu beherrschen wie zu andern Zeiten. So trieb er es eine Weile. Kein Verhaftbefehl erschien, ebensowenig der Herzog selber. Täglich wuchs seine Ungewißheit und seine Unruhe. Ihn ekelte vor jeder Speise, ihm graute vor den Kissen seines Lagers; denn seine Nächte wurden immer schauerlicher und seine Träume jagten auf immer wilderen Rossen.

Es kam eine Sonne, die ihn nicht mehr zu vollem Bewußtsein aufweckte. Er fuhr ein in einen dunklen Schacht, der sich mit flackernden, sich drängenden Visionen bevölkerte.

Da schritt ein feierlicher Zug. Je zwei und zwei! Männer und Weiber! Das sind die vielen, vielen Opfer seines unerbittlichen und unersättlichen ferraresischen Ehrgeizes mit den minder zahlreichen seiner seltenen, aber rasenden persönlichen Begierden.

Da gehen ermordete Boten, verschwundene Gefangene, erdrosselte Zeugen und jetzt nebeneinander zwei schöne, traurige Frauen, die Blonde mit triefenden Haaren, geschwollenem Hals und auf dem Rücken gefesselten Armen, die Dunkle mit einer blutenden Herzwunde.

Aber während diese alle je zu zweien schritten, wandelte allein in der Mitte des gräßlichen Zuges ein Riese mit blutigen leeren Augenhöhlen. Da plötzlich ergoß sich eine blendende Helle, ein stechend blauer Himmel breitete sich aus, in dessen Mitte eine ungeheure Waage schwankte. Sie schwankte lange. Da wuchsen, immer deutlicher werdend, aus dem Himmel zwei große Augen hervor und ließen rote Tränen in die eine Waagschale fallen, deren Becken mit metallenem Klang in die Tiefe stürzte, die andere Schale wie einen Federball hoch in die Lüfte schleudernd.

Endlich verschwand ihm alles in Angst und Nacht.

Eines Morgens, nach Monaten, erwachte er mit bis auf das letzte Mark verzehrten Kräften, aber trotz seiner Todesschwäche mit völlig klaren Sinnen.

Da sah er neben sich seinen Bruder den Herzog sitzen, der ihn mit besorgten Blicken behütete.

»Wo bin ich? Was geschah mit mir?« hauchte der Kranke.

Der Herzog erwiderte vorsichtig, die Sommerhitze und vielleicht die Sumpfluft in Belriguardo habe, wie die paduanischen Ärzte behaupten, dem Kardinal ein verderbliches Fieber zugezogen. Gleichzeitig entdeck-

te der Kranke mit seinen wieder schärfer werdenden Augen in einer Fensternische zwei sich zusammen beratende würdige Männer im dunklen Professorentalar, von denen er sich erinnerte, daß sie unter seine Traumgestalten getreten waren.
»Eminenz ist gerettet!« sagte jetzt der eine und der andre nickte zustimmend mit dem Haupte.
»Ich danke den gelehrten Herrschaften für ihren Beistand«, flüsterte Ippolito mit versagender Stimme, »und ersuche sie, mich eine kurze Weile mit der Hoheit des Herzogs allein zu lassen«
»Einen Moment!« erinnerte der eine der Paduaner und erhob warnend den Finger. Beide verließen die Kammer.
»Was war es in Belriguardo? Ist es wahr, habe ich den Bruder geblendet?«
Der Herzog bejahte betrübt.
»Lebt er?«
Wiederum bejahte der Herzog.
»Sieht er schrecklich aus?«
»Ich habe ihn nicht mehr gesehen. Zuerst weil ich nur an dich dachte und dann, weil er mit Ferrante sich gegen uns verschwor, da er sich rächen wollte.«
»Und du entdecktest das ohne mich?«
»Man verriet sie. Sie liegen beide im Turme zum Tode verurteilt.«
Jetzt wurde leise die Tapete gehoben, und eine ärztliche Stimme bat mit Ehrfurcht um Beendigung des ersten Gespräches.
Der Herzog küßte die herabhangende Hand des Bruders mit Zärtlichkeit; denn nicht nur liebte er den Bruder, die Rettung Ippolitos gab ihm auch den unentbehrlichen Ratgeber zurück.

»Es ist ein kalter Novembertag«, sagte er, sich erhebend. »Ich gebe Befehl, Feuer in deinem Kamine anzufachen.«
So geschah es.
Der Kardinal starrte in die steigende Glut.
»Lodert auf, ihr Flammen und Peinen!« seufzte er und sank in Schlummer zurück.

Der Kranke erholte sich langsam, oder eigentlich, er erholte sich nicht, denn seine Kraft war gebrochen.
Täglich wurde er von Don Alfonso besucht und erhielt nun auch von den Ärzten die Erlaubnis, die an ihn einlaufenden Briefe zu öffnen.
Einen derselben hielt er einmal sinnend in der Hand, da der Herzog eintrat. Das Schreiben kam von dem Sforza in Mailand, Ludovico Moro, und hatte einen merkwürdigen Inhalt, den Ippolito dem Bruder nicht vorenthielt.
Der Fürst bot dem längst ihm befreundeten Kardinal sein Mailand zum Asyl an. Er redete zu ihm mit Bedauern, aber ohne Vorwurf von dem blutigen Vorgange in Belriguardo, welcher ihm, nach seinem Dafürhalten, ein längeres Bleiben in Ferrara und an der Spitze der dortigen Staatsgeschäfte unmöglich mache; denn es habe sich wunderbarerweise in einer Zeit, die der Gewalttaten nicht entraten könne, ein unverständlicher Zorn über die Blendung Don Giulios an den italienischen Höfen erhoben. Dagegen gebe es nun keine Waffe, und er erwarte ihn bei sich auf seinem Kastell in Mailand. Er wisse, daß Ippolito die Hoheit des Herzogs seines Bruders und die Politik Ferraras durch seine Gegenwart nicht schädigen wolle, und auch in Mailand wären ge-

nug politische Verstrickungen, deren Lösung einer geschickten Hand, wie die seinige sei, bedürfe.
»Der alte Fuchs hat recht«, sagte der Kranke ruhig. »Du wirst dich, Bruder, ohne mich behelfen müssen!«
Der Herzog erschrak. »Davon hoffe ich dich abzubringen«, antwortete er. »Wie sollt ich dich entbehren! ... Oder ersetzen?«
»Durch deine Herzogin«, lächelte der Kardinal.
Zu wiederholten Malen kam er mit dem Herzog auf die Unmöglichkeit zurück, daß er im ferraresischen Staatsdienste bleibe.
»Ich wundere mich selbst darüber«, sagte er, »doch sehe ich aus meinen Briefen, daß ganz Italien annimmt, ich werde nach der Blendung Giulios nicht mehr bei dir, dem gerechtesten Fürsten Italiens, mich halten können, sondern freiwillig die Verbannung suchen, um es deiner Gerechtigkeit zu ersparen, mich zu bestrafen oder ungestraft zu lassen.
Sterben wie ich mich fühle, gehorche ich der öffentlichen Stimme.
Aber so lange will ich noch leben und bleiben, bis wir den Dämon wieder gefesselt oder vernichtet haben, der in Kürze Italien verstören wird. Alle meine Schreiben sind voll von Don Cesare. Aus Neapel, aus Rom, aus Frankreich wird mir berichtet, Cäsar rüttle an den Gittern seines Kerkers und habe sie zerbrochen. Ich weiß aus Erfahrung, daß ein Gerücht, das die Geister durch die Luft tragen und nicht müde werden auszustreuen, sich endlich verwirklicht.
In dieser Gefahr werde ich noch neben dir stehen, dann gehe ich.«
Endlich kam der Tag, da der Kranke sich erhob und

Lust äußerte, am Arme eines Dieners seine Schritte zu versuchen. Dieser führte ihn in einen großen anstoßenden Saal, dessen kalte Fliesen man aus Vorsorge für den Kardinal mit feinen Strohteppichen belegt hatte.
Während er, auf den Diener gestützt, Fuß vor Fuß setzte, haftete sein Blick auf der langen Strohmatte, über die er wandelte und deren reinliche und geschmackvolle Arbeit ihm auffiel.
»Wo wurde das gekauft? ... Wer hat das geflochten?« fragte er. Und der Diener antwortete verlegen:
»Beim Kerkermeister. Prinz Julius liebt solche Arbeit.«
Da war es dem Kardinal, als sehe er feine königliche Hände webend über die Matten huschen. Zu seiner Rechten und Linken, vor ihm, neben ihm, allerenden webten und regten sich zu Hunderten die weißen, fleißigen Geisterhände.
Ihn schwindelte und er fiel dem begleitenden Diener in die Arme.

Neuntes Kapitel

Es gab in dem ältesten und untersten Stockwerk des herzoglichen Stadtschlosses, das ein schweres, an mehrere Bauarten und Jahrhunderte erinnerndes Gebäude war, einen niedrigen Saal, der auf einen inneren Hof blickte, ein wenig benütztes, einsames Gelaß, das man die römische Kammer nannte. Denn die Büsten der sieben römischen Könige standen auf ehernen Säulen längs den Wänden. Sie sahen roh und abenteuerlich aus, hatten aber einen andern als künstlerischen Wert, da sie, aus dem reinsten Silber gegossen, einen beträchtlichen Hausschatz ausmachten.

Sie blinkten seltsam in dem frühen Halbdunkel, denn es war heute der kürzeste Tag des Jahres und den Hof verschleierte ein frühes Schneegestöber. Den selten geöffneten Saal machte ein im mächtigen Kamin flackernder Holzstoß auf ein paar Stunden wohnlich. Offenbar wurde ein feierlicher Akt vorbereitet, denn ein Tisch mit Schreibzeug war dem breiten dreiteiligen Fensterbogen gegenüber in die Mitte des Raumes gestellt und zwei mit Wappen gekrönte Lehnstühle waren zugerückt.

Gerade über dem Tische im mittleren Felde der mit Malerei geschmückten Täfeldecke ragte über einem scheuenden Zweigespann die verbrecherische römische Tullia und zerquetschte unter den Rädern ihrer Biga die Leiche des eigenen gemordeten Vaters. Aus dem nächsten Bilde aber streckte der von seinem Bruder Romulus erstochene Remus einen kolossalen Fuß heraus.

Unter dieser Tullia und über sie pflegten Lucrezia und Angela, wenn sie im Sommer die Kühle dieses Saales suchten, in scherzhaften Streit zu geraten.

Angela drohte dann in ihrer kindlichen Weise zu der blutigen Römerin empor und klagte sie ihrer unnatürlichen Verbrechen an:

»Böse! Warum mußte man dich im Gedächtnis behalten? Warum wissen wir von dir, du Unhold! Du bist kein Weib, Mörderin des Gatten und der Schwester ... Mörderin des Vaters ... Verführerin des Schwagers! ... Widernatürliche! Zauberin! Teufelin! ...«

Dann lächelte Lucrezia, dem eifrigen Mädchen die heiße Wange streichelnd.

»So ging es nicht zu«, flüsterte sie ihr ins Ohr; »die berühmte Römerin verlor sich in einer Dämmerstunde an einen Mann, sein sündiger Geist fuhr in sie und sie wurde sein willenloses Werkzeug. So war es, glaube mir. Ich weiß es.«

Leer und still war heute die römische Kammer, nur vom Hofe her tönte seit dem Mittag ein gedämpftes Hämmern und ein in unterdrückten Lauten geführtes Gespräch.
Jetzt wird behutsam auf das verrostete Schloß der Eichentür gedrückt. Sie öffnet sich knarrend, und auf den Zehen tritt Angela ein mit ernsten Augen, in Trauer gekleidet, um das Kraushaar einen schwarzen Schleier geschlungen.
Sie eilt ans Fenster, öffnet es und sieht im Hofe das die beiden Este erwartende Schafott sich erbauen.
Drei Holzstufen, ein rohes Gerüst, das man jetzt mit dunkelrotem Tuche bedeckt, der schon oben stehende Block mit schwarzem Samt überkleidet und, alles leicht umhüllend, ein dünnes Schneegestöber! Wollte es die Brüder in den ewigen Winter einladen?
Sie starrte auf die Gerichtsstätte nieder, da weckte sie ein leiser dringender Ruf dicht unter ihrem Fenster.
»Prinzessin, nehmt Euch des armen Don Giulio an! Bittet für ihn! Verlangt Gnade!« –
Noch ein flehender Blick unter einem breiten Arbeiterhute hervor begegnete ihren suchenden Augen, dann verlor sich der Mitleidige schleunigst unter die andern Zimmerleute.
Jetzt wurde von Dienern eine zweite, der nach dem Innern des Palastes führenden gegenüberliegende Tür ge-

öffnet und eine richterliche Gestalt in fließender Toga eingeführt.

Es war der Großrichter Herkules Strozzi, der etwas unmutig schien, Donna Angela zu erblicken statt des herzoglichen Paares, das er in der römischen Kammer zu finden erwartet hatte.

Da das Mädchen in seiner Rechten eine mit Siegeln versehene Rolle sah, rief es entsetzt:

»Das Todesurteil! Ist es unwiderruflich?«

Der Richter antwortete gemessen: »Es ist noch nicht unterschrieben, doch zweifle ich nicht, daß die Gerechtigkeit Don Alfonsos es bestätigen wird.«

»Gerechtigkeit! Menschliche, nicht göttliche!« sprach Angela. »Habt Ihr vergessen, Ihr Richter, auf wem die erste Schuld liegt? Vergaßet Ihr die Quelle der Verschwörung, den Greuel des Kardinals? ...«

»Das ist ein andrer Rechtsfall«, erwiderte Strozzi, den die Aufregung des Mädchens verstimmte, »und hat mit unserer heutigen Sache nichts zu schaffen.«

»O Ihr Lügner und Heuchler!« rief sie aus, »wenn jemand gerichtet werden soll, wahrlich so bin ich schuldiger als Don Giulio!«

Der Richter schüttelte ungeduldig das Haupt.

»Und die Herzogin! Vertritt sie nicht die Gnade?« fuhr sie fort. »Sie, auf die ich immer noch gezählt habe und die so große Macht über den Herzog ausübt?«

»Nicht in diesen prinzipiellen Rechtsfragen. Hier ist der Herzog unerschütterlich. Er ist überzeugt, wie von seinem Dasein, daß die Unverletzlichkeit der regierenden Person die Grundbedingung des neuen Fürstentums ist, wie es jetzt in Italien überall entsteht«, sagte Strozzi.

»Mit der Begnadigung Don Ferrantes und Don Giulios würde er, glaubt der Herzog, den Untergang seiner Herrschaft besiegeln. Donna Lucrezia ist viel zu klug und hat sich von jeher gehütet, an eine persönliche Überzeugung des Herzogs zu rühren.«

»Und Ihr?« reizte sie ihn, »Strozzi, teilet denn Ihr zuungunsten Eures blinden Freundes die fürstlichen Überzeugungen des Herzogs?«

»Ich vertrete das Recht in seiner Strenge!« versetzte der Richter stolz.

Da wurde die breite, ins Innere des Palastes gehende Tür auseinandergeworfen, und es erschien der Herzog mit der Herzogin.

Während sich Angela in die bergende Fensternische zurückzog, nahmen die Hoheiten nebeneinander auf den Sesseln Platz und ihnen gegenüber stand am Tische der Oberrichter und entfaltete seine Rolle.

»Das Urteil ist mir zwar bekannt«, begann Don Alfonso, »und ich habe es Punkt um Punkt erwogen. Aber um den Formen zu genügen, Strozzi, leset es uns, bevor ich unterzeichne, noch einmal langsam!«

Dieser, den die Gegenwart der Herzogin berauschte, trug, nicht ohne sich mitunter ärgerlich zu mißreden, zum Verdruß des jedesmal den Irrtum verbessernden Herzogs, das Erkenntnis feierlich vor.

Unterdessen ertönte von ferne aus dem Gefängnisturme das Totenglöcklein und Angela erblickte durch das Fenster den Hinrichtungszug und sah, wie die beiden Este mit einem Franziskanermönch und den Scharfrichtern das Blutgerüst betraten.

»Gebt, Oberrichter, damit ich unterzeichne«, sagte Don Alfonso und tunkte die Feder ein.

Da verließ Angela ihr Versteck und warf sich dem Herzog, seine die Feder führende Hand mit ihren beiden festhaltend, zu Füßen!

»Nein, Don Alfonso! Nicht Euern Bruder, sondern mich lasset bluten! ... Ich bin die Schuldige! Bis heute schwieg ich, weil ich immer noch auf Euer und auf Lucrezias Erbarmen hoffte! Jetzt aber sei's gesagt! Zweimal war ich Don Giulios Verderben! Das erste, da ich mit meinem Lobe seiner Augen seinen Bruder, den Teufel, reizte – das zweite, da ich Eurem Gebote zuwider in seinem Pratello den Geblendeten aufsuchte und, mein Leid auf seines häufend, ihn zur Verzweiflung trieb! ...«

Der Herzog maß die seine Kniee umfassende Borgia mit erstauntem, mißbilligendem Blicke, doch ehe er ihr antworten konnte, wurde die Tür wieder geöffnet und es erschien, allen unerwartet und von niemand geladen, der kranke Kardinal.

Verzehrt bis zur Entkörperung, leicht gebückt, mit durchdringenden Augen unter der kahlen und hoch gewordenen Stirn, schien er lauter Geist zu sein, grausam und allwissend.

Seine Diener rückten ihm einen Stuhl an den Herd und er setzte sich neben die Flamme, während die Herrlichkeiten sich ihm zuwandten.

»Ich bin zum Hochgericht gekommen, obgleich mich niemand rief«, sagte er mit leiser Stimme ... »Doch ich habe eine Bitte an dich, Bruder! ...«

Schon aber hatte sich die verzweifelte Angela von den Knieen erhoben, stand vor dem Feuer und unterbrach ihn ...

»Trittst du immer der Gnade in den Weg, Widersacher!

Beruhige dich, du wirst Blut trinken! Hier ist keine Gnade ... Hier ist die Hölle! ... Um dich, mit dir, in dir war die Hölle von Anfang an! Ist es doch ein Wort des Heilands, das dich zum Greuel trieb! Das uns beide in die Verdammnis wirft!

›Die Purpurfarbe des göttlichen Erbarmens dringt durch bis in das persische Märchen‹, sagte diese hier« – sie ergriff Lucrezias Hand – »aus deinem Purpur aber, Kardinal, bricht Haß und Blut hervor, sobald man den heiligsten der Namen nur nennt! ...«

»Schweige, törichtes Mädchen!« bebte es von den Lippen des Kardinals. »Ich könnte dich erwürgen! Ich bin deiner – ohne Gewährung – übersatt. Du bist mir ein Abscheu! ... Du hast mir die Augen meines Bruders verhaßt gemacht, die Himmelsaugen, die mich früher voll Vertrauen anschauten!«

»Krank, und immer noch grausam, Ippolito?« sagte die Herzogin und zog Angela in ihre Arme. »Hat diese nicht recht, wenn sie sagt, daß die Fabel Ben Emins etwas an alledem verschuldet hat?«

Der Kardinal wandte sich langsam gegen seine Schwägerin und seine Augen brannten.

»Was weiß man von dem Nazarener?« sagte er. »Was man von seinen Reden und Taten erzählt, ist unglaublich und unwichtig. Ich kenne ihn nicht. Wird ein Gott gekreuzigt? ... Ich weiß nur von dem durch die Kirche in den Himmel erhöhten König, von dem durch die Theologie geschaffenen zweiten Gotte der Dreifaltigkeit. Sein der Himmel! Unser die Erde! Unser ist hier die Gewalt und das Reich! Und es ist Herrscherpflicht, das Schädliche und Unnütze, das uns widersteht, zu vernichten.

Doch wir philosophieren hier und draußen erwarten zwei den Tod …
Mit einem Worte, Bruder, sie dürfen nicht sterben! … Du gibst sie mir! Schütte kein Blut mehr über mein Haupt … Es verwirrt und erstickt mich. – Sehen darfst du die Fürstenmörder nicht mehr! Verbirg sie im Kerker, aber laß sie leben um meinetwillen!«
Der Herzog sann mit geneigtem Haupte, dann sagte er: »Ich tue es ungern, es schädigt mein Fürstenrecht. Aber ich will es lieber, als daß dich zwei abgeschlagene Häupter ängstigen und zwei Tote in die Gruft nachziehen.
Ich tue es dir um des vielen willen, das du für Ferrara getan hast.
Man öffne den Balkon! Wir treten hinaus, und Ihr, Großrichter, leset das Urteil mit dem Zusatze der üblichen Begnadigungsformel.«
Sie erhoben sich; der Kardinal aber blieb an der heruntergebrannten Glut sitzen. Er ließ sich eine Decke über die Kniee legen, lehnte sich in seinem Stuhle zurück und schloß die Augen. Er wünschte nicht, als Zeuge der ihm gewährten Begnadigung gesehen zu werden.
Diener brachten Mäntel, Kopfbedeckungen und Überwürfe, um die ins Freie tretenden Herrschaften vor der Winterkälte zu schützen.
Während Lucrezia sich in die Kapuze eines blendend weißen, aus der feinsten flämischen Wolle verfertigten Nonnenmantels hüllte und Donna Angela ihr dabei behilflich war, näherte sich ein Page mit unschuldigem Gesicht, bog rasch, wie ein Chorknabe vor dem Altar, das Knie vor der Herzogin und überreichte ihr in einer silbernen Schale zwei verschiedene Briefe, ein umfängli-

ches Schreiben und ein leicht zu verbergendes Briefchen. Lucrezia ließ einen schnellen Blick auf ihre Überschriften fallen. Es war die schön fließende Handschrift Bembos und auf dem kleinen Briefchen – Lucrezia erschrak zu Tode – das feine Frauenschriftchen Cäsar Borgias.

Sie ließ beides in ihren weiten weißen Ärmel gleiten, und da Angela sie mit ängstlicher Frage anblickte, legte sie, Schweigen fordernd, den Finger an den Mund.

Die Frauen traten auf den Balkon hinaus und erblickten in dem engen Hofe auf dem Schafott ganz nahe unter sich die beiden Brüder.

Das Schneegestöber hatte aufgehört und ein lichter Abendhimmel blickte von hoch oben zwischen Mauern und Türmen herab.

Das wimmernde Glöcklein schwieg, und Herkules Strozzi, der zwischen dem mit beiden Händen auf den eisernen Korb des Balkons sich stützenden Herzog und Lucrezia stand, begann das Urteil mit völliger Gedankenlosigkeit vorzulesen. Denn das wunderbare Weib an seiner Seite zitterte unerklärlich unter der weißen Wolle und ihre blassen und doch feurigen Augen schauten groß und geisterhaft unter der Kapuze hervor. Er empfand jene seltsame Angst, welche die Begleiterin der höchsten Leidenschaft ist.

Während er die Begnadigungsformel verlas, welche die Todesstrafe in ewigen Kerker verwandelt, und die also beginnt:

»Die Hoheit, aus der Fülle ihrer Macht und zugleich aus dem Born ihrer Gnade schöpfend ...« erhoben die Begnadigten ihre Häupter und schickten sich an, dem Herzog zu danken.

Don Ferrante hatte sich mit verändertem Entschlusse würdig in schwarzen Sammet gekleidet, und seine Züge, frei von den Zuckungen und Verzerrungen, die sie zu entstellen pflegten, waren ernst und gelassen.
»Ich danke dir, Bruder Herzog«, begann er, »aber ich nehme deine Gnade nicht an. Ich habe mein Leben stets verabscheut; warum, weiß ich nicht. Und da ich es nicht liebte, habe ich es mißbraucht und mich und andere verachtet. Überall, wohin ich darin zurückblicke, sehe ich nichts als törichte Larven, Hohlheit, Neid und Nichtigkeit ... nirgends eine reinliche Stapfe, wo Erinnerung den Fuß hinsetzen könnte, ohne ihn zu beschmutzen! Ich fürchte mich vor dem Leben, das du mir schenkst! Und ich sehne mich, meines Ichs und seiner Angst ledig zu sein. – Lebet wohl, Brüder!«
Er zog eine kleine mit flüssigem Gift gefüllte Phiole, die er sich mit Gold für alle Fälle erkauft hatte, aus dem Busen und zerdrückte sie zwischen den Zähnen, bevor ihn jemand daran hindern konnte. Er stürzte rücklings nieder und begann schmerzlich zu röcheln.
Während der erschrockene Pater Mamette sich über den schon Entseelten beugte, brachten die Scharfrichter einen der bereitgehaltenen Särge, der Mönch bettete den Toten hinein, und sie trugen ihn weg.
Der Blinde war ganz allein auf dem Blutgerüste stehen geblieben und weinte, denn er hatte gehört und erraten, was vorging.
Dann wandte er das Haupt nach der Zinne, wo seine Begnadigung verkündigt worden war, hinauf zu dem schweigenden Don Alfonso, den er dort vermutete:
»Herzog, ich bin dankbarer für das Leben. Nicht wie Don Ferrante vergelt ich deine Gabe! Ich habe den

Reichtum meines Daseins wie ein Unsinniger verschwendet. Nun ich blind bin und unter die Ärmsten der Armen gehöre, schätze ich das Almosen und halte es teuer. Ich bin von den Reichen zu den Armen gegangen. Ich bin gestürzt und an der andern Seite der Kluft emporgeklommen, welche die Genießenden und Satten der Erde von den Hungrigen und Durstenden trennt. Die Freude und ihre Genossen habe ich verlassen – ich gehe zu den Leidensbrüdern. Ja, redlich leiden und dulden will ich und darum dank ich für das neue Leben!« –
Da richtete der Herzog fast gütig das Wort an seinen blinden Bruder:
»Ich habe nicht alles begriffen, was Ihr geredet habt, Don Giulio; aber ich entnehme daraus, daß Ihr leben und Euch bessern wollt. Das ist ebenso verständig, als christlich. So reut es mich nicht, daß ich Euch begnadigt habe.« Und er gab das Zeichen, den Este in sein Gefängnis zurückzuführen, das im Eckturme eines andern Hofes lag.
Er hatte noch nicht geendet, so verließ Donna Angela, die unter einer leichten schwarzen Halbmaske der Begnadigung beigewohnt hatte, auf fliegenden Sohlen die römische Kammer, um, über Gänge und Stiegen eilend, ihr abgelegenes Turmgemach zu erreichen. Unter ihrem Erker mußte der Gefangene vorbeigeführt werden und dort pflegte sie duftende Rosen. Davon brach sie die schönste und öffnete leise das Fenster.
Jetzt kam er mit Pater Mamette, der ihn an der Hand führte. Sie warf ihm die Rose zu.
»Da fliegt eine rote Rose auf Euch nieder«, sagte der Franziskaner, indem er sie geschickt auffing und dem Blinden überreichte. »Eine Güte Gottes begleitet Euch

ins Gefängnis!« – und als der Blinde nach der falschen Seite hin sich verbeugte: »Nach rechts, Herrlichkeit! Die Blume fiel vom Fenster der Prinzessin Angela.«
Da winkte Don Giulio mit beiden Armen empor und rief:
»Ich grüße dich, geliebtes Unglück!« –
Auf dem Balkon des Urteils hatte während der Rede Don Alfonsos Lucrezia mit feinen Fingern den Brief Don Cesares geöffnet und in verborgener Eile gelesen. Er lautete ehrgeizig und unheimlich fromm: »Schwester, vernimm, daß es nach so vielen Widerwärtigkeiten Gott unserm Herrn gefallen hat, mich aus dem Kerker zu ziehen. Möge diese herrliche Gnade zu seiner größeren Ehre gedeihen! Ich strebe nach allem und verzweifle an nichts. Sende mir einen Mann nach Deiner Wahl, den besten und begabtesten, den Du finden kannst, der mir in Italien dazu behilflich sei. Nimm von ihm, wie Du es kannst, für mich Besitz. Du wirst wagen, denn Du liebst mich. Schicke mir ihn zu meinem Schwager dem Herzoge von Navarra. Ich umarme Dich.«
Mit brennenden Wangen, in der Schönheit des Wahnsinns, unfähig, dem Dämonenruf zu widerstehen, unempfindlich in diesem Moment für Furcht und Ehre, bestrickte Lucrezia den Richter, Leib und Seele, mit einem Blicke der Verführung.
Sie hielt ihn auf dem Balkone zurück, während der Herzog ins Gemach trat und sich an den Tisch setzte, der sich inzwischen mit eben angelangten, alle von Rom oder Neapel kommenden, an ihn und den Kardinal gerichteten Briefen bedeckt hatte.
Der beim Eintritte der Boten auflebende Ippolito hatte sich erhoben und gesellte sich seinem Bruder. Sie ent-

siegelten die Botschaften und waren bald in das wichtigste Gespräch versunken; denn alle diese Papiere handelten nur von *einem* Gegenstande, der Befreiung des Cesare Borgia und der Aussicht auf seine baldige Erscheinung in Italien.

Der fernblickende Kardinal war von der Größe der politischen Gefahr überzeugt und hingenommen, doch entging ihm auch das Nächste nicht, er ahnte den Zusammenhang. Sein Auge streifte den jetzt mit der Herzogin in einer Fensternische sich unterhaltenden Großrichter und verfolgte die reizenden Biegungen und Wendungen ihres zarten Schlangenhalses.

Mit dem frevelhaftesten Mut nahm in Gegenwart des Herzogs Lucrezia Borgia von Herkules Strozzi für den Bruder Besitz. Der verwildernde Strozzi verlangte noch frevelhafter seines Wunsches gewährt zu sein, bevor er in so gefährlicher Sendung das Leben wage. Da bebte Lucrezia vor Zorn und Abneigung.

»Geh!« flüsterte sie ihm zu, und das Licht ihres Verstandes durchblitzte ihre Leidenschaft. »Geh zu Cesare! Schiebe nicht auf! ... Willst du warten, Tor, bis der Herzog das Kommen meines Bruders erfährt und uns allen bei Lebensstrafe verbietet, mit ihm zu verkehren? ... Dann erst ist dein Leben verwirkt. Eile! ... Sieh hinüber ... jetzt vernimmt er das Ereignis! Fort aus den Toren von Ferrara!«

Strozzi zögerte aus schlimmen Absichten und schon kam der Rat zu spät.

Vor dem Herzog stand sein Haushofmeister, dem er den Auftrag gab, sofort den ganzen Hofstaat und alles Ingesinde des Palastes in die römische Kammer zusammenzurufen.

In wenigen Minuten füllte sich diese. Der Herzog trat in die Mitte der Versammlung und redete, Lucrezia fest an der Hand haltend:
»Ihr alle! Eben erhielt ich gewisse Nachricht, daß Don Cesare Borgia, den sie den Herzog der Romagna nannten, aus Spanien entflohen ist und jeden Augenblick unter uns erscheinen kann.
Dieser Mann ist ein Zerstörer und Verderber Italiens. Wer von euch mit ihm sich einläßt, auf welche Weise immer es sei, büßt dafür mit dem Leben. Ohne Unterschied! ohne Gnade!
All dieses unbeschadet meiner Hochachtung und eurer Verehrung für Donna Lucrezia, eure erlauchte Fürstin, der ich traue wie mir selbst, und der ihr zu gehorchen habt, wie mir selbst.«
Er drückte ihr die Hand und sie gab ihm einen warmen Dankesblick, obgleich sie ihn verriet.

Bei dem allgemeinen Aufbruch begleitete der Oberrichter den Kardinal, der sich, die Treppe hinabsteigend, auf ihn stützte, bis zu seiner Sänfte und dieser scherzte:
»Eigentlich ist es kein Wintergespräch ... aber sagt mir, Strozzi, wie stellt Ihr Euch das Gefühl einer Mücke vor, die sich die Flügel an einer brennenden Kerze versengt? Meint Ihr, daß sie Schmerz fühle? Ich meine, kaum, sonst würde sie sich nicht immer von neuem in die glänzende Flamme stürzen! Ich denke, sie stirbt in Rausch und Taumel! ... Nicht?«

Zehntes Kapitel

Nachdem Lucrezia auf jenem Balkon über dem Blutgerüste der beiden Este, von dem Triumphschrei und Hilferuf Don Cesares erschreckt und überwältigt, in plötzlichem Liebesgehorsam gegen ihren Bruder den Richter Strozzi zu ihrem Mitschuldigen gemacht hatte, fiel sie ein paar Stunden später, aus dem Zauber halb erwachend, in Reue und fühlte sich voll Bitterkeit gegen den feigen Mann, der, statt vor ihrer Schwäche enthaltsam zurückzutreten, das Verhängnis ihrer alten Knechtschaft mißbrauchte, um, der Niedrige, Forderungen zu stellen, die sie, solange sie ihrer selbst und ihrer vollen Besinnung mächtig blieb, niemals gewähren konnte. Ein tödlicher Widerwille gegen den seiner Leidenschaft blind gehorchenden Richter, der ihr, seiner Fürstin, einen gemeinen Handel antrug, bemächtigte sich ihrer. Sie war schuld daran und sie haßte ihn darum.

An jenem Abend entfaltete Lucrezia in der Heimlichkeit ihres Schlafgemachs ihren zweiten Brief.

Hier meldete ihr der treue Bembo von Rom aus die Wiedererscheinung Don Cesares in Italien und beschwor sie kniefällig, so schrieb er, nicht einen Augenblick zu zögern, sondern sich ihrem Gemahl flehend in die Arme zu werfen und dort durch das Bekenntnis ihrer Schwäche Schutz gegen sich selbst zu suchen.

Über dem Brief war sie todesmüde bei brennenden Kerzen in Schlummer gesunken, aber aus den beginnenden Träumen wieder aufgefahren. Es hauchten Geisterwinde und bewegten die Flämmchen der Kerzen. Sie starrte in eine dunkle Ecke, bis ihre unverwandten

Blicke dort die Erscheinung Cäsars gestalteten. Jetzt, jetzt trat er hervor und schritt auf ihr Lager zu, die Samtmaske, die er immer trug, von den wohlbekannten, bleichen Zügen hebend.

Da stieß Lucrezia durchdringende Schreie aus und weckte damit die in der Kammer nebenan schlafende Angela, die ihr zu Hilfe eilte und bis zum Hahnenschrei neben ihr saß.

Im ersten Morgenschimmer las die Herzogin den Brief Bembos zum andern und zum dritten Male. Dann erhob sie sich schleunig und lief im Schlafgewand auf nackten Sohlen über die kalten Steinplatten der Schloßgänge in die Kammer Don Alfonsos.

Sein Lager war leer. Er war in noch früherer Stunde verreist, eine Zeile zurücklassend, er eile nach Bologna, um bei der Gefahr dieser Zeit an der Seite seines Lehnsherrn, mit dem nicht zu scherzen sei, der Heiligkeit Julius des Zweiten, in Treue gefunden zu werden. Er gebe seiner Gemahlin die Regentschaft und zum Berater den Kardinal Ippolito.

Hilflos, schutzlos, weinend wie ein Kind kehrte Lucrezia in ihre Kammer zurück.

Im hellen Tageslicht wichen die Gespenster, doch die Herzogin, deren der Bruder sich nach und nach wieder völlig bemächtigte, begann mit allen Kräften ihres Geistes für ihn zu wirken und jede Stunde ihres Lebens in seinem Dienste zu verwenden, indem sie sich einbildete, sie tue aus treuer Schwesterliebe, die das Natürlichste in der Welt sei, Erlaubtes und Unerlaubtes für einen großen und unglücklichen Fürsten, ihren geliebten Bruder.

War er nicht noch ein Jüngling mit unendlicher Zukunft? Von seiner Berechtigung aber, in seinen verlorenen Besitz zurückzukehren und in Italien die Herrscherrolle zu spielen, kraft seiner Geburt und seiner seltenen königlichen Begabung, war sie völlig überzeugt.

Dem Großrichter hatte sie eine Zeile geschrieben, welche die geheime Botin, ihre Kammerzofe, ihr wieder zurückbringen mußte, und worin sie ihm sagte, sie habe gestern in der römischen Kammer in Freude und Bestürzung über den unerwartet befreiten Bruder Worte geredet, auf die sie sich nicht mehr besinne, und deren sich Strozzi auch nicht erinnere, warum sie ihn nicht einmal bitte, weil sich das bei einem Edelmanne von selbst verstehe.

Der Anfang des neuen Jahres war eine Zeit der Angst und Gefahr für ganz Italien. Die Völker waren aufgeregt. Die Höfe lauschten in atemloser Spannung über die Meeresalpen und die Pyrenäen, während Cäsar anfangs wenig von sich hören ließ, und sich, wie der Drache seiner Helmzier, aus seinen eigenen Ringen langsam emporhob.

Welche Möglichkeiten!

Er konnte aus der herrenlosen Romagna als Condottiere der Venezianer den Papst verjagen. Er konnte, als Verwandter des Königs von Frankreich, durch irgendeine Wandlung der Dinge, von diesem an die Spitze eines seiner in Italien liegenden Heere gestellt werden. Man wußte, es war eine Tatsache, daß Cesare Borgia in Italien beliebt war. Der Instinkt des Volkes und die Begeisterung der Kriegsleute feierten ihn als den Begünstiger der heimischen Waffen und den grausamen, aber nützlichen Vertilger der kleinen Stadttyrannen. In der Romagna, ja selbst im Ferraresischen, dem Eigentum der Este, vergötterte ihn die Volksmasse und krönte sein Andenken, wie einst das unterste Rom das Andenken Neros bekränzte, an dessen Untergang es auch niemals hatte glauben wollen.

Es war ein unheimliches Frühjahr. In den Staatskanzleien wachten die Schreiber über der Feder und nächtlicherweile flogen auf den sturmgepeitschten Landstraßen die Pferde vermummter Boten.

Die Herzogin erschien blaß und angegriffen; denn auch sie legte die Feder nicht aus der Hand. Es galt, die befreundeten italienischen Höfe von den guten Absichten Cesare Borgias zu überzeugen. Sie versicherte sowohl mit den heiligsten Beteuerungen, als mit den feinsten und anmutigsten Wendungen, er komme mit edeln, friedlichen Gedanken und gerechten Absichten. Und dies tat sie aus eigener Klugheit noch vor der Ankunft des zweiten Boten ihres Bruders.

Dieser, ein gewisser Federigo, kam mit einem Schreiben an die Herzogin von Ferrara und in einer Sendung an Papst Julius, den Eroberer von Bologna. Der Heilige Vater aber warf den Gesandten Cäsars in den Kerker und Lucrezia gab sich viele vergebliche Mühe, den Kanzler ihres Bruders, wie sie den Abenteurer betitelte, von der gestrengen Heiligkeit loszubitten. Auch den eigenen Gemahl bat sie dringend, ihr in dieser Sache beizustehen. Doch Don Alfonso riet dem Papste im Gegenteil, den zweideutigen Gesandten in der Stille erdrosseln zu lassen – ebenfalls vergeblich, denn der Bote entschlüpfte.

Dergestalt hatte die Herzogin hundert Anliegen und

Geschäfte zugunsten ihres Bruders. Alle mit der höchsten Klugheit eingeleitet, gefördert, oder aus Vorsicht geschickt wieder abgebrochen!
Durch wenige Zimmerbreiten von ihr getrennt, bemühte sich in demselben Schlosse bis tief in die Nacht der leidende Kardinal ihre Verbindungen mit Don Cesare aufs genaueste zu überwachen und alle ihre Pläne zu studieren, um sie bis auf einen gewissen Punkt reifen zu lassen und dann zu vereiteln.
Vor seinem Zurücktritte aus dem ferraresischen Staatsdienst und der Entlassung seiner ausgesuchten und vorzüglich geschulten polizeilichen Werkzeuge reizte es ihn, sein diplomatisches Meisterstück zu liefern.
So überblickte er das ganze Gewebe Lucrezias und bewunderte in der Stille seiner Arbeitsräume den Vorrat schärfsten Verstandes und unerschöpflicher Auskünfte, welchen die Herzogin in einer zum voraus verlorenen Sache anwendete. Denn er fing ihre Briefe auf, las sie, versiegelte sie wieder kunstvoll und schickte sie dann gewissenhaft an ihre Bestimmung mit sie begleitenden Schreiben entgegengesetzten Inhalts aus seinem Interessenkreise, welche die Wirkung der ihrigen vollständig zerstörten.
Und das tat er, ohne daß Lucrezia eine Ahnung davon hatte. So hatte es der Herzog angeordnet, der die Gemahlin mehr als je liebte, und um jeden Preis schonen, in keiner Weise bloßstellen wollte; denn er wußte, daß die kluge und reizende Lucrezia bei der Annäherung Cäsars ihrer selbst nicht mehr mächtig war, und wieder in den Bann ihres alten Wesens, ihrer früheren Natur gezogen, schuldvoll und schuldlos sündigte.
Demselben Wohlwollen gegenüber dem verführeri-

schen Weibe verfiel auch der Kardinal. Er bewunderte den schützenden Zauber des von ihr ausgehenden Liebreizes und verbündete sich, soweit es in Alfonsos Interesse möglich war, mit dieser seltsamen Macht, welche Lucrezia von jung an aus begrabenden Wellen gehoben und wie auf Schwingen über zerschmetternde Abgründe hinweggetragen hatte.

So genoß er, die Kluge stündlich täuschend, kein Vergnügen der Bosheit, sondern er glich dem Arzte, der von einer lieben Kranken, die an Wahnsinn leidet, Gifte und tötende Waffen entfernt.

Auch die Regentin, obgleich sie das Gegenspiel des Kardinals teilweise zu erraten begann, blieb ihm aus Klugheit und unbewußter Achtung einer verwandten Anlage gleicherweise gewogen.

Sie zog ihn oft zur Tafel und dann entspann sich bald das anregendste Gespräch, in welchem eines das andere zu enträtseln und zu erhaschen suchte, dem feinsten Schachspiele vergleichbar. Nur daß die Herzogin jeden Vorteil emsig benützte, während der überlegene Kardinal sie mitunter lächelnd auf einen von ihr begangenen Fehler aufmerksam machte, oder eine von ihm genommene Figur großmütig stehen ließ.

Federigo, Cäsars Bote, hatte der Herzogin, bevor er nach Bologna zu der Heiligkeit des Papstes zog und von ihm gefesselt wurde, im Geheimnis den zweiten Brief des Bruders übergeben. Es war ein Schreiben von wenigen dringenden Linien, zwischen denen, nur dem Auge Lucrezias sichtbar, verruchte Anschläge und teuflische Einflüsterungen liefen.

Nachdem der Verführer gemeldet, er habe mit dem Könige von Frankreich angeknüpft, bis jetzt zwar ohne

Erfolg, den er abwarten könne, da er fürs erste nach Italien strebe, schrieb Cäsar: Um dort Fuß zu fassen, bedürfe er durchaus eines Gehilfen, eines ungewöhnlichen Mannes von bedeutenden Eigenschaften und ebenso gefälliger als imponierender Erscheinung. Er wisse einen, wahrlich wie gemacht, ihm zu dienen, den Richter Herkules Strozzi. Er kenne ihn wohl, denn der Vater ihres Gemahles, weiland Herzog Herkules, habe ihm diesen Strozzi, einen Jüngling von klassischen Zügen und strengem Betragen, als seinen Geschäftsträger in die Romagna gesendet, damals da er auf dem Gipfel seiner Macht gestanden, welchen er mit Gottes und des Schicksals Gunst und der geliebten Schwester Hilfe wieder zu ersteigen hoffe.

»Teuerste«, schloß er, »tue, was Dir möglich ist, das Größte und Äußerste, um diesen einzigen, den ich als einen Bruder schätze, für mich zu gewinnen.«

Lucrezia erbleichte über dem Briefe. Aber sie hatte jetzt seit Wochen wieder mit Cesare in seinen vielen, auch seinen jugendlichen und liebenswürdigen Gestalten zusammengelebt. So hatte er sich, obschon ein Abwesender, wieder mit ihrem ganzen Denken verschmolzen und ihre Seele mit seinem Frevelsinn verpestet.

Zwar sie widerstrebte kräftiger als früher dieser schmachvollen Sklaverei. Aber war sie nicht an Cäsar, als an ihr Schicksal, geschmiedet, seit er sie vom Sterbelager ihres zweiten, von ihm gemordeten Gemahles wegriß, und sie den Widerstand vergaß?

Sie gehorchte ihm wiederum.

Sie berief den Richter, hielt aber Angela neben sich und faßte sie bei der Hand, um nicht einen Augenblick mit ihm allein zu sein.

Herkules Strozzi wurde in das enge Oratorium der Herzogin geführt, die ihm schweigend den Brief ihres Bruders bot.

Nachdem er ihn gelesen – nur einmal, denn die tückischen Worte, die seine Leidenschaft stachelten und ihr schmähliche Dienste zu leisten schienen, hatten sich ihm schon auf ewig eingebrannt – schwieg er und schwelgte in glühenden Träumen. Er sah Cesare siegreich nach der Krone Italiens greifen. Er sah sich selbst als seinen Kanzler an seiner Seite. Der Herzog von Ferrara war verschwunden, wohl von Cesare Borgia ausgelöscht und aus der Mitte getan. Lucrezia wiederum Braut, jugendlicher und heller als je, stand vor seinen trunkenen Augen in derselben triumphierenden Lichtgestalt, wie er sie bei ihrem Einzuge in Ferrara geschaut hatte.

Er sah sie mit den Blicken seiner taumelnden Sinne, denn, die vor ihm stand, war eine andre. Zwar lächelte sie auf das Geheiß des Bruders, doch die großen lichten Augen starrten versteinernd, wie die der Meduse. Er aber sah sein Verderben nicht. Heuchlerisch redete er, der geborene Republikaner, von Cäsar Borgias Gerechtigkeit, die er immer bewundert habe. Die Kleinen und Schwachen habe der Großmütige geschützt und gehegt, wie der Blitz Jupiters habe er nur die stolzen Zinnen getroffen. Er pries die Tugend der Stärke. Er lobte die Gewalttat, die durch die Unterdrückung des Rechts in das höhere Recht zurückführe. So erschöpfte er das ganze ekle Wörterbuch des Tyrannenlobs; und er wäre ein Abscheulicher gewesen, wenn er geglaubt hätte, was er sagte; aber er redete unüberzeugt und leer, während er nur *ein* Begehr hatte, der vor ihm stehenden

Lucrezia irgendeine Gewährung, einen Lohn abzulokken oder abzuzwingen.
Zuweilen stammelte er dieses Ziel verfolgende, irre Worte, unheimlich gemischt mit dem Lobliede der Gewaltherrschaft. Dann aber sah er plötzlich auf dem Munde Lucrezias ein Lächeln zucken, bitter wie der Tod. Er sah die ernsten und tieftraurigen Augen Angelas unter richtenden Brauen auf sich geheftet. Und, mehr als der Prunk der ihn umgebenden Kruzifixe und heiligen Bilder, erschreckte ihn der stumme Vorwurf des unschuldigen Mädchens.
Er mußte darauf verzichten, das kleinste gewährende Wort mit sich zu nehmen.
Da sann er eine Weile mit verschränkten Armen und unglücklichem Antlitz.
»Ich gehe zu Don Cesare!« sagte er dann. »Was schickt Ihr ihm durch mich, Madonna?«
»Euch selbst!« antwortete Lucrezia. »So sieht der Bruder, daß ich ihm gehorche.«
»Darf ich sagen, daß Ihr ihm willig gehorchet?«
Lucrezia antwortete nur mit einem schwachen Lächeln. Rasch verschwand er.
Da umschlang das Mädchen die Schultern Lucrezias und fragte sie, Auge in Auge:
»Was wollte der Mensch mit seinem Lallen immer und immer wieder sagen? Was erhält er zum Lohn? Was gibst du ihm? – Den Tod? ...«
Die Herzogin lächelte wiederum und ließ die Fragerin allein.
Diese warf sich auf den Betschemel nieder. Aber, das Vaterunser flüsternd, konnte sie den Gedanken nicht loswerden:

»Mit einem unüberlegten Worte habe ich einen Menschen geblendet und kann es nie verwinden! Diese aber lächelt, indem sie einen Menschen überlegterweise in den sicheren Tod sendet.«

Doch hielt sie sich darum nicht für die Bessere, sondern verschloß das gemeinsame Elend in ihrer barmherzigen Brust.

Es war an einem Märztage nach Mitte des Monats, daß der Kardinal bei schon geöffneten, mit dem blausten Lenzhimmel gefüllten Fenstern bei der Herzogin speiste.

Da fiel das Gespräch gelegentlich auf den Großrichter Herkules Strozzi, von dem der Kardinal behauptete, er habe Ferrara heimlich verlassen.

Darauf äußerte die Herzogin, unmerklich erbleichend, ihre Verwunderung, daß ein so gewissenhafter Beamter eine längere Reise ohne Urlaub unternommen habe, welchen zu erteilen die Sache der Regentin sei, wie sie glaube.

Der Kardinal erwiderte, Herkules habe sich bei seinen zwölf Kollegen beurlaubt, wohl mit dem Gedanken, in Abwesenheit des Herzogs dürfte das genügen. Übrigens habe er vorgewendet, eine Familiensache der Strozzi verlange seinen schleunigen Besuch in Florenz.

Die Herzogin und der Kardinal ergingen sich dann in allerlei Vermutungen über die wahre Ursache dieser Abreise; da sie aber eine einleuchtende nicht finden konnten, vereingiten sie sich dahin, die vorgegebene könnte am Ende die wahre sein.

Beide wußten mit voller Gewißheit, daß Herkules Strozzi bei Cäsar Borgia war.

Wenn ihre Augen hätten den Raum durchdringen können, so hätten sie die beiden gesehen, den gefürchteten Herzog und den Richter, vom Wirbel bis zur Zehe gepanzert, wie sie unter einem glorreichen Südhimmel durch blühendes und duftendes Heidekraut an den Krümmungen eines Absturzes emporkrochen, über sich die vier steilen Türme einer gotischen Burg mit Mordgängen und Schießscharten, sie beschleichend, nebst vielen andern Bewaffneten.
Sie hätten gesehen, wie ein Steinregen von den belagerten Zinnen sprang und manchen Klimmenden in den Abgrund warf. Gesehen, wie jetzt ein Block sich von der Burg herabwälzte, in gewaltigen Sätzen von Fels zu Fels sprang, den schrecklichen Sohn des Papstes traf und ihn zerschmettert in die Tiefe stürzte.

Elftes Kapitel

April kam und überschüttete Ferrara mit Blüten. Lucrezia ließ die Mäuler der herzoglichen Ställe bepacken, denn sie wollte nach einem ihrer Landhäuser hinausziehen.
An einem schon die Siesta verlangenden Nachmittage saß sie mit Donna Angela an dem offenen Fenster lässig vor dem Schachbrett und lauschte dem Singen ihres im Hofe beschäftigten Gesindes und der Treiber. Es war ein Liebeslied, welches der üppige Lenz erregte, aber die Ehrfurcht dämpfte.
Jetzt verstummte dieses völlig und unter dem Hoftore klirrte der Hufschlag von Pferden.

»Gäste!« sagte Donna Lucrezia, und die Frauen erhoben sich. Die Diener, welche ihm die Tür öffneten, wegdrängend, trat der Herzog ein.
»Ich komme von Rom«, begann der Staubbedeckte, »und bin scharf geritten, da ich mich nach Euerm Antlitz sehnte, liebe Frau« – er ergriff und küßte ihre Hand – »und bin herzlich froh, wieder bei Euch zu sein! Doch bedaure ich, Euch eine Trauerbotschaft zu bringen. Euer erlauchtester Bruder, der Herzog von Romagna, ist nicht mehr unter den Lebenden.
Die Nachricht ist sicher. Sie kam über Neapel und fand mich in Rom.«
Er zog einen Brief aus dem Wams und entfaltete ihn.
»An den Iden des Märzes, wie einst der römische Julius Cäsar, sein Vorbild und Namenspatron, fiel Don Cesare in einer Schlucht vor dem spanischen Schlosse Viana, das er im Dienste seines Schwagers, des Königs von Navarra, mit großer Tapferkeit berannte. – Also steht hier geschrieben.«
Solches berichtete der Herzog mit diplomatischer Genauigkeit. Noch fügte er bei: »Ein früher und ritterlicher Tod!« Dann schloß er mit Frömmigkeit:
»Requiescat in pace! Requiem aeternam dona ei, domine!«
Während dieser Rede beobachtete er die Herzogin aufmerksam.
Diese war eine Weile versteinert gestanden. Dann brach sie mit einem Schrei zusammen und sank in die Knie. Nicht anders als ein geraubtes Weib, welches ihr von einem Pfeile durchbohrter Entführer plötzlich fallen läßt.
Auch der Herzog, der keine Dämonen kannte, sah sie

aus unsichtbaren, sie umklammert haltenden Armen stürzen. Er hob die Gesunkene an seine Brust, die sie mit ungezähmten Tränen überströmte.

»Du mußt wissen … laß dir's sagen … ich verriet dich … ich mißgehorchte dir …« schluchzte sie erstikkend.

Der Herzog aber beruhigte sie liebevoll. »Jetzt, Lucrezia«, sagte er, »erst heute wirst du ganz und völlig die Meinige. Siehe, bis dahin besaß dich der Geist deines Hauses, der mein Gefühl beleidigt und mein Urteil herausfordert. Ich habe mich mit dir vermählt aus Staatsgründen und aus Gehorsam gegen meinen Vater, ohne dich zu kennen, außer durch das unheimlichste Gerücht. Höchst widerwillig! Als ich dich aber erblickte, bezaubertest du mich! Denn welcher Sterbliche mag dir widerstehen?

Auch erfüllte mich dein guter Wille, den ich wohl unterschied, und dein ernstes Bestreben, dich von den unmöglichen Sitten und dem gesetzlosen Denken deiner Familie zu trennen, und den schützenden Boden eines rechtlichen Daseins zu betreten, mit Sympathie, ja mit Ehrerbietung. Das Blut der Borgia begehrte täglich in dir aufzuleben und dich zurückzufordern. Doch, siehe, nun bist du frei geworden. Die Deinigen sind alle verstummt und bewohnen die Unterwelt, woher keine Stimme mehr verwirrend zu den Lebenden dringt.«

Lucrezia seufzte schwer. Es war ein tiefer Schmerzenston und zugleich ein Aufatmen der Erleichterung und Entbürdung. Und dann kam, wie das Blut aus einer Wunde sprudelt, ein reuiges Klagen, ein verzweifeltes Sichgehenlassen, ein nacktes Geständnis dessen, was sie von jeher für Cäsar gesündigt und von ihm erlitten.

Don Alfonso erfuhr nichts Neues. Aber Angela, deren Gegenwart Lucrezia unter der Übermacht ihres Gefühles vergaß oder für nichts achtete, wechselte die Farbe und erduldete für die andere alles Entsetzen des Frevels und alle Qualen der Schande.

Jetzt umfing Lucrezia, vor dem Herzog niederstürzend, seine Kniee, ergriff seine Hände und bedeckte sie mit Küssen. »Ich bin die Maria Magdalena«, schluchzte sie. »Mein Herr hat mir vergeben, und jetzt ist kein Teilchen meines Wesens mehr, das nicht sein eigen wäre ... Ich habe das Leben verwirkt, dein Gebot übertretend, aber du schenkst es mir! Und nun darf es nicht mehr mein, sondern es soll das deinige werden! ...«

»Herr«, sagte sie unversehens mit einer schmeichelnden Gebärde, »ich habe ein Anliegen an Euch.«

Der Herzog glaubte, sie wolle ihm von Strozzi reden, und zog die Brauen zusammen.

»Gestattet mir«, bat sie, »daß ich von nun an den Bußgürtel trage!«

Don Alfonso lächelte. »Ich erwartete ein anderes Ansinnen«, sagte er.

»Und welches?« fragte sie.

»Eure Fürsprache, Madonna«, erwiderte der Herzog, »für einen Schuldigen, der seinen Kopf aufs Spiel gesetzt und ihn verloren hat.«

»Wen meint Ihr?« fragte Lucrezia ehrlich verwundert. Herkules Strozzi war ihrem Gemüt gänzlich entfallen, seit er ihr durch den Tod des Bruders entbehrlich und gleichgültig geworden war, und der Herzog empfand die Genugtuung, daß der stolze Römerkopf nicht im Gedächtnisse seines Weibes, noch weniger aber im in ihrem Herzen hafte, ja, daß Strozzi unmöglich jemals den geringsten Wert für Lucrezia besessen haben konnte.

Das stimmte ihn gnädig, so strenge er sonst jeden Ungehorsam zu ahnden pflegte. Er betrachtete sein Weib, das er nun als ein gesichertes Eigentum besaß, mit einer Art von Rührung. Noch nie hatte er sie schöner gesehen.

Die Goldhaare, die sich während ihres leidenschaftlichen Bekenntnisses gelöst hatten, ringelten sich um ihre vollkommenen Schultern, und die zartblauen Augen brannten feurig.

Er hob eine ihrer blonden Lockenschlangen zum Munde und küßte sie mit Inbrunst. Dann sagte er, als der Mann der Ordnung, der er war:

»Ruhet vor dem Mahl ein wenig, Herzogin, und rufet Eure Frauen, daß sie Euch zurechtmachen. Denn, wenn Ihr so seid, werde ich auf das Licht und die Luft, die Euch umgeben, eifersüchtig.«

Angela zitterte vor Empörung, daß Lucrezia in unglaublicher Selbstsucht ihren Mitschuldigen vergaß, und in ihrem innern Jammer warf sie sich vor, daß auch sie ihren unglücklichen Blinden in seinem Kerker vergesse. Es war ein ungerechter Vorwurf, den sie sich machte, denn sie drückte, bildlich gesprochen, ihre Stirn, und dessen Gedanken, ohne Unterlaß und bis zum Schmerze an die Eisenstäbe seines Kerkerfensters.

Als sie bei Kerzenschein neben der Herzogin am Spätmahl saß, überwältigte sie dies Jammergefühl, und da sie Lucrezia die Speisen, welche sie dem Herzog zärtlich vorlegte, kosten und ihm roten Neapolitaner, zuerst davon schlürfend, kredenzen sah, war es ihr, als trinke Lucrezia Menschenblut.

»Base«, flüsterte sie ihr zu, »vergeßt Ihr das verwirkte Haupt?«
Lucrezia erschrak und erinnerte sich. Des Herzogs Schulter mit den zarten Fingern berührend, fragte sie leichthin: »Schenkst du mir den Strozzi, Alfonso?«
Der Herzog, der eben aus weichem Brot ein kleines Geschütz knetete, warf es weg, lehnte sich in seinen Stuhl zurück und sann ein wenig. Dann sprach er: »Herrin, da ich auf Strozzi gerechterweise nicht eifersüchtig sein kann, und seine Anbetung Eurer Person eine Schuld ist, die er mit allen Männern teilt, so bleibt mir nur sein Ungehorsam gegen mein ausdrückliches Gebot zu bestrafen. – In der andern Waagschale liegt Euer Fürwort, Madonna, und die ungewöhnliche Fachtüchtigkeit des Mannes.
In Wahrheit, es widerstrebt mir, ihn aus einer Welt wegzuräumen, welche so viel Geschmeiß unnützer und nichtiger Menschen ernährt.
Betrachtet den Fall, meine Kluge. Es ist unmöglich, den Menschen zu begnadigen, ohne daß ich ihn vorher richte. Richte ich ihn aber, so kann ich es nicht verantworten, einen so frevelhaften Ungehorsam meiner ersten Magistratsperson zu verzeihen. Eines aber kann ich – ihn vergessen. Sendet nach ihm, Herzogin, heute noch! sogleich!« Er rief einen Diener und gab ihm den Befehl. »Sprecht zu ihm, Lucrezia; prüfet ihn! Bringet ihn dazu, daß er aus Ferrara vor der nächsten Sonne verschwinde. Er gehe, wohin es sei – nach Florenz, wenn er will, da er florentinischen Ursprungs ist. Sein Wissen bürgert ihn überall ein. Nicht einmal aus Italien verbanne ich ihn; er tue, als sei er niemals nach Ferrara zurückgekehrt.

Wisset, ich begegnete ihm durch einen ärgerlichen Zufall an der Zollstätte des Südtors, wo ich, einreitend, seine Gestalt aus den Zollbeamten hervorragen sah, mit denen er sich herumstritt. Weder begrüßte er mich, noch verbarg er sich. Die Vermessenheit seiner Haltung hatte etwas Beleidigendes. Eure Mühe wird umsonst sein, fürchte ich, Madonna.
Der Verlorene wird nicht weichen wollen – so stirbt er. – Schade um ihn. Er ist ein vorzüglicher Jurist.«
Der Herzog erhob sich von der Tafel und verabschiedete sich bei der Herzogin, die der Übung gemäß sich für eine Woche zu den Klarissen zurückzog, um für das Seelenheil des verblichenen Bruders zu beten.
Dann verabredete er mit ihr noch leise, unter welchen Worten verborgen, sie ihm durch den Haushofmeister das Ergebnis ihrer Unterredung mit Strozzi melden sollte.
Diese fand in einem kleinen Rundzimmer unter den drei Flämmchen einer schwebenden Ampel in Gegenwart Angelas statt und war kurz und stürmisch.
Ungestüm trat Strozzi auf mit flammenden Augen und eherner Stirn, gebräunt von Wind und Sonne des Feldzugs. Ungeladen rückte er sich einen Schemel zu Füßen der Herzogin.
Diese war völlig ohne Furcht. Ihr von den reichlich vergossenen Tränen gebadetes Angesicht war hell und friedlich.
Strozzi täuschte sich keinen Augenblick darüber, daß er mit dem Tode Don Cesares für sie zu einem Schatten, zu einem Nichts geworden war. Und doch war er gesonnen, durch den Gefallenen ewig mit ihr verbunden, nicht von ihr zu weichen.

»Erzähle ich Euch«, fragte er, »die letzten Augenblicke des Bruders?«
»Nein, Strozzi. Ich weiß, daß er nach der Art seines Hauses tapfer unterging, und weiß, daß er in Pampelona mit allen christlichen Gebräuchen bestattet wurde – der Ärmste.«
Von jetzt an nannte Lucrezia den Dämon, der ihr Bruder gewesen war, nicht anders mehr als den Ärmsten, so wie sie ihr Ungeheuer von Vater längst den Guten nannte.
Dann fuhr sie mit einem Seufzer fort: »Der arme Bruder bedarf der Fürbitte! Und noch heute nacht werde ich mich, um dieser Pflicht zu genügen, zu den Klarissen zurückziehen, in Übereinstimmung mit dem Ermessen meines erlauchten und geliebten Gemahls.«
So sagte sie, und es war ihr Ernst, ohne sich von dem Hohngelächter in den Augen des Richters über die Frömmigkeit Lucrezia Borgias und ihre Liebe zu Don Alfonso im mindesten stören zu lassen. Eine Pause entstand.
»Ich habe einen Auftrag meines Gemahls an Euch«, sagte die Herzogin. »Ihr habt Euch schwer gegen ihn vergangen, Strozzi, seinem Befehl geradezu entgegenhandelnd. Auch gegen mich, indem Ihr meiner Torheit gehorchtet, obwohl Ihr sehen mußtet, daß mich die flehende Forderung meines Bruders aus den Schranken der Pflicht geschleudert hatte. Wehe dem Mann, der einer Pflichtlosen traut!
Die Engel haben mich Stürzende gerettet und ich, mit der Gnade Gottes, möchte Euch retten.
Der Herzog will Euch die zweifache Schuld gegen ihn und mich vergeben, unter einer einzigen Bedingung, Strozzi! einer leichten Bedingung ... daß Ihr Ferrara

verlasset noch diese Nacht und nimmermehr zurückkehret. Benützt diese seltene Gunst! Es ist ganz gegen die Weise des Herzogs, einen vorzüglichen Diener, wie Ihr seid, zu entlassen und einem andern italienischen Staate zu gönnen! Denn nicht einmal Italien sollt Ihr meiden ...«

»Du verlierst deine Mühe, Lucrezia«, unterbrach sie Strozzi zügellos, »ich weiche nicht aus Ferrara, noch von dir! Wir gehören zusammen, Don Cäsars Wille hat uns vermählt!«

Lucrezia lächelte schwach. Dann flehte sie, den durchsichtigen Schleier der Scheinheiligkeit, in den sie sich verhüllt hatte, abwerfend, mit bittenden und trauernden Augen:

»Wenn ich dir wert bin, Herkules, so rette dich! Ich mag und will dich nicht auf der Seele haben! ... Liebst du mich«, lispelte sie, »so fliehe!«

Da empörte sich die stille Angela gegen diese Verführung – selbst zum Guten, zur Rettung.

»Richter«, wandte sie sich mit heißen Wangen gegen Strozzi, »es ist schmachvoll, daß Ihr zaudert. Fort aus Ferrara! Wie? ein Mann, den die Jugend als ihr Vorbild bewundert, ein Lehrer des Rechts, hat nicht die Kraft, mit dem Bösen zu brechen und den Zauber eines armen Weibes zu fliehen! – Errötet! ...«

»Was träumt diese da von Gut und Böse?« überschäumte Strozzi und sprang in die Höhe. »Was phantasiert sie von Recht und Unrecht? ... Es gibt kein Recht! .. Dieser schöne Frevel hier«, er blickte auf Lucrezia, »hat es getötet!

Du aber, Mädchen, schweige! Was verstehst du von Liebe! eine, die den Liebsten blendet – einkerkern läßt

– seinen Kerkermeister nicht besticht – sich nicht in seine Arme schleicht – nicht sein Weib, seine Magd wird – was weiß eine solche von Liebe!
Denn Liebe«, flüsterte er geheimnisvoll, »läßt ihr Ziel nicht! Nimmermehr! Nimmerdar! Morde mich, Lucrezia, Hier!« und er zeigte auf sein Herz.
Sie starrte den Richter mit bleichen Augen an und alle Lieblichkeit war von ihr gewichen.
In diesem Augenblick ging der Türvorhang auseinander und auf der Schwelle stand der höchst würdevolle Haushofmeister mit dreierlei Anliegen.
Er meldete die Sänfte der Herzogin; dann trug er die Frage vor, ob sie schon morgen bei den Klarissen den Besuch des Herzogs erwarte.
Sie verneinte es, und dieses Nein mochte wohl für den Herzog bedeuten, daß der Richter seine Gnade von sich stoße.
Zuletzt wendete sich der Haushofmeister noch an diesen und ersuchte ihn, das Schloß nicht zu verlassen, ohne dem Herzog im Archiv aufgewartet zu haben.
Strozzi fragte schroff, ob es gleich sein dürfe, und der Greis ging ihm voran, nachdem er das Haupt bejahend gebeugt hatte.
Die Herzogin aber ließ sich von Angela stillschweigend an die Sänfte geleiten. »Ich nehme nicht von dir Abschied«, sagte sie. »Du folgst mir, lieber heute noch, nach.« Sie hätte ihr gerne erspart, was kommen mußte, wie sie selber davor auf die Seite wich.

Wenn ihr Dienst sie nicht an die Herzogin fesselte, bewohnte Angela das einsame Erkerzimmer eines festen Eckturmes, der einen inneren Hof beherrschte und in

dem unteren Teile seiner undurchdringlichen Mauern das Privatarchiv des Herzogs barg.
Um diesen Zufluchtsort zu erreichen, eilte die bange Angela die Schloßtreppen hinan. Seitengänge und eine schmale Stiege führten sie in den Turm und durch den kleinen Vorraum, wo die Drehbank des Herzogs stand. Hier wunderte sie sich, die schwere Eichentür des Archivs offen zu sehen, so daß die lauten Stimmen Don Alfonsos und des Großrichters sie verfolgten, während sie eine weitere Stiege erklomm.
Wie erschrak sie, als sie, angelangt, nicht eintreten konnte! Ihr Söller, den sie eine Weile nicht benützt hatte, war verschlossen. Der Schlüssel mochte im Archiv liegen. Nun mußte sie das Weggehen Strozzis abwarten und duckte sich, wieder die Treppe herabgestiegen, eine widerwillige Lauscherin, nicht von Neugierde, nur von Angst gepeinigt, harrend in eine Nische der dicken Mauer.
»Dieser Rechtshandel«, plauderte der Herzog bequem, »ist eine langweilige Sache. Wir sollten sie endlich zu Schlusse bringen. Ich habe die fraglichen Akten gründlich studiert«, er schlug mit der Hand auf einen Stoß Pergament, daß Angela den Staub einzuatmen glaubte. »Ihr wißt, Richter, ich fürchte mich nicht vor Akten, aber diesmal habe ich meine Mühe und das Öl meiner Lampe verloren. Sagt Ihr mir lieber kurz, wer recht hat, der Graf Contrario als Erbe der Flavier, oder ich und der Fiskus von Ferrara.
Wie spricht Euer richterliches Gewissen?«
Es erschien Angela, als betonte der Herzog das letzte Wort auf ironische Weise; aber sie mußte sich täuschen, denn Strozzi antwortete völlig unbeirrt.

»Hoheit«, sagte er, »der Witz ist, das Wesentliche vom Unwesentlichen zu unterscheiden: Das gehört nicht zur Sache, und das nicht – so bleibt noch das, und das ist einfach.

Der innerste Kern des vor Alter vergilbten und von Tücken und Kniffen verdrehten Prozesses ist aber dieser:

Nachdem die Flavier und Contrarier sich jahrhundertelang als Vettern gequält und versöhnt, befeindet und zu Erben eingesetzt hatten, entschloß sich der letzte kinderlose Flavier, namens Nestor, aus unbekannten Gründen, seinen bedeutenden Besitz seinem Vetter, dem Grafen Mario Contrario, dem Vater unsres jetzigen anmutigen Grafen, testamentarisch zu hinterlassen.

Nun verbietet aber unser ferraresisches Recht, sein Gut einem Fremden zu vererben ohne die vorher erlangte Ermächtigung des Herzogs. Diese Einwilligung Eures Vaters aber, obwohl niedergeschrieben und von diesem anerkannt, wurde niemals durch seinen Namenszug perfekt gemacht. Denn da der letzte Flavier zu Pferde stieg und nach Ferrara fuhr, um durch sein persönliches Erscheinen jene Unterschrift von Eurem Vater zu erlangen, sprang der Tod grinsend hinter ihm aufs Roß und schnitt mit der Sense dazwischen. Er ward auf der Reise vom Schlage gerührt.

Wie lag nun die Sache?

Das Testament war formell nichtig, da die Unterschrift des Herzogs mangelte, und Euer Vater, Herr Herkules, fand sich nicht bewogen, sie darunterzusetzen. Er konfiszierte die flavianischen Güter.

Euer Zutun, erhabener Herr, ist nun keine Rechtssache

mehr, sondern eine Sache Eurer Großmut, in die ich mich nicht mische.«

»Wisse, Richter«, versetzte der Herzog, ohne den achtungslosen Ton Strozzis zu rügen, langmütig, »daß ich nicht viel anders denke, noch denken darf, als mein Vater Herkules! Wo es ein rechtlich zulässiges Mittel gibt, den Staatsschatz zu füllen, darf ich es aus sogenannter großer Gesinnung nicht verschmähen und dafür meine Kaufleute und Bauern belasten.

Auf der anderen Seite freilich ist mir unlieb, daß die Contrarier so unbestreitbar das innere Recht für sich haben, als ich das äußere.«

»Evident!« spottete der Richter.

»Da dünkt mich«, fuhr der Herzog gelassen fort, »wäre ein Kompromiß am Platze. Was meinst du, Richter? Wir steuern mit den flavianischen Gütern Donna Angela Borgia aus und vermählen sie mit dem Erben der Rechtsansprüche der Contrarier, dem liebenswürdigen Grafen Ettore. Unter uns, ich wünsche das Mädchen weg. Sie bringt mich und den Staat Ferrara um unsern unvergleichlichen und unersetzlichen Kardinal Ippolito.«

»Ich mag sie auch nicht und wünsche sie in den Mond! Kuppeln wir sie mit dem Pedanten! ...« scherzte der Richter mit wüster Heiterkeit, nicht anders, als wäre er trunken.

»Du mußt wissen, mein Herkules«, fuhr der Herzog fort, anscheinend ohne sich an dem ärgerlichen Benehmen des Richters zu stoßen, »daß es eigentlich Donna Lucrezia ist, welche ihre Base aussteuert. Die flavianischen Güter bilden ihr Wittum, aber es ist ein unsicherer Besitz, da unsre Gerichte noch nicht endgültig gesprochen haben ...

Du hast davon gehört, mein Herkules?«
»Wie sollt ich nicht?« höhnte der Richter, »da ganz Italien davon widerhallte! Wer kann vergessen, wie Papst Alexander von Herzog Herkules überlistet wurde, wie maßlos das alte Laster sich gebärdete und welche unnachsprechlichen Worte es ausstieß, als es sich geprellt sah!«
Und Strozzis Lache dröhnte unter der niederen Wölbung.
Zugleich hörte Angela durch die Mauerluke, an der sie saß, aus dem nächtlich stillen Hofe herauf den weichen Tenor wieder, dessen Kantilene sie bewegt hatte, als sie in der Siestastunde vor der Ankunft des Herzogs mit Lucrezia am Fenster saß. Es war dasselbe Liebeslied ...
»Ist es ein mit dem Herzog verabredetes Zeichen, daß Strozzis Mörder bereitstehen?« fragte sie sich mit klopfendem Herzen.
Von diesem Moment an schien des Richters herausforderndes Wesen dem Herzog zuviel zu werden.
»So unterhaltend deine Gesellschaft ist, mein Strozzi«, sagte er freundlich, »ich muß dich nun entlassen. Du weißt, ich bin heute scharf geritten und, in der Tat, ich fühle mich müde. Wir kommen wohl auf unsern Gegenstand zurück. Glückselige Nacht!«
Und er beurlaubte das Opfer.
Da Strozzi an der im Halbdunkel sitzenden Angela vorüberging und sich hinuntersteigend in die schwach erhellten Schloßgänge vertiefte, blieb diese wie versteinert, denn die unheimliche Lustigkeit Strozzis war ihr ein Vorzeichen seines Untergangs und die unerschöpfliche Geduld des Herzogs erfüllte sie mit Grauen.
Als sie eine Weile später mit ihrem gefundenen Schlüs-

sel neben dem Herzoge stand, der aus dem Archiv getreten war und es abschloß, kehrte der Richter, wie tastend, wieder zurück.

»Ich weiß nicht, wie mir geschieht, Hoheit«, stotterte Strozzi, dessen Lustigkeit verschwunden war, »ich finde den Ausgang nicht und bitte um eine Fackel.«

Der Herzog rief nach einer, die ein Diener dem Richter vortrug, welcher ihr wankend folgte.

Nun floh Angela in ihre Kammer, die sich in verwirrender Angst fest verrammelte, mit ihren klopfenden Pulsen den Lebensrest des Richters zählend und seinen Todesschrei erwartend.

Da ertönte er – entsetzlich und lang – und drang ihr durch das innerste Mark.

Mit zitternden Händen warf sie einen Mantel um, ergriff ihre kleine Leuchte, glitt die einsamen Stiegen hinunter und stürzte aus dem Palast. Hilfe zu bringen? ... Nein, sie zu suchen bei Lucrezia, im Kloster! ... Sie wußte nicht, was sie wollte.

An der Ecke der Burg stieß ihre Fußspitze an den Toten. Sie leuchtete ihm ins Antlitz, konnte aber die bleichen, verzerrten Züge nicht lange betrachten.

Sie kniete nieder, machte über ihm das Zeichen des Kreuzes und verhüllte ihm das graue Haupt barmherzig mit seinem Mantel.

Dann floh sie weiter zu den Klarissen, deren Haus, nur zwei kurze Gäßchen entfernt, auf dem Boden der alten Stadtumwallung stand.

In der Mitte des zweiten hörte sie Schritte hinter sich, wandte sich um, und sah einen ihren fliegenden Gang verfolgenden Schatten. Sie meinte, der Tote habe sich erhoben, und verdoppelte ihre Eile. Doch ihre schnel-

len Füße wurden durch ein andres Nachtgesicht aufgehalten.
Dicht vor dem Kloster nämlich sprang ein fester Turm mit seiner gewaltigen Rundung vor, den das Gäßchen umkreiste, und der mit dem Kloster aufs seltsamste baulich verwachsen un durch den üppigsten Efeu verwoben war.
Seine ewig verschlossene hohe schmale Pforte war wunderbarerweise geöffnet und davor hielt ein Reitergedräng. In der Mitte saß auf einem Schimmel ein schlanker Jüngling mit einer Binde über den Augen.
Angela erblickte Don Giulio, von dem sie doch wußte, daß ihn der Herzog nach Fenestrella, auf eine Insel in den Pomündungen hatte bringen lassen.
Lebte dieser Don Giulio? War er ein Traum?
Nachdem die, einer hinter dem andern, Einreitenden das Gäßchen geräumt hatten, klopfte Angela an das Klostertor und wurde von der Pförtnerin, der raschen Schwester Consolazione, ohne Verzug in den Klosterfrieden eingelassen.
»Ihr seid erwartet«, sagte sie. »Aber wie? Ihr kommt zu Fuß und allein? Wie Euer Herz pocht, Erlauchte! Wahrlich, wie einem geängstigten Vogel …«
»Führt mich zur Herzogin!« unterbrach die Borgia.
Da ihr Schwester Consolazione sachte die noch erhellte Zelle öffnete, lag Lucrezia im sanften Licht einer Ampel schon entkleidet auf dem reinlichen Lager in weißem Nachtgewand, fest entschlummert, ruhig atmend wie Ebbe und Flut, mit einem Kinderlächeln auf dem halbgeöffneten Munde, während Natur leise verjüngend über ihrem Lieblinge waltete. –
Als Angela aus dem Schlosse floh, hatte sie der Wunsch

getrieben, sich schluchzend an die Brust der Freundin zu werfen und ihren Geblendeten neben den Getöteten Lucrezias zu legen.

Nun betrachtete sie die schöne Schlummernde aufmerksam, verlor den Mut sie zu wecken und seufzte: »Wie bin ich eine andre!«

Letztes Kapitel

Nach soviel Trauer waren fünf Jahre über Ferrara gegangen, ohne daß die tragische Muse von neuem das Herrscherhaus besucht hätte. Ja, das Leben wollte sich zur Idylle gestalten, immerhin die Unruhe eines kurzen Krieges ausgenommen, der aber rasch über den ferraresischen Boden dahinfuhr.

Der Mörder des Großrichters Herkules Strozzi war, ungeachtet vielfacher polizeilicher Nachforschungen und der augenscheinlichen Bemühung des Herzogs selber, unentdeckt geblieben.

Der Oberrichter wurde mit der größten Feierlichkeit bestattet und der Herzog ließ es sich nicht nehmen, als erster der Trauernden vor dem gerührten Volke dem mit Lorbeer überschütteten Sarge nachzuschreiten.

Auch die junge Witwe, denn der Anbeter Lucrezias hatte in standesmäßiger Ehe gelebt, besuchte Don Alfonso mit fürstlicher Teilnahme und trachtete ihren wilden Schmerz mit weiser Rede zu dämpfen. Die blühende Barbara Torelli aber war untröstlich und redete mit heftiger Gebärde bald davon, ihren Gemahl an seinem Mörder zu rächen, wenn sie ihn finde, bald verlangte sie, sich in ein Kloster zu begraben; in beiden Fällen aber gelobte sie dem toten Gatten ewige Treue. Wenn nun der Herzog nichts über sie vermochte, so war es Ludwig Ariost vorbehalten, diese leidtragende Barbara aufzurichten. Er war ein Freund Strozzis gewesen und hatte schon dessen Mutter, eine stattliche Frau, herzlich verehrt. Jetzt bemühte er sich um die Witwe seines verblichenen Freundes und suchte sie mit dem Leben zu versöhnen. Diese freundliche Aufgabe löste er in Jahresfrist so vollkommen, daß Barbara Torelli sich erbitten ließ, dem Dichter in sein neuerbautes Heim zu folgen und an seiner Seite jenes einfache Haus zu bewohnen, dessen Bescheidenheit Ariosto in einem weltbekannten Distichon gepriesen hat.

Gleichgeblieben war sich auch das Gefängnis Don Giulios in dem »vergessenen« Turm, welcher von dem frühern engeren Mauerkreis als ein unzerstörbares Wahrzeichen alter Wehrkraft stehen geblieben war und später von dem wachsenden Klosterhof der Klarissen eingeschlossen wurde.

Dieser fast unzugängliche Turm war selten bewohnt. Fensterlos nach dem Gäßchen, und auf der Seite des Nonnengartens von verwilderten Brombeerstauden und kletternden Schlingpflanzen bis zu seiner halben Höhe überwuchert, war er in das unbeachtete Weben der Natur zurückgekehrt.

Nur selten wurde er für ungefährliche Staatsgefangene benützt, deren Andenken sich verlor und deren Dasein in dem »vergessenen« Turm vergessen werden sollte.

Lange hatte sich die Oberin der Klarissen dagegen gesträubt, in den auf ihrem Gebiete stehenden Turm eine hohe Person mit unerbaulicher Legende, wie Don Giulio, eintun zu lassen. Sie kannte die Schwächen des leeren Nonnenherzens: Neugier, Mitleid, Lust an Heimlichkeiten, und fürchtete deshalb den gefährlichen Nachbar.

Auch war ihr der wahre Grund der Entfernung des blinden Este aus Fenestrella nicht unbekannt geblieben.

Zwar wurde ihr gesagt, die vor der Mündung des Po im Meere liegende kleine Festung sei in diesem Zeitlaufe gefährdet und werde sowohl von der Flotte des heiligen Markus, als von den Schiffen St. Petri bedroht: aber sie hatte noch eine ganz andre Geschichte in Erfahrung gebracht. Die junge Frau des Gefangenenwärters, sagte man ihr, habe sich in den hübschen Prinzen trotz seiner Blindheit sterblich verliebt und ihren Mann bewogen, Don Giulio in einem Boote nach Venedig zu entführen. Darüber habe sie der Schloßvogt, ein Hauptmann aus der strengen Schule des weiland Don Cesare, überrascht und die Schuldigen, Mann und Weib, in das Meer versenkt.

In ein ebenso tiefes Stillschweigen wurde jetzt das Dasein Don Giulios im »vergessenen« Turme begraben.

Der Herzog hatte bei den schwersten Strafen sowohl dem Reisegefolge, als dem neuen Kerkermeister seines Bruders verboten, die Gegenwart des Gefangenen zu verraten oder auch nur seinen Namen zu nennen. Und daß die Äbtissin und der Beichtiger des Klosters, welcher auch der Don Giulios war, schwiegen wie das Grab, darum war der Herzog unbesorgt.

Auch Angela schwieg von ihrer traumhaften Begegnung mit dem Blinden an der Turmpforte, als von etwas, das ihrem Herzen allein angehörte.

So wurde es möglich, daß die kluge Donna Lucrezia von der Rückkehr Don Giulios nach Ferrara nichts erfuhr, auch durch den Herzog nicht, dem die Herberge des blinden Bruders eine stete Sorge war. Ihn in den Kerkern seiner Stadtburg, gleichsam unter seinen Füßen, zu verwahren, und über dem Haupte des Geblendeten ein heiteres Dasein zu führen, das brachte er doch nicht über sich. Legte er ihn aber in eine Landfestung, so war er gewiß, Don Giulios Leiden, seine Güte und die ihn umwebende Sage werde ihn bald so beliebt machen, daß ein Befreier nicht lange ausbleiben könne.

Der »vergessene Turm« neben den Klarissen war seine letzte Auskunft gewesen.

Hätte Lucrezia ihn über das Verbleiben Don Giulios befragt, sie würde die Wahrheit erfahren haben; aber sie hütete sich wohl, die wunden Punkte in der Seele ihres Gemahls, den Verlust Ippolitos und den Kerker des Blinden unnötig zu berühren.

So fuhr sie fort, ohne zu ahnen, wer in ihrer Nähe wohne, sich jährlich wenigstens in der Adventszeit auf einige Tage zu den Klarissen zurückzuziehen, wohin sie Donna Angela jedesmal begleitete. Ja, diese suchte sie dort, so lange als möglich, zurückzuhalten, denn die Zusprüche des Beichtigers der Klarissen, Pater Mamette, hatten den Sturm ihrer warmen Seele auf immer beruhigt, wie auch Donna Lucrezia viel von der einfachen Seelsorge des Franziskaners hielt.

Der Herzog irrte nicht, wenn er glaubte, daß das Wohl Don Giulios viele Seelen beschäftigte. Nicht nur der ferraresische Dichter legte damals an der bekränzten Pforte eines der Gesänge seines »Rasenden Rolands«

ein rührendes Fürwort für den im Kerker schmachtenden Blinden ein, auch ein Geringerer im Reiche der Geister ergab sich diesem mit Leib und Seele.

Eines Tages nämlich erschien an dem Tore des »vergessenen« Turmes ein kleiner dürrer Greis, der unter jedem seiner Arme einen gewichtigen Folianten trug. Er legte seine Last auf die hohe Steinschwelle nieder und begann mit einem dicken Kiesel, den er aufraffte, an die stumme Pforte zu pochen.

Vergeblich! Denn diese öffnete sich nicht und inwendig rührte sich nichts Lebendiges. Der Alte setzte seine Bemühungen so beharrlich fort, daß er nicht bemerkte, wie eine kleine Schar herzoglicher Söldner in den Halbkreis des einsamen Gäßchens einlenkte, bis er von ihnen umringt und ergriffen war.

Jammernd bat er um Schonung für seine Bücher, die sie mit ihren Spießen untersuchen wollten, und deckte seinen Schatz mit dem Leibe. Zu seinem Heil erschien in diesem Augenblicke der Herzog hoch zu Roß, der mit einem kleinen Gefolge von Sachkundigen einen Pulverturm auf seine Feuerfestigkeit hin untersucht hatte und jetzt auf dem kürzesten Wege in seine Stadtburg zurückkehrte.

Der Greis warf sich vor ihm nieder:

»Erhabener Herr, den ich erzogen habe«, rief er, »befreie mich mit meinen Freunden Plutarch und Seneca aus den Händen deiner Krieger!«

»Was hast du hier zu schaffen, Magister?« fragte der Herzog streng und zog die Brauen zusammen.

»Ich fühle mich berufen, einen erblindeten Zögling zu besuchen und seine Nacht mit der Weisheit der Alten zu erhellen!«

»Woher weißt du, daß der Blinde hier sitzt?« fuhr ihn der Herzog an.

»Von Liebe zu dem abtrünnigen Sohne der Wissenschaft erfüllt, und nachdem ich erfahren, daß er in Unglück und Dunkel gestürzt sei, verfolgte ich seine Spur bis nach Fenestrella. Dort sagten sie mir, daß er nach einer unverschuldeten Tragödie weggeführt worden sei, und das Gerücht berichte, er sei in deine Nähe und unter deine persönliche Hut zurückgekehrt. Hier in Ferrara pochte ich, von meinem sokratischen Dämon geführt, an die Tür jeden Turmes, und dieser ›vergessene‹ ist der letzte, den ich finde.«

Ein geheimes Lächeln stahl sich in die Augen des Herzogs und der Gedanke durchblitzte ihn, seinem unglücklichen Bruder die Gesellschaft ihres gemeinsamen, wie er wohl wußte, vollkommen harmlosen alten Lehrers zu gönnen. Er sagte:

»Wenn hier wirklich ein blinder Schüler von dir wohnt, Mirabili, so magst du ihn meinetwegen allwöchentlich einmal besuchen und mit ihm deine unterbrochenen Lektionen fortsetzen.«

Auf seinen Wink stieß der Leibwächter mit dem Holze seiner Lanze unter dem Rufe: »Auf! Im Namen des Herzogs!« so nachdrücklich gegen die verschlossene Tür, daß innen die Schlüssel augenblicklich rasselten und die Riegel zurückgingen.

Der Herzog ließ den erstaunten Kerkermeister an sein Pferd treten und befahl ihm leise und streng:

»Einmal wöchentlich öffne dem Alten diese Pforte zu Einlaß und Auslaß. Niemals am Tage, sondern vor Morgengrauen oder nach dem Ave Maria.«

Von Don Giulio mit Dank und Rührung empfangen,

enthielt sich Mirabili, das zerstörte Angesicht, dessen Schönheit in früherer Zeit ihn beglückt hatte, lange zu prüfen. Ohne Zögern machte er sich ans Werk, den Gefangenen in die Herrlichkeiten der stoischen Schule einzuführen und ihm die Triumphe der Selbstüberwindung zu zeigen.

Wenn er ihm dann nach langer Sitzung die hohen Vorbilder pries, die ihn begeisterten, einen Zeno, einen Epiktet und vor allen den Kaiser mit dem Philosophenbart, den göttlichen Mark Aurel, sagte wohl der Blinde, der indessen an seinem Strohgeflecht gesessen hatte, traurig und müde:

»Ach Mirabili, ich kenne diese vornehmen Herren nicht und es will mir nicht gelingen, mich mit ihnen auf den Thron der Tugend zu setzen.«

Einen kräftigeren Trost reichte dem Blinden der Sohn des heiligen Franziskus, Pater Mamette. Auch er, wie der alte Mirabili, obwohl ein noch grünender feuriger Mann, gehörte zu Don Giulios Jugenderinnerungen.

Aus einer Bauernfamilie Pratellos gebürtig, wurde er als ein verwaistes, ganz junges Blut von seinen älteren Brüdern, die nicht gesonnen waren, ihr Erbe mit ihm zu teilen, ins nahe Kloster geliefert, wo das unschuldige Kind unbeachtet, aber von den Mönchen wohlgelitten, aufwuchs. Dem Kleinen geriet, wie dem verkauften Joseph, alles zum Besten, und sein von freudigen Augen beleuchtetes Angesicht war das Wohlgefallen und der Trost aller, die ihn kannten.

Als Don Giulio zum Jüngling erwuchs und sein prächtiges Pratello baute, war Mamette im Laufe guter und böser Tage zum Manne geworden und ein fertiger Franziskaner.

Don Giulio sah ihn eines Tages unter seinen Bauleuten, als er einem verunglückten Maurer beistand, ihn in seine Arme nahm und den Sterbenden mit mehr als mütterlicher Liebe in den Himmel hob.

Damit fiel er dem Este auf und berührte die wohllautendste Saite seiner Seele. Weil aber der Leichtfertige nach der Hofsitte einen Beichtvater haben sollte und man ihn längst beschuldigte, dieses Herkommen zu vernachlässigen, so entschloß er sich kurz und wählte Pater Mamette.

Außer zu den kirchlich gebräuchlichen Zeiten hatte er ihn übrigens nie rufen lassen, auch nach seinem Sturze ins Elend nicht. Erst da er das Todesurteil erwartete, ließ er ihn zu sich in den Kerker kommen und sich dann von ihm auf das Schafott begleiten.

Nach seiner Rückkehr aus Fenestrella wurde nun Pater Mamette der beste Freund seiner Gefangenschaft, und der von allen Seiten Gerufene und Begehrte zählte die Stunden nicht, die er zur Tröstung des Unglücklichen im »vergessenen« Turme zubrachte.

Da geschah es oft, daß der Pater den Blinden bei beiden Händen ergriff und ihm sagte: »Ihr kennt noch nicht den unerschöpflichen Born des Glücks: es ist das Geheimnis der Armut. Mein heiliger Franziskus, der mit ihr aufs innigste vermählt war, offenbarte es mir einst zur Rettung aus den Abgründen der Seele.

Erst wenn Ihr nichts mehr zu eigen habt, könnt Ihr die Liebe Gottes empfangen. Und wenn Ihr empfanget, könnt Ihr geben. Das ist meine Pforte zum Glück und zur Freiheit! Tretet mit mir ein! Werdet arm und ärmer, damit Ihr empfangen und geben könnt, wie ein Brunnen, der Schale um Schale überfließend füllt.«

Don Giulio fand anfangs, daß es für ihn, einen Beraubten und aus dem Lichte Gestoßenen, schwer sei, noch ärmer zu werden; er verstand nicht, daß er sich auch des Reichtums seiner selbstsüchtigen Schmerzen entschlagen müsse – immerhin drang das Geheimnis des heiligen Franziskus in eine Tiefe seiner liebedurstigen Seele, die weder Ariost noch Mirabili, weder der Dichter noch der Philosoph hatten erreichen können.
So vergingen drei der Kerkerjahre, aber auch Jugendfrische und Gesundheit des Blinden verging. Er welkte. Die dumpfe Luft des Sommers und die Feuchtigkeit des Winters, die Klosterspeise, die ihm geboten wurde und die er, anders gewöhnt, oft unberührt ließ, die Entbehrung heftiger Leibesübungen, wilder Ritte, des Ballspiels, der Fechtkunst, und, mehr als alles das, die Aussichtslosigkeit der Befreiung erschlaffte und lähmte ihn; denn er wußte – das Wort des Herzogs stand fest –, daß er bei dessen Leben den Kerker nicht verlassen werde.
Er selbst ergab sich in sein Los, aber dem alten Mirabili schnitt es in die Seele. Der zerfallene Greis konnte nicht sterben, ohne seinen Liebling befreit zu haben.
So entschloß er sich, ohne das Wissen und die nicht zu erhaltende Einwilligung Don Giulios, etwas Wirksames, zur Entscheidung Führendes zu unternehmen. Nach vielem Denken und einigen schlummerlosen Nächten brachte er das wichtige Werk zustande. Es war ein im reinsten Latein verfaßtes Schreiben, denn die italienische Schriftsprache war ihm nicht geläufig, noch erschien sie ihm zu seinem großen Zwecke erhaben genug. Nachdem Mirabili alle berühmten Gefangenen des Altertums, besonders alle unschuldig von Ty-

rannen in grausamen Kerkern gehaltenen, erwähnt hatte, ging er auf Don Giulio über, den liebenswürdigsten und unschuldigsten von allen, und beschwor den Herzog bei dem Gerichte der Unterwelt und der Nachwelt, seinen leiblichen Bruder zu befreien, indem er persönlich seine Ketten löse und sich auf öffentlichem Markt vor dem Volke mit ihm versöhne.

Kurz, es war ein herzlich ungeschickter und ein unheilvoller Brief, welcher den Herzog aufbringen mußte, und leider dieses ungewollte Ziel nicht verfehlte.

Schlimmer noch! Der Herzog wurde mißtrauisch. Er sah hinter dem Anschlage des Alten den des gefangenen Bruders, was freilich ein großer Irrtum war.

Er ließ Don Giulio seine herzogliche Ungnade und die Unwiderruflichkeit seines Kerkers wissen und stürzte diesen, dem damals auf einer andern Seite ein süßer Stern der Hoffnung aufgegangen war, in tieferes Elend und auf das Krankenlager.

Gleichgeblieben, wie der Kerker Don Giulios, war sich auch der Stand der flavianischen Güter, die der Fiskus zu genießen fortfuhr, da die Gerichte über deren endgültigen Besitz noch nicht gesprochen hatten. Gleichgeblieben war sich die mühselige Werbung des Grafen Contrario um Donna Angela.

Gleichgeblieben, nein, gestiegen war ihre Abneigung gegen diesen unsträflichen Freier, dem sie, aufs Äußerste getrieben, verzweiflungsvoll erklärte: sie liebe die Gerechten und Tugendhaften gar nicht – mehr schon die ringenden Bösen – am meisten aber die Barmherzigen, wenn sie die Sünder mit starken Armen emporziehen; über welche unerhörte Rede Graf Contrario sich mit Recht entsetzte.

Auch der Herzog hatte zuzeiten an der Gründlichkeit des Wissens und an der kritischen Ader des Grafen kein Vergnügen mehr, besonders wenn dieser mit Kennermiene das nach neuen Erfindungen gegossene Geschütz seines Gastfreundes prüfend umwandelte und jeden einzelnen Teil des Stückes einer eingehenden und vernichtenden Kritik unterwarf.

Dann preßte der Herzog den strengen Mund zusammen und ließ den Grafen allein. Nur der Wunsch, Donna Angela, dieses Hindernis der Rückkehr des Kardinals, zu verheiraten und damit wegzuräumen, verlieh ihm die Geduld, den unermüdlichen Tadler zu ertragen, solange es sein mußte.

Selbst im Bereiche Lucrezias bestrebte sich der Graf unliebenswürdig zu werden; doch alle diese Versuche wurden an ihrer anmutigen Geschicklichkeit zunichte, wie sich eine streitsüchtige Brandung an einem sanften Ufer verliert.

Da ihm Lucrezia ihr Wittum, die flavianischen Güter, als mögliche Mitgift ihrer jungen Base vorspiegelte, überkam ihn aus Widerspruchsgeist ein großer Ärger, das, was in seinen Augen der rechtmäßigste Besitz war, einem Weibe danken zu müssen, und er erhob sich gegen dieses Ansinnen mit männlicher Würde.

Lucrezia aber, die diese Entrüstung nicht für seinen Ernst hielt, antwortete lächelnd:

»Und wenn wir beide, die wir uns darum streiten, die flavianischen Güter in zwei Hälften schnitten und friedlich unter uns teilten, den Richtern zum Verdruß? ... Ich sage es nicht versuchungsweise, wie einst König Salomo, um Euer Herz zu prüfen, Ettore! Ist doch die Erde kein lebendes Kind mit einem unteilba-

ren Blut und Leben in den Adern, sondern bestimmt, in Stücke zerrissen, verteilt oder geraubt zu werden!«
Der Graf hätte sogleich zugegriffen, wäre er sich selbst über seine Gefühle für Donna Angela klar gewesen. Am liebsten hätte er die flavianischen Güter ohne sie besessen. Er hatte das edle Mädchen von Anfang an als ein eigenwilliges und unerzogenes Geschöpf betrachtet – doch, o Wunder, seit einiger Zeit geschah etwas mit Angela. Ihre Härte und Herbigkeit verschwand wie die einer schwellenden Frucht, die an der Sonne reift, und welche andre Sonne konnte sie gezeitigt haben, als die Sonne der Liebe? Welcher Sterbliche aber konnte dieses stolze Herz besitzen, wenn nicht Graf Contrario?
Im Streite seiner Gedanken erbat er sich ein Jahr Bedenkzeit.
Während Angela, immer stiller werdend, am Hofe von Ferrara in der demütigenden Gewißheit lebte, daß der Herzog ihr Dasein als ein Übel empfand, dessen er sich gern entledigt hätte, trat Donna Lucrezia auf die Höhe ihres Glücks.
Sie hatte Don Alfonso zwei wohlgebildete und begabte Knaben gegeben, und er war ihr dafür, sie täglich höher haltend, von Herzen dankbar.
Fast ebensosehr liebte er die wunderbare Klugheit, mit welcher sie in der denkbar schwierigsten Lage, während des venezianischen Krieges, da der Herzog im Lager, und die Fortdauer des Staates Ferrara bedroht war, ohne den Beistand des genialen Kardinals die Regentschaft führte.
Nicht daß dieser für das Schicksal Ferraras gleichgültig geworden wäre. Er riet und wirkte von Mailand her mit brüderlicher Gesinnung zugunsten des Herzogs, so-

weit seine Macht reichte. Seine Körperkräfte aber verzehrten sich darüber und er litt an häufigen Rückfällen seines verderblichen Fiebers.

Donna Lucrezia lenkte indessen auch ohne ihn das Staatsruder nicht nur mit weitester Umsicht, sondern im entscheidenden Augenblick auch mit männlicher Entschlossenheit. So war es kein Wunder, daß Ferrara und sein Herzog Lucrezia Borgia fast vergötterten.

Aber die kühle, besonnene Fürstin führte mit Bescheidenheit ihren Triumphwagen und hörte den hinter ihr stehenden lästernden Sklaven wohl, der, nach dem Gebrauche des römischen Triumphes, ihr jegliche Schmach ihrer Vergangenheit ins Ohr raunte und nichts vergaß, was sie beschämen konnte.

Da sie nun ihren Ruf vor der Welt gereinigt und wiederhergestellt hatte, war sie auch darauf bedacht, sich den Himmel zu versöhnen. Um so mehr gehorchte sie diesem Antrieb, da sie ihre Kinder mit Schmerzen gebar und oft von einer Ahnung frühen Todes beschlichen wurde.

Sie unternahm auch dieses Werk auf eine ganz sachliche Weise. Gleichwie ihr Vater in ungeheuerlicher Naivität nie an den Dogmen und Wundern einer Kirche gezweifelt hatte, deren Haupt und Schande er war, hatte sich auch Lucrezia in einer geistig heidnischen Welt niemals von den kirchlichen Formen und Vorstellungen entfernt.

Verständig wie sie war, täuschte sie sich nicht über die Summe und Schwere ihrer Sünden und dachte bescheiden von ihren Verdiensten, den frommen Übungen und Almosen, die sie zwar täglich zu vermehren trachtete, die aber gegenüber der Art und Größe ihrer

Schuld vor ihren klugen und scharfen Augen täglich wieder zerrannen. Sie war eine Danaide, die unermüdlich Wasser in ein rinnendes Gefäß schöpfte. Nur der Verdammnis zu entgehen hoffte sie und mit Hülfe der kirchlichen Rettungsmittel einen untersten Raum des Fegefeuers zu gewinnen. Einmal dort, so überredete sich die Kluge in liebenswürdiger Torheit, würde es ihr durch die Vermittelung der Heiligen gelingen, eine höhere Stufe zu erreichen.

Pater Mamette, den die Herzogin, sooft sie bei den Klarissen wohnte, als einen Sachkundigen in den Angelegenheiten ihrer Seele zu Rate zog, war in der göttlichen Mathematik erfahren, nach welcher die Großen klein sind und die Armen alles besitzen, und sah wohl, daß sie zu den Reichen gehörte, die schwerlich ins Himmelreich kommen. Ihr Ursprung schon, im Schoße der Kirche, mußte ihm ein Herzeleid sein. Doch nicht hierin, noch in ihrer schauerlichen Jugend, sah er den Felsblock, der ihr die niedrige Pforte der göttlichen Armut verschloß. Wohl aber in ihrer Schlangenklugheit, mit der sie sich selbsttätig durch alle Spalten emporwand.

Doch erkannte er dankbar den Segen, den ihre geschmeidige Lebensweisheit und Staatskunst dem ferraresischen Hause und Staate brachte, und im übrigen getröstete er sich mitleidig damit, daß bei Gott kein Ding unmöglich sei.

Und wenn sie ihm klagte, sie könne Gott nicht lieben, sagte er ihr, der Anfang der Werbung gebühre dem Manne, und sie müsse in Geduld und Almosen ausharren, bis Gottes Liebe um sie freie.

Im vertrauten Umgange mit dem Franziskaner ließ es sich die Herzogin nicht entgehen, ihn auch über Angelas Herz zu beraten. Sie klagte über der jungen Base eigenartiges und gegen die Kirche unbotmäßiges Gewissen, das ihr einrede, sie sei der Ursprung und die Verkettung einer Menge von Unheil, das durch keine kirchliche Buße zu sühnen sei. Diese hochmütige Trauer über eine eingebildete oder willkürlich vergrößerte Schuld sei das Hindernis einer glänzenden Versorgung, die sie für das Mädchen im Auge habe. Es sei die Pflicht Pater Mamettes, dieses übertriebene Gewissen zur Bescheidenheit zurückzuführen und ihr den Verstand des Lebens beizubringen.

Des Paters dunkle Augen lachten, als er erwiderte:

»Es ist wahr, Erlaucht, das Gewissen Eurer Base ist vorlaut und aufrichtig, wie der erste Schlag der Morgenglocke, der zur Messe ruft. Doch in einem irrt Ihr, sie scheut die kirchliche Buße nicht ... ich habe ihr die richtige auferlegt.«

Und er beurlaubte sich, der Herzogin den Segen erteilend.

Lucrezia ergriff in klösterlicher Demut die Hand des Franziskaners, um sie zu küssen, streifte dann aber, nachdem sie flüchtig zwischen der Hand und dem Ärmel gezaudert, mit dem zarten Munde die eigenen Finger.

Im fünften Lenz der Gefangenschaft Don Giulios suchte die Herzogin zu ungewöhnlicher Zeit die Klosterstille. Sie hatte ein totes Kind geboren und zog sich zu den Klarissen zurück, um zu trauern über das verlorene und zu danken für ihr eigenes, gerettetes Leben.

Doch nach einer Reihe stiller Tage wurde ihr Aufenthalt unversehens gestört und abgekürzt.

Die Ereignisse bewegten sich um den »vergessenen Turm«, der bisher in seiner Blätterwildnis von ihr unbeachtet geblieben war.

Eines Tages fehlte die alte Äbtissin im Refektorium bei der Hauptmahlzeit, an welcher die Herzogin mit Angela aus besonderer Güte teilzunehmen pflegte. Sie lag krank. Infolge eines plötzlichen Schreckens war ihr die Gicht aus den geschwollenen Füßen in die Brust gestiegen, und sie atmete mühsam. Die Schwestern aber waren verstört wie eine Schar hirtenloser Schafe.

In der Verwirrung vergaßen sie sogar die Klosterregel des Schweigens und erzählten sich wispernd die unglaublichsten Geschichten, die im Frühlicht dieses Tages sich im »vergessenen Turme« ereignet und die hochwürdige Mutter dem Tode nahe gebracht haben sollten. Der verlarvte Prinz, der dort seit Jahren sein Wesen treibe, sei in der vergangenen Nacht entführt, andere sagten – erdrosselt worden.

Eines sei sicher, der alte Mirabili, der allein in das Verlies sich habe einschleichen können, sei vor Sonnenaufgang mit schweren Ketten beladen und mit sterbendem Angesicht am Klostertore vorübergeführt worden. Schwester Consolazione habe mit eigenen Augen gesehen, wie der jammernde Greis, mit Eisen belastet, sich kaum habe weiterschleppen können. Er habe unter unverständlichen Hülferufen die gefesselten Hände nach ihr ausgestreckt. Sie hätte blutige Tränen darüber weinen mögen.

»Wer ist dieser Vermummte, das Gespenst des ›vergessenen Turmes‹?« wandte sich die Herzogin an Angela, indem sie sich mit ihr aus der verwirrten Nonnenschar des Refektoriums in ihre Zelle zurückzog. »Mirabili?

Ist das nicht der Name des alten Lehrers meines Herrn und der Prinzen, seiner Brüder? ... Sollte Don Giulio ...«
Eine schnelle Entdeckung erhellte und beschämte ihren Geist. »Taucht der Verschollene wieder auf? Und hier? Und sie sagen, daß er schon lange da ist! Wie konnte mir das entgehen und so lange verborgen bleiben!« – Ohne sich weiter um die tief errötete Angela zu kümmern, schloß sie sich in ihre Zelle ein und schrieb an den Herzog.
Sie meldete ihm, der Friede des Klosters sei durch eine Verhaftung gestört worden. Ein rätselhaftes Begegnis, dessen Erklärung allein Seine Hoheit ihr geben könne, mache eine Zwiesprache zwischen ihr und ihrem Gemahl wünschbar und beendige ihren Aufenthalt bei den Klarissen. Er möge sie morgen in der ersten Abendstunde zurückerwarten.
Lucrezia verließ an jenem Abend ihre Zelle nicht mehr. Sie erkundigte sich durch eine Zofe nach dem Befinden der Äbtissin und erfuhr, Donna Angela besuche eben die Kranke, der es besser gehe. Pater Mamette sei angekommen und das Kloster in seine Ruhe zurückgekehrt.
Lucrezia wollte die Klarissen nicht verlassen, ohne den Wolf zu kennen, der die fromme Herde in Aufruhr gebracht hatte.
So beschied sie auf eine Frühstunde des nächsten Tages, statt der kranken Äbtissin, Pater Mamette, dessen Ankunft ihr gelegen kam, auf ihre Zelle.
Sie wollte ihn über seine geheime Mitwissenschaft an diesen Dingen, die sie vermutete und die sie ihm verdachte, zur Rede stellen und, wenn es nötig wäre, ihn mit den verfänglichsten Fragen martern.

Die Lenznacht war schwül und mit dem Dufte unzähliger Blüten beladen. Die Herzogin fand keine Ruhe, sie erhob sich und setzte sich an das geöffnete Fenster.
Der die weiten Gastzellen enthaltende Anbau bildete eine Seite des vergrößerten Klosterhofes und war durch dessen südlichen, mit dem üppigen Laube der Feigen und Limonen dicht gefüllten Winkel von dem »vergessenen Turme« getrennt. Über dem Blätterdache trat die schwere, durch Verfall und Überwucherung formlos gewordene Masse des gewaltigen Rundbaues in den Hof hinein. Lucrezia erinnerte sich, früher zur Nachtzeit eines der kleinen zwei oder drei, kaum sichtbaren, auf ungleicher Höhe in die Mauer gebrochenen Fensterchen schwach erhellt gesehen zu haben. Heute war das Innere des Turmes dunkel. Von außen aber war er überglänzt von den hohen Sternbildern und an seinem Fuße umschwärmt und umtanzt vom Funkenspiele zahlloser Leuchtkäfer.
Stundenlang belauschte die Schlaflose die Stille der Nacht und das Rauschen des Hofbrunnens.
Da war es, als knickten die Zweige und rauschten leichte Tritte auf dem Rasen. Es wurde wieder still. Jetzt präludierte leise eine Laute. Und jetzt vernahm Lucrezias Ohr aus der Tiefe des Turmes und einer männlichen Brust einen sanft beginnenden und in Sehnsucht anschwellenden Gesang:

»Ich glaube, daß im Maienduft der reine
Gestirnte Himmel glänzt, ich kann's nicht schauen!
Ein einz'ger Stern darf meinen Himmel zieren …

Und, wehe, meinen Stern muß ich verlieren,
Dich, treues Weib, die Liebende, die Meine!
Mein Leben kehrt zurück in stummes Grauen!
Der Freund war mein Verderben.
Ich muß vergehn und sterben,
Mißgünstig schickt der Bruder mich von dannen,
In öde, fremde Kerker mich zu bannen.«

Lucrezia war nicht im Zweifel, daß sie Don Giulios markige Stimme hörte; bevor sie aber die Bedeutung dieser in Wohllaut klagenden Worte erfassen konnte, antwortete eine andre Nachtigall aus den Feigenbäumen empor.
Auch diese weiche Altstimme war ihr wohlbekannt. Angela sang:

»Getrost! An diesem Tag, der schon im Osten
Den Himmel bleicht, geb ich Lucrezien Kunde
Von unsrer Treu, zerreißend feige Schleier,
Und wir begehen unsre Hochzeitsfeier,
Gemeinsam fürder Lieb und Leid zu kosten,
Und wär es auch in eines Kerkers Grunde!
Willkommen junge Klarheit!
Willkommen Tag der Wahrheit!
Von Haft zu Haft bis in das Reich der Schatten
Begleit ich den geliebtesten der Gatten.«

Nach einer großen Überraschung und einer Aufwallung von Ärger, die ebensosehr ihrer eigenen jahrelangen Unaufmerksamkeit als dem Geschehenen galt, empfand die Herzogin, lebensklug, wie sie war, jene

Beruhigung, die in der vollendeten Tatsache liegt. Denn, wie sie die Base kannte, war es für sie Gewißheit, daß der Zwiegesang am »vergessenen« Turme ein entschlossenes Opfer Angelas und eine vorangegangene Trauung bedeutete, und sie ahnte auch mit Sicherheit, welcher Priester diesen unwiderruflichen Akt vollzogen habe.

»Der gottlose Franziskaner!« schalt sie ganz im Ernste, indem sie sich auf ihr Lager zurückzog, wo sie, ihr leichtes Haupt auf das Kissen legend und ihre Gedanken abwerfend, entschlummerte.

Sie schlief in den hellen Morgen hinein, und als sie erwachte, erblickte sie Angela, die mit bittenden Augen an ihrem Lager kniete.

Sie aber schloß ihre Lider noch einmal, legte das blonde Haupt auf das Polster zurück und sprach abwehrend: »Verschone mich mit deiner Bitte, die ich ungesagt kenne ... Du willst mich wieder bei den Klarissen zurückhalten, weil du der geistlichen Übungen nicht satt wirst, du Fromme! Diesmal kann es nicht sein ... ich erwarte die Verfügung des Herzogs. Und liegt dort nicht schon ein Schreiben Don Alfonsos? Du hast es mir während meines Schlummers gebracht? Gib es mir gleich!«

Sie löste das Siegel und überflog die Botschaft mit raschem Blicke. Ihr Gemahl hatte geschrieben:

»Geliebte Herzogin!

Beruhigt Euch über den Vorfall im Kloster. Es handelt sich einfach um eine Torheit des altersschwachen Mirabili. Er verkehrte mit dem Blinden, der, wie Ihr vielleicht nicht wußtet, seit einigen Jahren den ›vergessenen‹ Turm bewohnte, ihn aber heute verläßt. Der Alte hatte sich in den Gedanken verbohrt, den Blinden, dem die Verführungskunst geblieben ist, in Freiheit zu setzen. Nachdem er vor zwei Jahren schon ein wunderliches und unehrerbietiges Schreiben an mich gerichtet, hat er vor kurzem, Torheit auf Torheit häufend, mit einer erbärmlichen Summe den Turmwart zu bestechen versucht und nach einem Abdruck in Wachs einen Schlüssel des Turmes bei meinem Hofschlosser bestellt. Wenige Stunden später lag Bestechungssumme und Wachsabdruck auf meinem Tische. Ferne sei von mir, über meinen weiland Lehrer, der bei grünen Kräften mich zu meinem Heile und mit gutem Erfolg gezüchtigt hat, strenges Gericht zu halten! Er sitzt nun bei meinen Benediktinern in Modena, die ihn mit ihren Manuskripten in ihrem festen Hause aufbewahren.

Es ist gut, daß Ihr heute kommet. Graf Contrario wird mir von Stunde zu Stunde unleidlicher. Nicht genug, daß er in meiner armen Fayencemalerei ein falsches Kunstprinzip erkennt, ist er mir gestern hinter meine Drehbank geraten und hat mir mit seinen eigensinnigen Fingern eine Hauptschraube verkrümmt. Kommet, bevor er mir alles verdirbt, und bringet das Mädchen mit, daß wir sie heute noch zusammengeben und beide, nebst den flavianischen Gütern, endgültig loswerden.

Inzwischen Euer gnädiger und Euch herzlich liebender Gemahl.«

Lucrezia las diese Zeilen zwischen Lächeln und Besorgnis. »Große«, sagte sie – so pflegte sie die höher gewachsene Angela scherzend zu nennen – »reiche mir das Morgengewand und mache mich fertig, daß wir mit lauterm Antlitz und geordneten Gedanken dein Bestes erwägen, denn, wisse, von deiner Zukunft handelt dieser Brief. Der Herzog wünscht dich noch heute mit Graf Contrario zu vermählen.«

Als Angela zusammenschrak, lächelte die Herzogin: »Frauenschicksal! ... Bist du denn ein Heiligtum, daß du eine redliche Werbung als Beleidigung empfindest, nicht anders, als schände dein Freier einen geweihten, oder betrete wenigstens einen fremden, verbotenen Boden?

Ich habe dich aus Rom nach Ferrara mitgenommen, um dir in dieser gewalttätigen Zeit durch eine ehrenvolle Heirat eine feste und hohe Stellung zu geben, und der Graf, den wir für dich erwählt haben, bietet dir, bei einigen unangenehmen Eigenschaften, alle diese bedeutenden Vorteile. Dazu ist er ein vollkommener Edelmann.«

»Edelmann?« spottete Angela, »und er würde mich heimführen ohne Liebe? Als Anhängsel der flavianischen Güter?«

»Was forderst du denn?« antwortete Lucrezia erbittert: »Willst du es anders haben, als wir alle? Was ist Männerliebe? Reiz, List, Begier, Gewalttat, Haß, Ekel! ... Ich habe nie einen Mann geliebt!« So bekannte Lucrezia Borgia.

Angela schwieg. Sie wußte es anders und besser. Dann sagte sie einfach: »Aber die Liebe, die aus Reue und Mitleid stammt?«

»Das ist die himmlische«, meinte Lucrezia, »ganz nach dem Katechismus!«

»Himmlisch oder irdisch!« bekannte Angela, »aus dieser Liebe bin ich das Weib Don Giulios geworden.«

Die Herzogin stellte sich erstaunter und erzürnter als sie war: »So konntest du dich gegen mich und den Herzog vergehen, du Arge! Du stürzest dich in die Schmach und das Dunkel, statt wie es jedem edeln Weibe geziemt und angeboren ist, hoch und höher zu streben und durch verborgene Klugheit das Leben zu beherrschen! Du aber, Niedrige, suchst den Kerker eines Blinden und Verurteilten.«

»Wie ich mich so erniedrigen konnte, will ich dir erzählen, Lucrezia«, sagte Angela stolz und demütig.

»Am Abend, da Strozzi ermordet wurde, und ich zu dir ins Kloster floh, sah ich, wie Don Giulio in den ›vergessenen‹ Turm gebracht wurde, und schon damals hafteten meine Blicke an den erbarmungslosen Mauern und trugen mich meine Füße unter das im Grün verborgene Gitterfenster. Schon damals hätte ich gerne zu ihm geredet, aber die Stimme versagte mir.

Im Herbste dann, zur Adventszeit, erreichte sie ihn. Der Nordwind hatte einen Haufen welken Laubes ergriffen, wirbelte es empor und jagte es durch das Kerkerfenster zu dem Este hinein, so daß die morschen Blätter ihn raschelnd überschütteten und, wenn er danach tastete, in seinen Händen zerbrechen mußten. Da erschien es mir unendlich grausam, daß die Natur dem Elenden ihren Tod über das Haupt streute. Ich erhob meine Stimme und rief:

›Don Giulio, Euer Unglück ist da! Es folgt Euch in Liebe.‹

Er aber erkannte meine Stimme und antwortete: ›Sei mir willkommen!‹ ... Damals und später, sooft ich mich ihm nähern konnte, erklärte er mir sein Inneres folgendermaßen:

›Als du mich einst in Pratello aufstörtest, sagte ich dir, du könntest Vergangenes nicht ändern und meine Augen nicht wiederschaffen; aber jetzt sind mir geistige aufgegangen. Ich sehe‹ – er lächelte – ›ich sehe mit ihnen, daß, wenn mich dein zufälliges Wort geblendet hat, es zu meinem Heile geschah; zwar auf eine schmerzliche und gewaltsame Weise, wie eine Mutter ihr schreiendes Kind einem Räuber aus den Armen reißt! Denn ich wäre in dumpfer Lust zugrunde gegangen, während ich jetzt mit hellen Sinnen lebe, wenn auch als ein Verminderter, da mir das edle Augenlicht genommen ist und ich beschränkt bin auf ein dunkles Tagewerk. Nur sehne ich mich freilich nach der Waldluft und dem Erdgeruch meines Pratello und auch nach den Hunderten, die es bebauen und denen ich gerne ein guter und gerechter Vater wäre.‹«

Und Angela begann mit überschwenglichen Worten Don Giulios neues Wesen zu preisen und auch ihr Glück ... Doch das Unaussprechliche ließ sich nicht sagen und sie schloß damit, Lucrezia zu umhalsen und bis zum Ersticken zu küssen.

Während sich diese der Umarmung zu entziehen suchte, trat Pater Mamette mit schuldlosem und hellem Angesicht ein.

Die Herzogin aber wandte sich entrüstet gegen ihn.

»Ruchloser Mönch!« redete sie ihn an, »wie durftest du es wagen, deinen Herzog mit so frechem Eingriff in seine vormundschaftliche Macht über diese hier zu beleidigen?«

»Ihr meint, erlauchte Frau, damit, daß ich Don Giulio d'Este mit Donna Angela Borgia getraut habe?« sagte er bescheiden. »Ich tat es im Dienst einer höheren Gewalt als der des Herzogs. Es handelte sich um das Leben Don Giulios und um den Frieden dieses Herzens!« – er blickte auf Donna Angela.

»Im Grunde des ›vergessenen‹ Turmes liegt eine enge Kapelle, die zum Dienste der Gefangenen bestimmt ist und durch ein hochgelegenes, schmales, mit schweren Eisenstäben vergittertes Fenster kaum erhellt wird.

Dorthin führe ich allsonntäglich Don Giulio und lese für ihn die Messe. Da erhob ich einmal vor Jahren während der heiligen Gebräuche den Blick zum Fenster, wo sich etwas, wie die Schwinge eines Vogels, geregt hatte. Zwischen dem grünen Blattwerk sah ich braunes Kraushaar und zwei andächtig leuchtende Augen. Es konnte ein Engel sein, welcher der heiligen Messe beiwohnte … er störte mich nicht.

Als ich dann den Kerker verließ, begegnete mir in der Klosterkirche Donna Angela, deren Beichte ich hören sollte.

Ich erschrak bei ihrem Anblick; denn ihre Stirne trug in tiefen blutroten Striemen das Zeichen des Kreuzes. Was konnte es anders sein als der Eindruck des Fenstergitters der Turmkapelle? Ich erriet, daß die Jugendliche, das verschlungene Geäst der Feigenbäume benützend, im Laubdunkel verborgen, die Stirn auf die harten Eisenstäbe gestützt hatte, um in die Kapelle hinunterzublicken.

In ihrer Beichte quoll ihr Elend empor. Tiefer und blutiger, als es auf ihrer Stirne stand, hatte sich das Gefängnis Don Giulios in ihr Herz eingeschnitten. Die ganze Schuld an der Blendung des Este und nicht minder die Schuld seines Hochverrats lag auf ihrem Gewissen. Sie war die Ursache seines Kerkers.

Sehnsüchtig verlangte sie nach einer Sühne, die unmöglich war, und nach einer Buße, welche die Höhe ihrer Schuld niemals erreichen konnte. Seine Augen konnte sie nicht neu schaffen, und ihr Verlangen, wenigstens, mit ihm verurteilt, sein Kerkerdunkel zu teilen, konnte ihr die irdische Gerechtigkeit nicht gewähren. Aus diesem Inhalt ihres Herzens erkannte ich ihre große Liebe zu Don Giulio: Denn Liebe schlägt gering an, was sie gibt, hoch, was sie verschuldet, und bedarf einer großen Vergebung.

Was aber das Recht nicht verleihen kann, das gewährt die Barmherzigkeit der Kirche. So mußte und durfte ich unwürdiger Priester durch das Sakrament der Ehe die beiden in *eine* Schuld und in *eine* Buße vermählen.

Das Staatsgesetz übertraten sie bei der Trauung in keiner Weise. Der Gefangene verließ den Turm nicht, er stand in der Kapelle, und Donna Angela stützte wieder ihre Stirne an das Gitterkreuz, durch welches die von mir gesegneten Ringe gewechselt wurden ...«

»Solche Ehe ist verwerflich und ungültig«, behauptete die Herzogin empört.

»So blieb es«, fuhr der Franziskaner ruhig fort, »bis Don Giulio nach dem unglücklichen Briefe Mirabilis von einem verderblichen Fieber aufs Lager gestreckt wurde. Wie war es möglich, die Eines gewordenen im Sterben zu trennen! ... Er genas unter Donna Angelas Pflege. Die Ehe blieb verborgen, da Angela damals länger als sonst und allein bei den Klarissen blieb, während Eure Erlaucht zur Zeit des venezianischen Krieges in Abwesenheit des Herzogs vom Morgen bis zum Abend dem Wohle des Staates lebte. Die Stunde der Entdekkung stellte ich, wie unser ganzes Los, in Gottes Hand.«

»Das Eurige könnte leicht ein schlimmes werden, ehrwürdiger Vater, wenn ich mich nicht herablasse, bei Don Alfonso für Euch einzutreten und fürzusprechen!« sagte Donna Lucrezia mit einem Zuge der Verachtung um den feinen Mund.

»Tut, was Ihr dürft!« erwiderte der Franziskaner und beurlaubte sich.

Als am Abend in der Dämmerung die Sänfte der scheidenden Herzogin, aus dem Kreise der Nonnen fortgehoben, ins Freie trat, erschien vor dem Tore des »vergessenen« Turmes der Pater noch einmal. Mit erbleichtem Angesicht hielt er die Träger auf und flüsterte der Herzogin zu:

»Der Gefangene ist verschwunden. Ich weiß, daß der Hauptmann der herzoglichen Leibwache verlarvt bei ihm erschien und ihn unter einer dunkeln Maske weggeführt hat. Tretet für ihn ein, Madonna, wie Ihr es mir verhießet!«

Als die beiden Frauen den erleuchteten Festsaal der Burg betraten, fanden sie dort Don Alfonso, der, die Herzogin erwartend, auf und nieder schritt und sich zuweilen mit einem Blick und einem Rat an der Schachpartie beteiligte, welche ein grauer Höfling mit langer ehrwürdiger Nase gegen den Grafen Contrario spielte.

»Schach und matt!« krähte der Graf triumphierend und trat, während sein Gegenpart vernichtet auf das verlorene Spiel starrte, den Frauen ritterlich entgegen.

Aber schon hatte der Herzog Donna Lucrezia zu einem entfernten Ruhesitz geführt und begann, nachdem er sie kurz begrüßt hatte, ihr ein Schreiben mitzuteilen. Es kam aus Mailand. Der Kardinal Ippolito hatte es mit zitternder Hand geschrieben und es lautete:

»Geliebtester Bruder, ich bereite mich zum Sterben. Ein inneres Geschwür tötet mich. Ich leide unerträglich. Mich quält der Gedanke: Vielleicht könnte ich leichter scheiden, wenn Don Giulio, mit dem ich mich oft beschäftige, seinen Kerker verließe.

Erweise mir diesen letzten Dienst und lebe wohl.«

»Du begreifst«, sagte der Herzog, »daß ich sofort willfahrte. Aber wohin nun mit dem Blinden? Gib mir deinen Rat, Lucrezia, was ich mit ihm anfange. Er wird sogleich hier erscheinen. Ich habe Befehl gegeben, mir ihn vorzuführen.«

»Das Schicksal hat sich seiner angenommen«, sagte sie. »Erstaune! Seit zwei Jahren ist er vermählt. Zur Schande meiner Klugheit sei es eingestanden, mit meiner aus der Art geschlagenen Base, die im Schatten unsres Klösterchens den ›vergessenen‹ Turm besuchte. Strafe gehört ihr. Wir grenzen die beiden im Gebiete von Pratello ein und geben ihm Angela zur Hüterin.«

Ein wunderliches Gemisch von Entrüstung und Befriedigung erschien auf den Zügen des Herzogs. »Doch was fangen wir mit diesem an?« sagte er höhnend und deutete auf die Mitte des Saals, wo der Graf in längerer und sorgfältig begründeter Rede um die Hand der verstummten Angela warb.

Jetzt aber öffnete sich die Tür und der Blinde erschien auf der Schwelle.

»Vergebt, Herr – da ist mein Gemahl!« rief Angela selig und eilte zu ihm.

Don Giulio trat ein mit einer leichten Binde über den Augen, aber mit sicheren männlichen Schritten, von Angela unmerklich an der Hand geführt.

Er erreichte den Herzog, bog das Knie, faßte seine Hand und sprach:

»Bruder ich habe mich schwer an dir vergangen, da ich dir …« vielleicht wollte er sagen, »nach dem Leben stand« – aber der Bruder ließ den Bruder nicht ausreden, sondern hob ihn zu seinem Munde empor, und die Männer küßten sich und überschwemmten sich mit Tränen.

Der Herzog faßte sich bald.

»Mein Wort bleibt!« sagte er. »Du bist mein Gefangener im Umkreis deines weiten Pratello und diese setze ich dir zur Hüterin.«

»Er wird Euer Gebot nicht übertreten«, sagte Angela. »Weder dort noch anderswo; denn seinen dunkeln Kerker kann er niemals verlassen. Er trägt ihn überall mit sich.«

»Nicht wahr, Bruder«, bat Don Giulio, »du tötest mir meinen alten Mirabili nicht?«

»Was denkst du von mir, Julius? Ich sollte einen Mann töten, der uns die stoische Weisheit gelehrt hat! … Er sitzt wie im Paradiese bei unsern gelehrten Benediktinern in Modena!«

Graf Contrario hatte Mühe, an das zu glauben, was er vor sich sah. Er empfand nur den dunkeln Trieb, dem leidensvollen Paare etwas Unangenehmes zu sagen. So warf er noch zwei Steine, die sich aber in Rosen verwandelten.

Er wandte sich zuerst an den Blinden.

»Ich wünsche Glück, Prinz!« sagte er. »Aber erlaubt

mir den Mut meiner Meinung. Ich denke, ein wahrer Edelmann, ein ganz vollendeter Edelmann hätte sich wohl gefragt, ob es zart gehandelt sei, wenn ein Blinder eine Sehende an sich fesselt und sie mit verliebten Armen selbstsüchtig in sein Grab niederzieht. Blieb Euch das verborgen oder von Euch unerwogen?«

»Graf!« antwortete Don Giulio glücklich, »sie nahm mir die Augen und gibt mir dafür die ihrigen. Sie gibt gern und ich nehme gern. Sie ist selig im Geben und ich im Nehmen.«

Angela aber jubelte im Übermaß der Liebe:

»Deine schönen blauen Augen werden wieder erstrahlen, mein Geliebter: ... Du schicktest mich einst fort aus Pratello, weil ich sie nicht neu schaffen könne. Deine Augen werden heller und jünger leuchten als zuvor ... aus dem Angesichte deiner Kinder, wenn sie mir Gott gibt!«

Sie erschrak über ihre Kühnheit und wurde Glut.

Darauf warf der Graf seinen zweiten Stein.

»Madonna«, tadelte er, »es gibt Dinge, die eine gebildete Dame kaum zu denken wagt, geschweige, daß sie solche ausspricht!«

Angela antwortete mit festlichen Augen – schade, daß der Blinde nicht hineinblicken konnte! – »Was wollet Ihr, Graf? Ich bin eine Borgia, und bleibe eine Borgia, da müsset Ihr mir schon etwas zugute halten.«

Es entstand eine Pause. Graf Contrario aber wandte sich mit edelm Entschlusse an die Herzogin.

»Erlauchte Frau«, sagte er, »ich willige in die von Euch vorgeschlagene Teilung der flavianischen Güter.«

Inhalt

Conrad Ferdinand
Meyer

Gesammelte Werke
Zweiter Band

Herausgegeben von
Wolfgang Ignée

nymphenburger

Conrad Ferdinand Meyer

Novellen

Jürg Jenatsch
Der Heilige

nymphenburger

Texte nach den Ausgaben letzter Hand

Umschlaggestaltung: R. Susanne Berner, Weyarn
Satz: Fotosatz Völkl, Germering bei München
Druck und Binden: Welsermühl, Wels OÖ.
Printed in Austria 1985
ISBN 3-485-00440-5

NOVELLEN

JÜRG JENATSCH

Eine Bündnergeschichte

ERSTES BUCH

Die Reise des Herrn Waser

Erstes Kapitel

Die Mittagssonne stand über der kahlen, von Felshäuptern umragten Höhe des Julierpasses im Lande Bünden. Die Steinwände brannten und schimmerten unter den stechenden senkrechten Strahlen. Zuweilen, wenn eine geballte Wetterwolke emporquoll und vorüberzog, schienen die Bergmauern näher heranzutreten und, die Landschaft verengend, schroff und unheimlich zusammenzurücken. Die wenigen zwischen den Felszacken herniederhangenden Schneeflecke und Gletscherzungen leuchteten bald grell auf, bald wichen sie zurück in grünliches Dunkel. Es drückte eine schwüle Stille, nur das niedrige Geflatter der Steinlerche regte sich zwischen den nackten Blöcken und von Zeit zu Zeit durchdrang der scharfe Pfiff eines Murmeltieres die Einöde.

In der Mitte der sich dehnenden Paßhöhe standen rechts und links vom Saumpfade zwei abgebrochene Säulen, die der Zeit schon länger als ein Jahrtausend trotzen mochten. In dem durch die Verwitterung bekkenförmig ausgehöhlten Bruche des einen Säulenstumpfes hatte sich Regenwasser gesammelt. Ein Vogel hüpfte auf dem Rande hin und her und nippte von dem klaren Himmelswasser.

Jetzt erscholl aus der Ferne, vom Echo wiederholt und verhöhnt, das Gebell eines Hundes. Hoch oben an dem stellenweise grasbewachsenen Hange hatte ein Bergamaskerhirt im Mittagsschlafe gelegen. Nun sprang er auf, zog seinen Mantel fest um die Schultern und warf sich in kühnen Schwüngen von einem vorragenden Felsturme hinunter zur Einholung seiner Schafherde, die sich in weißen beweglichen Punkten nach der Tiefe hin verlor. Einer seiner zottigen Hunde setzte ihm nach, der andere, vielleicht ein altes Tier, konnte seinem Herrn nicht folgen. Er stand auf einem Vorsprunge und winselte hilflos.

Und immer schwüler und stiller glühte der Mittag. Die Sonne rückte vorwärts und die Wolken zogen.

Am Fuße einer schwarzen vom Gletscherwasser befeuchteten Felswand rieselten die geräuschlos sich herunterziehenden Silberfäden in das Becken eines kleinen Sees zusammen. Gigantische, seltsam geformte Felsblöcke umfaßten das reinliche, bis auf den Grund durchsichtige Wasser. Nur an dem einen flachen Ende, wo es, talwärts abfließend, sich in einem Stücke saftig grünen Rasens verlor, war sein Spiegel von der Höhe des Saumpfades aus sichtbar. An dieser grünen Stelle erschien jetzt und verschwand wieder der braune Kopf einer grasenden Stute und nach einer Weile weideten zwei Pferde behaglich auf dem Rasenflecke und ein drittes schlürfte die kalte Flut.

Endlich tauchte ein Wanderer auf. Aus der westlichen Talschlucht heransteigend, folgte er den Windungen des Saumpfades und näherte sich der Paßhöhe. Ein Bergbewohner, ein wettergebräunter Gesell war es nicht. Er trug städtische Tracht, und was er auf sein Felleisen geschnallt hatte, schien ein leichter Ratsdegen und ein Ratsherrenmäntelchen zu sein. Dennoch schritt er jugendlich elastisch bergan und schaute sich mit schnellen klugen Blicken in der ihm fremdartigen Bergwelt um.

Jetzt erreichte er die zwei römischen Säulen. Hier entledigte er sich seines Ränzchens, lehnte es an den Fuß der einen Säule, wischte sich den Schweiß mit einem saubern Taschentuche vom Angesicht und entdeckte nun in der Höhlung der andern den kleinen Wasserbehälter. Darin erfrischte er sich Stirn und Hände, dann trat er einen Schritt zurück und betrachtete mit ehrfurchtsvoller Neugier sein antikes Waschbecken. Schnell bedacht zog er eine lederne Brieftasche hervor und begann eifrig die beiden ehrfurchtswürdigen Trümmer auf sein weißes Blatt zu zeichnen. Nach einer Weile betrachtete er seiner Hände Werk mit Befriedigung, legte das aufgeschlagene Büchlein sorgfältig auf sein Felleisen, griff nach seinem Stocke, woran die Zeichen verschiedener Maße eingekerbt waren, ließ sich auf ein Knie nieder und nahm mit Genauigkeit das Maß der merkwürdigen Säulen.

»Fünfthalb Fuß hoch«, sagte er vor sich hin.

»Was treibt Ihr da? Spionage?« ertönte neben ihm eine gewaltige Baßstimme.

Jäh sprang der in seiner stillen Beschäftigung Gestörte empor und stand vor einem Graubarte in grober

Diensttracht, der seine blitzenden Augen feindselig auf ihn richtete.

Unerschrocken stellte sich der junge Reisende dem wie aus dem Boden Gestiegenen mit vorgesetztem Fuß entgegen und begann, die Hand in die Seite stemmend, in fließender, gewandter Rede:

»Wer seid denn Ihr, der sich herausnimmt, meine gelehrte Forschung anzufechten auf Bündnerboden, id est in einem Lande, das mit meiner Stadt und Republik Zürich durch wiederholte, feierlichst beschworene Bündnisse befreundet ist? Ich weise Euern beleidigenden Verdacht mit Verachtung zurück. Wollt Ihr mir den Weg verlegen?« fuhr er fort, als der andere, halb verblüfft, halb drohend, wie eingewurzelt stehen blieb. »Sind wir im finstern Mittelalter oder zu Anfang unseres gebildeten siebzehnten Jahrhunderts? Wißt Ihr, wer vor Euch steht? ... So erfahrt es: der Amtsschreiber Heinrich Waser, Civis turicensis.«

»Narrenpossen!« stieß der alte Bündner zwischen den Zähnen hervor.

»Laß ab von dem Herrn, Lucas!« ertönte jetzt ein gebieterischer Ruf hinter den Felstrümmern rechts vom Wege hervor und der Zürcher, der unwillkürlich dem Klange der Stimme seewärts sich zuwandte, gewahrte nach wenigen Schritten den mittäglichen Ruheplatz einer reisenden Gesellschaft.

Neben einem aus dunkeln Augen blickenden, kaum dem Kindesalter entwachsenen Mädchen, das im Schatten eines Felsens auf hingebreiteten Teppichen saß und ausruhte, stand ein stattlicher Kavalier, denn das war er nach seiner ganzen Erscheinung, trotz des schlichten Reisegewandes und der schmucklosen Waffen. Am

Rande des Sees grasten die des Sattels und Zaumes entledigten Rosse der drei Reisenden.

Der Zürcher ging, die Gruppe scharf ins Auge fassend, mit immer gewissern Schritten auf den bündnerischen Herrn zu, während ein mutwilliges Lachen die Züge des blassen Mädchens plötzlich erhellte.

Jetzt zog der junge Mann gravitätisch den Hut, verneigte sich tief und begann:

»Euer Diener, Herr Pom ...« hier unterbrach er sich selbst, als stiege der Gedanke in ihm auf, daß der Angeredete seinen Namen auf diesem Boden vielleicht zu verheimlichen wünsche.

»Der Eurige, Herr Waser«, versetzte der Kavalier. »Scheut Euch nicht, den Namen Pompejus Planta zwischen diesen Bergen herzhaft auszusprechen. Ihr habt wohl vernommen, daß ich auf Lebenszeit aus Bünden verbannt, daß ich vogelfrei und verfemt bin, daß auf meine lebende Person tausend Florin und auf meinen Kopf fünfhundert gesetzt sind und was dessen mehr ist. Ich habe den Wisch zerrissen, den das Thusnerprädikantengericht mir zuzuschicken sich erfreut hat. Ihr, Heinrich, das weiß ich, habt nicht Lust, den Preis zu verdienen! Setzt Euch zu uns und leert diesen Becher.« Damit bot er ihm eine bis zum Rande mit dunklem Veltliner gefüllte Trinkschale.

Nachdem der Zürcher einen Augenblick schweigend in das rote Naß geschaut, tat er Bescheid mit dem wohlüberlegten Trinkspruche: »Auf den Triumph des Rechts, auf eine billige Versöhnung der Parteien in altfrei Rhätia – voraus aber auf Euer Wohlergehen, Herr Pompejus, und auf Eure baldige ehrenvolle Wiedereinsetzung in alle Eure Würden und Rechte!«

»Habt Dank! Und vor allem auf den Untergang der ruchlosen Pöbelherrschaft, die jetzt unser Land mit Blut und Schande bedeckt!«

»Erlaubt«, bemerkte der andere vorsichtig, »daß ich als Neutraler mein Urteil über die verwickelten Bündnerdinge einigermaßen zurückhalte. Die vorgefallenen Formverletzungen und Unregelmäßigkeiten freilich sind höchlich zu beklagen und ich nehme keinen Anstand, sie auch meinerseits zu verdammen.«

»Formverletzung! Unregelmäßigkeit!« brauste Herr Pompejus zornig auf, »das sind gar schwächliche Ausdrücke für Aufruhr, Plünderung, Brandschatzung und Justizmord! Daß ein Pöbelhaufe mir die Burg umzingelt oder eine Scheuer in Brand steckt, davon will ich noch nicht viel Aufhebens machen. Man hat mich ihnen als Landesverräter vorgemalt und sie so gegen mich verhetzt, daß ich ihnen einen bösen Streich nicht verarge. Aber daß diese Hungerleider von Prädikanten einen Gerichtshof aus der Hefe des Volkes zusammenlesen, mit der Folter hantieren und mit Zeugen, die verlogener sind als die falschen Zeugen in der Passion unseres Heilandes – das ist ein Greuel vor Gott und den Menschen.«

»An den Galgen alle Prädikanten!« erscholl hinter ihnen der Baß des die Pferde zum Aufbruch rüstenden alten Knechts.

»So seid ihr aber, ihr Zürcher«, fuhr Planta fort, »daheim führt ihr ein verständiges züchtiges Regiment und bekreuzt euch vor Neuerung und Umsturz. Täte sich bei euch ein Bursche hervor wie unser Prädikant Jenatsch, er säße bald hinter Schloß und Riegel im Wellenberg, oder ihr legtet ihm flugs den Kopf vor die Füße. Von ferne aber erscheint euch der Unhold merkwürdig und eure Zünfte jauchzen seinen Freveln Beifall zu. Euer neugieriger und unruhiger Geist ergötzt sich daran, wenn die Flammen des Aufruhrs hell aufschlagen, solange sie euern eigenen First nicht bedrohen.«

»Erlaubt –« wiederholte Herr Waser.

»Lassen wir das«, schnitt ihm der Bündner das Wort ab. »Ich will mir nicht das Blut vergiften. Bin ich doch nicht hier als das Haupt meiner Partei, sondern um eine einfache Vaterpflicht zu erfüllen. Lucretia, mein Töchterchen – sie ist Euch ja nicht unbekannt –, kommt aus dem Kloster Cazis, wohin ich sie zu den frommen Frauen geflüchtet hatte, als der Sturm gegen mich losbrach, und ich führe sie nun auf einsamen Pfaden in ein italienisches Kloster, wo sie sich in den schönen Künsten üben soll. Und Ihr? Wohin geht Euer Weg?«

»Eine Ferienreise, Herr Pompejus, um den Aktenstaub abzuschütteln und die rätische Flora kennenzulernen. Seit unser Landsmann Konrad Geßner die Wissenschaft der Botanik begründet hat, treiben wir sie eifrig an unserm Carolinum. Überdies schuldet mir das Schicksal eine geringe Schadloshaltung für ein gescheitertes Reiseprojekt. Ich sollte nämlich«, fuhr er etwas schüchtern, aber nicht ohne geheime Eitelkeit fort, »nach Prag an den Hof Seiner Böhmischen Majestät gehen, wo mir durch besondere Gunst eine Pagenstelle zugesichert war.«

»Ihr tatet klug daran, es bleibenzulassen«, höhnte Herr Pompejus. »Dieser klägliche König wird in kurzem ein Ende nehmen mit Schrecken und Schande. Und jetzt«, fuhr er lauernd fort, »wenn Ihr mit der rätischen Flora vertraut seid, wollt Ihr nicht auch die des Veltlins studieren? So böte sich Euch Gelegenheit, bei Euerm Studienfreunde Jenatsch auf seiner Strafpfarre einzukehren.«

»Angenommen es fügte sich so, ich hielte es für kein Verbrechen«, versetzte der Zürcher, dem dies rücksichtslose Eindringen in seinen Reiseplan die Röte der Entrüstung auf Stirn und Wangen trieb.

»Ein nichtswürdiger Bube!« grollte Herr Pompejus.

»Mit Gunst, das ist ab irato gesprochen, Herr. Wohl mögt Ihr Euch mit Recht über meinen Schulgenossen zu beklagen haben. Ich verzichte darauf, ihn Euch gegenüber und in dieser Stunde zu verteidigen. – Erlaubt mir lieber, Euch um geneigten Aufschluß zu bitten über jene merkwürdigen Säulen dort. Sind sie römischen Ursprungs? Ihr müßt das wissen, ist doch Euer hochberühmtes Geschlecht seit Kaiser Trajan in diesen Bergen heimisch.«

»Darüber«, antwortete Planta, »wird Euch Euer gelehrter Freund, der Blutpfarrer, Auskunft geben. – Du bist bereit, Lucretia?« rief er dem Fräulein zu, das, als das Gespräch sich zu erhitzen begann, mit bekümmerter Miene still nach dem Saumpfade hinauf sich entfernt und bei den Säulen verweilt hatte, wo ihr jetzt eben Lucas eines der wieder gezäumten Pferde vorführte.

»Gehabt Euch wohl, Herr Waser!« grüßte Planta, sich rasch in den Sattel des zweiten schwingend. »Ich kann Euch nicht einladen, auf Euerm Heimwege bei mir im Domleschg einzusprechen, wie ich es unter andern Umständen gerne getan hätte. Die schuftigen Hände, die jetzt unser Staatsruder führen, haben mir, wie Ihr wißt, mein festes Haus Riedberg zugeriegelt und das durch sie entehrte Bündnerwappen auf mein Tor geklebt.«

Waser verbeugte sich und schaute eine Weile nachdenklich dem über die Hochebene davontrabenden Reisezuge nach. Dann bückte er sich nach seinem aufgeblättert am Wege liegenden Taschenbuche und warf, bevor er es schloß, noch einen Blick auf seine Zeichnung. Was war das? Mitten zwischen die zwei flüchtig entworfenen Säulen hatte eine kindlich ungeübte Hand große Buchstaben hineingeschrieben. Deutlich stand zu lesen: Giorgio, guardati.

Kopfschüttelnd preßte er das Büchlein mit dem eingesteckten Stifte zusammen und versenkte es in die Tiefe seiner Tasche.

Unterdessen hatten die Wolken sich gemehrt und verdüsterten den Himmel. Waser setzte seinen Weg durch die sonnenlose Felsenlandschaft mit beschleunigten Schritten fort. Noch heftete sein lebhaftes Auge sich zuweilen auf die großen dunkeln, jetzt unheimlich grotesken Felsmassen, aber es bestrebte sich nicht mehr, wie am Morgen, mit rastloser Neugierde diese ungewohnten seltsamen Formen sich einzuprägen. Es schaute nach innen und suchte mit Hilfe alter Erinnerungen das Verständnis des eben Vorgegangenen sich aufzuschließen. Offenbar konnten die warnenden Worte nur von der jungen Lucretia geschrieben sein; sie mußte, als die Rede auf Jenatsch kam, des Wanderers Absicht, den Jugendfreund aufzusuchen, durchschaut haben. Offenbar hatte sie sich weggestohlen in der Angst ihres Herzens, um dem jungen Pfarrer im Veltlin ein mahnendes Zeichen naher Gefahr zu geben. Offenbar zählte sie darauf, das Taschenbuch werde ihm zu Gesicht kommen.

Von dem eben Erlebten spannen sich Wasers Gedanken

an fliegenden Fäden in seine Knabenzeit zurück. Auf dem düstern Hintergrunde des Julier malte seine Seele ein farbenlustiges Bild, in dessen Mitte wiederum Herr Pompejus mit seinem Töchterlein Lucretia stand.

Zweites Kapitel

Waser sah sich in der dunkeln Schulstube des neben dem großen Münster gelegenen Hauses zum Loch im Jahre des Heils 1615 auf der vordersten Bank sitzen. Es war ein schwüler Sommertag und der würdige Magister Semmler erklärte seiner jungen Zuhörerschaft einen Vers der Iliade, der mit dem helltönenden Dativ magádi schloß. »Magás«, erläuterte er, »heißt die Drommete und ist ein den Naturlaut nachahmendes Klangwort. Glaubt ihr nicht den durchdringenden Schall der Drommete im Lager der Achaier zu vernehmen, wenn ich das Wort ausrufe?« Er hemmte seinen Schritt vor der großen Wandkarte des griechischen Archipelagus und rief mit hellkrähender Stimme: »Magádi!«
Diese Kraftanstrengung wurde durch ein schallendes Gelächter belohnt, das der Magister mit Genugtuung vernahm, ohne den Hohn zu bemerken, der im Beifalle seiner belustigten Schüler mitklang. War es ihm doch verborgen geblieben, daß ihm diese alljährlich wiederholte effektvolle Szene schon längst den kriegsmäßigen Spitznamen Magaddi zugezogen hatte, der sich im Wechsel der nachrückenden Geschlechter von Klasse auf Klasse vererbte.
Heinrich Wasers Aufmerksamkeit aber wurde seit einigen Minuten von einem andern Gegenstande gefesselt.

Er saß der morschen Eichentüre gegenüber, an welcher sich in längern Zwischenräumen ein zweimaliges, dreimaliges Klopfen hatte vernehmen lassen und die sich dann leise, leise auftat. Durch die Spalte wurden zwei spähende Kinderaugen sichtbar. Als der Drommetenstoß erscholl, mochte der kleine Besuch das tönende Wort für die in einer fremden Sprache an ihn ergehende Aufforderung zum Eintritte nehmen. Es öffnete sich geräuschlos die Tür und über die hohe Schwelle trat ein vielleicht zehnjähriges Mädchen mit dunkeln Augen und trotzig scheuer Miene. Ein Körbchen in der Hand näherte sie sich ohne Zögern dem würdigen Semmler, verneigte sich vor ihm mit Anstand und sprach: »Mit Eurer Erlaubnis, Signor Maëstro.« Dann schritt sie auf Jürg Jenatsch zu, den sie auf den ersten Blick in der Schülerschar entdeckt hatte.

Dieser saß, eine fremdartige Erscheinung, unter seinen fünfzehnjährigen Altersgenossen, die er um Haupteshöhe überragte. Seinem braunen Antlitz gaben die düstern Brauen und der keimende Bart einen fast männlichen Ausdruck und seine kräftigen Handgelenke ragten weit vor aus den engen Ärmeln des dürftigen Wamses, dem er längst entwachsen war. Beim Eintreten der Kleinen überflog eine dunkle Schamröte seine breit ausgeprägte Stirn. Er behielt eine ernste Haltung, aber seine Augen lachten.

Jetzt stand das Mädchen vor ihm, umschlang den Sitzenden mit beiden Armen und küßte ihn herzlich auf den Mund. »Ich habe gehört, daß du hungerst, Jürg«, sagte sie, »und bringe dir etwas ... Von unserm gedörrten Fleische, das du so gerne issest!« fügte sie heimlich hinzu.

Ein unbändiges Gelächter durchdröhnte die Schulstube, das Semmlers gebieterisch erhobene Rechte lange nicht beschwichtigen konnte. Die Augen des Mädchens blickten befremdet und überquollen dann von schweren Tränen des Unmuts und der Scham, während sie Jenatsch fest bei der Hand faßte, als fände sie bei ihm allein Schutz und Hilfe.

Jetzt endlich brach sich die strafende Stimme des Magisters Bahn: »Was ist da zu lachen, ihr Esel? – Ein naiver Zug, sag ich Euch! Rein griechisch! Euer Gebaren ist ebenso einfältig, als wenn ihr euch beigehen laßt über die unvergleichliche Figur des göttlichen Sauhirten oder die Wäsche des Königstöchterleins Nausikaa zu lachen, was ebenso unziemlich als absurd ist, wie ich euch schon eines öftern bewiesen habe. – – Du bist eine Bündnerin? Wem gehörst du, Kind?« wandte er sich jetzt mit väterlichem Wohlwollen zu der Kleinen, »und wer brachte dich hierher? Denn«, setzte er, seinen geliebten Homer parodierend, hinzu, »nicht kamst du zu Fuß, wie es scheint, nach Zürich gewandelt.«

»Mein Vater heißt Pompejus Planta«, antwortete die Kleine und erzählte dann ruhig weiter: »Ich kam mit ihm nach Rapperswyl und als ich den schönen blauen See sah und hörte, daß am andern Ende die Stadt Zürich sei, so machte ich mich auf den Weg. In einem Dorfe sah ich zwei Schiffer zur Abfahrt rüsten und da ich sehr müde war, nahmen sie mich mit.«

Pompejus Planta, der Vielgenannte, der angesehenste Mann in Bünden, das allmächtige Parteihaupt! Dieser Name machte auf Herrn Semmler einen überwältigenden Eindruck. Sogleich schloß er die Schulstunde und führte die kleine Bündnerin unter sein gastliches Dach, gefolgt von dem jungen Waser, der bei dem Magister, seinem mütterlichen Ohm, an diesem Wochentage das Mittagsmahl einzunehmen pflegte.

Als sie die steile Römergasse hinunterschritten, kam ihnen gestiefelt und gespornt ein stark gebauter imponierender Herr entgegen.

»Hab ich dich endlich, Lucrezchen!« sagte er, das Kind auf den Arm nehmend und heftig küssend. »Was fiel dir ein, mir zu entspringen, Kröte!«

Dann, ohne eine Antwort zu erwarten und ohne das Mädchen aus den Armen zu lassen, wandte er sich mit einer nur leichten Verbeugung, aber nicht ohne Anmut gegen Semmler und sagte in fließendem, doch etwas fremdartig ausgesprochenem Deutsch: »Ihr habt seltsamen Besuch in Eurer Schule erhalten, Herr Professor! Verzeiht die Störung Eures gelehrten Vortrags durch meinen Wildfang.«

Semmler beteuerte, daß es ihm zur besondern Freude und Ehre gereiche, das junge Fräulein und durch sie den edeln Herrn Vater kennengelernt zu haben. »Tut mir die Ehre an, hochmögender Herr«, schloß er, »eine bescheidene Mittagssuppe mit mir und meiner lieben Ehefrau zu teilen.«

Der Freiherr willigte ein, ohne sich bitten zu lassen, und erzählte unterwegs, wie er Lucretias Verschwinden spät bemerkt, dann aber gleich sich aufs Pferd geworfen und die Reisende mit Leichtigkeit von Spur zu Spur verfolgt habe. Er erzählte weiter, er besitze in Rapperswyl ein Haus, das er sich auf alle Fälle hin erworben, da es in Bünden wie draußen im Reich nicht mehr ganz geheuer sei. Lucretia habe ihn dahin begleiten dürfen. – Wie er dann von Semmler erfuhr, was das

Kind nach Zürich getrieben, brach er in ein schallendes Gelächter aus, das aber nicht heiter klang.

Als nach beendigtem Mahle die Herren beim Weine saßen, während die Frau Magisterin sich mit Lucretia beschäftigte, erkundigte sich Planta, vom Gespräch abspringend, plötzlich nach dem jungen Jenatsch. Semmler lobte seine Begabung und seinen Fleiß und Waser wurde abgeschickt, ihn aus dem Hause des ehrsamen Schuhmachers, wo er sich in Kost gegeben hatte, abzuholen. Nach wenigen Augenblicken trat Georg Jenatsch in die Stube.

»Wie geht es, Jürg?« rief der Freiherr dem Knaben gütig entgegen, und dieser antwortete bescheiden und doch mit einer gewissen stolzen Zurückhaltung, daß er sein Mögliches tue. Der Freiherr versprach, ihn bei seinem Vater zu rühmen, und wollte ihn mit einem Wink verabschieden; aber der Knabe blieb stehen. »Gestattet mir ein Wort, Herr Pompejus!« sagte er leicht errötend. »Die kleine Lucretia ist um meinetwillen wie eine Pilgerin im Staube der Landstraße gegangen. Sie hat meiner nicht vergessen und mir aus der Heimat eine Gabe gebracht, die sie mir freilich besser nicht gerade vor meinen Kameraden überreicht hätte. Doch bin ich ihr dafür dankbar und möchte ihr schon um meiner Ehre willen ein Gegengeschenk anbieten.« Damit enthüllte er aus einem Tüchlein einen kleinen, inwendig vergoldeten Silberbecher von schlichtester Form.

»Ist der Junge toll!« fuhr der Freiherr auf. Dann aber mäßigte er sich sogleich. »Was denkst du, Jürg!« fuhr er fort. »Kommt der Becher von deinem Vater? ... Ich wußte nicht, daß er über Gold und Silber gebiete. Oder erwarbst du ihn selbst im Schweiße deines Angesichts mit einer Schreiberarbeit? So oder so darfst du ihn nicht wegschenken. Es geht dir knapp genug und er hat Geldeswert.«

»Ich darf darüber verfügen«, antwortete der Knabe selbstbewußt, »denn ich habe ihn mit dem Einsatze meines Lebens gewonnen.«

»Ja, das hat er, Herr Pompejus!« ließ sich jetzt der lebhafte Waser mit Begeisterung vernehmen, »der Becher kommt von mir. Er ist das Zeichen meiner Dankbarkeit dafür, daß Jürg mich beim Baden aus den Wirbeln der reißenden Sihl, die mich hinuntergezogen, mit eigener Lebensgefahr gerettet hat. Und Jenatsch und ich und Fräulein Lucretia, wir wollen alle daraus auf Euer Wohl trinken.« Sprach's und füllte trotz eines seine unerhörte Kühnheit mißbilligenden Blickes, den ihm sein Ohm zuwarf, das Becherlein mit duftendem Neftenbacher aus dem geblümten Deckelkruge.

Jürg Jenatsch ergriff den Becher und suchte mit den Augen Lucretia. Sie hatte dem Vorgange mit brennender Aufmerksamkeit gefolgt. Jetzt machte sie sich von der Magisterin los und stellte sich ernsthaft zur Gruppe. Jürg kostete den Wein und reichte ihn mit dem Spruche: »Auf dein Wohl, Lucretia, und auf das deines Vaters!« dem schweigenden Kinde, das langsam von dem Tranke schlürfte, als beginge es eine feierliche Handlung. Dann gab es den Becher seinem Vater und dieser leerte ihn aus Verdruß mit *einem* Zuge.

»Mag es denn sein, du törichter Junge!« sagte Planta, »aber jetzt mach, daß du fortkommst. Auch wir werden bald aufbrechen.«

Jenatsch schied und Lucretia wurde von der Magisterin zu den Stachelbeersträuchern in den kleinen Hausgarten geführt, um sich, wie die kinderfreundliche Frau sagte, ihren Nachtisch selbst zu holen. Während die Herren, diesmal in italienischer Sprache sich unterhaltend, noch einmal zum Becher griffen, setzte sich Waser still in eine Fensternische mit einem Orbis pictus, in den er angelegentlich vertieft schien. Der Schlaue war des Italienischen nicht unkundig, er hatte es mit Jenatsch halb spielend getrieben und ließ, mit scharfem Ohre lauschend, sich kein Wort des interessanten Gespräches entgehen.

»Ich werde dem Jungen den Kinderbecher zehnfach ersetzen«, begann Planta. »Kein übler Bursche, wenn er nicht so hoffärtigen und verschlossenen Gemütes wäre. Hochmut kleidet schlecht, wo das Brot im Hause mangelt. Sein Vater, der Pfarrer von Scharans, ist ein grundbraver Mann und spricht als mein Nachbar häufig bei mir ein. Früher häufiger als jetzt. Ihr könnt Euch nicht vorstellen, Herr Magister, welch ein schlimmer Geist in unsere Prädikanten gefahren ist. Sie donnern von den Kanzeln gegen den spanischen Kriegsdienst und predigen Gleichberechtigung des Letzten mit dem Ersten zu allen Ämtern im Lande, auch zu den wichtigsten, was bei den gefährlichen politischen Konjunkturen, welche die umsichtigste Führung unsers Staatsschiffleins erfordern, notwendig zum Verderben des Landes ausschlagen muß. Von der unsinnigen protestantischen Propaganda, mit der sie unsere katholischen Untertanen im Veltlin quälen, will ich nicht reden. Ich bin wieder katholisch geworden, Herr, obgleich ich von reformierten Eltern stamme. Warum? Weil im Protestantismus ein Prinzip des Aufruhrs auch gegen die politische Autorität liegt.«

»Stellt Eure Pfarrer besser«, warf Semmler behaglich lächelnd ein, »und sie werden als zufriedene und angesehene Leute dem Untertan von der notwendigen Ungleichheit der menschlichen Verhältnisse den richtigen Begriff zu geben wissen.«

Planta lachte etwas höhnisch über diese der bündnerischen Opferwilligkeit gemachte Zumutung. »Um auf den Jungen zurückzukommen«, sagte er dann, »so gehört er auf einen Kriegsgaul, nicht hinter das Kanzelbrett, und würde dort weniger Unheil stiften. Ich hab es dem Alten oft gesagt: Gebt den Burschen mir, es ist schade um ihn! Aber der besegnete sich vor dem spanischen Kriegsdienste, wohin ich den hübschen Jungen empfehlen wollte.«

Semmler nippte bedächtig seinen Wein und schwieg. Er schien den Widerwillen des Scharanserpfarrers gegen die seinem Sohne geöffnete Laufbahn nicht zu mißbilligen.

»Ein Weltkrieg steht bevor«, fuhr Planta leidenschaftlicher fort, »und wer weiß, wie weit es ein so verwegenes Blut bringen könnte! Tollkühn ist der Bursche über alles Maß. Da muß ich Euch doch etwas erzählen, Herr Magister! Im Sommer vor etlichen Jahren – der Junge war noch zu Hause – trieb er sich täglich mit meinem Bruderssohne Rudolf und mit Lucretia auf dem Riedberg herum. Da kommt einmal Lucretia, als ich durch den Garten gehe, im Sturm mit freudeblitzenden Augen auf mich zugelaufen. ›Sieh, sieh, Vater!‹ ruft sie atemlos und deutet in die Höhe zu den Schwalbennestern meines Schloßturmes. Was erblick ich dort, Herr Magister! Ratet einmal ... Den Jürg, der rittlings auf dem äußersten Ende eines weit aus der Dachluke ragenden und sich auf und nieder wiegenden Brettes sitzt. Und der Schlingel schwingt noch den Filz und begrüßt uns mit Jubelgeschrei! Der andere mochte drinnen auf dem sichern Ende der improvisierten Schaukel hocken, und da Rudolf – ich sag es ungern – ein tückischer Junge ist, graute mir vor dem Wagstück. Ich erhob drohend die Hand und eilte hinauf. Als ich ankam, war alles wieder an Ort und Stelle. Ich faßte Jürg am Kragen, ihm seine Frechheit vorhaltend; er antwortete aber ruhig, Rudolf hätte gemeint, er würde sich dessen nicht getrauen, und das hätte er nicht dürfen auf sich sitzen lassen.«

Semmler, dessen Hände bei dieser Geschichte ängstlich nach den Armlehnen seines Stuhls gegriffen hatten, erlaubte sich nun das in ihm aufsteigende Bedenken auszusprechen, ob der Umgang Lucretias mit so wilden Jungen, vornehmlich mit dem durch eine unübersteigliche, mit der Zeit immer größer werdende Kluft von ihr getrennten Jenatsch, nicht die weibliche Zartheit und adelig feine Sitte des kleinen Fräuleins gefährden könnte.

»Flausen!« rief der Freiherr. »Ihr dürft Euch darüber keine Gedanken machen, daß das Kind dem Jungen nach Zürich nachgelaufen ist. Daran ist niemand als der Rudolf schuld. Er tyrannisiert das Mädchen und ängstigt es damit, daß er es seine kleine Braut nennt. – Er mag wohl derartiges von seinem Vater gehört haben, meinem Bruder wär es nicht unwillkommen, denn ich bin der Reichere; – aber das liegt in weitem Felde. Kurz, sie hat den stärkern Jürg, den der andere fürchtet, zu ihrem Beschützer gemacht. – Natürlich Kindereien. – Lucretia kommt nächstens zu adeliger Erziehung ins Kloster und hinter den Mauern wird sie mir sittsam genug werden, denn sie ist nachdenklichen Gemüts. – Was übrigens Eure unübersteiglichen Klüfte betrifft, so meinen wir in Bünden, auch wenn wir es nicht sagen: Das ist Vorurteil. Ehre, Macht und Besitz, versteht sich von selbst, muß haben, wer um eine Planta werben will. Ob es aus Jahrhunderten stamme oder gestern errafft sei, darnach fragen wir zuletzt.« –

Hier verjagte der sausende Sturm die vor dem Blicke des jungen Wanderers gaukelnden Bilder seiner Knabenzeit. Waser war wieder um fünf Jahre älter und schritt rüstig auf dem einsamen Saumpfade des Julier abwärts. Und auf rauhe Weise wurde er in die Gegenwart zurückgeholt. Ein aus der Talöffnung des Engadins aufbrausender Windstoß riß ihm den Hut vom Kopfe, den er mit einem verzweifelten Seitensprunge gerade noch erhaschte, ehe der zweite die leichte Beute dem in der Tiefe strudelnden Wildbache zuwarf.

Drittes Kapitel

Waser drückte seinen Filz tiefer in die Stirn, schnallte sein Ränzchen fester, und sprang, am jetzt steil werdenden Abhange die weiten Windungen des Saumpfades kürzend, eilig abwärts. Erst überschritt er die Wurzeln blitzgeschwärzter, seltsam verdrehter Arvbäume und die harten Rinnen ausgetrockneter Wildbäche, dann trat er weichen Rasen und plötzlich lag das sammetgrüne Engadin geöffnet ihm zu Füßen mit seinen am blitzenden Inn wie ein Geschmeide aufgereihten Bergseen. Aber es war ein letzter Sonnenstrahl zwischen Wolken, der es erhellte und talabwärts in lichter Ferne über dem See und den Weiden von St. Moritz regenbogenfarbig spielte.

Dem Niedersteigenden gegenüber ragte eine kahle dunkle Pyramide empor und daneben talaufwärts ein ebenso hoher mit grünschimmernden Gletschern behangener Grat. Hinter dem Joche, das sie verband, braute sich das Gewitter und drängte seine leise donnernden Wolken durch die Lücke, in der noch zuweilen grell ein entferntes Schneehaupt auftauchte.

Zur Rechten des Wanderers maskierten die Berge der andern Talwand jene steile Felstreppe, die fast plötzlich durch ein tiefeingeschnittenes Tal aus der leichten Bergluft in die Hitze Italiens hinunterführte. Dort hinter der Maloja quollen, vom Südwinde heraufgejagt, die schwülen Dünste wie ein Nebelrauch hervor über die feuchten Wiesen von Baselgia Maria, dessen weiße Türme hinter einem Regenschleier kaum noch sichtbar waren.

Jetzt erreichte der Saumpfad das erste Engadinerdorf, eine Gasse fester Häuser, die mit ihren Strebepfeilern und vergitterten Fensterluken kleinen Festungen glichen. Aber der junge Zürcher klopfte an keine der schweren Holztüren, sondern beschloß trotz der Dämmerstunde auf der Talstraße längs der Seen rüstig südwärts zu schreiten. Sein Vorsatz war, im Hospiz der Maloja zu nächtigen, um in der Frühe des nächsten Tages über den Murettopaß nach dem Veltlin aufzubrechen; denn – Herr Pompejus hatte es erraten – es ver-

langte ihn, und jetzt mehr als je, seinen Schulfreund Jenatsch zu umarmen.
Zwischen diesen hohen Bergen war es früh Abend und kühl geworden und der Weg dehnte sich endlos neben den am Gestade plätschernden Wellen. Ein feiner frostiger Nebelregen verhüllte die Gegend und durchdrang nach und nach die Kleider des in gleichmäßigem Schritte vorwärts Eilenden. Eine Schläfrigkeit, wie er sie während der Hitze des Tages nicht gefühlt, fiel auf seine Sinne und Gedanken wie eine leichte Erstarrung. Einmal an einer Stelle, wo der Inn mit raschen Wellen in engem Bette an ihm vorüberschoß und auf dem andern Ufer der stumpfe Turm eines schwerfälligen Kirchleins erschien, glaubte er Pferdegetrappel zu vernehmen. Über die Holzbrücke zu seiner Linken flog ein Reiter, der, nach der Maloja schwenkend, vor ihm herjagte und im Abenddunkel verschwand. War diese in einen Mantel gehüllte Gestalt nicht Herr Pompejus gewesen? Nein, es war ein einzelner scheuer Nachtfahrer, und der Freiherr geleitete und beschützte ja sein Töchterlein, für das er gewiß die sichere Gastfreundschaft seiner Sippe in einem der vornehmen Engadinerdörfer angesprochen hatte.
Endlich, endlich war der letzte See umschritten, trat der letzte Felsvorsprung zurück. Durch den Nebel schimmernder Feuerschein und Hundegebell verkündeten die Nähe eines Hauses, das nur die Paßherberge sein konnte. Waser gewahrte, der dunklen Steinmasse zuschreitend, mit Befriedigung, daß die Pforte der Hofmauer geöffnet war, und sah den Wirt, einen hagern knochigen Italiener, die tobenden Hunde an die Kette legen, wozu ihm der Stalljunge mit einer Pech-

fackel leuchtete. Das versprach einen gastlichen Empfang. Jetzt ergriff der Wirt die Fackel und hielt sie dem anlangenden Wanderer vors Gesicht.

»Was verlangt der Herr? Womit kann ich dienen?« fragte er, in unangenehmer Überraschung einen leisen Fluch, die Äußerung seines ersten Gefühls, unterdrükkend.

»Welche Frage!« antwortete Waser in fröhlichem Tone, »Platz an der Feuerstelle, um mich zu trocknen, Abendbrot und Nachtlager.«

»Tut mir leid, Herr – unmöglich!« versetzte der Wirt mit einer sein Bedauern und zugleich seine Unerschütterlichkeit höchst lebhaft ausdrückenden Gebärde, »das Haus ist besetzt.«

»Was, besetzt? Ihr scheint ja noch Gäste zu erwarten? Ein Obdach, wie immer beschaffen, könnt Ihr einem Reisenden in dieser Öde und in solcher frostigen Regennacht nicht unchristlich verweigern!«

Der Italiener reckte die Hand aus, gegen Süden weisend, wo der Nebel dünner war und jenseits der Wetterscheide der Maloja über zerrissenen Bergzacken die Mondscheibe durchschimmerte. »Von dorther kommt es besser«, sagte er und holte aus dem Hause einen vollen Becher Wein. »Stärkt Euch damit! Ihr kehrt am klügsten nach Baselgia zurück. Ich wünsche Euch eine gesegnete Nacht.«

Der Trank leuchtete beim Fackelscheine im Glase wie feuriger Rubin. Begierig langte Waser nach dem roten Gefunkel und erquickte sich ohne weitere Gegenvorstellung. Der Wirt drängte ihn höflich und ohne Bezahlung zu verlangen durch die Hofpforte und schob den Riegel.

Der junge Zürcher gab das Spiel noch nicht verloren. Statt einen langweiligen Rückzug auf dem eben durcheilten Wege anzutreten, stieg er, seine Lage bedenkend, den wenige Schritte entfernten Vorsprung hinan, der wie eine Warte hinausragt über das hier mit steilem Abfalle beginnende Bregagliatal, jetzt ein brodelnder Nebelkessel, aus dem mondbeglänzt die Spitzen der zuhöchst am Rande stehenden Tannen auftauchten. Waser spreitete seinen kurzen Mantel aus, setzte sich darauf und lauschte.
Aus dem Stalle der Herberge erscholl von Zeit zu Zeit das Wiehern eines Pferdes – sonst blieb alles still. Das Brausen der Wildbäche aus der Tiefe war, vom Nebel gedämpft, dem Ohre kaum vernehmbar ... Jetzt löste sich von dem fernen Rauschen ein leiser heller Ton ab, ein Geklingel, das nun verwehte – und nun nach einer Pause deutlicher emporstieg. Wieder verklang es und hub von neuem wieder an, diesmal näher und lauter, als kröche es die Bergwand herauf, den Windungen eines Pfades folgend. – Lange horchte Waser wie im Traume diesem lieblich unheimlichen Bergwunder zu; jetzt aber schlug der Ton von Menschenstimmen an sein Ohr. Offenbar waren es Reiter oder Säumer, die ihre Tiere antrieben, und – sein Schluß war rasch gezogen – die vom Wirte erwarteten Gäste. Er legte sich flach auf die Erde, um nicht sichtbar zu werden. Er wollte wissen, wer ihn seines Nachtlagers beraubte. Nach geraumer Zeit erreichten zwei Maultiere die Höhe, zwei Reiter sprangen ab, offenbar Herr und Diener, bestürmten mit einigen harten Schlägen das sofort sich öffnende Tor und wurden vom Wirte diensteifrig in das noch immer erleuchtete Haus geführt.

Unwille und Neugier stachelten den jungen Zürcher. Wie neubelebt sprang er auf und umschlich die geheimnisvolle Festung. Er erinnerte sich des Feuerscheins, der ihm bei der Ankunft entgegengeleuchtet und der nicht von der Hofseite gekommen sein konnte. Richtig, da war an der Rückseite des Hauses das einzelne Seitenfenster mit seiner durch ein schweres Eisengitter flammenden Helle. Er schwang sich auf die Ruine eines an die Hausmauer gelehnten Ziegenstalles und es gelang ihm, in die Tiefe des rauchigen Gemaches zu blikken.

Da stand am lodernden Herdfeuer eine steinalte Frau mit einem grundehrlichen Gesichte und hielt eine Eisenpfanne in der Hand, worin Bergforellen im prasselnden Fette brieten. Ein bleicher Bursche, dessen krankhaft starre Züge in dem Schwalle des dunkeln verwirrten Lockenhaares fast verschwanden, schlief, in eine Schafhaut gewickelt, auf einer Steinbank im Hintergrunde.

Jetzt galt es klug sein. Waser, als angehender Diplomat, suchte erst lauschend sich die Situation klarzumachen und dann den Punkt zu finden, von welchem aus er sich derselben bemächtigen könnte. Der Zufall war ihm günstig. Der bleiche Schläfer begann mit einem ängstlichen Traume zu kämpfen; erst warf er sich ächzend hin und her, von einer Seite auf die andere, dann richtete er sich plötzlich mit geschlossenen Augen und einem Ausdrucke stumpfen Seelenleidens auf, ballte die Faust, als umschlösse sie eine Waffe, führte einen Stoß und stöhnte mit dumpfer Traumstimme: »Du wolltest es, Santissima!«

Jetzt setzte die Alte rasch ihre Pfanne weg, faßte den

Träumer unsanft an der Schulter, rüttelte ihn und rief ihn an: »Erwache, Agostin! Ich will dich nicht länger in meiner Küche. Das sind nicht die Träume des Erzvaters Jakob ... Dich plagt der Böse. Fort ins Heu! Und der Herr behüte dich vor den Fallstricken der Hölle.« – Die langlockige, schmale Gestalt erhob sich mit gesenktem Haupte und entfernte sich ohne Widerrede.

»Was du für meinen Sohn, den Pfarrer Alexander in Ardenn, mitzunehmen hast, werd ich dir morgen in der Frühe, wenn du hier deinen Tragkorb holst, selber obenauf binden!« rief ihm die Alte nach und setzte dann kopfschüttelnd hinzu: »Eigentlich sollt ich dem papistischen Querkopfe das teure Erbstück nicht anvertrauen!« ...

»Das könnt ich Euch besser besorgen, gute Frau«, sprach Waser mit vertrauenerweckender Stimme zwischen den Eisenstäben hindurch ins Gemach hinein. »Ich gehe morgen über den Muretto ins Veltlin zu Pfarrer Jenatsch, dem Freunde und Nachbar Eures würdigen Sohnes, Herrn Blasius Alexander, dessen Name mir wohl bekannt ist, denn er hat ein gutes Gerücht in protestantischen Landen. Wohlverstanden, wenn Ihr mir bis zur Frühe ein trockenes Schlafplätzchen anweisen könnt, denn der Wirt hat mich andrer Gäste wegen ausgeschlossen.« –

Die Alte griff erstaunt aber unerschrocken nach ihrer Öllampe. Das Flämmchen mit der Hand gegen den Luftzug deckend, näherte sie sich der Fensteröffnung und beschaute sich den durch das Gitter redenden Kopf.

Als sie das heiter kluge junge Gesicht und die wohlanständige Halskrause erblickte, wurden ihre scharfen grauen Augen sehr freundlich und sie sagte: »Ihr seid wohl auch ein Prädikant?«

»Ein Stück davon!« antwortete Waser, der in seiner Heimat nicht leicht eine Unwahrheit sagte, aber auf diesem wilden unwirtlichen Boden den Umständen etwas einräumte. »Laßt mich ein, Mütterchen, das Weitere wird sich finden.«

Die Alte nickte ihm zu, den Finger auf den Mund legend, und verschwand. Jetzt knarrte ein niedriges Pförtchen neben dem Ziegenstalle, Waser kletterte hinunter und wurde von der Alten, die seine Hand ergriff, über ein paar dunkle Stufen hinauf in die Küche gezogen.

»Ein warmes Kämmerchen findet sich wohl – das meinige!« sagte sie, auf eine Leitertreppe neben dem Rauchfange deutend, die zu einer Falltüre in der gemauerten Decke führte. »Ich habe die ganze Nacht am Feuer zu tun – die Herrschaften drüben setzen sich eben erst zu Tische. Haltet Euch droben still, Ihr seid dort sicher, und einen Diener am Wort werd ich auch nicht verhungern lassen.«

Damit reichte sie ihm die Ampel, er stieg ohne weitere Umstände die Leiter hinauf, hob mit der Rechten die Türe und trat in ein nacktes kerkerähnliches Kämmerchen. Die Alte folgte ihm mit Brot und Wein, trat dann durch das Seitenpförtchen in der Wand in ein, wie es schien, weites luftiges Nebengemach und kehrte mit einem ansehnlichen Stück gedörrten Schinkens zurück. An der Wand über einem wenig einladenden Schragen hing ein großes, massiv mit Silber beschlagenes Pulverhorn.

»Das, Herr«, sagte darauf deutend die Alte, »will ich

meinem Sohne morgen schicken. Es ist das Erbe von seinem Ohm und Paten, ein hundertjähriges Beutestück aus dem Müsserkriege.«

Nach kurzer Zeit streckte sich Waser auf das Lager und versuchte zu schlafen, aber es gelang ihm nicht. Einen Augenblick war er eingedämmert, Traumgestalten bewegten sich vor seinen Augen, Jenatsch und Lucretia, Herr Magister Semmler und die Alte am Feuer, der Wirt zur Maloja und der grobe Lucas setzten sich zueinander in die seltsamsten Wechselbeziehungen. Plötzlich saßen sie alle auf einer Schulbank, Semmler hob als griechische Drommete merkwürdigerweise das große Pulverhorn an den Mund, aus dem die unerhörtesten Klagetöne hervordrangen, beantwortet von einem aus allen Ecken schallenden teuflischen Gelächter.

Waser erwachte, hatte Mühe, sich zu erinnern, wo er sich befinde, und war im Begriffe wieder einzuschlummern, da erschollen, wie er meinte von der Nebenkammer her, in lebhafter Zwiesprache ferne Männerstimmen. Was er jetzt hörte, war kein Traumgelächter.

War es die Aufregung der Reise, war es ein die heimlich aufsteigende Furcht bekämpfender rascher Entschluß, oder war es einfache Neugier, was den jungen Zürcher vom Lager trieb? Was immer, er stand schon an der Tür des anstoßenden Raumes, überzeugte sich, erst horchend, dann sachte öffnend, daß er leer sei, und nun durchschritt er auf leisen Zehen die ganze Breite der Kammer, einem schmalen Lichtschimmer folgend, der durch die gegenüberstehende Wand drang. Der schwache rötliche Strahl kam, wie der Tastende sich überzeugte, durch die Spalte einer morschen, mit schweren

Eisenbändern beschlagenen Eichentür. Vorsichtig legte er sein scharfes Auge an das klaffende Holzwerk, und was er sah und vernahm, war derart, daß er, seine eigene Lage vergessend, an seinen Posten gebannt blieb. Es war ein enges, durch eine beschirmte Hängelampe erhelltes Gemach, in das er blickte. Der Redenden waren zwei und sie schienen sich an einem kleinen, mit Briefschaften und unordentlich zur Seite geschobenen Flaschen und Tellern bedeckten Tische gegenüberzusitzen. Der Nähere wandte der Tür den Rücken zu und die breiten Schultern, der Stiernacken, der struppige Krauskopf des heftig Sprechenden füllten zuweilen den ganzen von der Spalte gewährten Sehkreis. Jetzt beugte er sich mit demonstrierender Gebärde vorwärts und über seiner Achsel ward in der grellsten Schärfe des Lichtes das auf die Hand gestützte Haupt des andern – Waser erschrak – des Herrn Pompejus Planta sichtbar. Wie gespannt und gramvoll sah er aus! Tief eingeschnittene Falten zogen seine buschigen Brauen zusammen über den eingefallenen aber unheimlich blitzenden Augen. Die stolze kräftige Lebenslust war geschwunden und in seinen Zügen kämpften heißer Groll und tiefer Jammer. Er schien seit heute mittag um zehn Jahre gealtert.

»Ich willige ungern in das Blutbad, das mir manchen früher befreundeten Mann aus meiner Sippe kostet, und noch schwerer in die dann notwendig werdende spanische Hilfe«, sprach Planta jetzt langsam und gedrückt, nachdem der andere seine sprudelnde, Waser unklar gebliebene Rede vollendet hatte, » ... aber«, und hier fuhr ein Blitz des Hasses aus den Augen des Freiherrn, »muß Blut fließen, Robustelli, so vergeßt mir wenigstens *ihn* nicht!«

»Den Georgio Jenatsch!« lachte der Italiener wild und stieß sein Messer in einen neben ihm liegenden kleinen Brotlaib, den er Herrn Pompejus vorhielt wie einen gespießten Kopf an einer Pike.
Bei dieser nicht zu mißverstehenden symbolischen Antwort kehrte der Italiener die Hälfte seines rohen Gesichtes dem Lauscher in nächster Nähe zu. Dieser fuhr zurück und fand es geraten, sich geräuschlos auf seine Lagerstätte zurückzuziehen. Die Szene gab ihm viel zu denken und bestärkte ihn in seinem Vorsatze, auf dem nächsten Wege in das Veltlin zu eilen und seinen Freund zu warnen. Wie er es ausführen könne, ohne sich selbst in diese hochgefährlichen Dinge zu verwickeln, dies überlegend entschlummerte er, von Müdigkeit überwältigt.
Das erste Morgenlicht dämmerte durch ein schmales Fensterlein, das eher eine Schießscharte zu nennen war, als Waser durch ein Klopfen an der Falltüre geweckt wurde. Er fuhr in seine Kleider und machte sich reisefertig. Die Alte trug ihm Grüße an ihren Sohn auf, hing ihm sorgfältig das Pulverhorn um, das sie als eine wertvolle Familienreliquie zu verehren schien, und beförderte ihn mit einiger Ängstlichkeit durch das Küchenpförtchen ins Freie. Hier zeigte sie ihm den in die Berge zur Linken der Maloja sich verlierenden Anfang seines heutigen Weges, den schmalen Eingang zum Talkessel von Cavelosch.
»Seid Ihr einmal drinnen«, sagte sie, »so blickt nach dem kahlen Hange zur Linken des Sees, dort schlängelt sich, weithin sichtbar, der Pfad und dort müßt Ihr ohne anders den Agostino erblicken. Er ist vor einer Viertelstunde mit seinem Tragkorbe aufgebrochen und geht

wie Ihr nach Sondrio hinüber. Den sprecht an und haltet Euch zu ihm. Es ist freilich mit ihm hier«, sie wies auf die Stirne, »nicht ganz richtig, aber den Weg weiß er auswendig und ist sonst wie ein andrer.«

Waser verabschiedete sich mit herzlichem Danke und entfernte sich schnellfüßig aus dem Umkreise des noch stillen Hauses. Zwischen wilden Felstrümmern, die den Pfad kaum durchließen, betrat er bald das eiförmige, rings von gletscherbeladenen Wänden abgeschlossene Tal. Er erblickte den schmalen Steig mit dem längs dem Abhange schreitenden Agostino und eilte ihm nach.

Der junge Mann hatte die Eindrücke der Nacht noch nicht überwunden, sosehr er sich bemühte, ihrer Herr zu werden und sie in klare Gedanken zu verwandeln. Er ahnte, daß, was er geschaut, schweres Unheil bedeute und daß ihm der Zufall nur einen geringen, für ihn zusammenhanglosen und unverständlichen Teil sich vorbereitender ungeheurer Schicksale enthülle. Trotz seines leichten Jugendblutes war er davon tief erschüttert, denn zwei der hier sich feindlich entgegengetriebenen Persönlichkeiten, sein Freund und Herr Pompejus, besaßen, wenn auch auf verschiedene Weise, seine Liebe und Bewunderung.

Und wie eigen, bezaubernd und schauerlich, war diese jetzt vom Morgen gerötete Gegend. Unten eine grüne Seetiefe, umkränzt von üppig bewachsenen Vorsprüngen und buschigen Inselchen, versenkt in eine überall, überall sich zudrängende unendliche Wildnis dunkelrot blühender Alpenrosen wie in ein blutiges Tuch. Ringsum ragten senkrechte schimmernde Felswände, durchzogen von den silbernen Schlangenwindungen stürzender Gletscherbäche, und im Süden, wo der im Zickzack sich aufwärts windende Pfad den einzigen Ausgang aus dem Talgrunde verriet, blendete den Blick ein glänzendes Schneefeld, aus dem rötliche Klippen und Pyramiden hervorstachen.

Jetzt hatte Waser seinen Vormann erreicht und suchte grüßend ein Gespräch mit dem Schweigsamen anzuknüpfen, der, in langsames Brüten vertieft, ihn gleichgültig kaum ansah und sich seine Gesellschaft ohne Verwunderung und ohne Neugier gefallen ließ. Er konnte ihm nur wenige Worte abnötigen und da der Pfad ohnedies immer rauher und bald auf dem Schnee schlüpfrig wurde, gab er seine Bemühungen auf.

Schneller, als Waser erwartet hatte, erreichten sie die Paßhöhe. Hier beherrschte den Ausblick nach Süden eine hochgetürmte, düstere Gebirgsmasse. Waser erkundigte sich nach dem Namen dieses drohenden Riesen. »Er hat deren verschiedene«, antwortete Agostino, »hier oben in Bünden nennen sie ihn anders, als wir unten in Sondrio. Hier heißt er der Berg des Unglücks und bei uns der Berg des Wehs.« Von diesen leidvollen Namen unangenehm berührt, ließ Waser seinen wortkargen Begleiter voranschreiten, hielt eine kurze Rast und blieb dann, ohne ihn aus den Augen zu lassen, eine Strecke hinter ihm, um sich in der kräftigen Bergluft allein der freien Lust des Wanderns zu ergeben.

So ging es stundenlang abwärts längs des schäumenden, über Felsblöcke tobenden Malero, während die Sonne immer glühender in die Talenge hinunterbrannte. Jetzt begannen kräftig aus dem Wiesengrunde emporgewundene Kastanienbäume den Pfad zu beschatten und die ersten Weinlauben grüßten mit ihren schwebenden Ranken. Auf den Hügeln schimmerten prunkbeladene Kirchen und der Weg wurde immer häufiger zur gepflasterten Dorfgasse. Endlich durchschritten sie die letzte Schlucht und vor ihnen lag im goldenen Abenddufte das breite üppige Veltlin mit seinen heißen Weinbergen und sumpfigen Reisfeldern.

»Dort ist Sondrio«, sagte Agostino zu dem jetzt wieder an seiner Seite schreitenden Waser und wies auf eine italienische Stadt mit schimmernden Palästen und Türmen, die dem aus der Einöde Kommenden wie ein Feenzauber durch den dunkeln Rahmen des Felstors entgegenlachte.

»Ein lustiges Land, dein Veltlin, Agostino«, rief der Zürcher, »und dort am Felsen wächst ja, irr ich nicht, der löbliche Sasseller, die Perle der Weine!«

»Er ist im April erfroren«, versetzte Agostino in schwermütiger Stimmung, »zur Strafe unserer Sünden.«

»Das ist schade«, versetzte jener, »was habt ihr denn eigentlich verbrochen?«

»Wir dulden unter uns den giftigen Aussatz der Ketzerei, aber wir werden in Kürze gereinigt und das faule Fleisch wird ausgeschnitten werden. Die Toten und die Heiligen haben in feierlicher Versammlung das Für und Wider erwogen am achten Mai um Mitternacht dort zu San Gervasio und Protasio«, er wies auf eine vor ihnen liegende Kirche, »– der Wächter hat es wohl gehört und ist vor Schrecken krank geworden – sie haben scharf gestritten ... aber unser San Carlo, dessen Stimme zwanzig gilt, ist Meister geworden.«

Nicht bemerkend, wie spöttisch ihn sein Begleiter von

der Seite aus lachenden Augenwinkeln ansah, tat er jetzt, was er unterwegs schon immer getan, wo ein Kreuz oder Heiligenbild am Pfade stand, er setzte, vor einem bunten Schreine der Muttergottes angelangt, seinen Tragkorb nieder, warf sich auf die Kniee und starrte mit brennenden Augen durch das Gitter.
»Saht Ihr, wie sie mir winkte?« sagte er nach einiger Zeit im Weitergehen wie geistesabwesend.
»Jawohl«, meinte der Zürcher lustig, »Ihr scheint bei ihr gut angeschrieben zu sein. An was hat sie Euch denn erinnert?«
»Meine Schwester umzubringen!« erwiderte er mit einem schweren Seufzer.
Das war dem jungen Zürcher zu viel. »Lebt wohl, Agostino«, sagte er. »Auf meiner Karte steht ein Seitenweg nach Berbenn, da ist er ja schon, nicht wahr? Ich kann abkürzen.« Und er drückte dem leidigen Gesellen ein Geldstück in die Hand.

Waser wandte sich zwischen den Mauern der Weinberge rechts um den Fuß des Gebirges und erblickte nach kurzer Wanderung das unter dem schattenden Grün der Kastanien fast verborgene Dorf Berbenn, sein Reiseziel. Ein halbnackter Bube wies ihm die Pfarre. Ein ärmliches Haus – aber an seiner Vorderseite umhangen und beladen mit einem so reichen Prunke von Blättern und Trauben, mit so üppigen Kränzen von übermütigem Weinlaube, daß sein dürftiger Bau darunter verschwand. Ein breites Gitterdach auf morschen Holzsäulen bildete die schwache Stütze dieses lastenden Reichtums und die Vorhalle des Häuschens. Oben spielten die letzten Strahlen der Abendsonne auf den warmen goldgrünen Blättern, darunter lag alles im tiefsten Schatten.

Während Waser diese noch nie geschaute freie Fülle bestaunte, erschien eine leichte Gestalt in der Türe, und als sie aus dem grünen Schatten trat, war es ein schönes noch mädchenhaftes Weib, das einen Krug zum Wasserholen auf dem Kopfe trug. Der nackte Arm stützte leicht das auf den dicken braunen Flechten ruhende Gefäß, sie bewegte sich in schwebender Anmut mit gesenkten Wimpern heran und als nun Waser in achtungsvoller Haltung höflich grüßend vor ihr stand und sie die sanften leuchtenden Augen auf ihn richtete, war ihm, er habe noch nie im Leben einen solchen Triumph der Schönheit gesehen.

Auf seine Erkundigung nach dem Herrn Pfarrer zeigte sie ruhig mit der freien Hand durch die Weinlaube und den dunkeln Flur nach einer Hintertür des Hauses, wo die goldene Abendhelle eindrang. Von dorther scholl zu Wasers Verwunderung kriegerischer Gesang.

»Kein schönrer Tod ist in der Welt,
Als wer vorm Feind hinscheidt ...«

Das Lied des deutschen Landsknechts, das so todesfreudig und doch so lebensmutig klang, konnte, daran war kein Zweifel, nur aus der kräftigen Kehle seines Freundes kommen. In der Tat, da kniete er im Schatten einer mächtigen Ulme, und womit beschloß der Pfarrer von Berbenn sein Tagewerk? er schliff am Wetzsteine einen gewaltigen Raufdegen.

Vor Überraschung blieb Waser einen Augenblick wortlos stehen. Der Knieende gewahrte ihn, stieß das

Schwert in den Rasen, sprang auf, breitete die Arme aus und drückte mit dem Rufe »Herzenswaser!« den Freund an seine breite Brust.

Viertes Kapitel

Nachdem sich der Ankömmling aus der Umschlingung des Pfarrers losgewunden, maßen sie sich gegenseitig mit fröhlichen Augen.

Waser war etwas verblüfft: aber es gelang ihm, nichts davon merken zu lassen. Er fühlte sich ein wenig gedrückt neben der athletischen Gestalt des Bündners, von dessen braunem, bärtigem Haupte ein Feuerschein wilder Kraft ausging. Er ahnte es, die Gewalt eines unbändigen Willens, die früher in den düstern, fast schläfrigen Zügen seines Schulgenossen geschlummert haben mochte, war geweckt, war entfesselt worden durch die Gefahren eines stürmischen öffentlichen Lebens.

Jenatsch seinerseits war von der fertigen und saubern Erscheinung seines zürcherischen Freundes, der mit klug bescheidenen Blicken, doch in seiner Weise sicher vor ihm stand, sichtlich befriedigt, und offenbar erfreut, mit einem Vertreter städtischer Kultur in seiner Abgeschiedenheit zu verkehren.

Der Bündner lud seinen Gast mit einer Handbewegung zum Sitzen ein auf die rings um den Stamm der Ulme laufende Bank und rief mit tönender Stimme:

»Wein! Lucia.«

Das schöne, stille Weib, dem Waser beim Eintritte in das Haus begegnet war, erschien bald mit zwei vollen Steinkrügen, die sie mit einer lieblich schüchternen

Verneigung zwischen die Freunde auf die Holzbank setzte, demütig sich gleich wieder entfernend.
»Wer ist das holdselige Geschöpf?« fragte Waser, der ihr mit Wohlgefallen nachschaute.
»Mein Eheweib. Du begreifst, daß hier mitten unter den Götzendienern«, Jenatsch lächelte, »ein protestantischer Priester nicht unbeweibt bleiben durfte. Es ist einer unserer Hauptsätze! Überdies schärfte mir das jetzige laue Regiment, das mich aus dem Wege haben wollte und mich auf diese einsame Strafpfarre beförderte, ausdrücklich ein, so viele Seelen als möglich aus dem Pfuhle des Aberglaubens zu ziehen. Das war mein redlicher Vorsatz. Aber bis jetzt ist mir nur *eine* Bekehrung gelungen, die der schönen Lucia. Und wie? Indem ich meine eigene Person dafür verpfändete.«
»Sie ist aus der Maßen schön«, bemerkte Waser nachdenklich.
»Gerade schön genug für mich!« sagte Jenatsch, seinem Gaste den einen Krug überreichend, während er den andern an die Lippen setzte, »und die Sanftmut selbst – sie hat von ihren katholischen Verwandten meinetwegen viel zu leiden. Aber was hast du da für ein stattliches Pulverhorn, Freund? das ist ja das Erbstück aus der Familie der Alexander! ... Richtig, der Alte in Pontresina ist gestorben und nun kommt es an den wackern Blasius, meinen Kollegen in Ardenn. Darum könnt ich ihn beneiden. Doch wie in aller Welt kommst gerade zu dazu, es ins Veltlin zu bringen?«
»Das gehört zu meinen Reiseerlebnissen, die ich dir später des nähern berichten werde«, erwiderte Waser, der mit sich selbst noch nicht im klaren war, wie weit er das warnende Abenteuer der Maloja enthüllen könne,

ohne gegen seinen Vorsatz von dem heißblütigen Freunde aus der einen Mitteilung in die andere fortgerissen zu werden. »Aber jetzt, lieber Jürg, kläre mich vor allen Dingen auf über die merkwürdigen Ereignisse, die in den letzten Jahren die Aufmerksamkeit aller Politiker auf dein Vaterland lenkten. Quorum pars magna fuisti! Du warst dabei die Hauptperson.«

»Darüber kannst du leichtlich besser unterrichtet sein als ich, wenigstens was den Zusammenhang betrifft«, antwortete Jenatsch, indem er den linken Fuß auf dem Schleifstein setzte und ein Bein über das andere schlug, »du arbeitest ja auf eurer Staatskanzlei und die Herren von Zürich lassen sich nichts zu viel kosten, um nur immer auf dem laufenden zu bleiben. Übrigens ist alles ganz natürlich zugegangen, verkettet nach Ursache und Wirkung. Du weißt also, denn in eurer Ratsstube mag es häufig aufs Tapet gekommen sein, daß seit Jahren Spanien-Österreich unsere Katholiken besticht, um unser Bündnis und freien Durchzug für seine Kriegsbanden zu erlangen und uns jetzt, aus Verdruß, durch seine Mietlinge nichts erreicht zu haben, dort«, er wies nach Süden, »die Festung Fuentes gegen alle Verträge als eine tägliche Bedrohung an die Schwelle unseres Landes Veltlin gesetzt hat. – Wir können sie morgen besuchen, Heinrich, wenn du willst, und du wirst bei deinen gnädigen Herren in Zürich einen Stein im Brette gewinnen durch deine Beschreibung des an Ort und Stelle besichtigten Streitobjektes. – Das war lästig, aber es ging uns nicht ans Leben. Dann aber, als es jedem klar denkenden Kopfe zur Gewißheit wurde, daß die katholischen Mächte zum Vernichtungskriege gegen den deutschen Protestantismus rüsteten ...«

»Unbestreitbar«, warf Waser ein.

» ... da wurde es zur Lebensfrage für Spanien, sich die Militärstraße von seinem Mailand ins Tirol durch unser Veltlin, über unser Gebirg, um jeden Preis zu sichern, und zur Lebensfrage für uns, dies um jeden Preis zu verhindern. Unsere spanische Partei mußte zum Nimmerwiederaufstehn niedergeschmettert werden!«

»Ganz richtig«, sagte der Zürcher, »wenn ihr nur nicht zu so gar gewalttätigen Mitteln gegriffen hättet, wenn nur euer Volksgericht in Thusis weniger form- und regellos und seine Strafen weniger blutig gewesen wären!«

»Bündnerdinge! – Wer bei uns Politik treibt, setzt seinen Kopf ein. Das ist herkömmlich und landesüblich. Übrigens war es nicht so schlimm. Wir wurden durch übertriebene Berichte verleumdet und die beiden Planta zogen an euern Tagsatzungen und in aller Herren Ländern herum, uns anzuschwärzen und schlechtzumachen.« –

»Der keiner Partei verfallene und von allen Rechtschaffenen geachtete Fortunatus Juvalt hat nach Zürich geschrieben, ihr wäret unbarmherzig mit ihm umgegangen.« –

»Geschah dem Pedanten recht! In einer kritischen Zeit muß man Partei zu ergreifen wissen. Es heißt: die Lauen will ich aus dem Munde speien.« –

»Er klagte, es wären falsche Zeugen gegen ihn aufgestanden.« –

»Mag sein. Auch kam er ja mit dem Leben davon und wurde nur zu einer Buße von vierhundert Kronen verurteilt wegen zweideutiger Gesinnung.« –

»Ich begreife«, fuhr Waser nach einer Pause fort, »daß

ihr Pompejus Planta und seinen Bruder Rudolf des Landes verweisen mußtet; aber war es denn nötig, sie wie gemeine Verbrecher zu brandmarken und mit Henkerstrafen zu bedrohen, ohne Rücksicht auf die glänzenden Verdienste ihrer Vorfahren und die tiefen Wurzeln ihrer Stellung im Lande?« –

»Niederträchtige Verräter!« fuhr Jenatsch zornblitzend auf. »Die Schuld unserer ganzen Gefahr und Verstrickung lastet auf ihnen und möge sie zermalmen! Zuerst und vor allem haben sie mit Spanien gezettelt! Kein Wort, Heinrich, zu ihrer Verteidigung!« –

Verletzt durch dies herrische Ungestüm, sagte Waser mit etwas gereizter Stimme und dem Gefühle, jetzt einen wunden Punkt zu treffen: »Und der Erzpriester Nicolaus Rusca? – Er galt allgemein für unschuldig.« –

»Ich glaube, er war es« – flüsterte Jenatsch, dem sichtlich bei dieser Erinnerung unbehaglich zumute ward, und blickte starr vor sich hin in die Dämmerung.

Erstaunt über diese seltsame Aufrichtigkeit schwieg der andere eine Weile. »Er ist auf der Folter mit durchgebissener Zunge gestorben ...« sagte er endlich vorwurfsvoll.

Jenatsch antwortete in kurzen abgerissenen Sätzen: »Ich wollte ihn retten ... Wie konnt ich wissen, daß der Schwächling die ersten Foltergrade nicht überstehen würde ... Er hatte persönliche Feinde. Die Aufregung gegen die römischen Pfaffen wollte ihr Opfer haben. Unsere katholischen Untertanen hier im Veltlin mußten eingeschüchtert werden. Es kam, wie geschrieben steht: Besser ist's, daß *einer* umkomme, als daß das ganze Volk verderbe.« –

Wie um die trübe Stimmung abzuschütteln, erhob sich

nun Jenatsch, den Freund aus dem dunkelnden Gartenraume ins Haus zu führen. Über der Mauer sah man den schlanken Kirchturm vom letzten Abendgold sich abheben.

»Der Unglückliche hat übrigens hier noch zahlreiche Anhänger«, sagte er, und dann auf die Kirche weisend: »dort las er seine erste Messe vor dreißig Jahren.« –

Im Hauptgemach, das nach dem Flur offenstand, brannte eine Lampe. Als die beiden das Haus betraten, sahen sie die junge Frau an der Vordertür bei einer Freundin stehen, die sie herausgerufen zu haben schien und ihr mit ängstlichen Gebärden etwas zuflüsterte. Hinter den Frauen liefen in der dämmernden Dorfgasse Leute vorüber und man vernahm ein wirres Getön von Stimmen, aus dem jetzt deutlich der Ruf eines alten Weibes hervorkreischte: »Lucia, Lucia! Ein entsetzliches Wunder Gottes!«

Jenatsch, dem solche Szenen nicht neu sein mochten, wollte, seinem Gaste den Vortritt lassend, die Zimmerschwelle überschreiten, als die junge Frau sich ihm näherte und ihn angstvoll am Ärmel faßte. Waser, der sich umwendete, sah, wie sie totenblaß die gefalteten Hände zu ihrem Manne erhob.

»Geh an deinen Herd, Kind, und besorge uns ruhig das Abendessen«, befahl er freundlich, »damit du mit deiner Kunst bei unserm Gaste Ehre einlegst.« Dann wandte er sich unmutig lachend zu Waser: »Die verrückten welschen Hirngespinste! Sie sagen, der tote Erzpriester Rusca stehe drüben in der Kirche und lese Messe! – Ich will dem Wunder zu Leibe rücken. Kommst du mit, Waser?«

Diesem lief es kalt über den Rücken, aber die Neugierde überwog und: »Warum nicht!« sagte er mit mutiger Stimme; dann, als sie der vorwärts treibenden Menge verstörter Leute durch die Dorfgasse nach der Kirche folgten, fragte er flüsternd: »Der Erzpriester ist doch wirklich nicht mehr am Leben?«

»Sapperment!« versetzte der junge Pfarrer, »ich war dabei, als man ihn unter dem Galgen in Thusis verscharrte.«

Jetzt traten sie durch die Hauptpforte in die Kirche. Das Schiff, welches sie nun durchschritten, war zum Behufe des protestantischen Gottesdienstes von allen Heiligtümern gereinigt und enthielt außer den Bänken für die Zuhörer nur den Taufstein und eine nackte Kanzel. Ein Bretterverschlag mit einer kleinen Türe trennte davon den weiten Chor, der den Katholiken verblieben und von ihnen zur Kapelle eingerichtet worden war.

Als Jenatsch öffnete, befanden sie sich dem Hauptaltare gegenüber, dessen heiliger Schmuck und silbernes Kruzifix in einem letzten durch das schmale Bogenfenster einfallenden Abendschimmer kaum mehr zu erkennen waren. Vor ihnen drängte sich Kopf an Kopf die knieende murmelnde Menge, Weiber, Krüppel, Alte. Längs der Wände schoben sich dürftige Männergestalten, mit den langen magern Hälsen vorwärts lauschend und den Filz krampfhaft vor die Brust gedrückt.

Auf dem Hochaltare flackerten zwei düstere Kerzen, deren Licht mit dem letzten von außen kommenden Schimmer der Dämmerung kämpfte. Die zwei Flämmchen bewegten sich in einem von zerbrochenen Fensterscheiben eingelassenen Luftzuge, der sie auszulöschen drohte, und tanzende Schatten trieben auf dem Altare ein seltsames Spiel. Der streichende Wind bewegte zuweilen mit leisem Geknatter die schwach schimmernden Falten der Altardecke. Erregte Sinne mochten wohl das weiße Gewand eines Knieenden auf den Stufen erblicken.

Jenatsch stieß im Mittelgange mit seinem Freunde vor, von den einen, in Verzückung Versunkenen, kaum bemerkt, von den andern mit bösen, feindseligen Blicken und leisen Verwünschungen verfolgt, aber von keinem zurückgehalten. Jetzt stand der athletische Mann, allen sichtbar, dem Altare gegenüber; aber vor diesem hatte sich auch schon eine Anzahl unheimlicher Gesellen wie eine Schutzwehr gegen Heiligenschändung drohend zusammengedrängt. Waser glaubte blinkende Dolche zu erblicken.

»Was ist das für ein unchristlicher Zauber!« rief Jenatsch mit schallender Stimme. »Laßt mich zu, daß ich ihn breche!« –

»Sacrilegium!« murrte es aus der dichten Reihe der Veltliner, die einen Ring um den Bündner zu schließen begann. Zwei griffen nach seiner vorgestreckten Rechten, andere drängten sich von hinten an ihn; aber Jenatsch machte sich mit einem gewaltigen Rucke frei. Um sich nach vorn Luft zu schaffen, packte er den nächsten seiner Angreifer mit eiserner Faust und schleuderte ihn rücklings gegen den Hochaltar. Der Stürzende schlug mit ausgebreiteten Armen, die nackten Füße gegen die Menge streckend, hart auf die Stufen und begrub den buschigen Hinterkopf in die Altardekken. Leuchter und Reliquienschreine klirrten und es erhob sich ein langes durchdringendes Wehgeheul.

Dieser Moment der Verwirrung rettete den Pfarrer. Er benutzte ihn blitzschnell, durchbrach gewaltsam, seinen Freund nach sich ziehend, den verwirrten Menschenknäuel, erreichte die offene Sakristei, gewann das Freie und eilte mit Waser seinem Hause zu.

In dem sichern Wohnraume angelangt, stieß der Hausherr einen Schieber an der Wand zurück und rief in die Küche hinaus:
»Trag uns auf, meine Lucia!«
Herr Waser aber klopfte den Staub des Handgemenges aus seinen Kleidern und zog Manschetten und Halskrause zurecht. »Pfaffentrug!« sagte er, diesem Geschäfte mit Sorgfalt obliegend.
»Vielleicht, vielleicht auch nicht! Warum sollten sie nicht etwas gesehen haben? Irgendein Phantom? Du weißt nicht, welche sinnverwirrenden Dünste aus den Sümpfen dieser Adda aufsteigen. – Schade um das Volk; es ist sonst so übel nicht. Im obern Veltlin lebt ein geradezu tüchtiger Schlag, ganz verschieden von diesen gelben Kretinen.«
»Hättet ihr Bündner nicht klüger getan, ihnen einige beschränkte bürgerliche Freiheiten zu gewähren?« warf Waser ein.
»Nicht bürgerliche nur, auch die politischen Rechte hätte ich ihnen gegeben, Heinrich. Ich bin ein Demokrat, das weißt du. Aber da ist ein schlimmer Haken. Die Veltliner sind hitzige Katholiken, zusammen mit dem papistischen Drittel unserer Stammlande würden sie Bünden zu einem katholischen Staate machen – und da sei Gott vor!«
Indessen hatte die reizende Lucia, die jetzt sehr niedergeschlagen aussah, den landesüblichen Risott aufgetragen und der junge Pfarrer füllte die Gläser.

»Auf das Wohl der protestantischen Waffen in Böhmen!« rief er, mit Waser anstoßend. »Schade, daß du deinen Plan aufgegeben hast und jetzt nicht in Prag bist. In diesem Augenblicke vielleicht geht es dort los.«

»Möglicherweise ist es für mich rühmlicher hier bei dir zu sein. Man darf nach den neuesten Nachrichten bezweifeln, ob der Pfalzgraf den Hengst zu regieren weiß, auf den er sich so galant gesetzt hat. – Es ist doch nichts daran, daß ihr euch mit dem Böhmen verbündet habt?«

»Wenig genug, leider! Wohl sind ein paar Bündner hingereist, aber gar nicht die rechten Leute.«

»Das ist sehr gewagt!«

»Im Gegenteil, zu wenig gewagt! Keiner gewinnt, der nicht den vollen Einsatz auf den Tisch wirft. Unser Regiment ist erbärmlich lässig. Lauter halbe Maßregeln! Und doch haben wir unsere Schiffe verbrannt, mit Spanien so gut wie gebrochen und die Vermittlung Frankreichs grob abgewiesen. Wir sind ganz auf uns selbst gestellt. In ein paar Wochen können die Spanier von Fuentes her einbrechen und es ist – kannst du's glauben, Waser? – für keine Verteidigung gesorgt. Ein paar erbärmliche Schanzen sind aufgeworfen, ein paar Kompanien einberufen, die heute kommen und sich morgen verlaufen. Keine Kriegszucht, kein Geld, keine Führung! Und mich haben sie wegen meines eigenmächtigen Eingreifens, wie sie's nennen, das sich für meine Jugend und mein Amt nicht schicke, von jedem Einflusse auf die öffentlichen Dinge abgeschnitten und so fern als möglich von ihren Ratsstuben an diese Bergpfarre gefesselt. Die ehrwürdige Synode aber ermahnt mich, eine faule Friedsamkeit zu predigen, während über meinem Vaterlande stoßfertig die spanischen Raubgeier schweben. Es ist zum Tollwerden! – Täglich mehren sich die Anzeichen, daß hier unter den Veltlinern eine Verschwörung brütet. Ich kann nicht länger zusehen. Morgen will ich selbst noch eine Rekognoszierung gegen Fuentes vornehmen – du kommst mit, Waser, ich habe einen anständigen Vorwand – und übermorgen reiten wir zum bündnerischen Landeshauptmann nach Sondrio. Er versteht nichts anderes, als am Mark dieses fetten Landes zu zehren, das wir morgen verlieren können, der träge Blutsauger! Aber ich will ihm so zusetzen, daß ihm der Angstschweiß aus allen Poren bricht. – Du hilfst mir, Waser.« –

»In der Tat«, bemerkte dieser zögernd und geheimnisvoll, »auch ich habe auf meiner Reise durch Bünden einige Witterung bekommen, daß etwas im Tun sein möchte.«

»Und das sagst du mir jetzt erst, Kind des Unglücks!« rief der andere scharf und gespannt. »Gleich erzähle alles und ganz nach der Ordnung. Du hast etwas gehört? Wo? von wem? was?«

Waser ordnete geschwind in seinem Geiste das Erlebte, um es seinem gewalttätigen Freunde passend vorzulegen. »Auf dem Hospiz der Maloja«, begann er vorsichtig.

»Sitzt als Wirt der Scapi, ein Lombarde, also mit den Spaniern einverstanden. Weiter.«

»Hörte ich, freilich halb im Schlummer, neben meinem Schlafkämmerlein ein Zwiegespräch. Ich glaubte, es sei von dir die Rede. – Wer ist Robustelli?«

»Jakob Robustelli von Grosotto ist ein ausbündiger Schuft, ein Dreckritter, durch Kornwucher reich und durch spanische Gunst adelig geworden, der Patron und Spießgeselle aller Malandrini und Straßenräuber – jeder Missetat und jeden Verrates fähig!«

»Dieser Robustelli«, sagte Waser mit Gewicht, »trachtet dir, wenn ich richtig hörte, nach dem Leben.«

»Wohl möglich! Das ist nicht die Hauptsache. Wer war der andere, mit dem er zettelte?«

»Ich hörte seinen Namen nicht«, antwortete der Zürcher, der es für seine Pflicht hielt, dem Herrn Pompejus das Geheimnis zu bewahren, und als Jenatsch ihn drohend anblitzte, fuhr er herzhaft fort: »Und wüßt ich den Namen, so will ich ihn nicht nennen!«

»Du weißt ihn! ... Heraus damit!« drang Jenatsch auf ihn ein.

»Jürg, du kennst mich! Du weißt, daß ich mir diese Faustrechtmanieren nicht gefallen lasse, ich verbitte mir das«, wehrte Waser mit möglichst kalter Miene ab. Da legte ihm der andere liebkosend den starken Arm um die Schultern und sagte mit zärtlicher Wärme: »Sei offen, Herzenswaserchen! Du verkennst mich! Nicht für meine Person sorg ich, sondern für mein vielteures Bünden. Wer weiß, vielleicht hängt an deinen Lippen seine Rettung und das Leben von Tausenden!« ...

»Schweigen ist hier Ehrensache«, versetzte Waser und machte einen Versuch sich der leidenschaftlichen Umarmung zu entziehen.

Jetzt fuhr eine düstere Flamme über das Antlitz des Bündners. »Bei Gott«, rief er, den Freund an sich pressend, »sprichst du nicht, so erwürg ich dich, Waser!« und als der Erschrockene schwieg, griff er nach dem Dolchmesser, womit er Brot geschnitten, und richtete die drohende Spitze desselben gegen die Halskrause des Zürchers.

Dieser wäre sicherlich auch jetzt noch standhaft geblieben, denn er war im Innersten empört; aber bei einer unvorsichtigen Bewegung des Sträubens, die er gemacht, hatte der spitze Stahl seinen Hals geritzt und ein paar Blutstropfen rieselten unheimlich warm gegen die Halskrause herunter.

»Laß mich, Jürg«, sagte er, leicht erbleichend, »ich will dir etwas zeigen!« Er holte zuerst sein weißes Schnupftuch heraus und wischte sich behutsam das Blut ab; dann zog er sein Taschenbuch hervor, schlug das Blatt mit der Skizze der Juliersäulen auf und legte es auf den Tisch hin vor Jenatsch, der das Büchlein hastig ergriff.

Der erste Blick des Bündners auf die Zeichnung traf die von Lucretia zwischen die Juliersäulen geschriebenen Worte und er versank plötzlich in finsteres Nachdenken.

Waser, der ihn schweigend beobachtete, erschrak innerlich über den Eindruck, den Lucretias von ihm wider Willen übernommene und bestellte Botschaft auf Jürg Jenatsch machte. Er hatte nicht ahnen können, wie rasch der Scharfsinn des Volksführers den Zusammenhang der Tatsachen erriet und wie sicher und unerbittlich er sie verkettete. Trauer und Zorn, weiche Erinnerungen und harte Entschlüsse schienen über den halb Abgewandten wechselnd Gewalt zu gewinnen. »Arme Lucretia!« hörte Waser ihn aus tiefster Seele seufzen, dann wurde sein Ausdruck immer rätselhafter, verschlossener, und härtete sich zur Undurchdinglichkeit. – »Sie waren auf dem Julier … ihr Vater ist also in Bünden … Stolzer Herr Pompejus, du hast einen Robustelli zum Spießgesellen ... tief gesunken!« sprach er fast ruhig.

Plötzlich sprang er auf: »Nicht wahr, Waser, meine verwünschte Hitze? Du hattest auf der Schule davon zu leiden und ich bin ihrer noch immer nicht Herr geworden! ... Geh zu Bette und verschlafe dein böses Abenteuer! – Morgen in der kühlen Frühe machen wir den Ritt nach Fuentes auf zwei untadeligen Maultieren. Du sollst an mir den leidlichen Gesellen finden von ehedem. Unterwegs läßt sich über manches gemütlich plaudern.«

Fünftes Kapitel

Herr Waser erwachte vor Tagesanbruch. Als er mit Mühe den Fensterladen aufstieß, der von dem üppigen Geäste und Blätterwerke eines Feigenbaumes gesperrt und dicht überflochten war, geschah es im Widerstreite zweifelnder Gedanken. Er war mit dem Vorsatze entschlafen, seinen gewalttätigen Freund und das allzu abenteuerliche Veltlin ohne Zögern und auf dem nächsten Wege über Chiavenna zu verlassen. Ein erquickender Schlaf jedoch hatte die gestrigen Eindrücke gemildert und seinen Entschluß wankend gemacht. Die Liebe zu seinem merkwürdigen Jugendfreunde gewann die Oberhand. War es denn dieser heftigen und, wie er sich sagte, nicht durch städtische Bildung veredelten Natur stark zu verargen, wenn sie losbrach, wo Heimat und Leben gefährdet war? Und kannte er nicht von früher her Jürgs jähen Stimmungswechsel, seine wilden, heißblütigen Scherze! Eines jedenfalls war für ihn außer Frage: Durch plötzliche Abreise hätte er ein Unheil nicht verhütet, das aus dem halben Geständnisse entstehen konnte, welches ihm Jürg abgezwungen; blieb er aber, teilte er seinem Freunde das Erlebte vollständig mit, so erwiderte dieser sicherlich sein Vertrauen und er erfuhr, wie sich Jürgs Verhältnis zu Lucretias Vater so grenzenlos verbittert hatte. Dann erst kam der Augenblick, seinen versöhnenden Einfluß geltend zu machen. So ritten sie in vertraulichem Gespräche nach Fuentes. Jenatsch kam nicht auf das Gestrige zurück und war freudig wie der helle Morgen. Fast leichtsinnig nahm er Wasers ausführlichen Reisebericht entgegen und bereitwillig antwortete er auf dessen eingehende Fragen. Aber Waser erfuhr weniger und minder Wichtiges, als er erwartete. – Nach einem letzten Universitätsjahre in Basel, erzählte Jürg, sei er ins Domleschg zurückgekehrt. Dort habe er seinen Vater auf dem Sterbelager gefunden und sei nach dessen Ableben von den Scharansern trotz seiner grünen achtzehn Jahre einstimmig zu ihrem Pfarrer gewählt worden. Auf Riedberg habe er einen einzigen Besuch gemacht, wobei er allerdings mit Herrn Pompejus über politische Dinge in Wortwechsel geraten sei. Persönliches habe sich nicht eingemischt, aber der Eindruck auf beide sei der gewesen, daß sie sich besser mieden. Als der erste Volkssturm gegen die Planta sich erhoben, habe er von der Kanzel abgewarnt, denn er sei damals noch der Meinung gewesen, ein Geistlicher müsse seine Hände von der Politik rein halten; als aber das Staatsruder bei wachsender Gefahr keinen mutigen Steuermann gefunden, habe ihn das Mitleid mit seinem Volke überwältigt. Das Strafgericht von Thusis, das er für eine blutige Notwendigkeit gehalten, habe er allerdings mit einsetzen helfen und ihm sein Tagewerk angewiesen. Die Verurteilung der Planta dagegen, deren Praktiken übrigens landeskundig gewesen, habe er weder begünstigt noch verhindert, sie sei wie ein einstimmiger Schrei aus dem Volke hervorgegangen.

So wendete das Gespräch sich völlig der Politik zu, obwohl Waser zuerst sich bestrebte, es auf den persönlichen Verhältnissen seines Freundes festzuhalten; aber er wurde überwältigt und hingerissen durch das Ungestüm, mit dem Jürg die den Zürcher höchlich interessierenden und von ihm gründlich erwogenen Probleme europäischer Staatskunst anfaßte; er wurde erschreckt und aufgeregt durch die Frechheit, mit der Jürg die harten Knoten rücksichtslos zerhieb, deren behutsame Lösung Waser als die höchste Aufgabe und den wünschenswerten Triumph der Diplomatie erkannte.

Es war ihm denn in diesem raschen Wechsel der Rede und Widerrede kaum die einzige schüchterne Frage gelungen, ob Fräulein Lucretia während der traurigen Wirren im Domleschg auf dem Riedberge gewohnt habe. Da hatte sich Jürgs Antlitz wie gestern abend wieder plötzlich verfinstert und er hatte kurz geantwortet: »Zu Anfang. – Das Kind hat gelitten. Es ist ein treues festes Herz ... – Aber soll ich die Fesseln eines Kindes tragen? ... Und dazu einer Planta! – Torheit. – Du siehst, ich habe ein Ende gemacht.« –

Hier hatte er sein Tier so heftig gestachelt, daß es in erschreckten Sprüngen vorwärts setzte und Waser nur mühsam das seinige in Zucht hielt.

In Ardenn trieben sie ihre Maultiere vor die Türe des Pfarrers, aber diese war verschlossen. Blasius Alexander war nicht zu Hause. Jenatsch, der mit den Gewohnheiten seines einsam lebenden Freundes vertraut schien, umging das baufällige Häuschen, fand den Schlüssel zur Hintertüre in der Höhlung eines alten Birnbaumes und trat mit dem Freunde in Alexanders Stube. Der von den Bäumen des wilden Gartens verdunkelte Raum war leer bis auf die längs der Fensterseite laufende Holzbank und den wurmstichigen Tisch, auf dem eine große Bibel ruhte. Neben dieser geistlichen Waffe blickte aus der Ecke eine weltliche. Dort lehnte eine altväterliche Muskete, über welche nun Jenatsch das ihm von seinem Begleiter gebotene Pulverhorn aus dem Müsserkriege an einen Holznagel aufhängte. Dann riß er ein Blatt aus Wasers Taschenbuche und schrieb darauf: »Ein frommer Zürcher erwartet Dich bei mir heute abend zur Zeit des Ave Maria. Komm und stärk ihm den Glauben!« Den Zettel legte er in die beim Buche der Makkabäer aufgeschlagene Bibel.

Schon brannte die Sonne heiß, als Jenatsch seinem Gefährten die aus dem breit gewordenen Addatale drohend aufsteigende Zwingburg zeigte, das Ungeheuer, wie er sie hieß, das die eine Tatze nach Bündens Chiavenna, die andere nach seinem Veltlin ausstreckte. Auf der Straße nach den Wällen zog eine lange Staubwolke. Der scharfe Blick des Bündners erkannte darin eine Reihe schwerer Lastwagen. Aus ihrer Menge schloß er, daß Fuentes auf lange Zeit und für eine starke Besatzung verproviantiert werde. Und doch ging in Bünden die Rede, daß die spanische Mannschaft durch die hier herrschenden Sumpffieber auf die Hälfte zusammengeschmolzen sei und der Aufenthalt in der Festung unter den Spaniern als todbringend gelte. Das war Jenatsch von einem blutjungen Locotenenten aus der Freigrafschaft bestätigt worden, der in Fuentes erkrankt war und, um solch ruhmlosem Untergange auszuweichen, ein paar Wochen auf Urlaub in der Bergluft von Berbenn verlebt hatte. Sich die Zeit zu kürzen, brachte er ein neues spanisches Buch mit, eine so lustige Geschichte, daß er es für unrecht hielt, allein darüber zu lachen, und er sie dem jungen Pfarrer mitteilte, an dessen Umgang er Gefallen fand und der ihm durch seinen Geist und seine Kenntnis der spanischen Sprache zu diesem Genusse vollkommen befähigt schien. Dies Buch war im Pfarrhause zurückgeblieben und heute gedachte Jenatsch den ingeniosen Hidalgo Don Quixote – so lautete sein Titel – als Schlüssel zu der spanischen Festung zu benützen.

Eben öffnete sich ein Tor der äußersten Umwallung vor dem ersten Proviantwagen und Jenatsch trieb sein müdes Tier an, um bei dieser Gelegenheit leichter Eingang zu erlangen. Als die Freunde jedoch die Festung erreichten, stand an der Fallbrücke, die Einfahrt beaufsichtigend, ein spanischer Hauptmann, ein gelber zäher Geselle – nur Haut und Knochen – von dem das Fieber abgezehrt, was abzuzehren war. Er maß die Ankommenden mit hohlen mißtrauischen Augen und als Jenatsch mit anstandsvollem Gruße nach dem Befinden seines jungen Bekannten sich erkundigte, erhielt er die knappe Antwort: »Verreist.« Wie er darauf Argwohn schöpfte und weiter fragte, wohin und auf wie lange, hinzufügend, daß er noch etwas vom Besitze des Jünglings in Händen habe, versetzte der Spanier bitter: »Dorthin. Auf immer. Ihr könnt Euch als seinen Erben betrachten.« – Dabei streckte er den Zeigefinger seiner

Knochenhand nach den dunkeln Zypressen einer unfern gelegenen Begräbniskirche aus. Dann gab er der Schildwache einen Befehl und wandte den beiden den Rücken.

Da Jenatsch kein anderes Mittel kannte, in die streng bewachte Festung einzudringen, schlug er dem Freunde vor, weiterzureiten bis an das Gestade des Comersees, den sie in geringer Entfernung lieblich leuchten sahen. Bald erreichten sie den belebten Landungsplatz seines nördlichen Endes. Kühl hauchte ihnen die blaue, vom Geflatter heller Segel belebte Flut entgegen. Die Bucht war mit Schiffen gefüllt, die gerade ihrer Ladung entledigt wurden. Öl, Wein, rohe Seide und andere Erzeugnisse der fetten Lombardei wurden zum Transport über das Gebirge auf Karren und Mäuler geladen. Der Platz vor der großen steinernen Herberge bot den Anblick eines bunten Marktes mit seinem betäubenden Lärm und fröhlichen Gedränge. Mit Mühe bahnten sich, vorüber an Körben voll schwellender Pfirsiche und duftiger Pflaumen, die beiden Maultiere den Weg bis zur gewölbten Pforte des Gasthauses. In dem düstern Torwege kniete der Wirt vor einer Tonne und zapfte ein rötliches, schäumendes Getränk für die durstig sich zudrängenden Gäste. Ein Blick in den anstoßenden Schenkraum überzeugte Jenatsch, daß hier zwischen lärmenden Menschen und bettelnden Hunden keine kühle Stätte zu finden sei, er wandte sich darum nach dem Garten, der eine einzige dichte Weinlaube bildete und dessen mit rankendem Grün überhängte Mauern und zerfallende Landungstreppen von den Wellen bespült wurden.

Als sie durch die Torhalle am Wirte vorüberschritten, der von einem dichten Kreise von Bauern umringt war, welche ihm geleerte Krüge entgegenstreckten, schien er mit einer ängstlichen Gebärde gegen das Vorhaben des Bündners Einsprache tun zu wollen; doch in diesem Augenblicke kam ihnen vom Garten her ein nach fremdem Schnitte gekleideter Edelknabe entgegen und wendete sich mit anmutigem Gruße an den jungen Zürcher, in zierlichem Französisch folgenden Auftrag ausrichtend: »Mein erlauchter Gebieter, Herzog Heinrich Rohan, der sich hier auf der Durchreise nach Venedig befindet, glaubte von seinem Ruheplatz im Garten aus zwei reformierte Geistliche vor der Herberge absteigen zu sehen und ersucht die Herren, wenn sie dem Gewühl auszuweichen vorzögen, sich durch seine Gegenwart nicht vom Besuche des Gartens abhalten zu lassen.«
Sichtbar erfreut von diesem glücklichen Zufalle und der ihm widerfahrenden Ehre, erwiderte Herr Waser, etwas steif aber tadellos in demselben Idiom sich bewegend, daß er und sein Freund sich die Gunst erbäten, Seiner Durchlaucht für die ihnen zuteil gewordene Berücksichtigung persönlich zu danken.
Die Freunde folgten dem vor ihnen herschreitenden schönen Knaben in die Lauben des Gartens. Gegen Süden hatte er einen balkonähnlichen Vorsprung, durch dessen Laubwände bunte Seidengewänder schimmerten und das Gezwitscher plaudernder Frauenstimmen, durchbrochen von dem hellen Jubel eines Kindes, ertönte. Dort lehnte auf sammetnen Polstern eine schlanke blasse Dame, deren hastige Rede und bewegliches Mienenspiel die Lebhaftigkeit eines Geistes verriet, der sie nicht zu erquicklicher Ruhe kommen ließ. Vor ihr

auf dem Steintische trippelte und jauchzte ein zweijähriges Mädchen, das eine niedliche Zofe an beiden Händchen emporhielt. Dazu klang die melancholische Weise eines Volksliedes, die ein italienischer Junge in schüchterner Entfernung auf seiner Mandoline spielte.
Der Herzog selbst hatte sich an das stillere nördliche Ende des Gartens zurückgezogen, wo er allein auf der niedrigen von der Flut bespülten Mauer saß, eine Landkarte auf den Knieen, mit deren Linien er die gewaltig vor ihm aufragenden Gebirgsmassen zweifelnd verglich.
Waser hatte jetzt den Ruheplatz des Herzogs erreicht und stellte sich und seinen Freund mit einer tiefen Verbeugung vor. Rohans Auge blieb sofort an der in ihrer wilden Kraft seltsam anziehenden Erscheinung des Bündners haften.
»Euer Rock ließ mich auf den evangelischen Geistlichen schließen«, sagte er, sich mit Interesse ihm zuwendend. »Ihr könnt also, obgleich wir uns auf diesem Boden treffen und trotz Eurer dunkeln Augen kein Italiener sein. Da seid Ihr wohl ein Sohn der nahen Rhätia, und so will ich Euch denn bitten, mir von den Gebirgszügen, die ich gestern, den Splügen überschreitend, durchschnitt und die ich zum Teil noch vor mir sehe, einen klaren Begriff zu geben. Meine Karte läßt mich im Stich. Setzt Euch neben mich.«
Jenatsch betrachtete begierig die vorzügliche Etappenkarte und fand sich schnell zurecht. Er entwarf dem Herzog mit wenigen scharfen Zügen ein Bild der geographischen Lage seiner Heimat und ordnete ihr Tälergewirr nach den darin entspringenden und nach drei verschiedenen Meeren sich wendenden Strömen. Dann

sprach er von den zahlreichen Bergübergängen und hob, sich erwärmend, mit Vorliebe und überraschender Sachkenntnis deren militärische Bedeutung hervor. Der Herzog war mit sichtlichem Wohlgefallen und steigendem Interesse der raschen Auseinandersetzung gefolgt, jetzt aber erhob er sein mildes, durchdringendes Auge zu dem neben ihm stehenden Bündner und ließ es nachdenklich auf ihm ruhen.

»Ich bin ein Kriegsmann und rühme mich dessen«, sagte er, »aber es gibt Augenblicke, wo ich diejenigen glücklich preise, die dem Volke predigen dürfen: ›Selig sind die Friedfertigen.‹ Heutzutage darf nicht mehr dieselbe Hand das Schwert des Apostels und das Schwert des Feldherrn führen. Wir sind im Neuen Bunde, Herr Pastor, nicht mehr im Alten der Helden und Propheten. Die Doppelrollen eines Samuel und Gideon sind ausgespielt. Heute warte jeder in Treue des eignen Amtes. Ich achte es für ein schweres Unglück«, hier seufzte er, »daß in meinem Frankreich die evangelischen Geistlichen durch ihren Eifer sich hinreißen ließen, die Gemüter zum Bürgerkriege zu erhitzen. Sache des Staatsmannes ist es, die bürgerlichen Rechte der evangelischen Gemeinden zu sichern, Sache des Soldaten, sie zu verteidigen. Der Geistliche hüte die Seelen, anders richtet er Unheil an.«

Der junge Bündner errötete unmutig und blieb die Antwort schuldig. In diesem Augenblicke erschien der Page mit der ehrerbietigen Meldung, die Reisebarke des Herzogs sei zur Abfahrt bereit, und Rohan beurlaubte die Freunde mit einer gütigen Handbewegung.

Auf dem Heimritte erging sich Waser in Betrachtungen

über die politische Rolle des Herzogs, der gerade damals seinen protestantischen Mitbürgern in heimischer Fehde einen ehrenhaften Frieden erkämpft hatte. Er meinte, freilich werde derselbe von kurzer Dauer sein und fand Gefallen daran, die Lage Rohans und der französischen Reformierten seinem Freunde mit den dunkelsten Farben zu malen. Er schien etwas empfindlich und verdüstert, daß seine Person vor dem Herzog neben Jürg sehr zurückgetreten, ja gänzlich verschwunden war. – Seit Heinrich IV., behauptete er, setze sich die französische Politik zum Ziele, die Protestanten in Deutschland gegen Kaiser und Reich zu schützen, den Reformierten im eigenen Lande dagegen den Lebensnerv zu durchschneiden. Sie trachte, durch Wiederherstellung der staatlichen Einheit Kraft zum Vorstoß nach außen zu gewinnen. Es ergebe sich daraus das seltsame Verhältnis, daß die französischen Protestanten unterliegen müßten, damit den deutschen die diplomatische und militärische Hilfe Frankreichs, deren sie höchlich bedürften, gesichert bleibe. – So schwebe über dem Herzog trotz der Hoheit seiner Stellung und seines Charakters das traurige Verhängnis, seine Kraft in unheilbaren Konflikten aufzureiben und am Hofe von Frankreich immer mehr den Boden zu verlieren. Jetzt bringe er wohl Weib und Kind nach Venedig, um bei dem nächstens neu ausbrechenden Sturme freiere Hand zu haben.

»Du bist ja ein durchtriebener Diplomat geworden!« lachte Jenatsch. »Aber findest du es nicht in dieser Ebene entsetzlich schwül? Dort steht eine Scheuer ... wie wär's, wenn wir unsere Tiere eine Weile im Schatten anbänden und du dein weises Haupt ins Heu legtest?«

Waser war einverstanden und in kurzer Frist hatten sich beide auf das duftige Lager ausgestreckt und waren entschlummert.

Als der junge Zürcher erwachte, stand Jenatsch vor ihm, mit spöttischen Blicken ihn betrachtend. »Ei, Schatz, was schneidest du denn im Schlafe für verklärte Gesichter?« sagte er. »Heraus mit der Sprache! Was hast du geträumt? Von deinem Liebchen?«

»Von meiner innig verehrten Braut, willst du sagen. Das wäre nichts Ungewöhnliches; aber ich hatte in der Tat einen wunderbaren Traum ...«

»Jetzt weiß ich's ... Dir träumte, du seiest Bürgermeister von Zürich!«

»So war es ... merkwürdigerweise!« sagte Waser sich sammelnd. »Ich saß in der Ratsstube und hielt Vortrag über Bündnerdinge – über die Bedeutung der Feste Fuentes. Als ich geendet, wandte sich das nächstsitzende Ratsglied gegen mich mit den Worten: ›Ich bin ganz der Meinung Seiner Gestrengen des Herrn Bürgermeisters.‹ Ich sah mich nach diesem um; aber siehe, ich saß selbst auf seinem Stuhle und trug seine Kette.«

»Auch mir hat geträumt«, sagte Jenatsch, »und recht seltsam. Du weißt, oder weißt nicht, daß in Chur ein ungarischer Astrolog und Nekromant sein Wesen treibt. Mit diesem Gelehrten hab ich mich während der letzten langwierigen Synode nächtlicherweile eingelassen, um zu sehen, was an der Sache sei.«

»Um Himmels willen, Astrologia! ... Und du bist ein Geistlicher!« rief Waser entsetzt. »Sie vernichtet die menschliche Freiheit und diese ist die Grundlage aller Sittlichkeit! – Ich bin ein entschiedener Bekenner der menschlichen Freiheit!«

»Das ist brav von dir«, fuhr der andere unbeirrt fort. »Beiläufig gesagt, es gelang mir nicht, aus dem Hexenmeister etwas Festes und Faßbares herauszubringen. Entweder wußte er nichts, oder er fürchtete von mir verraten zu werden. – Vorhin im Traume aber sah ich den Mann wieder vor mir und setzte ihm in zorniger Ungeduld den Dolch auf die Brust, um mein Schicksal zu erfahren. Da entschloß er sich, es mir zu zeigen, und zog mit den feierlichen Worten: ›Dieser ist dein Schicksal!‹ den Vorhang von seinem Zauberspiegel.
Anfangs sah ich nichts als eine helle Seelandschaft, dann trat eine grünbewachsene Mauer hervor und da saß, die Karte von Bünden vor sich, mild und bleich, wie wir ihn eben gesehen haben, der Herzog Heinrich Rohan.«

Sechstes Kapitel

Unter diesen Gesprächen waren die Freunde auf der staubigen Landstraße, die durch das Veltlin hinaufführt, eine gute Strecke weitergetrabt und schon erglänzten in der Ferne das Schloß und die Mauern von Morbegno.
Jetzt blickte Jenatsch scharf auf die letzte Windung des in weitem Bogen nach dem Städtchen laufenden Weges. Dort bewegte sich langsam ein kleiner brauner Reiter.
»Bravo«, rief der Bündner, »da machst du eine prächtige Bekanntschaft! Dort kommt der Pater Pancrazi, voreinst – das ist vor einem Jahrzehnt – Almenserkapuziner und Beichtiger der Nönnchen von Cazis. Wir haben ihm sein Kloster aufgehoben. Wären unsere Kapuziner alle so gute Bündner wie er, und so witzige Gesel-

len, man hätte sie unbehelligt gelassen. Seither hat er sein Unterkommen in einem Ordenshause irgendwo am Comersee gefunden und führt hierherum, predigend und terminierend, ein fahrendes Leben.«

»Er ist mir nicht unbekannt«, erwiderte Waser. »Voriges Jahr kollektierte er in Zürich für die verarmten Überbliebenen eurer verschütteten Stadt Plurs und betonte mit beweglichen Worten als die gute Seite solcher Verheerungen, daß man sich in diesen Jammerfällen über die Scheidewand der Konfessionen hinweg christlich die Bruderhand reiche. Kurz nachher aber kam mir eine gedruckte Bußpredigt von ihm zu Gesichte, worin er – zu meinem ärgerlichen Erstaunen – in der derbsten Sprache behauptet, der Bergsturz sei ein warnendes Gericht und eine göttliche Strafe für die Duldung der Ketzerei. Das heißt in sträflicher Weise mit zwei Zungen geredet.«

»Wer wird das einem Kapuziner und praktischen Manne verdenken!« lachte der andere. »Sieh, er setzt sein Eselchen in Trott, er hat mich erkannt.«

Der Kapuziner trabte auf seinem Tiere, das neben ihm noch zwei volle Körbe trug, so rasch heran, daß der Staub in Wirbeln aufflog. Aber die lustige Begrüßung, die Waser erwartete, blieb aus. Pancrazis kurze Gestalt drängte hastig vorwärts und streckte ihnen die Rechte mit abmahnender Gebärde entgegen, als bedeute er die Reisenden, ihre Maultiere zu wenden. Nun hatte er sie fast erreicht und rief ihnen zu:

»Zurück, Jenatsch! Nicht hinein nach Morbegno!« –

»Was bedeutet das?« fragte dieser ruhig.

»Nichts Gutes!« versetzte Pancratius. »Wunder und Zeichen geschehen im Veltlin, das Volk ist aufgeregt, die einen liegen in den Kirchen auf den Knieen, die andern laden ihre Büchsen und wetzen ihre Messer. Zeige dich nicht in Morbegno, kehre nicht auf deine Pfarre zurück, wende dein Tier und flüchte nach Chiavenna!«

»Was? Ich soll mein Weib im Stiche lassen?« fuhr Jenatsch auf, »meine Freunde nicht warnen? Den braven Alexander und den redlichen Fausch auf seinem Bergdorfe Buglio? Nichts da! Ich reite zurück – natürlich das Städtchen umgehend über die Adda. Mein Kamerad hier, Herr Waser von Zürich, kennt keine Furcht ... und du, Pancrazi, tust mir den Gefallen und kommst mit. Du nächtigst bei mir. Meine Berbenner sind nicht so gottverlassen, daß sie des heiligen Franziskus Kutte nicht in Ehren hielten.«

Nach kurzem Besinnen willigte der Kapuziner ein. »Meinetwegen, am Ende!« sagte er. »Heute bin ich dein Schutzpatron, ein andermal bist du der meinige.«

So ritten sie, was die Tiere laufen konnten, nach Berbenn hinüber und wie wenig Waser auch diese wilden Ereignisse zusagten, er machte gute Miene und rechnete es sich zur Ehre, das ihm erteilte Lob der Tapferkeit zu verdienen.

Eben ertönte die friedliche Abendglocke, als sie vor der Pfarre von Berbenn abstiegen. Unter dem niedrigen Eingangsbogen des Laubdaches stand ein breitschultriger ernster Mann von kleiner Statur aber mit ausdrucksvollem Kopfe, nachdenklich und aufmerksam seinen Hut betrachtend, welchen er nach allen Seiten drehte und gegen das Licht hielt. Es war ein hoher spitzer Filz von schwarzer Farbe.

»Was stellst du da für tiefsinnige Untersuchungen an, Kollege Fausch?« begrüßte ihn Jenatsch. »Was ist's mit deinem Filz? Oben aufgerissen, wie ich sehe. Willst du ihn hinfür zur Verstärkung deines Basses als Sprachrohr gebrauchen?«

Sorgenvoll erwiderte der Kleine: »Betrachte das Loch näher, Jürg! Seine Ränder sind verbrannt. Es ist eine Kugel durchgefahren, die mir einer deiner Berbenner zuschickte, als ich durch die Weinberge hinunterstieg. Natürlich galt sie dir; denn man sah über der Mauer nur meinen Kopf und der gleicht dem deinigen, wie du weißt, zum Verwechseln. Der Teufel soll mich holen«, fuhr er heftiger fort, »wenn ich nicht den geistlichen Stand quittiere. Der Part ist ungleich: uns ist nur das Schwert des Geistes gestattet, angefallen aber wird unser Fleisch mit Eisen und Blei.« –

»Gedenke deines Schwurs, Fausch, mein Sohn, das Evangelium zu predigen usque ad martyrium«, erscholl aus dem Hintergrunde der Laube von einer tief beschatteten Bank her die etwas dumpfe Stimme eines graubärtigen Mannes, der dort in aufrechter Haltung am Tische saß und sich von der schönen Lucia Sasseller einschenken ließ. Das junge Weib aber erblickte kaum ihren Mann, so eilte es ihm entgegen und schmiegte sich bleich und furchtsam an seine Seite, als suche es Schutz vor einer entsetzlichen Angst.

»Exclusive, Blasius! exclusive! Bis an den Martertod hinan, aber nicht hinein!« antwortete Fausch, sich zu seinem Kollegen wendend, dessen Glas er ergriff und bis auf den letzten Tropfen leerte.

Indessen machte Jenatsch seinen zürcherischen Freund mit dem glaubensstarken Pfarrer Blasius bekannt und stellte ihm dann lachend in Pfarrer Lorenz Fausch einen Schulkameraden aus dem »Loch« in Zürich vor, dessen sich Waser gar wohl erinnerte als eines um ein paar Jahre ältern, ziemlich liederlichen Studiengesellen. »Dieser Mann hat seither in Bündnerdingen eine hervorragende Rolle gespielt«, behauptete Jürg und schlug dem Kleinen auf die Schulter.

Der Kapuziner schien mit beiden Pfarrern auf bekanntem Fuße zu stehen und Fausch fuhr, diesmal an Waser sich wendend, in seiner aufgeregten Rede fort:

»Glaubst du's wohl, Herr Zürcher? Während du in deiner löblichen Stadt sittsam zur Predigt gehst und über das Gesangbuch hinweg züchtig nach deinem Jungfräulein ausschaust, betrete ich armer Streiter Gottes niemals die Kanzel ohne fröstelnd den Rücken einzuziehen, aus Furcht es fahre mir das Messer oder die Kugel eines meiner Pfarrkinder zwischen die Schultern! – Aber«, sagte er, nachdem er mit den Männern in die Stube getreten, »nun bin ich auch zum längsten Pfarrer gewesen. Dies Erlebnis«, er zeigte auf das Loch in seinem Filze, »gibt den Ausschlag. Das Maß ist voll. Ich habe von meiner Muhme in Parpan zweihundert Goldgulden geerbt, gerade genug um ein sicheres Gewerbe zu beginnen. – Herunter mit dem Pfarrock!« und er legte Hand an sein geistliches Kleid.

»Warte, Freund!« rief Jenatsch, »das verrichten wir zusammen. Auch mein Maß ist heute voll geworden! Nicht eine feindliche Kugel verjagt mich von der Kanzel, sondern eine freundliche Rede. Der Herzog Heinrich hat recht«, wandte er sich an den erstaunten Waser, »Schwert und Bibel taugen nicht zusammen. Bünden bedarf des Schwertes und ich lege die geistliche Waffe zur Seite, um getrost die weltliche zu ergreifen.« Mit diesen Worten riß er sein Predigergewand ab, langte

seinen Raufdegen von der Wand herunter und gürtete sich ihn um den knappen Lederkoller.
»Potz Velten, ihr gebt ein lustiges Beispiel«, rief der Kapuziner mit schallendem Gelächter. »Fast gelüstet mich, es euch nachzutun! Aber meine braune Kutte ist leider zu zäh und hat ein fester Gewebe als eure Röcklein, ehrwürdige Herren!«
Blasius Alexander, der diesem Vorgange ohne Verwunderung, aber mißbilligend zuschaute, faltete jetzt die Hände und sprach feierlich: »Ich aber gedenke zu verharren im Amte bis ans Ende usque ad martyrium, bis in den Martertod, zu welcher Ehre Gott mir helfe!«

»Kein schönrer Tod ist in der Welt,
Als wer vorm Feind hinscheidt ...«

sang Jenatsch mit flammenden Augen.
»Ich werde ein Zuckerbäcker«, erklärte Fausch wichtig, »ein bißchen Weinhandel daneben ist selbstverständlich.« Damit setzte er sich an den Tisch, schnallte eine kleine Geldkatze ab, die er um den Leib trug, und begann die Goldstücke, eifrig rechnend, in Häuflein zu ordnen.
Jürg Jenatsch aber umschlang die eben eintretende Lucia und küßte sie mit überströmender Zärtlichkeit: »Sei getrost, mein Herz, und freue dich! Eben hat dein Georg den schwarzen geistlichen Rock abgeworfen, der dich mit den Deinen verfeindet hat. Wir ziehn hier weg, es wird dir wohl ergehn und du erlebst an deinem Manne Ehre die Fülle.«
Lucia errötete vor Freude und blickte mit seliger Bewunderung in Jürgs übermütiges Angesicht, aus dem eine wilde Freude sprühte. Noch nie hatte sie ihn so glücklich gesehn. Offenbar wich eine dunkle Furcht

von ihrem Herzen, an der sie von Tage zu Tage schwerer getragen und die ihr das Leben in der Heimat verleidet hatte.

»Hier, Jürg, mein Bruder«, sagte jetzt Fausch, der mit seiner Rechnung fertig war, »hier mein Eingebinde zu deinem Tauftage als Ritter Georg! Für Gaul und Harnisch. Das Kapital ist gut angelegt. Ich komme mit einem Hundert zurecht.« Und er schob ihm die Hälfte seines kleinen Erbes zu.

Jürg schüttelte die ihm entgegengestreckte kurze breite Hand derb, aber ohne sonderliche Rührung und strich das Gold ein.

Inzwischen hatte sich Waser zu Pater Pancraz gesetzt, um ihm auf den Zahn zu fühlen. Dem Zürcher erschien des Kapuziners keckes Betragen, seine Lustigkeit und Selbstbeherrschung etwas zweideutig und verdächtig. Aber sein Mißtrauen schwand, als er die ungeschminkt herzliche Besorgnis des Paters um das Schicksal seiner bündnerischen Landsleute wahrnahm, und er mußte bewundern, wie richtig Pancraz die gefährlichen Verhältnisse auffaßte, wie scharf er die Vorzeichen des herannahenden Sturmes beobachtet hatte.

»Ich fürchte, es sind große Herren«, sagte der Pater, »Spanier, vielleicht auch Bündner, die diesmal das Spiel in Händen halten und zu ihren habgierigen und herrschsüchtigen Zwecken den frommen, einfältigen Glauben des Veltlinervolks mißbrauchen. Wehe, sie schüren einen höllischen Brand, das Blut, das sie vergießen, wird ihnen bis an die Kehle steigen und sie ersäufen. – In Morbegno hieß es, die Mordbanden des Robustell seien schon auf dem Wege das Tal herunter. Gott gebe, daß solcher Greuel nur in den welschen

Köpfen spukt! Eins aber ist gewiß – und das beherzigt, ihr Männer« – sprach er aufstehend und an die drei Bündner sich wendend: »des Bleibens der Protestanten im Veltlin ist nicht mehr.«

Jetzt erhob Jenatsch die Stimme: »Zweifelt nicht, Brüder, Pancrazi rät gut!« sagte er. »Kein Augenblick ist zu verlieren. Fort müssen wir. Wir sammeln in Eile unsere wenigen Glaubensgenossen, treiben unsere geistliche Herde, Mann, Weib und Kind, über das Gebirge nach Bünden, und decken bewaffnet den Rückzug.«

Er öffnete eine Truhe und zog eilig Briefschaften daraus hervor, die einen zerreißend, die andern in den Taschen seines Wamses bergend.

Blasius Alexander schüttelte den Kopf, als er von Flucht reden hörte, und lud mißvergnügt seine Muskete, die er mitzubringen nicht versäumt hatte, mit Pulver aus dem großen an seiner Hüfte hängenden Familienhorn. Dann stellte er die Waffe zwischen die Kniee und fuhr fort, langsam aber unausgesetzt, Becher um Becher zu leeren, ohne daß der feurige Wein den kalten ruhigen Blick seines Auges im mindesten belebt, oder sein farbloses Gesicht gerötet hätte.

Der junge Zürcher sah diesem Tun bedenklich zu und konnte endlich die Bemerkung nicht unterdrücken, ob der edle Trank, in solcher Überfülle genossen, dem Herrn Blasius nicht zu Kopfe steigen und die im nahenden Augenblicke der Gefahr so nötige Geistesklarheit trüben könnte.

Darauf warf ihm der Alte einen etwas verächtlichen Blick zu, antwortete aber gelassen und ungekränkt: »Ich vermag alles in dem Herrn, der mich stark macht.«

»Das ist ein christlich Wort!« rief der Kapuziner, ließ

die Gläser klingen und reichte dem greisen Prädikanten über den Tisch die Hand.

Unterdessen war der Mond aufgegangen und überrieselte draußen die Krone der Ulme und die schwere Blätterdecke der Feigenbäume mit hellem Lichte; aber nur eine spärliche Helle drang durch die kleinen Fenster in das breite, tiefe Gemach und schattete ihre massiven Gitterkreuze auf dem steinernen Fußboden ab.

Lucia stellte die italienische eiserne Öllampe auf den Tisch und entfachte, die Dochte in die Höhe ziehend, drei helle Flämmchen, die auf ihr über das Gerät gebeugtes liebliches Antlitz einen roten Widerschein warfen.

Der unschuldige Mund lächelte, denn die junge Veltlinerin war freudig bereit, mit ihrem Manne, auf dessen starken Schutz sie unbedingt baute, aus der Heimat wegzuziehen. Waser, dessen Blick von der warm beleuchteten Erscheinung gefesselt war, betrachtete mit Rührung diesen Ausdruck kindlichen Vertrauens.

Da stürzte plötzlich die Ampel klirrend auf den Boden und verglomm. Ein Schuß war durch das Fenster gefallen. Die Männer sprangen allesamt auf und zugleich sank das junge Weib ohne Laut zusammen. Eine tödliche Kugel hatte die sanfte Lucia in die Brust getroffen. Schaudernd sah Waser das schöne sterbende Haupt, auf welches das Mondlicht fiel und das Jenatsch, auf den Knieen liegend, im Arme hielt. Jürg weinte laut. Während der Pater bemüht war die Lampe wieder anzuzünden, hatte Blasius Alexander seine Büchse ergriffen und schritt ruhig in den mondhellen Garten hinaus.

Er mußte den Mörder nicht lange suchen.

Da kauerte zwischen den Stämmen der Bäume ein langer Mensch, dessen vorgebeugtes Gesicht dunkle darüberfallende Lockenhaare verbargen, den Rosenkranz in der Hand, stöhnend und betend. Neben ihm lag ein noch rauchendes schwerfälliges Pistol.

Ohne weiteres legte Blasius sein Gewehr auf ihn an und streckte ihn mit einem Schusse durch die Schläfen nieder. Dann trat er neben den auf das Angesicht Hingesunkenen, drehte ihn um, betrachtete ihn und murmelte: »Dacht ich mir's doch – ihr Bruder, der tolle Agostino!« – Eine Weile stand er horchend. Nun schlich er über die Gartenmauer spähend wieder dem Hause zu. Durch die Stille der Nacht drang ein ungewisser Lärm an sein Ohr. »Zwei Vögelchen haben gepfiffen«, sagte er vor sich hin, »bald fliegt uns der ganze Schwarm aufs Dach.«

Jetzt mit einem Male scholl aus dem Dorfe ein gellendes Geschrei, und jetzt dröhnte es über ihm – die Kirchenglocke schlug an und läutete in hastigen Schwüngen Sturm. Alexanders Blick fiel auf den wieder ins Dunkel hinausleuchtenden Schein der verräterischen Lampe, er schlug die dicken Laden des Erdgeschosses zu und schritt ins Haus zurück, in der Absicht es mit den Freunden wie eine Festung bis auf den letzten Mann zu verteidigen; denn schon knallten Schüsse von der Gasse her und Schläge fielen gegen die vordere Haustür. Fausch hatte sie eben verriegelt und stürzte die Bodentreppe hinauf, um durch die Dachluken auszuschauen. Der Prädikant aber lud seine Muskete wieder und stellte sich an das schmale vergitterte Küchenfenster, das nach der Gasse ging, wie hinter eine Schießscharte.

»Die Schurken!« rief er dem Zürcher zu, der eben hastig aus seiner Kammer trat, wo er sein Ränzchen ge-

holt und seinen leichten Reisedegen umgeschnallt hatte, »wir wollen unser Leben teuer verkaufen!«
»Um Gottes willen, Herr Blasius«, warnte dieser, »gedenkt denn Ihr, ein Diener am Wort, auf die Leute zu schießen?«
»Wer nicht hören will, muß fühlen«, war des Bündners kaltblütige Antwort.
Jetzt aber faßte Pancrazi den tapfern Alten mit beiden Armen um den Leib und riß ihn von dem Mauerloche zurück: »Willst du uns alle verderben mit deiner wahnwitzigen Gegenwehr? – Macht, daß ihr von hinnen und in die Berge kommt!« –
»Misericordia!« dröhnte Fauschens Stimme durch die Treppenöffnung herunter. »Sie kommen in hellen Haufen, sie stürmen das Haus des Poretto! Wir sind verloren!«
»Macht, daß ihr fortkommt!« schrie der Pater, während immer heftigere Beilhiebe gegen die Türe schmetterten.
»Auch gut, Kapuziner«, sagte Blasius, der jetzt mit beiden Armen Reisigbündel und Stroh aus der Küche schleppte und mit geübten Handgriffen im Gange zwischen den beiden Haustüren aufschichtete. »Wir heben uns von hinnen über den Bondascagletscher ins Bergell. Fausch, alle Dachluken auf, damit es Luft gibt! Und dann hierher!«
Fausch krabbelte die Treppe herunter, beladen mit allerlei Mundvorrat, den er oben gefunden hatte, und Waser sah sich jetzt nach Jenatsch um.
»Hier scheiden sich die Wege, Pancrazi«, sagte der alte Prädikant und drückte dem Pater die Hand über den Reisigwall hinweg, während das Mittelstück des Haus-

tors unter dem Geheul der Belagerer auseinanderkrachte. »Dein ist die Vordertür. Unsern Rückzug durch die hintere deckt die Flamme.« Und er entzündete den Holzstoß. »Abgezogen, ihr evangelischen Männer!« – Während das Feuer in aufrechter Lohe durch die luftige Bodenöffnung emporschlug, trat Jenatsch, die Tote im Arme, aus dem Wohnraume in die flackernde Helle. In seiner Rechten leuchtete das lange Schwert, auf dem linken Arme trug er, als spürte er die Last nicht, seine Tote, deren stilles, sanftes Haupt wie geknickt ihm an der Schulter ruhte. Er wollte sie nicht auf der Mordstätte zurücklassen. Waser konnte trotz der Gefahr der Stunde den Blick nicht verwenden von diesem Nachtbilde sprachlosen Grimms und unversöhnlicher Trauer. Er mußte an einen Engel des Gerichts denken, der eine unschuldige Seele durch die Flammen trägt. Aber es war kein Bote des Lichts, es war ein Engel des Schreckens.

Indes die Bündner durch den Garten nach dem Fuße des Gebirges enteilten, hatte der Pater in der Küche neben Feuer und Rauch standhaft den Augenblick erwartet, wo die Türe in Splitter flog. Jetzt sprang er, das Kruzifix in der vorgestreckten Rechten, zwischen die Pfosten und rief der blutlechzenden Menge entgegen: »Heilige Mutter Gottes! Wollt ihr mit den Ketzern verbrennen? ... Feuer vom Himmel hat sie verzehrt! Löschet! Rettet euer Dorf!« ... Und hinter ihm prasselte die lebendige Glut.

Mit einem Wehgeheul, das nichts Menschliches mehr hatte, wichen die Entsetzten zurück und es entstand eine unbeschreibliche Verwirrung. Blitzschnell verbreitete sich die Sage, Sankt Franziskus in eigener Per-

son habe die Ketzer im protestantischen Pfarrhause vernichtet und sei in erhabener Gestalt den Gläubigen erschienen.
So gelang es dem Kapuziner, sein Eselchen, das er in einem benachbarten Stalle untergebracht hatte, unbemerkt zu besteigen. Brandröten und Mordgeschrei hinter sich lassend, ritt er auf Umwegen, die Kapuze tief ins Gesicht gezogen, seinem Kloster am Comersee zu.

Siebentes Kapitel

Am Abend des fünften Tages nach diesen außerordentlichen Ereignissen näherte sich Heinrich Waser auf dem von Rapperswyl herkommenden ordinären Markt- und Postschiffe seiner Vaterstadt. Die schlanken Turmspitzen der beiden Münster zeichneten sich immer schärfer und größer auf dem klar geröteten Westhimmel, und bei diesem viellieben Anblick dankte der junge Amtschreiber aus Herzensgrunde der gütigen Vorsehung für das glückliche Ende seiner über Erwarten gefährlichen Ferienreise.
Bei der Abfahrt von Rapperswyl hatte er sich nur in Gesellschaft der Schiffer befunden; denn eine Schar von Pilgerinnen aus dem Breisgau, alte müde Weiber, verbargen ihre sonnenbraunen Gesichter scheu unter den roten Kopftüchern und hatten sich im Vorderteile des Schiffes eng zusammengeduckt. Sie beteten oder schliefen. Sie kamen vom heiligen Gnadenort Einsiedeln und waren noch über die lange Brücke zu den Kapuzinern von Rapperswyl gewandert, um von den als Geisterbanner und Exorzisten bewährten Vätern allerlei Mittelchen einzuhandeln gegen Krankheit von Menschen

und Vieh und gegen teuflischen Spuk. Dort hatten die Wallfahrer von einem schrecklichen Strafgerichte gehört, das in einem Tale jenseits der Berge über die Ketzer hereingebrochen sei. Alle seien sie mit Feuer und Schwert vertilgt worden.

Wohl erfüllte die Weiblein mit freudigem Schrecken dies Unglück der Mißgläubigen, aber auch mit dem Wunsche, so bald als möglich den protestantischen Landen, die sie zu durchwandern hatten, den Rücken zu kehren und jenseits der Grenze in ihrer katholischen Heimat diese großen Dinge zu verkündigen.

So war das Gerücht von dem Protestantenmorde im Veltlin schon vor, oder doch zugleich mit dem jungen Zürcher hieher gelangt. Auch Waser hatte auf dem Heimwege erfahren, was zu glauben er sich immer noch in innerster Seele gesträubt hatte, daß der Überfall in Berbenn, den er miterlebt, nur eine Einzelheit, und nicht die grausamste, eines längst geplanten, unerhörten Blutbades gewesen sei. Sogar die nach und nach bei den Dörfern, wo man anlegte, einsteigenden Marktleute waren voll davon.

Es war eine Gesellschaft, die sich nicht erst von gestern her kannte. Die zwei Schiffleute, Vater und Sohn, vermittelten mit ihren Ruderknechten schon seit Jahren den Verkehr zwischen den beiden See-Enden. Der Junge, ein von der Sonne geschwärztes, kräftig aufgeschossenes Gewächs, war Wasers Altersgenosse. Sein Vater hatte ihn von Kindesbeinen an auf den See mitgenommen und ihn früh zum Vertragen der dem Schiffe für die Stadt anvertrauten Briefe und Pakete gebraucht. So war der Bursche mit dem jungen Jenatsch schon bekannt geworden, als der Pfarrer von Scharans seinen

Jürg nach Zürich auf die Schule führte, hatte ihm später manche Botschaft gebracht, und wenn Waser zu Ferienanfang seinen Schulkameraden seeaufwärts begleitete, hätte dem lustigen Tage das Beste gefehlt, wenn der wort- und schlagfertige Kuri Lehmann nicht mitgefahren wäre.

Er auch war es gewesen, der mit seinem Vater die müde kleine Lucretia in das Schiff aufgenommen, ihr in Zürich den Weg nach dem Carolinum gezeigt und ihr Mut gemacht hatte, nur frisch und unverzagt dem Jürg ihren Kram auf die Schulbank zu stellen.

Auch die Dorfleute – ein alter Mann von Stäfa, der allwöchentlich seine Spanferkel in Zürich zu Markte brachte, der Honighändler, die Fischer und ein paar Hühner- und Eierweiber – waren Stammgäste des geräumigen Bootes.

Die dunkle Nachricht, welche das Postboot von Rapperswyl brachte, versetzte dessen Insassen in ungewohnte Aufregung. Ihre vor dem Schreckbild scheuende Einbildungskraft erging sich in den abenteuerlichsten Sprüngen. Nicht zufrieden mit den überlieferten Tatsachen, vermuteten sie eine allgemeine Verschwörung der Papisten gegen alles Volk, das sich zur reinen Lehre bekenne. Schließlich waren sie nicht weit davon, den ihnen allen dem Rufe nach, einigen von Angesicht bekannten Herrn Pompejus, dem sie die Hauptschuld an dem Blutbade beimaßen, zum Feldhauptmann des Antichrists zu erheben und ihm ein Heer schlauer Jesuiten und feuriger Teufel zur Verfügung zu stellen.

»Der letzte Sieg der Bosheit und das Weltgericht steht vor der Tür«, sprach feierlich der alte Ferkelhändler, welcher etwas taub war und sich um so eifriger auf die seltene Kunst des Lesens und die selbständige Erforschung der Schrift verlegt hatte, »alle Zeichen sind da – das große Tier ...«

»Ihr könntet irren«, unterbrach ihn der Amtsschreiber, der bis jetzt in sich gekehrt geschwiegen hatte. »Wißt, daß seit der Apostel Zeiten bei allen schweren Kalamitäten, die über das Christenvolk hereinbrachen, das Ende der Welt von heute auf morgen erwartet wurde. Und doch steht, wie Ihr seht, noch Albis und Uto wie zu der Helvetier Zeiten und fließt die Limmat noch ihren alten Weg. Hütet also Euern Geist und Eure Zunge vor Irrlehre und eigenmächtiger Deutung.«

Der Alte senkte den Kopf, murmelte aber zwischen den Zähnen: »Daß es so lange nicht eingetroffen ist, beweist mir gerade, daß es jetzt eintrifft.«

Kuri Lehmann, der, hart neben Waser stehend, sein langes Ruder führte, streifte jetzt diesen mit einem scharfen Blicke aus seinen wasserhellen, von niedrigen, schwarzbuschigen Brauen beschatteten Augen. Diese durchdringenden, sonst kalt verständigen Augen brannten in frechem Feuer.

»Warum, Herr Amtsschreiber, schicken die Gnädigen in Zürich nicht uns Seebuben gegen die Spaniolen und Jesuiten im Veltlin? Ist ihnen das Herz in die Hosen gefallen?« sagte er.

»Halt das Maul, um Gottes willen, Bub!« rief erschrokken der alte Lehmann, der am Steuer diese respektlose Rede gehört hatte, und fuhr mit der rechten Hand in die Höhe, als wollte er ihm das Wort im Munde zerschlagen. Aber er faßte sich und fügte mit ungewohnter Süße hinzu: »Die Herren in Zürich werden in ihrer Weisheit das Rechte schon treffen.«

Kuri aber fuhr unbekümmert fort: »Ihr wißt mehr als wir, Herr Waser! Hab ich Euch nicht mit einem Reisebündelein vor vierzehn Tagen nach Rapperswyl geführt? Ihr wolltet ein wenig in die Berge hinein, sagtet Ihr. Beim Eid, Ihr seid beim Jenatsch gewesen! War denn der nicht zur Stelle? Der Jürg hat sich doch, beim Strahl, von denen Äsern von Pfaffen nicht abtun lassen! Ihr blickt so traurig drein! Es ist ihm doch nichts passiert? Oder hat es gefehlt, hat er dran glauben müssen?«
»Er lebt, Kuri«, versetzte Waser, wie einer, der seine Worte wägt und keines zuviel sagen will.
»Nun, dann zählt darauf, eh ich diese Schuhe verbraucht habe« – Kuri schonte sie freilich, denn er hatte sie ausgezogen und neben sich auf den Schiffskasten gestellt, um erst in Zürich damit Staat zu machen –, »eh ich diese Schuhe verbraucht habe, hat der Jenatsch den Pompius Planta kaltgemacht. Sonst ist er nicht der Jenatsch mehr! Denkt daran! Leid tut es mir um das Jüngferchen und wird dem Jürg auch leid tun.«
Dieses in den Tag hinein gesprochene Wort machte auf Waser einen peinlichern Eindruck, als er sich nicht gestehen wollte, und hätte Kuris Vater von neuem erbost, wäre nicht sein Auge unweit vom Dorfe Küßnach auf einer grünen, von hohen Nußbäumen beschatteten Landungsstelle haftengeblieben. Es ergoß sich dort zwischen steilen, mit Holunderbüschen und Wurzelwerk überwucherten Borden ein Bach in den See, ein stilles und durchsichtiges Wässerchen, dessen unterhöhlte ausgewaschene Ufer aber verrieten, wie heftig es im Frühjahr toben konnte. Von der Anhöhe blickte ein Landhaus herab. Dort unter den Bäumen stampfte ein kleiner ungeduldiger Junge mit Degen und Federhüt-

chen auf dem schattigen Rasen herum, während die würdige Gestalt eines Präzeptors beschwichtigend daneben stand.

»Hoheho, hieher, Lehmann! Ich will in die Stadt!« schrie der Kleine, während sein Mentor ein Tuch aus der Tasche zog, um das Boot heranzuwinken.

Überflüssige Bemühung! Der alte Lehmann hatte schon mit dem Rufe: »Aha, der Junker Wertmüller vom Wampispach!« sein Schiff der Nußbaumgruppe zugelenkt und die Planke zum Einsteigen bereitgemacht.

Nach wenigen Minuten saß der zapplige Kleine auf der Ehrenbank zwischen seinem Erzieher und Herrn Waser, deren Beinbekleidung er mit seinen unruhigen Füßen, die den Boden des Schiffes noch nicht erreichten, mutwillig und unaufhörlich in Gefahr brachte.

Herr Verbi divini Minister Denzler, so nannte sich der Erzieher, ließ sich mit Waser über den Junker hinweg in ein lispelndes Gespräch ein. Er beklagte höchlich die haarsträubenden Wirkungen des Fanatismus, und obgleich Waser das von ihm Erlebte so knapp als möglich erzählte und seine eigene Person dabei bescheiden in den Hintergrund stellte, konnte sich der Präzeptor nicht genug entsetzen über die unerhörte Gefahr Leibes und Lebens, welcher sich der Herr Amtschreiber durch seine Kühnheit ausgesetzt. Dann steuerte er seinen persönlichen Angelegenheiten zu, wobei er gut fand, der lateinischen Sprache sich zu bedienen.

»Niemalen, Herr Amtsschreiber«, bemerkte er, »hätte ich diese schwierige Erziehung übernommen, denn der Kleine, obgleich ein ausgezeichnetes Ingenium, ist, unter uns gesagt, ein bösartiges Dämönlein, wenn mir nicht des Herrn Obersten Schmid Gnaden heilig versprochen hätten, daß ich bei Zufriedenheit mit meinen Leistungen später diesen seinen Stiefsohn auf einer Bildungsreise begleiten dürfte, wie sie noch selten gemacht worden ist. Die deutschen Lande, Italien, Frankreich sollen besucht werden, und wie Cäsar werden wir bis nach Britannia vordringen.«

»Ja, der Verbi divini muß mit!« rief hier plötzlich der kleine Kobold, der den Gegenstand der Unterhaltung erraten hatte. »Aber vorher muß er mich alle Sprachen lehren, daß ich in allen kommandieren kann!«

»Was willst du denn eigentlich werden, Rudolf?« fragte Herr Waser, um die Blöße, die der Magister sich gegeben, zu decken.

»Ein General!« rief das Bübchen und sprang von der Bank, denn eben war man durch das Wassertor des Grendels gefahren und legte jetzt vor der Schifflände an. –

Bald bewegte Herr Waser sich wieder in den gewohnten Geschäften und saß wie früher täglich auf der Ratskanzlei; aber die staatsrechtlichen Handlungen waren für ihn keine leeren Formeln mehr, keine bloße Übung seiner behenden Gedanken, er war davon durchdrungen, daß dabei Wohl und Wehe der Völker auf dem Spiele stehe, er hatte der Wirklichkeit ins drohende Antlitz geschaut.

Infolge seiner Reise nach Bünden und seiner Rettung aus dem in allen protestantischen Landen Entsetzen verbreitenden Veltlinermorde war das Ansehen des jungen Amtsschreibers in seiner Vaterstadt außerordentlich gestiegen. Ja, es geschah eines Sonntags, als er hinter dem Herrn Amtsbürgermeister in seinem Kirchenstuhle saß, daß er aus dem Munde des Antistes der

zürcherischen Kirche, während alle Augen sich teilnehmend auf ihn richteten, folgende seiner Bescheidenheit unwillkommenen Worte vernahm:
»Ihr seid durch die Posaune der die Welt durchfliegenden Fama davon unterrichtet«, tönte es von der Kanzel herab, »welch schreckliche Hekatombe der papistische Fanatismus in einem uns verbündeten Lande gehäuft hat – wie sechshundert unsrer protestantischen Brüder ausgerottet wurden durch die Schärfe des Schwertes – wie die blutgerötete Adda geschändete Leichen wälzte, während die verstümmelten Reste anderer auf offenem Felde liegen, dem krächzenden Gevögel ein scheußlicher Fraß. – Aber daß der Himmel sogar in allgemeiner Vernichtung seine auserwählten Rüstzeuge zu bewahren weiß, dafür gab er uns, Geliebteste, ein den innigsten Dank erweckendes Zeugnis in der lebendig hier anwesenden Person eines unsrer Herren Mitbürger, den er durch das menschliche Medium von dessen Fürsichtigkeit und Tapferkeit voraussichtlich zu höhern Zwecken mitten aus diesem Verderben gerettet hat.« ...
Eine andere Folge war, daß Wasers Vorgesetzte seit seiner Reise sich von ihm als einem tüchtigen und in Bündnerdingen bewanderten jungen Manne die ersprießlichsten Dienste versprachen. Man berücksichtigte sein Urteil, und vorzugsweise seiner gewandten Feder ward der öffentliche Verkehr mit den bündnerischen Behörden und der geheime Briefwechsel mit den zürcherischen Vertrauensmännern in diesem schicksalsvollen Lande zugewiesen. Und, wunderbar, die toten Buchstaben der jetzt Schlag auf Schlag aus Chur eintreffenden Berichte bewegten, was sonst nicht der Fall gewesen war, sein Herz noch mehr, als sie seinen

Scharfsinn beschäftigten. Zwischen den Zeilen blickten die kraftvollen Köpfe des stolzen Planta, des feurigen Jenatsch, des kalt fanatischen Blasius Alexander hervor und verdeutlichten ihm die Natur dieses ungebändigten, parteisüchtigen, unter einer ruhigen Außenseite tief leidenschaftlichen und seine wilde Freiheit über alles liebenden Volksstammes.

Oft wenn er ungestört an seinem Arbeitstische saß, ward er unversehens zurückgetragen in die Vergangenheit. Er stand wieder in Berbenn vor dem brennenden Hause und sah den Schulfreund aus den Flammen treten, sein noch im blassen Tode wunderschönes Weib über der Schulter, er sah ihn unausgesetzt, unermüdet, wortlos voranschreiten auf den gefährlichen Bergpfaden und über die zerrissenen Gletscher, bis der Schweigsame seine Last niederlegte auf dem Kirchhofe von Vicosoprano, um sie dort in Bündnererde zu bestatten. Immer mehr wurde Heinrich Waser von dem Eindrucke bewältigt, die Lohe, welche den häuslichen Herd des Bündners verzehrt, flamme fort als verborgener unauslöschlicher Rachebrand in seiner Brust, von einem eisernen Entschlusse bis zur günstigen Stunde niedergehalten, und als Jürg tränenlos am Grabe seiner Lucia gestanden, habe er mit ihr alle Harmlosigkeit der Jugend, alle weichen Gefühle und vielleicht jedes menschliche Erbarmen versenkt. Hatte doch Wasers herzliche Teilnahme bei ihm keine Stätte, nicht ein einziges erwiderndes Wort gefunden. Jenatsch war dem Freunde gegenüber zu Stein geworden, und die letzte Rede, fast die einzige auf der Reise, die er beim Scheiden in Stalla an ihn gerichtet, hatte dem jungen Zürcher beunruhigend und verhängnisvoll nachgeklungen. »Du wirst von mir hören!« hatte er ihm zugerufen. Mit Jürg war Blasius Alexander fortgegangen als einziger Begleiter. Dieser auch hatte das Gebet über Lucias Grabe gesprochen und dabei schreckliche alttestamentliche Worte so zusammengestellt, daß Waser sie kaum mehr erkannte und sie ihm als der Ausdruck gotteslästerlicher Rachsucht erschienen. Überhaupt war Blasius nicht sein Mann. Noch nie war seine heitere, für die verschiedenen Seiten der Dinge empfängliche Natur auf einen schrofferen Gegensatz gestoßen, und ihm graute, seinen Freund in dessen jetziger Stimmung mit diesem kalten Fanatiker zusammen zu wissen.

Wie gesagt, eine Hiobspost folgte der andern. Unmittelbar nach der Schlächterei besetzten die Spanier, von Fuentes her eindringend, mit Heeresmacht das ganze Veltlin. Die beiden Planta führten die Österreicher ins Münstertal, und zwei Versuche, die verlorenen Landschaften wiederzugewinnen, blieben fruchtlos. Im Innern von Bünden wuchs täglich die Wut gegen die landesverräterischen Anstifter des Veltlinermordes, besonders gegen den verfemten Pompejus Planta, der in der allgemeinen Verwirrung sich seines festen Hauses Riedberg wieder bemächtigt hatte.

So war Waser, als eines Tages durch einen reitenden Boten die Nachricht von dem Überfalle des Schlosses und der Ermordung des Herrn Pompejus eintraf, mehr erschrocken als erstaunt. Das Schreiben kam vom Ritter Doktor Fortunatus Sprecher. Dieser gelehrte Jurist behauptete in der von politischer Leidenschaft beherrschten Zeit eine geachtete und verhältnismäßig unangefochtene Stellung. Von ihm war bekannt, daß er, dem die waghalsige Demokratenwirtschaft und die spanischen Intrigen gleichermaßen verhaßt waren, in stillen Stunden beflissen sei, die in ihm aufsteigende Bitterkeit bestmöglich zu versüßen durch tägliche genaue Aufzeichnung aller Fehlgriffe und Greuel, welche sich die ihm widerwärtigen extremen Parteien zuschulden kommen ließen. Dies tat er aber mit dem Vorsatze, die unter dem Eindrucke des Tages entstandenen Aufzeichnungen im Laufe der Jahre gemächlich zu einer ausführlichen und, wie er sich schmeichelte, völlig vorurteilslosen Geschichte seines Vaterlandes zu verarbeiten. Mit diesem wohlunterrichteten Manne unterhielt die Regierung von Zürich Beziehungen, um, wie sich Jenatsch ausgedrückt hatte, auf dem laufenden zu bleiben. Der Ritter beobachtete die Vorsicht, seine Briefe nicht an die Staatskanzlei, sondern an Heinrich Waser, den Privatmann, zu richten.

Das Schreiben, welches dieser in schweren Gedanken immer und immer wieder las und unbewußt mit häufigen Tränen benetzte, trug das Datum: Chur, den 27. Februar 1621. Es erzählte das verhängnisvolle Ereignis in einer Sprache, welche die zornige Erregung des Berichterstatters verriet.

In der Nacht vom vierundzwanzigsten auf den fünfundzwanzigsten hätten sich die Führer der Volkspartei von Grüsch im Prätigau, dem Sitze ihrer Verschwörung, aufgemacht, zwanzig Mann stark, alle gut bewaffnet und beritten, voran der wahnwitzige Blasius Alexander und der teuflische Jenatsch. In rasendem Ritte durch das schlafende Land und die finstere föhnwarme Nacht brausend, seien sie im Morgengrauen wie Gespenster vor Riedberg aufgetaucht, haben das Tor mit Axthieben gesprengt, seien ohne ernstlichen Widerstand der schlummertrunkenen entsetzten Dienerschaft in die Schlafkammer des Herrn Pompejus eingedrungen, diese aber sei leer gewesen. Im Begriffe, fluchend und lästernd wieder abzuziehen, habe sie Jenatsch in einem engen Vorzimmer auf ein altes blindes Hündlein aufmerksam gemacht, das winselnd in den Rauchfang des Kamins hinaufschnoberte. Aus diesem sei dann Herr Pompejus mit frevler Faust an seinem langen Schlafkleid heruntergerissen und mit wütenden Beilhieben zu Tode gebracht worden. Unbegreiflicherweise seien die Mörder unangefochten in frechem Triumphe durch das rings von den Sturmglocken aufgestörte Land nach Grüsch zurückgekehrt, am hellen Tage durch die Straßen von Chur im Schritte reitend, wo er, Sprecher, durch das Pferdegetrappel ans Fenster gerufen, selbst die Entsetzlichen erblickt und von dem blutigen Jenatsch hohnlächelnd begrüßt worden sei. Gegen Mittag habe der Briefsteller im Auftrage der Gerechtigkeit und mit hinlänglicher Bedeckung nach Riedberg sich begeben, wo Herr Pompejus noch in der Lache seines Blutes gelegen, jämmerlich zerhauen, aber stolz und verachtungsvoll noch in der Todesruhe. Das Mordbeil habe der alte Kastellan Lucas den Gerichtsleuten vorenthalten und es in ein unzugängliches Versteck gebracht, um es, wie er gesagt habe, der göttlichen Gerechtigkeit scharf zu behalten, worunter der Alte wohl die Blutrache der Planta verstanden. Über der Todesstätte seines Herrn aber habe er die Mauer mit einem großen Kreuze bezeichnet.

Sprechers Brief endigte mit der schwarzsichtigen, dem Tacitus entliehenen Bemerkung: in dieser Zeit, wo den Guten jede Macht genommen sei, bleibe die Bestrafung der Bösen das einzige Zeichen einer waltenden Vorsehung, und mit dem trostlosen Ausrufe: »Wehe, Rhätia, wehe dir!«

Dieser Weheruf war nicht unberechtigt, das lehrte die nächste Zukunft. Nach einigen flüchtigen Sonnenblikken, die eine bessere Wendung der Dinge für Bünden zu versprechen schienen, erfüllten sich seine Geschikke. Bevor seit der Ermordung des Herrn Pompejus ein Jahr um war, überschwemmten österreichische und spanische Heerhaufen die rätischen Lande. Das Volk erhob sich zum Verzweiflungskampfe, selbst Frauen und Mädchen schwangen rohe todbringende Waffen.

Eines Tages, da die Bedrängten in der Kirche zu Saß den helfenden Gott anriefen, verirrte sich ein weißes Lamm von der Weide in die offene Sakristei und erschien neben dem Taufbecken vor den Augen der bewaffneten Landleute. Das bedrohte Volk erblickte darin einen göttlichen Zeugen von der Unschuld und Gerechtigkeit seiner Sache.

Georg Jenatsch war der Vorkämpfer des Aufstandes. Er troff von Blut und seine übermenschliche Tapferkeit wurde zur Legende. So erschlug er Hunderte von Österreichern, meldet die Sage, bei Klosters in offener Feldschlacht, er allein mit drei Genossen.

Die heldenmütigen Bündner wurden von der Übermacht erdrückt. Waser sah eines nach dem andern ihrer flüchtigen Häupter in Zürich anlangen. Es kam ein Salis, ein Ruinell, ein Violand – Jürg Jenatsch kam nicht. Wohl mochte es ihm schwer werden, das Bollwerk seiner Berge zu verlassen.

Furcht vor dem übermächtigen Österreich lähmte diesmal die Gastfreundschaft der Stadt Zürich, die sie sonst keinem Vertriebenen versagt. Beim Pokale auf den Zünften hatte die junge Bürgerschaft den bündnerischen Tellen, so nannte man die Mörder des Herrn Pompejus Planta, stürmisch zugejauchzt, jetzt aber streckten sich den Flüchtigen nur wenige Hände entgegen. Man ersuchte sie, sich stille in den Häusern zu halten, damit in Wien ihre Anwesenheit geleugnet werden könne. Die Geister waren von dunklen Ahnungen erschreckt, dreißig kommende Kriegsjahre warfen ihren Schatten vor sich her.

An einem Winterabend verließ Waser ernster als gewöhnlich und in tief bewegter Stimmung das Haus seiner jungen Braut, die er nächstens heimführen sollte und in deren angesehener Familie er das Nachtessen einzunehmen pflegte. Hier ließ er sonst die Staatssorgen vor der Tür und freute sich in Züchten des Lebens; heute aber quoll ihm der Bissen im Munde. Sein Schwager, ein junger Geistlicher, hatte aus der eben versammelten Synode eine ergreifende Nachricht nach Hause gebracht. Von Seiner Hochwürden dem Antistes war ein Schreiben verlesen worden mit der Nachricht von dem standhaften Ende des Märtyrers Blasius Alexander. Da wurde ausführlich von einem seiner Kerkergenossen erzählt, wie man ihn auf der Flucht ergriffen und nach Innsbruck gebracht habe; wie er sich in der Gefangenschaft unerschütterlich geweigert, den reformierten Glauben abzuschwören, und wie er schließlich zum Verluste der rechten Hand und des Hauptes verurteilt wurde. Da seine Rechte abgeschnitten auf dem Blocke lag, habe er bereitwillig auch die Linke ausgestreckt, als könne er sich des Martertums nicht ersättigen.

Um sein Gemüt zu beruhigen, machte Waser gegen seine Gewohnheit einen raschen Gang um die beschneiten Stadtmauern. Als er in seine dunkle Stube zurückkehrte und Feuer schlug, um seine Lampe anzuzünden, gewahrte er in der Fensternische eine hohe Gestalt, die ihm nun festen Schrittes entgegentrat und ihm die Hand auf die Schulter legte. Es war Jürg Jenatsch.

»Erschrick mir nicht, Heinrich«, sagte er sanft, »ich komme nur für eine Nacht und verlasse eure Mauern, sobald in der Frühe ein Tor aufgeht. Hast du Platz für mich in deinem Kämmerlein, wie ehedem? ... Du schwankst, ob du mir die Hand drücken willst ... sie hat gerecht gerichtet ... Doch jetzt ist in Bünden nichts mehr zu tun. Da ist alles verloren – wer weiß für wie lange. Ich gehe zum Mansfeld. Dort auf dem großen deutschen Kampfplatze entscheidet sich mit Sieg oder Niederlage der protestantischen Waffen auch das Los meiner Heimat.« –

ZWEITES BUCH

Lucretia

Erstes Kapitel

Ein durchsichtig blauer Winterhimmel umfing die Lagunenstadt und schaute sich mit gleicher Kraft und Helle tief aus dem Spiegel eines ihrer vielen schmalen Wasserbänder wieder entgegen. Hier zeigten die stillen

Wasser auch das scharfe, dunkle Ebenbild einer schlank gewölbten Marmorbrücke, die das engste und bewohnteste Quartier Venedigs mit dem Campo dei Frari verbindet. Dieser kleine Platz bildet den spärlichen Vorraum zu dem fremdartig erhabenen Meisterbau Niccolò Pisanos, dem rotschimmernden Dome der Maria gloriosa de' Frari.

In der engen Pforte eines an die Lagune gebauten Hauses jenseits der Brücke stand ein Mann von mittleren Jahren mit einem ernsten bärtigen Kopfe und von gedrungener, kurzer Gestalt. Sein Blick folgte ruhig den lautlos geführten, von Zeit zu Zeit unter dem Brückenbogen durchgleitenden Gondeln, oder betrachtete die Bettler, welche auf den Stufen des Domes lagerten und eben ihr Frühstück verzehrten. Ihm zu Häupten war an der Mauer, dem Halbrunde der Türwölbung folgend, in kolossalen schwarzen Lettern und italienischer Sprache zu lesen: Lorenz Fausch, Pastetenbäcker aus Bünden.

Aus den herrschaftlichen Gondeln, die an der Landungstreppe des Campo anlegten, war schon manche zarte Dame gestiegen; manche zierliche Gestalt, umhüllt von den weichen Falten dunkler Seide und das Antlitz durch die sammetne Halbmaske vor der Kälte geschützt, war die Stufen hinauf über den Platz in die Kirche geglitten, ohne daß die Züge des Bündners sich im mindesten verändert hätten. Jetzt aber ging etwas Seltsames auf dem ernsthaft gleichmütigen Gesichte vor. Unter der Brücke war der wetterbraune, weißbärtige Kopf eines Ruderers zum Vorschein gekommen, der, aus seinen ungelenken Bewegungen zu schließen, mit der Lagune nicht vertraut war. Während sein Gefährte, der auf dem Hinterteile des Fahrzeuges stand, ein jugendlich behender, ein echter Gondoliere, dieses mit schlanker Ruderbewegung an die Mauer drückte, öffnete der Alte langsam die niedrige Gondeltüre und schickte sich an, einer nur leicht verschleierten, offen und groß blickenden Frau beim Aussteigen behilflich zu sein. Sie aber hatte seine Hand nicht angenommen. Unversehens stand sie auf der Treppe und schritt, ohne sich umzublicken, der Pforte des Domes zu.

Ehe der in der Gondel beschäftigte Alte seiner Herrin folgen konnte, trat Herr Fausch, dessen Miene sich plötzlich erhellt hatte, an den Rand der Lagune vor und rief ihm mit gedämpfter Baßstimme den romanischen Gruß: »Bun dì« zu; aber jener wandte sich nicht nach dem seine Bekanntschaft Suchenden um, er streifte ihn nur mit einem Blitze unter seinen buschigen Brauen hervor, halb mißtrauisch, halb verständnisvoll, dann zog er langsam einen Rosenkranz aus der Tasche und schritt, Herrn Fausch den Rücken zukehrend, nach der Kirche.

Noch folgte ihm dieser mit nachdenklichen Blicken, als, aus dem Seitengäßchen rasch herauslenkend, ein kleiner hagerer Kavalier an ihm vorüberschoß und mit einem stählernen Sprung auf der Brücke stand. Hier bemerkte er zu seiner Rechten den Bäcker und dessen behaglichen Gruß, wandte ihm einen Augenblick sein junges, nichts weniger als hübsches, aber höchst orginelles Gesicht zu und sagte: »Augenblicklich noch im Dienst! Holt mir ein Fläschchen Cyprier, Vater Fausch – wohlverstanden, von der Sorte, der Ihr persönlich huldigt. In zwei Minuten bin ich hier.«

Fausch trat aus dem fröhlichen Sonnenlichte in sein etwas düsteres zu dieser Morgenstunde noch leer stehendes Schenkzimmer zurück, das jedoch mit seinen zahlreichen Sitzen und reinlichen weißen Marmortischen offenbar auf den Besuch von Gästen nicht geringen Standes eingerichtet war. Während er sich in den geheimen, wohlverschlossenen Raum begab, der ihm in der Meerstadt als Keller diente, um ein strohumflochtenes Fläschchen von seinem dunklen Ehrenplatze herunterzuholen, dem Befehle des jungen Kavaliers gemäß, doch alles mit würdiger Bedächtigkeit, hatte dieser seinen Gang gemacht und kam schon wieder über die Brücke zurück.

Er hatte die Kirche betretend sogleich die hohe Gestalt wiederentdeckt, die sein Blick aus der Tiefe des Gäßchens im Fluge erfaßt hatte, und die ihm durch ihre dunkle kräftige Schönheit anziehend erschienen war.

Andächtig kniete sie, das Antlitz zum Gekreuzigten erhoben, mit gefalteten Händen auf den Stufen des Hochaltars. Nicht Zweifel, nicht Trostbedürfnis, nicht Sehnsucht schien sie hergeführt zu haben. Keine innere Aufregung, keine unstete Leidenschaft bewegte die hochgewachsene Gestalt. Feste Ruhe lag in den schönen, noch jugendweichen Zügen. Aber nicht klösterlich kalt war ihr Ausdruck, sondern von kräftigem Leben durchglüht. Sie flehte nicht, rang nicht um Erhörung. Sie brachte, so schien es, ein tägliches Opfer, ein gewohntes Gelübde dar, das ihre Seele erfüllte und dem ihr Leben geweiht war.

In steigender Neugier war der junge Kavalier immer näher herangetreten, da hatte sie sich erhoben und war seinem unbescheidenen Auge unverschleiert mit einem stolzen fremden Blicke begegnet. Dann hatte sie die Kirche verlassen. Zwiefach enttäuscht – denn in der Ferne war ihm die Dame jünger erschienen und auf ihre einfache Hoheit war er nach seinen venezianischen Erfahrungen und Gewohnheiten nicht gefaßt – hatte er noch einen Blick auf die verschiedenen Kirchenbilder geworfen und ein Wort mit dem Küster gesprochen.

Als Fausch, das Fläschchen auf einem silbernen Teller mit einiger Feierlichkeit vor sich hertragend, in der Hinterpforte seines Schenkraumes erschien, hatte sich der Gast schon in nachlässigster Haltung auf einer Ottomane nächst der Türe niedergelassen. Er zog jetzt seine Füße von dem Marmortischchen, auf das er sie gelegt hatte, der Bäcker aber holte ein fein geschliffenes kleines Kelchglas herbei, stellte es neben die Flasche und begann nach seiner Gewohnheit selbst das Gespräch.

»Und wer war denn, mit Eurer Gnaden Erlaubnis, das Herz und Augen erfrischende Frauenbild, dem der Herr Locotenent nachschoß wie eine Kugel aus dem Rohre?«

»Wie, Vater Lorenz, das solltet Ihr nicht wissen«, meinte der Angeredete, »Ihr, die lebendige Tageschronik und Fremdenliste von Venedig?« –

»Sie kommt mir sonderbar bekannt vor, und wer sie ist, werd ich herausbringen. Sicher keine dieser trägen Venezianerinnen, dafür erfreut sie sich zu leichter Füße. Wißt nur, Herr Wertmüller, als ich sie vorhin so schön und frei über das Campo schreiten sah, da überkam mich eine Rührung. Mir war, als schritte sie nicht neben dieser faulenden Lagune, sondern auf den Bergpfaden meiner Heimat neben senkrechten Präzipizien und schäumenden Bächen. Noch eins! Ihr Diener, der alte weißbärtige Spitzbube mit den Jägeraugen und dem Rosenkranze, ist ein Bündner so gewiß als ich.«

»Also aus Euern Bergen«, versetzte Wertmüller, »und von Euerm Schlage.«

»Was Wunder übrigens«, meinte Fausch, »wenn ein Salis oder ein anderes Haupt unserer französischen Partei in diesem Augenblicke in der gastfreundlichen Venezia zu tun hätte; zweifelt ja von uns keiner mehr daran, daß Euer Herr, der vieledle Heinrich Rohan, von Richelieu Vollmacht erhalten hat, eine Heerfahrt nach Bünden zu rüsten. Nun kommt endlich die Stunde, da mein Land der österreichisch-spanischen Gewalt entwunden wird.«

»Gut«, sagte der andere ihn spöttisch ansehend, »der gallische Hahn also, Vater Fausch, soll sich für euch mit dem österreichischen Adler zausen, daß die Federn fliegen! Ihr traut ihm viel Großmut zu, denn ihr sitzt fest in den spanischen Krallen. In meiner Stellung als Adjutant des Herzogs bin ich freilich weniger in diese geheimen politischen Pläne eingeweiht als Ihr, das von dem venezianischen Müßiggange inspirierte Lagunen- und Lügenorakel. Übrigens«, fuhr er, seine Schärfe mäßigend, fort und blickte dem Bäcker in die Augen, der in seinem Innersten beleidigt, sich mit gerötetem Angesicht vor ihn hingestellt hatte und nach dem kräftigsten Ausdruck zur Abwehr solcher Mißachtung rang, »übrigens ist heute nicht Politik, sondern Kunst bei uns im herzoglichen Palazzo an der Tagesordnung. Eben war beim Frühstück von Tizian die Rede. Eine mit unserer Herzogin befreundete Nobildonna behauptete, unsere kunstsinnige Dame habe bis heute eines der edelsten Werke des Meisters übersehen, das sich hier bei den Frari befinde. Es erwies sich, daß es bei der Herzogin letztem Aufenthalte in Venedig aus irgendeinem Grunde sich in der Werkstätte eines Malers befand. Ich ward von ihr abgesandt, um den jetzigen Tatbestand festzustellen. Es hängt wieder drüben, und ich fliege, es den Herrschaften zu melden. Sie werden ihre Wallfahrt zu dem Tizian gleich antreten wollen.«

»Herr, so dürft Ihr mir nicht fort«, sagte Fausch, und vertrat ihm mit seiner breiten Figur den Ausweg. »Ihr verkennt mich grausam in dem was mir hoch und heilig ist. – Was hielte meinen Geist in diesem schmerzvollen Exil lebhaft und aufrecht, wenn nicht die Tag und Nacht genährte Hoffnung, mein jahrzehntelang zerfleischtes, verheertes, gefesseltes Bünden wieder befreit zu sehen! – Und ich soll mich nicht um Neuigkeiten kümmern? Soll nicht die Fühlhörner nach allen Seiten ausstrecken? Nicht jede günstige Nachricht mit durstigen Poren einsaugen? – Pocht denn Euch nichts hier fürs Vaterland, Herr Wertmüller? ...« Er drückte tief atmend die fette Hand an die Brust. »Glaubt nicht, daß mir die für Bünden unrühmliche Hilfe der Franzosen willkommen sei; ich heiße das den Teufel durch Beelzebub vertreiben, aber sie ist, Gott sei's geklagt, der letzte Ausweg aus der härtesten Sklaverei! Auch lebt jetzt in Bünden ein matteres Geschlecht. In jener großen Zeit freilich, wo ich, der Würgengel Jenatsch und der Märtyrer Blasius Alexander die Taten eines Leonidas und Epaminondas vollbrachten, hätten wir alle uns lieber, die Brust mit Wunden bedeckt, in ein breites Grab reihen lassen, als in das welsche Heer, und unsere Seelen eher dem leibhaftigen Teufel übergeben, als dem französischen Kardinal!«

Der junge Wertmüller, den die Szene insgeheim köstlich belustigte, war im Begriffe, den begeisterten Bäkker auf die Seite schiebend, die Tür zu gewinnen, konnte sich aber die Schlußbemerkung nicht versagen: »Soweit *ich* die Weltgeschichte kenne, Vater Lorenz, seid Ihr darin nicht berücksichtigt.«

Jetzt ergriff ihn Fausch heftig aber freundschaftlich bei der Hand: »Wie wird heutzutage Historia geschrieben, Herr Locotenent? Saftlos und ohne Gewissenhaftigkeit! Die Tradition jedoch der volkstümlich großen Taten erlischt nicht, auch wenn ein pedantischer Geschichtschreiber sie heimtückisch unter den Scheffel stellen sollte. Sie geht über Berg und Tal von Mund zu Munde und aus dem meinigen sollt Ihr ein Euch unbekanntes, wichtiges Blatt unserer Bündnergeschichten kennenlernen.

Anno zwanzig, als die edle Demokratie in unserem Lande herrschte, vollzog sie einen großartigen, einen wahrhaft weltgeschichtlichen Akt. Frankreich zweideutelte damals zwischen Licht und Nacht, zwischen protestantischer und katholischer Politik. Dem beschloß das zu Davos versammelte Strafgericht in seiner Weisheit herzhaft ein Ende zu machen. An den Gesandten Frankreichs – der Gueffier war's, er hielt damals Hof in Maienfeld – schickte es eines seiner Mitglieder, einen schlichten Bürger, einen einfachen Prädikanten, der dem Franzosen Befehl überbrachte, augenblicklich einzupacken ..., und dieser tapfere Republikaner, Euer Gnaden, war niemand anders, als Lorenz Fausch, der hier vor Euch steht. Jetzt aber hättet Ihr se-

hen sollen, wie der Franzose seinen Hut vom Kopfe riß, und ihn wie toll mit den Füßen zerstampfte. ›Einen Salis oder Planta mindestens hätte man an mich abordnen sollen‹, schrie er wütend, ›nicht einen solchen ...‹« hier hielt Fausch inne und besann sich –
»Weinschlauch! – dies ist des denkwürdigen Dialogs beglaubigter Wortlaut«, erscholl es mit heller mächtiger Stimme von dem offenen Eingange her, der in diesem Augenblicke durch eine große Gestalt, welche auf die Schwelle trat, verdunkelt ward, und vor dem erstaunt sich umwendenden Bäcker stand ein Kriegsmann von gewaltiger Statur und herrischem Blick.
»Sagte er wirklich so, Jürg?« faßte sich der betroffene Herr Lorenz; aber statt ihm zu antworten neigte sich der stattliche Fremde mit leichtem Anstande gegen den jungen Offizier, der den Gruß militärisch erwidernd durch die frei gewordene Tür hinaus in den Sonnenschein eilte.

Zweites Kapitel

Der Kriegsmann schritt klirrend dem Hintergrunde des schmalen tiefen Gemaches zu, schnallte den Degen ab, legte ihn mit dem Federhute und den Handschuhen auf einen leeren Sitz und warf sich mit einer unmutigen, harten Bewegung auf einen andern.
Fausch hatte gerade diesen Gast heute am wenigsten erwartet, auch entging ihm der mit den übermütigen Worten auf der Schwelle im Widerspruch stehende Ausdruck des Kummers und der Abspannung auf dem

kühnen Gesichte nicht. Nachdem er noch einen besorgten Blick auf dieses geworfen, schloß er behutsam die Türe seines Schankes.

Das schmale Gemach lag jetzt im Halbdunkel, nur durch ein hochgelegenes Rundfenster über der Tür drang ein rötlicher, von goldnen Stäubchen durchspielter Sonnenstrahl in seine Tiefe und blitzte in den aufgereihten, feingeschliffenen Kelchen und funkelte in dem Purpurweine, welchen Meister Lorenz dem in sich Vertieften unaufgefordert vorgesetzt hatte. Eine gute Weile noch schwieg dieser, das Haupt auf den Arm gestützt, während Fausch die Hände auf die glänzende Marmorplatte stemmte und, einer Anrede gewärtig, nachdenklich vor ihm stand.

Endlich entrang sich der Brust des Gastes ein schwerer Seufzer: »Ich bin ein Mann des Unglücks!« sprach er vor sich hin. Dann richtete er sich mit einem trotzigen Rucke auf, als ob ihn sein eigenes mutloses Wort aus einem bösen Traume geweckt und seinen Stolz beschämt hätte, heftete seine finstern Augen fest, aber voll inniger Freundlichkeit auf Meister Lorenz und begann: »Du wunderst dich, Fausch, mich hier in Venedig zu sehen! Du glaubtest, ich hätte noch eine lange Arbeit in Dalmatien, aber ich bin zuletzt rascher damit fertig geworden und unblutiger als ich selber es dachte. Die dalmatischen Räuber sind zu Paaren getrieben und die Republik von San Marco kann mit mir zufrieden sein. Es war kein leichtes Spiel. Bei Gott, ich kenne den Gebirgskrieg von der Heimat her, aber hätt ich nicht Verräter unter ihnen gefunden, und sie entzweit durch mancherlei List und Vorspiegelung, ich säße noch vor ihren Bergmauern drüben in Zara. Auch eine hübsche

Beute habe ich gemacht und dein Teil daran, Lorenz, ist dir wie immer gewiß. Ich bin nicht Jenatsch, wenn ich je vergesse, daß du mich aus deinem schmalen Erbe in den ersten Harnisch gesteckt und auf einen Kriegsgaul gesetzt hast.«

»Ein dankbares Gemüt ist ein ebenso schönes als seltenes Juwel«, sagte Fausch erfreut, »aber wo drückt Euch denn der Schuh, Hauptmann Jenatsch, wenn Ihr Ruhm und Beute vollauf zurückbringt?«

»Ich bin noch mit dem letzten Schritte in eine Falle meines tückischen Schicksals getreten«, versetzte der Hauptmann, die Brauen schmerzlich zusammenziehend. »Gestern mittag landete meine Brigantine an der Riva, ich meldete mich pflichtschuldig bei dem Provveditore, der mich, da ich seine besondere Gunst nicht besitze, ohne weiteres zu meinem Regiment nach Padua beorderte. Dort langte ich bei einbrechender Nacht an und fand meinen Obersten in einer Locanda eine halbe Meile vor dem Tore, aufgeregt von Becher und Würfel und in bestialischer Laune. Er stand gerade mit rotglühendem Gesicht am Fenster, um Luft zu schöpfen, als ich vorritt. ›Prächtig‹, schrie er mich an, ›da weht uns der Teufel noch sein Schoßkind den Jenatsch her! Herauf, Hauptmann, mit Eurem vollen Beutel aus Dalmatien!‹ – Ich stieg ab und erstattete Bericht, dann setzt ich mich zur Gesellschaft und wir spielten bis zum Morgenlicht. Dabei verlor der Oberst an mich etwas wie hundert Zechinen, doch verbiß er seinen Grimm und ohne Streit erreichten wir die Stadt. Aber er ließ den Mißmut an seinem feurigen Rappen aus und das schaumbedeckte Tier traf am Gemüsemarkt mit den fliegenden Hufen ein Bübchen, welches dem Schulmeister und der zur Frühmesse ziehenden Schule nachtrottelte. Wir saßen beim Petrocchi ab und nahmen ein Frühstück. Natürlich war bald auch der Schulmeister da mit einer feierlichen Jammermiene und forderte für das Schülerlein ein dem Edelmut und dem hohen Stande des Herrn angemessenes Schmerzensgeld. Ruinell aber fuhr den armen Wicht so wütend an, daß mich ein Mitleid überkam und ich mich dazwischenlegte. So empfing denn ich die volle Ladung und der Oberst, der seiner Sinne nicht mehr mächtig war, vergaß sich so weit, daß er mich am Wams packte und einen schurkischen Demokraten schalt, der mit dem paduanischen Lügenpöbel unter einer Decke stecke ...«

»Das bist du auch, herrlicher Jürg«, rief der Bäcker dazwischen, sobald das Wort Demokrat sein Ohr erreichte, denn dieser Zauberformel hatte er nie widerstehen können. »Das bist du auch! Dein treues Gemüt hat es mit dem gedrückten Volke stets redlich gemeint!«

...»Je gelassener ich mich verteidigte, desto unbändiger wurde der Rasende. ›Der Degen soll entscheiden, Hauptmann‹, tobte er, ›kommt mit mir vors nächste Tor.‹ Ich beschwor ihn, wenigstens bis morgen davon abzustehen und mich nicht zu nötigen gegen meinen Obern zu ziehen. Aber er bedeckte mich mit Schmähungen und nannte es eine Feigheit, wenn ich es nicht auf die Waffen ankommen lasse. Da endlich, um dem ehrrührigen Ärgernis ein Ende zu machen, folgte ich ihm, ungern genug, auf den Wall hinter St. Justina. Wir waren stattlich geleitet, auch vom Stadthauptmann und seinen Sbirren, tapfern Leuten, wie du dir's denken kannst, Lorenz! die sich mit vollkommener Rücksicht hüteten, in fremde Händel einzugreifen. Draußen aber warf der Unselige sich meiner Klinge in so blindem Zorn entgegen, daß er sich nach wenigen Gängen – – aufrannte.«

»Brrr«, fuhr Fausch zusammen, obwohl er diesen Schluß der Erzählung ahnungsvoll vorausgesehen hatte. Dann setzte er sich hinter sein Rechenbuch, das auf einem kleinen Pulte zwischen dem Tintenfasse und einem umfangreichen, bis auf eine kleine Neige geleerten Kelchglase lag, und schlug bedächtig blätternd eine Seite desselben auf, die den Namen: »Oberst Jakob Ruinell« als Überschrift trug. Sie war von oben bis unten mit langen Zahlenreihen bedeckt. Er tunkte die Feder ein und zog zwei dicke Striche kreuzweis über das ganze Blatt. Dann setzte er ein Kreuzchen auch neben den Namen und schrieb dazu: »obiit diem supremum, ultimus suae gentis« und das Datum. »Requiescat in pace. Seine Schuld sei ihm erlassen«, sagte er. »Man versenkt den Letzten seines Geschlechts mit Wappen und Helm. Ich begrabe mit dem Ruinell seine Rechnung. Bezahlen würde sie mir doch niemand.«

»Nun schleppe ich auch das noch hinter mir her!« seufzte der andere.

»Werdet Ihr Euch flüchten?« fragte Fausch.

»Nein, ich gehe nicht aus Venedig, ich lasse mich nicht vom Herzog Rohan hinwegreißen«, versetzte Jenatsch leidenschaftlich, »jetzt, da der Kampf zur Befreiung meines Vaterlandes wieder entbrennen soll.«

»Merkt wohl, Jenatsch«, sagte Fausch, den Zeigefinger an die Nase legend, mit listigem Blicke, »der Provveditore hat Euch nicht umsonst hinüber nach Dalmatien geschickt. Sein Zweck ist, Euch von Rohan fernzuhalten. Ahnt er doch, daß Euer gerades natürliches Wesen im Fluge das Vertrauen des edlen Herzogs gewänne, und daß Ihr in Bünden seine rechte Hand werden müßtet. Wegen Eurer schon im Jünglingsalter verrichteten demokratischen Großtaten seid Ihr dem weichlichen Venezianer verhaßt und erscheint ihm gefährlich.«

»Himmel und Hölle scheiden mich nicht von den Geschicken meiner Heimat«, brauste Jenatsch auf, »und diese liegen jetzt in den Händen des Herzogs! Übrigens«, fuhr er bitter lächelnd fort, »hat sich Grimani verrechnet. Ich bin schon seit Monaten mit dem gelehrten Herzog in einem militärischen Briefwechsel; denn ich habe Ernst gemacht aus dem Handwerke, Lorenz, das mir einst die Not der Zeit aufgedrungen, und von Bünden zeichnet niemand eine bessere Karte als ich.«

»Gut«, sagte Fausch, »aber wie denkt Ihr Euch das Nächste? Ihr habt nach venezianischem Kriegsgesetze das Leben verwirkt, denn es verbietet bei Todesstrafe sich mit einem Vorgesetzten zu schlagen.«

»Bah, es fehlt mir nicht an Zeugen, daß ich knapp nur mein Leben verteidigt habe«, warf der Hauptmann hin. »Grimani freilich haßt mich noch von Bünden her – wo er früher, wie du dich wohl erinnerst, venezianischer Gesandter war – so gründlich, daß er den Anlaß willkommen hieße, mich in den Kanal werfen zu lassen. Diese Lust aber wird er sich versagen müssen. Ich habe einen Vorsprung von mehreren Stunden. Gleich nach dem Zweikampfe warf ich mich zu Pferde und eilte nach Mestre zurück. Der amtliche Bericht an den Provveditore kann nicht vor Mittag in Venedig ankommen. Das kleine Geschäft, das mich zu dir führte, ist gleich beendigt, dann fahre ich ohne weiteres nach dem Palazzo des Herzogs am Canal grande. Ich weiß nicht, ob ich dort gerade willkommen sein werde; aber Schutz und Sicherheit als seinem Gaste versagt mir der Herzog nicht.«

»Keinen Schritt aus meiner Bude, Jürg!« eiferte Meister Lorenz. »Der Herzog wird in wenigen Augenblicken hier sein. Er will drüben bei den Frari den Tizian besehen. Das hat mir eben sein Adjutant gesagt, der Wertmüller von Zürich, ein gebildeter Mensch, ein feiner Kopf; aber noch grün, grün! Er spricht häufig hier ein, um mit mir die öffentlichen Angelegenheiten zu verhandeln und sich ein gesundes politisches Urteil zu bilden.« – Inzwischen hatte er leise die Tür etwas geöffnet und sein großes Gesicht lauschend an die Spalte gelegt. »Sieh, sieh«, fuhr er fort, »drüben setzen sich die Bettler schon in Bewegung und bilden in rührenden Gruppen auf beiden Seiten Spalier. Der Herzog ist im Anzuge.«

Mit diesen Worten stieß er beide Flügel weit auf. Der dunkle Steinrahmen der Tür umschloß ein Bild voll Farbenglanz, Leben und Sonne.

Im Vordergrunde wurden eben an den Ringen der Landungstreppe zwei mit zierlichem Schnitzwerke und wallenden Fedesträußen geschmückte Gondeln befestigt. Zwölf junge Gondoliere und Pagen in Rot und Gold, die Farben des Herzogs, gekleidet, blieben zur Hut der Fahrzeuge auf dem von der Mauer grün beschatteten Canale zurück und kürzten sich in den Gondeln mit allerlei Scherz und Neckerei die Zeit. Die Herrschaften waren ausgestiegen und hatten sich die Treppe hinauf nach dem hellen Platze vor der Kirche begeben. Hier standen sie noch, die Schönheit der Fassade bewundernd und lebhaft besprechend.

Leicht zu erkennen an seinem vornehmen, hagern

Wuchs und der würdevollen, aber anmutigen Haltung war der mit calvinistischer Schlichtheit in dunkle Stoffe gekleidete Herzog. Die schlanke Dame, die er führte, war nach allen Seiten in beständiger Bewegung. Jetzt neigte sie sich gefällig einem kurzen untersetzten Herrn zu, der ihr mit einiger Gravität die gotische Architektur des Doms zu erklären bestrebt war. Ein Gefolge von jungen Edelleuten in militärischer Tracht hielt sich in angemessener Entfernung und setzte mit französischer Lebendigkeit eine Unterhaltung fort, in der offenbar die Maria gloriosa keine Rolle spielte. In ihrer Mitte stolzierte der kleine kecke Wertmüller und schien, wie ein kampflustiger Sperling seinen Raub, eine These gegen alle gewandten Angriffe seiner jugendlichen Genossen zu verfechten.

Jenatsch hatte sich, die Pforte leer lassend, mit Fausch etwas in den Hintergrund des Gemaches gestellt, doch dergestalt, daß sein Auge den Platz beherrschte, und blickte über des Bäckers Schulter mit gespannter Aufmerksamkeit auf die Gruppe. Die Erscheinung des Herzogs fesselte seine ganze Seele. Dies war wieder das ihm unvergeßlich eingeprägte blasse Antlitz, in welches er einmal vor langen Jahren am Comersee geschaut hatte. In diesem Augenblicke zeigte ihm der Herzog seine scharf gezeichneten Züge im Profil und der Ausdruck langgeübter Selbstbeherrschung und schmerzlicher Milde, der auf dem etwas gealterten geistvollen Gesichte unverkennbar vorherrschte, überwältigte seltsamerweise den Bündner wie mit der Macht einer erwachenden alten Liebe. Dieser Mann, der ihn magnetisch anzog, der in der Stunde, die über sein Leben entschied, einen wunderbaren Einfluß auf ihn geübt, dieser edle

Mensch, an den er sich immer noch in verborgener Weise gekettet fühlte, hier stand er vor ihm und erschien ihm, als der bestimmt sei, in das Los seiner Heimat entscheidend einzugreifen. Rohan hielt wieder die Urne des Schicksals in den Händen.

»Erkennst du in dem schneeweißen Rundkragen dort, dem ansehnlichen Herrn, der vor der Herzogin scharwenzelt, unsern alten Schulkameraden Waser von Zürich?« unterbrach Fausch den stürmischen Gedankenflug des Hauptmanns. »Seine Manschetten sind so sauber und schmuck wie vordem sein Schulheft im Loch.«

»Richtig! dort steht Waser! – Was sucht *der* in Venedig?« flüsterte Jenatsch.

»Da hab ich meine Vermutungen ... Vielleicht hat Zürich irgendeine Rechnung für seine Kompanien im Dienste von San Marco zu ordnen – das ist aber nur Vorwand, sicherlich – und der Fuchs dort hat wohl mehr mit dem französischen Herzog als mit dem geflügelten Löwen zu tun. Das französische Heer, das der Herzog auf das Kriegstheater führen wird, sammelt sich, sagt man, im Elsaß und er kann es nur über den Boden der protestantischen Kantone nach Bünden bringen. Die Herren von Zürich aber berühmen sich, ihre Neutralität zwischen Frankreich und Österreich streng und peinlich aufrechtzuhalten ... Nur durch einen unvorhergesehenen raschen Durchbruch könnte sie vorrübergehend perturbiert und die scharfsichtigste Wachsamkeit betrogen werden. Dieses jeder Vorsicht der zürcherischen Regenten spottende Ereignis kartet ihr braver Kanzler dort mit dem Herzog ab.«

»Vortrefflich!« sagte Jenatsch, den Degen umschnallend, »aber nun zu unserm Geschäft!«

Er zog Brieftasche und Beutel hervor.
»Diese zweihundert Zechinen sind dein, Fausch«, und er steckte ihm eine Rolle zu, »für Gaul und Harnisch. Meine übrige dalmatische Beute – hier ist sie in Briefschaften und Gold – bring mir bei dem Wechsler a Marca in Sicherheit. Ich hoffe die Bleidächer zu vermeiden; aber es ist gut auf alles gefaßt zu sein. Addio.«
Fausch ergriff mit Wärme die dargebotene Hand und sagte: »Lebe wohl Jürg, du mein Stolz.«

Drittes Kapitel

Auch der Hauptmann trat durch die Pforte der Maria gloriosa. Er sah sich mit einem schnellen Blicke um, und wandte sich dann unbemerkt links unter die hohen Bogen des Seitenschiffs, in dessen Mitte die Gesellschaft des Herzogs ein Altarblatt betrachtete. Langsam vorschreitend näherte er sich der Gruppe.
Der Herzog schien gedankenvoll in das Bild vertieft, während ihm seine Gemahlin mit entzückten Gebärden und einem Strome von Worten ihre Bewunderung des von ihr bis jetzt ungenossen geblieben Meisterwerks ausdrückte. – Einen Schritt abseits ließ sich Herr Waser von dem hinter ihm stehenden Küster mit leiser Stimme die verschiedenen Figuren des Bildes erklären und schrieb deren Namen in feiner Schrift über die Köpfe einer in Kupfer gestochenen winzigen Kopie, die er aus seiner Brieftasche gezogen hatte.
»Die edle Familie Pesaro«, erläuterte in gedämpftem singendem Tone der Küster, während um seine Füße

schmeichelnd ein weißes Lieblingskätzchen strich, das, ebenso heimisch im Dom wie sein Meister und ebenso scheinheilig wie er, ihm auf Schritt und Tritt folgte, »die edle Familie Pesaro, der allerheiligsten Madonna vorgestellt durch die Schutzpatrone St. Franziskus, St. Petrus und St. Georg –« Hier verbeugte er sich gegen die Heiligen und machte eine ehrerbietige Pause. Dann bat er im Flüstertone, auf das dem Beschauer zugewandte lieblich blasse Köpfchen der jüngsten, höchstens zwölfjährigen Pesaro hinweisend, den aufmerksamen Herrn Waser, eine wundersame Eigenschaft ihrer durchsichtigen braunen Augen nicht außer acht zu lassen. » ... Diese zaubervollen Blicke, Herr, richten sich unverwandt auf mich, von woher ich immer das süße kleine Fräulein beschaue. Sie begrüßen mich, wenn ich zum Altar trete, und wohin ich immer geschäftig mich wende, die leuchtenden Sterne verlassen mich niemals.«

Während Herr Waser seine Stellung zu wiederholten Malen wechselte, begierig zu erfahren, ob sich diese Behauptung auch zu seinen Gunsten erprobe, wurde das Interesse der jungen Edelleute, welche sich, um die Herzogin ungestört ihrem Kunstgenusse zu überlassen, etwas im Hintergrunde hielten, durch ein anderes Augenspiel angezogen. Die Blicke, die sie fesselten, waren nicht die wunderbaren des von Tizian gemalten Kindes, auch durfte der Küster sich nicht erst bemühen, sie auf diesen natürlichen Zauber aufmerksam zu machen. Am Fuße des nächsten Pfeilers knieten ein paar Venezianerinnen. Jugendlich weiche Gestalten! Durch die das Angesicht verhüllenden schwarzen Spitzenschleier schienen schwärzere Brauen und Wimpern und flogen Blicke, deren schmachtendes Feuer zwischen der Himmelskönigin und ihren kriegerischen Beschauern sich teilten. Nicht zuungunsten der letztern, die ihrerseits den Dank nicht schuldig blieben.

»Wie schön wäre diese Gruppe«, sagte jetzt die ebenso kunstbegeisterte als gut protestantische Herzogin, indem sie den Arm erhob und mit dem geöffneten Fächer die Madonna mit den drei Heiligen ihrem Blicke verdeckte. »Wie schön wäre diese Gruppe, wenn die gottesfürchtige Familie ihre Andacht ohne die Vermittlung dieses obern Hofstaates vor den Thron des Unsichtbaren brächte!«

»Ihr sprecht als gute Protestantin«, lächelte der Herzog, »aber ich fürchte, Meister Tiziano wäre nicht mit Euch zufrieden. Ihr müßtet schließlich über die ganze heilige Kunst den Stab brechen; denn unser Himmel und was darinnen ist läßt sich nicht mit Linien und Farben darstellen.«

Bei den Worten der Herzogin wagte es der kleine Wertmüller hinter dem Rücken der Dame seinem Landsmanne Waser einen spöttischen Blick zuzuwerfen, worüber dieser in Entsetzen geraten wäre, wenn nicht beide nun plötzlich den Fremden wahrgenommen hätten, welchem Wertmüller schon eine Stunde früher auf der Schwelle des Zuckerbäckers begegnet war.

»Für den heiligen Georg, gnädigste Frau, muß ich ein Wort einlegen«, sagte jetzt, aus dem Schatten tretend und vor der Herzogin sich verbeugend, Hauptmann Jenatsch. »Ich bin ein erprobter Protestant; wenigstens habe ich für die reine Lehre geblutet; doch zu St. Jürg, meinem Namenspatron, halt ich jeweilen Andacht. Der heilige Drachentöter befreite vorzeiten mit seiner tapfern Lanze des kappadozische Königstöchterlein. Ich aber weiß ein viel beklagenswerteres Weib, das an den starren Felsen geschmiedet und von den Krallen eines feuerspeienden Drachen zerfleischt, den vom Himmel gesandten Retter mit Sehnsucht erwartet. Die edle Magd, sie ist mein armes Vaterland, die Republik der drei Bünde; der sie aber aus den Klauen des spanischen Lindwurms reißen wird, ihr siegreicher St. Georg, steht leibhaftig vor mir.«

»Ihr seid ein Bündner?« sagte der Herzog, angenehmer berührt durch die hinreißende Wärme des Redenden als durch die stark aufgetragene Schmeichelei, die der Herzogin ein gewogenes Lächeln entlockt hatte. »Irr ich mich, oder seid Ihr der Hauptmann Georg Jenatsch?«

Dieser verneigte sich bejahend.

»Ihr habt aus Zara an mich geschrieben«, fuhr der Herzog fort. »Aus den Antworten meines Adjutanten Wertmüller«, und er stellte dem Hauptmann den schmächtigen Zürcher vor, der des Bündners Auftreten nicht ohne Mißtrauen scharf beobachtet hatte und bei der Nennung seines Namens nun hinzutrat, »aus Wertmüllers Antworten habt Ihr ersehen, daß Eure Mitteilungen über die Zustände Eures Vaterlandes mir alle Beachtung zu verdienen scheinen und die beigelegten Karten mir von Nutzen waren. Wäre meine Zeit durch die Vorbereitung des Feldzuges nicht vollständig aufgezehrt, so hätt ich mir nicht versagt, Euch persönlich meine Zustimmung in den meisten Fällen, in andern meine Zweifel und Einwände mitzuteilen. Um so willkommener ist mir nun Eure Gegenwart in Venedig. Mehr als einmal, seit ich in brieflichen Verkehr mit Euch getreten, hab ich mich bei meinem Freunde, dem

Provveditore Grimani um Eure Rückberufung aus Dalmatien verwendet. Immer vergeblich. Ich erhielt die Antwort, Ihr wäret dort unentbehrlich. Eure Gegenwart überrascht mich. Was ist der Grund Eurer beschleunigten Rückkehr?«

»Größtenteils mein glühender Wunsch, Euch zu sehen, erlauchter Herr, und mein Eifer, Euch zu dienen«, sagte Jenatsch. »Dies Verlangen stärkte meine Erfindungskraft und ließ mich zur Erreichung des Ziels die kühnsten Mittel ergreifen. Meine Aufgabe in Zara ist gelöst, und wenn ich nach Venedig zurückeilte, bevor der Provveditore mir eine neue Herkulesarbeit auf irgendeiner fernen Insel aussann, so wird es Euch leicht werden, wofern Ihr mir geneigt seid, diese Dienstunregelmäßigkeit in ein günstiges – in ein wahres Licht zu stellen und bei meinem Vorgesetzten zu entschuldigen.«

Der forschende Blick des Herzogs versenkte sich eine Weile in das feurige Gesicht des Bündners, das für ihn mit irgendeiner fernen Erinnerung zusammenhing; doch dieser Blick wurde immer wohlwollender, bestochen durch die innige Bitte der finster beschatteten Augen.

Während dieses Gesprächs hatte sich die Gesellschaft dem Ausgange zubewegt. Der Küster hob den schweren Damastvorhang der Pforte und empfing mit devoten Bücklingen das Goldstück des Herzogs und die sorgfältig in ein Papier gewickelte Gabe des Herrn Waser.

»Ein gutes Wort bei Grimani für Euch einzulegen, Signor Jenatsch, das werd ich mir noch heute angelegen sein lassen«, sprach der Herzog, als sie draußen in der sonnigen Luft standen. »Er speist bei mir. Diesen

Abend, nachdem Ihr mir Zeit gelassen habt, ihn zu Euren Gunsten zu stimmen, stellt Euch bei mir ein, ich habe dann Muße, mich mit Euch über Eure Angelegenheiten zu unterhalten. Die Interessen Eures Vaterlandes sind auch die meinigen. Ich erwarte Euch zu früher Abendstunde in meiner Wohnung am Canal grande. – Wertmüller«, rief er, »bis dahin begleitet den Hauptmann. Ihr haftet mit Eurer Liebenswürdigkeit dafür, daß mein Gast nicht anderwärts in dem verlockenden Venedig gefesselt wird. Unterhaltet ihn geistreich, bewirtet ihn standesgemäß und bringt mir ihn pünktlich.«
Die Herzogin war schon huldvoll grüßend in eine der harrenden Gondeln getreten. Nun schied auch der Herzog und nur Waser, welcher mit einigen Herren des Gefolges die zweite zu benutzen willens war, blieb noch einen Augenblick zurück.
Er hatte die Unterredung des Herzogs mit seinem Jugendgenossen, den er eine Reihe von Jahren aus den Augen verloren, nicht stören wollen. Auch hatte er nicht ungern die Erkennungsszene um einen Moment hinausgeschoben, den er benutzte, um sich in Jürgs gegenwärtiger Gestalt zurechtzufinden. Seit jenem hoffnungslosen Abschied in Zürich waren nur zufällige Nachrichten von Jenatsch und dessen Schicksalen in verschiedenen protestantischen Heeren an sein Ohr gelangt. Da war die Rede gegangen von häufigen Lagerduellen mit unvermutet tödlichem Ausgange für den oft höhergestellten Gegner, halsbrechenden Abenteuern und blutigen Überfällen. Auch von bewunderten Kriegstaten in ehrlicher Feldschlacht sprach das Gerücht, doch alles schwebte und schwankte in unbestimmten Umrissen. Im Laufe der Zeit hatte sich Jürgs

Bild in Wasers Seele zu einer rätselhaften Traumfigur verzogen. –

So drückte er ihm denn freundschaftlich, aber etwas förmlich und verlegen die Hand und beschränkte sich darauf, angelegentlich nach seinem gegenwärtigen Befinden und jetzigen Range sich zu erkundigen. Dann bestieg auch er die Gondel und die beiden Offiziere standen sich auf dem Campo dei Frari allein gegenüber.

»Wenn es Euch genehm ist, Herr Hauptmann«, begann Wertmüller, »erfülle ich von meinen drei Aufträgen den mittleren zuerst und führe Euch auf den Markusplatz in das von mir erprobte und gutgeheißene Gasthaus zu den Spiegeln. Hernach lustwandeln wir ein Stündchen in den Arkaden unter den venezianischen Schönheiten. Erfreut sich dieses Programm der Zustimmung des Herrn Kameraden?«

Der streng wissenschaftlich geschulte, ehrsüchtige Wertmüller glaubte sich die vertrauliche Anrede dem älteren aber in regelloser Laufbahn vorgedrungenen Kriegsmanne gegenüber erlauben zu dürfen.

»Wie Ihr meint, Wertmüller«, sagte Jenatsch anscheinend mit heiterer Einwilligung, »doch schlag ich zuerst noch eine kleine Spazierfahrt vor – nach Murano?«

Diese laut mit fröhlicher Stimme gesprochenen Worte wurden augenblicklich von zwei Gondolieren aufgefangen, die im Vorüberfahren die beiden Offiziere auf dem Campo erblickt und an der Landungstreppe auf die glänzende Beute gelauert hatten. Schon hatten sie ihr leichtes offenes Fahrzeug von der Mauer gelöst und die Ruder ergriffen.

Der Hauptmann sprang rasch in die Gondel und Wertmüller folgte.

Viertes Kapitel

Der Auftrag des Herzogs war der unruhigen Neugier des jungen Zürchers in hohem Grade willkommen.
In seiner Heimat hatte er vordem den bündnerischen Parteiführer aufs verschiedenste beurteilen können. Auf den lärmenden Zunftstuben der Handwerker galt damals Jürg Jenatsch als ein volkstümlicher Held, in den landesväterlichen diplomatisch gefärbten Kreisen als ein gewissenloser, blutbefleckter Abenteurer. Aber Rudolf Wertmüller hatte seiner Heimat frühzeitig den Rücken gewandt, um einen militärischen Bildungsgang anzutreten, der den Begünstigten schon mit sechzehn Jahren in das Kriegsgefolge und die persönliche Nähe des edeln Herzogs Heinrich geführt hatte.
Noch war ihm gegenwärtig, wie einst die unglaubliche Verwegenheit und Zähigkeit, welche Jenatsch in den Volkskämpfen gegen die Spanier bewiesen, seine junge Phantasie beschäftigte. Doch aus noch früherer Zeit erinnerte er sich auch, daß der wilde Anteil des protestantischen Prädikanten an den ruchlosen demokratischen Strafgerichten mit ihren Erpressungen und politischen Morden in seiner Familie Abscheu erregt hatte, und daß es ihm besondern Spaß gemacht, als sein Präzeptor darüber wehklagend die Hände gen Himmel erhob.
Daneben schwebte ihm ein anderes Erlebnis seiner Kinderjahre mit frischester Deutlichkeit vor. Am städtischen Jahrmarkte stand er einst mitten in der gespannt lauschenden Volksmenge vor dem Schauergemälde

eines Bänkelsängers und lauschte den endlosen Versen einer tragischen Mordgeschichte. Die ruckweis wandernde Gerte des Leiermanns wies auf die Szenen einer mit den grellsten Farben bemalten Tafel. Auf dem Mittelstück umstanden die sogenannten drei bündnerischen Telle ihr nur mit dem Hemde bekleidetes, aus einem Schlot heruntergerissenes Opfer, den unglückseligen Herrn Pompejus. Einer von ihnen schwang ein langgestieltes Fleischerbeil – das war der berühmte Pfarrer Jenatsch! – Als dann der aufgeregte Knabe beim Abendbrot vor seinem Stiefvater, dem Obersten Schmid, von den neuen Tellen erzählte, verbot ihm dieser zornrot, der blutdürstigen Kanaillen in seiner Gegenwart Erwähnung zu tun.

Jetzt schaute er dieser Persönlichkeit von bestrittenem Werte Aug in Auge und sie war anders, als sie in seiner Vorstellung gelebt hatte. Statt der rohen und zweideutigen Erscheinung eines geistlichen Demagogen saß ein weltgewandter Mann mit der Sicherheit und Freiheit des Kavaliers in Wort und Bewegung vor ihm. – Von der ungewöhnlichen militärischen Begabung des ehemaligen Pfarrers hatte ihn der im Namen des Herzogs mit diesem geführte Briefwechsel genügend überzeugt, aber was ihn überraschend berührte, war ein gewisser Zauber der Anmut, der die kühnen Züge und warmen Worte des Bündners verschönt hatte, als dieser mit dem Herzog sprach. – Der nichts weniger als arglose Zürcher fragte sich, ob diese Herzlichkeit echt sei. Ja, sie sprudelte voll und natürlich, aber es war ihm nicht entgangen, daß die unausbleibliche Wirkung dieses warmen Eindringens auf den Herzog eine gewollte, vielleicht im voraus berechnete war.

Nachdem die Gondel einige schmale Wassergassen durchglitten, folgte sie auf kurze Zeit der Hauptader des venezianischen Verkehrs, dem Canal grande, wo in der Ferne mitten im Gewimmel der Gondeln und Fischerbarken noch das langsam und stolz dahinziehende Fahrzeug des Herzogs sichtbar war; dann, aufs neue in die Schatten enger Lagunen sich vertiefend, eilte sie der die Stadt nördlich begrenzenden stillen Meerfläche zu.
»Ihr fochtet in Deutschland, Hauptmann, bevor Ihr der Republik von San Marco Eure Dienste angeboten habt?« begann der ungeduldige Wertmüller das Gespräch, da sein Gefährte eigenen Gedanken nachzuhängen schien.
»Unter Mansfeld. Dann folgte ich der schwedischen Fahne bis zu dem unseligen Tage von Lützen«, war die zerstreute Antwort.
»Unselig? Es war eine entschiedene Victorie!« meinte der junge Offizier.
»Wäre es doch lieber eine Niederlage gewesen und hätten zwei strahlende Augen sich nicht geschlossen!« sagte der Bündner. »Durch den Tod *eines* Mannes ward die Weltlage eine andere. Unter Gustav Adolf war der Krieg kein mutwilliges Blutvergießen: er führte ihn für seinen großen Gedanken, zum Schutze der evangelischen Freiheit ein starkes nordisches Reich zu gründen, und ein solches Reich wäre der Halt und Hort aller kleinen protestantischen Gemeinwesen, auch meines Bündens, geworden. Dies ersehnte Ziel ist uns mit dem großen Toten entrückt und der seiner Seele beraubte Krieg entartet zur reißenden Bestie. Was bleibt übrig? Zweckloses Morden und habgierige Teilung der Beute. Unter Gustav Adolfs Fahne konnte ein Bündner freu-

dig fechten; Blut und Leben für die protestantische Sache verströmend, war er sicher, daß es in Segensbächen zurückrinne in sein kleines Vaterland. – Jetzt sehe jeder zu, daß er heimkehre und für das Seine sorge.«

»Glaubt Ihr denn, daß ein einzelner Mann, und wäre er Gustav Adolf, so schwer in der Schicksalswaage der Welt wiege?« fragte rasch der widerspruchslustige Wertmüller. »Die Eifersucht der deutschen Fürsten hätte wie ein Geschling von Sumpfpflanzen seinen Fuß gehemmt, sein neidischer Bundesgenosse Richelieu hätte ihn, sobald er die Hand nach der deutschen Krone ausstreckte, arglistig zu Falle gebracht und erreicht hätte er nichts, als das Zusammenkrachen der alten verrosteten Maschine des Heiligen Römischen Reichs. – Im Grunde erscheint mir der Schwedenkönig als ein frommes Gegenstück zum Wallenstein. Dieser wird als gottloser Empörer schwarz wie der Teufel an die Wand gemalt und jener ist im Geruche der Heiligkeit gestorben; meines Erachtens aber haben beide unberechtigterweise der Welt ihre willkürlichen Pläne aufgedrängt und beide sind wie feurige Meteore nach kurzem Glanze erloschen. Heute geht nun das Räderwerk der Welt wieder seinen geregelten Gang, wir rechnen wieder mit den gebräuchlichen Zahlen und nach den bekannten Gesetzen. Frankreich und Schweden verschaffen den deutschen Protestanten die von ihnen so heftig begehrte evangelische Freiheit, aber die beiden Gönner werden sich diesen Liebesdienst mit fetten Stücken deutschen Landes nach Gebühr bezahlen lassen.«

»Wie, junger Freund«, sprach der Bündner aufmerksam werdend, »von schmählichem Länderraube muß ich Euch reden hören wie von alltäglichem Schacher?

Euch, einen Schweizer! – Schämt Euch, Wertmüller … müßt ich sagen, wenn ich es für Euern Ernst hielte! – Und das nennt Ihr den geregelten Lauf der Dinge? Ihr anerkennt das Recht des Stärkern in seiner rohesten seelenlosesten Gestalt und leugnet seine göttliche Erscheinung in der Macht der Persönlichkeit?«

Hier blickte Wertmüller mit einem unmerklichen Zuge des Hohns zu ihm auf und ließ einen leisen Pfiff hören. Die vor ihm sitzende nach seinen Begriffen immerhin schwankende und zweideutige Persönlichkeit schien ihm wenig berufen, in die Weltgeschicke einzugreifen.

Der andere aber maß ihn mit einem zornigen Blicke. »Ihr mißversteht mich kläglich«, sagte er, »wenn Ihr meint, ich denke an die vom Boden abgelöste Persönlichkeit des einzelnen Mannes, wie sie entwurzelt und eigensüchtig sich umhertreibt, sondern ich rede von der Menschwerdung eines ganzen Volkes, das sich mit seinem Geiste und seiner Leidenschaft, mit seinem Elende und seiner Schmach, mit seinen Seufzern, mit seinem Zorn und seiner Rache in mehrern, oder meinetwegen in *einem* seiner Söhne verkörpert und den welchen es besitzt und beseelt zu den notwendigen Taten bevollmächtigt, daß er Wunder tun muß, auch wenn er nicht wollte! …

Blickt umher! Seht Euer und mein kleines Vaterland, wie es zusammengedrückt wird von der Wucht ringsum sich bildender großer Monarchien, und sprecht! Genügt da, wenn wir selbständiges Leben behaupten wollen, eine gewöhnliche Vaterlandsliebe und ein haushälterisches Maß von Opferlust?«

Diese mit der Heftigkeit eines verwundeten Gefühls hervorstürzenden Worte ließ der Locotenent anfangs ohne Entgegnung. In seinen gescheiten grauen Augen lag die Frage: Bist du ein Held oder ein Komödiant? Er spielte mit seinem jungen spitzen Kinnbarte und schaute nach der Stadt zurück, wo sich auf dem in diesem Augenblicke hervorragendsten Bauwerke, der neuen Jesuitenkirche, die effektvolle Statuengruppe des Daches von der Rückseite in den wunderlichsten Verkürzungen zeigte. Die von eisernen Stangen gestützten Engel und Apostel mit ihren Flügeln und flatternden Mänteln erinnerten auffallend an kolossale gespießte Schmetterlinge. –

»In Zürich«, warf er jetzt hin, »sind die Menschen so klein wie die Verhältnisse, und Bünden, haltet es mir zugute, Hauptmann, kenne ich bis jetzt nur durch mein Fachstudium, das heißt als eines der interessantesten Operationsfelder. Wollt Ihr dort den Leonidas spielen, und mit mehr Glück als der erste, so will ich's Euch nicht neiden. – Ich aber meine, das Auftauchen außerordentlicher Menschen und das Aufflackern großer Leidenschaften, das bei der mißlichen Beschaffenheit der menschlichen Natur doch einmal nicht von Dauer ist, reiche nirgends aus. Um aus den durcheinandergewürfelten Elementen der Welt etwas Planvolles zusammenzubauen, braucht es meines Bedünkens kältere Eigenschaften: Menschenkenntnis, will sagen Kenntnis der Drähte, an welchen sie tanzen, eiserne Disziplin und im Wechsel der Personen und Dinge festgehaltene Interessen. – Aus diesem Gesichtspunkte muß ich jene dort als Meister loben!« und er wies mit einer komischen, zwischen Ernst und Spott schillernden Miene hinüber nach dem Prachtgiebel der Jesuiten.

Und der Locotenent ließ sich von der Muße und Laune

des Augenblicks verlocken, eine Lobrede auf den berühmten Orden zu halten, welche aus dem Munde des Zürchers und eines Adjutanten des calvinistischen Herzogs den gelassensten Zuhörer befremden mußte.
Erst begann er mit einzelnen Probewürfen. Als aber der Hauptmann, den zu reizen und bloßzulegen er sich heute zur besonderen Aufgabe gemacht hatte, den Ball nicht auffing und zurückschickte, setzte er den frommen Vätern immer phantastischere Kronen auf. Sie waren es, behauptete er dreist, die zuerst Sinn und Verstand in die sich widersprechenden, menschen- und staatsfeindlichen Lehren des unvermittelten Christentums gebracht hatten. Erst durch die Umarbeitung der christlichen Moral, die der kluge Orden unternommen, sei diese annehmbar, ja verlockend geworden. So hätten die unvergleichlichen Väter etwas ursprünglich Dunkles, Unberechenbares, Weltfeindliches mit erstaunlicher Geschicklichkeit praktisch verwertet und allen Bedürfnissen und Bildungsstufen angepaßt.
»Kennt Ihr das Innere ihrer neuen Kirche?« fragte er plötzlich, »sie ist, meiner Treu, so lustvoll und heiter eingerichtet, wie ein Theater.«
Der Bündner ließ dieses kecke und sprunghafte Geplauder schweigend über sich ergehen – wie die große Dogge, die in ihrer Hütte liegt, ungern, aber nur mit leisem Knurren die Neckerei eines unterhaltungslustigen kleinen Kläffers erträgt, der als überlästiger Gast zu ihr hineingekrochen ist.
Die Gondel hatte inzwischen Murano erreicht, wo sie unfern der Kirche anlegte.
Jenatsch wandte sich nach der nächsten Locanda, forderte ein einfaches Mahl und entschuldigte sich bei sei-

nem Gefährten, er sei abgespannt und hungrig von der gestrigen Seereise und einem scharfen nächtlichen Ritte nach Padua. Er schlage vor, hier im Anblicke des Meeres eine Stunde zu rasten und diesmal auf die Mahlzeit in den Spiegeln und die Venezianerinnen auf dem Markusplatze zu verzichten.

Wertmüller, der sowohl durch diesen Tausch der Mittagstafel als durch das beharrliche Schweigen des Bündners etwas verstimmt war, erging sich, die Kosten der Unterhaltung allein bestreitend, in immer willkürlicheren Gedankensprüngen. Er kam, wie gestachelt durch einen geheimen Groll, von neuem auf seine Vaterstadt zu sprechen, und da der Bündner sich der edlen Zürich und seines dortigen Jugendfreundes Waser nur zu rühmen hatte, so riß den Locotenenten der Widerspruch und der feurige illyrische Wein so weit fort, daß er von den angesehensten heimischen Persönlichkeiten frevelhafte Zerrbilder entwarf und bei der dritten Flasche Seine Gestrengen den Herrn Bürgermeister einen Gockel auf dem Mist und Seine Hochwürden den Herrn Antistes einen steif gehörnten Farren nannte.

Der Hauptmann, der diese tollen und geschmacklosen Ausfälle der Eingebung des Weines zuschrieb, wie sie sich bei dieser ehrgeizigen und auf jedes fremde Verdienst eifersüchtigen Natur äußerte, ließ den jungen Offizier, der den Gegenstand nicht erschöpfen konnte und dem darüber die Zeit verging, seine Laune weidlich tummeln und blieb dabei, Zürich habe in den letzten gefahrvollen Zeiten ebensoviel Klugheit als Festigkeit gezeigt, und wenn es sich mit dem Schilde vorsichtiger Neutralität gedeckt, sei das, wie der Schweiz, so Graubünden zustatten gekommen.

Dann trat der in Venedig sich unsicher fühlende Bündner, welcher, ohne daß Wertmüller es ahnte, allem was im Bereiche seines geübten und weittragenden Auges sich begab, die schärfste Aufmerksamkeit zuwandte und auch in dieser abgelegenen Locanda keine Rast fand, hinaus an den schmalen Strand, ohne auf Wertmüllers spöttisches Gelächter zu achten.

»Neutralität«, rief dieser, dem Hauptmann in die Gondel nachspringend, aus. »Da hat mir der Witz des Zufalls ein Zettelchen in die Hand gespielt, das für unsere aufrichtige, streng abgewogene Neutralität und nebenbei für unsere schlichte Bürgertugend ein rührendes Zeugnis ablegt. – Die Gleisner und Pharisäer! ... Wollt Ihr wissen, Hauptmann, was jeder unsrer Ratsherren und Zunftmeister wert ist? Ich hatte neulich im Namen meines Herzogs«, sagte er, seine Brieftasche hervorziehend, »dem französischen Gesandten in Solothurn ein Heft zu überschicken, worin ihm sein Verhalten in den verschiedenen Möglichkeiten des bevorstehenden Feldzuges im Veltlin von meinem Herrn vorgezeichnet wurde, und erhielt es mit Randbemerkungen und Einlagen der Gesandtschaft zurück. Seht hier, was ich in Form eines zufällig stecken gebliebenen Buchzeichens zwischen den Blättern fand!« – Er entfaltete einen schmalen Papierstreifen, auf dem eine Reihe von Namen zürcherischer Standespersonen verzeichnet stand mit beigesetzten höhern und niedrigern Zahlen, neben welchen das verräterische Livreszeichen unverkennbar zu lesen war. Das Ganze stellte freilich eine nur unbedeutende Summe dar.

Diesmal konnte sich Jenatsch eines herzlichen Lachens nicht enthalten. »Das gesteh ich! Eine großartige Bestechung!« spottete er. »Wer konnte das ahnen! Aber gerade daß sie dieses Taschengeld so verschämt und vorsichtig einstecken, das dürfen wir als einen ganz anständigen Rest von Tugend nicht unterschätzen. Unsre Salis und Planta nehmen ausländisches Gold mit edler Unbefangenheit am hellen Tage, auch sind es ganz andere Summen.«

Während Wertmüller noch die Papiere seiner überfüllten Brieftasche musterte, durchlief Jenatsch mit einiger Spannung die unrühmliche Liste, auf welcher er zu seiner Befriedigung den Namen Waser nicht fand. Jetzt zerriß er sie plötzlich in kleine Stücke. Erst als die weißen Fetzen schon fern auf der von der Abendbrise bewegten Flut schwebten, ward Wertmüller seinen Verlust gewahr und hielt mit Mühe einen Ausbruch seines Ärgers zurück.

Jenatsch erklärte ihm ruhig, er habe als Freund sein Bestes wahrgenommen, dies Papier würde ihm und andern nichts als Verdruß gebracht haben. Zürich sei seine Wiege und Sohnespflicht sei's, die kleinen Schwächen einer treuen Mutter zu verheimlichen.

»Was mich abhielt, Euch auf die Finger zu sehen, Hauptmann, war dieser Brief«, sagte der Locotenent. »Er ist noch uneröffnet, wie ich gewahre, und steckt schon seit drei Tagen in meiner Brieftasche. Ich habe wahrhaftig vergessen, ihn zu lesen. Er kommt von meinem Vetter, der in Mailand trotz seines Protestantismus als Handelsherr gute Geschäfte macht und beim Gubernatore Serbelloni in Gunsten steht. Gestattet mir, in Eurer Gegenwart von dem Inhalte des Schreibens Kenntnis zu nehmen.«

Jenatsch winkte bejahend und Wertmüller vertiefte sich

eine geraume Weile in den Brief, erst um sich Haltung zu geben, denn das eigenmächtige Tun des Hauptmanns hatte ihn beleidigt, nach und nach mit immer größerem Interesse.

»Eine gloriose Geschichte! Beim Jupiter, eine alte Römerin!« rief er endlich aus. »Ich kann Euch das nicht vorenthalten, obgleich Ihr eben, Hauptmann, mein kameradschaftliches Vertrauen hinterlistig mißbraucht habt! Um so weniger da Euch das Ereignis sozusagen persönlich angeht, denn die Hauptrolle hat eine Bündnerin! Mit den Worten dieser Krämerseele – ich meine den Briefsteller, meinen langweiligen Vetter – mag ich es Euch freilich nicht mitteilen, es wäre schade drum! Erlaubt mir, Euch die seltene Historie frei vorzutragen. Also:

In Mailand lebt, wie Euch nicht unbekannt sein wird, Euer alter bissiger Herr Rudolf, der Planta von Zernetz mit seinem gleichnamigen, die brave Bärentatze mit Unehren im Wappen führenden Sohne in den ärmlichsten Umständen. Jener intrigiert und speist bei dem Gubernatore und dieser treibt sich mit dessen Neffen in den eines weiten Rufs genießenden Spielhäusern und Spelunken der Stadt herum. Die zwei jungen Gesellen sind von der gleichen Gemütsart, und während der alte Planta vom Oheim mit politischen Hoffnungen kärglich genährt wird, erhält der junge vom Neffen, dem ein Gefährte seiner Tollheit erwünscht und ein waffenkundiger Gehilfe seiner nicht über jeden Zweifel erhabenen Tapferkeit unentbehrlich ist, reichliche Mittel zum ausgiebigen Genusse der Gegenwart. Dafür wollte sich der Knabe Rudolf dankbar erweisen, und da es ihm an Herz und Geist fehlt, um seinem freigebigen Freunde einen ehrenvollen und guten Dienst zu leisten, verfiel er auf einen schlechten und schimpflichen. Bei dem alten Planta, der einen verfallenen Palast im einsamsten Stadtquartiere bewohnt, hatte eine verwaiste Nichte, ich weiß nicht von welcher geächteten Seitenlinie des Hauses, Zuflucht gefunden. Dies Mädchen, eine seltene Schönheit, soll auf einen großen Besitz in Bünden gerechten, aber unter den gegenwärtigen politischen Umständen unsichern Anspruch haben, und wurde um dieser Aussicht willen von dem alten Rudolf seinem Sohne zur Frau bestimmt. Lucretia jedoch ist edlen Sinnes und verschmäht den nichtswürdigen und unnützen Gesellen. Nun mag Rudolf, um auf einen Wurf seinen Groll zu kühlen und seine Schuld abzutragen, mit dem jungen Serbelloni, dem die nur in der Kirche sichtbare bündnerische Schönheit als das höchste Gut erschien, einen niederträchtigen Handel abgeschlossen haben. Genug, in einer Nacht, da der alte Rudolf beim Gubernatore, der junge im Spielhaus sitzt und Lucretia mit einer bejahrten lombardischen Dienerin in dem öden Hause allein ist, hört sie verdächtiges Geräusch im Nebengemache. Diebe vermutend, ergreift sie das erste beste Messer und tritt in ihre vom Monde nur schwach erhellte Kammer. Da drückt sich eine dunkle Gestalt in den Schatten. Lucretia schreitet auf sie zu und ruft sie an. Der junge Serbelloni tritt ihr entgegen, stürzt ihr zu Füßen und umfängt ihre Kniee mit den glühendsten Liebesbeteuerungen. Sie nennt ihn einen Nichtswürdigen und behandelt ihn mit so kalter Verachtung, daß sein Flehen sich jäh in Drohung verwandelt und er ihr sagt, sie sei in seiner Gewalt, die Türen seien bewacht. Doch Lucretia, von stattlicher Gestalt und hohem Gemüt, hält den Emporspringenden mit der Linken kraftvoll nieder und stößt ihm mit der Rechten von oben das Messer in die Brust. Er schwankt und schreit nach seinen Knechten. Jetzt stürzt die bestochene Kammervettel, die an der Tür gehorcht hatte, mit Jammergeschrei ins Gemach und schreckt mit ihrem mörderlichen Hilferufen die Nachbarschaft aus dem Schlafe. Die gewaltsame Entführung ist vereitelt, man hebt den blutenden Serbelloni auf und trägt ihn weg. Die Wahrheit wird vertuscht, der Vorfall durch einen unzeitigen Besuch bei dem jungen Planta notdürftig erklärt und als ein Mißverständnis achselzuckend beklagt. Die schöne Lucretia aber begibt sich schon am nächsten Morgen in den Palast des Gubernatore, bittet um seinen Schutz, wird, da der Neffe nicht auf den Tod verwundet ist, vom Oheim mit höchster Auszeichnung, ja mit Bewunderung aufgenommen und tut ihm den Entschluß kund, welches Schicksal ihrer dort warte, in ihre bündnerischen Berge zurückzukehren, denn es sei besser daheim zu darben als das schmachvolle Brot der Verbannung zu essen.« –

Nach einer längern Pause fuhr Wertmüller fort: »Der Schluß des Briefes ist merkwürdig. Man meint, sie habe sich nach Venedig gewandt, um von meinem Herzog einen Freibrief zur Heimreise zu begehren. – Seid Ihr nicht stolz auf diese bündnerische Judith? Diesmal hätte ich für meine Erzählung sicher auf Euern Beifall gerechnet und Ihr schweigt wie eine Statua, Herr Hauptmann?«

Mit neugierigen Augen schaute der Locotenent dem gegenübersitzenden Jenatsch, der sich zum Schutze gegen den Abendwind fest in seinen Mantel gewickelt hatte, in das von dem spanischen Hute beschattete Gesicht; aber ein Scherzwort, das er ihm zuzuwerfen im Begriffe war, erstarb auf seiner Lippe und ihn fröstelte.

Das braune Antlitz des in der Gondel Zurückgelehnten, das er im Laufe dieses Tages immer belebt und bewegt gesehen hatte von den verschiedensten Äußerungen eines feurigen Temperamentes und geschmeidigen Geistes, es war wie erstorben und erkaltet zu metallener Härte. Unverwandt staunte es vor sich hin auf die dämmernd geröteten Wellen und erschien fremdartig verzogen und drohend in seiner Erstarrung.

Der Zürcher indessen ließ sich nicht gerne verblüffen, und da ihm nichts Schickliches und Kluges einfiel, kam er noch einmal mit bewundernden Ausführungen auf die bündnerische Judith zurück.

»Laßt doch die unwürdige, die überaus unpassende Vergleichung!« fuhr jetzt der andere heftig und scharf aus seinem Traume auf. – »Jede Bündnerin hätte an Lucretias Stelle wie sie getan.«

Dann schien er plötzlich die nahenden Lichter der Stadt zu bemerken und sprang, auf sie hinweisend, ohne jede Vermittlung in einen liebenswürdigen Ton über. »Da langen wir ja schon an«, sagte er leichthin. »Könnten wir nicht, bevor wir an der Treppe des Herzogs anlegen, hinaus an die Zattere fahren, wohin ich meine Dienerschaft mit den aus Dalmatien zurückgebrachten Habseligkeiten beordert habe? Ich möchte diese gleich im Palaste des Herzogs in Sicherheit bringen.«

»Das geht kaum an, Hauptmann. Der Umweg wäre bedeutend und die Nacht bricht ein. Ich hafte für Euch und der Herzog ist pünktlich bis zur Peinlichkeit!« erwiderte der Zürcher, und er wunderte sich insgeheim

und fragte sich, warum Jenatsch für sich und das Seinige wohl Schutz bedürfe.
Noch einmal suchte er auf dem tiefbeschatteten Gesichte vor ihm zu lesen, aber die Gondel bog eben in eine schmale, finstere Lagune ein und nur zwei glühende Augensterne blickten ihm, wie die eines Löwen, aus der Nacht entgegen.
Als die Gondel im Canal grande vor den Marmorstufen des herzoglichen Palastes neben einer andern, zur Abfahrt bereiten, anlegte, zeigten sich auf der Schwelle des schön gewölbten Tores zwei Männergestalten in Staatstracht, die sich in ausdrucksvoller Silhouette vom hellen Hintergrunde der glänzend erleuchteten Halle abhoben. Die eine zeigte den feinen Bau und die ruhige, geschmeidige Bewegung des vornehmen Venezianers, die andere, von behaglicher Fülle und deutschehrbarem Ansehen, weigerte sich mit etwas kleinstädtischer Höflichkeit den Vortritt zu nehmen.
»Voran, Herr Waser! Ihr seid mein verehrter Gast«, sagte der Schlanke, den jetzt Jenatsch und Wertmüller als den Provveditore der Republik mit höchster Ehrerbietung begrüßten. Grimani wandte sich dem Bündner mit gewinnender Freundlichkeit zu.
»Für diesmal keine Auseinandersetzung«, sagte er. »Ich darf Euch, da Ihr von dem edlen Herzog erwartet seid, hier nicht aufhalten. Von minder Wichtigem später. Wir sehen uns wieder.«
Herr Waser konnte es nicht unterlassen auch seinerseits, bevor er den Fuß in die Gondel setzte, dem Jugendfreunde die Hand zu reichen und ihm zuzuflüstern: »Der Herzog ist dir überaus günstig und auch Grimani, mein gütiger Wirt in Venedig, äußerte sich

wohlwollend über deine Person und rühmte deine Leistungen.«

Die Gondel fuhr ab. Während sie die Halle durchschritten, sagte Jenatsch lächelnd zu Wertmüller: »Ich bin in den dalmatischen Bergen verwildert und soll jetzt ohne Vorbereitung die Sphäre der zarten Herzogin betreten. – Sie ist ohne Frage an Rang und Geist die vornehmste Dame, der mich meine Sterne zu Füßen legten. Erlaubt, Locotenent, daß ich in Eurer Kammer mein Wams bürste, und leiht mir Euren schönsten Spitzenkragen!«

Damit eilten die beiden Offiziere in raschen Sätzen die breitgestuften Treppen hinauf.

Fünftes Kapitel

»Der Herzog ist allein, er wünscht Euch wohl vertraulich zu sprechen«, sagte Wertmüller zu Jenatsch, als er ihn einige Augenblicke später in die herzoglichen Gemächer einführte. Er ließ ihn zuerst in ein mäßig beleuchtetes, mit dunkelm Holzwerke bekleidetes Vorzimmer treten, das durch eine von Säulen geteilte dreifache Bogenpforte den vollen Blick in den einige Stufen höher gelegenen Prachtsaal gewährte.

Dieses reich vergoldete längliche Gemach mit seiner Reihe von fünf Fensterbogen mochte die auf den Canal schauende Fassade des prunkenden Bauwerks bilden. Der Herzog kehrte der dämmerigen Fensterwand den Rücken zu. Er saß, in einem Buche lesend, vor dem hohen, mit verschlungenen Figuren und Fruchtschnüren von Marmor umrahmten und überladenen Kamine, in welchem ein lebhaftes Feuer flammte.

Schon setzte Wertmüller den Fuß auf die mit türkischen Teppichen belegten Stufen, um den Hauptmann anzumelden, als der Herzog sein Buch schloß und, sich von seinem Sitze erhebend, es auf den Kaminsims legte, ohne jedoch den Eintretenden, die er noch nicht bemerkt hatte, sich zuzuwenden.

Im gleichen Augenblicke hielt Jenatsch den jungen Offizier, der ihn vorstellen wollte, mit einem raschen Griffe seiner eisernen Hand zurück. »Halt«, flüsterte er, auf die Türe eines zweiten, ihnen gerade gegenüberliegenden Nebenraumes hinweisend – »ich komme zur Unzeit.«

Durch diese Türe trat mit lebhafter Bewegung und verweintem Angesichte die Herzogin und führte an der Hand eine große ruhige Frauengestalt ihrem Gemahle entgegen, in welcher Wertmüller auf den ersten Blick die Beterin vor dem Hochaltare der Frari wiedererkannte.

Unwillkürlich dem Gefühle des ihn Zurückziehenden gehorchend, wich er mit Jenatsch hinter die Draperie des Eingangs zurück und blieb dort stehen als ein verborgener, aber aufmerksamer Zeuge auch des Geringsten, was im Saale vorging.

»Hier bring ich Euch eine vom Schicksal verfolgte, mein Gemahl«, begann die erregte Herzogin. »Sie ist Eurer christlichen Hilfsleistung und Eures ritterlichen Schutzes bedürftig und, wahrlich, es ist Eurer hohen Tugend würdig, ihr Schirmvogt zu werden. – Sie hat mir ihr volles Vertrauen geschenkt, und ihr schmerzenreiches Los ohne Rückhalt entschleiert. Dabei war mir vergönnt – ich kann es auch in ihrer Gegenwart nicht verschweigen – einen erhebenden Blick in die Tragödie eines mit dem ehernen Schicksale kämpfenden, antiken Charakters zu tun. Dieses edle Wesen trägt nicht ohne Bedeutung den Namen Lucretia. Sie stammt aus einem der besten Geschlechter jenes wilden Berglandes, das Euch als seinem Retter entgegenharrt. Noch war sie ein harmloses Kind, als ihr Vater, der einzige Gegenstand ihrer Liebe, von grausamen Feinden nächtlich gewürgt, und sie schutzlos und geächtet dem Elende und der Bosheit dieser gottlosen Welt preisgegeben wurde ... Aber ihr Herz blieb rein und ihre tapfere Hand zerschnitt mit dem Dolche die Schlingen des Lasters. Seid ihr hilfreich, teurer Herr! Alle dieser geliebten Lucretia erzeigte Gnade sehe ich an, als hättet Ihr sie mir erwiesen: denn ihr Unglück erfüllt meine ganze Seele! –«

Hier brach die gerührte Fürbitterin von neuem in Tränen aus und warf sich, das Antlitz mit den Händen bedeckend, in einen Lehnstuhl.

Während dieser Rede der vornehmen Hugenottin, in welcher sich der Schwung des damals Mode werdenden Corneille fühlbar machte, hatte der Herzog seine Blikke voller Güte auf die schweigend und bescheiden vor ihm stehende Bündnerin gerichtet, als suchte er in ihren ruhigen Zügen und in ihren warmen dunkeln Augen das Anliegen zu lesen, welches sie zu ihm führte; denn dieses war ihm bis jetzt trotz der eifrigen Verwendung seiner Gemahlin vollkommen unverständlich und verborgen geblieben.

»Ich bin des Pompejus Planta Tochter, Lucretia«, beantwortete jetzt die Fremde seine stumme Frage. »Als mein Vater in Bünden geächtet ward, brachte er mich, die Fünfzehnjährige, zu den Klosterfrauen nach Monza und dort traf mich die Kunde seiner Ermordung. Erlaßt

mir, Euch zu sagen, wie sie mein Leben zerstörte und wie völlig ich seither verwaist bin. Heim in mein Bünden konnte ich nicht kehren, und kann es auch jetzt nicht ohne Eure Hilfe. Es ist geschlagen von Krieg und schwerer innerer Zwietracht, denn der Fluch ungerochener Mordtat ruht auf ihm und das Blut meines Vaters schreit gen Himmel. – Wohl lebt mir noch ein Ohm in Mailand, der geächtete Rudolf Planta, der bis heute mit mir das Brot der Verbannung teilte; denn in das Stift zu Monza trat ich nicht, weil ich zu arm war und meine Berge nicht auf ewig missen wollte. Warum ich jetzt den Ohm verlasse, gestattet mir zu verschweigen. – Ich bin ein vom Stamme gerissener, auf dem Strome treibender Zweig und kann nicht Wurzel schlagen, bis ich den Boden der Heimat erreiche und getränkt werde mit dem Blute gerechter Sühne.
Gebt mir einen Freibrief nach Bünden, edler Herr! Ich habe vernommen, daß Euer Einfluß schon jetzt dort mächtig ist und sich bald auf Eure siegreichen Waffen stützen wird. Ich habe gegen mein Vaterland nie gefrevelt und bin den Anschlägen meines Ohms und der spanischen Partei in Gedanken und Taten völlig fremd geblieben. Ich will mein Erbhaus zurückfordern und das Recht meines Vaters suchen, denn allein dazu bin ich noch da.«
Der Herzog hatte der schönen Fremden mit Aufmerksamkeit zugehört, jetzt ergriff er väterlich ihre Hand und sagte mit überlegener Milde: »Ich begreife den Schmerz Eurer Verlassenheit, mein Fräulein, auch bin ich damit einverstanden, daß Ihr Euren heimatlichen Boden wiedergewinnt und dort dem Andenken Eures Vaters lebt. – Anders verhält es sich mit dem, was Ihr

Sühne nennt. Bedarf es einer solchen, so, glaubt es, wird sie nicht ausbleiben. Unser ganzes Leben, ja das Leben der Menschheit seit ihrem Anfange ist eine Verkettung von Schuld und Sühne. Schwer aber ist es dem menschlichen Kurzblicke die richtige Vergeltung zu wählen, und sicherer in jedem Falle, Frevel durch Opfer der Liebe zu tilgen, als Gewalttat durch Gewalttat zu rächen und so Fluch auf Fluch zu häufen. – Besonders die unsichere Frauenhand berühre niemals in den Leidenschaften des Bürgerkriegs die zweischneidige Waffe persönlicher Rache. Mehr als einmal in unsern heimischen Kämpfen war auch ich von Mörderhand bedroht, aber, hätte sie mich getroffen, mit dem letzten Atemzuge hätte ich Frau und Kinder angefleht, sich mit keinem Rachegedanken, geschweige mit einer Rachetat zu beflecken. Denn: Ich will vergelten, spricht der Herr.«

Lucretia sah den Herzog mit ernsten, zweifelnden Blicken an. Die christliche Milde des Feldherrn befremdete sie und sein Tadel traf sie unerwartet. Aber bevor sie noch ihre Gedanken zur Antwort gesammelt hatte, veränderte sich plötzlich ihr Angesicht, als erblicke sie etwas Unmögliches. Ihre ganze Seele trat in die erschrockenen Augen, die, wie gebannt, auf der mittlern Säulenpforte haftenblieben.

Dort erschien, festen Trittes die Stufen herankommend, die hochaufgerichtete Gestalt eines Mannes. Stolz und gefaßt, wie ein verurteilter König sein Blutgerüst besteigt, schritt Jürg Jenatsch der Erstarrenden mit entblößtem Haupte entgegen.

Nach einer stummen Begrüßung des herzoglichen Paares trat er vor die Tochter des Herrn Pompejus hin, heftete seinen Blick auf die lange nicht Gesehene und sprach in abgebrochenen Sätzen: »Dein Recht soll dir werden, Lucretia. Der Mann, der den Planta erschlug, ist dir von Rechts wegen verfallen. Er stellt sich dir und erwartet hier deinen Spruch. Nimm sein Leben. Es ist dein – zweifach dein. Schon der Knabe hätte es für dich geopfert. Seit ich die Hand an deinen Vater legen mußte, ist mir das Dasein verhaßt, wo ich es nicht für das von Tausenden meines Volkes einsetzen kann. Darnach dürstet meine Seele und dazu bietet mir dieser edle Herr vielleicht morgen schon Gelegenheit. Das bedenke, Lucretia Planta! Bei dir steht die Entscheidung, wer von euch beiden das größere Recht auf mein Blut habe, ob Bünden oder du.« –

Der Eindruck dieser Erklärung auf das Fräulein war ein gewaltsamer und beirrender. Der Mörder, in dessen Verfolgung sie die Pflicht ihres Lebens sah, legte aus freiem Entschlusse das seinige in ihre Hand und er tat es mit einer Hochherzigkeit, die eine ebenbürtige Seele reizen mußte, sich ihr mit einer großen Tat der Verzeihung gleichzustellen. Diesen Wetteifer edler Gefühle schien wenigstens die Herzogin zu erwarten, die aus der Rede des Bündners und der Gewalt ihres Eindrucks auf Lucretia leicht erraten hatte, daß eine gemeinsam verlebte Jugend und warme Neigung die beiden verkettete. Sie glaubte, nach der eigenen Gemütsstimmung urteilend, Lucretia werde ihre Arme, die sie einen Augenblick in inniger Bewegung gegen den Jugendgenossen erhoben hatte, rasch um seinen Hals werfen und den gerechten, langjährigen Haß gegen den Mörder ihres Vaters dem Zauber einer alten Liebe und der Unwiderstehlichkeit dieses wundersamen Mannes zum Opfer bringen.

Aber es geschah nicht also. Die erhobenen Arme sanken und die Herzogin sah Lucretias schöne Gestalt erbeben, vom tiefsten Jammer erschüttert. Sie stöhnte laut auf, dann machte sich ihr ein Jugendleben lang stolz getragenes Elend Luft, und sich und ihre fremde Umgebung gänzlich vergessend, brach die qualvoll Bedrängte in einen Strom leidenschaftlicher Klage aus.

»Jürg, Jürg«, rief sie, »warum hast du mir das getan? Gespiele meiner Kindheit, Schutz meiner Jugend! Oft im finstern italienischen Kloster oder in der unheimlichen Behausung meines Ohms, wenn mein Herz nach der Heimat schrie und ich sie doch nicht betreten durfte ohne die Rache meines Vaters besorgt zu haben, dann im bangen Halbtraume sah ich dich, den treuen Gesellen, zum gewaltigen Kriegsmanne erwachsen und ich rief dich an: Jürg, räche meinen Vater! Ich habe niemand als dich! Du tatest mir ja sonst alles zuliebe, was du mir nur an den Augen absehen konntest. Jetzt hilf mir, Jürg, meine heiligste Pflicht zu erfüllen! ... Und ich ergriff deine starke Hand ... Aber weh mir, sie trieft von Blut! Du Entsetzlicher, du bist der Mörder! Mir aus den Augen! Denn meine Augen sind mit dir im Bunde – und sündigen – und sind mitschuldig am Blute des Vaters. Hinweg! Kein Friede, kein Vertrag mit dir.«

So klagte Lucretia und rang die Hände in innerm Zwiespalte und trostloser Verzweiflung.

Die Herzogin legte beschwichtigend ihren feinen Arm um den Nacken der Haltungslosen, und die weinende Lucretia ließ sich willig von ihr in das Nebengemach zurückführen. Dann erschien die edle Dame noch einmal auf der Schwelle und flüsterte dem ihr entgegentretenden Gemahle zu: »Ich werde sie mit Eurer Bewilligung, sobald sie sich erholt hat, persönlich in meiner Gondel nach ihrer Wohnung bringen. Sie ist bei a Marca, Eurem Wechsler, abgestiegen, dessen Frau ihre entfernte Verwandte ist. Die treue Echagues mag uns begleiten.«

Der Herzog bezeugte der Hilfreichen seine freundliche Beistimmung, und die gefühlvolle Dame verschwand mit einem letzten, halb vorwurfsvollen, halb bewundernden Blicke auf den Bündner.

»Ihr tragt ein schweres Schicksal, Georg Jenatsch«, sagte, als sie jetzt allein waren, der Herzog zu dem Hauptmanne, dessen Blässe ihm auffiel und der einen harten Ausdruck auf dem Antlitze trug, als bekämpfe und verberge er gewaltsam den stechenden Schmerz einer alten Wunde. »Euch aber ist die Sühne für das mörderisch von Euch vergossene Blut gezeigt. Was Ihr in wildem Jugendfeuer verbrochen, dafür sollt Ihr mit der Arbeit geläuterter Manneskraft zahlen. In rasender Selbsthilfe, mit willkürlichen Taten des Hasses wolltet Ihr Euer Vaterland befreien und habt es dem Verderben zugeführt; heute sollt Ihr es retten helfen durch selbstverleugnende Taten des Gehorsams und kriegerischer Zucht, durch die Unterordnung unter einen leitenden planvollen Willen. – Wo die Tollkühnheit nützt, da will ich Euch hinstellen; ich weiß nun, warum Ihr die Gefahr sucht und liebt. – Von jetzt an betrachtet Euch als in meinen Diensten stehend, denn ich habe mich heute überzeugt, daß mein Einfluß genügen wird, Euch hier frei zu machen. Ich glaube nicht, daß der Provveditore Grimani Euch mir streitig machen wird. Sein Interesse

an Euch schien mir lau. Er äußerte sich gleichgültig über die Möglichkeit Eurer Beurlaubung. Wann wird Eure venezianische Kapitulation abgelaufen sein?«
– »Vor Monatsfrist, erlauchter Herr.«
– »Dann ist es gut. Überlaßt mir die Vermittelung. Am einfachsten nehmt Ihr schon heute bei mir Wohnung und sendet sogleich nach Dienerschaft und Gepäck.«

Hier näherte sich Wertmüller, der bis dahin im Vorgemache unsichtbar geblieben war, mit einer ingrimmigen, tragikomischen Miene, denn die von ihm scharf beobachtete Szene hatte einen gemischten Eindruck auf ihn gemacht, und meldete, der Hauptmann habe Gepäck und Leute an der Landungsmauer der Zattere zurückgelassen. Sofern ihm dieser Vollmacht gebe, werde er sie abholen.

Jenatsch war in einen Fensterbogen getreten und überstreifte mit scharfem Blicke den mondbeschienenen Canal, bis in die von den Uferpalästen geworfenen tiefen Schatten hineinspähend. Aufwärts, abwärts bot die Wasserstraße das gewohnte friedliche Nachtbild. Nun wandte er sich rasch und beurlaubte sich beim Herzog, um selbst nach seiner Habe und seiner Bedienung zu sehen, welcher er, wie er sagte, strengen Befehl hinterlassen habe, keiner anderen Weisung Folge zu leisten, als seiner eigenen mündlichen.

Der Herzog trat auf den schmalen Balkon und blickte, noch unter dem Eindrucke der seltsamen Vorgänge des Abends, in die ruhige Mondnacht hinaus. Er sah, wie Jenatsch eine Gondel bestieg, wie sie abstieß und mit schnellen leisen Ruderschlägen der Wendung des Canals zuglitt. – Jetzt hielt sie wie unschlüssig still – jetzt strebte sie eilig der nächsten Landungstreppe zu. Was war das? Aus einer Seitenlagune und gegenüber aus dem Schatten der Paläste schossen plötzlich vier schmale, offene Fahrzeuge hervor und darin blitzte es wie Waffen. Schon war die Gondel von allen Seiten umringt. Der Herzog beugte sich gespannt lauschend über die Brüstung. Er glaubte einen Augenblick im unsichern Mondlichte eine große Gestalt mit gezogenem Degen auf dem Vorderteile des umzingelten Nachens zu erblicken, sie schien ans Ufer springen zu wollen – da verwirrte sich die Gruppe zum undeutlichen Handgemenge. Leises Waffengeräusch erreichte das Ohr des Herzogs und jetzt, laut und scharf durch die nächtliche Stille schmetternd, ein Ruf! Deutlich erscholl es und dringend: »Herzog Rohan, befreie deinen Knecht!«

Sechstes Kapitel

In einer vorgerückten Morgenstunde des folgenden Tages saß der Provveditore Grimani in einem kleinen behaglichen Gemache seines Palastes. Das einzige hohe Fenster war von reichen bis auf den Fußboden herabfließenden Falten grüner Seide halb verhüllt, doch streifte ein voller Lichtstrahl die silberglänzende Frühstückstafel und verweilte, von den verlockend zarten Farben angezogen, auf einer lebensgroßen Venus aus Tizians Schule. Von der Sonne berührt schien die Göttin, die auf mattem Hintergrunde wie frei über der breiten Türe ruhte, wonnevoll zu atmen und sich vorzubeugen, das stille Gemach mit blendender Schönheit erfüllend.

Dem Provveditore gegenüber saß sein ehrenwerter Gast, Herr Heinrich Waser, diesmal mit sorgenbelasteter Stirne. Er war nicht gestimmt auf die feine, über das Gewöhnliche mit Geist und Anmut hinspielende Unterhaltung seines Gastfreundes einzugehen, und hatte sogar versäumt, seinen hochlehnigen Stuhl so zu setzen, daß er dem verlockenden Götterbilde den Rücken zuwandte, was er sonst nie zu tun vergaß, denn die schmiegsame Gestalt mit dem Siegeszeichen des Parisapfels in der Hand pflegte ihn allmorgendlich zu ärgern und zu betrüben. Sie erinnerte ihn gewissermaßen an seine jung verstorbene selige Frau; aber wie ganz verschieden war hinwiederum dieses reizende Blendwerk von der Unvergessenen, deren Seelenspiegel nie ein Anhauch von Üppigkeit getrübt und die einen ausgesprochenen Abscheu empfunden gegen alles, was sich im mindesten von sittsamer Bescheidenheit entfernte.

Heute aber nahm er an der Göttin keinen Anstoß, er war weit davon entfernt sie nur zu beachten. Sein ganzes Denken war darauf gerichtet, das Gespräch auf seinen Freund Jenatsch zu bringen, ohne durch die sichere Unterhaltungskunst des Provveditore von der Fährte abgebracht und spielend im Kreise herumgeführt zu werden.

Er hatte heute schon in der Frühe, wie er daheim in Zürich zu tun pflegte, einen kurzen Morgengang gemacht, was hier in dem Gäßchen- und Wasserlabyrinthe der Lagunenstadt seinen vorzüglichen Ortssinn in spannender Übung erhielt. Er hatte zuerst den durch seine weltlustige Pracht ihn täglich überraschenden Markusplatz aufgesucht und sich hierauf sinnreich durch die enge lärmende Merceria nach dem Rialto durchgefunden. Dort hatte er von der Höhe des Brückenbogens mit aufmerksamem Auge den unendlichen Handel und Wandel der meerbeherrschenden Stadt gemustert. Dann war ihm plötzlich eingefallen, hinunterzusteigen auf den nahen Fischmarkt und die eben anlangenden seltsam geformten Seeungetüme zu besichtigen. Hier fiel sein Blick auf den von Herzog Rohan bewohnten Palast und in seinem Herzen erwachte der Wunsch, den gestern zweimal nur flüchtig begrüßten Jugendgenossen zu besuchen und sich nach dessen Fahrten und Schicksalen freundschaftlich zu erkundigen. Sicher, im Palaste des Herzogs ermitteln zu können, wo Jenatsch hause, und nicht ohne Hoffnung ihn dort vielleicht persönlich zu treffen, winkte er einem Gondolier, der ihn mit wenigen Ruderschlägen an die Aufgangstreppe des Palastes brachte. Da er von der Dienerschaft erfuhr, Jenatsch sei nicht hier und der Herzog beschäftigt, ließ er sich bei der Frau Herzogin anmelden.

Die hohe Dame hatte ihm dann die gestrigen Ereignisse bewegt und wirkungsvoll, aber höchst unklar geschildert und dabei Andeutungen gemacht über das seinen Freund zermalmende Verhängnis, die den nüchternen Mann befremdeten und höchlich beunruhigten. Der Verhaftungsszene nächtliches Dunkel hatte sie mit der Fackel ihrer Einbildungskraft keineswegs aufgehellt; dennoch wurde es dem klugen Zürcher sofort klar, daß Jenatsch in keiner andern Gewalt als in der Grimanis sich befinden könne. Er war dessen vollkommen gewiß, denn er erinnerte sich jetzt der nachlässigen Ruhe, mit welcher dieser Meister der Verstellungskunst gestern an der Tafel des Herzogs über die unbefugte

Rückkehr des Bündners weggeglitten war, die er unter andern Umständen sicherlich als einen schweren Disziplinarfehler gerügt hätte.

Waser war sogleich nach Hause geeilt, und jetzt saß er dem undurchdringlichen Grimani gegenüber, aus dem er des Bündners Schuld und Schicksal herausbringen mußte.

Der Provveditore war in glänzender Laune. Er erging sich in heitern Reiseerinnerungen, erzählte von London und dem Hofe Jakobs I., wohin ihn vor einigen Jahren eine diplomatische Sendung geführt hatte, und entwarf von dem wunderlich pedantischen, aber, wie er hinzuzufügen sich beeilte, keineswegs auf den Kopf gefallenen König ein ergötzliches Bild. Auch gedachte er in liebenswürdigster Weise seiner Einkehr im Waserschen Hause zu Zürich, dessen patriarchalische Einfachheit und fromme Zucht ihn nach dem lärmenden und sittenlosen London wahrhaft erquickt hätte. Dies brachte ihn auf den besondern Charakter der schweizerischen Eidgenossenschaft und ihre Stellung in der europäischen Politik. Er beglückwünschte den Zürcher, daß dem kleinen Lande aus dem erwarteten Friedensschlusse ohne Zweifel eine durch feste Verträge verbürgte staatliche Unabhängigkeit erwachsen werde.

»Auf die von Niccolò Machiavelli euch vorausgesagte Weltstellung werdet ihr freilich verzichten müssen«, sagte er lächelnd, »aber ihr habt dafür euer eigenes Herdfeuer und eine kleine Musterwirtschaft, in der auch große Herren manches werden lernen können.«

Da hierauf Waser mit leisem Kopfschütteln bemerkte, dieses an sich wünschenswerte Resultat dürfte neben schönen Lichtseiten auch manche Schattenseiten zeigen, und er persönlich sehe sich nur mit Schmerz von dem protestantischen Deutschland abgedrängt, nickte ihm der venezianische Staatsmann einverstanden zu und sagte, staatliche Unabhängigkeit sei eine schöne Sache und es lasse sich dabei auch bei kleinem Gebiete ein gewisser Einfluß nach außen üben, vorausgesetzt, daß politische Begabung vorhanden sei und auf ihre Ausbildung aller Fleiß verwendet werde; aber um weltbewegend einzuwirken sei nationale Größe notwendig, wie sie gegenwärtig nur das durch seinen genialen Kardinal zusammengefaßte Frankreich besitze. Das Wesen dieser Größe und in welchem letzten Grunde sie wurzle habe er oft mit forschenden Gedanken erwogen und sei zu einem eigentümlichen Schlusse gekommen. Es erscheine ihm nämlich, als beruhe diese materielle Macht auf einer rein geistigen, ohne welche die erste über kurz oder lang zerfalle wie ein Körper ohne Seele. Dieser verborgene schöpferische Genius nun äußere sich, nach seinem Ermessen, auf die feinste und schärfste Weise in Muttersprache und Kultur.

»Hier ist allerdings die Schweiz mit ihren drei Stämmen und Sprachen im Nachteile«, fuhr der Provveditore fort, der offenbar mit Vorliebe an Italien gedacht hatte, »aber mir ist um euch nicht bange. Ihr haltet durch andere zähe Bande zusammen. Für unsere gesegnete Halbinsel aber gereicht mir diese meine Wahrnehmung zum Troste. Heute unter verschiedene, zum Teil fremde Herren geteilt, besitzt sie immer noch das gemeinsame Gut und Erbe einer herrlichen Sprache und einer unzerstörbaren, in das leuchtende griechisch-römische Altertum hinaufreichenden Kultur. Glaubt mir, diese unsterbliche Seele wird ihren Leib zu finden wissen.«

Waser, dem diese mystischen Gedankengänge sehr ferne lagen und aus dem Munde seines sonst so kalten, diplomatischen Gastfreundes befremdlich klangen, bemächtigte sich jetzt der Rede, um in ein glänzendes Lob der Republik von San Marco auszubrechen, die, einzig in Italien, mit der Staatsweisheit und dem Rechtssinne der alten Roma eine Parallele bilde.

»Was die Fabeleien von willkürlicher Justiz und geheimen nächtlichen Hinrichtungen betrifft, so bin ich nicht der Mann, mein verehrter Gastfreund, an solche Märlein zu glauben«, schloß der Zürcher, erfreut mit einer, wie er überzeugt war, ungezwungenen Wendung an das heiß erwünschte Ziel zu gelangen, »und darum kann ich ganz ohne Rückhalt ein mir unerklärliches Ereignis mit Euch besprechen, das sich gestern im Canal grande begab und wobei mein Jugendfreund, der Hauptmann in venezianischen Diensten Georg Jenatsch, ohne Spur verschwunden sein soll. Die durchlauchtige Frau Herzogin Rohan, welche die Gnade hatte mich mit dem Vorfalle bekannt zu machen, schien mir, soweit ich ihre Andeutungen zu fassen vermochte, nicht ferne zu sein von der Ansicht, der Hauptmann wäre seiner unbefugten Abreise aus Dalmatien wegen den venezianischen Bleidächern verfallen. Eine Vermutung, die ich bei dem eine höchste Kulturstufe erreichenden venezianischen Gesetze und der Milde seines Vollstreckers«, hier machte er eine verbindliche Handbewegung gegen den Provveditore, »– auch nach dessen gestrigen Äußerungen an der Tafel des Herzogs, unmöglich teilen kann.«

»Von Hauptmann Jenatsch habe ich sichere Kunde«, sagte Grimani mit einem unmerklichen Lächeln über die Gewandtheit seines Gastes. »Er sitzt unter den Bleidächern; aber, lieber Freund, nicht wegen eines Disziplinarfehlers, sondern belastet mit einer Mordtat.«

»Gerechter Gott! Und Ihr habt Beweise dafür?« rief Waser, dem es schwül wurde, sprang auf und schritt in dem kleinen Gemache bestürzten Gemüts auf und nieder.

»Ihr werdet, wenn Ihr es wünscht, die Akten lesen«, versetzte Grimani ruhig und ließ seinen Schreiber rufen, dem er befahl, ein Portefeuille, das er ihm bezeichnete, sogleich zur Stelle zu bringen.

Nach wenigen Minuten hielt Waser zwei Aktenstücke über den Zweikampf zwischen Jenatsch und Ruinell hinter St. Justina zu Padua in den Händen, mit denen er sich, eifrig lesend, in die etwas erhöhte Fensternische zurückzog.

Das eine dieser Schriftstücke war das mit dem Magister Pamfilio Dolce aufgenommene Verhör, worin derselbe den Unfall des ihm zu Erziehung und Schutz befohlenen unschuldigen Knäbleins mit beweglichen Worten schilderte, alsdann zu der großen Szene bei Petrocchi überging, wo der barbarische Oberst sein in rühmlichen Studien ergrautes Haupt mit Schimpf bedeckt, der großherzige Hauptmann aber, von seiner – des Magisters – ehrwürdiger Erscheinung und bescheidener Forderung gerührt, mit schöner Menschlichkeit und antikem Edelmute für ihn eingetreten sei. – Dem mörderischen Duell hatte der Magister nicht beigewohnt, dagegen vom Gerichte sich die Gunst erbeten, dem Protokoll eine wichtige Papierrolle beilegen zu dürfen. Diese fiel Waser in die Hand; aber er warf jetzt nur einen flüchtigen Blick auf deren erste Seite. Er ergreife, sagte der Magister in der auf diesem Blatte stehenden Widmung, einem Meisterstücke kalligraphischer Kunst, die durch das Schicksal unverhofft ihm gewährte Gelegenheit, dem erlauchten Provveditore, als dem hohen Gönner aller Wissenschaften, die gesammelte Frucht eines arbeitsamen langen Lebens in Demut ersterbend anzubieten: eine Abhandlung über die Patavinität seines unsterblichen Mitbürgers Titus Livius, das heißt, über die in dessen unvergleichliches Latein eingeflossenen charaktervollen paduanischen Provinzialismen.

Das zweite Schriftstück, das Waser entfaltete, war die Relation des Stadthauptmanns, die sich ausschließlich mit der Schlußszene des Handels beschäftigte.

Ein erschreckter Bürger habe ihn benachrichtigt, hinter St. Justina stehe ein gefährlicher Zweikampf bevor zwischen zwei Offizieren der venezianischen Armee. Er sei hingeeilt, von seinen tapfern Leuten zusammenraffend, was er auf dem Wege gefunden, und habe schon von ferne die Gruppe der Kampfbereiten und der um sie versammelten Neugierigen erblickt, auch deutlich erkennen können, wie nur der eine der Herren Grisonen mit grausamer Wut und rasenden Gebärden auf dem Kampfe bestand, der andere aber kaltblütig mit Ernst und Würde ihn zu beschwichtigen suchte, von den vernünftigen Vorstellungen und höflichen Bitten der anwesenden paduanischen Bürger hierin unterstützt, und sich dann mäßig und nur gezwungen verteidigte. Er habe sich seinem Gefolge voran aufs eiligste genähert, um, wie sein ehrenvolles Amt erheischte, seinen Leib als Schranke zwischen die Frevler am Gesetze zu werfen und den Degenspitzen im Namen der Republik Halt zu gebieten. Als er dies mit eigener Lebensgefahr getan, sei zwar der eine gehorsam zurückgewichen, der andere aber durchbohrt mit einem Fluche zusammengestürzt. Nach seinem Dafürhalten habe sich der Sinnlose mit blinder Wut in die nur zur Verteidigung ihm entgegengehaltene Waffe des andern geworfen, einen Augenblick ehe er die beiden Degen mit dem seinigen niedergeschmettert. – So glaube er seine Pflicht mit Aufopferung erfüllt zu haben und auf die Anerkennung der erlauchten Republik, sowie auf ein angemessenes Ehrengeschenk ohne Unbescheidenheit rechnen zu dürfen. –

»Mit diesen Papieren, Herr Provveditore, läßt sich eine Anklage auf Mord nie begründen«, sagte Waser vor seinen Gastfreund hintretend und die Akten nicht ohne sichtbare Zeichen der Entrüstung auf den Tisch legend, wobei der Traktat über die Patavinität des Livius auf den Marmorboden fiel. »Sie sprechen durchaus zugunsten des Hauptmanns und bezeichnen den Fall als strikte Notwehr.« –

»Wollt Ihr noch von den Aussagen der andern Zeugen Einsicht nehmen?« sagte Grimani kalt. »Sie stimmen übrigens durchaus überein mit denjenigen des bettelhaften Pedanten und des prahlerischen Eisenfressers. Die Zeugnisse dieses Gesindels« – er stieß mit der Fußspitze an die gelehrte Arbeit des Magisters Pamfilio, die langsam über die Mosaiksterne des glatten Bodens rollte – »führen nur den Gutmütigen irre, der nicht versteht zwischen den Zeilen zu lesen. Verzaubert und belügt doch dieser ungesegnete Jenatsch mit seiner heuchlerischen Herzenswärme und seiner ruchlosen Kunst auch das Absichtlichste als Eingebung des Augenblicks oder harmlosen Zufall darzustellen, ohne Ausnahme alle von oben bis unten, von dem edeln Herzog Rohan bis zu diesen Larven hinab. – Angenommen daß diese Zeugnisse den Sachverhalt in völliger Wahrheit darstellen, so führt sie doch erst die Kenntnis der Verhältnisse des Hauptmanns und seines ränkevollen Charakters auf ihren richtigen Wert zurück, und mittelst dieser Kenntnis bin ich imstande, mein werter Freund, Euch, vielleicht zum Schrecken Eures harmlosen Gemüts, die Geschichte der Tötung des Obersten Ruinell in ihr wahres Licht zu stellen.

Ich will mich kurz fassen. Jenatsch hatte sich zum Ziele gesetzt um jeden Preis eines der vier bündnerischen Regimenter zu erlangen, die Herzog Rohan zum bevorstehenden Veltliner Feldzuge mit französischem Solde bildet. Alle vier aber waren schon vergeben, eines davon an Ruinell; folglich mußte einer der Obersten, am bequemsten Ruinell, den der Degen des Ehrsüchtigen erreichen konnte, weggeräumt werden. Als nun der Schulmeister den heißblütigen Oberst mit seinem unverschämten Bettel belästigte, ergriff der geistesgegenwärtige Jenatsch blitzschnell die Gelegenheit ihn zu reizen, indem er für den Pedanten Partei nahm. Wie die Flamme einmal aufstieg, war es dem Kühlgebliebenen ein leichtes, sie mit seinem boshaften Hauche zu schüren. Er wußte mit seiner absichtsvollen Sanftmut den Zornigen bis zur Raserei zu reizen und als geschickter Fechter den Degen so zu führen, daß keiner den sichern leisen Todesstoß gewahr wurde. – So trug die Sache sich zu, mein braver Herr, wenn die Republik nicht einen menschenunkundigen Neuling zu ihrem Provveditore hat. Euer Signor Jenatsch hat bei seiner dalmatischen Sendung zehnmal mehr List aufgewendet, als es nicht brauchte, diesen armen Trunkenbold aus dem Wege zu räumen.«

Waser hatte diese Auseinandersetzung mit Grauen angehört. Ihn fröstelte beim Gedanken an die Gefahr, die jedem Angeklagten aus dieser scharfsinnig argwöhnischen Auslegung an sich unverfänglicher Tatsachen erwachsen mußte. Sogar ihn, den wohlwollenden, dem Hauptmanne befreundeten Mann, durchfuhr einen Augenblick der Gedanke, des Venezianers grausame Logik könnte recht haben. Aber sein gerader Menschenverstand und sein rechtliches Gemüt überwanden rasch diesen beängstigenden Schwindel. So hätte es sein können; aber, nein, es war nicht so. – Er erinnerte sich indessen, daß der Argwohn in Venedig ein Staatsprinzip sei, und verzichtete darauf, in diesem Augenblicke Grimanis Voreingenommenheit zu bekämpfen.

»Die Tatsachen entscheiden«, sagte er mit überzeugter Festigkeit, »nicht deren willkürliche Interpretation, und Hauptmann Jenatsch ist nicht ohne Schutz in Venedig, denn in Ermangelung eines bündnerischen Gesandten bei der Republik von San Marco glaube ich Geringer im Sinne meiner Obern zu handeln, wenn ich die Interessen des mit Zürich verbündeten Landes in Venedig nach Kräften wahrnehme.« –

»Da verwendet sich noch ein anderer Schutzpatron für die Unschuld, die ich in der Person des Hauptmanns Jenatsch verfolge«, sagte der Venezianer mit schmerzlichem Spotte, denn eben wurde ein in rote Seide gekleideter französischer Edelknabe eingelassen, um in des Herrn Provveditore eigene Hand ein Schreiben seines Gebieters, des Herzogs Heinrich Rohan, zu legen.

»Der erlauchte Herzog will mir die Ehre eines Besuches erweisen«, sagte Grimani die Zeilen durchlaufend, »das darf ich nicht zugeben. Meldet, daß ich mich ihm in einer Stunde vorstellen werde. – Eure Begleitung, Signor Waser, würde mich erfreuen.«

Damit erhob sich der feine bleiche Mann mit den melancholischen Augen und zog sich in sein Ankleidezimmer zurück.

Waser blieb zögernd stehen. Dann trat er zum Tische und durchlas sorgfältig die übrigen Zeugenaussagen. Zuletzt fiel sein Blick auf die unter einen Stuhl gerollte Abhandlung des Magisters Pamfilio Dolce aus Padua. Ihn jammerte ihr schmachvolles Schicksal.
»Da klebt viel Schweiß daran«, sagte er und hob die Rolle auf. »Ein Plätzchen in unsrer neu gegründeten Stadtbibliothek wird sich schon für dich finden, Werk eines dunkeln Daseins!« –

Siebentes Kapitel

Der Provveditore und Herr Waser wurden vom Herzog in seinem Bibliothekszimmer empfangen, wo dieser, der wenig Schlaf bedurfte und die Einsamkeit der Morgenfrühe liebte, schon manche Stunde des Vormittags in ungestörter Arbeit mit seinem Schreiber, dem Venezianer Priolo, verbracht hatte.
Der Herzog begann mit einigen Worten des Dankes für Grimanis Zuvorkommen.
»Ihr erietet sicherlich aus meinen Zeilen«, sagte er, »das persönliche Anliegen, welches mich schon heute

wieder eine Unterredung mit Euch dringend wünschen ließ. Ich war gestern von meinem Balkon aus Zeuge einer nächtlichen Szene, unter der ich mir nichts anderes, als die Verhaftung eines Übeltäters denken konnte. Verschiedene Umstände lassen mich mit Sicherheit schließen, daß dieser Gefangene der Republik der Bündner Georg Jenatsch sei. Ich hatte nun, wie ich Euch, mein edler Herr, schon gestern andeutete, auf die Dienste desselben Mannes für meinen bevorstehenden Feldzug in Bünden gezählt und mir davon bei seinem militärischen Talent und seiner mir höchst wertvollen Kenntnis seines Vaterlandes großen Vorteil versprochen. Ihr seht ein, wie sehr mir daran liegen muß, zu erfahren, welcher Übertretung des Gesetzes er sich schuldig gemacht, und, wenn sein Verbrechen kein schweres und schmachvolles ist, mein Fürwort für ihn einzulegen.«

»Niemand ist williger Euch zu dienen als ich, erlauchter Herr«, antwortete Grimani, »und in Wahrheit glaubte ich gerade Euch einen nicht geringen Dienst zu leisten, wenn ich diesen mir schon längst verdächtigen Menschen, in dem die Keime vieler Gefahren liegen, jetzt da er sich durch eine blutige Tat in meine Hand gegeben hat, auf die Seite räumte. Er ist, wie Ihr aus der aktenmäßigen Darstellung erfahren werdet, dem Wortlaute unseres Gesetzes nach der Todesstrafe verfallen. Ob ich ihn, mildernde Umstände annehmend, begnadigen will, das steht vollkommen in meiner Willkür. Ist dies Euer Verlangen an mich, so werdet Ihr keine Weigerung erfahren; aber höret vorher gütig an, was ich von dieser Persönlichkeit denke. – Den Vorfall selbst bitte ich meinen würdigen Freund Waser Euch zu be-

richten. Er hat soeben von den Akten Kenntnis genommen und es ist mir angenehm den Vortrag ihm zu überlassen, da er mich insgeheim vergiftenden Argwohns und schnöder Menschenverachtung bezichtigt.« –
Der Zürcher entledigte sich dieses Auftrags mit Freundeseifer und sachkundiger Gewandtheit. Zum Schlusse faßte er seine Meinung dahin zusammen, daß hier ein Fall reiner Notwehr vorliege.
»Und nun erlaubt mir, meinerseits Euch auszusprechen«, sagte Grimani, und seine Stimme trübte sich vor innerer Bewegung, »daß ich die Tat für eine vorbedachte, absichtsvolle und diesen Charakter kennzeichnende halte. Georg Jenatsch ist unermeßlich ehrsüchtig, und ich glaube, er sei der Mann, jede Schranke, welche diese Ehrsucht eindämmt, rücksichtslos niederzureißen. Jede! Den militärischen Gehorsam, das gegebene Wort, die heiligste Dankespflicht! Ich halte ihn für einen Menschen ohne Treu und Glauben und von grenzenloser Kühnheit.«
Mit wenigen aber noch schärfern Zügen, als er es Waser gegenüber getan, bezeichnete er sodann dem Herzoge die selbstsüchtigen Ziele, welche nach seiner Beurteilung Jenatsch durch die Ermordung seines Landsmannes habe erreichen wollen.
Der Herzog warf ein, es sei ihm kaum glaublich, daß eine so ursprüngliche und warme Natur wie dieser Sohn der Berge eines so kalt konsequenten und verwikkelten Verfahrens fähig sei.
»Dieser Mensch erscheint mir unbändig und ehrlich wie eine Naturkraft«, fügte er hinzu.
»Dieser Mensch berechnet jeden seiner Zornesausbrüche und benützt jede seiner Blutwallungen!« erwiderte

der Venezianer, gereizter als es von seiner Selbstbeherrschung zu erwarten war. »Er ist eine Gefahr für Euch, und wenn ich ihn verschwinden lasse, so hab ich Euch noch nie einen bessern Dienst erwiesen.«
Der Herzog verharrte einige Augenblicke in schweigendem Nachdenken, dann sprach er mit großem Ernste: »Und dennoch ersuche ich Euch um die Begnadigung des Georg Jenatsch.«

Grimani verbeugte sich, trat an den Arbeitstisch des Geheimsekretärs Priolo, der in seiner Fensternische ruhig weitergeschrieben hatte, warf ein paar Worte auf ein Papier und bat den jungen Mann den Befehl in das Staatsgefängnis zu bringen. Herzog Rohan fügte bei, sein Adjutant Wertmüller möge den Schreiber begleiten.
Jetzt heftete Grimani seine ruhigen, dunkeln Augen auf den Herzog und fragte plötzlich, ob er ihm nicht die Gunst gewähren könne, die Unterredung noch eine kurze Zeit ohne Zeugen fortzusetzen. Rohan wandte sich zu Herrn Waser und sagte lächelnd:
»Gerade wollte ich Euch bitten, die Herzogin über das Los des Hauptmanns Jenatsch, an welchem sie mitleidigen Anteil nimmt, an meiner Statt vorläufig zu beruhigen.«
Geschmeichelt durch dies Wohlwollen und erfreut der Überbringer einer guten Botschaft zu sein, beurlaubte sich der Zürcher und folgte einem Pagen, der ihn der ungeduldig harrenden hohen Frau zuführte.

»Betrachtet, edler Herzog, es als ein Zeichen meiner besondern Ergebenheit«, begann der Venezianer, »wenn ich ganz gegen meine Gewohnheit mich nicht scheue aufdringlich zu sein und den Vorwurf unzarten Eingreifens in fremde Verhältnisse mir zuziehe. Abgesehen von unsern gemeinsamen politischen Interessen bin ich überzeugt, daß Ihr meine hohe Verehrung für Euren Charakter genugsam kennt, um sie als einzige Triebfeder und als Entschuldigung dieses außerordentlichen Schrittes gelten zu lassen.

Für Euch wollte ich diesen Mann unschädlich machen. Ich kenne seine Vergangenheit. In Bünden, wo ich vor Jahren die Interessen meiner Republik als Gesandter wahrnahm, habe ich ihn an der Spitze rasender Volkshaufen gesehen und seine Herrschaft über die tobenden Massen hat mich entsetzt.

Mein erlauchter Freund erlaube mir, einen Blick auf das Werdende zu richten. Denselben Blick, den ich wider Willen auf die sich vollziehenden Geschicke unsrer Republik wende und der mir in unsern Räten den trübseligen Namen Cassandro zugezogen hat. Und nach Verdienst: denn mir ist wehe dabei, und mir wird nicht geglaubt! – Nicht Apollo aber hat mich zum Seher gemacht, sondern ein enttäuschter Geist und ein erkältetes Gemüt. –

Ihr seid im Begriffe Bünden der spanischen Macht zu entreißen und ich zweifle keinen Augenblick am Erfolge Eurer Waffen. Aber was dann? Wie werden sich nach Vertreibung der Spanier die Absichten der französischen Krone, die das strategisch wichtige Land bis zum allgemeinen Frieden unmöglich aus den Händen geben darf, mit dem stürmischen Verlangen seiner wilden Bewohner nach der alten Selbständigkeit vereinigen lassen? Da Richelieu – ich will sagen der allerchristlichste König, Euer Herr – nur den kleinsten Teil seiner in Deutschland unentbehrlichen Truppen Euch zur Verfügung stellt, werdet Ihr in Bünden selbst werben und dem durch jegliches Elend erschöpften Lande neue Opfer zumuten müssen. Das aber – ich schäme mich zu sagen, was Ihr sicherlich längst bedacht habt – wird Euch nur durch das Mittel weitgehender Versprechungen gelingen. Ich wenigstens kann mir nichts anderes denken, als daß Ihr mit Euerm persönlichen Werte den Bündnern Euch werdet verbürgen müssen, ihnen, sobald Euer Sieg erfochten ist, ihr ursprüngliches Gebiet und ihre alte Selbständigkeit unvermindert zurückzugeben. – Darum sendet, wie ich vermute, Richelieu gerade Euch, dessen Name von reiner Ehre leuchtet, nach Bünden, weil Eure Gewalt über die protestantischen Herzen ihm dort ein Heer ersetzt. So werdet Ihr mir einräumen, edler Herr, daß Euer eine schwere Stunde und eine peinliche Doppelstellung zwischen dem Kardinal und Bünden wartet. Wohl wird es Eurer Weisheit gelingen, das Interesse der französischen Krone, welcher Ihr dient, und die von Euch verbürgten Ansprüche des Gebirgsvolkes, ohne jenes zu verleugnen oder diese zu täuschen, durch umsichtige Politik und kluge Zögerung in der Schwebe zu halten und endlich auszugleichen; aber nur unter der Bedingung, daß das hingehaltene Bünden in keiner Weise gegen Euch und Frankreich eingenommen und aufgestachelt werde. – Ihr lächelt, gnädiger Herr! – In der Tat, wer in Bünden sollte es wagen gegen das mächtige Frankreich sich zu verschwören oder gar mit offener Gewalttat zu erheben! Gewiß keiner, Ihr habt recht, wenn nicht vielleicht jener Heillose – Euer Schützling, Georg Jenatsch.«

Der Herzog lehnte sich mit einer abwehrenden Handbewegung und dem schmerzlichen Ausdrucke verletzten Selbstgefühls zurück. Eine Wolke zog über seine Stirn. Das Bild des Bündners, wie es der Haß Grimanis entwarf, schien ihm vergrößert und entstellt; doch nicht die seine Menschenkenntnis in Frage stellende, übertrieben schlimme und große Meinung, die Grimani von dem begabten Halbwilden hatte, welchen er sich zum Werkzeuge erlesen, war ihm empfindlich, wohl aber, daß der Venezianer die geheime Wunde seines Lebens, seine schiefe Stellung zu Richelieu, scharfsinnig erkannte und zu berühren sich nicht scheute. Der Frankreich nach großem Plane regierende, aber ihm persönlich abgeneigte Kardinal war imstande – Rohan wußte es wohl – seine protestantische Glaubenstreue als Mittel zum Zwecke auszubeuten und ihn persönlich aufzuopfern. Die Gefahr, welche er selbst sich auszureden suchte und in schlaflosen Nächten doch immer und immer wieder sorgenvoll erwog, war also fremden Augen offenbar.

– »Verzeiht, teurer Herr, meine vielleicht schwarzsichtige Sorge für Euch«, sagte Grimani, der den verborgenen Kummer des Herzogs in seiner erkälteten Miene las. »Frankreich darf und wird sich gegen seinen edelsten Sohn nicht undankbar erzeigen. – Nur um eines bitte ich Euch, flehe ich Euch an: Wenn Ihr an meine Ergebenheit glaubt – hütet Euch vor Georg Jenatsch.«

Kaum war das Wort ausgesprochen, so klirrten rasche Tritte im Vorsaal und der Genannte trat mit dem Adjutanten Wertmüller in das Gemach, wo eben noch edelmütige Größe und menschenverachtender Scharfsinn über ihn zu Gerichte gesessen und um ihn gestritten hatten. Jenatsch sah finsterer als je und tief bewegt aus.

Den Provveditore, der ihm zunächst stand, bedachte er mit einem untertänigen Gruße und einem Blicke voll tödlichen Hasses, welchem dieser mit vornehmer Ruhe begegnete. Dann trat er raschen Schrittes vor den Herzog. Er schien in leidenschaftlichem Dankgefühl seine Kniee umfassen zu wollen; aber er ergriff nur Rohans Hand und ließ, das gesenkte Auge verbergend, eine heiße Träne auf dieselbe fallen.

Der kalte Grimani, dem diese glühende Bewegung einen widerwärtigen Eindruck machte, brach zuerst das Schweigen und bemerkte mit scharfer leiser Stimme: »Vergeßt nie, Signor Jenatsch, daß Ihr nicht der Güte Eurer Sache, sondern nur und allein der Fürsprache dieses hohen Herrn Euer verwirktes Leben verdankt.«

Der Hauptmann schien in seiner Bewegung das Wort des Venezianers nicht gehört zu haben, er richtete seinen feurigen Blick auf den Herzog und sprach:

»Meinen Dank, teuerster Herr, laßt mich Euch sofort durch die Tat bezeugen. Ich hoffe, Ihr habt manche Gefahr für mich bereit – laßt mich eine vorwegnehmen. Übertragt mir ein Geschäft, das ich allein, wie Ihr bedürft, verrichten kann, bei dem ich das mir geschenkte Leben zehnfach auf das Spiel setze und welches doch nicht rühmlich genug ist, daß es mir irgendeiner neide oder streitig mache. – Ich rede hier frei, ich bin unter Eingeweihten. – Wie mir mein Kamerad Wertmüller in seinen Briefen Euern Plan angedeutet hat, werdet Ihr von Norden über die Bernina ins Veltlin vordringen, um mit dem Scharfblicke des großen Feldherrn die feindliche Stellung in der Mitte zu fassen und, Spanier und Österreicher auseinanderwerfend, die einen zurück in das Gebirge, die andern hinunter nach den Seen zu jagen. Nun ist von höchster Bedeutung, die von den Spaniern vielfach neu angelegten Verschanzungen des Veltlins genau zu untersuchen. – Laßt mich hin! Ich nehme Euch Pläne davon auf, kenne ich doch das Land wie wenige.«

»Davon reden wir morgen, mein Georg«, sagte der Herzog und legte ihm seine schmale Hand auf die mächtig gebaute Schulter. – – –

Am Abende des Tages, der den Hauptmann Jenatsch zum Kameraden des Locotenenten Wertmüller im Dienste des Herzogs machte, fiel es diesem ein, den Brief seines Vetters in Mailand zu beantworten.

Er meldete, daß er einen kurzen Urlaub nach Zürich genommen, obschon er sich nicht absonderlich freue den Duft seines Nestes wieder zu riechen, aber verschwieg dabei natürlich, daß er sich dort dem Herzoge bei seinem Durchbruche aus dem Elsaß nach Graubünden anschließen und die Wartezeit zu Werbungen für Frankreich verwenden werde. Dagegen berichtete er weitläufig, die aus Mailand entflohene dolchführende Schönheit habe er nicht nur kennengelernt, sondern es werde ihm sogar die Ehre zuteil, besagte tapfere Person auf Geheiß des Herzogs über das Gebirge nach Bünden zu geleiten, was ihn von seiner eigenen Reiseroute nicht abführe. – Als Belohnung für die vom Vetter ihm zum besten gegebene Geschichte und als deren Vervollständigung erzählte er ihm den unerwarteten Auftritt im Saale des Herzogs, dem er, persönlich unbeteiligt, mit gekreuzten Armen als vergessener Beobachter hinter einer bergenden Säule beigewohnt habe – halb gerührt, halb ärgerlich – denn er sei eigentlich kein Liebhaber heftig ausbrechender Gefühle. In einen solchen vulkanischen Ausbruch aber habe die bescheidene, von der sentimentalen Herzogin in Szene gesetzte Vorführung einer Schutzflehenden plötzlich umgeschlagen. Er selbst habe die Lunte angezündet, indem er den Heldenspieler eingeführt, einen tapfern Soldaten, aber leider ehemaligen Pfarrer, der ihm trotz einiger tüchtiger Eigenschaften wenig sympathisch sei, da demselben gewisse pompöse Manieren, wahrscheinlich von der Kanzel her, ankleben und ein leidiger Hang zu grandiosem Komödienspiele. In seiner Jugend sei der Pfarrer ein wütender Demokrat gewesen und einer der bösen Gesellen, die den Pompejus Planta umgebracht. Statt nun still, wie er, der taktvolle Wertmüller, es getan, im Hintergrunde zu bleiben, habe sich der Abenteurer sofort der bündnerischen Dame als Mörder ihres Vaters und zugleich als ehemaligen zärtlichen Liebhaber vorgestellt. Daraus sei plötzlich eine solche Explosion verrückter Dinge entstanden, ein so einziges Spektakel, daß ihm heute noch der Kopf davon schwirre. Für die Herzogin, deren poetischer Schwung allen Verstand übersteige, sei es eine Wonne gewesen. Sie habe schnatternd auf dem Tränenmeere herumgerudert wie die Enten im Teiche. – Jetzt arbeite sie daran, einen würdigen Schlußakt herbeizuführen nach dem Muster der gegenwärtig in Paris Furore machenden Komödie, deren Autor einen Vogelnamen – etwas wie Dohle oder Krähe – trage und die einen ganz ähnlichen Gegenstand behandle. Dort schließe der Konflikt mit Heiratsaussichten; hier aber werde es hoffentlich, und wenn noch Vernunft im Leben sei, nicht dazu kommen. Es wäre schade um das Mädchen, er gönne sie dem Volkshelden nicht. Sie sei zwar keine blondlockige üppige Schönheit, wie sie Paul der Veroneser und der flotte Tintorett, die Naturmöglichkeit überbietend, aus golddurchwirktem Damaste hervorquellen lassen, noch habe sie die nächtlichen halbgeschlossenen Augen und die blau-schwarz schimmernden Flechten um die sanfte, listige Schläfe, die ihn an andern Töchtern der Lagunenstadt berücken; aber sie habe es ihm nun einmal angetan mit einem gewissen ehrlichen großen Wesen. Was bei Lucretia Wahrheit sei, halte er bei Jenatsch zum guten Teil für Schein: gerade jene große Manier, von der er gesprochen.

Sei übrigens der Hauptmann Jenatsch auf hohes Spiel erpicht, so habe er gestern abend seine Lust büßen können.

Mitten aus der Rührung sei er von Sbirren herausgeholt und unter die Bleidächer gesetzt worden. Der Provveditore Grimani, der den Bündner merkwürdigerweise für ein wichtiges und staatsgefährliches Subjekt halte, hätte ihn gern sogleich in den Kanal versenkt. Aber der umständliche alte Herr habe dabei eine kostbare Zeit verloren, die sich der Herzog zunutze gemacht, um seinen neuen Günstling sich wieder zurückliefern zu lassen. Ihm persönlich sei das nicht gerade unlieb, denn er verspreche sich bei den merkwürdigen Lebensumständen des neuen Kameraden noch manchen schlagenden Witz des Zufalls und freue sich besonders darauf, mit dem gewesenen Pfarrer an seinen ehemaligen Kirchen in Bünden vorüberzureiten, wo ihn dann ein Gewisser darüber zur Rede stellen werde, was alles er da drinnen dem Volke vorgemacht.

Hier strich sich der Locotenent vergnügt das magere Kinn und schloß das Schreiben an seinen Vetter in Mailand.

DRITTES BUCH

Der gute Herzog

Erstes Kapitel

Auf einer Erhöhung des linken Rheinufers am Fuße des lieblichen Heinzenbergs überschauen die Mäuerlein und anspruchslosen Gebäude des Frauenklosters Cazis die Hütten eines dem katholischen Glauben zugetan gebliebenen Dorfes. Am schmalen Bogenfenster einer Zelle, die nach dem grauen, jetzt vom Morgenlichte beschienenen Schloßturme von Riedberg hinüberschaute, saß die schöne Lucretia Planta.

Der Frühling war vorübergegangen. Auch auf der Nordseite der rätischen Alpen hatte der laue Föhn schon längst den Schnee von den Halden weggeschmolzen und in tobenden Wildbächen dem Rheine zugeführt. Durch die Felsspalten der Via mala hatte der Südsturm gebraust mit dem jugendlich unbändigen Strome um die Wette. Wochenlang hatte der schäumende Rhein zornig an seinen engen Kerkerwänden gerüttelt und herausstürzend die flacheren Ufer verheert. Jetzt führte er ruhiger die gemäßigten Wasser zu Tal, umblüht von den warmen Matten und üppigen Fruchtgärten des gegen die rauhen Nordwinde geschützten Domleschg.

Es war ein klarer Morgen zu Anfang des Juni und die älteste Ordensschwester Perpetua hatte eben nach einer längern Unterredung das edle Fräulein verlassen.
Die frommen Frauen von Cazis hegten schon längst einen Herzenswunsch. Das Amt ihrer Priorin war während langer Kriegsjahre unbesetzt geblieben und sie sehnten sich danach, daß es endlich wieder würdig bekleidet und geehrt werde von einem bei Gott und Menschen angesehenen Sprößlinge einer großen Familie. Wen konnten die Heiligen dazu auserwählt haben, wenn nicht die im Tale aufgewachsene und begüterte Lucretia Planta!
Das Kloster hatte den Planta schon aus den Zeiten vor der Reformation manche Schenkung zu verdanken. Nun waren mehrere Glieder der berühmten Familie, voran Herr Pompejus, in den Schoß der alleinseligmachenden Kirche zurückgekehrt; dieser edle Herr aber hatte ohne letzte Wegzehrung einen bösen jähen Tod erlitten. – Was war natürlicher und christlicher als daß seine vereinsamte Tochter den Schleier nehme, um für das Heil seiner Seele zu beten und das Kloster in diesen möglicherweise noch nicht so bald endenden schlimmen Zeiten mit ihrem edeln Namen zu schirmen, es mit ihrem Erbe zu bereichern.
Die Zurückgabe ihrer väterlichen Güter, von welcher wegen der Planta Landesverrat und Mitschuld am Veltlinermorde selbst zur Zeit der Unterjochung durch die Spanier nicht die Rede sein konnte, stand jetzt in naher Aussicht, sonderbarerweise durch die Vermittlung des Obersten Georg Jenatsch. Die Taten des jetzt im Veltlin unter Herzog Rohan fechtenden Scharanser Pfarrsohns gingen in seinem Heimatstale von Mund zu

Munde und sein Ruhm im ganzen Lande stieg täglich. Zu dieser Fürsprache hatte den Obersten Jenatsch wohl ein nagender Gewissensbiß getrieben, oder wenn sie einen weltlichen, dem Verstande der Frauen von Cazis undurchdringlichen Grund hatte, so wußte Gott von jeher auch die Gedanken der Bösen zu seinen Zwecken zu biegen. Daß aber das edle Fräulein in Cazis eine bleibende Stätte finde und als Priorin die verlassene Herde weide, das war offenbar die Meinung des heiligen Dominikus selber, dessen Regel das Haus befolgte.

Lucretia hatte schon im Kloster zu Monza sein himmlisches Wohlgefallen auf sich gezogen. Damals hatten kaiserliche Kriegsbanden die Kirche zu Cazis geplündert und darin so unchristlich gehaust, daß, wie Perpetua dem Fräulein schrieb, von der heiligen Muttergottes nichts als das nackte Holz zurückblieb. Das junge Mädchen hatte dann in der Schule der geschickten italienischen Nonnen ein kostbares Kleid für die beraubte heimische Gottesmutter gestickt und bald Gelegenheit gefunden, es durch den herzhaften und wanderlustigen Pater Pancraz an seine Bestimmung gelangen zu lassen. Seither hatte der heilige Dominikus der unwürdigen Schwester Perpetua seinen Wunsch und Willen in wiederholten Erscheinungen kundgetan. Am deutlichsten und wunderbarsten aber war dieses in der verwichenen Nacht geschehen. Die betrübte Ordensschwester hatte in gottbegnadetem Traume die öde Zelle der Priorin betreten und dort plötzlich Lucretia erblickt, wie sie leibte und lebte, doch mit demütigem Angesichte und gesenkten Augen. Neben ihr aber stand St. Dominikus selbst im Glanze des Himmels und seiner schneeweißen Kutte, der ihr einen Lilienstengel überreichte. Der

Träumenden war alsdann vorgekommen, als lege sich ein Abglanz seines Heiligenscheins um Lucretias erwähltes Haupt.

Die Schwester öffnete die Augen voller Freude und durchdrungen von dem Gefühle, daß sie diese Offenbarung nicht für sich behalten dürfe. So war sie denn gekommen das Gesicht Lucretia mitzuteilen und mit ihr dessen Bedeutung zu besprechen.

Der Eindruck des Traumbildes auf das Fräulein war indessen weniger erfreulich und überzeugend gewesen, als die Nonne gehofft, und sie hatte sich darauf lange bemüht zu ergründen, welche Wurzeln der Weltlust oder der Weltsorge das Fräulein immer noch draußen zurückhielten, denn dieses sprach von dem Kloster, trotz seines Wohlwollens für dasselbe, nur als von seiner einstweiligen Herberge.

An irdischem Besitz schien Lucretias Herz nicht zu hangen, noch weniger an irdischer Liebe; denn einige bescheidene Klosterscherze, die sich Schwester Perpetua einzig in der Absicht das Fräulein zu erforschen in dieser Richtung erlaubte, wurden mit stolzem Lächeln abgewiesen.

Noch eine Möglichkeit hatte die Schwester beunruhigt: Lucretia wolle in der Welt bleiben, bis sie einen würdigen Bluträcher finde, der nach altem Landesbrauche den Tod ihres grausam erschlagenen Vaters mit demjenigen der Mörder sühne, oder sie trage am Ende selbst blutige Gedanken mit sich herum, die sich mit dem Frieden des Klosters nicht vertrügen.

Diese schreckliche Vermutung, die ursprünglich ihrem zahmen und frühe durch Klosterzucht geregelten Gemüte ferne lag – Perpetua war keine schwerblütige

Bündnerin, sondern entstammte einer ehrbaren Zugerfamilie – hatte ihr der alte Lucas zu Riedberg noch vor der Fahrt, die er nach Italien getan, um das Fräulein heimzugeleiten, zu wiederholten Malen nahegelegt. Er selbst war ganz davon durchdrungen, wie von einer unabwendbaren Notwendigkeit. Aber auch diese Mutmaßung hielt nicht stand. Lucretia war der Schwester heute so kindlich weich und versöhnlich erschienen, daß sie sich einen derartigen Verdacht als ein Unrecht gegen das verwaiste Fräulein vorwarf.
In Wahrheit, heute hegte Lucretia keine Rachegedanken. Sie sann mit einer Trauer, die ihre geheime Süßigkeit hatte, den Erlebnissen ihrer Heimreise aus Venedig nach. Ein seltsames Verhängnis hatte das Leben des ihrer Rache Verfallenen in ihre Hand gegeben und sie hatte es nicht genommen, sie wußte heute mit voller Herzensüberzeugung, daß sie es nicht nehmen dürfe. Der Widerstreit ihrer Gefühle hatte sich gelegt, sie war zur Ruhe gekommen.
Lucretia hatte Venedig, begleitet von ihrem treuen Lucas, im Frühjahr verlassen und die lange Strecke bis nahe an die Grafschaft Chiavenna erst über Verona und Bergamo und dann längs der blühenden Ufer des Comersees in mäßigen Tagritten ohne Aufenthalt und Abenteuer zurückgelegt. Grimani hatte sie mit einem Geleitbriefe durch das Venezianische versehen – im Mailändischen genügte ihr Name – und von Rohan war ihr als schützender Kavalier der junge Wertmüller mitgegeben worden.
Wohl hatte die Herzogin gegen dieses für die schöne Reisende, wie sie behauptete, in keiner Weise passende Geleite zuerst Einspruch erhoben; aber der Herzog

kannte die guten und schlimmen Eigenschaften seines Wertmüller nicht erst seit gestern und wußte, daß sein wunderlicher Adjutant sich noch in jeder ernsten Probe ehrenhaft, zuverlässig und tapfer erwiesen hatte.

So strebte Donna Lucretia, von dem triumphierend neben ihr reitenden Locotenenten geistvoller, als ihr wohltat, unterhalten, den täglich sich vergrößernden Silberspitzen ihrer heimischen Gebirge entgegen und eines Tages gelangte der kleine Reisezug in die sumpfige Ebene durch welche die Adda sich langsam dem Nordende des Comersees zuwindet. Da sie am Morgen in der kühlen Frühe aufgebrochen waren, beschlossen sie an einem Kreuzwege unfern der drohenden Festung Fuentes vor einer Locanda kurze Mittagsrast zu halten, um dann heute noch Chiavenna zu gewinnen und am nächsten Tage den Saumpfad über den Splügen einzuschlagen.

Lucretia zog es vor, die unreinliche Herberge nicht zu betreten; sie setzte sich allein in eine Weinlaube, deren blasses Frühlingsgrün sich eben aus den springenden Knospen entwickelte. So hatte sie eine Weile den Hühnern zugesehn, die neben der Krippe das von den fressenden Pferden herausgeworfene Futter aufpickten, da erblickte sie zwischen den zarten Blättern und jungen Ranken hindurch auf der staubigen Landstraße einen Zug Leute, der sogleich ihre ganze Aufmerksamkeit fesselte. Sie erriet, daß ein Gefangener eingebracht werde, und als er näher kam, erbebte ihre Seele. Ein halbes Dutzend spanischer Soldaten, voran ein alter dürrer Hauptmann zu Pferde, führten in ihrer Mitte einen Mann in der Alltagstracht des Veltlinerbauers, dessen Kleider zerrissen und über und über von Sumpfwasser geschwärzt waren. Staub und Blut entstellten sein Angesicht, und die Hände waren ihm mit groben Stricken hinter dem Rücken zusammengebunden. Das Fräulein erkannte mit Entsetzen die hohe Gestalt und die trotzige Haltung des Jürg Jenatsch. Auf den Spuren des eingeholten Flüchtlings schnüffelten spanische Bluthunde, welche wohl bei dieser Menschenjagd Dienste geleistet hatten, und gelbe halbnackte Jungen und blödsinnige Zwerggestalten liefen johlend hinter dem gewaltigen wehrlosen Manne her. Beim Herannahen des Trupps eilten die Bewohner des Hauses vor der Türe zusammen, auch Lucas kam herbei, der eben die Pferde wieder gesattelt hatte, und Wertmüller trat hinter Lucretia.

Der spanische Hauptmann gebot seinen Leuten Halt, stellte sich in den Schatten der Hauspforte und nahm seine Sturmhaube von dem totenkopfähnlichen Haupte, dessen braune Knochen nur durch zwei erhitzte, tiefliegende Augen belebt erschienen. Dann hieß er sein abgejagtes Tier, dessen Riemenzeug zerrissen war, zur Zisterne führen und fragte kurz und barsch: »Ist jemand hier, der in diesem Späher den vormaligen ketzerischen Prädikanten und vielfachen Mörder Georg Jenatsch erkennt?«

Es schlurfte in zerfetzten Schuhen ein ältlicher Knecht herbei und sagte mit kriechender Miene: »Zu dienen, Exzellenz. Ich hauste anno 1620 in Berbenn und war dabei, als dieser Gotteslästerer mit verfluchter Hand meinen leiblichen Bruder gegen den Hochaltar von St. Peter schleuderte, daß der Ärmste für sein Lebtag ein Gebresten davontrug.« –

»Das paßt«, sagte der Spanier, »ich betraf denselben

Prädikanten im gleichen Sommer an der Zugbrücke unserer Festung. Eure Ausflüchte, Mann, helfen Euch nicht und der Strick ist Euch gewiß.«

Lucretia hatte im Hintergrunde der Laube den Auftritt mit laut klopfendem Herzen angesehen. Konnte sie Georg retten? Wollte, durfte sie es? ... Hinter ihr stand Wertmüller, dessen angriffslustige Ungeduld sie fühlte, und den sie leise den Hahn seines Pistols spannen hörte. Lucretia erhob sich und schritt, von einer unwiderstehlichen Macht gezogen, langsam vor. Bei des Spaniers letzten Worten stand sie zwischen ihm und dem an einen steinernen Stützpfeiler der Laube geschnürten Gefangenen. In diesem Augenblicke flog eine Handvoll Kot und Steine von einer lachenden Kropfgestalt geworfen an die blutende Stirne des Gefesselten, aber seine Miene blieb stolz und ruhig, nur seine Lippen bewegten sich flüsternd: »Lucretia, deine Rache vollzieht sich!« klang es in romanischen Lauten, ohne daß sein Blick sich nach ihr gewendet hätte.

»Sennor«, redete die Bündnerin den spanischen Hauptmann mit fester Stimme an, »ich bin Lucretia, die Tochter jenes Planta, den Georg Jenatsch erschlagen hat. Ich habe seit dem Tode meines Vaters keinen liebern Gedanken gehabt als den der Rache; aber in diesem Manne hier erkenne ich den Mörder meines Vaters nicht.«

Der Spanier richtete seinen bösen Blick erst fragend und dann höhnisch auf sie, aber Lucretia beachtete ihn nicht. Schon hielt sie ihren kleinen Reisedolch in der Hand und begann ohne Zögern die Bande des Gefangenen zu durchschneiden.

Was jetzt um sie vorging traf ihre Sinne kaum. Sie vernahm noch den raschen Befehl Wertmüllers an Lucas: »Pferde vor!« gewahrte noch wie der Locotenent dem Spanier mit dem Pistol in der Hand entgegentrat und dieser den Degen aus der Scheide riß. Dann wurde sie rasch aufs Pferd gehoben, das, Musketenschüsse hinter sich hörend, in wilden Sprüngen sie von dannen trug und in jagendem Laufe an der Festung Fuentes vorüber der Straße nach Chiavenna folgte. Auf dem staubigen Heerwege sprengte sie vorwärts, mit Mühe sich auf dem erschreckten Pferde haltend und doch angstvoll zurücklauschend, ob ihr Freund oder Feind nacheile. Noch fielen, schon aus der Ferne, vereinzelte Schüsse, sonst hörte sie nichts als das Schnauben und den Hufschlag ihres eigenen Tieres.

Endlich brauste Galopp hinter ihr und schon ritt an ihrer rechten Seite, zerrissen und blutig, aber in hellem Übermute Georg Jenatsch, hinter welchem, ihn mit grimmiger Miene umfassend, der alte Lucas zu Rosse saß. Zu des Fräuleins Linken schnaubte einen Augenblick später ein zweites Roßhaupt und über demselben grüßte das aufgeregte Gesicht des kleinen Locotenenten, der den Rückzug gedeckt hatte und von der Rolle, die er gespielt, höchlich befriedigt schien.

»In der Festung wird Alarm geschlagen«, sagte Jenatsch. »Hinter jenem Waldhügel biegen wir links ab von der Heerstraße, auf der man uns verfolgen wird, reiten durch die seichten Nebenwasser der Adda und gewinnen auf Wegen, die ich als gangbar kenne, längs des Sees und über die Berge das sichere Bellenz.« –

Als die Pferde den beweglichen Kiesboden des Flußbettes betraten, sprang Lucas ab und ergriff, sich vor das Pferd seiner Herrin stellend, mit treuer Hand dessen Zügel. »Im Grunde habt Ihr recht«, sagte der Alte und blickte zu Lucretias glücklichem Angesichte auf, »es war heute nicht der passende Anlaß und nicht der richtige Ort. – Euch zuliebe würd ich mit dem leidigen Satan selbander reiten, aber – wahr bleibt's – einem ehrlichen Gaul und einem gut katholischen Christen wird heutzutage viel Geduld zugemutet.« –

Die darauf folgenden beschwerlichen Reisetage lebten als selige Erinnerungen in dem Herzen Lucretias fort. Nach dem ermüdenden Zuge quer über die südlichen Vorberge der Alpen hatte die Gesellschaft in Bellenz gerastet und Jenatsch sich beritten gemacht. Dann zogen sie langsam durch das von Wasserstürzen rauschende Misox, das südlichste und schönste Tal des Bündnerlandes. Über dem Bergdorfe San Bernardino begann der Paß jäh zu steigen und führte zu dieser frühen Jahreszeit bald über eine blendende Schneedecke. Der Himmel war von tiefer Klarheit und noch südlicher Bläue. Lucretia fühlte sich umweht von den kräftigen Alpenlüften der Heimat und ihr war auf Augenblicke, als sei sie in die fröhlichen Reisetage der Kindheit zurückgekehrt; denn Herr Pompejus war häufig mit ihr aus einem seiner festen Häuser ins andere über die Bergjoche des tälerreichen Bündens gezogen. Ihre Augen suchten mit Ungeduld den kleinen Bergsee, der, wie sie sich deutlich erinnerte, auf keiner der heimischen Wasserscheiden ausblieb. Da endlich, nahe dem nördlichen Abhange, leuchtete er ihr entgegen, unter den heutigen scharfen Sonnenstrahlen aufgetaut. Gewiß nur eine kurze Befreiung, denn der Sommer kehrt spät ein auf diesen Höhen, trotz seiner täuschenden Vorboten, und das den Himmel spiegelnde Auge mußte sich unter eisigen Stürmen wohl bald wieder schließen.

Auf der halb geschmolzenen Schneedecke kamen die Pferde nur mühsam vorwärts. Die Bündner – auch Lucretia – waren auf der Höhe abgestiegen, nur der eigensinnige Wertmüller beharrte im Sattel und blieb, wo der Berg sich zu senken begann, mit seinem bei jedem Schritte gleitenden Tiere immer mehr hinter den andern zurück. Zuletzt versank er in eine vom Schnee verräterisch bedeckte Spalte, aus welcher ihm der die übrigen Pferde am Zügel führende Lucas nur mit Zeitverlust und Mühe heraufhalf. Während dieser bei dem fluchenden Locotenenten zurückblieb, schritten Jenatsch und Lucretia rüstig und allein bergab und überließen sich der ungewohnten Lust, die Heimatluft in vollen Zügen einzuatmen. Das Fräulein dachte nicht daran, daß sie zum ersten Male auf der Reise mit Jenatsch allein sei. Waren ihr doch, wenn sie still neben Jürg einherritt, ihre beiden andern Begleiter – der Locotenent, trotz seines unausgesetzten Bestrebens sich angenehm oder unangenehm geltend zu machen, der alte Knecht, trotz seiner unverhohlenen Rachegelüste – in gleichgültige, unpersönliche Ferne getreten.

Sie lebte in einem traumartigen Glücke unter dem Zauber ihrer Berge und ihrer Jugendliebe, den sie furchtsam sich hütete mit einem an die grausame Gegenwart erinnernden Worte zu zerstören.

Jetzt hatten sie das erste Grün über einem schmalen baumlosen Tale erreicht und setzten sich auf ein besonntes Felsstück, um den zurückgebliebenen Locotenenten zu erwarten. Ein Wässerchen quoll daneben aus dem feuchten dunkeln Boden. Lucretia kniete nie-

der und bemühte sich mit der hohlen Hand einen Trunk daraus zu schöpfen. »Ich muß doch sehen«, sagte sie, »ob das bündnerische Bergwasser noch so gut schmeckt wie in meiner Jugend!«
»Nicht!« warnte Jenatsch. »Ihr seid der eiskalten Quellen entwöhnt! Hätt ich ein Becherlein, so mischt ich Euch einen gesunden Trank mit ein paar feurigen Weintropfen aus meiner Feldflasche.«
Da blickte ihn Lucretia liebevoll an, holte aus ihrem Gewande einen kleinen Silberbecher hervor und ließ ihn in seine Hand gleiten. – Es war das Becherlein, das ihr einst der Knabe zum Gegengeschenk für ihre kecke kindliche Wanderfahrt nach seiner Schule in Zürich gemacht, und das sie nie von sich gelassen hatte. Jürg erkannte es sogleich, umfing die Knieende und zog sie mit einem innigen Kusse an seine Brust empor. Sie sah ihn an, als wäre dieser einzige Augenblick ihr ganzes Leben. Dann brachen ihr die Tränen mit Macht hervor.
»Das war zum letzten Male, Jürg«, sagte sie mit gebrochener Stimme. »Jetzt mische mir den Becher, daß wir beide daraus trinken! Zum Abschiede! Dann laß meine Seele in Frieden!« –
Schweigend füllte er den Becher und sie tranken.
»Siehe dieses Rinnsal zwischen uns«, begann sie wiederum, »es wird unten zum reißenden Strome. So fließt das Blut meines Vaters zwischen dir und mir! Und überschreitest du es, so müssen wir beide darin verderben. – Sieh«, fuhr sie mit weicher Stimme fort und zog ihn neben sich auf den Felssitz, »als ich dich unten in den Händen der Häscher sah, hätt ich dich lieber mit eigner Hand getötet, als dich ein schmähliches Ende nehmen zu lassen. Du hast mir das Recht dazu gegeben!

Du bist mein eigen! Du bist mir verfallen. Aber ich glaube dir: diesem Boden, dieser geliebten Heimaterde bist du zuerst pflichtig. So gehe hin und befreie sie. – Aber, Jürg, sieh mich niemals wieder! Du weißt nicht, was ich gelitten habe, wie sich mir alle Jugendlust und Lebenskraft in dunkle Gedanken und Entwürfe verwandelte, bis ich zu einem blinden, willenlosen Werkzeuge der Rache wurde. Hüte dich vor mir, Geliebter! Kreuze nie meinen Weg! Störe nie meine Ruhe!« –

So saßen die beiden in der Einöde.

Seit Jenatsch die Tochter des Herrn Pompejus bei der Herzogin wiedergesehen, war die in den Wagnissen und Verwilderungen eines stürmischen Kriegslebens nie ganz vergessene Liebe seiner Kindheit flammend aus der Asche erstanden, und mit ihr ein trotziger Geist der Empörung gegen sein Schicksal. Mit einer Bluttat, die dem Jünglinge als Vollstreckung eines gerechten Volksurteils erschienen war und die der jetzt Gereifte und Welterfahrene als eine unnütze Befleckung seiner Hände verwünschte, hatte es ihn für immer geschieden von einem großen und hilfreichen Herzen, das von jeher sein eigen war.

Dieser Geist der Auflehnung und Verzweiflung reizte ihn jetzt, die als begehrenswertes Weib vor ihm stehende Lucretia um jeden Preis zu gewinnen und wenn sie ihm verderblich werde – denn er kannte sie – triumphierend mit ihr unterzugehen.

Aber er erdrückte den Dämon. Stand er nicht mitten in einem andern Kampfe, der den Einsatz des ganzen Mannes forderte und alle seine Kräfte und Leidenschaften in *eine* Anstrengung zusammenfaßte? Auch war seine Natur von jenem Stahl, der aus den Steinwänden der Unmöglichkeit immer wieder die hellen Funken der Hoffnung herausschlägt. Er war gewohnt, an nichts zu verzweifeln und nichts aufzugeben.

Konnte sich Lucretias Gemüt nicht wieder erhellen? War es gänzlich unmöglich das Vergangene zu sühnen durch Taten von ungewöhnlicher Größe? Mußte denn unabänderlich auf den liebsten Kampfpreis verzichtet sein im Augenblicke da sich des Ruhmes glänzende Staffeln hart vor seinen Augen erhoben?

Auch war Lucretia heute so weich, und als sie ihm den kleinen Silberbecher in die Hand drückte, hatte ihn aus ihren vertrauensvollen braunen Augen das Mägdlein angeschaut, das ihn einst beim Kinderspiele zu seinem Beschützer und Hüter erkoren! ...

So bezwang er mit starkem Willen seine Leidenschaft, legte ihr Haupt sanft an seine Brust, drückte noch einen leisen Kuß auf ihre Stirn und sagte, wie er vor vielen Jahren zu dem weinenden Mägdlein zu sagen pflegte, wenn sie sich einmal entzweit hatten: »Sei gut und stille, Kind! Der Friede ist geschlossen.« –

Lucretia hatte damit Ernst gemacht. Ruhe war über ihr Gemüt gekommen mit dem Gefühle, daß die Höhe des Lebens überstiegen und die Erinnerung ihr größter Besitz sei. Nun wohnte sie seit Monaten in den Klostermauern von Cazis. Das Wort des frommen Herzogs, daß es sicherer sei, Frevel durch Opfer der Liebe zu sühnen als durch neue Gewalttat, begann in ihrer gestillten Seele Wurzel zu schlagen. – Wenn sie den Wunsch der Frauen von Cazis nicht erfüllte, so war der herüberschauende Turm von Riedberg daran schuld, der sie an ihre freien Kindertage erinnerte und ihr das unabhängige Leben einer Burgherrin im Ringe ihres

Gesindes und ihrer Dorfleute vor Augen stellte. Sie sehnte sich nach den alten Schloßräumen, um darin den Haushalt ihres Vaters wiederaufzurichten. – Auch schlummerte, ihr unbewußt, ein anderer Widerspruch in ihrem Herzen: sie konnte der Welt nicht klösterlich entsagen, solange Jürg in Taten schwelgte und immer größere Kampfbahnen sich vor ihm aufschlossen.

In dem Meßbuche, welches aufgeschlagen neben dem Fräulein auf dem Sims lag, hatte der durch das offene Fenster spielende Bergwind schon lange ungestüm hin und her geblättert, ohne daß Lucretia es gewahrte. Jetzt aber wurde sie durch den Ton einer wohlbekannten Stimme aus ihren Träumen aufgeschreckt.

Sie trat an den Fensterbogen und erblickte neben der Pförtnerin die braune Kutte des Paters Pancraz. Sein keckes, sonneverbranntes Gesicht schaute diesmal noch zuversichtlicher als gewöhnlich in die Welt und er verlangte dringend ohne Aufschub vor das Fräulein geführt zu werden, dem er glückhafte Nachricht zu bringen habe.

Kurz darauf trat er ein und verkündete seine Botschaft: »Freuet Euch, Fräulein Lucretia! Ihr seid wieder Herrin von Riedberg. Es beginnen die verdienstlichen Werke, mit denen unser großer Oberst für seine alte, schwere Schuld Buße tut. – Morgen kommen die Staatskrägen von Chur, um die Siegel zu lösen und Euch das Haus Eurer Väter wieder aufzutun. Gott gebe Euch einen gesegneten Einzug.«

Zweites Kapitel

Während der Sommer- und Herbstmonate eines einzigen Jahres hatte Herzog Heinrich Rohan seinen Feldzug im Veltlin mit raschen entscheidenden Schlägen zu Ende geführt. Die frischen Lorbeeren von vier Siegen, wie sie nur selten ein Freiherr erficht, verherrlichten seinen Namen.

Diesmal hatte sich sein Talent kühn und freudig entfaltet, denn der Kampf hatte den äußeren Feinden Frankreichs gegolten, nicht auf französischem Boden zwischen Kindern derselben Erde gewütet. Während er früher gezwungen gewesen, Landsleute gegen Landsleute, seine calvinistischen Glaubensgenossen gegen das katholische Frankreich mit blutendem Herzen zu führen, so befehligte er jetzt zum ersten Male ein aus beiden Bekenntnissen verschmolzenes französisches Heer. Vor der Schlacht von Morbegno, wo seine Schar vor einer in günstigen Stellungen drohenden spanischen Übermacht stand, ließ er seine Leute gegen gallische Kriegssitte auf den Knieen den göttlichen Beistand anrufen. Der calvinistische Kaplan des Herzogs betete mit den Protestanten, während ein katholischer Priester über seinen Glaubensgenossen das segnende Zeichen des Kreuzes machte.

Noch nie hatte Rohan einen so genialen Feldherrnblick bewiesen wie jetzt auf diesem von tiefen Talschluchten zerrissenen und von Gletscherbergen eingeengten, schwer zu übersehenden Kriegsfelde. Seinem raschen unfehlbaren Eingreifen kam seine bewundernswerte Ausdauer gleich und eine asketische Natur von seltener

Bedürfnislosigkeit zu Hilfe. Er war imstande vierzig Stunden lang angespannt tätig zu sein, ohne der Erfrischung des Schlafes zu bedürfen.

So eilte er in der Mitte zwischen zwei gegen ihn vordringenden Heeren, deren jedes dem seinen fast doppelt überlegen war, talauf-, talabwärts und warf sich jetzt dem einen, dann, die Stirne wendend, dem andern entgegen, immer siegreich, bis er sie beide, Spanier und Österreicher, vom Bündnerboden verdrängt hatte und das ganze langgestreckte Tal der Adda, das seit Jahrzehnten herrenlose und streitige Veltlin in der Gewalt seiner Waffen war.

Bei dem dritten dieser Siege, der Schlacht in Val Fraele, grenzte die Ungleichheit des Verlustes an das Unglaubliche. Der Herzog büßte nach seinem eigenen Zeugnisse nicht sechs Mann ein, während zwölfhundert Feinde auf der Walstatt blieben. Es gibt nur eine Erklärung für eine so ungleiche Verteilung der Todeslose: der französische Feldherr hatte vor den Österreichern die vollkommene Kenntnis dieser verlorenen Hochtäler voraus. Rohan hatte Bündner neben sich, die das Bergland wie die mit Arvholz getäfelte Stube ihres Vaters und das Stammwappen über dem Haustore kannten, und keiner war mit Bündens Bergen vertrauter als Georg Jenatsch.

In dem Schreiben, das der Herzog über diesen Sieg an die bündnerischen Behörden richtete, hebt er die Tapferkeit des Obersten Jenatsch und des von ihm geführten heimischen Regimentes mit dem wärmsten Lobe hervor. Diese schrankenlos erscheinende und doch besonnene Tollkühnheit, die schwer glaubliche Sage der frühern Volkskämpfe im Prätigau, wurde jetzt von dem geschulten französischen Heere und besonders von dem respektlosen Locotenenten mit kritischen Augen gemessen und aufrichtig bewundert. Überhaupt stieg Georg Jenatsch unaufhaltsam in der Achtung und im Vertrauen des Herzogs und wurde, ohne daß Rohan selbst sich dessen bewußt war, sein am liebsten gehörter Ratgeber. Versammelte der Feldherr in Fällen, wo sich Kühnheit und Vorsicht bestreiten mochten, einen Kriegsrat, so trieb Jenatsch immer zu den gewagtesten Angriffen und beanspruchte für sich selbst den gefährlichsten Posten; aber seine Ratschläge bewährten sich und seine Verwegenheiten mißglückten nie, denn die Gunst des Schicksals war mit ihm. –

Er aber ergriff jede Gelegenheit der Person des Herzogs nahe zu bleiben und sie in jeder Fährlichkeit mit der seinigen schützend zu decken. Weniger noch im Gedränge der Feldschlacht, als auf den einsamen Gebirgspfaden, welche er ihn zuweilen führte um die feindlichen Stellungen zu erforschen. So gelang es ihm einst, da sich ein tückisches Felsstück unter den Füßen des Herzogs löste, denselben mit raschen Armen am Rande des Abgrundes festzuhalten, und ein andermal zerhieb er, schnell zielend, eine Otter, die aus dem Gestrüppe zischend nach der Hand des Herzogs fuhr.

So trat er dem Herzog immer näher, der sich freudig bewußt war, diesen bedeutenden Geist aus schmählichem Dunkel gezogen und durch seinen Einfluß entwickelt zu haben. Oft mußte Rohan sich wundern, wie willig und streng der unbändige Grisone der Kriegszucht sich unterwarf und, was er ihm ebenso hoch anrechnete, mit welch unbedingtem Vertrauen der vormalige bündnerische Volksführer jede besorgnisvolle

Äußerung über das letzte Ergebnis des Krieges und die Zukunft Bündens unterließ, ja vermied.
Dies Ergebnis war der Herzog gesonnen, für Bünden so günstig als möglich zu gestalten. Er täuschte sich nicht über die Abneigung des französischen Hofes gegen seine Person, aber dennoch hoffte er dort mit seinen billigen und weislich erwogenen Vorschlägen durchzudringen. Eine Reihe mit geringer Truppenmacht durch seinen individuellen Wert erfochtener Siege, welche die französischen Waffen mit einem blendenden Glanze umgaben, mußten bei dem Sohne Heinrichs IV., mußten sogar bei Rohans altem Gegner, dem immerhin das Banner mit den französischen Lilien hoch emporhaltenden Kardinal, entscheidend ins Gewicht fallen. Was noch aus der Zeit der Bürgerkriege im Gemüte des Königs gegen den ehemaligen Kriegsführer der Hugenotten geschrieben stand, hatten – sagte sich der Herzog – die von ihm jetzt in die französischen Annalen eingezeichneten Triumphe gänzlich verwischt und unleserlich gemacht.
Rohan hatte das Land Bünden und sein zugleich nordisch mannhaftes und südlich geschmeidiges Volk liebgewonnen. Der Aufenthalt in diesen Bergen ruhte seinen Geist aus und erfrischte seine Lebenskraft. Aber nicht die ernsten, kühl durchwehten Hochtäler, wo er Siege erfochten, mit ihren Felshörnern und Schneehäuptern übten einen Zauber auf ihn aus, sondern er zog dem Geschmacke der Zeit und seinem eigenen milden Gemüte gemäß die mittlern, mit weichem Grün bekleideten Alpen vor, die mit Hütten und läutenden Herden bedeckt waren. Seine Lieblinge waren die Höhen, die das warme Domleschg einrahmen, und er

pflegte zu sagen, der Heinzenberg sei der schönste Berg der Welt.

Das Geschenk seiner Neigung gaben ihm die Bündner mit Wucher zurück. Im ganzen Lande wurde er nur »der gute Herzog« geheißen. In Chur war er der Abgott aller Stände; denn die vornehmen Familien fesselte er an sich durch die Feinheit seiner adeligen Sitte, das Volk aber bezauberte er durch eine aus dem Herzen kommende unbeschreibliche Leutseligkeit. In den protestantischen Gemeinden des Landes hörten überdies die Bündner fast allsonntäglich sein Lob von der Kanzel verkündigen. Er ward ihnen gezeigt und gerühmt als ein Muster evangelischer Glaubenstreue und als ein Hort der bedrängten Protestanten in allen Landen.

Der glückliche Stern, der seine kriegerischen Unternehmungen begünstigt hatte, schien jetzt auch über seinen politischen zu leuchten. Er beschied einige ausgezeichnete Bündner zu sich nach Chiavenna, beriet mit ihnen Satz um Satz den Entwurf eines Übereinkommens und dieses wurde kurz darauf von dem in Thusis versammelten Bündnerischen Bundesrate angenommen. Man machte sich von beiden Seiten die äußersten Zugeständnisse. Um die Bündner in ihrer Hauptforderung zu befriedigen, gab ihnen Rohan durch diesen Vertrag das Veltlin im Namen Frankreichs zurück. Aber er sicherte zugleich das militärische Interesse und die katholische Ehre seines Königs, indem er festsetzte, daß die bündnerischen Bergpässe bis zum allgemeinen Friedensschlusse von Bündnertruppen in französischem Solde gehütet werden müßten und die katholische Religion im Veltlin als die herrschende anerkannt werde.

So lauteten die von Herzog Heinrich mit den Häuptern

Bündens zu Chiavenna beratenen und im Domleschg bestätigten Vertragspunkte, die sogenannten Thusnerartikel.

Genehmigte der König von Frankreich diesen von Rohan für ihn geschlossenen Vertrag – und wie hätte er es nicht tun sollen! – so waren Bündens alte Grenzen hergestellt und Heinrich Rohan hatte sein gegebenes Wort gelöst, denn in der Tat für diese Herstellung ihrer alten Grenzen hatte er sich den Bündnern vor dem Feldzuge persönlich verbürgt – verbürgen müssen. Dies Versprechen zu verweigern war ihm unmöglich gewesen, sollte sich das erschöpfte elende Land noch einmal zum Kriege aufraffen. Darin hatte die unerbittliche Logik des scharfsinnigen venezianischen Provveditore das Richtige vorausgesagt; aber wie sehr, wie vollständig hatte er sich geirrt, als er den Herzog vor Georg Jenatsch glaubte warnen zu müssen!

Gerade für die Annahme der Thusnerartikel hatte der Oberst das Unglaubliche getan; es war wahrlich kein leichtes gewesen, es hatte Gewandtheit und Ausdauer genug auch den Liebling des Volkes gekostet, um diese bei den argwöhnischen, auf ihre Unabhängigkeit eifersüchtigen Bündnern durchzusetzen. Aber Jenatsch hatte sich vervielfacht und von Tal zu Tale, von Gemeinde zu Gemeinde eilend, hatte er überall den Zauber seiner Rede ausgeübt, überall seinen willensstarken, feurigen Einfluß geltend gemacht. Er hatte darauf gedrungen, das sichere Teil nicht aus der Hand zu lassen um eines ungewissen, ja undenkbaren größern Gewinns willen. Er hatte geraten, sich mit der Hauptsache zu begnügen, dem edeln Anwalte Bündens bei der französischen Krone nicht sich undankbar zu erzeigen und

den mit jedem Jahre sich mindernden Rest des französischen Druckes willig in den Kauf zu nehmen.
Doch noch eine Sorge drückte die Ehrenhaftigkeit des Herzogs. Der ungeheure Summen verschlingende Krieg in Deutschland hatte den französischen Schatz erschöpft. Die Sendungen des Schatzmeisters an Herzog Rohan flossen schon lange spärlich und blieben jetzt aus, es war diesem seit einiger Zeit nicht mehr möglich, seine Bündnertruppen zu besolden. Freilich teilten die französischen Regimenter dasselbe Los. Man schien am Hofe zu St. Germain des Glaubens zu leben, die Ehre unter dem ruhmreichen Feldherrn zu dienen ersetze dem Soldaten Nahrung und Kleidung. Rohan sandte Schreiben auf Schreiben und erhielt als Antwort Versprechen auf Versprechen. Die Erhebung einer neuen Kriegssteuer in Frankreich, so schrieb man dem Herzog aus St. Germain, sollte dem Mißstande nächstens ein Ende machen. Welche Hemmungen und Säumnisse also das Werk des Herzogs erfuhr durch den Menschen und Dingen inwohnenden Widerstand gegen gerechte, einen selbstsüchtigen Interessenkreis durchbrechende Lösungen – nun stand er hart vor seinem Ziele und die Bündner erreichten, dank der ihnen von Rohan auferlegten Mäßigung, die Befreiung ihres Landes.
Da plötzlich verbreitete sich zur Zeit der fallenden Blätter eine unheimliche Botschaft durch die bündnerischen Täler. Der gute Herzog, hieß es, weile nicht mehr unter den Lebenden. Er sei in seinem Palaste zu Sondrio einem Sumpffieber zum Opfer gefallen. Schon habe ein Bote das Stilfserjoch überschritten und sei nach Brixen geeilt, um die Spezerei zur Einbalsamierung seines Leichnams zu holen.

Dieses Gerücht erschreckte die Gemüter, wo es hingelangte. Man ward sich plötzlich sorgenvoll bewußt, was alles an diesem edeln Leben hing. Wie in den Bergen, wenn eine Wolke vor die Sonne gleitet, die Landschaft mit einem Schlage dunkel wird und zugleich in ihren einzelnen schroffen Zügen schärfer hervortritt, so erschien den Bündnern, als sie den Herzog sich hinwegdachten, die unsichere Abhängigkeit und die Gefahr ihrer Lage mit drohender Deutlichkeit. War ihnen doch nur in seiner vertrauenerweckenden Person Frankreich als helfende Macht nahe getreten! Er war es, der für seinen König mit ihnen unterhandelt, den von ihnen begehrten Kampfpreis zugesagt, für Frankreichs Rechtlichkeit im Worthalten dem kleinen Lande gegenüber sich verbürgt hatte. Was geschah, wenn ihr Mittler, der gute Herzog, verschwand? Wen gab ihm Richelieu zum Nachfolger? War der rücksichtslose Staatsmann gesonnen, das unbequeme Erbe der Gerechtigkeit des Protestanten Heinrich Rohan anzutreten?

Das Unheil ging diesmal noch vorüber. Die Nachricht vom Tode des Herzogs war eine falsche. Nach einigen Wochen erfuhr man, er habe zehn Tage lang mit geschlossenen Augen bewußtlos gelegen, dann sei er wieder zum Leben erwacht und erhole sich langsam. Welcher böse Zweifel aber ihn gefoltert hatte, bis er todesmatt aufs Lager sank, das ahnte damals noch niemand.

Drittes Kapitel

An einem hellen warmen Oktobertage bewegte sich in den Gassen des an der Splügenstraße gelegenen städtisch reichen Fleckens Thusis eine tosende Volksmenge. Der Ort liegt an der nördlichen Pforte der Bergschrecknisse des Passes. Hier pflegte der aus Italien kehrende Reisende nach überstandener Mühsal und Gefahr sich einen guten Tag zu machen, der von Norden kommende dagegen seinen Mut zu stärken, Saumtiere zu mieten und für die beschwerliche Reise die letzten Einkäufe zu besorgen. Diese für Handel und Wandel günstige Lage hatte dem seit einer großen Feuersbrunst neu erbauten Orte schnell wieder zu stattlicher Blüte geholfen.

Heute wurde zudem der große Thusnerjahrmarkt abgehalten, der von nah und fern das Volk herbeilockt und die verschiedenen Staturen, Trachten und Sprachweisen aller bündnerischen Täler am Fuße des Heinzenbergs versammelt hatte. Manche waren auch gekommen, um den guten Herzog zu sehen, der, wie die Sage ging, gestern in einer Sänfte die Paßhöhe überwunden und im Dorfe Splügen genächtigt hatte. Diesen Abend wurde er in Thusis erwartet, wo ihm in einem etwas abseits liegenden Herrenhause ein ruhiges Nachtquartier bereitet war. Einige Splügner hatten ihn gestern in ihrem Dorfe von Angesicht geschaut und beschrieben den edeln Herrn als auffallend gealtert, blaß und abgezehrt; seine Haare seien völlig gebleicht.

Auch kühne, kriegerische Gestalten schritten in der Menge. Die Obersten der bündnerischen Regimenter waren gekommen, den Herzog zu empfangen. Hatten sie über ihrem stürmischen Verlangen ihn wiederzusehen die kriegerische Disziplin außer Acht gesetzt, welche sie an der österreichischen Grenze festhielt? Auch ihre Truppen waren sonderbarerweise zur Begrüßung des Herzogs auf seinem Wege von Thusis nach Chur in gleichmäßigen Entfernungen aufgestellt. Warum hatten die Obersten sie aus ihren Stellungen an der Grenze ins Innere des Landes zurückgezogen?

Wild und laut ging es diesen Abend in der ehrbaren Herberge zum schwarzen Adler zu. Das behäbige Haus schenkte sein Getränk, den dunkeln, mit seiner Herbe das Blut nur langsam wärmenden Veltliner und den gefährlichern hellen Traubensaft der vier weinberühmten Dörfer am Rhein, nach Landessitte in zwei verschiedenen Stuben aus, die rechts und links von dem gepflasterten Flur sich gegenüberlagen. Der eine Raum, die eigentliche Schenke mit den rohen Bänken und Tischen aus Tannenholz, war von lärmenden Marktleuten, Viehhändlern, Sennen und Jägern dermaßen überfüllt, daß es schwer wurde, sein eigenes Wort zu verstehen. Die jugendliche Schenkin, eine ruhige, dunkelhaarige Prätigauerin, hatte mehr zu tun als ihr lieb war, um die bauchigen Steinkrüge wieder und wieder zu füllen, und warf, von allen Seiten gerufen und festgehalten, immer trotziger den Kopf zurück, zog immer finsterer die Brauen zusammen. In der Herrenstube gegenüber ließen sich die vornehmen Kriegsleute nicht weniger laut vernehmen und setzten dem Becher noch schärfer zu.

Zwischen beiden Räumen schritt, das Chaos überblickend, der feste Wirt, Ammann Müller, in unerschütterlicher gelassener Gutmütigkeit hin und her. Eben füllte seine breite viereckige Gestalt wieder die Tür der Schenke. Hier wurde gerade Politik getrieben, natürlich wie es der gemeine Mann zu tun pflegt, nur von dem Standpunkte persönlicher Bedrängnis aus.

»Eine Schande vor Gott und Menschen ist es«, übertönte ein Engadiner Viehhändler das Stimmengebraus, »daß wir Bündner unsere eigene Landesgrenze nicht mehr überschreiten dürfen ohne einen französischen Passaport! Jüngst wollt ich mit einer Rinderherde ins Werdenbergische hinüber, da wurd ich an der Grenze schnöde zurückgewiesen, weil ich versäumt hatte, mir einen solchen Fetzen auf der französischen Kanzlei in Chur einzuhandeln. Noch von Glück konnt ich sagen, daß ich alle meine Stücke zurückbrachte. Sie wollten die glänzenden Rinder in ihr verwünschtes Viereck bei Maienfeld treiben und begehrten sie mir abzukaufen zur Verproviantierung der Festung, wie sie sagten! Abkaufen! Schöner Handel das! Ihr Schlächter, ein ruppiger kleiner Kerl, dem solche Prachtstücke offenbar noch nie zu Gesicht gekommen, schätzte sie mir zu einem Schandpreis!« –

»Und diese Knirpse wollen behaupten, ihr Brot zu Hause sei besser als meine vortrefflichen Laibe«, sagte der Bäcker, ein Bürger von Thusis. »Als sie voriges Jahr hier im Quartier lagen, warf mir einer mein Roggenbrot vor die Füße, weil er nur an zarten weißen Weizen gewöhnt sei. Nicht genug. Ich mußte gleich darauf als Hausvater Ordnung schaffen und dem Affen unsre kleine braune Magd, die Oberhalbsteinerin, aus den Pfoten reißen. Die fand er nach seinem Geschmacke, obschon sie wahrlich schwärzer ist als mein Roggenbrot und nicht halb so appetitlich.« –

Hier ging ein seltsames Lächeln über das finstere Gesicht eines Gemsjägers, der dem Bäcker gegenüber, den Rücken an die Wand gestemmt, mit gekreuzten Armen hinter dem Tische saß und jetzt, ohne einen Zug zu ver-

ändern, unter seinem Schnurrbarte eine Reihe blendend weißer Zähne zeigte.
Der Bäcker gewahrte dies stille Hohnlächeln und sagte im Tone vorwurfsvoller Rüge: »Ans Leben aber griff ich ihm nicht um seines wüsten Gelüstes willen, wie du, Joder, dem armen Korporal Henriot, dessen Seele Gott gnade. Das war eine unnötige Grausamkeit, denn deine schlanke Bride, der er zärtliche Blicke zuwarf, ist ein herbes und scheues Weib.«
Der Angeredete erwiderte mit der größten Ruhe: »Ich weiß nicht, wer das tolle Zeug über mich ausstreut, das du da vorbringst. Was jenen Vorfall betrifft, so hab ich ihn selbst damals ohne Arg und Aufschub dem Amte dargetan. Die Sache verhält sich einfach. Der Franzose machte sich täglich mit meinem Gewehr zu schaffen und lag mir an, ihn auf die Gemsjagd mitzunehmen, auf die er sich besser als ich zu verstehen behauptete. Ich nahm ihn mit und stieg mit ihm am Piz Beverin herum. Als wir über den Gletscher kamen, hatten sich die Spalten während des langen Regens etwas verändert. Ich sprang über ein paar breite hinweg und als ich mich umsah, war der Franzose nicht mehr hinter mir. Er muß den Schwung zu kurz genommen haben. So war es und so hab ich es vor Gericht niedergelegt – das müßt Ihr mir bezeugen, Ammann Müller.«
»Das bezeug ich dir amtlich, schwarzer Joder«, bestätigte der Gelassene mit großer Gutmütigkeit, während auf den Gesichtern einzelner Gäste zweifelndes Nachsinnen oder einverstandene Schadenfreude deutlich zu lesen war.
»Nun, das ist abgetan«, sagte der Viehhändler kaltblütig, »und es geht keinen etwas an. Auch die Franzosen

werden sich nicht mehr darum kümmern, denn in wenigen Wochen sind wir, Gott und dem guten Herzog sei's gedankt, die fremde Brut samt und sonders los. Das steht voran in den Thusnerartikeln, die kräftig werden, sobald der Name des Königs darunter steht, und diese Unterschrift, geht die Rede, bringt uns heute der Herzog.« –

»Wenn er sie bringt!« sagte langsam ein prächtiger Alter aus dem Lugnetz mit feurigen Augen und weißem Barte, der bisher, die Hände auf seinen dicken Hakenstock und das Kinn auf die Hände gestützt, aufmerksam geschwiegen hatte.

»Kein Zweifel!« meinte Ammann Müller, »Jürg Jenatsch hat uns versammelten Leuten vom Heinzenberg und Domleschg die schwere Sache erklärt und stand uns dafür, daß sie richtig abgewickelt werde. Er muß das wissen, Casutt, denn er ist des guten Herzogs rechte Hand.«

»An Jürg will ich mich auch halten«, sagte der Weißbart, »denn er hat sich bei uns im Lugnetz gleichermaßen dafür verbürgt, daß wir durch Annahme der Thusnerartikel in Kürze das fremde Volk loswürden und wieder zu Freiheit und Ehre kämen. Sitzt er drüben bei den Raufdegen? Ich möchte wohl ein Wort mit ihm reden.«

»Drüben hab ich ihn noch nicht erblickt«, antwortete Müller, »aber angekommen ist er, das ist sein Rappe.« Damit wies er durch das Fenster auf die Straße, wo eben ein schäumendes, kohlschwarzes Tier in prächtigem Geschirr von einem Reitknechte abgeführt wurde. Durch das Gewühl des andrängenden Volkes ward auf dem Platze vor der Herberge von Zeit zu Zeit der

Schimmer eines Scharlachkleids und eine hochragende blaue Hutfeder sichtbar.

Der Alte schritt rasch auf den Flur hinaus. Die volltönende Stimme des Obersten Jenatsch klang jetzt von den Steinstufen vor der Hauspforte her, wo er, von einem Haufen umringt, neue ungestüme Frager zur Ruhe wies. Der greise Lugnetzer bemächtigte sich seiner und jetzt erschienen beide vor dem offenen Eingange der Schenkstube, deren Türe dem Jahrmarkte zu Ehren ausgehoben worden war, um den Gästen freien Ein- und Austritt zu gönnen.

»Hier hinein, Jürg!« rief der Alte, »und gib mir und allem Volke Rechenschaft.« Willig ließ sich der Oberst von dem Lugnetzer Gewalt antun und trat neben ihm in den Kreis, der sich rasch durch die von ihren Sitzen Springenden um ihn bildete und immer dichter wurde.

»Was ist denn für ein Geist des Zweifels in euch gefahren?« sagte Jenatsch, indem seine Augen freundlich blitzten. »Ihr bestürmt mich um Gewißheit, ob der Vertrag von Chiavenna unterschrieben sei? Natürlich ist er's. Jetzt komme ich von Finstermünz, wo ich Grenzstreitigkeiten zu schlichten hatte, wie sollt ich da um das Neueste wissen! Aber als ich den Herzog verließ, war er der Sache gewiß und der erlauchte Herr wurde wohl nur durch seine Krankheit abgehalten, die Akte allem Volke kundzugeben.«

»Höre, Jürg«, erwiderte nach einigem Nachdenken der Lugnetzer, »den Herzog kenne ich nicht; aber dich kenn ich, und bin schon zu deinem gottesfürchtigen Vater nach Scharans hinübergekommen, als du noch ein blödes, schamhaftes Büblein warst. Deshalb habe ich zu dir Vertrauen, denn ich weiß, aus welchem Stoffe du gemacht bist – nicht aus dem unsrer Salis und Planta, die das Vaterland nach rechts und nach links verkaufen, und ein groß Teil des Elends auf dem Gewissen haben, das über uns gekommen ist. Von den Schlichen der Politiker versteh ich nichts; du aber bist ihnen gewachsen. Mit deiner golddurchzogenen Schärpe werden dir die Herren die Hände nicht binden und unter diesem Scharlachrocke«, er berührte den feinen Stoff des geschlitzten Ärmels, »klopft dein Herz dennoch für dein Volk und für dein Land. Schaff uns die alte Freiheit wieder *mit* dem Herzog, wenn er dazu taugt –, *ohne* ihn, wenn es nicht anders gehen will! Du bist der Mann das auszurichten.«

Der Oberst schüttelte lachend sein kühnes Haupt. »Du hast eigne Begriffe vom Weltlauf, Casutt!« sagte er. »Dein Vertrauen aber sollst du nicht weggeworfen haben. Bleibe hier. Vielleicht bring ich euch heut nacht noch selber sichere Nachricht.«

»Têtebleu«, erscholl hinter Jenatsch eine fröhliche Baßstimme, »du hast die rechte Türe verfehlt, Herr Kamerad! Drüben erwartet man dich mit Ungeduld!« und ein gewaltiger Kriegsmann schob seinen Arm unter den des Obersten Jenatsch und zog ihn ohne Umstände in die Herrenstube hinüber, wo er mit lärmendem Willkomm empfangen wurde.

Der Oberst grüßte, aber ließ keinen seiner Kameraden zu Worte kommen. »Vor allem gebt mir über eines Auskunft, Herren«, rief er ihnen entgegen, »was ficht euch an, daß ihr eure Stellungen an der Grenze verlassen und eure Regimenter im sichern Domleschg aufgestellt habt? Dazu kann euch der Herzog nicht Ordre gegeben haben. Still, Guler, dir steigt das Blut zu

Haupt! – Gebt Ihr mir geneigten Aufschluß, Graf Travers, Ihr seid der Ruhigste.« –

Der Graf, ein noch jugendlicher Mann mit scharf ausgeprägten italienischen Zügen und fester Feinheit des Ausdrucks, erzählte, alle hätten sie bei der Nachricht vom Tode des Herzogs, dessen Ehre und Persönlichkeit ihre einzige Bürgschaft gewesen, den gänzlichen Verlust des rückständigen Soldes ihrer Regimenter befürchtet, der, wie Jenatsch wisse, eine Million Livres übersteige. Dieser Verlust, für den sie bei ihren Soldaten, wie der Kontrakt einmal sei, persönlich einzustehen hätten, wäre ihrem völligen Ruin gleichgekommen. Um diesem vorzubeugen, hätten sie nur ein Mittel gekannt und es zu ergreifen einstimmig beschlossen: das Verlassen ihrer Stellungen an der Grenze mit der Erklärung, dieselben erst dann wieder beziehen zu wollen, wenn der französische Kriegsschatzmeister die Rückstände ausgeglichen habe. Die Kunde vom Tode des Herzogs hätte sich glücklicherweise nicht bestätigt; aber nachdem der Schritt einmal getan gewesen, hätten sie vorgezogen, statt ihn zurückzutun, auch dem von ihnen allen hochverehrten Herzog Heinrich gegenüber auf ihrem Entschlusse zu beharren, bis ihre gerechte Forderung befriedigt sei.

Als dieser davon gehört, habe er ihnen den Kriegsschatzmeister Lasnier mit einer kleinen Abschlagszahlung, der unbedeutenden Summe von dreiunddreißigtausend Livres, zugesendet und zugleich die Weisung, ohne Verzug ihre früheren Stellungen an der Grenze wieder zu beziehen ...

»Was moralisch unmöglich war«, brach Guler los, »da dieser kleine Bösewicht uns mit Gift und Galle überschüttete und die unglaubliche Drohung ausstieß, er wolle uns den Bauch zertreten!«

»Passer sur le ventre«, spottete Jenatsch, »das ist unendlich unschuldiger, als es klingt. Du scheinst vom Französischen unsrer Kriegskameraden nur die Flüche erlernt zu haben.«

»Morbleu«, rief Guler hitzig, »da will ich dir ein anderes beweisen. Ich weiß einen häßlichen Witz des boshaften Kobolds, den ich ganz allein verstanden habe. Er höhnte, der Herzog habe ihn gesandt, uns an die Grenze zurückzutreiben, und solcherweise das Amt auszuüben, das sein Name bedeute. Dieser Ausspruch ließ mir keine Ruhe. Ich suchte das Wörterbuch hervor, welches mir mein in Paris verstorbener Bruder – gewissermaßen ein verlorner Sohn – als einziges Erbstück hinterlassen hat. Was heißt nun Lasnier, ihr Herren? – Der Eseltreiber. Hätte ich's gewußt, als er noch da war, ich hätte das Männchen trotz seines Skorpionengifts zwischen Daumen und Zeigefinger zerrieben.«

Jenatsch, der während dieser Rede mit zusammengezogenen Brauen nachgedacht hatte, wandte sich auf einmal zur ganzen Gesellschaft mit den Worten: »Haltet ihr mich für zahlungsfähig? ... Ihr wißt, ich war immer ein guter Haushalter. Aus meiner Kriegsbeute habe ich mir in Davos ein stattliches Haus erbaut und mir ringsum schöne Alpen erworben. Überdies liegen mir Summen bei a Marca in Venedig, welche der kluge Wechsler nicht müßig gehen läßt. Das alles deckt euch freilich nicht, aber mein Kredit ist aufrecht und es wäre mir nicht unmöglich, das Fehlende herzuschaffen. Ich verbürge mich euch mit schriftlichem Kontrakt für die ganze Summe, die euch der Herzog schuldet. Ihn sollt ihr mir heute nicht belästigen, denn er ist müde und krank. Zur gelegenen Stunde werde ich beim Herzog für euch reden und auch für mich, denn eure Sache ist die meinige und ich werde zum Bettler, wenn sie scheitert.«

Jetzt erhob sich ein Sturm der Rede, in dem Stimmen des Bedenkens, des Beifalls, des Erstaunens sich bekämpften und mischten. Eine lärmende Begeisterung behielt die Oberhand.

Da öffnete sich die Tür und das scharfe Gesicht, die kleine straffe Gestalt des herzoglichen Adjutanten Wertmüller wurde auf der Schwelle sichtbar. Sein schnelles graues Auge erfaßte die zügellose stürmische Szene und sie erregte seinen entschiedenen Widerwillen. Er meldete in kurzen Worten, der erlauchte Herzog nähere sich Thusis, verbitte sich aber jeden öffentlichen Empfang. Er wünsche auszuruhen.

»Nur dieser Herr wird in einer Stunde bei ihm vorgelassen«, schloß der einsilbige Locotenent und grüßte den Oberst Jenatsch gerade so flüchtig und so knapp, als es der militärische Anstand noch erlaubte.

Viertes Kapitel

Als der Oberst Jenatsch zur Zeit des Sonnenuntergangs die für die kurze Ruhe des Herzogs bereitete Wohnung betrat, fand er, die Steintreppe hinaneilend, in der offenen Vorhalle des ersten Stockes den zürcherischen Locotenenten. Mit der Wachsamkeit einer bissigen Dogge hütete Wertmüller die Türe seines Feldherren vor jedem unbefugten Eindringen.

Eben durchschritt eine schlanke feine Gestalt, abschiednehmend, leisen Fußes die Halle, der herzogliche Privatsekretär Priolo, den der Adjutant mit bösen Blicken begleitete – denn er war in seiner stachlichsten Laune – und mit stillen Wünschen, die offenbar keine Segenswünsche waren.

»Aus welcher Himmelsgegend hat der Wind diesen hergeweht?« fragte der Oberst mit gedämpfter Stimme.

»Er ist, soviel ich weiß, nicht mit dem Herzog über den Berg gekommen.«

»Er wurde schon vor einer Woche nach Chur vorausgesandt um die neuesten Pariser Depeschen abzuholen, nach denen der Herr Verlangen trug«, versetzte Wertmüller.

»Und sie sind in des Herzogs Händen?« fragte Jenatsch leise und mit ungewohnter Hast, denn sein Herz fing an zu pochen. »Kennt Ihr den Entscheid? Ist die Unterschrift des Königs da?«

»Ich kenne nur meine Ordre«, sagte der andere unhöflich, »und diese ist, den Obersten Jenatsch ohne Zeitverlust einzulassen.«

Wertmüller schritt voran in ein vom Widerschein des Abends erhelltes wohnliches Zimmer, dessen Fenster auf die sonnig leuchtenden Halden und herbstlich geröteten Wälder des schönen Heinzenbergs hinausschauten. Der Oberst trat in den kleinen Erker, während Wertmüller sich leise in ein Nebenzimmer begab, wo der Herzog noch ausruhte.

»Es belieb Euch einen Augenblick zu warten!« schnarrte zurückkommend der Locotenent, der sich unverzüglich wieder auf seinen Posten in der Vorhalle zurückzog.

Der Blick des Alleingebliebenen haftete auf einer geöffneten Ledertasche und zwei daneben auf den Tisch geworfenen, entsiegelten Briefen. Die Federzüge, welche sie bargen, entschieden über das Wohl oder Wehe seines Landes.

Jetzt öffnete sich langsam die Türe der Kammer und Heinrich Rohan erschien blaß und hager auf der Schwelle. Mit einer unwillkürlichen, freudigen Bewegung schritt er dem Bündner entgegen, der dem hohen Herrn in raschem Diensteifer einen tiefen Lehnstuhl neben das Fenster rückte, wo der Blick des Reisemüden sich an der goldenen Abendruhe seines Berges erquikken konnte. Der Herzog ließ sich mit jetzt sichtbar werdender Abspannung nieder und richtete sein klares Auge auf Georg Jenatsch; dann begann er mit leiser Stimme und in fragendem Tone: »Ihr kommt von Finstermünz?«

Dieser hatte sich ehrfurchtsvoll vor den in den Sessel Zurückgelehnten gestellt und betrachtete unverwandt die edlen Züge, welche in mehr als einer Weise ihm verändert erschienen. Neben den erwarteten Spuren der schweren Krankheit befremdete ihn darin ein tief eingegrabener Zug verschwiegenen, hoffnungslosen Grames, der peinlich hervortrat, wenn der Herzog seinen lautern strahlenden Blick zeitweise senkte.

Jenatsch brannte vor Begierde zu erfahren, ob der von ihm mit rastloser Anstrengung in Bünden durchgesetzte Vertrag in St. Germain durch die Unterschrift des Königs endgültig geworden sei; aber diesem Antlitze gegenüber hatte der sonst vor nichts Zurückschreckende keinen Mut zur Frage. Er begnügte sich auf des Herzogs Erkundigung zu antworten und ihm einen genauen Bericht über die Feststellungen der Grenze zwischen

Tirol und Unterengadin zu geben, wie sie während des Waffenstillstandes gelten sollten.

»Die Österreicher sind langsam und umständlich; ich wurde hingehalten und bis nach Innsbruck gezogen«, sagte er. »Wär ich im Lande gewesen, niemals hätten mir meine störrischen Kameraden ohne Euren Befehl, erlauchter Herr, ihre Posten verlassen, niemals Euch in Thusis als erste Begrüßung den widerwärtigen Anblick ihres Ungehorsams entgegengebracht.

Einen schlimmern Ausbruch vor Euern Augen«, schloß er zögernd, »habe ich nur mit Mühe verhütet und indem ich mich, da mir kein anderes wirksames Mittel mehr zu Gebote stand, meinen Kameraden mit Hab und Gut für den rückständigen französischen Sold verbürgte. Ich hoffe, daß Ihr mir meine ungemessene Ergebenheit nicht verargen werdet!« fügte er schmeichelnd hinzu.

Der Herzog lehnte, zusammenzuckend, tiefer in die Kissen zurück und der schmerzliche Zug in seinem Angesichte trat schärfer hervor. Es durchblitzte ihn der Gedanke, welche gefährliche Gewalt in die Hand des Menschen falle, dem er einen so unerhörten, von ihm nie begehrten Dienst schulde. Aber er hielt an sich.

»Ich danke Euch, mein Freund«, sagte er, »Ihr sollt nicht zu Schaden kommen, solange ich selber noch etwas besitze. Ich fürchte, Lasnier, den ich zur Beruhigung der Obersten mit Geldern an sie voraussandte, hat im Verkehr mit ihnen nicht den rechten Ton getroffen.«

»Er hat sie aufs tiefste beleidigt. Darin muß ich zu ihnen stehn, erlauchter Herr, und mit ihnen verlangen, daß er abberufen werde. Nicht seine Zornausbrüche, noch seinen unsere Personen treffenden Spott will ich ihm

verdenken; aber daß er, wie ich aus sichrer Quelle weiß, unserm Vaterlande das Recht bestreitet, überhaupt dazusein, weil es ein kleines Land ist, und diese vernichtende Behauptung uns auf unserm eigenen Bündnerboden entgegenwirft, daß er uns als ein verachtetes Anhängsel Frankreichs behandelt, das dreht jedem Bündner das Herz um, und unmöglich ist es, daß ein solcher Mann länger unser Brot esse und unsern Wein trinke!
Tut mir die Liebe, edler Herr«, bat er in gemäßigtem Tone, »und sorgt für seine Abberufung.« –
»Lasniers Abberufung ist auch mein entschiedener Wunsch, den der Kardinal ohne Zweifel erfüllen wird. Betrachtet es als abgetan.
Um auf Wichtigeres zu kommen«, lenkte Rohan ab, der die auflodernde Vaterlandsliebe des Bündners in diesem Momente der Abspannung zu scheuen schien, »Ihr waret in Innsbruck, da habt Ihr wohl etwas von der Stimmung des erzherzoglichen Hofes gegen uns erfahren. Gedenken uns die Österreicher noch einmal im Veltlin anzugreifen?«
»Dazu sind Eure Lorbeeren noch zu frisch, erlauchter Herr. Solange Eure Hand den Feldherrnstab führt, dürfen sie's nicht wagen. – Aber«, der Bündner seufzte tief, »laßt mich mein ganzes Herz vor Euch ausschütten! Bei der falschen Kunde von Eurem Hinscheiden regte sich wieder alles kriechende Gewürm der Kabale und unsere Landesverbannten von der spanischen Partei fingen wieder an, unterirdisch zu wühlen. Diese ekeln Totengräber glaubten schon, Bündens zwei höchste Kleinodien: Eure geliebte Person und seine teure Freiheit, deren Bürge Ihr seid, in die gleiche Gruft versenkt.

In Innsbruck«, fuhr er nach einer beobachtenden Pause mit unverhehlter Bewegung fort, »glaubt man auch jetzt, da Gott Euch uns wieder zum Leben erweckt hat, nicht an den Vertrag von Chiavenna. Wie hätten sie es sonst gewagt, mir spanischerseits Bündens Unabhängigkeit in seinen alten Grenzen als Preis unserer Trennung von Frankreich anzubieten, ja versucht, mich durch gemeines Gold von Euch zu scheiden! ... Ich beschwöre Euch, edler Herr, macht diesen Vorspiegelungen ein Ende, indem Ihr die zwischen uns vereinbarte und von Eurem König unterschriebene Akte allem Volke kundgebt. Sonst wird Bünden an Frankreichs Absichten irre, die spanischen Versprechungen verwirren die Gemüter und wir versinken wieder in das Blutbad des Bürgerkrieges, aus dem Ihr uns emporzogt!«

Der Herzog antwortete nicht. Er erhob sich rasch, trat ans Fenster und blickte nachdenklich in die Berglandschaft hinaus, deren untere Stufen im Schatten lagen, während die höchst gelegenen Weiler noch in der Sonne glitzerten.

»Gott weiß, wie lieb mir dieses Land ist«, wandte er sich jetzt zu Jenatsch, »und wie gern ich alles daransetze, um es wieder glücklich und frei zu machen! ... Darum versteht niemand besser als ich Eure eifersüchtige Vaterlandsliebe, auch wo sie sich ungeduldig und rauh, und heute mir, dem redlichsten Freunde Bündens gegenüber, ehrlich gestanden, grausam äußert. Doch gebt Ihr mir zugleich so überzeugende Beweise von Eurer Aufopferung und Treue, da Ihr bei Euren Kameraden für Frankreichs Ehrenhaftigkeit mit all dem Euern einsteht und mir die von Spanien versuchten Intrigen und

Bestechungen aufdeckt, daß ich glaube, Euch volles Vertrauen schenken und auch in den schwierigsten Fällen auf Eure sichern Dienste zählen zu dürfen. – Darf ich das, Georg, auch wenn ich Euch viel Geduld und Selbstverleugnung zumute?«
»Wie könntet Ihr an mir zweifeln?« sagte Jenatsch mit leidenschaftlicher Wärme und einem Blicke schmerzlichen Vorwurfes.
»Offenheit also gegen Offenheit«, fuhr Rohan fort und legte die Hand auf des Bündners Schulter, »Vertrauen gegen Vertrauen. – Es ist mir peinlich auszusprechen: Der Vertrag von Chiavenna ist von Paris zurückgekommen ohne Unterschrift und mit Änderungen, die ich nicht billige, die ich Eurem Volke nicht zumuten und nicht vorschlagen will.«
Bei diesen traurig und leise gesprochenen Worten sah der Herzog dem Bündner in das ausdrucksvolle Gesicht, wie nach der Wirkung des ungern gemachten Geständnisses forschend. Es blieb unbewegt, aber überzog sich langsam mit fahler Blässe.
»Und welches sind diese Änderungen, gnädiger Herr?« fragte Jenatsch nach kurzem Schweigen.
»Zwei Hauptpunkte: Französische Besatzungen in der Rheinschanze und im Veltlin bis zum allgemeinen Frieden und für die in diesem katholischen Landesteile begüterten protestantischen Bündner Beschränkung ihres dortigen Aufenthalts auf jährlich zwei Monate.«
Ein unheimliches Wetterleuchten flog durch die Züge des Bündners, dann sagte er fast gelassen: »Das eine ist unsere politische Auslieferung an Frankreich, das andere ein unerträglicher Eingriff in die Verwaltung unseres Eigentums. Beides sind unmögliche Bedingungen.«

»Auch dürfen sie nicht im Vertrage stehen bleiben«, sagte Rohan mit Bestimmtheit. »Ich will meinen ganzen persönlichen Einfluß beim Könige in die Waagschale werfen, will meine ganze Überredungsgabe erschöpfen, den Kardinal über den entscheidenden Ernst der Lage aufzuklären, will nichts unversucht lassen, die verderbliche Einwirkung des Paters Joseph zu lähmen, denn dieser, vermut ich, ist der Böse, der Unkraut unter unsern Weizen sät. Wegen des schnöden roten Hutes, wonach dieser Kapuziner gelüstet, und für den er dem Heiligen Stuhle eine Berücksichtigung in der Politik meines edlen Vaterlandes verschaffen soll, die einer fremden Macht nicht gebührt, darf das Ehrenwort eines Rohan keinen Schaden leiden. Schon habe ich beschlossen meinen geschickten Priolo nach Paris zu senden mit dringenden Briefen an den König selbst und an den Kardinal. Morgen wird er abreisen. Gehorchte ich meinem verletzten persönlichen Ehrgefühle, wahrlich heute noch legte ich mein Kommando nieder; aber das darf ich nicht um euretwillen. Ich zweifle, daß meine Liebe zu euch und meine persönlichen Verbindlichkeiten mit meinem Feldherrnstab auf meinen Nachfolger in Bünden übergingen.«

»Das tut uns nicht an!« rief Jenatsch erschrocken, »bei Euerm Heil – nein, bei dem unsern beschwör ich Euch – tut es nicht! Lasset nicht das Werk Eurer Hände! Stoßt uns nicht in einen solchen Abgrund der Ratlosigkeit!«

»Darum will ich bis ans Ende ausharren«, fuhr der Herzog mit einer Festigkeit fort, wie sie die klar erkannte Pflicht gibt. – »Aber wißt, Jenatsch, von Euch erwarte ich hier im Lande alles. Durch mein grenzenloses Zutrauen seid Ihr in meine Sorgen und in die Schwankungen des Loses eingeweiht, das ich im festen Glauben war Eurer Heimat schon gesichert zu haben. Ihr seid es allein. Ich weiß, Ihr ehret mein Vertrauen durch unverbrüchliches Schweigen. Beruhigt Eure Landsleute. Ich sehe, welche außerordentliche, ja wunderbare Macht Ihr auf die Gemüter ausübt. Schaffet Frist! Haltet den Glauben an Frankreich aufrecht! Versichert Eure Bündner, daß der Vertrag von Chiavenna, wenn auch heute noch nicht verkündet, doch in Bälde in Kraft treten muß, und Ihr werdet bei der Wahrheit bleiben, denn mit Gottes Hilfe überwinden wir die Widerwärtigen. – Heute nacht noch zieh ich weiter nach Chur. Bringt mir dorthin bald über die Stimmung des Landes Bericht.«

Jenatsch bückte sich tief über die Hand des Herzogs, und suchte dann noch einmal sein Auge mit einem Ausdrucke sprachlosen Schmerzes. Rohan sah in diesem langen seltsamen Blicke die Teilnahme eines Getreuen an seinem ausnahmsweise herben Lose, er ahnte nicht, welche Wandlung sich im Geiste des Bündners zu dieser Stunde vollzog und daß Georg Jenatsch nach innerm schweren Kampfe sich von ihm lossagte.

»Ihr tut wohl, edler Herr«, sagte der Oberst, sich beurlaubend, »in der guten Stadt Chur Euern Sitz zu nehmen. Ihr seid dort hochgeliebt, und solange die Churer Euer Angesicht sehen, und Ihr es seid, o Herr, der den König in Bünden vertritt, wird das Land nicht aufhören von Frankreich das Beste zu hoffen.«

Der Herzog sah dem Scheidenden sorgenvoll nach, ohne Mißtrauen, aber im Gefühle, daß, wie er selber eine

Zuversicht an den Tag gelegt, die nicht in seinem müden Herzen war, auch der Bündner die Stürme seines unbändigen Gemüts niedergehalten und vor ihm verheimlicht habe. Er blickte noch eine Weile, im Innersten entmutigt und traurig, hinüber an den dunkelnden Berg. Eine Klage entwand sich seiner Brust: »Herr«, seufzte er, »warum hast du deinen Diener nicht in Ehren dahinfahren lassen!«

Fünftes Kapitel

Jenatsch war hinausgeeilt. Ein Sturm wildstreitender Gedanken tobte in seinem Innern, den vor dem Herzog niederzuhalten ihn Anstrengung gekostet hatte. Er verabscheute die Möglichkeit, während dieses Seelenkampfes irgendeinem Menschen Rede stehen zu müssen. Mit eilenden Schritten stieg er, das Gewühl des wachen Dorfes unter sich lassend, die dämmerigen Bergwiesen hinan und ließ seine zornigen Gefühle dahinstürmen wie eine Schar ins Gebiß knirschender Rosse; aber sein berechnender Geist behielt die Zügel und lenkte die brausenden Mächte seines Gemüts auf immer neuen immer gefahrvolleren, aber wohlbemessenen Bahnen.

Das Ziel wonach er sein ganzes Leben lang gerungen, das seine Tage beschäftigt und seine Nächte beunruhigt hatte, um das er mit den verschiedensten Kräften seines Wesens gekämpft, das Ziel wonach er auf den blutigsten Irrwegen geklommen und dem er sich seit Jahren mit gebändigtem Willen als ergebenes Werkzeug einer edeln und, wie er glaubte, in ihrem Machtkreise unbeschränkten Persönlichkeit auf dem sichern Wege der

Gerechtigkeit und Ehre genähert hatte – dies Ziel, das er noch heute mit der Hand berührte, es war ihm entrückt – nein, es war vor ihm versunken! Denn eines stand vor seiner Seele mit entsetzlicher Klarheit: Bünden sollte nie frei werden, sollte nach der Absicht des allgewaltigen und gewissenlosen Geistes, der Frankreichs schwachen König beherrschte und dessen innere und äußere Politik nach Gefallen lenkte, aufbehalten werden bis zum allgemeinen Frieden. Dann von Richelieu in die zu verteilende Masse verfügbarer Länder geworfen, unter die übrigen Tauschobjekte gemengt, war seiner armen Heimat unvermeidliches Schicksal, beim Länderschacher des Friedensschlusses auf den Markt gebracht und diesem oder jenem einen günstigen Handel Anbietenden zugewogen zu werden.

Der Herzog trug keine Schuld daran. Er liebte Bünden und wollte es freigeben; aber er war nicht stark genug, seinen Willen gegen den ihn mißbrauchenden des Kardinals durchzusetzen. Er wagte es nicht, sich mit einem Nebenbuhler zu messen, der über den Schranken der Gewissenhaftigkeit stand; er scheute sich seinen Gegner mit jenen wirksamsten Waffen zu bekämpfen, die Richelieu mit Meisterschaft führte! – War es nicht möglich, diese von Rohan kindisch verschmähten Waffen zu ergreifen? Dem Jäger selbst eine Schlinge zu legen? Wo galt die menschliche Gerechtigkeit, die der Herzog verwirklichen wollte – wo war ihr Urbild, die göttliche, um sie zu Ehren zu bringen und zu belohnen? Eitle Träume beides! Ein frommer Tor nur konnte daran glauben! ... Der Herzog war blöde genug zu meinen, der Kardinal anerkenne die Gültigkeit des von dem Mächtigen einem Schwachen gegebenen Wortes! Er war töricht genug zu wähnen, ein zugunsten der Hugenotten im Bürgerkriege gezogenes Schwert könne jemals von Richelieu vergeben und vergessen werden, es sei möglich durch ruhmreiche Dienste den Haß des mächtigen Ministers auszulöschen! ... Er war so blind, nicht einzusehen, daß gerade seine zu Frankreichs Ehre verrichteten Heldentaten für den Eifersüchtigen ein Grund mehr waren, ihn zu beargwöhnen und ihn aufzuopfern!

Wohin aber war es gekommen mit diesem christlichen Ritter? Er stand am Rande des Abgrundes, ein verlorener Mann! ... Und Jenatsch haßte ihn zu dieser Stunde darum daß er ein Betrogener und Besiegter war. Doch unglaublich! er selber hatte sich ja verblenden lassen durch ein Gefühl bewundernder Liebe zu diesem edlen Menschenbilde! Er hatte geglaubt, daß der Wert reiner Gesinnung, der ihn berückt hatte, auch in der Rechnung des Kardinals eine Zahl sei ... Ja, wohl hatte Richelieu mit dieser Zahl gerechnet – wie der schlaue Fischer auf seinen Köder zählt – und Jenatsch selbst –, doch nicht allein er – Verzweiflung ergriff ihn – sein Vaterland war ein Opfer dieses Betruges.

Vielleicht war noch Rettung möglich! Weg jetzt mit jedem hemmenden Bedenken, mit allen Banden der Dankbarkeit, mit allen Berückungen der Liebe, mit jeder Eigensucht eines rein gehaltenen Charakters! Hinunter mit der Vergangenheit! Weg die Fesseln ihrer liebgewordenen Überzeugungen und Vorurteile! Gelöst werde jeder Zusammenhang des Dankes und der Treue! –

Jetzt vertiefte sich Jenatsch mit einem durch das Gefühl der Gefahr geschärften Geiste in die Schlangenwege und Berechnungen der französischen Politik. – Eine Befürchtung, die Rohan ihm preisgegeben, ließ ihn einen Schlüssel finden zu den Gedanken des Kardinals. »Es ist nicht anders«, sagte er zu sich, »Richelieu überläßt uns seinen protestantischen Feldherrn, solange der selbst Getäuschte auch uns aufrichtig zu täuschen vermag. – Stirbt des Herzogs Glaube oder unser Glaube, so ruft er ihn plötzlich ab und ersetzt den christlichen Worthalter durch einen Soldaten, der seine Kreatur ist ... Ich aber will Fuß fassen auf dieser hugenottischen Ehre! Ich stelle mich auf diesen Felsen. Ich halte es fest dieses gute französische Pfand!« ... und er schloß die eiserne Faust. Er sann nach, wie das möglich wäre – und es trat ein Judasgedanke aus seiner Seele und stand plötzlich in so naher Häßlichkeit vor seinem Angesichte, daß ihn schauderte. Aber er sagte sich mit einem sichern Lächeln: »Der gute Herzog wird mich nicht durchschauen, wie sein Gott den Judas.«

Rasch wandte er den Blick weg von dem Verrate an diesem Reinen; er konnte ihn vollbringen, aber nicht betrachten.

Hinüber richtete er das Auge nach dem fernen Frankreich und er forderte den großen Kardinal zum Zweikampf in die Schranken seines Berglandes, Mann gegen Mann, List gegen List, Frevel gegen Frevel.

Und sein Herz brannte in wilder Freude, weil in Bünden einer war, der sich der schlauen Eminenz gewachsen fühlte.

So durchjagte Jenatsch das Reich der Möglichkeiten mit rastlosen Gedanken. Er achtete des Weges nicht und jetzt eilte er schon im nächsten talabwärts gelegenen

Dorfe längs einer langen Kirchhofmauer dahin, als er gewahr wurde, daß ein barfüßiges Bauerkind eilig neben seinen langen Schritten einherlief. Die Kleine hielt schon längst einen Brief in die Höhe, der ihr, wie sie ehrerbietig ausrichtete, von der Schwester Perpetua für Seine Gnaden den Herrn Oberst übergeben worden sei, welchen die Schwester an der Pforte des Klostergartens habe vorübergehen sehn. –
Der Oberst blickte um sich, er war in Cazis. Er verabschiedete die Kleine und lenkte, wie vom Finger des Schicksals berührt, in die Dorfgasse ein, wo sich die Lichter entzündet hatten. Er hatte auf dem Umschlage im letzten Dämmerscheine die Handschrift seines alten Freundes, des Paters Pancraz, zu erkennen geglaubt. Am Fenster eines Erdgeschosses sah er ein graues Mütterchen beim Scheine der Ampel spinnen. Er lehnte sich außen an die Mauer, so daß ein spärlicher Strahl auf das Blatt fiel und las:

»Hochmögender Herr Oberst,
ich erdreiste mich, Euch einiges zu melden, das für Euch und unser Land wichtig sein kann. Der Vertrag von Chiavenna ist ein vergängliches Blendwerk, das uns die Eminenz in Paris vorspiegelt. Seit ich in Mailand verweile, wurde mir zur Gewißheit, was mir schon früher eine in meinem Kloster am Comersee zufällig aufgefangene Rede verriet.
Kurz vor der Weinlese herbergte dort ein französischer Ordensbruder, ein beredter Prediger, der zur Erholung seiner abgearbeiteten Lunge und des ewigen Heiles wegen – wozu Gott uns allen in Gnaden verhelfe – den Weg nach Rom angetreten hatte. Beim Nachtessen im

Refektorium klagte der Prior mit ihm über die Zeitläufte und bedauerte, daß das Valtelin durch den Vertrag von Chiavenna wiederum zu Bünden geschlagen werde. ›Darüber seid ohne Sorgen‹, fuhr der Franzose heraus, der nicht wußte, daß ein guter Bündner am Tische saß, ›daß dieser Vertrag keinen Soldo wert ist, weiß ich aus bester Quelle. Als ich mich in Paris vor meiner Abreise bei meinem Superior, dem Pater Joseph, beurlaubte, kam ich gerade dazu, wie dieser und der Nuntius des Heiligen Vaters den Entwurf besagten Vertrags ihren prüfenden Blicken unterwarfen. Der Nuntius ließ sich hart dagegen aus, der hitzige Pater Joseph aber zerknitterte das Papier in seiner Faust, ballte es zu einer Kugel zusammen und warf es in den Winkel mit den Worten: ‚Dieser Vertrag eines Ketzers mit Ketzern wird niemals gelten.‘‹ –

Ich verhielt mich mausestill, aber hatte meine Gedanken; denn, was der Pater Joseph bedeutet, wißt Ihr besser als ich. –

Hier in Mailand, wo ich mich in Ordensgeschäften seit zehn Tagen aufhalte, wurde ich gestern in den Palast des Gubernatore gerufen, um seinem Gesinde wegen eines häuslichen Diebstahls ins Gewissen zu reden. Da beschied mich der Herzog, der meine bündnerische Herkunft erfahren, zu sich und sagte mir halb ernst halb scherzweise: ›Wie ich jetzt Euch vor Augen habe, Pater Pancraz, möcht ich wohl den Obersten Jenatsch leibhaft vor mir sehen. Es wäre mir ein leichtes dem verständigen Manne darzutun, daß der Vertrag von Chiavenna nichts ist als ein verdorbenes Pergament, daß euch Frankreich das Veltlin nie zurückgibt und daß Spanien euch Bündnern Bedingungen machen könnte, bei denen ihr euch ganz anders stündet. – Pater Pancraz, Ihr habt mir den gestohlenen Siegelring hervorgezaubert, könntet Ihr mir Euern Jenatsch, den einzigen, mit dem mir zu verhandeln möglich ist, auf dieselbe stille und prompte Weise in dies Kabinett bringen, so solltet Ihr Eurerseits Wunder erleben.‹ –

Da kam es wie eine Erleuchtung über mich, Euch von dieser merkwürdigen Rede Kunde zu geben.

Kommt Ihr, so werde ich dafür sorgen, denn ich bleibe einstweilen in Mailand, daß Ihr außer dem hohen Herrn von niemand erblickt werdet. Könnet Ihr Euch daheim nicht frei machen, was ein Unglück wäre, so schickt eine Vollmacht, aber nur durch einen Mann, dem Ihr traut wie Euch selbst, wenn Ihr einen solchen kennt.

Vergebt meinen Vorwitz und säumt nicht!

Der für meines Herrn Obersten zeitliches und ewiges Heil täglich betende

Pater Pancraz.«

Das Schreiben des Kapuziners, dessen menschenerfahrene Klugheit und schlaue Vorsicht der Oberst zu gut kannte, um sich über das Gewicht und den Ernst dieser Mitteilung zu täuschen, deckte ihm in blitzartiger Beleuchtung die Windungen eines halsbrechenden Pfades auf. Vielleicht hatte in schlimmen entmutigten Stunden sein Blick schon früher sich zuweilen dahin verirrt, aber immer hatte er ihn mit einem Gefühle der Verachtung seiner selbst erschrocken und ekelnd wieder davon abgewandt. Dieser Weg der Gefahr und Schande war das Bündnis mit Spanien. Jene Macht, die er von Kindheit an mit der ganzen Kraft seines jungen Herzens gehaßt, die er dann in vermessenem Jugendmute mit fast wahnsinniger, vor keinem Greuel zurückbebender Leidenschaft bekämpft, welcher er sein ganzes Leben hindurch als Todfeind gegenüber gestanden und deren eigennützige und wortbrüchige Politik er auch heute noch tief verachtete – sie bot ihm die Hand. Er konnte diese Hand ergreifen – nicht in Treu und Glauben – wohl aber um von ihr die französische Schlinge lösen zu lassen und sie dann zurückzustoßen. Jetzt entschloß er sich dazu.

Langsam wandelte er auf der dunkeln Heerstraße nach Thusis zurück. Es ward ihm schwer zu brechen mit der ganzen Vergangenheit. Er wußte, daß er sich selbst in seinen Lebenstiefen damit zerbrach. Dort jenseits des Rheines im Domleschg lag das Dörfchen Scharans, dessen armer Pfarrer, sein gottesfürchtiger Vater, in Geradheit und Einfalt ihn aufgezogen und ihn zur Treue im protestantischen Glauben und zum Hasse der spanischen Verführung ermahnt hatte. Dort unfern davon stand der Turm von Riedberg, wo er den Vater Lucretias, der seiner Kindheit wohlgewollt, als willkürlicher Blutrichter nächtlicherweise überfallen und grausam erschlagen hatte, das »Giorgio guardati« des treuen Mädchens schlecht vergeltend. Was dort schimmerte, waren die erhellten Fenster der einsamen Lucretia …

Und wieder stürzten seine Gedanken in eine neue Bahn. Er selbst konnte dem dringenden Rufe des mit Serbellonis Auftrag betrauten Pancraz jetzt unmöglich folgen. Er mußte als verderblicher Dämon unter der Maske der Treue neben dem Herzog bleiben, als argwöhnischer Wächter jede seiner Bewegungen beobachten und um jeden Preis verhindern, daß der ermattete

Kranke seinen Feldherrnstab nicht am Ende doch in die Hände Richelieus niederlege.

Wer aber konnte an seiner Stelle mit Serbelloni unterhandeln? Allerdings nur einer, dem er traute wie sich selbst, aber dieser Mann war nicht vorhanden. – Noch einmal blickte er nach den Fenstern von Riedberg hinüber. Ein schneller Gedanke durchfuhr ihn und stand nach einem Augenblicke der Überlegung als klarer Entschluß in ihm fest.

Mit raschen Schritten eilte er nach Thusis zurück. Vor der Herberge stand ein Haufen Marktleute, schweigsam und in gedrückter Stimmung, denn sie hatten auf ihn und einen günstigen Bescheid vom Herzoge lange gewartet. Der alte Lugnetzer trat ihm aus der im Dunkel zusammengedrängten Gruppe entgegen mit der Frage auf den Lippen, die ihrer aller Gemüt beunruhigte.

Aber Jenatsch ließ ihn nicht zu Worte kommen.

»Hört an, liebe Landsleute, und bewahrt es in einem feinen Herzen«, rief er mit eindringlicher aber gedämpfter Stimme: »Der Winter steht vor der Tür, bleibet ruhig daheim in euern Dörfern und erharret den Lenz. Kommt die Schneeschmelze zu Anfang des Märzen, dann machet euch und eure Ehrenwaffen bereit. Ich lade euch zu einem Tage nach Chur. Stunde und Losung wird euch noch gesagt werden. Dort richten wir im Namen Gottes den drei Bünden ihre alte Freiheit wieder auf!« –

Die Leute hatten in feierlichem Schweigen zugehört. Als Jenatsch geendigt, dauerte die Stille noch eine Weile fort. Dann begannen sie die Sache flüsternd sich auszulegen, bis sie tief in der Nacht auf ihre Heimwege sich zerstreuten.

Aber er, der zu ihnen geredet, stand nicht mehr in ihrem Kreise. Der Oberst Guler hatte ihn weggeholt und streckte ihm jetzt in der Gaststube inmitten der Offiziere ein Papier und eine eingetunkte Feder entgegen.

»Da ist der Pakt – nach Soldatenart kurz gefaßt« – sagte er, »hast du noch die edle Courage, deren du dich heute berühmtest, Ventrebleu, so unterschreib ihn.«

Der Angesprochene stellte sich unter den Leuchter und las:

»Wenn der rückständige Sold der bündnerischen Regimenter binnen Jahresfrist von Frankreich nicht ausgezahlt wird, haftet den Bündnerobersten für ihr Guthaben, sei es Ganzes oder Rest, der Endunterzeichnete mit seinem sämtlichen liegenden und fahrenden Gut.«

Jenatsch ergriff die Feder, strich die zwei einzigen Worte: »von Frankreich«, und unterschrieb.

Sechstes Kapitel

Kurze Zeit nachdem Schwester Perpetua den ihrer Klugheit als sehr wichtig empfohlenen Brief des abwesenden Beichtigers glücklich bestellt hatte, trippelte sie, ein Arzneikörbchen am Arme und eine kleine Hornlaterne in der Hand, über die Rheinbrücke bei dem Dorfe Sils. Jenseits derselben besaß das Kloster einen Hof, dessen Pächter krank daniederlag. Die Heilkundige war heute für den vom Fieber geschwächten Mann durch eines seiner Kinder, das die Klosterschule besuchte, um Rat und Hilfe angerufen worden. Sie scheute den nächtlichen Gang nicht – so wenig, daß sie, nachdem der Sieche sich ihrer Tröstungen erfreut, statt das Angesicht wieder der Brücke und ihrem Kloster zuzuwenden, auf dunkeln, aber ihr wohlbekannten Straßen in der Richtung weitereilte, aus welcher ihr die Lichter des Schlosses Riedberg entgegenschimmerten.

Schon klopfte sie ans Tor, das der alte Lucas ihr brummend aufschloß, und bald darauf saß sie neben der edeln Herrin in einem altertümlich schmucklosen, aber lieblich erleuchteten Gemache vor einem herbstlichen Kaminfeuer und trocknete die vom Nachttaue durchnäßten Ränder ihres Klostergewandes, die schweigsame Lucretia mit erbaulichen Gesprächen ergötzend.

Das Schreiben des Paters, von dessen Überredungsgeist die Nonne eine hohe Meinung hatte, die flüchtige Erscheinung des Obersten vor der Klosterpforte, das glänzende Geldstück, das er der kleinen barfüßigen Botin gereicht, arbeiteten in ihrer frommen Einbildungskraft. Dies alles hatte sie, der Himmel weiß durch welche Gedankenverknüpfungen, bewogen, dem Fräulein unverzüglich einen nächtlichen Besuch abzustatten und diese Ereignisse haarklein zu erzählen. Der Oberst war, meinte sie, wie ein von Gewissensbissen gefolterter Kain um die Mauern der heiligen Zufluchtsstätte geirrt. Sie würde lobpreisen und anbeten, aber nicht erstaunen, wenn Gott hier ein großes Wunder vorbereitete, um diesen wütenden Feind des christkatholischen Glaubens, den Ketzern zum beschämenden Zeichen, in den Schoß der alleinseligmachenden Kirche zurückzuführen.

Da Lucretia nach ihrer stillen Weise nur mit einem traurigen Lächeln darauf antwortete, fuhr die fromme Schwester mit steigendem Eifer fort: »Bleibet, liebe Tochter, nicht kalt und ungläubig vor der glückseligen Aussicht auf die mögliche Bekehrung eines so gewaltigen Sünders! Betet lieber, daß dies Unerhörte geschehe! Denn Euer Gebet, Fräulein Lucretia, die Ihr den blutigen Mann nach dem natürlichen Menschen hassen und verabscheuen müßt, wäre allerdings bei den Heiligen besonders wirksam und ihnen als ein schmerzliches Opfer vorzüglich angenehm. Noch kräftiger wäre es freilich, wenn Ihr dieses Gebet als verlobte Braut Gottes mit einem durch das dreifache Gelübde von allen weltlichen Erinnerungen gelösten Herzen darbringen könntet.«

Schwester Perpetua sagte dies mit einem tiefen Seufzer und machte sich in Erwartung einer Antwort, die ausblieb, mit dem Feuer zu schaffen. Ach, ihr war nicht entgangen, daß der klösterliche Beruf Lucretias, an den sie unentwegt glaubte, dieser noch immer nicht klargeworden, ja seit die Verwaiste in ihr väterliches Haus eingezogen, ihr wieder mehr in die Ferne gerückt war. Sie stand allein unter dem in diesen kriegerischen Zeitlauften verwilderten Schloßgesinde und den verarmten, über die französische Bedrückung tägliche Klagen vor ihr Ohr bringenden Dorfleuten. Und diese Einsamkeit tat ihr offenbar nicht wohl. Da war Lucas, der rachsüchtige Graubart, der das schwarze Kreuz an der Mordmauer nicht erblassen ließ, und der das immer scharf gehaltene Todesbeil wie eine Reliquie in einer wurmstichigen Eichentruhe sorgfältig verwahrt hielt. Das Fräulein mußte, fürchtete die Schwester, immer tiefer in sich selbst und die ihr Gemüt von allen Seiten umrankenden, jeden neuen Lebenskeim erstickenden Erinnerungen versinken. Sie konnte den Riß nicht überwinden, der Altes und Neues für sie trennte. Sie lebte wenig in der Wirklichkeit, sondern verkehrte im Geiste mit ihrem toten Vater, von dessen Gemütsart sie viel geerbt hatte, und dem sie mit jedem Jahre in auffallender Weise auch in ihrem Aussehen ähnlicher wurde. Es war dieselbe Pracht der Gestalt, dieselbe stolze Haltung. Ihr Ohm, der Freiherr Rudolf, war in der Verbannung gestorben und sie hatte außer seinem niedrig gesinnten und eigennützigen Sohne keine nähern Sippen. Eine Verwandte ihrer Mutter lebte noch in Chur, und sie pflegte sie zu besuchen; aber diese Gräfin Travers war durch schwere Schicksale und ein überlanges Leben versteinert und wenn auch gut katholisch, kaum mehr als ein stumpfes Echo längst verschollener Tage. Daß Lucretia mit den Juvalta auf Fürstenau und dem auf den andern Nachbarschlössern sitzenden Adel keinen Umgang pflog, das freilich konnte ihr Perpetua unmöglich verdenken, denn jene alle waren Protestanten und gehörten zu der französischen Partei. So war Lucretia völlig allein, warum denn verließ sie ihren düstern einsamen Pfad nicht? Warum trat sie nicht in die Gemeinschaft der demütigen Töchter des heiligen Dominikus?

Während die Schwester dergestalt diesen ihren Lieblingsgedankengang durcheilte, drehte Lucretia schweigend ihre Spindel und verfolgte einen andern.

Sie fragte ihr Herz, wie es denn möglich sei, daß Jürg in seiner wildesten blutigsten Zeit ihrem Gefühle und Verständnisse weniger fremd gewesen, als jetzt, da er in den Räten des Landes und im Heergefolge des französischen Herzogs unter die Geachteten und Angesehenen zählte.

Zweimal seit ihrer Heimkehr hatte sie Georg, wenn sie zu Besuch bei ihrer Muhme in Chur war, von ferne erblickt. Eines Abends stand sie neben dem Lehnstuhle der alten Dame und schaute durch das eiserne Laubwerk am Gitterkorbe des Fensters, während der Sonnenschein gradweise das Pflaster des Platzes verließ und nur noch auf dem sprudelnden Wasser des Marktbrunnens blitzte. Der Oberst schritt längs der gegenüberstehenden Häuserreihe auf und nieder an der Seite einer gravitätischen Magistratsperson, die jedes Wort, das von seinen Lippen fiel, mit begieriger Aufmerksamkeit anhörte und seine Aussprüche mit beistimmendem Kopfnicken begleitete. Es schien sich um einen schweren Rechtsfall zu handeln.

Ein andermal umgab den Obersten ein Kreis französischer Edelleute, mit denen er nach der Mittagstafel in schneller, lustiger Scherzrede sich erging. – Immer aber klang es so hell von seinem Munde und leuchtete es so geistvoll von seiner Stirn, daß er als einer jener seltenen Günstlinge des Glückes erschien, die sich alle Wege des Erfolges zu öffnen und zu ebnen wissen und die das Vergangene und Unabänderliche wie eine lästige Fessel abwerfen.

Ich weiß es jetzt – gestand sie sich – dieser Freund von jedermann ist nicht der Jürg mehr, den ich liebte – nicht der scheu verwegene Knabe mit den dunkeln verschwiegenen Augen, der mein Beschützer war – nicht der zornig Dahinbrausende, der mein Glück wie ein die Ufer zerreißender Wildbach in Trümmer warf – nicht der Mann, gegen den ich in meinen Racheträumen die

Hand erhob – nicht der Traute, den ich nach Jahren des Jammers auf dem Bernhardin wiederzuerkennen glaubte und in die Arme schloß – nein! es ist ein weltgewandter Höfling, ein berechnender Staatsmann aus ihm geworden ... Er will sich von mir scheiden und loskaufen, darum gab er mir mein Riedberg wieder. Er scheut mich wie einen Vorwurf, er flieht mein Antlitz wie das einer Toten! – Und sie vergaß, daß sie selbst ihn drohend beschworen, die Schwelle ihres Hauses nimmermehr zu überschreiten. –

»Heilige Mutter Gottes, was ist das für ein Lärm!« fuhr jetzt Schwester Perpetua auf, denn im Schloßzwinger erscholl ein rasendes Gebell der Hofhunde. Man hörte das Schelten der sie beschwichtigenden Knechte, dazwischen wiederholte Schläge gegen das Tor und, als Lucretia das Fenster öffnete, eine mit langsamer Bedenklichkeit geführte Unterhandlung zwischen Lucas und der gebieterischen Stimme eines Einlaß Begehrenden.

Nun erschien der Alte selber mit der bestürztesten Miene, deren seine felsenharten Züge fähig waren. »Es verlangt einer allein mit Euch zu reden, Fräulein« ... sagte er, »der Oberst Jenatsch, den Gott strafe!« – setzte er leiser und mit innerer Empörung hinzu.

Lucretia stand groß und bleich. Sie hatte die Stimme vor dem Hoftore am ersten Laute erkannt.

»Laß ihn nicht warten! Führe ihn hieher!« befahl sie dem Alten, der sie fragend ansah und nur zögernd gehorchte.

Die Nonne hatte sich erhoben und eine still beobachtende Stellung in der tiefen Fensternische eingenommen. Dort lag auf der Bank ihr Nachtmantel; sie strich ihn zurecht, aber legte ihn nicht um.

Rasche Schritte näherten sich und Georg Jenatsch stand vor Lucretia mit entschlossenem freudigen Antlitze und grüßte sie als Bekannte, doch mit großer Ehrerbietung.

Schwester Perpetua betrachtete mit einem Ausdrucke frommer Einfalt, aber den schärfsten Blicken ihrer halbgeschlossenen Augen die beiden großen Gestalten – und sie wunderte sich.

Kein Kainszeichen war auf der hohen offenen Stirn des Obersten zu entdecken, und – merkwürdig – die Planta stand neben ihm mit strahlenden Augen, kühn und trotzig, wie einst Herr Pompejus geblickt, und schien zur Höhe ihres gewaltigen Feindes emporzuwachsen.

Das von Perpetua sehnlich erwartete Gespräch jedoch begann nicht. Die Schloßherrin richtete das Wort an Lucas, der mit drohender Miene an der Türe stehen geblieben war: »Die fromme Schwester begehrt nach Haus. Die Nacht ist dunkel und der Weg weit. Begleite sie mindestens bis jenseits der baufälligen Rheinbrükke.« Und damit nahm das Fräulein von Perpetua herzlichen Abschied.

So stand die Schwester, ehe sie sich dessen versah, am Hoftore, Lucas aber entzündete eine Pechfackel und schritt mit der rauchenden Leuchte vor ihr her in die Nacht hinaus. »Jetzt schickt sie mich weg«, murrte er hörbar, als wollte er es der frommen Schwester klagen, »und es wäre gerade der rechte Ort und Augenblick!«

Als Jenatsch mit dem Fräulein allein war und ihm gegenüber am Feuer saß, begann er mit kurzen klaren Worten:

»Ihr seid gerechtermaßen erstaunt, Lucretia, daß ich

das Haus Eures Vaters betrete. Doch ich weiß, Ihr traut mir zu, daß ich nicht gekommen bin, Euch zu verwirren mit Wünschen, die ich in meinem geheimsten Herzen gefangenhalte – sonst hättet Ihr mich nicht in den wiederhergestellten Burgfrieden von Riedberg eingelassen. – Und doch komme ich, etwas von Euch zu verlangen – einen großen Dienst, den Ihr mir leisten werdet, wenn Ihr unser Land so liebhabt, wie ich von Euch glaube und wie ich selbst es liebe; denn an meiner Statt müßt Ihr handeln. – Ich schließe ein Bündnis mit Spanien. Dies ist unsere einzige Rettung. Richelieu verrät uns und der gute Herzog ist sein Spielzeug – ein schönes Scheinbild, womit der Gewissenlose uns täuscht und blendet. Aber wer knüpft das rettende Tau? – Ich selbst kann hier nicht fort, weil ich unser Volk zum Bewußtsein der über ihm schwebenden Gefahr aufwekken und den Herzog, den ich als Pfand behalte, mit Beweisen meiner Ergebenheit einschläfern muß ... Ihr staunt, daß ich, Spaniens Feind, zu diesem Gifte greife! ... Wundert Euch nicht. Wenn ich nicht meine Vergangenheit zerstöre und mein altes Ich von mir werfe, so kann ich nicht meines Landes Erlöser sein und Bünden ist verloren. Serbelloni erwartet mich selbst, oder einen, dem ich traue, wie mir selber – wenn ich, sagt er, einen solchen kenne. – Ich traue nur Euch.«

Lucretia richtete den Blick mit zweifelnder Frage auf das von der Flamme beleuchtete, altbekannte Antlitz und las darin die höchste Spannung der Tatkraft und einen tödlichen Ernst.

»Ihr wißt, Jenatsch«, sagte sie, »welcher Partei mein Vater angehörte, wie und warum er starb. Ihr wißt, wie ich ihm glaubte und ihn liebte. Ich konnte mich nie mit

Gedanken befreunden, die nicht die seinigen waren. So ist das französische Wesen – trotz der väterlichen Güte des Herzogs gegen mich Heimatlose – mir immer fern und fremd geblieben. Ich habe mich nie darin zurechtgefunden. Ihr aber seid von Spanien durch viele Blutschuld von alters her getrennt. Ihr, Jürg, verdankt dem guten Herzog das Leben und Euern Ruhm! Er hat Euch mit Vertrauen überschüttet und Ihr kennt seinen herzlichen Willen gegen unsre Heimat – habt Ihr ihn denn nicht lieb? ... Könnet Ihr – ich will glauben der Heimat zum Besten – immer nach Neuem greifen und ohne daß Ihr daran untergehet das alte Wesen wie eine Schlangenhaut abstreifen?«

»Was ist dir der Herzog, Lucretia!« rief er. »Wie magst du um einen Fremdling sorgen! Bist du noch so weichlichen Herzens nach allem, was du gelitten, nach allem, was ich selbst an dir und deinem Hause gefrevelt habe? ... Schau um dich ... in allen unsern Tälern Trümmer und Brandstätten! Soll hier nie Friede werden, nie Freiheit und Gesetz hieher zurückkehren? Der Herzog kann uns nicht herausziehen. Er will sein frommhochzeitlich Kleid nicht beflecken. Doch auch ich habe eine Rede Gottes für mich. Ich wölbe mir die Himmel – spricht der Herr – den Spielraum der Erde aber überließ ich den Menschenkindern ... Siehst du nicht, Lucretia, wie wir alle in diesen Bürgerkriegen Gebornen ein freches, schuldiges Geschlecht sind! ... und ein unseliges. Dort hat der Bruder den Bruder erschlagen und hier liegt trennend eine Leiche zwischen zweien, die sich lieben und angehören. Darum laß uns nicht kleiner sein als unser Los! Ich stehe am Steuer und lenke Bündens Schifflein durch die Klippen mit schon längst blutüberströmten Händen. – Nimm ein Ruder und hilf mir! Zweifle nur jetzt nicht an mir, hilf mir, Lucretia!« drang er in sie.

»Und was willst du, daß ich tun soll?« sagte die Bündnerin und ihre Augen begannen unternehmend zu leuchten.

»Gehe nach Mailand«, fiel er rasch und freudig ein, »dort findest du den Pancraz, der dich beim Gubernatore einführen wird. Serbelloni kennt dich von früher her als die, welche du bist. Unterhandle mit ihm über die Bedingungen, die ich dir niederschreiben will. Hast du mir etwas zu berichten, so tue es durch den Pater, dessen Beistand dir in allen Fällen gewiß ist.«

»Ist es dein Ernst«, fragte sie erstaunt, »wenn du mich als deine Unterhändlerin nach Italien schickst? Wie will ich mich im Labyrinthe der Politik zurechtfinden?«

»Ich verlange nichts von dir«, ermutigte er, »als was du kannst und ich dir auch sonst zutraue: daß du mein Geheimnis bewahrest, und müßtest du es mit dem Leben schützen, und daß du in der Unterhandlung von meinen Bedingungen nicht um eine Linie abweichest. Im übrigen wird dich der brave Pancraz vortrefflich beraten. Gib mir Tinte und Feder, ich will dir die Punkte aufzeichnen, die du festzuhalten hast.«

Lucretia erhob sich und schritt zu der mit astreichem Nußbaumholze bekleideten Rückwand des Turmzimmers. Dort ließ sie die Platte ihres in das Getäfel kunstreich eingefügten Schreibtisches auf die gabelförmige Eisenstütze nieder und der Oberst schrieb, während ihm das Fräulein aufmerksam über die Schulter blickte:

»Donna Lucretia Planta, meine Bevollmächtigte, wird

mit der Exzellenz des Herzogs Serbelloni für mich auf Grund folgender Bedingungen unterhandeln:
Der Gubernatore stellt einen Heerhaufen von über zehntausend Mann bei Fort Fuentes an den Eingang des Veltlins.
Er trifft das Abkommen mit dem Hofe in Innsbruck, daß ein kaiserlicher Heerhaufe von derselben Stärke gegen die bündnerische Nordgrenze bei Finstermünz und am Luziensteig vorrücke.
Die Führer beider Heere gehorchen dem Obersten Jenatsch und betreten den Bündnerboden nicht ohne dieses Obersten schriftlichen Befehl.
Der Oberst Jenatsch verpflichtet sich gegenüber Spanien in weniger als Jahresfrist den Abzug aller in Bünden stehenden französischen Truppen bis auf den letzten Mann zu bewirken.
Dafür verspricht die Krone Spanien, die völlige Unabhängigkeit der drei Bünde in ihren alten Grenzen anzuerkennen und zu gewährleisten.«

Noch einmal überschaute Jenatsch die trocknenden Federzüge, dann setzte er seinen vollen Namen unter das Schriftstück.
Während er vor der ihm entgegentretenden Gestalt einer ungeheuern Tat insgeheim erbebte, wie vor einem heraufbeschworenen Dämon, der ihm helfen oder ihn verderben konnte, war das Fräulein mit ihren Blicken den seinigen über das Blatt gefolgt und hatte sich mit einem Unternehmen, dessen praktische Seite ihr einleuchtete, schneller als zu erwarten war vertraut gemacht. Es schien ihr, daß es sich um einen raschen, klar geplanten, vielleicht unblutigen Handstreich handelte,

und das war ihr lieber, als wenn ihrer einfachen Natur zugemutet worden wäre, die Fäden eines verwickelten Intrigennetzes in die Hand zu nehmen und zusammenzuknüpfen.

In dem Augenblicke als Jenatsch die Vollmacht zusammenfaltete und dem Fräulein übergab, zeigte sich der alte Kastellan, der seine Rückkehr möglichst beschleunigt hatte, auf der Schwelle und der Oberst befahl ihm, seinen Rappen vorzuführen.

»Diesen grauen Bären vergiß mir nicht auf die Fahrt mitzunehmen, Lucretia, seine Treue ist alt und seine Tatzen sind noch gefährlich«, sagte er freundlich, sprang auf und trat mit dem Fräulein ans Fenster. Er zögerte zu scheiden. »Die Nacht ist klar geworden«, sprach er hinausblickend, »wann gedenkst du zu reisen?«

»Morgen vor Tag«, erwiderte Lucretia. »Durch Pancraz wirst du zuerst von mir hören. Jürg, du bist ein gar großer Herr geworden – wie könnt es dir fehlen, wenn Kapuziner und Frauen für dich botenlaufen!« Und die Tränen traten ihr in die Augen.

Dieses halb mutwillige, halb traurige Wort gehörte wieder ganz der Lucretia seiner Jugendtage. Sie stand neben ihm, nur größer und herrlicher, neu erblüht zu bräunlicher Gesundheit im Hauche ihrer Berge. Der Nachtwind bewegte die Löckchen an ihren Schläfen, die sich aus der Krone der dicken dunkeln Flechten gelöst hatten, und ihre leuchtenden Augen blickten ihn an mit einer lautern Kraft, wie sie unter dem ermattenden Himmel des Südens nicht gedeiht.

Alte liebe Erinnerungen erwachten in ihm, er widerstand nicht und umfing sie.

»Mir ist, es sei noch nicht lange her, daß wir da unten

miteinander spielten«, sagte er weich und zeigte auf die im Herbstwinde leise rauschenden Bäume des Riedberger Schloßgartens nieder.
Sie fuhr schaudernd zusammen – ihr Vater war vor ihr aufgestiegen – und blickte, von Jürg sich abwendend, ins Dunkel hinaus.
»Was ziehn dort für Lichter auf der Straße längs dem Heinzenberg, ist es ein Totengeleit?« fragte sie auf das jenseitige Rheinufer deutend.
Jenatsch warf einen scharfen Blick hinüber. »Es sind die Fackeln des Herzogs, der im Schutze der Nacht hinunter nach Chur fährt«, sagte er, blickte noch einmal in ihre nassen Augen, küßte ihr dann rasch die Hand und eilte von hinnen.

Siebentes Kapitel

Herzog Heinrich hatte sich in Chur das stattliche Haus des Ritters Doktor Fortunatus Sprecher zum Quartier erwählt. Der gelehrte Bündner stellte es ihm mit freudigem Diensteifer zur Verfügung, denn es war von jeher sein Ehrgeiz und sein Glück gewesen, sich edeln historischen Persönlichkeiten zu nähern und mit ihnen in einem seinem Geschichtswerke gedeihlichen Verkehr zu bleiben.
Kaum hatte sich der herzogliche Haushalt so standesgemäß, wie es in dem republikanischen Berglande möglich war, in den besten Gemächern der raumreichen patrizischen Wohnung eingerichtet, als nach einer Reihe von düstern stürmischen Tagen der Schnee in schweren

Flocken zu fallen begann. Der Winter brach früh herein und die weiße Decke blieb auf den steilen Dächern und ernsthaften Stufengiebeln der alten Bischofsstadt fast ohne Unterbruch liegen, bis am Ende des Hornungs die Föhnstürme das Land fegten und mit den ersten Märztagen die Sonne Kraft gewann.

Der Winter war dem guten Herzog in gezwungener Muße verflossen, denn er war von seinem Heere im Veltlin durch den unwegsamen Schnee der Berge getrennt und auch seine Verhandlungen mit dem französischen Hofe stockten und wollten zu keinem Ziele führen. Wäre die Sorge um den Abschluß des Vertrages neben andern Sorgen und Ungewißheiten und wäre die an dem tätigen Geiste des Feldherrn zehrende gezwungene Muße nicht gewesen, er hätte sich im Sprecherschen Hause nicht unwohl gefühlt und nicht ungern unter seinen schlichten protestantischen Glaubensgenossen verkehrt.

Der Doktor Sprecher achtete sich durch die Gegenwart Rohans hochgeehrt. Erfüllte sich ihm doch der langgehegte Wunsch, den Lebenslauf seines erlauchten Gastes an der Quelle schöpfend aufzeichnen zu dürfen. Mit der liebenswürdigsten Herzensgüte bequemte sich dieser dazu, seinem Wirte täglich ein Bruchstück seiner Schicksale in italienischer Sprache zu erzählen und in dieser Sprache verfaßte der Doktor auch das Lebensbild, das ein Geschenk werden sollte, denn so hatte es der edle Gast ausdrücklich verlangt, für die Frau Herzogin, die sich noch immer in Venedig aufhielt, und für Rohans Tochter, die dem Herzog Bernhard von Weimar anverlobte Marguerite. Mit dieser erfreulichen, aber privaten Bestimmung seiner gewissenhaften und schönen Arbeit war der Doktor Sprecher nur halb einverstanden. Er hätte sie lieber zum Ruhme des Herzogs und nicht zur Unehre des Verfassers ohne falsche Bescheidenheit alsbald durch die Presse verewigen und in die Welt ausgehen lassen.

Auf andere Weise betätigte sich des Herzogs Adjutant, der junge Wertmüller. Ruhelos trieb er sich in allen hohen und niedern Regionen der kleinen Stadt um. In kürzester Frist war er in Chur eine bekannte Persönlichkeit vom bischöflichen Palaste an, wo er seiner scharfen Augen und boshaften Zunge wegen gescheut, am Spieltische dagegen jederzeit willkommen war, bis hinunter in die dunkelsten Winkelschenken, wo man ihn, wie dort, an den gedehnten Winterabenden gerne kommen und nicht selten noch lieber wieder gehen sah. Es gelang ihm hier, die phlegmatischen Bündner durch seine Sticheleien, politischen Vexierreden und mancherlei andere Brennesseln so lange zu reizen, bis ihnen Dinge entfuhren, die sie nachher schwer bereuten über die Lippen gelassen zu haben.

War das Publikum empfänglich und regte es ihn durch phantasievolle Beschränktheit an, so entfaltete er noch andere in den herzoglichen Gemächern nicht verwendbare, geheime Wissenschaften, die er seinen gründlich getriebenen mathematischen und physikalischen Studien verdankte. Es waren Kartenkünste und Zauberstücke, die dem Locotenenten in den untersten Schichten seines Wirkungskreises den ernstgemeinten Ruf eines Hexenmeisters eintrugen, eine Auszeichnung, die ihm behagte, die aber in Regionen, wo der Weg aus dem erschreckten Kopfe in die derbe Faust ein kurzer ist, mit mancher Lebensgefahr verbunden war. Diese nächtlichen Anfälle und Handgemenge reizten übrigens die kaltblütige Tapferkeit des Locotenenten mehr, als daß sie ihn von seiner tollen Kurzweil gebracht hätten. Auch wußte er sich immer glücklich daraus zu ziehen und so rasch, daß seine militärische Ehre nie Schaden litt und die Verwirrung der Geister und die Arbeit der Fäuste erst dann ihren Höhepunkt erreichte, wenn er schon in den stillen Räumen des Sprecherschen Hauses an den herzoglichen Gemächern vorüber auf den Zehen seiner Kammer zuschritt.

Den Herzog, welchem Wertmüller mit unbedingter Treue und rastlosem Diensteifer ergeben war, und der ihm deshalb vieles nachsah, beunruhigte er ohne Unterlaß durch seine scharfsinnigen Entdeckungen und warnenden Berichte. Wahrlich, er schien es darauf anzulegen, den hohen Herrn zu keinem Behagen kommen zu lassen.

Auf Jenatsch, dessen aufopfernde Treue mit den schweren Verhältnissen wuchs, der den Herzog täglich besuchte und es sich zur Aufgabe machte, seine Sorgen zu verscheuchen, seine leisesten Wünsche zu erraten, seine Befürchtungen ihm abzulauschen und sie entweder durch die eigene fröhliche Zuversicht zu entwurzeln, oder mit beredten, überzeugenden Worten zu widerlegen – auf Jenatsch, den nützlichsten Ratgeber des Herzogs und den Liebling des Volkes, hatte es der verhärtete Locotenente besonders abgesehen. Wertmüllers Gedanken spürten dem Obersten auf allen Schritten und Tritten nach und er wollte aus der Haut fahren, wenn der Herzog seine Warnungen lächelnd fallenließ, weil er sie maßloser Eifersucht auf seinen Günstling oder der Unverträglichkeit dieser zwei grundverschiedenen Temperamente zuschrieb.

Was behauptete Wertmüller nicht alles!

Das Scheitern des Vertrages von Chiavenna, welches Rohan von dem einzigen in das Geheimnis gezogenen Bündner verschwiegen wußte, war, wenn man den Locotenenten hörte, schon längst allgemein bekannt, ja wie absichtlich bis in die fernsten Hütten verbreitet, eine Kunde, die man sich nicht verhohlen ins Ohr sagte, nein, von der die Täler dies- und jenseits der rätischen Alpen widerhallten.

Aber das war das Geringste – Schlimmeres drohte – Bünden unterhandelte mit Spanien, behauptete Wertmüller. Und nicht etwa einzelne Parteigänger und Unruhestifter zettelten, sondern das gesamte Volk war in Gärung und Verschwörung gegen Frankreich begriffen und Jenatsch, der heillose Heuchler, hielt das ganze Spiel des Betruges in der Hand.

Der Herzog pflegte gemeiniglich leichthin zu erwidern, derartiges habe sich noch nie ereignet, es sei schlechterdings undenkbar, daß ein ganzes Volk sich wie eine geheime Gesellschaft verschwöre, unmöglich, daß nicht mindestens einer ihn warnte unter seinen vielen redlichen Anhängern im Lande. Im schlimmsten Falle würde ihn sein Gastfreund, der ruhige, wohlunterrichtete und keiner Partei pflichtige Doktor Sprecher, gegen dessen ehrenwerte Gesinnung selbst der Locotenent nichts werde einwenden können, vor solchen unerhörten verräterischen Anschlägen sicherstellen.

Der unbekehrbare Zürcher ließ das nicht gelten.

Was die Verschwörung eines ganzen Volkes betreffe, so wolle er gerne zugeben, sagte er, daß sie nirgends möglich wäre, als unter den Bündnern, die mit dem nordischen Phlegma die südliche Verschlagenheit in glücklicher Mischung vereinigten. Der erste beste dieses Volkes könne dem geriebensten Diplomaten zu raten geben. Die Staatskunst sei hier so allgemein verbreitet und landesüblich, daß das ganze Volk wie *ein* Mann rede oder schweige, wenn es sich um einen deutlichen Vorteil handle; die Schwierigkeit sei also nur, den langsamen Köpfen die Rechnung klarzumachen und dafür werde der Volksredner Jenatsch ausgiebig gesorgt haben.

Was den gelahrten Herrn Doktor angehe, so wolle er ihm nicht zu nahe treten, aber für mutig halte er ihn nicht, wenigstens nicht einer gewissen geheimen Feme gegenüber, von der man munkle. Er könne hier seine Quellen nicht nennen; aber er müsse glauben, es sei im Lande ein Geheimbund errichtet mit Statuten, die sie den Kletten- oder Kettenbrief nennen – wahrscheinlich um das feste Ineinandergreifen und Zusammenhalten der Bundesglieder zu bezeichnen. Auf Verrat stehe der Tod. Er wolle nun nicht behaupten, daß der Doktor ein Glied dieser Kette sei, er sei nicht das Eisen dazu, aber daß er sich vor diesen Banditen sträflich fürchte, das sei mehr als wahrscheinlich.

Diese Verschwörung, deren Verräter dem Tode verfalle, behandelte der Herzog als eine vom Müßiggange erfundene und geglaubte Schauergeschichte. »Man hat Euch das aufgebunden, Wertmüller«, pflegte er zu scherzen, »um Euerm Argwohne gleich das stärkste Gewürz vorzusetzen! Und gesteht nur, Ihr verdient etwas für Eure böse Zunge.«

Am verdächtigsten war dem Locotenenten die Keckheit, mit der Jenatsch den Herzog über dessen eigene Stellung am französischen Hofe mit schmeichelnden Worten zu täuschen versuchte. Darüber mußte sich Heinrich Rohan doch selber im klaren sein. Was konnte den Bündner dazu bewegen, fragte sich Wertmüller, wenn nicht die teuflische Absicht, den guten Herzog von allen Seiten mit Netzen der Täuschung und dämoschen Irrsals zu umspinnen, um den Sichergewordenen um so gewisser zu verderben? Und sein Haß gegen den Obersten steigerte sich ins Unglaubliche.

Priolo war unverrichteter Dinge von Paris zurückgekommen – Wertmüller nahm an, er sei in das Zögerungssystem des Kardinals eingeweiht und von diesem gewonnen – und wurde mit neuen Briefen wieder weggesandt, welche die dringendsten Vorstellungen enthielten, doch ja die Unterzeichnung des für Frankreich verhältnismäßig günstigen Vertrags nicht länger zu verzögern, nicht die Bündner dadurch spanischen Anerbietungen zugänglich zu machen.

Kaum war Priolo abgereist, so berichtete der tapfere Herr von Lecques, den Rohan an der Spitze seines Heeres im Veltlin zurückgelassen hatte, von drohenden Zeichen des Ungehorsams unter seinen Bündnertruppen, die auf eine allgemeine Gärung im Volke hindeuteten. Er würde, schrieb er, diesen einzelnen Vorfällen weiter keine Bedeutung beilegen, wenn nicht die Spanier in ansehnlichen Massen sich der Grenze näherten, wenn nicht der Herzog von seinem Heere getrennt wäre und sich in der Mitte eines, wie er fürchte, mit der Politik Frankreichs täglich unzufriedener werdenden Landes befände. Er schloß seinen Bericht damit, daß er den Herzog bat und beschwor, sich um jeden Preis mit seinem getreuen Heere im Veltlin zu vereinigen. Sei dies geschehen, habe er, Lecques, seiner peinigenden Verantwortung sich entledigt und den Befehl in die ruhmreichsten Hände niedergelegt, so freue er sich, an der Seite seines Feldherrn, den Degen in der Faust, der ganzen Welt zu trotzen.

Wertmüller vernahm diesen rettenden Vorschlag mit Jubel – und fluchte wütend, als er nach dem nächsten Besuche des Obersten wahrnehmen mußte, daß es diesem gelungen war, den Herzog zu überzeugen, sein Aufenthalt in Chur sei völlig gefahrlos, für die französischen Interessen in Bünden vorteilhaft, bei der Verehrung, die seine Person im Lande genieße, zur Beruhigung der Gemüter sogar unumgänglich notwendig.

Ein Augenblick des Zweifels kam auch für den edlen Herzog. Es war Wertmüller gelungen eine Spur aufzufinden, deren Verfolgung ihn in den Stand setzen konnte, auch das blindeste Vertrauen zu erschüttern. Er hatte in der Schenke zum staubigen Hüttlein die Bekanntschaft eines welschen Quacksalbers gemacht und zufällig erfahren, dieser gedenke jetzt in das Land des Lorbeers und der Myrte zurückzukehren. Das abenteuerliche Männchen, das sich in dem kalten Klima den Magen mit dem gefährlichen weißen Completer wärmte, rühmte sich in prahlerischer Weinlaune seiner hohen diplomatischen Beziehungen und Fähigkeiten; in Wertmüller, der ihn bewundernd anhörte und ihm fleißig einschenkte, blitzte eine Erinnerung auf. Jüngst, als er spät in der Nacht den bischöflichen Palast verließ, hatte er dies unverkennbare Figürchen bei schwachem Mondscheine in einer Ecke des Hofes neben einer Holofernesgestalt und im eifrigsten Gespräche mit dieser erblickt – nur einen Moment, denn die beiden waren beim Klirren seines Schrittes unter einem Torwege verschwunden, aber genügend lang für sein scharfes Auge, um die auffallende Gestalt des Wunderdoktors deutlich gewahr zu werden und in der andern, von einem dunkeln Mantel umhüllten, den Obersten Jenatsch zu vermuten. Das genügte, um den unternehmenden und durch die Winterruhe gelangweilten Locotenenten zu einem lustigen Handstreiche anzufeuern. Er belauerte die Abreise des Italieners, nahm auf ein paar Tage Urlaub, ritt dem fahrenden Wunderdoktor nach und holte ihn auf seinem feurigen Fuchs gegen Abend des ersten Reisetages ein. Wie ein Wegelagerer überfiel er ihn an einer einsamen Stelle der Gebirgsstraße. Der erschrokkene Quacksalber mußte zuerst seinen Apothekerkasten ausräumen und sich dann einer Durchsuchung seiner Person unterwerfen. Wie triumphierte Wertmüller, als er, dem Doktor freundschaftlich auf den Rücken klopfend, ein knisterndes Papier verspürte, das zwischen Tuch und Unterfutter eingenäht war, und dann mit der Pflasterschere des Unglücklichen aus dessen scharlachrotem Rocke unversehrt ein eigenhändiges Schreiben seines Feindes an einen Kapuzinerpater herausschnitt, worin Jenatsch diesem Aufträge an den Gubernatore Serbelloni in Mailand gab. Der Wortlaut freilich war dunkel, aber die Tatsache selbst sprach um so klarer. Nachdem der Locotenent den schlotternden Zahnausreißer beruhigt und aus seiner Reiseflasche gestärkt hatte, jagte er in freudigem Galopp nach Chur zurück. Jetzt war der Verräter Jenatsch in seinen Händen.

Er erreichte die Stadt in vorgerückter Nachtstunde und wurde kaum noch vorgelassen. Der Ungeduldige mußte sich damit begnügen, seinem Herrn den verräterischen Brief mit einer gedrängten Auseinandersetzung des Zusammenhangs zu überreichen. Als Wertmüller dann am nächsten Morgen nach einem glücklichen Schlafe sich dem Herzog vorstellte, fand er diesen in sehr getrübter Stimmung und nicht geneigt, auf eine Besprechung des ihm, wie er sagte, unerklärlichen und sehr schmerzlichen Vorfalles einzugehen. Er müsse auch von anderer Seite sich darüber Aufklärung verschaffen.

Kurz vor der Stunde, zu welcher Jenatsch täglich dem Herzog aufzuwarten pflegte, wurde der Locotenent mit einem Tagesbefehl nach der Rheinschanze beordert, und, so scharf er auch ritt, er kam zu spät, um dem Obersten vor Herzog Heinrich Stirn gegen Stirn entgegenzutreten.

Bei seiner Rückkehr traf er diesen in der heitersten Laune und wie von einer schweren Last befreit.

»Besten Dank für Euern löblichen Diensteifer, braver Wertmüller!« empfing er den Adjutanten. »Diesmal hat er Euch freilich trotz Eures mit Argusaugen blikkenden Scharfsinns in eine grobe Falle gelockt. – Ungern tue ich Eurer Eitelkeit weh. – Jenatsch war hier und ich habe ihn mit aller Offenheit zur Rede gestellt. Er hat sich vollkommen gerechtfertigt. Der Brief ist falsch und die Handschrift auf merkwürdig geschickte Weise nachgeahmt. Der Oberst hat Feinde, in deren Interesse es liegt, ihm mein Vertrauen zu rauben. Sie ahnen nicht, daß sie es mit ihren Kabalen im Gegenteil immer mehr befestigen. Er hat deren namentlich am bischöflichen Hofe unter Euren geistlichen Genossen am Spieltische, Wertmüller. Sie kennen Euch und zählten auf Euern Argwohn und Eure Unternehmungslust. Da Ihr aus Euerm Widerwillen gegen den Oberst und, Euch zur Ehre sei's gesagt, aus Eurer Anhänglichkeit an meine Person kein Geheimnis macht, so war die Intrige der geistlichen Herren bald eingefädelt. Der elende Dottore war ihr bestochenes Werkzeug. – Gesteht, er hat seine Rolle gut gespielt! Wo wird sich ein Italiener den Anlaß zu einer Komödie jemals entgehen lassen! – Was endlich jene nächtliche Unterredung zwischen Jenatsch und dem Quacksalber unfern der bischöflichen Residenz betrifft, die Euch zu denken gab, so hat es damit seine Richtigkeit – sie drehte sich um das Ausschneiden von Leichdornen. Erinnert Euch, daß Ihr über den Obersten gespottet habt, als er vor ein paar Tagen mit einem Pantoffel am linken Fuße einherschritt.«

Wertmüllers herbes Gesicht verfinsterte sich unter dieser Rede dermaßen, daß der Herzog ihm die Hand auf die Schulter legte und ihn freundlich mit den Worten verabschiedete: »Sprechen wir nicht mehr davon, mein Lieber, die Sache ist nicht von Wichtigkeit.«

Fruchtlos brütend, wie er dem Obersten trotz alledem noch beikommen könne, verließ Wertmüller das herzogliche Gemach. In seinem Zustande verbissener Wut bemerkte er nicht, daß ein blondes Engelsköpfchen sich die Treppen heran ihm entgegenbewegte. Es war die goldlockige Tochter des Hauses, Fräulein Amantia Sprecher, die sich mit einem Strauße erster Märzglöckchen zu dem Herzog begab. Nicht nur übersah sie der Ungestüme, er raste in so weiten Sprüngen die Steinstufen hinunter, daß er sie fast niederrannte. Bestürzt hielt sie sich an dem reich verschlungenen Eisengeländer und sah ihm mit ihren unschuldigen blauen Augen sinnend und vorwurfsvoll nach.

War das derselbe Wertmüller, der ihrer Lieblichkeit sonst in auffallender Weise huldigte, der den ganzen Winter einer ihrer bevorzugten Tänzer gewesen war? Auch auf morgen hatte er sie ja wieder zum Balle, dem letzten und glänzendsten des Faschings, eingeladen. Welche Tarantel hatte ihn heute gestochen?

Wohl war er ihr auch sonst zuzeiten rücksichtslos erschienen, wenn er sich spöttisch und wegwerfend über bündnerische Zustände und Sitten äußerte. Wer oder was blieb überhaupt von seiner scharfen Zunge verschont! Mit ihr hatte er doch bis jetzt immer eine Ausnahme gemacht und sie war dafür nicht unempfindlich geblieben.

Ihre sanfte kindliche Schönheit und das Gleichgewicht ihrer durchaus friedfertigen Sinnesart wirkte anziehend und beruhigend auf den quecksilbernen Offizier. Die Sprecherin ihrerseits hatte sich in allen Züchten zuweilen mit dem Gedanken beschäftigt, wie sich dieser zürcherische Unband wohl als Eheherr ausnehmen würde, und hatte seine Tapferkeit, den unbestreitbaren Wert seiner Treue an dem edeln frommen Herzog und seine hochgehenden Lebensaussichten mit weisem Herzen in die Waage gelegt gegen seine Schroffheiten, sein absprechendes Wesen und seine Spöttereien über Geistlichkeit und Gottesdienst, die vielleicht doch im Grunde weniger schlimm gemeint waren, als sie übel klangen. Doch war sie – nach dieser rauhen Begegnung mußte sie sich's gestehen – noch keineswegs zu einem günstigen Ergebnis gekommen.

So entschlug sie sich dieser Gedanken ohne daß es sie

große Mühe kostete und wandelte, den silberhellen Blumenstrauß in ihrer Hand ordnend, langsam die letzten Stufen hinauf.

Fräulein Amantia hegte für den edlen Gast ihres Vaters eine unbegrenzte Verehrung, welche die liebenswürdige Leutseligkeit des Herzogs von jeder Zutat beklommener Scheu befreit hatte. Sie pflegte alltäglich zu einer Stunde, wo er sich nicht ungern stören ließ, in seinem Empfangszimmer zu erscheinen und nach seinen Wünschen zu forschen. Er ermangelte dann nie, hatte er nicht dringende Geschäfte, das gute Kind zurückzuhalten und sich nach den Interessen ihres Tages zu erkundigen.

Heute kam sie eben aus der Wochenpredigt, weniger erbaut als in Zweifel versenkt, denn der Pfarrer Saluz hatte über einen außer der Reihenfolge liegenden Text mit großer Heftigkeit gepredigt, und über welchen schauerlichen Text – den Verrat des Judas Ischariot, Matthäus am sechsundzwanzigsten! Er hatte dadurch seine Zuhörer in große Aufregung versetzt, die sich ängstlich nach dem Zielpunkte dieser Anspielung umsahen, und sich, sagte Fräulein Amantia, fast wie seinerzeit die Jünger fragten: »Herr, wer ist es, der dich verrät?«

Achtes Kapitel

Wenige Tage später, den 19. März, eilte der gelehrte Ritter Fortunatus Sprecher die Treppe zu den Gemächern seines erlauchten Gastes herauf. Diese frühe Morgenstunde konnte unmöglich zur Fortsetzung der

Biographie des Herzogs geeignet sein; auch war das Antlitz des Ritters, der krampfhaft ein großes mit dem Bündnerwappen verziertes Druckblatt in der Hand hielt, wie solche zu öffentlichen Kundgebungen an die Mauer geschlagen werden, heute besonders schwer verdüstert.

Oben angelangt, blieb er atemlos einen Augenblick stehen und sammelte sich. Doch ließ er dem Kammerdiener kaum Zeit ihn anzumelden und drang ohne die gewohnte Rücksicht und Höflichkeit in das Arbeitszimmer des Herzogs ein, wo dieser, seine Bibel lesend, im Erker saß und jetzt, über die Störung erstaunt, zu dem Eintretenden aufblickte.

»Es sind unerhörte Ereignisse«, begann Herr Sprecher, »die mich zwingen, erlauchter Herr, Eure Morgenandacht zu stören. Es ist, kaum wage ich es auszusprechen, die Sorge um die Sicherheit Eurer edlen Person, die mich dazu treibt. Könnt ich Euch doch in mein Herz blicken lassen, damit Ihr darin meine aufrichtige und in jeder Probe stichhaltige Ergebenheit läset, überzeugender als mein Mund sie ausdrücken kann! – In meine geschichtlichen Arbeiten vertieft und gewohnt auf die eiteln Geräusche des Tages wenig zu merken, habe ich leider die Bedeutung der wirren Stimmen unterschätzt, die allerdings in der letzten Zeit an mein Ohr schlugen. Ich wollte Euch nicht unnötig damit beunruhigen.«

Der Herzog erhob sich rasch. »Kommt zur Sache, Herr!« sagte er bestimmt und ruhig. »Was ist das für ein Blatt? Gebt her.«

Sprecher überreichte das verhängnisvolle Druckblatt und stöhnte mit sinkender Stimme: »Es ist der Auf-

stand gegen Frankreich und die Ernennung des Jürg Jenatsch zum Obergeneral der drei Bünde!« –
Rohan durchlief das Blatt und erblaßte.
Es enthielt einen Aufruf an das Volk, der die Beschwerden der Bündner gegen die Krone Frankreich in kurzen, treffenden Worten zusammenfaßte und zum Vertrauen auf Spanien-Österreich aufforderte, das sich bereit erkläre, Bündens alte Grenzen und Freiheiten zu gewährleisten. Alle bündnerischen Waffen wurden unter den Befehl des Jürg Jenatsch gestellt.
Die Schlußworte lauteten:
»Ihr Gemeinden der drei Bünde, greift zum Schwert, erhebt euch zum Landsturm im Namen des Herrn. Sammelt euch bei Zizers nächst Chur am neunzehnten des Märzen.« Hier folgten die Unterschriften der drei Bundeshäupter, obenan diejenige des Amtsbürgermeisters Meyer von Chur.
Der Herzog warf das Blatt empört auf den Tisch. Er rief nach seinen Dienern, befahl zu satteln und fragte nach Wertmüller. Mit diesem wollte er nach der Rheinschanze reiten. Seine schnelle Geistesgegenwart und militärische Spannkraft verließ ihn nicht einen Augenblick.
Während ihn sein Diener ankleidete, wagte der geängstigte Sprecher noch einige Beteuerungen, Andeutungen und Räte.
»Die Unterschriebenen sind alle Mitglieder des Kettenbundes. Gott weiß, ich hielt ihn für eine gemeinnützige Gesellschaft ohne gefährliche Nebenzwecke! – Und dieser Bürgermeister Meyer, der sich immer so verächtlich über den charakterlosen Jenatsch und so feindselig gegen das papistische Spanien äußerte! ... Ich fürchte,

erlauchter Herr, mein Hausrecht wird Euch hier nicht schützen können! ... Ihr kommt durch die nach Zizers strömenden Volksmassen nicht mehr in die Rheinschanze ... Horcht! Mein Gott, nun läutet es auch in der Stadt von allen Türmen Sturm ... Vielleicht ließe sich nächtlicherweile ein Fluchtversuch nach Zürich wagen und von dort würdet Ihr auf Umwegen Euer Heer im Veltlin erreichen!« –

Während dieser Worte war der Galopp eines Pferdes auf dem Pflaster erklungen und schon stand der Adjutant Wertmüller in dienstlicher Haltung, aber mit zornblitzenden Augen vor dem Herzog.

»Die Bündnerregimenter im Domleschg meutern und marschieren mit fliegenden Fahnen auf Chur, Erlaucht«, meldete er. »Ich wäre ihnen bei einem Morgenritte nach Reichenau fast in die Hände gefallen. Sie sind mir auf den Fersen. Hier in der Stadt liegt, wie der edle Herr weiß, nur die Freikompanie der Prätigauer. Treue Leute! Ich habe sie an das nördliche Tor beordert. Ihr Hauptmann Janett schwur mir zu, er sei mit Leib und Leben der Eurige und werde gegen alle Spaniolen und Meineidigen zu Euch stehen. Eure Pferde und Leute sind unten bereit. Noch ist es möglich, wenn die Prätigauer uns den Rücken decken, nach der Rheinschanze durchzudringen. Begegnet uns Volksgesindel, so reiten wir es nieder.«

Herzog Heinrich hieß diesen mutigen Vorschlag, welcher seinen eigenen Entschluß aussprach, mit einer zustimmenden Kopfbewegung gut und schritt, Herrn Sprecher flüchtig grüßend, rasch dem Ausgange zu.

Aber schon war er ein Gefangener.

Als Wertmüller die Türe des Vorsaales aufriß, ertönte

von unten her Gemurmel zahlreicher Stimmen und schleifendes Geräusch treppansteigender Füße. Man vernahm Sporengeklirr und gedämpften Wortwechsel. Der Herzog blieb stehen und legte die Hand an den Degen.

Vor der Tür zauderten und drängten sich Gestalten, die einen in Waffen, die andern in Staatstracht. Keiner wagte es, sich voranzustellen. Jetzt wichen sie zur Seite und gaben Raum. Georg Jenatsch trat aus ihnen hervor und überschritt die Schwelle. Ihm folgten Guler, der Graf Travers und ein stattlicher Mann in bürgermeisterlichem Ornate und goldener Kette mit großgeschnittenem, fleischigen Gesicht und leicht schielenden Augen.

Der Oberst Jenatsch, hinter dessen entschlossenen Schritten die andern nicht ungern zurückblieben, näherte sich barhaupt mit starren blassen Zügen dem Herzog, der stolz und fragend vor ihm stand. Seine Stimme klang ruhig und seltsam kalt, als er zu reden anhob:

»Erlauchter Herr, Ihr seid in unserer Gewalt. Unser Aufstand ist Gegenwehr und gilt nicht Euch, sondern der Krone Frankreich. Was Euch dunkel blieb, ist uns klargeworden: Der Kardinal will den von Euch mit uns vereinbarten Vertrag nicht unterzeichnen. Er will uns festhalten und im Tauschhandel des in Aussicht stehenden allgemeinen Friedensschlusses als französische Ware verschachern. Das Pfand Eurer reinen Ehre, das er uns in die Hände gab, würde er leicht verscherzen. So hat uns der König von Frankreich und sein Kardinal dazu getrieben, bei unserm Erbfeinde billigere Hilfe zu suchen, die uns auch gewährt wurde. Gott weiß, was es

uns gekostet hat unsere Freiheit unter Spaniens Schild zu stellen. –
Was wir von Euch verlangen und warum Ihr es uns gewähren werdet, das kann ich Euch mit wenigen Worten darlegen. Vor Eurer Rheinschanze strömt Bündens ganzer Landsturm zusammen. Die Regimenter rücken in Chur ein. Ich habe sie ihres Gehorsams gegen Euch entbunden und den Eid ihrer Treue den Häuptern unserer drei Bünde schwören lassen. Die Österreicher stehen am Luziensteig, die Spanier bei der Festung Fuentes, beide mit Übermacht. Auf ein Wort von mir überschreiten sie die Grenze. – Seht hier meine spanisch-österreichischen vom Kaiser selbst und vom Gubernatore Serbelloni unterzeichneten Vollmachten!« – und er entfaltete zwei Papiere. »Lecques kann Euch nicht befreien, denn bei seiner ersten Bewegung gegen die Alpenpässe rücken die Spanier von Fuentes her ins Veltlin. – Ihr seht, Euer Heer ist von allen Seiten eingeklemmt; nur Ihr könnt es Euerm Könige retten, und Ihr tut es, wenn Ihr dieses Übereinkommen unterzeichnet.« –
Jenatsch nahm ein drittes Papier aus der Hand des Bürgermeisters von Chur und las:

»›Die Rheinschanze und das Veltlin werden von den Franzosen geräumt.
Sie verlassen Bünden als Freunde und in kürzester Frist.
Der Herzog Heinrich Rohan, Pair von Frankreich und Generallieutenant der französischen Armee, bleibt als unser Bürge in Chur, bis zur Vollziehung dieses seines mit uns geschlossenen Übereinkommens.

Und dies Übereinkommen verspricht der erlauchte Herzog bei seiner Ehre auch dann in Treuen zu vollziehen, wenn Gegenbefehl vom französischen Hofe einträfe.‹ –

So steht es. Wir haben nicht das Recht, erlauchter Herr, Eure Liebe zu Bünden anzurufen, denn wir haben uns ohne Euch und wider Euch geholfen. Aber bedenkt, daß Ihr, wenn Ihr den Vertrag nicht unterzeichnet, dieses Land, das gewohnt ist, Euch als seinen guten Engel zu verehren, durch Euren Widerstand in blutiges, unabsehbares Elend stürzt.« –

Der Herzog nahm die Rolle nicht. Er wandte sich mit einer zornigen Träne ab, dann sagte er und seine Stimme bebte: »Ich habe schon vielen Undank erfahren – aber noch nie ist mir auf so bittere Weise mein Vertrauen mit Verrat und die von mir dem Rechte des Kleinen erwiesene Ehre mit Schlangenbissen und Schmach heimgezahlt worden. – Ich unterzeichne nicht. – So tief kann ich Frankreich und seinen Feldherrn unmöglich erniedrigen.«

Die Stille, die jetzt entstand, wurde durch einen Tumult vor der offen gebliebenen Türe unterbrochen.

Durch das die Treppen füllende Volk drängte sich ein breitschultriger, rothaariger Kriegsmann und man hörte ihn dringend nach dem General Jenatsch fragen. Unwirsch rief ihm dieser entgegen: »Ihr stört hier, Hauptmann Gallus! Was gibt's?«

»Ich muß Eure Ordre haben«, rief die rohe Stimme. »Janetts Prätigauer wollen den neuen Eid nicht schwören. Sie meinen, Ihr verhandelt sie an die spanischen

Pfaffen, und sagen, sie hätten Frankreich geschworen und gehorchten niemandem als dem Herzog.«

Jenatsch war vor Wut totenbleich geworden. Er warf den Kopf nach dem Sprechenden herum und schrie ihn heiser an: »Mein Regiment gegen sie vorgeführt! Erschießt sie alle!« Dann wandte er sich wieder dem Herzog zu und drohte, wie außer sich, mit erstickter Stimme: »Ihr Blut über Euch, Herzog Rohan!«

Der Herzog zuckte und stand eine Weile in schmerzlichem inneren Kampfe. Endlich ergriff er mit zitternder Hand die auf dem Tische liegende Rolle, wandte sich und schritt der Türe seines Arbeitszimmers zu, die der ihm folgende Wertmüller fest hinter ihm verschloß.

Jenatsch kehrte sich, immer noch tief erblaßt, zu dem Bürgermeister. »Unsere Sache ist gewonnen«, sagte er. »Man muß dem Herzog Rohan Ruhe lassen. Entfernt die Leute. Ich stehe dafür, daß er unterschreibt.«

Dann befahl er dem Hauptmann Gallus, der unschlüssig stehen geblieben war: »Sagt dem Janett, seine tapferen Prätigauer sollen des Eides wegen unbehelligt bleiben. Der Herzog sei mit der Regierung der drei Bünde einverstanden und werde die Kompanie in kurzem seinen Willen wissen lassen.« – – –

Wenige Minuten waren verstrichen und die Gemächer des Herzogs hatten sich zu leeren angefangen, als die innere Türe sich öffnete und Wertmüller mit dem von Rohan unterschriebenen Vertrage in der Hand erschien.

»Wer von den Herren hier hat gegenwärtig das Ding in Händen, das in Bünden mit dem unpassenden Namen ›gesetzliche Gewalt‹ bezeichnet wird?« fragte er schneidend und streckte dem Bürgermeister von Chur, der mit ernster Amtsmiene vortrat, die Bündens Los entscheidende Rolle entgegen mit einem Ausdrucke von verächtlicher Schärfe, dessen nur sein Gesicht fähig war.

Herr Fortunatus Sprecher, der gerade oben an der Treppe einige bündnerische Staatspersonen beglückwünschend wegkomplimentiert hatte, sah jetzt einen jungen Mann in Reisekleidern atemlos die Stufen hinaneilen, ergriff seine Hand und zog ihn beiseite, um ihm das Geschehene mit bedauernden Worten mitzuteilen. Es war der längst erwartete und in diesem verhängnisvollen Augenblicke eben von Paris angelangte Priolo.

»Um Gott«, rief Priolo, »haltet mich nicht auf, Herr Doktor. Vielleicht ist es noch Zeit. Ich muß zum Herzog – der Vertrag von Chiavenna ist unterschrieben – alles und mehr gewährt! Nur schließt keinen Bund mit Spanien!« Und er durcheilte das Vorgemach.

Als ihn Jenatsch, der im Gespräche mit dem Bürgermeister stand, mit verstörtem Gesichte vorüberhasten sah, sagte er zu diesem mit bitterm Lächeln: »Der Kardinal glaubte sich des Schicksals bemächtigt zu haben, doch diesmal hat es ihn gefoppt.«

Meyer antwortete nicht, aber er umfaßte die Schicksalsrolle mit gefalteten Händen.

Eine Stunde später war es in den äußern Gemächern des Herzogs still und einsam geworden. Jenatsch allein schritt im Vorzimmer auf und nieder, die aus dem Geschehenen hervorbrechende Zukunft erwägend. Was ihn beunruhigte, war das Los seines Gefangenen, und er verweilte hier in der Hoffnung, das unlängst ihm so freundliche Antlitz noch einmal zu sehen. Daß Herzog Heinrich ein Sklave seines gegebenen Wortes sein werde, daran zweifelte der Verräter keinen Augenblick; aber es war ebenso gewiß, daß der Kardinal einen Haß werfen würde auf Rohan, das Werkzeug, dessen edler feiner Stahl zerbrochen war in seiner es mißbrauchenden Hand, und daß der Herzog Frankreich nicht wieder betreten könne, ohne der Rache Richelieus zu verfallen. Jenatsch hätte ihn gerne vor dieser Rache sicher gewußt – aber wo? Welches war die Stätte, die dem Arme des Kardinals ihn entzog und die doch kein trostloses Exil für ihn war, das zu erwählen er sich weigern würde? Er wartete vergebens. Der Herzog kam nicht und als endlich die Tür sich öffnete, war es der Adjutant Wertmüller, der, ein Schreiben in seine Brieftasche steckend, heraustrat und ohne Gruß an ihm vorüberschreiten wollte.

»Könnt Ihr mir nicht eine kurze Audienz bei dem Herzog verschaffen, Wertmüller? ... In seinen eigenen Angelegenheiten«, fragte der Bündner.

»Damit verschont Ihr ihn besser«, versetzte der Locotenent. »Euer Anblick hat für ihn seinen Reiz verloren. Was seine persönlichen Angelegenheiten betrifft, so seid Ihr nicht der Mann, sie erfreulich zu ordnen. Er hat es eben selbst getan.«

»Er hat schon über seine Zukunft entschieden?« fragte Jenatsch gespannt. »Geht er nach Zürich oder Genf? dort könnte er in edler Muße seinen Studien leben.«

»Ein militärisches Handbuch schreiben, meint Ihr?« höhnte Wertmüller. »Nicht doch! In der Lage, die Ihr ihm so kunstvoll bereitet habt, bleibt für Herzog Ro-

han nur eines übrig: der Tod auf dem Schlachtfelde. Ihr begehrt zu wissen, wohin mein Herr sich wenden wird, wenn er aus Euern Judasarmen sich losgemacht hat, und ich will Euch nicht belügen – entgegen der Sitte, die von Euch hiezulande eingeführt wurde.
Ich überbringe ein Schreiben meines edlen Herrn an den Herzog Bernhard von Weimar, seinen Schwiegersohn, worin er sich zu gemeinem Reiterdienste im deutschen Heere anbietet. Kann ich Euch etwas an den Herzog Bernhard ausrichten? Besinn ich mich recht, so folgtet auch Ihr einst seiner Fahne. Er wird sich über Euch wundern. Noch heute reit ich ab und genieße so auch meinerseits zum letzten Male Euern Anblick. Wäre ich dessen nie teilhaft geworden! Besonders jenes Mal vor der Festung Fuentes nicht, als Ihr in gebührenden Ehren einherschrittet ... schon damals mit spanischem Gefolge! Manches stünde besser und Ihr wäret schon längst an Euern richtigen Platz erhöht.«
»Ihr reizt mich nicht«, sagte der andere finster. »Ich bin des Blutes satt und an Eurer persönlichen Achtung liegt mir nicht das mindeste. – Was ich für mein Land tue, versteht Ihr nicht. – Geht und sagt dem Herzog Bernhard«, schloß Jenatsch und schritt, das Haupt übermütig zurückwerfend, dem Eingange zu, »er möge sich vorsehn, daß er sein Elsaß so glücklich den Krallen Frankreichs entwinde wie ich mein Bünden.«

Neuntes Kapitel

Der warme Mai hatte das Tal des Rheins mit Blüten und üppigem Grün bedeckt, als das französische Heer auf seinem durch den Märzvertrag erzwungenen Rückmarsche aus dem Veltlin sich auf der staubigen Landstraße von Reichenau her den Toren der Stadt Chur näherte.

Das dem Herzog Rohan abgerungene und von Priolo nach Paris gebrachte Übereinkommen war dort genehmigt worden, wenn auch in gewundenen Ausdrücken, aus welchen das widerwillige Sträuben des Kardinals deutlich hervorblickte. Der Schrecken und Ärger am französischen Hofe über den in einem fernen Bergwinkel mit beispielloser List geplanten Gewaltstreich war groß gewesen. Niemand hatte bis jetzt den Namen des unbekannten Abenteurers, der ihn ausgeführt, der Beachtung wert gehalten. Dennoch ging man auf das Übereinkommen ein, mußte darauf eingehen. Der dem Kardinal an kluger Berechnung gleichstehende Bündner hatte die Maschen des Netzes zu fest geknüpft und zu sicher zusammengezogen, als daß selbst die Schlauheit Richelieus eine Lücke zum Durchschlüpfen gefunden hätte. Vielleicht dachte dieser noch an die Möglichkeit, es mit Gewalt zu zerreißen, aber dafür war der sein gegebenes Wort hoch und heilig haltende Rohan nicht zu verwenden.

Dieser war seinem anrückenden Heere nicht entgegengeritten und befand sich nicht in dessen Mitte. Nach dem grausamen Auftritte im Sprecherschen Hause hatte ihn ein Rückfall seines Übels aufs Krankenlager geworfen, und jetzt war er kaum so weit genesen, um in eigner Person sein Heer über die wenige Meilen von Chur entfernte bündnerische Grenze führen zu können. In der frischen Morgenstunde des nächsten Tages wollte er sich zum letzten Male als Feldherr an die Spit-

ze seiner Truppen stellen, um mit ihnen das Land zu verlassen, für das er so viel getan und das ihm seine Liebe so schlecht gelohnt hatte.
Als die das Heer verkündende große Staubwolke sich näherte, strömte viel Volk aus der Stadt, jung und alt, den anrückenden Franzosen entgegen, welchen die Bürger von Chur niemals wie die wilden Leute der Gebirgstäler abhold gewesen, und die sie jetzt um so lieber sahen, als es das letzte Mal war und die langjährigen Gäste am nächsten Morgen das Land für immer räumten.

Da sprengte ein Reitertrupp aus dem Tor und trieb die auf der heißen Straße ziehenden Massen auseinander. Es waren Bündneroffiziere, voran auf einem schwarzen Hengst ein Reiter in Scharlach, von dessen Stülphute blaue Federn wehten, der jedem Kinde bekannte Jürg Jenatsch.
Das Volk sah dem mit seinem Reiterbegleite in den aufgejagten Staubwolken schon wieder Verschwindenden mit Bewunderung und leisem Grauen nach, denn es ging die Sage, der arme Pfarrerssohn, welcher der mächtigste und reichste Herr im Lande geworden, habe seinen Christenglauben abgeschworen und seine Seele dem leidigen Satan verschrieben, darum habe er in den unmöglichsten Anschlägen Glück und Gelingen.
Lauter und näher ertönte die Feldmusik. Das Volk verteilte sich auf die grünen Wiesen und Halden zu beiden Seiten des Weges und bildete eine lebendige Hecke. Die französische Vorhut zog vorüber, aber die gebräunten Krieger schritten in raschem Tempo, ohne den grüßen-

den Zuruf der neugierigen Churer zu erwidern, und dieser wurde schüchterner und verstummte nach und nach.

Dort an der Spitze der jetzt heranrückenden Kerntruppen wurde neben Jürg Jenatsch der französische Befehlshaber Baron Lecques sichtbar. Aber der Franzose schien jenem für sein Geleit wenig Dank zu wissen. Stolz und verschlossen ritten die beiden nebeneinander. Der alte Degen konnte die Gegenwart des Bündners kaum ertragen. Das jugendliche Feuer seiner Augen sprühte Funken des Hasses und strafte die Silberfarbe seines kurz geschorenen Haares Lügen. Er hatte heute den schneeweißen Schnurrbart noch steifer und herausfordernder als sonst aufwärts gedreht und das gesund davon abstechende rotbraune Gesicht glühte von verhaltenem Zorn, während seine Faust kampflustig die tapfere Klinge blitzen ließ.

Die Regimenter zogen nicht durch das Tor ein, sondern vollführten eine Schwenkung links um die Mauern der Stadt. Sie sollten während der kurzen warmen Mainacht längs der vom Nordtore nach der nahen Grenze führenden Heerstraße im Freien ein Feldlager aufschlagen. Als dies geschehen war und die Sonne unterging, beeilten sich die Offiziere, über hundert an der Zahl, die Stadt zu besuchen, um sich ihrem Feldherrn, dem Herzog Rohan, vorzustellen, die Mängel ihrer persönlichen Ausstattung in den Kaufläden von Chur zu ersetzen und sich, jeder nach seinem Geschmacke, einen möglichst vergnügten Abend zu machen.

Auch Lecques ritt, nachdem er seine letzten Befehle für den Aufbruch in der Frühe gegeben, durch die Reihen der überall brennenden Feuer, an welchen die Soldaten eben ihre Abendkost bereiteten, und wandte sich, nachdem er das ganze Lager mit scharfen Blicken gemustert, langsam nach der Stadt. Hier trat er zuerst in das Gasthaus zum Steinbock, wo er seine Offiziere nach Abrede versammelt wußte, und dann begab er sich sogleich zu Herzog Rohan, den er in dieser späten Abendstunde allein zu finden hoffte.

Er traf den Herzog zur Abreise bereit. Seine Angelegenheiten waren geordnet und der Abschied von seinen Gastfreunden war genommen. Die französischen Offiziere hatte der Feldherr zwar empfangen, aber nach wenigen liebenswürdigen Worten schnell wieder entlassen. Seine letzten Stunden in Chur wünschte er in stiller Sammlung und einiger Ruhe zu verbringen.

Gerne hätte er auch für den nächsten Morgen jedes Geleit und jede Abschiedsfeierlichkeit abgelehnt, allein Herr Fortunatus Sprecher hatte mit Tränen in ihn gedrungen, doch der Stadt Chur, welche ihm, wie das ganze Land, so unendlich viel zu danken habe und deren Ergebenheit gegen seine verehrte Person trotz allen bösen Scheins immer dieselbe geblieben sei, doch ja diese unaustilgliche Schmach nicht anzutun, und der Herzog fügte sich diesem aus einer wunderlichen Gefühlsverwirrung hervorgehenden Wunsche, den er im stillen ironisch belächelte.

Als Lecques von dem Kammerdiener eingeführt wurde, trat ihm Heinrich Rohan mit vornehmer Ruhe entgegen und sprach ihm seine Anerkennung aus für die Umsicht und Raschheit, womit er seinem Befehle gemäß das Heer aus dem Veltlin zurückgeführt habe.

»Da das Unausweichliche geschehen mußte«, fügte er bei, »so war es ehrenhafter, daß es schnell geschah –

und ich danke es Euch, daß Ihr meinen mir peinlich werdenden Aufenthalt in Chur durch Euern schnellen Marsch gekürzt habt.«

Baron Lecques sah seinem General forschend in das bleiche Angesicht und sagte mit einiger Schärfe: »Meinerseits, erlauchter Herr, fürchtete ich durch meinen schnellen Gehorsam die Interessen Frankreichs bloßgestellt zu haben. Es kann Euch nicht unbekannt sein, daß Euer Sekretär aus Paris Gegenbefehl gebracht hat; doch er ist, weil Ihr mir Eile befahlt, zu spät gekommen. Bedauerlicherweise traf mich Priolo schon diesseits der Berge im Dorfe Splügen.«

»Priolo hat sich gestern bei mir beurlaubt«, erwiderte der Herzog achselzuckend, »ich kann ihn nicht zur Rede stellen. Von einem zweiten, die Ordre zum Abmarsche widerrufenden Befehle, der durch meine Vermittlung an Euch gesandt worden wäre, weiß ich nichts.«

Lecques öffnete seine Brieftasche und legte dem Herzog eine vom König und Richelieu unterzeichnete, in sehr bestimmte Ausdrücke gefaßte Weisung vor, die ihm befahl, das Veltlin mit seinen Truppen zu halten, und die französische Ehre mit seinen tapfern Waffen um jeden Preis herzustellen.

Die Furche des Grams auf der durchsichtigen Stirne des Herzogs zeichnete sich schärfer. Er öffnete ein Portefeuille, das auf dem Tische lag, und entfaltete die an ihn gelangte Vollmacht zum Abschlusse des von den Bündnern ihm aufgenötigten Vertrags. – Sie war St. Germain, den 30. März, datiert und von Ludwig XIII. und Richelieu unterzeichnet. Er hielt sie mit der Ordre zusammen, die ihm Lecques überreicht hatte.

»Beide Dokumente tragen die Namenszüge des Königs

und des Kardinals«, sagte er ernst. »Vergleicht. Die Echtheit keiner dieser Unterschriften ist anzufechten. – Der *Euch* gegebene Befehl opferte meine Ehre und wohl auch mein Leben ... warum habt Ihr ihn nicht ausgeführt?«

»Weil es zu spät war, denn ich hatte die Festungen schon geräumt«, sagte Lecques trocken.

»Und besonders«, fügte er rasch und mit Wärme hinzu, »weil ich, wie die Lage war, ohne Euch, erlauchter Herr, nicht handeln wollte. Ich bin der Meinung, mit diesem letzten königlichen Befehle in meinen Händen sei auch jetzt noch nichts verloren und es sei noch früh genug, dem Wunsche und Willen des Königs nachzukommen und den Frankreich beschimpfenden Verrat zu rächen. Jetzt um so sicherer, als Feldherr und Heer wiedervereinigt sind! – Mein Plan ist gemacht, wollet ihn anhören.«

Er führte den Herzog in den turmähnlich vorspringenden Erker, dessen Fenster in der lauen stillen Mainacht offen standen, und fuhr mit gedämpfter Stimme fort: »Es liegen keine Bündnertruppen in der Stadt und ihrer Umgebung. Jenatsch hat die Regimenter ins Prätigau verlegt, um jeder Reibung mit unsern durch den ruhmlosen Rückzug gereizten Soldaten vorzubeugen. Nur einige Haufen Landsturm bewachen die Tore. Jenatsch und die Obersten, die uns schamloserweise morgen ihr schadenfrohes Ehrengeleit bis an die Grenze geben wollen, durchzechen die Nacht zur Feier unsers Abzuges im Schenkhause zur Glocke. Die hellen Fenster dort in der zweiten Straße sind die Lichter des Gelages. –

Die Rache liegt in unsrer Hand! Hundertundfünfzig

unserer Offiziere sind in der Stadt, lauter tapfere Edelleute, alle entschlossen den Frankreich verräterisch angetanen Schimpf mit ihren Degen zu rächen.
Wir besetzen vorsichtig die Ausgänge der Glocke, dringen mit Übermacht ein und stoßen die trunkenen Meuterer bis auf den letzten Mann nieder. Auf ein von mir mit dem Lager verabredetes Zeichen werden die Stadttore von außen mit Petarden gesprengt. Unsere Truppen rücken ein und besetzen die Stadt. Die Churer sind in ihrer großen Mehrzahl immer den spanischen Kabalen entgegen und uns Franzosen zugetan gewesen. Sie rufen halb gezwungen, halb einverstanden: Vive la France! und seid versichert, Herr, in wenigen Tagen stimmt ganz Bünden ein, denn im Grunde verabscheut es das spanische Bündnis. Einer hat den ganzen Verrat gebraut, der büßt zuerst – ich nehm ihn auf mich. Hat erst einmal der Judas seinen Lohn empfangen«, rief er mit unverhaltenem Zorn, »so wird sich die Szene, glaubt mir, mit *einem* Schlage verwandeln!«
»Gedenkt Ihr den Ruhm Frankreichs mit einem Wortbruche und einer Mordnacht wiederherzustellen?« sagte der Herzog streng.
Lecques wies auf seine Vollmacht. »Ich erfülle damit den Willen des Königs meines Herrn«, verteidigte er sich. »Der gelehrte Kardinal ist in Entscheidung von Gewissensfragen ein Meister; in seinem Katechismus steht: Verrat gegen Verrat. Das durch die rohe Gewalttat, die am 19. März dieses Hauses Gastrecht entehrte, Euch entrissene Wort verpflichtet Euch weder vor Gott noch vor den Menschen, hättet Ihr es auch auf die Hostie oder auf das Evangelium geschworen.«
»Mein Gewissen entscheidet anders«, erklärte Hein-

rich Rohan bestimmt und ruhig. »Noch bin ich Euer Feldherr, noch seid Ihr mir Gehorsam schuldig und Ihr werdet ihn leisten. Sprecht mir nicht mehr von Eurem Anschlage. Er würde, wenn er gelänge, die an der Grenze stehenden Österreicher und Spanier ins Land ziehn und den furchtbarsten Krieg entflammen. Ihr selbst habt es gesagt: Ein einziger war fähig, diesen kalten Verrat zu begehen. Das Volk ist unschuldig und verdient es nicht, was der eine verbrochen durch ein so grausames Los zu büßen. Ich halte den Vertrag und glaube nicht, daß der Glanz unserer Lilien dadurch verdunkelt werde; aber selbst wenn Frankreichs Waffenehre, wie Ihr meint, damit getrübt würde – ich müßte den Vertrag dennoch halten.«

»So spricht kein Franzose!« brauste der andere auf.

Der Herzog bewegte die Hand nach dem Herzen. Er wußte es, aber es wurde ihm heute zum ersten Male gesagt – daß er sein Vaterland verloren habe.

»Ist es für mich unmöglich, zugleich ein Franzose und ein Ehrenmann zu bleiben«, sagte er leise, »so wähle ich das letztere, sollte ich auch darüber heimatlos werden.« Und die beiden traten in das Gemach zurück.

Es war kühl geworden und das Fenster hatte sich geschlossen. In den Mondschein, der den stillen Platz vor dem Hause füllte, trat jetzt eine große Gestalt, die schon längst mit verschränkten Armen, den Rücken an die Mauer gelehnt und den Sprechenden unsichtbar, unter dem Erker gestanden hatte. Nachdem Herr von Lecques mit harten klirrenden Tritten das Haus verlassen und sich um die Ecke gewendet hatte, schritt sie noch eine Weile gesenkten Hauptes im Schatten der jenseitigen Häuserzeile auf und nieder, von Zeit zu Zeit den Blick zu dem Erker des Herzogs erhebend, bis der Lichtschein erlosch. Jetzt blieb sie an der Einmündung einer Seitenstraße stehen. Wieder ertönten Schritte. Es war ein schwankender, hagerer Mann in der Tracht der spanischen Edelleute, der sich näherte und einen Augenblick unschlüssig stehen blieb. Erst maß er den auf dem Platze nächtliche Wacht Haltenden mit scharfen Blicken, dann trat er auf ihn zu und redete ihn als Bekannten an.

»Dacht ich mir's doch, Signor Jenatsch«, begann der im spanischen Mantel, »daß Ihr Eure Beute zärtlich hütet. In der Glocke wußte man nicht, wo Ihr hingeraten wäret. Gut, daß ich Euch finde und gerade wo ich Euch vermutet. Ihr dürft den Herzog nicht abreisen lassen! Sonst würdet Ihr Spanien einen schlechten Dienst erweisen, der auf die Aufrichtigkeit Eurer bisherigen Leistungen ein eigentümliches Licht würfe. Serbelloni hielt es für überflüssig, Euch nahezulegen, daß Ihr den Herzog in der Hand behaltet und ihn seine berühmte Waffe nicht wieder gegen Spanien-Österreich erheben lasset. Er meinte, das wäre gleichsam ein selbstverständlicher geheimer Artikel Eures Übereinkommens mit Spanien, den es nicht nötig sei Euch besonders unterschreiben zu lassen. Ich aber sagte ihm, daß ich Euch von Kindheit an kenne und daß im Verkehr mit Euch, wie übrigens mit jedermann auf dieser, wie die neuesten Gelehrten behaupten, sich drehenden Erde, nichts besser sei, als ein guter schriftlicher Kontrakt. Den hab ich nun mitgebracht und Ihr werdet Euch wundern, welch hübsches Angebot ich Euch mache.

Gegen Heinrich Rohan die Festung Fuentes!

Das heißt natürlich ihre von Bünden längst begehrte Schleifung. Den Herzog behaltet Ihr, oder besser, da das Sprechersche Haus unter seinem Range und ihm durch Euren Besuch vom neunzehnten März verleidet sein möchte, Ihr liefert den frommen Herrn nach Mailand, wo ihm ein stilles und angenehmes Privatleben gesichert ist. Klüger wäre es freilich gewesen, Ihr hättet ihn, wie es der Wunsch des Herrn Gubernatore war und ich Euch schrieb, vor Wochen schon in die Hände Eures spanischen Verbündeten befördert, bevor das französische Heer über den Splügen rückte, wo es mich heute – denn ich komme stracks von Mailand – zeitraubend aufgehalten hat.
Warum habt Ihr meine Briefe nicht beantwortet? Das ist nicht klug und auch nicht hübsch von einem Jugendfreunde. Zum Glück ist es noch Zeit. Der Herzog ist noch da und krank dazu, wie man mir erzählte. Es wird einem Diplomaten von Eurer Gewandtheit nicht an einem Vorwande fehlen, den unter Eurem Zauber stehenden Herrn noch einige Zeit freundschaftlich in Chur zurückzuhalten. Kann er doch nicht in Person sein Heer nach Frankreich zurückführen! Schließen wir den Handel? Fuentes gegen den Herzog? Ihr schweigt? ... Das gilt wohl bei Euch, wie bei gemalten Heiligen und schönen Frauen, als Ja.«
Jenatsch hatte ihn mit wortloser, zorniger Verachtung angehört: »Hebet Euch von dannen, Rudolf Planta«, sagte er jetzt mit gedämpfter aber heftiger Stimme, »noch seid Ihr in Bünden verfemt, und wer Euch hier betrifft, hat das Recht Euch niederzustoßen. Serbelloni weiß, daß ich mit Leuten Eures Schlages nicht unterhandle. Er kennt meine Bedingungen, von denen ich

nicht um die Breite einer Degenklinge abweiche. Ich bin mit Spanien in Unterhandlung getreten, um die Freiheit und Würde meines Heimatlandes zu sichern: Ihr aber habt Euch darum nie gekümmert, sonst würdet Ihr mir eine solche Niedertracht nicht zumuten. Serbelloni weiß nicht darum – das schlägt in Euer Fach und ist ein Geschäft zu Eurem Vorteile. Ist es doch nicht das erste Mal, daß Ihr edles Blut verkauft und schnöden, feigen, schmachvollen Menschenhandel treibt! – Schande über Euch!«

Planta lachte höhnisch auf: »Ei, ei, edler Herr, Ihr seid den spanischen Goldstücken auch nicht abhold ... Wie wäret Ihr sonst zu Reichtum und Ehren gekommen, während ich von allen meinen angestammten Gütern und festen Sitzen in Bünden durch einen gewissen demokratischen Pfarrer, den Ihr wohl jetzt nicht mehr leiden mögt, und durch seine Pöbelhaufen verjagt wurde, und – Gott sei's geklagt – noch immer verschuldet, ein armer fahrender Ritter bin. – Doch keinen Groll! Wir essen jetzt das Brot desselben Herrn. Ich weiß wie große Summen an Euch versandt wurden – Ihr dürft nicht scheel sehen, daß auch ich ein einträgliches Geschäft mir ausgedacht habe.«

»O Schmach«, brach Jenatsch los, »von einem solchen Schurken zu seinesgleichen gezählt zu werden. War es nicht billig, daß Spanien den Sold vergüte, um den Frankreich unsere Truppen betrog!«

»Der Dukatensegen ist durch Eure Finger geströmt«, spottete Planta, »wie sollte er sie beim Durchrinnen nicht vergoldet haben!« ...

»Zieh, Bube, damit ich dich nicht ermorde!« rief Jenatsch bebend und riß den Degen aus der Scheide.

Der andere aber hatte sich schon während seiner letzten Rede an die Ecke der Seitenstraße zurückgezogen. »Ich werde Eure guten Gesinnungen in Mailand zu rühmen wissen!« kicherte er noch aus dem Schatten der Häuser hervor und war verschwunden.

Zehntes Kapitel

Kaum erglühten die Turmspitzen von Chur im ersten Morgengolde eines wolkenlosen Maitages, als es schon vor den Stadtmauern und in der langen Gassse, die vom Sprecherschen Hause zum Nordtore führte, lebendig wurde. Französische Offiziere sprengten hin und her, aus der Stadt nach dem Lager, dessen Zelte schon abgebrochen waren, und von den marschfertigen Truppen zurück zum Herzog, um ihn als ein glänzendes Gefolge zu umringen und in ihm die französische Ehre, die, wie es ihnen schien, in diesem Lande Schaden gelitten, mit ihren kriegerischen Gestalten zu decken.
In der Straße, die Rohan durchreiten sollte, standen die Churer barhaupt in zwei gedrängten Reihen längs der Häuser, und alle Fenster bis zu den Dachluken hinauf waren mit neugierigen Köpfen gefüllt. Alles Volk wollte den guten Herzog noch einmal sehen und begleitete ihn mit Wünschen und aufrichtigen Tränen.
Als er an der Spitze seines stolzen Zuges langsam dem Tore sich näherte, fand er einen löblichen Rat und die Geistlichen der Stadt zu seiner Rechten aufgestellt. Die Herren hatten sich in vollem Ornat jeder nach seinem Range auf den Stufen einer breiten Freitreppe verteilt, die zu der Pforte eines patrizischen Hauses führte. Bei-

de Türflügel standen weit offen und im Flur wurden in schwarze Seide gekleidete Frauengestalten sichtbar, die Gattinnen und Töchter der Würdenträger, welchen ihre Stellung erlaubte, über die Häupter der Stadt hinweg dem Herzog, den sie mit Schmerzen scheiden sahen, einen letzten Gruß zuzuwinken. Ihr Zartgefühl hatte ihnen verboten, sich wie bei einem lustvollen Schauspiele auf dem Balkon und in den Fenstern zu zeigen.

In der Mitte der Ratsherren fiel der Amtsbürgermeister Meyer als wahrhaft imposante Erscheinung ins Auge. Nie hatte eine bürgermeisterliche Kette mit ihrer großen runden Schaumünze bequemer gelegen und selbstzufriedener geleuchtet, als die auf seiner breiten Brust ruhende; nie hatten ein seidener Strumpf und ein Rosettenschuh knapper und schöner gesessen als heute an seinem wohlgebildeten, feierlich vorgesetzten Beine. Bei näherer Betrachtung jedoch verriet die Befangenheit des gewöhnlich gesunden und ruhigen Gesichts und der bängliche Ausdruck der irrenden Augensterne einen geheimen Widerspruch seines Innern mit der magistralen Sicherheit seiner vollkommenen Haltung.

Der Gruppe der Standeshäupter gegenüber, wo sich die Ausmündung einer innerhalb der Stadtmauer laufenden Nebengasse zu einem kleinen viereckigen Platze erweiterte, hatten sich, als Repräsentanten der heimischen Waffen, die vornehmsten Bündneroffiziere versammelt und warteten zu Pferde, um sich dem Gefolge des Herzogs anzuschließen und ihm das Ehrengeleit bis zur Grenze zu geben. Im Gegensatze zu der gedrückten Stimmung, auf der anderen Seite der Gasse unter den Söhnen der Themis, herrschte hier unter den Kindern des Mars eine frische und beherzte, der sie sich unbefangen überließen, da sie sahen, daß der bündnerische Diktator zur Verabschiedung seines Opfers nicht erscheine.

Jetzt erreichte Herzog Rohan den Platz vor der Freitreppe. Huldvoll hielt er seinen schlanken Goldfuchs an, denn er sah, wie der Amtsbürgermeister einen goldenen Pokal erhob, den eben ein ergrauter Ratsherr an seiner Seite aus einer silbernen Kanne gefüllt hatte. Meyer trat entschlossen vor und bat den Herzog in gerührten Worten, den Seiner Erlaucht von der Stadt Chur mit Danksagung und Segenswunsch angebotenen Abschiedstrunk nicht zu verschmähen. Während Rohan sich die Lippen netzte, sammelte der Bürgermeister seinen Geist zu einer wohlgesetzten französischen Rede, auf die er sich sorgfältig vorbereitet hatte.

Bürgermeister Meyer war kein Redner. Im Rate und in der Gemeinde war es ihm ein leichtes, seine Gedanken schlicht und zweckdienlich auszudrücken und zu einem bündigen Schlusse zu gelangen. Aber es war ihm nicht gegeben, zwiespältige Gefühle und zweideutige Gedanken unter zierlichen Blumen der Beredsamkeit zu verbergen.

Er hatte damit begonnen, des Herzogs ruhmreiche Tapferkeit und seine erhabene staatsmännische Weisheit zu preisen, die beide zu Bündens Rettung wie zwei geflügelte Genien herbeigeeilt seien. Dann warf er einen Blick in den Abgrund, aus welchem der Herzog das bündnerische Volk gezogen habe. Jetzt kam eine dunkle Stelle, in der von sich überstürzenden Ereignissen, seltsamen himmlischen Konjunkturen und dem großen Herzen Ludwigs XIII. die Rede war. – Hier wurde Herr Meyer warm, übersprang unversehens die logischen Hindernisse und behauptete gerührt, die Zurückgabe des Veltlins an die Bündner durch Spanien-Österreich sei und bleibe das Verdienst des Herzogs Rohan. Er sei, nächst dem gütigen Gott, ihr alleiniger Helfer und Retter gewesen.

»Des Landes Dankbarkeit gegen Euch wäre nicht genugsam ausgedrückt, edelster Herr«, rief er aus, »wenn wir Euch so viele Ehrensäulen errichteten, als Bünden Felsen und Berge besitzt! und wenn jeder unserer Berge eine Statua wäre ...« hier stockte der Redner und erstarrte selbst zum Steinbilde.

Ein verspäteter Reiter war durch die Nebengasse herangeeilt und auf dem kleinen Platze, dem Bürgermeister gegenüber, mitten unter die Bündneroffiziere hineingesprengt. Die Obersten wichen auf ihren stampfenden Tieren bestürzt nach beiden Seiten zurück. Auf das Kommen von Georg Jenatsch hatte keiner gerechnet. Und da war er! Auf seinem schäumenden Rappen in der Mitte des leeren Raumes, von allen gemieden!

Zugleich bäumte sich das Pferd des dicht hinter dem Herzog haltenden Lecques, der einen wütenden Blick nach Jenatsch hinüberschoß. Des Herzogs Augen ruhten mit höflicher Aufmerksamkeit auf dem Bürgermeister, aber diesem, der den verratbefleckten Befreier Bündens als eine grelle und unschickliche Verdeutlichung seiner Rede gerade vor Augen sah und dem die drohende Haltung des Herrn von Lecques nicht entgangen war, entglitt der Faden seiner Rede. Seine angstvollen Blicke begannen mehr als gewöhnlich zu schielen und er fuhr unsicher fort: »Und wenn in Bünden jeder Berg eine Statua ... und jede Statua ein Berg wäre ...«

»Laßt es gut sein, lieber Bürgermeister!« schnitt der Herzog freundlich ab, und sich auf die andere Seite zu den Bündneroffizieren wendend, sagte er mit ruhigem Befehl: »Ich verzichte auf das Geleit der Herren. Es wird der Schicklichkeit Genüge geschehen, wenn einer von ihnen unserm Überschreiten der Grenze beiwohnt. Ich bitte mir die Gesellschaft des Grafen Travers aus.«

Der stille junge Mann mit dem braunen scharfgeschnittenen Kopfe lenkte sofort mit dankendem Gruße sein Tier zur Linken des Herzogs.

»Gott schütze euch und eure gute Stadt, werte Herren!« rief dieser, griff leicht an seinen Hut und sprengte durch das Tor in die lenzduftige Landschaft hinaus.

Der alte Lecques war auffallenderweise einer der letzten zurückgeblieben. Jetzt riß er sein Pferd herum, ritt Georg Jenatsch einige Schritte entgegen, zog ein Pistol und schrie ihn an: »So scheidet Lecques von einem Verräter!«

Er drückte los, der Hahn schlug nieder, ein Pulverblick flammte auf der Zündpfanne, doch der Schuß versagte.

Elftes Kapitel

Während die Ereignisse des Frühjahrs die Stadt Chur und das ganze Land in aufgeregte Spannung versetzten, blieb Lucretia Planta von denselben scheinbar unberührt. Sie hauste allein auf ihrem festen Sitze Riedberg, der, an eine sonnige Halde fernab von der Heerstraße sich lehnend, inmitten seiner blühenden Wiesen und wohlgepflegten Felder und Baumgärten ein Bild ländlichen Friedens darstellte.

Von ganzer Seele fürchteten und hofften und freuten sich dagegen mit dem Lande die Frauen von Cazis. Sie hatten, als das Aufgebot des Jürg Jenatsch erscholl, zum Sturm gegen die gottlosen Franzosen alle Klosterleute bis auf das letzte Knechtlein gestellt. Als fröhliche Geberinnen leerten sie ihren kleinen Weinkeller, um die vor die Rheinschanze und wieder heimwärts ziehenden Landstürmer zu tränken. Hallebarde und Morgenstern ruhten an den friedlichen Kreuzen des Nonnenkirchhofs. Alt und jung scharte sich längs der Klostermauer und die frommen Schwestern eilten leichtfüßig auf und nieder, in kleinen hölzernen Schalen ihren Most und Wein bis zur Neige ausschenkend.

Niemand aber ahnte in dem durch den Abzug der Franzosen mit hellem Jubel erfüllten Domleschg, welchen Anteil Fräulein Lucretia an den geheimen Verhandlungen genommen, die den Handstreich in Chur möglich gemacht hatten. Nicht einmal die Frauen in Cazis, obschon sie den Verkehr mit dem Fräulein nach dem Wunsche ihres Beichtigers immer eifriger und zutulicher pflogen. Nicht daß Pancraz den eigensüchtigen Gedanken in ihnen genährt hätte, die Letzte der Planta von Riedberg unwiderruflich in den Ring des Klosters zu ziehen. Sie verkehrten mit Lucretia, der Weisheit des Paters vertrauend, ohne sie mit Fragen oder mit Bitten zu bestürmen, die auf ihre Zukunft und die Hoffnungen des Klosters Bezug hatten, schon aus geselliger Neigung und natürlicher Gutherzigkeit. – Das Fräulein hätte sie gedauert, wenn es von den merkwürdigen

Dingen, die sich im Lande zutrugen und die sie selbst auf den verschiedensten Wegen erfuhren, nicht ungesäumt unterrichtet worden wäre.

Freilich wäre es der Schwester Perpetua gegen die Natur gegangen, sich nicht mindestens bei Lucas über die letzte lange Abwesenheit des Fräuleins jenseits der Berge einiges Licht zu verschaffen, hätte sie nicht aus der allerbesten Quelle, einem Briefe des Paters Pancratius selber, schon im Winter erfahren, daß unangenehme Erb- und Familienangelegenheiten, über die man besser nicht mit ihr spreche, die Gegenwart Lucretias in Mailand notwendig machten.

Lucretias Fahrt nach Mailand im vergangenen Jahre war ihr schwer geworden, aber sie hatte das von Jenatsch ihr vorgehaltene Ziel standhaft verfolgt und durch die Festigkeit ihres Willens auch erreicht. Nicht die Mühsale des zweimaligen Überschreitens der im Winter gefährlichen Bergpässe hatten ihren Mut auf die größte Probe gestellt; diese Schrecknisse hatten die kräftige Frau, geleitet von dem treuen wetterharten Lucas und einem seiner berggewohnten Söhne, ohne Zagen und Ermüdung überwunden. Anders aber war es, als sie, von dem geschäftigen Pancraz in Mailand empfangen und bei Serbelloni eingeführt, sich dem klugen und zähen Staatsmanne gegenüber befand und fühlte, daß sie sich auf ein ihr fremdes Gebiet verirrt, in bisher noch nicht von ihr erwogene Fragen sich verwickelt habe.

Ihre Stellung als Bevollmächtigte des bündnerischen Kriegsobersten war eine höchst eigentümliche und mußte in den Augen aller der Verhältnisse Unkundigen als eine zweideutige erscheinen. Serbelloni, der sie kannte und wußte, daß der Mörder ihres Vaters ein Gegenstand des Hasses für sie war, verfiel nicht in diesen Irrtum und fand es begreiflich, daß sie die politischen Ziele ihres Vaters und ihres Oheims mit Aufbietung aller ihrer Kräfte verfolge; aber er geriet in einen andern. Er glaubte, sie sei von Anfang an mit den Umtrieben der Bündnerflüchtlinge von der spanischen Partei vertraut gewesen, und wollte mit ihr als mit einer in das ganze Gewebe der sich kreuzenden Interessen Eingeweihten verkehren. Er brachte die Unschuldige mit ihrem alles um sich her durch den Hauch seiner Schlechtigkeit befleckenden und vergiftenden Vetter in unverdiente Beziehung politischen Einverständnisses; er verwirrte sie, ohne sie verletzen zu wollen, mit Mitteilungen über den Lohn und Anspielungen auf die Ehren, welche er den in der angeknüpften Intrige erfolgreich Handelnden zudachte, er wies auf die glänzenden Aussichten hin, die das Gelingen vor ihnen öffnete, und er ahnte nicht, daß dabei eine steigende Verachtung der niedern Schliche und geheimen Mittel der Politik sich Lucretias bemächtigte.

Auch Georg Jenatsch erschien ihr in einem andern Lichte; ihr Vertrauen auf seine reine Vaterlandsliebe wurde von dem allgemeinen Ekel, den sie empfand, angefressen und ihr Glaube an die Einheit seines Wesens erschüttert, ohne daß sie augenblicklich sich ganz bewußt wurde, wie durch diese Zweifel ihr Verhältnis zu ihm sich innerlich trübe.

Was sie aufrecht hielt, war ihre Treue an sich selbst. Sie hatte versprochen, von den ihr übergebenen fünf Bedingungen in keiner Weise abzuweichen und sich keinen Punkt davon abmarkten zu lassen. Dabei blieb sie unerschütterlich. Das Andenken ihres Vaters verließ sie niemals. Sie stärkte sich in Momenten der Erschöpfung an seinem geistigen Anblicke und je ausschließender sie in der Erinnerung mit ihm verkehrte, desto lebendiger ward sie sich bewußt, daß sie in seinem Geiste handle, wenn sie zum Abschlusse des von Jenatsch entworfenen Vertrages mitwirke.

Nachdem sie als williges und treues Werkzeug ihre Aufgabe erfüllt und mit den von Spanien gewährten und unterzeichneten Bedingungen das Gebirge wieder überschritten hatte, kehrte sie in die Stille von Riedberg zurück und wartete dort, bis ihr die Schriften, die sie verwahrte, – durch die Vermittlung des Klosters Cazis, vermutete sie – abverlangt würden.

So war der März gekommen. Da erschien eines Abends bei einbrechender Nacht Jenatsch selbst wieder auf Riedberg. Ein Brief des Paters Pancraz hatte ihm aus Mailand gemeldet, daß Lucretia abgereist sei und die ihr gewährten spanischen Vollmachten auf ihrem Schlosse bewahre und hüte. Nun kam er, um die von Serbelloni unterzeichneten Papiere aus ihrer Hand zu empfangen.

Als er eintrat, pochte Lucretias Herz mit schweren Schlägen, aber vor jähem Schrecken mehr als vor Freude.

Noch einmal war eine Verwandlung mit ihm vorgegangen! Was heute aus seinen Augen blitzte war nicht mehr der jugendliche Übermut von früher, war nicht die vor keinem Hindernisse zurückweichende Sicherheit, mit welcher er, seit sie ihn wieder kannte, ihr entgegenge-

treten, es war etwas Maßloses in seinem Wesen, eine gereizte Gewaltsamkeit in seiner Stimme und Haltung, als hätte eine übermenschliche Kraftanstrengung ihn aus dem Geleise und über die letzten seiner Natur gesetzten Marksteine hinausgeworfen.
Eine wilde Freude flammte über sein Antlitz, als er endlich die Schriften hielt und durchflog. Er wollte in seinem Triumphe die Kniee seiner Botin umfassen; aber Lucretia trat stolz und zitternd zurück.
Da streckte er die Hand gen Himmel und rief in herausforderndem Jubel: »Ich schwöre es, Lucretia, wenn das gelingt, soll mir fortan nichts unmöglich sein! ... Müßt ich auch das Blut deines Vaters durchschreiten – müßt ich dem Racheengel das Schwert aus den Händen reißen, um dich zu besitzen, du längst – du immer Begehrte!«
Lucretia faßte seine Hand und trat mit ihm durch eine schmale Pforte in einen gewölbten Nebenraum, ein enges Gelaß, dessen Rückwand durch einen ungebrauchten altertümlichen Kamin ganz gefüllt und durch ein grob darauf gezeichnetes Kreuz verunziert war.
»Auf Riedberg wird keine Hochzeit gefeiert!« sagte sie und flüchtete sich dann, das Antlitz mit den Händen bedeckend, in ihr innerstes Gemach.

Als wenige Wochen später der Verrat an Herzog Rohan und die Befreiung Bündens eine Tatsache wurde, von der das ganze Land erscholl, beschlich Lucretia in ihrer Einsamkeit das bange Gefühl, als sei sie durch ihre verborgene Mithilfe mit Georg Jenatsch auf immer und ewig verbunden, teilhaftig seiner rettenden Tat, teilhaftig auch seiner Schuld. Unauflöslich war sie mit ihm vereinigt im Augenblicke, da ihr Herz vor ihm zu erschrecken begann und sie, um in ihrem Gemüte eine Schutzwehr gegen ihn aufzurichten, sich täglich zurückrief, daß die Pflicht ihres Lebens noch nicht erfüllt und der Geist ihres Vaters durch die ihm gebührende Blutsühne noch nicht geehrt sei.

Zu Ende Mai nach dem Abzuge des Herzogs aus Bünden wurde Lucretia durch einen flüchtigen Besuch ihres verabscheuten Vetters beunruhigt. Er deutete ihr an, er müsse schleunig nach Mailand zurückkehren. Dort befinde sich Jenatsch und verhandle persönlich mit Serbelloni die letzten endgültigen Bestimmungen über die Stellung Bündens zu Spanien. Durch seinen charakterlosen Parteiwechsel und seine trügerische Beredsamkeit gewinne der Oberst auf den Gubernatore einen verhängnisvollen Einfluß, welcher die Interessen der alten spanischen Partei in Bünden gefährde und ihn selbst der Früchte seiner langjährigen Treue an Spanien beraube. Rudolf fügte bei, es sei die höchste Zeit, daß er sein Heimatrecht und seine Stellung im Lande wiedergewinne. Das hoffe er bei den Verhandlungen in Mailand durchzusetzen. Er wäre der Verwendung Serbellonis zu seinen Gunsten gewiß, wenn ihm Lucretia, welcher der Gubernatore von früher her huldvoll gewogen sei, ihre Hand reiche, und er durch die Verbindung mit ihr das berühmte Geschlecht der Planta zu Riedberg wieder emporbringe. Er wisse wohl, meinte Rudolf, an welche Bedingung Lucretia ihr Jawort knüpfe – an die Vollziehung ihrer Blutrache an Jenatsch – und diese Bedingung werde er erfüllen, was ihm jetzt leichter sei als früher, da sich die Feinde des Obersten aus den verschiedensten Gründen gemehrt hätten und noch täglich sich mehrten. Zuerst aber müsse dieser den Vertrag mit Spanien endgültig abgeschlossen haben, denn Jenatsch allein sei es imstande. –

So zog er über das Gebirge.

Der Eindruck seiner Gegenwart war für Lucretia ein häßlicher und beunruhigender gewesen. Doch achtete sie Rudolfs Persönlichkeit zu gering, als daß seine Pläne sie ernstlich erschreckt oder nur beschäftigt hätten. Das Begegnis haftete nicht lange in ihrem Gemüte, denn ihre Seele war von andern bangen Zweifeln bewegt.

Zwölftes Kapitel

Es war Hochsommer und die Mittagssonne brannte in den Straßen von Mailand. Im Halbdunkel einer Halle, welche von den feinen Wasserstrahlen eines Marmorbeckens gekühlt wurde, saßen sich zwei Staatsmänner gegenüber, die offenbar eine wichtige Verhandlung führten. Eine von vier vergoldeten Greifen getragene große Mosaikplatte war überlegt mit Protokollen und Vertragsentwürfen in verschiedenen Sprachen und Formaten. Über diesen kühlen Tisch, darauf sie sich lehnten, streckte bald der eine bald der andere die nachdruckgebende Rechte aus, in halblauter Wechselrede vorsichtig einen Standpunkt angreifend oder behauptend.

Der eine, in Scharlach gekleidet und von gewaltigem Wuchs, hielt jetzt ein Papier in der Hand, das er mit finstern Blicken durchflog und worauf über der kleinern

Schrift, die es bedeckte, mit großen verschnörkelten, aus einer sorgfältigen Kanzlei hervorgegangenen Buchstaben

Progetto ossia Idea

geschrieben stand.
Dies Projekt aber, oder diese Idee leuchtete dem Lesenden nicht ein, sondern erregte seinen Unwillen; denn zuweilen zuckte es wie Schmerz und Hohn durch seine Züge und die kräftige, mit großen Siegelringen geschmückte Hand schien das Papier zerknittern zu wollen. Doch las er zu Ende, bevor er es mit kaum beherrschter Ungeduld auf den Tisch zurückwarf.
Der andere, ein hagerer vornehmer Sechziger, beobachtete ihn gelassen. Die Haltung dieses Edelmannes war aus italienischer Urbanität und spanischer Grandezza gemischt, aber nicht zu gleichen Teilen, denn wenn der Herzog Serbelloni von seinem berühmten Ahn, dem Feldherrn Karls V., die imposante Adlernase und die diplomatische Geschicklichkeit ererbt hatte, so war ihm dessen elastische italienische Menschenbehandlung nicht zuteil geworden. Seine Mutter, die eine Mendoza war, hatte ihm mit ihrem Blute – neben dem rötlichen Haar und der hellen Hautfarbe – einen Zug von spanischer Hochfahrt und Unnahbarkeit gegeben, den er zu verbergen wußte, der aber insgeheim sein ganzes Wesen durchdrang.
Der Herzog hielt es unter seiner Würde und Weisheit, der erste zu sein das Wort zu ergreifen, und erwartete mit unbeweglichen Zügen und geschlossenen Augen eine Äußerung des Lesers über den empfangenen Eindruck. Da dieser aber die Arme über die Brust ver-

schränkte und schwieg, so ließ er sich endlich vernehmen:

»Was dünkt Eure Gnade, Sennor Jenatsch?«

Georg Jenatsch lachte bitter auf.

»Eure Herrlichkeit«, sagte er, »hält mich für einen müßigen Liebhaber der Staatskunst, sonst würde sie den Ernst meiner fast zur Reife gediehenen Geschäfte nicht mit einem komischen Intermezzo unterbrechen. – Der Witz ist würdig eines Grazioso: Üppige Länder sollen wir vertauschen an ein paar verfallene Rheinstädtchen, wie Lauffenberg, Säckingen und andere, die zwei Tagritte und zwei fremde Nachtlager von uns entfernt sind und die morgen ihre vermorschten Tore öffnen, wenn der Herzog Bernhard von Weimar in seinem Elsaß einen Trompeter aufsitzen läßt und gegen sie ausschickt! ... Fürwahr, ein Scherz ohne Salz, den ich der Hofkanzlei von Wien kaum zutrauen kann! – Ich bitte, Herrlichkeit, kehren wir zu Gesichtspunkten zurück, die unser würdig sind.«

Wenn auch der Herzog den naiven, oder doch für naive Leute bestimmten Vorschlag des Hofes von Wien nur angewendet und benützt hätte, um Zeit zu gewinnen, so fühlte er sich immerhin verletzt durch die rasche und rücksichtslose Zurückweisung desselben. Aber seine Empfindlichkeit fand kaum in einer etwas steifern Haltung Ausdruck.

»Eure Gnade«, sagte er, »hat es der eigenen Hartnäkkigkeit zuzuschreiben, wenn die Verhandlung stockt und nach neuen Auskünften und Abfindungen gesucht wird, um die Herren Grisonen zufriedenzustellen.«

»Zufriedenzustellen?« wiederholte der Bündner befremdet. »Doch nicht anders als durch die volle Zurückgabe unsers Eigentums?«

»Zufriedenzustellen«, betonte der Herzog langsam, »auf billige Weise.«

»Meine durch die edle Donna Lucretia gestellte Bedingung«, versetzte der Bündner gereizt, »lautet auf völlige Zurückgabe unsrer Länder, auf die Herstellung des status ante. Diese Forderung versprach Eure Herrlichkeit zu befriedigen.«

»Nicht wörtlich diese Forderung, sondern die Herren Grisonen überhaupt zu befriedigen«, versetzte der Herzog mit Würde. Georg Jenatsch warf einen prüfenden Blick auf die kleine List, ob sich darunter eine Gefahr berge. Dann blitzte er den Herzog mit ausgelassenen und mutwilligen Augen an.

»Ein sinnvolles Silbenstechen, zu dem sich Eure Herrlichkeit herabläßt«, sagte er heiter. »Damals im Drange der Gefahr klügelte ich nicht über ein Wort, auf das ich, wie die Dinge liegen, auch jetzt keinen Wert setze. Größern dagegen – weil wir es einmal mit der Vieldeutigkeit der Worte zu tun haben, leg ich auf einen andern Ausdruck, der freilich auch nur aus Silben und Buchstaben besteht. Nicht ›ewiger Frieden zwischen Spanien-Österreich und Bünden‹ soll über dem endgültigen Dokumente, das wir beraten, stehen, sondern – wenn ich etwas dabei zu sagen habe – ›Vertrag oder Bündnis‹.«

»Friede ist ein schönes Wort«, bemerkte der Herzog mit heiliger Miene.

»Zu schön für uns friedlose Sterbliche«, erwiderte der Bündner bitter. Dann fuhr er lächelnd fort: »Schreibt doch der heilige Augustinus, wie Eure Herrlichkeit weiß, der Krieg sei nur der Vorläufer, oder die Eingangshalle des Friedens und jener diene nur dazu, um zu diesem zu führen. – Wie dem sei, die beiden Gottheiten sind allzu nahe verwandt, als daß wir der einen gegen die andere trauen dürften! – Also: Vertrag oder Bündnis! Ein bescheidenes Wort für eine irdische Sache!«

Er setzte ernst werdend hinzu: »Der Gewissensskrupel Eures Gebieters, der katholischen Majestät, der ihr – wie mir Eure Herrlichkeit mitteilte – verbot, mit einer unkatholischen Macht ein Bündnis zu schließen, ist jetzt ohnehin gehoben.«

»Wie das?« fragte der Herzog mißtrauisch.

»Dieses Mal kann Bünden als katholische Macht gelten«, behauptete Jenatsch kalt, »da, die italienischen Herrschaften mitgezählt, die Mehrzahl seiner Bewohner und das unterhandelnde Staatsoberhaupt selber diesen Glauben bekennen.«

»Eure Gnade hat den Schritt getan«, bemerkte Serbelloni unangenehm berührt. »Ich freue mich als guter Christ unendlich darüber und beglückwünsche Eure Gnade aufs aufrichtigste.« Und er warf ihm einen Blick grenzenloser Verachtung zu. »Es mag Euch hart angekommen sein.«

Jenatsch hatte ein leichtfertiges Wort auf der Zunge, aber plötzlich wurde sein Gesicht zorndunkel und er rief trotzig: »Leicht oder hart – genug – es ist getan!«

Seine Heftigkeit schien ihm selbst aufzufallen, er nahm sich zusammen und fuhr flüsternd fort: »Ich vernehme, daß die katholische Majestät meiner Sinnesänderung Beifall zollt. Diesseits der Pyrenäen aber hat mich dieser reuige Schritt zu meinem freudigen Erstaunen mit dem Pater Joseph ausgesöhnt. Er schrieb mir neulich neben andern guten Nachrichten, sein Gönner, der Kardinal Richelieu, finde den Bericht des Herzogs Rohan über die Märzereignisse in Chur lückenhaft und wünsche eine vollständige Darstellung derselben von meiner Hand.«

Es entstand ein Stillschweigen.

»Bei ruhiger Betrachtung der Dinge, Sennor«, sagte dann Serbelloni, der sein Erschrecken mit bewundernswürdiger Kaltblütigkeit beherrschte, »und maßvoller Verteilung der Dinge sind wir nicht so weit auseinander, als es einem Unkundigen scheinen möchte. Zwei Punkte nur, zwei Punkte sind bestritten. Spanien verlangt, wie ich Eurer Gnade eröffnet habe und sie nun selbst billigen wird, für das Valtelin unsern katholischen Glauben als Staatsreligion – dies das Wichtigere. Daneben während der Dauer des Krieges freien Paß für die Truppen der katholischen Majestät über den Stelvio.«

»Was den größern Punkt betrifft«, erwiderte Jenatsch ohne Zögern, »so bin ich der Fanatiker meiner jungen Jahre nicht mehr. Das Veltlin bleibe katholisch, da die größere, ja die volle Zahl seiner Bewohner unsern Glauben bekennt. Wir Bündner beurlauben nach demselben Grundsatze die Kapuziner des untern Engadins, wo neun Reformierte gegen einen katholischen Christen stehn. – Gesteht, Herr, ich bin willfährig und entgegenkommend! Haltet mir Gegenrecht – verzichtet auf den Paß.« Und er reichte dem Herzog eines der auf dem Tische liegenden Papiere zur Unterzeichnung.

Dieser aber weigerte sich mit einer bedauernden Handbewegung:

»Noch nicht. Keine Überstürzung! Spanien muß den Paß besitzen.«

Ein unheimliches Feuer fuhr aus den Augen des Bündners und es war, als ob sich seine Haare trotzig sträubten über der eisernen Stirne.

»Ich kann den Paß nicht in Eure Hände geben«, rief er mit mühsam gemäßigter Stimme, »will ich mein Bünden in redlichem Frieden halten zwischen Frankreich und Spanien. – Ihr erstickt uns! – Gebt Raum, daß wir atmen können zwischen zwei Riesen, die sich noch lange bekriegen werden!«

Und der Bündner warf seine gewaltigen Arme wie ein Schwimmer auseinander, als machte er Platz für die Ströme seiner Heimat.

Der Herzog fühlte sich von dieser alle Form verletzenden Gebärde peinlich berührt. Sie erinnerte ihn daran, welcher Mann vor ihm saß. Er dachte an das von ihm selbst begünstigte Attentat des Obersten gegen die Freiheit des guten Herzogs und er ärgerte sich zu dieser Stunde, daß dieser rohe Emporkömmling an einem fürstlichen Manne, an einem seinesgleichen Gewalt geübt habe.

Er richtete sich in stolzer Steifheit empor und hohnlächelte: »Will Eure Gnade mir die Hand zwingen? Ich bin kein Herzog Rohan! Und nicht in Chur sind wir, sondern in Mailand.«

Das war ein unzeitiges Wort.

Der unvermutet ausgesprochene, dem Bündner einst so treue Name des von ihm Verratenen verwundete ihn wie eine persönliche Beleidigung, oder es starrte ihn das Medusenhaupt seiner unblutigen, aber schlimmsten Tat an. Er erbleichte und verlor die Fassung.

»Der Paß ist eine Unmöglichkeit!« schrie er den Herzog an. »Macht ein Ende und unterzeichnet!«
»Sennor«, sagte dieser kalt, »ich muß mich fragen, wen ich vor mir habe. Eure Gnade unterscheidet sich von ihren Landsleuten nicht zu ihrem Vorteil. Ich habe oft mit Bündnern, auch von der protestantischen Partei, unterhandelt und erfand sie stets als weise, mäßige, tugendhafte Männer, die sich und die Stellung ihres kleinen Landes niemals mißkannten. – Wie Eure Gnade sich eben ausdrückte, spricht nur ein Welteroberer wie Alexander, oder – ein Rasender.«
Georg Jenatsch war von seinem Sitze aufgesprungen. Mit brennenden Augen und geisterhaft verfärbtem Haupte stand er vor dem Herzog.
»Wen Eure Herrlichkeit vor sich hat? ... Keinen weisen tugendhaften Mann, nein, wahrhaftig nicht! ... Sondern einen Menschen, der sein Vaterland ganz und völlig retten wird – koste es, was es wolle! Das ist mein Schicksal und ich will es erfüllen.
Hört mich, Herzog: Als ich Bünden hieherkommend verließ, strömte im Dorfe Splügen das Volk zusammen und flehte mich unter Tränen an, ihm den Frieden heimzubringen. Und ›mich jammerte des Volkes‹, wie geschrieben stehet. Da kam ein alter Prädikant mit langem weißen Haar und Barte hergewankt – er glich meinem Vater, Herzog – und warnte mich mit beweglichen Worten vor der spanischen Hinterlist. Ich aber hob mich in den Bügeln, reckte vor allem Volke die drei Eidfinger aus und schwur, daß es durch das Gebirge tönte: ›Ich rette Bünden, so wahr mir Gott helfe! Und müßte ich Spanien und Frankreich wie zwei Rüden aneinanderhetzen, bis sie sich zerfleischt haben!‹ ...

Und ... Herrlichkeit ...« sagte er sich besinnend, »so werde ich tun, wenn Ihr nicht heute, nicht in dieser Stunde meinen Vertrag unterzeichnet!«

Und wieder erhob Georg Jenatsch die drei Schwurfinger.

»So wahr diese Hand«, rief er, und sein Dämon trieb ihn, »den Pompejus Planta erschlagen und dieser Mund den guten Herzog betrogen hat!«

Serbelloni betrachtete den Maßlosen aufmerksam. Dieser Ausbruch ungezähmter Wildheit hätte den Bündner in seinen Augen auf die Stufe eines Ungefürchteten hinuntergesetzt, wenn ihm Georg Jenatsch im Laufe der Unterhandlung nicht tägliche Proben eines durchdringenden Verstandes und einer wildgewachsenen, aber der seinigen mindestens ebenbürtigen Staatskunst gegeben hätte. So erregte diese überreizte Tatkraft eher seine Besorgnis und im Interesse seiner eigenen Stellung fing er an zu wünschen, diesen auf eine gefährliche Weise außerhalb aller Regeln Fechtenden ohne Schaden loszuwerden.

Inzwischen hatte sich Jenatsch wieder völlig gefaßt und der Herzog sah einen Krieger und Staatsmann sich gegenübersitzen, der seine scharfe und besonnene Rede an ihn richtete.

Der Oberst suchte Serbelloni zu überzeugen und überzeugte ihn auch wirklich, daß ein erneutes Bündnis mit dem getäuschten Frankreich durchaus nicht zu den Unmöglichkeiten gehöre, sondern trotz seiner Abenteuerlichkeit in der Lage der Dinge begründet wäre.

»Die französische Eminenz ist ein großer Geist«, sagte er, »und wird, was sie Persönliches gegen mich hat, um der Dinge willen verwinden. Sie wird mir bereitwillig den Rücken decken, wenn ich mein Bünden wieder in den französischen Interessenkreis ziehe. Andererseits soll es an mir nicht fehlen. Die Festungen des Veltlins sind schon in meiner Hand. In wenigen Tagen ist unser ganzes, noch nicht abgerüstetes Heer hinübergeworfen und ich lasse die stets bereitwilligen Veltliner ihren bündnerischen Patronen schwören, ohne mich um irgendeinen Einspruch so viel zu kümmern!« Und er blies leicht über die Fläche seiner Hand hin.

»Gerade jetzt«, fuhr er fort, »da die launische Bellona auf dem deutschen Kriegstheater Spanien-Österreich wieder spröder sich erzeigt, müßte diese rasche Wendung der Bündnerdinge die Interessen der katholischen Majestät empfindlich schädigen. Bedenkt, ob der unwiederbringlich versäumte Augenblick der Unterzeichnung meines Vertrages nicht auch die persönliche Beziehung Eurer Herrlichkeit zum Hofe von Madrid einigermaßen erkälten könnte! ... Ohne Vergleichung – es ist Euch bekannt, wie gänzlich der edle Herzog Rohan durch seine Unkenntnis unserer bündnerischen Art und Natur seinen staatsmännischen Ruhm zerstört hat. Das darf Euch nicht begegnen. – Für mich laßt Euch nicht bangen. Ich würde mich bei der katholischen Majestät zu rechtfertigen wissen und dieselbe von dem notwendigen Verlauf der Dinge unterrichten lassen.«

Der Oberst neigte sich geheimnisvoll gegen den Gubernatore und flüsterte etwas von einem durch seine Bekehrung ihm geöffneten geistlichen Weg und Zugange zum Ohre der Majestät von Spanien.

Serbelloni sah sich im Netze. Es wuchs in ihm ein tödlicher Haß gegen den Tollkühnen und Hinterlistigen, den er am liebsten gleich hier in Mailand aufgehoben und vernichtet hätte. Das lag in seiner Macht; aber seine Klugheit und sein Stolz verbot ihm diesen Mißbrauch derselben. Ihm geziemte, den völkerrechtlich unverletzlichen Gesandten ungefährdet heimziehen zu lassen.

Mit ununterschriebenem Vertrage?

Nein. Er traute es diesem Menschen zu, daß er seine Drohung verwirkliche, und in diesem Falle stand ihm selbst die königliche Ungnade in sicherer Aussicht.

Was aber seine Tatkraft dem Bündner gegenüber am meisten lähmte, war der geistliche Einfluß, den der Niederträchtige durch seinen Übertritt auf die gottesfürchtige Seele Philipps IV. gewonnen zu haben schien; denn dieser entzog sich jeder Berechnung.

»Beruhigt Euch, Sennor«, sagte er majestätisch. »Eure Gnade hat sich unnötig erhitzt und ist der Ermüdung einer eingehenden, umständlichen Staatsverhandlung ungewohnt. Bedient Euch mit einer Limonade. Wir werden überlegen, wir werden eine ruhige Stunde abwarten.«

Der Bündner hatte den Vertrag, wie er in seinem Sinne und von seinem Schreiber verfaßt war, wieder zwischen den Papieren, die den Tisch bedeckten, hervorgezogen und legte ihn dem Herzog zum andern Male vor.

»Alles Heutige«, sagte er, »ging ja nur von dem leichtfertigen Vorschlage Österreichs aus und war nur ein Übungsspiel und Turnier der Geisteskräfte, über die Tatsachen hinwegfahrend, ohne sie zu ändern ... Laßt uns, Herrlichkeit, diese selbst ohne Flitter und Zutat ins Auge fassen. – So liegen sie und diese Lösung ver-

langen sie. – Macht ein gutes Ende«, bat Georg Jenatsch herzlich, »und ich werde Eure große und weise Politik zu rühmen wissen.«
Sei es, daß der Herzog dieser Schmeichelei recht geben, sei es, daß er den Anblick eines Menschen, der ihm gedroht hatte, nicht länger ertragen wollte, er langte, während er mit hochgezogenen Brauen die Punkte des Vertrages noch einmal langsam durchging, mechanisch nach der Feder.
Jenatsch ergriff sie, tunkte sie ein und überreichte sie mit einer liebenswürdigen Verbeugung und einem Anfluge seiner alten Unwiderstehlichkeit dem spanischen Staatsmanne.
Als die Unterzeichnung vollzogen war, wandte sich der Herzog zu dem bündnerischen Bevollmächtigten und ersuchte denselben, ihm wenigstens noch ein paar Tage zu schenken, um die bei einem Vertragsabschlusse üblichen Gaben und Gnadenketten in Empfang zu nehmen. Dann geleitete er ihn bis an die Schwelle des Gemaches.
Mit langsamen Schritten zurückkommend, blieb er in der Mitte der Halle stehen:
»Dieser Mensch ist mir zu nahe getreten«, sprach er zu sich. »Er darf nicht leben bleiben.«

Dreizehntes Kapitel

Der Wald rötete sich an den Halden und die geleerten Fruchtbäume verstreuten leise ihre goldenen Blätter, als in den letzten sonnigen Tagen der hart entbehrte Beichtiger der Frauen von Cazis nach langem Fernsein aus Mailand wieder ins Domleschg zurückkehrte. Pater Pancraz hatte die Herstellung seines Klosters in Almens, für die er sich bei den Vertragsverhandlungen in Mailand verwendete, nicht erlangt; aber er brachte andere wundersame und hocherfreuliche Nachrichten. Schon am Abende nach seiner Ankunft begab er sich nach Riedberg und begehrte eine Unterredung mit dem Fräulein, dem er mit freudeglänzenden Augen erzählte, Seine Exzellenz der Herr General Jenatsch, der frühere Todfeind ihrer guten katholischen Familie, sei vor einem Monate, nachdem er die Generalbeichte seiner Sünden abgelegt und vollständige Absolution erhalten, in den mütterlichen Schoß der alleinseligmachenden Kirche zurückgekehrt.

Bei diesem Berichte schaute er das Fräulein triumphierend an. Er schien ihr Schicksal mit diesem erfreulichen Ereignisse in Zusammenhang zu bringen und anzunehmen, mit allen übrigen Freveln und Sünden sei durch diesen großen Akt der Buße auch der Tod ihres Vaters vom Gewissen des Mörders abgewaschen und vor Gott und Menschen gesühnt. Sie aber erbleichte, und als er einer Antwort der Schweigenden mit schlauen erwartungsvollen Blicken entgegensah, sagte sie endlich, sich fassend: »Das ist ein so unerhörtes Wunder der Gnade, daß ich ihr dafür nur auf *eine* Weise meinen Dank zu bezeugen weiß – wenn ich bei den Frauen in Cazis den Schleier nehme.« – Eine Antwort, welche die langgeschulte Menschenkenntnis des Paters zuschanden machte. Er hatte es sich leichter gedacht, das, wie er wohl wußte, seit Jahren an Jenatsch hangende Gemüt Lucretias von einer alten Rachepflicht zu befreien, die dem praktischen Manne, wenn er sie auch nicht gerade

verwarf und der ehrwürdigen Landessitte gemäß achtete, doch, besonders in diesem Falle, mit der christlichen Liebe und weltlichen Klugheit unvereinbar erschien.
Lucretia war über die Mitteilung des Paters erschrokken. Daß es Jenatsch mit der Abschwörung seines protestantischen Glaubens ein Ernst sei, das, wußte sie, war unmöglich. Es kam ihr vor, als habe er damit seine erste, innerste Überzeugung verleugnet, als sei er sich nun ganz untreu geworden und habe sein Selbst vernichtet. Und was hatte ihn dazu vermocht? Konnte er diese unlautere Tat mit seiner Liebe zu Bünden entschuldigen und wie seine Untreue an Herzog Rohan als eine Notwendigkeit seines Schicksals darstellen?
Was immer ihn dazu getrieben, es konnten nur Rücksichten und Berechnungen sein, denen der Jürg von ehedem unzugänglich gewesen wäre.
Immerhin war eine Schranke zwischen ihm und ihr, deren sich ihr schwaches Herz zuletzt noch getröstet hatte, damit gefallen.

Hoher Schnee bedeckte das stille Tal und lastete auf Dach und Turm des Schlosses Riedberg. Da verlautete gegen Ende Jänner, der feste Friede mit Spanien-Österreich, der Bündens alte Grenzen und Freiheiten herstelle, sei endlich abgeschlossen, dank der alles berechnenden Klugheit und eisernen Beharrlichkeit des größten Mannes, den das Land je besessen, Jürg Jenatsch habe das Bündnis im Spätsommer mit dem Herzog Serbelloni in Mailand beraten und die Ratifikation der Höfe von Wien und Madrid sei zögernd, aber noch vor Jahresende dort eingetroffen. Es wurde bekanntgemacht, Bündens Gesandter werde in den nächsten Wochen in Chur einziehen und das mit den Bändern und Riegeln vorsichtiger Klauseln gegen jede Anfechtung gewahrte und mit den kaiserlichen und königlichen Unterschriften und Sigillen bekräftigte Dokument in feierlicher Sitzung den Räten von Bünden überreichen.

In den ersten Tagen des Februar war Tauwetter eingetreten. Der Föhn brauste durch die Schluchten der Via mala und stöhnte und pfiff um die alten Mauern von Riedberg. Die Luft war lau, als wollte der Frühling vorzeitig ins Land brechen, aber schwer drohende Wolken bedeckten den Himmel und unheimlich klang in der Nacht das Rieseln des schmelzenden Schnees und das Brausen der übermächtigen, durch das sternlose Dunkel eilenden Bäche.

Lucretia stand am Fenster und ihr Blick bemühte sich, die Nebel zu durchdringen, die längs der Falten des Heinzenberges krochen und über das jenseitige Rheinufer und die Heerstraße wie graue Schleier herabhingen. Es bewegte sich darin ein langer, unterbrochener Zug, und ferner verwirrter Lärm drang in einzelnen Tönen zu ihr herüber. Sprengende Reitergruppen ließen sich erraten und leises Schellengeklingel der Lasttiere wurde vom Winde herübergeweht.

Das konnte nur der als Überbringer der Friedensurkunde nach Chur ziehende Jenatsch sein! Doch immer und immer bewegte es sich von neuem in den Nebeln und jetzt schien ein Teil des zurückgebliebenen Trosses, da wo die Straße nach Riedberg sich abzweigt, vom Zuge sich zu trennen und die Richtung nach dem Schlosse einzuschlagen.

Sollte er es wagen, Lucretia auf seinen Triumphzug, der

Welt zum Schauspiel, abholen, sie mitführen zu wollen als seine schwierigste Beute!

Doch nein – er war voraus. Sie hatte durch eine Lücke der Nebelwolken seinen glänzend geschirrten Rappen vorüberblitzen sehn, und ihr war vorgekommen, das Tanzen des Pferdes und eine Handbewegung des Reiters könnte einen Gruß für sie bedeuten.

Der Nebelstaub verwandelte sich unterdessen in Regen; die Pferde auf der Riedbergstraße aber tauchten jetzt bei einer Wendung ganz nahe zwischen den feuchten Wiesen auf. Es war des Fräuleins Vetter Rudolf, diesmal mit einem für seine bedrängten Umstände zahlreichen Geleite berittener Knechte, der sein Gastrecht im festen Hause seines Oheims geltend machte. Die meisten seiner Leute zeigten ein verdächtiges und unsauberes Aussehen. Er mochte sie, nach ihrer Statur und Bewaffnung zu urteilen, in den nach Süden abfallenden Tälern Graubündens geworben haben. Nur einen in der Rotte sicherlich nicht. Es war ein wahrer Riese, derb von Gliedern und rot von Gesichtsfarbe, in dem Lucretia einen wegen seiner sprichwörtlichen Körperstärke weithin gefürchteten Raufbold, den Wirtssohn von Splügen, erkannte. Er hatte sich gegen den Regen eine Bärenhaut wie einen Haubenmantel übergehängt und blickte unter der Schnauze und den Ohren des erlegten Ungetüms wie ein tierischer Waldmensch hervor.

Lucretia ließ das wilde Gesinde, das seine Ankunft mit Musketenschüssen kundtat, durch ihren Kastellan in einem Nebengebäude unterbringen und bewirten. Den unwillkommenen Vetter empfing sie erst am Abendtische, an welchem ihre Dienerschaft teilzunehmen pflegte und Lucas das Amt des Hausmeisters versah.

Nachdem die Tischgenossen sich entfernt hatten, begehrte Rudolf eine Unterredung mit seiner Base und blieb ungebeten im Gemache zurück, wo Lucas auf einen Wink des Fräuleins das Abräumen des Tafelgerätes nur langsam und zögernd besorgte. Die Gegenwart des alten Knechtes hielt ihn nicht ab, vor sie hinzutreten und ihr mit leiser Stimme Drohungen zuzuflüstern. Er warf ihr ins Gesicht, daß er wohl wisse, wer für den neuen Despoten Bündens, der morgen in Chur seinen prunkenden Einzug halten werde, in Mailand die ersten Botendienste getan. »Der Verschwender ist mir mit seinem fürstlichen Gefolge und seinen kostbaren Berberhengsten über den ganzen Berg auf den Fersen gewesen«, sagte er neidisch. »In Splügen mußte ich ihm die Straße freigeben, wenn ich nicht immerfort seine Knaben hinter mir über die Armut des Planta wollte spotten hören!«

Lucretia gab den Zweck ihrer Reise nach Mailand ruhig und stolz zu.

Da warf der Freche jede Scheu von sich und bezichtigte sie vertraulicher Abhänglichkeit von dem Obersten. »Es ist Zeit mit ihm ein Ende zu machen«, schrie er ihr zu. »An Betrogenen und Beschimpften, die wie ich nach diesem gemeinen Blute dürsten, ist heute Überfluß, seiner Feinde sind in Spanien so viel wie in Frankreich!

Du aber, Lucretia, hast die heilige Pflicht der Rache schmählich vergessen und bist deines Vaters ganz unwürdig geworden! – Weg mit ihm, lieber heute als morgen! Der Mörder des Pompejus Planta soll sich der Gunst seiner Tochter nicht berühmen! Mir fällt es zu, die Ehre des Hauses wiederherzustellen. Sobald der

Verräter auf dem Rücken liegt, werde ich dich als mein Weib heimführen. Ich lasse die Güter der Planta nicht von unberechtigten Händen verzetteln.«

Das Fräulein antwortete nicht. Aber Lucas, dem das Herz vor Ingrimm schwoll, als er seine Herrin so unwürdig behandelt sah, trat, die Fäuste ballend, neben sie. Aufrecht und bleich mit geschlossenen Lippen stand Lucretia vor ihrem Beleidiger. »O wie gut weißt du, daß jedes deiner Worte eine Lüge ist«, stöhnte sie endlich aus gepreßtem Herzen und verließ das Gemach.

Ehe sie die Tür ihres Turmzimmers hinter sich verschloß, hatte sie ein Knechtlein nach Cazis hinübergeschickt, um den Pater Pancraz auf den Riedberg zu holen. Aber der Pater war nach Almens berufen worden, und es war nicht denkbar, daß man ihn von dort in der schlimmen Sturmnacht zurückkehren ließ. Er werde morgen in der Frühe hinüberkommen, ließ Schwester Perpetua berichten.

Jetzt war Lucretia allein. Sie trat ans Fenster und schaute in das nächtliche Land hinaus. Der Sturm schwieg, aber kein Stern stand am Himmel. Schwere niedere Dunstgebilde verdeckten den Mond und ließen kaum auf ihren zerrissenen Säumen einen schwachen Widerschein seines Lichtes ahnen. Überall schwarze drükkende Massen des Gebirgs und der Wolken. Mitternacht ging vorüber und immer noch saß Lucretia am Turmfenster und hörte ratlos und ohne klare Gedanken dem dumpfen Rauschen des Rheines zu.

Wie ein riesenhaftes dunkles Unheil stand vor ihr was aus ihrem Leben geworden. Aber das Leid um ihren

Vater, eine vertrauerte Jugend, ihre jetzige Verlassenheit und die Schrecken der Zukunft sanken in ein unbestimmtes, dumpfes Schmerzgefühl zurück, aus dem ein einziger, stärker und stärker ertönender Vorwurf emporstieg und ihr ans Herz griff: Sie war ihres Vaters nicht würdig. Sie hatte ihre Rache versäumt.

Konnte sie nicht jetzt noch von dieser Last sich befreien? Nicht jetzt noch einem Feigling das Recht nehmen, sie im Einklange mit ihrem eigenen Herzen einer leichtfertig vergessenen Kindespflicht anzuklagen? Nein! Sie war zu schwach dazu! – Nein, sie wollte nicht stark genug sein.

Ihr allein gehörte das Recht der Rache und sie übte es nicht aus; aber sie erbebte vor Zorn, als sie sich es möglich dachte, daß ein anderer es ihr entreißen könnte ... Freilich daß Rudolf dies gelinge, das war ihr auch jetzt, da sie ihn im höchsten widerwärtigsten Wutaufwande seiner feigen Natur gesehn, durchaus unglaublich. Wie sollte diese Viper ihren stolzen Adler erreichen!

Aber sie erschrak vor dem Zwiespalte ihrer eigenen Seele, vor ihrer Ohnmacht die alte Rache zu hegen und vor ihrer verzehrenden Eifersucht auf jeden, der in ihr Amt eintreten konnte.

So beschloß sie ein Ende zu machen und der Welt abzusagen.

Jenseits der Klosterschwelle war sie sicher. Sie verzichtete ja dort auf all ihren Besitz, opferte ihre stolze, immer bekämpfte Liebe, verzichtete auf die zu lange wie ein Heiligtum bewahrte Rache. – Jenseits der Klosterschwelle konnte weder Jürgs frevelhafte Werbung, noch Rudolfs ekler Eigennutz sie mehr erreichen.

Im Schlosse war es ruhig geworden. In den Dörfern

brannte kein Licht; nur von Cazis drang ein matter Schimmer über den Rhein. Er kam aus der Klosterkirche, wo die Schwestern schon Frühmette sangen. Dort war ihre Friedensstatt offen und sie zögerte nicht länger an der Pforte. Sie goß Öl in ihre Lampe, die erlöschen wollte, und begann ihre Papiere zu ordnen. Sie stellte über alle ihre Güter Schenkungsurkunden zugunsten der Schwestern in Cazis und gedachte, in ihrem Gemach eingeschlossen zu bleiben bis zur Ankunft des Paters Pancraz. Nachdem alles vollendet war, legte sie sich angekleidet noch kurze Zeit zur Ruhe.

Gegen Morgen erhob sich der Föhn von neuem mit heulender Wut, wie er nach der oft wiederholten Erzählung des alten Knechtes in jener Nacht getobt, als ihr Vater erschlagen wurde. Sie fiel in einen unruhigen Schlummer, aus welchem sie, von den Geräuschen des Sturmes geweckt, immer wieder emporfuhr.

Ein Traum führte sie in die Todesstunde ihres Vaters. Sie sah ihn – groß und blutig lag er hingestreckt und jammernd wollte sie sich über ihn werfen – aber die Leiche verschwand, sie stand allein und hielt das gerötete Beil in der Hand, während sie die Rosse der Mörder mit stampfenden Hufen enteilen hörte. Ein neuer Windstoß rüttelte am Turme und ließ die Fensterscheiben des Gemaches in ihrer Bleifassung erklirren. Lucretia erwachte.

Im Hofe hörte sie Pferdegetrappel und das Knarren des sich öffnenden Tors. Sie eilte ans Fenster und sah in der stürmischen Morgendämmerung zwei Pferde wegtraben. Das eine war der Schimmel ihres Vetters. Erstaunt ließ sie Lucas rufen. Er war nicht mehr auf dem Schlosse, sondern mit Herrn Rudolf nach Chur verritten, dessen Gefolge, wie ihr gesagt wurde, Befehl erhalten hatte, später aufzubrechen, um zur Mittagszeit mit dem Herrn in der Schenke zum staubigen Hüttlein bei Chur zusammenzutreffen.

Daß der treue Lucas nach dem Auftritte von gestern mit Rudolf Planta weggeritten, daß er sie ohne Urlaub verlassen, was er noch nie getan, das war Lucretia unbegreiflich und erfüllte sie mit schlimmen Ahnungen. Sie betrat die Kammer des Alten und öffnete eine hölzerne Truhe, worin er mit eigensinniger Verehrung das Beil aufbewahrte, das ihren Vater erschlagen hatte und das sie zum schmerzlichen Ärger des greisen Knechtes nie hatte sehen wollen. Die Truhe war leer. Lucretia erbleichte. Die mit dem Blute ihres Vaters benetzte Waffe also war ihr entrissen; die ihr allein zustehende Rache sollte heute schon von den Händen eines Feiglings oder von denen ihres Knechtes vollzogen werden! Das Blut der Planta stürzte ihr wild zum Herzen und empörte sich gegen solch unwürdigen Eingriff. Die Entsagung der verwichenen Nacht entschwand ihrem Gemüte. Heute war sie noch die Herrin auf Riedberg – heute war sie noch die Erbin ihres Vaters und waltete zum letzten Male ihres Amts.

Was morgen komme war ihr gleichgültig, lag doch wie ein stiller Friedhof das Kloster Cazis dort über dem Rhein.

Noch warf sie einen Blick hinaus in die trübe, sturmgepeitschte Gegend, ob der Pater nicht komme. Sie wollte ihm die von ihr in der Nacht geschriebenen und besiegelten Dokumente übergeben. Aber Stunden verstrichen und er kam nicht. Das Gefolge Rudolfs war seinem Herrn nachgeeilt. Jetzt ließ auch sie satteln und ritt

nach Chur, von ihrem jüngsten Knechte, dem Sohne des alten Lucas, begleitet.
Sie wollte zu Georg, ihn warnen und retten, oder ihn mit reinen, gerechten Händen töten. »Jürg ist mein!« sagte sie zu ihrem Herzen.

Erst gegen Mittag klopfte der verspätete Pater ans Tor, und hörte mit Schrecken von dem Erscheinen Rudolfs, und daß das Fräulein in der Frühe nach Chur verreist sei. Eine vertraute Magd hatte den Auftrag, den Kapuziner in das Turmzimmer zu führen, wo ihre Herrin zu schreiben pflegte. Dort fand er die Schenkungsurkunden in vollständiger Ordnung und die schriftliche Erklärung, daß Lucretia Planta der Welt entsage und im Kloster Cazis den Schleier nehme.
Nachdenklich und traurig stand der Mönch vor diesen Zeugen eines schweren und schmerzlich vollendeten Seelenkampfes. Die Entscheidung erfreute ihn weniger, als es von einem echten Sohne des heiligen Franziskus zu erwarten gewesen wäre. Auch beunruhigte ihn Lucretias Ritt nach Chur. Er wußte, daß sein Beichtkind in schwierigen Lagen die kleinen Hilfsmittel und Auswege weltlicher Klugheit nicht fand, daß Lucretias Gefühle mit unzerstörbarer Liebe im einmal Ergriffenen wurzelten, daß ihre Gedanken mit erschreckender Gewalt in der einmal betretenen Bahn fortstürzten. Es war ihm oft aufgefallen, daß ihr nahe lag und sie natürlich fand, was andern als gefahrvoll und unerhört erschien, und daß sie es in aller Einfachheit tat.
Er horchte die Dienstleute über die Vorfälle der vergangenen Nacht aus und ihm wurde immer bänger. Er steckte die Urkunden sorgfältig zu sich, bestieg sein

Eselchen und ritt trotz Wind und Wetter ohne Aufenthalt nach Chur, wo er Lucretia bei der greisen Gräfin Travers zu finden hoffte, fest entschlossen, wenn so oder so ein Unheil geschehen sei, das Fräulein nach Cazis in Sicherheit zu bringen.

Vierzehntes Kapitel

Zu dieser Stunde saß in seinem Hause zu Chur der Ritter Doktor Fortunatus Sprecher mit einem geehrten Gaste an der festlich besetzten Mittagstafel. Die erwärmte Stimmung der Tischgesellschaft und der solide Reichtum des Gemaches stand in behaglichem Widerspruche mit dem Unwetter draußen auf der Gasse, wo der rauschende Orkan den schmelzenden Schnee von den Dächern warf und mit ohnmächtiger Wut an den vergoldeten Eisengittern rüttelte, die in unten weit ausgebauter Korbform die breiten Fenster von hellem Glase schützten.

Der mit Silber und venezianischen Kelchen besetzte Tisch nahm die Mitte des Zimmers ein. Der größte, ebenso reiche als heimatlich behagliche Schmuck dieser schönen Familienstube war ihr kunstreich geschnitztes Nußbaumgetäfel, das durch zierliche korinthische Holzsäulen in zwölf mit Trophäen gefüllte Felder geteilt war. Das oberste Gesimse wurde von Karyatiden in halber Figur getragen, zwischen welchen ein rings herumlaufender Holzfries die verschiedenen Szenen einer Jagd mit Schützen, Hunden und zum Teil fabelhaftem Getier in erhabener Arbeit darstellte, auf welches Werk der Doktor mit Recht besonders stolz war. Die

Stelle des Deckengemäldes vertrat das kühngeschnitzte Wappen der Sprecher von Bernegg.
Die Ecke des Zimmers füllte, stattlich und kranzgekrönt, das warme Gebäude des Kachelofens. Ein großartiger und zugleich kurzweiliger Anblick! Denn da entfaltete sich zwischen zartgefärbten Engeln und Fruchtschnüren in mehreren Bilderreihen die ganze Geschichte des Erzvaters Abraham. Die biblischen Szenen waren in violetten, gelben und blauen Umrissen und Schattierungen mit großem Fleiße auf die weißen Kacheln gemalt und durch daruntergesetzte geistreiche Reimsprüche erklärt und nutzbar gemacht.
Der Tischgenossen waren jetzt nur noch drei. Die jüngern Kinder des Hauses, welche das untere Ende der Tafel eingenommen und in bescheidener Stille ihr Essen stehend verzehrt hatten, waren beurlaubt worden. An dem Ehrenplatze, zwischen dem Hausherrn und seinem blonden Töchterlein, saß, als gefeierter Gast, der Herr Amtsbürgermeister Heinrich Waser. Heute am Tage der öffentlichen Überreichung der Friedensakte, wozu ihn seine den drei Bünden immer besonders gewogene Vaterstadt, die Republik Zürich, abgeordnet hatte, befand er sich in voller Amtstracht und im Schmucke seiner bürgermeisterlichen Kette. Die höchste Würde des Staates war ihm um seiner besonnenen Leistungen und mit berechneter Bescheidenheit nur nach und nach ans Licht gestellten Verdienste willen ungewöhnlich früh und neidlos zuteil geworden, denn er stand, frisch und lebenslustig, erst am Eingange der Vierzigerjahre. Ein Hauch von Jugendlichkeit schwebte auf seinen vom Gastmahle geröteten Zügen, deren frühere bewegliche Feinheit sich zum behäbigen Aus-

drucke einer wohlwollenden, aber ans Schlaue streifenden Klugheit ausgeprägt hatte.

Heute sah er bewegt aus, besonders wenn er mit seiner Nachbarin sprach, deren Worten und Mienen er eine prüfende liebevolle Aufmerksamkeit schenkte. Ihr kindliches Köpfchen, das auf einem lichten Halse über dem blauen Tuchkleide und den von ihrer Mutter geerbten Holländerspitzen des durchsichtigen Flügelkragens schwebte, hatte für ihn etwas äußerst Anziehendes. Die weiche Rundung des hellen Gesichtes, der damit übereinstimmende sanfte Glanz ihrer unter langen blonden Wimpern und angenehm gelockten Haaren hervorleuchtenden Augen machten einen Eindruck von befriedigter Ruhe, welche Herrn Waser an die silberne Luna erinnerte, wie sie sich in den klaren Wassern des Zürchersees spiegelt. Immer sehnlicher wünschte er, dieses anmutige Gestirn möchte glückbringend an seinem Abendhimmel aufgehen.

Obgleich des Doktors Lebensauffassung infolge seines galligen Temperamentes im ganzen eine trübe war, sah er dem unter seinen Augen sich vorbereitenden häuslichen Ereignisse nicht ohne väterliche Befriedigung entgegen. Aber seine Gedanken waren zerstreut. Herr Waser hatte ihm in allem Vertrauen vor der Mittagstafel eine Kunde mitgeteilt, mit welcher er Fräulein Amantia nicht vorzeitig, nicht heute betrüben wollte – die Kunde vom Tode des Herzogs Rohan. Ein deutsches Flugblatt, das denselben mit rührenden Worten beschrieb, war nach Zürich gelangt und Waser hatte es für seinen geschichtskundigen Freund mitgebracht.

Überdies beschäftigte diesen der jeden Augenblick erwartete Einzug des Triumphators in Chur, dessen Persönlichkeit ihm von jeher fremdartig und widerwärtig gewesen und dem er am wenigsten verzeihen konnte, daß er das Sprechersche Haus, eine Festung der Ehre, wie der Doktor früher mit Stolz zu sagen gewohnt war, durch Verrat befleckt hatte.

Doch sonderbar! Was der Bürgermeister dem Fräulein in dieser Stunde festlichen Zusammenseins noch verschweigen wollte, schien einen magnetischen Zug auf dessen ahnungsvolles Gemüt auszuüben, wenigstens kam Amantia heute in Gedanken und Worten von dem guten Herzog Heinrich Rohan nicht weg und konnte bei diesem Anlasse nicht umhin, auch seines tapfern Adjutanten mit Interesse sich zu erinnern.

Herr Waser ließ für seinen Mitbürger keine übertriebene Vorliebe blicken. Der Bravour und dem aufgeweckten, gebildeten Geiste Wertmüllers widerfuhr von seinem Munde Gerechtigkeit, aber er schüttelte bedenklich den Kopf über des Locotenenten schneidiges und den Widerspruch absichtlich reizendes Wesen, womit er seine Landsleute beunruhige und sich eine unangenehme Berühmtheit in seiner Vaterstadt zugezogen habe. So selten er in Zürich verweile, sei es ihm gelungen, durch seine Ausfälle gegen eine hohe Geistlichkeit Abscheu, durch sein hochmütiges Geringschätzen der in ihrer Art interessanten städtischen Angelegenheiten allgemeine Mißbilligung und durch allerlei physikalischen Hokuspokus, der ihn dem freilich törichten Verdachte der Zauberei aussetzte, bei dem gemeinen Manne unheimliche Furcht zu erregen. So habe er sich in Zürich den Weg verrammelt und das Zutrauen einer löblichen Bürgerschaft in alle Zukunft verscherzt, welches doch, nebst einem reinen Gewissen, die Lebensluft des echten Republikaners sei. – »Das Schlimmste aber an dem jungen Manne«, schloß der mehr als billig erregte Bürgermeister, »ist sein Mangel an aller und jeder Pietät – denn, ich bitt Euch, innig verehrte – dürft ich sagen innig geliebte! – Jungfer Sprecherin, was ist alles Wissen und Können der Welt ohne die Grundlage eines religiösen Gemütes!«

»Was mir den Locotenenten wert machte«, sagte Fräulein Amantia fast beschämt, »war seine Treue an dem edlen Herzog Heinrich. Da hat er sich als echten Kavalier gezeigt neben dem Verräter Georg Jenatsch, der mir trotz seines gewinnenden Wesens immer wie ein böser Geist vorkam, wenn er über unsere Treppen zum Herzog hinaufsprang.«

»Ein schwer zu beurteilender Charakter«, sagte der zürcherische Bürgermeister, indem er, in einen traurig ernsten Ton übergehend, sich an Herrn Fortunatus wandte. »In *einem* Stücke wenigstens überragt Georg Jenatsch unsere größten Zeitgenossen – in seiner übermächtigen Vaterlandsliebe. Wie ich ihn kenne, so strömt sie ihm wie das Blut durch die Adern. Sie ist der einzige überall passende Schlüssel zu seinem vielgestaltigen Wesen. Ich muß zugeben, er hat ihr mehr geopfert, als ein aufrechtes Gewissen verantworten kann. Aber«, fuhr er zögernd und mit gedämpfter Stimme fort, »ist es nicht ein Glück für uns ehrenhafte Staatsleute, wenn zum Heile des Vaterlandes notwendige Taten, die von reinen Händen nicht vollbracht werden können, von solchen gesetzlosen Kraftmenschen übernommen werden – die dann der allwissende Gott in seiner Gerechtigkeit richten mag. Denn auch sie sind seine Werkzeuge – wie geschrieben steht:

Er lenkt die Herzen der Menschen wie Wasserbäche.«
»Das ist ein seltsam gefährlicher Satz«, rief Herr Fortunatus entrüstet, »den ich erstaunt bin, unter den Betrachtungen und Maximen Eurer Gestrengen zu finden! Damit ist man auf geradem Wege, die schlimmsten Verbrechen zu rechtfertigen. Bedenkt, wie leicht solch ein gesetz- und gewissenloser Mensch, einmal in seine unberechenbare Bahn geschleudert und von seinen Leidenschaften wie von einem Orkan getrieben, sein eigen gelungen Werk zerstört. Wißt Ihr, wohin es schon mit Jürg Jenatsch gekommen ist? Ich erfahre aus zuverlässigen Quellen, daß er bei den Verhandlungen in Mailand dem an seinen Vorschlägen mäkelnden Herzog Serbelloni wie ein Rasender gedroht hat, er rufe die Franzosen wieder nach Bünden, wenn Spanien nicht seinen Willen tue, ja, daß er, um den Beichtvater Seiner hispanischen Majestät zu gewinnen – denn er wollte einen andern Einfluß gegen den Serbellonis zu Madrid in die Waagschale werfen – seinen angestammten evangelischen Glauben freventlich abgeschworen hat.«
»Da sei Gott vor«, sagte der Bürgermeister aufrichtig erschrocken.
»Und was fängt unser kleines Land mit diesem jetzt müßig gewordenen und an Taten noch ungesättigten Menschen an«, fuhr Sprecher fort, »der unsern engen Verhältnissen entwachsen und von seinen beispiellosen Erfolgen trunken ist bis zum Wahnsinn? – In den Pausen seiner Unterhandlungen zu Mailand hat er in unserer Grafschaft Chiavenna, wo er sich von den drei Bünden zum Lohne seines Verrats an Herzog Heinrich die ganze Zivil- und Militärgewalt unumschränkt übertragen ließ, gewirtschaftet wie ein ausschweifender Nero

und einen mehr als fürstlichen Hofhalt geführt. Ich könnte Euch manches davon erzählen, denn ich verzeichne seine Taten allwöchentlich mit dem scharfen Griffel der Klio, dessen Spitze ich übrigens zu niemandes Gunsten abstumpfen würde, nicht einmal zugunsten eines Sohnes oder – Schwiegersohnes«, schloß Herr Fortunatus mit trübem Lächeln.

»Gott genade uns, welch ein Unwetter!« rief Fräulein Amantia, unter diesem Schreckensruf ein zartes Erröten verbergend, und wirklich hatte sich der Sturm draußen verdoppelt und seine Stöße, welche die Gitterverzierungen am Fenster wegzureißen drohten, ließen das feste Haus erbeben und die Gläser auf der Tafel leise klingen. Es öffnete sich die Tür, eine erschrockene Magd erschien und berichtete, der alte Glockenturm zu Sankt Luzi sei, nachdem man ihn einige Male habe schwanken sehen, in dem Unwetter krachend zusammengestürzt, gerade als der Oberst Jenatsch mit seinem Gefolge durch das Tor eingeritten.

»Das ist nicht ohne Bedeutung«, sagte ernst Herr Fortunatus, während die Männer ans Fenster traten. »Wir wissen aus Tito Livio und haben auch hier die Erfahrung öfter gemacht, daß die Natur mit der Geschichte in geheimem Zusammenhange steht, große Begebenheiten vorausfühlt und mit ihren Schrecknissen ankündigt und begleitet.«

Unter andern Umständen hätte wohl der Bürgermeister diese abergläubische Bemerkung mit einem feinen Lächeln beantwortet, diesmal aber konnte er sich eines peinlichen Eindrucks nicht erwehren. Das Zusammenstürzen des Luzienturmes erinnerte ihn an die dem Veltlinermord vorhergehenden Tage seines Aufenthal-

tes in Berbenn, an die damaligen Zeichen und Wunder und an den blutigen Tod der schönen Lucia.
Der Sturm schien sich ausgetobt zu haben, aber die Luft war feucht und schwer und dunkle Wolken hingen tief herab. Die Gasse hatte sich mit geringem Volke von zerzaustem und verstörtem Aussehen gefüllt. Jetzt sprengte ein Reiter um die Ecke in juwelenglänzender roter Tracht und wehendem Mantel, den Hut mit den flatternden Federn fest in die Stirn gedrückt. Es war Jürg Jenatsch, der seinen unruhigen Rappen hart vor dem Sprecherschen Hause bändigte und sich nach seinem Ehrengeleit umsah, das, vom Sturme aufgehalten, eine Straßenlänge hinter dem Voranjagenden zurückgeblieben war.
Waser konnte seinen Blick von der Erscheinung des Jugendfreudes nicht verwenden. Er hing wie gebannt an dem starren Ausdrucke des metallbraunen Angesichts. Auf den großen Zügen lag gleichgültiger Trotz, der nach Himmel und Hölle, nach Tod und Gericht nichts mehr fragte. Das Auge blickte fremd über den erreichten Triumph hinweg – welches unbekannte Ziel ergreifend? ... Und wieder tauchte dem Bürgermeister eine alte Erinnerung auf: der Brand von Berbenn. Er sah Jürg, die schöne Leiche in den Armen, mit jenem aus Glut und Kälte gemischten Ausdrucke, den er nie hatte vergessen können. Wie kommt es, fragte er sich, daß Jürg heute auf dem Gipfel des Ruhmes geradeso dreinschaut wie damals in der Tiefe des Elends?
»Seht einmal«, flüsterte Sprecher durch die gleichgültige Haltung des ihn nicht beachtenden Reiters gereizt, »der Abtrünnige trägt die Ordenskette St. Jacobi von Compostella!«

Waser antwortete nicht, denn ihm zu Häupten ertönte – eine Seltenheit zu Anfang des Frühjahrs – dumpfes Donnergrollen und jäh zerriß ein falber Blitz die niederhangenden Wolken.

»Der Strahl des Gerichts!« murmelte Sprecher erbleichend.

Auch Waser glaubte, Feuer vom Himmel habe den Trotzigen getroffen; aber als seine geblendeten Augen wieder aufblickten, saß Jenatsch unbewegt auf dem sich bäumenden, stampfenden Rappen. Er zwang sein Tier mit fester Hand. Er allein schien Blitz und Donner nicht bemerkt zu haben.

Waser verweilte nicht mehr lange. Es drängte ihn, Jürg aufzusuchen, um den peinigenden Eindruck, den dieser aus der Ferne auf ihn gemacht, durch ein paar freundschaftliche Worte von Mund zu Munde zu brechen. Dies gedachte er noch vor der feierlichen Ratssitzung zu tun. Sprechers Stimmung gegen Jenatsch konnte, war seine Befürchtung, in Bünden eine verbreitete sein. Ich will ihn beschwören, sagte sich Waser, daß er sich bescheide und, nachdem er das Friedensdokument dem Rate übergeben und so den Höhepunkt seiner ruhmvollen Bahn erreicht hat, sich eine Weile zurückziehe, um den Neid der Götter und der Menschen nicht zu reizen. Er möge, wollte Waser ihm andeuten, seine kriegerische Laufbahn im Auslande fortsetzen, oder den Versuch machen, ob es ihm gelinge durch Begründung eines häuslichen Herdes auf seinen Gütern in Davos seine unruhige Seele auf stillere Wege zu führen.

Von Herrn Fortunatus unter die Hauspforte geleitet, hatte sich Waser bei diesem erkundigt, wo Jenatsch absteige, und der Ritter in bitterm Tone geantwortet: »Wie könnt Ihr fragen, verehrter Freund? Natürlich im bischöflichen Hof.«

Als der Bürgermeister von seinem Diener geleitet durch die hallenden Gänge der bischöflichen Residenz schritt, tönte ihm durch eine Türe zur Rechten die wohlbekannte Stimme seines Freundes in heftiger Erregung entgegen. Sie war im Zwiegespräch, um nicht zu sagen im Wortwechsel, mit einer andern etwas fetten und schwerfälligen. Er wurde von dem bischöflichen Kammerdiener in ein gegenüberliegendes Zimmer geführt und dieser ging ihn anzumelden. Die fernen Stimmen wurden unhörbar, kurz darauf aber wurde eine Tür im Gange aufgerissen. Es war Jenatsch, der Urlaub nahm.

»Macht Euch keine Rechnung darauf, Gnaden«, hörte Waser ihn auf dem Gange draußen mit heiserer fast schreiender Stimme zurückreden. »Daraus wird nichts! Ich will keine hergestellten Klöster im Lande! Ich dulde keine geistlichen Übergriffe!«

»An diesem Eurem Ehrentage, Herr Oberst«, beruhigte man von innen mit salbungsvollem Tone, »will ich Euch mit unsern bescheidenen Wünschen nicht belästigen, bin ich doch gewiß, daß unsere kleinen Meinungsverschiedenheiten sich mit der Zeit von selbst ausgleichen werden, jetzt, da Ihr im Glauben wiedergeboren und aus einem Saulus ein Paulus geworden seid.« –

Die Zimmertür flog auf und Jürg schritt seinem Jugendfreunde mit ausgebreiteten Armen entgegen. Er faßte ihn an beiden Schultern: »Auch einer, der sein

Ziel erreicht hat!« sagte er mit dem alten, fröhlichen Lachen. »Ich gratuliere, Herr Bürgermeister!«

»Es ist mir eine besondere Freude«, erwiderte Waser, »daß ich, kaum mit meiner neuen Würde bekleidet, von meinen gnädigen Herren zu deinem Triumphe nach Chur abgeordnet bin. Du hast, ich muß es dir sagen, das Unerhörte getan, und das Unmögliche erreicht.«

»Wenn du wüßtest, Heini, um welchen Preis und mit welchen Verrenkungen meines Wesens! Noch in den letzten Augenblicken wollten sie meine Heimat um das von mir Erraffte betrügen. – Da habe ich die letzte Karte ausgespielt – eine schmutzige Karte ... puh! Aber ich drängte vorwärts, vorwärts, damit der Fieberschauer meines Lebens nicht ohne Frucht bleibe, nicht umsonst sei. Nun bin ich am Ziele und gern möcht ich sagen: Ich bin müde! wäre nicht ein Dämon in mich gefahren, der mich vorwärts ins Unbekannte, ins Leere peitscht.«

»Mit jenem letzten unsaubern Mittel«, sagte Waser bang und nur an einem Gedanken haftend, »meinst du doch nicht den Abfall von unserm helvetisch-reformierten Glauben zum Papismus? ... das wird nicht, kann nicht sein!«

»Und ist es«, rief der andere mit frevler Heiterkeit, »so hab ich eine Fratze gegen eine Fratze getauscht!«

»Du hast in Zürich Gottesgelahrtheit studiert ...« sagte Waser erschüttert, wandte sich ab und bedeckte das Angesicht mit beiden Händen. Schwere Tränen rannen durch seine Finger.

Da schlug Jenatsch den Arm um ihn und sagte in einem zornmütigen Humor: »Flenne mir nicht wie ein Weib, Bürgermeister! Was ist denn da Besonderes? Da habe ich ganz andere Dinge auf meinem soliden Gewis-

sen!« ... Dann plötzlich den Ton wechselnd, fragte er dringend: »Was habt ihr denn in Zürich für Bericht von der bei Rheinfelden von Herzog Bernhard den Kaiserlichen gelieferten Schlacht? Ich weiß noch nichts Näheres«, fügte er bei, »in Thusis hieß es, Rohan sei leicht verwundet.«
Waser versetzte mit unsicherer Stimme: »Sein Zustand war gefährlicher, als man anfangs glaubte« ... hier hielt er inne.
»Heraus mit der Sprache, Heinrich«, rief Jenatsch rauh, »er ist gestorben?« Und es ging wie ein grauer Todesschatten über sein Antlitz.
In diesem Augenblicke ertönte – Herrn Waser sehr unwillkommen, der noch gern seinen Freund gewarnt und sein eigenes Gemüt in ruhigem Gespräch mit ihm erleichtert hätte – die Glocke, welche die beiden auf das Rathaus rief.
Jenatsch ergriff die Rolle, welche Bündens Rettung enthielt, hob sie gegen Waser empor und rief: »Teuer erkauft!«

Letztes Kapitel

Auf dem Rathause zu Chur wurden nach dem Schlusse der feierlichen Sitzung, in welcher Georg Jenatsch das Friedensdokument überreicht hatte, Vorbereitungen zu einem glänzenden Feste getroffen, mit dem ihn die Stadt am Abende desselben Tages ehren wollte. Es war Fastnachtszeit und die Churerinnen freuten sich auf den fröhlichen Anlaß; der Winter war den durch die Geselligkeit der frühern Jahre Verwöhnten allzu still und ernsthaft vergangen, sie hatten die erfindungsreiche Galanterie der französischen Edelleute vermißt, die allwöchentlich aus der nahen Rheinfestung nach Chur zu eilen pflegten. Heute sollte das Versäumte nachgeholt werden. Die Väter der Stadt hatten sich nicht geweigert, die weite, bequeme Halle, wo sie zur Sommerszeit das Heil des Landes berieten, dem wirbelnden Reigen und der Maskenfreiheit aufzutun, und in den beiden zur Rechten und zur Linken auf diesen Saal sich öffnenden Sitzungszimmern die Schenktische rüsten zu lassen.

Das eine dieser Nebengemächer, vor dessen Eingang die schmale, vom Hausflur auf den weiten Saal führende Wendeltreppe ausmündete, war die Kammer der Justitia, deren aus Holz geschnitztes, buntbemaltes Bildnis, auf einem phantastischen Sitze von Hirschgeweihen thronend, an drei Ketten von der Decke herunterhing. Unter dem Bilde stand ein hoher Holzbock und auf diesem der beleibte Festwirt, der das mächtige Geweih geschäftig mit Wachskerzen besteckte. Während seine Hände sich beeilten, ging auch seine Zunge nicht müßig. Sie ließ gewichtige Worte fallen in einen Kreis junger Leute, welche das seidene geschlitzte Festwams mit dem breit ausgelegten Spitzenkragen, das reich bebänderte Beinkleid und die verwegensten Schuhrosetten zur Schau trugen, dabei schon den Becher handhabten, um, wie sie sagten, die Festweine zu prüfen, und die Aussprüche des Redseligen lustig auffingen, ihn zu immer neuen Mitteilungen ermunternd.

»Also, Vater Fausch«, lachte ein flotter Geselle, »Ihr seid es, der das Genie des Obersten aus den Windeln gewickelt hat, wodurch Ihr, ich will nicht sagen die kleine, aber die verborgene Ursache großer Dinge geworden seid! Gesteht, Ihr habt ihm auch seinen Plan eingehaucht, der eines Niccolò Machiavelli würdig ist! Warum aber habt Ihr die Hauptrolle darin nicht selbst übernommen?«

»Daß es probat sei, Frankreich gegen Hispanien und Hispanien gegen Frankreich zu hetzen«, versetzte der Kleine, eine Kerze in der Hand, von seiner Höhe herunter, »und dann den Kopf leise aus der Schlinge zu ziehn, das mag ich Jürg in vertraulichen Stunden wohl angedeutet haben zur Zeit, als wir in der schönen Stadt Venezia zusammentrafen. Selbst aber das Geschäft übernehmen konnte ich nicht, wenn ich nicht dem herben Weine meiner Denkungsart einen unechten Beisatz geben und meine demokratische Vergangenheit beschämen wollte. Nie sah Bünden einen ehrenvollern Tag als jenen großen, da ich die französische Ambassade über die Grenze wies.« Und Fausch machte eine gebieterische Gebärde mit seiner Wachskerze.

»Bekannt! Bekannt wie die Schöpfungsgeschichte!« scholl es aus allen Ecken. »Etwas anderes, Vater Lorenz! – Erzählt uns lieber, wie Ihr, ein hartgesottener Ketzer, Kellermeister bei Seiner bischöflichen Gnaden geworden seid.«

»Gern, meine Herren«, versetzte Fausch, »es ist in unsern Zeiten eine lehrreiche Geschichte.

Als Seine Gnaden für ihren weltberühmten bischöflichen Keller einen Mann nach ihrem Herzen, ausgerüstet mit den erforderlichen Kenntnissen und Tugenden suchten, schrieben sie mir nach Venedig, an meiner ihnen wohlbekannten Person sei nur eines, das sie störe – die Verschiedenheit des Glaubens. Sie meinten, ihr

Malanser würde ihnen nicht schmecken, wenn ihr Kellermeister und Mundschenk die bestimmte Aussicht hätte, dereinst in der Flamme ewigen Durst zu leiden, und drangen heftig in mich, zum Besten ihres Kellers und meiner Seele die protestantischen Ketzereien abzutun. Lorenz Fausch aber, meine Herren, blieb fest und gelangte doch ans Ziel. Die Unterhandlung schloß damit, daß Gnaden einsahen, ein Apostat wäre nicht der Mann, ihnen reinen Wein einzuschenken.«

Fausch verstummte, denn eben war ein junges Ratsglied zu der Gruppe getreten und erzählte mit Lebhaftigkeit, wie stolz der Oberst dem Bürgermeister Meyer die Urkunde überreicht und in wie wohlgesetzten Worten das zürcherische Standeshaupt den Glückwunsch seiner Vaterstadt zu Bündens glorreicher und wunderbarer Wiederherstellung vorgebracht habe.

»Der Heini Waser hat gleichfalls mit mir auf derselben Schulbank geschwitzt«, rief Meister Lorenz von seinem Holzbock herunter. »Auch ein Pfiffikus! Aber mit unserm Jenatio verglichen, ein Ingenium zweiten Ranges. Wenn mein Jürg mir nur nicht hoffärtig wird! – Ich will heute abend die Maskenfreiheit benützen, um ihn sein erstes geringes Kleid, den Pfarrock, und die unterste Staffel seines Ruhms, die arme Kanzel in heilsame Erinnerung zu bringen. Gebt mir auf den Spaß wohl acht, ihr Herren! Ich schleiche als Küster hinter ihm her und spreche ihn um den Liedervers zu seiner Predigt an, so wahr ich Lorenz Fausch heiße.«

Unterdessen hatten sich alle Lichter entzündet und der Saal begann sich zu füllen. In den Nischen der breiten Fenster flüsterten junge Damen und verzeichneten auf ihren Fächern die Tänze, welche sie den vor ihnen stehenden Kavalieren versprochen. Allmählich erschienen auch die Standespersonen, voran der Amtsbürgermeister Meyer mit seiner vornehm blickenden Gemahlin, welche, den runden Hals und die vollen Arme mit Perlenschnüren umwunden, in einem golddurchwirkten Schleppkleide neben dem stattlichsten der Gatten einherschritt. Bald nach ihnen betrat den Saal der Ritter Doktor Fortunatus Sprecher, den alles sich wunderte hier zu erblicken. Auch war sein Antlitz trüb und unfestlich. Der allen rauschenden Vergnügungen abholde Doktor hatte wohl sich heute Gewalt angetan um seines zürcherischen Freundes und Gastes willen, den er auch damit ehrte, daß er durch ihn sein liebliches Töchterlein aufführen ließ. Die Sprecherin sah in ihrem weißen Seidenkleide und dem vorn von einer Blume aus Edelgestein zusammengehaltenen Florwölklein um Nacken und Schultern an der Hand des ehren- und tugendfesten Bürgermeisters glücklich und verschämt aus, fast wie eine züchtige Braut.

Während Herr Waser sie unter ihre Freundinnen führte, welche dem Treppenaufgang und der Kammer der Justitia gegenüber am andern Ende des Saales jugendliche Gruppen bildeten, klangen die Stufen von Männertritten und Jenatsch betrat mit einem zahlreichen Gefolge seiner Offiziere die Tanzhalle. Sein gewaltiger Körperbau und sein feuriges Antlitz machten ihn noch immer zum Mächtigsten und Schönsten unter allen.

Noch stand er von vielen Seiten begrüßt neben dem Bürgermeister Meyer und seiner Gemahlin in der Mitte des Saales, als zu nicht geringem Schrecken dieser Magistratsperson der Doktor Sprecher mit einer Totengrä-

bermiene sich unfern von ihnen unter den Kronleuchter stellte und, mit einer Bewegung der Rechten Schweigen verlangend, also zu reden anhub:
»Manche von Euch fragen mich, werte Mitbürger, was diese Trauer meines Angesichts bedeute, die ich vergeblich um des heutigen Ehrenfestes willen unter der Maske der Heiterkeit zu verbergen trachte. Wollet es mir verzeihen, wenn ich ein großes Leid, das mir widerfahren ist, nicht länger verheimliche, weil ich überzeugt bin, daß es in vollstem Maße auch das eurige ist, und wollet es den Boten nicht entgelten lassen, der eure Freude in Trauer verwandeln muß.
Unser hoher Gönner und treuester Freund, der Herzog Heinrich Rohan, hat das Zeitliche gesegnet.«
Hier wanderte Sprechers Blick durch die erst lautlos schweigende und jetzt bei seinem letzten Worte bestürzte Gesellschaft. »Ein Flugblatt mit dem Berichte seines Endes ist eben in meine Hände gekommen. Wollt ihr die traurige Zeitung anhören?« fragte er, ein bedrucktes Papier aus der Brusttasche ziehend.
»Leset, leset!« ertönte es von allen Seiten.
Sprecher trocknete sich die Augen und begann:
»Allen evangelischen Herren, Städten und Landschaften deutscher Nation geschieht hiermit Kunde, daß Herzog Bernhard von Weimar bei Schloß und Stadt Rheinfelden eine glänzende Viktoria über die Kaiserlichen erfochten hat. In dieser Feldschlacht, die zwei Tage dauerte, wurde der in der Tracht eines gemeinen Reiters in unsern Reihen mitfechtende Herzog Heinz Rohan von dem Feinde nach tapferer Gegenwehr und erlittener Verwundung zum Gefangenen gemacht; am zweiten Tage aber bei erneuertem Angriffe von dem

Hauptmann Rudolf Wertmüller und seinem Reiterfähnlein mit fürtrefflicher Tapferkeit herausgehauen und im Triumphe ins Lager zurückgeführt. Herzog Bernhard ließ ihn in sein Zelt bringen, allwo die Wunde untersucht und ungefährlich, der edle Herr aber sehr schwach befunden wurde. Herr Bernhard wich nicht von seiner Seiten. Am fünften Tage danach, als es mit Herzog Heinz zum Sterben gehen sollte, verlangte er nach einem geistlichen deutschen Lied, wie er solche im Heer sonderlich gern hatte singen hören. Da versammelten sich wohl hundert Mann aus dem Lager, Reiter und Fußvolk, alle wohl geübt und erfahren in dieser fröhlichen Kunst, vor dem Gezelt des Herzogs und sangen ihm ein neu geistlich Lied, das unlängst in das Lager gekommen war und bald große Gunst gefunden hatte. Nach dem Gesätzlein:

Wohl Dir, Du Kind der Treue!
Du hast und trägst davon
Mit Ruhm und Dankgeschreie
Den Sieg und Ehrenkron …

tat sich sachte das Gezelt auf und man winkete, daß der Herr selig verschieden sei. Als die Ärzte ihn öffneten, um ihn einzubalsamieren, fanden sie das Herz von Kümmernis gänzlich zerstöret. So fuhr dahin in Ehren der edle Herzog Heinz aus Welschland. Wenn einst, wie wir alle unverrücket hoffen, das deutsche Reich erneuert wird in evangelischer Freiheit und großer Gloria, so wird man auch dieses gottesfürchtigen welschen Herzogs gedenken, dieweil er glaubenshalber aus seinem Vaterlande gewichen und, nachdem er sich seiner hohen Ehren demütiglich abgetan, im evangelischen deutschen Heere einen frommen Reiterstod gestorben ist. Amen.«

Tiefe Bewegung hatte sich der ganzen Versammlung bemächtigt, es bildeten sich leise redende Gruppen. Wie damals da der Herzog am Tore von Chur Abschied nahm, stand Jenatsch eine Weile allein mit verfinstertem Antlitz.

Da trat der Bürgermeister Meyer auf ihn zu und redete ihn herzlich und ehrerbietig an: »Wir Churer glauben Eurer Genehmigung gewiß zu sein, Herr Oberst, wenn wir Euch vorschlagen, das Euch gebotene Dank- und Ehrenfest auf einen spätern Tag zu verlegen. Habt Ihr doch selbst besser als jeder andere das unserm Lande wohlgewogene Gemüt des guten Herzogs gekannt und müßte es Euch doch selber schmerzen, wenn wir seinen Tod bei Fackelschein und Reigentanz mit hartem Herzen zu feiern den Anschein hätten.«

Der Oberst schwieg und ließ seine dunkeln Blicke verächtlich über die undankbare Menge schweifen, die über einen Verschollenen und Toten die Gegenwart ihres Retters vergaß.

An dem obern Ende des Saales wurden die Lichter schon ausgelöscht und die geschmückten Frauen ließen sich von ihren Kavalieren zur Treppe geleiten. Herr Sprecher hatte, einer der ersten, das Rathaus verlassen. Besorglich legte sich eine Hand auf den Arm des Obersten, und als er verstimmt sich umwandte, sah er in das fragende Gesicht des zürcherischen Bürgermeisters, der die in Tränen aufgelöste Amantia wegführte.

»Ich muß mit dir reden! Heute noch, Jürg! Bleibst du hier?« flüsterte Waser und als Jenatsch ihm leicht zunickte: »So komm ich wieder.«

Jetzt reckte sich der Oberst zu seiner ganzen Höhe empor und sagte, das Haupt trotzig zurückwerfend, zu dem noch seiner Antwort harrenden Meyer, doch so, daß seine bebende Stimme durch den ganzen Saal klang:

»Ich will mein Fest, Bürgermeister. Geht oder bleibt nach Eurem Belieben!«

Verwirrung füllte den Saal, unheimliche Dämmerung hatte sich zu verbreiten begonnen, in deren Schutz die meisten angesehenen Churer und fast alle Frauen sich unbemerkt entfernt hatten. Doch auf des Obersten herrisches Wort entzündeten sich die Lichter von neuem und beleuchteten den beginnenden Reigen. Aber die Gäste waren andere geworden und die Feier schien sich in eine wilde Lustbarkeit verwandeln zu wollen.

Bevor Waser die Treppe erreichte, war sein Auge an einer großen Frauengestalt in dunkler venezianischer Tracht haftengeblieben, die dem Strome der forteilenden, den Stufen zudrängenden Churerinnen allein entgegenschritt. Es war etwas in der eigentümlichen Haltung dieses edelgeformten Hauptes, in der traurigen Glut dieser durch die samtene Halbmaske blickenden, suchenden Augen, das ihn seltsam schaurig berührte.

Er sah ihr nach, wie sie, das Gewühl der Tanzenden meidend, die Kammer der Justitia betrat. Diese hohe, reiche Gestalt kannte er nicht, aber sie mußte auch Jenatsch aufgefallen sein, denn der Oberst richtete sogleich seinen Gang nach derselben Schwelle. Ob er sie überschritt, das sah Waser nicht mehr, das Gedränge auf der Treppe wurde jetzt so groß, daß der Bürgermeister seiner ganzen Würde und Vorsicht bedurfte, um die verwirrte Amantia ungefährdet durch den Engpaß zu bringen. Es war ein toller Maskenzug, der die Treppe hinaufstürmte, wilde Gesellen unter der Führung einer kolossalen Bärin, der ein großes Schild mit den Wappen der drei Bünde an einer Kette um den zottigen Hals hing.

Sobald Waser die heimgeleitete Amantia einer alten Dienerin übergeben hatte, eilte er wieder nach dem Rathause zurück, ohne nach dem Doktor zu fragen, dem er es nicht leicht verzieh, daß er das unschuldige Flugblatt in so feindseliger und hinterlistiger Weise zur Beleidigung des Obersten ausgebeutet hatte.

Schon von fern sah er vor dem Staatsgebäude ein unsicher beleuchtetes verworrenes Gewühl und es ward ihm schwer, bis zur Hauptpforte vorzudringen. Die gleichen Masken, denen er vor einer halben Stunde auf der Treppe begegnet war, entstürzten jetzt dem Hausflur in wilder Hast. Inmitten des an die dreißig Vermummte zählenden Haufens glaubte er plötzlich im Scheine einer sprühenden Fackel die ungeheure Bärin zu erblicken, die zerzaust und blutig mit einer über die Schultern gelegten Puppe oder Leiche davonschritt. Waser hatte die Türe erreicht. Er warf einen Blick auf die Wendeltreppe, sie füllte sich eben wieder mit taumelnden Gästen, die wirr durcheinander schrieen und hastig davoneilten.

Oben verstummte mit abgerissenen Tönen die Musik.

Jetzt gewahrte Waser hart neben sich einen untersetzten Franziskanermönch, dessen von der Kapuze beschattetes Augenpaar er forschend auf sich gerichtet fühlte. Eine Maske war das nicht. Der Mönch warf seine regentriefende Kapuze zurück und Waser erkannte

das nüchterne, geisteskräftige Gesicht des Paters Pancraz und seine klug blitzenden Augen. Die beiden Männer schüttelten sich die Hände.
»Tun wir uns zusammen, Herr Bürgermeister«, sagte der Pater leis aber eindringlich. »Welt und Kirche, Ehrenkette und Kuttenstrick im Bunde werden durch den tollsten Spuk dringen! Ich lese auf Eurem Gesicht, daß Ihr wie ich in Sorge seid um den Obersten. Etwas ist droben vorgefallen. Was sie dort fortschleppten – ich habe das niederhangende Haupt scharf angesehen – war der tote oder ohnmächtige Rudolf Planta. Um den ist's kein Schade und an der Fastnacht sind blutige Köpfe nichts Besonderes, aber gut ist's doch, wenn wir hinaufkommen!«
Bei diesen Worten schob er den Bürgermeister in eine gesicherte Ecke und stellte sich vor ihn, denn ein paar trunkene Offiziere stürzten sich eben, mit den Degen fuchtelnd, in die Menge hinunter.

Der Pater verschwieg seine Hauptsorge – Lucretia. Er war, durch das Unwetter verspätet, vor einer Stunde erst in Chur angelangt, hatte die alte Gräfin Travers, die, hinfällig wie sie war, sich frühzeitig zur Ruhe gelegt hatte, zwar nicht gesehn, aber von der Dienerschaft erfahren, das Fräulein sei noch vor Mittag angelangt, habe ihrer Muhme Gesellschaft geleistet und sich dann, wie sie bisweilen zu tun pflegte, in ein für ihren Besuch immer bereitgehaltenes Gemach zurückgezogen, um sich umzukleiden. Erst vor kurzem habe sie, in ein weites Übergewand gehüllt, das Haus wieder verlassen. Ihr Knecht, der Sohn des Riedberger Kastellans, sei ihr auf diesem Gange mit der Fackel vorangeschritten.

Wohin sie sich habe geleiten lassen, wußte niemand zu sagen.

Pancratius hatte aus dem Berichte der Dienstleute zu Riedberg Verdacht geschöpft, der junge Planta, den er für einen Feigling hielt, möchte in Bünden beherzte Genossen gefunden haben. Er fürchtete, der Neid der mächtigen Familien, die Georg Jenatsch beleidigt hatte, könnte, durch seinen letzten größten Erfolg aufgestachelt, in mörderische Gewalttat ausbrechen. Damit mußte Lucretias Verschwinden zusammenhangen, denn bei ihrer Gemütsart zweifelte er nicht, daß sie als Mitschuldige oder als Warnerin in das Unheil verflochten sei. Dieses aber schwebte über dem Haupte des Obersten – als die eine oder die andere war sie in seine Nähe gebannt und er eilte sie dort zu suchen.

Und Lucretia war es gewesen, deren ernste feierliche Gestalt dem zürcherischen Bürgermeister in der Verwirrung des Aufbruchs im Saale begegnet und deren Schritten Jenatsch mit aufglühender Freude in die Kammer der Justitia gefolgt war.

»Willkommen Lucretia!« rief Georg der sich nach ihm Umwendenden entgegen, »ich danke dir, daß du an meinem Feste nicht fehlst. Du bringst mir die Freude! Die Welt ist mir schal geworden, ihre Beuten und Ehren sind mir ein Ekel! Gib mir meine junge, frische Seele wieder! Sie ging mir längst verloren – sie blieb bei dir. Gib mir sie mit deinem treuen Herzen! Du hast sie darin aufbewahrt!« Er umfaßte sie mit beiden Armen und drückte ihr Haupt, dem die Maske entfiel, an seine Brust.

»Hüte dich, hüte dich, Jürg!« flüsterte sie, seiner Umschlingung widerstrebend und erhob zu ihm Augen voll unendlicher Angst und Liebe.

Er mißverstand sie. »Ich weiß es schon«, rief er, »auf Riedberg wird keine Hochzeit gefeiert! Kehre niemals dorthin zurück! Du bleibst bei mir auf ewig! Wir verreisen noch heute nach Davos! – Jetzt aber zum Reigen!« –

Im Saale erklang eine rauschende wilde Tanzweise. Jenatsch löste seinen Degengurt, warf die Waffe auf einen Sitz und umfaßte Lucretia fester. Ihre Augen hafteten starr an der Tür, wo, hereinblickend, verlarvte Gestalten sich drängten. Sie hatte die scharfe, widrige Stimme Rudolfs vernommen.

Jetzt stellte sich eine kleine Ungestalt im langen schwarzen Rocke eines Küsters mit lächerlichen Bücklingen vor den Obersten. Die Schiefertafel in der einen, ein Stück Kreide in der andern Hand, fragte sie näselnd: »Welchen Psalm oder Liedervers belieben der Herr Pfarrer von Scharans heute vor der Predigt singen zu lassen?«

Jenatsch erkannte sogleich das große Haupt und die kurzen ehrlichen Finger des Kellermeisters Fausch. »Ei, du bist zu fett für eine Kirchenmaus!« rief er ihm zu, »doch mein Verslein sollst du haben:

Selig lebt und freudig stirbt
Wen die Lieb umfangen! …

Das laß mir singen.« –

Der Kellermeister warf einen listig beobachtenden Blick auf die sich umschlungen Haltenden und drückte seine dicke Person, als wollte er sie von seiner Gegenwart befreien, so rasch er konnte, durch die Masken an der Türe in den Saal hinaus, wo die Paare, vom Rasen der Geigen und Pauken fortgerissen, immer schneller vorüberwirbelten. Fausch hatte nicht bemerkt, wie ängstlich Lucretia bestrebt war, ihm, Jenatsch mit sich fortziehend, auf dem Fuße zu folgen.

Schon war es zu spät. Das Zimmer füllte sich mit einem wilden Maskenhaufen und es war eine Unmöglichkeit geworden, den umdrängten Ausgang zu gewinnen. Auch dachte Jenatsch nicht mehr daran. Er war versunken in die wunderbare, wie von zerstörenden innern Flammen beleuchtete Schönheit seiner Braut und führte sie, dem Maskenspiel in der Mitte des Gemaches Raum gebend, in eine Fensternische. Doch das den Zug anführende Bärenungeheuer mit den Wappen der drei Bünde auf der Brust schritt schwerfällig auf ihn zu, streckte, ihm auf den Leib rückend, die rechte Tatze aus und begann mit brummender Stimme: »Ich bin die Respublica der drei Bünde und begehre mit meinem Helden ein Tänzlein zu tun!«

»Das darf ich nicht ausschlagen, obgleich ich meine Dame ungern lasse«, erwiderte Jenatsch und reichte der Bärin, den Fuß wie zum Tanze hebend, bereitwillig die Rechte. Diese aber schlug die beiden Tatzen um die gebotene Hand und packte sie mit eiserner Mannesgewalt. Zugleich zog sich der Larvenkreis eng um den Festgehaltenen zusammen und überall wurden Waffen bloß.

Lucretia drängte sich fest an die linke Seite des Umstellten, wie um ihn zu decken. Sie hatte ihm keine Waffe zu bieten. Wieder traf die Stimme Rudolfs ihr Ohr. »Dies, Lucretia, für die Ehre der Planta«, flüsterte er dicht hinter ihr und sie sah, mit halbgewandtem Haupte, wie seine feine spanische Klinge vorsichtig eine gefährliche Stelle zwischen den Schulterblättern Georgs suchte. Sie hatte sich von Jenatsch vorwärts ziehen lassen, denn dieser streckte sich, den ihn umschließenden Kreis seiner Mörder mitreißend, nach dem nahen Kredenztische aus und erreichte dort mit der freien Linken einen schweren ehernen Leuchter, dessen gewichtigen Fuß er gegen seine Angreifer schwang, die von vorn fallenden Hiebe parierend.

Da schmetterte ein Axtschlag neben ihr nieder. Sie erblickte ihren treuen Lucas, ohne Maske und barhaupt, der von hinten vordringend, ein altes Beil zum zweiten Male auf Rudolfs bleiches Haupt fallen ließ und ihn anschrie: »Weg, Schurke! Das ist nicht deines Amtes.« Dann warf er den Sterbenden auf die Seite, drückte Lucretia weg und stand mit erhobener Axt vor Jenatsch. Der Starke, der schon aus vielen Wunden blutete, schlug mit wuchtiger Faust seinen Leuchter blindlings auf das graue Haupt. Lautlos sank der alte Knecht auf Lucretias Füße. Sie neigte sich zu ihm nieder und er gab ihr mit brechendem Blicke das blutige Beil in die Hand. Es war die Axt, die einst den Herrn Pompejus erschlagen hatte. In Verzweiflung richtete sie sich auf, sah Jürg schwanken, von gedungenen Mördern umstellt, von meuchlerischen Waffen umzuckt und verwundet, rings und rettungslos umstellt. Jetzt, in traumhaftem Entschlusse, hob sie mit beiden Händen die ihr vererbte Waffe und traf mit ganzer Kraft das teure Haupt. Jürgs Arme sanken, er blickte die hoch vor ihm Stehende mit voller Liebe an, ein düsterer Triumph flog über seine Züge, dann stürzte er schwer zusammen.

Als Lucretia ihrer Sinne wieder mächtig wurde, kniete

sie neben der Leiche, das Haupt des Erschlagenen lag in ihrem Schoße. Das Gemach war leer. Um die über ihr schwebende Gestalt der Justitia waren die Lichter heruntergebrannt und das Wachs fiel ihr in glühenden Tropfen auf Hals und Stirn. Neben ihr stand Pancraz und legte die Hand auf ihre Schulter, während unter der Türe Fausch dem Bürgermeister Waser das Ereignis jammernd erzählte.

Willig wie ein Kind folgte sie dem Mönch, der sie von der Unglücksstätte wegführte. Waser aber übernahm die Leichenwache.

Nicht lange blieb er allein. Als das erste Entsetzen vorüber war und die Verwirrung der Gemüter sich löste, kamen die Häupter der Stadt eines nach dem anderen in die Totenkammer und klagten um Bündens größten Mann, seinen Befreier und Wiederhersteller.

Sie verzichteten darauf, die Urheber seines Todes, die ihnen als die Werkzeuge eines notwendigen Schicksals erschienen, vor Gericht zu ziehen. Keine neue Parteiung und Rache sollte aus seinem Blute entstehen – er hätte es selbst nicht gewollt. Aber sie beschlossen, ihn mit ungewöhnlichen, seinen Verdiensten um das Land angemessenen Ehren zu bestatten.

DER HEILIGE

I

Langsam fallend deckte der Schnee das blache Feld und die Dächer vereinzelter Höfe rechts und links von der Heerstraße, die aus den warmen Heilbädern an der Limmat nach der Reichsstadt Zürich führt. Dichter und dichter schwebten die Flocken, als wollten sie das bleiche Morgenlicht auslöschen und die Welt stille machen, Weg und Steg verhüllend und das wenige, was sich darauf bewegte.

Jetzt erscholl auf dem Holzboden der bedachten Brükke, welche sich unfern der Stadt über den Sihlstrom legt, der dumpfe Hufschlag eines Pferdes und unter dem Sparrenwerk der finstern, den Stadtmauern zugewendeten Öffnung erschien ein einsamer Reiter. Seine feste Gestalt war so warm in einen grobwollenen Mantel gewickelt und er hatte sich dessen Kapuze derart über den Kopf gezogen, daß von seiner Person kaum mehr als ein breiter grauer Bart zum Vorschein kam. Hart hinter dem starken Gaul von heimischer Rasse trabte mit beschneitem Rücken und melancholisch gesenkter Schweiffahne ein großer Pudel. Der polternde Widerhall des Hufes in der Holzwölbung weckte die drei Reisegefährten aus dem Halbschlummer, den Frost und Schnee über sie gebracht hatten, und stellte ihnen Tor und Herberge in nahe Aussicht. Ersteres wurde in raschem Trotte erreicht. Unter dem niedrigen

Torbogen warf der Reiter seine Kapuze zurück, schüttelte die Flocken vom Mantel, rückte sich die Pelzmütze aus der energischen Stirn und ritt in guter, trotz der Last seiner Jahre kriegerischer Haltung durch den Rennweg, die erste am Fuße der kaiserlichen Pfalz sich hinziehende Straße.

Es war der drittletzte Tag des Jahres der Gnade 1191, denn der Reisende hatte die Gewohnheit, Zürich zwischen Weihnachten und Jahresende heimzusuchen.

Rechts wo der Bäcker seine frischen Laibe ausgab, links wo unter dem rußigen Vordach der Rollenschmiede der Amboß erdröhnte und die Funken sprühten, ward der Reiter auch heute, wie jederzeit bei seinem Einzug in Zürich, mit schallendem Zuruf als Hans der Armbruster, Hans der Engelländer bewillkommt. Die alemannischen Laute aber, in welchen er Gruß und Rede zurückgab, schlugen so rund und frank aus seinem Munde, daß sein zweiter Zuname kaum auf eine ferne Heimat zurückführte, sondern auf befriedigte Reiselust und kecke Wanderfahrt.

Auch gab der Reisende dem Herbergsvater zum Löwen, der bei ertönendem Hufschlag neugierig unter die Tür getreten war und, den Vorüberreitenden erkennend, sich von demselben, mit gezogener Kappe, Auskunft über das Verhalten des heurigen Schaffhausers im Keller erbat, so sachkundige und den Beteiligten verratende Antwort, daß unschwer zu erkennen war, wo Hans dem Engelländer heute sein Weizen blühe und sein Wein reife.

Bis hieher geschah alles, wie Hans der Armbruster die Stadt der Fürstin-Äbtissin seit Jahrzehnten kannte. Eines aber befremdete ihn an diesem Tage, der kein

Festtag war, und allgemach begann er sich darüber zu wundern. Von Frauen verkehrten sonst in dieser strengen Jahreszeit und frühen Stunde nur wenige vor dem Hause; heute aber überschritten sie eilfertig und geschmückt alle Schwellen; und als Meister Hans durch steil abfallende Gäßlein der Mitte der Stadt und den rasch dahinschießenden Wassern der Limmat sich zuwandte, als er über die untere Brücke und am Rathause vorüberritt, sah er es wie Ameisenzüge an beiden Flußufern aufwärts laufen. Häuflein folgte dem Häuflein. Frauen jeglichen Standes, hochmütige Edelweiber mit kostbaren Meßbüchern in der Hand, ehrbare Töchter des Handwerks, züchtige Klosterfrauen, hübsche Dirnen von leichtem Wandel eilten neben runzligen, hustenden Großmüttern, die das Oberkleid im Schneegestöber über die armen, grauen Häupter gezogen hatten. Alles strömte seewärts, wo am Ausfluß der Limmat wie zwei Behelmte die Münster stehen.

Doch – was bedeutete das? – nur eines derselben, das Münster unserer lieben Frau, ließ mit fliegenden Glokken seine dringende Einladung erschallen: das gegenüberliegende große Münster aber verharrte in einem mißbilligenden Schweigen.

Nachdenklich ritt der Armbruster, dem allgemeinen Zuge folgend, unter den Schwibbögen längs der Limmat hinauf der berühmten Herberge zu den Raben St. Meinrads entgegen, wo er alljährlich abzusteigen pflegte. Jetzt aber, unten am Hügel, wo weiland St. Felix und Regula geblutet haben, hielt er seinen Braunen an. Er hatte einen Blick in die steile Kirchgasse geworfen, die hier, vom Großmünster herabführend, ausmündet. Es bewegte sich darin, ihm entgegenschreitend und sorgsam die besten Stellen im schmelzenden Schnee aussuchend, die feine, ehrwürdige, in Marderpelz gehüllte Gestalt eines Chorherrn. Das unter dem schwarzen Barett blaß erscheinende Antlitz heftete sich mit schmerzlichem Ausdruck auf die genäßten Schuhe. So wurde er des Armbrusters nicht gleich gewahr, der sich rüstig vom Pferde geschwungen hatte, um den alten Herrn in bescheidener Stellung und trotz des noch immer dauernden Gestöbers mit entblößtem Haupte zu erwarten.

»Gottes und seiner Mutter Gnade zum Gruß, ehrwürdiger Herr«, sagte Hans der Engelländer, als der Greis neben ihm stand.

Leicht überrascht heftete dieser das kluge Auge auf den Grüßenden und ein plötzlicher Gedanke leuchtete über seine durchsichtigen Züge, ein Gedanke offenbar erfreulicher Art, den er aber listig für sich behielt.

So sprach ihn denn der Armbruster zuerst und folgendermaßen an: »Gestattet, daß ich mich bei Euch erkundige, ob ich den edeln Herrn Kuno, Euern würdigen Bruder, im Stifte finden werde. Er schuldet mir eine Kleinigkeit für hergestellte Armbruste, ferner den Kaufpreis eines nach englischer Manier gebauten Stükkes, das vor drei Jahren bestellt und geliefert wurde, was alles, nach meiner Übung, ich vor Neujahr einzuziehen trachte. Den vorletzten und letzten Christmond traf ich den edeln Herrn bei erschöpfter Kasse, da er mit dauerndem Unglück im Würfelspiel zu kämpfen hatte. Wie mag es wohl heuer um ihn stehen?«

»Das frage du ihn selber, nachdem du Imbiß bei mir gehalten hast!« erwiderte der Alte. »Er kehrt bei Zunachten ins Stift. Alle Brüder, Probst und Kapitel, sind auf

die Jagd verritten, mich Alten, wie du siehst, ausgenommen. Ich gedachte meinen Ausgang dem neuen Heiligen zu widmen, dessen Marter und Wunder dort drüben« – er wies nach dem schlank aufsteigenden Chor des Fraumünsters – »zu dieser Stunde von einem geistreichen Luzernerpfaffen dem gläubigen Volke dargelegt werden und dessen Glorie meine darüber unbilligerweise empfindlichen Brüder für heute aus der Stadt vertrieb. Da jedoch mehr Neugier als Andacht meine Schritte lenkte und der Schnee des Himmels sie hemmt, so mag ich ohne Schaden meiner Seele umkehren.
Laß deinen Braunen in die Herberge zu den Raben führen! Dort steht der Stallknecht St. Meinrads wie eingepflanzt am Wasser und starrt nach der Frauen Münster hinüber! Dein Tapp, der hier trübselig im Schnee sitzt, mag sich an meinem Küchenfeuer wärmen. Aber bei St. Felix' blutigem Haupte, ich kann nicht länger im Nassen stehen! In diesen Schneepfützen sitzt die tückische Hexe mit ihrer Zange, ich meine die böse Gicht, die mich diesen Winter gezwickt und erst vor kurzem losgelassen hat. Folge mir bald, Engelländer!«
Nach diesen geflügelten Worten schmiegte Herr Burkhard sich fröstelnd in seinen Pelz und begann, vorsichtig wie er gekommen war, die feuchte Gasse wieder hinanzusteigen.
Hans aber rief den lungernden Knecht herbei und übergab ihm mit den Zügeln seines Gauls allerhand Aufträge und Weisungen an den Wirt und die Stammgäste des Hauses zu den Raben; denn dort sprach der Adel ein und unter ihm hatte der Armbruster viele Kunden und Schuldner.
Dann schnallte er sein Felleisen von dem Rücken des

Tieres, nahm das Gepäck unter den Arm und schritt mit Tapp, der sich nie von dem Eigentum seines Herrn trennte, die zum Stifte führende steile Gasse hinauf. Die Einladung des Chorherrn kam ihm gelegen, denn Hans der Armbruster war ein sparsamer Mann.

II

Der Wintertag blieb so dunkel, daß der schmale Wohnraum des Chorherrn, wo er seinen Gast bewirtete, mehr von der golden flackernden Flamme des Herdes als durch das einzige hochgelegene Bogenfensterchen erhellt wurde.
Während der Armbruster sein Mahl beendigte, hatte sich Herr Burkhard, der von feiner Körperlichkeit und mäßiger Lebensweise war, schon eine Weile in seinen mit weichen Vliesen überlegten Armstuhl versenkt und die pelzumhüllten Füße dem Feuer zugestreckt. Ein ebenfalls ergreister Schaffner räumte das Tischgeräte weg und stellte eine Kanne kräftigen Landweines mit zwei silbernen Bechern auf das Steinsims des Kamines.
Der Chorherr war offenbar in vergnügter Stimmung. Es ergötzte ihn, an diesem trüben Wintertage einen welt- und menschenkundigen, auch weitgewanderten Mann schnellen Geistes in sein Gelaß gelockt zu haben zur Befriedigung einer längst gehegten Neugierde. Das feingeformte Haupt mit seinen wenigen schneeweißen Locken lag auf dem roten Kissen der Lehne, mit geschlossenen Augen, aber dem wachen Ausdrucke des Triumphes über einen gelungenen Anschlag.
Jetzt öffnete er plötzlich einen leuchtenden Blick und

sagte: »Gesegnete Mahlzeit, Hans! Wende deinen Stuhl und rücke zu mir. Du fragtest mich, wer der neue, von der Frau am Münster erhöhte, von uns Chorherren aber geschmähte Heilige sei. Über Tisch halte ich es nicht für heilsam, von kirchlichen oder gar himmlischen Dingen zu reden; aber nun bin ich da, um Auskunft zu geben. Der neue, von dem heiligen Vater der Christenheit bescherte Fürsprecher im Himmel hat im selben Jahre mit mir das Licht der Welt erblickt. Schon das spricht gegen ihn. Es gilt von den Heiligen, wie vom Weine: je älter, desto besser und wundertätiger. Wie dieser hier« – er schlürfte aus seinem Becher –, »das Blut unseres Bodens, mit unserem Blute verwandt ist und es seit undenklicher Zeit würzt und stärkt, ähnlich wirken unsere Heiligen St. Felix und Regula, über deren Leibern dieses Stift und diese Stadt erbaut sind. Geschlecht um Geschlecht haben sie als streitbare Nothelfer behütet. Wir sind ihnen und sie uns vertraut und verpflichtet. Mit ihrem Bild und Siegel machen wir, nach dem Vorgange unserer Väter, unser Tun und Lassen gültig. Ich will keine Hoffart damit treiben, daß sie nach ihrer blutigen Marter die abgeschlagenen Häupter urkundlich in den eigenen Händen von der Richtstätte am Limmatufer bis hieher getragen haben, vierzig Schritte bergan, obgleich ihnen das sicherlich keiner der abgeschwächten neuen Heiligen nachtut. Für mich kommt in Betracht, daß St. Felix und Regula ihren Glauben gegen einen heidnischen Kaiser mit ihrem Blute bezeugt und nicht gegen einen christlichen König und Lehensherren sich überhoben und aufgelehnt haben, wie dieser neue Heilige von meinem Jahrgang. Solcher gerechten Erwägungen aber sind die Köpfe unserer Frauen vom fürstlichen Stifte nicht fähig! Da mußte ihnen unter anderen kostbaren Schriftstücken ein Pergament zukommen, worauf das Leben und die Marter meines Altersgenossen beschrieben und verherrlicht ist. Die heiligen Akten wurden zur Erbauung während der Mahlzeit vorgelesen und von Stund an konnten die Gedanken der edeln Frauen nicht mehr zur Ruhe kommen. Sie trieben offen und heimlich daran, daß der Tag dieses Märtyrers auch bei uns feierlich begangen werde.

Den Weibern gefällt das Neue und Fremdländische.

Der Rat unserer Stadt war aus genannten Gründen der Sache abhold und hätte sie auch wohl verhalten, wäre den Frauen nicht eine Güte des Himmels zu Hilfe gekommen.

Verwichenen Herbstmonat bei der langen Dürre geriet der Abtei eine Scheune voll Heu neben ihrem großen Gehöfte zu Wiedikon in Brand. Der Föhn jagte die Flamme gerade auf das Meierhaus zu, das zu rauchen begann und verloren schien. Da ließ die mächtig fromme Kusterin, Frau Berta, die eben zugegen war, durch den Meier und seine Söhne den schweren Schiefertisch vor das Haus schleppen, zog eine Kreide aus der Tasche und schrieb mit armlangen Buchstaben auf die Platte:

Sancte Thoma, steh uns bei!

Was geschah? Blickte der Heilige vom Himmel herunter und las? Dem sei wie ihm wolle, der Wind wandte sich augenblicklich, das Scheuerlein fiel in erlöschenden Schutt zusammen und die Meierei war gerettet. Jetzt langte die Hilfe aus der Stadt an. Hier stand der

Tisch, dort verkohlte der Trümmerhaufen – das Wunder und der Heilige waren nicht weiter anzufechten. So ist es gekommen, daß wir heute sein Fest feiern, den Tag, daß ich's zu sagen nicht vergesse, des heiligen Thomas von Canterbury.«

Nach dieser ausgiebigen Rede ergriff der Chorherr seinen Pokal, tat ein paar kleine Züge, und die Kanne ergreifend, sah er sich nach seinem Zuhörer um, dessen Becher er auffüllen wollte. Hans, der auf einem Holzschemel am Feuer saß, gab keinen Laut von sich. Etwas Seltsames war mit ihm vorgegangen. Im Anfang war er, die Ellbogen auf die Knie stützend und das gesenkte Haupt in die Hände gelegt, der Erzählung des Chorherrn mit Aufmerksamkeit gefolgt. Herr Burkhard hatte den Namen des Heiligen absichtlich bis zuletzt verschwiegen, doch der Armbruster mochte ihn schon früher erraten haben. Er blieb jetzt unbeweglich, wie in sich selbst zusammengebrochen und es war, als schüttle ein Schauder seine Glieder. Der Chorherr schenkte ihm den Becher voll und betrachtete ihn mit Blicken der Teilnahme und etwas durchschimmernder Schadenfreude.

»Halt ich dich endlich, schlauer Mann!« begann er wieder. »Bei den blutigen Zöpfen der heiligen Regula, heute, Armbruster, trittst du mir nicht über die Schwelle zurück, ohne mir von St. Thomas von Canterbury erzählt zu haben, was du weißt, und ganz andere Dinge, als der Luzernerpfaffe unserer gnädigen Frau drüben im Stift aufbindet oder als in dem Pergamente stehen, das mir die edle Herrin zur Gesundung meiner Seele geliehen hat. Du bist dem Heiligen zu seinen Lebzeiten begegnet, das wirst du mir nicht leugnen! Ich habe es selbst gehört, wie du meinen Brüdern, den Chorherren, es mag sich jetzt gerade verjähren, in unserer Trinkstube mit lauter Stimme – denn sie hatten dir mit dem Becher stark zugesetzt – und gewaltigen Gebärden dartatest, daß du an König Heinrich gehaftet habest wie der Knopf am Wamse, ja wie die Haut am Leibe. Du gerietest in lodernden Eifer; denn die Herren hatten in Zweifel gezogen, daß König Heinrich bei jener unseligen Krönung seines ältesten Sohnes Tränen der Freude vergossen habe. Du riefest: ›Ich habe sie rieseln sehen!‹ und verschwurest dich bei deiner Seelen Seligkeit. Ich, der gerade eintreten wollte, um einen geselligen Becher zu trinken, denn ich war noch um das jünger, und dich deine Geschichte beteuern hörte, ich glaubte dir, denn du bist kein Prahler. Bist du aber immerdar um König Heinrich gewesen, hast ihm Gewand und Becher gereicht, sein Lachen und Weinen gekannt, wie du versichertest, so mußt du auch den Mann gekannt haben, der ihm Leib und Seele zerstört hat, sei es, während er als Kanzler ihm zu Diensten war, sei es später, da er als heiliger Bischof, sein Feind und sein Opfer, ihn zur Verzweiflung und ins Verderben trieb. Am Ende, Unglücklicher, warest auch du unter jenen, die dem Heiligen zu seinem Martertode geholfen haben. Doch nein! In dem Pergamente der Äbtissin steht geschrieben, wie die Mörder des Heiligen durch ihre Sünde dergestalt entmenscht wurden, daß es der ganzen Schöpfung vor ihnen graute und selbst ihre Leibhunde den Bissen aus ihrer Hand verabscheuten. Tapp aber« – er wies auf den zwischen den Knieen des Armbrusters sich aufmerksam hervordrängenden Pudelkopf – »nimmt, wie ich gesehen habe, alles, was du ihm reichst.«

»Der gnädige Gott hat mich davor behütet«, murmelte Hans; »aber den Heiligen – ja – ich habe ihn gekannt, so gut als ich Euch kenne, Herr Burkhard. Und dabei bin ich auch gewesen, wenn Ihr es doch wissen wollt, als ihm der Wilhelm Tracy vor dem Hochaltare den Schädel einschlug. Und sein Lächeln sehe ich noch, das – Gott genade mir – heilige Hohnlächeln, mit dem er verschied, als erwiesen ihm seine Henker gerade einen Liebesdienst. O Herr, das sind schwere, unerforschliche Geschichten!«

»Erzähle Hans«, rief der Chorherr mit zitternder Lebendigkeit, und richtete sich, die alten Hände auf die Armlehnen stützend, begierig in seinem Stuhl in die Höhe.

Der Armbruster schürte schweigend das Feuer und faßte seine Gedanken zusammen. Seine festen eckigen Züge waren finster geworden und seine funkelnden Augen sannen. Offenbar schien ihm billig, den Wunsch seines Gastfreundes zu erfüllen; aber ungerne tat er es. Denn jene Ereignisse, staunenswert und unbegreiflich nicht nur für die Fernstehenden, sondern auch für die Mithandelnden, waren der wichtigste Teil seiner eigenen Geschichte, die es dem verschlossenen Manne zu erzählen schwer wurde, und griffen in Tiefen seiner Seele hinunter, wo sein Empfinden zwiespältig wurde und seine Gedanken wie vor einem Abgrunde stehenblieben.

Er äußerte sich mit behutsamen Worten: »Ihr mögt leichtlich besser Bescheid wissen, Herr Burkhard, in dem was meines Herrn Königs Fürstenhändel und Taten im Weltlauf betrifft; was aber den Wandel und die Natur seiner Person angeht – und des Thomas Becket

Menschenantlitz auch« – fügte er scheu und leise hinzu –, »so habe ich wahrlich vor einem Jahre in jener trunkenen Nacht nicht geprahlt, als ich mich berühmte, sie zu kennen, obwohl ich, heilsamer für mich, davon geschwiegen hätte. Noch jetzt, Herr, brauch ich nur die Augen zu schließen, um den König wie den Priester leibhaft vor mir zu sehen. Lieblich ist der Anblick nicht, wie der dieser langen ruhigen Gesichter, welche Eure Stadtheiligen hier in den Händen tragen!« und er wies auf das Mittelbild eines farbig gewirkten Teppichs, der die Mauer bekleidete. »Viele Jahre lang, nachdem ich aus Engelland heimgekehrt war, hatte ich während des Tages in Gedanken und des Nachts im Traume mit jenen zwei unglücklichen Herren zu schaffen. Am Tage mußte ich mir die sanften, spitzfindigen Reden des einen, die leichtfertigen Scherze, harten Drohungen und verzweiflungsvollen Zornworte des andern ohne Unterlaß wiederholen und war gezwungen, darüber nachzusinnen, wie unabwendbar beider Verderben sich daraus entwickelte. Des Nachts sah ich sie aufeinanderstoßen mit Rauch und Feuer, wie der Apostel Hans in seiner Offenbarung schreibt, und keines meiner Weiber – ich habe deren etliche geehlicht und begraben – konnte es dann unterlassen, mich mit Angst und Grauen aus dem Schlafe zu rütteln. Denn, Herr, es ist etwas anderes, wenn Könige und Heilige gegeneinanderfahren, als wenn in unseren schwäbischen Trinkstuben geschrieen und gestochen wird.

Wohlan, ich will Euch von diesen Geschichten erzählen, obwohl es ein schlimmes Ding ist und schwierig zu bewältigen; aber ich darf den Wunsch meines Gast-

freundes nicht unerfüllt lassen«, schloß der Armbruster mit einem grimmigen Lächeln.
»So tue, wie du verheißest«, sagte der Stiftsherr und legte sich mit erwartungsvoll angeregten Mienen in seinen Sessel zurück.

III

»Ich rede nicht gerne von meiner Jugend« – begann Hans der Engelländer seine Erzählung – »und meine Gedanken weichen ihr aus, wenn ich nicht vor den heiligen Festen, um mich vor Gott und seiner heiligen Mutter zu demütigen, sie aus dem Dunkel emporsteigen lasse, oder wenn nicht ein Neider und Widersacher mir dieselbe böswillig in meinen alten Tagen gegen die Zähne wirft.
Lieber Herr« – und der Armbruster tat einen tiefen Seufzer – »sie ist eine unehrliche und befleckte. Dennoch muß ich damit Euch und mir zur Last fallen, denn mein armer Lebenslauf läßt sich von dem des Heiligen und des Königs nicht trennen, wenigstens in meinem alten Kopfe nicht. Ihr müßt wissen, ich bin aus einem edeln Geschlechte, und wenn Ihr Hohenklingen oder Hohenkrähen sagt, so nennt Ihr zwar nicht mein Stammhaus, das in Schutt versunken ist, aber sein Name lautete ähnlich und es lag, wie jene festen Häuser, unweit vom Bodan und vom Rhein. Schon mein Vater war schwer verschuldet und – warum, das weiß Gott – von seiner Sippe gescheut und gemieden, als er, um seinen Gläubigern zu entgehen und um seine Seele zu retten, sich das Kreuz anheftete und nach dem Gelobten Lande zog, aus welchem er nicht zurückkehrte. Mein

Mütterlein schleppte seit meiner Geburt einen siechen Leib und weinte sich die Augen blind, als mein älterer Bruder nicht in ritterlicher Fehde, sondern in bösem Raufhandel um Dein und Mein erschlagen wurde; denn wir halfen uns, wie wir konnten, und lauerten an den Wegen, wo etwas vorüberkam. Bei meiner Sippe suchte ich weder Rat noch Hilfe, ich hätte dort keine gefunden. Die einzigen Freunde waren mir meine Armbrust und meine Hunde, mit denen ich zu Walde zog; aber ich selbst ward wie ein Wild gehetzt von einem bösen Feinde, den ich wie den Teufel haßte. Das war der Jude Manasse, der in Schaffhausen saß und auf Zinsen lieh. Ihm hatte mein Vater seinen Burgstall und seine wenigen Äcker verpfändet. Nun begab es sich, daß mich meine Mutter zu dem Juden schickte, um Aufschub zu verlangen, aber keine Barmherzigkeit war bei dem Wucherer zu finden. Da erfaßte mich plötzlich eine große Kümmernis und ein Erbarmen mit meinem siechen Mütterlein und auch mit dem blutigen Leiden unseres Heilandes, den die Juden grausam gemartert haben, und ich schlug den Manasse hart mit Fäusten, daß er starb. Gott rechne mir diesen Mord nicht zu! Als ich ihn beging, war ich, wenn auch schon von Mannesgestalt und Stärke, noch ein Kind und dazu von weicher und heftiger Gemütsart. Der Jude indessen hatte in der Stadt und unter dem umliegenden Adel viele Freunde und ich wäre verloren gewesen ohne die geöffnete Klosterpforte von Allerheiligen. Und da ich froh sein mußte, daß sie sich fest hinter mir schloß, wurde ich unverhofft geistlich und nach Jahresfrist ein Mönch. In alledem hatte ich aufrichtig gehandelt und war kein Falsch an mir gewesen; aber ich taugte schlecht zum Mönche und hatte den Wuchs meiner Natur und das Erdreich ihres Gedeihens nicht vorausgekannt. Mißversteht mich nicht, Herr! Nicht das sündige Blut unserer Stammeltern allein meine ich, sondern mehr noch den zündenden Funken, der aus der Schöpferhand Gottvaters in den Ton, aus welchem ich geformt bin, herübergesprungen ist, das ist: Kraft, Verstand, Unternehmung, Baukunst und Wanderlust. Aber von menschlicher Kunst und Wissenschaft war zu Allerheiligen nichts zu lernen, als der Poet Virgilius, den ich auch heute noch großenteils auswendig weiß.

Der Prior rühmte an diesem Poeten, daß er ein frommer Heide gewesen und Gott ihm zum Lohne seiner Tugenden prophetische Kraft eingehaucht, so daß in seinen Versen die hochgelobte Mutter mit dem Kinde sich spiegle und deutlich zu erkennen sei. Daher kam es, daß die Rolle, aus der ich lernte, ganz von Messerstichen durchlöchert war. In der Johannisnacht, da ich von Allerheiligen schied und bevor ich den Sprung über die Mauer tat, habe auch ich hineingestochen zu dreien Malen, nach inbrünstiger Anrufung der drei heiligen Namen, und die Worte getroffen: sagittas, calamo, arcui. Und Virgilius hatte wahr gesprochen: mit Pfeil und Bogen hab ich all mein Lebtag zu tun gehabt.

So genoß ich denn meiner raschen Füße wieder und eilte durch das Waldgebirg dem Elsaß zu, den großen Bogen des Rheines mit einer geraden Linie abschneidend. Gegen Mittag kam ich vor einem festen Orte auf eine Wiese, wo von allerlei Volk ein Bogenschießen abgehalten wurde. Ich war schon unterwegs wie berauscht von dem Odem der Erde und der Lust, meine Glieder zu brauchen, und da ist es nicht zu verwundern, daß ich mir in dem Lustlager und Getümmel der Schießenden von den ausgelassenen Gesellen, die der verlaufene Mönch ergötzte, einen Bogen in die Hand geben ließ und dann, mit vorgestrecktem Fuße Stand fassend, Schuß um Schuß ans Ziel schickte. Mein Blick, sei Euch gesagt, ist scharf und sicher von Natur und hat mich von Kindheit an nie betrogen.

Ich glaube, daß sie mich, der den Becher verlernt hatte, trunken machten, daß ich in der Glut die Ärmel aufstreifte und die Kutte bis an die Schenkel schürzte, und mir steht dunkel und ärgerlich vor Augen, daß ich zuletzt unter Spott und Gelächter mit nackten Armen und Beinen im Narrentriumphe herumgetragen wurde.

Am frühen Morgen, in der Knechtstracht, die mir ein guter Gesell geschenkt, weiterwandernd, betrachtete ich nicht ohne Scham den Stand meiner Dinge. Ein beflecktes Wappen lag rechts und eine zerrissene Kutte links hinter mir am Wege. Nichts blieb mir als das Handwerk und ich suchte mir eines, das mich von ritterlichen Leuten und Dingen nicht ganz entferne und seinen Mann ernähre in Kriegs- und Friedenszeiten. Da erhellte sich mir die Losung des Virgilius und ich beschloß, ein Bogner und Armbruster zu werden. Aller Anfang ist schwer, lieber Herr; und neben den müßigen Gewöhnungen des Wegelagerers und des Mönches hatte ich noch viel Torheit eines weichen Herzens zu überwinden. Ich mußte zu festem Stande kommen; denn, ob ich schon einen Juden getötet und ein Klostergelübde gebrochen, so hätte mich doch mein frommes Gemüt fast in eine dritte Missetat gestürzt. Dies will ich Euch noch erzählen – vom übrigen werde ich kurz sein.

Ich war, gen Straßburg wandernd, unter eine Bande von fahrenden Schülern geraten und wir zechten in einer Schenke gegenüber den Mauerwerken und Turmspitzen der berühmten Stadt. Da fiel mir ein, wie mein Mütterlein mir weiland viel geredet hatte von einer frommen Muhme, die in einem Straßburger Kloster ein heiliges Leben geführt und deren Fürsprache im Himmel sie, wenn das Wasser des Elends ihr bis an den Mund stieg, mit Nutzen anzurufen pflegte. Solches dachte ich auf meinen irrenden Wegen auch zu tun. Also ging ich einen der Fahrenden, der ein hell offenes Gesicht hatte und, wie er sagte, die Stadt von früher her wohl kannte, mit freundlichen Worten an, ob er mir das Kloster nicht weisen könne, wo meine Muhme Willibirg im Geruche der Heiligkeit gestorben sei.
›Lieber‹, antwortete er, ›siehest du dort den achteckigen Turm mit dem farbigen Dache? Und daneben das lange Gebäude an der Stadtmauer? Dort hat deine Muhme gewaltet.‹
Da warf ich mich auf die Kniee und rief, nach dem Hause hinüberblickend, die heilige Frau inbrünstig an, mir zu allem guten und heilsamen Werke behilflich zu sein. Was höre ich hinter mir? ein unterdrücktes Gekicher, ein toll ausbrechendes Gelächter, und rasch den Kopf wendend, sehe ich den Fahrenden, der die Zipfel seines Gewandes zu zwei langen Ohren gestaltet hatte, die er neben den meinigen winken und wedeln läßt. Zu gleicher Zeit lachten die anderen unbändig: ›Der Esel betet zum Hause der schönen Frauen hinüber! ...‹ Aber schon lag der Schalk unter meinen Knieen, während ich schwere Tränen fallen ließ über die Bosheit und Schlechtigkeit der Welt und ihn würgte, daß ihm der

Lebensodem ausgegangen wäre, wenn ihn mir die anderen nicht entrissen hätten.

In Straßburg trat ich die erste Lehre bei einem Bogner, der mich ehrlich hielt und mir die Handgriffe, soviel er sie wußte, rechtschaffen beibrachte. Doch war er ein Mann des Brauches und der Gewohnheit, der den Kopf eigensinnig schüttelte zu den Verfeinerungen und Ausbildungen, deren das Wesen und die Gestalt der Armbrust fähig ist und die damals aus Engelland und Flandern, besonders aber aus dem heidnischen Granada bis zu uns in das deutsche Reich hereindrangen. Mir aber, der einen jungen und neugierigen Geist hatte, ließ es, nach den einmal überwundenen Anfängen, keine Rast noch Ruhe; denn, lieber Herr, in jeder, auch der geringsten Kunst ist ein Ziel der Vollendung verborgen, das uns ruft und lockt, ihm Tag und Nacht sehnsüchtig nachzuziehen.

Oft hab ich damals im Traume eine Armbrust gebaut und einen Bolzen gebildet, die noch weiter trugen als das sarazenische Schießzeug, aber im Frühlicht verblichen meine Fündlein wie höhnische Irrwische; denn es waren plumpe Tastungen oder willkürliche Gedanken, da ich wohl einige Griffe, aber noch nicht die Gründe und Gesetze meiner Kunst erkannt hatte.

So beschloß ich zu wandern und bei den Meistern zu lernen. Durch Frankreich und Aquitanien wanderte ich und überstieg den Pyrenäenberg und erblickte jeden Abend in den roten Wolken des Sonnenniederganges die Wunderstadt Granada, wohin mich meine Seele zog, bis sie zuletzt wahr und wirklich vor mir auf dem Abendhimmel stand. Und es war mir vergönnt, die Weltpracht, die sie dort aufgerichtet haben, zu betrachten, das durchbrochene Schmuckwerk ihrer Paläste, die Palmen und Zypressen ihrer Zaubergärten und die aufsteigenden Strahlen ihrer rauschenden Wasserkünste.«

»Und du bist unbeschnitten an Leib und Glauben wieder zurückgekehrt, armer Hans?« warf Herr Burkhard ein.

»Zweifelt nicht daran und mit einem weit klügeren Kopfe auf den Schultern, als ich ihn hingetragen hatte. Was aber meinen Christenglauben betrifft, Herr, so habe ich ihn gegen einen großen Philosophen behauptet, dem ich die Röhren, wodurch er den Gang der Gestirne beobachtete, vervollkommnen half. Allnächtlich zeigte er mir die langsam wandelnden Heere des Himmels und erklärte mir, wie von Ewigkeit her die menschlichen Geschicke an diese leuchtenden Zeichen und Figuren, diese Tiergestalten und Wagen geschmiedet seien, so daß keine Hand, weder menschliche noch göttliche, in die sich drehenden Speichen des Feuerrades greifen könne und kein Raum bleibe weder für die menschliche Wahl noch für den Zorn und die Gnade Gottes.

Ich aber glaubte ihm nicht und berief mich auf die Gewitterflut der Reue, wann ich meine Sünde vollbracht hatte.

Im übrigen fand und lernte ich in Granada, was ich dort zu suchen gekommen war. Es ist nur die Wahrheit, lieber Herr! die heidnischen Bogner sind unübertroffen. Haben sie doch vorzeiten mit klugem Witze aus dem Umfange des Bogens die gedrungene und handliche Gestalt der Armbrust gezogen, wie die Sage lautet und ich gerne glauben will: denn Gott hat den Heiden viele

Kunst und Wissenschaft gegeben, Mathematik, Mechanik, Baukunde, alle Lehre, wo gezählt und gewogen wird, um ihnen, wie ich meine, vor dem ewigen Tode einen kurzen Stolz zu gönnen.

Der Chorherr nickte billigend zu diesem weisen Worte und der Bogner fuhr fort:

»Drei Jahre verblieb ich in der Heidenstadt, die Tage verflogen mir im Wettlaufe der Arbeit und an den Abenden ergötzte ich mich, da mir nach und nach die arabische Zunge geläufig wurde, ohne Wein und Streit in den luftigen offenen Hallen, wo sie Märchen erzählen. Dort vernahm ich einmal aus dem Munde eines braunen, glutäugigen Burschen, dem sie am liebsten lauschten, denn er verstand es, die Gebärde beider Geschlechter und jeden Alters und Standes mit beweglichem Mienen- und Gliederspiele darzustellen, eine Geschichte, nicht besser und nicht schlechter als seine übrigen: sie scheint Euch abweges; aber ich lasse sie nicht liegen, denn sie gehört zur Sache.

Es ist das Märchen vom Prinzen Mondschein.

Ein junger Fremdling sei von einer gegen Mitternacht gelegenen Insel nach Cordova gekommen und habe sich dort bei dem Kalifen in Gunst gesetzt durch den Zauber seiner Gestalt und Rede und durch seine Meisterschaft im Schachspiele. Daneben habe er trotz seiner anmutigen Jugend eine solche Schärfe des Verstandes und politische Weisheit besessen, daß der von ihm beratene Kalif ohne Krieg und Blutvergießen durch die bloße Anwendung der Staatskunst in nicht langer Zeit der mächtigste der maurischen Könige geworden sei. Darum habe er den Prinzen Mondschein – so nannten die Cordovaner den Fremdling um der Blässe und

Sanftmut seines Antlitzes willen – ganz närrisch liebgewonnen und ihm ohne Bedenken die schönste seiner Schwestern zum Weibe gegeben, Prinzessin Sonne, die, nachdem sie einmal den Fremdling erblickt, ihre leuchtenden Augen nicht mehr von ihm habe abwenden können. Sonne und Mond seien aber nicht über einen Jahreslauf zusammengeblieben, da die Geburt eines Mädchens der Prinzessin das Leben gekostet. Hierauf hätten hundert neidische Höflinge gegen den Fremden, dessen Stellung sie erschüttert glaubten, sich heimlich verschworen. Der Kluge habe sie entlarvt, doch in milder Gesinnung für ihr Leben gebeten. Da seien eines Tages von königlichen Sklaven zehn Maultiere, mit ebenso vielen Säcken beladen, durch die Pforten seines Palastes getrieben worden, und, als das Gesinde die Säcke geöffnet, seien die abgeschnittenen Köpfe seiner hundert Feinde auf den Marmorboden des Hofes gerollt. Der Beschenkte aber sei beim Anblicke der blutigen Gabe erblassend in seine Gemächer zurückgetreten und habe nach eingebrochener Nacht sein Kind aus der Wiege gehoben, ein Pferd bestiegen und die schlummernde Cordova verlassen. Mit ihm aber habe Glück und Macht dem König auf immer den Rücken gewandt.

Der Märchenerzähler verschwor sich im Feuer seines Vortrages, den Prinzen Mondschein persönlich gekannt und ihn oft auf den Plätzen von Cordova mit über der Brust gekreuzten Armen demütig begrüßt zu haben. Sie seien nicht sehr verschieden an Alter und nicht zehn Jahre seien vorüber seit jenen Begebenheiten.

Er war überzeugt, daß er die Wahrheit rede, aber ich

nicht völlig; denn die Mauren, ehrwürdiger Herr, lügen mit mehr Aufrichtigkeit als wir, weil ihnen ihre rasche Einbildungskraft das Nichtgeschehene täuschend wie das Geschehene vorgaukelt.

Kurz vor meiner Abreise dann hörte ich den braunen Gesellen die Märe vom Prinzen Mondschein zum anderen Male erzählen und – diese Gerechtigkeit widerfahre ihm! – ohne merklichen Ausschmuck oder Umbau. Das fiel mir auf. Doch hatte ich nicht Zeit, ihn auszufragen, denn ich selber bereitete mich damals darauf vor, wie Prinz Mondschein, aus diesen fremden Sitten und Gebräuchen mich in der Stille nach der Christenheit heimzufinden.

Ich unternahm eine Meerfahrt nach Engelland, wo es mir bald gelang, bei dem vornehmsten Bogner in der Stadt London selbst Arbeit zu finden. Er hatte seine Werkstätte an der Themse unweit des festen Stadtturmes aufgetan und arbeitete mit vielen Gesellen. Da seine Kunst von König und Ritterschaft gesucht wurde, war sein Gut groß angewachsen und man hätte ihn einen angesehenen Mann nennen können, wäre er nicht, wie alle vom Handwerk, von sächsischem Geblüte gewesen. Die Sachsen aber werden seit der Eroberung von ihren normännischen Herren unehrlich gehalten und auf eine unchristliche Weise unterdrückt.«

»Oho!« unterbrach Herr Burkhard. »Ist das die Rede eines Mannes, der ein halbes Menschenalter hinter Herrn Heinrich getrabt und stolziert hat?«

Hans warf dem Chorherrn einen gescheiten Blick zu und erwiderte ohne langes Besinnen:

»Es kommt, o Herr, beim Urteilen wie beim Schießen lediglich auf den Standpunkt an. Damals, mitten unter den Sachsen lebend, drückte ich mich beiseite, oder zog die Mütze, wann ein Zug Normannen auf ihren gepanzerten Rossen vorübersprengte. Hernach, als ich selber droben saß, hätte es meine Ehre nicht gelitten, mich von einem Sachsen anders als barhaupt ansprechen zu lassen. Jetzt, da Sachsen und Normannen für mich verblichene Bilder sind, habe ich, nebst der Weisheit meiner grauen Haare, einen mittleren und mäßigen Stand und spreche: Macht und Eroberung sind von Gott gesetzt, und da die Normannen schärferes Blut und ungestümere Geister haben, so sind sie die Herrscher. Aber derselbe Gott hat Knechtsgestalt angenommen und uns alle mit seinem teuern Blute gekauft: darum mache der Herr sein Gesinde nicht bitter und vergreife sich nicht an dem Weibe und Kinde seines Knechts!

Solches aber geschah meinem Meister, dem zu seinem Unsegen eine schöne Tochter im Hause wuchs.

In Wahrheit, die goldhaarige Hilde war die schönste Magd in London und ich konnte kein Auge von ihr verwenden, wann sie uns nach der Vespermahlzeit, ohne sich allzu lange bitten zu lassen, ihre Balladen vorsang.«

Von Erinnerung überwältigt, wiegte der Bärtige seine breit vorragende Stirn und summte in unmelodischen Tönen:

»In London was Young Beichan born,
He longed strange countries for to see –«

»Wohin verläufst du dich, Hans?« rief Herr Burkhard, der das Englische nicht verstand, mit beginnendem Mißmut.

Der Armbruster fuhr aus seinem Traume auf und in den

etwas abgespannten Zügen seines alten Zuhörers lesend, daß diesem der Einleitung zu viel und die Weile lang werde, sprach er ihn heftig an: »Wisset Ihr, Herr, von was diese Ballade, welche Jung Hilde uns vorsang, handelt? …

Von der Geburt eines Heiligen aus dem Schoße einer Sarazenin, desselben heiligen Thomas, dessen Geschichte Euch zu erzählen ich hier bin!«

Die plötzliche Wendung, mit welcher Hans sein Schifflein aus dem Fahrwasser des eigenen Lebens in die Strömung eines größeren hineinsteuerte, gab dem Chorherrn einen Stoß; er richtete sich in seinem Sessel so steil und so rasch in die Höhe, als sein Alter es zuließ, und rief erstaunt:

»Sarazenenblut in den Adern des heiligen Thomas? Lieber, bist du bei guten Sinnen?«

»Hättet Ihr das Pergament geduldig gelesen, das Euch die Frau vom Münster, wie Ihr sagt, geliehen hat, Ihr würdet mich nicht mit so entsetzten Augen anschauen. Denn gerade dieser Punkt, will ich wetten, ist darin schön hervorgehoben. Hat sich doch die ganze Pfaffheit von London stark der Sache angenommen und die Heidin, bevor sie dieselbe in eine christliche Ehe treten ließ, sorgfältig bekehrt! Sie tauften sie auf den Namen Grazia oder Grace, was deutsch lautet: Gnade. Um der großen Gnade willen, welche die Mutter Gottes der Ungläubigen erwiesen!

In der Brautnacht der Sarazenin aber hatte eine prophetische Nonne zu London ein Gesicht und sah aus dem neuen Ehebunde eine weiße Lilie, das ist einen Heiligen, entsprießen und gen Himmel wachsen.

Und es geschah, wie die Nonne gesehen hatte.

Aber viel hat es gebraucht, bis aus dem Heidenkinde der Heilige herauswuchs: Blut und unendlichen Jammer, den Sturz eines Königs und wo nicht den Untergang, doch die Erschütterung eines Königreiches!

Ich will nun ganz nach der Ordnung, wie es Euch bequem ist, Herr, erzählen, wer die Eltern des Thomas Becket gewesen sind.

Die Geschichte ist mir vertraut; denn sie war die Freude der blonden Hilde, welche damals noch jung und unschuldig war und das Wunder natürlich fand, daß zweie, die sich liebten, über Land und Meer zusammenkamen.

Vor vielen Jahren begab es sich einmal, daß ein Handelsmann aus London mit Namen Gilbert Becket nach dem Morgenlande fuhr und dort von einem mit seinen Reitern und Herden in der Wüste ziehenden Fürsten überrascht und gebunden wurde. Die eigene Tochter des Heiden aber erbarmte sich seiner Bande und zerschnitt sie. Vor Jahresfrist dann floh sie dem Sachsen nach; denn sie hatte ihr Herz an ihn verloren, und in Engelland singen und sagen sie, daß die vornehme heidnische Magd, obwohl ihrem Willen und Gedanken nur zwei Worte zu Gebote standen: *London* und *Gilbert*, mit diesen den Weg zu ihrem Lieblinge gesucht und gefunden habe.«

»Höre, Hans«, gab der Chorherr einem aufsteigenden Zweifel Ausdruck, »du reitest das geflügelte Rößlein der Fabel nicht schlechter als dein brauner Freund, der Märchenerzähler in Cordova. Es fehlt nur noch, daß auch du darauf schwörest, du seiest dabeigewesen.«

Der Bogner zuckte gleichmütig die Achseln.

»Nicht ich, lieber Herr; mein Meister aber in London,

der ein pünktlicher und trockener Mann war, hat mir oft gesagt, wie er, ein junger Geselle, durch die Straßen der Stadt hinter der fahrenden Sarazenin hergelaufen sei. Denn diese habe jeden Vorübergehenden angehalten und ihn gefragt: ›Gilbert?‹ Dadurch sei sie stadtkundig geworden, so daß ihr am Ende viel Volk nachgezogen, um mit ihr ›Gilbert!‹ zu rufen. Die einen aus Mitleid mit dem schönen ausgehungerten Frauenbilde, das vor Kümmernis jede Speise zurückwies, die andern der Törin spottend, die einen Gilbert aus Tausenden in London, wo der Name gemein ist, herausfinden wollte. Endlich sei der wahre Gilbert an sein Fenster und vor seine Schwelle getreten, habe die Heidin bei der Hand ergriffen und an seinen Herd geführt.

Wann aber der Meister so erzählte, ermangelte er nie anzufügen:

›Fahrende Heidinnen, Hans, bringen uns Christen nichts Gutes. Wäre doch das Wüstenkind in seinem Zelte geblieben, statt nach unserm Engelland zu schwimmen und uns hier den Kanzler auf die Welt zu setzen, den Verräter an seinem Volke!‹ –

Der Kanzler, der weltberühmte Kanzler von Engelland, die Wonne und Weisheit des Königs, die Bewunderung und der Neid der Normannen, der Haß und geheime Schrecken der Sachsen, war damals in aller Munde.

Sein rasch aufleuchtender Stern, die wie aus einem unerschöpflichen Füllhorn über ihn ausgeschütteten Gnaden und Würden, seine Türme, Burgen, Abteien, seine Zaubergärten und unbegrenzten Wälder, sein Gefolge von hundert und dann von tausend Rittern, die goldenen Geschirre seiner Rosse und Mäuler, die üppigen

Tafeln seiner Feste und die unabsehbaren Reihen der Geladenen, seine köstlichen Gewande und blitzenden Steine – das alles gab den Leuten von London zu wundern und zu reden von Morgen bis Abend.

In der Werkstätte konnte ich mir während der Arbeit die Ohren nicht verhalten und so klangen sie mir unablässig von dem Sohne des Sachsen und der Sarazenin. Daß ihm seine Landsleute alle schwarzen Frevel nachredeten, setzte mich nicht in Erstaunen und lag in den Staatsverhältnissen, da der Kanzler der einzige Sachse war, der im Sonnenlichte der königlichen Gnade wandelte. Aber denkwürdig bleibt es immerhin, daß die Väter an demselben Manne keine gute Faser fanden, den die Söhne jetzt auf den Knieen anrufen.

Ein schlechter Sohn sei er gewesen, der den Geruch der väterlichen Ölfässer und Warenballen verabscheut habe. In den Dienst eines schwelgerischen normännischen Bischofs sei der Jüngling zuerst getreten, dort habe er französisch lispeln gelernt und kein ehrliches sächsisches Wort sei mehr über seine Lippen gekommen. Um seinen von Vaterseite sächsischen Ursprung zu verwischen, habe er von den Händen dieses Normannen, als ein Leichtfertiger, die ersten Weihen empfangen. Dann, reich geworden durch den Tod des Vaters, sei er über Meer gefahren, habe in Calais seine treuen sächsischen Diener verabschiedet, welsches Gesinde gedungen, köstliche Gewande gekauft und sich als Ritter aufgetan. Durch Aquitanien und Spanien sei er an die maurischen Höfe gezogen, von seinem mütterlichen heidnischen Blute getrieben, und beim Könige von Cordova in die höchste Gunst gekommen. Dort habe er mit Weisen aus dem Morgenlande Sterndeutung und geheime Wissenschaft getrieben, worin er seine Meister bald übertroffen, so daß es ihm nach seiner Heimkehr habe glücken können, König Heinrich durch höllische Sympathie unvergänglich an sich zu ketten.

Herr, darin war das Goldkorn der Wahrheit schwer zu finden. Um so mehr wuchs meine Begierde, diese lebendige Fabel mit Augen zu schauen; aber lange mußte ich mich gedulden, denn Thomas Becket weilte damals mit dem Könige jenseits des Meeres in Aquitanien, das, wie Ihr wißt, zu dem Weibergute seiner Königin gehörte.

Endlich kam der Tag. Ich schnitzte in der Werkstatt an einem Bolzen. Da fängt es an, auf der Straße unruhig zu werden, zu treiben und zu summen. Meine Gesellen verlassen ihr Zeug, steigen auf Schemel und Bänke und drücken die Köpfe in die Fenster. Pauken und Zimbeln schmettern. Hinter den berittenen Spielleuten folgte ein Herold mit den drei Pardeln auf der Brust und bereitete den Weg dem Sohne der Heidin Grazia.

Ein schöner Mann war er und fürstlich, wie König Salomo. Mit den normännischen Herren konnte er sich wohl nicht messen an Frische des Antlitzes und Macht des Wuchses. Aber er lenkte mit unvergleichlichem Anstande seinen goldgeschirrten, tanzenden Araber und sein farbloses Antlitz besaß eine ernste Lieblichkeit.

Wie ich damals, mitten unter dem niedern Volke stehend, ihn bewunderte, ließ ich mir nicht einfallen, daß ich selbst über ein kurzes in den Dienst des Königs treten und dort diesem wundersamen Herrn täglich, ja stündlich begegnen würde.

Das begab sich aber folgendergestalt.
In der Werkstätte meines Meisters gingen die Normannen ein und aus, denn da gab es stets mit neuer Kunst erfundene oder vervollkommnete Armbruste zu prüfen. Leider blieb bei diesen Besuchen die schüchterne Hilde nicht immer verborgen. Sie war die Freude und der Wunsch meiner Augen; so konnte mir nicht entgehen, daß die der normännischen Ritter schärfer auf ihr hafteten als heilsam war. Einer von ihnen, den sie Gui Malherbe, das ist Veit Unkraut, hießen und der im Gefolge und an der reichen Tafel des Kanzlers sein schädliches Dasein fristete, ein frecher, ungebundener Edelknecht, aber gegen die Frauen von geschmeidigen Manieren, wurde mir täglich mehr zum Stachel und zum Ärgernis, und es fraß mir das Herz ab, ihn mit der sächsischen Magd auf der Grenzscheide verblümter Tändelei und nackter Herrenfrechheit spielen zu sehen, ohne ihm dafür mein Messer zwischen die Rippen stoßen zu dürfen. Mein Leben hätt ich es mir vielleicht kosten lassen; aber den Meister und das Mägdlein wollt ich nicht ins Verderben stürzen, wie es doch damit geschehen wäre.
Was soll ich da Worte machen, wo mein Herr Burkhard sich aus seiner Jugend erinnert, wie behend der Böse in solchen Fällen sein Netz auswirft und zuzieht!
Eines Tages wurden der Meister und ich auf ein etliche Meilen von London gelegenes Schloß gerufen, um einem normännischen Herrn die Waffenkammer einzurichten. Es wird ein verabredetes Spiel gewesen sein. Wir wurden unter allerlei Vorwand dort aufgehalten, und als wir nach London heimkehrten, war Jung Hilde verschwunden – gewaltsam entführt nach der Aussage

der Nachbarn, die nächtlicherweile Pferdegetrappel und eine jammernde Stimme gehört hatten, willig folgend, wie die feigen Gesellen und furchtsamen Mägde logen, da sie der Meister zur Rede stellte.
Ich warf meinen Verdacht auf Gui Malherbe – was sage ich? die Sache war mir gewiß und so riet ich meinem Meister, dem Kanzler knieend den Weg zu verlegen, wenn er an unserer Werkstatt vorüberritte nach dem festen Turme von London, zu dessen Kastellan der König ihn erhoben hatte, und nicht zu weichen, bis er ihm Gehör gebe und seinen normännischen Knecht zur Rechenschaft ziehe.
So geschah es eines Tages. Mein armer Meister warf sich vor dem prächtig geschirrten Zelter des Kanzlers in den Staub und heischte, seinen grauen Bart raufend, mit erstickter Stimme und mit tränenbedeckten Wangen Gerechtigkeit gegen den Räuber seines Kindes, der mit trotziger Miene, aber unruhigen Augen in der dritten Reihe hinter seinem prunkenden Gebieter herritt.
Ich kann es nie vergessen und sehe es jetzt noch, wie dieser gelassen und unbewegt, ohne eine Miene zu verziehen, den Geängstigten kaum mit einem dunkeln Blicke aus seinen halbgeschlossenen Augen streifte, das Pferd langsam an ihm vorüberlenkend.
Als dann der verzweifelnde Sachse auf die Füße sprang, die geballten Fäuste gegen ihn schüttelte und ihm nachschrie: ›Schade, Pfaffe, daß du kein Kind hast, das dir ein Normanne verderben kann!‹ da berührte Thomas Becket, wie von einem lästigen Insekt umschwärmt, leise sein arabisches Roß, um es in etwas raschere Gangart zu setzen. Ich aber drängte den alten Mann in sein Haus zurück und entzog ihn den höhnenden Blik-

ken und verächtlichen Scherzreden der den Kanzler geleitenden Reiterschar.

Nun folgten jammervolle Tage, an die ich noch heute nur mit Bitterkeit zurückdenke; damals glaubte ich sie kaum zu überstehn. Es wurde nichts besser, als eines Tages die arme Hilde unversehens, da es dunkelte, in der verlassenen Werkstatt saß, den Vater erwartend, von dem sie wußte, daß er bei einbrechender Nacht mit eigenen Händen Laden und Türe verriegelte.

Ich habe nie erfahren, ob der Normanne Malherbe seine Gefangene freiwillig zurückgab, weil er ihrer müde geworden, oder ob der Kanzler in seiner verborgenen Weise einen Druck auf ihn ausgeübt hatte.

Eines dagegen sah ich deutlich: der Meister trieb mich in treuer Absicht aus dem Hause. Er war gesonnen, sein zertretenes und scheu gewordenes Kind einem Angelsachsen aus seiner Verwandtschaft, der in der Werkstatt arbeitete und Trustan Grimm hieß, einem ungeschlachten Rotkopf, zum Weibe zu geben. Dabei wollte er mich nicht zusehen lassen. So lag er mir täglich an, eine bessere Stellung zu suchen, und da ich in jener Zeit, um Groll und Gram zu verwinden, eine Armbrust erfand, die weiter trug und sich leichter spannen ließ als alle damaligen – ein braves Werk, wenn ich es auch später abermals übertroffen habe – so redete er mir zu, meine Erfindung König Heinrich, der ein Förderer und Pfleger der edeln Wurf- und Schießkunst war, persönlich zu überbringen und zu empfehlen. Ich sah, er meinte es gut mit mir, und ich befolgte seinen Rat.

IV

Als ich auf Schloß Windsor zum ersten Male vor den König von Engelland trat, zitterte mir das Herz im Leibe, denn er war von gewaltigem Wuchs und herrischer Gebärde und seine blauen unbeschatteten Augen brannten wie zwei Flammen. Er blickte mich zuerst ungnädig an, begriff aber sogleich, worum es sich handelte, mehr aus der dargebotenen Armbrust als aus meinen stockenden Worten, nahm, spannte sie, legte den Pfeil, trat an das geöffnete Fenster und schoß nach einer Krähe, welche sich auf die, da es windstill war, bewegungslose Fahne des Schloßturms gesetzt hatte; und ein helles Lachen ging über sein Antlitz, wie sich die Fahne drehte und das Tier flatternd in die Dachrinne stürzte.

Noch einmal prüfte er mit dem Finger Senne und Drücker, dann warf er mir einen befriedigten Blick zu. ›Das ist mit Kunst gemacht, mein Junge‹, lobte er mein Werk. ›Da, trag es in meine Rüstkammer und melde dich beim Waffenmeister als meinen Dienstmann; denn du bleibst um mich, Deutscher, und magst mir die Armbrust auf die Birsch nachtragen.‹

Da war keine Widerrede, auch wenn mein eigenes Herz nicht danach gelüstet hätte, den Königsdienst zu versuchen als das Höchste im Weltspiel.

Während Herr Heinrich noch zu mir sprach, kam sein dritter, der halbwüchsige Herr Richard, hereingesprungen mit dem Jubelrufe: ›Vater, die normännischen Hengste sind da! Prächtiges Blut!‹ und Herr Heinrich ließ sich von seinem Lieblinge fortziehen.

Jetzt erhob sich aus einer tiefen Nische, wo er, ohne

von mir erblickt zu werden, vor einem mit Schriftstükken belegten Marmortisch gesessen hatte, ein vornehmer, bleicher Mann in köstlichen Gewanden und trat, diese schön und langsam bewegend, zu mir, als trüge er Verlangen, auch seinerseits über meine Erfindung sich unterrichten zu lassen. Es war der Kanzler. Ich wiederholte meine Lehre mit mehr Verwirrung – könnet Ihr es glauben? – als vor dem Könige; denn mir wurde bange, da er, aufmerksam lauschend, mich ganz ausreden ließ, und mir schien, als ertöne meine einsame Rede viel zu keck und laut in der hochgewölbten Halle.

›Eure Gnade‹, endigte ich, ›ist ein Gelehrter und hat wohl kein Gefallen an Kriegszeug?‹

Er senkte die dunkeln Augen und antwortete leutselig: ›Ich liebe das Denken und die Kunst und mag es leiden, wenn der Verstand über die Faust den Sieg davonträgt und der Schwächere den Stärkeren aus der Ferne trifft und überwindet.‹

Mit diesem schönen und einsichtigen Lobe der Armbrust, lieber Herr, köderte mich der Kanzler ohne es zu wollen, und ich hätte ihm meine Lust an seiner Weisheit mit dankbaren Worten bezeigt, hätte ich meine Scheu vor seinem blassen und übermenschlich klugen Antlitz verwinden können.

In die Rüstkammer tretend, fand ich dort den Waffenmeister, einen eisgrauen Normannen, der mich wohl um Kopfeslänge überragte. Herr Rollo empfing mich hochfahrend und geringschätzig, beschäftigte sich dann aber eingehend mit meiner Erfindung; denn er war in Engelland der beste Kenner alles Rüstzeuges. Er brummte etwas Beifälliges zwischen den Zähnen und

kam endlich dahin, meine Gedanken zu billigen. Als er mich dann um meine Heimat befragte und erfuhr, ich stamme von unweit des schwäbischen Meeres her, schenkte er mir aus seinen harten Runzeln einen aufmerksamen Blick.
›Treue Leute, die Schwaben, und deren sind wir hier zu Hofe bedürftig‹, sagte er. ›Hältst du dich aufrichtig, Deutscher, so mangelt es hier nicht an Gnaden und Lohn. Du trittst in eines gewaltigen Herren Dienst.‹
Und er hob an, das Wesen der normännischen Könige mit großen Worten zu preisen und mir ihre Reiche und Herrschaften aufzuzählen. ›Diesseits und jenseits des Meeres sind sie mächtig‹, rühmte er, ›und was sie ergreifen, das lassen sie nimmermehr los.‹
Dabei zeigte er mir die Panzerhemden und Kronhelme des Eroberers und seines Sohnes, welche, an den Mauern der langgestreckten Halle, zuvorderst in einer endlosen Reihe von Rüstungen und Waffenstücken hingen.
›Eines nur‹, fuhr er kopfschüttelnd fort und wehrte mir, einen verrosteten Pfeil zu berühren, der unter der Rüstung des zweiten Königs auf den Steinfliesen lag, ›eines nur, das letzte, mißrät ihnen. Die hohen Herren haben allesamt ein böses Sterben. Dieser Bolz – Gott und der Teufel wissen, wer ihn abschoß – hat Herrn Wilhelm dem Rothaarigen mitten im lustigen Jagen den Lebensfaden zerschnitten. Aber was tut's? Glänzende Sonnen gehen blutig unter.‹
So ritt ich denn von nun an in Jagd und Fehde hinter meinem Herrn und Könige her und fand ihn, wie er sich mir am ersten Tage gezeigt hatte: von wechselnden Launen wie April, harsch, ungeduldig, aufbrausend,

schrecklich im Zorn, aber auch wieder von mitteilsamem Gemüte, zugänglich und leutselig, so daß man zur guten Stunde einen Scherz wagen durfte und es geschehen konnte, daß der erhabene Herr mit seinem Gesinde lachte, bis ihm die hellen Tränen über die Backen liefen.
Daß ich aber aus dem Stalle und der Gewehrkammer in das Vorzimmer gelangte und mich zuletzt auf die Schwelle der königlichen Schlafkammer wie ein Rüde betten durfte, das geschah nicht sprungweise, sondern allmählich von Schritt zu Schritte.
König Heinrich war ein gewaltiger Nimrod, der es liebte, in gestrecktem Jagen auf den Fährten eines Hirsches zu fliegen, sein Gefolge weit hinter sich lassend, und der dann, von wenig Bedürfnissen wie er war, bei einbrechender Nacht mit dem ersten besten Lager vorliebnahm. Da war ich, auf meinem schnaubenden Tiere mich dicht hinter ihm haltend, oft der einzige in der Nähe, ihn zu bedienen und brachte ihn auch trunken zu Bette, wann er, nach dem Schweiße der Jagd, dem Becher zugesetzt hatte. So gewöhnte er sich an meinen Dienst und mich, und, wenn ich mich auch nicht mit bösen Listen einschmeichelte, war ich doch witzig genug geworden, um mir mein gutes Spiel nicht täppisch zu verderben.
Dreierlei aber kam mir dabei zugute: daß ich weder Normanne noch Sachse war, daß ich von niemandem als meinem Herrn Miet und Gabe nahm – einzig den Kanzler, dem keiner etwas weigern durfte, zuzeiten und unter Umständen ausgenommen – und daß ich, ohne gerade den dummen Hans zu spielen, mich etwas einfältiger stellte, als ich von Natur war, und etwas neuer, als mich die Erfahrung gelassen hatte. Dergestalt

fand Heinrich ein Wohlgefallen an meiner schwäbischen Treuherzigkeit.

Doch auch Herr Thomas half mir weiter in der Gunst des Königs dadurch, daß er seine Blicke gnädig auf mir ruhen ließ – denn der König sah mit den Augen seines Kanzlers – und dadurch, daß er mir zuweilen ein scherzendes, sinnvolles Wort zuwarf, welches er in seiner Ehrerbietung an Herrn Heinrich nicht richten durfte und von welchem er doch wünschte, daß dieser es vernehmen möge.

Das Wohlwollen des Kanzlers aber fiel mir zu an einem Tage, da er und ich den Finger an den Mund legten.

Im ersten Jahre meines Königsdienstes nämlich begab es sich, daß Herr Heinrich an einem schwülen Sommernachmittage in seinem Gemache sich zum Schlummer gelegt hatte, als der Kanzler in dringenden Geschäften ihn aufsuchte. Ich trat Herrn Thomas entgegen und flüsterte, den Finger auf die Lippen legend: ›Herrlichkeit, der König schläft ...‹ Nun müsset Ihr wissen, ehrwürdiger Herr, daß die Heiden in Granada, vornehm und gering, die fromme Gewöhnung haben, jedesmal wann von Schlummer und Schlaf geredet wird, hinzuzufügen: ›Gelobt sei, der nicht schläft noch schlummert!‹ So tun sie von Kindesbeinen an, ohne sich mehr dabei zu denken, als wir Schwaben bei unserm ›Grüß Gott‹. Da ich unter den Heiden lebte, hatte ich mir diesen Spruch gleicherweise angewöhnt, um mir auf eine unschuldige Art etwas Landesfarbe zu geben. War ich nun selber schlummertrunken, oder erinnerte mich der im verhängten Zimmer noch blasser als sonst erscheinende Kanzler an einen Mauren, oder tat

ich es aus bloßer Gewohnheit, deren Macht stark ist – kurz, ich sagte: ›Herrlichkeit, der König schläft – gelobt sei, der nicht schläft noch schlummert!‹
Da lächelte der Kanzler wider seinen Willen, bis zuletzt die ganze Reihe seiner Perlenzähne schimmerte, und fragte mich dann in ernsthaftem Tone: ›Wie kommt ein Deutscher zu diesem Gruße?‹
Ich erzählte ihm, das Erwachen des Königs erwartend, daß ich drei Jahre in Granada die Bognerkunst erlernt hätte, und erzählte ihm auch die Geschichte des Prinzen Mondschein. Das war freilich ein gewagter Mutwille und hätte mir zum Schlimmen gereichen können. Aber die Versuchung zu ergründen, ob Prinz Mondschein und der Kanzler ein und dieselbe Person seien und zu erproben, ob der ewig Ruhige nicht wenigstens diesmal sich überraschen lasse, war für mich zu stark. Herr Thomas aber verzog keine Miene. Er hielt eine Weile, wie er zu tun pflegte, die Augen sinnend gesenkt, dann erhob er sie auf mich und legte langsam den weißen Finger auf den Mund. Ich dagegen bog das Knie vor ihm und meldete ihn dann dem Könige, der in seiner Kammer eben ein Geräusch gemacht hatte.
Da mich nun die beiden Herren leiden mochten und mir gleicherweise trauten, werdet Ihr an das Wunder glauben, daß ich der seltnen Gunst genoß, hinter dem Stuhle meines Königs zu stehen, wann er mit dem Kanzler in Staatsgeschäften zusammensaß. Herr Heinrich ließ sich dann von mir einen perlenden weißen Wein einschenken, der aus Frankreich kam, während er mit listigen Augen und innigem Vergnügen den scharfsinnigen Auseinanderlegungen und verwickelten Schachzügen seines Kanzlers folgte, und dieser sonnte

sich, wie eine schlanke weiße Schlange, in den Strahlen der fürstlichen Gunst.

König Heinrich betrachtete den von ihm aus dem Nichts Gehobenen mit Wohlgefallen als sein Geschöpf; aber das Geschöpf, ehrwürdiger Herr, war dem Schöpfer unentbehrlich geworden und unterjochte ihn mit seinem sanften Eigensinne.

Oft habe ich dabeigestanden, wann der Kanzler den König, dessen zur Jagd gesattelte Pferde schon im Schloßhofe wieherten und stampften, noch beim Überschreiten der Schwelle aufhielt, seine Rollen vor ihm entfaltete und den Unbändigen durch den Zwang seiner milden Worte nötigte, ihm Gehör zu schenken, und ich mußte mich wundern, wie er, den Stift in der einen und das Pergament in der andern Hand, Herrn Heinrichs hingeworfenen Bescheid wiederholte und entwickelte, denselben in eine schöne, geschmeidige Rede verwandelnd, daß es nur so strömte, wie flüssiges Gold.«

»Auch deine Rede strömt, daß ich mich wundern muß«, stichelte der greise Chorherr.

»Gebt Raum meiner Rede«, rief Hans, »und laßt mich Euch den wundersamsten Mann beschreiben, welchen die Erde getragen hat, das Vorbild und die Mode des Jahrhunderts. Der vornehmste Adel von Engelland gab ihm seine Söhne als Edelknaben in die Lehre, und welcher Jungherr den Ritterschlag nicht von der Hand des emporgekommenen Sachsen empfangen hatte, galt nicht für voll unter dieser hochmütigen und wegwerfenden Jugend.

Es hat mich oft ergötzt, wann die schmucken Knaben, welche ihre blühenden Lippen nie mit einem englischen Worte verunreinigt hätten, an den farblosen des Thomas Becket hingen, dem freilich die französische Herrensprache zierlicher vom Munde klang, als nicht einem unter ihnen; wie sie sich jede seiner Redensarten und Wendungen sorgfältig merkten, die Feinheit seiner Scherze bewunderten, den Schnitt seiner Kleidung nachzeichneten und seine ruhige Gebärde nachahmten, als das Höchste höfischer Vollendung.

Eines aber, mein ich, mangelte dem Kanzler: das Ungestüm und die Schärfe eines männlichen Blutes.

Nicht, daß er feige gewesen wäre! Eine Memme hätte sich keinen Tag am Hofe König Heinrichs gehalten; denn die Normannen sind kitzlig im Ehrenpunkt wie kein anderer Adel. Gleich fährt das Schwert aus der Scheide und verloren ist unter ihnen, wer den Stich eines Blickes oder einer Klinge nicht parieren und zurückgeben kann.

Obzwar ein halber Kleriker, war Herr Thomas in jeder ritterlichen Übung und Waffe wohlerfahren, wobei ihm sein biegsamer Wuchs zustatten kam, und zog wohl auch, wenn es die Staatsgeschäfte erlaubten, mit dem König zu Felde. Ich bin einmal hinter seinen Fersen eine Sturmleiter hinaufgeklettert und habe ihn innerhalb der erstiegenen Ringmauer jener französischen Burg mit einem wütigen Pikarden handgemein werden sehen, totenblaß in der Tat und die Zähne aufeinanderbeißend. Aber er täuschte die feindliche Waffe und jagte dem Recken richtig zielend das Schwert durch das Herz, freilich um es dann, als sein Gegner in der Lache seines Blutes lag, mit Ekel und Abscheu zu betrachten und wegzuwerfen. ›Bogner, gib mir ein reines!‹ gebot er mir. Und doch war dieses Schwert ein Meisterstück fremder Schmiedekunst, das Euch die Maschen jedes

Panzers durchschnitt wie ein Tuch. Ich habe es aufgehoben und lange Jahre zu meiner eigenen Sicherheit gebraucht.

Herr Thomas konnte kein Blut vergießen.

In den Bezirken seiner weiten Besitztümer spielte und weidete das Wild in den Waldlichtungen wie im Paradiese, und wann er seine Forste besuchte, näherten sich die Rehe und freuten sich, ihm aus der Hand zu fressen.

Auch das Todesurteil eines Menschen vermochte er ohne Erblassen nicht zu unterschreiben, und eine Hinrichtung, wie solche in einem ordentlichen Staatswesen häufig sind, mit anzusehen, überstieg seine Kraft, während mein Herr und König sich gerne herabließ, ihnen, als die verkörperte Gerechtigkeit, vorzustehen. Oft gab es Herrn Heinrich zu lachen, wann er mit seinem Kanzler an einem Rabensteine vorüberritt und Herr Thomas mit Unlust das Haupt abwendete, nicht wegen der Geister, die dort heimisch sind (denn der Kanzler war ein ungläubiger Mann), sondern aus Grauen, wie er einmal fallenließ, vor der gequälten Menschheit, deren zerrissene Glieder dort auf dem Rade zuckten.

Sogar das Urteil einer landkundigen und ihrer teuflischen Frevel geständigen Zauberfrau und Hexe zu unterschreiben, weigerte sich der Kanzler und setzte sich dadurch, der sonst so kluge Mann, einer heidnischen Laune wegen, in Widerspruch mit ganz Engelland: König, Adel, Volk und Pfaffheit.

Das war die schwarze Mary, die in einem Dorfe unfern von London ihr Wesen trieb, Gewitter braute, Seuchen ausgehen ließ, Vieh und Kindlein würgte, bis sie zuletzt von einem geistlichen Gerichte gefoltert und, nachdem sie willig bekannt, um ihre reuige Seele aus dem ewigen

Brande zu retten, zum zeitlichen Feuer begnadigt wurde. Da geschah es, daß der verzärtelte Kanzler die Unholdin in ihrem ekeln Kerker aufsuchte und sich ihre verlassene Jugend und ihren späteren Umgang mit dem Teufel erzählen ließ. Könnet Ihr es mir nun glauben, daß Herr Thomas der schwarzen Mary, die unter heißen Tränen nach der reinigenden Flamme schrie, den Satan auszureden suchte und ihr vorhielt, sie betrüge andere und sich selbst? Und je handgreiflicher sie ihm alles schilderte, um so ungläubiger wurde der Heide. Herr Thomas riß den Prozeß vor den König; dieser aber wollte nichts von Gnade hören, sondern sagte majestätisch: ›Kanzler, ich bin das christliche Gewissen von Engelland, ich kann nicht!‹ Da sprach der Kanzler gelassen: ›Was vermag ich gegen die hohe Weisheit des Jahrhunderts, welche, o Herr, die deinige ist!‹ und unterschrieb das Todesurteil.

Später, als er den Saal verließ, wendete er sich zu mir, der neben der Schwelle stand, und sagte: ›Die Mary ist eine Hexe, wie ich ein Heiliger! Alter Hans, es gibt Augenblicke, da mir gleichermaßen graut vor dem, was die Menschen sind, und vor dem, was sie sich zu sein einbilden.‹

Diese Rede habe ich nie verstanden; aber ich muß vermuten, daß Herr Thomas in hochmütiger Philosophie nicht an die Künste Satans glaubte.

Als hernach die schwarze Mary hinausgeführt und gerichtet werden sollte, fanden sie ihren Kerker leer, und da Herr Heinrich mit drohendem Finger den Kanzler darüber zur Rede stellte, meinte dieser, das sei ein Blendwerk, so gut wie alles Frühere – und damit war die Sache abgetan.

Später lief die Rede, die schwarze Mary sei nicht mit solchem Gestank abgefahren, sondern führe auf einer entlegenen Meierei des Kanzlers ein stilles und eingezogenes Leben. Wenn sie aufrichtig in sich gegangen sei, sei es ihr wohl gegönnt! Ich will Euch nur gestehen, daß auch mich ein Mitleid mit der Sünderin überfallen hatte, als ich sie auf ihrem modrigen Strohhaufen sitzen und unter den verwirrten Strähnen ihrer Haare hervor mit schwarzen, irren Augen zu dem Kanzler aufblicken sah, als ich sie über ihre unbeschirmte Jugend klagen hörte und über die Unbill, die man ihr angetan, als sie noch unschuldig war. Wußte doch auch ich ein Lied davon zu singen!

Ihr sehet nun, Herr, denn ich habe es in meiner Ehrlichkeit an den Tag gelegt, daß der Kanzler, als er die Hexe besuchte, mich als einen verläßlichen Mann hatte mitreiten lassen.«

Der Chorherr blickte den Armbruster prüfend an. »Du bist es, Hans«, rief er, »der das arge Weib geflüchtet hat!«

»Meint Ihr wirklich, Herr?« versetzte Hans, und es war, als ob er unter seinem Barte den Mund verzöge. Dann lenkte er seitwärts:

»Eine schlimmere Hexe, die zu jener Zeit in Engelland lebte, konnte auch nicht verbrannt werden, und aus triftigen Gründen.

Mein Herr und König war mit ihr verheiratet.

Warum Herr Heinrich mit Frau Ellenor in die Ehe getreten war, dem geschiedenen Weibe des Königs von Frankreich, das offenbart sich jedem, der die Weltkarte betrachtet und darauf die Länder zählt, die sie ihm zubrachte; das ist Gascogne, Saintonge und Poitou mit

unzähligen Burgen und Städten. Sie soll in ihrer Jugend lieblich und bescheiden gewesen sein. Ich will ihr diese Märzblume nicht aus der Krone nehmen. Zur Zeit, da ich das Knie vor ihr bog, hatte sie einen schwarzen Helm von üppigen Haaren, unstete, beschäftigte Augen und stets gejagte Füße. Auch hielt sie Herr Heinrich beiseits, bald in einer Abtei, denn sie war zeitweise andächtig, bald in einer abgelegenen Burg mit wenig Gesinde, das zuweilen ein ehrgeiziger nachgeborener Sohn oder ein eitler Fahrender, der mit einer Vornehmen zu tun haben wollte, vergrößerte.
Der Kanzler begegnete ihr, wo er ihr nicht ausweichen konnte, mit tiefer Ehrerbietung, während ich glaube, daß sie ihm zuwider war; denn er liebte an Frauen das Zarte und Anständige. So vergnügte er sein Auge – wenngleich der große falsche Prophet den Seinigen diese bildliche Ergötzung untersagt hat – oft an den weißen und ruhigen Gliedmaßen der keuschen Marmorweiber, die er in seinen Palästen aufgestellt hatte. Ihr habet wohl noch keine gesehen. Sie werden aus dem Schutte zerstörter Griechentempel hervorgezogen, und der Herr von Byzanz hatte dem Kanzler für eine politische Gefälligkeit deren einige zugeschickt. Es sind tote Steine ohne Blick und Kraft der Augen, aber betrachtet man sie länger, so fangen sie an zu leben, und nicht selten bin auch ich vor diesen kalten Geschöpfen stehengeblieben, um zu ergründen, ob sie heitern oder traurigen Gemütes sind.
An Frau Ellenor dagegen, die nicht von Marmor war, hatte der Kanzler kein Wohlgefallen, und ihrerseits haßte sie ihn von Herzen. Möglich, daß er ihr einmal, wie der unschuldige Joseph der Ägypterin, seinen Pur-

purmantel in den Händen zurückließ; denn sie hatte, obschon sie eine Rechtgläubige war – in diesem Punkte hab ich ihr nie etwas nachreden hören – eine Anmutung zu den Heiden; wie sie es denn auch vorzeiten mit einem sarazenischen Flaumbarte gehalten hatte, da sie ihren gottesfürchtigen ersten Gemahl auf seiner Kreuzfahrt nach dem gelobten Lande begleitete.
Es kann Euch das nicht unbekannt sein, denn es ist über den Erdkreis erschollen.
Oder sie haßte ihn auch nur, weil er sie auf allen ihren Wegen im Auge behielt, als eine Gefahr und drohende Verwirrung des Königreiches. Bedenket wohl, lieber Herr, daß ihre drei Länder den Herren Heinrich, Gottfried, Richard und Hans, des Königs vier Söhnen, als Muttererbe zugehörten. So bemühte sich die Weisheit des Kanzlers, Frau Ellenor in erträglicher Gangart und mäßiger Zügelung zu halten, nicht zu locker, damit sie nicht durch die Launen ihres heißen Blutes Schande über den König und Engelland bringe, nicht zu hart, damit sie sich nicht bäume in jähem Unmut und sich losreiße mit ihren Ländern und Söhnen.
Diese Söhne aber ließ Herr Thomas nicht von seiner Seite und war ihnen ein zärtlicher Vater und stündlicher Lehrer. Wenn die Natur der Zucht nicht öfter spottete als ihr gehorchte, die vier Kinder von Engelland hätten nicht ihresgleichen gefunden, eine so große Liebe und herrliche Weisheit hat der Kanzler an sie gewendet. Aber Junker Heinrich schätzte an ihm nur den Wurf seines Kleides und die edle Beredsamkeit seiner Gebärde; denn er war ein Geck und ein Schauspieler. Junker Gottfried dagegen vergaß über Nacht, was er gestern geliebt oder geschworen hatte, und konnte, von unste-

ter Art, keine Ergötzung und keinen Ernst zu Ende führen.
Den dritten des Königs, Richard, das Löwenherz, hatte Herr Thomas besonders lieb und auch mir war er ins Herz gewachsen. Das Spiel seiner Natur war ehrlich wie ein Stoß ins Hifthorn und überquoll wie der Schaum am Gebiß eines jungen Renners. Da blieb kein Widerstand, man mußte ihm gut sein – aber Klugheit war nicht in ihm, nicht eines Pfennigs wert; wie er denn auch zu dieser laufenden Stunde für eine Tat seines jähen Blutes unten in Österreich eingetürmt liegt.
Junker Hans, der vierte – Gott behüte meine Zunge, gegen ihn zu reden, denn er steht jetzt zunächst dem Throne! – aber einen nichtsnutzigern, bösern Buben trug die Erde nicht; und diese meine Hand hat mir oft gegen ihn gezuckt, wenn er an mir oder einem andern Gottesgeschöpf seine Tücke ausließ – wenn er mir eine kunstreiche Armbrust mutwillig schändete oder stumme Tiere marterte.
Wie er lachte! Ich habe Tag meines Lebens, auch in Schenken und auf Märkten, nicht gemeiner lachen hören.
Wißt, der Kanzler sah zuweilen nach, wann ich die viere schießen lehrte, und erzählte ihnen dann wohl während einer Rast, zu Lust und Warnung, Tierfabeln, die mich, als einen Weidmann, besonders ergötzten. Da redeten und handelten Geflügelte und Vierfüßige, je nach ihrer Natur, oder wenigstens nach der Art, die ihnen von den Menschen beigelegt wird. Auch dieses kluge Spiel haben die Araber erfunden, um ungestraft die Fehler ihrer Machthaber unter der Tiermaske zu tadeln und zu verspotten.

Kam nun eines dieser Fabelgeschöpfe zu Schande und Schaden im Munde des Kanzlers, plumpte Braun der Bär in die Grube, hing Isegrim in der Falle und dergleichen, so schlug der kleine Hans unversehens eine gellende, teuflische Lache auf, daß ich, obwohl mit seinem Wesen vertraut, zusammenschrak und der Kanzler, der doch ein Freund der Klugheit war, das Kind mit traurigen Augen betrachtete. Aber er gab seinen Ekel dem innerlich Mißschaffenen nicht zu fühlen, sondern ließ sich mehr zu ihm herunter und bedachte ihn mehr als die andern. Ich habe ihn auch wohl seufzen hören, was sonst nicht seine Art war, wenn ich ihm eine frische Missetat Herrn Hansens zu berichten hatte.

In Wahrheit, der Reichskanzler liebte die Königskinder wie seine eigenen, und übel ward ihm vergolten.

Jetzt komme ich zu reden auf ein Geheimnis der Ungerechtigkeit, das zwar in keiner Chronik wird verzeichnet stehen, aber doch die Grabschaufel ist, die Herrn Thomas und Herrn Heinrich, einem nach dem andern, seine Grube gemacht hat.«

Hans der Armbruster faltete mechanisch die starken alten Hände, als hätten auch sie mit dieser Schaufel gegraben.

V

»Jetzt, da Ihr einen Einblick habt in Herrn Heinrichs Haushalt«, fuhr Hans der Armbruster fort, »erkennt Ihr von weitem, daß er bei Frau Ellenor keine Ruhe und kein Vergnügen fand und daß er auf seinen Kriegs- und

Königsfahrten häufige Umschau hielt unter den Töchtern seiner Länder diesseits und jenseits des Meeres.
Ich will es Euch nicht verhalten, daß ich ihn auf manchem Ritte begleitet habe, den ich als ein anfänglich unter geistlicher Zucht Gewachsener lieber unterlassen hätte und welcher mir zeitweilig die Beichte erschwerte. Aber wollet bedenken, daß der König wenig sichere Leute um sich hatte und ich durch meine Treue auf geraden und krummen Straßen Hauszwist, ja Meucheltat und Giftmord verhütete.
Denn Frau Ellenor war ein eifersüchtiger Teufel, ob sie auch selber ihrem Eheherrn keine Treue hielt. Sie bestach von Herrn Heinrichs Leibknechten, was sich bestechen ließ, dermaßen, daß ihr seine Absprünge alle bekannt wurden und sie ihre Nebenbuhlen in feindseliger mörderischer Weise verfolgen konnte. Mehr als eine fand der König tot, oder sie verwelkte plötzlich in seinen Armen.
So war es ihm billig zu gönnen, daß er an mir einen verläßlichen Knecht gefunden hatte.

Eines Tages begab es sich, daß der König mit wenig Gefolge eine Birsch anstellte in einem entlegenen Forste, wo er, meines Wissens, sonst nicht zu jagen pflegte. Gegen Abend überfiel uns ein flammendes Wetter und trieb die Herren auseinander. Ich aber hielt mich bei dem König und fand für ihn Schutz unter einem ausgehöhlten Felsen, wo er den Wolkenbruch vorübergehen ließ. Als die Donner verrollt hatten und der Regen kaum noch durch das Laub der Eichen schlug, suchte ich den Weg, den wir hergekommen waren, fand ihn aber versperrt durch ein Wirrsal abgerissener Äste und bloßgewaschener Wurzeln, worüber die gelben Wasser eines ausgetretenen Baches sich wälzten. Ich ließ mein Hifthorn schmettern, doch von keiner Seite kam Antwort. Da befahl mir der König, nach derjenigen vorzuschreiten, wo der Wald sich lichte. Ich tat es und bahnte für ihn Pfad mit dem Jagdschwert. Bald sah ich die Glut der sinkenden Sonne purpurn vor mir auf den Stämmen blinken. Ich wandte mich um nach dem Könige, er aber drang ungeduldig an mir vorüber der rötlichen Helle entgegen, so heftig, daß ich Mühe hatte, ihm auf den Fersen zu bleiben.

Da sah ich ihn plötzlich verwundert den Schritt hemmen. Am Waldsaume stand er unter den tröpfelnden Zweigen und lugte, die Augen mit der erhobenen Rechten beschattend, unverwandt in die untergehende Sonne hinaus. Ich hob mich auf den Zehen und reckte das Haupt über seine Schulter empor, und was ich erblickte, erschien mir als eine Verblendung und Zauberei, die in den nächsten Augenblicken zerfließen müsse.

Auf einer goldgrünen Waldwiese stand ein Schlößchen, wie ich seinesgleichen wohl im Königreiche Granada gesehen hatte. Es war von hohen glatten Mauern aus gelbem Steine umgeben, über welchen eine kleine blauschimmernde Kuppel emporstieg und schlanke dunkle Baumspitzen ragten, die ich Zypressen genannt hätte, wären wir unter einem südlicheren Himmel gewesen. Das zierliche, feste Bauwerk war frisch und neu und glänzte im letzten Lichte wie ein Juwel.

Der König verlor kein Wort, sondern ging mit raschen Schritten auf die schmale Pforte zu und klopfte mit dem Griffe seines Schwertes an. Nichts regte sich drinnen. Nun begann auch ich gegen das Holz des tief in einer

Mauerwölbung verborgenen Tores zu hämmern. Da glaubte ich in der schmalen Spalte eines Seitenfensterchens ein altes Gesicht erscheinen und verschwinden zu sehen, und bald darauf wurden die Riegel geräuschlos zurückgezogen.

Ein grauer Sachse öffnete und bog stumm und zitternd das Knie vor dem König. ›Du, Äscher?‹ sprach ihn Herr Heinrich an und fuhr ungeduldig lachend fort: ›Du wirst deinen König doch nicht draußen stehen lassen? Ich bin naß und hungrig! Wem gehört denn dieser schmucke Schrein? Dem Kanzler? Oder stehst du nicht mehr in seinen Diensten? – Bei Sankt Jörg, ich muß glauben, der strenge Herr habe sich mit einer Waldfei eingelassen! Welche Melusine hat ihm zu Lust und Ruhe dies da hingezaubert? Flugs melde mich ihrer elfischen Lieblichkeit!‹

Nun erkannte auch ich den Alten und erinnerte mich, daß ich ihn einst in London mitten im Trosse des Kanzlers an unsrer Bognerwerkstatt vorübertraben sah. Dort war er mir aufgefallen durch sein schwermütiges Aussehen und seine schwarzen zusammengewachsenen Brauen unter weißem Haupthaar. Am Hofe hatte ich ihn hinter Herrn Thomas nicht wieder wahrgenommen.

Der Sachse blickte den König mit flehenden Augen an und stammelte, das könne ihm das Leben kosten.

›Bei meinem Königswort, das soll es nicht. Mich kann das Gebot, das du erhalten, nicht angehen!‹ drängte Herr Heinrich und setzte seinen Fuß über die Schwelle, während er mir einen Wink gab, draußen zu verharren. Äscher in seiner übergroßen Bestürzung wußte nicht, wohin zuerst sich wenden, bis ihn mein Herr mit majestätischen Worten zurechtwies:

›Schließe dies Tor und melde deiner Herrin den Besuch und die Gnade ihres Königs!‹

Ich setzte mich wartend nieder und lehnte den Rücken gegen die Mauer. Mir war behaglich zumut in der Abendkühle und die Rast nicht unlieb. Das Abenteuer schien mir ergötzlich. Ich lachte unter meinem Bart über Herrn Heinrichs letzte erhabene Rede und lobte es in meinem Geiste, daß der Herr diesmal, in Anbetracht seines Hungers und seiner reifen Jahre, nicht als singender Troubadour vor der Pforte geblieben, sondern der Dame des Schlößchens, kurz und gut, seine Würde und königliche Herrlichkeit offenbaren ließ.

Ich elender Tor!

Als sich nach geraumer Zeit die Pforte wieder öffnete und Herr Heinrich aus dem Bürglein trat, war es, obwohl das Jahr in der Sommermitte stand, tiefe Nacht geworden. Der Sachse schritt uns mit der Fackel den schmalen Pfad voran, auf welchem wir bald einen einsamen Meierhof erreichten, wo man uns Pferde und einen Führer gab.

Als wir im Frührot in das Tor der Burg einritten, aus welcher gestern der König zur Jagd gezogen war, und ich ihm den Bügel hielt, gab er mir aus leuchtenden Augen einen Blick und während seine Linke mir den Mund zuschloß, warf mir seine Rechte eine mit Edelsteinen besetzte Spange zu, die er sich vom Hute gerissen.

Das Gold, das er im Beutel trug, hatte er alles dem alten Äscher in die Hände geschüttet.

Das war der Anfang. Aber von der Sonnenwende jenes

Jahres bis zu seinen fallenden Blättern habe ich den König oft durch jenen friedlichen Forst begleitet und den Ritt häufiger noch allein gemacht, um seinen Besuch anzusagen oder die Zeichen seiner brünstigen Liebe, seltene Perlen des Meeres und was der Erdenschoß Kostbares gibt, seiner verborgenen Buhle zu überbringen. Ohne daß ich diese je erblickt oder den Burghof betreten hätte! Nur an der Pforte verkehrte ich mit dem alten Äscher, der freilich jedesmal, wenn er meiner ansichtig wurde, erbärmlich seufzte, aber weder den Gehorsam weigerte, noch je zurückwies, was aus der königlichen Hand auf seine Seite fiel.
Ich hatte strenges Verbot, auf diesen Pfaden mich bei Tageslichte blicken zu lassen; auch gehörten sie zu den einsamsten, die ich je geritten bin. Keiner lebendigen Seele bin ich darauf begegnet, als etwa im Morgengrauen einem ätzenden Wilde und zweimal, da ich mich verspätet hatte, einsamen Waldfahrern.
Der Mond hatte gewechselt seit Beginn dieses Abenteuers, als eines Tages mein brauner Hans sich einen Hinterfuß verstauchte. Ich liebte das Tier wie einen Bruder und blieb bei ihm in der Meierei zurück, bis ich um dasselbe außer Sorge sein konnte. Dann schlug ich den Rückweg zu Fuß ein. Rasch eilte ich von hinnen. Es war klarer Tag, als ich eine weite grüne, von spottenden Echostellen umgebene Lichtung durchschritt, an deren Ende ein dort beginnender Felsweg vom Hufschlag eines Pferdes erklang. Ich schlug mich schnell ins Gebüsch und legte mich auf den Bauch, die Augen spähend auf den langen Wiesenpfad gerichtet. Und ich erblickte dort den arabischen Schimmel des Kanzlers, von seinem Herrn langsam und lässig gelenkt. Das

schöne Tier schnoberte wollüstig und sog mit geöffneten Nüstern die Morgenluft und den Waldgeruch ein.
Herr, ich war nicht überrascht, den Kanzler auf diesen grünen Wegen zu finden. Ich war darauf gefaßt, seiner früher oder später ansichtig zu werden, wie er diese Straße fahre; denn die Zierfeste wurde von seinem Knechte gehütet, und ihre maurische Bauart, die ausländischen Bäume des Burggartens, das jagdfreie Wild ringsherum hatten mich längst über den Erbauer ins Gewisse gebracht. Daraus hatte auch der König am ersten Tage erraten, wer hier etwas Liebes versteckt halte. Ich will mich nicht besser machen, als ich bin. Es ergötzte mich, diesen Vater der Weisheit und tiefen Gelehrten auf etwas Menschlichem zu betreffen, und daß ihm Herr Heinrich, der einzige, der es ungestraft durfte, ins Gehege gekommen, das ließ mich in Sicherheit lachen. Auch ist es seit grauen Zeiten angenommen, daß in Buhlschaft und Liebeswette Kleriker und Gelehrte ausgestochen werden von Fürsten und Kriegsleuten.
Sicherlich jedoch ließ ich von meiner Wissenschaft gegen Herrn Heinrich nichts merken, weder mit einer schlauen Anspielung, noch mit einem lustigen Gesichte; denn es gibt Grenzen, Herr, im gefährlichen Umgange eines Knechtes mit einem König, selbst dem leutseligsten. In der Stille meiner Gedanken ergötzte mich ein Tun, das ich für einen fürstlichen Mutwillen hielt; aber ich verwickelte mich in einen Greuel und in eine Torheit, die Herrn Heinrich die Krone, das Leben und – wehe – seiner Seele Seligkeit gekostet hat.
Versteht, Herr, ich meinte, der Kanzler hätte sich eine reife, süße Traube aus irgendeinem besonderen aquita-

nischen Weinberge in den englischen Nebel herübergeholt, und wenn er nun an ihr die gefaulten Beeren entdecke, schiebe er sie gleichgültig und höchstens, als ein Zärtling, mit etwas Ekel auf die Seite. Schon sah ich ihn, wie er, seinen König und Schöpfer als Nebenbuhler findend, mit einer höfischen, leise verächtlichen Miene aus den Schranken trat.

Dergestalt gewahrte ich in diesem Verrate wenig Übel und keine Gefahr.

Mit schadenfroher Neugier blickte ich aus meinem Versteck zu dem langsamen Reiter hinüber, der seit wenigen Tagen aus Canterbury zurückgekommen war, wo ihm die Pfaffen des Königs zu tun gegeben hatten, und der jetzt seine Nächte in Windsor über den während seiner Abwesenheit liegengebliebenen Geschäften zubrachte. Bei dem gleichmäßig milden Scheine einer griechischen Ampel schrieb er unermüdet, so daß der König, wann er aus unruhigem Schlafe auffuhr, über den Hof hinweg den für ihn und das Reich Sorgenden erblicken konnte.

Aber ist er's? Ist dies der verschlossene Kanzler mit den kalt prüfenden Blicken und den Staatssorgen, fragte ich mich verwundert, oder ein andächtiger Ritter und Pilger nach dem heiligen Grale? – Ihr kennet die Mär von dem Kelch mit dem kostbaren Blute, der, unter süßem Getön vom Himmel sinkend, auf Montsalvatsch sich niedergelassen hat? – In den blassen, träumenden Zügen lag eine selige Güte und das Antlitz schimmerte wie Mond und Sterne. Sein langes Gewand von violetter Seide floß in priesterlichen Falten über den Bug des silberfarbenen Zelters, der, sonst nach dem feurigen Schalle der Zinken und Pauken zu tanzen gewöhnt, heute langsam den weichen Pfad beschritt und den zierlichen Fuß hob wie nach dem Tone der Flöten, welche die verborgenen Waldgötter spielen.

Ich entsetzte mich ob der Frömmigkeit, mit welcher der Scheinheilige auf sündige Buhlschaft ritt – ganz anders als mein fürstlich frecher und minnedurstiger Herr – und doch übermannte mich ein Mitleid mit dieser getäuschten Andacht und dann eine plötzliche Furcht, der Blasse dort, dessen Wesen mir von jeher eine mir ungewohnte Scheu angehaucht hatte, möchte den Raub seines Heiligtums an uns, meinem König und mir, insgeheim, aber unerhört und grausam rächen.

In diesem Augenblicke zeigte sich die senkrechte, tiefe Staatsfalte wieder zwischen den feinen Brauen des Kanzlers. Herr Thomas trieb sein Pferd an, nicht von Ungeduld befallen, sondern von einer aufsteigenden Sorge, wie mir schien.

Wieder stand die Sichel eines neuen Mondes am Himmel, als ich zum andern Male auf diesen Wegen vom Tag ereilt wurde. Der König hatte gegen Mitternacht von seiner Buhle Abschied genommen, denn es stand seine Reise nach der Normandie bevor, mich dann aber, an der Grenze des Forstes angelangt, wieder zurückjagen lassen mit der Botschaft, er begehre sie noch einmal zu umfangen und werde morgen wiederkommen.

Nach ausgerichtetem Auftrage ritt ich müde und schläfrig durch den schon herbstfeuchten Wald zurück. Während mein schreitender Gaul die gelben Blätter von den Zweigen strich, hatte ich trübselige Gedanken über die Vergänglichkeit des irdischen Wesens, wie sie mir gewöhnlich sind, wann ich die bleichen Lichter der Zeitlosen auf den Wiesen erblicke.

Ein helles Gewieher in nächster Nähe erweckte mich aus meiner Schwärmerei. Nach einer Wendung des Pfades erblickte ich einen gesattelten Gaul, der an das Gehege des Meierhofes gebunden stand. Ich gleite vom Pferde, führe es ins Dickicht und spähe, geräuschlos zurückgeschlichen, über den hohen Zaun des Gehöftes. Drinnen verkehrte mit dem ihn mißtrauisch betrachtenden Meier ein hagerer geharnischter Gesell, der mir erst den Rücken zuwandte, dann aber mitten im Gespräche rasch den Kopf drehend, gerade in der Richtung des Schlößchens, den scharfen Haken seines Raubvogelgesichtes zeigte. Ich erkannte den Geier, suchte meinen Gaul und setzte ihn in Galopp. Niemand anders umkreiste das Lustrevier meines Königs als der Normanne Malherbe, mir verhaßter seit Hildes Entführung als jener Kriegsknecht auf dem Passionsbilde zu Allerheiligen, welcher unserm Herrn und Heiland ins Gesicht speit und gegen den ich schon auf Kindesbeinen einen besonderen Grimm verspürte. Der Kanzler hatte den Verworfenen aus seinem Gefolge entfernt und es verlautete, er habe bei Frau Ellenor Dienst und Gunst gefunden. Ich sah, was da bevorstand. Erfuhr Frau Ellenor das Versteck der Waldelfe, so wettete ich keinen Pfennig auf ihr zartes Leben.

Als ich dem Könige von dieser schlimmen Begegnung Bericht gab, schoß ihm das Blut dunkelrot zu Kopfe vor Zorn und Liebe.

›Wir müssen mit der kleinen Dame über Meer‹, sagte er und runzelte die Brauen. ›Und zur Stunde! Bevor der Habicht die Taube zerfleischt!‹

Er befahl mir auf den Abend drei gesattelte Rosse und für ihn eine unscheinbare Tracht bereitzuhalten.

Es war schon dunkel, als der erst spät vom Kanzler freigelassene Herr Mantel und Kappe ergriff und sich zu Pferde warf.

Nach einer Stunde scharfen Rittes, schon fast auf der Hälfte des Weges, winkte er mich an seine Seite und sagte mir, ich kehre in der Frühe nicht mit ihm zurück, sondern habe morgen in dem Schlößchen zu bleiben und die Herrin mit einer Zofe nach eingebrochener Nacht auf seine nächste Burg zu bringen, von wo er sie werde über Meer geleiten lassen.

Rasch waren wir am Ziel. Der Herr fand für sein Haupt einen weichen Pfühl und ich am Fuße der Mauer einen harten, den Sattel meines Pferdes, dem ich mit den zwei andern eine nächtliche freie Weide gönnte.

Als sich die nebelfeuchten Wipfel des Waldes vergoldeten und ich eben die drei Tiere wieder eingefangen hatte, trat der König aus der Pforte und an seinem Arme hing ein liebliches Geschöpf, nicht über fünfzehn Jahre alt. Das schönste Mädchenhaupt, das ich je erblickt habe, lehnte an der Schulter des Königs und heftete auf seine lusttrunkenen Augen zwei flehende und furchtsame. Rabenschwarze Haare, von einem goldenen Stirnreif zusammengehalten, flossen aufgelöst über die zarten Schultern und Hüften nieder bis fast zur Erde. Sie war in Tränen und Herr Heinrich sprach ihr Mut ein.

›Ich lasse dir diesen hier. Er ist mein treuer Knecht und wird dich hüten wie seinen Augapfel. Laß dich heut abend ohne Furcht zu Rosse heben. Es muß sein, ich will es, Grace! Ein kurzes, und wir sind unter einem warmen Himmel wiedervereinigt.‹

Er küßte sie, schwang sich zu Pferde und sprengte von dannen, während ihm das Kind mit beiden Armen Grüße nachsendete. Mir aber war alles Blut aus dem Herzen gewichen. Die Wahrheit durchfuhr mich wie ein scharfer Strahl. Vernehmt es: der König hatte den Kanzler nicht bei einer prächtigen und ehrgeizigen Schönheit ausgestochen, Leid und Sünde! er hatte sich an des Thomas Becket unschuldigem Kinde vergriffen. Wißt: Gnade, wie sie der König genannt hatte, war des Kanzlers leibhaftiges Ebenbild, soweit ein junges unwissendes Antlitz einem erkälteten und welterfahrenen gleichen kann. Der edle Zug seiner Brauen, seine dunkeln, schwermütigen Augen, das ernste Lächeln seines Mundes, die Sanftmut seiner Gebärde – da war kein Zweifel: Gnade, zu jung, um des Kanzlers Schwester zu sein, war sein eigen Fleisch und Blut. Herr Heinrich, ein christlicher König, hatte schlimmer als heidnisch an einer unmündigen Seele und einem kaum reifen Leibe gesündigt.

Obgleich ein armer Knecht, zürnte ich mit meinem Herrn und meine Fäuste ballten sich, als hätte man mir das eigene Kind zerstört. Alsobald ergriff mich auch eine große Kümmernis und ich hätte blutige Tränen weinen mögen, daß mein König, den ich liebhatte, durch den Mord der Unschuld den göttlichen Zorn herausforderte. Ich suchte den hohen Herrn zu entschuldigen mit seinem starken Blute, seiner Allmacht, seinen blinden, unklugen Stunden, doch vergeblich! Es klang mir in den Ohren: dein Herr hat eine Todsünde begangen! Meine Sinne öffneten sich: ich sah Gnades

Schutzengel, der sich aus Betrübnis und Scham mit beiden Händen ein weißes Tüchlein vor das Gesicht hielt, und hörte die Posaunen des Gerichtes mächtig erdröhnen.

Doch ich nahm mich zusammen. Die zwei Tiere, zwischen denen ich stand, wurden unruhig, ich faßte sie fester und meine Verzückung wich.

Das Kind des Kanzlers war in der Burg verschwunden. Äscher stand allein im Torweg und winkte mich zum ersten Male in sein kleines, in die dicke Ringmauer hineingebautes Wächterstübchen.

Er sah scheu und elend aus und war so zerfahrenen Gemütes, daß er vergaß, mir die Speise und den Trank vorzusetzen, deren ich nach meinem Schrecken wahrlich bedürftig war. Während ich mir selbst zu einem Brote verhalf und den Weinkrug aus dem Wandschrank holte, gestand er zögernd, die von meinem Könige befohlene Flüchtung der schönen Gnade werde nicht ohne Gefahr sein. Er habe seinem Herrn, dem Kanzler, in aller Treu und Redlichkeit berichtet, das Waldschloß werde von dem Normannen Malherbe seit mehreren Tagen belauert und umkreist. Er erwarte stündlich den Kanzler, der mit Bewaffneten anlangen und eine Besatzung hinter diese Mauern legen werde.

›Hätte ich doch dem Teufel widerstanden‹, jammerte er in elender Reue, ›und meinem Herrn gleich den ersten Besuch des deinigen geoffenbart. Mein Leib wäre daraufgegangen – jetzt hab ich auch meine Seele verkauft! – Aber woher den Mut nehmen, mich der höchsten Gewalt zu widersetzen! Verwirrender Schrecken wandelt vor deinem Könige her! Fluch über die Stunde meiner

Geburt! Alles, selbst die Kenntnis des Guten und Bösen, haben uns diese Normannen geraubt! ... Aber auch mein Herr, der Kanzler, trägt eine Schuld. Er, welcher die verkörperte Weisheit ist, hat Gnade schlecht erzogen. Glaubst du mir's, Bogner? Kein Kruzifix, kein Meßbuch, keinen Heiligen halten wir im Hause! ... Außer einem geringen Sankt Joseph dort in der Mauernische für uns Dienstleute. – Mit arabischen Lettern bedeckte Pergamente brachte er dem Kinde, heidnische Märchen, die den grausamen Weltlauf zu einem süßen Abenteuer verfälschen – und das Kind ergötzte sich bei Tag und Nacht an diesem schönen Lug und Trug. Auch Monna Lisa, die welsche Lautenspielerin, ihre Zofe, hat den Kanzler in Gedanken oft darüber angeklagt. Die Ärmste! Sie hielt den Gang des Königs knieend auf. Aber er füllte ihr die Hände und schob sie beiseite. Bei den Weibern ist dein Gebieter ein so herzgewinnender Herr, als für uns ein grausamer König – und so wurde die Torheit begangen.‹

Während der greise Sachse also bänglich und unnütz jammerte, hatte ich mich nach und nach mit Trank und Speise gestärkt und in meinem Gemüte ermuntert. ›Hans‹, sprach ich zu mir, ›sei kein altes Weib – nimm dich zusammen. Unheil ist geschehen; aber noch ist eine Möglichkeit, daß es zum Bessern umschlage. Wer weiß, ob Königin Ellenor nicht vor ihrer Zeit mit dem Tode oder nach ihrer Zeit mit einem Fahrenden abgeht! So würde der Herr frei und machte seine Gnade zur Königin. Ist sie doch zwiefach aus fürstlichem Geblüte! Besorge du das Heutige und bringe das Kind über Meer!‹

Wißt, Herr, das sagte ich, um mich zu trösten. Aber,

glaubet mir, all meine im Herrendienst schwer erworbene Habe, meine Kunst und die Hälfte meines Blutes hätte ich daran gegeben, um Herrn Heinrich von seiner Tat und mich von meiner Dienstleistung dabei loszukaufen. Diese Sünde sank so schwer in die göttliche Waagschale, daß ihr Gewicht den Herrn und den Knecht wohl erdrücken konnte.

Herr Heinrich hatte den Glauben eines Kindes mißbraucht. Gnade war von beiden Eltern her heidnischen Blutes und die unterwürfigen arabischen Weiber beugen sich vor dem Szepter bis in den Staub. Der König ist ihnen an Gottes und des Gesetzes Statt und mehr als Vater und Mutter. So begriff ich, daß Gnade das böse Geheimnis des Königs vor dem Vater bewahrt hatte.

Wie heiß und unbesonnen mußte der Kanzler sein Töchterlein lieben, um es, der sonst nach allen Seiten Umblickende und das Keimen der Dinge Belauschende, in seine und damit in die Nähe des normännischen Hofes gebracht zu haben – so klügelte ich weiter. Und wie schwer wird er es bereuen! – Doch ich raffte mich schleunig auf, um das Nötige zu beschicken.

Ich nahm drei runde Brote unter den Arm und führte meine zwei Rosse, die draußen angebunden standen, in eine nahe Waldschlucht neben ein klares Wässerlein, speiste sie, ließ sie saufen und knüpfte ihre Zügel an zwei Fichtenstämme. Es tat mir wohl, für zwei kluge und treue Geschöpfe zu sorgen, die nichts wußten von Verrat und Sünde.

Als ich aus der Schlucht wieder emporstieg, schreckte mich ein Hornruf, der aus einer andern Ecke des Waldes erscholl, und auf welchen das Flattern eines Tüch-

leins von der die blaue Kuppe umgebenden Zinne antwortete.
Schleunig durcheilte ich den mich von der Burgmauer trennenden Raum und schlich, in ihren Schatten gedrückt, nach der Pforte, durch die mich der erbleichte Äscher zitternd hineinzog. Seine kleine Pförtnerstube blickte durch drei schmale Luken in das Freie, in die Torwölbung und in den Burghof.
Wohl ein Dutzend Reisige sprengten aus dem Walde. Voran der Kanzler, den ich an seinem wunderschlanken arabischen Grauschimmel erkannte und an der feierlichen Art, wie er ihn lenkte. Er war in voller Rüstung mit gesenktem Visier. Vor dem Tore, wo sie abstiegen, ließ er von einigen die Tiere in der Richtung der Meierei wegführen; die übrigen folgten ihm, nicht zu meiner Freude, durch die Pforte und erhielten im Hofe den Befehl, sich rings auf die Mauerzinnen zu verteilen.
Ich hatte meinen Standort gewechselt, den Kanzler im Auge behaltend, dem jetzt Äscher Rechenschaft abzulegen schien, und der dann in der Burgwohnung verschwand. Der alte Pförtner trug den Schlüssel meines Versteckes am Gurt, ich war in der Falle und legte mich auf die Lauer.
Mir gerade gegenüber, in der Mitte des Burghofes, stand der Kuppelbau, von dem Halbrunde seiner mit immergrünen üppigen Sträuchern bewachsenen Terrasse umgeben. Nach einer Weile trat Herr Thomas, Gnade an der Hand haltend, durch die hohe Bogentür und ließ sich mit ihr auf einer weiß schimmernden Marmorbank nieder neben einer rot geäderten Schale, über welcher emporschießende Wasserstrahlen sich in der Luft kreuzten. Und aus solcher Nähe blickte ich in die

besorgte, aber nicht argwöhnische Miene des Herrn und in Gnades rätselhaftes Gesichtchen, daß ich plötzlich den Kopf zurückbog, obgleich die Mauer, durch die ich auslugte, außen von Eppich übersponnen war. Jetzt winkte der Kanzler die Zofe, welche mit gesenkten Augen unter der Tür stand, hinweg – wohl jene welsche Monna Lisa, deren Tugenden ich eben aus Äschers Munde kennengelernt hatte. Eine Weile saßen sie schweigend und Grace blickte, um den väterlichen Augen auszuweichen, in das perlende Wasser.

Dann begann der Kanzler in arabischer Sprache: ›Mein Kind, du wirst nur noch wenige Tage hierbleiben und es ist nicht unmöglich, daß du in dieser kurzen Zeit noch durch einen Überfall geängstigt wirst. Aber fürchte dich nicht. Ich lasse dir zehn tapfere Leute, welche diese Mauern gegen feindliche Überraschung zu halten vollkommen imstande sind. Du wirst dich nach und nach an Waffenlärm gewöhnen müssen, mein scheuer Vogel. Das ist das Los jeder Burgfrau in der Willkür und Zuchtlosigkeit dieser Tage.

Und es ist die Zeit gekommen, daß ich mich von dir, meine Wonne, trenne und dich vermähle. Nicht zwar unter diesem feuchten Himmel, sondern jenseits des Meeres in einem sonnigen Lande von mildern Sitten. Wenn es sein kann und dich dein Stern dahin führt, nicht weit von deinen Pflegeeltern im Poitou. Du gedenkst doch immer noch des ehrlichen Calas, dem sie, weil er Arabisch versteht, nachreden, daß er aus maurischem Geblüte stamme, der aber sein Vaterunser betet nicht anders als wir beide? Ist doch kaum ein Jahr vergangen, daß der Alte, dich hieher bringend, mit Tränen sich von dir getrennt hat! Ich weiß nicht, ob es gut war‹, sagte er, die Stirne faltend.

›Sollt ich mich‹, fuhr er fort, wie sich selbst entschuldigend, da Grace schwieg, ›nicht eine kurze Spanne meines Lebens an deiner keuschen Jugend ohne Teilung erfreuen?

Doch ist nun die letzte Frist verflossen, die ich mir gönnen konnte, und der Augenblick des Scheidens da.

Ich darf dieses liebe Haupt nicht gefährden!‹ und er legte ihr die schmale Hand auf den Scheitel.

›Der Herr verreist morgen nach dem Festlande und ich folge ihm in wenig Tagen. Du aber begleitest mich, dicht verschleiert, mit deinen Frauen und weichst nicht von meiner Seite, bevor ich dich in die Hut eines tapfern und feinen Mannes gebe.

Der König wird mir doch einen Tag, wenn er von seinen unreinen Freuden trunken ist, für meine reinen gönnen. Dieser König!‹ sagte er mit verächtlichen Lippen, als erblickte er ihn leibhaftig vor sich. – Wahrhaftig, ich wunderte mich, ihn so reden zu hören.

›Erschrick mir nicht‹, fuhr er fort, denn Graces Hand, die er festhielt, zuckte in der seinigen, ›ich verstehe zu wählen. Ich werde zusehen, wem ich dich anvertraue, und auch aus der Ferne meine Hand schirmend über dir halten, denn ich bin mächtig in allen normännischen Landen.

Und in ein Kloster begehrst du dich nicht einzuschließen? Nein, sagen mir deine Blicke, du hast keine Sünde zu büßen und Licht und Sonne nötig.‹

Wäre der weise Herr Thomas nicht in seinen eigenen Gedanken befangen gewesen, er hätte die Seelenangst seines Kindes bemerken müssen; aber seine Augen wa-

ren gehalten und Gnade, die nach Worten rang, brachte endlich ein schwaches Flüstern hervor:
›Wer ist es, Vater, der mich hier gefährdet?‹
›Wer?‹ wiederholte der Kanzler mit leise bebender Stimme und wie mit dem Entschlusse, seinem Kinde den Lauf und die Bosheit der Welt nicht länger zu verbergen, sagte er ohne Hehl: ›Eine besudelte Königin. Sie haßt mich, ihre Späher haben ihr von deinem Dasein berichtet und ich will nicht, daß Frau Ellenor von dir wisse und an dir herumrate – ihre Gedanken schon verunreinigen.‹ Grace erblaßte, woran ich ersah, daß Herr Heinrich vor ihr sein Eheweib, an dem nichts zu rühmen war, klüglich mochte beschwiegen haben.
Sie raffte sich aber zusammen und flüsterte wieder: ›So sprachest du, mein Herr und Vater, nicht immer. Hattest du nicht beschlossen, mich einst vor das Angesicht des Königs zu stellen, und rühmtest du nicht seine Gunst als die eines gütigen und majestätischen Herrn? Auch Herrn Richard hast du vor mir gelobt ...‹
›Sprach ich so‹, erwiderte Herr Thomas ernsthaft, ›so sprach ich töricht und beirrt von meinem väterlichen Wohlgefallen an dir. Ich habe mich eines Bessern besonnen. Jene eitle Rede sei verweht, wie die Luft, in der sie verhallte. Du darfst nicht an den Hof, in diesen Pesthauch, wo nichts Reines gedeiht. Aber in einem sprichst du recht: dem Könige gebührt Ehrfurcht und Gehorsam!
Doch genug! Meine Stunde ist um. Übergib dich kindlich und ohne weitere Gedanken meiner Sorge. Meinst du, daß ich dich liebe? Unermeßlich! Mein Einziges, mein Alles!‹
Und er drückte ihr einen sanften Kuß auf die Stirne.

Herr Thomas hatte sich erhoben. Er ließ seinen prüfenden Blick rings über die Zinnen gehen, ob jeder seiner Reisigen den befohlenen Posten wahre, und so durchdringend war dieser Blick, daß ich mich in meinem dunklen Versteck auf den Boden gleiten ließ und nur noch die Worte vernahm: ›In drei Tagen denn! Bereite dich. Auf Wiedersehen!‹ und den an den Anführer der zehn gerichteten Befehl: ›Du lässest mir niemanden ein noch aus bei deinem eigenen Leben!‹

Als ich mich vorsichtig wieder in die Höhe richtete, war die Marmorbank leer. Thomas Becket mit seinem unglücklichen Kinde war verschwunden.

Mir hatte geschaudert, da ich den Mann, welchen ich als allwissend kannte, zum ersten Male als einen Getäuschten und Betrogenen erblickte; Entsetzen kam über mich, daß der väterliche Glaube an die teure Unschuld eines Kindes dem Teufel dazu hatte dienen müssen, den Scharfblick des Klügsten zu blenden und durch eine vollkommene Rüstung den vergifteten Pfeil zu treiben.

Nach einer Weile wurde draußen die arabische Stute des Kanzlers vorgeführt, Herr Thomas verritt und der Schlüssel knarrte in der Türe meines Gelasses. Ascher starrte mich mit seinen hilflosen, matten Augen an, ich sah, daß er völlig haltlos war, und ergriff die Herrschaft.

›Geh hinüber‹, sagte ich, ›bringe Monna Lisa, der Lautenspielerin, im Namen des Königs den Befehl, sie habe sich bei Todesstrafe mit ihrer jungen Herrin reisefertig zu machen und diese Nacht im Torgewölbe sich einzufinden, sobald deine Ampel erlischt. Geh!‹

Er kam mit der Antwort zurück, die Welsche leiste Gehorsam. Ich hieß ihn, da es dämmerte, sein Licht anzünden und sich, die Kreide in der Hand, vor seine Rechentafel setzen, wenn etwa eine auf der gegenüberliegenden Zinne auf und nieder schreitende Wache einen mißtrauischen Blick in das helle Fenster schickte, und warf mich in eine Ecke auf sein Lager, denn ich war nach der Spannung des Tages der Ruhe bedürftig. Aber der stöhnende Alte verdroß mich mit seinem ängstlichen Gemurmel und seinen eintönigen Selbstanklagen. Ich gebot ihm Ruhe und fand doch den Schlaf nicht.

Wie es denn grausamerweise geschehen kann, daß, während das Herz von Angst zusammengepreßt ist, die kalten Gedanken unermüdlich und gleichgültig ihren besonderen Weg wandern, arbeiteten die meinigen daran herum, aus welchem Grunde der Kanzler sein unseliges Kind habe Grazia nennen müssen. Ob der gnädigen Bekehrung seiner eigenen so getauften Mutter zu Ehren, oder einer heidnischen Anwandlung nachgebend, weil Grazia wohl die himmlische Gnade bedeutet – die Gott uns allen schenken möge! – aber ebensogut die feinste Blüte menschlicher Art und Anmut.

Weiter gab es mir zu denken, daß Herr Thomas Gnade von seinem Liebling Richard erzählt und sich also wohl eine Weile in dem sträflichen Ehrgeiz gewiegt hatte, sein Kind an Herrn Heinrichs Hof und zu fürstlichen Ehren zu bringen. Darüber entschlummerte ich und der Traumgott betrog mich mit allerhand Gaukelspiel. Es ist ja bekannt, daß geträumte Trauer Freude bedeutet, geträumte Lust Tränen. – Mir war, als trete ich wieder aus dem Walde hinter Herrn Heinrich, dessen Antlitz sich plötzlich verjüngte und in das seines Sohnes Richard verwandelte. Der unbändige Königssohn pochte an das Tor des Waldschlosses und zertrümmerte die Pforte mit einem Schlage seiner gepanzerten Faust. Aber der treue Äscher warf sich ihm dreist in den Weg und Monna Lisa zürnte in tugendhaften Tränen. Doch siehe, da trat der Kanzler, Gnade an der Hand haltend, aus dem Innern des Schlosses, und die Rechte Richards ergreifend, führte er die beiden unter die Wölbung der Bäume. Diese aber verwandelte sich in die Wölbung der Halle von Windsor. Vor Heinrich und Ellenor, die elterlich blickten, kniete das von Schönheit duftende Brautpaar, Pauken und Drommeten schmetterten, ich warf meinen Filz in die Luft und schrie: ›Lang lebe Prinz Richard und Prinzessin Grazia!‹

Darüber erwachte ich und hörte den fahlen Sünder Äscher Gebete murmeln, und, an das Fenster tretend, erblickte ich das Licht in dem Burggemach, wo Monna Lisa mit dem unreifen Kebsweibe eines alten Königs auf das Erlöschen meiner Ampel harrte.

Es war eine böse Nacht, die schlimmste meines Lebens. Am Himmel wanderten schwarze lange Wolken und bedeckten die wachsende Mondsichel mit ihren schleppenden Gewändern. Eben verhallte auf den Zinnen der Schritt der Runde. Ich löschte die Ampel. ›Wir haben zwei Rosse, Äscher‹, sagte ich, ›du setzest Monna Lisa auf das deinige.‹ Wir tasteten uns die Wendeltreppe hinunter. Im Torwege standen zwei verhüllte Frauen. Eine von ihnen, die Schlanke, Dichtverschleierte, ward von Schluchzen erschüttert. Ich zog behutsam die Riegel zurück, schlich aus dem Tore und spähte über mich. Mir war, als hörte ich auf der Mauer die Sehne eines Bo-

gens spannen, aber es regte sich nichts weiter – ich mußte mich getäuscht haben.
Drei Vaterunser lang, ich habe in meinem Leben keine inbrünstigeren gebetet, wartete ich. Eine Bracke heulte, dann wurde wieder alles still.
Jetzt holte ich die zitternde Gnade, hob sie auf meinen Arm und lief mit ihr, was ich konnte, dem Walde zu. Plötzlich wurde es licht und lichter um uns. Ein Wolkenbild ward vom Winde so hastig getrieben, daß der Mond aus seiner Schleppe hervorrollte.
Ein Pfiff und sausender Schwung! Hätte doch der Pfeil *mich* getroffen! Das leichte Wesen in meinen Armen ergriff krampfhaft meinen Hals. Warmes Blut überströmte mich und die hervordringende Spitze des Pfeiles, der dem Kinde des Kanzlers die Kehle durchbohrt hatte, ritzte meine Wange. Ein ersticktes Röcheln, und es war mit Gnade zu Ende!
Ich ließ die junge Leiche der mir auf den Fersen folgenden Monna Lisa in die Arme gleiten, und während das leichtsinnige Weib ein durchdringendes Geschrei ausstieß, erreichte ich den Wald von Pfeilen umschwirrt und gefolgt von dem keuchenden Atem Äschers.
Ich hatte mich auf das eine Roß geschwungen, Äscher auf das andere. Wir brausten über den nächtlichen Waldweg, und ich und Äscher, der im Sattel wankte, wir drückten unsere Häupter in die fliegenden Mähnen der Pferde, damit wir nicht abgestreift würden von den kahlen Ästen, welche, als trauerten sie, schwarz und tiefer als sonst herabhingen.
Doch wir erreichten glücklich die mondhelle, große Lichtung, an deren Ende der Weg sich senkte. Hier flogen unsere geängstigten Tiere. Da höre ich einen miß-

tönigen Schrei hinter mir. Ich wende mich und sehe Äschers Rappen, sonst ein frommes Tier, bolzgerade aufsteigen mit gesträubten Mähnen und plötzlich in wilder Angst sich rückwärts überschlagen. Ein vorüberhuschender weißer Schein hatte ihn erschreckt. Es mag eine blanke Hirschkuh gewesen sein, wie sie der Kanzler der Seltenheit wegen in seinen gefriedeten Forsten hegte. Neben einem Haufen Feldsteine wälzte sich das Roß und lag ein Toter mit entstelltem Gesicht. Da stieg mir das Haar zu Berge. Ich trieb mein Tier an, ohne mich mehr nach dem verendenden Rappen, noch dem gerichteten ungetreuen Knechte umzusehen.

VI

Ich wandte mich nach Dover, um Herrn Heinrich über das Meer in die Normandie zu folgen; doch widrige Winde hatten ihn aufgehalten. Ich fand ihn noch dort und die Stunde, ihm das Unheil zu berichten, traf mich früher, als ich geglaubt, und noch auf englischem Boden.

Der Herr brach in schwere Jammertränen aus und verschloß sich in seiner Kammer. Ich aber legte mich auf die Schwelle meines Königs, wie ich von jeher in gefahrvollen Stunden zu tun gewohnt war. Drinnen floh ihn der Schlaf und ich hörte ihn nächtlicherweile mit harten Tritten auf und nieder schreiten. Dazwischen wehklagte er erbärmlich und redete zu sich selber laut und ungestüm, so daß ich seine von Seufzern unterbrochene Rede wohl vernehmen konnte.

›War sie nicht meine Wonne!‹ klagte er. ›Ich hätte mein

zartes Lämmchen auf eine sichere Weide gebracht! ... Aber was kann ich gegen die böse Art meiner Königin und die Dummheit meiner Knechte! Was kann ich gegen die Tücke des Schicksals? ... Mir und dem Kanzler – uns beiden – ist auf der Waldwiese groß Herzeleid gewachsen ... Aber ich will ihm mein Gemüt schreiben ... er soll es wissen, daß ich ihn mit Gunst und Gnaden überschütten will, mehr als je zuvor, und daß er meinem Herzen und meinem Throne für immer der Nächste bleibt.‹

Gegen Morgen wurde er ruhiger und im ersten Frühlichte rückte er sich Tisch und Sitz zurecht und schien einen Brief zu beginnen, je und je einen Satz vor sich hermurmelnd, bevor er ihn niederschrieb. – Zuletzt hörte ich seines Siegels schweren Druck.

Er rief mich und übergab mir ein Schreiben.

›Dieses hast du in des Kanzlers eigene Hände zu legen‹, sagte er, ›suche ihn, bis du ihn findest.‹

Dergestalt fuhr der König über Meer, ich mit meinem Briefe nach London, und der war keine leichte Bürde, das dürft Ihr mir glauben. Ob ich auch im Gehorsam meines Herrn gehandelt, war mein Gewissen schwer bedrückt und hatte ich eine heilige Furcht, vor den Kanzler zu treten; denn dieser mußte jetzt die wahre Ursache von Gnades Untergang ans Licht gezogen haben.

In London, wo ich ihn zuerst suchte, war er nicht. Auf welchem seiner vielen Schlösser er sich befinde, konnte oder wollte mir sein städtisches Gesind nicht sagen: ich hatte es auch nicht nötig, denn ich wußte es.

Auf einem frischen Pferde jagte ich am hellen Tage –

was war noch zu verbergen? – denselben Weg, den ich oft genug in Dämmer und Mondlicht gemacht hatte. Der klarste Himmel schimmerte über den gelben Baumkronen und zwischen den hier und dort schon entlaubten Zweigen.

Das Herz pochte mir wie ein Hammer, als ich das schimmernde Schlößchen erblickte und, vom Pferde springend, die sonst so wohlverschlossene Pforte offenstehen sah. Kein Türhüter fragte nach meinem Begehr. Im Burghof war es still, nur der Wind flüsterte in den immergrünen Zweigen des fremden Holzes und der Springbrunnen spielte plätschernd mit seinen goldenen Kugeln.

Ich hielt den Fuß an, mich nach einem lebendigen Wesen umschauend. Da ward ich eines Weibes gewahr, das an der Gartenmauer vor einem dort eingefügten Heiligenschreine kniete. Sie hielt das Haupt in beide Hände versenkt und bemerkte mein Kommen nicht. Ich aber berührte Monna Lisa hart an der Schulter. Sie wandte sich erschrocken und starrte mich mit von Tränen geröteten Augen an. Dann bedeutete sie mich mit beiden Händen, schleunig zu entweichen. Da wies ich ihr den Brief und verlangte, als Bote des Königs, unverzüglich vor den Kanzler geführt zu werden.

Zitternd, aber ohne Widerrede, stieg sie die Stufen zu den gelblichen Säulen des Kuppelbaues mir voran und öffnete die Tür: ›Sie liegt in der Kapelle – ich habe sie noch geputzt wie eine Königin‹, sagte sie furchtsam und verschwand.

Ich trat in den heitern Raum einer von oben erleuchteten kleinen Rundhalle. Rings der Mauer entlang lief ein kostbares Polster und in der Mitte stand ein vergoldetes

Gitterhaus voll Geflatter und Gezwitscher. Bunte, fremdländische Vögel spielten da unter Zwergpalmen, aber nirgends war ein menschliches Wesen, das sich daran gefreut hätte.

Ich schritt über die farbigen Figuren des Mosaikbodens nach einer schmalen Marmortreppe, die zu einer Bogenpforte führte, öffnete und schlug scheu die innen darüber hangende Damastdecke zurück.

Mir wurde ein Anblick, der mir das Wort auf der Lippe bannte und den Atem in die Brust zurückdrängte. Ich schaute in das Halbdunkel der Burgkapelle. Aber da war kein Kruzifixus und kein ewiges Licht und statt eines heiligen Leichnams unter dem Altare lag in einem Schreine vor demselben, ebenso reich geschmückt, die tote Gnade. Ein Lichtstrom, der durch das einzige, hochgelegene Fenster sich ergoß, beleuchtete ihre überirdische Schönheit. Ihr Haupt ruhte auf einem Purpurkissen und trug ein Krönchen von blitzendem Edelgestein. Der zarte Körper verschwand in den von Goldstickerei und Perlen starrenden Falten ihres über die Wände des Schreins ausgebreiteten Gewandes. Die kleinen durchsichtigen Hände lagen auf der Brust gekreuzt und hielten keusch den schwarzen Schleier ihres Haares zusammen, der vom Scheitel fließend die zarten Wangen einrahmte und, die zwei Wunden des Halses bedeckend, sich unter dem blassen Marmorkreuz ihrer Arme wieder vereinigte.

Neben dem lieblichen Todesantlitz aber lag ein anderes hingesunken, von demselben Sonnenstrahle gebadet, lebloser und gestorbener als das der Leiche, ein Antlitz, über das die Sterbenot der Verzweiflung gegangen und von dem sie, nach getanem Werke, wieder gewichen.

Es war der Kanzler, der mit zerrauftem Haar und aufgerissenem Gewande neben dem Sarge lag, die Arme auf den Rand desselben stützend.

Lautlose Stille herrschte. Nur ein Laubgeflüster regte sich im offenen Fenster und leichte Blätterschatten tanzten über das Purpurkissen und die beiden Angesichter.

Ich weiß nicht, wie es geschah, daß mir in dieser bangen Stunde das maurische Wesen in Granada durch den Sinn fuhr. Ich erzähle Euch eben die Sache, wie sie war. Was immer es sein mochte, die Einflüsterung eines lichten oder eines schwarzen Geistes, ich wurde getrieben, in arabischer Zunge einen Vers des Korans auszusprechen – Gott der Heilige rechne es mir nicht zu – der Anblick der erblaßten Gnade mag mich an das Paradies der Ungläubigen und seine Engel erinnert haben. – Der heidnische Spruch aber lautete so:

›Schön sind sie und lieblich, ja, sie sind schön wie Lilien und Hyazinthen. Sie senken die Lider und ihr reines Antlitz hat die Blässe des Straußeneis, das im Sande wohlgeborgen ist.‹

Kaum war der Spruch meinen Lippen entfahren, so ging mit dem Gesichte des Kanzlers eine Veränderung vor. Es glitt eine Bewegung der Freude und Liebe darüber hin. Er wandte sich langsam zu dem, der ihn mit diesem Koranvers getröstet hatte.

Ich nahm den Augenblick wahr, nahte mich ihm, bog das Knie und überreichte mit banger Furcht den königlichen Brief.

Eine Weile brauchte der Entrückte, sich in diese Welt zurückzufinden. Nun wurde er der drei Leoparden des königlichen Siegels ansichtig – die Hand, in welche ich das Schreiben gelegt hatte, zuckte, wie von einem Skorpion gestochen, und schleuderte es in heftigem Schmerze von sich. Gleich einem Manne, der auf der Folter liegt und unsagbare Qual erduldet, verzog er seine edeln Brauen. Die vorwurfsvollen Augen richteten sich auf mich und in ihrer Tiefe entglomm eine Flamme, grausam und gramvoll wie die Hölle. Dieser Blick traf mich mit der Gewalt eines Wurfgeschosses, ich entsetzte mich in der Seele und floh ohne Urlaub von dannen.

VII

Nun erschreckt Ihr, Herr, und vermutet, zu dieser Stunde sei die Feindschaft ausgebrochen zwischen dem König und Thomas Becket – Ihr würdet irren. Eine Weile zwar mieden sie einer des anderen Atem und Angesicht; doch in begründeter und ungezwungener Weise, weil Herr Heinrich jenseits des Meeres mit dem Kapetinger in Fehde stand und der Kanzler inzwischen in Engelland die Staatsgeschäfte besorgte.

Denn der Glaube meines Herrn an die Weisheit und Treue des Kanzlers blieb unerschüttert; ja dieser Felsenglaube war überhaupt nicht ins Wanken zu bringen. Und seinerseits nahm Herr Thomas nie williger jede Bürde der Arbeit und Feindschaft auf sich, die ihm aus seinem Eifer für die Größe seines Königs entsprang.

Er hatte damals keinen leichten Stand, da er zum Vorteil der königlichen Rechte mit der vornehmen normännischen Pfaffheit angebunden und sich verbissen hatte. Ihr kennt diese Händel, Herr, denn sie wuchern überall. In Engelland waren sie aus den unmäßigen, von dem Eroberer an die bischöflichen Stühle geknüpften Vorrechten erwachsen. Nicht nur, wie auch anderwärts, Händel von Pfaffe mit Pfaffe wurden den königlichen Gerichten entzogen, sondern auch der von einem Pfaffen geschädigte Laie mußte den Geschorenen vor dem geistlichen Richter suchen. Da nun – in aller Einfalt geredet – keine Krähe der anderen die Augen aushackt, blieben, schwächere Dinge ungerechnet, pfäffischer Totschlag und Weiberraub ohne Ahndung, oder, schlimmer noch, wurden so sanft bestraft, daß es einem bösen Scherze glich und die ungedämpfte Brunst der Geschorenen immer weiter um sich griff.

Darüber ergrimmte mein Herr und König, denn er war im gemeinen Wesen ein gerechter Mann, und versuchte, seine Pfaffheit einzutun. Kein leichtes Werk!

Auf dem Stuhle des Primas und Erzbischofs von Canterbury, welchem der Eroberer weiland aus Staatsgründen die anderen englischen Bistümer völlig untergeben hatte, saß damals ein trotziger Normanne, dem seine Tonsur gerade recht war, um gegen seinen Lehensherrn und König Panier aufzuwerfen. Und auch der damalige Heilige Vater in Rom – sie sagen, man habe ihn aus einem Kloster hervorgezogen, um ihn auf den Thron zu setzen, und er hätte zeit seines Lebens nicht viel von der Welt und ihren Geschäften gehalten und begriffen – nahm Partei für den normännischen Bischof, weil er überhaupt kein geistliches Recht wollte umkommen lassen. An diesen wendete sich nun der Kanzler von Engelland in zahlreichen Staatsschriften, das taube Ohr Seiner Heiligkeit bestürmend, sie möge dieser in Mutwillen ausgearteten geistlichen Gerichtsbarkeit Regeln und Schranken setzen.

Und ich sage Euch, Herr – denn ich weiß, auf welcher Seite die Chorherrn von St. Felix und Regul stehen – Gerechteres wie Schlaueres wurde nichts gegen die weltliche Gewalt der Pfaffen geschrieben und wird in Ewigkeit nicht geschrieben werden, als was dem Kanzler aus seiner geschmeidigen Feder floß. Mit keiner beleidigenden Rede oder langweiligen Beghardenpredigt verdarb er seine Sache, das ist nicht gebräuchlich im Staatsverkehr; sondern er berannte den schlichten Geist des Heiligen Vaters mit schlagenden Tatsachen. Er stieß, figürlich geredet, einen Fensterladen nach dem andern auf, so daß eine große Helle entstand und selbst ein Kind begreifen mußte: Geiz, Habsucht, Raub, Hinterlist, Unzucht und Gewalttat, wie sie die Pfaffen König Heinrichs an sich hatten, seien etwas anderes, als der reine und unschuldige Wandel des Heilands und seiner zwölf Boten.

War es auch nur, um seinen Schmerz zu verwinden, der Kanzler zog mannhaft ins Feld. Schrift, Kirchenväter, Rechtslehrer ließ er für sich streiten, und sein schärfstes Schwert war der schöne evangelische Spruch: ›Mein Reich ist nicht von dieser Welt.‹

Ich sehe die Frage auf Euern Lippen, wie mir solches zur Kenntnis kam. Hört an. Wann eine Botschaft, oder ein Staatsbrief des Kanzlers ins Lager gelangte, welche mein König zu unterzeichnen hatte – denn in Person und Kraft des Königs stritt der Kanzler mit dem Papste – ließ sich Herr Heinrich, wenn ihm gerade keiner seiner Kleriker zur Hand war, das Schriftstück von seinem unwürdigen Knechte vorlesen. Es war ihm bewußt, daß ich in meiner Jugend auf pfäffischen Wegen gewandelt und des Lesens kundig sei; seine eigenen Au-

gen aber, ob sie wohl noch scharf und sicher in die Ferne blickten, waren untauglich geworden, Handschriftliches zu entziffern.
Er lachte herzlich über die getroffenen Bildnisse, welche der Kanzler von seiner Pfaffheit entwarf. ›Merke, Hans, es macht ihm Kurzweil‹, sagte er wohl zu mir, ›meine Pfaffen an den Haaren zu ziehen, denn er ist ein ungläubiger Philosoph und verkappter Sarazen.‹
Auch mich hat dabei oft ein Lachen angewandelt, aber kein fröhliches. Nicht daß ich es dem Heiligen Vater mißgönnt hätte, wie er zuzeiten beschaffen ist, sondern mir schien, was meinem Herrn und Könige bei seiner treuherzigen Art gänzlich entging, unter diesem spielenden Witz brenne ein Abgrund von strafendem Ernst und dunkler Trauer.
Herr, ich konnte das Antlitz aus der Burgkapelle nicht vergessen!
Oft, wann ich etwa einen Pfeil schnitzte und dabei meinen Gedanken freien Lauf gab, fragte ich mich, ob Herr Thomas sich je wieder an den königlichen Tisch setzen und Scherzreden mit Herrn Heinrich werde wechseln können, den Hauch seines Mundes mit dem des Königs mischend. Dieser schien nicht daran zu zweifeln und mit seiner natürlichen Tapferkeit vergangene Dinge hinter sich zu werfen.
Aber ich wettete in meinem Geiste gegen ihn; denn nach dem Urteile meines Herzens ging es wider menschliche Möglichkeit.

Mein Herr und König saß nach beendigter Fehde auf einer seiner Burgen in der Normandie; da geschah es eines Tages, daß ich, was selten vorkam, ein müßiger

Mann war und auf dem Turme mit dem Wärtel, einem guten Gesellen, plauderte. Er übergab mir eine Weile sein Amt, da ihm das Liebchen aus dem Küchengarten winkte.

Wie ich Umschau halte, erblicke ich an einem nahen Hügel eine kleine, auf den Krümmungen des Weges sich herabwindende Heerfahrt. Voran in der Abendsonne ein blitzender Gewappneter, der in das Hifthorn stößt! Das war das Löwenherz. Hinter ihm ritten seine drei Brüder und ein riesiges Gefolge. Jetzt erblick ich etwas leuchtend Weißes – den Schimmel des Kanzlers. Ein höhnisches Lachen der Sicherheit überkommt mich – ich ergreife das große Wächterhorn, erwidere Herrn Richards Ruf und begrüße den Kanzler, freilich nur mit meinem natürlichen, auf diese Entfernung nicht vernehmbaren Mundwerke, mit den frechen Worten: ›Herr Thomas, Ihr habt keines Mannes Mark in den Knochen und keines Ritters Blut in den Adern! A la bonne heure! Mich soll's nicht anfechten, wenn meinem Herrn einfällt, Euch lebendig auf dem Roste zu braten und Euch zu einem heiligen Lorenz zu machen.‹ Und mir schien, da ich das weiße Roß erblickte, der Herr und der Knecht habe von dem Kanzler nichts weiter zu befahren und auch der Himmel werde die Rache des feigen Mannes sinken lassen.

Ich eilte hinunter und beobachtete den Einzug, mich möglichst beiseite haltend.

Herr Thomas war nicht verändert, seine Gebärde so ruhig und sein Gewand so kostbar wie vordem. Der König in seiner heftigen Art stürzte den Söhnen und seinem Kanzler entgegen, nach dem er sich wohl noch mehr als nach seinen Kindern gesehnt hatte. Dieser er-

sparte ihm jede Scham und äußerliche Reue, er verneigte sich ehrfürchtig vor ihm und redete dann von den Knaben mit Sorgfalt und Wohlwollen, fügte aber mit milder Ruhe hinzu, seine Zeit, die wachsenden Staatssorgen, seine Reisen und Gesandtschaften, auch eine früher ihm unbekannte Müdigkeit erlaube ihm nicht länger, ihre Erziehung persönlich zu leiten, er werde ihnen berühmte Männer zu Lehrern geben, die ihn leicht entbehrlich machen würden.
Der König stand betroffen von dieser Rede und seine Kinder umringten den Kanzler und umarmten ihn mit Tränen, bittend und flehend, er möge sich ihnen nicht entziehen. Nur der kleine Hans schnitt eine vergnügte Grimasse. Da bat Herr Heinrich mit den Knaben, daß er sie nicht von sich weise.
Die beredten Lippen des Kanzlers wiederholten seine Weigerung mit neuen anmutigen Wendungen, aber seine dunkeln Augen richteten sich auf den König und schienen zu sagen: ›Grausamer Mann, *du* hast mich meines Kindes beraubt und verlangst, daß ich mich um die deinigen bekümmere!‹
Ich weiß nicht, ob Herr Heinrich in diesem Blicke die Wahrheit las; aber er drang nicht weiter in den Kanzler.

Von jener Stunde an brach Hader aus zwischen den vier Königskindern und die Liebe des Kanzlers versöhnte sie nicht; denn sie waren ihm gleichgültig geworden und er überließ sie ihren Trieben.
Ich habe Euch schon erzählt, daß ich im Bogen und in der Armbrust der Lehrmeister der vier Jungherren war. Ich hatte strenges Verbot, von ihnen jemals zu weichen, oder ihnen eine Armbrust in den Händen zu las-

sen; denn da sie von verschiedener und unbrüderlicher Natur waren, mußte gewehrt werden, daß sie nicht mit der Schießwaffe aufeinander losgingen.

Eines Tages nun, da ich mit den vier Armbrusten zu den vier Jungherren in den hintern Burghof ging, hörte ich schon von weitem zwischen dem Gebelle der Brakken Getümmel und Schlachtruf. Ich fand die Herren dort so hart ineinander verwickelt, daß ich Mühe hatte, sie zu sondern. Das Löwenherz hatte Herrn Gottfried mit der Rechten an der Kehle, mit der Linken aber Herrn Heinrich an den gekräuselten Haaren gefaßt und schüttelte beide wacker. Ihm selbst hinwiederum hatte sich der kleine Hans, der es mit den beiden Ältesten hielt, an den Rücken gekrallt und biß ihn in den Hals. Ich griff zuerst nach dem Kleinen, der Wildkatze, und löste dann die Herren Heinz und Gottfried aus den streitbaren Fäusten des Löwenherzens.

Da warf sich Herr Richard mit flammendem Zorne nach mir herum und schrie mich an: ›In Teufels Namen, Armbruster, willst du uns unser Hauserbe rauben?‹ – ›Welches Erbe, Beausire?‹ fragte ich verblüfft. – ›Uns zu hassen!‹ rief er. ›Darauf leistet keiner von uns Verzicht.‹ – Mich erfaßte ein tiefes Verbärmnis über diesen Worten eines Unmündigen. Ich zog ihn beiseite und redete ihm christlich zu, wie süß es sei, wenn Brüder einträchtig beisammen wohnen. Herr Richard aber brach in stürmische Tränen aus und schluchzte: ›Er hat mich heute nur nicht angeschaut!‹ Und ich erriet, daß er von Herrn Thomas sprach. ›Wenn der Kanzler sich weniger mit Euch abgibt‹, tröstete ich: ›so ist es dringender Staatsgeschäfte halb Eurem Herrn Vater zu Nutz und Lieb.‹ Da schüttelte Jung Richard trotzig den

Kopf, leuchtete mich mit seinen großen blauen Augen an und rief: ›Das lügst du, Armbruster! Der Kanzler liebt den Vater nicht!‹

Aber nicht nur untereinander verfolgten sich die viere; sondern – wehe – sie begannen auch der Majestät ihres Vaters die schuldige Ehrerbietung zu versagen. Ich weiß noch, wie es mir ins Herz schnitt, was ich sehen und hören mußte, als ich einst meinen Herrn und König in seine Schlafkammer geleitete. Er hatte sich den Kopf an den Staatsgeschäften zerarbeitet und den Leib mit einer Hirschjagd ermüdet; so hatte er denn sein schweres Haupt über dem Schlaftrunke geneigt und schnarchend in seine auf den Tisch gelegten Arme versinken lassen.

Wir begegneten auf dem Gange den schlimmern seiner Söhne, dem ältesten und dem jüngsten. Erfrechte sich da nicht der kleine Hans, der, wäre der Herr bei unverhüllten Sinnen gewesen, sich vor ihm verkrochen hätte, schwankend, als spotte er eines Trunkenen, hinter den königlichen Tritten herzuziehen, und der andere, der Kleidernarr, wandte sich von seinem Erzeuger mit einem hochmütigen Pfui. Nachdem ich meinen Herrn wohl versorgt hatte, traf ich Junker Heinrich noch auf dem Gange. Da ließ ich ihn hart an, nannte ihn einen schwarzen Ham und drohte, ihn bei dem Kanzler zu verklagen. ›Herr Thomas verachtet den Vater‹, versetzte der Knabe. ›Wie hielte der feine Berberhengst mit dem borstigen Eber Freundschaft?‹ Entsetzt hielt ich ihm die Hand auf den Mund; er aber warf die langen weichen Locken aus dem Gesicht und entsprang mit einem scharfen Gelächter.

Ich mußte mich über die feine Witterung wundern,

welche oft kindliche Unerfahrenheit von den verborgenen Dingen des Gemütes hat. Denn, wahrlich, es war nicht Herr Thomas, der sich etwas merken ließ von seinem Widerwillen gegen den König, oder der es in irgendeinem Falle an williger Ehrfurcht hätte fehlen lassen.

Allabendlich saß dieser Unentbehrliche am königlichen Tische und erheiterte den Herrn mit den feinen Spielen seiner Rede.

Noch seh ich, wie er lächelnd in seinem Stuhle zurücklehnte und der frohe König lauschend an seinen kaum bewegten Lippen hing. Ich stand hinter dem Stuhle meines Herrn und betrachtete zuweilen mit stiller Furcht dieses unkörperliche Antlitz, das im Ampelschein wie im Tageslicht gleich blaß war und auf welchem für mich jener Todeszug, der mich daraus angestarrt hatte, als es damals neben Graces Haupt auf dem Sargkissen lag, auch in der belebten Laune des Bankettes nie mehr völlig verschwinden wollte.

Habt Ihr das aus Byzanz gekommene Bild gesehen, das die Mönche in Allerheiligen zu Schaffhausen als ihren besten Schatz hüten? Es ist ein toter Salvator mit eingesunkenen Augen und geschlossenen Lidern; aber betrachtet man ihn länger, so ändert er durch eine List der Zeichnung und Verteilung der Schatten die Miene und sieht Euch mit offenen Schmerzensaugen traurig an. Eine unehrliche Kunst, Herr! Denn der Maler soll nicht zweideutig, sondern klar seine Striche ziehen.

Mit dem Kanzler aber ging es mir umgekehrt. Wenn ich sein Antlitz länger betrachtete und er gerade schwieg, so war es, als schlössen sich seine Lider und es sitze ein Gestorbener mit dem Könige zu Tische.

Ich bin dessen nicht gewiß, Herr, aber ich muß es glauben, daß mein König in jenen Tagen sich gegen den Kanzler mag ausgelassen haben über die Trauer, die er ihm wider Willen bereitet. Wenn auch nur mit wenigen oder verdeckten Worten hat er ihm wohl sein Leid bezeugt und gebeichtet. Ich denke, daß er die Last von sich abzuwälzen suchte und zwar auf diese meine Schultern hier, was ich ihm nicht verüble, denn so ist der Lauf der Welt, und zu befahren hatte ich dabei nichts. Der Kanzler war viel zu weise, um das Werkzeug mit der Hand, die es führt, zu verwechseln, und viel zu hoch, um einen Knecht seiner Rache zu würdigen.

Versteht mich! Herr Heinrich mag das Spiel des Zufalls und mich verklagt und verlästert haben, was das böse Sterben des Kindes angeht; den Raub desselben und die Fleischeslust rechnete er sich nicht hoch an, denn er kannte in diesen Dingen kein Recht und kein Gesetz. Auch trug er die Tat damals leicht, glaub ich, weil unser aller Richter sie ihm noch nicht in ihrer vollen Schwere zugewogen hatte.

In jenen Tagen begab es sich, daß der Kanzler einmal gegen Abend dem König auf die Jagd nachgeritten kam und die Herren unter einer weithin schattenden Eiche lagerten. Ich saß an der lichten Seite des Stammes und kraute einem Jagdhunde hinter den Ohren. Der König kannte meine Treue und war gewohnt, meinetwegen sich keinen Zwang anzutun, und Herr Thomas sah über mich hinweg, oder wann er mir einen Blick schenkte, war es kein unfreundlicher, denn jener von mir neben Gnades Sarg gesprochene Koranvers hatte ihm gefallen und wohlgetan. So war ich Zeuge eines wunderbaren und dem Menschenverstand unglaubwürdigen Gespräches, das aber so wörtlich wahr und gewiß ist, als daß ich hier bei Euch sitze.

Die beiden Herren beredeten sich über ein Schreiben des Königs von Frankreich, das Herr Thomas aus seinem Gewande hervorgezogen hatte. Er unterhielt nämlich einen geheimen Briefwechsel mit dem Kapetinger in Paris, dem dazumal sein Kanzler, der Abt Sugerius, gestorben war und der, um einen Ersatz zu finden, Herrn Thomas, als den klügsten Mann der Erde, gerne seinem Herrn abtrünnig gemacht und in den eigenen Dienst gelockt hätte. Dieser tat nicht unwillig und erfuhr unter der ungesucht ihm in die Hand gefallenen Larve auf einem kurzen und sichern Wege alles, was er von den Anschlägen des fremden Königs gegen den seinigen und die normännische Krone durchaus wissen mußte.

In dem Briefe, den der Kanzler Herrn Heinrich übergeben hatte, mochte der König von Frankreich ihm wieder hart zusetzen, in seine Dienste überzutreten, denn mein Herr ergötzte sich mit wahrhaft königlicher Lust an dem Schreiben.

›Schau, schau!‹ spottete er, ›zehntausend Pfund bietet er dir. Er will es sich etwas kosten lassen. Aber daraus wird nichts, mein Vetter Frankreich. Diesen preiswürdigen Mann laß ich nimmermehr fahren!‹ Und er legte die Hand liebevoll auf die Schulter seines Günstlings. Dann scherzte er in übermütig vermessener Laune:

›Hast du etwas gegen mich auf dem Herzen, mein Thomas, und willst es mich entgelten lassen, tapferer Mann, ohne Gefahr deines Leibes und Lebens, dazu

kann Rat werden! Morgen send ich dich – in den Geschäften, die du weißt – nach Paris zu dem, der um dich wirbt! Laß sehen, ob es ihm gelingt, dich zu verführen und mit Schmeichelwort zu Falle zu bringen!‹
Wundert Euch nicht allzusehr über diese unvernünftige Scherzrede und die freche Sicherheit meines Königs. Sahet Ihr die zweie zusammensitzen, den gewaltigen Leib und den Löwenkopf des einen, die feinen Gliedmaßen und die milde Miene des anderen, es wäre Euch verständlich gewesen.
Darauf entstand eine Stille. Ich glaubte, der Kanzler empfinde es bitter, daß Herr Heinrich, der so tief in seiner Schuld stand, ihm die Angeborenheit seines schmiegsamen und unterwürfigen Wesens, die doch der Majestät allein zugute kam, in grausamem Leichtsinne vorhalten mochte. Doch erwiderte Herr Thomas nach einer Weile ohne merkliche Ärgernis in ruhiger und – wie sage ich – philosophischer Rede:
›Was ich gegen dich auf dem Herzen habe, ob wenig oder viel, du hast Grund, mein Gebieter, an meiner Treue nicht zu zweifeln. So böse bin ich nicht und auch nicht so kurzsichtig und abenteuerlich, daß ich an dir zum Verräter würde. Doch hat deine scherzende Weisheit meinen wunden Punkt getroffen; denn du kennst meine unvollkommene Natur und mein zur Erniedrigung der Dienstbarkeit geschaffenes Wesen. Sei es frühe Gewohnheit des Herrendienstes, sei es die Eigenschaft meines Stammes und Blutes, ich kann dem gesalbten Haupte und den hohen Brauen der Könige keinen Widerstand leisten. – Und da du so glücklicher Laune bist und ein Wohlgefallen hast an deinem Knechte, erkühnt er sich, dir in dieser traulichen Ein-

samkeit einen Rat zu erteilen: Gib mich nie aus deiner Hand in die Hand eines Herrn, der mächtiger wäre als du! – Denn in der Schmach meiner Sanftmut müßte ich ihm allerwege Gehorsam leisten und seine Befehle ausführen auch gegen dich, o König von Engelland ... Aber ich rede töricht ... wo ist der König, der mächtiger wäre als du? Welche Herrschaft kann mit der deinigen hadern ohne ihren eigenen Schaden und Verlust? Siehe, es lebt keiner, der dich vor Gericht zöge! ... Darum rede ich töricht und spreche von etwas, das nicht vorhanden ist, von einem Traum, einem Hauch, einem Nichts.‹

Der König mochte diese Rede nicht höher anschlagen, als der Kanzler; denn nachdem er ein bißchen gesonnen, gähnte er, wie zu einer unnützen und unangenehmen Betrachtung und befahl mir, ihm einen Becher Weines zu reichen. – Auch ich konnte mir aus der Rede des Kanzlers nichts machen und legte es mir erst später aus, daß der heimlich zu Tode Verwundete verdeckter und zweifelnder Weise von der dunkeln und langsamen Rache Gottes sprach.

Herr Heinrich erhob den Becher, betrachtete das schimmernde Gold des Rheinweins, als ergötze er seinen Geist an dessen Klarheit, leerte den starken Trank auf einen Zug und lachte, daß ihm die Augen übergingen.

›Wie du mir vorkommst, mein Thomas‹, lallte der Herr mit unsicherer Zunge, denn er hatte durstig getrunken und der Wein stieg ihm zu Kopfe, ›immer erhabener! ... Meiner Treu – ich weiß nicht, was ich rede, aber nicht übel Lust hätte ich, dir ein Meßglöcklein um deinen Ziegenhals zu hängen und dich in Teufels Namen

mit einem Ruck auf den Stuhl von Canterbury zu setzen … Dort throne mir und orakle gegen den Heiligen Vater! …‹
Der Kanzler erhob sich rascher, als seine Gewohnheit war. ›Unter dieser Eiche ist nicht gut wohnen‹, sagte er. ›Es mag in der Vorzeit grausamer Zauber unter ihr getrieben worden sein! – Ihr Schatten verwirrt das Hirn.‹
Hier verstummte das Gespräch.

So ganz neben das Ziel traf übrigens mein Herr und König in der Laune seiner Trunkenheit nicht, wenn er meinte, der Kanzler ergebe sich zeitweilig tiefsinnigen und wunderbaren Betrachtungen. Ich selbst weiß davon zu erzählen. In der Vorhalle, wo ich oft meines Herrn gewärtig mich stundenlang aufhielt und auch der Kanzler zuweilen, ohne meiner zu achten, in tiefem Sinnen auf und nieder schritt, hing in einer düstern Ekke ein großer hölzerner Kruzifixus, ein grobes, mageres Werk, aber ein Haupt mit rührenden Zügen. Der König hielt ihn hoch in Ehren, weil sein Vorfahr, Wilhelm der Eroberer, ihn vor der Schlacht bei Hastings inbrünstig angebetet und durch seine Macht dann auch den Sieg erlangt hatte. Auf dieses Bildwerk hatte der Kanzler sich sonst wohl gehütet, seine verwöhnten Augen zu heften; denn er verabscheute das rieselnde Blut und das Häßliche. Aber in jener Zeit hörte ich zuweilen mit Verwundern, wie er mit dem gebräunten Kruzifixus Zwiesprache hielt. In arabischer Zunge, ich vernahm es deutlich, flüsterte er mit ihm. – Ich freute mich, daß er sich an den guten Tröster wandte, obschon mir dabei fast unheimlich zumute war; denn, Herr, ich hörte davon zu wenig und zu viel und Dinge, die ich nicht gern wiederholen mag, weil sie, wenn nicht Eure Seele gefährden, doch Eurer Frömmigkeit zum Ärgernis sein könnten. Wußt ich doch nicht, inwieweit Herr Thomas das maurische Wesen von sich getan und ob er, wie wir, den Hochgelobten, der am Kreuze hängt, als den heiligen Gott selber anrufe. Einzelne Stoßseufzer, unzusammenhängende Worte nur vernahm ich in der allmählich aus meinem Gedächtnisse entschwindenden Sprache, die mich erbauten oder auch erschreckten. Innig und schmerzvoll sprach er zu dem stillen Gekreuzigten, aber lästerlich und wie zu seinesgleichen, so schien mir.

Also geschah es eines Tages, daß der Kanzler wiederum vor dem Bildnisse stand ohne mich gewahr zu werden, der, in einer Ecke des weiten Gemaches auf einem Schemel sitzend, sich stille hielt und gering machte.

›Auch du hast gelitten‹, so hauchte er, ›und wohl so grausig, als du hier in der Marter schwebst! ... Warum? Warum? ... Der Welt Sünde zu tragen, steht geschrieben ... Was hast du gesühnt, du himmlisches Gemüt? ... Friede solltest du bringen und an den Menschen ein Wohlgefallen ... aber, siehe, diese Erde dampft und stinkt noch von Blut und Greuel ... und Schuld und Unschuld wird gemordet wie *vor* deiner Zeit! ...

Sie haben dich geschlagen, angespieen, gemartert ... Du aber beharrtest in der Tapferkeit der Liebe und batest am Kreuze für deine Mörder ... Verscheuche den Geier des unversöhnlichen Grams, der mein Herz verzehrt! ... Damit ich in deine Stapfen trete ... Ich bin der Ärmste und Elendeste der Sterblichen ... Siehe, ich gehöre dir zu und kann nicht von dir lassen, du geduldiger

König der verhöhnten und gekreuzigten Menschheit! ...‹
Nachdem der Kanzler noch eine Weile mit dem Bilde geflüstert, wendete er sich langsam und entdeckte mich auf meinem Schemel. Ich hielt mich unverwundert und beschloß tapfer zu lügen, wenn er mich früge, ob ich ihn belauscht hätte.
Er aber näherte sich mit ruhigen Schritten, unmerklich lächelnd. – ›Sohn Japhets‹, sprach er mich an, ›du hast unter den Kindern Sems gelebt und weißt, daß sie es nicht glauben, der Ewige habe seinen einigen Sohn ans Kreuz schlagen lassen – wie belehrst du sie eines Besseren?‹
Ich erhob meine Augen fest auf den Kanzler und antwortete unverzagt: ›Mein Salvator hat den Verräter Judas geküßt und seinen Peinigern vergeben; solches aber vermag ein bloßer Mensch nicht, denn es geht gegen Natur und Geblüt.‹
Herr Thomas wiegte leise das Haupt. ›Das hast du recht gesagt‹, meinte er, ›es ist schwer und unmöglich.‹ –
Waren aber die Worte des Kanzlers nicht allesamt christlich, so wurden es seine Werke je mehr und mehr. Es schien in jenen Tagen, als wolle Herr Thomas, müde seines Glanzes, der Herrlichkeit sich entkleiden und, selbst ein friedloser und herzkranker Mann, Übel heilen und Frieden bringen, soweit seine Macht reichte. Aber er tat es mit furchtsamer Klugheit, damit der König und die Normannen seiner nicht spotteten oder einen Argwohn gegen ihn faßten.
Es wurde ihm nicht schwer dem Könige zu zeigen, daß es klug sei, nicht über Maß seine Sachsen zu belasten und sie nicht zur Verzweiflung zu treiben, und daß es

vorteilhaft sei, als ein gütiges Wesen über ihnen zu stehen, großmütiger als seine Normannen, die ihre sächsischen Knechte und Mägde nach ihrem Gefallen mißhandelten. So durfte er mit königlichen Gesetzen das sächsische Volk erleichtern, nicht auffällig und herausfordernd, sondern umsichtig und verborgen, um die Normannen nicht zu reizen. Begreift, er packte die Last auf dem Rücken des Saumtieres um, ohne sie zu vermindern, und sorgte nur dafür, daß die Riemen nicht zu tief ins Fleisch schnitten.

Aber auch den Normannen erwies er Dienste und verdoppelte gegen sie seine Freigebigkeit. Er überhäufte sie mit Gunst und fürstlichen Geschenken und schlichtete ihre persönlichen Zwiste mit weisen Schiedssprüchen. Hatten sich zwei Mächtige verfeindet, so trat er als Friedensstifter zwischen sie.

›Wer bin ich?‹ sagte er dann wohl, ›um mich in die Angelegenheiten der Großen zu mischen? Ein Diener meines Herrn, der ihm die Stützen seines Thrones erhalten will.‹ Und die zwei Feinde gingen versöhnt und in ihrem Stolze befriedigt von ihm.

Hätte sich Herr Fauconbridge nur warnen lassen! Dieser beneidete den Kanzler um seine Gunst bei beiden Königen, Herrn Heinrich und dem Kapetinger, und stellte ihm nach mit gezogenem Schwerte, aber auch mit heimlicher Verleumdung und der Schrift des Kanzlers nachgefälschten, an den König von Frankreich gerichteten Briefen, mit denen er unter der Hand Herrn Thomas des Hochverrats bezichtete, während er selbst mit dem Hofe von Frankreich gefährliche Ränke spann.

Doch Herr Thomas durchschaute und überblickte ihn.

Er lud ihn ohne Wissen und Beunruhigung des Königs zu sich – ich selber trug den Brief – und legte ihm dann mit gelassenen Worten und in sichern Beweisstücken die Wahrheit vor. – Weil er ihn aber, ohne Rache an ihm zu suchen, ziehen ließ, statt ihn, wie er gekonnt hätte, mit einem Schlage zu vernichten, hielt ihn der Normann für einen vorsichtigen Feigling, der sich vor dem entscheidenden Streiche fürchte, und gebärdete sich fortan zwiefach sicher und frech, bis er mit einer Tat offener Felonie die Krone angriff und man ihm dann freilich sein Blutgerüst zimmern mußte.

Dergestalt verlor Herr Fauconbridge, dessen Ahnen mit dem Eroberer gekommen waren, sein Erbe und sein Haupt durch die langmütige Barmherzigkeit des Kanzlers.

Als dieser dem Könige später erzählte, er habe die verwegenen Pfade des rebellischen Barons von Anfang an gekannt und im Auge behalten, der König aber ihn fragte, warum er den Verräter nicht früher entlarvt habe, antwortete der Kanzler: ›O Herr, wozu? … Es regen sich unter dem Tun eines jeglichen unsichtbare Arme. Alles Ding kommt zur Reife und jeden ereilt zuletzt seine Stunde.‹

VIII

Da begab es sich eines Tages, daß der König mit seinem Kanzler über Staatsgeschäften zusammensaß. Das war in einem Schlosse der Normandie. Der Herr ließ sich von mir den Becher füllen mit jenem leichten Schaumweine, den er liebte, und der Kanzler legte ihm den Inhalt der eben aus Engelland angelangten Botentasche vor. Einen Brief, an welchem das Siegel von Canterbury hing, behielt er bis zuletzt und sprach dann, denselben vor dem Könige entfaltend, in seiner ruhigen Art: ›Der Primas von Canterbury ist zu Anfang verwichener Woche gestorben, erhabener Herr.‹ – Herr Heinrich wunderte sich wenig darüber. Ohne etwas zu entgegnen, ließ er wohlgefällige Blicke auf dem Kanzler ruhen.

›Er kränkelte schon lange‹, fuhr Herr Thomas fort, ›doch glaubte ich ihn seinem Ziele noch nicht so nahe. Jetzt ist für dich, o König, und für die englische Staatsmacht die gelegene Zeit, die entscheidende Stunde gekommen, wo du das schädliche Geschwür deines Reichs, die geistliche Gerichtsbarkeit, schneiden und heilen kannst. Wenn mein Herr diese gefährliche Stelle mit kühner Wahl besetzt, so ist er der Erfüllung seiner königlichen Wünsche nahegerückt.‹

Der König zwinkerte schalkhaft mit den Augen, sei es, daß er wie gewöhnlich an der Weisheit seines Kanzlers sich ergötzte, sei es, daß er dieselbe mit der seinigen diesmal noch zu überbieten und zu überraschen hoffte.

Herr Thomas sah die schlaue Miene des Königs und beobachtete sie gelassen. ›Auch einen besseren Heiligen Vater als den, welchen sie vor etlichen Monden in Rom auf den Thron gehoben haben, könnten wir uns nicht wünschen. Er hat eine Leidenschaft, durch welche wir ihm menschlich nahekommen können. Mit gelehrter Hast sammelt und betrachtet er Münzen, und, wunderbar, während er sich begnügt, die alten römischen Imperatoren in ein paar wohlerhaltenen Exemplaren zu besitzen, kann er deiner Goldstücke, o Herr, nie genug bekommen, zu Hunderten, zu Tausenden ersehnt er sie, weil sie dein erhabenes Antlitz tragen und er an ihm, als an demjenigen eines treuen Sohnes der Kirche, sein Gefallen findet.‹

Herr Heinrich schüttelte sich vor Lachen, während der Kanzler diese Hohnrede mit ernstem und traurigem Munde, wie er immer zu scherzen pflegte, vortrug.

›Wie aber wird mein Herr nun den Stuhl des Primas besetzen?‹ sprach er weiter. ›Mit jenem Bischof, oder mit diesem Abte‹ – ich bin der Namen nicht mehr sicher, und möchte Euch um nichts in der Welt, auch nur in einer Kleinigkeit, das Unwahre sagen – ›beide sind sie geeignet für die Zwecke meines Herrn, doch vielleicht der Abt noch besser, denn er ist der lasterhaftere.‹

›So läßt er sich leichter handhaben‹, ging der König auf den Gedanken seines Kanzlers ein.

›Der Bischof wäre nicht weniger gefügig‹, versetzte Herr Thomas, ›der Vorzug des Abtes ist ein anderer und ich gebe nur der Weisheit meines Königs Worte, wenn ich der Gefahr deiner Politik folgendermaßen das Antlitz aufdecke. Du weißt, o Herr, wie und warum der Eroberer, dein erhabener und ruhmbedeckter Ahne, die englischen Bistümer nicht nur mit der Gerichtsbarkeit über die Kleriker, sondern, was den Staat entkräftet und zerstört, über die Händel zwischen Klerikern und Laien begabt hat. Das war damals nützlich, da die ersten Bischöfe des Eroberers Kreaturen waren; jetzt ist es schädlich und unerträglich, denn aller Eigenwille deiner Normannen duckt unter den Bischofsstab, und jeder Empörer gegen deine Majestät läßt sich eine Krone scheren, um die Blitze deiner Gerechtigkeit ungestraft verhöhnen zu können.‹ –

Mein Herr und König ballte seine auf der Lehne des Stuhles liegende Hand, denn er war ein Freund der Ordnung und der Gerechtigkeit.

›Deiner Weisheit ist nicht verborgen‹, bemerkte Herr Thomas, ›warum auch erschlichene Rechte der Kirche sich so schwer mindern oder aufheben lassen: weil die Kirche ein Doppelwesen ist, das aus Leib und Seele besteht. Der Leib ist ein Heer von Geschorenen und Ehelosen, ein paar tausend von Münstern und Klöstern, ein Bündel von Gebräuchen, Gelübden und auf Fabeln und Fälschungen beruhenden Ansprüchen. – Die Seele der Kirche aber ist Tugend, Bescheidenheit, Erbarmen, Keuschheit‹ – der König machte unwillkürlich eine Gebärde und zuckte mit den Wimpern – ›kurz, alles, was jener andere lehrte, den sie gekreuzigt haben.‹

Ihr müßt wissen, Herr Burkhard, daß der Kanzler den Salvator nie bei einer seiner hochgelobten Würden nannte, sondern immer nur den ›andern‹, und ich meine, daß es seinem heidnischen Blute widerstrebte, den heiligen Namen auszusprechen.

›Das Volk aber, o Herr, kann Gefäß und Inhalt nicht trennen; – hast du es mit einem Primas zu tun, der durch seine Tugend Gewalt über die englischen Seelen übt, du nimmst ihm nicht ein Titelchen seiner Vorrechte. Darum wähle du einen öffentlichen Sünder, einen unbestritten Lasterhaften wie unsern Abt ...‹«

Also fuhr der Armbruster, der im besten Zuge war, in der Rede des Kanzlers fort, doch Herr Burkhard hatte sich gegen ihn vorgeneigt und zupfte ihn am Ärmel.

»Armbruster«, tat er Einspruch, »ich halte dich für einen wahrhaften Mann; aber es wird mir schwer zu glauben, daß ein jetziges Mitglied der triumphierenden Kirche sich bei Lebzeiten, auch vor seiner Bekehrung, über die hienieden streitende so schnöde geäußert und deinem König einen so ruchlosen Rat gegeben. Ich habe es dir gesagt, dem neuen Heiligen bin ich nicht grün; aber was zuviel ist, ist zuviel. Das kommt aus deinem Eigenen!«

»Herr«, versetzte Hans der Engelländer mit einem bösen Lächeln unter seinem grauen Barte, »es mag sein, daß der Kanzler dazumal nicht diese körperlichen Worte ausgesprochen hat, dem Geiste nach aber hat er sich so ergangen, das dürft Ihr mir glauben, und nicht ein- sondern hundertmal – versteht mich, als Staatsmann. Er hat vor meinem Könige diese Frage häufig erörtert. Daß aber etwas von dem Meinigen beifloß, ist nicht unmöglich, denn leider beten wir alle dieselbe Litanei, sobald auf die Sitten der Pfaffheit die Rede fällt – natürlich mit gebührender Ausnahme Eures Stiftes und noch mehr Eurer eigenen ehrwürdigen Person. – Gesetzt aber auch, meine Geschichte wäre etwas ins Ungewisse geraten, von jetzt an wird sie echt und unumstößlich wie das Evangelium. Denn was nun geredet wurde, haftet in meinem grauen Kopfe wie die römische Schrift auf einem umgestürzten Meilenstein, dessen Bruchstücke noch die unauslöschlich eingegrabenen Lettern tragen. Bei der Gnade der Mutter Gottes, ich rede die Wahrheit und lüge nicht. Wo aber stand ich, ehrwürdiger Herr, als Ihr mich unterbrochen habt?«

»Bei deinem lasterhaften Abte«, versetzte der Alte noch etwas gereizt.

»Zweifelt nicht daran, daß der Kanzler ihn empfohlen hat!« fuhr Hans mit Feuer fort.

»›Mein König‹, sagte Herr Thomas, ›diesem tierischen Menschen wird es nicht gelingen, die Rechte seines Stuhles als göttliche zu verteidigen. Du wirst sie ihm entreißen – und dann: weg mit ihm!‹

Er stieß diese Worte verachtungsvoll von seinen feinen Lippen und fügte hinzu: ›Der Unreine wird sich überdies selbst zerstören. Begnügt er sich doch nicht, o Herr, wie deine anderen Bischöfe, Buhlerinnen zu halten, sondern überfällt und verdirbt die unschuldige Jugend.‹

Ich meine, daß der Kanzler nur jenen landkundigen Sünder im Sinne hatte; aber unversehens mußte ich an Gnade denken und auch der König bewegte sich unruhig. Doch schnell überwand er die Scham und verwarf diesen Verdacht, wußte er doch, daß Herr Thomas es verschmäht hätte, sein Inneres durch eine Anspielung zu enthüllen.

In der hellen Laune eines Freigebigen, der im Begriffe steht, ein großes Geschenk zu machen, und mit freudestrahlenden Augen fuhr der König fort:

›Wohin denkst du, Thomas? Diesen Stuhl, worin zwei Heilige und Gelehrte gesessen haben, von denen der eine, der selige Lanfranc, den die Wandlung leugnenden Ketzer Berengar besiegt, der andere, St. Anselm, einen triumphierenden Beweis für das Dasein Gottes geführt hat, diesen Stuhl sollte ich mit einem Schweine besetzen? Das bleibe ferne von meinem königlichen Willen!‹ Und mein Herr und König freute sich seines Wissens.

In der Miene des Kanzlers war die vorwurfsvolle Frage

zu lesen, ob ihm Herr Heinrich durch eine plötzliche Laune lang erwogene Pläne durchkreuzen werde.
Der König ergriff seinen Becher und leerte ihn fröhlich. ›Ich will meinen Pfaffen einen Primas setzen, darob sie sich wundern werden, einen Mann von vornehmer und unbefleckter Sitte, einen spitzfindigen Philosophen und dazu einen mir ergebenen Mann und geborenen Gegner des päpstlichen Wesens.‹
Herr Thomas aber erwiderte mit einem ungläubigen Lächeln: ›Ich lasse meine Blicke, o Herr, durch deinen Klerus wandern, aber sie suchen deinen Erwählten vergebens.‹
›Du errätst nicht?‹ drängte der König, ›ich will dir zu Hilfe kommen! ich sage dir, wahrlich keiner wird auf dem Stuhle des Primas sitzen als du!‹
Der Kanzler blieb ruhig, aber im allmählichen Erblassen wich jede Farbe aus seinem Antlitz. Er lehnte sich in seinen Sessel zurück. Dann wendete er, den Anblick des Königs vermeidend, seine dunkeln Augen seitwärts zu mir. Mit zwei Fingern seiner lässig herabhangenden Rechten hob er eine Falte seines Purpurgewandes langsam in die Höhe, so daß die zurückgebogenen Schnäbel seiner köstlichen Schuhe sichtbar wurden.
›Bogner‹, scherzte er und streifte mit einem verächtlichen Blicke seine von Edelsteinen schimmernde Kleidung, ›beschaue dir einmal den heiligen Mann! ... Diesen Täufer Hans, der die weichen Kleider verschmäht, die man an den Höfen der Könige trägt – betrachte dir diesen guten Hirten, der das verirrte Lamm auf den Schultern heimholt und sein Leben läßt für die Herde.‹
Der König stieß ein grelles Gelächter aus – mir aber ward übel dabei zumute.

Inzwischen hatte sich der Kanzler mit kaltem Angesichte gegen den König gewendet. ›Hoheit‹, sagte er, ›diese Wahl ist nicht dein Ernst. Sie ist eine unmögliche in den Augen deiner Bischöfe, deiner Normannen und deiner Sachsen. – Soll der englische Klerus, als seinem Vater, einem geschmeidigen Höfling gehorchen, weil dieser einmal in seiner Jugend durch Zufall, oder um eines Vorteils willen die erste Weihe empfangen hat – soll ein Sachse die Seelen deiner Normannen, oder ein Abtrünniger – wie sie ihn nennen – die Seelen deiner Sachsen weiden? Herr, dein Kanzler widerrät dir diese schlechte Wahl.‹

›Sie ist die vortrefflichste‹, behauptete Herr Heinrich hartnäckig. – ›Du auf dem Stuhl von Canterbury, und der Thron St. Petri kracht in seinen Fugen; du unter der Mitra, und dem Heiligen Vater wackelt die seinige auf dem Kopfe! Schach und Schachmatt!‹

›Ich weiß nicht, Herr‹, fuhr der Kanzler mit ernsthaftem Spotte fort, ›ob du je von jenen plötzlichen Wandlungen gehört hast, die mit einem Menschen vorgehen können, der sein Kleid wechselt und geistliches Gewand anzieht. Es ist kein Geringes, den Hirtenstab zu ergreifen, den zwei jetzt in der Glorie Stehende in den Händen getragen haben: der selige Lanfranc, der die Frucht der Ähre und des Weinstockes als den Leib und das Blut Gottes erkannte, und der heilige Anselm, der den Unergründlichen ergründete. Wenn ich nun durch ein Wunder zu einem wahren Bischof würde? Das käme dir unerwartet und ungelegen!‹

›Thomas, zügle deine Zunge!‹ drohte ihm der König mit dem Finger, ›ich leide keinen Spott über heilige Dinge! Wohl ist es schon lange, daß ich anfange dich zu durchblicken. Du hast arabische Philosophie eingesogen – du folgst einer Geheimlehre und bist kein demütiger Christ; ich aber will als ein solcher leben und sterben!‹

›Du kannst nicht glauben, o König‹, antwortete Herr Thomas traurig und deutete auf seine Brust, ›daß auf diesen abgestorbenen Baum noch ein Tau des Himmels fallen möge – und du hast wohl recht! Aber auch ohne Frömmigkeit kann man der Welt müde werden. Unter den Flügeln deiner Macht habe ich dieses Reich lange Jahre regiert, mit welchen Mitteln? Mit Gewalt, Bestechung, Wortbruch ... und mit schlimmern, die ich nicht aussprechen mag. So werden die Reiche der Welt verwaltet, aber ich bin es müde. Was ist mir dieses Engelland? Ich bin kein Normanne, nicht einmal ein Sachse! Fremdes Blut fließt in meinen Adern. – Und die Schätze, mit welchen du mich, Großmütiger, überhäufst – für wen sammle ich sie? – Für den Rost und die Motten!‹

Hier sah ich gleich, daß Herr Thomas an den Tod von Gnade dachte, und auch der König war davon gerührt. Eine Träne rollte auf seiner Wange, denn Herr Heinrich hatte ein weiches Herz.

›Sunt lacrimae rerum‹, murmelte der Kanzler vor sich hin.

›Von wem ist dieser Vers, Armbruster? Du warst ja ein Kleriker!‹ wandte er sich von neuem gegen mich, als wollte er die Maske des Gleichmutes, die einen Augenblick gefallen war, wieder vornehmen.

›Von dem römischen Poeten Virgilius‹, antwortete ich ohne Anstand, ›und er bedeutet, daß man die menschlichen Dinge nicht zu stark pressen soll; denn sie sind innerhalb voller Tränen.‹ Also wollte ich meinem Herrn und Könige zu Hilfe kommen.

›Nimm mir ab das alte Joch‹, bat der Kanzler, ›statt mir ein neues aufzubürden, das mich zum Doppelsinnigen und Zweideutigen macht.‹

Einen andern Kanzler suchen? Unmöglich. Herr Thomas war unentbehrlich und das konnte nicht sein Ernst sein. So sagte sich Herr Heinrich, wie ich mir es denken muß, denn er brach plötzlich in die Worte aus:

›Du bist ehrgeizig, ehrgeizig, ehrgeizig! – Du machst dich kostbar, du Überkluger, weil du dich unersetzlich weißt. Sieh, Thomas, das gefällt mir nicht. Ein fröhlicher Geber, ein fröhlicher Nehmer!‹

›Dein Kanzler muß ich bleiben, denn ich glaube, unsere Sterne und unsere Geburtsstunden stehen zueinander in Beziehung‹, erwiderte Herr Thomas; ›aber zwinge mich nicht, dein Primas zu werden!‹

›Greif zu, greif zu!‹ schrie Herr Heinrich, durch diesen Beginn von Nachgiebigkeit angefeuert.

›Halt ein, o König!‹ rief zu gleicher Zeit der Kanzler – mit einem Blicke, ehrwürdiger Herr, den ich nie vergesse, mit dem Blicke eines Sterbenden. Er fuhr mit der Hand an die Stirn, als brenne ihn dort eine Wunde, und seine Stimme sank zum Geflüster herab:

›Wohin werde ich geführt? In welche Zweifel? In welchen Dienst und Gehorsam? In welchen Tod?‹

Dann erhob er sie wieder fast drohend zur Frage: ›Bist du meiner gewiß, o König?‹

›Gewisser als meiner selbst‹, versicherte Herr Heinrich, der kein feines Ohr besaß und deshalb die geflüsterten Worte überhört hatte. ›Genug des Rätselns! – Ich brauche dich, Thomas! Und sage nicht: was geht mich Engelland an? Meine Gunst hat dich längst über die Sachsen weggehoben und ich habe mehr für dich getan, als für irgendeinen Normannen.‹

Hier verzog ein Blitz des Hohns das Antlitz des Kanzlers; aber Herr Heinrich achtete dessen nicht und schrie ungeduldig: ›Keine Widerrede mehr! Ich erhebe dich so hoch ich will und du, gehorche!‹

Da neigte Herr Thomas sein bleiches Haupt und sprach: ›Was du verhängst, das geschehe!‹

IX

So begab sich denn der Kanzler mit unbeschränkter königlicher Vollmacht im Gehorsame seines Herrn nach Engelland zurück, und dort formte und bildete er mit seinen geschickten Fingern die Bischöfe, die den Primas zu wählen hatten, wie geschmeidigen Ton, bis sie aus seiner Meisterhand als seine Geschöpfe hervorgingen und ihre Stimmen zu seinen Gunsten vereinigten. Alles verlief aufs beste. Herr Thomas wurde ernannt und der normännische Bischof von Wincester legte ihm mit bittersüßer Miene und großer Feierlichkeit seinen brüderlichen Segen aufs Haupt.

Da gelangte eines Tages eine unglaubliche Mär in die Normandie. Meinem Herrn und Könige wurde berichtet, sein Kanzler habe alle Pracht des weltlichen Lebens mit einem Male und gänzlich von sich getan. Zu dem üblichen Gastmahle seiner Bischofsweihe habe er gegen alle Art und Sitte nicht seine Brüder, die Bischöfe, und übrige vornehme Pfaffheit nebst der Blüte des normännischen Adels geladen, sondern er habe Armut und

Schwären, die Bettler und Krüppel von den Landstraßen und Zäunen holen lassen, um seine weiten Säle und seine bischöfliche Tafel würdig zu füllen.

Der König hielt dieses staunenswerte Ereignis für erfunden, oder wenigstens von den Neidern und Feinden seines Lieblings ins Große getrieben. Er machte sich über seine normännischen Hofleute lustig, die solches neue und unerhörte Ding verdroß. ›Herren‹, schäkerte er mit ihnen, ›das müßt ihr meinem Kanzler schon lassen, über Miene und schickliche Tracht jeden Standes weiß er Bescheid. In allem zeigt er Geschmack! Euch hat er in der Vollendung des Höflings vorgeleuchtet und euch alle an feinem ritterlichen Anstand übertroffen. Jetzt gibt er seinen neuen Standesgenossen, den Bischöfen, das hohe Beispiel der echten apostolischen Lebensart. Ein seltener, oh, ein einziger Mann!‹ –

Als neue Kunden die erste bestätigten, hinzufügend, der Primas habe sein kostbares Bischofsgewand gleich nach der feierlichen Handlung der Weihe wieder abgelegt und wandle mit magerem, verfastetem Angesicht in einer groben Kutte durch die Straßen von Canterbury, seine Gäste, die sächsischen Bettler, wo er gehe und stehe, hinter sich herziehend, da wurde Herr Heinrich unsicher und die scherzhaften Anwandlungen vergingen ihm; doch bald hatte er erraten, daß der unvergleichlich Kluge die Maske eines heiligen Mannes nur vorgenommen, um gegen den Papst in den bevorstehenden Unterhandlungen über die geistliche Gerichtsbarkeit in Engelland eine Macht zu gewinnen.

Immerhin beschloß er, selbst zu der Sache zu sehen, und beschleunigte seine Überfahrt nach Engelland.

Unterwegs zwischen Dover und London wurde er zu wiederholten Malen von normännischen Herren erwartet und um Recht angerufen gegen den neuen Primas, seinen Kanzler, der sich weigere, ihnen ihre entlaufenen sächsischen Knechte zurückzugeben, welche – so klagten die Herren – jetzt haufenweise den Klöstern zueilen, um sich das Haupt scheren zu lassen; wozu Herr Heinrich mißmutig das seinige schüttelte.

Am Morgen nach seiner Ankunft in Windsor versammelte sich in der großen Halle des Schlosses aller Adel, um die heimgekehrte Majestät zu begrüßen. Sie schlummerte noch. Ich aber bewachte die Tür, durch welche mein König in die Halle zu treten pflegte, und von wo sich die glänzende Versammlung leicht überschauen ließ.

Unter all den Herren war von nichts anderem die Rede als von der unerklärlich plötzlichen Verwandlung des Herrn Thomas. Sie waren gespannt auf seine Erscheinung; denn sie wußten, daß er kommen würde, die Majestät zu begrüßen, und unterhielten sich lebhaft mit gedämpften Stimmen, wie es sich in königlichen Gemächern geziemt. Nur Herr Rollo, der Greis, der sie alle um Haupteslänge überragte, tat sich keine Gewalt an und seine Rede grollte wie ein dumpf rollender Donner.

Er stand auf der rechten Seite des Saales in einem Kreise bejahrter Herren, die hagerste, trockenste Gestalt unter ihnen, und lästerte nach seiner Art gegen die Gesamtheit der Geschorenen und den neuen Primas insbesondere.

›Nie traute ich ihm Mannestreue zu‹, schalt der Waffenmeister, ›dieser blassen Memme! Der falsche und feige Sklave duckt seinen dünnen Leib in die Kutte, weil er ihn dort mehr in Sicherheit glaubt, als unter dem Schilde seines Königs. Hätt ich mit dem Heuchler angebunden, solange er ein Schwert trug! Ihr werdet erleben, der Ränkeschmied stiftet uns schweres Unheil an!‹ Und die Herren stimmten ihm bei.

Auf der anderen Seite höhnten und kicherten die Jüngern, denen Herr Wilhelm Tracy sein Mokierbüchlein wies.

Dieser Herr war ein fertiger Zeichner, müßt Ihr wissen, der mit dem Stifte zu spotten verstand wie kein anderer. Mit einer kleinen Verzerrung verwandelte er ein Menschenantlitz in das eines Tieres oder in das Abbild eines toten Dinges, dem Gelächter aller Welt es preisgebend. Auch mich faßte einmal sein Griffel und schuf mich zu einem krummbeinigen Jagdhund, der dem König in seiner großen Schnauze eine Schnepfe zutrug. Obschon mir damals der Spaß nicht gefiel, war ich der erste ihn zu belachen, denn es war das klügste. Andere, von reizbarerem Blute und besserem Adel als ich, erzürnten sich wohl, wenn sie Herr Wilhelm in solcher Verwandlung auf die Täfelchen seines Buches kritzte, das er jederzeit an den Gurt gekettelt trug. Gut, daß seine Klinge ebenso spitz war als sein Griffel, sonst hätte ihm dessen Schärfe das Leben gekostet.

Der Spötter wies jetzt der jungen Ritterschaft ein neues Blatt seiner Schildereien. Neugierig näherte ich mich Herrn Rinald dem Schönen, wie sie ihn nannten, der das Spottbüchlein eben in der Hand hielt. Er wand sich vor Lachen und ließ dabei das Büchlein auf den Boden fallen. Ich hob es ihm auf und erblickte darin eine seltsame Pflanze. Aus einem mageren Halme, dessen herabhängende Blätter die Ärmel einer Kutte bildeten, wuchs am schwanken Stielchen eines dünnen Halses als Ähre ein mir wohlbekanntes Marterangesicht. Es war die Heuchelgestalt eines Eremiten und der Primas, wie er leibte und lebte.

So schnell wird am Hofe ein Gefürchteter zu einem Verlachten.

Das Büchlein machte noch die Runde, da vernahm man aus der Ferne einen wunderlichen Klang. Es war eine fromme, einfältige Litanei, die sich dem Burghofe langsam näherte, von tausend und aber tausend inbrünstigen Stimmen halb kriegerisch, halb klagsam gesungen. ›Der Primas und seine Bettler!‹ ertönte es im Saal und die Herren eilten an die Fenster. Auch ich fand meine Spalte und sah, wie Herr Rollo von der zunächst ragenden Zinne die gepanzerte Rechte gebieterisch ausstreckte.

›Die Zugbrücke auf! Zu die Torflügel!‹ schrie er in den Burghof hinunter, wo normännische Waffenknechte das Tor hüteten. Aber der friedliche Heerhaufe: Mönche, Bettler, Kinder, jegliches Volk geringer Art, drückte und drang wie eine Herde unaufhaltsam herein. Die Kriegsknechte konnten Herrn Rollo nicht mehr gehorchen, sie waren unwillkürlich zurückgewichen, denn Herr Thomas hatte sie mit ausgebreiteten Armen gesegnet. Er schritt hinter einem hochgetragenen Kreuze an der Spitze seines armen Zuges. Er, den ich nie anders hatte zu Hofe kommen sehen, als im kostbarsten Aufzuge und mit dem edelsten Geleite, trug ein grobes, härenes Gewand, und die Zehen seines nackten, auf Sandalen wandelnden Fußes glänzten unter der dunkeln Wolle hervor wie ein Stück Elfenbein.

Ehrerbietig und scheu empfing ihn die königliche Dienerschaft, um ihn in die Burg zu geleiten. Noch einmal wandte er sich auf der Schwelle gegen die Seinigen und gebot ihnen, geduldig seiner Rückkehr zu harren.
Sie gehorchten und lagerten sich demütig auf den Boden, die steinernen Bänke des Hofes und die Stufen der Marmortreppe frei lassend. Mein Blick fiel auf den Sachsen, der dem Primas das Kreuz vorgetragen hatte. Er war in der Mitte des Haufens stehengeblieben und hielt das ihm anvertraute Zeichen noch immer hoch. Ein roter Bart deckte zum großen Teil das lehmfarbene Gesicht; dennoch schien mir, ich sollte diese groben Züge kennen. Wahrhaftig, es war Trustan Grimm, der Verlobte meiner Hilde, der Tochter des Bogners in London. Ich freute mich, ihn als Mönch zu finden, und mutmaßte, daß ihn Hilde trotz ihrer Erniedrigung und dem Willen ihres Vaters verschmäht habe, wie es sich auch verhielt, ich aber erst in späteren Tagen mit Gewißheit erfuhr.

Inzwischen hatte Herr Thomas die inneren Treppen erstiegen und gerade, da ich mich wieder vom Fenster zurückwandte, trat er in die Halle. Das Ziel aller Blicke, schritt er leise bis in die Mitte des Gemaches. Hier erhob er langsam den Blick auf die Versammlung und mit einer väterlichen Gebärde die segnende Rechte. Ein unmutiges Gemurmel lief durch die Reihen, aus dem das Scheltwort des Waffenmeisters hervorbrach:
›Behalt ihn für dich, Pfaff, deinen schäbigen Segen; wir begehren ihn nicht!‹
Herr Thomas bewegte sich schweigend gegen das offene Fenster und breitete, von den Normannen ver-

schmäht, seine barmherzige Rechte über das Volk der Sachsen aus.

Da stieg aus der Tiefe des Hofes ein lautes Getöne auf, gemischt aus Geschrei des Weinens und der Freude, so daß man den Jubel vom Jammern nicht unterscheiden und trennen konnte; denn es war, seit die Sachsen ihre heimischen Könige verloren hatten, seit hundert Jahren das erste Mal, daß aus einem königlichen Fenster Gruß und Segen auf sie herabfloß.

Die Normannen aber ballten die Fäuste oder legten sie an den Knauf ihrer Schwerter.

Der Primas wandte sich, ohne jemandes zu achten, gegen die wohlbekannte Türe des Königs, gerade da ein Kämmerer von innen sie öffnete und Herr Heinrich in guter Morgenlaune in den Saal trat. Ehrerbietig stand Herr Thomas vor ihm und harrte seiner Anrede mit gesenktem Haupte und in unterwürfiger Haltung.

Herr Heinrich betrachtete seinen Kanzler eine Weile aufmerksam und zweifelnd, nicht anders – haltet mir's zugute – als man einen langjährigen Liebling – Roß oder Bracken – beschaut, der durch Schur und Stutzen des Schweifes seine Gestalt verwunderlich geändert hat. Überraschung und Gelächter stunden auf seinem Gesicht; doch gedachte er seiner königlichen Würde und Weisheit und entließ zuerst die Hofleute mit einer leutseligen Handbewegung.

›Wir danken euch, Herrschaften‹, sagte er, ›für eure Begrüßung, Dienstwilligkeit und Liebe. Freude und Fröhlichkeit des Wiedersehens versparen Wir auf Unsere festliche Tafel, zu der Wir euch alle einladen, wie es Unsrer Gnade und euerm Werte ziemt. Doch vorerst die Geschäfte mit Unserm Kanzler. Wollet inzwischen einen Gang in Unsre neuen Gärten tun. Vergeßt nicht einen Blick zu werfen auf den neuen Wasserspender im hinteren Hofe, den grimmigen ehernen Löwenkopf, den Uns der wallonische Meister in Unsrer Abwesenheit vollendet hat. Au revoir, seigneurs barons!‹

Nach diesen Worten des Königs leerte sich der Saal; der letzte, der widerwillig hinausschritt, war Herr Rollo der Waffenmeister.

Jetzt konnte sich mein Herr und König nicht länger halten. ›Zum Henker, Thomas, wie siehst du aus?‹ sprach er neckend seinen Kanzler an, ›kommst du aus der Mauser? Die Federn sind dir ausgefallen und die Widderhörnchen deiner ritterlichen Schuhe hast du dir abgestoßen – ja, wie ich sehe, sogar die Schuhe selbst verloren! ... Ei, ei! Was kann man nicht alles an einem Philosophen, wie du, erleben! – Du bist doch keine schillernde Schlange, welche die Haut wechselt? Zugegeben, daß etwas Abstinenz einen Bischof kleide, so tust du des Guten zuviel, du Großartiger, viel zuviel! ... Willst du dich wie ein Asket der Wüste abtöten? So kann ich nicht wieder mit dir Mahlzeit halten, was meine Wonne war; denn Wasser und Wurzeln taugen einem königlichen Magen nicht!‹

Herr Thomas hatte diesen lustigen Worten mit gesenkter Stirne zugehört, ohne eine Miene zu verziehen; nun richtete er die Augen auf das Angesicht des Königs. Da sah mein Herr, wie strenges Fasten und grausame Kasteiung die Wangen des Bischofs verzehrt, die Form seines Schädels verschärft und seinen jederzeit ernsten Blick fremdartig vertieft hatte.

Es übermannte meinen Herrn ein Mitleid. ›Thomas, mein Liebling‹, begann er wieder, ›wirf nun deine Maske weg! Wir sind allein und unbelauscht. Ich glaub es, die Mummerei ist zu meinem Besten, aber Gott verdamme mich, wenn ich verstehe, wohin du damit zielst! Was bedeutet diese Verwandlung? Öffne deinen Mund, du Rätselhafter, Geheimnisvoller.‹

›Deine Rede, mein Herr und König, trifft mich unerwartet‹, antwortete der Kanzler. ›Ich bin kein anderer als ich scheine und mich trage! Dein Diener, den du kennst.‹

›So bin denn ich behext?‹ rief Herr Heinrich. ›Ist dies meine Hand? – Bin ich der König? – Bist du mein Kanzler? – Haben wir Tag um Tag zusammengesessen und dieses Land regiert? ... – Nein, treiben wir keinen unzeitigen Scherz! Es ist nicht Faschingsnacht, sondern heller, nüchterner Tag! Welch ein unheimlicher Geist ist in dich gefahren? Schütte dein Herz vor mir aus ... Du weißt, das meinige steht dir immer offen!‹

›Ich danke dir, o König, daß du dein Geschöpf ermutigst, frei mit dir zu reden‹, erwiderte der Primas. ›So wag ich es dir zu bekennen, daß diese Hand zu schwach ist, um zugleich den Bischofsstab und dein Siegel zu führen. Unausbleiblich käme das eine der mir anvertrauten Kleinode oder das andere dabei zu Schaden und ich bin ein zu getreuer Knecht, um dir einen unbrauchbaren Kanzler oder der Kirche einen schlechten Bischof zu gönnen. Nimm, ich flehe dich darum an, o Herr, dies Zeichen deines mächtigen Willens, der mich zu seinem Werkzeuge erkor, dies Pfand deiner übergroßen, unverdienten Gnade, die mich lange Jahre beglückte, nimm es heute wieder von mir!‹

Und Herr Thomas griff in die Falten seines allzu weiten Gewandes, zog das Staatssiegel mit den drei Leoparden daraus hervor und reichte es dem Könige entgegen, um es in seine Hand zu legen.

›Keineswegs!‹ rief Herr Heinrich und trat einen Schritt zurück, ›so, Kanzler, haben wir nicht gewettet! Nicht eine Stunde kann ich deinen Dienst entbehren. Nur du und deine Klugheit können das zustande bringen, worüber wir zusammen gedacht und gewacht haben. Ich könnte mit meiner starken Hand das zarte Gewebe deiner Finger zerstören! Kein Sträuben! Mein Kanzler bist und bleibst du!‹

›Du willst nicht mein Verderben‹, beschwor ihn Herr Thomas, ›dafür bist du zu großmütig! Siehe, ich fürchte mich, den Höhern zu erzürnen, dem du selbst mich anheimgegeben hast. Er ist ein eifersüchtiger Meister, der keinen zweiten neben sich duldet.‹

Diese schwer zu deutende Rede verwirrte den König dergestalt, daß er das Siegel unwissentlich zurücknahm. Er runzelte argwöhnisch die Stirn und seine Stimme klang mißtönig, als er fragte: ›Wem habe ich dich abgetreten? Doch nicht dem Papste in Rom?‹

Der Primas verneinte mit dem Haupte.

Ein überirdisches Licht umglänzte plötzlich seine Stirn. Er erhob den hagern Arm, daß der Ärmel der Kutte weit zurückfiel, und zeigte nach oben. Da erstaunte mein Herr und König und erschrak in den Tiefen seiner Seele. Das Staatssiegel entglitt seiner Hand und fiel klirrend auf den Marmorboden. Ich trat hinzu und bückte mich nach dem kostbaren Geräte, dessen Griff von purem Golde war. Als ich es prüfend besichtigte, siehe, war es zersprungen, und eine feine Spalte lief mitten durch den edeln Stein und das Wappen von Engelland! Schweigend stellte ich es auf den Tisch mit

den vier Drachenfüßen, der neben dem Sessel meines Königs stand.
Als ich mich wieder nach den beiden wandte, hatte sich mein Herr gefaßt und sagte in gewaltsam scherzhafter Laune: ›Sankt Jörg steh mir bei! Du hast mir einen frommen Schreck eingejagt, Thomas! Jetzt aber genug der Überraschungen und Kunststücklein! ... Setze dich zu mir, wie immer, und laß uns die trockenen Geschäfte vornehmen.‹
Er warf sich in seinen Stuhl, und ich rückte einen anderen, etwas niedrigeren, aber ebenso reich verzierten für den Kanzler herbei, denselben, auf welchem er immer neben dem König gesessen.
Aber Herr Thomas blieb in ehrfurchtsvoller Entfernung vor dem Könige stehen.
›Erhabener Herr, gib mir Zeit und gedulde dich‹, sagte er. ›Ein halbes Leben habe ich gebraucht, um die Verhältnisse und Rechte deines Reiches zu erforschen – wie könnte ich diejenigen der heiligen Kirche, in deren Dienst du mich gestellt hast und der ich lange fremd blieb, ja feindselig entgegenstand, von heute auf morgen erkannt haben? Darum trage mich mit Geduld.‹
›Zur Sache, Thomas, zur Sache!‹ drängte der König. ›Dir ist wohl bewußt, warum ich dich zu meinem Primas gemacht habe! Laß uns nun gemeinsam die geistliche Gerichtsbarkeit aufheben und vernichten.‹
›Du sollst mich geneigt finden‹, antwortete der Bischof nachdenkend. ›Sind doch in meinen Augen diese Rechte, über die hin und her gestritten wird, veränderliche Gestaltungen, wechselnde Formen, irdene Gefäße, tauglich oder untauglich, je nachdem sie den Wein der ewigen Gerechtigkeit rein bewahren oder vergiften. Ich

will mich an den Meister selbst wenden mit der Frage, wie er es meine.‹

›Bei wem willst du dich erkundigen, Thomas?‹ lachte der König, ›bei der Heiligen Dreifaltigkeit?‹

›In den Evangelien‹, flüsterte Herr Thomas, ›bei Ihm, an dem keine Ungerechtigkeit erfunden wurde.‹

›So spricht kein Bischof!‹ rief Herr Heinrich in ehrlicher Entrüstung, ›so redet nur ein böser Ketzer! Das hochheilige Evangelienbuch gehört auf eine perlengestickte Altardecke und hat nichts zu tun mit dem Weltwesen und der Wirklichkeit der Dinge. Blicke mir ins Auge, Thomas! Entweder willst du mein Feind werden, oder du hast mit unsinnigem Fasten die herrliche Klarheit deines Geistes getrübt. In Kürze: bringe mir die geistliche Gerichtsbarkeit um, Thomas! Dafür, nur dafür habe ich dich auf meinen schönen Stuhl von Canterbury gesetzt. – Ich will nicht, indem ich die Frevel meiner Pfaffheit ungerochen lasse, die Blitze des göttlichen Gerichtes auf mich und mein Haus herablenken. Jüngst noch hat ein sächsischer Kleriker das Werk und den Ruhm meines Ahns, des Eroberers, auf der Kanzel rebellisch gelästert und ein normännischer sich an der Unschuld eines Kindes vergriffen.‹

›Herr‹, versetzte der Primas, und seine eingefallene Wange flammte, ›sei gewiß, daß ich die Sünden meiner Kleriker härter ahnde als kein weltliches Gericht tun würde! … Abscheuliche Dinge! … und das Abscheulichste …‹ hier hielt er inne und schloß dann mit sinkender, veränderter Stimme … ›Aufruhr und Empörung gegen deine Ahnen und dich – christliche Könige. – Hier erkenne ich den Willen Gottes. – Ob er mir aber die in meine Klöster geflüchteten Sachsen ihren Peinigern, deinen Baronen, auszuliefern gebietet, das frag ich mich und zweifle!‹

Jetzt erkannte Herr Heinrich deutlich, daß der Primas ihm die geistliche Gerichtsbarkeit nicht zurückgeben wolle und seinen heiligen Spott mit ihm trieb.

›Ich bin ein Betrogener!‹ schrie er und sprang von seinem Sitze empor.

In diesem Augenblicke begannen die im Burghofe harrenden Sachsen, vielleicht um ihre Besorgnis für den Primas zu beschwichtigen, eine neue Litanei. Sie sangen das siegesgewisse ›Vexilla Dei prodeunt‹.

Da stürzte der schon gereizte Herr Heinrich ans Fenster und blickte hinunter. ›Thomas‹, gebot er, ›heiße die Schächer schweigen, die du hinter deinen Fersen nachziehst. Das Geheul deiner verhungerten Meute ist mir widerlich.‹

Herr Thomas regte sich nicht. ›Mag auch ein Bischof den Armen und Mühseligen verbieten, dem Kreuze zu folgen?‹ fragte er demütig.

Da geriet der König in bleiche Wut. ›Du wiegelst mir die Sachsen auf, Rebell! Verräter!‹ schrie er und tat einen Schritt gegen den Primas. Seine blauen Augen quollen aus den Höhlen und er griff mit den nervigen Händen in die Luft, als wolle er den ruhig vor ihm Stehenden erwürgen. Da öffnete sich eine Türe.

Frau Ellenor stürzte herein und warf sich, in Tränen aufgelöst, dem Primas zu Füßen.

›Ich bin die größte der Sünderinnen!‹ schluchzte sie, ›und nicht wert, den Staub von deinen Sandalen wegzuküssen, du heiliger Mann!‹

Herr Thomas neigte sich zu ihr und beschwichtigte sie mit milden Worten.

Dieses Schauspiel gab meinem Herrn die verlorene Fassung wieder. Er betrachtete sein zu den Füßen des Bischofs liegendes Weib eine geraume Weile. Dann zuckte er die Achseln, schlug eine Lache auf, wandte den Rücken und verließ die Halle.

X

An jenem Tage verwundete ein Giftpfeil das Herz König Heinrichs. Erst war der Stich nur klein und mitunter schien es, als wolle er heilen. Aber in der Tiefe eiterte er fort und fraß immer schmerzhafter ins Fleisch, bis zuletzt von diesem einzigen Punkte aus Herrn Heinrichs ganzes Wesen untergraben und sein Königsleben zerstört wurde.

Schnell zwar kam das Verderben nicht über ihn, denn meines Königs starke, freudige Natur leistete ihm Widerstand. Im Drange der Geschäfte, im Wetten und Wagen des Lebens verbiß und vergaß er wohl auch seinen Groll. Zu Nacht aber fuhr er, kaum eingeschlummert, aus unruhigen Träumen empor, sprang von seinem Lager und stellte, rastlos in der Kammer auf und nieder schreitend, den undankbaren Liebling, der ihn als nächtliche Scheingestalt heimgesucht und erschreckt hatte, zur Rede, bald beleidigt und drohend, bald aber auch liebreich mit kosenden Worten. Er hielt ihm alle Beispiele des Undankes vor, deren er sich aus biblischer und weltlicher Historie entsann, und überwies ihn, der seinige sei der größeste. Keines Menschen Mund schildert, was mein König litt. Anwesend und abwesend verfolgte ihn Herr Thomas gleicherweise.

Stand der Primas leiblich als ein stiller Dulder vor dem Könige, so ergrimmte dieser über den erbarmungswürdigen Anblick; hielt sich Herr Thomas abseits vom königlichen Angesichte im Frieden seiner bischöflichen Wohnung, so zürnte und klagte Herr Heinrich um so herzzerreißender, daß sein Vertrautester, früher die Seele seiner Ratschläge, der ihn kenne wie keiner, sein Herz verrate, sich von ihm entferne und sondere, die Schärfe einer übermenschlichen Klugheit gegen ihn wendend.

Und doch ließ es der Primas nicht fehlen an versöhnlichen Worten und unterwürfigem Entgegenkommen. Dann fuhr der König zu und faßte hastig die bedingungsweise gebotene Hand, welche der über dies triumphierende Zugreifen Erschrockene schon wieder erkältet zurückzog. Ebensogut hätte mein König eine Wolke umarmt, als seinen ehemaligen Kanzler, diesen schlanken, schmeidigen Aal festgehalten.

Aber auch wenn der Primas über einen streitigen Punkt ein wahres und wirkliches Zugeständnis machen wollte, durfte es nicht gelingen. Entweder stieß er auf der Fahrt nach Windsor mit einem weltentfremdeten Einsiedler zusammen, der gerade jenes Tages aus seiner Höhle kriechen mußte, um den übertreuen Bischof zu beschwören, die Rechte Gottes und der Armen, seiner Kinder, nicht dem Fürsten der Welt preiszugeben. Oder es vertrat ihm, wenige Schritte vor der königlichen Schwelle ein verzückter Mönch, das Kreuz in der Faust, den Weg und trieb mit schwärmerischen Worten den Demütigen nach Canterbury zurück.

Wollt Ihr die Wahrheit erfahren?

Eine vermittelnde Formel, welche die englische Königsmacht und die Rechte der barmherzigen Kirche zu gleichen Teilen geschont und gesichert hätte, wäre schon vorhanden und der Klugheit des Kanzlers erfindlich gewesen, wie ich meine. War doch der König nicht unmenschlich und Thomas kein erhitzter Eiferer! Aber die Herzen der beiden Herren kannten sich nicht mehr, und wann sie den letzten Schritt zueinander tun wollten, trat das Gespenst ihrer gestorbenen Liebe als blasse Feindschaft zwischen sie.

Dann sei nicht vergessen, daß Frau Ellenor jetzt als ein züchtiges Eheweib nicht mehr von meinem Herrn wich und ihm seit ihrer Bekehrung Tag und Nacht in den Ohren lag, den Heiligen Gottes nicht zu beleidigen, womit sie den König erboste und verhärtete.

Gehetzt und gezischelt, Glut gelegt und ins Feuer geblasen wurde gleichfalls nach Hofgebrauch. Der normännische Adel insgesamt hatte seinen Haß und Abscheu geworfen auf den gottseligen Rebellen, der den entlaufenen Hörigen der eroberten Güter die unerstürmbare Zuflucht seiner Klöster öffnete. Täglich und stündlich wurde dem Herrn hinterbracht, wie der Bischof zunehme und groß werde im Volke der Sachsen und seine gleisnerischen Hände überall und allezeit hilfreich und segnend ausstrecke. Er unterwühle das Reich mit einem heimlich brütenden frommen Aufruhr der Seelen, gefährlicher als ein offener und körperlicher, weil er sich nicht mit Waffen niederwerfen lasse.

Wurde dem König solcher Argwohn eingeraunt, so gab der Gereizte seinem liebsten Rüden einen Tritt und behandelte auch mich unwirsch, besonders wenn ich ihm eines jener subtilen Schreiben überreicht hatte, in wel-

chen der Primas mit der ängstlichen Linken zurücknahm, was seine großmütige Rechte gegeben.
Dann geschah es wohl, daß der Herr das trügliche Schriftstück fluchend in der Faust zerdrückte und zur Jagd blasen ließ, ob er seinen Unmut auf freier Heide verwinde. Aber es gelang ihm nicht. Wurde ihm der Edelhirsch zugetrieben und reichte ich ihm die Armbrust, so erblickte er statt des geängstigten Wildes seinen Verfolger, stöhnte qualvoll: ›Hüte dich, Thomas Schlankhals!‹ und durchbohrte dem Tiere das Herz.
Endlich entschloß sich Herr Heinrich, forderte den Primas vor ein Gericht seiner Barone, ließ ihn als Reichsverräter verurteilen und vertrieb ihn auf ewig aus seinen Landen. Am selben Tage aber, da Herr Thomas wie ein Verbrecher über Meer entfliehen mußte, wich Frau Ellenor von ihrem Gemahl und verließ Schloß Windsor mit einem weit vernehmbaren Wehegeschrei.

Jetzt begann das Ohr meines Herrn und Königs Tag und Nacht über Meer zu lauschen, was Herr Thomas drüben beginne.

Zuerst verlautete, der Kapetinger habe ihn an der jenseitigen Küste mit Ehrfurcht empfangen und um seinen Segen gebeten, ihn versichernd, er, als ein christlicher Fürst, habe wahrlich ein Leben lang nie einen Mönch beleidigt, geschweige einen Bischof.
Das war König Ludwig, den sie den Jüngling nannten, weil er als ein unbärtiger Knabe den Thron bestieg, und der Name blieb ihm, da er es nie zu einer herzhaften Männlichkeit gebracht hat; wie denn auch Frau Ellenor, die er als seine Königin heimgeführt hatte, in der

Gärung ihrer übermütigen Jugend sich bitterlich beklagte, man habe sie mit einem heiligen Mönche vermählt.

Dieser Herr war ein geborener Freund der Geistlichkeit und beschwor den Vater der Christen mit Beilegung goldener Pfennige, die Sache des heiligen Primas an die Hand zu nehmen gegen Herrn Heinrich, welcher sein und seines Hauses Erbfeind war und den er mit den Waffen der Kirche wirksamer zu bekriegen hoffte, als mit seinen weltlichen.

Seinerseits hielt der Heilige Vater die Waage in sorgsamer Hand, beflissen seine Gnade je und je in diejenige der Schalen zu legen, die durch das Gewicht hineingelegten Goldes herabgezogen werde.

Diese päpstliche Weisheit gedieh meinem Könige in jener Zeit zum Nachteil, da ihn seine Kriege in Irland ein schweres Geld kosteten und ihm weniger als früher für den Vater der Christenheit übrigblieb.

Dennoch zögerte der Heilige Vater, für Herrn Thomas ohne Rückhalt einzutreten. Er konnte kein rechtes Vertrauen zu ihm fassen und in seinem Geiste den verfolgten Bischof von dem ehemaligen Kanzler nicht sondern. Diesen hatte er wiederholt als einen durchtriebenen Staatsmann erfahren und es erschien ihm verdächtig, daß er jetzt von seiner Kunst keinen Gebrauch mache, sondern sich verfolgen lasse wie ein großer Apostel der ersten Kirche oder ein schwärmerischer Ketzer der jüngsten Zeit.

Es wurde mir von glaubwürdigen Zeugen versichert, und wie ich Herrn Thomas kannte, hielt ich es für Wahrheit, er habe seine Sache heilig gehalten und seine Hände rein von jedem Verrat an seinem Herrn und Könige, den Papst nicht weiter in Anspruch genommen und vom Kapetinger nichts verlangt als eine Klosterzelle, wohin er sein Haupt berge.

Dergestalt ging er denn, vom Heiligen Vater aufgeopfert, die Hoflager von Kloster zu Kloster vermeidend, am Wanderstabe des Elends von Kloster zu Kloster, und oft verloren sich seine Spuren. Während so seine Leiblichkeit in Frankreich abnahm und schwand, wuchs seine Macht und geistige Gegenwart in Engelland und stand über den trauernden Sachsen wie der Vollmond in der Nacht. Oder, wenn Ihr lieber wollt, Herr Thomas wohnte wie das Christkind im Stalle, niedrig und prächtig, in allen englischen Hütten und Herzen. Er herrschte dort als König und vertrieb die Furcht aus den Seelen.

Diese meine Augen haben es gesehen, wie die Sachsen und mehr noch ihre Weiber jetzt, da Herr Heinrich den Primas gerichtet hatte, seiner Majestät Ehrfurcht und Kniebeugung verweigerten, sich abkehrend wo der vorüberritt. Noch ist mir ein Stücklein davon erinnerlich. Mein König lustwandelte eines Tages in seinen Gärten, wo sie sich gegen Wald und Fluß ins Freie verlieren, und ich ging nach meiner Gewohnheit von ferne in seinen Stapfen. Da kroch aus den blühenden Büschen ein blondes Sachsenkind hervor und geriet dem König zwischen die Füße. Der heute gutgelaunte Herr hob den Buben auf, liebkoste ihn und drückte ihm ein Silberstück in das Händchen. ›Halte fest, mein Junge!‹ sagte er. Da sprang die Mutter, die sich in einer ersten Anwandlung von Ehrfurcht und Zittern hinter einen Baumstamm geduckt hatte, mit brennenden Augen hervor, entriß dem Kinde die Münze und warf sie entsetzt ins Dickicht, als wäre es einer der dreißig verfluchten Silberlinge. Ich eilte herbei, um die Freche, welche mit dem Kinde auf dem Arme davonrannte, zu ergreifen. Herr Heinrich aber sprach: ›Hans, laß sie laufen!‹ und wandelte fürbaß mit verdorbener Laune, seufzend und nachdenklich.

Tag und Nacht ging alles Träumen und Sinnen meines Königs darauf hin, wie er Herrn Thomas seiner Primaswürde, an der, wie er sich einredete, die Verehrung der Sachsen hing, rechtsgültig und für immer entkleide. Darüber habe ich ihn oft, die Faust auf die Stirne gedrückt, grübeln und brüten sehen. Eines Morgens trat er mit triumphierendem Angesicht aus seiner Kammer – er glaubte das Rätsel gelöst.

Es war am Tage der Himmelfahrt unseres Herrn, daß Herr Heinrich vor die Versammlung seiner Barone trat und ihnen vorstellte, sein weit verästetes Reich bedürfe eines zweiten Hauptes und er würde sich, die Krone mit seinem Erstgeborenen teilend, Last und Sorge erleichtern.

Die Herren willigten in guten oder bösen Gedanken und Absichten ein, daß Prinz Heinrich neben seinem Vater gekrönt werde, und es krönte und salbte den Jüngling der normännische Bischof von York. Darauf folgte ein der Gelegenheit würdiges Festmahl und dabei begab es sich, wie ich hier vor einem Jahre Euern Brüdern, den Herren im Stift, vorgemacht und nach Wahrheit beteuert habe, daß mein Herr dem Jungkönige Heinz bei Tische diente und ihm eigenhändig die Speise vorlegte. ›Heute bin ich einer schweren Bürde ledig geworden!‹ rief er und vergoß Tränen der Freude.

Ist Euch die List der Sache klar, Herr? Erkennt Ihr, welche Last mein König abzuwerfen wähnte?
Ihr schüttelt das Haupt? Wohlan, hier habt Ihr den Schlüssel dazu. Das große Privilegium, der unvergleichliche Edelstein der bischöflichen Mütze von Canterbury war die Krönung der englischen Könige. Dadurch, daß sie ein anderer Bischof vollzog, wurde die Primaswürde vernichtet und Herr Thomas heruntergerückt. So rechnete mein König und ergriff das Mittel, den eiteln Heinz an seine Seite auf den Thron zu heben; denn er meinte, sein Erstgeborener werde sich damit begnügen, das schimmernde Krönlein auf seinem Haupte im Spiegel zu betrachten und es auf Gewand und Pferdedecke sticken zu lassen.
War der Plan nicht fein und staatsklug wie weiland die Ratschläge des jetzt der Schlauheit der Welt abgestorbenen Kanzlers?
Es war ein böses Fündlein, wie Herr Heinrich kein schlimmeres hätte tun können!

Wenige Wochen später zeigte es sich. Zwei Unheilskunden langten an dem gleichen Tage in Windsor an.
Die eine erzählte, Jungkönig Heinrich sei, den wetterwendischen Herrn Gottfried mit sich ziehend, nach Paris geritten unter dem Vorwande eines Turniers, in Wahrheit aber, um die jenseits der Meeresenge gelegenen Länder des Normannenreiches unnötiger- und schmählicherweise von dem Kapetinger zu Lehen zu nehmen.
Die andere lautete, der verborgene Herr Thomas sei in einer französischen Stadt zu Pfingsten an den Tag getreten und habe unter dröhnendem Glockenschlage die

brennenden Kerzen auf dem Hauptaltare des Doms mit dem Hauche seines Mundes gelöscht, den Bischof von York, der in die Rechte des Stuhls von Canterbury gegriffen, mit dem Banne schlagend.
Wie der alte König, denn diesen unlieben Namen mußte mein Herr seit der Krönung seines Sohnes tragen, diese zwei Botschaften erhielt, gebärdete er sich wie ein wahnsinniger Mann. Er tobte, entgürtete sich vor seinen Knechten, warf sich stöhnend auf sein Lager, zerfetzte die seidenen Decken, riß mit den Zähnen die Wolle aus den Polstern und zerschlug sich die Brust mit verzweifelten Fäusten.
›Löset mir den verruchten Vampir vom Herzen!‹ heulte er, den Schaum vor dem Munde und meinte Herrn Thomas, ›er zernagt mir Leib und Seele!‹«

Herr Burkhart hörte diese Mär mit Unlust, denn er war ein reichstreuer Waiblinger und darum auch in den Händeln anderer Nationen ein königlich gesinnter Mann. Es konnte ihm nicht gefallen, einen großen und tapferen Fürsten in solcher Erniedrigung seiner selbst zu erblicken.

Er machte seinem Mißbehagen mit einem Stiche gegen den gehärteten Armbruster Luft.
»Die zwei Hiobsposten an demselben Tage? ... Hans, du träumst! – Liegt doch ein volles Jahr dazwischen, wenn die Zahlen auf den Rändern meiner Chronik nicht lügen! ...«
»Bleibt mir vom Leib mit nichtigen Zahlen!« grollte der Armbruster. »Ein anderes ist es«, fügte er, seines unwirschen Wortes sich sogleich bewußt, mildernd hin-

zu, »ob einer noch im Tagwerke und in der Zeit steht, oder ob der Tod sein Lebensbuch geschlossen hat. Ist einmal das letzte Sandkorn verrollt, so tritt der Mensch aus der Reihe der Tage und Stunden hinaus und steht als ein fertiges und deutliches Wesen vor dem Gerichte Gottes und der Menschen. Beide haben recht und unrecht, Eure Chronik und mein Gedächtnis, jene mit ihren auf Pergament gezeichneten Buchstaben, ich mit den Zeichen, die in mein Herz gegraben sind.
Aber haltet mich nicht auf! Mich verlangt zu enden, lieber Herr. Denn ich erblicke ein blutiges, totes Haupt vor mir und den gegeißelten Rücken meines Königs.

XI

Am Abende des Tages, da mein Herr und König durch sein blindes Wüten sich selbst geschändet und vor seinen Knechten erniedrigt hatte, saß ich niedergeschlagen und einsam, voll Scham und Trauer um meinen Herrn, auf einem Mäuerchen bei den Stallungen. Da erhielt ich unversehens einen Schlag auf die Schulter und Herr Richard, der nach seinen Hengsten geschaut, schwang sich, leutselig, wie er mit den Knechten war, rittlings neben mich auf die Mauer.
›Hans‹, sagte er ohne Umschweif, ›deine Augen haben gesehen, wie sinnlos und unritterlich der Vater sich heute gebärdete! Versänke dieser Tag in ewige Finsternis! … Eine reißende Bestie! … Jammer und Schande! …‹ Zwei kindliche Zornestränen rannen über seine Wangen. – ›Gut noch, daß die Aufrührer, der Heinz und der Gottfried, solches Ding nicht geschaut haben;

sie würden den elenden Mann am französischen Hofe und bei allen andern Thronen als einen Wahnwitzigen und Unfähigen auskünden, der sein Reich sowenig als sein eigen Gemüt bezähmen und regieren kann. Bleibt es so, oder wird es schlimmer mit ihm, ei, wie leichtes Spiel haben die Brüderlein, dem Vater die Krone vom Haupte zu reißen und mir mein Erbteil zu entwinden! Aber bei den Augen Gottes‹, beteuerte er, ›das darf nicht dauern! ...‹

›Habet Geduld, Herr Richard‹, unterbrach ich ihn, ›und weichet nicht von einem Kranken! Wenn Ihr mit Sicherheit in Euer Erbe treten wollt, bauet auf Gottes Verheißung, die denen, so Vater und Mutter ehren, langes Leben und den Besitz des Landes verbürgt!‹

›Nicht meinetwegen allein muß das Ding ein Ende nehmen‹, sagte Herr Richard. ›Ich bin der Drittgeborene, und meiner Treu, mich ergötzte besser, ein Reich mit dieser Faust zu ergreifen, als das des Eroberers zu erben! Aber ...‹ er sprang auf die Füße und reckte die Hand gen Himmel, ›umkommen lasse ich es nicht, das Reich der Normannen, so wahr sein Blut in meinen Adern rollt! Diesseits und jenseits des Meeres soll es zusammenhalten und die Welt beherrschen!‹

Wie er so hoch und herrlich vor mir stand, konnte ich von seinem Glanz das Auge nicht verwenden. Er aber wandte sich zu mir mit den ungeduldigen Worten· ›Hans, wo begann das? Und wurde so schlimm? In der Stunde, sag ich dir, wo der Vater mit der Weisheit, das ist mit Herrn Thomas sich entzweite. – Widersprich mir nicht! – Ich will verkappt über Meer und nach dem Kloster fahren, wo der Primas fastet und betet. Er hat mich liebgehabt und liebt mich zur heutigen Stunde, wenn noch eine Faser seines Wesens unvermöncht ist. – Rede mir nicht ein! – Ich gehe, seine Kniee zu umfassen! Ich will flehen und bitten – nicht wie ein Königskind und nicht wie zu einem Menschen ... ich ruhe und raste nicht, bis ich die zweie zueinander gezogen und versöhnt habe! ... Er muß wiederum des Vaters Kanzler werden; denn allein seiner großen und einzigen Weisheit ist es möglich, das Wirrnis zu lösen!‹ –

Ich wußte, wie gerne Herr Richard sich verkleidete und auf Abenteuer ausritt. Diesmal jedoch wurde er durch frommes, kindliches Leid mehr noch als durch sein Blut getrieben.

Ich hielt dem ehrlichen Wildfang noch vor, wie leicht mißlungene Versöhnung in verschärfte Feindschaft umschlägt; dann ging ich unverzüglich, ihm und mir geringes Gewand zu verschaffen, willfährig ihn auf seinen Wegen zu begleiten, denn die fröhliche Zuversicht seiner Augen hatte mich Gewitzigten verblendet.

Urlaub von meinem Könige nahm ich nicht, dieweil es ihm selbst genehm sein mußte, nachdem ich Zeuge seiner Schmach gewesen, meinen Anblick etliche Tage zu missen.

Wir durchritten Frankreich in zwei ärmliche deutsche Reiter verkleidet, die Kriegsdienst und Löhnung suchen. Herrn Richards Jugend und Adel aber strahlte so siegreich aus dem geflickten Mantel hervor, daß ich, um jeden Verdacht abzuwenden, mich meiner Hofsitten gänzlich entäußerte, in Herbergen und auf Heerstraßen gröblich fluchend und schwörend in meinem väterlichen Alemannisch. Auch ritten wir nachts und rasteten des Tages.

Da stieß ich mit einem zusammen in einer Herberge, wo Herr Richard in der entlegensten Kammer schlief, mit einem, der von unten her Gewalt über die Geister empfangen hatte, der mit scharfem Schwerte und noch schärferer Zunge, wo er stand und ging, wie ein Engel der Zwietracht Bande der Natur zerschnitt und den Frieden mordete. Auch das Löwenherz sollte ihn später erfahren, aber jenes Tages blieb er noch vor ihm verschont.

Ich saß vor meinem Imbiß in der Trinkstube, da hörte ich Pferdegestampf auf dem gepflasterten Flur und den Lärm eines anlangenden reisigen Truppes. Ein Fünf oder Sechs in Kostbarkeit gekleideter und turniermäßig gewaffneter Ritter traten ein und verlangten einen guten, schnellen Trunk.

Es waren Südfranzosen von gelenken Gliedern, feurigen Augen und geflügelter Rede, die, wie ich bald erfuhr, von einem Lanzenspiele in der berühmten Stadt Paris kamen, das sie infolge eines plötzlich entloderten bösartigen Zwistes fluchtweise verlassen hatten.

Sie ließen Scheiter ins Feuer werfen und setzten sich scherzend und silbenstechend um den lodernden Herd. Kreuz und quer sprangen die klingenden Worte. Die einen der Jünglinge setzten die Frauen von Paris herunter neben den Schönheiten von Arles und Tarascon, die anderen erhitzten sich wiederum an dem Zwist, der ihnen das Fest vergällt und gekürzt hatte.

Wer diesen gestiftet, darüber war ich nicht im Zweifel. Gerade jetzt sprang er wieder von seinem Sitze und in ihre Mitte, der mit den brennenden Augen und flatternden Haaren, und machte sich zum Herrn des Gespräches.

›Wahr ist es, überall wo ich hintrete, lodert die Flamme aus der Erde‹, rief er ihnen zu, ›hoch und aufrichtig, kein ersticktes Feuer, wie das eurige! Hasset ihr sie doch auch im stillen, ihr Provenzalen und Aquitanier, Kinder der Sonne, diese Leute des Nordens mit den gepanzerten Gliedern und steifen Gebärden, mit der herrischen Sprache und den begehrlichen Augen! Fühlet ihr doch, wie sie euch beneiden, ihr Begünstigten, eure von Öl und Wein triefenden Hügel, die alte Freiheit eurer römischen Städte, eure glücklichen Porte, wo die Waren und die Gedanken der Erde getauscht werden, Meer und Himmel, eure vollkommenen Weiber, eure süßeste Sprache! Fühlet ihr doch, daß sie euch aus der Sonne drängen und wie Ungeziefer zertreten werden! So wird es kommen! Denn die Völker der Erde vertilgen sich und der Haß ist der allmächtigste König der Welt! Ihr aber wollet euch nicht stören lassen – so bauet denn eure Nester, rastet und scherzet im Reiche der Täuschung, ihr Sonettendichter! Liebet, bis ihr in der Liebe den Haß findet!
Mich aber lasset auffahren über den Schein in die Wahrheit der Dinge. Hoch lebe der Haß, der glühende Atem der Erde! Sehet dieses Herz, das Gefäß seiner prächtigen Flamme! Wer da hassen will, der pilgere zu dem lodernden Herzen Bertrams de Born! Vor diesem Altar werden die Gesinnungen offenbar und fahren die Hände an die Schwerter!‹
Und er deutete auf ein flammendes Herz in seiner Stikkerei von Gold und Purpur, das auf der linken Seite sein schwarzes, enganschließendes Wams zierte.
›Das Herzchen auf Euerm Wams hatt ich mir anders gedeutet, Herr Bertram‹, spöttelte schüchtern ein junges

Blut, das Violenblau – wohl die Farbe seiner Dame – auffällig zur Schau trug. ›Ihr wandtet Eure Augen doch auch wohl in Liebe Frauen zu, wenn auch nur fürstlichen! Unlängst noch fuhret Ihr über Meer zu Eurer alten Flamme, der Königin Ellenor. Wollet uns das Kriegslied singen, das Ihr dem tugendsamen Gemahl König Heinrichs in den Dämmerstunden zuflüstertet!‹

›Das läßt sich nicht singen und sagen!‹ höhnte der Wilde. ›Zwei Worte hab ich ihr zugeraunt und zwei andere ihrem Sohne, dem Jungkönig Heinz: Gestreut ist die Saat und Bluternten werden aufgehen!

Bei den Flügeln Luzifers, ich verstricke König Heinrich und seine Söhne in die Ringe eines Drachen, giftiger als der, welcher den Priester Laokoon und seine Kinder erdrückte!‹

Ich konnte den Blick nicht von dem Manne verwenden, der sich jetzt – zu meinem Grauen – nach der Richtung kehrte, in der wir zum Kloster reiten sollten, mit beiden Armen in die Weite grüßend.

Verwundert Euch nicht! Ich wußte, wen er vor sich sah.

›Dort betet einer, der noch besser haßt als ich!‹ rief er aus … ›ich grüße dich, Gefährte!‹

Und er trank dem Fernen, den seine Augen erblickten, feierlich aus voller Schale zu.

›Du stiller, langsam grabender Mann! Du duldest wie dein Meister und lässest dich töten wie er: Du glaubst der Liebe zu dienen, aber der Haß ist der mächtigere und dein Tod, wie der deines Gottes, ist die Verdammnis der Menschen!

Bischof! Die Wette gilt: wer von uns beiden König Heinrich von Engelland am tiefsten in die Hölle stürze!

Dort will ich ihn finden und, mein Knie auf seiner Kehle, einen Triumphgesang anstimmen, daß die Höllenkreise sich dehnen, die Verdammten zu Riesen werden und was darüber schwebt in sein Nichts verschwindet!‹ –

Das grausige Lästerwort, als ob der süße Pelikan nicht uns allen zu Lieb und Heil sich die Brust geöffnet, hatte mir das Haar zu Berge getrieben, während die an Ketzerscherze gewöhnten provenzalischen Herren sich wenig daraus machten, wohl aber daran herumrieten, wer Herrn Bertrams Mithasser sei.

Dann sprang das Gespräch über auf ein seltsames Zeichen, das jüngst die Leute von Arles erschreckt hätte. Auf dem dortigen römischen Markte sei ein marmornes Mädchenhaupt zutage gekommen mit gebrochenen Augen und der Bitterkeit des Todes auf dem Munde, und wenn man seine geflochtenen Locken näher betrachtete, so seien es züngelnde Nattern. Sie meinten, dieses traurige Haupt bedeute ein kommendes großes Sterben in ihren sonnigen Ländern.

All dieses künftige Elend und das gegenwärtige meines Königs bewegte mir das Herz so kläglich, daß ich mich nicht halten konnte und einen schweren Seufzer ausließ. Die Herren, die mich bisher nicht in acht genommen, blickten sich nun verwundert nach mir um. Da erhob ich mich von meinem Becher und ging mit schweren Reitertritten und einem ehrlichen schwäbischen ›Grüez Gott‹ an ihnen vorbei. Sie antworteten als höfliche Leute ohne Zögern mit einem hübschen Kopfnikken. Als ich aber aus dem obern Stockwerke, wohin ich gegangen war, Herrn Richard zu wecken, ihnen nachblickte, die sich rasch zu Pferde schwangen, ebenso stürmisch aufbrechend, wie sie gekommen waren, da warf der Unbändige, ihr Anführer, gerade noch ein loses Spottwort über meinen schwäbischen Seufzer unter sie, und die Herren verritten unter dem Gellen eines scharfen welschen Gelächters.«

Der züchtige Herr Burkhard hatte sich über den Lästerungen dieses Fremdlings zu wiederholten Malen still bekreuzt. Jetzt bemerkte er nachdenklich: »Aus dem Schwefelgeruche dieser Reden, Hans, ersiehst du leichtlich, mit wem du in dieser französischen Trinkstube zusammengesessen hast. Mir ist es außer Zweifel, wer jenen fahrenden Mann besaß und begeisterte. Kein Besserer als der Arge, der ein Rebell und Mörder ist von Anfang.

Darum auch wußte er den Martertod des Herrn Thomas voraus, und gleichermaßen, so fürchte ich, wird sich erfüllen, was dieser Unheimliche von der drohenden Verwüstung jener südlichen Lande wahrsagte, worauf auch das ausgegrabene Schreckensweib hindeuten mag.

An jenen Küsten wimmelt es, wie verlautet, von Ketzern jedes Irrtums, besonders von hartnäckigen Manichäern. Ich liebe den Frieden, bin den Menschen hold und freue mich, die läßlichen Sünden zu vergeben. Hier aber wird die Gnade verworfen, und ich könnte es wahrlich geistlichen und weltlichen Herren nicht verargen, wenn sie sich zusammentäten, um diese Verstockten aus dem Mittel der Christenheit zu heben daß ihre Stätte sie nicht länger kenne.

Doch besser ist, bei diesen traurigen Dingen nicht zu verweilen. Hans, erzähle mir, ob ein Segen war bei der

Fahrt des Herrn Richard. Er ist der einzige deiner Engelländer, an welchem meine Seele ein Gefallen finden kann.«

»Es war mir kaum möglich, mein Roß neben dem flüchtigen Falben des Löwenherzens zu halten«, fuhr der Armbruster willig fort; »denn seine Sehnsucht nach Herrn Thomas wuchs von Stunde zu Stunde und war kaum mehr zu zügeln, als die Türme des Klosters, wo dieser sich barg, auf dem klaren, blauen Herbsthimmel sich vergrößerten und die Mauern seiner Umfassung schimmerten wie die himmlische Stadt.

Mein Löwenherz kennend und den Sturm seiner Gefühle, beschwor ich den Herrn, mich ihm vorausreiten und die Gelegenheit erkunden zu lassen, worein er, wenn auch ungern und scheltend, zuletzt willigte.

Der Bruder Pförtner vernahm mein Gesuch ohne Argwohn, und als ich den Herrn Thomas nannte, machte er eine so ehrfürchtige Gebärde und zog ein so frommes Gesicht, daß ich wohl merken konnte, der Kanzler stehe hier in hohem Ansehen und im Geruche der Heiligkeit. Er sagte mir, der Primas befinde sich in der Kirche, und er wage es nicht, auch wäre es frevelhaft, ihn in seiner Andacht zu stören.

Inzwischen zeigte mir der Mönch die nackte Zelle des aus dem bischöflichen Palaste von Canterbury Verstoßenen mit dem rauhen Feldsteine, worauf er schlummernd das Haupt zu stützen pflegte. Dies harte Kopfkissen verwunderte mich, denn ich wußte, von wie empfindlicher Natur und von wie feinen Gliedmaßen der Kanzler war. Endlich aber, als es nicht werden wollte und des heiligen Mannes Andacht zu keinem Ende kam, ließ mich der Pförtner in die Kirche treten gegen das Versprechen, mich still und eingekehrt zu verhalten, solange der Betende meiner nicht ansichtig würde. So trat ich denn achtsam zwischen den Säulen hervor und wurde alsbald Herrn Thomas gewahr, der in einem hochlehnigen Chorstuhle stand, eher sinnend als betend. Da ich den wundersamen Herrn seit manchen Jahres Frist nicht mehr gesehen hatte, so erschrak ich über die widernatürliche Schmalheit seines Antlitzes und seine tiefen schmerzlichen Augen, deren Blick mehr nach innen als nach außen gerichtet schien.

Ich kniete im Schatten des Hochaltars auf die Stufen nieder und verehrte das Heiligste, ohne Herrn Thomas aus dem Auge zu lassen. Ob er meiner Gegenwart gewahr wurde oder nicht, blieb mir unbewußt, denn nichts an ihm geriet in Bewegung.

Als ich aber nach einer guten Weile langsam mich von den Knieen erhob, richtete der Kanzler, ohne mich anzublicken, oder eine Miene zu verziehen, die Frage an mich: ›Wie befindet sich mein Herr und König?‹ – Ganz in dem Tone, wie er vormals zu fragen pflegte, wann er mich in Windsor vor der Schwelle der königlichen Kammer traf. Da schossen mir die heißen Tränen in die Augen.

Er aber bewegte sich leise die Stufen heruner, winkte mir mit der Hand ihm zu folgen und schwebte mir voraus in den Klostergarten, ein lustiges grünes Geviert mit blühenden Rosenbüschen in der Mitte eines kunstvollen Kreuzganges von neuester Bauart. Obwohl draußen schon die Blätter fielen, hatte das Welken und Sterben der Natur noch keinen Einlaß gefunden in diesen von den sorgfältigen Mönchen gepflegten grünen Raum.

Der Primas ließ sich zwischen dem üppigen Gesträuch auf eine Steinbank nieder und wiederholte seine Frage: ›Wie steht es um meinen Herrn und König?‹

›Herr Thomas‹, sagte ich, ›es steht mit ihm nach gemeinem Menschenschicksal und erbärmlicher noch. Er ist nicht mehr zu kennen. Sähet Ihr ihn, es jammerte Euch seiner und Euer Eingeweide würde sich über ihn erbarmen!‹ Dann schilderte ich ihm mit beweglichen Worten den Verfall und die Zerstörung des einst so majestätischen Fürsten.

Er hätte mich lange reden lassen.

Herr, er hörte mich an ohne Schadenslust, auch ohne sichtbares Mitleid, auch nicht fremd und gleichgültig, sondern wie man wohl vernimmt, daß ein Unheil eingebrochen ist, welches man lange vorhergesehen und worauf man sich im Geiste gefaßt hat.

So schwieg er. Aber ich meinte zu fühlen, daß sein Herz sich erweichte, darum erkühnte ich mich und schrie: ›Herr Thomas, Ihr seid ein heiliger Mann und kasteiter Christ! Wenn Ihr vergeben könntet, was Herr Heinrich an Euch gefrevelt hat … es nähme heute noch ein gutes Ende!‹

Er aber schwieg.

›Verzeiht dem Könige‹, schrie ich wieder, ›daß Gnade verlorenging!‹

Da senkte Herr Thomas das Haupt und antwortete rätselhaft: ›Schlimm, wenn die süße Gnade verlorenging … das sei ferne.‹

In diesem Augenblicke vernahmen wir das wehklagende Schelten der Mönche, welche einen jungen Reitersmann, der den Pförtner überrumpelt hatte und in den Kreuzgang einbrach, an den Armen zurückhielten. Es war Herr Richard. Das Harren und seine Verkleidung mochten das Löwenherz verdrossen haben.

Die Mönche abschüttelnd, stürzte er zu den Füßen des Primas und rief: ›Mein Vater, mein Vater! Sie wollen mich nicht zu dir lassen.‹

Dieser betrachtete ihn eine Weile schweigend. Dann strich er ihm mit sanfter Hand die schweißgenäßten, verworrenen Blondhaare aus der Stirn und schlichtete sie ihm mütterlich.

Wie ich dies Zeichen seiner zärtlichen Liebe zum Löwenherzen sah, hielt ich unsern Handel für gewonnen und verzog mich bescheiden unter die Gewölbe des Kreuzganges, die beiden Herren ihren Engeln und Schutzheiligen überlassend.

Ich setzte mich unter den Bogen einer durch ein Bündel feiner Marmorstäbe geteilten Fensteröffnung auf die breite Steinplatte und warf hie und da einen forschenden Blick ins Grüne zu den zwei Herren hinüber. Dieser Kreuzgang war voll Bildwerk und, wie gesagt, nach dem neuesten Geschmacke gebaut. Seine Säulen waren mit reichem Gesimse gekrönt, auf welchem, in abwechselnder Reihe, je ein Geschöpf der oberen oder der unteren Regionen saß, hier ein psallierender Engel, dort ein lächerlicher oder boshaft grinsender Wechselbalg. Aber ich verwendete auf diesen Zierat wenig Aufmerksamkeit, denn mein Auge wurde immer wieder von der Steinbank im Klostergarten angezogen.

Der Königssohn hielt die Kniee des Kanzlers umfaßt, der nur sanft zu widerstreben schien, bis jetzt Herr Richard mit glühenden Wangen seine letzte Bitte vorbrachte und den Primas noch herzlicher umfaßte. Hier wandte sich Herr Thomas mit traurigem Antlitze weg, aber der Prinz ließ nicht von ihm, bis er auch diese gewährte. Ich hörte, wie der Jüngling während dieses Ringens um die Seele seines Vaters das Wort ›baiser‹ wiederholt ausrief, und erriet, daß es sich um den Friedenskuß der Kirche handle, mit welchem der Primas seine nächste Unterredung mit dem Könige zu weihen und zu beginnen versprechen sollte.

Nach einer guten Weile schritten die Herren, der blühende Jüngling zur Linken des kasteiten Bischofs, Hand in Hand an mir vorüber durch den Kreuzgang und trennten sich noch innerhalb desselben. Ich folgte. – Herr Richard neigte sich über die blasse Hand des Kanzlers und benetzte sie mit Tränen kindlichen Dankes. Wahrlich, auch mein Herz jubelte, daß die erbarmungswürdigen Leiden meines Königs zu Ende gingen. Da mußte ich, wehe, über den Häuptern der zwei ein steinernes kleines Scheusal erblicken, das, auf dem Gurt eines Pfeilers hockend, mit seinem Krötenbeinchen höhnisch nach ihnen stieß und dazu die Zunge reckte. Dieses mißfiel mir, obschon es ein Zufall war, und ich hätte die beiden Herren lieber erst am nächsten Pfeiler sich scheiden sehen, wo ein harfenierender Engel seine Schwanenfittiche ausbreitete.

Herr Richard schickte mich dann Hals über Kopf zum Könige, seinem Vater, mit einem Schreiben, worin er diesen bat, um Gottes Wunden und um seines eigenen Heiles willen, die den Bitten des Sohnes gewährte Zusammenkunft mit dem Primas zu beschleunigen.

Als Herr Heinrich aus dem Briefe entnahm, der Bischof verspreche ihm den heiligen Friedenskuß, litt es ihn nicht länger in seiner Burg, er trieb seine Ritter und schalt seine Knechte, bis wir nach wenigen Stunden spornstreichs verritten – so heiß dürstete ihn nach der Berührung der Lippen, die seine langjährigen Qualen stillen und seinem Leben den Frieden geben sollten, wie sein Glaube war.

Es war an einem grauen Tage und auf einer trübseligen Heide, daß die Herren zusammentrafen. Herr Thomas, der mit kleinem Gefolge erschien, hatte Mühe, sich von seinem Tiere zu heben. Er war schmal von Gestalt und schwankend geworden, wie ein in Sonne und Wind verschmachtetes Schilf. Der König stürzte vor, um ihm den Bügel zu halten, den Primas aber hatten seine Mönche schon in ihren Armen empfangen. Er stand ehrerbietig vor seinem Herrn, ein müder Mann; aus tiefen Höhlen blickten seine Augen und zitternd klang seine Stimme, als er an den König die erste Rede richtete: ›Gnädiger Herr, laßt die andern zurücktreten, damit unser Geheimnis unbelauscht bleibe.‹ Er winkte seine Mönche weg, und der König wies mit hastigem Gehorsam seine Ritter zurück, denn ihn dürstete nach dem Friedenskusse. Ich aber ergriff die Zügel der beiden Pferde und hielt mich mit ihnen in kleiner Entfernung von den Herren, während die anderen, Mönche und Ritter, wohl auf die Weite eines Bogenschusses nach zwei Seiten zurückwichen.
Herr Heinrich konnte sich jetzt nicht länger halten; mit gespitzten Lippen näherte er sein zerfallenes, aufgedunsenes Angesicht dem kasteiten, heiligen Haupte des

Kanzlers. Es war häßlich und abstoßend, das Antlitz meines Königs, aber so rührend und sehnsüchtig, als begehre es nach dem Genusse des göttlichen Leibes.
Was jetzt geschah, Herr, was in dem Innern des Kanzlers vorging, wer kann es sagen?
Ich meine, daß dieser Verein von Häßlichkeit und Begierde ihn an die Erwürgung der kindlichen Gnade erinnerte. Er entzog ekelnd seine Lippen dem Könige und betrachtete das nahe Haupt mit Schauder, als erblicke er den Inbegriff jeder Unterdrückung und Schandtat.
Doch der König in seiner blinden Sehnsucht ergriff die Arme und suchte den Mund des Kanzlers, als ihn dieser mit einem Schrei des Entsetzens zurückstieß.
Wie nun Herr Heinrich mit Schmerz und Zorn gewahr wurde, daß ihm der Primas trotz des gegebenen Wortes den Frieden nicht gewähren konnte, verhärtete sich plötzlich sein Gemüt und er stieß verzweifelnd die Worte aus: ›Was hab ich mit dir zu schaffen, Thomas? Was verfolgst du meine Seele?‹
Der Kanzler aber war seines Willens wieder mächtig und seines Pfades sicher geworden. Er erwiderte mit ruhiger Hoheit: ›Du kennst seit langem meine Natur, o Herr, die in die Stapfen eines Größeren treten muß. Ich bin dessen nicht gewiß, ob der Nazarener, dem ich gehöre und nachzufolgen suche, es über sich gebracht hätte, deine scheuseligen Lippen zu berühren. Den Verräter Judas hat er geküßt, der ihn, die Unschuld und Liebe selbst, verkauft und in den Tod geliefert hat; aber ob er einen Mund geküßt hätte, der die Seele seines Kindes vergiftete und den Leib der Unschuld verdarb, daran muß ich zweifeln. Und da er zugleich ein Gott

ist, wie die Kirche lehrt, so kann er den Mord seines Lammes nicht vergeben ohne eine schwere und völlige Sühne, weil er sich selbst, das heißt die Gerechtigkeit, die sein Wesen ist, nicht zerstören kann. Und ich, der ein Mensch, aus heidnischem Blute und nicht so gelassen bin, als ich scheine, ich soll über mich bringen, was mein Meister nicht vermocht hätte! Und doch, es soll geschehen. Aber um ein Lösegeld, Seelen gegen Seele! Sammle deine Sinne, König, höre mich an und überlege. Siehe, ich habe noch andere Kinder, deine Sachsen, deren Seelen du selbst einst meiner Hut anvertraut hast. Aber wie soll sie der verbannte Hirte weiden? Und wie sollen diese Seelen gedeihen, wenn ihre Leiber das Eigentum deiner Wölfe, deiner unersättlichen Barone sind? Seit dein Ahn, der Eroberer, viele Tausende dieser überwundenen Sachsen einer Handvoll eiserner Normannen unterworfen hat, wohnen die Beraubten nicht mehr auf eigenem Grunde. Du verstümmelst die Männer wegen eines erlegten schädlichen Wildes kraft deiner barbarischen Jagdgesetze und scheuchst Jünglinge und Mägde in den Schatten der Klöster weg von der Sonne und von der ererbten nährenden Erde, die sie friedlich bauen und bevölkern sollten.
Laß mich gewähren! Höre mich an: ich will dir und dem Sohne, der dir bleibt, ein Volk schaffen. Nicht mit Eroberung und Gewalttat, sondern mit Weisheit und Gerechtigkeit, mit dem sanften Stabe des Bischofs will ich überwinden. Weil ich die Seelen beherrsche, so fürchte ich mich nicht vor den Schwertern deiner Normannen. Ich bin in diesen Tagen des blinden Zornes und der plumpen List noch immer der Klügste der Sterblichen.

O mein König, wie töricht hast du gehandelt, da du, meine Macht zu zerstören, deinen Sohn Heinrich gekrönt hast! Und wie ungerecht! Denn du selbst hast mich zu deinem Primas gemacht und dein Primas bin ich auf immer.

Siehe hier‹ – er hob eine Rolle aus seinem Busen, ›den Bannstrahl des Papstes in Rom, den er gegen dich wirft, weil du an die Rechte meines Stuhles getastet hast – ein unreines Feuer, das ich nicht auf dein Haupt herabbeschworen habe! – Heute ist der Heilige Vater ein Mietling deines königlichen Vetters von Frankreich, wie er einst, da ich dir diente, der deinige war. Du hast die Seele des Latiners nicht verstanden und spartest das Geld zur Unzeit.

Gib dich, mein Herr und Gebieter, in meine Hände zurück und ich trete dir diese käufliche Brandfackel aus! Auch auf die Rechte meines Stuhles werde ich einst verzichten, wann ich sie gebraucht haben werde, um in deinem Königreiche jedem Raum und Recht und dir ein Volk zu schaffen. Denn nicht des Latiners Knecht bin ich, sondern ein Diener und Bruder des Nazareners.‹

Über diesen erstaunlichen Worten war das Angesicht des Königs bald aufgeflammt und bald erbleicht. Zuweilen schien er überwältigt, dann sträubte sich sein Königsstolz, dem Bischof und seiner Weisheit sich zuzuneigen und zu ergeben. Feindschaft und Grauen gewann wieder die Übermacht und seine Seele blieb zwiespältig.

›Siehe, mein Fuß ist müde‹, fuhr Herr Thomas mit weicher Stimme fort. ›Ich bin eine erlöschende Flamme, doch scheint mir lebenswert, in diesem Zeitalter des

Hasses und Zwiespalts ein Reich zu gründen, wo Gott und dem Menschen nicht ins Angesicht gespieen und geschlagen werde.
Erbe des Eroberers, willst du ein gerechter König werden?
Begehrst du eine mildere Todesstunde als die deiner Ahnen? Über dir schwebt‹ – und Thomas schaute in den leeren Raum über dem Haupte des Königs, wo ich im Geiste eine Hand mit gezücktem Schwerte erblickte – ›eine andere als meine Rache. Ich sühne sie dir. Ich schirme dich. Besser diene ich dir jetzt als einst dein ehrgeiziger Kanzler. Ich bin dein Freund! Denn, siehe, dein Sohn Richard hat für dich gebeten.‹
Diese schöne und geistliche Rede hätte vielleicht meinen armen König überwunden, hätte nur der kluge Herr Thomas das Löwenherz nicht ins Spiel gezogen!
Mein Herr Heinrich, obwohl er seinen dritten über alles liebte, war durch den unkindlichen Verrat und Abfall der Jungherren Heinz und Gottfried gegen sein eigenes Fleisch und Blut argwöhnisch geworden. Ihn ärgerte zu dieser Stunde, daß sein Sohn Richard für ihn gebeten, und in seinem Herzen schwoll und kochte ein schwarzes Mißtrauen.
›Wohin drängst du mich, Thomas?‹ begann er, ›ich soll meine Normannen erzürnen? Was sinnst du? ... Meine sächsischen Knechte freigeben? ... Meinst du's im Guten? ... Willst du mich verderben? ...‹ Er runzelte die Stirn, als mühe er sich nachzudenken, aber plötzlich kam ein verwirrender Geist des Zornes über ihn: ›Ich erkenne dich‹, rief er, ›du willst mich und mein Reich zerstören! ... Seit Gnade, die Gott verdamme, dahin ist, brütest du Tag und Nacht über meinem Untergan-

ge, du Heuchler, du Verderber, du rachsüchtiger Heide!‹

Das Antlitz des Herrn Thomas aber leuchtete wie das eines Engels und er sagte mit strahlenden Augen: ›Ich vergebe dir den Tod Gnades und deine Lästerung, wenn du meine Brüder, die Sachsen, freigibst und fortan göttliche und menschliche Wege wandelst! Willst du, König Heinrich? ...‹

In diesem Augenblicke wurde der Haufe der normännischen Herren unruhig, die es verdroß, den König so lange mit dem geächteten Bischof, dessen Klugheit sie fürchteten, verhandeln zu sehen, und deren Ehrerbietung gegen ihren Fürsten schon merklich gesunken war. Sie rasselten mit den Speeren und Schilden, tummelten ihre Rosse und schrieen: ›Finissez, Seigneur Roi, finissez!‹

Herr Heinrich erschrak und bedeutete den Primas, schleunig von ihm zu weichen.

›Zurück mit dir‹, rief er, ›in dein französisches Kloster! ... Und daß deine Sohlen nimmermehr den englischen Boden berühren, du Volksverführer! Weder hier noch jenseits will ich je mit dir wieder zusammenkommen und zu schaffen haben, du Zauberer und Schicksalsrabe! ...

Aus dem Angesichte des Primas wich jedes Leben.

Er antwortete mit sanfter Stimme: ›Ich weiß nicht, ob ich deinem Worte folgen kann, denn lange bin ich nun gewandert und Hirt und Herde verlangen nach einander. Auch sehne ich mich nach meiner Ruhestätte. Darum, o Herr, verspreche ich nicht, dir zu gehorchen. – Doch besorge nichts von mir, meine Schritte suchen den Frieden.‹

›Hüte, hüte dich, bei deinem Leben, meinen englischen Boden zu betreten!‹ schrie der König außer Sinnen und gebärdete sich so heftig, daß Herr Richard, das Löwenherz, der, aufmerksam auf die zweie, sich in der Nähe der normännischen Ritter hielt, mit verhängtem Zügel und bestürzten Mienen herangesprengt kam.
Thomas Becket aber wendete sich von dem Könige mit einem wehen Lächeln. ›Ich glaube, die Stunde meiner Befreiung nahet‹, sagte er. ›Wo hätte ich Zager sonst den Mut genommen, das Haupt zu erheben und meinen Herrn und König zu erzürnen!‹ –
So schieden sich Herr Heinrich und Herr Thomas voneinander ohne den Frieden, den sie doch beide redlich gesucht hatten.

XII

Als wir die graue Heide, den Ort des verweigerten Kusses, verlassen hatten und schweigsam in uns gekehrt nach der festen normännischen Stadt Rouen trabten, trieb uns nach einem warmen, verlängerten Spätherbst eine rauhe Winterluft die ersten Flocken entgegen. Mich drückte der Kummer wie ein zu enger Brustpanzer, denn ich gab die Sache meines Königs verloren, wohl wissend, was ich Herrn Richard nicht verhehlt hatte, daß das an einem Sonnenstrahl der Güte schmelzende Eis der Herzen, von neuer Kälte überfallen, sich zwiefach verhärtet. Mit meinen Augen hatte ich es gesehen, wie der Primas dem Löwenherzen zuliebe sein innerstes Naturwesen hatte zwingen wollen, die Lippen meines Königs zu berühren, und wie er es nicht gekonnt.

Von Dohlen und Krähen umflattert, sprengte Herr Heinrich über das Blachfeld, das sich langsam mit Schnee bedeckte.
Da, an einem Kreuzwege, spornte Herr Richard seinen Falben, den er bei währendem Ritte gegen seinen Gebrauch in den hinteren Reihen gehalten hatte, neben den Berberhengst des Königs und beurlaubte sich von dem Vater mit gesenktem Haupte und, wie mir schien, tiefsinnigen und hinterhältigen Mienen, wie sein tapferes Antlitz sie sonst niemals zeigte. Er schützte, ich weiß nicht welche persönlichen Anliegen und Verwikkelungen in seiner Grafschaft Poitou vor, und ich verstand, daß er zwar nicht mit den Brüdern gegen den König Panier aufwerfen, aber außerhalb des Streites sich halten werde.
In der Stadt Rouen hielt sich Herr Heinrich bis zur Weihnacht, die nicht ferne war, in guter Zucht und christlicher Zerknirschung, hörte fleißig die Messe und tat sich wehe mit Fasten und jeglicher Enthaltsamkeit; denn er war gesonnen, am Morgen des teuern Festes das hochheilige Brot zu essen.
So tat er auch mit Andacht und Freude. Dann setzte er sich mit seinem adeligen Gesinde an die reich beladene Tafel, um seinen kasteiten Magen zu ergötzen. Das festliche Mahl war zu seiner Mitte gelangt, da regte sich der Böse und schickte einen Störenfried.
Gestiefelt und gespornt – denn er hatte sich eben vom Pferde gekugelt – keuchte der Bischof von York durch die Halle und stellte sich, rot wie ein Puter, mit erzürnten Gebärden vor den tafelnden König. Dieser kurze, hitzige Normanne konnte mit seiner Unrast und dem Auffahren seiner Gliedmaßen einen Gelassenen und

Gesunden aus der schönsten Fassung bringen, geschweige meinen König. Ihm an der Seite erschien einer seiner Kleriker, ein Mann mit langem Gesichte voller Vernunft, der ihn mit bedächtigen Reden zu beruhigen und zu regeln trachtete.
›Helfet mir, gerechter König Heinrich‹, überschrie sich der Kleine. ›Nicht genug am Primas, hat nun auch der Heilige Vater in Rom seinen Bannstrahl auf mein Haupt geschossen. Thomas Becket, den Gott verpeste, hat die Bulle verstohlenerweise auf seinem eigenen Leibe in Euer englisches Königreich getragen und eben jetzt, zur heiligen Freudenzeit, wird sie in allen Kirchen, wo Sachsen Messe lesen, zu meiner und meines Königs Schmach feierlich verkündigt. Und wie ist der Sohn der Bosheit nach Canterbury gekommen? ... Als ein Triumphator mit Roß und Wagen und einem langen sächsischen Heerzuge! ...‹
Hier gelang es dem verständigen Kleriker seine Stimme hörbar zu machen.
Dem sei nicht so, wandte er ein, auf einer frommen Eselin sei der Primas eingeritten; wahr sei es aber, daß das Volk Gewand vor ihm ausgebreitet und, was Grünes in dieser Winterzeit vorhanden, auf seinen Weg gestreut habe. Der Verbannte sei als ein müder Mann nach Canterbury zurückgekehrt und habe sein erzbischöfliches Haus, ja sein Gemach seither nicht wieder verlassen. Freilich habe der Primas zwei päpstliche Bullen in seinem Gewande nach Engelland gebracht: die eine aber habe er in die Flamme seines Herdes geworfen, die andere von seinen kriegslustigen Klerikern nur mit Widerstand sich entreißen lassen. Herr Thomas sei am Erlöschen und die Natur selbst werde Herrn Hein-

rich von seinem Peiniger und Widersacher in Bälde befreien.
Das sei die nüchterne Wahrheit. Ein ihm verpflichteter Hausgenosse des Primas habe sie ihm getreulich erzählt.
Der Bischof aber rannte diese Vernunft mit gewaltsamen Worten zu Boden. ›Thomas am Erlöschen?‹ schrie er. ›Bei meiner Bischofsmütze, drei Lebensgeister hat der Zähe, um deiner Majestät zu schaden! Thomas ein Friedebringer? Den Krieg bringt er dir nach Engelland! Überall auf seinen Wegen tumultuierten die Sachsen und griffen zu ihren Äxten! Ich habe es von Augenzeugen!‹
Das schien mir schon damals unmöglich, wie ich die geschwächten Sachsen kannte. Aber ich hörte kaum auf die kollernden Worte des Bischofs, denn alle meine Sinne waren auf meinen König geheftet, dessen Innerstes zu sieden begann.
Er hatte die Berichtigungen des verständigen Klerikers in der Betäubung seines Zornes nicht vernommen.
Jetzt kam die lodernde Flamme zum Ausbruch. Herr Heinrich, von dem Aufruhr oder der Demut des Primas gleicherweise empört, sprang in sinnlosem Zorne vom Sitz empor und stieß seinen Becher so hart von sich, daß er weit über die Tafel rollte, den Wein in roten Strömen auf das Linnen vergießend, wie Blut in den Schnee.
›Ich habe ihm verboten meinen Boden zu betreten!‹ schrie der König mit bebender Stimme. ›Ich weiß, er verbirgt in seinem Busen und Gewande auch einen päpstlichen Bannbrief gegen mich, seinen König. Er hat mir ihn selbst gezeigt, der Böse!‹ Jetzt schlug er ver-

zweifelnd die Fäuste gegeneinander und wehklagte: ›Ich habe ihn gekleidet und geschmückt, wie eine Geliebte. Er hat wie ein schmeichelndes Hündlein das Brot aus meiner Hand gegessen und dieser Teufel von Undankbarkeit tritt mich mit Füßen, zerreißt mein Haus und zerstört mein Reich.‹

Er blickte irr über die verstummte Tafelrunde und schleuderte seinen Rittern die beschimpfenden Worte zu: ›Ich mäste Knechte! Sie zehren am Mark meiner Länder und strecken die Füße aus unter meinem vollen Tisch; aber keiner dieser Fresser und Schwelger ist Mannes genug, mir einen Verräter vom Halse zu schaffen!‹

Während der Herr mit rollenden Augen auf und nieder schritt und sich keiner mit der Rede an ihn wagte, hatte sich die Mehrzahl der Königsgäste erhoben und umringte den Bischof, diesen mit Fragen und Vorwürfen bestürmend.

Hinter dem Stuhle des Königs stehen geblieben, sah ich am untern Ende der plötzlich gelichteten Tafel viere zusammensitzen, die sich Blicke zornigen Einverständnisses zuwarfen und im Flüstertone, als hielten sie geheimen Rat, aufgeregte Worte tauschten. Ihre Namen, Herr, sind Euch bekannt, denn die Legende hat sie in alle vier Winde gerufen, sie sind die Unseligsten aller Lebenden und jedes Christenkind in Engelland bekreuzt sich vor ihnen.

Das ist zum ersten Herr Wilhelm Tracy, der Spötter, dann Herr Richard aus der Bretagne, Herr Rinald, der Schöne, ein Liebling der Weiber, und letztens Herr Hug, der Einsilbige.

Ich stand zu ferne um ihre Worte zu verstehen, aber ihre Gebärden sprachen deutlich genug.

Noch seh ich, wie Herr Hug sich die Lippe benagte, wie Herr Richard seine weichen Langhaare um die Finger schlang und zerriß, während Herrn Richard der Zorn dunkelrot in die Stirne stieg und der witzige Mund des Herrn Wilhelm Tracy, der sonst voller Gelächter war, sich zum bittersten Hohne verzog. Dann schienen sie eins geworden und verschwanden zusammen durch eine Hintertüre.

Ich wandte mich nach dem Fenster und sah die viere im Schloßhofe ungeduldig auf ihre Rosse harren und sie dann hastig besteigen.

Als ich am Abend dieses schlimmen Christtages in der Kammer meines Herrn erschien, um seinen Jagdbefehl für morgen zu holen, fand ich ihn, wie den Zornmütigen zu geschehen pflegt, stumm und niedergeschlagen, so daß ich es wagen durfte, meinem geängstigten Herzen Luft zu machen.

›Zu Mittag, nach Eurer scharfschneidigen Tischrede‹, begann ich, ›sind vier Eurer Gäste‹, und ich nannte sie, ›spornstreichs verritten, ich meine nach der Küste. – Hätten sie aus Euern entrüsteten Worten einen Wunsch oder einen Befehl herausgehört ... o Herr! Was dann? Wenn sie Eure Rede in Eure Tat verwandelten – es wäre nicht Euer Wille.‹ –

Er starrte mich an, mühsam seine Gedanken zusammenknüpfend, und antwortete nicht.

›Bei der glückseligen Krippe‹, warnte ich flehentlich, ›das ist kein Geringes! Alle Heiligen und Engel wollen

Euch behüten, daß Ihr Euch keinen Märtyrer auf die Seele ladet.‹ –

Jetzt begriff er mich plötzlich und packte mich an der Schulter. ›Wann sind sie verritten?‹ fragte er, obwohl ich es ihm eben gesagt hatte. ›Warum mahnst du nicht zu guter Zeit, krächzender Rabe?‹ –

›Noch ist es nicht zu spät!‹ versetzte ich unerschrocken. ›Betrachtet die von Mitternacht heranziehenden Schneewolken! Sicherlich tobt die See und sie haben Gegenwind.‹

›So sattle meinen Berber‹, befahl er, ›er überholt den Sturm. Erreiche die viere und bring sie mir zurück. Du ereilst sie mir – ich will es!‹

›Herr‹, sagte ich, ›sie werden mich nicht hören; denn Ihr habt ihre Ehre aufs Blut gereizt. Besser, ich reite einen andern Weg, erreiche die Küste, wo der Meeresarm am dünnsten ist, presse dort das schnellste Schiff, wem es gehöre, gelange nach Canterbury vor den vier von Euerm Zorne Gejagten und schaffe Herrn Thomas in Euerm Namen Sicherheit.‹

›Das ist deine Sache!‹ drohte er. ›Wisse eines: ich will nicht, daß dem Primas ein Leides geschehe! Wird ein Haar dieses ehrwürdigen Hauptes gekrümmt, so büßest du dafür und baumelst mir am nächsten Galgen!‹

Es hätte dieser unsinnigen Drohung für mich nicht bedurft. Nie wurde schneller gesattelt, nie rastloser geritten! Unterwegs erfuhr ich, die viere hätten sich dem nächsten Seehafen, welchen sie den Port der Gnade nennen, zugewendet, und eilte quer durch französisches Land nach Calais, von wo mich ein Schnellsegler in wenig Stunden nach Engelland hinüberbrachte, während ich inmitten der stürzenden Wellen Gottes liebe Mutter, die mich auch erhörte, inbrünstig anrief, mich den vier Zornmütigen nur wenigstens um zwanzig Ave Maria vorkommen zu lassen.

Auf englischem Boden wurde ich häufig von streifenden geharnischten Normannen angerufen; denn das Land war in Unruhe und die Sage überall verbreitet, der Primas umgebe sich in Canterbury mit sächsischen Waffen.

Von diesem in der Luft herrschenden Geiste der Bangigkeit gejagt, trieb ich, auf die fliegende Mähne des Berbers mich beugend, das edle Tier zu rasendem Laufe und dennoch schien es mir, als wollten sich die aus dem Häuserhaufen von Canterbury aufsteigenden Türme der Kathedrale, auf die ich meinen Blick unverwandt geheftet hielt, nicht vergrößern.

Als ich mich endlich in Schweiß gebadet den Mauern der Stadt näherte, fand ich die Straße vor dem Tor mit frisch abgehauenen Tannenzweigen und dürftigen Wintermaien, den Zeugen eines friedfertigen Einzuges, bestreut. –

Ich glitt vom Pferde und führte das schnaufende Tier durch eine Hintergasse in die Brauerei, wo ich abzusteigen pflegte; denn ich hatte nicht selten meinen König nach Canterbury begleitet, dessen eben vollendetes Münster als ein Wunder der neuen Baukunst galt. Der Hauswirt, ein Sachse, der zugleich der Alderman von Canterbury war, schloß gerade behutsam die Läden der gegen die lange Hauptgasse gewendeten Fensterreihe. Als ich ihn fragte, wozu er am hellen Tage Finsternis mache, deutete er mir mit der Linken zu schweigen und schob mich mit der Rechten vor die breite Spalte eines Fensterbalkens. Ich lugte durch und sah die viere von der Königstafel in voller Rüstung die Gasse auf und nieder reiten, mit ausgestreckten Schwertern auf die Fenster und die Haustore weisend.

›Jeder halte sich im Hause! Keiner setze den Fuß auf die Gasse!‹ gebot Herr Wilhelm Tracy, der seinen Rappen vor der Wohnung des Aldermans herumriß, während das Tier aus schnaubenden Nüstern eine Dampfwolke in die kalte Winterluft ausstieß.

Nachdem der Herr sein Roß gewendet, wiederholte er den Befehl, nicht in der verächtlichen Weise, wie der normännische Hochmut die Sachsen anzufahren pflegt, sondern mit feierlichem Heroldsrufe.

Die erschrockenen Bürger gehorchten. Hier schloß sich eine Kaufbude, dort trug ein Hökerweib jammernd seine Körbe weg, weiter unten hob eine geängstigte Mutter ihr auf der Gasse spielendes Kind auf den Arm und flüchtete es heim.

Der witzige Herr Wilhelm war nicht zu kennen. Ernst und unglücklich schauten seine Augen unter den schwarzen Brauen hervor aus der Blässe seines Angesichtes. Es wurde mir deutlich, daß sich die viere unterwegs geeinigt hatten und die auf ihrer Seele brennenden Schmachworte des Königs nicht mit einer zornigen Mordtat, sondern mit Gericht und Bluturteil zu löschen gedachten.

Auch ich ratschlagte mit dem Alderman, machte den echten und letzten Willen meines Herrn und Königs geltend und gebot ihm, sobald die viere gewichen, seine Bürger zu ermutigen, zu bewaffnen und mit ihnen meines Zeichens zu harren.

Dann schlüpfte ich durch Seitengäßchen und erreichte das feste erzbischöfliche Haus, wo sie mich als Königsknecht und eine in Engelland wohlbekannte Person ohne Schwierigkeit, ja bereitwillig wie einen Nothelfer, einließen.

Sie führten mich in eine prächtige, lieblich erwärmte Halle, wo der Primas unter vielen Klerikern und dienenden Brüdern Tafel hielt, hinter denen ich mich barg, ungern mich geduldend bis der Augenblick es erlaube, mich Herrn Thomas zu nahen.

Er selbst berührte keinen Bissen, sondern hielt das geisterhafte Haupt mit geschlossenen Augen in den bischöflichen Stuhl zurückgelehnt, einen armen, frommen Mann aus Canterbury anhörend, der mit bebender Stimme den Eintritt der viere berichtete.

Nachdem er ihn von der Nähe der Gefahr überzeugt hatte, beschwor der Sachse den Primas sein Leben durch die Flucht zu retten. Ein ängstliches Gemurmel lief um die Tafel.

Herr Thomas aber regte sich nicht. ›Es ist genug‹, sagte er ruhig, segnete und entließ den Weinenden. Dann sprach er: ›Gib mir den Kelch!‹ und der junge Kleriker, an den er sich wandte, ein blondlockiger Knabe in weißem faltigen Gewand, reichte ihm eine mit Wasser gefüllte kristallene Schale, die er langsam ausschlürfte.

Jetzt trat ich vor und warf mich dem Primas zu Füßen. ›Ehrwürdiger Vater, ich komme von meinem König! – Ihm ist bange um Euch!‹ rief ich. ›Er sendet mich auf eiligen Schiffen und dampfenden Rossen, daß ich Euch mit meinem Leibe decke und die königliche Macht über Euer Haupt breite! ... Auf, fromme Brüder‹, und ich wendete mich an seine Kleriker, ›auf! Stehet mir bei! Führet Euern Bischof in sein innerstes festestes Gemach! Und ihr andern, helfet mir die Tore versperren und die Türen verrammeln! Ist nur das erste Feuer der vier Herren verlodert und ihr erster Anlauf abgeschlagen, so geleite ich mit Hilfe der Leute von Canterbury den Primas in die nächste königliche Burg. – Herr Thomas, im Namen der benedeiten Mutter, widerstrebet nicht! Gebt Euch in des Königs Schutz und Euch wird kein Haar gekrümmt werden!‹

Ohne sich von der Stelle zu rühren, richteten die Kleriker insgesamt ihre Blicke auf den Primas; doch dieser machte mit wenigen gelassenen Worten meinen Anschlag zunichte. ›Besser als dir ist der Wille deines Herrn mir bekannt. Ich lese deutlich in seinem Herzen! Gottes ewiger Ratschluß und der Vorsatz meines Königs erfülle sich an mir!‹

›Bei den fünf heiligen Wunden!‹ schrie ich, außer mich geratend, ›der König will nicht, daß Ihr hier erwürgt werdet! Trägt er die Schuld, wenn Ihr die trotzige Absicht habt, Euern Leib und des Königs Seele wissentlich und freventlich zu verderben?‹ –

Da wandte sich plötzlich Herr Thomas gegen mich und schlug mich mit biblischen Worten: ›Hebe dich von hinnen, du Schalk und böser Knecht, denn du bist mir ärgerlich!‹ –

Erschrocken sprang ich auf die Füße und wich zurück unter die Kleriker. Ich war betrübt und mehr noch ergrimmt, daß Herr Thomas, der bis heute säuberlich mit mir gefahren war, im Augenblick, da sein Innerstes offenbar wurde, mir so böse und ehrrührige Namen gab, als wäre ich ein Erzschelm von lange her. – War das nicht eine Ungerechtigkeit? Ich überlasse Euch das Urteil, jetzt, da Ihr meinen Wandel von jung auf kennt

und ich Euch nichts von meiner Blöße verhehlt habe. Bevor ich den Schmerz dieses unverdienten Schlages verwunden hatte, wurde die Türe geöffnet und die vier normännischen Herren traten in die Halle, ohne Rüstung und Waffen, in gewöhnlicher Hoftracht. Sie begrüßten den Primas mit tadelloser Courtoisie und feindseligen Mienen.
Der Bischof hatte sich bei ihrem Eintreten in seinem Stuhl emporgerichtet, und ich wunderte mich über die Erhabenheit seiner Gestalt, aus welcher jede Schwäche gewichen schien. Er erwiderte den Gruß seiner finstern Gäste ebenso adelig und lud sie, die Hand leise bewegend, an seine Tafel. Sie setzten sich.
›Wie steht es um meinen Herrn und König?‹ fragte er sie nach einer Weile und erhielt keine Antwort.
›Ist's Friede?‹ fragte er wieder.
Die viere aber betrachteten den Bischof, die einen mit gesenkter Stirn unter drohenden Brauen hervor, die andern mit scheuen Seitenblicken, nur ein unverständliches Gemurmel kam über ihre Lippen.
Zuerst ermannte sich Herr Richard, den sie seiner unbezwinglichen Faust halben Frappedür, das heißt in unserer Zunge Schlagehart, nannten. ›Im Namen des Königs kommen wir!‹ sagte er.
›Ich glaube euch‹, versetzte der Primas. ›Ihr, die ihr um ihn seid, verstehet seine Winke und erfüllet seinen Willen.‹
›Hebe den Bann von dem Bischof zu York, Primas, oder hebe dich selbst aus Engelland!‹ fuhr Herr Frappedür fort, und der Einsilbige stimmte bei: ›Hebe den Bann, oder dich selbst.‹
›Nicht ich allein, jetzt hat ihn auch ein anderer als ich,

der Heilige Vater in Rom, mit dem Banne belegt‹, erwiderte Herr Thomas ruhig. ›An diesen wende sich mein Bruder in York. Meine Sache kann das nicht länger sein. Ich suche nur den Frieden.‹

›So entrinnst du uns nicht, du Doppelzüngiger!‹ drang Herr Wilhelm Tracy, der unter den vieren der gewandteste Redner war, auf den Primas ein. ›Befreie den Bischof von dem Banne, den du auf ihn geschleudert hast! Er brennt ihm stärker auf der Haut als der römische. Genug der Unterscheidungen und Spitzfindigkeiten! Gehorche deinem Könige und Lehensherrn in geraden Treuen, wie wir alle tun! Bist du nicht lediglich ein Geschöpf seiner Gnade? Wer hat dich aus dem Nichts gezogen und aus einem Sachsen zu einem Menschen gemacht? Woher kommt dir die erhabene Macht dieses Stuhles? Du Undankbarer, Feindseliger, sprich und bekenne: aus wessen Händen hast du sie empfangen?‹ – Da rief Herr Thomas mit durchdringender Stimme, daß es durch die Halle zitterte:

›Aus den Händen meines Königs zu seinem Gericht!‹

Über dieser harten Rede gerieten die viere in Aufruhr. Rinald der Schöne drehte an den Fingern seiner Handschuhe, die er bis jetzt spielend in der Linken gehalten. Herr Richard Frappedür stieß mit Rücken und Fuß seinen Stuhl zurück, daß das Eichenholz krachte, und der Einsilbige sagte: ›Endet!‹

Herr Thomas aber sprach mit heiliger Hoheit: ›Ich glaube, ihr drohet, tapfre Herren? Was will mein König von mir? Was sein ist, will ich ihm geben. Meinen Leib? Hier ist er. Nehmet ihn. Mein Gewissen aber gehört weder ihm noch mir.‹ –

›Vergessen wir der ritterlichen Sitte nicht!‹ sprach Herr

Wilhelm. ›Herren, überlasset mir die Fragestellung!‹ Er erhob sich und trat in Totenblässe vor den Primas. ›Thomas Becket, nimmst du den Bann von dem Bischofe zu York? Rede!‹

Herr Thomas aber schwieg und verurteilte sich damit zum Tode.

›Thomas Becket, du hast den englischen Boden gegen den Willen deines Königs und den Spruch seines Parlamentes wieder betreten. Weiche aus Engelland! Zugesagt ist dir freies Geleit bis ans Meer. Wann ziehst du von hinnen? Rede!‹

Herr Thomas aber schwieg.

Eine Weile harrte Herr Wilhelm auf Antwort, dann schloß er finster: ›Das ist Felonie. Dein Blut über dich!‹ –

Die viere verließen den Saal mit gemessenen Schritten. Ich wußte, sie gingen sich zu waffnen.

Es entstand nun eine so große Stille, daß ich mein Herz wie einen Hammer gegen die Rippen schlagen hörte. Da erklang aus dem Schweigen, stark und markig, eine Stimme, die ich anfangs nicht erkannte. Sie gehörte Herrn Thomas, der einen ihm gegenüber an der Wand hangenden Kruzifixus mit Inbrunst ansprach:

›Fürst der Schmerzen, nimm Wohnung in diesem Leibe!‹

Wieder hörte ich lange Zeit nichts als die Schläge meines Herzens. Dann sprach Herr Thomas zum andern Male und streckte seine schmalen Hände aus:

›Durchstich sie und gewähre mir deine Passion!‹

Da erbebte ich in Ehrfurcht und getraute mich nicht länger, das Angesicht des Herrn Thomas zu besehen, weil ich fürchtete, der Dreifaltige habe in seinem Leib Einzug gehalten und blicke majestätisch aus seinen Augen.

Aber ich raffte mich zusammen, als ich auf dem Gange Waffenlärm vernahm, stürmte nach der Pforte und stieß alle Riegel vor. Durch mein Zufahren wie aus dem Banne eines Traumes gelöst, umringte der ganze Haufe der Kleriker den Primas, etliche fielen ihm zu Füßen, andere, die ihn fortziehen wollten, faßten seine Arme, noch andere umschlangen seine Hüften, um sich seiner zu bemächtigen und ihn mit liebender Gewalt wegzutragen.

Inzwischen schmetterten Beilschläge von draußen gegen die Türe.

Der Primas aber wollte von dem Sitze, wo er gerichtet worden, nicht weichen. Da trat ein schlanker, klug blickender Diakon vor ihn hin, legte den Finger auf den Mund und machte ihn auf das feine Geläute eines Glöckleins aufmerksam, das in dem Tumulte kaum zu vernehmen war. ›Es läutet zur Vesper und man erwartet Euch in der Kirche, Vater‹, mahnte er.

Thomas Becket erhob sich ohne Weigerung, ein Zug ordnete sich und der Primas durchschritt hinter dem vorgetragenen Kreuze den langen Gang, der durch das Innere des bischöflichen Hauses in den Chor der Kathedrale führte. Auch ich wandelte in Reih und Glied mit den psallierenden Pfaffen.« –

Hier hielt der Armbruster inne. Sein Blick richtete sich auf eine neben ihm auf dem Kaminsims stehende Sanduhr, in welcher eben die letzten Körner aus dem oberen in das untere Glas rollten. Hans drehte die Uhr und sagte: »Heute jährt es sich und es war zu dieser Stunde des Nachmittags, daß Herr Thomas seinen letzten Gang antrat.

In den Chor des Münsters gelangt, warf er sich vor dem Fronaltar auf die Kniee, von seinen Klerikern umlagert, deren mehr als einer, an den Bogentoren des Lettners lauschend, furchtsame Blicke durch die Länge des Schiffes nach dem Hauptportale irren ließ, durch welches die Normannen jeden Augenblick eindringen konnten; denn der Diakon hatte diese Zufluchtsstätte nicht der Festigkeit, sondern der unantastbaren Heiligkeit des Ortes wegen gewählt.

Auch ich hielt das Portal unverwandt im Auge, entschlossen im letzten Augenblick, nicht gegen die vier Herren das Schwert zu ziehen – solches war mir als einem Knechte verwehrt –, aber Herrn Thomas mit meinem Leibe zu decken, ob ich die Schuld vergossenen Märtyrerblutes von meinem Herrn und Könige abwende.

Alle Zeit und Frist nimmt ein Ende. Es klirrte und blitzte unter dem Portal, die viere traten, geharnischt vom Wirbel bis zur Sohle, in die Pforte und stürmten mit nackten Schwertern durch das Schiff der Kirche. ›Mir nach, Getreue des Königs!‹ schrie Herr Wilhelm Tracy.

Schleunig wollte ich noch die offenstehenden festen Gitterpforten schließen, die den Chor von der Kirche trennen; aber der Primas, der sich erhoben und gegen seine Mörder gewendet hatte, wehrte es mir mit unwiderstehlicher Gebärde. Seine Kleriker aber alle umdrängten ihn. Die jüngeren und mutigeren füllten die

Stufen. Voran auf die unterste stellte sich festen Fußes Trustan Grimm, der das Kreuz trug. Die anderen standen und knieten um den Bischof und drückten sich durcheinander wie eine erschreckte und verwirrte Herde, deren Hirte geschlagen wird.

›Wo ist der Verräter?‹ rief Herr Wilhelm Tracy. Da hielt der tapfere Mönch Trustan das Kreuz mit beiden Händen gegen ihn empor als einen Schutz und eine Drohung. Ein Schwerthieb, ein Blutstrahl, und der vom Leibe getrennte Arm sank mit dem Kreuz auf die Erde. Jetzt griffen die viere mit flach fallenden Hieben die geängstigte Pfaffheit an und trieben die auseinanderstürzenden Geschorenen in feige Flucht. Ich aber trat neben Herrn Thomas, der mitten vor dem Hochaltare stand, die Arme öffnend, wie der Gekreuzigte über ihm, als hätte sich dieser verdoppelt.

›Der König will, daß du sterbest!‹ sprach Tracy und erhob das Schwert. ›Es geschehe!‹ antwortete Herr Thomas.

Ich umschlang ihn mit diesen beiden Armen, fühlte den Schlag niederblitzen und wurde in demselben Augenblicke unter dem Rufe: ›Fort, Knecht!‹ von einer eisernen Faust, die nur dem Frappedür gehören konnte, gepackt und geschleudert, daß ich sausend mit dem Schädel gegen eine Säule fuhr.

Während mir die Sinne schwanden, sah ich ein Blutmeer vor meinen Augen und darin ein sterbendes, lächelndes Haupt.

Wie lange ich auf den Steinplatten lag, ist mir unbewußt. Als meine Sinne wiederkehrten, war ich allein in der Kirche. Ich versuchte mich aufzurichten, aber wag-

te nicht nach der Leiche des Heiligen hinzublicken, die zwei Schritte von mir entfernt vor dem Altare lag. Das aber sah ich, wieder zurücksinkend, daß mein Lederkoller mit dem Blute des Gemordeten benetzt war.
Jetzt erhoben sich aus der dunkeln Tiefe des Schiffes zerreißende Klagetöne, das Wehgeschrei wuchs und wuchs und die Kirche füllte sich mit armem sächsischen Volke, das nach seinem Vater schrie und die Rache des Himmels auf die Mörder herabflehte. Mit unheimlicher Hast und Liebe stürzten sich neben mir die Gestalten über den heiligen Leichnam, umfaßten die toten Hände und Füße, küßten die Wunden und wuschen sie mit Tränenströmen. Ihre Kleider und Lumpen aber tunkten sie gierig in das ausgegossene Märtyrerblut.
Endlich brachte ich mich auf die Kniee, zog mit noch umnebelten Sinnen ein Tüchlein hervor und wischte die rieselnden Tropfen von meinem Wams. Da ward mir jammervoll zumute und ich stöhnte:
›Mea culpa, mea maxima culpa.‹« —

Also sprechend ließ sich Hans der Armbruster, als wäre das Vergangene wieder gegenwärtig, stöhnend von seinem Schemel in die Kniee sinken. Herr Burkhard streckte mitleidig seine alten Arme nach ihm aus und tröstete ihn mit liebreichem Zuspruche.

XIII

Unterdessen war das kärgliche Licht des Wintertages zur Neige gegangen, und da gerade ein dichter Tanz von Schneeflocken vor dem Fenster wirbelte, ward es plötzlich so dunkel in dem schmalen Gemache, daß die zwei Alten kaum mehr die Züge der eine des andern unterscheiden konnten. Ein paar letzte Flämmchen zuckten wie Irrlichter über die Kohlen, denn der Erzähler wie der Hörer hatten das Schüren des Feuers vergessen und nichts war vernehmbar, als das leise Schnarchen des hart vor dem Herde ausgestreckten Tapp und das Knuspern eines in der Nähe des Brotkastens geschäftigen Mäuschens.

Da trat der alte Knecht des Chorherrn mit einem Arm voll Holz herein, nährte die Glut und ließ mit schnarrendem Geräusche die in Ketten hangende, dreischnäblige Öllampe nieder, welche nach einer Weile mit ihren gleichmäßig brennenden Lichtern den gewölbten Raum ruhig erhellte.

»Ich bin zu Ende«, seufzte der Armbruster. »Denn was wäre noch zu sagen, nachdem Ihr nun jenes blutende und an den Steinstufen zerschlagene Haupt erblickt habt? Was wäre noch zu sagen von dem Könige und mir, seinem armen Knechte? ...

Außer wenn Ihr hören wollt, wie mein Herr unter der immer schwerer drückenden Bürde des heiligen Leichnams zusammenbrach – denn Herr Thomas durfte ihm auch in der Glorie nicht verzeihen – und wie der Friedlose den Knecht als einen Verhaßten und Mitschuldigen von sich trieb. Und doch hat sich Herr Heinrich vor der Gruft seines Getöteten gegeißelt und ihn aufrichtig angebetet, wie es in der Chronik verzeichnet steht.«

»Nach der glaubwürdigen Aussage meiner Chronik«, bemerkte der Chorherr bedenklich, »hat sich dein König am Grabe des heiligen Thomas zu Canterbury gegeißelt, aber nicht ohne kluge und weltliche Absichten;

denn er wollte sich im Streite gegen die Söhne stärken und die ihm abgewendeten Herzen seiner Sachsen wiedergewinnen. Du selbst, Hans, hast mir offenbart, daß dein König ein großer Sünder gewesen ist.«

»Als ein Gleisner und Heuchler, meint Ihr?« rief der Armbruster entsetzt und fuhr, durch diese Anklage weitergerissen, fort: »Bei dem dorngekrönten Haupte Gottes, nie hat ein Mensch redlicher gebetet, als Herr Heinrich in der Stunde, da er die steinernen Füße des Heiligen mit Küssen und Tränen bedeckte! Ein sächsischer Steinmetz hatte ihn abgebildet, auf seiner Gruft liegend, die Hände über der Brust gekreuzt, still lächelnd. Nicht des Mannes Kunst, aber die Ähnlichkeit des Bildes war groß; denn er hatte sich den Primas bei dessen Lebzeiten wohl eingeprägt und sich seines Antlitzes bemächtigt.

Ich kniete hinter meinem Herrn, während er reuig seiner Sünden gedachte, und als er das Fleisch seines Rükkens zur Geißelung entblößte, lief es mir heiß und kalt über den meinen. Inbrünstig bat auch ich den Heiligen, in die Stapfen Gottes zu treten und seinen Mördern zu verzeihen.

Inzwischen stöhnte Herr Heinrich: ›Nur den Liebling, das Löwenherz, nimm mir nicht, du mächtiger Streiter Gottes! Wie wenig habe ich dich gekannt, du heiliger Mann, in dessen Nähe und Atem ich Verworfener zu leben gewürdigt war‹ …

Ein Hornstoß ertönt. Ich kenne das Signal: ein Reitender aus dem Heerlager meines Königs in Frankreich. Geschwind werf ich Herrn Heinrich einen Mantel über die Striemen seiner Schultern, trete vor das Portal,

empfange die Botschaft und stürze mit dem Schreiben zu meinem Könige zurück.
Ich glaubte, Herr Thomas habe ihn augenblicklich erhört und ihm Sieg gegeben über die Söhne.
Er bricht zitternd das Siegel, aber die Buchstaben schwimmen ihm vor den Augen. ›Lies!‹ befiehlt er zornig vor Sehnsucht nach Sieg und Friede; aber was ich las, lautete anders:
›Ich, Richard Graf von Poitou, klage nicht in meiner Sache, sondern in der meines Erziehers und geistlichen Vaters im Himmel, dessen Mörder heil und ledig auf der Erde umhergehen, ohne ein Königsurteil, welches sie verfolge. Ich verdamme diese Lässigkeit, und damit niemand daran zweifle, verkündige ich Königen und Völkern, daß ich mich lossage von meinem Vater nach dem Blute, wie er selber von Christus und seinem Zeugen sich losgesagt hat.‹
Während ich stammelnd dieser grausamen Schrift Sprache gab, war der Herr mit starren, hervorquellenden Augen an mich herangetreten. Die Stimme versagte mir, er aber fuhr mir mit beiden Händen an die Gurgel. ›Das lügst du, Schandbube!‹ schrie er und brach ohnmächtig zusammen.
Herr Thomas aber auf seinem Grabsteine lächelte.« –
»Genug!« rief der erbleichende Chorherr und streckte seine Hände abwehrend gegen den Armbruster aus.

Herr Burkhard liebte das Heitere und Ergötzliche, wie das hohe Alter pflegt, das nur noch einen letzten Rest des Lebens zu genießen hat. Als er den Armbruster in sein Gemach zog, war es ihm darum zu tun gewesen, ein paar Geschichtchen und Menschlichkeiten aus dem

Leben des Heiligen zu belächeln und das Gold des neuen Heiligenscheines – der Bescheidenheit zulieb – ein wenig zu schwärzen. Hans aber hatte ihm einen qualvollen Kampf und zwei schmerzverzogene Menschenangesichter gezeigt, und diesem Eindrucke war er nicht gewachsen. Er suchte nach einem Scherzworte, um ihn abzustumpfen.

»Mich tröstet«, sagte er nach einer Weile, »daß du vor mir sitzest als ein Frommer und Ehrbarer. Wahrlich, du bist ein schmeidiger Mann, daß dich dein König nicht am Gurt erwischt und mit hinuntergerissen hat.« –

Der Armbruster hatte sich mit funkelnden Augen auf seinem Schemel aufgerichtet. Seine Erzählung hatte ihn erleichtert wie eine Beichte und in allen Muskeln gestärkt; denn er besaß trotz seiner grauen Haare ein tapferes Herz, das die harten Sprüche der in den menschlichen Dingen verborgenen Gerechtigkeit ertragen konnte.

»Auch ich bin nicht ungeschlagen davongekommen«, sagte er, »doch ich verzog mich beizeiten und ließ es an mancherlei Heilbringendem nicht fehlen. Ich will Euch das noch in Kürze berichten und wie ich der Jetzige geworden bin.

Die Gäule laufen rascher, wenn es dem Stalle zugeht.

Als ich nach jener Geißelung hinter Herrn Heinrich nach Schloß Windsor zurücktrabte, ward mir zur Sicherheit, daß meines Bleibens im Königsdienste nicht länger sein werde. Seit dem Tode des Primas war ich den Augen meines Königs ein Ärgernis geworden, und er hatte mir meine Ohnmacht, jenen aus den Händen seiner Mörder zu reißen, mit zornigen, unbilligen Worten vorgerückt. Wo der Herr mich erblickte, wendete er sich ab. Ein wohlgebildeter Page von vornehmem aquitanischen Geblüte hatte mich Bärtigen im Schenkendienst ausgestochen. Auch auf die Jagd begleitete ich ihn nur noch selten, und zu seiner Buße in Canterbury hatte er mich mitreiten lassen, weil er sich vor mir nicht zu schämen brauchte.

Auf Schloß Windsor nahm mich der Waffenmeister, Herr Rollo, ins Verhör; denn die Geißelung des Königs war ruchbar geworden und wanderte unter den Sachsen, Erbauung und Schadenfreude verbreitend, von Mund zu Munde. Da er die schmähliche Wahrheit vernahm, schwoll ihm die dunkle Zornader auf der Stirn zum Zerspringen und er machte sich nach seiner Weise Luft mit frechen Worten:
›An seine Gruft ist er gekrochen und hat den Feigling angebetet! Wie mag der Bleiche in seiner Höhle gekichert haben! ... Und daß er ihm noch unter dem Boden hervor einen Stich gab, das ist der Schlange würdig! ... Ein gepeitschter normännischer König! ... Aber es ist sich nicht zu wundern! Hast du gesehen, Hans, schon seit Jahr und Tag trägt König Heinrich ein Pfaffengesicht auf den Schultern!‹
Hierin sagte Herr Rollo die Wahrheit. Das Angesicht meines Königs war nicht mehr zu kennen. Es war zerfallen und nach unten gesunken. Statt des freudigen Leuchtens von ehemals gab es nur noch einen matten weißen Schein von sich, wie faules Holz in der Nacht.
›Die englische Luft ist mir stinkend geworden!‹ zürnte Herr Rollo. ›Ich ziehe nach der feuerspeienden Insel Si-

cilia, wo mir ein Neffe lebt. Hans, nimm eine Kohle dort vom Herd‹ – wir standen in der Waffenkammer –, ›und schreibe für mich ein Valet an die Wand, daß ich keinem gegeißelten Könige diene.‹ Ich wußte, der edle Herr war des Schreibens unkundig, und ich brachte seine Gedanken nach Kräften in einen lateinischen Spruch, mit dessen Fassung er sich zufrieden gab, und der lautete:

›Ego – Normannus Rollo – valedico – regi Henrico.‹

Bevor ich aber die Kohle ansetzte, bemerkte ich: ›Ich habe dieselbe Fahrt, Herr.‹

›Wie, du gehst, Bogner? Der König wird dich missen!‹ warf er hin und runzelte die Stirn.

Ich wies auf die blauen Flecken meines gewürgten Halses und sagte: ›Zum dritten Male schon habe ich Herrn Heinrich Unheil verkündet, was Wunder, daß er dem Raben gram wird! Mein Königsdienst bringt ihm kein Glück mehr. Was soll ich seinen Zorn reizen! Ich will gehen, bevor er wie König Saul zur schlimmen Stunde einen Spieß nach mir wirft. Aber daß Ihr von ihm lasset, Herr, den er wert und teuer hält als den ältesten Zeugen und die Verkörperung des normännischen Ruhms, das wird ihn als ein böses Omen erschrecken und verfinstern.‹

Da riß mir der Waffenmeister die ungebrauchte Kohle aus der Hand, warf sie gegen den Herd und wandte mir finster brummend den Rücken.

Am selben Tage trat ich vor meinen Herrn und bat um Entlassung mit schwererm Herzen noch, als an jenem ersten Tage meines Herrendienstes, da ich ihm in demselben Gemache meine vervollkommnete Armbrust gezeigt hatte. Er schaute mich nicht unfreundlich, nur fremd und traurig an und gnadete mich ab. Ein reicher Mann wurde ich damit nicht, aber meinen ehrlichen Lohn ließ mir Herr Heinrich durch seinen Schatzmeister ausrichten.

Als ich meine Kammer in Windsor räumte, fand ich in der Tiefe einer Truhe, wohin ich es verstoßen hatte, das Tüchlein mit dem Blute des Heiligen. Was damit beginnen? Wohl war es köstlicher als der ganze Lohn, den mir König Heinrich hatte verabreichen lassen, denn schon damals wurden die geringsten Überbleibsel des Herrn Thomas hundert-, ja tausendfach mit Gold aufgewogen. Aber es ging mir gegen die Erinnerungen des Gemütes, ein Blut zu verkaufen, an welchem ich nicht ohne einige Schuld war. Die zwei übrigen Auswege, das blutige Tüchlein an mir zu behalten, oder es zu vertilgen, waren gleicherweise bedenklich.

Bevor ich Engelland verließ, versäumte ich nicht, meinen frühern Meister, den Bogner in London, aufzusuchen. Er hatte mir Gutes erwiesen, und während meines Königsdienstes war ich ihm abtrünnig geworden. Er empfing mich mit großen Ehrenbezeugungen, denn er wußte nicht, daß ich in Ungnade gefallen war, und lachte und weinte wie ein Kind. Bitternis und Herzeleid hatten ihn an Leib und Seele geschwächt. Ich fragte nach Hilde. Sie liege an einem zehrenden Fieber danieder, sagte er, und führte mich in ihre Kammer.

Als sie mich erkannte, leuchtete ein Glanz aus ihren tiefliegenden blauen Augen. Sie dankte mir, daß ich gekommen sei; sie habe danach gedürstet, mich noch einmal vor ihrem Sterben zu sehen. In mir aber stieg mit dem Mitleid die alte Liebe mächtig auf, so daß ich ihr vorschlug, gedemütigt wie ich war durch die Schläge des Schicksals, sie als mein angetrautes Weib mit mir heimzuführen, wenn sie nur gesunden könnte. Sie nickte, aber zweifelnd und traurig.

Da fiel mir mein kostbares Heiligtum ein, denn es war in ganz Engelland ein groß Rühmen und Prahlen von den durch die Reliquien des heiligen Thomas gewirkten Genesungen und Wundertaten. Tote sogar, so predigte die sächsische Pfaffheit, seien kraft der Berührung mit denselben in die Zeitlichkeit zurückgekommen. Im schnellsten Ritte jagte ich nach Windsor und zurück. Ich eilte mit meinem Tüchlein hinauf in ihre Kammer. Sie schlummerte, und ich legte es ihr leise auf die Brust. Da regte sie sich, lächelte freundlich, tat ein paar schwere Atemzüge, schlug die Augen strahlend auf und schloß sie wieder mit einem leisen Seufzer. Herr, sie war tot.

Da faßte mich ein grimmiger Schreck und Zorn, daß Herr Thomas, der die Toten auferwecke, mich unversöhnlich verfolge und mir mein Liebes töte. Ich entfloh und das blutige Tüchlein ist wohl mit ihr eingesargt worden.

Ich hatte eine stürmische Meerfahrt, und zweimal warf mich die Welle an die englische Küste zurück. Nachdem ich endlich festen Boden beschritt, strebte ich nach schwäbischen Landen; denn die Erfahrung des Lebens hatte mir die Lust der Wanderung und weltlichen Neugier völlig ausgetrieben. Wie ich einmal wieder mein Roß im Rhein getränkt hatte, zog mich das Heimweh unaufhaltsam stromaufwärts, bis durch das Tor Schaffhausens.

Dort fand ich den Juden Manasse verschollen und wurde als ein weltkundiger und namhafter Mann mit Ehren aufgenommen. Ehe der Flitter meines Ruhmes verblich, heiratete ich eine junge Wittib, die mir neben zwei Knäblein ihres ersten Bettes einen Turm in Schaffhausen und einen sonnigen Weinberg am Rheine zubrachte.

Ihr traut es mir zu, Herr, daß ich, obzwar ein adeliger Mann und gewesener Königsknecht, mein Handwerk nicht aufgab, vielmehr unverweilt eine fröhliche Werkstatt auftat, aus welcher ich bald einen weiten Umkreis von Burgen und Städten mit großem und kleinem Geschoß versah.

Von meinem König aber erfuhr ich nichts, als daß er mit sich und seinen Söhnen nicht zum Frieden kommen konnte.

Da begab es sich eines Tages, daß ich, das ältere Büblein meiner Frau an der Hand, gegen den Rheinsturz hinausging, um mit einer neuen Armbrust über den Strom zu schießen, prüfend in welchem Maße durch den Wirbelwind, der dort über den Wassern schwebt, der Flug des Geschosses gestört wurde.

Wie ich nach einem Zielpunkte am jenseitigen Ufer spähe, erblicke ich die graue Gestalt eines Ritters, auf einem Felsblocke sitzend, das Schwert quer über die Kniee gelegt wie Euer Carolus Magnus hier am Münsterturme. Meinem Knäblein beginnt es zu grauen, und ich zerbreche mir den Kopf, wer das seltsam natürliche Bildwerk über Nacht in die Wildnis an den Strom gesetzt habe.

Da hebt der Ritter langsam die geharnischte Hand empor, und ich sehe, wie er mir winkt. Jetzt erkenn ich ihn, springe in den Nachen des Fergen, stoße mich über, und Herr Rollo ruft mir entgegen: ›Ich grüße dich, Schwabe, und lade mich bei dir zum Nachttrunke.‹

Heimkehrend sagte er mir, er sei auf der Fahrt nach Palermo. Heute in dies Städtchen am Rheine gekommen, habe er Hengst und Dienstleute dort untergebracht und sei dann, von einem fernen Donnern gelockt, neugierig stromabwärts gegangen bis zu diesem tapfern Wasserspiele.

Als wir zusammen durch die Gassen von Schaffhausen schritten und das Volk den gewaltigen alten Herrn bestaunte, war mir, als hätt ich vorzeiten unter einem fremden Riesengeschlechte gelebt. Herr Rollo trank manchen Becher meines Weines und lobte ihn. Ich aber wagte endlich eine Frage nach meinem Herrn und Könige. Da blies der Waffenmeister in die Luft und ich verstand, Herrn Heinrichs Seele sei von hinnen gefahren.

›Und sein Sterben?‹ fragt ich angstvoll, ›wie war es?‹

›Unpfäffisch!‹ gab er zur Antwort. ›Ein roter Vaterzorn hat ihn wie der Strahl getötet. Dein Abgott, der Knabe Richard, hatte ihn mit Hilfe des Kapetingers unter sich gebracht und forderte als erste Bedingung des Friedens einen väterlichen Segen, wenn es auch nur die leere Gebärde wäre.

Da erhob sich Herr Heinrich, von meinen Armen gehalten, voll stillen Grimmes auf seinem Siechbette und streckte gezwungen seine Rechte über den Sohn aus.

Aber die falsch segnenden Finger zog der Sterbekrampf zusammen und sie erstarrten in der Luft.‹

›Haltet ein, Herr Rollo!‹ rief ich schaudernd, und nach einer Weile fuhr ich fort: ›Gestattet Ihr es, so begleite ich Euch eine Strecke weit, ich will eine Wallfahrt tun zu der schwarzen Muttergottes von Einsiedeln, mich verlangt, für die Seele meines Herrn zu beten.‹

Am zweiten Tage erreichten wir die unfruchtbare Hochebene, wo Meinrads Zelle liegt. Herr Rollo kehrte nicht an, er wandte und spornte sein Pferd, indem er mit leichtem Kopfnicken von mir Abschied nahm und gegen die Türme des Klosters ausspie.

Ich aber stieg von meinem Tiere und zog mit nackten Füßen und barem Haupte zu der Heilsstätte. Nachdem ich dort alles Übliche und Reinigende verrichtet, trank ich zum Abschiede noch einmal von jeglicher Röhre des Brunnens, der, wie Ihr wißt, dem gesegneten Leibe St. Meinrads entsprungen ist.

Wie ich den andächtigen Mund von einer Röhre weghebe, sehe ich an der nächsten das durstige Haupt eines Pilgers hangen, dem der rechte Ärmel leer an der Seite niederfiel. Jetzt erhob auch er das Angesicht gegen mich und wir schauten uns in die Augen.

Ehe wir uns dessen weiter versahen, waren wir beide aufgesprungen und hielten uns an den Gurgeln – Trustan Grimm und ich.

Da erscholl neben uns ein kräftiger Baß: ›Hände weg!‹ und ein blühender junger Mönch fragte uns nach Herkommen und Heimat.

Als er erfuhr, der eine von uns sei der Kreuzträger des heiligen Thomas, der andere der Leibknecht König

Heinrichs gewesen, fand er es verzeihlich, daß wir uns an die Hälse gefahren, schied uns aber mit gleichmäßiger Buße, jedem seine Zahl Vaterunser auferlegend, und der ehrlichen Predigt, kleine Leute hätten sich nicht in den Streit großer Herren zu mischen, zumal wenn diese schon an einem der drei jenseitigen Orte ihren richtigen Platz gefunden hätten.

So zog jeder von uns seine Straße. Ich in meine Werkstatt am Rhein, Trustan Grimm nach dem Heiligen Grabe, noch etwas Böses gegen die lauen schwäbischen Pfaffen in seinen roten Bart murmelnd.

Nach zehn Jahren erhob der noch heute regierende Papst, dem Schrei Engellands und der Christenheit Gehör gebend, Herrn Thomas in den leuchtenden Kreis der Kirchenheiligen. Statt der geforderten drei Wunder wurden deren über hundert vermeldet und verbürgt, und das verdienstliche Sterben auf den Stufen des Altars wog nicht weniger in der Schale seiner Würdigkeit.

Als solches den christlichen Ländern verkündigt wurde, schrieb ich den Namen des Herrn Thomas in meinen selbstgefertigten Kalender ein, hart unter die kleinen ersten Märtyrer, die unschuldigen Kindlein von Bethlehem, mit welchen er freilich, den gewaltsamen Tod durchs Schwert ausgenommen, nur wenig gemein hat.«

In diesem Augenblicke fuhr Tapp scharf bellend auf, und bald antwortete ihm von der Gasse herauf Rüdengeheul und Roßgestampf. Ein greller Fackelschein fuhr durch das Zimmer und wie die beiden in den hölzernen Söller hinaustraten, erkannte der Armbruster an der

Spitze des die steile Gasse herabreitenden Jagdzuges seinen Gönner und Schuldner, Herrn Kuno, und wurde auch von ihm erkannt. Denn während die Linke des jungen Chorherrn den Zügel kürzte, riß er mit der Rechten einen vollen Ledersäckel aus seinem Gewande hervor, welchen er dem Armbruster in großmütiger Laune entgegenstreckte.

Hans wollte sich beurlauben, doch Herr Burkhard legte ihm die zitternde Hand auf die Schulter.

»Freund«, sagte er, »nächtige du unter dem Dache von St. Felix und Regul! Hat dich doch der heute hier regierende Heilige einen Schalksknecht genannt und möchte dir leichtlich, unversöhnt wie er ist, auf deinem finstern Wege zur Herberge Fallstrick und Hinterhalt legen. Gehe jetzt und erhebe deine Schuld bei Herrn Kuno, ehe die Würfel rasseln. Unterdessen wird dir das Lager in meiner Kammer gerüstet. Ich schlafe wenig, und es ist mir lieb, heute Nacht einen lebendigen Atem neben mir zu hören, denn ich fürchte, das blutige Haupt des Herrn Thomas könnte mir im Dunkel der Nacht vorschweben!

Morgen aber, als am Tage des gottseligen Königs David, magst du getrost deines Weges fahren.«

Inhalt

Conrad Ferdinand
Meyer

Gesammelte Werke
Erster Band

Herausgegeben von
Wolfgang Ignée

nymphenburger

Conrad Ferdinand
Meyer

Novellen

Das Amulett
Der Schuß von der Kanzel
Plautus im Nonnenkloster
Gustav Adolfs Page
Die Hochzeit des Mönchs

nymphenburger

Texte nach den Ausgaben letzter Hand

Umschlaggestaltung: R. Susanne Berner, Weyarn
Satz: Fotosatz Völkl, Germering bei München
Druck und Binden: Welsermühl, Wels OÖ.
Printed in Austria 1985
ISBN 3-485-00440-5

EINFÜHRUNG

I.

Die beiden weltbekannten Schweizer Autoren des neunzehnten Jahrhunderts, die in der Literaturgeschichte gern unter dem Rubrum des »Poetischen Realismus« abgehandelt und zusammengefaßt werden, Gottfried Keller (geboren 1819) und Conrad Ferdinand Meyer (geboren 1825), hatten nicht viel füreinander übrig. Obwohl von gleichem Rang und viele Jahre in Zürich nebeneinander herlebend, gab es doch so gut wie keinen künstlerischen Meinungsaustausch zwischen ihnen. Sie trafen sich in Lesesälen, sandten sich höfliche Geburtstagsgrüße, die mit »Verehrter Herr ...« anfingen, und besuchten sich gelegentlich in ihren Wohnungen. Meyer und Keller schrieben sich in den Jahren 1876 bis 1889, also in dreizehn Jahren, insgesamt ein halbes hundert Briefe: Meyer verfaßte dreißig, Keller zweiundzwanzig. Das ist die gesamte bekannt gewordene Korrespondenz der beiden. Der um fangreiche Briefwechsel zwischen Goethe und Schiller ist ein literarisches Werk von eigener Kraft und Farbe, von den wechselseitigen Anregungen, ja gemeinsamen künstlerischen Unternehmungen der deutschen Klassiker in Weimar zu schweigen. Die schweizerischen Klassiker deutscher Sprache gingen etwa so miteinander um, wie es eine (mündliche) Überlieferung Meyers mitteilt: »Wir standen uns nicht nahe, aber wir sahen uns doch öfter. An einem schönen Abend hat er mir einmal seine Freundschaft angeboten. Ich lehnte sie nicht ab, obwohl ich wußte, daß nichts dabei herauskommen konnte. Wir haben beide dann keinen Gebrauch davon gemacht ...«

Dabei hätten sich die beiden Erzähler eigentlich hervorragend ergänzen können. Denn fast wiederholten sie, zeitgemäß modifiziert natürlich, das deutsche Dioskurenpaar: Meyer war, wenn auch auf dem epischen Feld, ein pathetischer Inszenator dramatischer historischer Augenblicke, mit viel subjektiven, lyrischen Zügen, Keller ein behaglicher Realist der Anschauung, dem Dasein und der Gegenwart, wenn auch unter schmerzvollem Verzichten, zugewandt. Doch es zeigt sich, daß die Weimarer Konstellation ein Sonderfall war. Die Literatur gehorcht nur sich selbst, nicht unserer Phantasie, welche dazu neigt, die literarischen Figuren wie in einer idealen poetischen Landschaft aufzustellen. Schriftsteller sind zunächst einmal Einzelgänger. Das Schöpferische verträgt nur ausnahmsweise »Teamwork«, es bleibt auch in unseren Zeiten der vielfältigen öffentlichen Förderung der Literatur ein Produkt der Individualität, sucht den höchsten und genauesten Ausdruck, um mit Sternheim zu reden, in der je eigenen Nuance.

Was die beiden Schweizer Dichter trennte, trotz Zugehörigkeit zu einer gemeinsamen Generation, war offenbar gewichtiger als das Verbindende. Ja, was sie vielleicht am meisten verband – die körperlich-psychische Deformation: Kellers zwergenhafter Wuchs, Meyers manisch-depressive Anlage –, dürfte ihren Umgang besonders erschwert haben. Es ist kaum vorstellbar, daß die beiden verwundeten, von der Natur gezeichneten Genies nach Art geschwätziger Kranker ein Interesse daran gehabt hätten, sich gegenseitig mit ihren Leiden zu behelligen. Sie mußten mit ihren Beschwerden und Spannungen auf je eigene Weise fertig werden. Natürlich beachtete jeder der beiden Autoren mit fachlicher Aufmerksamkeit die Produkte des anderen.

II.

Mußte Gottfried Keller auch zeitraubende Umwege gehen, um zu seiner Berufung als Erzähler zu gelangen – der Sohn eines Drechslermeisters hielt sich zunächst für einen Maler, dann sah er sich als Dramatiker –, so fand er doch schon im siebenundzwanzigsten Jahr mit der ersten Sammlung seiner Gedichte einige Resonanz. Der am 11. Oktober 1825 in Stampfenbach (Zürich) geborene Conrad Meyer, der seinem Namen, um Verwechslungen auszuweichen, später den Vornamen des Vaters – Ferdinand – hinzufügte, sollte fast vierzig Jahre alt werden, ehe er auf die erste Publikation stolz sein konnte. Es waren die anonym erschienenen »Zwanzig Balladen von einem Schweizer«, für die der Stuttgarter Verleger einen beträchtlichen Finanzierungsbeitrag des wohlhabenden Verfassers verlangt hatte.
Der Schriftsteller Günter Grass will so »klug« und berühmt geworden sein, weil er seiner armen, einfachen Mutter im nachhinein zu »imponieren« versuchte. Conrad Ferdinand Meyers verzögerte Autorschaft dagegen scheint auf ein Milieu von zu viel Bildung – Religiosität und öffentliche Verantwortung eingeschlossen – in den Familien der Eltern zurückzugehen. Vielleicht kann man sogar von »Überzüchtung« sprechen. Der Vater hatte Jura und Geschichte studiert und war

Staatsschreiber, der Großvater mütterlicherseits hatte sich politisch und sozial engagiert und war zum Erziehungsrat im Helvetischen Direktorium aufgestiegen. In beiden Familien waren praktische Frömmigkeit und Philanthropie zu Hause.
Dies Erbe verdichtete sich in Meyers hypersensibler Mutter zu einem übersteigerten Pflichtbewußtsein, zu einer Rastlosigkeit im Diesseits, die für das Diesseits keinen Blick mehr übrig zu haben schien. Nach dem frühen Tod des Vaters im Jahr 1840 wird die Mutter dem jungen Mann zu einer Lebensbürde, die seine Entwicklung blockiert. Für Elisabeth Meyer-Ulrich zerbrach mit dem Tod des Mannes das Leben. Mit latenter Depressivität geschlagen, suchte die puritanisch Erzogene auf krankhafte Weise ihren Halt in einem Protestantismus zwinglianischer Herkunft. Ihre Schuld- und Versagensgefühle übertrug sie auf den schwankenden Sohn, den sie nur ihren »armen Conrad« nannte. Sie hielt Kunst und Literatur für ein Sünd- und Blendwerk der Hölle und bekämpfte zäh diese Neigungen. Um 1844 schickt sie Gedichte ihres Sohnes an den Redakteur des Stuttgarter »Morgenblatts«, den Lyriker und Erzähler der schwäbischen Schule Gustav Pfizer, und hängt die ablehnende Antwort mit sadistischer Freude an den Weihnachtsbaum.
Im Jahr 1852 kam es infolge solch familiärer Zerrüttung – auch Meyers Jurastudium stockte – zum Ausbruch einer drepressiven Krise. Der fast 28jährige, immer noch ohne Lebens- und Berufsziel, wurde in die Irrenanstalt Préfargier am Neuenburger See gebracht, doch schon nach wenigen Wochen als geheilt entlassen. Ja, der Aufenthalt trug ihm sogar eine menschliche Eroberung

ein: die Liebe zu Cécile Borrel, der Schwester des jungen Anstaltsleiters. Aber auch diese Beziehung, die sich in einer Korrespondenz fortspann, wußte die Mutter mit Geschick zu torpedieren. Als Elisabeth Meyer, selbst seelisch zerstört und wohl auch in der Erkenntnis ihrer Schuld am »Versagen« des Sohnes, 1856 Selbstmord begeht (und ihre Schuld damit zugibt), werden Meyer und seine Schwester Elisabeth, genannt Betsy, ein zweites Mal geboren. Sie sind durch das mütterliche Erbe wohlhabende Leute und jetzt in der Lage, der literarischen Bestimmung des Bruders leben zu können. Die Geschwister bleiben zusammen.

III.

Jeder Schriftsteller schreibt die Zeit und auch die Themen, Formen und natürlich die Sprache, die er vorfindet, ein Stück vorwärts. Nur ein Titan vermag sich die Zeit, in der er leben und arbeiten will, selber zu erfinden. Hineingeboren ins Biedermeier, in eine fast bewegungslose Epoche, erlebt auch der heranwachsende Meyer die Ankunft des Industriezeitalters durch die rasche Entwicklung der Technik, die wachsende Proletarisierung Europas und die Antworten, welche materialistische Denker wie Proudhon (»Was ist Eigentum?«) und Ludwig Feuerbach auf diese Welt finden. Den naturwissenschaftlichen Aufschwung der Epoche repräsentiert Charles Darwin (»Über den Ursprung der Arten durch natürliche Zuchtwahl«).
Das zeitgenössische Denken zersetzte durch Schopenhauer und Nietzsche weiter den Idealismus der Klassik, unternahm nach der Aufklärung einen neuen Anlauf,

die Religion noch stärker durch Humanität und Anthropologie zu verwässern beziehungsweise zu ersetzen. Conrad Ferdinand Meyer ist offenbar zu sehr mit sich und seinem persönlichen Überlebenskampf beschäftigt, um auf diesen Zeitwandel zu reagieren. Zeitgenosse Keller läßt sich dagegen öffentlich mitreißen, er engagiert sich für liberale Ideen. Meyer wird erst später mit feineren Sinnen und Mitteln – künstlerisch – antworten.

Die Antwort der Literatur auf diesen Ansturm von Diesseitigkeit und sozialen Fragen ist der Realismus der Jahre 1850 bis 1890, den man sich angewöhnt hat den »poetischen«, »psychologischen« oder schlicht den »bürgerlichen« zu nennen. Die literarischen Realisten nähern sich der Zeit und ihren Phänomenen weniger kritisch oder enthusiastisch als distanziert, abwartend, eben »realistisch«. Die neuen Autoren wollen die Welt nicht bessern, sondern objektiv schildern, unparteiisch betrachten: gut und böse, schön und häßlich gelten ihnen als gleichwertig, ebenso Gegenwart und Vergangenheit. Im Kampf der Menschen und Ideen steht der Realist auf keiner Seite, er gibt es zumindest vor. Sein Lieblingsobjekt wird jedoch der bürgerliche Durchschnittsmensch: er selbst.

Politisch durchzieht das Jahrhundert, das auf die Reichsgründung Bismarcks hinläuft und das man das »deutsche« nennen kann, noch immer der Pulverkampf der Befreiungskriege, welche die »Suprematie« Frankreichs gebrochen und das nationale Einigungsstreben Deutschlands entfacht haben. In Bismarcks Krieg gegen Frankreich findet dies Nationalgefühl sein aufwühlendes Erlebnis, und auch für den eigentlich unpoliti-

schen Meyer, genauer für seinen Aufstieg, wird dieser Krieg von folgenreicher Bedeutung.
Formalkünstlerisch ist das Zeitalter Meyers und Kellers, Raabes und Fontanes ein episches. Der Kanon der benutzten literarischen Gattungen erscheint sowohl weit als auch eng. Mischformen werden interessant. Das Massenzeitalter hat Bedarf an Massenliteratur, triviale Erzählformen breiten sich aus, Meyers subtile Erzählkunst findet in diesem Bereich Epigonen. Der formale Kanon der Zeit fußt insofern auf den Eroberungen der Klassik und der Romantik, als die Realisten trotz aller Objektivierung an der »Poesie« festhalten, am Verlangen nach »schöner« Sprache. Sprache bedeutet ja immer schon Verklärung und Poetisierung. Die Zeit bevorzugt den historischen Roman und die Novelle, deren Beliebtheit noch zunimmt. Subjektivistische Gattungen wie die Lyrik und das Drama treten zurück oder schleichen sich in die Novelle und den Roman ein. (Der große deutsche Sprachmeister Kleist beherrschte beide Gattungen genial nebeneinander.) Die Novelle erlaubt sich trotz ihrer Erweiterung ins Symbolische individualistische Charaktere. Ihre kompositorisch kargen und einheitlichen Handlungen rufen gleichzeitig dramatische Wirkungen hervor. Sie übernimmt Funktionen von Lyrik und Drama. Theodor Storm kann daher über sie, die herausragende Gattung der Zeit, die sich zum Roman auszuweiten vermag, mit Recht sagen: »Die heutige Novelle ist die Schwester des Dramas und die strengste Form der Prosadichtung. Gleich dem Drama behandelt sie die tiefsten Probleme des Menschenlebens.« Conrad Ferdinand Meyer ist ausersehen, diese Form auf einen neuen Gipfel zu führen.

IV.

Während der »bürgerliche« Kollege Gottfried Keller sich in den Strudel der Radikalisierung und Demokratisierung warf, kämpfte der »Aristokrat« Meyer mit Neurosen und Krankheiten, verkroch sich in einsame Dichterträume. Das Materielle brannte dem Sohn aus gebildetem Patrizierhaus nicht besonders auf den Nägeln. Er mußte der Zeit zunächst vieles schuldig bleiben, weil die Freiheit, die ihm der Tod der Mutter brachte, genutzt sein wollte. Auf Reisen, zum Teil mit der geliebten Schwester, die schon zu Lebzeiten der Mutter seine einzige Vertraute war, wird Weltkenntnis nachgeholt. Das Jahr 1857 sieht ihn in Paris, bald folgen München und Rom, die Kunststädte der Epoche. Museumsbesuche, Kunst- und Landschaftsimpressionen dringen tief in ihn und formen sich in der Seele des Autors schon zu literarischen Schauplätzen um. Auch die Aneignung der Schweizer Landschaft, die der Junge bereits auf Ausflügen mit dem Vater erfuhr, geht weiter.

Aber nicht nur ein großes Bildungspensum ist zu absolvieren. Kopfschmerzen bereitet eine existentielle Entscheidung von großer Tragweite. Meyer hat zwischen der welschen Schweiz, wo Teile seiner Jugend lagen und der Dichter Heilung fand, und der deutschsprachigen Schweiz zu wählen. Das ist eine Entscheidung für und gegen eine Sprache, für und gegen einen Kulturkreis. Er wählt Deutschland, und damit ein bestimmtes Publikum und einen »Markt«. Eingebunden in diese Wahl ist aber gleichzeitig auch die Distanzierung von der asketisch-kalvinistischen Tradition der Vorfahren. Die religiöse Thematik wird ihn jedoch niemals mehr

loslassen, weil er sie als Erfahrung eingebrannt in sich trägt, so daß er einer der letzten großen religiösen Literaten der Zeit wird. Aber an die Stelle der ethischen Welt seiner Jugend tritt nun die ästhetische der Erwachsenenjahre.
Als im Frühjahr 1863 die tatkräftige Schwester, des Bruders Gedichte in der Reisetasche, nach Stuttgart aufbrach und die schwäbische Hauptstadt nicht wieder verließ, ehe sie mit der Metzlerschen Verlagsbuchhandlung einen Vertrag ausgehandelt hatte, begann der langsame Aufstieg des (mittlerweile fast vierzigjährigen) Autors. Das Echo auf die anonym erscheinenden »Zwanzig Balladen von einem Schweizer« (1864) war gering, doch das Eis gebrochen. Auch die 1865 in Leipzig erscheinenden »Romanzen und Bilder« brachten noch nicht die erhoffte Anerkennung. Wieder mußte sich der Autor an den Druckkosten beteiligen. Doch entfaltete Meyer, der seine »Verspätung« spürte und die Begrenztheit seiner Zeit durchschaute, nun eine zielstrebige »realistische« Geschäftigkeit als »Werbeleiter« seiner eigenen Arbeiten. Er versandte Freiexemplare, organisierte Anzeigenkampagnen, verfaßte Rezensionstexte und trieb seinen Verleger an. Der Dichter hatte seinen Wert erkannt und machte sich nun an die Reihe seiner Meisterwerke.

V.

Ob er sich mit der Geschichte maskiert, hinter ihren dicken Mauern seine eigenen Wunden verbirgt oder seine persönlichen Spannungen weiter in der Historie austrägt – Conrad Ferdinand Meyer wird der Meister der deutschen historischen Erzählung. Von Ranke und Jacob Burckhardt inspiriert, besteht die Faszination seiner phantasievollen Geschichtsschreibung in der Mischung symbolhafter, realistischer und subjektiver Momente. Diese Mischung reißt seine Figuren in die Gegenwart des Lesers hinein und macht sie zu Zeitgenossen aus Fleisch und Blut und Poesie. Meyer ist sich schon bald über die Qualität und die Absichten seiner Erzählkunst im klaren: »Ich bediene mich der Form der historischen Novelle einzig und allein, um meine Erfahrungen und persönlichen Gefühle darin niederzulegen. Auf diese Weise bin ich unter einer sehr objektiven und außerordentlich künstlerischen Form in Wirklichkeit ganz individuell und subjektiv.« Diese Identifikation mit den Figuren geht in der Renaissance-Novelle »Die Versuchung des Pescara« (1887) bis zur Selbstanklage: »In allen Gestalten des ›Pescara‹, selbst in dem häßlichen Morone, steckt etwas von C. F. Meyer«, bekennt der Dichter.

Doch ehe der Reigen der Novellen an die Öffentlichkeit tritt, macht das Versepos »Huttens letzte Tage«, geschrieben im gereimten Blankvers-Zweizeiler, den Dichter mit einem Schlag in Deutschland bekannt. Es trifft auf die Siegesstimmung nach dem Deutsch-Französischen Krieg. Mit sicherem Instinkt bietet Meyer im Juli 1871 die Geschichte des todgeweihten deutschen Humanisten und Freiheitskämpfers seinem Leipziger Verleger an. Aber auch das Schweizer Bürgertum begeistert sich für den deutschen Sieg. So »rehabilitiert« der Text den verlorenen Sohn, der mit seiner Existenz bisher nicht zurande kam, auch in den Augen der Züricher Gesellschaft. Der Text erlebt, immer und immer wieder vom Autor verbessert, insgesamt fünfzehn Auflagen. Die schon vor der »Hutten«-Dichtung angelegten 1800 Verse der »Engelberg«-Idylle erscheinen 1872 im Fahrwasser des Erstlings: »Es ist die Bildung eines einfach-schönen Charakters durch das Erdenleben« (Meyer).

Wie in einem Wettlauf miteinander erscheinen nun die Novellen. Den Anfang macht das noch etwas (von Mérimée) abhängige »Amulett« (1873) – ein erinnertes, bald in lebhafte Gegenwart übergehendes Geschehen um die Pariser Bartholomäusnacht, das grausame Blutbad, das die französische Nation ihren Protestanten bereitet. Gegen diese Tat schreibt Meyer mit feiner Dialektik und Lebensironie an: Ein Marien-Medaillon rettet einen Calvinisten, den Helden und Erzähler der Novelle, und nicht dessen katholischen Gegner vor dem Tod im Duell.

In »Jürg Jenatsch«, seiner beliebtesten Erzählung, schreibt Meyer Regionalgeschichte zur Weltgeschichte hinauf. Der Stoff beschäftigt ihn schon seit Jahren, mit seinen Detailmassen hat der Dichter schwer zu kämpfen, schließlich wächst sich alles zum historischen Roman aus. Auch »Jenatsch« (1874) schildert die Zeit der entfesselten Religionskriege. Der Graubündner Nationalheld (1596 bis 1639) wird vom Pfarrer und Glaubenskämpfer zum Machtpolitiker, der sein Land vor den Machtblöcken Österreich/Spanien und Frankreich schützt. Doch der realistische »Dramatiker« Meyer, der hier mit gebärdenhaften Szenen arbeitet, aber auch die an Stifter erinnernde dichte Naturschilderung beherrscht, korrigiert in der Novelle, sicher nicht nur unbewußt, Schillers idealistischen »Tell«. Ehe Jürg

Jenatsch zum Tyrannen des eigenen Volks werden kann, wird er ermordet. Meyers Sympathien für seinen Helden sind also wiederum geteilt, er sieht ihn im Sinne Lessings als »gemischten Charakter«, an dem man Vaterlandsliebe, Opferbereitschaft, Treue, aber auch Verrat, Hinterhältigkeit und Untreue studieren kann, Schwächen, die der Machttrieb und die Herrschsucht in Bewegung setzen.

Ein Nebenprodukt des »Jenatsch« ist Meyers einzige humoristische Novelle »Der Schuß von der Kanzel« (1878). Sie entsteht aus einer Stimmung dichterischer Souveränität, die bis zum Übermut geht, und der allseitigen Anerkennung, aber auch als Tribut an die Vaterstadt, der er nach Kellers »Züricher Novellen« ein Geschenk machen will. Es ist im übrigen die behagliche Zeit weiterer gesellschaftlicher Konsolidierung, von der die 1875 geschlossene Ehe mit der reichen Louise Ziegler zeugt, die freilich zu Komplikationen mit der Schwester führt, der treuen Wegbegleiterin. Die Novelle ist ein antithetisches Spiel mit allem und seinem Gegensatz, ein heiterer Schwank, in dem sich Pistolenpaare, Liebespärchen, ein Pfarrer, ein General, die Kirchengemeinde zu einem geistreichen Sinnspiel zusammenfinden.

Es folgen wieder düstere historische Stoffe: »Der Heilige« (1879), der die Figur des Erzbischofs von Canterbury, Thomas Becket, aufnimmt und Hexenverfolgungen und Heiligenverehrung zu Seiten ein und derselben Medaille erklärt, des Massenwahns. »Plautus im Nonnenkloster« (1881) rettet ein Mädchen vor dem Kloster und stiftet eine Ehe. Das Glück wird wieder durch einen Betrug möglich, durch eine ambivalente Handlung also – eine typisch Meyersche Konstellation. In »Gustav Adolfs Page« (1882) wird der Dreißigjährige Krieg lebendig; die Novelle beginnt als launige Komödie und Verkleidungsgeschichte und endet als Doppeltragödie.

Weniger populär, aber nicht weniger konsequent ist die kleine Gruppe der späten Novellen: »Das Leiden eines Knaben« (1883), »Die Hochzeit des Mönches« (1883), »Die Richterin« (1885), »Die Versuchung des Pescara« (1887) und endlich »Angela Borgia (1890), alles komplizierte und anspruchsvolle Gebilde, in denen Form, Motiv und Symbol vor dem Hintergrund tiefer Geschichtserfahrungen eine kunstvolle Einheit abgeben. Diese Novellen sind trotz ihrer amoralischen Schauplätze fein ziselierte Sprachkunstwerke. »Angela Borgia« ist von einer Subtilität, die schon auf die letzte Lebenskrise des Dichters hinweist, aus der es keine Rettung mehr gab.

In bekannten und weniger bekannten Zeitschriften floß während des Erscheinens der Erzählungen der Strom von Conrad Ferdinand Meyers Gedichtproduktion. »Sächelchen« nannte er sie oft ebenso zärtlich wie etwas abschätzig. Auch Meyers Lyrik ist »realistische« Poesie, sie entpersönlicht ihre Themen und Motive und sucht die Verallgemeinerung subjektiver Stimmungen und Anlässe. Bezeichnend der Titel der zweiten Gedichtsammlung: »Romanzen und Bilder«. Zwischen Goethes Erlebnislyrik, dem romantischen Volkslied und dem »Ding-Gedicht« der Symbolisten, Rilkes und Georges steht Meyers Bild-Lyrik als notwendiges »missing link«. Zu den »Bildern« treten viele herrliche Balladen, die den Schatz deutscher Balladen, an dem

Fontane und Liliencron fleißig mitsammeln, bedeutend erweitern. Auch die Lyrik Meyers ist ständig in der Historie tätig. Gegen den Vorwurf der Theatralik und des Pathos, eine Gefahr, die der Dichter selbst durchschaut, wappnet sie sich mit Einfachheit, Verknappung der Sprache, ja mit einem volksnahen Ton. Auch solche Bemühung hebt Meyer schließlich weit über den Historismus der Zeitgenossen Dahn, Laube, Geibel und anderer hinaus und macht ihn zu unserem Zeitgenossen.

VI.

Die widerspruchsvollen Besprechungen zum »Pescara« und zu »Angela Borgia« verleiden Meyer das Ende der achtziger Jahre und den Beginn des neuen Jahrzehnts. Eine andere Zeit bricht an, die des Naturalismus, neue Autoren übernehmen die literarische Führung: Zola, Hauptmann, die Skandinavier. Krankheiten und Erschöpfungszustände lassen die alten depressiven Leiden wieder hochkommen. Arbeitspläne zerfallen dem Dichter, das Interesse am eigenen Werk erlahmt. »Senile Melancholie«, diagnostiziert der Arzt der Anstalt Königsfelden, in die sich der Dichter aus freien Stücken begibt. Nach wenigen Monaten indes kehrt er nach Kilchberg zurück, doch nur, um noch einige Jahre passiv dahinzuleben. Bei der Lektüre eines Goethe-Aufsatzes von Wilhelm Scherer erlöst ihn am 28. November 1898 ein Herzschlag.

Otto Brahm, der Wegbereiter des Naturalismus in Deutschland, berichtet im Jahr 1891: »Eines Tages, als ich nach Zürich kam, fand ich Gottfried Keller in einem

neuen Hefte der ›Deutschen Rundschau‹ blätternd. Was er lese, fragte ich ihn. ›Ich lese gar nicht‹, sagte er, ›ich schnuppere nur in der neuen Erzählung von Meyer ein bißchen herum. Wissen Sie, wie so die alten Frauen sind; wenn die Nachbarin ein neues Kleid anhat, müssen sie es gleich eifersüchtig befühlen. Aber ich hab's schon gesehen, der Stoff ist kostbar.‹ ›Und was trägt er für ein Kleid, der Meyer?‹ ›Brokat‹, sagte Gottfried Keller.«
Aus Brokat, diesem edlen, ein wenig distanzierenden Stoff, war alles, was Meyer schrieb. Und so konnte er auch kein Dichter großer Massen werden, und auch die Zeiten lebhafter Gegenwartszuwendung waren seine Zeiten nicht. Aber wenn die Menschen sich, aus welchen Gründen auch immer, wieder mehr für die Geschichte und ihre Lehren interessieren, also in einer Zeit wie der unseren (in der selbst Günter Grass meint: »Ich bin altmodisch: ohne Vergangenheit kann ich mir keine Gegenwart vorstellen«) – dann wächst das erzählerische Kapital Conrad Ferdinand Meyers und glänzt wie in alten Zeiten.

Die vorliegende Ausgabe folgt den vom Dichter noch durchgesehenen authentischen Ausgaben letzter Hand. Die Schreibweise ist behutsam modernisiert und den gegenwärtigen Sprachregeln angepaßt worden.

Frühjahr 1985 *Wolfgang Ignée*

NOVELLEN

DAS AMULETT

Alte vergilbte Blätter liegen vor mir mit Aufzeichnungen aus dem Anfange des siebzehnten Jahrhunderts. Ich übersetze sie in die Sprache unserer Zeit.

Erstes Kapitel

Heute am vierzehnten März 1611 ritt ich von meinem Sitze am Bielersee hinüber nach Courtion zu dem alten Boccard, den Handel um eine mir gehörige mit Eichen und Buchen bestandene Halde in der Nähe von Münchweiler abzuschließen, der sich schon eine Weile hingezogen hatte. Der alte Herr bemühte sich in langwierigem Briefwechsel um eine Preiserniedrigung. Gegen den Wert des fraglichen Waldstreifens konnte kein ernstlicher Widerspruch erhoben werden, doch der Greis schien es für seine Pflicht zu halten mir noch etwas abzumarkten. Da ich indessen guten Grund hatte, ihm alles Liebe zu erweisen, und überdies Geldes benötigt war, um meinem Sohn, der im Dienste der Generalstaaten steht und mit einer blonden runden Holländerin verlobt ist, die erste Einrichtung seines Hausstandes zu erleichtern, entschloß ich mich, ihm nachzugeben und den Handel rasch zu beendigen.

Ich fand ihn auf seinem altertümlichen Sitze einsam und in vernachlässigtem Zustande. Sein graues Haar hing ihm unordentlich in die Stirn und hinunter in den Nakken. Als er meine Bereitwilligkeit vernahm, blitzten seine erloschenen Augen auf bei der freudigen Nachricht. Rafft und sammelt er doch in seinen alten Tagen, uneingedenk, daß sein Stamm mit ihm verdorren und er seine Habe lachenden Erben lassen wird.

Er führte mich in ein kleines Turmzimmer, wo er in einem wurmstichigen Schranke seine Schriften verwahrt, hieß mich Platz nehmen und bat mich den Kontrakt schriftlich aufzusetzen. Ich hatte meine kurze Arbeit beendigt und wandte mich zu dem Alten um, der unterdessen in den Schubladen gekramt hatte, nach seinem Siegel suchend, das er verlegt zu haben schien. Wie ich ihn alles hastig durcheinanderwerfen sah, erhob ich mich unwillkürlich, als müßt ich ihm helfen. Er hatte eben wie in fieberischer Eile ein geheimes Schubfach geöffnet, als ich hinter ihn trat, einen Blick hineinwarf und – tief aufseufzte.

In dem Fache lagen nebeneinander zwei seltsame, beide mir nur zu wohl bekannte Gegenstände: ein durchlöcherter Filzhut, den einst eine Kugel durchbohrt hatte, und ein großes rundes Medaillon von Silber mit dem Bilde der Muttergottes von Einsiedeln in getriebener, ziemlich roher Arbeit.

Der Alte kehrte sich um, als wollte er meinen Seufzer beantworten, und sagte in weinerlichem Tone:

»Jawohl, Herr Schadau, mich hat die Dame von Einsiedeln noch behüten dürfen zu Haus und im Felde; aber seit die Ketzerei in die Welt gekommen ist und auch unsre Schweiz verwüstet hat, ist die Macht der guten Dame erloschen, selbst für die Rechtgläubigen! Das hat sich an Wilhelm gezeigt – meinem lieben Jungen.« Und eine Träne quoll unter seinen grauen Wimpern hervor.

Mir war bei diesem Auftritte weh ums Herz und ich richtete an den Alten ein paar tröstende Worte über den Verlust seines Sohnes, der mein Altersgenosse gewesen und an meiner Seite tödlich getroffen worden war. Doch meine Rede schien ihn zu verstimmen, oder er überhörte sie, denn er kam hastig wieder auf unser Geschäft zu reden, suchte von neuem nach dem Siegel, fand es endlich, bekräftigte die Urkunde und entließ mich dann bald ohne sonderliche Höflichkeit.

Ich ritt heim. Wie ich in der Dämmerung meines Weges trabte, stiegen mit den Düften der Frühlingserde die Bilder der Vergangenheit vor mir auf mit einer so drängenden Gewalt, in einer solchen Frische, in so scharfen und einschneidenden Zügen, daß sie mich peinigten.

Das Schicksal Wilhelm Boccards war mit dem meinigen aufs engste verflochten, zuerst auf eine freundliche, dann auf eine fast schreckliche Weise. Ich habe ihn in den Tod gezogen. Und doch, sosehr mich dies drückt, kann ich es nicht bereuen und müßte wohl heute im gleichen Falle wieder so handeln, wie ich es mit zwanzig Jahren tat. Immerhin setzte mir die Erinnerung der alten Dinge so zu, daß ich mit mir einig wurde, den ganzen Verlauf dieser wundersamen Geschichte schriftlich niederzulegen und so mein Gemüt zu erleichtern.

Zweites Kapitel

Ich bin im Jahre 1553 geboren und habe meinen Vater nicht gekannt, der wenige Jahre später auf den Wällen von St. Quentin fiel. Ursprünglich ein thüringisches

Geschlecht, hatten meine Vorfahren von jeher in Kriegsdienst gestanden und waren manchem Kriegsherrn gefolgt. Mein Vater hatte sich besonders dem Herzog Ulrich von Württemberg verpflichtet, der ihm für treu geleistete Dienste ein Amt in seiner Grafschaft Mümpelgard anvertraute und eine Heirat mit einem Fräulein von Bern vermittelte, deren Ahn einst sein Gastfreund gewesen war, als Ulrich sich landesflüchtig in der Schweiz umtrieb. Es duldete meinen Vater jedoch nicht lange auf diesem ruhigen Posten, er nahm Dienst in Frankreich, das damals die Picardie gegen England und Spanien verteidigen mußte. Dies war sein letzter Feldzug.

Meine Mutter folgte dem Vater nach kurzer Frist ins Grab und ich wurde von einem mütterlichen Ohm aufgenommen, der seinen Sitz am Bielersee hatte und eine feine und eigentümliche Erscheinung war. Er mischte sich wenig in die öffentlichen Angelegenheiten, ja er verdankte es eigentlich nur seinem in die Jahrbücher von Bern glänzend eingetragenen Namen, daß er überhaupt auf Bernerboden geduldet wurde. Er gab sich nämlich von Jugend auf viel mit Bibelerklärung ab, in jener Zeit religiöser Erschütterung nichts Ungewöhnliches; aber er hatte, und das war das Ungewöhnliche, aus manchen Stellen des heiligen Buches, besonders aus der Offenbarung Johannis, die Überzeugung geschöpft, daß es mit der Welt zu Ende gehe und es deshalb nicht rätlich und ein eitles Werk sei, am Vorabend dieser durchgreifenden Krise eine neue Kirche zu gründen, weswegen er sich des ihm zuständigen Sitzes im Münster zu Bern beharrlich und grundsätzlich entschlug. Wie gesagt, nur seine Verborgenheit schützte ihn vor dem gestrengen Arm des geistlichen Regimentes. Unter den Augen dieses harmlosen und liebenswürdigen Mannes wuchs ich – wo nicht ohne Zucht, doch ohne Rute – in ländlicher Freiheit auf. Mein Umgang waren die Bauernjungen des benachbarten Dorfes und dessen Pfarrer, ein strenger Calvinist, durch den mich mein Ohm mit Selbstverleugnung in der Landesreligion unterrichten ließ.

Die zwei Pfleger meiner Jugend stimmten in manchen Punkten nicht zusammen. Während der Theologe mit seinem Meister Calvin die Ewigkeit der Höllenstrafen als das unentbehrliche Fundament der Gottesfurcht ansah, getröstete sich der Laie der einstigen Versöhnung und fröhlichen Wiederbringung aller Dinge. Meine Denkkraft übte sich mit Genuß an der herben Konsequenz der calvinischen Lehre und bemächtigte sich ihrer, ohne eine Masche des festen Netzes fallen zu lassen; aber mein Herz gehörte sonder Vorbehalt dem Oheim. Seine Zukunftsbilder beschäftigten mich wenig, nur einmal gelang es ihm, mich zu verblüffen. Ich nährte seit langem den Wunsch, einen wilden jungen Hengst, den ich in Biel gesehen, einen prächtigen Falben, zu besitzen, und näherte mich mit diesem großen Anliegen auf der Zunge eines Morgens meinem in ein Buch vertieften Oheim, eine Weigerung befürchtend, nicht wegen des hohen Preises, wohl aber wegen der landeskundigen Wildheit des Tieres, das ich zu schulen wünschte. Kaum hatte ich den Mund geöffnet, als er mit seinen leuchtend blauen Augen mich scharf betrachtete und mich feierlich anredete: »Weißt du, Hans, was das fahle Pferd bedeutet, auf dem der Tod sitzt?« –

Ich verstummte vor Erstaunen über die Sehergabe meines Oheims; aber ein Blick in das vor ihm aufgeschlagene Buch belehrte mich, daß er nicht von meinem Falben, sondern von einem der vier apokalyptischen Reiter sprach.
Der gelehrte Pfarrer unterwies mich zugleich in der Mathematik und sogar in den Anfängen der Kriegswissenschaft, soweit sie sich aus den bekannten Handbüchern schöpfen läßt; denn er war in seiner Jugend als Student in Genf mit auf die Wälle und ins Feld gezogen. Es war eine ausgemachte Sache, daß ich mit meinem siebzehnten Jahre in Kriegsdienste zu treten habe; auch das war für mich keine Frage, unter welchem Feldherrn ich meine ersten Waffenjahre verbringen würde. Der Name des großen Coligny erfüllte damals die ganze Welt. Nicht seine Siege, deren hatte er keinen erfochten, sondern seine Niederlagen, welchen er durch Feldherrnkunst und Charaktergröße den Wert von Siegen zu geben wußte, hatten ihn aus allen lebenden Feldherrn hervorgehoben, wenn man ihm nicht den spanischen Alba an die Seite setzen wollte; diesen aber haßte ich wie die Hölle. Nicht nur war mein tapferer Vater treu und trotzig zum protestantischen Glauben gestanden, nicht nur hatte mein bibelkundiger Ohm vom Papsttum einen üblen Begriff und meinte es in der Babylonerin der Offenbarung vorgebildet zu sehn, sondern ich selbst fing an mit warmem Herzen Partei zu nehmen. Hatte ich doch schon als Knabe mich in die protestantische Heerschar eingereiht, als es im Jahre 1567 galt die Waffen zu ergreifen, um Genf gegen einen Handstreich Albas zu sichern, der sich aus Italien längst der Schweizergrenze nach den Niederlanden

durchwand. Den Jüngling litt es kaum mehr in der Einsamkeit von Chaumont, so hieß der Sitz meines Oheims.

Im Jahre 1570 gab das Pazifikationsedikt von St. Germain en Laye den Hugenotten in Frankreich Zutritt zu allen Ämtern und Coligny, nach Paris gerufen, beriet mit dem König, dessen Herz er, wie die Rede ging, vollständig gewonnen hatte, den Plan eines Feldzugs gegen Alba zur Befreiung der Niederlande. Ungeduldig erwartete ich die jahrelang sich verzögernde Kriegserklärung, die mich zu Colignys Scharen rufen sollte; denn seine Reiterei bestand von jeher aus Deutschen und der Name meines Vaters mußte ihm aus frühern Zeiten bekannt sein.

Aber diese Kriegserklärung wollte noch immer nicht kommen und zwei ärgerliche Erlebnisse sollten mir die letzten Tage in der Heimat verbittern.

Als ich eines Abends im Mai mit meinem Ohm unter der blühenden Hoflinde das Vesperbrot verzehrte, erschien vor uns in ziemlich kriechender Haltung und schäbiger Kleidung ein Fremder, dessen unruhige Augen und gemeine Züge auf mich einen unangenehmen Eindruck machten. Er empfahl sich der gnädigen Herrschaft als Stallmeister, was in unsern Verhältnissen nichts andres als Reitknecht bedeutete, und schon war ich im Begriff ihn kurz abzuweisen, denn mein Ohm hatte ihm bis jetzt keine Aufmerksamkeit geschenkt, als der Fremdling mir alle seine Kenntnisse und Fertigkeiten herzuzählen begann.

»Ich führe die Stoßklinge«, sagte er, »wie wenige und kenne die hohe Fechtschule aus dem Fundament.« – Bei meiner Entfernung von jedem städtischen Fechtboden empfand ich gerade diese Lücke meiner Ausbildung schmerzlich und trotz meiner instinktiven Abneigung gegen den Ankömmling ergriff ich die Gelegenheit ohne Bedenken, zog den Fremden in meine Fechtkammer und gab ihm eine Klinge in die Hand, mit welcher er die meinige so vortrefflich meisterte, daß ich sogleich mit ihm abmachte und ihn in unsre Dienste nahm.

Dem Ohm stellte ich vor, wie günstig die Gelegenheit sei, noch im letzten Augenblick vor der Abreise den Schatz meiner ritterlichen Kenntnisse zu bereichern.

Von nun an brachte ich mit dem Fremden – er bekannte sich zu böhmischer Abkunft – Abend um Abend oft bis zu später Stunde in der Waffenkammer zu, die ich mit zwei Mauerlampen möglichst erleuchtete. Leicht erlernte ich Stoß, Parade, Finte, und bald führte ich, theoretisch vollkommen fest, die ganze Schule richtig und zur Befriedigung meines Lehrers durch; dennoch brachte ich diesen in helle Verzweiflung dadurch, daß es mir unmöglich war, eine gewisse angeborene Gelassenheit loszuwerden, welche er Langsamkeit schalt und mit seiner blitzschnell zuckenden Klinge spielend besiegte.

Um mir das mangelnde Feuer zu geben, verfiel er auf ein seltsames Mittel. Er nähte sich auf sein Fechtwams ein Herz von rotem Leder, das die Stelle des pochenden anzeigte, und auf welches er im Fechten mit der Linken höhnisch und herausfordernd hinwies. Dazu stieß er mannigfache Kriegsrufe aus, am häufigsten: »Alba hoch! – Tod den niederländischen Rebellen!« – oder auch: »Tod dem Ketzer Coligny! An den Galgen mit ihm!« – Obwohl mich diese Rufe im Innersten empörten und mir den Menschen noch widerlicher machten, als er mir ohnehin war, gelang es mir nicht mein Tempo zu beschleunigen, da ich schon als pflichtschuldig Lernender ein Maß von Behendigkeit aufgewendet hatte, das sich nun einmal nicht überschreiten ließ. Eines Abends, als der Böhme gerade ein fürchterliches Geschrei anhob, trat mein Oheim besorgt durch die Seitentüre ein, zu sehen was es gäbe, zog sich aber gleich entsetzt zurück, da er meinen Gegner mit dem Ausruf: »Tod den Hugenotten« mir einen derben Stoß mitten auf die Brust versetzen sah, der mich, galt es Ernst, durchbohrt hätte.

Am nächsten Morgen, als wir unter unsrer Linde frühstückten, hatte der Ohm etwas auf dem Herzen und ich denke, es war der Wunsch sich des unheimlichen Hausgenossen zu entledigen, als von dem Bieler Stadtboten ein Schreiben mit einem großen Amtssiegel überbracht wurde. Der Ohm öffnete es, runzelte im Lesen die Stirn und reichte es mir mit den Worten: »Da haben wir die Bescherung! – Lies, Hans, und dann wollen wir beraten, was zu tun sei.«

Da stand nun zu lesen, daß ein Böhme, der sich vor einiger Zeit in Stuttgart als Fechtmeister niedergelassen, sein Weib, eine geborne Schwäbin, aus Eifersucht meuchlerisch erstochen; daß man in Erfahrung gebracht, der Täter habe sich nach der Schweiz geschlagen, ja, daß man ihn, oder jemand der ihm zum Verwechseln gleiche, im Dienst des Herrn zu Chaumont wolle gesehen haben; daß man diesen, dem in Erinnerung des seligen Schadau, seines Schwagers, der Herzog Christoph sonderlich gewogen sei, dringend ersuche, den Verdächtigen zu verhaften, selbst ein erstes

Verhör vorzunehmen und bei bestätigtem Verdacht den Schuldigen an die Grenze liefern zu lassen. Unterzeichnet und besiegelt war das Schreiben von dem herzoglichen Amte in Stuttgart.

Während ich das Aktenstück las, blickte ich nachdenkend einmal darüber hinweg nach der Kammer des Böhmen, die sich, im Giebel des Schlosses gelegen, mit dem Auge leicht erreichen ließ, und sah ihn am Fenster beschäftigt eine Klinge zu putzen. Entschlossen den Übeltäter festzunehmen und der Gerechtigkeit zu überliefern, erhob ich doch unwillkürlich das Schreiben in der Weise, daß ihm das große, rote Siegel, wenn er gerade herunter lauerte, sichtbar wurde – seinem Schicksal eine kleine Frist gebend ihn zu retten.

Dann erwog ich mit meinem Ohm die Festnehmung und den Transport des Schuldigen; denn daß er dieses war, daran zweifelten wir beide keinen Augenblick.

Hierauf stiegen wir, jeder ein Pistol in der Hand, auf die Kammer des Böhmen. Sie war leer; aber durch das offene Fenster über die Bäume des Hofes weg – weit in der Ferne, wo sich der Weg um den Hügel wendet, sahn wir einen Reiter galoppieren, und jetzt beim Hinuntersteigen trat uns der Bote von Biel, der das Schreiben überbracht hatte, jammernd entgegen, er suche vergeblich sein Roß, welches er am hintern Hoftor angebunden, während ihm selbst in der Küche ein Trunk gereicht wurde.

Zu dieser leidigen Geschichte, die im Lande viel Aufsehn erregte, und im Mund der Leute eine abenteuerliche Gestalt gewann, kam noch ein anderer Unfall, der machte, daß meines Bleibens daheim nicht länger sein konnte.

Ich ward auf eine Hochzeit nach Biel geladen, wo ich, da das Städtchen kaum eine Stunde entfernt liegt, manche, wenn auch nur flüchtige Beziehungen hatte. Bei meiner ziemlich abgeschlossenen Lebensweise galt ich für stolz, und mit meinen Gedanken in der nahen Zukunft, die mich, wenn auch in bescheidenster Stellung, in die großen Geschicke der protestantischen Welt verflechten sollte, konnte ich den innern Händeln und dem Stadtklatsch der kleinen Republik Biel kein Interesse abgewinnen. So lächelte mir diese Einladung nicht besonders, und nur das Drängen meines ebenso zurückgezogenen, doch dabei leutseligen Oheims bewog mich, der Einladung Folge zu leisten.
Den Frauen gegenüber war ich schüchtern. Von kräftigem Körperbau und ungewöhnlicher Höhe des Wuchses, aber unschönen Gesichtszügen, fühlte ich wohl, wenn ich mir davon auch nicht Rechenschaft gab, daß ich die ganze Summe meines Herzens auf *eine* Nummer zu setzen habe, und die Gelegenheit dazu, so schwebte mir dunkel vor, mußte sich in der Umgebung meines Helden finden. Auch stand bei mir fest, daß ein volles Glück mit vollem Einsatz, mit dem Einsatze des Lebens wolle gewonnen sein.
Unter meinen jugendlichen Bewunderungen nahm neben dem großen Admiral sein jüngerer Bruder Dandelot die erste Stelle ein, dessen weltkundige stolze Brautfahrt meine Einbildungskraft entzündete. Seine Flamme, ein lothringisches Fräulein, hatte er vor den Augen seiner katholischen Todfeinde, der Guisen, aus ihrer Stadt Nancy weggeführt, in festlichem Zuge unter Drommetenschall dem herzoglichen Schlosse vorüberreitend.

Etwas Derartiges wünschte ich mir vorbestimmt.
Ich machte mich also nüchternen und verdrossenen Herzens nach Biel auf den Weg. Man war höchst zuvorkommend gegen mich und gab mir meinen Platz an der Tafel neben einem liebenswürdigen Mädchen. Wie es schüchternen Menschen zu gehen pflegt, geriet ich, um jedem Verstummen vorzubeugen, in das entgegengesetzte Fahrwasser, und um nicht unhöflich zu erscheinen, machte ich meiner Nachbarin lebhaft den Hof. Uns gegenüber saß der Sohn des Schultheißen, eines vornehmen Spezereihändlers, der an der Spitze der aristokratischen Partei stand; denn das kleine Biel hatte gleich größeren Republiken seine Aristokraten und Demokraten. Franz Godillard, so hieß der junge Mann, der vielleicht Absichten auf meine Nachbarin haben mochte, verfolgte unser Gespräch, ohne daß ich anfänglich dessen gewahr wurde, mit steigendem Interesse und feindseligen Blicken.
Da fragte mich das hübsche Mädchen, wann ich nach Frankreich zu ziehen gedächte.
»Sobald der Krieg erklärt ist gegen den Bluthund Alba!« erwiderte ich eifrig.
»Man dürfte von einem solchen Manne in weniger respektwidrigen Ausdrücken reden!« warf mir Godillard über den Tisch zu.
– »Ihr vergeßt wohl«, entgegnete ich, »die mißhandelten Niederländer! Keinen Respekt ihrem Unterdrükker, und wäre er der größte Feldherr der Welt!«
– »Er hat Rebellen gezüchtigt«, war die Antwort, »und ein heilsames Beispiel auch für unsre Schweiz gegeben.«
– »Rebellen!« schrie ich und stürzte ein Glas feurigen

Cortaillod hinunter. »So gut, oder so wenig Rebellen, als die Eidgenossen auf dem Rütli!« –
Godillard nahm eine hochmütige Miene an, zog die Augenbrauen erst mit Wichtigkeit in die Höhe und versetzte dann grinsend: »Untersucht einmal ein gründlicher Gelehrter die Sache, wird es sich vielleicht weisen, daß die aufrührerischen Bauern der Waldstätte gegen Österreich schwer im Unrecht und offener Rebellion schuldig waren. Übrigens gehört das nicht hieher; ich behaupte nur, daß es einem jungen Menschen ohne Verdienst, ganz abgesehen von jeder politischen Meinung, übel ansteht, einen berühmten Kriegsmann mit Worten zu beschimpfen.«
Dieser Hinweis auf die unverschuldete Verzögerung meines Kriegsdienstes empörte mich aufs tiefste, die Galle lief mir über und: »Ein Schurke!« rief ich aus, »wer den Schurken Alba in Schutz nimmt!«
Jetzt entstand ein sinnloses Getümmel, aus welchem Godillard mit zerschlagenem Kopfe weggetragen wurde und ich mich mit blutender, vom Wurf eines Glases zerschnittener Wange zurückzog.
Am Morgen erwachte ich in großer Beschämung, voraussehend, daß ich, ein Verteidiger der evangelischen Wahrheit, in den Ruf eines Trunkenboldes geraten würde.
Ohne langes Besinnen packte ich meinen Mantelsack, beurlaubte mich bei dem Oheim, dem ich mein Mißgeschick andeutete, und der nach einigem Hin- und Herreden sich damit einverstanden erklärte, daß ich den Ausbruch des Krieges in Paris erwarten möge, steckte eine Rolle Gold aus dem kleinen Erbe meines Vaters zu

mir, bewaffnete mich, sattelte meinen Falben und machte mich auf den Weg nach Frankreich.

Drittes Kapitel

Ich durchzog ohne nennenswerte Abenteuer die Freigrafschaft und Burgund, erreichte den Lauf der Seine und näherte mich eines Abends den Türmen von Melun, die noch eine kleine Stunde entfernt liegen mochten, über denen aber ein schweres Gewitter hing. Ein Dorf durchreitend, das an der Straße lag, erblickte ich auf der steinernen Hausbank der nicht unansehnlichen Herberge zu den drei Lilien einen jungen Mann, welcher wie ich ein Reisender und ein Kriegsmann zu sein schien, dessen Kleidung und Bewaffnung aber eine Eleganz zeigte, von welcher meine schlicht calvinistische Tracht gewaltig abstach. Da es in meinem Reiseplan lag, vor Nacht Melun zu erreichen, erwiderte ich seinen Gruß nur flüchtig, ritt vorüber und glaubte noch den Ruf: »Gute Reise, Landsmann!« hinter mir zu vernehmen.
Eine Viertelstunde trabte ich beharrlich weiter, während das Gewitter mir schwarz entgegenzog, die Luft unerträglich dumpf wurde und kurze, heiße Windstöße den Staub der Straße in Wirbeln aufjagten. Mein Roß schnaubte. Plötzlich fuhr ein blendender und krachender Blitzstrahl wenige Schritte vor mir in die Erde. Der Falbe stieg, drehte sich und jagte in wilden Sprüngen gegen das Dorf zurück, wo es mir endlich unter strömendem Regen vor dem Tore der Herberge gelang, des geängstigten Tieres Herr zu werden.
Der junge Gast erhob sich lächelnd von der durch das

Vordach geschützten Steinbank, rief den Stallknecht, war mir beim Abschnallen des Mantelsacks behilflich und sagte: »Laßt es Euch nicht reuen, hier zu nächtigen, Ihr findet vortreffliche Gesellschaft.«
»Daran zweifle ich nicht!« versetzte ich grüßend.
– »Ich spreche natürlich nicht von mir«, fuhr er fort, »sondern von einem alten ehrwürdigen Herrn, den die Wirtin Herr Parlamentrat nennt – also ein hoher Würdeträger – und von seiner Tochter oder Nichte, einem ganz unvergleichlichen Fräulein ... Öffnet dem Herrn ein Zimmer!« Dies sprach er zu dem herantretenden Wirt, »und Ihr, Herr Landsmann, kleidet Euch rasch um und laßt uns nicht warten, denn der Abendtisch ist gedeckt.« –
»Ihr nennt mich Landsmann?« entgegnete ich französisch, wie er mich angeredet hatte. »Woran erkennt Ihr mich als solchen?« –
»An Haupt und Gliedern!« versetzte er lustig. »Vorerst seid Ihr ein Deutscher, und an Eurem ganzen festen und gesetzten Wesen erkenne ich den Berner. Ich aber bin Euer treuer Verbündeter von Fryburg und nenne mich Wilhelm Boccard.« –
Ich folgte dem voranschreitenden Wirte in die Kammer, die er mir anwies, wechselte die Kleider und stieg hinunter in die Gaststube, wo ich erwartet war. Boccard trat auf mich zu, ergriff mich bei der Hand und stellte mich einem ergrauten Herrn von feiner Erscheinung und einem schlanken Mädchen im Reitkleide vor mit den Worten: »Mein Kamerad und Landsmann ...« dabei sah er mich fragend an.
»Schadau von Bern«, schloß ich die Rede.
»Es ist mir höchst angenehm«, erwiderte der alte Herr

verbindlich, »mit einem jungen Bürger der berühmten Stadt zusammenzutreffen, der meine Glaubensbrüder in Genf so viel zu danken haben. Ich bin der Parlamentrat Chatillon, dem der Religionsfriede erlaubt, nach seiner Vaterstadt Paris zurückzukehren.«

»Chatillon?« wiederholte ich in ehrfurchtsvoller Verwunderung. »Das ist der Familienname des großen Admirals.«

»Ich habe nicht die Ehre mit ihm verwandt zu sein«, versetzte der Parlamentrat, »oder wenigstens nur ganz von fern; aber ich kenne ihn und bin ihm befreundet, soweit es der Unterschied des Standes und des persönlichen Wertes gestattet. Doch setzen wir uns, meine Herrschaften. Die Suppe dampft und der Abend bietet noch Raum genug zum Gespräch.« –

Ein Eichentisch mit gewundenen Füßen vereinigte uns an seinen vier Seiten. Oben war dem Fräulein, zu ihrer Rechten und Linken dem Rat und Boccard und mir am untern Ende der Tafel das Gedeck gelegt. Nachdem unter den üblichen Erkundigungen und Reisegesprächen das Mahl beendigt und zu einem bescheidenen Nachtisch das perlende Getränk der benachbarten Champagne aufgetragen war, fing die Rede an zusammenhängender zu fließen.

»Ich muß es an euch loben, ihr Herren Schweizer«, begann der Rat, »daß ihr nach kurzen Kämpfen gelernt habt, euch auf kirchlichem Gebiete friedlich zu vertragen. Das ist ein Zeichen von billigem Sinn und gesundem Gemüt und mein unglückliches Vaterland könnte sich an euch ein Beispiel nehmen. – Werden wir denn nie lernen, daß sich die Gewissen nicht meistern lassen, und daß ein Protestant sein Vaterland so glühend lie-

ben, so mutig verteidigen und seinen Gesetzen so gehorsam sein kann, als ein Katholik!«
»Ihr spendet uns zu reichliches Lob!« warf Boccard ein. »Freilich vertragen wir Katholiken und Protestanten uns im Staate leidlich; aber die Geselligkeit ist durch die Glaubensspaltung völlig verdorben. In früherer Zeit waren wir von Fryburg mit denen von Bern vielfach verschwägert. Das hat nun aufgehört und langjährige Bande sind zerschnitten. Auf der Reise«, fuhr er scherzend zu mir gewendet fort, »sind wir uns noch zuweilen behilflich; aber zu Hause grüßen wir uns kaum. Laßt mich Euch erzählen: Als ich auf Urlaub in Fryburg war – ich diene unter den Schweizern seiner allerchristlichsten Majestät –, wurde gerade die Milchmesse auf den Plaffeyer Alpen gefeiert, wo mein Vater begütert ist und auch die Kirchberge von Bern ein Weidrecht besitzen. Das war ein trübseliges Fest. Der Kirchberg hatte seine Töchter, vier stattliche Bernerinnen, mitgebracht, die ich, als wir Kinder waren, auf der Alp alljährlich im Tanze schwenkte. Könnt Ihr glauben, daß nach beendigtem Ehrentanze die Mädchen mitten unter den läutenden Kühen ein theologisches Gespräch begannen und mich, der ich mich nie viel um diese Dinge gekümmert habe, einen Götzendiener und Christenverfolger schalten, weil ich auf den Schlachtfeldern von Jarnac und Moncontour gegen die Hugenotten meine Pflicht getan?«
»Religionsgespräche«, begütigte der Rat, »liegen jetzt eben in der Luft; aber warum sollte man sie nicht mit gegenseitiger Achtung führen und in versöhnlichem Geiste sich verständigen können? So bin ich versichert, Herr Boccard, daß Ihr mich wegen meines evangeli-

schen Glaubens nicht zum Scheiterhaufen verdammt, und daß Ihr nicht der letzte seid, die Grausamkeit zu verwerfen, mit der die Calvinisten in meinem armen Vaterlande lange Zeit behandelt worden sind.«

»Seid davon überzeugt!« erwiderte Boccard. »Nur dürft Ihr nicht vergessen, daß man das Alte und Hergebrachte in Staat und Kirche nicht grausam nennen darf, wenn es sein Dasein mit allen Mitteln verteidigt. Was übrigens die Grausamkeiten betrifft, so weiß ich keine grausamere Religion als den Calvinismus.«

»Ihr denkt an Servet?« – sagte der Rat mit leiser Stimme, während sich sein Antlitz trübte.

»Ich dachte nicht an menschliche Strafgerichte«, versetzte Boccard, »sondern an die göttliche Gerechtigkeit, wie sie der finstere neue Glaube verunstaltet. Wie gesagt, ich verstehe nichts von der Theologie, aber mein Ohm, der Chorherr in Fryburg, ein glaubwürdiger und gelehrter Mann, hat mich versichert, es sei ein calvinistischer Satz, daß eh es Gutes oder Böses getan hat, das Kind schon in der Wiege zur ewigen Seligkeit bestimmt oder der Hölle verfallen sei. Das ist zu schrecklich, um wahr zu sein!«

»Und doch ist es wahr«, sagte ich, des Unterrichts meines Pfarrers mich erinnernd, »schrecklich oder nicht, es ist logisch!«

»Logisch?« fragte Boccard. »Was ist logisch?«

»Was sich nicht selbst widerspricht«, ließ sich der Rat vernehmen, den mein Eifer zu belustigen schien.

»Die Gottheit ist allwissend und allmächtig«, fuhr ich mit Siegesgewißheit fort, »was sie voraussieht und nicht hindert ist ihr Wille, demnach ist allerdings unser Schicksal schon in der Wiege entschieden.«

»Ich würde Euch das gern umstoßen«, sagte Boccard, »wenn ich mich jetzt nur auf das Argument meines Oheims besinnen könnte! Denn er hatte ein treffliches Argument dagegen ...«

»Ihr tätet mir einen Gefallen«, meinte der Rat, »wenn es Euch gelänge, Euch dieses trefflichen Argumentes zu erinnern.« –

Der Fryburger schenkte sich den Becher voll, leerte ihn langsam und schloß die Augen. Nach einigem Besinnen sagte er heiter: »Wenn die Herrschaften geruhn, mir nichts einzuwerfen und mich meine Gedanken ungestört entwickeln lassen, so hoff ich nicht übel zu bestehn. Angenommen also, Herr Schadau, Ihr wäret von Eurer calvinistischen Vorsehung seit der Wiege zur Hölle verdammt – doch bewahre mich Gott vor solcher Unhöflichkeit – gesetzt denn, ich wäre im voraus verdammt; aber ich bin ja, Gott sei Dank, kein Calvinist ...« –

Hierauf nahm er einige Krumen des vortrefflichen Weizenbrotes, formte sie mit den Fingern zu einem Männchen, das er auf seinen Teller setzte mit den Worten: »Hier steht ein von Geburt an zur Hölle verdammter Calvinist. Nun gebt acht, Schadau! – Glaubt Ihr an die zehn Gebote?«

»Wie Herr?« fuhr ich auf.

»Nun, nun, man darf doch fragen. Ihr Protestanten habt so manches Alte abgeschafft! Also Gott befiehlt diesem Calvinisten: Tue das! Unterlasse jenes! Ist solches Gebot nun nicht eitel böses Blendwerk, wenn der Mann zum voraus bestimmt ist, das Gute nicht tun zu können und das Böse tun zu müssen? Und einen solchen Unsinn mutet Ihr der höchsten Weisheit zu?

Nichtig ist das, wie dies Gebilde meiner Finger!« und er schnellte das Brotmännchen in die Höhe.

»Nicht übel!« meinte der Rat.

Während Boccard seine innere Genugtuung zu verbergen suchte, musterte ich eilig meine Gegengründe; aber ich wußte in diesem Augenblicke nichts Triftiges zu antworten und sagte mit einem Anfluge unmutiger Beschämung: »Das ist ein dunkler, schwerer Satz, der sich nicht leichthin erörtern läßt. Übrigens ist seine Behauptung nicht unentbehrlich, um den Papismus zu verwerfen, dessen augenfällige Mißbräuche Ihr selbst, Boccard, nicht leugnen könnt. Denkt an die Unsitten der Pfaffen!«

»Es gibt schlimme Vögel unter ihnen«, nickte Boccard.

»Der blinde Autoritätsglaube ...«

»Ist eine Wohltat für menschliche Schwachheit«, unterbrach er mich, »muß es doch in Staat und Kirche wie in dem kleinsten Rechtshandel eine letzte Instanz geben, bei der man sich beruhigen kann!«

»Die wundertätigen Reliquien!«

»Heilten der Schatten St. Petri und die Schweißtüchlein St. Pauli Kranke«, versetzte Boccard mit großer Gelassenheit, »warum sollten nicht auch die Gebeine der Heiligen Wunder wirken?«

»Dieser alberne Mariendienst ...«

Kaum war das Wort ausgesprochen, so veränderte sich das helle Angesicht des Fryburgers, das Blut stieg ihm mit Gewalt zu Haupte, zornrot sprang er vom Sessel auf, legte die Hand an den Degen und rief mir zu: »Wollt Ihr mich persönlich beleidigen? Ist das Eure Absicht, so zieht!«

Auch das Fräulein hatte sich bestürzt von seinem Sitze

erhoben und der Rat streckte beschwichtigend beide Hände nach dem Fryburger aus. Ich erstaunte, ohne die Fassung zu verlieren über die ganz unerwartete Wirkung meiner Worte.

»Von einer persönlichen Beleidigung kann nicht die Rede sein«, sagte ich ruhig. »Wie konnte ich ahnen, daß Ihr, Boccard, der in jeder Äußerung den Mann von Welt und Bildung bekundet und der, wie Ihr selbst sagt, gelassen über religiöse Dinge denkt, in diesem einzigen Punkte eine solche Leidenschaft an den Tag legen würdet.«

»So wisset Ihr denn nicht, Schadau, was im ganzen Gebiete von Fryburg und weit darüber hinaus bekannt ist, daß Unsere liebe Frau von Einsiedeln ein Wunder an mir Unwürdigem getan hat?«

»Nein, wahrlich nicht«, erwiderte ich. »Setzt Euch, lieber Boccard, und erzählt uns das.«

»Nun, die Sache ist weltkundig und abgemalt auf einer Votivtafel im Kloster selbst.

In meinem dritten Jahre befiel mich eine schwere Krankheit und ich blieb infolge derselben an allen Gliedern gelähmt. Alle erdenklichen Mittel wurden vergeblich angewendet, aber kein Arzt wußte Rat. Endlich tat meine liebe gute Mutter barfuß für mich eine Wallfahrt nach Einsiedeln. Und, siehe da, es geschah ein Gnadenwunder! Von Stund an ging es besser mit mir, ich erstarkte und gedieh und bin heute, wie Ihr seht, ein Mann von gesunden und geraden Gliedern! Nur der guten Dame von Einsiedeln danke ich es, wenn ich heute meiner Jugend froh bin und nicht als unnützer, freudloser Krüppel mein Herz in Gram verzehre. So werdet ihr es begreifen, liebe Herrn, und natürlich finden, daß ich meiner Helferin zeitlebens zu Dank verbunden und herzlich zugetan bleibe.«

Mit diesen Worten zog er eine seidene Schnur, die er um den Hals trug und an der ein Medaillon hing, aus dem Wams hervor und küßte es mit Inbrunst.

Herr Chatillon, der ihn mit einem seltsamen Gemisch von Spott und Rührung betrachtete, begann nun in seiner verbindlichen Weise: »Aber glaubt Ihr wohl, Herr Boccard, daß jede Madonna diese glückliche Kur an Euch hätte verrichten können?«

»Nicht doch!« versetzte Boccard lebhaft, »die Meinigen versuchten es an manchem Gnadenorte, bis sie an die rechte Pforte klopften. Die liebe Frau von Einsiedeln ist eben einzig in ihrer Art.«

»Nun«, fuhr der alte Franzose lächelnd fort, »so wird es leicht sein, Euch mit Eurem Landsmanne zu versöhnen, wenn dies bei Euerm wohlwollenden Gemüt und heiteren Naturell, wovon Ihr uns allen schon Proben gegeben habt, noch notwendig sein sollte. Herr Schadau wird seinem harten Urteile über den Mariendienst in Zukunft nicht vergessen die Klausel anzuhängen: mit ehrenvoller Ausnahme der lieben Frau von Einsiedeln.«

»Dazu bin ich gerne bereit«, sagte ich auf den Ton des alten Herrn eingehend, freilich nicht ohne eine innere Wallung gegen seinen Leichtsinn.

Da ergriff der gutmütige Boccard meine Hand und schüttelte sie treuherzig. Das Gespräch nahm eine andere Wendung und bald erhob sich der junge Fryburger gute Nacht wünschend und sich beurlaubend, da er morgen in der ersten Frühe aufzubrechen gedenke.

Nun erst, da das erregte Hin- und Herreden ein Ende

genommen hatte, richtete ich meine Blicke aufmerksamer auf das junge Mädchen, das unserm Gespräch stillschweigend mit großer Spannung gefolgt war, und erstaunte über ihre Unähnlichkeit mit ihrem Vater oder Oheim. Der alte Rat hatte ein feingeschnittenes, fast furchtsames Gesicht, welches kluge, dunkle Augen bald wehmütig, bald spöttisch, immer geistvoll beleuchteten; die junge Dame dagegen war blond und ihr unschuldiges, aber entschlossenes Antlitz beseelten wunderbar strahlende blaue Augen.

»Darf ich Euch fragen, junger Mann«, begann der Parlamentrat, »was Euch nach Paris führt? Wir sind Glaubensgenossen und wenn ich Euch einen Dienst leisten kann, so verfügt über mich.«

»Herr«, erwiderte ich, »als Ihr den Namen Chatillon aussprach, geriet mein Herz in Bewegung. Ich bin ein Soldatenkind und will den Krieg, mein väterliches Handwerk, erlernen. Ich bin ein eifriger Protestant und möchte für die gute Sache so viel tun, als in meinen Kräften steht. Diese beiden Ziele habe ich erreicht, wenn mir vergönnt ist unter den Augen des Admirals zu dienen und zu fechten. Könnt Ihr mir dazu verhelfen, so erweist Ihr mir den größten Dienst.« –

Jetzt öffnete das Mädchen den Mund und fragte: »Habt Ihr denn eine so große Verehrung für den Herrn Admiral?«

»Er ist der erste Mann der Welt!« antwortete ich feurig. –

»Nun, Gasparde«, fiel der Alte ein, »bei so vortrefflichen Gesinnungen dürftest du für den jungen Herrn ein Fürwort bei deinem Paten einlegen.«

»Warum nicht?« sagte Gasparde ruhig, »wenn er so

brav ist, wie er das Aussehen hat. Ob aber mein Fürwort fruchten wird, das ist die Frage. Der Herr Admiral ist jetzt, am Vorabend des flandrischen Krieges, vom Morgen bis in die Nacht in Anspruch genommen, belagert, ruhelos, und ich weiß nicht, ob nicht schon alle Stellen vergeben sind, über die er zu verfügen hat. Bringt Ihr nicht eine Empfehlung mit, die besser wäre als die meinige?«

»Der Name meines Vaters«, versetzte ich etwas eingeschüchtert, »ist vielleicht dem Admiral nicht unbekannt.« – Jetzt fiel mir aufs Herz, wie schwer es dem unempfohlenen Fremdling werden könnte, bei dem großen Feldherrn Zutritt zu erlangen, und ich fuhr niedergeschlagen fort: »Ihr habt recht, Fräulein, ich fühle, daß ich ihm wenig bringe: ein Herz und einen Degen, wie er über deren tausende gebietet. Lebte nur sein Bruder Dandelot noch! Der stünde mir näher, an den würde ich mich wagen! War er doch von Jugend auf in allen Dingen mein Vorbild: Kein Feldherr, aber ein tapferer Krieger; kein Staatsmann, aber ein standhafter Parteigenosse; kein Heiliger, aber ein warmes treues Herz!« –

Während ich diese Worte sprach, begann Fräulein Gasparde zu meinem Erstaunen erst leise zu erröten und ihre mir rätselhafte Verlegenheit steigerte sich, bis sie mit Rot wie übergossen war. Auch der alte Herr wurde sonderbarerweise verstimmt und sagte spitz:

»Was werdet Ihr wissen, ob Herr Dandelot ein Heiliger war oder nicht! Doch ich bin schläfrig, heben wir die Sitzung auf. Kommt Ihr nach Paris, Herr Schadau, so beehrt mich mit Eurem Besuche. Ich wohne auf der Insel St. Louis. Morgen werden wir uns wohl nicht mehr sehen. Wir halten Rasttag und bleiben in Melun. Jetzt aber schreibt mir noch Euern Namen in diese Brieftasche. So! Gehabt Euch wohl, gute Nacht.« –

Viertes Kapitel

Am zweiten Abende nach diesem Zusammentreffen ritt ich durch das Tor St. Honoré in Paris ein und klopfte müde, wie ich war, an die Pforte der nächsten, kaum hundert Schritte vom Tor entfernten Herberge.

Die erste Woche verging mir in der Betrachtung der mächtigen Stadt und im vergeblichen Aufsuchen eines Waffengenossen meines Vaters, dessen Tod ich erst nach meiner Anfrage in Erfahrung brachte. Am achten Tage machte ich mich mit pochendem Herzen auf den Weg nach der Wohnung des Admirals, die mir unfern vom Louvre in einer engen Straße gewiesen wurde.

Es war ein finsteres, altertümliches Gebäude und der Pförtner empfing mich unfreundlich, ja mißtrauisch. Ich mußte meinen Namen auf ein Stück Papier schreiben, das er zu seinem Herrn trug, dann wurde ich eingelassen und trat durch ein großes Vorgemach, das mit vielen Menschen gefüllt war, Kriegern und Hofleuten, die den durch ihre Reihen Gehenden mit scharfen Blikken musterten, in das kleine Arbeitszimmer des Admirals. Er war mit Schreiben beschäftigt und winkte mir zu warten, während er einen Brief beendigte. Ich hatte Muße, sein Antlitz, welches sich mir durch einen gelungenen, ausdrucksvollen Holzschnitt, der bis in die Schweiz gelangt war, unauslöschlich eingeprägt, mit Rührung zu betrachten.

Der Admiral mochte damals fünfzig Jahre zählen, aber seine Haare waren schneeweiß und eine fieberische Röte durchglühte die abgezehrten Wangen. Auf seiner mächtigen Stirn, auf den magern Händen traten die blauen Adern hervor und ein furchtbarer Ernst sprach aus seiner Miene. Er schaute wie ein Richter in Israel.
Nachdem er sein Geschäft beendigt hatte, trat er zu mir in die Fensternische und heftete seine großen blauen Augen durchdringend auf die meinigen.
»Ich weiß was Euch herführt«, sagte er. »Ihr wollt der guten Sache dienen. Bricht der Krieg aus, so gebe ich Euch eine Stelle in meiner deutschen Reiterei. Inzwischen – seid Ihr der Feder mächtig? Ihr versteht Deutsch und Französisch?« –
Ich verneigte mich bejahend.
»Inzwischen will ich Euch in meinem Kabinett beschäftigen. Ihr könnt mir nützlich sein! So seid mir denn willkommen. Ich erwarte Euch morgen um die achte Stunde. Seid pünktlich.« –
Nun entließ er mich mit einer Handbewegung, und wie ich mich vor ihm verbeugte, fügte er mit großer Freundlichkeit bei:
»Vergeßt nicht den Rat Chatillon zu besuchen, mit dem Ihr unterwegs bekannt geworden seid.«
Als ich wieder auf der Straße war und dem Erlebten nachsinnend den Weg nach meiner Herberge einschlug, wurde mir klar, daß ich für den Admiral kein Unbekannter mehr war, und ich konnte nicht im Zweifel sein, wem ich es zu verdanken hatte. Die Freude, an ein ersehntes Ziel, das mir schwer zu erreichen schien, so leicht gelangt zu sein, war mir von guter Vorbedeutung für meine beginnende Laufbahn, und die Aussicht

unter den Augen des Admirals zu arbeiten gab mir ein Gefühl von eigenem Wert, das ich bisher noch nicht gekannt hatte. Alle diese glücklichen Gedanken traten aber fast gänzlich zurück vor etwas, das mich zugleich anmutete und quälte, lockte und beunruhigte, etwas unendlich Fragwürdigem, von dem ich mir durchaus keine Rechenschaft zu geben wußte. Jetzt nach langem vergeblichen Suchen wurde es mir plötzlich klar. Es waren die Augen des Admirals, die mir nachgingen. Und warum verfolgten sie mich? Weil es *ihre* Augen waren. Kein Vater, keine Mutter konnten ihrem Kinde getreuer diesen Spiegel der Seele vererben! Ich geriet in eine unsagbare Verwirrung. Sollten, konnten ihre Augen von den seinigen abstammen? War das möglich? Nein, ich hatte mich getäuscht. Meine Einbildungskraft hatte mir eine Tücke gespielt und um diese Gauklerin durch die Wirklichkeit zu widerlegen, beschloß ich eilig in meine Herberge zurückzukehren und dann auf der Insel St. Louis meine Bekannten von den drei Lilien aufzusuchen.

Als ich eine Stunde später das hohe schmale Haus des Parlamentsrats betrat, das, dicht an der Brücke St. Michel gelegen, auf der einen Seite in die Wellen der Seine, auf der andern über eine Seitengasse hinweg in die gotischen Fenster einer kleinen Kirche blickte, fand ich die Türen des untern Stockwerks verschlossen, und als ich das zweite betrat, stand ich unversehens vor Gasparde, die an einer offenen Truhe beschäftigt schien.

»Wir haben Euch erwartet«, begrüßte sie mich, »und ich will Euch zu meinem Ohm führen, der sich freuen wird, Euch zu sehn.«

Der Alte saß behaglich im Lehnstuhle, einen großen Folianten durchblätternd, den er auf die dazu eingerichtete Seitenlehne stützte. Das weite Gemach war mit Büchern gefüllt, die in schön geschnitzten Eichenschränken standen. Statuetten, Münzen, Kupferstiche bevölkerten, jedes an der geeigneten Stelle, diese friedliche Gedankenstätte. Der gelehrte Herr hieß mich, ohne sich zu erheben, einen Sitz an seine Seite rücken, grüßte mich als alten Bekannten und vernahm mit sichtlicher Freude den Bericht über meinen Eintritt in die Bedienung des Admirals.

»Gebe Gott, daß es ihm diesmal gelinge!« sagte er. »Uns Evangelischen, die wir leider am Ende doch nur eine Minderheit unter der Bevölkerung unserer Heimat sind, ohne verruchten Bürgerkrieg Luft zu schaffen, gab es zwei Wege, *nur* zwei Wege: entweder auswandern über den Ozean in das von Kolumbus entdeckte Land – diesen Gedanken hat der Admiral lange Jahre in seinem Gemüte bewegt und, hätten sich nicht unerwartete Hindernisse dagegen erhoben, wer weiß! – oder das Nationalgefühl entflammen und einen großen, der Menschheit heilbringenden auswärtigen Krieg führen, wo Katholik und Hugenott Seite an Seite fechtend in der Vaterlandsliebe zu Brüdern werden und ihren Religionshaß verlernen könnten. Das will der Admiral jetzt, und mir, dem Manne des Friedens, brennt der Boden unter den Füßen, bis der Krieg erklärt ist! Die Niederlande vom spanischen Joche befreiend werden unsre Katholiken widerwillig in die Strömung der Freiheit gerissen werden. Aber es eilt! Glaubt mir, Schadau, über Paris brütet eine dumpfe Luft. Die Guisen suchen einen Krieg zu vereiteln, der den jungen König

selbständig und sie entbehrlich machen würde. Die Königin Mutter ist zweideutig – durchaus keine Teufelin, wie die Heißsporne unsrer Partei sie schildern, aber sie windet sich durch von heute auf morgen, selbstsüchtig nur auf das Interesse ihres Hauses bedacht. Gleichgültig gegen den Ruhm Frankreichs, ohne Sinn für Gutes und Böses, hält sie das Entgegengesetzte in ihren Händen und der Zufall kann die Wahl entscheiden. Feig und unberechenbar wie sie ist, wäre sie freilich des Schlimmsten fähig! – Der Schwerpunkt liegt in dem Wohlwollen des jungen Königs für Coligny, und dieser König ...« hier seufzte Chatillon, »nun, ich will Eurem Urteil nicht vorgreifen! Da er den Admiral nicht selten besucht, so werdet Ihr mit eignen Augen sehen.«
Der Greis schaute vor sich hin, dann plötzlich den Gegenstand des Gesprächs wechselnd und den Titel des Folianten aufblätternd frug er mich: »Wißt Ihr, was ich da lese? Seht einmal!«
Ich las in lateinischer Sprache: Die Geographie des Ptolemäus, herausgegeben von Michael Servetus. »Doch nicht der in Genf verbrannte Ketzer?« frug ich bestürzt. »Kein anderer. Er war ein vorzüglicher Gelehrter, ja, soweit ich es beurteilen kann, ein genialer Kopf, dessen Ideen in der Naturwissenschaft vielleicht später mehr Glück machen werden, als seine theologischen Grübeleien. – Hättet Ihr ihn auch verbrannt, wenn Ihr im Genfer Rat gesessen hättet?«
»Gewiß, Herr!« antwortete ich mit Überzeugung. »Bedenkt nur das eine: was war die gefährlichste Waffe, mit welcher die Papisten unsern Calvin bekämpften? Sie warfen ihm vor, seine Lehre sei Gottesleugnung. Nun kommt ein Spanier nach Genf, nennt sich Calvins

Freund, veröffentlicht Bücher, in welchen er die Dreieinigkeit leugnet, wie wenn das nichts auf sich hätte, und mißbraucht die evangelische Freiheit. War es nun Calvin nicht den Tausenden und Tausenden schuldig, die für das reine Wort litten und bluteten, diesen falschen Bruder vor den Augen der Welt aus der evangelischen Kirche zu stoßen und dem weltlichen Richter zu überliefern, damit keine Verwechslung zwischen uns und ihm möglich sei und wir nicht unschuldigerweise fremder Gottlosigkeit geziehen werden?«

Chatillon lächelte wehmütig und sagte: »Da Ihr Euer Urteil über Servedo so trefflich begründet habt, müßt Ihr mir schon den Gefallen tun, diesen Abend bei mir zu bleiben. Ich führe Euch an ein Fenster, das auf die Laurentiuskapelle hinüberschaut, deren Nachbarschaft wir uns hier erfreuen und wo der berühmte Franziskaner Panigarola heute abend predigen wird. Da werdet Ihr vernehmen, wie man *Euch* das Urteil spricht. Der Pater ist ein gewandter Logiker und ein feuriger Redner. Ihr werdet keines seiner Worte verlieren und – Eure Freude dran haben. – Ihr wohnt noch im Wirtshause? Ich muß Euch doch für ein dauerndes Obdach sorgen – was rätst du, Gasparde?« wandte er sich an diese, die eben eingetreten war.

Gasparde antwortete heiser: »Der Schneider Gilbert, unser Glaubensgenosse, der eine zahlreiche Familie zu ernähren hat, wäre wohl froh und hochgeehrt, wenn er dem Herrn Schadau sein bestes Zimmer abtreten dürfte. Und das hätte noch das Gute, daß der redliche, aber furchtsame Christ unsren evangelischen Gottesdienst wieder zu besuchen wagte, von diesem tapfern Kriegsmanne begleitet. – Ich gehe gleich hinüber und will ihm den Glücksfall verkündigen.« – Damit eilte die Schlanke weg.

So kurz ihre Erscheinung gewesen war, hatte ich doch aufmerksam forschend in ihre Augen geschaut und ich geriet in neues Staunen. Von einer unwiderstehlichen Gewalt getrieben, mir ohne Aufschub dieses Rätsels Lösung zu verschaffen, kämpfte ich nur mit Mühe eine Frage nieder, die gegen allen Anstand verstoßen hätte, da kam mir der Alte selbst zu Hilfe, indem er spöttisch fragte: »Was findet Ihr Besonderes an dem Mädchen, daß Ihr es so starr betrachtet?«

»Etwas sehr Besonderes«, erwiderte ich entschlossen, »die wunderbare Ähnlichkeit ihrer Augen mit denen des Admirals.«

Wie wenn er eine Schlange berührt hätte, fuhr der Rat zurück und sagte gezwungen lächelnd: »Gibt es keine Naturspiele, Herr Schadau? Wollt Ihr dem Leben verbieten ähnliche Augen hervorzubringen?«

»Ihr habt mich gefragt, was ich Besonderes an dem Fräulein finde«, versetzte ich kaltblütig, »diese Frage habe ich beantwortet. Erlaubt mir eine Gegenfrage: Da ich hoffe, Euch weiterhin besuchen zu dürfen, der ich mich von Euerm Wohlwollen und von Euerm überlegenen Geiste angezogen fühle, wie wünscht Ihr, daß ich fortan dieses schöne Fräulein begrüße? Ich weiß, daß sie von ihrem Paten Coligny den Namen Gasparde führt, aber Ihr habt mir noch nicht gesagt, ob ich die Gunst habe mit Eurer Tochter, oder mit einer Eurer Verwandten zu sprechen.«

»Nennt sie, wie Ihr wollt!« murmelte der Alte verdrießlich und fing wieder an, in der Geographie des Ptolemäus zu blättern.

Durch dies absonderliche Benehmen ward ich in meiner Vermutung bestärkt, daß hier ein Dunkel walte, und begann die kühnsten Schlüsse zu ziehn. In der kleinen Druckschrift, die der Admiral über seine Verteidigung von St. Quentin veröffentlicht hatte und die ich auswendig wußte, schloß er ziemlich unvermittelt mit einigen geheimnisvollen Worten, worin er seinen Übertritt zum Evangelium andeutete. Hier war von der Sündhaftigkeit der Welt die Rede, an welcher er bekannte auch selber teilgenommen zu haben. Konnte nun Gaspardes Geburt nicht im Zusammenhange stehn mit diesem vorevangelischen Leben? So streng ich sonst in solchen Dingen dachte, hier war mein Eindruck ein anderer; es lag mir diesmal ferne einen Fehltritt zu verurteilen, der mir die unglaubliche Möglichkeit auftat, mich der Blutsverwandten des erlauchten Helden zu nähern – wer weiß, vielleicht um sie zu werben. Während ich meiner Einbildungskraft die Zügel schießen ließ, glitt wahrscheinlich ein glückliches Lächeln durch meine Züge, denn der Alte, der mich insgeheim über seinen Folianten weg beobachtet hatte, wandte sich gegen mich mit unerwartetem Feuer:

»Ergötzt es Euch, junger Herr, an einem großen Mann eine Schwäche entdeckt zu haben, so wißt: Er ist makellos! – Ihr seid im Irrtume. Ihr betrügt Euch!«

Hier erhob er sich wie unwillig und schritt das Gemach auf und nieder, dann, plötzlich den Ton wechselnd, blieb er dicht vor mir stehen, indem er mich bei der Hand faßte: »Junger Freund«, sagte er, »in dieser schlimmen Zeit, wo wir Evangelischen aufeinander angewiesen sind und uns wie Brüder betrachten sollen, wächst das Vertrauen geschwind; es darf keine Wolke zwischen uns sein. Ihr seid ein braver Mann und Gasparde ist ein liebes Kind. Gott verhüte, daß etwas Verdecktes Eure Begegnung unlauter mache. Ihr könnt schweigen, das trau ich Euch zu; auch ist die Sache ruchbar und könnte Euch aus hämischem Munde zu Ohren kommen. So hört mich an!

Gasparde ist weder meine Tochter, noch meine Nichte; aber sie ist bei mir aufgewachsen und gilt als meine Verwandte. Ihre Mutter, die kurze Zeit nach der Geburt des Kindes starb, war die Tochter eines deutschen Reiteroffiziers, den sie nach Frankreich begleitet hatte. Gaspardes Vater aber«, hier dämpfte er die Stimme – »ist Dandelot, des Admirals jüngerer Bruder, dessen wunderbare Tapferkeit und frühes Ende Euch nicht unbekannt sein wird. Jetzt wißt Ihr genug. Begrüßt Gasparde als meine Nichte, ich liebe sie wie mein eigenes Kind. Im übrigen haltet reinen Mund, und begegnet ihr unbefangen.«

Er schwieg und ich brach das Schweigen nicht, denn ich war ganz erfüllt von der Mitteilung des alten Herrn. Jetzt wurden wir, uns beiden nicht unwillkommen, unterbrochen und zum Abendtische gerufen, wo mir die holdselige Gasparde den Platz an ihrer Seite anwies. Als sie mir den vollen Becher reichte und ihre Hand die meinige berührte, durchrieselte mich ein Schauer, daß in diesen jungen Adern das Blut meines Helden rinne. Auch Gasparde fühlte, daß ich sie mit andern Augen betrachtete als kurz vorher, sie sann und ein Schatten der Befremdung glitt über ihre Stirne, die aber schnell wieder hell wurde, als sie mir fröhlich erzählte, wie hoch sich der Schneider Gilbert geehrt fühle mich zu beherbergen.

»Es ist wichtig«, sagte sie scherzend, »daß Ihr einen christlichen Schneider an der Hand habt, der Euch die Kleider streng nach hugenottischem Schnitte verfertigt. Wenn Euch Pate Coligny, der jetzt beim König so hoch in Gunsten steht, bei Hofe einführt und die reizenden Fräulein der Königin Mutter Euch umschwärmen, da wäret Ihr verloren, wenn nicht Eure ernste Tracht sie gebührend in Schranken hielte.«

Während dieses heitern Gespräches vernahmen wir über die Gasse, von Pausen unterbrochen, bald langgezogene, bald heftig ausgestoßene Töne, die den verwehten Bruchstücken eines rednerischen Vortrags glichen, und als bei einem zufälligen Schweigen ein Satz fast unverletzt an unser Ohr schlug, erhob sich Herr Chatillon unwillig.

»Ich verlasse Euch!« sagte er, »der grausame Hanswurst da drüben verjagt mich.« – Mit diesen Worten ließ er uns allein.

»Was bedeutet das?« fragte ich Gasparde.

»Ei«, sagte sie, »in der Laurentiuskirche drüben predigt Pater Panigarola. Wir können von unserm Fenster mitten in das andächtige Volk hineinsehen und auch den wunderlichen Pater erblicken. Den Oheim empört sein Gerede, mich langweilt der Unsinn, ich höre gar nicht hin, habe ich ja Mühe in unsrer evangelischen Versammlung, wo doch die lautere Wahrheit gepredigt wird, mit Andacht und Erbauung, wie es dem heiligen Gegenstande geziemt, bis ans Ende aufzuhorchen.« – Wir waren unterdessen ans Fenster getreten, das Gasparde ruhig öffnete.

Es war eine laue Sommernacht und auch die erleuchteten Fenster der Kapelle standen offen. Im schmalen

Zwischenraume hoch über uns flimmerten Sterne. Der Pater auf der Kanzel, ein junger blasser Franziskanermönch mit südlich feurigen Augen und zuckendem Mienenspiel, gebärdete sich so seltsam heftig, daß er mir erst ein Lächeln abnötigte; bald aber nahm seine Rede, von der mir keine Silbe entging, meine ganze Aufmerksamkeit in Anspruch.

»Christen«, rief er, »was ist die Duldung, welche man von uns verlangt? Ist sie christliche Liebe? Nein, sage ich, dreimal nein! Sie ist eine fluchwürdige Gleichgültigkeit gegen das Los unsrer Brüder! Was würdet ihr von einem Menschen sagen, der einen andern am Rande des Abgrunds schlummern sähe und ihn nicht weckte und zurückzöge? Und doch handelt es sich in diesem Falle nur um Leben und Sterben des Leibes. Um wieviel weniger dürfen wir, wo ewiges Heil oder Verderben auf dem Spiele steht, ohne Grausamkeit unsern Nächsten seinem Schicksal überlassen! Wie? Es wäre möglich, mit den Ketzern zu wandeln und zu handeln, ohne den Gedanken auftauchen zu lassen, daß ihre Seelen in tödlicher Gefahr schweben? Gerade unsre Liebe zu ihnen gebietet uns, sie zum Heil zu überreden und, sind sie störrisch, zum Heil zu zwingen, und sind sie unverbesserlich, sie auszurotten, damit sie nicht durch ihr schlechtes Beispiel ihre Kinder, ihre Nachbarn, ihre Mitbürger in die ewigen Flammen mitreißen! Denn ein christliches Volk ist ein Leib, von dem geschrieben steht: Wenn dich dein Auge ärgert, so reiße es aus! Wenn dich deine rechte Hand ärgert, so haue sie ab und wirf sie von dir, denn, siehe, es ist dir besser, daß eines deiner Glieder verderbe, als daß dein ganzer Leib in das nie verlöschende Feuer geworfen werde!« –

Dies ungefähr war der Gedankengang des Paters, den er aber mit einer leidenschaftlichen Rhetorik und mit ungezügelten Gebärden zu einem wilden Schauspiel verkörperte. War es nun das ansteckende Gift des Fanatismus oder das grelle von oben fallende Lampenlicht, die Gesichter der Zuhörer nahmen einen so verzerrten und, wie mir schien, blutdürstigen Ausdruck an, daß mir auf einmal klarwurde, auf welchem Vulkan wir Hugenotten in Paris stünden.

Gasparde wohnte der unheimlichen Szene fast gleichgültig bei und richtete ihr Auge auf einen schönen Stern, der über dem Dache der Kapelle mild leuchtend aufstieg.

Nachdem der Italiener seine Rede mit einer Handbewegung geschlossen, die mir eher einer Fluchgebärde als einem Segen zu gleichen schien, begann das Volk in dichtem Gedränge aus der Pforte zu strömen, an deren beiden Seiten zwei große brennende Pechfackeln in eiserne Ringe gesteckt wurden. Ihr blutiger Schein beleuchtete die Heraustretenden und erhellte zeitweise auch Gaspardes Antlitz, die das Volksgewühle mit Neugierde betrachtete, während ich mich in den Schatten zurückgelehnt hatte. Plötzlich sah ich sie erblassen, dann flammte ihr Blick empört auf, und als der meinige ihm folgte, sah ich einen hohen Mann in reicher Kleidung ihr mit halb herablassender halb gieriger Gebärde einen Kuß zuwerfen. Gasparde bebte vor Zorn. Sie ergriff meine Hand, und indem sie mich an ihre Seite zog, sprach sie mit vor Erregung zitternder Stimme in die Gasse hinunter:

»Du beschimpfst mich, Memme, weil du mich schutzlos glaubst! Du irrst dich! Hier steht einer, der dich züchtigen wird, wenn du noch einen Blick wagst!« – Hohnlachend schlug der Kavalier, der wenn nicht ihre Rede, doch die ausdrucksvolle Gebärde verstanden hatte, seinen Mantel um die Schulter und verschwand in der strömenden Menge.

Gaspardes Zorn löste sich in einen Tränenstrom auf und sie erzählte mir schluchzend, wie dieser Elende, der zu dem Hofstaate des Herzogs von Anjou, des königlichen Bruders, gehöre, schon seit dem Tage ihrer Ankunft sie auf der Straße verfolge, wenn sie einen Ausgang wage, und sich sogar durch das Begleit ihres Oheims nicht abhalten lasse, ihr freche Grüße zuzuwerfen.

»Ich mag dem lieben Ohm bei seiner erregbaren und etwas ängstlichen Natur nichts davon sagen. Es würde ihn beunruhigen, ohne daß er mich beschützen könnte. Ihr aber seid jung und führt einen Degen, ich zähle auf Euch! Die Unziemlichkeit muß um jeden Preis ein Ende nehmen. – Nun lebt wohl, mein Ritter!« fügte sie lächelnd hinzu, während ihre Tränen noch flossen, »und vergeßt nicht, meinem Ohm gute Nacht zu sagen!« – Ein alter Diener leuchtete mir in das Gemach seines Herrn, bei dem ich mich beurlaubte.

»Ist die Predigt vorüber?« fragte der Rat. »In jüngern Tagen hätte mich das Fratzenspiel belustigt; jetzt aber, besonders seit ich in Nîmes, wo ich das letzte Jahrzehnt mit Gasparde zurückgezogen gelebt habe, im Namen Gottes Mord und Auflauf anstiften sah, kann ich keinen Volkshaufen um einen aufgeregten Pfaffen versammelt sehen ohne die Beängstigung, daß sie nun gleich etwas Verrücktes oder Grausames unternehmen werden. Es fällt mir auf die Nerven.« –

Als ich die Kammer meiner Herberge betrat, warf ich mich in den alten Lehnstuhl, der außer einem Feldbette ihre ganze Bequemlichkeit ausmachte. Die Erlebnisse des Tages arbeiteten in meinem Kopfe fort und an meinem Herzen zehrte es wie eine zarte aber scharfe Flamme. Die Turmuhr eines nahen Klosters schlug Mitternacht, meine Lampe, die ihr Öl aufgebraucht hatte, erlosch, aber taghell war es in meinem Innern.

Daß ich Gaspardes Liebe gewinnen könne, schien mir nicht unmöglich, Schicksal daß ich es mußte, und Glück, mein Leben dafür einzusetzen.

Fünftes Kapitel

Am nächsten Morgen zur anberaumten Stunde stellte ich mich bei dem Admiral ein und fand ihn in einem abgegriffenen Taschenbuche blätternd.

»Dies sind«, begann er, »meine Aufzeichnungen aus dem Jahre siebenundfünfzig, in welchem ich St. Quentin verteidigte und mich dann den Spaniern ergeben mußte. Da steht unter den tapfersten meiner Leute, mit einem Kreuze bezeichnet, der Name Sadow, mir dünkt, es war ein Deutscher. Sollte dieser Name mit dem Eurigen derselbe sein?« –

»Kein andrer als der Name meines Vaters! Er hatte die Ehre, unter Euch zu dienen und vor Euern Augen zu fallen!« –

»Nun denn«, fuhr der Admiral fort, »das bestärkt mich in dem Vertrauen, das ich in Euch setze. Ich bin von Leuten, mit denen ich lange zusammenlebte, verraten

worden, Euch trau ich auf den ersten Anblick und ich glaube, er wird mich nicht betrügen.« –
Mit diesen Worten ergriff er ein Papier, das mit seiner großen Handschrift von oben bis unten bedeckt war: »Schreibt mir das ins reine, und wenn Ihr Euch daraus über manches unterrichtet, das Euch das Gefährliche unsrer Zustände zeigt, so laßt's Euch nicht anfechten. Alles Große und Entscheidende ist ein Wagnis. Setzt Euch und schreibt.« –
Was mir der Admiral übergeben hatte, war ein Memorandum, das er an den Prinzen von Oranien richtete. Mit steigendem Interesse folgte ich dem Gange der Darstellung, die mit der größten Klarheit, wie sie dem Admiral eigen war, sich über die Zustände von Frankreich verbreitete. Den Krieg mit Spanien um jeden Preis und ohne jeden Aufschub herbeizuführen, dies, schrieb der Admiral, ist unsre Rettung. Alba ist verloren, wenn er von uns und von Euch zugleich angegriffen wird. Mein Herr und König will den Krieg; aber die Guisen arbeiten mit aller Anstrengung dagegen; die katholische Meinung, von ihnen aufgestachelt, hält die französische Kriegslust im Schach, und die Königinmutter, welche den Herzog von Anjou dem Könige auf unnatürliche Weise vorzieht, will nicht, daß dieser ihren Liebling verdunkle, indem er sich im Feld auszeichnet, wonach mein Herr und König Verlangen trägt, und was ich ihm als treuer Untertan gönne und, soviel an mir liegt, verschaffen möchte.
Mein Plan ist folgender: Eine hugenottische Freischar ist in diesen Tagen in Flandern eingefallen. Kann sie sich gegen Alba halten – und dies hängt zum großen Teil davon ab, daß Ihr gleichzeitig den spanischen Feld-

herrn von Holland her angreift – so wird dieser Erfolg den König bewegen, alle Hindernisse zu überwinden und entschlossen vorwärts zu gehn. Ihr kennt den Zauber eines ersten Gelingens.

Ich war mit dem Schreiben zu Ende, als ein Diener erschien und dem Admiral etwas zuflüsterte. Ehe dieser Zeit hatte, sich von seinem Sitze zu erheben, trat ein sehr junger Mann von schlanker, kränklicher Gestalt heftig erregt ins Gemach und eilte mit den Worten auf ihn zu:

»Guten Morgen, Väterchen! Was gibt es Neues? Ich verreite auf einige Tage nach Fontainbleau. Habt Ihr Nachricht aus Flandern?« Jetzt wurde er meiner gewahr und auf mich hindeutend frug er herrisch: »Wer ist der da?« –

»Mein Schreiber, Sire, der sich gleich entfernen wird, wenn Eure Majestät es wünscht.« –

»Weg mit ihm!« rief der junge König, »ich will nicht belauscht sein, wenn ich Staatsgeschäfte behandle! Vergeßt Ihr, daß wir von Spähern umstellt sind? – Ihr seid zu arglos, lieber Admiral!«

Jetzt warf er sich in einen Lehnstuhl und starrte ins Leere; dann, plötzlich aufspringend, klopfte er Coligny auf die Schulter, und als hätte er mich, dessen Entfernung er eben gefordert, vergessen, brach er in die Worte aus:

»Bei den Eingeweiden des Teufels! wir erklären seiner katholischen Majestät nächstens den Krieg!« Nun aber schien er wieder in den früheren Gedankengang zurückzufallen, denn er flüsterte mit geängstigter Miene: »Neulich noch, erinnert Ihr Euch? als wir beide in meinem Kabinett Rat hielten, da raschelte es hinter der Tapete. Ich zog den Degen, wißt Ihr? und durchstach sie zweimal, dreimal! Da hob sie sich, und wer trat darunter hervor? Mein lieber Bruder, der Herzog von Anjou, mit einem Katzenbuckel!« Hier machte der König eine nachahmende Gebärde und brach in unheimliches Lachen aus. »Ich aber«, fuhr er fort, »maß ihn mit einem Blicke, den er nicht ertragen konnte und der ihn flugs aus der Türe trieb.«

Hier nahm das bleiche Antlitz einen Ausdruck so wilden Hasses an, daß ich es erschrocken anstarrte.

Coligny, für den ein solcher Auftritt wohl nichts Ungewöhnliches hatte, dem aber die Gegenwart eines Zeugen peinlich sein mochte, entfernte mich mit einem Winke.

»Ich sehe, Eure Arbeit ist vollendet«, sagte er, »auf Wiedersehen morgen.« –

Während ich meinen Heimweg einschlug, ergriff mich ein unendlicher Jammer. Dieser unklare Mensch also war es, von dem die Entscheidung der Dinge abhing. – Wo sollte bei so knabenhafter Unreife und flackernder Leidenschaftlichkeit die Stetigkeit des Gedankens, die Festigkeit des Entschlusses herkommen? Konnte der Admiral für ihn handeln? Aber wer bürgte dafür, daß nicht andere, feindliche Einflüsse sich in der nächsten Stunde schon dieses verworrenen Gemütes bemächtigten! Ich fühlte, daß nur dann Sicherheit war, wenn Coligny in seinem König eine selbstbewußte Stütze fand; besaß er in ihm nur ein Werkzeug, so konnte ihm dieses morgen entrissen werden.

In so böse Zweifel verstrickt, verfolgte ich meinen Weg, als sich eine Hand auf meine Schulter legte. Ich wandte mich und blickte in das wolkenlose Gesicht meines Landsmannes Boccard, der mich umhalste und mit den lebhaftesten Freudenbezeugungen begrüßte.

»Willkommen, Schadau, in Paris!« rief er, »Ihr seid, wie ich sehe, müßig, das bin ich auch, und da der König eben verritten ist, so müßt Ihr mit mir kommen, ich will Euch das Louvre zeigen. Ich wohne dort, da meine Kompanie die Wache der innern Gemächer hat. – Es wird Euch hoffentlich nicht belästigen«, fuhr er fort, da er in meinen Mienen kein ungemischtes Vergnügen über seinen Vorschlag las, »mit einem königlichen Schweizer Arm in Arm zu gehn? Da ja Euer Abgott Coligny die Verbrüderung der Parteien wünscht, so würde ihm das Herz im Leibe lachen ob der Freundschaft seines Schreibers mit einem Leibgardisten.«

»Wer hat Euch gesagt ...« unterbrach ich ihn erstaunt –

»Daß Ihr des Admirals Schreiber seid?« lachte Boccard. »Guter Freund, am Hofe wird mehr geschwatzt, als billig ist! Heute morgen beim Ballspiel war unter den hugenottischen Hofleuten die Rede von einem Deutschen, der bei dem Admiral Gunst gefunden hätte, und aus einigen Äußerungen über die fragliche Persönlichkeit erkannte ich zweifellos meinen Freund Schadau. Es ist nur gut, daß Euch jenesmal Blitz und Donner in die drei Lilien zurückjagten, sonst wären wir uns fremd geblieben, denn Eure Landsleute im Louvre hättet Ihr wohl schwerlich aus freien Stücken aufgesucht! Mit dem Hauptmann Pfyffer muß ich Euch gleich bekannt machen!«

Dies verbat ich mir, da Pfyffer nicht nur als ausgezeichneter Soldat, sondern auch als fanatischer Katholik berühmt war, willigte aber gern ein, mit Boccard das In-

nere des Louvre zu besichtigen, da ich den vielgepriesenen Bau bis jetzt nur von außen betrachtet hatte.
Wir schritten nebeneinander durch die Straßen und das freundliche Geplauder des lebenslustigen Fryburgers war mir willkommen, da es mich von meinen schweren Gedanken erlöste.
Bald betraten wir das französische Königsschloß, das damals zur Hälfte aus einem finstern mittelalterlichen Kastell, zur andern Hälfte aus einem neuen prächtigen Palast bestand, den die Mediceerin hatte aufführen lassen. Diese Mischung zweier Zeiten vermehrte in mir den Eindruck, der mich, seit ich Paris betreten, nie verlassen hatte, den Eindruck des Schwankenden, Ungleichartigen, der sich widersprechenden und miteinander ringenden Elemente.
Nachdem wir viele Gänge und eine Reihe von Gemächern durchschritten hatten, deren Verzierung in keckem Steinwerke und oft ausgelassener Malerei meinem protestantischen Geschmacke fremd und zuweilen ärgerlich war, Boccard aber herzlich belustigte, öffnete mir dieser ein Kabinett mit den Worten: »Dies ist das Studierzimmer des Königs.« –
Da herrschte eine greuliche Unordnung. Der Boden war mit Notenheften und aufgeblätterten Büchern bestreut. An den Wänden hingen Waffen. Auf dem kostbaren Marmortische lag ein Waldhorn.
Ich begnügte mich von der Türe aus einen Blick in dies Chaos zu werfen, und weitergehend frug ich Boccard, ob der König musikalisch sei.
»Er bläst herzzerreißend«, erwiderte dieser, »oft ganze Vormittage hindurch und, was schlimmer ist, ganze Nächte, wenn er nicht hier nebenan«, er wies auf eine

andere Türe, »vor dem Amboß steht und schmiedet, daß die Funken stieben. Jetzt aber ruhen Waldhorn und Hammer. Er ist mit dem jungen Chateauguyon eine Wette eingegangen, welchem von ihnen es zuerst gelinge, den Fuß im Munde das Zimmer auf und nieder zu hüpfen. Das gibt ihm nun unglaublich zu tun.« –

Da Boccard sah, wie ich traurig wurde, und es ihm auch sonst passend scheinen mochte, das Gespräch über das gekrönte Haupt Frankreichs abzubrechen, lud er mich ein, mit ihm das Mittagsmahl in einem nicht weit entlegenen Gasthause einzunehmen, das er mir als ganz vorzüglich schilderte. Um abzukürzen schlugen wir eine enge lange Gasse ein. Zwei Männer schritten uns vom andern Ende derselben entgegen.

»Sieh«, sagte mir Boccard, »dort kommt Graf Guiche, der berüchtigte Damenfänger und der größte Raufer vom Hofe, und neben ihm – wahrhaftig – das ist Lignerolles! Wie darf sich der am hellen Tage blicken lassen, da er doch ein vollgültiges Todesurteil auf dem Halse hat!«

Ich blickte hin und erkannte in dem vornehmern der Bezeichneten den Unverschämten, der gestern abend im Scheine der Fackeln Gasparde mit frecher Gebärde beleidigt hatte. Auch er schien sich meiner näher schreitend zu erinnern, denn sein Auge blieb unverwandt auf mir haften. Wir hatten die halbe Breite der engen Gasse inne, die andere Hälfte den uns Entgegenkommenden frei lassend. Da Boccard und Lignerolles auf der Mauerseite gingen, mußten der Graf und ich hart aneinander vorüber.

Plötzlich erhielt ich einen Stoß und hörte den Grafen sagen: »Gib Raum, verdammter Hugenott!«

Außer mir wandte ich mich nach ihm um, da rief er lachend zurück: »Willst du dich auf der Gasse so breit machen wie am Fenster?«

Ich wollte ihm nachstürzen, da umschlang mich Boccard und beschwor mich: »Nur hier keine Szene! In diesen Zeiten würden wir in einem Augenblick den Pöbel von Paris hinter uns her haben, und da sie dich an deinem steifen Kragen als Hugenotten erkennen würden, wärst du unzweifelhaft verloren! Daß du Genugtuung erhalten mußt, versteht sich von selbst. Du überlässest mir die Sache, und ich will froh sein, wenn sich der vornehme Herr zu einem ehrlichen Zweikampfe versteht. Aber an dem Schweizernamen darf kein Makel haften und wenn ich mit dem deinigen auch mein Leben einsetzen müßte! –

Jetzt sage mir um aller Heiligen willen, bist du mit Guiche bekannt? Hast du ihn gegen dich aufgebracht? Doch nein, das ist ja nicht möglich! Der Taugenichts war übler Laune und wollte sie an deiner Hugenottentracht auslassen.«

Unterdessen waren wir in das Gasthaus eingetreten, wo wir rasch und in gestörter Stimmung unser Mahl hielten.

»Ich muß meinen Kopf zusammenhalten«, sagte Boccard, »denn ich werde mit dem Grafen einen harten Stand haben.«

Wir trennten uns und ich kehrte in meine Herberge zurück, Boccard versprechend, ihn dort zu erwarten. Nach Verlauf von zwei Stunden trat er in meine Kammer mit dem Ausrufe: »Es ist gut abgelaufen! Der Graf wird sich mit dir schlagen, morgen bei Tagesanbruch vor dem Tore St. Michel. Er empfing mich nicht unhöf-

lich, und als ich ihm sagte, du wärest von gutem Hause, meinte er, es sei jetzt nicht der Augenblick deinen Stammbaum zu untersuchen, was er kennenzulernen wünsche sei deine Klinge.
Und wie steht es damit?« fuhr Boccard fort, »ich bin sicher, daß du ein methodischer Fechter bist, aber ich fürchte, du bist langsam, langsam, zumal einem so raschen Teufel gegenüber.«
Boccards Gesicht nahm einen besorgten Ausdruck an und nachdem er nach ein paar Übungsklingen gerufen – es befand sich zu ebener Erde neben meinem Gasthaus ein Fechtsaal – gab er mir eine derselben in die Hand und sagte: »Nun zeige deine Künste!«
Nach einigen Gängen, die ich im gewohnten Tempo durchfocht, während Boccard mich vergeblich mit dem Rufe: »Schneller, schneller!« anfeuerte, warf er seine Klinge weg und stellte sich ans Fenster um eine Träne vor mir zu verbergen, die ich aber schon hervordringen gesehn hatte.
Ich trat zu ihm und legte meine Hand auf seine Schulter.
»Boccard«, sagte ich, »betrübe dich nicht. Alles ist vorherbestimmt. Ist meine Todesstunde auf morgen gestellt, so bedarf es nicht der Klinge des Grafen um meinen Lebensfaden zu zerschneiden. Ist es nicht so, wird mir seine gefährliche Waffe nichts anhaben können.« –
»Mache mich nicht ungeduldig!« versetzte er, sich rasch nach mir umdrehend. »Jede Minute der Frist, die uns bleibt, ist kostbar und muß benützt werden – nicht zum Fechten, denn in der Theorie bist du unsträflich und dein Phlegma«, hier seufzte er, »ist unheilbar. Es gibt nur ein Mittel dich zu retten. Wende dich an Unsre

liebe Frau von Einsiedeln, und wirf mir nicht ein, du seist Protestant – einmal ist keinmal. Muß es sie nicht doppelt rühren, wenn einer der Abtrünnigen sein Leben in ihre Hände befiehlt! Du hast jetzt noch Zeit für deine Rettung viele Ave Maria zu sprechen, und glaube mir, die Gnadenmutter wird dich nicht im Stiche lassen! Überwinde dich, lieber Freund, und folge meinem Rate.« –

»Laß mich in Ruhe, Boccard!« versetzte ich über seine wunderliche Zumutung ungehalten und doch von seiner Liebe gerührt.

Er aber drang noch eine Weile vergeblich in mich. Dann ordneten wir das Notwendige für morgen und er nahm Abschied.

In der Türe wandte er sich noch einmal zurück und sagte: »Nur einen Stoßseufzer, Schadau, vor dem Einschlafen!« –

Am nächsten Morgen wurde ich durch eine rasche Berührung aus dem Schlafe geweckt. Boccard stand vor meinem Lager.

»Auf!« rief er, »es eilt, wenn wir nicht zu spät kommen sollen! Ich vergaß gestern dir zu sagen, von wem der Graf sich sekundieren läßt – von Lignerolles. Ein Schimpf mehr, wenn du willst! Aber es hat den Vorteil, daß im Falle du –« er seufzte – »deinen Gegner ernstlich verwunden solltest, dieser ehrenwerte Sekundant gewiß reinen Mund halten wird, da er tausend gute Gründe hat, die öffentliche Aufmerksamkeit in keiner Weise auf sich zu ziehn.« –

Während ich mich ankleidete bemerkte ich wohl, daß dem Freund eine Bitte auf dem Herzen lag, die er mit Mühe niederkämpfte.

Ich hatte mein noch in Bern verfertigtes, nach Schweizersitte auf beiden Seiten mit derben Taschen versehenes Reisewams angezogen und drückte meinen breitkrempigen Filz in die Stirne, als mich Boccard auf einmal in großer Gemütsbewegung heftig umhalste und, nachdem er mich geküßt, seinen Lockenkopf an meine Brust lehnte. Diese überschwengliche Teilnahme erschien mir unmännlich und ich drückte das duftende Haupt mit beiden Händen beschwichtigend weg. Mir deuchte, daß sich Boccard in diesem Augenblicke etwas an meinem Wams zu schaffen machte; aber ich gab nicht weiter darauf acht, da die Zeit drängte.

Wir gingen schweigend durch die morgenstillen Gassen, während es leise zu regnen anfing, durchschritten das Tor, das eben geöffnet worden war, und fanden in kleiner Entfernung vor demselben einen mit verfallenden Mauern umgebenen Garten. Diese verlassene Stätte war zu der Begegnung ausersehn.

Wir traten ein und erblickten Guiche mit Lignerolles, die unser harrend zwischen den Buchenhecken des Hauptganges auf und nieder schritten. Der Graf grüßte mich mit spöttischer Höflichkeit. Boccard und Lignerolles traten zusammen, um Kampfstelle und Waffen zu regeln.

»Der Morgen ist kühl«, sagte der Graf, »ist es Euch genehm, so fechten wir im Wams.« –

»Der Herr ist nicht gepanzert?« warf Lignerolles hin, indem er eine tastende Bewegung nach meiner Brust machte.

Guiche bedeutete ihn mit einem Blicke, es zu lassen.

Zwei lange Stoßklingen wurden uns geboten. Der Kampf begann und ich merkte bald, daß ich einem an

Behendigkeit mir überlegenen und dabei völlig kaltblütigen Gegner gegenüberstehe. Nachdem er meine Kraft mit einigen spielenden Stößen wie auf dem Fechtboden geprüft hatte, wich seine nachlässige Haltung. Es wurde tödlicher Ernst. Er zeigte Quart und stieß Sekunde in beschleunigtem Tempo. Meine Parade kam genau noch rechtzeitig: wiederholte er dieselben Stöße um eine Kleinigkeit rascher, so war ich verloren. Ich sah ihn befriedigt lächeln und machte mich auf mein Ende gefaßt.

Blitzschnell kam der Stoß, aber die geschmeidige Stahlklinge bog sich hoch auf, als träfe sie einen harten Gegenstand, ich parierte, führte den Nachstoß und rannte dem Grafen, der, seiner Sache sicher, weit ausgefallen war, meinen Degen durch die Brust. Er verlor die Farbe, wurde aschfahl, ließ die Waffe sinken und brach zusammen.

Lignerolles beugte sich über den Sterbenden, während Boccard mich von hinnen zog.

Wir folgten dem Umkreise der Stadtmauer in flüchtiger Eile bis zum zweitnächsten Tore, wo Boccard mit mir in eine kleine ihm bekannte Schenke trat. Wir durchschritten den Flur und ließen uns hinter dem Hause unter einer dicht überwachsenen Laube nieder. Noch war in der feuchten Morgenfrühe alles wie ausgestorben. Der Freund rief nach Wein, der uns nach einer Weile von einem verschlafenen Schenkmädchen gebracht wurde. Er schlürfte in behaglichen Zügen, während ich den Becher unberührt vor mir stehen ließ. Ich hatte die Arme über der Brust gekreuzt und senkte das Haupt. Der Tote lag mir auf der Seele.

Boccard forderte mich zum Trinken auf, und nachdem

ich ihm zu Gefallen den Becher geleert hatte, begann er: »Ob nun gewisse Leute ihre Meinung ändern werden über Unsre liebe Frau von Einsiedeln?« –

»Laß mich zufrieden!« versetzte ich unwirsch, »was hat denn sie damit zu schaffen, daß ich einen Menschen getötet?« –

»Mehr als du denkst!« erwiderte Boccard mit einem vorwurfsvollen Blicke. »Daß du hier neben mir sitzest, hast du nur ihr zu danken! Du bist ihr eine dicke Kerze schuldig!« –

Ich zuckte die Achseln.

»Ungläubiger!« rief er, und zog, in meine linke Brusttasche langend, triumphierend das Medaillon daraus hervor, welches er um den Hals zu tragen pflegte, und das er heute morgen während seiner heftigen Umarmung mir heimlich in das Wams geschoben haben mußte.

Jetzt fiel es mir wie eine Binde von den Augen.

Die silberne Münze hatte den Stoß aufgehalten, der mein Herz durchbohren sollte. Mein erstes Gefühl war zornige Scham, als ob ich ein unehrliches Spiel getrieben und entgegen den Gesetzen des Zweikampfes meine Brust geschützt hätte. Darein mischte sich der Groll, einem Götzenbilde mein Leben zu schulden.

»Läge ich doch lieber tot«, murmelte ich, »als daß ich bösem Aberglauben meine Rettung verdanken muß!« –

Aber allmählich lichteten sich meine Gedanken. Gasparde trat mir vor die Seele und mit ihr alle Fülle des Lebens. Ich war dankbar für das neu geschenkte Sonnenlicht, und als ich wieder in die freudigen Augen Boccards blickte, brachte ich es nicht über mich, mit ihm zu hadern, so gern ich es gewollt hätte. Sein Aberglaube war verwerflich, aber seine Freundestreue hatte mir das Leben gerettet.

Ich nahm von ihm mit Herzlichkeit Abschied und eilte ihm voraus durch das Tor und quer durch die Stadt nach dem Hause des Admirals, der mich zu dieser Stunde erwartete.

Hier brachte ich den Vormittag am Schreibtische zu, diesmal mit der Durchsicht von Rechnungen beauftragt, die sich auf die Ausrüstung der nach Flandern geworfenen hugenottischen Freischar bezogen. Als der Admiral in einem freien Augenblicke zu mir trat, wagte ich die Bitte, er möchte mich nach Flandern schicken um an dem Einfalle teilzunehmen und ihm rasche und zuverlässige Nachricht von dem Verlaufe desselben zu senden.

»Nein, Schadau«, antwortete er kopfschüttelnd, »ich darf Euch nicht Gefahr laufen lassen, als Freibeuter behandelt zu werden und am Galgen zu sterben. Etwas anderes ist es, wenn Ihr nach erklärten Feindseligkeiten an meiner Seite fallen solltet. Ich bin es Euerm Vater schuldig, Euch keiner andern Gefahr auszusetzen, als einem ehrlichen Soldatentode!« –

Es mochte ungefähr Mittag sein, als sich das Vorzimmer in auffallender Weise füllte und ein immer erregter werdendes Gespräch hörbar wurde.

Der Admiral rief seinen Schwiegersohn, Teligny, herein, der ihm berichteten, Graf Guiche sei diesen Morgen im Zweikampfe gefallen, sein Sekundant, der verrufene Lignerolles, habe die Leiche vor dem Tore St. Michel durch die gräfliche Dienerschaft abholen lassen und ihr, bevor er sich flüchtete, nichts anderes zu sagen gewußt, als daß ihr Herr durch die Hand eines ihm unbekannten Hugenotten gefallen sei.

Coligny zog die Brauen zusammen und brauste auf: »Habe ich nicht streng untersagt – habe ich nicht gedroht, gefleht, beschworen, daß keiner unsrer Leute in dieser verhängnisvollen Zeit einen Zwist beginne oder aufnehme, der zu blutigem Entscheide führen könnte! Ist der Zweikampf an sich schon eine Tat, die kein Christ ohne zwingende Gründe auf sein Gewissen laden soll, so wird er in diesen Tagen, wo ein ins Pulverfaß springender Funke uns alle verderben kann, zum Verbrechen an unsern Glaubensgenossen und am Vaterlande.« –

Ich blickte von meinen Rechnungen nicht auf und war froh, als ich die Arbeit zu Ende gebracht hatte. Dann ging ich in meine Herberge und ließ mein Gepäck in das Haus des Schneiders Gilbert bringen.

Ein kränklicher Mann mit einem furchtsamen Gesichtchen geleitete mich unter vielen Höflichkeiten in das mir bestimmte Zimmer. Es war groß und luftig und überschaute, das oberste Stockwerk des Hauses bildend, den ganzen Stadtteil, ein Meer von Dächern, aus welchem Turmspitzen in den Wolkenhimmel aufragten.

»Hier seid Ihr sicher!« sagte Gilbert mit feiner Stimme und zwang mir damit ein Lächeln ab.

»Mich freut es«, erwiderte ich, »bei einem Glaubensbruder Herberge zu nehmen.« –

»Glaubensbruder?« lispelte der Schneider, »sprecht nicht so laut, Herr Hauptmann. Es ist wahr, ich bin ein evangelischer Christ, und – wenn es nicht anders sein kann – will ich auch für meinen Heiland sterben; aber verbrannt werden, wie es mit Dubourg auf dem Grèveplatze geschah! – ich sah damals als kleiner Knabe zu – hu, davor hab ich einen Schauder!« –

»Habt keine Angst«, beruhigte ich, »diese Zeiten sind vorüber, und das Friedensedikt gewährleistet uns allen freie Religionsübung.«

»Gott gebe, daß es dabei bleibe!« seufzte der Schneider. »Aber Ihr kennt unsern Pariser Pöbel nicht. Das ist ein wildes und ein neidisches Volk und wir Hugenotten haben das Privilegium sie zu ärgern. Weil wir eingezogen, züchtig und rechtschaffen leben, so werfen sie uns vor, wir wollen uns als die Bessern von ihnen sondern; aber, gerechter Himmel! wie ist es möglich die zehn Gebote zu halten und sich nicht vor ihnen auszuzeichnen!«

Mein neuer Hauswirt verließ mich und bei der einbrechenden Dämmerung ging ich hinüber in die Wohnung des Parlamentrats. Ich fand ihn höchst niedergeschlagen.

»Ein böses Verhängnis waltet über unsrer Sache«, hub er an. »Wißt Ihr es schon, Schadau? Ein vornehmer Höfling, Graf Guiche, ward diesen Morgen im Zweikampfe von einem Hugenotten erstochen. Ganz Paris ist voll davon und ich denke, Pater Panigarola wird die Gelegenheit nicht versäumen, auf uns alle als auf eine Genossenschaft von Mördern hinzuweisen und seinen tugendhaften Gönner – denn Guiche war ein eifriger Kirchgänger – in einer seiner wirkungsvollen Abendpredigten als Märtyrer des katholischen Glaubens auszurufen ... Der Kopf schmerzt mich, Schadau, und ich will mich zur Ruhe begeben. Laßt Euch von Gasparde den Abendtrunk kredenzen.«

Gasparde stand während dieses Gesprächs neben dem Sitze des alten Herrn, auf dessen Rückenlehne sie sich

nachdenkend stützte. Sie war heute sehr blaß und tiefernst blickten ihre großen blauen Augen.
Als wir allein waren, standen wir uns einige Augenblikke schweigend gegenüber. Jetzt stieg der schlimme Verdacht in mir auf, daß sie, die selbst mich zu ihrer Verteidigung aufgefordert, nun vor dem Blutbefleckten schaudernd zurücktrete. Die seltsamen Umstände, die mich gerettet hatten und die ich Gasparde nicht mitteilen konnte, ohne ihr calvinistisches Gefühl schwer zu verletzen, verwirrten mein Gewissen mehr, als die nach Mannesbegriffen leichte Blutschuld es belastete. Gasparde fühlte mir an, daß meine Seele beschwert war, und konnte den Grund davon allein in der Tötung des Grafen und den daraus unsrer Partei erwachsenden Nachteilen suchen.
Nach einer Weile sagte sie mit gepreßter Stimme: »Du also hast den Grafen umgebracht?«
»Ich«, war meine Antwort.
Wieder schwieg sie. Dann trat sie mit plötzlichem Entschlusse an mich heran, umschlang mich mit beiden Armen und küßte mich inbrünstig auf den Mund.
»Was du immer verbrochen hast«, sagte sie fest, »ich bin deine Mitschuldige. Um meinetwillen hast du die Tat begangen. Ich bin es, die dich in Sünde gestürzt hat. Du hast dein Leben für mich eingesetzt. Ich möchte es dir vergelten, doch wie kann ich es.« –
Ich faßte ihre beiden Hände und rief: »Gasparde, laß mich, wie heute, so morgen und immerdar dein Beschützer sein! Teile mit mir Gefahr und Rettung, Schuld und Heil! Eins und untrennbar laß uns sein bis zum Tode!«
»Eins und untrennbar!« sagte sie.

Siebentes Kapitel

Seit dem verhängnisvollen Tage, an welchem ich Guiche getötet und Gaspardes Liebe gewonnen hatte, war ein Monat verstrichen. Täglich schrieb ich im Kabinett des Admirals, der mit meiner Arbeit zufrieden schien und mich mit steigendem Vertrauen behandelte. Ich fühlte, daß ihm die Innigkeit meines Verhältnisses zu Gasparde nicht unbekannt geblieben war, ohne daß er es jedoch mit einem Worte berührt hätte.

Während dieser Zeit hatte sich die Lage der Protestanten in Paris sichtlich verschlimmert. Der Einfall in Flandern war mißlungen und der Rückschlag machte sich am Hofe und in der öffentlichen Stimmung fühlbar. Die Hochzeit des Königs von Navarra mit Karls reizender aber leichtfertiger Schwester erweiterte die Kluft zwischen den beiden Parteien, statt sie zu überbrücken. Kurz vorher war Jeanne d'Albret, die wegen ihres persönlichen Wertes von den Hugenotten hoch verehrte Mutter des Navarresen plötzlich gestorben, an Gift, so hieß es.

Am Hochzeittage selber schritt der Admiral, statt der Messe beizuwohnen, auf dem Platze vor Notre-Dame in gemessenem Gange auf und nieder und sprach, er der sonst so Vorsichtige, ein Wort aus, das in bitterster Feindseligkeit gegen ihn ausgebeutet wurde. »Notre-Dame«, sagte er, »ist mit den Fahnen behängt, die man uns im Bürgerkriege abgenommen; sie müssen weg und ehrenvollere Trophäen an ihre Stelle!« Damit meinte er spanische Fahnen, aber das Wort wurde falsch gedeutet.

Coligny sandte mich mit einem Auftrage nach Orleans,

wo deutsche Reiterei lag. Als ich von dort zurückkehrte und meine Wohnung betrat, kam mir Gilbert mit entstellter Miene entgegen.

»Wißt Ihr schon, Herr Hauptmann«, jammerte er, »daß der Admiral gestern meuchlerisch verwundet worden ist, als er aus dem Louvre nach seinem Palaste zurückkehrte? Nicht tödlich, sagt man; aber bei seinem Alter und der kummervollen Sorge, die auf ihm lastet, wer kann wissen, wie das endet! Und stirbt er, was soll aus uns werden?« –

Ich begab mich schleunig nach der Wohnung des Admirals, wo ich abgewiesen wurde. Der Pförtner sagte mir, es sei hoher Besuch im Hause, der König und die Königinmutter. Dies beruhigte mich, da ich in meiner Arglosigkeit daraus schloß, unmöglich könne Katharina an der Untat Anteil haben, wenn sie selbst das Opfer besuche. Der König aber, versicherte der Pförtner, sei wütend über den tückischen Angriff auf das Leben seines väterlichen Freundes.

Jetzt wandte ich meine Schritte zurück nach der Wohnung des Parlamentrats, den ich in lebhaftem Gespräche mit einer merkwürdigen Persönlichkeit fand, einem Manne in mittleren Jahren, dessen bewegtes Gebärdenspiel den Südfranzosen verriet und der den St. Michaelsorden trug. Noch nie hatte ich in klugere Augen geblickt. Sie leuchteten von Geist und in den zahllosen Falten und Linien um Augen und Mund bewegte sich ein unruhiges Spiel schalkhafter und scharfsinniger Gedanken.

»Gut, daß Ihr kommt, Schadau!« rief mir der Rat entgegen, während ich unwillkürlich das unschuldige Antlitz Gaspardes, in dem nur die Lauterkeit einer einfachen und starken Seele sich spiegelte, mit der weltklugen Miene des Gastes verglich, »gut, daß Ihr kommt! Herr Montaigne will mich mit Gewalt nach seinem Schlosse in Perigord entführen.« …

»Wir wollen dort den Horaz zusammen lesen«, warf der Fremdling ein, »wie wir es vorzeiten in den Bädern von Aix taten, wo ich das Vergnügen hatte, den Herrn Rat kennenzulernen.« –

»Meint Ihr, Montaigne«, fuhr der Rat fort, »ich dürfe die Kinder allein lassen? Gasparde will sich nicht von ihrem Paten und dieser junge Berner sich nicht von Gasparde trennen.«

»Ei was«, spottete Herr Montaigne sich gegen mich verbeugend, »sie werden, um sich in der Tugend zu stärken, das Buch Tobiä zusammen lesen!« und den Ton wechselnd, da er mein ernstes Gesicht sah, »kurz und gut«, schloß er, »Ihr kommt mit mir, lieber Rat!« –

»Ist denn eine Verschwörung gegen uns Hugenotten im Werke?« fragte ich aufmerksam werdend.

»Eine Verschwörung?« wiederholte der Gascogner. »Nicht daß ich wüßte! Wenn nicht etwa eine solche, wie sie die Wolken anzetteln, bevor ein Gewitter losbricht. Vier Fünfteile einer Nation von dem letzten Fünfteil zu etwas gezwungen, was sie nicht wollen – das heißt zum Kriege in Flandern – das kann die Atmosphäre schon elektrisch machen. Und, nehmt es mir nicht übel, junger Mann, ihr Hugenotten verfehlt euch gegen den ersten Satz der Lebensweisheit: daß man das Volk, unter dem man wohnt, nicht durch Mißachtung seiner Sitten beleidigen darf.«

»Rechnet Ihr die Religion zu den Sitten eines Volkes?« fragte ich entrüstet.

»In gewissem Sinne, ja«, meinte er, »doch diesmal dachte ich nur an die Gebräuche des täglichen Lebens: ihr Hugenotten kleidet euch düster, tragt ernsthafte Mienen, versteht keinen Scherz und seid so steif wie eure Halskragen. Kurz, ihr schließt euch ab, und das bestraft sich in der größten Stadt wie auf dem kleinsten Dorfe! Da verstehn die Guisen das Leben besser! Eben kam ich vorüber als der Herzog Heinrich vor seinem Palaste abstieg und den umstehenden Bürgern die Hände schüttelte, lustig wie ein Franzose und gemütlich wie ein Deutscher! So ist es recht! Sind wir ja alle vom Weibe geboren und ist doch die Seife nicht teuer!«

Mir schien, als ob der Gascogner schwere Besorgnis unter diesem scherzhaften Tone verberge, und ich wollte ihn weiter zur Rede stellen, als der alte Diener einen Boten des Admirals meldete, welcher mich und Gasparde unverzüglich zu sich berief.

Gasparde warf einen dichten Schleier über und wir eilten.

Unterwegs erzählte sie mir, was sie in meiner Abwesenheit ausgestanden. »An deiner Seite durch einen Kugelregen zu reiten, wäre mir ein Spiel dagegen!« versicherte sie. »Der Pöbel in unsrer Straße ist so giftig geworden, daß ich das Haus nicht verlassen konnte, ohne mit Schimpfworten verfolgt zu werden. Kleidete ich mich nach meinem Stande, so schrie man mir nach: ›Seht die Übermütige!‹ Legte ich schlichtes Gewand an, so hieß es: ›Seht die Heuchlerin!‹ – Einen Tag, oder eine Woche hielte man das schon aus; aber wenn man kein Ende davon absieht! – Unsere Lage hier in Paris erinnert mich an die jenes Italieners, den sein Feind in einen Kerker mit vier kleinen Fenstern werfen ließ. Als er am nächsten Morgen erwachte, waren deren nur noch drei, am folgenden zwei, am dritten noch eins, kurz, er begriff, daß sein höllischer Feind ihn in eine Maschine gesperrt hatte, die sich allmählich in einen erdrückenden Sarg verwandelte.«

Unter diesen Reden waren wir in die Wohnung des Admirals gelangt, der uns sogleich zu sich beschied.

Er saß aufrecht auf seinem Lager, den verwundeten linken Arm in der Schlinge, blaß und ermattet. Neben ihm stand ein Geistlicher mit eisgrauem Barte. Er ließ uns nicht zu Worten kommen.

»Meine Zeit ist gemessen«, sprach er, »hört mich an und gehorcht mir! Du, Gasparde, bist mir durch meinen teuern Bruder blutverwandt. Es ist jetzt nicht der Augenblick etwas zu verhüllen, das du weißt und diesem nicht verborgen bleiben darf. – Deiner Mutter ist durch einen Franzosen Unrecht geschehn; ich will nicht, daß auch du unsres Volkes Sünden mitbüßest. Wir bezahlen, was unsre Väter verschuldet haben. Du aber sollst, soviel solches an mir liegt, auf deutscher Erde ein frommes und ruhiges Leben führen.«

Dann sich zu mir wendend, fuhr er fort: »Schadau, Ihr werdet Eure Kriegsschule nicht unter mir durchmachen. Hier sieht es dunkel aus. Mein Leben geht zur Neige und mein Tod ist der Bürgerkrieg. Mischt Euch nicht darein, ich verbiete es Euch. – Reicht Gasparde die Hand, ich gebe sie Euch zum Weibe. Führt sie ohne Säumnis in Eure Heimat. Verlaßt dieses ungesegnete Frankreich, sobald Ihr meinen Tod erfahrt. Bereitet ihr eine Stätte auf Schweizerboden; dann nehmt Dienste unter dem Prinzen von Oranien und kämpft für die gute Sache!« –

Jetzt winkte er dem Greise und forderte ihn auf, uns zu trauen.

»Macht es kurz«, flüsterte er, »ich bin müde und bedarf Ruhe.«

Wir ließen uns an seinem Lager auf die Kniee nieder und der Geistliche verrichtete sein Amt, unsre Hände zusammenfügend und die liturgischen Worte aus dem Gedächtnisse sprechend. Dann segnete uns der Admiral mit seiner ebenfalls verstümmelten Rechten.

»Lebt wohl!« schloß er, legte sich nieder und kehrte sein Antlitz gegen die Wand.

Da wir zögerten, das Gemach zu verlassen, hörten wir noch die gleichmäßigen Atemzüge des ruhig Entschlummerten.

Schweigend und in wunderbarer Stimmung kamen wir zurück und fanden Chatillon noch in lebhaftem Gespräche mit Herrn Montaigne.

»Gewonnen Spiel!« jubelte dieser, »der Papa willigt ein und ich selbst will ihm seinen Koffer packen, denn darauf verstehe ich mich vortrefflich.« –

»Geht, lieber Oheim!« mahnte Gasparde, »und macht Euch keine Sorgen um mich. Das ist von nun an die Sache meines Gemahls.« Und sie drückte meine Hand an ihre Brust. Auch ich drang in den Rat, mit Montaigne zu verreisen.

Da mit einem Male, wie wir alle ihm zuredeten und ihn überzeugt glaubten, fragte er: »Hat der Admiral Paris verlassen?« Und als er hörte, Coligny bleibe und werde trotz des Drängens der Seinigen bleiben, auch wenn sein Zustand die Abreise erlauben sollte, da rief Chatillon mit glänzenden Augen und mit einer festen Stimme, die ich nicht an ihm kannte:

»So bleibe auch ich! Ich bin im Leben oftmals feig und selbstsüchtig gewesen; ich stand nicht zu meinen Glaubensgenossen wie ich sollte; in dieser letzten Stunde aber will ich sie nicht verlassen.«

Montaigne biß sich die Lippe. Unser aller Zureden fruchtete nun nichts mehr, der Alte blieb bei seinem Entschlusse.

Jetzt klopfte ihm der Gascogner auf die Schulter und sagte mit einem Anfluge von Hohn:

»Alter Junge, du betrügst dich selbst, wenn du glaubst, daß du aus Heldenmut so handelst. Du tust es aus Bequemlichkeit. Du bist zu träge geworden, dein behagliches Nest zu verlassen selbst auf die Gefahr hin, daß der Sturm es morgen wegfegt. Das ist auch ein Standpunkt und in deiner Weise hast du recht.« –

Jetzt verwandelte sich der spöttische Ausdruck auf seinem Gesichte in einen tief schmerzlichen, er umarmte Chatillon, küßte ihn und schied eilig.

Der Rat, welcher seltsam bewegt war, wünschte allein zu sein.

»Verlaßt mich, Schadau!« sagte er, mir die Hand drükkend, »und kommt heute abend noch einmal vor Schlafengehen.« –

Gasparde, die mich begleitete, ergriff unter der Türe plötzlich das Reisepistol, das noch in meinem Gürtel stak.

»Laß das!« warnte ich. »Es ist scharf geladen.«

»Nein«, lachte sie, den Kopf zurückwerfend, »ich behalte es als Unterpfand, daß du uns diesen Abend nicht versäumst!« und sie entfloh damit ins Haus.

Achtes Kapitel

Auf meinem Zimmer lag ein Brief meines Oheims im gewohnten Format, mit den wohlbekannten altmodischen Zügen überschrieben. Der rote Abdruck des Siegels mit seiner Devise: Pèlerin et Voyageur! war diesmal unmäßig groß geraten.

Noch hielt ich das Schreiben uneröffnet in der Hand, als Boccard ohne anzuklopfen hereinstürzte.

»Hast du dein Versprechen vergessen, Schadau?« rief er mir zu.

»Welches Versprechen?« fragte ich mißmutig.

»Schön!« versetzte er mit einem kurzen Lachen, das gezwungen klang. »Wenn das so fortgeht, so wirst du nächstens deinen eignen Namen vergessen! Am Vorabende deiner Abreise nach Orleans, in der Schenke zum Mohren, hast du mir feierlich gelobt, dein längst gegebenes Versprechen zu lösen und unsern Landsmann, den Hauptmann Pfyffer, einmal zu begrüßen. Ich lud dich dann in seinem Auftrage zu seinem Namensfeste in das Louvre ein.

Heute nun ist Bartholomäustag. Der Hauptmann hat zwar viele Namen, wohl acht bis zehn; da aber unter diesen allen der geschundene Barthel in seinen Augen der größte Heilige und Märtyrer ist, so feiert er als guter Christ diesen Tag in besondrer Weise. Bliebest du weg, er legte dir's als hugenottischen Starrsinn aus.« – Ich besann mich freilich, von Boccard häufig mit solchen Einladungen bestürmt worden zu sein und ihn von Woche zu Woche vertröstet zu haben. Daß ich ihm auf heute zugesagt, war mir nicht erinnerlich, aber es konnte sein.

»Boccard«, sagte ich, »heute ist mir's ungelegen. Entschuldige mich bei Pfyffer und laß mich zu Hause.« – Nun aber begann er auf die wunderlichste Weise in mich zu dringen, jetzt scherzend und kindischen Unsinn vorbringend, jetzt flehentlich mich beschwörend. Zuletzt fuhr er auf:

»Wie? Hältst du so dein Ehrenwort?« – Und unsicher wie ich war, ob ich nicht doch vielleicht mein Wort gegeben, konnte ich diesen Vorwurf nicht auf mir sitzen lassen und willigte endlich, wenn auch bitter ungern, ein, ihn zu begleiten. Ich marktete, bis er versprach in einer Stunde mich freizugeben, und wir gingen nach dem Louvre.

Paris war ruhig. Wir trafen nur einzelne Gruppen von Bürgern, die sich über den Zustand des Admirals flüsternd besprachen.

Pfyffer hatte ein Gemach zu ebener Erde im großen Hofe des Louvre innc. Ich war erstaunt, seine Fenster nur spärlich erleuchtet zu sehn und Totenstille zu finden statt eines fröhlichen Festlärms. Wie wir eintraten, stand der Hauptmann allein in der Mitte des Zimmers, vom Kopfe bis zu den Füßen bewaffnet und in eine Depesche vertieft, die er aufmerksam zu lesen, ja zu buchstabieren schien, denn er folgte den Zeilen mit dem Zeigefinger der linken Hand. Er wurde meiner ansichtig, und auf mich zutretend, fuhr er mich barsch an:

»Euren Degen, junger Herr! Ihr seid mein Gefangener.« – Gleichzeitig näherten sich zwei Schweizer, die im Schatten gestanden hatten. Ich trat einen Schritt zurück.

»Wer gibt Euch ein Recht an mich, Herr Hauptmann?« – rief ich aus. »Ich bin der Schreiber des Admirals.«

Ohne mich einer Antwort zu würdigen, griff er mit eigner Hand nach meinem Degen und bemächtigte sich desselben. Die Überraschung hatte mich so außer Fassung gebracht, daß ich an keinen Widerstand dachte.

»Tut Eure Pflicht!« befahl Pfyffer. Die beiden Schweizer nahmen mich in die Mitte und ich folgte ihnen wehrlos, einen Blick grimmigen Vorwurfs auf Boccard werfend. Ich konnte mir nichts anders denken, als daß Pfyffer einen königlichen Befehl erhalten habe, mich wegen meines Zweikampfes mit Guiche in Haft zu nehmen.

Zu meinem Erstaunen wurde ich nur wenige Schritte weit nach der mir wohlbekannten Kammer Boccards geführt. Der eine Schweizer zog einen Schlüssel hervor und versuchte zu öffnen, aber vergeblich. Es schien ihm in der Eile ein unrechter übergeben worden zu sein und er sandte seinen Kameraden zurück, um von Boccard, der bei Pfyffer geblieben war, den rechten zu fordern.

In dieser kurzen Frist vernahm ich lauschend die rauhe, scheltende Stimme des Hauptmanns: »Euer freches Stücklein kann mich meine Stelle kosten! In dieser Teufelsnacht wird uns hoffentlich keiner zur Rede stellen, doch wie bringen wir morgen den Ketzer aus dem Louvre fort? Die Heiligen mögen mir's verzeihn, daß ich einem Hugenotten das Leben rette – aber einen Landsmann und Bürger von Bern dürfen wir von diesen verfluchten Franzosen auch nicht abschlachten lassen, – da habt Ihr wiederum recht, Boccard ...«

Jetzt ging die Türe auf, ich stand in dem dunklen Gelaß, der Schlüssel wurde hinter mir gedreht und ein schwerer Riegel vorgeschoben.

Ich durchmaß das mir von manchem Besuche her wohlbekannte Gemach, in quälenden Gedanken auf und nieder schreitend, während sich das mit Eisenstäben vergitterte, hochgelegene Fenster allmählich erhellte, denn der Mond ging auf. Der einzige wahrscheinliche Grund meiner Verhaftung, ich mochte die Sache wenden wie ich wollte, war und blieb der Zweikampf. Unerklärlich waren mir freilich Pfyffers unmutige letzte Worte; aber ich konnte dieselben mißhört haben, oder der tapfere Hauptmann war etwas bezecht. Noch unbegreiflicher, ja haarsträubend, erschien mir das Benehmen Boccards, dem ich nie und nimmer einen so schmählichen Verrat zugetraut hätte.

Je länger ich die Sache übersann, in desto beunruhigendere Zweifel und unlösbare Widersprüche verstrickte ich mich.

Sollte wirklich ein blutiger Plan gegen die Hugenotten bestehn? War das denkbar? Konnte der König, wenn er nicht von Sinnen war, in die Vernichtung einer Partei willigen, deren Untergang ihn zum willenlosen Sklaven seiner ehrgeizigen Vettern von Lothringen machen mußte?

Oder war ein neuer Anschlag auf die Person des Admirals geschmiedet, und wollte man einen seiner treuen Diener von ihm entfernen? Aber ich erschien mir zu unbedeutend, als daß man zuerst an mich gedacht hätte. Der König hatte heftig gezürnt über die Verwundung des Admirals. Konnte ein Mensch, ohne dem Wahnsinne verfallen zu sein, von warmer Neigung zu stumpfer Gleichgültigkeit oder wildem Hasse in der Frist weniger Stunden übergehn?

Während ich so meinen Kopf zerarbeitete, schrie mein

Herz, daß mein Weib mich zu dieser Stunde erwarte, die Minuten zähle, und ich hier gefangen sei, ohne ihr Nachricht geben zu können.

Noch immer schritt ich auf und nieder, als die Turmuhr des Louvre schlug; ich zählte zwölf Schläge. Es war Mitternacht. Da kam mir der Gedanke, einen Stuhl an das hohe Fenster zu rücken, in die Nische zu steigen, es zu öffnen und, an die Eisenstäbe mich anklammernd, in die Nacht auszuschauen. Das Fenster blickte auf die Seine. Alles war still. Schon wollte ich wieder ins Gemach herunterspringen, als ich meinen Blick noch über mich richtete und vor Entsetzen erstarrte.

Rechts von mir, auf einem Balkon des ersten Stockwerks, so nahe, daß ich sie fast mit der Hand erreichen konnte, erblickte ich, vom Mondlicht taghell erleuchtet drei über das Geländer vorgebeugte, lautlos lauschende Gestalten. Mir zunächst der König mit einem Antlitz, dessen nicht unedle Züge die Angst, die Wut, der Wahnsinn zu einem Höllenausdruck verzerrten.

Kein Fiebertraum kann schrecklicher sein als diese Wirklichkeit. Jetzt da ich das längst Vergangene niederschreibe, sehe ich den Unseligen wieder mit den Augen des Geistes – und ich schaudere. Neben ihm lehnte sein Bruder, der Herzog von Anjou, mit dem schlaffen, weibisch grausamen Gesichtchen und schlotterte vor Furcht. Hinter ihnen, bleich und regungslos, die Gefaßteste von allen, stand Katharina die Mediceerin mit halbgeschlossenen Augen und fast gleichgültiger Miene.

Jetzt machte der König, wie von Gewissensangst gepeinigt, eine krampfhafte Gebärde, als wollte er einen gegebenen Befehl zurücknehmen, und in demselben Au-

genblicke knallte ein Büchsenschuß, mir schien im Hofe des Louvre.
»Endlich!« flüsterte die Königin erleichtert und die drei Nachtgestalten verschwanden von der Zinne.
Eine nahe Glocke begann Sturm zu läuten, eine zweite, eine dritte heulte mit; greller Fackelschein glomm auf wie eine Feuersbrunst, Schüsse knatterten und meine gespannte Einbildungskraft glaubte Sterbeseufzer zu vernehmen.
Der Admiral lag ermordet, daran konnte ich nicht mehr zweifeln. Aber was bedeuteten die Sturmglocken, die erst vereinzelt, dann immer häufiger fallenden Schüsse, die Mordrufe, die jetzt von fern an mein lauschendes Ohr drangen? Geschah das Unerhörte? Wurden alle Hugenotten in Paris gemeuchelt?
Und Gasparde, meine mir vom Admiral anvertraute Gasparde, war mit dem wehrlosen Alten diesen Schrecken preisgegeben! Das Haar stand mir zu Berge, das Blut gerann mir in den Adern. Ich rüttelte an der Türe aus allen Kräften, die eisernen Schlösser und das schwere Eichenholz wichen nicht. Ich suchte tastend nach einer Waffe, nach einem Werkzeuge um sie zu sprengen und fand keines. Ich schlug mit den Fäusten, stieß mit den Füßen gegen die Türe und schrie nach Befreiung – draußen im Gange blieb es totenstill.
Wieder schwang ich mich auf in die Fensternische und rüttelte wie ein Verzweifelter an dem Eisengitter, es war nicht zu erschüttern.
Ein Fieberfrost ergriff mich und meine Zähne schlugen aufeinander. Dem Wahnsinne nahe warf ich mich auf Boccards Lager und wälzte mich in tödlicher Bangigkeit. Endlich als der Morgen zu grauen begann, verfiel

ich in einen Zustand zwischen Wachen und Schlummern, der sich nicht beschreiben läßt. Ich meinte mich noch an die Eisenstäbe zu klammern und hinauszublikken auf die rastlos flutende Seine. Da plötzlich erhob sich aus ihren Wellen ein halbnacktes, vom Mondlichte beglänztes Weib, eine Flußgöttin auf ihre sprudelnde Urne gestützt, wie sie in Fontainebleau an den Wasserkünsten sitzen, und begann zu sprechen. Aber ihre Worte richteten sich nicht an mich, sondern an eine Steinfrau, die dicht neben mir die Zinne trug, auf welcher die drei fürstlichen Verschwörer gestanden.

»Schwester«, frug sie aus dem Flusse, »weißt vielleicht du warum sie sich morden? Sie werfen mir Leichnam auf Leichnam in mein strömendes Bett und ich bin schmierig von Blut. Pfui, pfui! Machen vielleicht die Bettler, die ich abends ihre Lumpen in meinem Wasser waschen sehe, den Reichen den Garaus?«

»Nein«, raunte das steinerne Weib, »sie morden sich, weil sie nicht einig sind über den richtigen Weg zur Seligkeit.« – Und ihr kaltes Antlitz verzog sich zum Hohn, als belache sie eine ungeheure Dummheit …

In diesem Augenblicke knarrte die Türe, ich fuhr auf aus meinem Halbschlummer und erblickte Boccard, blaß und ernst wie ich ihn noch nie gesehen hatte, und hinter ihm zwei seiner Leute, von welchen einer einen Laib Brot und eine Kanne Wein trug.

»Um Gottes willen, Boccard«, rief ich und stürzte ihm entgegen, »was ist heute nacht vorgegangen? … Sprich!«

Er ergriff meine Hand und wollte sich zu mir auf das Lager setzen. Ich sträubte mich und beschwor ihn zu reden.

»Beruhige dich!« sagte er. »Es war eine schlimme Nacht. Wir Schweizer können nichts dafür, der König hat es befohlen.« –

»Der Admiral ist tot?« frug ich, ihn starr ansehend.

Er bejahte mit einer Bewegung des Hauptes.

»Und die andern hugenottischen Führer?« –

»Tot. Wenn nicht der eine oder andere, wie der Navarrese, durch besondere Gunst des Königs verschont blieb.« –

»Ist das Blutbad beendigt?« –

»Nein, noch wütet es fort in den Straßen von Paris. Kein Hugenott darf am Leben bleiben.« –

Jetzt zuckte mir der Gedanke an Gasparde wie ein glühender Blitz durchs Gehirn und alles andere verschwand im Dunkel. »Laß mich!« schrie ich. »Mein Weib! mein armes Weib!« –

Boccard sah mich erstaunt und fragend an. »Dein Weib? Bist du verheiratet?« –

»Gib Raum, Unseliger!« rief ich und warf mich auf ihn, der mir den Ausweg vertrat. Wir rangen miteinander und ich hätte ihn übermannt, wenn nicht einer seiner Schweizer ihm zu Hilfe gekommen wäre, indes der andere die Türe bewachte.

Ich wurde auf das Knie gedrückt.

»Boccard!« stöhnte ich. »Im Namen des barmherzigen Gottes – bei allem, was dir teuer ist – bei dem Haupte deines Vaters – bei der Seligkeit deiner Mutter – erbarm dich meiner und laß mich frei! Ich sage dir, Mensch, daß mein Weib da draußen ist – daß sie vielleicht in diesem Augenblicke gemordet – daß sie vielleicht in diesem Augenblicke mißhandelt wird! Oh, oh!« – und ich schlug mit geballter Faust gegen die Stirn.

Boccard erwiderte begütigend, wie man mit einem Kranken spricht: »Du bist von Sinnen, armer Freund! Du könntest nicht fünf Schritte ins Freie tun, bevor dich eine Kugel niederstreckte! Jedermann kennt dich als den Schreiber des Admirals. Nimm Vernunft an! Was du verlangst, ist unmöglich.« –

Jetzt begann ich auf den Knieen liegend zu schluchzen wie ein Kind.

Noch einmal, halb bewußtlos wie ein Ertrinkender, erhob ich das Auge nach Rettung, während Boccard schweigend die im Ringen zerrissene Seidenschnur wieder zusammenknüpfte, an der die Silbermünze mit dem Bildnis der Madonna tief niederhing.

»Im Namen der Mutter Gottes von Einsiedeln!« – flehte ich mit gefalteten Händen.

Jetzt stand Boccard wie gebannt, die Augen nach oben gewendet und etwas murmelnd wie ein Gebet. Dann berührte er das Medaillon mit den Lippen und schob es sorgfältig wieder in sein Wams.

Noch schwiegen wir beide, da trat, eine Depesche emporhaltend, ein junger Fähndrich ein.

»Im Namen des Königs und auf Befehl des Hauptmanns«, sagte er, »nehmt zwei Eurer Leute, Herr Boccard, und überbringt eigenhändig diese Ordre dem Kommandanten der Bastille.« – Der Fähndrich trat ab.

Jetzt eilte Boccard, nach einem Augenblicke des Besinnens, das Schreiben in der Hand, auf mich zu:

»Tausche schnell die Kleider mit Cattani hier!« flüsterte er. »Ich will es wagen. Wo wohnt sie?« –

»Isle St. Louis.« –

»Gut. Labe dich noch mit einem Trunke, du hast Kraft nötig.«

Nachdem ich eilig meiner Kleider mich entledigt, warf ich mich in die Tracht eines königlichen Schweizers, gürtete das Schwert um, ergriff die Hallebarde, und Boccard, ich und der zweite Schweizer, wir stürzten ins Freie.

Neuntes Kapitel

Schon im Hofe des Louvre bot sich meinen Augen ein schrecklicher Anblick. Die Hugenotten vom Gefolge des Königs von Navarra lagen hier, frisch getötet, manche noch röchelnd, in Haufen übereinander. Längs der Seine weitereilend begegneten wir auf jedem Schritte einem Greuel. Hier lag ein armer Alter mit gespaltenem Schädel in seinem Blute, dort sträubte sich ein totenblasses Weib in den Armen eines rohen Lanzenknechts. Eine Gasse lag still wie das Grab, aus einer andern erschollen noch Hilferufe und mißtönige Sterbeseufzer.

Ich aber, unempfindlich für diese unfaßbare Größe des Elends, stürmte wie ein Verzweifelter vorwärts, so daß mir Boccard und der Schweizer kaum zu folgen vermochten. Endlich war die Brücke erreicht und überschritten. Ich stürzte in vollem Laufe nach dem Hause des Rats, die Augen unverwandt auf seine hochgelegenen Fenster geheftet. An einem derselben wurden ringende Arme sichtbar, eine menschliche Gestalt mit weißen Haaren ward hinausgedrängt. Der Unglückliche, es war Chatillon, klammerte sich einen Augenblick noch mit schwachen Händen an das Gesims, dann ließ er es los und stürzte auf das Pflaster. An dem Zerschmetterten vorüber, erklomm ich in wenigen Sprüngen die Treppe und stürzte in das Gemach. Es war mit Bewaffneten gefüllt und ein wilder Lärm erscholl aus der offenen Türe des Bibliothekzimmers. Ich bahnte mir mit meiner Hallebarde den Weg und erblickte Gasparde, in eine Ecke gedrängt und von einer gierigen, brüllenden Meute umstellt, die sie, mein Pistol in der Hand und bald auf diesen bald auf jenen zielend, von sich abhielt. Sie war farblos wie ein Wachsbild und aus ihren weit geöffneten blauen Augen sprühte ein schreckliches Feuer.

Alles vor mir niederwerfend, mit einem einzigen Anlaufe, war ich an ihrer Seite und »Gott sei Dank, du bist es!« rief sie noch und sank mir dann bewußtlos in die Arme.

Unterdessen war Boccard mit dem Schweizer nachgedrungen. »Leute!« drohte er, »im Namen des Königs verbiete ich euch, diese Dame nur mit einem Finger zu berühren! Zurück, wem sein Leben lieb ist! Ich habe Befehl, sie ins Louvre zu bringen!« –

Er war neben mich getreten und ich hatte die ohnmächtige Gasparde in den Lehnstuhl des Rats gelegt.

Da sprang aus dem Getümmel ein scheußlicher Mensch mit blutigen Händen und blutbeflecktem Gesichte hervor, in dem ich den verfemten Lignerolles erkannte.

»Lug und Trug!« schrie er, »das, Schweizer? – Verkappte Hugenotten sind's und von der schlimmsten Sorte! Dieser hier – ich kenne dich wohl, vierschrötiger Halunke – hat den frommen Grafen Guiche gemordet und jener war dabei. Schlagt tot! Es ist ein verdienstliches Werk diese schurkischen Ketzer zu vertilgen! Aber rührt mir das Mädel nicht an – die ist mein!«

Und der Verwilderte warf sich wütend auf mich.
»Bösewicht«, rief Boccard, »dein Stündlein ist gekommen! Stoß zu, Schadau!« Rasch drängte er mit geschickter Parade die ruchlose Klinge in die Höhe und ich stieß dem Buben mein Schwert bis an das Heft in die Brust. Er stürzte.
Ein rasendes Geheul erhob sich aus der Rotte.
»Weg von hier!« winkte mir der Freund. »Nimm dein Weib auf den Arm und folge mir!«
Jetzt griffen Boccard und der Schweizer mit Hieb und Stoß das Gesindel an, das uns von der Türe trennte, und brachen eine Gasse, durch die ich, Gasparde tragend, schleunig nachschritt.
Wir gelangten glücklich die Treppen hinunter und betraten die Straße. Hier hatten wir vielleicht zehn Schritte getan, da fiel ein Schuß aus einem Fenster. Boccard schwankte, griff mit unsicherer Hand nach dem Medaillon, riß es hervor, drückte es an die erblassenden Lippen und sank nieder.
Er war durch die Schläfe getroffen. Der erste Blick überzeugte mich, daß ich ihn verloren hatte, der zweite, nach dem Fenster gerichtet, daß ihn der Tod aus meinem Reiterpistol getroffen, welches Gaspardes Hand entfallen war und das jetzt der Mörder frohlockend emporhielt. Die scheußliche Horde an den Fersen, riß ich mich mit blutendem Herzen von dem Freunde los, bei dem sein treuer Soldat niederkniete, bog um die nahe Ecke in das Seitengäßchen, wo meine Wohnung gelegen war, erreichte sie unbemerkt und eilte durch das ausgestorbene Haus mit Gasparde hinauf in meine Kammer.
Auf dem Flur des ersten Stockwerkes schritt ich durch

breite Blutlachen. Der Schneider lag ermordet, sein Weib und seine vier Kinder, am Herd in ein Häuflein zusammengesunken, schliefen den Todesschlummer. Selbst der kleine Pudel, des Hauses Liebling, lag verendet bei ihnen, Blutgeruch erfüllte das Haus. Die letzte Treppe ersteigend, sah ich mein Zimmer offen, die halbzerschmetterte Türe schlug der Wind auf und zu.

Hier hatten die Mörder, da sie mein Lager leer fanden, nicht lange geweilt, das ärmliche Aussehen meiner Kammer versprach ihnen keine Beute. Meine wenigen Bücher lagen zerrissen auf dem Boden verstreut, in eines derselben hatte ich, als mich Boccard überraschte, den Brief meines Ohms geborgen, er war herausgefallen und ich steckte ihn zu mir. Meine kleine Barschaft trug ich noch von der Reise her in einem Gurt auf dem Leibe.

Ich hatte Gasparde auf mein Lager gebettet, wo die Bleiche zu schlummern schien, und stand neben ihr, überlegend was zu tun sei. Sie war unscheinbar wie eine Dienerin gekleidet, wohl in der Absicht mit ihrem Pflegevater zu fliehen. Ich trug die Tracht der Schweizergarde.

Ein wilder Schmerz bemächtigte sich meiner über all das frevelhaft vergossene teure und unschuldige Blut. »Fort aus dieser Hölle!« sprach ich halblaut vor mich hin.

»Ja, fort aus dieser Hölle!« wiederholte Gasparde, die Augen öffnend und sich auf dem Lager in die Höhe richtend. »Hier ist unsres Bleibens nicht! Zum ersten nächsten Tore hinaus!«

»Bleibe noch ruhig!« erwiderte ich. »Unterdessen wird

es Abend und die Dämmerung erleichtert uns vielleicht das Entrinnen.« –

»Nein, nein«, versetzte sie bestimmt, »keinen Augenblick länger bleibe ich in diesem Pfuhl! Was liegt am Leben, wenn wir zusammen sterben! Laß uns geradenwegs auf das nächste Tor zugehn. Werden wir überfallen und wollen sie mich mißhandeln, so erstichst du mich, und erschlägst ihrer zwei oder drei, so sterben wir nicht ungerächt. – Versprich mir das!« –

Nach einigem Überlegen willigte ich ein, da es auch mir besser schien, um jeden Preis der Not ein Ende zu machen. Konnte doch der Mord morgen von neuem beginnen, waren doch die Tore nachts strenger bewacht als am Tage.

Wir machten uns auf den Weg, durch die blutgetränkten Gassen langsam nebeneinander wandelnd unter einem wolkenlosen, dunkelblauen Augusthimmel.

Unangefochten erreichten wir das Tor.

Im Torwege vor dem Pförtchen der Wachstube stand mit verschränkten Armen ein lothringischer Kriegsmann mit der Feldbinde der Guisen, der uns mit stechendem Blicke musterte.

»Zwei wunderliche Vögel!« lachte er. »Wohinaus, Herr Schweizer, mit Euerm Schwesterchen?«

Das Schwert lockernd schritt ich näher, entschlossen ihm die Brust zu durchbohren; denn ich war des Lebens und der Lüge müde.

»Bei den Hörnern des Satans! Seid Ihr es, Herr Schadau?« sagte der lothringische Hauptmann, bei dem letzten Worte seine Stimme dämpfend. »Tretet ein, hier stört uns niemand.« –

Ich blickte ihm ins Gesicht und suchte mich zu erinnern. Mein ehemaliger böhmischer Fechtmeister tauchte mir auf.

»Ja freilich bin ich es«, fuhr er fort, da er meinen Gedanken mir im Auge las, »und bin's, wie mir dünkt, zur gelegenen Stunde.«

Mit diesen Worten zog er mich in die Stube und Gasparde folgte.

In dem dumpfigen Raume lagen auf einer Bank zwei betrunkene Kriegsknechte, Würfel und Becher neben ihnen am Boden.

»Auf, ihr Hunde!« fuhr sie der Hauptmann an. Der eine erhob sich mühsam. Er packte ihn am Arme und stieß ihn vor die Türe mit den Worten: »Auf die Wache, Schuft! Du bürgst mir mit deinem Leben, daß niemand passiert!« – Den andern, der nur einen grunzenden Ton von sich gegeben hatte, warf er von der Bank und stieß ihn mit dem Fuße unter dieselbe, wo er ruhig fortschnarchte.

»Jetzt belieben die Herrschaften Platz zu nehmen!« und er zeigte mit einer kavaliermäßigen Handbewegung auf den schmutzigen Sitz.

Wir ließen uns nieder, er rückte einen zerbrochenen Stuhl herbei, setzte sich rittlings darauf, den Ellbogen auf die Lehne stützend, und begann in familiärem Tone:

»Nun laßt uns plaudern! Euer Fall ist mir klar, Ihr braucht ihn mir nicht zu erläutern. Ihr wünscht einen Paß nach der Schweiz, nicht wahr? – Ich rechne es mir zur Ehre, Euch einen Gegendienst zu leisten für die Gefälligkeit, mit der Ihr mir seinerzeit das schöne wirtembergische Siegel gezeigt habt, weil Ihr wußtet, ich sei ein Kenner. Eine Hand wäscht die andere. Siegel gegen Siegel. Diesmal kann *ich* Euch mit einem aushelfen.«

Er kramte in seiner Brieftasche und zog mehrere Papiere heraus.

»Seht, als ein vorsichtiger Mann ließ ich mir für alle Fälle von meinem gnädigen Herzog Heinrich für mich und meine Leute, die wir gestern nacht dem Admiral unsre Aufwartung machten«, diese Worte begleitete er mit einer Mordgebärde, vor der mir schauderte, »die nötigen Reisepapiere geben. Der Streich konnte fehlen. Nun, die Heiligen haben sich dieser guten Stadt Paris angenommen! – Einer der Pässe – hier ist er – lautet auf einen beurlaubten königlichen Schweizer, den Fourier Koch. Steckt ihn zu Euch! er gewährt Euch freie Straße durch Lothringen an die Schweizergrenze. Das wäre nun in Ordnung. – Was das Fortkommen mit Euerm Schätzchen betrifft, zu dem ich Euch, ohne Schmeichelei, Glück wünsche«, hier verneigte er sich gegen Gasparde, »so wird die schöne Dame schwerlich gut zu Fuße sein. Da kann ich Euch denn zwei Gäule abtreten, einen sogar mit Damensattel – denn auch ich bin nicht ungeliebt und pflege selbander zu reiten. Ihr gebt mir dafür vierzig Goldgulden, bar, wenn Ihr es bei Euch habt, sonst genügt mir Euer Ehrenwort. Sie sind etwas abgejagt, denn wir wurden Hals über Kopf nach Paris aufgeboten; aber bis an die Grenze werden sie noch dauern.« Und er rief durch das Fensterchen einem Stalljungen, der am Tore herumlungerte, den Befehl zu schleunig zu satteln.

Während ich ihm das Geld, fast mein ganzes Besitztum, auf die Bank vorzählte, sagte der Böhme:

»Ich habe mit Vergnügen vernommen, daß Ihr Euerm

Fechtmeister Ehre gemacht habt. Freund Lignerolles hat mir alles erzählt. Er wußte Euern Namen nicht, aber ich erkannte Euch gleich aus seiner Beschreibung. Ihr habt den Guiche erstochen! Alle Wetter, das will etwas heißen. Ich hätte Euch das nie zugetraut. Freilich meinte Lignerolles, Ihr hättet Euch die Brust etwas gepanzert. Das sieht Euch nicht gleich, doch zuletzt hilft sich jeder wie er kann.«
Während dieses grausigen Geplauders saß Gasparde stumm und bleich. Jetzt wurden die Tiere vorgeführt, der Böhme half ihr, die unter seiner Berührung zusammenschrak, kunstgerecht in den Sattel, ich schwang mich auf das andere Roß, der Hauptmann grüßte, und wir sprengten durch den hallenden Torweg und über die donnernde Brücke gerettet von dannen.

Zehntes Kapitel

Zwei Wochen später, an einem frischen Herbstmorgen ritt ich mit meinem jungen Weibe die letzte Höhe des Gebirgszuges hinan, der die Freigrafschaft von dem neuenburgischen Gebiete trennt. Der Grat war erklommen, wir ließen unsre Pferde grasen und setzten uns auf ein Felsstück.
Eine weite friedliche Landschaft lag in der Morgensonne vor uns ausgebreitet. Zu unsern Füßen leuchteten die Seen von Neuenburg, Murten und Biel; weiterhin dehnte sich das frischgrüne Hochland von Fryburg mit seinen schönen Hügellinien und dunklen Waldsäumen; die eben sich entschleierenden Hochgebirge bildeten den lichten Hintergrund.

»Dies schöne Land also ist deine Heimat und endlich evangelischer Boden?« fragte Gasparde.

Ich zeigte ihr links das in der Sonne blitzende Türmchen des Schlosses Chaumont.

»Dort wohnt mein guter Ohm. Noch ein paar Stunden, und er heißt dich als sein geliebtes Kind willkommen! – Hier unten an den Seen ist evangelisches Land, aber dort drüben, wo du die Turmspitzen von Fryburg erkennen kannst, beginnt das katholische.« –

Als ich Fryburg nannte, verfiel Gasparde in Gedanken.

»Boccards Heimat!« sagte sie dann. »Erinnerst du dich noch, wie froh er an jenem Abende war, als wir uns zum ersten Male bei Melun begegneten! Nun erwartet ihn sein Vater vergebens – und für mich ist er gestorben.«

Schwere Tropfen sanken von ihren Wimpern.

Ich antwortete nicht, aber blitzschnell zog an meiner Seele die Geschichte der verhängnisvollen Verkettung meines Loses mit dem meines heitern Landsmannes vorüber und meine Gedanken verklagten und entschuldigten sich untereinander.

Unwillkürlich griff ich an meine Brust auf die Stelle, wo Boccards Medaille mir den Todesstoß aufgehalten hatte. Es knisterte in meinem Wams wie Papier; ich zog den vergessenen, noch ungelesenen Brief meines Ohms heraus und erbrach das unförmliche Siegel. Was ich las versetzte mich in schmerzliches Erstaunen. Die Zeilen lauteten:

Lieber Hans!

Wenn Du dieses liesest, bin ich aus dem Leben oder vielmehr bin ich in das Leben gegangen.

Seit einigen Tagen fühle ich mich sehr schwach, ohne gerade krank zu sein. In der Stille leg ich ab Pilgerschuh' und Wanderstab. Dieweil ich noch die Feder führen kann, will ich Dir selbst meine Heimfahrt melden und den Brief an Dich eigenhändig überschreiben, damit eine fremde Handschrift Dich nicht betrübe. – Bin ich hinüber, so hat der alte Jochem den Auftrag ein Kreuz zu meinem Namen zu setzen und den Brief zu siegeln. Rot, nicht schwarz. Ziehe auch kein Trauergewand um mich an, denn ich bin in der Freude. Ich lasse Dir mein irdisches Gut, vergiß Du das himmlische nicht.

Dein treuer Ohm Renat.

Daneben war mit ungeschickter Hand ein großes Kreuz gemalt. Ich kehrte mich ab und ließ meinen Tränen freien Lauf. Dann erhob ich das Haupt und wandte mich zu Gasparde, die mit gefalteten Händen an meiner Seite stand, um sie in das verödete Haus meiner Jugend einzuführen.

DER SCHUSS VON DER KANZEL

Erstes Kapitel

Zween geistliche Männer stiegen in der zweiten Abendstunde eines Oktobertages von dem hochgelegenen Uetikon nach dem Landungsplatze Obermeilen hinunter. Der kürzeste Weg vom Pfarrhause, das bequem neben der Kirche auf der ersten mit Wiesen und Fruchtbäumen bedeckten Stufe des Höhenzuges lag, nach der durch ein langes Gemäuer, einen sogenannten Hacken, geschützten Seebucht, führte sie durch leere Weinberge. Die Lese war beendigt. Zur Rechten und Linken zeigte der Weinstock nur gelbe oder zerrissene Blätter, und auf den das Rebgelände durchziehenden dunkelgrünen Rasenstreifen blühte die Zeitlose. Nur aus der Ferne, wo vielleicht ein erfahrener Mann seinen Wein außergewöhnlich lange hatte ausreifen lassen, damit der Tropfen um so kräftiger werde, scholl zuweilen ein vereinzeltes Winzerjauchzen herüber.

Die beiden schritten, wie von einem Herbstgefühle gedrückt, ohne Worte einer hinter dem andern. Auch bot ihnen der mit ungleichen Steinplatten und Blöcken belegte steile Abstieg eine unbequeme Treppe und wurden sie vom Winde, der aus Westen her in rauhen Stößen über den See fuhr, zuweilen hart gezaust.

Die ersten Tage der Lese waren die schönsten des Jahres gewesen. Eine warme Föhnluft hatte die Schneeberge und den Schweizersee auf ihre Weise idealisiert, die

Reihe der einen zu einem einzigen stillen, großen Leuchten verbunden, den andern mit dem tiefen und kräftigen Farbenglanze einer südlichen Meerbucht übergossen, als gelüste sie eine bacchische Landschaft, ein Stück Italien, über die Alpen zu versetzen.

Heute aber blies ein heftiger Ostwind und die durch grelle Lichter und harte Schatten entstellten Hochgebirge traten in schroffer, fast barocker Erscheinung dem Auge viel zu nahe.

»Pfannenstiel, dein Vorhaben entbehrt der Vernunft!« sagte nun plötzlich der Vorangehende, ein kurzer, stämmiger, trotz seiner Jugend fast etwas beleibter Mann, stand still und kehrte sein blühendes Gesicht rasch nach dem schmalen und hagern Gefährten um.

Dieser stolperte zur Antwort über einen Stein; denn er hatte den Blick bis jetzt unverwandt auf die Turmspitze von Mythikon geheftet, die am jenseitigen Ufer über einer dunkelbewaldeten Halbinsel als schlanke Nadel in den Himmel aufstach. Nachdem er seine langen Beine wieder in richtigen Gang gebracht hatte, erwiderte er in angenehmem Brusttone:

»Ich bilde mir ein, Rosenstock, der General werde mich nicht wie ein Lästrygone empfangen. Er ist mein Verwandter, wenn auch in entferntem Grade, und gestern noch habe ich ihm meine Dissertation über die Symbolik der Odyssee mit einer artigen Widmung zugesendet.«

»Heilige Einfalt!« brummte Rosenstock, der sein kräftiges Kolorit dem Gewerbe seiner Väter verdankte, die seit Menschengedenken eine in Zürich namhafte Fleischer- und Wursterfamilie gewesen, »du kennst ihn schlecht, den da drüben!« und er deutete mit einer kurzen Bewegung seines runden Kinns über den See nach einem Landhause von italienischer Bauart, das an der nördlichen Einbuchtung der eichenbestandenen Halbinsel lag. »Er ist für seine Verwandten nicht zärtlich, und deine schwärmerische Dissertation, die übrigens alle Verständigen befremdet hat, spottet er dir zuschanden.« Der Pfarrer von Uetikon blies in die Luft, als formte er eine schillernde Seifenblase, dann fuhr er nach einer Weile fort:

»Glaube mir, Pfannenstielchen, du hast besser mit den beiden Narren dort drüben, den Wertmüllern, nichts zu schaffen. Der General ist eine Brennessel, die keiner ungestochen berührt, und sein Vetter, der Pfarrer von Mythikon, das alte Kind, bringt unsern Stand in Verruf mit seiner Meute, seinem Gewehrkasten und seinem unaufhörlichen Puffen und Knallen. Du hast ja selbst im Frühjahre als Vikar genug darunter zu leiden gehabt. Freilich die Rahel mit ihrem feingebogenen Näschen und ihrem roten Kirschmunde! Aber sie liebt dich nicht! Die Junkerin wird schließlich bei einem Junker anlangen. Es heißt, sie sei mit dem Leo Kilchsperger verlobt. Doch laß dich's, hörst du, nicht anfechten. Ein Korb ist noch lange kein consilium abeundi. Um dich zu trösten: Auch ich habe deren einige erhalten, und, siehe, ich lebe und gedeihe, bin auch vor kurzem in den Stand der Ehe getreten.«

Der lange Kandidat warf unter seinen blonden, vom Winde verwehten Haaren hervor einen Blick der Verzweiflung auf den Kollegen, und seufzte erbärmlich. Ihm mangelte die dessen Herzmuskel bekleidende Fettschicht.

»Weg! fort von hier!« rief er dann schmerzvoll aufgeregt. »Ich gehe hier zugrunde! Der General wird mir die erledigte Feldkaplanei seiner venezianischen Kompanie nicht verweigern.«

»Pfannenstiel, ich wiederhole dir, dein Vorhaben entbehrt der Vernunft! Bleibe im Lande und nähre dich redlich.«

»Du nimmst mir allen Lebensatem«, klagte der Blonde. »Ich soll nicht fort, und kann nicht bleiben. Wohin soll ich denn? Ins Grab?«

»Schäme dich! Deine Knabenschuhe vertreten sollst du! Der Gedanke mit der venezianischen Feldkaplanei wäre an sich so übel nicht. Das heißt, wenn du ein resoluter Mensch wärest und nicht so blaue unschuldige Kinderaugen hättest. Der General hat sie neulich mir angetragen. Ein so geräumig entwickelter Brustkasten würde seinen Leuten imponieren, meinte er. Natürlich Affenpossen! Denn er weiß, daß ich ein befestigter Mensch bin und meinen Weinberg nicht verlasse.«

»Warst du drüben?«

»Vorgestern.« – Dem Uetikoner stieg ein Zorn in den Kopf. – »Seit er wieder hier ist – nicht länger als eine Woche – hat der alte Störefried richtig Stadt und See in Aufruhr gebracht. Er komme, vor dem nächsten Feldzuge sein Haus zu bestellen, schrieb er von Wien. Nun er kam, und es begann ein Rollen von Karossen am linken Seeufer nach der Au zu. Die Landenberge, die Schmidte, die Reinharte, alle seine Verwandten, die den ergrauten Freigeist und Spötter sonst mieden wie einen Verpesteten, alle kamen und wollten ihn beerben. Er aber ist nie zu Hause, sondern fährt wie ein Satan auf dem See herum, blitzschnell in einer zwölfrudrigen Galeere, die er mit seinen Leuten bemannt. Meine Pfarrkinder reißen die Augen auf, werden unruhig und munkeln von Hexerei. Nicht genug! Vom Eindunkeln an bis gegen Morgen steigen feurige Drachen und Scheine aus den Schlöten des Auhauses auf. Der General, statt wie ein Christenmensch zu schlafen, schmiedet und schlossert zuweilen die ganze Nacht hindurch. Kunstreiche Schlösser, wahre Prachtstücke, hab ich von seiner Arbeit gesehn, die kein Dietrich öffnet, für Leute, sagte er mit einem boshaften Seitenblicke auf meine apostolische Armut, die Schätze sammeln, welche von Dieben gestohlen und von Motten gefressen werden. Nun du begreifst, die Funkengarbe spielt ihre Rolle und wird als Straße des Höllenfürsten durch den Schornstein viel betrachtet und reichlich besprochen. So wuchs die Gärung. Die Leute aufklären ist von eitel bösen Folgen. Ich wählte den kürzeren Weg und ging hinüber, den General als Freund zu warnen. Kreuzsapperlot, an den Abend werd ich mein Lebtag denken. Meine Warnung beseitigte er mit einem Hohnlächeln, dann faßte er mich am Rockknopfe und ein Diskurs bricht los, wie Sturm und Wirbelwind, sag ich dir, Pfannenstiel. Mit abgerissenen Knöpfen und gerädert kam ich nach Hause. Mosler hat er mir vorgesetzt, aber mit den größten Bosheiten vergällt. Natürlich sprach er von seinem Testamente, denn das ist jetzt sein Steckenpferd. ›Ihr steht auch darin, Ehrwürden!‹ Ich erschrekke. ›Nun, ich will Euch den Paragraphen weisen.‹ Er öffnet das Konvolut. ›Leset.‹ Ich lese, und was lese ich, Pfannenstiel?

… ›Item, meinem schätzbaren Freunde, dem Pfarrer Rosenstock, zwei hohle Hemdknöpfe von Messing mit einer Glasscheibe versehen, worunter auf grünem

Grunde je drei winzige Würfelchen liegen. Gestikuliert der Herr auf der Kanzel nun mit der Rechten, nun mit der Linken, und schüttelt besagte Würfelchen auf eine ungezwungene Weise, so kann er vermittels wiederholter schräger Blicke bei währendem Sermone mit sich selbst ein kurzweiliges Spielchen machen. Vorgenannte Knöpfe sind in Algier, Tunis und Tripolis bei den Andächtigen beliebt und finden ihre Anwendung in den Moscheen während der Vorlesung des Korans‹ ...
Nun denke dir, Pfannenstiel, das Ärgernis bei Eröffnung des Testamentes! – Der Bösewicht ließ sich dann erbitten mir die Gabe gleich einzuhändigen und den Paragraphen zu streichen. Hier!« Und Rosenstock hob das niedliche Spielzeug aus seiner Brusttasche.

»Das ist ja eine ganz ruchlose Erfindung«, sagte Pfannenstiel mit einem Anfluge von Lächeln, denn er kannte die Neigung des Uetikoners zum Würfelspiele, »und du meinst, der General ist allen geistlichen Leuten aufsässig?«

»Allen ohne Ausnahme, seit er puncto gottloser Reden prozessiert und um eine schwere Summe gebüßt wurde!«

»Ist ihm nicht zu viel geschehen?« fragte Pfannenstiel, der sich den helvetisch reformierten Glaubensbegriff mit etwas bescheidener Mystik versüßte und in dem keine Ader eines kirchlichen Verfolgers war.

»Durchaus nicht. Nur mußte er die ganze große Rechnung auf einmal bezahlen. Auf seinem ganzen Lebenswege, von Jugend an hat er blasphemiert und das wurde dann so gesammelt, das summierte sich dann so. Als er endlich in unserm letzten Bürgerkriege Rapperswyl vergeblich belagerte, ohne Menschenleben zu schonen,

was die erste Pflicht eines republikanischen Heerführers ist, erbitterte er die öffentliche Meinung gegen sich und wir durften ihm an den Kragen. Da wurde ihm eingetränkt, was er alles an unserer Landeskirche gefrevelt hatte. Jetzt freilich dürfen wir dem Feldherrn der apostolischen Majestät weiter nichts anhaben, sonst wird er uns zum Possen noch katholisch und das zweite Ärgernis schlimmer als das erste. Man erzählt sich, er tafle in Wien mit Jesuiten und Kapuzinern. – Wir geistlichen Leute sind eben, so oder so betitelt und verkleidet, in der Welt nicht zu entbehren!«
Der Uetikoner belachte seinen Scherz und blieb stehen. »Hier ist die Grenze meines Weinbergs«, sagte er. Mit diesem Ausdrucke bezeichnete er seine Gemeinde. »Willst du nach dem Erzählten noch hinüber zum Generale? Pfannenstiel, begehst du die Torheit?«
»Ich will es ein bißchen mit der Torheit versuchen, die Weisheit hat mir bis jetzt nur herbe Früchte gezeitigt«, erwiderte Pfannenstiel sanftmütig und schied von seinem gestrengen Kollegen.

Zweites Kapitel

Wenig später saß der verliebte und verzweifelnde Kandidat auf dem Querbrette eines langen und schmalen Nachens, den der junge Schiffmann Bläuling mitten über die Seebreite mit kaum aus dem Wasser gehobenem Ruder der Au zulenkte.
Schon warf das schweigsame Eichendunkel seine schwarzen Abendschatten weit auf die schauernden Gewässer hinaus. Bläuling, ein ernsthafter, verschlos-

sener Mensch mit regelmäßigen Gesichtszügen, tat den Mund nicht auf. Sein Nachen schoß gleichmäßig und kräftig, wie ein selbständiges Wesen durch die unruhige Flut. Auf und nieder war der ganze See mit gewölbten Segeln bevölkert; denn es war Sonnabend und die Schiffe kehrten von dem gestrigen städtischen Wochenmarkte heim. Drei Segel flogen heran, die eine Figur mit sich verschiebenden Endpunkten bildeten, und schlossen das Schifflein des Kandidaten in ihre Linien ein. »Nehmt mich mit in die weite Freiheit!« flehte er sie unbewußt an, aber sie entließen ihn wieder aus ihrem wandernden Netze.

Unterdessen näherte sich zusehends das Landhaus des Generals und entwickelte seine Fassade. Der fest, aber leicht aufstrebende Bau hatte nichts zu tun mit den landesüblichen Hochgiebeln und es war, als hätte er bei seiner Eigenart die Einsamkeit absichtlich aufgesucht.

»Dort ist das Kämmerlein der Türkin«, ließ sich jetzt der schweigsame Bläuling vernehmen, indem seine Rechte das Ruder fahrenließ und nach der Südecke des Hauses zeigte.

»Der Türkin?« Der ganze Kandidat wurde zu einem bedenklichen Fragezeichen.

»Nun ja, der Türkin des Wertmüllers; er hat sie aus dem Morgenlande heimgebracht, wo er für den Venezianer Krieg führte. Ich habe sie schon oft gesehen, ein hübsches Weibsbild mit goldenem Kopfputze und langen, offenen Haaren; gewöhnlich wenn ich vorüberfahre, legt sie die Finger an den Mund, als pfiffe sie einem Mannsvolk; aber gegenwärtig liegt sie nicht im Fenster.«

Ein langgezogener Ruf schnitt durch die Lüfte, gerade

über die Barke hin: »Sweine-und!« scholl es vernehmlich vom Ufer her.

Der aufgebrachte Bläuling schlug sein Ruder ins Wasser, daß zischend und spritzend ein breiter Strahl an der Seite des Fahrzeuges emporschoß.

»So wird man«, zürnte er, »seit den paar Tagen, daß der Wertmüller wieder hier ist, überall auf dem See mit Namen gerufen. Es ist der verreckte Schwarze, der mit dem Sprachrohre des Generals rumort und spektakelt. Vergangenen Sonntag im Löwen zu Meilen schenkten sie ihm ein und soffen ihn unter den Tisch. Dann brachten sie ihn nachts in meinem Schiffe dem Wertmüller zurück. Nun schimpft der Kaminfeger durch das Rohr nach Meilen hinüber, aber morgen, beim Eid, sitzt er wieder unter uns im Löwen. – Nun frage ich: woher hat der Mohr das fremde Wort? Hier sagt man sich auch wüst, aber nicht so.«

»Der General wird ihn so schelten«, bemerkte Pfannenstiel kleinlaut.

»So ist es, Herr«, stimmte der Bursche ein. »Der Wertmüller bringt die hochdeutschen, fremdländischen Wörter ins Land, der Staatsverräter! Aber ich lasse mir auf dem See nicht so sagen, beim Eid nicht.«

Bläuling wandte ohne weiteres seine Barke und gewann mit eiligen, kräftigen Ruderzügen wieder die Seemitte.

»Was ficht Euch an, guter Freund? Ich beschwöre Euch«, eiferte Pfannenstiel. »Hinüber muß ich! Nehmt doppelte Löhnung!«

Doch das Silber verlor seine Kraft gegen die patriotische Entrüstung und der Kandidat mußte sich auf das Bitten und Flehen legen. Mit Mühe erlangte er von dem beleidigten Bläuling, daß ihn dieser, »weil Ihr es seid«, sagte der Bursche, außerhalb der Tragweite des Sprachrohres um die ganze Halbinsel herum in ihre südliche Bucht beförderte. Dort ließ er den Kandidaten ans Ufer steigen und ruderte nach wenigen Minuten den sich rasch verkleinernden Nachen wieder mitten in die Bläue.

Drittes Kapitel

So wurde Pfannenstiel wie ein Geächteter unter den Eichen der Halbinsel ausgesetzt. Ein enger Pfad vertiefte sich in das Halbdunkel und er zögerte nicht, ihn zu betreten. Mit Diebesschritten eilte er durch das unter seinen Sohlen raschelnde Laub einer nahen Lichtung zu. Das einem bösen Traume verwandte Gefühl, den fremden Besitz auf so ungewöhnlichem Wege zu betreten, gab ihm Flügel, doch begann auch das Element des Abenteuerlichen, das in jedem Menschenherzen schlummert, seinen geheimen Reiz auf ihn auszuüben. So wirft sich ein Badender in die Flut, die er zuerst leise schauernd mit der Zehe geprüft hat.

Die bald erreichte Lichtung war nur eine beschränkte, von oben wie durch eine Kuppelöffnung erhellte Moosstelle. Ein darauf spielendes Eichhorn setzte über den Kopf des Kandidaten weg auf einen niederhangenden Zweig, der erst ins Schwanken geriet, als das schnelle Tierchen schon einen zweiten erreicht hatte.

Wieder führte der Pfad eine Weile durch das grüne Dunkel, bis er sich plötzlich wandte und der Kandidat das Landhaus in der Entfernung von wenigen Schritten vor sich erblickte.

Diese Schritte aber tat er sehr langsam. Er gehörte zu jenen schüchternen Leuten, für welche das Auftreten und das Abgehen mit Schwierigkeiten verbunden ist, und der General stand im Rufe, seinen Gästen nur dieses, nicht aber jenes zu erleichtern. So kam es, daß er hinter der äußersten Eiche, einem gewaltigen Stamme, unschlüssig stehenblieb. Was er indessen aus seinem Verstecke hervor erlauschte, war ein idyllisches Bild, das ihn in keiner Weise hätte einschüchtern können. Der General plauderte in der hallenartig gebauten und zur jetzigen Herbstzeit nur allzu luftigen Veranda, deren sechs hohe Säulen ein prächtiges ausländisches Weinlaub umwand, gemütlich mit seinem Nachbar, dem Krachhalder, einem der Kirchenältesten von Mythikon, die der Kandidat während seines Vikariats allsonntäglich im Chore hatte sitzen sehen und die ihm bekannt waren, wie die zwölf Apostel. Mit aufgestützten Ellenbogen ritt Wertmüller auf einem leichten Sessel und zeigte seine scharfe Habichtsnase und das stechende Kinn im Profil, während der schöne, alte, schlaue Kopf des Krachhalders einen ungemein milden Ausdruck hatte.

»Wir sind wie die Blume des Feldes«, führte der Alte in erbaulicher Weise das Gespräch, »und es trifft sich, Herr Wertmüller, daß wir beide in diesen Tagen unser Haus bestellen. Ich mache Euch kein Geheimnis daraus: Drei Pfund vergabe ich zur neuen Beschindelung unserer Kirchturmspitze.«

»Ich will mich auch nicht als Lump erweisen«, versetzte der General, »und werfe testamentarisch ebensoviel aus zur Vergoldung unsers Gockels, daß sich das Tier nicht schämen muß, auf der neu beschindelten Spitze zu sitzen.«

Der Krachhalder schlürfte bedächtig aus dem vor ihm stehenden Glase, dann sprach er: »Ihr seid kein kirchlicher Mann, aber Ihr seid ein gemeinnütziger Mann. Erfahret: Die Gemeinde erwartet etwas von Euch.«

»Und was erwartet die Gemeinde von mir?« fragte der General neugierig.

»Wollt Ihr es wissen? Und werdet Ihr es nicht zürnen?«

»Durchaus nicht.«

Der Krachhalder machte eine zweite Pause. »Vielleicht ist Euch eine andere Stunde gelegener«, sagte er.

»Es gibt keine andere Stunde, als die gegenwärtige. Benützt sie!«

»Ihr würdet Euch ein schönes Andenken stiften, Herr General, bei Kind und Kindeskind ...«

»Ich unterschätze den Nachruhm nicht«, sagte der General.

Dem Krachhalder, der den wunderlichen Herrn so aufgeräumt sah, schien der günstige Augenblick gekommen, dem lange genährten Wunsche der Mythikoner in vorsichtigen Worten Gestalt zu geben.

»Euer Forst im Wolfgang, Herr Wertmüller«, begann er zögernd. Der General verfinsterte sich plötzlich und der alte Bauer sah es wie eine Donnerwolke aufsteigen, »stößt seine Spitze ...«

»Wohin stößt er seine Spitze?« fragte Wertmüller grimmig.

Der Krachhalder überlegte, ob er vor- oder rückwärts wolle, ungefähr wie ein mitten auf dem See vom Sturm Überraschter. Er entschied sich für das Vorrücken, »... mitten durch unsere Gemeindewaldung ...«

Jetzt sprang der General mit einem Satze von seinem

Sessel auf, faßte ihn an einem Bein, schwang ihn durch die Lüfte und setzte sich in Fechtpositur.
»Wollen mich die Mythikoner plündern?« schrie er wütend, »bin ich unter die Räuber gefallen?« Dann fuhr er, seine hölzerne Waffe senkend, gelassener fort: »Daraus wird nichts, Krachhalder. Redet das den Leuten aus. Ich will Euch nicht noch von jenseits des Grabes eine Nase drehen!«
»Nichts für ungut«, versetzte der Alte mit Ruhe, »Ihr werdet es bedenken, Herr Wertmüller.«
Auch er hatte sich erhoben und nahm von dem Generale mit einem treuherzigen Händedruck den landesüblichen Abschied.
Wertmüller geleitete ihn ein paar Schritte, dann wandte er sich und vor ihm stand sein Leibmohr Hassan. Der Schwarze machte eine flehentliche Gebärde und bat, das Deutsche wunderlich radbrechend, um einen Urlaub für morgen nachmittag; denn seine Seele zog ihn zu seinen neuen Freunden in Meilen.
»Bist du ganz des Teufels, Hassan!« schalt ihn der General. »Sie haben dir letzten Sonntag drüben arg genug mitgespielt.«
»Mitgespielt!« wiederholte der Mohr, der das Wort mißverstand. »Schön, wundervoll Spiel!«
»Hast du denn gar kein Ehrgefühl? Die Berührung mit der Zivilisation richtet dich zugrunde – du säufst wie ein Christ!«
»Nicht saufen, Gnaden! Schön Spiel, einzig Spiel! J-aß!«* Er riß eine solche Grimasse und verdrehte die Augen mit so leidenschaftlicher Inbrunst, daß Pfan-

* Jaß, ein am Zürchersee beliebtes Kartenspiel.

nenstiel, der, wie oft die unschuldigen Menschen, viel Sinn für das Komische und überdies jetzt etwas gespannte Nerven hatte, in ein vernehmliches Gekicher ausbrach, welches er mit aller Gewalt nicht unterdrükken konnte.

Seine Gegenwart verraten sehend, trat der Kandidat, da er nicht wie eine überraschte Dryade in die Eiche hineinschlüpfen konnte, verschämt hinter derselben hervor und näherte sich dem General mit wiederholten verlegenen Bücklingen.

»Was will denn Er hier?« fragte dieser gedehnt und maß ihn vom Wirbel bis zur Zehe: »Wer ist Er?«

»Ich bin der Vetter ... des Vetters ... vom Vetter ...« stotterte der Angeredete.

Der General runzelte die Stirne.

»Mein Vater war ein Pfannenstiel und meine Mutter ist eine selige Rollenbutz ...«

»Will Er mir seinen ganzen verfluchten Stammbaum explizieren? Was Vetter? Mein Bruder ist Er – alle Menschen sind Brüder! Scher Er sich zum Teufel!« und Wertmüller wandte ihm den Rücken.

Pfannenstiel regte sich nicht. Der Empfang des Generals hatte ihn versteinert.

»Fannen-stiel –« buchstabierte der Schwarze das ihm noch unbekannte Wort, als wolle er seinen deutschen Sprachschatz bereichern.

»Pfannenstiel?« wiederholte auch der aufmerksam werdende General, »der Name ist mir bekannt – halt, Er ist doch nicht der Autor«, und er kehrte sich dem Jüngling wieder zu, »der mir gestern seine Dissertation über die Symbolik der Odyssee zugesendet hat?«

Pfannenstiel neigte bejahend das Haupt.

»Dann ist Er ja ein ganz liebenswürdiger Mensch!« sagte Wertmüller und ergriff ihn freundlich bei der Hand. »Wir müssen uns kennenlernen.«

Viertes Kapitel

Er trat mit dem Gaste in die Veranda, drückte ihn auf einen Sitz nieder, goß ihm eines der auf dem Schenktische stehenden Gläser voll und ließ ihn sich erholen und erquicken.

»Der Empfang war militärisch«, tröstete er ihn dann, »aber Ihr werdet im Soldaten keinen unebenen Hauswirt finden. Ihr nächtigt heute auf der Au – ohne Widerrede! – Wir haben manches zu verhandeln – Seht, Lieber, Eure Abhandlung hat mich ganz angenehm unterhalten«, und Wertmüller langte nach dem Buche, welches in einer Fensternische des die Rückwand der Veranda bildenden Erdgeschosses lag und zwischen dessen Blätter er die zerlesene Dissertation des Kandidaten eingelegt hatte.

»Zuerst eine Vorfrage: Warum habt Ihr mir Euer Werk nur mit einer Zeile zugeschrieben, statt mir es coram populo auf dem ersten weißen Blatte mit aufrichtigen, großen Druckbuchstaben zu dedizieren? Weil ich mit den Faffen, Euern Kollegen, gespannt bin, he? Ihr habt keinen Charakter, Pfannenstiel; Ihr seid ein schwacher Mensch.«

Der Kandidat entschuldigte sich, seine unbedeutende Arbeit habe den Namen des berühmten Feldherrn und Literaturkenners nicht vor sich hertragen dürfen.

»Durchaus nicht unbedeutend«, lobte Wertmüller.

»Ihr habt Phantasie und seid in die purpurnen Tiefen meines Lieblingsgedichtes untergetaucht, wie nicht leicht ein anderer. Freilich um etwas Absurdes zu beweisen. Aber es ist einmal nicht anders: wir Menschen verwenden unsere höchsten Kräfte zu albernen Resultaten. Dachtet Ihr daran, mich rechtzeitig zu Rate zu ziehen, ich gab Eurer Dissertation eine Wendung, die Euch selber, Eure fäffischen Examinatoren, das ganze Publikum in Erstaunen gesetzt hätte. Ihr habt es gefühlt, Pfannenstiel, daß die zweite Hälfte der Odyssee von besonderer Schönheit und Größe ist. Wie? Der Heimgekehrte wird als ein fahrender Bettler an seinem eigenen Herde mißhandelt. Wie? Die Freier reden sich ein, er kehre niemals wieder, und ahnen doch seine Gegenwart. Sie lachen und ihre Gesichter verzerrt schon der Todeskampf – das ist Poesie. – Aber Ihr habt recht, Pfannenstiel, was nützt mir die Poesie, wenn nicht eine Moral dahinter steckt? Es ist eine Devise in das Zuckerwerk hineingebacken – zerbrechen wir es! Da der Odysseus nicht bloß den Odysseus bedeuten darf, wen oder was bedeutet er denn? Unsern Herrn und Heiland – so beweist Ihr und habt Ihr es drucken lassen – wenn er kommt zu richten Lebendige und Tote. Nein, Kandidat, Odysseus bedeutet jede in Knechtesgestalt mißhandelte Wahrheit mitten unter den übermütigen Freiern, will sagen Faffen, denen sie einst in sieghafter Gestalt das Herz durchbohren wird.
He, Kandidat, wie gefällt Euch das? – So hättet Ihr es wenden sollen und seid gewiß, Eure Dissertation hätte gerechtes Aufsehen erregt!«
Pfannenstiel erbebte bei dem Gedanken, daß sich seiner Symbolik diese gotteslästerliche und verwegene Wen-

dung hätte geben lassen. Sein einfaches Wesen ließ ihn den Pferdefuß des alten Spötters nicht oder doch nur in unbestimmten Umrissen erkennen.
Um sich der Verlegenheit zu entziehen, dem alten Freigeiste eine Antwort geben zu müssen, nahm der Kandidat den Pergamentband in die Hände, mit welchem Wertmüller während seiner Rede gestikuliert hatte. Es war die aldinische Ausgabe der Odyssee. Pfannenstiel betrachtete andächtig das Titelblatt des seltenen Buches. Plötzlich fuhr er zurück wie vor einer züngelnden Natter. Er hatte auf dem freien Raume links neben dem Wappen des venezianischen Buchhändlers etwas verblichene, kühnfließende Federzüge entdeckt, die folgende Zeilen bildeten:

Georgius Jenatius me jure possidet
Constat R. 4. Kz. 12.

Er warf das Buch weg, als atme es einen Blutgeruch aus. Damals moderte der fragwürdige Bündner schon seit Dezennien in der Domkirche von Chur, während sein Bild in zahmen und unpatriotischen Zeiten sich zu einem widerwärtigen verzerrt hatte, so daß nur der Apostat und der Blutmensch übrigblieb. Pfannenstiel betrachtete ihn einfach als ein Ungeheuer, an dessen Dagewesensein er kaum glauben, das er sich nicht realisieren konnte.
Der General weidete sich an seinem Schrecken, dann sagte er leichthin: »Der liebe Mann, Euer gewesener Kollege, hat mich damit beschenkt, wie wir noch auf gutem Fuße standen und ich ihn auf seinem Malepartus in Davos besuchte.«

»Also hat er doch gelebt!« sprach der Kandidat halblaut vor sich hin, »er hat Bücher besessen, wie unsereiner, und ihren kostenden Preis auf das Titelblatt geschrieben.«

»Jawohl hat er gelebt, und recht persönlich und zähe«, sagte der General mit kurzem Lachen. »Noch heute nacht träumte mir von dem Bündner ... Das kam daher, daß ich mich den ganzen gestrigen Tag mit einem häßlichen Geschäfte abgegeben hatte. Ich schrieb mein Testament nieder, und was ist kläglicher, als bei atmendem Leibe über seinen Besitz zu verfügen, der ja auch ein Teil von uns selber ist!«

Die Neugierde des jungen Geistlichen wurde rege. Vielleicht war es ein warnendes Traumgesicht gewesen, das, fein und erbaulich ausgelegt, in dem ihm gegenüber Sitzenden einen guten und frommen Gedanken konnte entstehen lassen. »Wollt Ihr mir Euern Traum nicht mitteilen?« fragte er mit einem gefühlvollen Blikke.

»Er steht zu Diensten. Es war in Chur. Menschengedränge, Staatsperücken, Militärpersonen – von der Hofkirche her Geläute und Salutschüsse. Wir treten unter dem Torbogen hervor in den bischöflichen Hof. Jetzt gehen wir zu zweien, neben mir ein Koloß. Ich sehe nur einen Federhut, darunter eine Gewaltsnase und den in den Kragen gesenkten pechschwarzen Spitzbart: ›Wertmüller‹, fragte der Große, ›wen bestatten wir?‹ – ›Ich weiß nicht‹, sage ich. Wir treten in die Kathedrale zwischen das Gestühl des Schiffes. ›Wertmüller‹, fragt der andere, ›wem singen sie ein Requiem?‹ – ›Ich weiß nicht‹, sag ich ungeduldig. ›Kleiner Wertmüller‹, sagt er, ›stell dich einmal auf die Zehen und sieh, wer da vorn aufgebahrt liegt.‹ – Jetzt unterscheide ich deutlich in den Ecken des Bahrtuches den Namenszug und das Wappen des Jenatschen, und im gleichen Augenblicke wendet er, neben mir stehend, mir das Gesicht zu – fahl mit verglühten Augen. ›Donnerwetter, Oberst‹, sag ich, ›Ihr liegt dort vorn unter dem Tuche mit Euern sieben Todeswunden und führt hier einen Diskurs mit mir! Seid Ihr doppelt? Ist das vernünftig? Ist das logisch? Schert Euch in die Hölle, Schäker!‹ Da antwortete er niedergeschlagen: ›Du hast mir nichts vorzurükken – mach dich nicht mausig. Auch du, Wertmüller, bist tot.‹«

Pfannenstiel überlief es kalt. Dieser Traum am Vorabende des ohne Zweifel blutigen Feldzuges, welcher dem General draußen im Reiche bevorstand, schien ihm von ernster Vorbedeutung und er sann auf ein Wort geistlicher Zusprache.

Auch Wertmüller konnte seinen Traum, nachdem er ihn einmal mitgeteilt, nicht sogleich wieder loswerden. »Der Oberst wurde von seinem Liebchen mit der Axt wie ein Stier niedergeschlagen«, erging er sich in lauten Gedanken, »mir wird es so gut nicht werden. Fallen – wohlan! Aber nicht in einem Bettwinkel krepieren!«

Vielleicht dachte er an Gift, denn er war am Hofe zu Wien in ein hartnäckiges Intrigenspiel verwickelt und hatte sich dort durch seinen Ehrgeiz Todfeinde gemacht.

»Ehe ich meinen Koffer packe«, fuhr er nach einer Pause fort, »möchte ich wohl noch einen Menschen glücklich machen –«

Dem Kandidaten schoß das Wasser in die Augen, nicht in selbstsüchtigen Gedanken, sondern in uneigennütziger Freude über diese schöne Regung; doch es trocknete schnell, als der General seinen Satz abschloß: »– besonders wenn sich ein kräftiger Schabernack damit verbinden ließe.«

Das abergläubische Gefühl, das den General angewandelt hatte, war rasch vorübergegangen. »Was ist Euer Anliegen?« fragte er seinen Gast mit einer jener brüsken Wendungen, die ihm geläufig waren. »Ihr seid nicht hierhergekommen, um Euch meine Träume erzählen zu lassen.«

Nun berichtete Pfannenstiel dem Generale mit einer unschuldigen List, denn er wollte ihm seine Liebesverzweiflung, für die er ihm kein Organ zutraute, nicht verraten, wie ihn über dem Studium der Odyssee ein unwiderstehliches Verlangen ergriffen, die Heimat Homers, die goldene Hellas kennenzulernen. Da er keinen andern Weg wisse, seine Wanderlust zu befriedigen, sei ihm der Gedanke gekommen, sich bei dem Herrn für die Feldkaplanei seiner venezianischen Kompanie zu melden, die ja in den griechischen Besitzungen der Republik stationiere. »Sie ist erledigt«, schloß er, »und wenn Ihr mir ein weniges gewogen seid, weiset Ihr mir die Stelle zu.«

Wertmüller blickte ihn scharf an. »Ich bin der letzte«, sagte er, »der einem jungen Menschen eine gefährliche Karriere widerriete! Aber er muß dazu qualifiziert sein. Euer Knochengerüste, Freund, ist nicht fest genug gezimmert. Der erste beste relegierte Raufbold von Leipzig oder Jena wird meinen Kerlen mehr imponieren, als Euer Johannesgesicht. Schlagt Euch das aus dem Kopfe. Wollt Ihr den Süden sehen, so sucht als Hofmeister Dienste bei einem jungen Kavalier und klopft ihm die

Kleider! Doch auch das kann Euch nicht taugen. Das beste ist, Ihr bleibt zu Hause. Blickt aus! Zählt alle die Turmspitzen am See – das Kanaan der Pfarrer. Hier ist Euer Rhodus, hier tanzt – will sagen predigt! – Wozu sind die Geleise bürgerlicher Berufsarten da, als daß Euresgleichen sie befahre? Ihr wißt nicht, welcher Schenkelschluß dazu gehört, um das Leben souverän zu traktieren. Steht ab von Eurer Laune!« und er machte die Gebärde, als griffe er einem Rosse in die Zügel, das mit einem unvorsichtigen Knaben durchgegangen ist.

Es entstand eine Pause. Wieder warf der General dem Kandidaten einen beobachtenden Blick zu.

»Ihr seid ein lauterer Mensch«, sagte er dann, »und es war Euer Ernst, Ihr würdet das griechische Abenteuer bestanden haben. Wie reimt sich das mit dem Pfannenstiel, den ich hier vor mir sehe? Da liegt ein Aal unter dem Steine. Ein verrückter Antiquar, wie sie zwischen den Ruinen herumkriechen, seid Ihr nicht. Also seid Ihr desperat. Aber *warum* seid Ihr desperat? Was treibt Euch weg? Heraus damit. Eine Figur? He? Ihr errötet!«

Der sechzigjährige Wertmüller behandelte die weiblichen Wesen als Staffage und pflegte sie schlechtweg mit dem Malerausdrucke »Figuren« zu benennen.

»Wo habt Ihr zuletzt konditioniert?«

»In Mythikon bei Euerm Herrn Vetter während seiner Gichtanfälle.«

»Bei meinem Vetter? Will sagen bei der Rahel. Nun ist alles klar und deutlich wie mein neuverfaßtes Exerzierreglement. Das Mädchen hat Euch den Kopf verrückt und dann, wie recht und billig, einen Korb gegeben?«

Der zartfühlende Kandidat hätte sich eher das Herz aus dem Leibe reißen lassen, als eingestanden, daß die Rahel – wie er daran nicht zweifeln konnte – ihm herzlich wohlwolle. Er antwortete bescheiden:

»Der Herr Wertmüller, sonst mein Gönner, hat mich verabschiedet, weil ich mit Schießgewehr nicht umzugehen verstehe und mich auch davor scheue. Vor zwanzig Jahren ist damit in meiner Familie ein Unglück begegnet. Er nötigte mich, mit ihm in die Scheibe zu schießen, und ich habe keinen Schuß hineingebracht.«

»Ihr hättet Euch weigern sollen. Das hat Euch in Rahels Augen heruntergesetzt. Sie trifft immer ins Schwarze. – Donnerwetter, da fällt mir ein, daß ich dem Alten noch etwas schuldig bin. Der geistliche Herr hat mir, während ich am Rheine bataillierte, meine Meute hier ganz meisterhaft beaufsichtigt. Er ist ein Kenner. Hassan, hol mir gleich das violette Saffianfutteral her, links zuunterst im Glasschranke der Waffenkammer. – Laßt Euch nicht stören, Kandidat.«

Der Mohr beeilte sich und nach wenigen Augenblicken hielt Wertmüller zwei kleine Pistolen von zierlicher Arbeit in der Hand. Er reinigte mit einem Lederlappen die damaszierten Läufe und den Silberbeschlag der Kolben, in welchen hübsche seltsame Arabesken eingegraben waren.

»Fortgefahren, Freund, in Eurer Elegie!« sagte er. »Das Mädchen also gab Euch einen Korb – oder ist es möglich, liebt sie Euch? ... Es gibt wunderliche Naturspiele! – und nur der Alte hätte Euch abblitzen lassen, he? Was gab er Euch für Gründe?«

Pfannenstiel blieb erst die Antwort schuldig. Ihm war ängstlich zumute geworden, denn der General hatte, während er sprach, den Hahn der einen Pistole gespannt. Jetzt berührte Wertmüller den Drücker mit ganz leisem Finger und der Hahn schlug nieder. Er spannte die zweite, streckte den Arm aus, schnitt eine Grimasse; nur nach harter Anstrengung gelang es ihm loszudrücken. Das Spiel der Feder mußte sich aus irgendeinem Grunde verhärtet haben und er schüttelte unzufrieden den Kopf.

Der Kandidat, der stark mit den Augen gezwinkert hatte, nahm jetzt den Faden des Gesprächs wieder auf, um den wahren Grund seiner Hoffnungslosigkeit anzudeuten. »Eine Wertmüllerin und ein Pfannenstiel!« sagte er in einem resignierten Tone, als nenne er Sonne und Mond und finde es ganz natürlich, daß dieselben nicht zusammenkommen.

»Laß Er mich mit diesen Narreteien zufrieden!« fuhr ihn der General hart an. »Sind wir noch nicht über die Kreuzzüge hinaus, in welcher geistreichen Epoche die Wappen erfunden wurden? Aber auch damals, wie überhaupt jederzeit, galt der Mann mehr als der Name, sonst wäre die Welt längst vermodert wie ein wurmstichiger Apfel. Seh Er, Pfannenstiel, ich gelte hier für einen Patricius; als ich aber in kaiserliche Dienste trat, wie blickten die Herren Kollegen von soundsoviel Quartieren hochnasig auf das plebejische Mühlrad in meinem Wappen herunter. Dennoch mußten sie es eben leiden, daß der Müller die von ihnen mehr als zur Hälfte ruinierte Campagne wiederherstellte und gewann! Hör Er, Pfannenstiel, es fehlt Ihm an Selbstgefühl und das schadet Ihm bei der Rahel.«

Der Kandidat befand sich in einem seltsamen Falle. Er konnte den Standpunkt Wertmüllers nicht teilen, denn er fühlte dunkel, daß eine so vollständige Vorurteilslosigkeit die ganze alte Ordnung der Dinge durchstieß, und diese war ihm ehrwürdig, auch da, wo sie zu seinen Ungunsten wirkte.

Aber Wertmüller verlangte keine Antwort. Er hatte sich erhoben und trat, in jeder Hand eine Pistole, einem hochgewachsenen Mädchen entgegen, das auf dem vom festen Lande herausmündenden Wege einherkam. Der General hatte den Kies unter ihren leichten, raschen Schritten knirschen hören.

»Guten Abend, Patchen«, begrüßte er sie und seine grauen Augen leuchteten.

Das schöne Fräulein aber zog die Brauen zusammen, bis der Alte die beiden Pistolen, die ihr offenbar ein Ärgernis waren, die eine in die rechte, die andere in die linke seiner geräumigen Rocktaschen steckte. »Ich habe Besuch, Rahel«, sagte er. »Erlaube mir, meinen jungen Freund dir vorzustellen, den Herrn Kandidaten Pfannenstiel.«

Die Wertmüllerin war näher getreten, während sich Pfannenstiel linkisch von seinem Stuhle erhob. Sie bekämpfte ein Erröten, das aber sieghaft bis in die feine Stirn und bis unter die Wurzeln ihres vollen braunen Haares aufflammte. Der Kandidat schlug erst die Augen nieder, als hätte er mit ihnen ein Bündnis geschlossen, keine Jungfrau anzuschauen, erhob sie dann aber mit einem so innigen und strahlenden Ausdrucke des Glückes und der Liebe und seine guten Blicke fanden in zwei braunen Augen einen so warmen Empfang, daß selbst der alte Spötter seine Freude hatte an der ungeschminkten Neigung zweier unschuldiger Menschenkinder.

Er vermehrte seltsamerweise die erste süße Verwirrung der beiden mit keinem Scherzworte. Ist es nicht, als ob ein tiefes und wahres Gefühl in seinem natürlichen und bescheidenen Ausdrucke aus dieser Welt des Zwanges und der Maske uns in eine zugleich größere und einfachere versetzte, wo der Spott keine Stelle findet?

Lange freilich hätte er sie nicht ungeneckt gelassen, aber das gescheite und tapfere Mädchen enthob ihn der Versuchung. »Ich habe mit Euch zu reden, Pate«, sagte sie, »und gehe voran nach der zweiten Bank am See. Laßt mich nicht zu lange warten!«

Sie verbeugte sich leicht gegen den Kandidaten und war verschwunden.

Der General nahm diesen bei der Hand und führte ihn eine Treppe hinauf in sein Bibliothekzimmer, in das die Seebreite durch drei hohe Bogenfenster hereinleuchtete.

»Seid getrost«, sagte er, »ich werde bei der Rahel für Euch Partei nehmen. Unterdessen wird es Euch hier an Unterhaltung nicht mangeln. Ihr liebt Bücher! Hier findet Ihr die Poeten des Jahrhunderts tutti quanti.« Er zeigte auf einen Glasschrank und verließ den Saal. Da standen sie in glänzenden Reihen, die Franzosen, die Italiener, die Spanier, selbst einige Engländer, ein gehäufter Schatz von Geist, Phantasie und Wohllaut, und Wertmüller, der ohne Frage auf der Höhe der Zeitbildung stand, würde ungläubig den Kopf geschüttelt haben, wenn ihm zugeflüstert worden wäre, einer fehle hier, der sie alle insgesamt voll aufwiege.

Der überall Belesene hatte William Shakespeare nicht einmal nennen hören.

Der Kandidat ließ die Poeten unberührt, denn für ein

junges Blut ist die Nähe der Geliebten mehr als alle neun Musen.

Fünftes Kapitel

Der General hatte einen Pfad eingeschlagen, der sich dicht am Ufer um die Krümmungen der Halbinsel schlängelte und hier erblickte er bald Rahel Wertmüller, die, auf einer verwitterten Steinbank sitzend, das feine Profil nach der jetzt abendlich dämmernden Flut hinwendete. Ein aufrichtiger Ausdruck tiefer Betrübnis lag auf dem hübschen und entschlossenen Gesichtchen.

»Was dichtest und trachtest du?« redete er sie an.

Sie antwortete, ohne sich zu erheben: »Ich bin nicht mit Euch zufrieden, Pate.«

Der General lehnte sich an den Stamm einer Eiche und kreuzte die Arme. »Womit habe ich es bei Euer Wohlgeboren verscherzt?« sagte er.

Das Fräulein warf ihm einen Blick des Vorwurfs zu. »Ihr fragt noch, Pate? Wahrlich, Ihr handelt an Papa nicht gut, der Euch doch nur Liebes und nichts zu Leide getan hat. – Was war das wieder für ein Spektakel vergangenen Sonntag! Durch Eure Verleitung hat er den ganzen Nachmittag mit Euch auf Euerm Au-Teiche herumgeknallt. Welch ein Schauspiel! Aufflatternde verwundete Enten, im Moor nach der Beute watende Jungen, der Vater in großen Stiefeln und das ganze Dorf als Zuschauer! ...«

»Es beurteilte die Schüsse«, warf Wertmüller ein.

»Pate« – das Mädchen war von seinem Sitze aufgesprungen und seine schlanke Gestalt bebte vor Unwillen –, »ich meinte bisher, Ihr hättet – trotz mancher Wunderlichkeit – das Herz am rechten Flecke. Aber ich habe mich geirrt und fange an zu glauben, hier sei bei Euch etwas nicht in Ordnung!« und sie wies mit einer kleinen Gebärde des Zeigefingers nach der linken Brustseite des Generals. »Ich hielt Euch«, fügte sie freundlicher hinzu, »für eine Art Rübezahl … so heißt doch der Geist des Riesengebirges, von dessen Koboldstreichen Ihr so lustig zu erzählen wißt? …«

»Dem es zuweilen Spaß macht, Gutes zu tun, und der, wenn er Gutes tut, dabei sich einen Spaß macht.«

»So ungefähr. Doch, wie gesagt, wenn Ihr ebenso boshaft seid, wie der Berggeist – von Wohltat ist dabei nichts sichtbar. Ihr werdet den Vater noch ins Verderben stoßen. Wären unsere Mythikoner im Grund nicht so gute Leute, die ihren Pfarrer decken, wo sie können, längst wäre in Zürich gegen ihn Klage erhoben worden. Und mit Recht; denn ein Geistlicher, der wachend und träumend keinen andern Gedanken mehr hat, als Halali und Halalo, muß jeder christlichen Seele ein tägliches Ärgernis sein. Das wächst mit den Jahren. Neulich da der Herr Dekan seinen Besuch meldete und zur selben Zeit der Bote eine in der Stadt angekaufte Jagdflinte dem Vater zutrug, mußte ich ihm dieselbe unkindlich entwinden und in meinen Kleiderschrank verschließen, sonst hätte er noch – ein schrecklicher Gedanke – den ehrwürdigen Herrn Steinfels aufs Korn genommen. Ihr lacht, Pate? Ihr seid abscheulich! – Ich könnte Euch darum hassen, daß Ihr, der seine Schwäche kennt, ihn noch stachelt und aufreizt, als wäret Ihr sein böser Engel. – Nächstens wird er noch einmal mit geladenem

Gewehr die Kanzel besteigen! ... Ich freute mich, da Ihr kamet, und nun frage ich: Reist Ihr bald, Pate?«

»Mit geladenem Gewehr die Kanzel besteigen?« wiederholte Wertmüller, den dieser Gedanke zu frappieren schien. »La, la, Patchen! Der Vater ist mir der erträglichste aller Schwarzröcke und du bist mir die liebste aller Figuren. Ich will dem Alten eine Genugtuung geben. Weißt du was? Ich gehe morgen bei euch zur Kirche – das rehabilitiert den Vater zu Stadt und Lande.«

Rahel schien von dieser Aussicht wenig erbaut. »Pate«, sagte sie, »Ihr habt mich aus der Taufe gehoben und das Gelübde getan, auf mein zeitliches und ewiges Heil bedacht zu sein. Für das letztere könnet Ihr nichts tun, denn es steht in diesem Punkte bei Euch selbst sehr windig. Aber ist das ein Grund, auch mein zeitliches zu ruinieren? Ihr solltet, scheint mir, im Gegenteil darauf denken, mich wenigstens auf dieser Erde glücklich zu machen – und Ihr macht mich unglücklich!« Sie zerdrückte eine Träne.

– »Vortrefflich räsoniert«, sagte der General. »Patchen, ich bin der Berggeist und du hast drei Wünsche bei mir zugut.«

»Nun«, versetzte das Fräulein, auf den Scherz eingehend. »Erstens: Heilt den Vater von seiner ungeistlichen Jagdlust!«

– »Unmöglich. Sie steckt im Blute. Er ist ein Wertmüller. Aber ich kann seiner Leidenschaft eine unschädliche Bahn geben. Zweitens?«

»Zweitens ...« Rahel zögerte.

»Laß mich an deiner Stelle reden, Mädchen. Zweitens: Gebt dem Hauptmann Leo Kilchsperger Urlaub zu Werbung, Verlöbnis und Heirat.«

– »Nein!« versetzte Rahel lebhaft.
– »Er ist ein perfekter Kavalier.«
– »Einem perfekten Kavalier hängt manches um und an, worauf ich Verzicht leiste, Pate.«
– »Ein beschränkter Standpunkt.«
– »Ich halte ihn fest, Pate.«
– »Meinetwegen. – Also ein anderes zweites. Zweitens: Berggeist, verschaffe dem Kandidaten Pfannenstiel die von ihm begehrte Feldkaplanei in venezianischen Diensten.«
– »Nimmermehr!« rief die Wertmüllerin. »Was? der Unglückliche begehrt die Feldkaplanei unter Euerm venezianischen Gesindel? Der zarte und gute Mensch? *Darum* ist er zu Euch gekommen?«
Der General bejahte. »Ich rede es ihm nicht aus.«
– »Redet es ihm aus, Pate. Grassiert nicht Pest und Fieber in Morea?«
– »Zuweilen.«
– »Liest man nicht von häufigen Schiffbrüchen im Adriatischen Meere?«
– »Hin und wieder.«
– »Ist die Gesellschaft in Venedig nicht ganz entsetzlich schlecht?«
– »Die gute ist dort wie allenthalben und die schlechte ganz vortrefflich.«
– »Pate, er darf nicht hin, um keinen Preis!«
– »Gut. Also ein anderes zweites verbunden mit dem dritten: Berggeist, mache den Kandidaten Pfannenstiel zum wohlbestellten Pfarrer von Mythikon und gib mich ihm zur Frau!«
Rahel wurde feuerrot. »Ja, Berggeist«, sagte sie tapfer.

Diese resolute Antwort gefiel dem General aus der Maßen.

»Er ist eine reinliche Natur«, lobte er, »aber ihm fehlt die Männlichkeit, welche die Figuren unwiderstehlich hinreißt –«

– »Bah –« machte sie leichthin und fuhr entschlossen fort: »Pate, Ihr habt ein Dutzend Feldschlachten gewonnen, Ihr verderbt Euern listigen Feinden in der Hofburg das Spiel, Ihr seid ein berühmter und welterfahrener Mann – wendet ein Hundertteilchen Eures Geistes daran, mich – was sage ich – uns glücklich zu machen, und wir werden es Euch zeitlebens Dank wissen.«

Der General ließ sich auf die leere Steinbank nieder und legte in tiefem Nachdenken die Hände auf die Kniee, wie eine ägyptische Gottheit. So berührte er die beiden Pistolen in seinen Taschen; es blitzte in seinen scharfen grauen Augen plötzlich auf und er brach in ein unbändiges Gelächter aus, wie er seit Dezennien nicht mehr gelacht hatte, in ein wahres Schulbubengelächter. Da er zugleich aufgesprungen war, rasch dem Innern der Halbinsel sich zukehrend, wiederholte ein Echo diesen Ausbruch ausgelassener Lustigkeit in so geisterhafter und grotesker Weise, daß es war, als hielten sich alle Faune und Panisken der Au die Bäuchlein über einen tollen und gottvergessenen Einfall.

Der General beruhigte sich. Er schien seinen Anschlag und die Möglichkeit des Gelingens mit scharfem Verstande zu prüfen. Das Wagnis gefiel ihm. »Zähle auf mich, mein Kind«, sagte er väterlich.

– »Hört, Pate, dem Papa darf kein Leides geschehen!«

– »Lauter Gutes.«

– »Pfannenstiel darf nicht gezaust werden!«
Wertmüller zuckte die Achseln. »Der spielt eine ganz untergeordnete Rolle.«
– »Und Ihr werdet Euern Spaß dabei haben?« fragte das Mädchen gespannt, denn das Gelächter hatte sie doch etwas bedenklich gemacht.
– »Ich werde meinen Spaß dabei haben.«
– »Kann es nicht mißlingen?«
– »Der Plan ist auf die menschliche Unvernunft gegründet und somit tadellos. Aber etwas Chance gehört zu jedem Erfolg.«
– »Und mißlingt es?«
– »So bezahlt Rudolf Wertmüller die Zeche.«
Noch einmal besann sich das Mädchen recht ernstlich; aber ihre resolute Natur trug den Sieg davon. Sie hatte überdies ein unbedingtes Vertrauen zu der verwegenen Kombinationsgabe und selbst in gewissen Grenzen zu der Loyalität ihres Verwandten. Daß ein schadenfroher Streich mitlaufen werde, wußte sie – es war eben der Kaufpreis ihres Glückes –, aber sie wußte auch, daß Wertmüller sie liebhabe und seinen Spuk darum nicht allzu weit treiben würde. Zudem lag etwas in ihrem Blute, das eine rasche, wenn auch gewagte Lösung einer nagenden Ungewißheit vorzog.
»Ans Werk, Rübezahl!« sagte sie. »Wann beginnst du dein Treiben, Berggeist?«
– »Morgen mittag bist du Braut, Kindchen. Ich verreise Montag in der Frühe.«
– »Adieu, Berggeist!« grüßte sie enteilend und warf ihm eine Kußhand zu, während er ihr nachsah und seine Freude hatte an ihrem schlanken und sichern Gange.

Sechstes Kapitel

Zu später Abendstunde saßen der General und der Kandidat an einer reichbesetzten und glänzend erleuchteten runden Tafel sich gegenüber in einem geräumigen Saale, dessen helle Stuckwände mit guten, in Öl gemalten Schlachtenbildern bedeckt waren.

Wertmüller wußte, welche Poesie das »Tischlein, deck dich!« für einen in dürftigen Verhältnissen aufgewachsenen Jüngling hat; aber auch an geistiger Bewirtung ließ er es nicht fehlen. Er erzählte von seinen Fahrten in Griechenland, er rühmte die Naturwahrheit der Landschaften und der Meerfarben in der Odyssee, er ließ die edlen und maßvollen Formen eines hellenischen Tempels vor den Augen des entzückten Kandidaten aufsteigen – kurz, er machte ihn glücklich.

Seiner davon unzertrennlichen militärischen Abenteuer gedachte er nur im Vorbeigehen, aber so drastisch, daß Pfannenstiel in der Nähe des alten Landsknechtes sich als einen herzhaften und verwegenen Mann fühlte, während Wertmüller in der naiven Bewunderung seines Zuhörers um einige Dezennien sich verjüngte und erleichterte.

So achtete es Pfannenstiel nicht groß, als der General in der Hitze des Gespräches ihm auf den Leib rückte, von den vier breiten flachen Knöpfen, die sein Gewand zwischen den schmächtigen Schultern vorn zusammenhielten, den obersten abriß und denselben, nachdem er ihn einer kurzen Betrachtung unterworfen, in einen dunkeln Zimmerwinkel warf, dann an einem der mittlern drehte, bis dieser nur noch an einem Faden hing.

Zwischen den Birnen und dem Käse aber änderte sich die Szene. Der General hatte gegen seine Gewohnheit – er war längst ein mäßiger Mann geworden – einige Gläser feurigen Burgunders geleert, und da er, wie man zu sagen pflegt, einen grimmigen Wein trank, begann es ihn denn doch ein bißchen zu wurmen, daß die schöne und tapfere Rahel ihr Herz an einen sanftmütigen, unkriegerischen Menschen, noch dazu an einen »Faffen« verschenkt hatte, und sein Dämon nötigte ihn, den Kandidaten, den er doch leiden mochte, zu gutem Ende noch einmal unbarmherzig zu foppen.

Er befahl dem aufwartenden Hassan, Pulverhorn und Kugelbeutel zu bringen, zog die beiden Terzerole aus seinen Rocktaschen und legte sie vor sich auf die Tafel.

»Die Rahel mag Euch«, wendete er sich jetzt an den Kandidaten, »aber wollt Ihr sie zum Weibe gewinnen, müßt Ihr dem schönen Kinde einmal als ein ganzer Mann entgegentreten. Das wird ihr einen bleibenden Eindruck machen und Ihr dürft Euch dann ruhig die eheliche Schlafmütze über die Ohren ziehen. – Mein Plan ist ganz einfach: Ich gehe morgen in Mythikon zur Kirche – erstaunt nicht, Pfannenstiel, ich bin kein Heide – und lade mich bei dem Vetter Pfarrer zu Mittag. Natürlich bleibt Rahel zu Hause und besorgt den Tisch, Ihr aber gewinnt bei währendem Gottesdienste auf Schleichwegen die Pfarre, entführt das Mädchen, bringt es hieher, und während Ihr sie küßt, armiere ich die zwei eisernen Kanonen, die Ihr auf dem Hausflur gesehen habt, und verteidige den schmalen Damm, der meine Insel mit dem Festlande verbindet. Treffen! Unterhandlung! Friedensschluß!«

Wäre der Kandidat in seiner natürlichen Verfassung gewesen, er hätte diese Soldatenschnurre belächelt, aber der starke Wein war ihm in den Kopf gestiegen.

»Entsetzlich!« rief er aus, fügte dann aber nach einer Pause und erleichtert hinzu: »und unmöglich! Die Rahel würde niemals einwilligen.«

– »Sie wird! Ihr erscheint, werft Euch zu ihren Füßen: Entflieht mit mir! oder ...« Er ergriff ein Pistol und setzte es sich an die rechte Schläfe.

– »Sie ist eine Christin!« rief der erhitzte Kandidat.

– »Sie wird und muß wollen! Jede Figur wird von der männlichen Elementarkraft bezwungen. Kennt Ihr die neueste deutsche Literatur nicht? ... den Lohenstein, den Hofmannswaldau?«

– »Sie wird nicht wollen – nimmermehr!« wiederholte Pfannenstiel mechanisch.

– »Dann fahrt Ihr ab – glorios mit Donner und Blitz!« und Wertmüller drückte los. Der Hahn schlug nieder, daß es Funken stob.

Jetzt ermannte sich Pfannenstiel. Die ihm so nahegelegte ungeheure Freveltat und sein Schauder davor gaben ihm die Besinnung wieder und ernüchterten sein Gehirn. Auch fiel ihm die Warnung Rosenstocks ein. Er narrt und quält dich boshaft, sagte er sich, du bist ja ein geistlicher Mann und hast es mit einem schlimmen Feinde der Kirche zu tun.

Ein Hohnlächeln zuckte in den Mundwinkeln des ihn beobachtenden, scharf beleuchteten Gesichtes, das in diesem Augenblicke einer grotesken Maske glich. Der Kandidat erhob sich von seinem Sitze und sprach nicht ohne Würde:

»Wenn das Euer Ernst ist, so verweile ich keine Minute länger unter einem Dache, wo eine mehr als heidnische

Verruchtheit gelehrt wird; ist es aber Euer Scherz, Herr Wertmüller, wie ich es glaube, so verlasse ich Euch ebenfalls, denn einen einfachen Menschen, der Euch nichts zuleide getan hat, zu hänseln und zu verhöhnen, das ist nicht christlich, nicht einmal menschlich – das ist teuflisch.«

Ein schöner, ehrlicher Zorn flammte in seinen blauen Augen und er schritt der Türe zu.

»La, la«, sagte der General. »Was frühstückt Ihr morgen? Eier, Rebhuhn, Forelle?«

Pfannenstiel öffnete und enteilte.

»Der Mohr wird Euch aufs Zimmer leuchten! Auf Wiedersehen morgen beim Frühstück!« rief ihm Wertmüller nach.

Der Alleingebliebene lud sorgfältig das leichtspielende Pistol mit Pulver und stieß einen derben Pfropfen nach. Das schwerspielende ließ er ungeladen. Beide übergab er dem Mohren mit dem Befehle, dieselben in seinen schwarzen Sammetrock zu stecken. Dann ergriff der General einen Leuchter und suchte sein Lager auf.

Siebentes Kapitel

Der Kandidat eilte in raschem Laufe dem Damme zu, durch welchen die Südseite der Insel mit dem festen Lande zusammenhing. Oft hatte er, da er sich im verflossenen Frühjahre in Mythikon aufhielt, den Sitz des damals in Deutschland bataillierenden Generals mit neugierigen Augen gemustert, ohne ihn je zu betreten. Er wußte, daß der Damm gegen seine Mitte hin durch ein altertümliches kleines Tor und eine Brücke unterbrochen war, aber er war gewiß, kein Hindernis zu finden, da dieses Tor, wie er sich erinnerte, niemals geschlossen wurde, sich auch nicht schließen ließ, da es keine Torflügel hatte.

Jetzt erreichte er das Ufer und erblickte zu seiner Linken die Linie des Dammes. Aber, o Mißgeschick! der von dem dämmernden Hintergrunde scharf abgehobene Balken der Brücke schwebte in der Luft und bildete statt eines rechten einen spitzen Winkel mit dem Profil der Pforte, an deren Steinbogen er durch zwei Ketten befestigt war. Das Tor, die aufgezogene Brücke, die kleine Verbindungslinie der Ketten – alles ließ sich mit überzeugender Deutlichkeit unterscheiden; denn der Mond gab genügendes Licht und in dem leeren, nicht zu überspringenden Zwischenraume flimmerte sein Widerschein in dem silbernen Gewässer. Pfannenstiel war ein Gefangener. Unmöglichkeit, durch das Moor zu waten! Er wäre, da er die Furten des tückischen Röhrichts nicht kannte, bei den ersten Schritten versunken und hätte ein klägliches Ende genommen. Ratlos stand er am Inselgestade, während aus dem Sumpfe dicht vor seinen Füßen ein volltöniges Brekekex Koax Koax erscholl.

Gerade an jenem Abende war unter den Fröschen der Au ein junger Lyriker von bedeutender Begabung aufgetaucht, der das feste und gegebene Motiv der Froschlyrik so keck in Angriff nahm und so gefühlvoll behandelte, daß der begeisterte Chor nicht müde wurde, die vorgesungene Strophe mit unersättlichem Enthusiasmus zu wiederholen. Auf den Kandidaten freilich machte das leidenschaftliche Gequäke einen tief melancholischen Eindruck, als steige es aus den Sümpfen des Acheron empor.

In halber Verzweiflung wollte er nun über den Damm nach der Pforte eilen, ob sich die Zugbrücke mit Anstrengung aller Kräfte nicht senken ließe. Da gewahrte er, noch einmal vorwurfsvoll nach dem unheimlichen Landhause sich umwendend, eine ihm entgegenwandernde Helle und nach wenig Augenblicken stand Hassan mit einem Windlicht in der Faust an seiner Seite. Mit untertäniger Zutunlichkeit redete ihm der gutmütige Mohr zu, in die von ihm geflohene Wohnung zurückzukehren.

»Langweilig, Frosch, geistlicher Herr!« radbrechte Hassan, »Schloß an Zugbrücke – Zimmer bereit!«

Was war zu tun? Nichts anderes als Hassan zu folgen. In der großen, auf den gepflasterten Hausflur mündenden Küche entzündete der Mohr zwei Kerzen und leuchtete dem Kandidaten die Treppe hinauf. Auf der zweitobersten Stufe ergriff er ihn rasch am Arme: »Nicht erschrecken, geistlicher Herr!« flüsterte er. »Schildwache vor Zimmer von General.«

Und in der Tat, da stand eine Schildwache. Hassan beleuchtete sie mit der Kerze und Pfannenstiel erblickte ein Skelett, das die Knochenhände auf eine Muskete gestützt hielt und an dem über die Rippen gekreuzten und blank gehaltenen Lederzeuge Patrontasche und Seitengewehr der zürcherischen Landmiliz trug. Ein kleines dreieckiges Hütchen war auf den hohlen Schädel gestülpt.

Der Kandidat fürchtete das Bild des Todes nicht, er war mit demselben von Amts wegen vertraut, ja er hatte eine gewisse Vorliebe für die warnende und erbauliche Erscheinung des Knochenmannes. Aber wer war der Mensch, der da drinnen unter der Hut dieser gespenstischen Wache schlief? Und welche seltsame Lust fand er daran, mit den ernstesten Dingen sein frevles Gespötte zu treiben?

Jetzt öffnete der Mohr das zweitäußerste Zimmer der Seeseite und stellte die beiden Leuchter auf den Kamin. Pfannenstiel, dessen Wangen glühten und fieberten, trat ans Fenster um es aufzureißen; Hassan aber hielt ihn zurück. »Seeluft ungesund«, warnte er und machte die Flügeltüre eines Nebenzimmers auf, um dem Erhitzten in unschädlicher Art mehr Luft zu verschaffen. Dann entfernte er sich mit einem demütigen Gruße.

Der Kandidat schritt eine gute Weile in der Kammer auf und nieder, um seine erregte Phantasie zur Ruhe zu bringen und den wunderlichsten Tag seines Lebens einzuschläfern. Aber das gefährlichste Abenteuer desselben war noch unbestanden.

Aus dem von Hassan geöffneten Nebenzimmer klang ein leiser Ton, wie ein tiefer Atemzug. Hatte die streichende Nachtluft die Falten eines Vorhanges bewegt oder war ein Käuzlein an den nur halb geschlossenen Jalousien vorbeigeflattert?

Der Kandidat hemmte seinen Schritt und horchte. Plötzlich fiel ihm ein, daß dieses nächste Zimmer, das letzte der Fassade, kein anderes sein könne, als die Räumlichkeit, welche der Schiffer Bläuling der Türkin des Generals angewiesen hatte.

Die Möglichkeit einer solchen Nähe brachte den unbescholtenen jungen Geistlichen begreiflicherweise in die größte Angst und Unruhe, doch nach kurzer Überlegung beschloß er, in die berüchtigte Kammer mutig hineinzuleuchten.

Er betrat einen reichen türkischen Teppich und stand, sich zur Rechten wendend, vor einem lebensgroßen Bilde, welches von vergoldetem, üppigem Blätterwerk eingerahmt war und die ganze, dem Fenster gegenüberstehende Wand des kleinen Kabinettes füllte. Das Bild war von einem Niederländer oder Spanier der damals kaum geschlossenen glänzenden Epoche in jener naturwarmen, bestrickenden Weise gemalt, die den Neuern verlorengegangen ist. Über eine Balustrade von maurischer Arbeit lehnte eine junge Orientalin mit den berauschenden dunkeln Augen und glühenden Lippen, bei deren Anblicke die Prinzen in Tausend und einer Nacht unfehlbar in Ohnmacht fallen.
Sie legte den Finger an den Mund, als bedeute sie den vor ihr Stehenden: Komm, aber schweige!
Pfannenstiel, der nie etwas auch nur annähernd Ähnliches erblickt hatte, wurde tief und unheimlich erschüttert von der Verlockung dieser Gebärde, der Sprache dieser Augen. Es tauchte etwas ihm bis heute völlig unbekannt Gebliebenes in seiner Seele auf, etwas, dem er keinen Namen geben durfte – eine brennende Sehnsucht, die glückselige Möglichkeit ihrer Erfüllung! Vor diesem Bilde begann er an so übergewaltige Empfindungen zu glauben und vor ihrer Macht zu erbeben ...
Plötzlich wandte sich der Kandidat, lief in sein Schlafgemach zurück und begnügte sich nicht, die Türe zu verschließen, er schob noch den Riegel und drehte zuletzt den Schlüssel um. Nun glaubte er sein Lager gesichert und begrub sich in die Kissen desselben.
Doch kaum war er entschlummert, so trat das schöne Schemen durch die Türe, ohne sie zu öffnen, und nahm tückisch Gestalt und Antlitz der Rahel Wertmüller an,

ihren maidlichen Wuchs, ihre feinen geistigen Züge. Aber ihre Augen schmachteten wie die der Orientalin und sie legte den Finger an den Mund.

Nun kam eine böse, schlimme Stunde für den armen Kandidaten. Er wollte fliehen und wurde von einer dämonischen Gewalt zu den Füßen des Mädchens hingeworfen. Er stammelte unsinnige Bitten und machte sich verzweifelte Vorwürfe. Er umfaßte ihre Kniee und verurteilte sich selbst als den ruchlosesten aller Sünder. Rahel, erst erstaunt, dann strengblickend und unwillig, stieß ihn zuletzt empört von sich weg. Jetzt stand der General neben ihm und reichte ihm das Pistol. »Die Figur«, dozierte er, »wird bezwungen von der männlichen Elementarkraft.« Dem Kandidaten wurde wie von eisernen, teuflischen Krallen der Arm gebogen, und er setzte sich die tödliche Waffe an die rechte Schläfe. »Fliehe mit mir!« stöhnte er. Sie wandte sich ab. Er drückte los, und erwachte, nicht in seinem Blute, aber in kaltem Schweiße gebadet. Dreimal trieb ihn der quälende Halbtraum in diesem Kreislaufe von Begierde, Frevel und Reue herum, bis er endlich das Fenster aufschloß und im reinen Hauche der heiligen Frühe in einen tiefen beruhigenden Schlaf versank.

Er erwachte nicht, bis Hassan mit warmem Wasser ins Zimmer trat und auf seinen Befehl die Jalousien öffnete. Ein himmlischer, innig blauer Tag und das nun halb verwehte, nun voll hallende Geläute aller Seeglocken drang in die Traumkammer.

»General Kirche gegangen«, sagte der Mohr. »Geistlicher Herr frühstücken?« –

Achtes Kapitel

Und der Mohr log nicht.

Rudolf Wertmüller wandelte in dem Augenblicke, da sich sein Gast dem Schlummer entriß, schon unweit der Kirche von Mythikon unter den sonntäglichen Scharen, welche alle dahinführenden Wege und Fußsteige bevölkerten.

Der sonst so rasche Schritt des Generals war heute ein gemessener und seine Haltung durchaus würdig und untadelig. Er war in schwarzen Sammet gekleidet und trug in der behandschuhten Rechten ein mit schweren vergoldeten Spangen geschlossenes Gesangbuch.

Seltsam! Wertmüller, der seit langem jede Kirche gemieden hatte, stand bei den Mythikonern in dem schlimmen Rufe und der schwefelgelben Beleuchtung eines verhärteten Freigeistes, es war ihnen eine ausgemachte, nicht anzufechtende Tatsache, daß ihn über kurz oder lang der Teufel holen werde – und dennoch waren sie herzlich erfreut, ja gerührt, ihn auf ihrem Kirchwege einherschreiten zu sehen. Sie erblickten in seinem Erscheinen durchaus nicht einen Akt der Buße, denn sie liebten es nicht und hielten es für schmählich – hierin den griechischen Dramatikern ähnlich – wenn eine erwachsene Person ihren Charakter wechselte; sie trauten es dem Generale zu, daß er konsequent bleibe und resolut ins Verderben fahre. Die Mythikoner faßten vielmehr den Kirchgang des alten Kriegsmannes als eine Höflichkeit auf, als eine Ehre, die er der Gemeinde erwies, als einen öffentlichen Abschiedsbesuch vor seinem Abgange ins Feldlager.

Das Grüßen nahm kein Ende und jeder Gruß ward von

dem heute ausnahmsweise Leutseligen mit einem Nikken oder einem kurzen freundlichen Worte erwidert. Nur ein altes Weib, das böseste in der Gemeinde, stieß ihre blödsinnige Tochter zurück, die den General angaffte, und raunte ihr vernehmlich zu: »Verbirg dich hinter mir, sonst nimmt er dich und macht dich zur Türkin!«

Weniger erfreut über den Anblick des ungewohnten Kirchgängers war der Pfarrer Wilpert Wertmüller, als er, mit Mantel und Kragen angetan, aus dem Tore seines Hofraumes trat, in dessen Mitte hinter einem altergrauen Brunnen zwei mächtige Pappeln sich leis im Winde wiegten. Seine Überraschung war eine vollständige; denn Rahel hatte geschwiegen.

Der Pfarrer, ein Sechziger von noch rüstigem Aussehen und nicht gerade geistreichen, aber männlichen Gesichtszügen, mochte den General als einen versuchten Weidmann in Wald und Feld wohl leiden; daß er aber seine Erbauung gerade in der Kirche von Mythikon suchte – das hätte er ihm gerne erlassen.

Je unwillkommener, desto höflicher war der General. Er zog den Hut, dann nahm er den Pfarrer an der Hand und führte ihn in den Flur seines Hauses zurück. Gerade in diesem Augenblicke setzte die schöne, morgenfrische Rahel ihren Fuß auf die unterste Stufe der Treppe, sonntäglich angetan und ebenfalls ein kleines in schwarzen Sammet gebundenes Gesangbuch in der Hand.

»Kind, du bist reizend! eine Nymphe!« begrüßte sie Wertmüller. »Lasse dich väterlich auf die Stirn küssen!«

Sie weigerte sich nicht und der kleine, aber fest und

wohl gebaute General richtete sich auf den Fußspitzen empor, um die feine weiße Stirn des hochgewachsenen Mädchens zu erreichen, eine eher komische als zärtliche Gruppe.

»Bittest du mich nach der Predigt zu Tische, Alter?« fragte Wertmüller.

»Selbstverständlich!« versetzte der gastfreundliche Pfarrer. »Rahel bleibt zu Hause und besorgt die Küche.«

Das willige Mädchen fügte mit einem leichten Knixe hinzu: »Wir bedanken uns, Pate!« und eilte in das obere Stockwerk zurück.

»Ich bringe dir etwas mit, Alter«, lächelte der General.

»Gewehr?« fuhr der Pfarrer heraus und seine Augen leuchteten.

Wertmüller nickte bejahend und zog unter dem breiten Schoße seines Sammetrockes ein Pistol hervor. Die vornehme Fasson und der damaszierte Lauf des kleinen Meisterstückes der damaligen Büchsenschmiedekunst stachen dem Pfarrer gewaltig in die Augen. Seine ganze Leidenschaft erwachte. Wertmüller trat mit ihm aus dem dämmerigen Flur durch die Hintertüre der Pfarre in den Garten, um ihn die kostbare kleine Waffe im vollen Tageslichte bewundern zu lassen.

Die ganze Langseite des Hauses war mit einer ziemlich niedrigen Weinlaube bekleidet; an dem einen Ende dieses grünen Bogenganges hatte der Pfarrer vor Jahren eine steinerne Mauer mit einer kleinen Scheibe aufführen lassen, um sich, an dem entgegengesetzten Eingange Posto fassend, während seiner freien Stunden im Schießen zu üben.

»Aus der Levante?« fragte er, sich des Pistols bemächtigend.

»Venezianische Nachahmung. Sieh hier die verschlungene Chiffre GG – bedeutet Gregorio Gozzoli«, rühmte Wertmüller.

»Ich erinnere mich, diesen Schatz von Pistölchen in deiner Waffenkammer auf der Au gesehen zu haben – aber war es nicht ein Pärchen?«

»Du träumst ...«

»Ich kann mich geirrt haben. Spielt das kleine Ding leicht?«

»Leider ist der Drücker etwas verhärtet, aber du darfst das fremde Meisterstücklein keinem hiesigen Büchsenmacher anvertrauen, er würde dir es verderben.«

»Etwas hart? Tut nichts!« sagte der Pfarrer. Er nahm trotz Mantel und Kragen am einen Ende der Laube Stellung. Auf dem linken Fuße ruhend, den rechten vorgesetzt, zog er den Hahn und krümmte den Arm.

Eben verstummten die Glocken auf dem nahen Kirchturme und das Auszittern ihrer letzten Schläge verklang in dem Gesumme der Wespen, die sich geräuschvoll um die noch nicht geschnittenen Goldtrauben der Laube tummelten.

Der Pfarrer hörte nichts – er drückte und drückte mit dem Aufgebot aller Kraft.

»Pfui, Alter, was schneidest du für Grimassen?« spottete Wertmüller. »Gib her!« Er entriß ihm die Waffe und legte seinen eisernen Finger an den Drücker. Der Hahn schlug schmetternd nieder. »Du verlierst deine Muskelkraft, Vetter! Dich entnervt die gliederlösende Senectus! Ich will dir selbst den Mechanismus etwas geschmeidiger machen – du weißt, daß ich ein ruhmreicher Schlosser und ganz leidlicher Büchsenschmied bin!« Der General ließ die schmucke kleine Waffe in die Tiefe seiner Tasche zurückgleiten.

»Nein, nein, nein!« rief der Pfarrer leidenschaftlich. »Du hast es mir einmal geschenkt! Ich lasse es nicht mehr aus den Händen! ...«

Zögernd hob der General das Pistol wieder hervor – nicht mehr dasselbe. Er hatte es, der alte Taschenspieler, mit dem auch für ein schärferes und ruhiges Auge nicht leicht davon zu unterscheidenden Zwillinge gewechselt.

Der Pfarrer hielt die Waffe kaum wieder in der Hand, als er sich von neuem in Positur stellte, denn er war ganz Feuer und Flamme geworden, und Miene machte, den Hahn noch einmal zu spannen.

Der General aber fiel ihm in den Arm. »Hernach!« redete er ihm zu. »Donnerwetter! Es hat längst ausgeläutet.«

Herr Wilpert Wertmüller erwachte wie aus einem Traume, besann sich, lauschte. Es herrschte eine tiefe Stille, nur die Wespen summten.

Er steckte das Pistol eilig in die geräumige Rocktasche und die Vettern beschritten den kurzen, jetzt völlig menschenleeren Weg nach der nahen Kirche.

Neuntes Kapitel

Als die zwei Wertmüller den heiligen Raum betraten, war er schon bis auf den letzten Platz gefüllt. Im Schiffe saßen rechts die Männer, links die Weiber, im Chore, das Antlitz der Gemeinde zugewendet, die Kirchenältesten, unter ihnen der Krachhalder.

Zwei breite, oben durch ein großes Halbrund verbundene Mauerpfeiler schieden Chor und Kirche. An dem rechts gelegenen schwebte die Kanzel und am Fuße der steilen Kanzeltreppe befand sich der einzig leer gebliebene Sitz, der mit Schnitzwerk verzierte Stuhl von Eichenholz, welchen der Pfarrer während des Gesanges einzunehmen pflegte. Diesen wies er jetzt dem General an und bestieg ohne Verzug die Kanzel. Der Verspätete hatte Eile, der Gemeinde die Nummer des heutigen Kirchenliedes zu bezeichnen.

Es war das beliebteste des neuen Gesangbuchs, ein Danklied für die gelungene Lese, erst in neuerer Zeit verfaßt und aus Deutschland gekommen, mit dreisten und geschmacklosen Schnörkeln im damaligen Rokokostile, aber nicht ohne Klang und Farbe.

Jede Strophe begann mit der Aufforderung, den Geber alles Guten vermittelst eines immer wieder andern Instrumentes zu loben. Dem Autor mochte ein Kirchenbild vorgeschwebt haben. Aber nicht jene zarten musizierenden Engel Giambellinis, welche an das Dichterwort erinnerten:

Da geigen die Geiger so himmlisch klar,
Da blasen die Bläser so wunderbar ...

Nein! sondern die auf einer robusten Wolke lagernde und mit allen möglichen Instrumenten ausgerüstete pausbackige himmlische Hofkapelle irgendeines Bravourbildes aus der Rubensschen Schule.

»Frohlocket, frohlocket! ...« erscholl es heiter und volltönig in dem schönen, reinlichen Raume, durch dessen acht Spitzbogenfenster das leuchtende Blau des himmlischen Tages hereinquoll.

Der General, dessen Eintritt ein wohlgefälliges Gemurmel erregt hatte, wendete sein gesammeltes Antlitz der Gemeinde zu, konnte aber mit einer ungezwungenen Wendung des Kopfes leicht den hohen Sitz beobachten, wo sein Vetter horstete. Eben jetzt warf er einen Blick hinauf. Der Seelsorger von Mythikon, der das Jubellied schon oft gehört hatte und seiner ebenfalls schon oft gehaltenen Predigt sicher war, betastete leise seine Tasche.

»Posaunet, posaunet! ...« dröhnte es durch das Schiff. Wertmüller schielte die Kanzeltreppe hinauf. Der Vetter hatte das kleine Terzerol aus der Tasche gezogen und betrachtete es hinter der hohen Kanzelbrüstung mit Augen der Liebe.

»Drommetet, drommetet! ...« sangen die Mythikoner. Mitten durch den Trompetenlärm hörte der General deutlich ein scharfes Knacken, als würde droben ein Hahn gezogen. Er lächelte.

Jetzt kam die letzte, die Lieblingsstrophe der Mythikonerinnen. »Und flötet, o flötet! ...« sangen sie, so schön sie konnten. Der General warf wieder einen verstohlenen Blick nach der Kanzel hinauf. Spielend legte der Pfarrer eben seinen dicken Finger an den Drücker; wußte er doch, daß er die Feder mit aller Gewalt nicht bewegen konnte. Aber er zog ihn gleich wieder zurück, und die sanften Flöten verklangen.

Der General unten an der Kanzel legte in gedrückter Stimmung sein Gesicht in Falten.

Jetzt betete der geistliche Herr, der das kleine Gewehr in seine geräumige Tasche zurückgleiten ließ, in aller Andacht die Liturgie und las dann den Text aus der großen, ständig auf dem Kanzelbrette lagernden Bibel. Es

war der herrliche siebenundvierzigste Psalm, der da beginnt: Frohlocket mit Händen, alle Völker, lobet Gott mit großem Schalle!
Frisch und flott ging es in die Predigt hinein und schon war sie über ihr erstes Drittel gediehen. Noch einmal lauerte der General empor, sichtlich enttäuscht, mit einem fast vorwurfsvollen Blicke, der sich aber plötzlich erheiterte. Der Pfarrer hatte im Feuer der Aktion, während seine Linke vor allem Volke gestikulierte, mit der durch die Kanzel gedeckten Rechten instinktiv das geliebte Terzerol wieder hervorgezogen. »Lobet Gott mit großem Schalle!« rief er aus, und paff! knallte ein kräftiger Schuß. Er stand im Rauch. Als er wieder sichtbar wurde, quoll die blaue Pulverwolke langsam um ihn empor und schwebte wie ein Weihrauch über der Gemeinde.
Entsetzen, Schreck, Erstaunen, Zorn, ersticktes Gelächter, die ganze Tonleiter von Gefühlen fand ihren Ausdruck auf den Gesichtern der versammelten Zuhörer. Die Kirchenältesten im Chor aber zeigten entrüstete und strafende Mienen. Die Lage wurde bedenklich.
Jetzt wendete sich der General mit einer zugleich leutseligen und imponierenden Gebärde an die aufgeregten Mythikoner:
»Lieben Brüder, laßt euch den Schuß nicht anfechten. Bedenkt: es ist nach menschlicher Voraussicht das letzte Mal, daß ich mich in eurer Mitte erbaue, ehe ich diesen meinen sterblichen Leib den Kugeln preisgebe. – Und Ihr, Herr Pfarrer, zeigt Euch als einen entschlossenen Mann und führt Euern Sermon zu Ende.«
Und wirklich, der Pfarrer setzte unerschrocken wieder ein und fuhr in seiner Predigt fort, unbeirrt, ohne den

Faden zu verlieren, ohne sich um ein Wort zu vergreifen, zu stottern oder sich zu versprechen.
Alles kehrte wieder in die Ordnung zurück. Nur das blaue Pulverwölkchen wollte sich in dem geschlossenen Raume gar nicht verlieren und schwebte hartnäckig über der Gemeinde, bald im Schatten, bald von einem Sonnenstrahl beleuchtet, bis seine Umrisse immer ungewisser wurden und sich endlich auflösten.

Zehntes Kapitel

Während der Pfarrer seine Predigt tapfer zu Ende führte, hatte die daheim gebliebene Rahel der alten Babeli und dem zur Aushülfe von dieser herbeigeholten Nachbarskinde ihre Befehle gegeben und trat jetzt, ein Körbchen und ein kleines Winzermesser in der Hand, vor die hintere Haustüre, um einige ihrer reifen sonnegebräunten Goldtrauben von der Laube zu schneiden. Da sah sie, sich gerade gegenüber, wo der Fußsteig um die von der Landstraße abliegende Seite des Gartens lief, ein seltsames Schauspiel.
Ein unheimlicher Mensch stützte die Hände auf den Zaun, schwang sich mit fliegenden Rockschößen in einem wilden Satze über die Hecke und kam ihr stracks entgegen. Kaum traute sie ihren Augen. Konnte er es sein? Unmöglich! Und doch, er war es.
Pfannenstiel hatte das Frühstück, welches ihm der dienstbeflissene Mohr im Speisesaale auf der Au vorsetzte, kaum berührt. Es trieb ihn fort über die jetzt gesenkte Zugbrücke, bergan, der Pfarre von Mythikon zu. Er wußte, daß er die Straßen und Steige, wenn auch

nur für kurze Zeit, noch leer fand. Das orientalische Schemen war im Morgenwinde verflattert; aber, wie himmlisch leuchtend und frisch der Herbsttag aus seinen Nebelhüllen hervortrat, einer der gestern empfangenen Eindrücke war wie ein Stachel in der aufgeregten Seele des Kandidaten haftengeblieben.

Ihm fehle die Männlichkeit, hatte der General ihm vorgehalten, die einen unfehlbaren Sieg über das Weibliche davontrage. Das gab dem Kandidaten zu schaffen, und da sich ihm eine nächste Gelegenheit bot, etwas nach seiner Ansicht Kühnes zu unternehmen, und gerade das, wozu der General ihn aufgefordert hatte, so entschloß sich der Verwilderte, Rahel, wenn auch ohne Feuerwaffe, mit einem Morgenbesuche zu überraschen.

Der Sprung über die Hecke war dann freilich keine Heldentat gewesen, sondern eine Flucht vor den ersten heimkehrenden Kirchgängern, die er zwischen den Bäumen der Landstraße zu sehen glaubte.

Wie er sich mit unternehmender Miene und in entschiedener Haltung der Wertmüllerin näherte, erschrak diese ernstlich über sein Aussehen, seine fiebernden Augen, die Blässe und Abspannung, wie sie eine schlaflose Nacht auf dem Antlitze zurückläßt. Auch der herabhängende, halb abgedrehte Knopf und die Leere, die der andere weggerissene gelassen, entgingen ihr natürlich keinen Augenblick und vollendeten den beängstigenden Eindruck.

»Um Himmels willen, was ist Euch, Herr Vikar?« sagte das Mädchen. »Seid Ihr krank? Ihr habt etwas Verstörtes, Fremdes an Euch, das mich erschreckt. O der heillose Pate – was hat er mit Euch vorgenommen? Er gelobte mir doch, Euch nichts anzutun, und nun hat er Euch gänzlich zerrüttet! Erzählt mir haarklein, was Euch auf der Au zugestoßen – vielleicht weiß ich Rat.«

Als ihr der Kandidat in die verständigen und doch so warmen Augen blickte, ward er sich urplötzlich dessen bewußt, was ihn eigentlich hergetrieben. Der Kobold des Abenteuers, der sich beim ersten Schritte, den er auf der Au getan, ihm auf den Nacken gesetzt hatte, sprang von seinem Rücken und ließ ihn fahren.

Bis ins kleinste beichtete er den klaren braunen Augen seine Erlebnisse auf der Insel, nur die Vision der Türkin weglassend, die ja eine Ausgeburt seines erhitzten Gehirns gewesen war. Er gestand ihr, ihn habe der Vorwurf des Generals, ihm fehle das Männliche, verblüfft und beunruhigt, auch jetzt könne er noch nicht darüber hinwegkommen. Und er bat sie, ihm aufrichtig zu sagen, ob hier ein Mangel sei und wie dem abzuhelfen wäre.

Rahel betrachtete ihn ein Weilchen fast gerührt, dann brach sie in ein helles Gelächter aus.

»Der Pate trieb mit Euch sein Spiel«, sagte sie, »aber daß er Euch das griechische Abenteuer widerriet, war recht. Ihr wolltet aus Eurer eigenen Natur heraus und er hat Euch heimgespottet ... Warum auch? Wie Ihr seid, und gerade wie Ihr seid, gefallt Ihr mir am besten. Papas ungeistliche Weidlust hat mir genug schwere Stunden gemacht! Für mich lob ich mir den Mann, der unsern Dorfleuten mit einem erbaulichen, durchsichtigen Wandel vorleuchtet, unsern Zehntwein schluckweise trinkt, seine Frau liebhat und zuweilen von einem bescheidenen und gelehrten Freunde besucht wird! ... Diese Kavaliere! Ich habe übergenug von ihren Tafeldiskursen, wenn sie den Vater mit Roß und Wagen überfallen! – Der Pate hat Euch gestern in so manches eingeweiht, hat er Euch nicht auch den Streich erzählt, den er mit achtzehn Jahren seinem jungen Weibe spielte? Sie gelüstete nach Spanischbrötchen, wie man solche in Baden bäckt. ›Ich hole sie dir warm!‹ sagte er galant, sattelte und verritt. In Baden legte er die Brötchen in eine Schachtel und eine Zeile dazu, er verreise ins schwedische Lager. Diesen Abschied sandte er durch einen Boten, ihn selbst aber sah sie viele Jahre nicht wieder. Das hättet Ihr nicht getan!« Und sie reichte dem stillen Vikar die Hand.

»Aber jetzt muß ich Euch sogleich die Knöpfe befestigen«, setzte sie rasch hinzu, »es tut mir in den Augen und in der Seele weh, Euch in diesem Zustande zu sehen! Setzt Euch!« – dabei zeigte sie auf ein Bänklein unter der Laube – »ich hole Zwirn und Nadel.«

Pfannenstiel gehorchte und sie entsprang mit dem traubengefüllten Körbchen.

Nun kam es über ihn wie Paradiesglück. Licht und Grün, die niedrige Laube, das bescheidene Pfarrhaus, die Erlösung von den Dämonen des Zweifels und der Unruhe!

Sie freilich, die ihn davon befreit hatte, war selbst von Unruhe ergriffen. Welchen Streich hatte der General geplant oder schon ausgeführt? Sie machte sich Vorwürfe, ihm freie Hand gegeben zu haben.

In der Küche erfuhr sie, der Herr Pfarrer habe sich mit dem General eingeschlossen und bald darauf seien die Kirchenältesten langsam und feierlich die Treppe hinaufgeschritten. Etwas Unerhörtes müsse in der Kirche vorgefallen sein.

Der Fischkuri, der ihr aus seinem Troge Forellen brachte, wurde von ihr befragt; aber er war nicht zum Reden zu bringen und schnitt ein dummes Gesicht. Bestürzt eilte das Mädchen in ihre Kammer und mußte lange suchen, ehe sie Nadel und Zwirn fand.

Elftes Kapitel

Nachdem der Gottesdienst zu Mythikon ohne weitere Störung sein Ende genommen hatte, waren die Vettern nebeneinander in die nahe Pfarre zurückgeschritten, der Seelsorger zur Rechten des Generals, ohne sich um den Ausdruck der öffentlichen Meinung zu kümmern, welcher in den Mienen der ihnen Begegnenden unverkennbar zu lesen war.

Dort öffnete der geistliche Wertmüller sein Studierzimmer, ließ den weltlichen wie einen straffälligen, armen Sünder nachkommen und verschloß sorgfältig die Türe. Dann trat er dicht an den Freveltäter heran. »Vetter General«, sagte er, »du hast an mir gehandelt als ein Schelm und ein Bube!« und er machte Miene, ihn am Kragen zu packen.

»Hand weg!« entgegnete dieser. »Soll ich mich mit dir raufen, wie weiland mit dem Vetter Zeugherr von Stadelhofen in der Ratslaube zu Zürich, als wir uns die Perücken zausten, daß es nur so stob! Bedenke dein Amt, deine Würde!«

»Mein Amt, meine Würde!« wiederholte der Pfarrer langsam und schmerzlich. Eine Träne netzte seine graue Wimper. Mit diesen vier schlichten Worten war dasselbe ausgedrückt, was uns in jener großartigen Tirade erschüttert, mit welcher Othello von seiner Vergangenheit und seinem Amte Abschied nimmt.

Der General schluckte. Die Träne des alten Mannes war ihm entschieden zu viel.

»La, la«, tröstete er, »du hast eine prächtige Kaltblütigkeit gezeigt. Auf meine Ehre, ein echter Wertmüller! Es ist ein Feldherr an dir verlorengegangen.«

Aber die Schmeichelei verfing nicht. Auch der Moment der Wehmut war vorübergegangen.

»Womit habe ich dich beleidigt?« zürnte der Entrüstete. »Habe ich je in meiner Kirche auf dich gestichelt oder angespielt? Habe ich dich nicht in deinem Heidentume völlig werden lassen und dich gedeckt, wie ich konnte? – Und zum Danke dafür hast du mir hinterlistig das Pistol vertauscht, du Gaukler und Taschenspieler! – Warum beschimpfst du meine grauen Haare, Kind der Bosheit? Weil es dir in deiner eigenen Haut nicht wohl ist! ...«

»La, la«, sagte der General.

Es pochte. Die Kirchenältesten von Mythikon traten in die Stube, dem Krachhalder den Vortritt lassend, und stellten sich in einem Halbkreise den Wertmüllern feierlich, fast feindselig gegenüber. Der General las in den langen gefurchten Gesichtern, daß er mit seinem lästerlichen Scherze das dörfliche Gefühl schwer beleidigt hatte.

In der Tat, der Krachhalder, auf den sie alle hinhörten, war in den Tiefen seiner Seele empört. Wenn er sich auch den abenteuerlichen Vorfall nicht ganz erklären konnte, setzte er ihn doch unbedenklich auf die Rechnung des Generals, welcher, die Schwäche seines geistlichen Vetters sich zunutze machend, ein landkundiges

Ärgernis habe anstiften wollen. Dem Krachhalder lag die Ehre seiner Gemeinde am Herzen und er hatte das Mythikonerkirchlein mit seinem schlanken Helme und seinen hellen acht Fenstern aufrichtig lieb. – Süß war ihm nach dem Schweiße der Woche der Kirchgang im reinlichen Sonntagsrocke und den Schnallenschuhen, süß und nachdenklich Taufe und Bestattung, die den Gottesdienst und das menschliche Leben begrenzen und einrahmen, süß das Angeredetwerden als sterblicher Adam und unsterbliche Seele, süß das Kämpfen mit dem Schlummer, das Übermanntwerden, das Wiedererwachen; süß das kräftige Amen, süß das Zusammenstehen mit den Ältesten auf dem Kirchhofe und die Begrüßung des Pfarrers, süß das gemütliche Heimwandeln.

Man mußte ihn sehen, den ehrbaren Greis mit dem scharfen gezeichneten Kopfe, wenn er bei einer Armensteuer, nach der Aufforderung des Herrn Pfarrers zu schöner brüderlicher Wohltat, das Wasser in den Augen, aus seinem Geldbeutel ein rotes Hellerchen hervorgrub! –

Kurz, der Krachhalder war ein kirchlicher Mann und das Herz blutete, oder richtiger gesagt, die Galle kochte ihm, die Stätte seiner sonntäglichen Gefühle verunglimpft und lächerlich gemacht zu sehen.

»Was führt Euch hieher?« redete der General ihn an und fixierte ihn mit blitzenden Augen so scharf, daß der Krachhalder, der trotz seines guten Gewissens das nicht wohl ertragen konnte, mit seinen Augensternen nach rechts und links auswich, bis es ihm endlich gelang, standzuhalten.

»Macht aus einer Mücke keinen Elefanten!« fuhr Wertmüller ohne die Antwort zu erwarten, fort. »Nehmt den Schuß als einen verspäteten aus der Lese, oder, in Teufels Namen, für was Ihr wollt!« –

»Die Lese war mittelmäßig«, erwiderte der Kirchenälteste mit verhaltenem Grimme, »und der Schuß ist ein recht böser Handel, ihr Herren Wertmüller! Ich besitze eine Chronik von Stadt und Land; darinnen steht verzeichnet, daß vor Jahren einem jungen geistlichen Herrn, der seiner Braut über den heiligen Kelch hin mit verliebten Augen zuzwinkerte ...« der Krachhalder machte an seinem Halse das Zeichen eines Schnittes.

»Blödsinn!« fuhr der General ungeduldig dazwischen.

»Ich habe zu Hause auch eine Ketzergeschichte«, sprach der Krachhalder hartnäckig fort, »darinnen alle Trennungen und Sekten von Anfang der Welt an beschrieben und abgebildet sind. Aber kein Adamit oder Wiedertäufer hat es je unternommen, bei währender Predigt einen Schuß abzugeben. Das, Herr Pfarrer, ist eine neue Religion.«

Dieser seufzte. Das Beispiellose seiner Tat stand ihm deutlich genug vor Augen.

»Man wird den Schuß in Zürich untersuchen«, drohte jetzt der unbarmherzige Bauer, »die Synagoge«, er wollte sagen Synode, »wird darüber sitzen. Es tut mir leid für Euch, Herr Pfarrer; aber ich hoffe, sie fällt einen scharfen Spruch. Auch so wird uns der Spott nicht erspart werden und das ist das Schlimmste, denn der Spott hat ein zähes Leben an unserm See. Wenn ich nur dran denke, wird es mir, beim Eid, schwarz vor den Augen. Das ganze rechte Ufer da drüben lacht uns aus. Keinen Schoppen können wir mehr trinken in Meilen oder Küßnach, ohne daß sie uns verhöhnen in allen

Tonarten und Liederweisen. Der Schuß von Mythikon stirbt nicht am See, sowenig als in Altorf der Tellenschuß. Er haftet und lebt bei Kind und Kindeskind. Ich berufe mich auf Euch, Herr General«, fuhr er fort, und die alten Augen leuchteten boshaft, »Ihr wißt, was das heißen will! Wie lange ist es her, daß Ihr von Rapperswyl abzogt? Damals wurdet Ihr von den Katholischen besungen, und, glaubt Ihr's? das lebt noch. Ihr seid ein verrühmter, abfigürter Mann, aber was hilft das? Erst vorgestern noch fuhr ein volles Pilgerschiff von Richterswyl her um die Au mit großem Lärm und Gesang. Ich stand in meinem Weinberge und denke: die Narren! – Gegen Euer Haus hin werden sie still. ›Das macht der Respekt‹, sag ich zu mir selbst. Ja, da hatt ich es getroffen. Kaum sind sie recht unter Euern Fenstern, so bricht das Spottliedlein los. Ihr wißt das, wo sie den Wertmüller heimschicken zur Müllerin! Gut, daß Ihr verritten wart! Meineidig geärgert hab ich mich in meinen Reben ...«

»Schweigt!« fuhr ihn der General zornig an; denn der alte Schimpf jener aufgehobenen Belagerung brannte jetzt noch auf seiner Seele, ja schärfer als früher, als wäre er mit jener Tinte verzeichnet, die erst nach Jahren schwarz und unvertilglich hervortritt.

Doch er beherrschte sich und wechselte den Ton. »Etwas Konfusion gehört zu jeder Komödie«, sagte er, »aber wenn sie ihren Höhepunkt erreicht hat, muß ihr eine rasche Wendung zu gutem Schlusse helfen, sonst wird sogar die Verrücktheit langweilig.

Herr Pfarrer und liebe Nachbarn!

Gestern bis tief in die Nacht habe ich an meinem Testamente geschrieben und es Schlag zwölf Uhr unterzeichnet. Ich kenne euer warmes Interesse an allem was ich tue, lasse und nachlasse; erlaubt denn, daß ich euch einiges daraus vorlese.«

Er zog eine Handschrift aus der Tasche und entfaltete sie.

»Den Eingang, wo ich ein bißchen über den Wert der Dinge philosophiere, übergeh ich ... ›Wenn ich Rudolf Wertmüller jemals sterbe ...‹, doch das gehört auch nicht hierher«, ... er blätterte weiter. »Hier! ›Schloß und Herrschaft Elgg, die ich aus den redlichen Ersparnissen meines letzten Feldzuges erworben, bleibt als Fideikommiß in meiner Familie‹, usw. ›Item – Sintemal diese Herrschaft eine treffliche aber vernachlässigte Jagd besitzt und eine mit den Beutestücken eben jener Kampagne versehene, aber noch unvollständige Waffenkammer, so verfüge ich, daß nach meinem Ableben mein Vetter, der Herr Pfarrer Wilpert Wertmüller, benanntes Schloß und Herrschaft bewohne und bewerbe, die Jagd herstelle, die Waffenkammer vervollkommne und überhaupt und in jeder Weise bis an sein Ende frei darüber schalte und walte, wenn anders dieser geistliche Herr sich wird entschließen können, sein in Mythikon habendes Amt niederzulegen und antistite probante an den Kandidaten Pfannenstiel zu transferieren, welchem Kandidaten ich mein Patenkind, die Rahel Wertmüllerin, zur Frau gebe, nicht ohne die väterliche Einwilligung jedoch, und mit Hinzufügung von dreitausend Zürchergulden, die ich dem Fräulein, in meinem Segen eingewickelt, hinterlasse.‹

Uff«, schöpfte der General Atem, »diese Sätze! Eine verteufelte Sprache das Deutsche!« –

Der Pfarrer kam sich vor wie ein Schiffbrüchiger, den

dieselbe Welle begräbt und ans Land trägt. Seine verhängnisvolle Leidenschaft abgerechnet, ein verständiger Mann, erkannte er sofort, daß ihm der General den einzigen und dazu einen höchst angenehmen Weg öffne, der ihn aus Schimpf und Schande führen konnte. Er drückte seinem Übel- und Wohltäter mit einer Art von Rührung die Hand, und dieser schüttelte sie ihm mit den Worten: »Komme ich durch, so soll es dein Schade nicht sein, Vetter! Ich tue dann, als wär ich tot, und installiere dich als mein eigener Testamentsvollstrecker in Elgg!«

Die Mythikoner aber lauschten gleichsam mit allen Gliedmaßen, denn es schwante ihnen, daß jetzt sie an die Reihe kämen, beschenkt zu werden.

»›Ich vermache denen Mythikern‹«, fuhr der General fort und sein Bleistift flog über das Papier in seiner Linken, denn er skizzierte den durch die Eingebung des Augenblickes entstandenen Paragraphen, »›denen Mythikern vermache ich jene in ihre Gemeindewaldung am Wolfgang eingekeilte, zu zwei Dritteln mit Nadelholz, zu einem Drittel mit Buchen bestandene Spitze meines Besitztums, in der Weise, daß die beiden Marksteine des Gemeindegutes zu meinen Ungunsten durch eine gerade Linie verbunden werden.‹ –

Heute noch – auf Ehrenwort und vor Zeugen – erhält dieser Zusatz mit meiner Unterschrift seine Endgültigkeit«, erklärte der General, »in der Meinung jedoch und unter der Bedingung, daß der heute, wie eine unverbürgte Sage geht, in der Kirche von Mythikon abgefeuerte Schuß zu den ungeschehenen Dingen verstoßen und, soweit er Realität hätte, mit einem ewigen Schweigen bedeckt werde, welches sich die Mythiker eidlich verpflichten, weder in diesem Leben zu brechen, noch jenseits des Grabes am Jüngsten Tage und Letzten Gerichte.«

Der Krachhalder war während dieser Mitteilung äußerlich ruhig geblieben, nur die Nasenflügel in dem übrigens gelassenen Gesicht zitterten ein wenig, und seine Fingerspitzen hatten sich um ein kleines einwärts gebogen, als wolle er das Geschenk festhalten. »Herr General, so wahr mir Gott helfe!« rief er jetzt und hob die Hand zum Schwure; Wertmüller aber schloß:

»Widrigenfalls und bei gebrochenem Schweigen ich dies Vermächtnis bei meiner Rückkehr aus dem bevorstehenden Feldzuge umstoßen und vertilgen werde. Wäre mir dies nicht möglich wegen eingetretenen Sterbefalles, so schwöre ich, mich den Mythikern als Geist zu zeigen und zur Strafe ihres Eidbruches zwischen zwölf und eins ihre Dorfgasse abzupatroullieren. – Werdet Ihr die Bedingung erfüllen können, Krachhalder?«

»Unwitzig müßten wir sein«, beteuerte dieser, »wenn wir nicht das Maul hielten!«

»Und eure Weiber?«

»Dafür laßt uns Mythikoner sorgen«, sagte der alte Bauer ruhig und machte eine bedeutungsvolle Handbewegung.

»Aber, Krachhalder, stellt Euch vor, ich sei aus dem Reiche zurück«, sagte der General freundlich, »wir sitzen unter meiner Veranda, ich lege Euch so wie jetzt die Hand auf die Schulter, stoße mit Euch an und wir plaudern allerlei. Dann sag ich so im Vorbeigehen: Jener Schuß hat gut gekracht! ...«

»Welcher Schuß? – Das lügt Ihr, Herr General!« rief

der Kirchenälteste mit einer sittlichen Entrüstung, die komischerweise durchaus nicht gespielt war, sondern das Gepräge vollkommener Aufrichtigkeit trug.

Wertmüller lächelte zufrieden.

»Jetzt heim, ihr Männer!« mahnte der Alte. »Damit kein Unglück geschehe, muß in einer Viertelstunde das ganze Dorf wissen, daß der Schuß ... will sagen, daß wir heute eine gute Predigt gehört haben.«

Er drückte dem Pfarrer die Hand: »Und Euch, Herr General«, sagte er, »reiche ich sie als Eidgenosse.«

»Verzieht einen Augenblick«, befahl Wertmüller, »und seid Zeugen, wie ein glücklicher Vater zwei Hände zusammenlegt. Der Vikar kann nicht ferne sein. Trogen mich nicht die Augen, so sah ich ihn von weitem über eine Hecke voltigieren mit einem Salto, den ich ihm nie zugetraut hätte.«

»Rahel, mein Kind, schnell!« rief der Pfarrer durch die geöffnete Türe ins Haus hinein.

»Gleich Vater!« scholl es zurück; aber nicht aus dem Innern der Wohnung, sondern von außen durch das Weinlaub des Bogenganges herauf.

Rasch blickte der General aus dem Fenster und gewahrte durch das Blattgitter seine Schützlinge in einer Gruppe, die er sich durchaus nicht erklären konnte.

»Hervor, Hirt und Hirtin, aus Arkadiens Lauben!« rief der alte Soldat.

Da schritt Rahel unmutig errötend unter dem schützenden Blätterdache hervor und betrat mit Pfannenstiel, den sie mitzog, ein kleines von Edelobstbäumen umzogenes Rondell, das hart vor den Fenstern der Studierstube lag, aus denen der General mit den neugierigen Kirchenvorstehern herunterschaute.

Das Fräulein hielt eine Nadel in der gelenken Hand und befestigte vor aller Augen einen herabhängenden Knopf am Rocke des Kandidaten. Sie ließ sich in der Arbeit nicht stören. Erst nachdem sie den Faden gekappt hatte, heftete sie die braunen Augen, in denen Ernst und Übermut kämpften, fest auf ihren wunderlichen Schutzgeist und rief ihm zu:

»Pate, Ihr habt mir in kurzer Zeit den Herrn Vikar fast zerstört und zugrunde gerichtet. Wohl mußt ich ihn wieder in Ordnung bringen, damit er vor Gott und Menschen erscheinen könne! Was aber habt Ihr mit dem obersten Knopfe angefangen, der hier mangelte und den ich durch einen des Vaters ersetzen mußte? – Schafft ihn zur Stelle, oder …« Sie erhob die Nadel mit einer so trotzigen und blutdürstigen Gebärde gegen den General, daß die Männer alle in schallendes Gelächter ausbrachen.

Nach wenigen Augenblicken traten Pfannenstiel und Rahel vor den Pfarrer, der sie verlobte und segnete.

Als aber die vergnügten Kirchenältesten sich entfernt hatten, gab der würdige Herr seinem künftigen Schwiegersohne noch eine kurze Ermahnung:

»Was war das, Herr Vikar? An der Kirche vorüberschlüpfen – abgerissene Knöpfe! … Wo bleibt da die Würde, das Amt?«

Dann wandte er sich gegen den General: »*Ein* Pärchen!« sagte er, »nun das andere! Gebt her, Vetter!«

Und er langte ihm ohne Umstände in die Rocktasche, hob daraus das hartspielende Pistol, zog dann das in der Kirche entladene leichtspielende aus der seinigen und hielt sie vergleichend zusammen.

So begab es sich, daß der Schuß von Mythikon totgeschwiegen und, im Widerspiel mit dem Tellenschusse, aus einer Realität zu einer blassen wesenlosen Sage verflüchtigt wurde, die noch heute als ein heimatloses Gespenst an den schönen Ufern unsres Sees herumschwebt.

Aber auch wenn die Mythikoner geplaudert hätten, der General konnte sein Testament nicht mehr entkräften, denn er hatte die Eichen der Au zum letzten Male gesehen.

Sein Ende war rasch, dunkel, unheimlich. Eines Abends beim Lichteranzünden ritt er mit seinem Gefolge in ein deutsches Städtchen ein, stieg im einzigen schlechten Wirtshause ab, berief den Schöffen zu sich und ordnete Requisitionen an. Ein paar Stunden später wurde er plötzlich von einem Krankheitsanfalle niedergeworfen und Schlag Mitternacht hauchte er seine seltsame Seele aus.

PLAUTUS IM NONNENKLOSTER

Nach einem heißen Sommertage hatte sich vor einem Casino der mediceischen Gärten zum Genusse der Abendkühle eine Gesellschaft gebildeter Florentiner um Cosmus Medici, den »Vater des Vaterlandes«, versammelt. Der reinste Abendhimmel dämmerte in prächtigen, aber zart abgestuften Farben über den mäßig Zechenden, unter welchen sich ein scharf geschnittener, greiser Kopf auszeichnete, an dessen beredten Lippen die Aufmerksamkeit der lauschenden Runde hing. Der Ausdruck dieses geistreichen Kopfes war ein seltsam gemischter: über die Heiterkeit der Stirn, die lächelnden Mundwinkel war der Schatten eines trüben Erlebnisses geworfen.

»Mein Poggio«, sagte nach einer eingetretenen Pause Cosmus Medici mit den klugen Augen in dem häßlichen Gesichte, »neulich habe ich das Büchlein deiner Fazetien wieder durchblättert. Freilich weiß ich es auswendig, und dieses mußte ich bedauern, da ich nur noch an den schlanken Wendungen einer glücklichen Form mich ergötzen, aber weder Neugierde noch Überraschung mehr empfinden konnte. Es ist unmöglich, daß du nicht, wählerisch wie du bist, diese oder jene deiner witzigen und liebenswürdigen Possen, sei es als nicht gesalzen genug oder als *zu* gesalzen, von der anerkannten Ausgabe des Büchleins ausgeschlossen hast. Besinne dich! Gib diesem Freundeskreise, wo die leiseste Anspielung verstanden und der keckste Scherz verziehen wird, eine Facezia inedita zum besten. Erzählend und schlürfend« – er deutete auf den Becher – »wirst du dein Leid vergessen!«

Den frischen Kummer, auf welchen Cosmus als auf etwas Stadtbekanntes anspielte, hatte dem greisen Poggio – dem jetzigen Sekretär der florentinischen Republik und dem vormaligen von fünf Päpsten, dem früheren Kleriker und späteren Ehemanne – einer seiner Söhne verursacht, welche alle herrlich begabt waren und alle nichts taugten. Dieser Elende hatte die greisen Haare des Vaters mit einer Tat beschimpft, die nahe an Raub und Diebstahl grenzte und dem für den Sohn einstehenden, sparsamen Poggio überdies eine empfindliche ökonomische Einbuße zuzog.

Nach einem kurzen Besinnen antwortete der Greis: »Jene Possen oder ähnliche, die dir schmecken, mein Cosmus, kleiden, wie üppige Kränze, nur braune Locken und mißziemen einem zahnlosen Munde.« Er lächelte und zeigte noch eine hübsche Reihe weißer Zähne. »Und« – seufzte er – »nur ungern kehre ich zu jenen Jugendlichkeiten, wie harmlos im Grunde sie sein mögen, zurück, jetzt da ich die Unbefangenheit meiner Standpunkte und die Läßlichkeit meiner Lebensauffassung bei meinem Sohne – ich weiß nicht kraft welches unheimlichen Gesetzes der Steigerung – zu unerträglicher Frechheit, ja zur Ruchlosigkeit entarten sehe.«

»Poggio, du predigst!« warf ein Jüngling ein. »Du, welcher der Welt die Komödien des Plautus wiedergegeben hast!«

»Dank für deine Warnung, Romolo!« rief der unglückliche Vater, sich aufraffend, da er selbst als ein guter Gesellschafter es für unschicklich hielt, mit seinem häuslichen Kummer auf den Gästen zu lasten. »Dank für deine Erinnerung! Der ›Fund des Plautus‹ ist die Fazetie, mit welcher ich heute euch, ihr Nachsichtigen, bewirten will.«

»Nenne sie lieber den ›Raub des Plautus‹«, warf ein Spötter ein.

Poggio aber, ohne ihn eines Blickes zu würdigen: »Möge sie euch ergötzen«, fuhr er fort, »und zugleich belehren, Freunde, wie ungerecht der Vorwurf ist, mit welchem mich meine Neider verfolgen, als hätte ich jene Klassiker, deren Entdecker ich nun einmal bin, mir auf eine unedle, ja verwerfliche Weise angeeignet, als hätte ich sie – plump geredet – gestohlen. Nichts ist unwahrer.«

Ein Lächeln ging im Kreise, zu welchem erst Poggio sich ernst und ablehnend verhielt, an dem er aber endlich selbst sich mitlächelnd beteiligte; denn ihm war, als einem Menschenkenner, bewußt, daß auch die falschesten Vorurteile sich nur schwer wieder entwurzeln lassen.

»Meine Fazetie«, parodierte Poggio die den italienischen Novellen gewöhnlich voranstehende breite Inhaltsangabe, »handelt von zwei Kreuzen, einem schweren und einem leichten, und von zwei barbarischen Nonnen, einer Novize und einer Äbtissin.«

»Göttlich, Poggio«, unterbrach ihn ein Nachbar, »von der Art jener treuherzigen germanischen Vestalen, mit welchen du in deinem bewundernswerten Reisebriefe die Heilbäder an der Limmat wie mit Najaden bevölkert hast – das Beste, was du geschrieben, bei den neun Musen! Jener Brief verbreitete sich in tausend Abschriften über Italien ...«

»Ich übertrieb, euern Geschmack kennend«, scherzte Poggio. »Immerhin, Ippolito, wirst du, als ein Liebhaber der Treuherzigkeit, an meiner barbarischen Nonne deine Freude haben. Ich beginne.

In jenen Tagen, erlauchter Cosmus, da wir unserer zur lernäischen Schlange entstellten heiligen Kirche die überflüssigen Köpfe abschlugen, befand ich mich in Konstanz und widmete meine Tätigkeit den großartigen Geschäften eines ökumenischen Konzils. Meine Muße aber teilte ich zwischen der Betrachtung des ergötzlichen Schauspiels, das auf der beschränkten Bühne einer deutschen Reichsstadt die Frömmigkeit, die Wissenschaft, die Staatskunst des Jahrhunderts mit seinen Päpsten, Ketzern, Gauklern und Buhlerinnen zusammendrängte – und der gelegentlichen Suche nach Manuskripten in den umliegenden Klöstern.

Verschiedene Spuren und Fährten verfolgend, geriet ich auf die der Gewißheit nahen Vermutung, daß sich in einem benachbarten Nonnenkloster ein Plautus in den Händen barbarischer Nonnen befand, wohin er sich aus irgendeiner abgehausten Benediktinerabtei als Erbe oder Pfand mochte verirrt haben. Ein Plautus! Denke dir, mein erlauchter Gönner, was es sagen wollte, damals wo nur wenige, die Neugier unerträglich stachelnde Fragmente des großen römischen Komikers vorhanden waren! Daß ich darüber den Schlaf verlor, das glaubest du mir, Cosmus, der du meine Begeisterung für die Trümmer einer niedergegangenen größeren Welt teilst und begünstigst! Hätte ich nur alles im Stiche gelassen und wäre auf die Stätte geeilt, wo ein Unsterblicher, statt die Welt zu ergötzen, in unwürdigem Dunkel moderte! Doch es waren die Tage, da die Wahl des neuen

Papstes alle Gemüter beschäftigte und der Heilige Geist die versammelten Väter auf die Verdienste und Tugenden des Otto Colonna aufmerksam zu machen begann, ohne daß darum das tägliche und stündliche Laufen und Rennen seiner Anhänger und Diener, unter welche ich zählte, im geringsten entbehrlich geworden wäre. So geschah es, daß mir ein untergeordneter und unredlicher Sucher, leider ein Landsmann, in dessen Gegenwart ich in meiner Herzensfreude ein unbesonnenes Wort über die Möglichkeit eines so großen Fundes hatte fallenlassen, zuvorkam und – der Ungeschickte! – ohne den Klassiker per fas oder nefas zu gewinnen, die Äbtissin des Klosters, wo er von Staub bedeckt lag, mißtrauisch und auf den Schatz, den sie unwissend besaß, aufmerksam machte.

Endlich bekam ich freie Hand und setzte mich – trotz der bevorstehenden Papstwahl – auf ein rüstig schreitendes Maultier, den Auftrag hinterlassend, mir nach Eintritt des Weltereignisses einen Boten nachzusenden. Der Treiber meines Tieres war ein von dem Bischofe zu Chur unter seinem Gesinde nach Konstanz gebrachter Rhäter und nannte sich Anselino de Spiuga. Er hatte ohne Zögern in mein niedriges erstes Angebot gewilligt und wir waren um einen unglaublich billigen Preis übereingekommen.

Tausend Possen gingen mir durch den Kopf. Die Bläue des Äthers, die mit einem frischen, fast kalten Hauch aus Norden zu gleichen Teilen gemischte Sommerluft, der wohlfeile Ritt, die überwundenen Schwierigkeiten der Papstwahl, der mir bevorstehende höchste Genuß eines entdeckten Klassikers, diese himmlischen Wohltaten stimmten mich unendlich heiter und ich hörte die

Musen und die Englein singen. Mein Begleiter dagegen, Anselino de Spiuga, ergab sich – so schien mir – den schwermütigsten Betrachtungen.

Selbst glücklich, suchte ich aus Menschenliebe auch ihn glücklich zu machen, oder wenigstens zu erheitern, und gab ihm allerhand Rätsel auf. Meist aus der biblischen Geschichte, die dem Volke geläufig ist. ›Kennst du‹, fragte ich, ›den Hergang der Befreiung des Apostelfürsten aus den Ketten?‹ und erhielt die Antwort, er habe denselben abgebildet gesehen in der Apostelkirche von Tosana. ›Gib acht, Hänschen!‹ fuhr ich fort. ›Der Engel sprach zu Petrus: ‚Zeuch deine Schuhe an und folge mir!‘ Und sie gingen, ohne daß Petrus den Engel erkannt hätte, durch die erste und andere Hut, durch das Tor und eine Gasse lang. Jetzt schied der Begleiter, und alsbald sprach Petrus: ‚Nun weiß ich wahrhaftig, daß mich ein Engel geführt hat.‘ Woher, Hänschen, kam ihm dieses plötzliche Wissen, diese unumstößliche Überzeugung? Das sage mir, wenn du es erraten kannst.‹ Anselino sann eine Weile und schüttelte dann den eigensinnigen Krauskopf. ›Gib acht, Hänschen‹, sagte ich, ›ich löse die Frage. Daran erkannte Petrus den Engel, daß er für seinen Dienst kein Trinkgeld verlangte! Solches ist nicht irdisch. So handelt nur ein Himmlischer!‹

Man soll mit dem Volke nicht scherzen. Hänschen suchte in dem Spaße, welcher mir aus dem Nichts zugeflogen war, eine Absicht oder Anspielung.

›Es ist wahr, Herr‹, sagte er, ›ich führe Euch fast umsonst, und ohne daß ich ein Engel wäre, werde ich auch kein Trinkgeld fordern. Wisset, mich zieht es auch meinesteils nach Monasterlingen‹ – er nannte das Nonnenkloster, das Ziel unserer Fahrt – ›wo morgen die Gertrude ihre Hüften mit dem Strick umgürtet und ihre Blondhaare unter der Schere fallen.‹

Dem kräftigen Jüngling, der übrigens in Gebärde und Rede – es mochte ein Tropfen romanischen Blutes in dem seinigen fließen – viel natürlichen Anstand hatte, rollten Tränen über das sonneverbrannte Gesicht. ›Bei dem Bogen Cupidos‹, rief ich aus, ›ein unglücklich Liebender!‹ und ließ mir die einfache, aber keineswegs leicht verständliche Geschichte erzählen:

Er habe, mit seinem Bischofe nach Konstanz gekommen und dort ohne Beschäftigung, in der Umgegend als Zimmerer Arbeit gesucht. Diese habe er bei den Bauten des Nonnenklosters gefunden und dann die in der Nähe hausende Gertrude kennen lernen. Sie beide seien sich gut geworden und haben ein Wohlgefallen aneinander gefunden. So haben sie gern und oft zusammengesessen. ›In allen Züchten und Ehren‹, sagte er, ›denn sie ist ein braves Mädchen.‹ Da plötzlich sei sie von ihm zurückgetreten, ohne Abbruch der Liebe, sondern etwa wie wenn eine strenge Frist verlaufen wäre, und er habe als gewiß vernommen, sie nehme den Schleier. Morgen werde sie eingekleidet und er werde dieser Handlung beiwohnen, um das Zeugnis seiner eigenen Augen anzurufen, daß ein redliches und durchaus nicht launenhaftes Mädchen einen Mann, den sie eingestandenermaßen liebe, ohne einen irgend denkbaren Grund könne fahrenlassen, um eine Nonne zu werden; wozu Gertrude, die Natürliche und Lebenskräftige, so wenig als möglich tauge und – wunderlicherweise – aus ihren eigenen Äußerungen zu schließen, auch keine Lust habe, ja, wovor ihr graue und bange.

›Es ist unerklärlich!‹ schloß der schwermütige Rhäter und fügte bei, durch eine Güte des Himmels sei kürzlich seine böse Stiefmutter Todes verblichen, vor welcher er das väterliche Haus geräumt, und dieses ihm nun wieder offen, wie die Arme seines greisen Vaters. Dergestalt würde seine Taube ein warmes Nest finden, aber sie wollte schlechterdings und unbegreiflicherweise in einer Zelle nisten.

Nach beendigter Rede verfiel Hänschen wieder in ein trübes Brüten und hartnäckiges Schweigen, welches er nur brach, um meine Frage nach dem Wesen der Äbtissin zu beantworten. Sie sei ein garstiges, kleines Weib, aber eine meisterliche Verwalterin, welche den verlotterten Haushalt des Klosters hergestellt und in die Höhe gebracht hätte. Sie stamme aus Abbatis Cella und heiße im Volke nur ›das Brigittchen von Trogen‹.

Endlich tauchte das Kloster aus monotonen Weinbergen auf. Jetzt bat mich Anselino, ihn in einer Schenke am Wege zurückzulassen, da er Gertruden nur noch einmal erblicken wolle – bei ihrer Einkleidung. Ich nickte einwilligend und ließ mich vom Maultiere heben, um gemächlich dem nahen Kloster zuzuschlendern.

Dort ging es lustig her. In der Freiheit der Klosterwiese wurde ein großer, undeutlicher Gegenstand versteigert oder zu anderem Behufe vorgezeigt. Ein Schwartenhals, die Sturmhaube auf dem Kopfe, stieß von Zeit zu Zeit in eine mißtönige Drommete, vielleicht ein kriegerisches Beutestück, vielleicht ein kirchliches Geräte. Um die von ihren Nonnen umgebene Äbtissin und den zweideutigen Herold mit geflicktem Wams und zerlumpten Hosen, dem die nackten Zehen aus den zerrissenen Stiefeln blickten, bildeten Laien und zugelaufene Mönche einen bunten Kreis in den traulichsten Stellungen. Unter den Bauern stand hin und wieder ein Edelmann – es ist in Turgovia, wie diese deutsche Landschaft sich nennt, Überfluß an kleinem und geringem Wappengevögel – aber auch Bänkelsänger, Zigeuner, fahrende Leute, Dirnen und Gesindel jeder Art, wie sie das Konzil herbeigelockt hatte, mischten sich in die seltsame Korona. Aus dieser trat einer nach dem andern hervor und wog den Gegenstand, in welchem, näher getreten, ich ein grausiges, altertümliches, gigantisches Kreuz erkannte. Es schien von außerordentlicher Schwere zu sein, denn nach einer kurzen Weile begann es in den unsicher werdenden Händen selbst des stärksten Trägers hin und her zu schwanken, senkte sich bedrohlich und stürzte, wenn nicht andere Hände und Schultern sich tumultuarisch unter das zentnerschwere Holz geschoben hätten. Jubel und Gelächter begleiteten das Ärgernis. Um die Unwürdigkeit der Szene zu vollenden, tanzte die bäurische Äbtissin wie eine Besessene auf der frischgemähten Wiese herum, begeistert von dem Wert ihrer Reliquie – das Verständnis dieses Marktes begann mir zu dämmern – und wohl auch von dem Klosterweine, welcher in ungeheuern hölzernen Kannen, ohne Becher und Zeremonie, von Munde zu Munde ging.

›Bei den Waden der Mutter Gottes‹, schrie das freche Weibchen, ›dieses Kreuz unserer seligen Herzogin Amalaswinta hebt und trägt mir keiner, selbst der stämmigste Bursche nicht; aber morgen lüpft's das Gertrudchen wie einen Federball. Wenn mir die sterbliche Kreatur nur nicht eitel wird! Gott allein die Ehre! sagt das Brigittchen. Leute, das Wunder ist tausend Jahre alt und noch wie funkelnagelneu! Es hat immer richtig gespielt und, auf Schwur und Eid, auch morgen läuft es glatt ab.‹ – Sicherlich, die brave Äbtissin hatte sich unter dem himmlischen Tage ein Räuschlein getrunken.

Diesen possierlichen Vorgang mit ähnlichen, in meinem gesegneten Vaterland erlebten zusammenhaltend, begann ich ihn zu verstehen und zu würdigen – nicht anders, als ich mir ihn, eine Stunde später, bei größerer Sachkunde endgültig zurechtlegte; aber ich wurde in meinem Gedankengange plötzlich und unangenehm unterbrochen durch einen kreischenden Zuruf der Hanswurstin in der weißen Kutte mit dem hochgeröteten Gesichte, den dumm pfiffigen Äuglein, dem kaum entdeckbaren Stülpnäschen und dem davon durch einen ungeheuern Zwischenraum getrennten bestialischen Munde.

›He dort, welscher Schreiber!‹ schrie sie mich an. Ich war an diesem Tage schlicht und reisemäßig gekleidet und trage meinen klassischen Ursprung auf dem Antlitz. ›Tretet ein bißchen näher und lüpft mir da der seligen Amalaswinte Kreuz!‹

Alle Blicke richteten sich lachlustig auf mich, man gab Raum und ich wurde nach alemannischer Sitte mit derben Stößen vorgeschoben. Ich entschuldigte mich mit der, Freunde, euch bekannten Kürze und Schwäche meiner Arme.« Der Erzähler zeigte dieselbe mit einer schlenkernden Gebärde.

»Da rief die Schamlose, mich betrachtend: ›Um so längere Finger hast du, sauberer Patron!‹ und in der Tat, meine Finger haben sich durch die tägliche Übung des Schreibens ausgebildet und geschmeidigt. Die Menge des umstehenden Volkes aber schlug eine tobende Lache auf, deren Sinn mir unverständlich blieb, die mich aber beleidigte und welche ich der Äbtissin ankreidete. Mißmutig wandte ich mich ab, bog um die Ecke der nahen Kirche, und den Haupteingang derselben offen findend, betrat ich sie. Der edle Rundbogen der Fenster und Gewölbe, statt des modischen Spitzbogens und des närrischen französischen Schnörkels, stimmte mich wieder klar und ruhig. Langsam schritt ich vorwärts durch die Länge des Schiffes, von einem Bildwerke angezogen, das sich, von Oberlicht erhellt, in kräftiger Rundung aus dem heiligen Dämmer hob und etwas in seiner Weise Schönes zu sein schien. Ich trat nahe und wurde nicht enttäuscht. Das Steinwerk enthielt zwei, durch ein Kreuz verbundene Gestalten und dieses Kreuz glich an Größe und Verhältnissen vollständig dem auf der Klosterwiese zur Schau stehenden, welches von beiden dem andern nachgeahmt sein mochte. Ein gewaltiges, dorngekröntes Weib trug es fast waagrecht mit kraftvollen Armen auf mächtiger Schulter und stürzte doch unter ihm zusammen, wie die derb im Gewande sich abzeichnenden Kniee zeigten. Neben und vor dieser hinfälligen Gigantin schob eine kleinere Gestalt, ein Krönlein auf dem lieblichen Haupte, ihre schmalere Schulter erbarmungsvoll unter die untragbare Last. Der alte Meister hatte – absichtlich, oder wohl eher aus Mangel an künstlerischen Mitteln – Körper und Gewandung roh behandelt, sein Können und die Inbrunst seiner Seele auf die Köpfe verwendend, welche die Verzweiflung und das Erbarmen ausdrückten. Davon ergriffen, trat ich, das gute Licht suchend, einen Schritt zurück. Siehe, da kniete mir gegenüber an der andern Seite des Werkes ein Mädchen, wohl eine Eingeborene, eine Bäuerin der Umgebung, fast ebenso kräftig gebildet wie die steinerne Herzogin, die Kapuze der weißen Kutte über eine Last von blonden Flechten und einen starken, luftbedürftigen Nacken zurückgeworfen.

Sie erhob sich, denn sie war, in sich versunken, meiner nicht früher ansichtig geworden, als ich ihrer, wischte sich mit der Hand quellende Tränen aus dem Auge und wollte sich entfernen. Es mochte eine Novize sein.

Ich hielt sie zurück und bat sie, mir das Steinbild zu deuten. Ich sei einer der fremden Väter des Konzils, sagte ich ihr in meinem gebrochenen Germanisch. Diese Mitteilung schien ihr nicht viel Eindruck zu machen. Sie berichtete mir in einer einfachen Weise, das Bild stelle eine alte Königin oder Herzogin dar, die Stifterin dieses Klosters, welche, darin Profeß tuend, zur Einkleidung habe schreiten wollen: das Haupt mit Dornen umwunden und die Schulter mit dem Kreuze beladen. ›Es heißt‹, fuhr das Mädchen bedenklich fort, ›sie war eine große Sünderin, mit dem Giftmord ihres Gatten beladen, aber so hoch, daß die weltliche Gerechtigkeit ihr nichts anhaben durfte. Da rührte Gott ihr Gewissen und sie geriet in große Nöte, an dem Heil ihrer Seele verzweifelnd!‹ Nach einer langen und schweren Buße habe sie, ein Zeichen verlangend, daß ihr vergeben sei, dieses große und schwere Kreuz zimmern lassen, welches der stärkste Mann ihrer Zeit kaum allein zu heben vermochte, und auch sie brach darunter zusammen, hätte es nicht die Mutter Gottes in sichtbarer Gestalt barmherzig mitgetragen, die ambrosische Schulter neben die irdische schiebend.

Nicht diese Worte brauchte die blonde Germanin, sondern einfachere, ja derbe und plumpe, welche sich aber aus einer barbarischen in unsere gebildete toskanische Sprache nicht übersetzen ließen, ohne bäurisch und grotesk zu werden, und das, Herrschaften, würde hinwiederum nicht passen zu dem großen Ausdrucke der trotzigen, blauen Augen und der groben, aber wohlgeformten Züge, wie ich sie damals vor mir gesehen habe.

›Die Geschichte ist glaublich!‹ sprach ich vor mich hin, denn diese Handlung einer barbarischen Königin schien mir in die Zeiten und Sitten um die dunkle Wende des ersten Jahrtausends zu passen. ›Sie könnte wahr sein!‹

›Sie ist wahr!‹ behauptete Gertrude kurz und heftig mit einem finstern, überzeugten Blicke auf das Steinbild, und wollte sich wiederum entfernen; aber ich hielt sie zum andern Male zurück mit der Frage, ob sie die Gertrude wäre, von welcher mir mein heutiger Führer Hans von Splügen erzählt habe? Sie bejahte unerschrocken, ja unbefangen, und ein Lächeln verbreitete sich von den derben Mundwinkeln langsam wie ein wanderndes Licht über das braune, aber schon in der Klosterluft bleichende Antlitz.

Dann sann sie und sagte: ›Ich wußte, daß er meiner Einkleidung beiwohnen werde, und mir kann es recht sein. Sieht er meine Flechten fallen, so hilft ihm das, mich vergessen. Da Ihr einmal hier seid, ehrwürdiger Herr, will ich eine Bitte an Euch richten. Fährt der Mann mit Euch nach Konstanz zurück, so steckt ihm ein Licht an, warum ich mich ihm verweigert habe, nachdem ich‹ – und sie errötete kaum merklich – ›in Ehren und nach Landessitte mit ihm freundlich gewesen bin. Mehr als einmal war ich im Begriff, ihm den Handel zu erzählen, aber ich biß mich in die Lippe, denn es ist ein geheimer Handel zwischen mir und der Gottesmutter und da taugt Schwätzen nicht. Euch aber, einem in den geistlichen Geheimnissen Bewanderten, kann ich ihn ohne Verrat mitteilen. Ihr berichtet dann dem Hans davon, soviel sich schickt und Euch gut dünkt. Es ist nur, damit er mich nicht für eine Leichtfertige halte und für eine Undankbare und ich ihm dergestalt im Gedächtnis bleibe.

Mit meiner Sache aber ist es so bestellt. Als ich noch ein unmündiges Kind war – ich zählte zehn Jahre und der Vater war mir schon gestorben – erkrankte mir das Mütterlein schwer und hoffnungslos. Da befiel mich eine Angst, allein in der Welt zu bleiben. Aus dieser Angst und aus Liebe zu dem Mütterlein gelobte ich mich der reinen Magd Maria für mein zwanzigstes Jahr, wenn sie mir es bis dahin erhielte, oder nahezu. So tat sie und erhielt es mir bis letzten Fronleichnam, wo es selig verstarb, gerade da der Hans im Kloster mit Zimmerwerk zu tun hatte und dann auch dem Mütterlein den Sarg zimmerte. Da ich nun allein war, was ist da viel zu wundern, daß er mir lieb wurde. Er ist brav, sparsam, was die Welschen meistenteils sind, ‚modest und diskret', wie sie ennetbirgisch sagen. Auch konnten wir in zwei Sprachen miteinander verhandeln, denn der Vater, der ein starker und beherzter Mann war, hatte früher, nicht zu seinem Schaden, einen schmächtigen, furchtsamen Handelsherrn zu wiederholten Malen über das Gebirge begleitet und von jenseits ein paar welsche Brocken heimgebracht. Nannte mich nun der Hans ‚cara bambina', so hieß ich ihn dagegen ‚poverello‘ und beides lautet wohl, ob ich auch unsere landesüblichen Liebeswörter nicht schelten will, wenn sie ehrlich gemeint sind.

Zugleich aber war mein Gelübde verfallen und mahnte mich mit jedem Aveläuten.

Da kamen mir oft flüsternde Gedanken, wie z. B.: ‚Das Gelübde eines unschuldigen Kindes, das nicht weiß, was Mann und Weib ist, hat dich nicht weggeben können!‘ oder: ‚Die Mutter Gottes, nobel wie sie ist, hätte dir das Mütterlein wohl auch umsonst und vergebens geschenkt!‘ Doch ich sprach dagegen: ‚Handel ist Handel!‘ und ‚Ehrlich währt am längsten!‘ Sie hat ihn gehalten, so will ich ihn auch halten. Ohne Treu und Glauben kann die Welt nicht bestehen. Wie sagte der Vater selig? Ich hielte dem Teufel Wort, sagte er, geschweige dem Herrgott.

Nun höret, ehrwürdiger Herr, wie ich es meine! Seit die Mutter Gottes der Königin das Kreuz trug, hilft sie es, ihr Kloster bevölkernd, seit urewigen Zeiten allen Novizen ohne Unterschied tragen. Es ist ihr eine Gewohnheit geworden, sie tut es gedankenlos. Mit diesen meinen Augen habe ich – eine Neunjährige – gesehen, wie das Lieschen von Weinfelden, ein sieches Geschöpf, da es hier Profeß tat, das zentnerschwere Kreuz spottend und spielend auf der schiefen Schulter trug.

Nun sage ich zur Mutter Gottes: ‚Willst du mich, so nimm mich! Obwohl ich – wenn du die Gertrude wärest und ich die Mutter Gottes – ein Kind vielleicht nicht beim Wort nehmen würde. Aber gleichviel – Handel ist Handel! Nur ist ein Unterschied. Der Herzogin, von Sünden schwer, ward es leicht und wohl im Kloster; mir wird es darinnen wind und weh. Trägst du mir das Kreuz, so erleichtere mir auch das Herz; sonst gibt es ein Unglück, Mutter Gottes! Kannst du mir aber das Herz nicht erleichtern, so laß mich tausend Male lieber zu meiner Schande und vor aller Augen stürzen und schlagen platt auf den Boden hin.'‹

Während ich diese schwerfälligen Gedanken, langsam arbeitend, tiefe Furchen in Gertrudens junge Stirn ziehen sah, lächelte ich listig: ›Ein behendes und kluges Mädchen zöge sich mit einem Straucheln aus der Sache!‹ Da loderten ihre blauen Augen. ›Meint Ihr, ich werde fälschen, Herr?‹ zürnte sie. ›So wahr mir helfe Gott Vater, Sohn und Geist in meinem letzten Stündlein, so redlich will ich das Kreuz tragen mit allen Sehnen und Kräften dieser meiner Arme!‹ und sie hob dieselben leidenschaftlich, als trüge sie es schon, so daß die Ärmel der Kutte und des Hemdes weit zurückfielen. Da betrachtete ich, als ein Florentiner der ich bin, die schlankkräftigen Mädchenarme mit künstlerischem Vergnügen. Sie wurde es gewahr, runzelte die Stirn und wandte mir unmutig den Rücken.

Nachdem sie gegangen war, setzte ich mich in einen Beichtstuhl, legte die Stirn in die Hand und sann – wahrlich nicht an das barbarische Mädchen, sondern an den römischen Klassiker. Da jubelte mein Herz und ich rief überlaut: ›Dank, ihr Unsterblichen! Geschenkt ist der Welt ein Liebling der komischen Muse! Plautus ist gewonnen!‹

Freunde, eine Verschwörung von Gelegenheiten verbürgte mir diesen Erfolg.

Ich weiß nicht, mein Cosmus, wie du vom Wunderbaren denkst? Ich selbst denke läßlich davon, weder abergläubisch, noch verwegen; denn ich mag die absoluten

Geister nicht leiden, welche, wo eine unerklärliche Tatsache einen Dunstkreis von Aberglauben um sich sammelt, die ganze Erscheinung – Mond und Hof – ohne Prüfung und Unterscheidung entweder summarisch glauben oder ebenso summarisch verwerfen.

Das Unbegreifliche und den Betrug, beide glaubte ich hier zu entdecken.

Das schwere Kreuz war echt und eine großartige Sünderin, eine barbarische Frau, mochte es gehoben haben mit den Riesenkräften der Verzweiflung und der Inbrunst. Aber diese Tat hatte sich nicht wiederholt, sondern wurde seit Jahrhunderten gauklerisch nachgeäfft. Wer war schuldig dieses Betruges? Irre Andacht? rechnende Habsucht? Das bedeckte das Dunkel der Zeiten. So viel aber stand fest: Das grausige, alterschwarze Kreuz, das vor dem Volke schaustund, und das von einer Reihenfolge einfältiger oder einverstandener Novizen und neulich noch von dem schwächlichen und verschmitzten Lieschen zu Weinfelden bei ihrer Einkleidung getragene waren zwei verschiedene Hölzer, und während das schwere auf der Klosterwiese gezeigt und gewogen wurde, lag ein leichtes Gaukelkreuz in irgendeinem Verstecke des Klosters aufgehoben und eingeriegelt, um dann morgen mit dem wahren die Rolle zu wechseln und die Augen des Volkes zu täuschen.

Das Dasein eines Gaukelkreuzes, von welchem ich wie von meinem eigenen überzeugt war, bot mir eine Waffe. Eine zweite bot mir ein Zeitereignis.

Drei entsetzte Päpste und zwei verbrannte Ketzer genügten nicht, die Kirche zu reformieren; die Kommissionen des Konzils beschäftigten sich, die eine mit diesem, die andere mit jenem abzustellenden Übelstande.

Eine derselben, in welcher der Doctor christianissimus Gerson und der gestrenge Pierre d'Ailly saßen und ich zeitweilig die Feder führte, stellte die Zucht in den Nonnenklöstern her. Die in unsichern Frauenhänden gefährlichen Scheinwunder und die schlechte Lektüre der Schwestern kamen da zur Sprache. Im Vorbeigehen – diese Dinge wurden von den zwei Franzosen mit einer uns Italienern geradezu unbegreiflichen Pedanterie behandelt, ohne den leichtesten Scherz, wie nahe er liegen mochte. Genug, die Tatsache dieser Verhandlungen bildete den Zettel, die Verschuldung eines Scheinwunders den Einschlag meines Gewebes und das Netz war fertig, welches ich der Äbtissin unversehens über den Kopf warf.

Langsam erstieg ich die Stufen des Chores und wandte mich aus demselben rechts in die ebenfalls hoch und kühn gewölbte Sakristei, in welcher ich die mit prahlerischen Inschriften bezeichnete leere Stelle fand, wo das schwere Kreuz gewöhnlich an die hohe Mauer lehnte und wohin es bald wieder von der Klosterwiese zurückkehren sollte. Zwei Pförtchen führten in zwei Seitengelasse. Das eine zeigte sich verschlossen. Das andere öffnend, stand ich in einer durch ein von Spinneweb getrübtes Rundfenster dürftig erhellten Kammer. Siehe, es enthielt die auf ein paar wurmstichige Bretter zusammengedrängte Bibliothek des Klosters.

Mein ganzes Wesen geriet in Aufregung, nicht anders als wäre ich ein verliebter Jüngling und beträte die Kammer Lydias oder Glyceres. Mit zitternden Händen und bebenden Knieen nahte ich mich den Pergamenten, und hätte ich darunter die Komödien des Umbriers gefunden, ich bedeckte sie mit unersättlichen Küssen.

Aber, ach, ich durchblätterte nur Rituale und Liturgien, deren heiliger Inhalt mich Getäuschten kaltließ. Kein Codex des Plautus! Man hatte wahr berichtet. Ein plumper Sammler hatte durch ein täppisches Zugreifen den Hort, statt ihn zu heben, in unzugängliche Tiefen versinken lassen. Ich fand – als einzige Beute – unter dem Staube die ›Bekenntnisse St. Augustins‹, und da ich das spitzfindige Büchlein stets geliebt habe, steckte ich es mechanisch in die Tasche, mir, nach meiner Gewohnheit, eine Abendlektüre vorbereitend. Siehe – da fuhr, wie der Blitz, meine kleine Äbtissin, welche das Kreuz wieder in die Sakristei hatte schleppen lassen und mir, ohne daß ich es, in der Betäubung des Verlangens und der Enttäuschung, vernommen hätte, durch die offengebliebene Tür in die Bücherkammer nachgeschlichen kam – wie der Blitz fuhr das Weibchen, sage ich, auf mich los, schimpfend und scheltend, ja sie betastete meine Toga mit unziemlichen Handgriffen und brachte den an meinem Busen liegenden Kirchenvater wieder ans Tageslicht.

›Männchen, Männchen‹, kreischte sie, ›ich habe es gleich Eurer langen Nase angesehen, daß Ihr einer der welschen Büchermarder seid, welche zeither unsere Klöster beschleichen. Aber, lernet, es ist ein Unterschied zwischen einem weinschweren Mönch des heiligen Gallus und einer hurtigen Appenzellerin. Ich weiß‹, fuhr sie schmunzelnd fort, ›um welchen Speck die Katzen streichen. Sie belauern das Buch des Pickelherings, welches wir hier aufbewahren. Keine von uns wußte, was drinnen stand, bis neulich ein welscher Spitzbube unsere hochheiligen Reliquien verehrte und dann unter seinem langen, geistlichen Gewande‹ – sie wies auf das meinige – ›den Possenreißer ausführen wollte. Da sagte ich zu mir: Brigittchen von Trogen, laß dich nicht prellen! Die Schweinshaut muß Goldes wert sein, da der Welsche den Strick dafür wagt. Denn bei uns, Mann, heißt es: ‚Wer eines Strickes Wert stiehlt, der hangt am Strick!' Das Brigittchen, nicht dumm, zieht einen gelehrten Freund ins Vertrauen, einen Mann ohne Falsch, den Pfaffen von Dießenhofen, der unser Weinchen lobt und zuweilen mit den Schwestern einen schnurrigen Spaß treibt. Wie der die närrischen, vergilbten Schnörkel untersucht, ‚Potz Hasen, Frau Mutter', sagt' er, ‚das gilt im Handel! Daraus baut Ihr Euerm Klösterlein eine Scheuer und eine Kelter! Nehmt mir das Buch, liebe Frau, flüchtet es unter Euern Pfühl, legt Euch auf den Podex – so hat es den Namen – und bleibt – bei der Krone der Mutter Gottes – darauf liegen, bis sich ein redlicher Käufer meldet!' Und so tat das Brigittchen, wenn es auch zeither etwas hart liegt.‹

Ich verwand ein Lächeln über das Nachtlager des Umbriers, welches ihm die drei Richter der Unterwelt für seine Sünden mochten zugesprochen haben, und zeigte, mir die Würde gebend, die mir unter Umständen eignet, ein ernstes und strafendes Gesicht.

›Äbtissin‹, sprach ich in feierlichem Tone, ›du verkennest mich. Vor dir steht ein Gesandter des Konzils, einer der in Konstanz versammelten Väter, einer der heiligen Männer, welche geordnet sind zur Reform der Nonnenklöster.‹ Und ich entfaltete eine stattlich geschriebene Wirtshausrechnung; denn mich begeisterte die Nähe des versteckten komischen Dichters.

›Im Namen‹, las ich, ›und mit der Vollmacht des siebzehnten und ökumenischen Konzils! Die Hände keiner christlichen Vestale verunreinige eine jener sittengefährlichen, sei es lateinisch, sei es in einer der Vulgärsprachen verfaßten Schriften, mit deren Erfindung ihre Seele beschädigt haben ... Fromme Mutter, ich darf Eure keuschen Ohren nicht mit den Namen dieser Verworfenen beleidigen ...

Gaukelwunder, herkömmliche oder einmalige, verfolgen wir mit unerbittlicher Strenge. Wo sich ein wissentlicher Betrug feststellen läßt, büßt die Schuldige – und wäre es die Äbtissin – das Sakrilegium unnachsichtlich mit dem Feuertode.‹

Diese wurde bleich wie eine Larve. Aber gleich wieder faßte sich das verlogene Weibchen mit einer bewunderungswürdigen Geistesgegenwart.

›Gott sei gepriesen und gelobt‹, rief es aus, ›daß er endlich in seiner heiligen Kirche Ordnung schafft!‹ und holte zutulich grinsend aus einem Winkel des Schreines ein zierlich gebundenes Büchlein hervor. ›Dieses‹, sagte es, ›hinterließ uns ein welscher Kardinal, unser Gastfreund, welcher sich damit in sein Mittagsschläfchen las. Der Pfaff von Dießenhofen, welcher es musterte, tat dann den Ausspruch, es sei das Wüsteste und Gottverbotenste, was seit Erfindung der Buchstaben und noch dazu von einem Kleriker ersonnen wurde. Frommer Vater, ich lege Euch den Unrat vertrauensvoll in die Hände. Befreit mich von dieser Pest!‹ Und sie übergab mir – meine Fazetien!

Obwohl diese Überraschung eine Bosheit eher des Zufalls als des geistlichen Weibchens war, fühlte ich mich doch gekränkt und verstimmt. Ich begann die kleine Äbtissin zu hassen. Denn unsere Schriften sind unser

Fleisch und Blut und ich schmeichle mir, in den meinigen mit leichten Sohlen zu schreiten, weder die züchtigen Musen, noch die unfehlbare Kirche beleidigend.
›Gut‹, sagte ich. ›Möchtest du, Äbtissin, auch in dem zweiten und wesentlicheren Punkt unsträflich erfunden werden! Dem versammelten Volke hast du in der Nähe und unter den Augen des Konzils‹, sprach ich vorwurfsvoll, ›ein Wunder versprochen, so marktschreierisch, daß du es jetzt nicht mehr rückgängig machen kannst. Ich weiß nicht ob das klug war. Erstaune nicht, Äbtissin, daß dein Wunder geprüft wird! Du hast dein Urteil gefordert!‹
Die Kniee des Weibchens schlotterten, und seine Augen gingen irre. ›Folge mir‹, sagte ich streng, ›und besichtigen wir die Organe des Wunders!‹
Sie folgte niedergeschlagen und wir betraten die Sakristei, wohin das echte Kreuz zurückgekehrt war und in dem weiten Halbdunkel des edlen Raumes mit seinen Rissen und Sprüngen und mit seinem gigantischen Schlagschatten so gewaltig an die Mauer lehnte, als hätte heute erst eine verzweifelnde große Sünderin es ergriffen und wäre darunter ins Knie gesunken, die Steinplatte schon mit der Stirne berührend in dem Augenblicke da die Himmelskönigin erschien und ihr beistand. Ich wog es, konnte es aber nicht einen Augenblick heben. Um so lächerlicher schien mir der Frevel, diese erdrückende Bürde mit einem Spielzeuge zu vertauschen. Ich wendete mich entschlossen gegen das hohe, schmale Pförtchen, dahinter ich dieses vermutete.
›Den Schlüssel, Äbtissin!‹ befahl ich. Das Weibchen starrte mich mit entsetzten Augen an, aber antwortete

frech: ›Verlorengegangen, Herr Bischof! Seit mehr als einem Jahrzehnt!‹

›Frau‹, sprach ich mit furchtbarem Ernste, ›dein Leben steht auf dem Spiel! Dort gegenüber haust ein Dienstmann des mir befreundeten Grafen von Doccaburgo. Dorthin schicke oder gehe ich nach Hilfe. Findet sich hier ein dem echten nachgebildetes Scheinkreuz von leichterem Gewichte, so flammst und loderst du, Sünderin, wie der Ketzer Huß, und nicht minder schuldig als er!‹

Nun trat eine Stille ein. Dann zog das Weibchen – ich weiß nicht ob zähneklappernd oder zähneknirschend – einen altertümlichen Schlüssel mit krausem Barte hervor und öffnete. Schmeichelhaft – mein Verstand hatte mich nicht betrogen. Da lehnte an der Mauer des hohen kaminähnlichen Kämmerchens ein schwarzes Kreuz mit Rissen und Sprüngen, welches ich gleich ergriff und mit meinen schwächlichen Armen ohne Schwierigkeit in die Lüfte hob. In jeder seiner Erhöhungen und Vertiefungen, in allen Einzelheiten war das falsche nach dem Vorbilde des echten Kreuzes geformt, diesem auch für ein scharfes Auge zum Verwechseln ähnlich, nur daß es zehnmal leichter wog. Ob es gehöhlt, ob es aus Kork oder einem anderen leichtesten Stoffe verfertigt sein mochte, habe ich, bei dem raschen Gang und der Überstürzung der Ereignisse, niemals in Erfahrung gebracht.

Ich bewunderte die Vollkommenheit der Nachahmung und der Gedanke stieg in mir auf: Nur ein großer Künstler, nur ein Welscher kann dieses zustande gebracht haben: und da ich für den Ruhm meines Vaterlandes begeistert bin, brach ich in die Worte aus: ›Vollendet! Meisterhaft!‹ – wahrlich nicht den Betrug, sondern die darauf verwendete Kunst lobend.

›Schäker, Schäker‹, grinste mit gehobenem Finger das schamlose Weibchen, welches mich aufmerksam beobachtet hatte: ›Ihr habet mich überlistet und ich weiß, was es mich kostet! Nehmet Euern Possenreißer, den ich Euch stracks holen werde, unter den Arm, haltet reinen Mund und ziehet mit Gott!‹ Wann auf den sieben Hügeln zwei Auguren sich begegneten und, nach einem antiken geflügelten Worte, sich zulächelten, wird es ein feineres Spiel gewesen sein, als das unreinliche Gelächter, welches die Züge meiner Äbtissin verzerrte und sich in die zynischen Worte übersetzen ließ: ›Wir alle wissen, wo Bartolo den Most holt, wir sind Schelme allesamt und keiner braucht sich zu zieren.‹

Ich aber sann inzwischen auf die Bestrafung des nichtsnutzigen Weibchens.

Da vernahmen wir bei der plötzlich eingetretenen Stille ein Trippeln, ein Wispern, ein Kichern aus dem nahen Chore und errieten, daß wir von den müßigen und neugierigen Nonnen belauscht wurden. ›Bei meinem teuern Magdtum‹, beschwor mich das Weibchen, ›verlassen wir uns, Herr Bischof! Um keine Güter der Erde möchte ich mit Euch von meinen Nonnen betroffen werden; denn Ihr seid ein wohlgebildeter Mann und die Zungen meiner Schwestern schneiden wie Scheren und Messer!‹ Dieses Bedenken fand ich begründet. Ich hieß sie sich entfernen und ihre Nonnen mit sich nehmen.

Nach einer Weile dann räumte auch ich die Sakristei. Die Tür zu der Kammer des Gaukelkreuzes aber legte ich nur behutsam ins Schloß, ohne den Schlüssel darin umzudrehen. Diesen zog ich, steckte ihn unter mein

Gewand und ließ ihn im Chore in eine Spalte zwischen zwei Stühlen gleiten, wo er heute noch stecken mag. So aber tat ich ohne bestimmten Plan auf die Einflüsterung irgendeines Gottes oder einer Göttin.

Wie ich in der niederen, äbtlichen Stube mit meiner Äbtissin und einem Klostergerüchlein zusammensaß, empfand ich eine solche Sehnsucht nach dem unschuldigen Spiele der Muse und einen solchen Widerwillen gegen die Drehungen und Windungen der ertappten Lüge, daß ich beschloß, es kurz zu machen. Das geistliche Weibchen mußte mir bekennen, wie es in das hundertjährige Schelmstück eingeweiht wurde, und ich machte ein Ende mit ein paar prätorischen Edikten. Sie gestand: ihre Vorgängerin im Amte habe sich sterbend mit ihr und dem Beichtiger eingeschlossen und beide hätten ihr das von Äbtissin auf Äbtissin vererbte Scheinwunder als das wirtschaftliche Heil des Klosters an das Herz gelegt. Der Beichtiger – so erzählte sie geschwätzig – habe des Ruhmes kein Ende gefunden über das ehrwürdige Alter des Betrugs, seinen tiefen Sinn und seine belehrende Kraft. Besser und überzeugender als jede Predigt versinnliche dem Volke das Trugwunder die anfängliche Schwere und spätere Leichtigkeit eines gottseligen Wandels. Diese Symbolik hatte den Kopf des armen Weibchens dergestalt verdreht, daß es in einem Atemzuge behauptete, etwas Unrechtes hätte es nicht begangen, als Kind aber sei es auch einmal ehrlich gewesen.

›Ich schone dich um der Mutter Kirche willen, auf welche die Flamme deines Scheiterhaufens ein falsches Licht würfe‹, schnitt ich diese bäuerliche Logik ab und befahl ihr kurz, das Gaukelkreuz zu verbrennen, nachdem das schon ausposaunte Wunder noch einmal gespielt habe – dieses wagte ich aus Klugheitsgründen nicht zu verhindern – den Plautus aber ohne Frist auszuliefern.

Die Äbtissin gehorchte schimpfend und schmälend. Sie unterzog sich den Verordnungen des Konzils von Konstanz, wie dieselben mein Mund formulierte, ob auch ohne das Vorwissen der versammelten Väter, sicherlich in ihrem Sinne und Geiste.

Wie das Brigittchen mir knurrend den Codex brachte – ich hatte mich in ein bequemes Gemach des an der Ringmauer gelegenen klösterlichen Gasthauses geflüchtet – drängte ich die Ungezogene aus der Tür und schloß mich mit den komischen Larven des Umbriers ein. Kein Laut störte mich dort, wenn nicht der Kehrreim eines Kinderliedes, welches Bauermädchen auf der Wiese vor meinem Fenster sangen, das mir aber nur meine Einsamkeit noch ergötzlicher machte.

Nach einer Weile freilich polterte draußen das geistliche Weibchen in großer Aufregung und schlug mit verzweifelten Fäusten gegen die verriegelte schwere Eichentür, den Schlüssel der offenstehenden Kammer des Gaukelkreuzes fordernd. Ich gab ihr bedauernd den kurzen und wahrhaften Bescheid, derselbe sei nicht in meinen Händen, achtete ihrer weiter nicht und ließ, im Himmel des höchsten Genusses, die Unselige jammern und stöhnen, wie eine Seele im Fegfeuer. Ich aber schwelgte in hochzeitlichen Wonnen.

Ein an das Licht tretender Klassiker und nicht ein dunkler Denker, ein erhabener Dichter, nein das Nächstliegende und ewig Fesselnde, die Weltbreite, der Puls des Lebens, das Marktgelächter von Rom und

Athen, Witz und Wortwechsel und Wortspiel, die Leidenschaften, die Frechheit der Menschennatur in der mildernden Übertreibung des komischen Zerrspiegels – während ich ein Stück verschlang, hütete ich schon mit heißhungrigen Blicken das folgende.

Ich hatte den witzigen Amphitryo beendigt, schon lag die Aulularia mit der unvergleichlichen Maske des Geizhalses vor mir aufgeschlagen – da hielt ich inne und lehnte mich in den Stuhl zurück; denn die Augen schmerzten mich. Es dämmerte und dunkelte. Die Mädchen auf der Wiese draußen hatten wohl eine Viertelstunde lang unermüdlich den albernen Reigen wiederholt:

›Adam hatte sieben Söhn ...‹

Jetzt begannen sie neckisch einen neuen Kehrreim und sangen mit drolliger Entschlossenheit:

›In das Kloster geh ich nicht,
Nein! ein Nönnchen werd ich nicht ...‹

Ich lehnte mich hinaus, um dieser kleinen Feindinnen des Zölibates ansichtig zu werden und mich an ihrer Unschuld zu ergötzen. Aber ihr Spiel war keineswegs ein unschuldiges. Sie sangen, sich mit dem Ellbogen stoßend und sich Blicke zuwerfend, nicht ohne Bosheit und Schadenfreude, an ein vergittertes Fenster hinauf, hinter welchem sie wohl Gertruden vermuteten. Oder kniete diese schon in der Sakristei, dort unter dem bleichen Schimmer des Ewigen Lichtes, nach der Sitte der Einzukleidenden, welche die Nacht vor der himmlischen Hochzeit im Gebete verbringen. Doch was küm-

merte mich das? Ich entzündete die Ampel und begann die Topfkomödie zu lesen.
Erst da meiner Leuchte das Öl gebrach und mir die Lettern vor den müden Augen schwammen, warf ich mich auf das Lager und verfiel in einen unruhigen Schlummer. Bald umkreisten mich wieder die komischen Larven. Hier prahlte ein Soldat mit großen Worten, dort küßte der trunkene Jüngling ein Liebchen, das sich mit einer schlanken Wendung des Halses seinen Küssen entgegenbog. Da – unversehens – mitten unter dem lustigen, antiken Gesindel stand eine barfüßige, breitschultrige Barbarin, mit einem Stricke gegürtet, als Sklavin zu Markte gebracht, wie es schien, unter finsteren Brauen hervor mich anstarrend mit vorwurfsvollen und drohenden Augen.
Ich erschrak und fuhr aus dem Schlummer empor. Der Morgen graute. Eine Hälfte des kleinen Fensters stand offen bei der Sommerschwüle und ich vernahm aus dem nahen Chore der Klosterkirche eine eintönige Anrufung, unheimlich übergehend in ein ersticktes Stöhnen und dann in ein gewaltsames Schreien.
Mein gelehrter und ruhmbedeckter Freund«, unterbrach sich der Erzähler selbst, gegen einen gravitätischen Mann gewendet, welcher ihm gegenübersaß und sich trotz der Sommerwärme mit dem Faltenwurfe seines Mantels nach Art der Alten drapierte, »mein großer Philosoph, sage mir, ich beschwöre dich, was ist das Gewissen?
Ist es ein allgemeines? Keineswegs. Wir alle haben Gewissenlose gekannt und, daß ich nur einen nenne, unser Heiliger Vater Johannes XXIII., den wir in Konstanz entthronten, hatte kein Gewissen, aber dafür ein so

glückliches Blut und eine so heitere, ich hätte fast gesagt kindliche Gemütsart, daß er, mitten in seinen Untaten, deren Gespenster seinen Schlummer nicht beunruhigten, jeden Morgen aufgeräumter erwachte als er sich gestern niedergelegt hatte. Als ich auf Schloß Gottlieben, wo er gefangen saß, die ihn anklagende Rolle entfaltete und ihm die Summe seiner Sünden – zehnmal größer als seine Papstnummer scelera horrenda, abominanda – mit zager Stimme und fliegenden Schamröten vorlas, ergriff er gelangweilt die Feder und malte einer heiligen Barbara in seinem Breviarium einen Schnurrbart ...

Nein, das Gewissen ist kein allgemeines und auch unter uns, die wir ein solches besitzen, tritt es, ein Proteus, in wechselnden Formen auf. In meiner Wenigkeit z. B. wird es wach jedesmal, wo es sich in ein Bild oder in einen Ton verkörpern kann. Als ich neulich bei einem jener kleinen Tyrannen, von welchen unser glückliches Italien wimmelt, zu Besuche war und in dieser angenehmen Abendstunde mit schönen Weibern bei Chier und Lautenklang zusammensaß auf einer luftigen Zinne, welche, aus dem Schloßturm vorspringend, über dem Abgrund eines kühlen Gewässers schwebte, vernahm ich unter mir einen Seufzer. Es war ein Eingekerkerter. Weg war die Lust und meines Bleibens dort nicht länger. Mein Gewissen war beschwert, das Leben zu genießen, küssend, trinkend, lachend neben dem Elende.

Gleicherweise konnte ich jetzt das nahe Geschrei einer Verzweifelnden nicht ertragen. Ich warf Gewand um und schlich durch den dämmernden Kreuzgang nach dem Chore, mir sagend, es müsse sich, während ich den Plautus las, mit Gertruden geändert haben: an der

Schwelle des Entscheides sei ihr die unumstößliche Überzeugung geworden, sie werde zugrunde gehen in dieser Gesellschaft, in dem Nichts oder – schlimmer – in der Fäulnis des Klosters, mit der Gemeinheit zusammengesperrt, sie verachtend und von ihr gehaßt.

In der Türe der Sakristei blieb ich lauschend stehen und sah Gertruden vor dem wahren, schweren Kreuze die Hände ringen. Wahrhaftig, sie bluteten und auch ihre Kniee mochten bluten, denn sie hatte die ganze Nacht im Gebete gelegen, ihre Stimme war heiser und ihre Rede mit Gott, nachdem sie ihr Herz und ihre Worte erschöpft hatte, gewaltsam und brutal, wie eine letzte Anstrengung:

›Maria Muttergottes, erbarm dich mein! Laß mich stürzen unter deinem Kreuz, es ist mir zu schwer! Mir schaudert vor der Zelle!‹ und sie machte eine Gebärde, als risse oder wickelte sie sich eine Schlange vom Leibe los, und dann, in höchster Seelenqual selbst die Scham niedertretend: ›Was mir taugt‹, schrie sie, ›ist Sonne und Wolke, Sichel und Sense, Mann und Kind ...‹

Mitten im Elende mußte ich lächeln über dieses der Intemerata gemachte menschliche Geständnis; aber mein Lächeln erstarb mir auf den Lippen ... Gertrude war jählings aufgesprungen und richtete die unheimlich großen Augen aus dem bleichen Angesichte starr gegen die Mauer auf eine Stelle, die ich weiß nicht welcher rote Fleck verunzierte.

›Maria Muttergottes, erbarm dich mein!‹ schrie sie wieder. ›Meine Gliedmaßen haben keinen Raum in der Zelle und ich stoße mit dem Kopf gegen die Diele. Laß mich unter deinem Kreuze sinken, es ist mir zu schwer! Erleichterst du mir's aber auf der Schulter, ohne mir das

Herz erleichtern zu können, da siehe zu‹ – und sie starrte auf den bösen Fleck – ›daß sie mich eines Morgens nicht mit zerschmettertem Schädel auflesen!‹ Ein unendliches Mitleid ergriff mich, aber nicht Mitleid allein, sondern auch eine beklemmende Angst.

Gertrude hatte sich ermüdet auf eine Truhe gesetzt, die irgendein Heiligtum verwahrte, und flocht ihre blonden Haare, welche im Ringkampfe mit der Gottheit sich aus den Flechten gelöst hatten. Dazu sang sie vor sich hin, halb traurig, halb neckisch, nicht mit ihrem kräftigen Alte, sondern mit einer fremden hohen Kinderstimme:

›In das Kloster geh ich ein,
Muß ein armes Nönnchen sein …‹

jenen Kehrreim parodierend, mit welchem die Bauerkinder ihrer gespottet hatten.

Das war der Wahnsinn, der sie belauerte, um mit ihr in die Zelle zu schlüpfen. Der Optimus Maximus aber bediente sich meiner als seines Werkzeuges und hieß mich, Gertruden retten, koste es, was es wolle.

Auch ich wandte mich in freier Frömmigkeit an jene jungfräuliche Göttin, welche die Alten als Pallas Athene anriefen und wir Maria nennen. ›Wer du seist‹, betete ich mit gehobenen Händen, ›die Weisheit, wie die einen sagen, die Barmherzigkeit, wie die andern behaupten – gleichviel, die Weisheit überhört das Gelöbnis eines weltunerfahrenen Kindes und die Barmherzigkeit fesselt keine Erwachsene an das törichte Versprechen einer Unmündigen. Lächelnd lösest du das nichtige Gelübde. Deine Sache führe ich, Göttin. Sei mir gnädig!‹

Da ich der Äbtissin, welche Verrat befürchtete, mein Wort gegeben, mit Gertruden nicht weiter zu verkehren, beschloß ich, in antiker Art mit drei symbolischen Handlungen der Novize die Wahrheit nahezulegen, so nahe, daß dieselbe auch der harte Kopf einer Bäuerin begreifen mußte.

Ich trat hin vor das Kreuz, Gertruden überraschend. ›Will ich einen Gegenstand wiedererkennen, so markiere ich ihn‹, sagte ich pedantisch, zog meinen scharfen Reisedolch, welchen mir unser berühmter Mitbürger, der Messerschmied Pantaleone Ubbriaco geschmiedet hatte, und schnitt zwischen Haupt- und Querbalken einen nicht kleinen Span gleichsam aus der Achselhöhle des Kreuzes.

Zum zweiten tat ich fünf gemessene Schritte. Dann lachte ich aus vollem Hals und begann mit ausdrucksvollem Gebärdenspiele: ›Komisches Gesicht, das des Lastenträgers in der Halle zu Konstanz, da mein Gepäck anlangte! Er faßte das gewaltigste Stück darunter, eine ungeheure Truhe, ins Auge, schürzte die Ärmel bis über den Ellbogen, spie sich – der Rohe – in die Hände und hob, jede Muskel zu der größten Kraftanstrengung gespannt, die nichtige Bürde einer – leeren Kiste spielend auf die getäuschte Schulter. Hahaha!‹

Zum dritten und letzten stellte ich mich närrisch feierlich zwischen das wahre Kreuz und das Gaukelkreuz in seiner schlecht verschlossenen Kammer, und rätselte mit wiederholten Fingerzeigen nach beiden Seiten: ›Die Wahrheit im Frein, die Lüge im Schrein!‹ – husch und ich klatschte in die Hände: ›Die Lüge im Frein, die Wahrheit im Schrein!‹

Ich schickte einen schrägen Blick auf die im Halbdunkel sitzende Novize, die Wirkung der drei Orakelsprüche aus den Mienen der Barbarin zu lesen. In diesen gewahrte ich die Spannung eines unruhigen Nachdenkens und das erste Wetterleuchten eines flammenden Zorns. Dann suchte ich meine Stube wieder, behutsam schleichend, wie ich sie verlassen hatte, warf mich angezogen auf das Lager und genoß den süßen Schlummer eines guten Gewissens, bis mich das Getöse der dem Kloster zuziehenden Menge und die mir zu Häupten dröhnenden Festglocken aufweckten.

Als ich die Sakristei wieder betrat, kehrte eben Gertrude, zum Sterben blaß, als würde sie auf das Schafott geführt, von einem wohl zum Behufe der unredlichen Kreuzesverwechslung von alters her eingerichteten Bittgange nach einer benachbarten Kapelle zurück. Der Putz der Gottesbraut begann. Im Kreise der psalmodierenden Nonnen umgürtete sich die Novize mit dem groben, dreifach geknoteten Stricke und entschuhte dann langsam ihre kräftig, aber edel gebildeten Füße. Jetzt bot man ihr die Dornenkrone. Diese war, anders als das symbolische Gaukelkreuz, aus harten, wirklichen Dornen geflochten und starrte von scharfen Spitzen. Gertrude ergriff sie begierig und drückte sie sich mit grausamer Lust so derb auf das Haupt, daß daraus der warme Regen ihres jungen Blutes hervorspritzte und dann in schweren Tropfen an der einfältigen Stirne niederrann. Ein erhabener Zorn, ein göttliches Gericht flammte vernichtend aus den blauen Augen der Bäuerin, so daß die Nonnen sich vor ihr zu fürchten begannen. Sechse derselben, welche die Äbtissin in das fromme Schelmstück mochte eingeweiht haben, legten ihr jetzt das Gaukelkreuz auf die ehrliche Schulter mit so plumpen Grimassen, als vermöchten sie das Spielzeug kaum zu tragen, und mit so dumm heuchelnden Gesichtern, daß ich in der Tat die göttliche Wahrheit im Dornenkranze zu sehen glaubte, öffentlich geehrt und gefeiert von der menschlichen Unwahrheit, aber hinterrücks von ihr verspottet.

Jetzt entwickelte sich alles rasch wie ein Gewitter. Gertrude warf einen schnellen Blick nach der Stelle, wo mein Dolch an dem echten Kreuz eine tiefe Marke geschnitten, und fand sie an dem falschen unversehrt. Verächtlich ließ sie das leichte Kreuz, ohne es mit den Armen zu umfangen, von der Schulter gleiten. Dann ergriff sie es wieder mit einem gellenden Hohngelächter und zerschlug es frohlockend an dem Steinboden in schwächliche Trümmer. Und schon stand sie mit einem Sprunge vor der Tür der Kammer, wo jetzt das wahre, das schwere Kreuz versteckt war, öffnete, fand und wog es, brach in wilden Jubel aus, als hätte sie einen Schatz gefunden, hob es sich ohne Hilfe auf die rechte Schulter, umschlang es triumphierend mit ihren tapferen Armen und wendete sich langsam schreitend mit ihrer Bürde dem Chore zu, auf dessen offener Bühne sie der Menge sichtbar werden sollte, die atemlos lauschend, Kopf an Kopf, Adel, Pfaffheit, Bauersame, ein ganzes Volk, das geräumige Schiff der Kirche füllte. Wehklagend, scheltend, drohend, beschwörend, warf sich ihr die Äbtissin mit ihren Nonnen in den Weg.

Sie aber, die leuchtenden Augen nach oben gerichtet: ›Jetzt, Muttergottes, schlichte du den Handel ehrlich!‹ rief sie aus und dann mit kräftiger Stimme: ›Platz da!‹ wie ein Handwerker, der einen Balken durch eine Volksmenge trägt.

Alles wich und sie betrat den Chor, wo, ein Vikar des Bischofs an der Spitze, die ländliche Geistlichkeit sie erwartete. Aller Blicke trafen zusammen auf der belasteten Schulter und dem blutbeträufelten Antlitz. Aber das wahre Kreuz wurde Gertruden zu schwer und keine Göttin erleichterte es ihr. Sie schritt mit keuchendem Busen, immer niedriger und langsamer, als hafteten und wurzelten ihe nackten Füße im Erdboden. Sie strauchelte ein wenig, raffte sich zusammen, strauchelte wieder, sank ins linke, dann auf das rechte Knie und wollte sich mit äußerster Anstrengung wieder erheben. Umsonst. Jetzt löste sich die linke Hand vom Kreuze und trug, vorgestreckt, auf den Boden gestemmt, einen Augenblick die ganze Körperlast. Dann knickte der Arm im Gelenk und brach zusammen. Das dorngekrönte Haupt neigte sich schwer vornüber und schlug schallend auf die Steinplatte. Über die Sinkende rollte mit Gepolter das Kreuz, welches ihre Rechte erst im betäubenden Sturze freigab.

Das war die blutige Wahrheit, nicht der gaukelnde Trug. *Ein* Seufzer stieg aus der Brust von Tausenden.

Von den entsetzten Nonnen wurde Gertrude unter dem Kreuze hervorgezogen und aufgerichtet. Sie hatte im Falle das Bewußtsein verloren, aber bald kehrte dem kräftigen Mädchen die Besinnung wieder. Sie strich sich mit der Hand über die Stirn. Ihr Blick fiel auf das Kreuz, welches sie erdrückt hatte. Über ihr Antlitz verbreitete sich ein Lächeln des Dankes für die ausgebliebene Hilfe der Göttin. Dann sprach sie mit einer himmlischen Heiterkeit die schalkhaften Worte: ›Du willst mich nicht, reine Magd: so will mich ein anderer!‹

Noch die Dornenkrone tragend, deren blutige Spitzen

sie nicht zu fühlen schien, setzte sie jetzt den Fuß auf die erste der aus dem Chor in das Schiff niederführenden Stufen. Zugleich wanderten ihre Augen suchend im Volke und fanden, wen sie suchten. Es ward eine große Stille. ›Hans von Splügen‹, begann Gertrude laut und vernehmlich, ›nimmst du mich zu deinem Eheweibe?‹ ›Ja freilich! Mit tausend Freuden! Steig nur herunter!‹ antwortete fröhlich aus der Tiefe des Schiffes eine überzeugende Männerstimme.

So tat sie und schritt gelassen, aber vor Freude leuchtend, von Stufe zu Stufe hinab, wieder die einfache Bäuerin, welche wohl das ergreifende Schauspiel, das sie in ihrer Verzweiflung der Menge gegeben, bald und gerne vergaß, jetzt da sie ihres bescheidenen menschlichen Wunsches gewährt war und in die Alltäglichkeit zurückkehren durfte. Verlache mich, Cosmus! ich war enttäuscht. Eine kurze Weile hatte die Bäuerin vor meinen erregten Sinnen gestanden als die Verkörperung eines höhern Wesens, als ein dämonisches Geschöpf, als die Wahrheit wie sie jubelnd den Schein zerstört. Aber was ist Wahrheit? fragte Pilatus.

Dieses träumend und ebenfalls aus dem Chor in das Schiff niedersteigend, wurde ich von meinem Boten am Ärmel gezupft, welcher mir die durch plötzlichen, begeisterten Zuruf vollzogene Papstwahl des Otto Colonna mit ein paar merkwürdigen Nebenumständen berichtete.

Als ich wieder aufblickte, war Gertrude verschwunden. Die erregte Menge aber tobte und lärmte mit geteilten Meinungen. Dort scholl es aus einem Männerhaufen: ›Vettel! Gauklerin!‹ Es galt der Äbtissin. Hier zeterten weibliche Stimmen: ›Sünderin! Schamlose!‹

Damit war Gertrude gemeint. Ob aber jene den frommen Betrug errieten, diese durch die weltliche Gesinnung Gertrudens das Wunder zerstört glaubten, gleichviel – in beiden Fällen war die Reliquie entkräftet und die Laufbahn des Mirakels geschlossen.

Vom Volke grob gescholten, begann das tapfere Brigittchen derb widerzuschelten und die verblüfften Gesichter der anwesenden Pfaffen zeigten eine vollständige Stufenleiter von einverstandener Schlauheit bis zu der redlichsten Dummheit hinunter.

Ich fühlte mich als Kleriker und machte dem Ärgernis ein Ende. Die Kanzel besteigend, verkündete ich der versammelten Christenheit feierlich: ›Habemus pontificem Dominum Othonem de Colonna!‹ und stimmte ein schallendes Te Deum an, in welches erst der Nonnenchor und dann das gesamte Volk dröhnend einfiel. Nach gesungener Hymne beeilten sich Adel und Bauerschaft ihre Tiere zu besteigen oder zu Fuß sich auf den Weg nach Konstanz zu machen, wo der nach Beendigung des Triregnum urbi und orbi gespendete Segen dreifach kräftig wirken mußte.

Meine Wenigkeit schlüpfte in den Kreuzgang zurück, um den Plautus in aller Stille auf meiner Kammer zu holen. Wieder mich wegschleichend, den Codex unterm Arm, geriet ich der Äbtissin in den Weg, welche, haushälterisch wie sie war, die Stücke des Gaukelkreuzes in einem großen Korbe sorgfältig in die Küche trug. Ich wünschte ihr Glück zu der Lösung des Knotens. Aber das Brigittchen glaubte sich geprellt und schrie mich wütend an: ›Schert euch zum Teufel, ihr zwei italienischen Spitzbuben‹, worunter es den Umbrier Marcus Accius Plautus und den Tusker Poggio Bracciolini, euern Mitbürger, verstehen mochte. Ein hübscher blonder Knabe, auch ein Krauskopf, welchen mir der mit Gertruden entweichende Hans von Splügen noch vorsorglich bestellt hatte, führte mir dann das Maultier vor, welches mich nach Konstanz zurückbrachte.

Plaudite amici! Ich bin zu Ende. Als das Konzil von Konstanz, welches länger dauerte als dieses Geschichtchen, ebenfalls zu Ende war, kehrte ich mit meinem gnädigen Herrn, der Heiligkeit Martins V., über die Berge zurück und traf als unsere Wirte im Gasthause von Spiuga, noch nordwärts des gefährlichen Passes, Anselino und Gertrude in blühender Gesundheit, diese nicht in einer dumpfen Zelle, sondern in winddurchrauschtem Felstal, ein Kind an der Brust und das eheliche Kreuz auf der Schulter tragend.

Sei dir, erlauchter Cosmus, diese Facezia inedita eine nicht unwillkommene Beigabe zu dem Codex des Plautus, welchen ich dir schenke zu dieser Stunde oder richtiger dem Vaterlande, dessen ›Vater‹ du bist, und der Wissenschaft, der deine Säle mit den darin gehäuften Schätzen offenstehen.

Ich wollte dir das einzige Manuskript testamentarisch vermachen, um mir nicht, ein Lebender, das zehnfache Gegengeschenk zuzuziehen, womit du jede huldigend dir überreichte Gabe zu lohnen pflegst in deiner freigebigen Weise, von welcher du einmal nicht lassen kannst. Doch« – seufzte Poggio melancholisch – »wer weiß, ob meine Söhne meinen letzten Willen ehren würden?«

Cosmus erwiderte liebenswürdig: »Ich danke dir für beides, deinen Plautus und deine Fazetie. Skrupellos hast du sie gelebt und ausgeführt, jung wie du damals warest. Als ein Gereifter hast du sie uns erzählt mit der Weisheit deiner Jahre. Dieses« – er hob eine edle, von einem lachenden Satyr umklammerte Schale – »bringe ich meinem redlichen Poggio und seiner blonden Barbarin!«

Man trank und lachte. Dann sprang das Gespräch von Plautus über auf die tausend gehobenen Horte und aufgerollten Pergamente des Altertums und auf die Größe des Jahrhunderts.

GUSTAV ADOLFS PAGE

I

In dem Kontor eines unweit St. Sebald gelegenen nürembergischen Patrizierhauses saßen sich Vater und Sohn an einem geräumigen Schreibtische gegenüber, der Abwicklung eines bedeutenden Geschäftes mit gespanntester Aufmerksamkeit obliegend. Beide, jeder für sich auf seinem Stücke Papier, summierten sie dieselbe lange Reihe von Posten, um dann zu wünschbarer Sicherheit die beiden Ergebnisse zu vergleichen. Der schmächtige Jüngling, der dem Vater aus den Augen geschnitten war, erhob die spitze Nase zuerst von seinen zierlich geschriebenen Zahlen. Seine Addition war beendigt und er wartete auf den bedächtigeren Vater nicht ohne einen Anflug von Selbstgefälligkeit in dem schmalen sorgenhaften Gesichte – als ein Diener eintrat und ein Schreiben in großem Format mit einem schweren Siegel überreichte. Ein Kornett von den schwedischen Karabinieren habe es gebracht. Er beschaue sich jetzt nebenan den Ratssaal mit den weltberühmten Schildereien und werde pünktlich in einer Stunde sich wieder einfinden. Der Handelsherr erkannte auf den ersten Blick die kühnen Schriftzüge der Majestät des schwedischen Königs Gustav Adolf und erschrak ein wenig über die große Ehre des eigenhändigen Schreibens. Die Befürchtung lag nahe, der König, den er in seinem neuerbauten Hause, dem schönsten von Nüremberg, bewirtet und gefeiert hatte, möchte bei seinem patriotischen Gastfreunde ein Anleihen machen. Da er aber unermeßlich begütert war und die Gewissenhaftigkeit der schwedischen Rentkammer zu schätzen wußte, erbrach er das königliche Siegel ohne sonderliche Besorgnis und sogar mit dem Anfange eines prahlerischen Lächelns. Kaum aber hatte er die wenigen Zeilen des in königlicher Kürze verfaßten Schreibens überflogen, wurde er bleich wie über ihm die Stukkatur der Decke, welche in hervorquellenden Massen und aufdringlicher Gruppe die Opferung Isaaks durch den eigenen Vater Abraham darstellte. Und sein guter Sohn, der ihn beobachtete, erbleichte ebenfalls, aus der plötzlichen Entfärbung des vertrockneten Gesichtes auf ein großes Unheil ratend. Seine Bestürzung wuchs, als ihn der Alte über das Blatt weg mit einem wehmütigen Ausdrucke väterlicher Zärtlichkeit betrachtete. »Um Gottes willen«, stotterte der Jüngling, »was ist es, Vater?« Der alte Leubelfing, denn diesem vornehmen Handelsgeschlechte gehörten die beiden an, bot ihm das Blatt mit zitternder Hand. Der Jüngling las:

Lieber Herr!
Wissend und Uns wohl erinnernd, daß der Sohn des Herrn den Wunsch nährt, als Page bei Uns einzutreten, melden hiermit, daß dieses heute geschehen und völlig werden mag, dieweil Unser voriger Page, der Max Beheim seliger † (mit nachträglicher Ehrenmeldung des vorvorigen, Utzen Volkamers seligen †, und des fürdervorigen, Götzen Tuchers seligen †), heute bei währendem Sturme nach beiden ihme von einer Stückkugel

abgerissenen Beinen in Unsern Armen sänftiglich entschlafen ist. Es wird Uns zu besonderer Genugtuung gereichen, wieder einen aus der evangelischen Reichsstadt Nüremberg, welcher Stadt Wir fürnehmlich gewogen sind, in Unsern nahen Dienst zu nehmen. Eines guten Unterhaltes und täglicher christlicher Vermahnung seines Sohnes kann der Herr gewiß sein.

Des Herrn wohlaffektionierter
Gustavus Adolphus
Rex.

»O du meine Güte«, jammerte der Sohn, ohne sein zages Herz vor dem Vater zu verbergen, »jetzt trage ich meinen Totenschein in der Tasche und Ihr, Vater – mit dem schuldigen Respekt gesprochen – seid der Ursacher meines frühen Hinschieds, denn wer als Ihr könnte dem Könige eine so irrtümliche Meinung von meinem Wünschen und Begehren beigebracht haben? Daß Gott erbarm!« und er richtete seinen Blick aufwärts zu dem gerade über ihm schwebenden Messer des gipsenen Erzvaters.

»Kind, du brichst mir das Herz!« versetzte der Alte mit einer kargen Träne. »Vermaledeit sei das Glas Tokaier, das ich zuviel getrunken –«

»Vater«, unterbrach ihn der Sohn, der mitten im Elend den Kopf wo nicht oben, doch klar behielt, »Vater, berichtet mir, wie sich das Unglück ereignet hat.« »August«, beichtete der Alte mit Zerknirschung, »du weißt die große Gasterei, die ich dem Könige bei seinem ersten Einzuge gab. Sie kam mich teuer zu stehen –«

»Dreihundertneunzig Gulden elf Kreuzer, Vater, und ich habe nichts davon gekostet«, bemerkte der Junge weinerlich, »denn ich hütete die Kammer mit einer nassen Bausche über dem Auge.« Er wies auf sein rechtes. »Die Gustel, der Wildfang, halb unsinnig und närrisch vor Freude, den König zu sehen, hatte mir den Federball ins Auge geschmissen, da gerade ein Trompetenstoß schmetterte und sie glauben ließ, der Schwede halte Einzug. Aber redet, Vater –«

»Nach abgetragenem Essen bei den Früchten und Kelchen erging ein Sturm von Jubel oben durch den Saal und unten über den Platz durch das Kopf an Kopf versammelte Volk. Alle wollten sie den König sehen. Humpen dröhnten, Gesundheiten wurden bei offenen Fenstern ausgebracht und oben und unten bejauchzt. Dazwischen schreit eine klare, durchdringende Stimme: ›Hoch Gustav, König von Deutschland!‹ Jetzt wurde es mäuschenstill, denn das war ein starkes Ding. Der König spitzte die Ohren und strich sich den Zwikkel. ›Solches darf ich nicht hören‹, sagte er. ›Ich bringe ein Hoch der evangelischen Reichsstadt Nüremberg!‹ Nun bricht erst der ganze Jubel aus. Stücke werden auf dem Platze gelöst, alles geht drüber und drunter! Nach einer Weile drückt mich die Majestät von ungefähr in eine Ecke. ›Wer hat den König von Deutschland hochleben lassen, Leubelfing?‹ fragte er mich unter der Stimme. Nun sticht mich alten betrunkenen Esel die Prahlsucht« – Leubelfing schlug sich vor die Stirn, als klage er sie an, ihn nicht besser beraten zu haben – »und ich antwortete: ›Majestät, das tat mein Sohn, der August. Dieser spannt Tag und Nacht darauf, als Page in Euren Dienst zu treten.‹ Trotz meines Rausches wußte ich, daß der königliche Leibdienst von Götz Tucher versehen wurde und der Bürgermeister Volkamer nebst dem Schöppen Beheim ihre Buben als Pagen empfohlen hatten. Ich sagte es auch nur, um hinter meinen Nachbarn, dem alten Tucher und dem Großmaul, dem Beheim, nicht zurückzubleiben. Wer konnte denken, daß der König die ganze Nüremberger Ware in Bayern verbrauchen würde –«

»Aber, hätte der König mich mit meinem blauen Auge holen lassen?«

»Auch das war vorbedacht, August! Der verschmitzte Spitzbube, der Charnacé, lärmte im Vorzimmer. Schon dreimal hatte er sich melden lassen und war nicht mehr abzutreiben. Der König ließ ihn dann eintreten und hudelte den Ambassadeur vor uns Patriziern, daß einem deutschen Mann das Herz im Leibe lachen mußte. Nichts von alledem hatte ich in der Geschwindigkeit unerwogen gelassen –«

»So viel und so wenig Weisheit, Vater!« seufzte der Sohn.

Dann steckten die beiden die Köpfe zusammen, um eine Remedur zu suchen, wie sie es nannten, jetzt unter der Stimme flüsternd, welche sie vorher in ihrer Aufregung, uneingedenk der im Nebenzimmer hantierenden Angestellten und Lehrlinge, zu dämpfen vergessen hatten. Aber sie fanden keinen Rat und ihre Gebärden wurden immer ängstlicher und peinlicher, als im Gange draußen ein markiger Alt das Leiblied Gustav Adolfs anstimmte:

»Verzage nicht, du Häuflein klein,
Ob auch die Feinde willens sein,
Dich gänzlich zu zerstören!«

und ein tannenschlankes Mädchen mit lustigen Augen, kurzgeschnittenen Haaren, knabenhaften Formen und ziemlich reitermäßigen Manieren eintrat.

»Willst du uns die Ohren zersprengen, Base?« zankten die beiden Leubelfinge. Sie, das trübselige Paar musternd, erwiderte: »Ich komme euch zum Essen zu rufen. Was hat's gegeben, Herr Ohm und Herr Vetter? Ihr habt ja beide ganz bleiche Nasenspitzen!« Der zwischen den Hilflosen liegende Brief, den das Mädchen ohne weiteres ergriff, und als sie die kräftig hingeworfene Unterschrift des Königs gelesen, mit leidenschaftlichen Augen verschlang, erklärte ihr den Schrecken. »Zu Tische, Herren!« sagte sie und schritt den beiden voran in das Speisezimmer. Hier aber ging es dem gutherzigen Mädchen selber nahe, wie den Leubelfingen jeder Bissen im Munde quoll. Sie ließ abtragen, setzte ihren Stuhl zurück, kreuzte die Arme, schlug unter ihrem blauen Rocke, an dessen Gurt die Tasche und der Schlüsselbund hing, ein schlankes Bein über das andere und ließ, horchend und nachdenkend, den ganzen verfänglichen Handel sich vortragen; denn sie schien vollständig zum Hause zu gehören und sich darin mit ihrem kecken Wesen eine entschiedene Stellung erobert zu haben.

Die Leubelfinge erzählten. »Wenn ich denke«, sagte dann das Mädchen mutig, »wer es war, der das Hoch auf den König ausbrachte!«

»Wer denn?« fragten die Leubelfinge, und sie antwortete: »Niemand anders als ich.«

»Hol dich der Henker, Mädchen!« grollte der Alte. »Gewiß hast du den blauen schwedischen Soldatenrock, den du dir im Schrank hinter deinen Schürzen aufhebst, angezogen und dich in den Speisesaal an deinen Götzen hinangeschlichen, statt dich züchtig unter den Weibern zu halten.«

»Sie hätten mir den hintersten Platz gegeben«, versetzte das Mädchen zornig, »die kleine Hallerin, die große Holzschuherin, die hochmütige Ebnerin, die schiefe Geuderin, die alberne Creßerin, tutte quante, die dem Könige das Geschenk unserer Stadt, die beiden silbernen Trinkschalen, die Himmelskugel und die Erdkugel, überreichen durften.«

»Wie kann ein schamhaftes Mädchen, und das bist du, Gustel, es nur über sich bringen, Männertracht zu tragen!« maulte der zimperliche Jüngling.

»Das heißt«, erwiderte das Mädchen ernst, »die Tracht meines Vaters, wo noch neben der Brusttasche das gestopfte Loch sichtbar ist, das der Degen des Franzosen gerissen hat. Ich brauche nur einen schrägen Blick zu tun« – sie tat ihn, als trüge sie die väterliche Tracht – »so sehe ich den Riß und es wirkt wie eine Predigt. Dann«, schloß sie, aus dem Ernst nach ihrer Art in ein Lachen überspringend, »wollen mir die Weiberröcke auch gar nicht sitzen. Kein Wunder, daß sie mich schlecht kleiden, bin ich doch bis fast in mein sechzehntes Jahr mit dem Vater und der Mutter in kurzem Habit zu Rosse gesessen.«

»Liebe Base«, jammerte der junge Leubelfing nicht ohne eine Mischung von Zärtlichkeit, »seit dem Tode deines Vaters bist du hier wie das Kind des Hauses gehalten, und nun hast du mir *das* eingebrockt! Du lieferst deinen leibhaftigen Vetter wie ein Lamm auf die Schlachtbank! Der Utz wurde durch die Stirn geschossen, der Götz durch den Hals!« Ihn überlief eine Gänsehaut. »Wenn du mir wenigstens einen guten Rat wüßtest, Base!«

»Einen guten Rat«, sagte sie nachdrücklich, »den will ich dir geben: halte dich wie ein Nüremberger, wie ein Leubelfing!«

»Ein Leubelfing!« giftelte der alte Herr. »Muß denn jeder Nüremberger und jeder Leubelfing ein Raufbold sein, wie der Rupert, dein Vater, Gott hab ihn selig, der mich, den Älteren, er ein Zehnjähriger, auf einem Leiterwagen entführte, umwarf, heil blieb und mir zwei Rippen brach? Welche Laufbahn! Mit fünfzehn zu den Schweden durchgegangen, mit siebzehn eine Fünfzehnjährige vor der Trommel geheiratet, mit neunzehn in einem Raufhandel das Zeitliche gesegnet!«

»Das heißt«, sagte das Mädchen, »er fiel für die Ehre meiner Mutter –«

»Weißt du mir keinen Rat, Guste?« drängte der junge Leubelfing. »Du kennst den schwedischen Dienst und die natürlichen Fehler, die davon frei machen. Auf was kann ich mich bei dem Könige gültig ausreden?«

Sie brach in tolles Gelächter aus. »Wir wollen dich«, sagte sie, »wie den jungen Achill im Bildwerk am Ofen dort unter die Mädchen stecken, und wenn der listige Ulysses vor ihnen das Kriegszeug ausbreitet, wirst du nicht auf ein Schwert losspringen.«

»Ich gehe nicht!« erklärte der durch diese mythologische Gelehrsamkeit Geärgerte. »Ich bin nicht die Person, welche der Vater dem Könige geschildert hat.« Da fühlte er sich an seinen beiden dünnen Armen gepackt. Ihm den linken klaubend, zeterte der alte Leubelfing: »Willst du mich ehrwürdigen Mann dem Könige als einen windigen Lügner hinstellen?« Das Mädchen aber, den rechten Arm des Vetters drückend, rief entrüstet: »Willst du mit deiner Feigheit den braven Namen meines Vaters entehren?«

»Weißt du was«, schrie der Gereizte, »gehe *du* als Page zu dem König! Er wird, bubenhaft wie du aussiehst und dich beträgst, das Mädchen in dir ebensowenig vermuten, als der Ulysses am Ofen, von dem du fabelst, in mir den Buben erraten hätte! Mach dich auf zu deinem Abgott und bet ihn an! Am Ende«, fuhr er fort, »wer weiß, ob du das nicht schon lange in dir trägst? Träumest du doch von dem Schwedenkönig, mit welchem du als Kind in der Welt herumgefahren bist, wachend und schlafend. Als ich vorgestern auf meine Kammer ging, an der deinigen vorüber, hörte ich deine Traumstimme schon von weitem. Ich brauchte wahrlich mein Ohr nicht ans Schlüsselloch zu halten. ›Der König! Wache heraus! Präsentiert Gewehr!‹« Er ahmte das Kommando mit schriller Stimme nach.

Die Jungfrau wandte sich ab. Eine Purpurröte war ihr in Wangen und Stirne geschossen. Dann zeigte sie wieder die warmen lichtbraunen Augen und sprach: »Nimm dich in acht! Es könnte dahin kommen, wäre es nur, damit der Name Leubelfing nicht von lauter Memmen getragen wird!«

Das Wort war ausgesprochen und ein kindischer Traum hatte Gestalt gewonnen als ein dreistes aber nicht unmögliches Abenteuer. Das väterliche Blut lockte. Des Mutes und der Verwegenheit war ein Überfluß. Aber die maidliche Scham und Zucht – der Vetter hatte wahrhaftes Zeugnis abgelegt – und die Ehrfurcht vor dem Könige taten Einspruch. Da ergriff sie der Strudel des Geschehens und riß sie mit sich fort. Der schwedische Kornett, welcher das Schreiben des Königs gebracht hatte, und den neuen Pagen ins Lager führen sollte, meldete sich. Statt in die grauen Mauerbilder Meister Albrechts hatte er sich in eine lustige Weinstube und in einen goldgefüllten grünen Römer vertieft, ohne jedoch den Glockenschlag zu überhören. Der alte Leubelfing, in Todesangst um seinen Sohn und um seine Firma, machte eine Bewegung, die Kniee seiner Nichte zu umfangen, nicht anders als um den Körper seines Sohnes bittend der greise Priamus die Kniee Achills umarmte, während der junge Leubelfing an allen Gliedern zu schlottern begann. Das Mädchen machte sich mit einem krampfhaften Gelächter los und entsprang durch eine Seitentür gerade einen Augenblick ehe sporenklirrend der Kornett eindrang, ein Jüngling, dem der Mutwille und das Lebensfeuer aus den Augen spritzte, obwohl er in der strengen Zucht seines Königs stand.

Auguste Leubelfing wirtschaftete hastvoll, wie berauscht in ihrer Kammer, packte einen Mantelsack, warf sich eilfertig in die Kleider ihres Vaters, die ihrem schlanken und knappen Wuchs wie angegossen saßen, und dann auf die Kniee zu einem kurzen Stoßseufzer, um Vergebung und Begünstigung des Abenteuers betend.

Als sie wieder den untern Saal betrat, rief ihr der Kornett entgegen: »Rasch, Herr Kamerad! Es eilt! Die Rosse scharren! Der König erwartet uns! Nehmt Abschied von Vater und Vetter!« und er schüttete mit einem Zug den Inhalt des ihm vorgesetzten Römers hinter seinen feinen Spitzenkragen.

Der in schwedische Uniform gekleidete Scheinjüngling neigte sich über die vertrocknete Hand des Alten, küßte sie zweimal mit Rührung und wurde von ihm dankbar gesegnet; dann aber plötzlich in eine unbändige Lustigkeit übergehend, ergriff der Page die Rechte des jungen Leubelfing, schwang sie hin und her und rief: »Lebt wohl, Jungfer Base!« Der Kornett schüttelte sich vor Lachen: »Hol mich, straf mich – was der Herr Kamerad für Späße vorbringt! Mit Gunst und Verlaub, mir fiel es gleich ein: das reine alte Weib, der Herr Vetter! in jedem Zug, in jeder Gebärde, wie sie bei uns in Finnland singen:

Ein altes Weib auf einer Ofengabel ritt –

Hol mich, straf mich.« Er entführte mit einem raschen Handgriff dem aufwartenden Stubenmädchen das Häubchen und stülpte es dem jungen Leubelfing auf den von sparsamen Flachshaaren umhangenen Schädel. Die spitzige Nase und das rückwärts fliehende Kinn vollendeten das Profil eines alten Weibes.

Jetzt legte der leichtbezechte Kornett seinen Arm vertraulich in den des Pagen. Dieser aber trat einen Schritt zurück und sprach, die Hand auf dem Knopfe des Degens: »Herr Kamerad! Ich bin ein Freund der Reserve und ein Feind naher Berührung!«

»Potz!« sagte dieser, stellte sich aber seitwärts und gab dem Pagen mit einer höflichen Handbewegung den Vortritt. Die zwei Wildfänge rasselten die Treppe hinunter.

Lange noch ratschlagten die Leubelfinge. Daß für den jungen, welcher seine Identität eingebüßt hatte, des Bleibens in Nüremberg nicht länger sei, war einleuchtend. Schließlich wurden Vater und Sohn einig. Dieser sollte einen Zweig des Geschäftes nach Kursachsen, und zwar nach der aufblühenden Stadt Leipzig verpflanzen, nicht unter dem verscherzten patrizischen Namen, sondern unter dem plebejischen »Laubfinger«, nur auf kurze Zeit, bis der jetzige August von Leubelfing neben dem Könige vom Roß auf ein Schlachtfeld und in den Tod gestürzt sei, welches Ende nicht werde auf sich warten lassen.

Als nach einer langen Sitzung der Vertauschte sich erhob und seinem Bild im Spiegel begegnete, trug er über seinen verstörten Zügen noch das Häubchen, welches ihm der schwedische Taugenichts aufgesetzt hatte.

II

»Höre, Page Leubelfing! Ich habe ein Hühnchen mit dir zu pflücken. Wenn du mit deinen flinken Fingern in den dringendsten Fällen dem Könige meinem Herrn eine aufgehende Naht seines Rockes zunähen oder einen fehlenden Knopf ersetzen würdest, vergäbest du deiner Pagenwürde nicht das geringste. Hast du denn in Nüremberg Mütterchen oder Schwesterchen nie über die Schulter auf das Nähkissen geschaut? Ist es doch eine leichte Kunst, welche dich jeder schwedische Soldat lehren kann. Du rümpfst die Stirne, Unfreundlicher? Sei artig und folgsam! Sieh da mein eigenes Besteck! Ich schenk es dir.«

Und die Brandenburgerin, die Königin von Schweden, reichte dem Pagen Leubelfing ein Besteck von englischer Arbeit mit Zwirn, Fingerhut, Nadel und Schere.

Dem Könige aus eifersüchtiger Zärtlichkeit überallhin nachreisend, hatte sie ihn mitten in seinem unseligen Lager bei Nüremberg, wo er einen in dasselbe eingeschlossenen, vom Kriege halb verwüsteten Edelsitz bewohnte, mit ihrem kurzen Besuche überrascht. In den widerstrebenden Händen des Pagen öffnete sie das Etui, enthob ihm den silbernen Fingerhut und steckte denselben dem Pagen an mit den holdseligen Worten: »Ich binde dir's aufs Gewissen, Leubelfing, daß mein Herr und König stets propre und vollständig einhergehe.«

»Den Teufel scher ich mich um Nähte und Knöpfe, Majestät«, erwiderte Leubelfing unmutig errötend, aber mit einer so drolligen Miene und einer so angenehm markigen Stimme, daß die Königin sich keineswegs beleidigt fühlte, sondern mit einem herablassenden Gelächter den Pagen in die Wange kniff. Diesem tönte das Lachen hohl und albern, und der Reizbare empfand einen Widerwillen gegen die erlauchte Fürstin, von welchem diese gutmütige Frau keine Ahnung hatte.

Doch auch der König, welcher auf der Schwelle des Gemaches den Auftritt belauscht hatte, brach jetzt in ein herzliches Gelächter aus, da er seinen Pagen mit dem Raufdegen an der linken Hüfte und einem Fingerhut an der rechten Hand erblickte. »Aber Gust«, sagte er dann, »du schwörst ja wie ein Papist oder Heide! Ich werde an dir zu erziehen haben.«

In der Tat achtete Gustav Adolf es nicht für einen Raub, die Krone zu tragen. Wie hätte er, welcher – ohne Abbruch der militärischen Strenge – jeden seiner Leute, auch den Geringsten, mit menschlichem Wohlwollen behandelte, dieses einem gutgearteten Jüngling von angenehmer Erscheinung versagt, der unter seinen Augen lebte und nicht von seiner Seite weichen durfte. Und einem unverdorbenen Jüngling, der bei dem geringsten Anlaß nicht anders als ein Mädchen bis unter das Stirnhaar errötete! Auch vergaß er es dem jungen Nüremberger nicht, daß dieser an jenem folgenschweren Bankett ihn als den »König von Deutschland« hatte hochleben lassen, den möglichen ruhmreichen Ausgang seines heroischen Abenteuers in eine kühne prophetische Formel fassend.

Eine zärtliche und wilde, selige und ängstliche Fabel hatte der Page schon neben seinem Helden gelebt, ohne daß der arglose König eine Ahnung dieses verstohlenen Glückes gehabt hätte. Berauschende Stunden, gerade nach vollendeten achtzehn unmündigen Jahren beginnend und diese auslöschend wie die Sonne einen Schatten! Eine Jagd, eine Flucht süßer und stolzer Gefühle, quälender Befürchtungen, verhehlter Wonnen, klopfender Pulse, beschleunigter Atemzüge, soviel nur eine junge Brust fassen und ein leichtsinniges Herz genießen kann in der Vorstunde einer tötenden Kugel oder am Vorabend einer beschämenden Entlarvung!

Als der nürembergische Junker August Leubelfing von dem Kornett dem Könige vorgestellt wurde, hatte der Beschäftigte kaum einen Augenblick gefunden, seinen neuen Pagen flüchtig ins Auge zu fassen. So wurde dieser einer frechen Lüge überhoben. Gustav Adolf war im Begriff sich auf sein Leibroß zu schwingen, um den zweiten fruchtlosen Sturm auf die uneinnehmbare Stellung des Friedländers vorzubereiten. Er hieß den Pagen folgen und dieser warf sich ohne Zaudern auf den ihm vorgeführten Fuchs, denn er war von jung an im Sattel heimisch und hatte von seinem Vater, dem weiland wildesten Reiter im schwedischen Heere, einen schlanken und ritterlichen Körper geerbt. Wenn der König, nach einer Weile sich umwendend, den Pagen tödlich erblassen sah, so taten es nicht die feurigen Sprünge des Fuchses und die Ungewohnheit des Sattels, sondern es war, weil Leubelfing in einiger Entfernung eine ertappte Dirne erblickte, die mit entblößtem Rücken aus dem schwedischen Lager gepeitscht wurde, und ihn das nackte Schauspiel ekelte.

Tag um Tag – denn der König ermüdete nicht, den abgeschlagenen Sturm mit einer ihm sonst fremden Hartnäckigkeit zu wiederholen – ritt der Page ohne ein Gefühl der Furcht an seiner Seite. Jeder Augenblick konnte es bringen, daß er den tödlich Getroffenen in seinen Armen vom Rosse hob oder selbst tödlich verwundet in den Armen Gustav Adolfs ausatmete. Wann sie dann ohne Erfolg zurückritten, der König mit verdüsterter Stirn, so täuschte oder verbarg dieser seine Sorge, indem er den Neuling aufzog, daß er den Bügel verloren und die Mähne seines Tieres gepackt hätte. Oder er tadelte auch im Gegenteil seine Waghalsigkeit und schalt ihn einen Casse-Cou, wie der Lagerausdruck lautete.

Überhaupt ließ er es sich nicht verdrießen, seinem Pagen gute väterliche Lehre zu geben und ihm gelegentlich ein wenig Christentum beizubringen.

Der König hatte die löbliche und gesunde Gewohnheit, nach beendigtem Tagewerke die letzte halbe Stunde vor Schlafengehen zu vertändeln und allerhand Allotria zu treiben, jede Sorge mit geübter Willenskraft hinter sich werfend, um sie dann im ersten Frühlicht an derselben

Stelle wieder aufzuheben. Und diese Gewohnheit hielt er auch jetzt und um so mehr fest, als die vereitelten Stürme und geopferten Menschenleben seine Pläne zerstörten, seinen Stolz beleidigten und seinem christlichen Gewissen zu schaffen machten. In dieser späten Freistunde saß er dann behaglich in seinen Sessel zurückgelehnt und Page Leubelfing auf einem Schemel daneben. Da wurde Dame gezogen oder Schach gespielt und im Brettspiele schlug der Page zuweilen den König. Oder dieser, wenn er sehr guter Laune war, erzählte harmlose Dinge, wie sie eben in seinem Gedächtnisse obenauf lagen. Zum Beispiel von der pompösen Predigt, welche er weiland auf seiner Brautfahrt nach Berlin in der Hofkirche gehört. Sie habe das Leben einer Bühne verglichen: mit den Menschen als Schauspielern, den Engeln als Zuschauern, dem den Vorhang senkenden Tode als Regisseur. Oder auch die unglaubliche Geschichte, wie man ihm, dem Könige, nach der Geburt seines Kindes anfänglich einen Sohn verkündigt und er selbst eine Weile sich habe betrügen lassen, oder von Festen und Kostümen, seltsamerweise meistens Geschichten, die ein Mädchen ebensosehr oder mehr als einen Jüngling belustigen konnten, als empfände der getäuschte König, ohne sich Rechenschaft davon zu geben, die Wirkung des Betruges, welchen der Page an ihm verübte, und kostete unwissend den unter dem Scheinbilde eines gutgearteten Jünglings spielenden Reiz eines lauschenden Weibes. Darüber befiel auch wohl den Pagen eine plötzliche Angst. Er vertiefte seine Altstimme und wagte irgendeine männliche Gebärde. Aber ein nicht zu mißdeutendes Wort oder eine kurzsichtige Bewegung des Königs gab dem Erschreckten die Gewißheit zurück, Gustav unterliege demselben Blendwerk wie bei der Geburt seiner Christel. Dann geriet der wieder sicher Gewordene wohl in eine übermütige Stimmung und gab etwas so Verwegenes und Persönliches zum besten, daß er sich eine Züchtigung zuzog. Wie jenes Mal, da er nach einem warmen ehelichen Lobe der Königin im Munde Gustavs die kecke Frage hinwarf: wie denn die Gräfin Eva Brahe eigentlich ausgesehen habe? Diese Jugendgeliebte Gustavs und spätere Gemahlin De la Gardies, welchen sie, da ihr der tapferste Mann des Jahrhunderts entschlüpft war, als den zweittapfersten heiratete, besaß dunkles Haar, schwarze Augen und scharfe Züge. Das erfuhr aber der neugierige Page nicht, sondern erhielt einen ziemlich derben Schlag mit der flachen Hand auf den vorlauten Mund, in dessen Winkeln Gustav die Lust zu einem mutwilligen Gelächter wahrzunehmen glaubte.

Es begab sich eines Tages, daß der König seiner Christel das Geschenk eines ersten Siegelringes machte. Auf den edlen Stein desselben sollte der Mode gemäß ein Denkspruch eingegraben werden, eine Devise, wie man es hieß, welche – im Unterschiede mit dem ererbten Wappenspruche – etwas dem Besitzer des Siegels persönlich Eigenes, eine Maxime seines Kopfes, einen Wunsch seines Herzens, in nachdrücklicher Kürze aussprechen mußte, wie z. B. das ehrgeizige »Nondum« des jungen Karls V. Gustav hätte wohl seinem Kinde selbst einen Leibspruch erfunden, aber, wieder der Mode gemäß, mußte dieser lateinisch, italienisch oder französisch lauten.

So suchte er denn, tief auf einen Quartband gebückt, unter den tausend darin verzeichneten Sinnsprüchen berühmter oder witziger Leute mit seinen lichtgefüllten, doch kurzsichtigen Augen nach demjenigen, welchen er seiner erst siebenjährigen, aber frühreifen Christel bescheren wollte. Er belustigte sich an den lakonischen Sätzen, welche das Wesen ihrer Erfinder – meistenteils geschichtlicher Persönlichkeiten – oft richtig, ja schlagend ausdrückten, oft aber auch, gemäß der menschlichen Selbsttäuschung und Prahlerei, das gerade Gegenteil.

Jetzt wies ein feiner Finger mit einem scharfen schwarzen Schatten auf das hellbeleuchtete Blatt und eine Devise von unbekanntem Ursprung. Es war der über die Schultern des Königs guckende Page, die Devise aber lautete: »Courte et bonne!« Das heißt: Soll ich mir ein Leben wählen, so sei es ein kurzes und genußvolles! Der König las, sann einen Augenblick, schüttelte bedenklich den Kopf und zupfte über sich greifend seines Pagen wohlgebildeten Ohrlappen. Dann drückte er Leubelfing auf seinen Schemel nieder, in der Absicht, ihm eine kleine Predigt zu halten. »Gust Leubelfing«, begann er lehrhaft behaglich, den Kopf rückwärts in das Polster gedrückt, so daß das volle Kinn mit dem goldhaarigen Zwickel vorsprang und das schalkhafte Licht der halbgeschlossenen Augen auf das lauschend gehobene Antlitz des Pagen niederblitzte, »Gust Leubelfing, mein Sohn! Ich vermute, diesen fragwürdigen Spruch hat ein Weltkind erfunden, ein ›Epikurer‹, wie Doktor Luther solche Leute nennt. Unser Leben ist Gottes. So dürfen wir es weder lang noch kurz wünschen, sondern wir nehmen es wie Er es gibt. Und gut? Freilich gut, das ist schlicht und recht. Aber nicht voll Rausches und Taumels wie der französische Spruch

hier unzweifelhaft bedeutet. Oder wie hast *du* ihn verstanden, mein lieber Sohn?«
Leubelfing antwortete erst schüchtern und befangen, dann aber mit jeder Silbe freudiger und entschlossener: »Solchergestalt, mein gnädiger Herr: Ich wünsche mir alle Strahlen meines Lebens in *ein* Flammenbündel und in den Raum *einer* Stunde vereinigt, daß statt einer blöden Dämmerung ein kurzes, aber blendend helles Licht von Glück entstünde, um dann zu löschen wie ein zukkender Blitz.« Sie hielt inne. Dem Könige schien dieser Stil und dieser »zuckende Blitz« nicht zu gefallen, obgleich es die Lieblingsmetapher des Jahrhunderts war. Er kräuselte spottend die feinen Lippen. Aber das noch unausgesprochene rügende Wort unterbrechend, leidenschaftlich hingerissen, rief der Page aus: »Ja, so möcht ich! Courte et bonne!« Dann besann er sich plötzlich und fügte demütig bei: »Lieber Herr! Möglicherweise mißversteh ich den Spruch. Er ist vieldeutig, wie die meisten hier im Buche. Eines aber weiß ich und das ist die lautere Wahrheit: wenn dich, mein liebster Herr, die Kugel, welche dich heute streifte« – er verschluckte das Wort – »Courte et bonne! hätte es geheißen, denn du bist ein Jüngling zugleich und ein Mann – und dein Leben ist ein gutes!«
Der König schloß die Augen und verfiel dann, tagesmüde wie er war, in den Schlummer, den er erst heuchelte, um die Schmeichelei des Pagen nicht gehört zu haben oder wenigstens nicht zu beantworten.
So spielte der Löwe mit dem Hündchen und auch das Hündchen mit dem Löwen. Und als ob ein neckisches oder verderbliches Schicksal es darauf absehe, dem verliebten Kinde seinen vergötterten Helden aufs innigste

zu verbinden, ihm denselben in immer neuer Gestalt und in seinen tiefsten Empfindungen zeigend, ließ es den Pagen mit seinem Herrn auch den herbsten Schmerz teilen, welchen es gibt, den väterlichen.
Der König bediente sich Leubelfings, dem er das unbedingteste Vertrauen bewies, um die regelmäßig aus Stockholm anlangenden Briefe der Hofmeisterin seines Prinzeßchens sich vorlesen und dann auch beantworten zu lassen. Diese Dame schrieb einen kritzlichen, schmalen Buchstaben und einen breiten gründlichen Stil, so daß Gustav ihre umständlichen Schreiben meist gleich dem Pagen zuschob, dessen rasche Augen und bewegliche Lippen die Zeilen einer Briefseite nicht weniger behende hinuntersprangen als seine jungen Füße die ungezählten Stufen einer Wendeltreppe. Eines Tages bemerkte Leubelfing in der Ecke des Briefumschlages das große S, womit man damals wichtige oder sekrete Schreiben zu bezeichnen pflegte, damit sie der Empfänger persönlich öffne und lese. Die Pageneigenschaften: Neugierde und Keckheit überwogen. Leubelfing brach das Siegel und eine wunderliche Geschichte kam zum Vorschein. Die Hofmeisterin des Prinzeßchens hatte – gemäß dem vom Könige selbst verfaßten und frühe Erlernung der Sprachen vorschreibenden Studienplane – an der Zeit gefunden, der Christel einen Lehrer des Italienischen zu bestellen. Die mit Umsicht vorgenommene Wahl schien geglückt. Der noch junge Mann, ein Schwede von guter Abkunft, welcher sich auf langen Reisen weit in der Welt umgesehen hatte, vereinigte alle Vorzüge der Erscheinung und des Geistes, einen edelschlanken Körperbau, einnehmende Gesichtszüge, eine feingewölbte Stirn, ein gefälliges

Betragen, eine befestigte Sittlichkeit, gleich weit entfernt von finsterer Strenge und lächerlicher Pedanterie, adeliges Ehrgefühl, christliche Demut. Und die Hauptsache: ein echtes Luthertum, welches, wie er selbst bekannte, erst in der modernen Babylon angesichts der römischen Greuel aus einer erlernten Sache ihm zu einer selbständigen und unerschütterlichen Überzeugung geworden sei. Die kühle und verständige Hofmeisterin wiederholte in jedem ihrer Briefe, dieser Jüngling habe es ihr angetan. Auch die junge Prinzeß lernte frisch drauflos mit ihrem aufgeweckten Kopf und unter einem solchen Lehrer. Da ertappte die Hofmeisterin eines Tages die gelehrige und phantasiereiche Christel, wie sie, in einem Winkel geduckt, sich im stillen damit vergnügte, die Kugeln eines Rosenkranzes von wohlduftenden Zedernholz herunterzubeten, an denen sie von Zeit zu Zeit mit schnupperndem Näschen roch. »Ein reißender Wolf im Schafskleide!« schrieb die brave Hofmeisterin mit fünf Ausrufungszeichen. »Ich schlug die Hände über dem Kopfe zusammen und wurde zur weißen Bildsäule.«

Auch Gustav Adolf erbleichte, im Tiefsten erschüttert, und seine großen blauen Augen starrten in die Zukunft. Er kannte die Gesellschaft Jesu.

Der Jesuit war ins Gefängnis gewandert, und ihm stand, nach dem drakonischen schwedischen Gesetze, eine Halsstrafe bevor, wenn der König nicht Gnade vor Recht ergehen ließ. Dieser aber befahl dem Pagen umgehend an die Hofmeisterin zu schreiben: Mit dem Mädchen seien nicht viel Worte zu machen, die Sache als eine Kinderei zu behandeln; den Jesuiten schaffe man ohne Geschrei und Aufsehen über die Grenze,

»denn« – so diktierte er Leubelfing – »ich will keinen Märtyrer machen. Der verblendete Jüngling mit seinem gefälschten Gewissen ließe sich schlankweg köpfen, um in die Purpurwolke der Blutzeugen aufgenommen zu werden und gen Himmel zu fahren mitsamt seiner geheimen bösen Lust, das bildsame Gehirn meines Kindes mißhandelt zu haben.«

Aber mehrere Tage lang ließ ihn »das Unglück und das Verbrechen« – so nannte er das Attentat auf die Seele seines Kindes – nicht mehr los und er erging sich in Gegenwart seines Lieblings, weit über Mitternacht, bis zum Erlöschen seiner Ampel, rastlos auf und nieder schreitend, freilich eher im Selbst- als im Zwiegespräche, über die Lüge, die Sophistik und die Verlarvungen der frommen Väter, während sich der im Halbdunkel sitzende Page entsetzt und zerknirscht an die klopfende junge Brust schlug und die leisen beschämenden Worte sich zurief: »Auch du bist eine Lügnerin, eine Sophistin, eine Verlarvte!«

Seit jenen nächtigen Stunden ängstigte sich der Page furchtbar, bis zur Zerrüttung, über seine Larve und sein Geschlecht. Der nichtigste Umstand konnte die Entdeckung herbeiführen. Dieser Schande zu entgehen, beschloß der Ärmste zehnmal im Abenddunkel oder in der Morgenfrühe, sein Roß zu satteln, bis an das Ende der Welt zu reiten, und zehnmal wurde er zurückgehalten durch eine unschuldige Liebkosung des Königs, der keine Ahnung hatte, daß ein Weib um ihn war. Leicht zumute wurde ihm nur im Pulverdampfe. Da blitzten seine Augen und fröhlich ritt er der tödlichen Kugel entgegen, welche er herausforderte, seinen bangen Traum zu endigen. Und wann der König hernach in seiner Abendstunde beim trauten Lichtschein seinen Pagen über einer Dummheit oder Unwissenheit ertappte, beim Kopfe kriegte und ihm mit einem ehrlichen Gelächter durch das krause Haar fuhr, sagte sich dieser in herzlicher Lust und Angst erbebend: »Es ist das letztemal!«

So fristete er sich und genoß das höchste Leben mit der Hülfe des Todes.

Es war seltsam. Leubelfing fühlte es: auch der König lebte mit dem Tode auf einem vertrauten Fuße. Der Friedländer hatte den Angriff an sich gerissen und den Eroberer in die unerträgliche Lage eines Weichenden, beinahe Flüchtigen gebracht. So legte der christliche Held sein Schicksal täglich, ja stündlich und fast herausfordernd in die Hände seines Gottes. Den Brustharnisch, welchen ihm der Page zu bieten pflegte, wies er beharrlich zurück unter dem Vorwand einer Schulterwunde, welche der anliegende Stahl drücke. Ein schmiegsames feines Panzerhemde, wie die Klugen und Vorsichtigen es auf bloßem Leibe trugen, ein Meisterstück niederländischer Schmiedekunst, langte an und die Königin schrieb dazu, sie hätte erfahren, der Friedländer trage ein solches, ihr Herr und Gemahl dürfe nicht schlechter beschirmt in den Kampf gehen. Dies feine Geschmiede warf Gustav als eine Feigheit verächtlich in einen Winkel.

Einmal in der Stille der Nacht hörte Leubelfing, dessen Haupt von demjenigen des Königs nur durch die Wand getrennt war, sich dicht an dieselbe drückend, wie Gustav inbrünstig betete und seinen Gott bestürmte, ihn im Vollwerte hinwegzunehmen, wenn seine Stunde da sei, bevor er ein Unnötiger oder Unmöglicher werde.

Zuerst quollen der Lauscherin die Tränen, dann erfüllte sie vom Wirbel zur Zehe eine selbstsüchtige Freude, ein verstohlener Jubel, ein Sieg, ein Triumph über die Ähnlichkeit ihres kleinen mit diesem großen Lose, der dann mit dem albernen Kindergedanken, eine gemeinsame Silbe beendige ihren Namen und beginne den des Königs, sich in Schlummer verlor.

Aber der Page träumte schlecht, denn er träumte mit seinem Gewissen. In den richtenden Bildern, welche vor seinen Traumaugen aufstiegen, geschah es bald, daß der König den Entdeckten mit flammendem Blick und verurteilender Gebärde von sich wies, bald verjagte ihn die Königin mit einem Besenstiel und den derbsten Scheltworten, wie die gebildete Frau solche am Tage nie über die Lippen ließ, ja welche sie wohl gar nicht kannte.

Einmal träumte dem Pagen, seine Fuchsstute gehe mit ihm durch und rase durch eine nackte von einer zornigen Spätglut gerötete Gegend einer Schlucht zu, der König setze ihm nach, er aber stürze vor den Augen seines Retters oder Verfolgers in die zerschmetternde Tiefe, von einem höllischen Gelächter umklungen.

III

Leubelfing erwachte mit einem jähen Schrei. Der Morgen dämmerte und der Page fand seinen König, der sich in einem Zuge kühl und hell geschlafen hatte, in der gelassensten und leutseligsten Laune von der Welt. Ein Brief der Königin langte an, der eben nichts Dringliches enthielt, wenn nicht die Nachschrift, worin sie ihren Gemahl bat, zum Rechten zu sehen in einem Fall und in einer Nöte, welche der hilfreichen Frau naheging. Der Herzog von Lauenburg, ein unsittlicher Mensch, der vor kaum ein paar Monaten eine der vielen Basen der Königin aus politischen Gründen geheiratet hatte, gab öffentliches Ärgernis, indem er, von den blonden Flechten und wasserblauen Augen seines Weibes gelangweilt, seine Flitterwochen abgekürzt hatte und, in das schwedische Lager zurückgeeilt, eine blutjunge Slavonierin neben sich hielt. Diese hatte er, als ein Wegelagerer der er war, aus der Mitte einer niedergerittenen friedländischen Eskorte weggefangen. Nun ersuchte die Königin ihren Gemahl, diesem prahlerischen Ehebruch ein rasches Ende zu machen; denn der Lauenburger, die Blicke nur des Königs ausweichend, prunkte vor seinen Standesgenossen mit der hübschen Beute und gönnte sich, als einem Reichsfürsten, die Sünde und den Skandal dazu. Gustav Adolf faßte die Sache als eine einfache Pflichterfüllung auf und gab kurzweg den Befehl, die Slavonierin – man nannte sie die Corinna – zu ergreifen und ihm vorzuführen in der achten Stunde, wo er von einem kurzen Rekognoszierungsritte zurück zu sein glaubte. Streng und menschlich zugleich, dachte er das Mädchen, dem er, den Lauenburger kennend, den kleinern Teil der Schuld beimaß, zu ermahnen und dann ihrem Vater in das wallensteinische Lager zuzusenden. Er verritt, den Pagen Leubelfing zurücklassend mit der Weisung, die Königin brieflich zu beruhigen; er werde eine eigenhändige Zeile beifügen. Acht Uhr verstrich und der König war noch nicht wieder angelangt, wohl aber die Corinna, von ein paar grimmigen schwedischen Pikenieren begleitet, welche sie dem Pagen, der im Vorzimmer über seinem Briefe saß, Degen und Pistolen neben sich auf den Tisch gelegt, überlieferten. Vor dem Tore des Schlößchens stand ja eine Wache.

Neugierig schickte der Page einen Blick über seine Buchstaben hinweg nach der Gefangenen, die er sich setzen hieß, und erstaunte über ihre Schönheit. Nur von mittlerer Größe, trug sie über vollen Schultern auf einem feinen Halse ein wohlgebildetes kleines Haupt. Wenig fehlte, stillere Augen, freiere Stirn, ruhigere Naslöcher und Mundwinkel, so war es das süße Haupt einer Muse, wie unmusenhaft die Corinna sein mochte. Pechschwarze Flechten und dunkeldrohende Augen bleichten das fesselnde Gesicht. Die in Unordnung geratene buntfarbige Kleidung, von keinem südlich leuchtenden Himmel gedämpft, erschien unter einem nordischen grell und aufdringlich. Der Busen klopfte sichtbar.

Das Schweigen wurde dem Mädchen unerträglich. »Wo ist der König, Junker?« fragte sie mit einer hohen, vor Erregung schreienden Stimme. »Ist verritten. Wird gleich zurück sein!« antwortete Leubelfing in seiner tiefsten Note.

»Der König bilde sich nur nicht ein, daß ich von dem Herzoge lasse«, fuhr das leidenschaftliche Mädchen mit unbändiger Heftigkeit fort. »Ich liebe ihn zum Sterben. Und wo sollte ich hin? Zu meinem Vater? Der würde mich grausam mißhandeln. Ich bleibe. Der König hat dem Herzog nichts zu befehlen. Mein Herzog ist ein Reichsfürst.« Offenbar plapperte die Angstvolle dem Lauenburger nach, welcher, ob auch an und für sich ein frevelhafter Mensch, seinen Fürstenmantel, halb im Hohn, halb im Ernst, allen seinen Missetaten umhing.

»Nutzt ihm nichts, Jungfer«, versetzte der Page Gustav

Adolfs. »Reichsfürst hin, Reichsfürst her, der König ist sein Kriegsherr, und der Lauenburger hat zu parieren.« »Der Herzog«, zankte die Slavonierin, »ist vom alleredelsten Blut, der König aber stammt von einem gemeinen schwedischen Bauer.« Ihr Freund, der Lauenburger, mochte ihr das aus dem Bauerkleide Gustav Wasas entstandene Märchen vorgestellt haben. Leubelfing erhob sich beleidigt und schritt bolzgerade auf die Corinna zu, machte dicht vor ihr halt und fragte gestreng: »Was sagst?« Auch das Mädchen hatte sich ängstlich erhoben und fiel jetzt mit plötzlich verändertem Ausdruck dem Pagen um den Hals: »Teurer Herr! Schöner Herr! Helft mir! Ihr müßt mir helfen! Ich liebe den Lauenburger und lasse nicht von ihm! Niemals!« So rief und flehte sie und küßte und herzte und drückte den Pagen, dann aber wich sie in unsäglicher Verblüffung einen Schritt zurück und das seltsamste Lächeln der Welt irrte um ihren spöttisch verzogenen Mund.

Der Page wurde bleich und fahl. »Schwesterchen«, lispelte die Corinna mit einem schlauen Blick, »wenn du deinen Einfluß« – in demselben Moment hatte Leubelfing sie mit kräftiger Linken am Arme gepackt, auf die Kniee niedergedrückt und den Lauf seines rasch ergriffenen Pistols der Schläfe des kleinen Kopfes genähert. »Drück los«, rief die Corinna halb wahnsinnig, »und der Lust und des Elends sei ein Ende!« wich aber doch dem Lauf mit den behendesten und gelenkigsten Drehungen und Wendungen ihres Hälschens aus.

Jetzt setzte ihr Leubelfing den kalten Ring des Eisens mitten auf die Stirn und sprach totenbleich, aber ruhig: »Der König weiß nichts davon, bei meiner Seligkeit.« Ein ungläubiges Lächeln war die Antwort. »Der König weiß nichts davon«, wiederholte der Page, »und du schwörst mir bei diesem Kreuz« – er hatte es ihr an einem goldenen Kettchen aus dem Busen gezerrt – »von wem hast du das? von deiner Mutter, sagst du? – Du schwörst mir bei diesem Kreuz, daß auch du nichts davon weißt! Mach schnell, oder ich schieße!«

Aber der Page senkte seine Waffe, denn er vernahm Roßgestampf, das Gerassel des militärischen Saluts und die treppansteigenden schweren Tritte des Königs. Er warf noch einen Blick auf die sich von den Knieen erhebende Corinna, einen flehenden Blick, in welchem zu lesen war, was er nie ausgesprochen hätte: »Sei barmherzig! Ich bin in deiner Gewalt! Verrate mich nicht! Ich liebe den König!«

Dieser trat ein, ein anderer Mann, als er vor zwei Stunden verritten war, streng wie ein Richter in Israel, in heiliger Entrüstung, in loderndem Zorn, wie ein biblischer Held, der ein himmelschreiendes Unrecht aus dem Mittel heben muß, damit nicht das ganze Volk verderbe. Er hatte einem empörenden Auftritt, einer ekelerregenden Szene beigewohnt: der Beraubung eines vor dem Friedländer in das schwedische Lager flüchtenden Haufens deutscher Bauern durch deutschen Adel unter Führung eines deutschen Fürsten.

Die Herren hatten im Gezelt eines der Ihrigen bis zur Morgendämmerung gezecht, gewürfelt, gekartet. Ein Abenteurer zweifelhaftester Art, der Bank hielt, hatte sie alle ausgebeutelt. Den mutmaßlich falschen Spieler ließen sie nach einem kurzen Wortwechsel – er war von Adel – als einen Mann ihrer Gattung unangefochten ziehen, brachen dagegen, gereizt und übernächtig zu ihren Zelten kehrend, in ein Gewirr schwer beladener

Wagen ein, das sich in einer Lagergasse staute. Der Lauenburger, der im Vorbeireiten sein Zelt öffnend, das Nest leer gefunden und seinen Verdacht ohne weiteres auf den König geworfen hatte, kam ihnen nachgesprengt und feuerte ihre Raubgier zu einer Tat an, von welcher er wußte, daß sie, von dem Könige vernommen, Gustav Adolf in das Herz schneiden würde.

Aber dieser sollte den Frevel mit Augen sehen. Mitten in den Tumult – Kisten und Kasten wurden erbrochen, Rosse niedergestochen oder geraubt, Wehrlose mißhandelt, sich zur Wehre Setzende verwundet – ritt der König hinein, zu welchem sich flehende Arme, Gebete, Flüche, Verwünschungen erhoben nicht anders als zum Throne Gottes. Der König beherrschte und verschob seinen Zorn. Zuerst gab er Befehl, für die mißhandelten Flüchtlinge zu sorgen, dann befahl er die ganze adelige Sippe zu sich auf die neunte Stunde. Heimreitend, hielt er vor dem Zelt des Generalgewaltigen, hieß ihn seinen roten Mantel umwerfen und – in einiger Entfernung – folgen.

In dieser Stimmung befand sich König Gustav, als er die Beihälterin des Lauenburgers erblickte. Er maß das Mädchen, deren wilde Schönheit ihm mißfiel und deren grelle Tracht seine klaren Augen beleidigte.

»Wer sind deine Eltern?« begann er, es verschmähend, sich nach ihrem eigenen Namen oder Schicksal zu erkundigen.

»Ein Hauptmann von den Kroaten; die Mutter starb früh weg«, erwiderte das Mädchen, mit ihren dunkeln seinen hellen Augen ausweichend.

»Ich werde dich deinem Vater zurücksenden«, sagte er.

»Nein«, antwortete sie, »er würde mich erstechen.«

Eine mitleidige Regung milderte die Strenge des Königs. Er suchte für das Mädchen einen geringen Straffall. »Du hast dich im Lager in Männerkleidern umgetrieben, dieses ist verboten«, beschuldigte er sie.
»Niemals«, widersprach die Corinna aufrichtig entrüstet, »nie beging ich diese Zuchtlosigkeit.«
»Aber«, fuhr der König fort, »du brichst die Ehe und machst eine edle junge Fürstin unglücklich.«
Eine rasende Eifersucht loderte in den Augen der Slavonierin. »Wenn er nun mich mehr, mich allein liebt, was kann ich dafür? Was kümmert mich die andere?« trotzte sie wegwerfend. Der König betrachtete sie mit einem erstaunten Blicke, als frage er sich, ob sie je in eine christliche Kinderlehre gegangen sei.
»Ich werde für dich sorgen«, sagte er dann. »Jetzt befehle ich dir: Du lässest von dem Lauenburger auf immer und ewig. Deine Liebe ist eine Todsünde. Wirst du gehorchen?« Sie hielt erst mit zwei lodernden Fackeln, dann mit einem festen starren Blick den des Königs aus und schüttelte das Haupt. Dieser wendete sich gegen den Generalgewaltigen, der unter der Türe stand.
»Was soll der mit mir?« frug das Mädchen schaudernd. »Ist's der Henker? Wird er mich richten?«
»Er wird dir die Haare scheren, dann bringt dich der nächste Transport nach Schweden, wo du in einem Besserungshause bleibst, bis du ein evangelisches Weib geworden bist.«
Ein heftiger Stoß von wunderlichen Befürchtungen und unbekannten Schrecken warf das kleine Gehirn über den Haufen. Ein geschorenes Schädelchen, welche entehrendere, beschämendere Entblößung konnte es geben! Schweden, das eisige Land mit seiner Winter-

nacht, von welchem sie hatte fabeln hören, dort sei der Eingang zum Reiche der Larven und Gespenster! Besserung? Welche ausgesuchte, grausame Folter bedeutete dieses ihr unbekannte Wort? Ein evangelisches Weib! Was war das, wenn nicht eine Ketzerin? Und so sollte sie zu alledem noch ihres bescheidenen himmlischen Teiles verlustig gehen? Sie, die kein Fasten brach und keine fromme Übung versäumte! Sie ergriff das Kreuz, das an dem zerrissenen Kettchen niederhing, und küßte es inbrünstig.

Dann ließ sie die irren Augen im Kreise laufen. Diese blieben auf dem Pagen haften und Rachelust flammte darin auf. Sie öffnete den Mund, um den König, welcher sie des Ehebruchs geziehen, gleicherweise einen Ehebrecher zu schelten. Dieser stand ruhig beiseite. Er hatte den Brief des Pagen in die Hand genommen und durchflog denselben mit nahen Blicken. Seine aufmerksamen Züge, deren aus Gerechtigkeit und Milde gemischter Ausdruck etwas Majestätisches und Göttliches hatte, erschreckten die Corinna; sie fürchtete sich davor als vor etwas Fremdem und Unheimlichem. Das wildwüchsige Mädchen, welches jedes von einer faßlichen Leidenschaft verzogene Männerantlitz richtig beurteilte, ohne davor zu erschrecken, wurde aus dieser veredelten menschlichen Miene nicht klug. Sie mochte den König nicht länger ansehen. Am Ende, dachte sie, ist der Schneekönig ein gefrorener Mensch, der die Nähe des Weibes und die ihn heimlich umschleichende Liebe nicht spürt. Ich könnte das junge Blut verderben! Wozu aber auch? Und dann – sie liebt ihn.

Jetzt trat der Profos einen Schritt vorwärts und streckte die Hand nach der Slavonierin aus. Diese gab sich verloren. Blitzschnell richtete sie sich an dem Pagen auf und wisperte ihm ins Ohr: »Laß mir zehn Messen lesen, Schwesterchen! von den teuren! Du bist mir eine dicke Kerze schuldig! Nun, eine hat das Glück, die andere« – sie fuhr in die Tasche, zog einen Dolch heraus, schleuderte die Scheide ab und zerschnitt sich in einem kunstfertigen Zug die Halsader wie einem Täubchen. So mochte sie es in einer Feldküche gelernt und geübt haben.

Der Generalgewaltige spreitete seinen roten Mantel, legte sie der Länge nach darauf, hüllte sie ein und trug sie wie ein schlafendes Kind auf beiden Armen durch eine Seitentüre hinweg.

Jetzt wurde es im Nebenzimmer lebendig von allerhand ungebührlich laut geführten Unterhaltungen und mit dem Schlage neun trat der König, welchem Leubelfing die Flügeltür öffnete, unter die versammelten deutschen Fürsten und Herren.

Sie bildeten in dem engen Raume einen dichtgedrängten Kreis und mochten ihrer fünfzig oder sechzig sein. Die Herrschaften hielten sich nicht allzu ehrerbietig, manche sogar nachlässig, als ob sie ebensowenig die Farbe der Scham als die Farbe der Furcht kennten: schlaue neben verwegenen, ehrgeizige neben beschränkten, fromme neben frechen Köpfen; die Mehrzahl Leute, die ihren Mann stellten und mit denen gerechnet werden mußte. Links vom Könige hielt sich in bescheidener Haltung der Hauptmann Erlach, der eigentlich hier nichts zu suchen hatte. Dieser Kriegsmann war unter die Fahnen Gustav Adolfs getreten, als des gottesfürchtigsten Helden seiner Zeit, und hatte dem Könige oft bekannt, ihn jammere der Sünden, die er hier außen im Reiche sehen müsse: Undank, Maske, Fallstrick, Intrige, Kabale, verdecktes Spiel, verteilte Rollen, verwischte Spuren, Bestechung, Länderverkauf, Verrat, lauter in seinen helvetischen Bergen vollständig unbekannte und unmögliche Dinge. Er hatte sich hier eingefunden, vielleicht um seinem intimen Freunde, dem französischen Gesandten, welcher sich von seiner Sitteneinfalt angezogen fühlte, etwas Neues erzählen zu können, worauf die Franzosen brennen, wie sie einmal sind; vielleicht auch nur, um zur Erbauung seiner Seele einem Sieg der Tugend über das Laster beizuwohnen. Er kniff seelenruhig die Augen und wirbelte die Daumen der gefalteten Hände. Diesem Tugendbilde gegenüber, rechts vom Könige, stand die freche Sünde: der Lauenburger, mit unruhigen Füßen in seiner reichsten Tracht und seinem kostbarsten Spitzenkragen, dämonisch lächelnd und die Augen rollend. Er war einem Knecht des Gewaltigen begegnet, welchem dieser seinen Mantel übergeben. Unter dessen Falten hatte er eine Menschengestalt erkannt, war hinzugetreten und hatte das Tuch aufgeschlagen.

Gustav maß die Versammlung mit einem verdammenden Blick. Dann brauste der Sturm. Seltsam – der König, gereizt durch den Widerspruch dieser stolzen Gesichter, dieser übermütigen Haltungen, dieser prunkenden Rüstungen mit dem Unadel der darunter schlagenden Herzen, bediente sich, um den Hochmut zu erniedrigen und das Verbrechen zu brandmarken, absichtlich einer groben, ja bäurischen Rede, wie sie ihm sonst nicht eigen war.

»Räuber und Diebe seid ihr vom ersten zum letzten! Schande über euch! Ihr bestehlet eure Landsleute und

Glaubensgenossen! Pfui! Mir ekelt vor euch! Das Herz gällt mir im Leibe! Für eure Freiheit habe ich meinen Schatz erschöpft – vierzig Tonnen Goldes – und nicht so viel von euch genommen um mir eine Reithose machen zu lassen! Ja, eher bar wär ich geritten, als mich aus deutschem Gute zu bekleiden! Euch schenkte ich, was mir in die Hände fiel, nicht einen Schweinestall hab ich für mich behalten!«

Mit so derben und harten Worten beschimpfte der König diesen Adel.

Dann einlenkend, lobte er die Bravour der Herren, ihre untadelige Haltung auf dem Schlachtfelde und wiederholte mehrmals: »Tapfer seid ihr, ja, das seid ihr! Über euer Reiten und Fechten ist nicht zu klagen!« ließ dann aber einen zweiten noch heftigeren Zorn aufflammen: »Rebelliert ihr gegen mich«, forderte er sie heraus, »so will ich mich an der Spitze meiner Finnen und Schweden mit euch herumhauen, daß die Fetzen fliegen.«

Er schloß dann mit einer christlichen Vermahnung und der Bitte, die empfangene Lehre zu beherzigen. Herr Erlach trocknete sich mit der Hand eine Träne. Die Herren gaben sich die Miene, es fechte sie nicht sonderlich an, aber ihre Haltung war sichtlich eine bescheidenere geworden. Einige schienen ergriffen, ja gerührt. Das deutsche Gemüt erträgt eine grobe, redliche Schelte besser, als eine lahme Predigt oder einen feinen schneidenden Hohn.

Insoweit wäre es nun gut und in der Ordnung gewesen. Da ließ der Lauenburger, halb gegen den König, halb gegen seine Standesgenossen gewendet, in nackter Frechheit ein ruchloses Wort fallen:

»Wie mag Majestät über einen Dreck zürnen? Was haben wir Herren verbrochen? Unsere Untertanen erleichtert!«

Gustav erbleichte. Er winkte dem Generalgewaltigen, der hinter der Türe lehnte.

»Lege diesem Herrn deine Hand auf die Schulter!« befahl er ihm. Der Profos trat heran, wagte aber nicht zu gehorchen; denn der Fürst hatte den Degen aus der Scheide gerissen und ein gefährliches Gemurmel lief durch den Kreis.

Gustav entwaffnete den Lauenburger, stemmte die Klinge gegen den Fuß und ließ sie in Stücke springen. Dann ergriff er die breite behaarte Hand des Gewaltigen, legte und drückte selbst sie auf die Schulter des Lauenburgers, der wie gelähmt war, und hielt sie dort eine gute Weile fest, sprechend: »Du bist ein Reichsfürst, Bube, dir darf ich nicht an den Kragen, aber die Hand des Henkers bleibe über dir!«

Dann wandte er sich und ging. Der Profos folgte ihm mit gemessenen Schritten.

Den Pagen Leubelfing, welchen die enge stehenden Herrschaften in eine Fensternische gedrängt hatten, vor der eine schwere Damastdecke mit riesigen Quasten niederhing, hatte der Vorgang bis zu einem krampfhaften Lachen ergötzt. Nach dem blutigen Untergange der Corinna, der ihn zugleich erschüttert und erleichtert hatte, waren ihm die von seinem Helden heruntergemachten Fürsten wie die Personen einer Komödie erschienen, ungefähr wie ein Knabe mit Vergnügen und unterdrücktem Gelächter seinen Vater, in dessen Hut er sich weiß und dessen Ansehn und Macht er bewundert, einen pflichtvergessenen Knecht schelten hört. Bei der ersten Silbe aber, welche der Lauenburger aussprach, war er zusammengeschrocken über die unheimliche Ähnlichkeit, welche die Stimme dieses Menschen mit der seinigen hatte. Derselbe Klang, dasselbe Mark und Metall. Und dieser Schreck wurde zum Grauen, als jetzt, nachdem König Gustav sich entfernt hatte, der Lauenburger eine erkünstelte Lache aufschlug und in die gellenden Worte ausbrach: »Er hat wie ein Stallknecht geschimpft, der schwedische Bauer! Donnerwetter, haben wir den heute geärgert! Pereat Gustavus! Es lebe die deutsche Libertät! Machen wir ein Spielchen, Herr Bruder, in meinem Zelt! Ich lasse ein Fäßchen Würzburger anzapfen!« und er legte seinen rechten Arm in den linken der Fürstlichkeit, die ihm zunächst stand. Dieser Herr aber zog seinen linken Arm höflich zurück und antwortete mit einer gemessenen Verbeugung: »Bedaure, Euer Liebden. Bin schon versagt.«

Sich an einen andern wendend, den Raugrafen, lud der Lauenburger ihn mit noch lustigeren und dringlicheren Worten: »Du darfst es mir nicht abschlagen, Kamerad! Du bist mir noch Revanche schuldig!« Der Raugraf aber, ein kurz angebundener Herr, wandte ihm ohne weiteres den Rücken. Sooft er seine Versuche wiederholte, so oft wurde er, und immer kürzer und derber abgewiesen. Vor seinen Schritten und Gebärden bildete sich eine Leere und entfüllte sich der Raum.

Jetzt stand er allein in der Mitte des von allen verlassenen Gemaches. Ihm wurde deutlich, daß er fortan von seinesgleichen streng werde gemieden werden. Sein Gesicht verzerrte sich. Wütend ballte der Gebrandmarkte die Faust und drohte, sie erhebend, dem Schicksal oder dem Könige. Was er murmelte, verstand der Page nicht, aber der Ausdruck des vornehmen Kopfes war ein so teuflischer, daß der Lauscher einer Ohnmacht nahe war.

IV

In der Dämmerstunde desselben ereignisvollen Tages wurde dem Könige ein mit einem richtig befundenen Salvokondukt versehener friedländischer Hauptmann gemeldet. Es mochte sich um die Bestattung der in dem letzten Zusammenstoße Gefallenen oder sonst um ein Abkommen handeln, wie sie zwischen sich gegenüberliegenden Heeren getroffen werden.

Page Leubelfing führte den Hauptmann in das eben leere Empfangszimmer, ihn hier zu verziehen bittend; er werde ihn ansagen. Der Wallensteiner aber, ein hagerer Mann mit einem gelben verschlossenen Gesichte, hielt ihn zurück: er ruhe gern einen Augenblick nach seinem raschen Ritte. Nachlässig warf er sich auf einen Stuhl und verwickelte den Pagen, der vor ihm stehen geblieben war, in ein gleichgültiges Gespräch.

»Mir ist«, sagte er leichthin, »die Stimme wäre mir bekannt. Ich bitte um den Namen des Herrn.« Leubelfing, der gewiß war, diese kalte und diktatorische Gebärde nie in seinem Leben mit Augen gesehen zu haben, erwiderte unbefangen: »Ich bin des Königs Page, Leubelfing von Nüremberg, Gnaden zu dienen.«

»Eine kunstfertige Stadt«, bemerkte der andere gleichgültig. »Tue mir der junge Herr den Gefallen, diesen Handschuh – es ist ein linker – zu probieren. Man hat mir in meiner Jugend bei den Jesuiten, wo ich erzogen wurde, die demütige und dienstfertige Gewohnheit eingeprägt, die sich jetzt für meine Hauptmannschaft nicht mehr recht schicken will, verlorene und am Wege liegende Gegenstände aufzuheben. Das ist mir nun so geblieben.« Er zog einen ledernen Reithandschuh aus der Tasche, wie sie damals allgemein getragen wurden. Nur war dieser von einer ausnahmsweisen Eleganz und von einer auffallenden Schlankheit, so daß ihn wohl neun Zehntel der wallensteinischen oder schwedischen Soldatenhände hineinfahrend mit dem ersten Ruck aus allen seinen Nähten gesprengt hätten. »Ich hob ihn draußen von der untersten Stufe der Freitreppe.«

Leubelfing, durch den kurzen Ton und die befehlende Rede des Hauptmanns etwas gestoßen, aber ohne jedes Mißtrauen, ergriff in gefälliger Höflichkeit den Handschuh und zog sich denselben über die schlanken Finger. Er saß wie angegossen. Der Hauptmann lächelte zweideutig. »Er ist der Eurige«, sagte er.

»Nein, Hauptmann«, erwiderte der Page befremdet, »ich trage kein so feines Leder.« »So gebt mir ihn zurück!« und der Hauptmann nahm den Handschuh wieder an sich.

Dann erhob er sich langsam von seinem Stuhl und verneigte sich, denn der König war eingetreten.

Dieser tat einige Schritte mit wachsendem Erstaunen und seine starkgewölbten strahlenden Augen vergrößerten sich. Dann richtete er an den Gast die zögernden Worte: »Ihr hier, Herr Herzog?« Er hatte den Friedländer nie von Angesicht gesehen, aber oft dessen überallhin verbreitete Bildnisse betrachtet, und der Kopf war so eigentümlich, daß man ihn mit keinem andern verwechseln konnte. Wallenstein bejahte mit einer zweiten Verneigung.

Der König erwiderte sie mit ernster Höflichkeit: »Ich grüße die Hoheit, und stehe zu Diensten. Was wollet Ihr von mir, Herzog?« Er winkte den Pagen mit einer Gebärde weg.

Leubelfing flüchtete sich in seine anliegende Kammer, welche, ärmlich ausgerüstet, ein schmaler Riemen, zwischen dem Empfangszimmer und dem Schlafgemach des Königs, dem ruhigsten des Hauses, lag. Er war erschreckt, nicht durch die Gegenwart des gefürchteten Feldherrn, sondern durch das Unheimliche dieses späten Besuches. Ein dunkles Gefühl zwang ihn, denselben mit seinem Schicksale in Zusammenhang zu bringen.

Mehr von Angst als von Neugierde getrieben, öffnete er leise einen tiefen Schrank, aus welchem er – wenn es gesagt werden muß – durch eine Wandspalte den König schon einmal – nur einmal – belauscht hatte, um ihn ungestört und nach Herzenslust zu betrachten. Daß sein Auge und abwechselnd sein Ohr jetzt die Spalte nicht mehr verließ, dafür sorgte der seltsame Inhalt des belauschten Gespräches.

Die sich gegenüber Sitzenden schwiegen eine Weile, sich betrachtend, ohne sich zu fixieren. Sie wußten, daß, nachdem die das Schicksal Deutschlands bestimmende Schachpartie mit vieldeutigen Zügen und verdeckten Plänen begonnen und sich auf allen Feldern verwickelt hatte, vor der entscheidenden, eine neue Lage der Dinge schaffenden Schlacht das unterhandelnde Wort nicht am Platze und ein Übereinkommen unmöglich sei. Diesem Gefühle gab der Friedländer Ausdruck. »Majestät«, sagte er, »ich komme in einer persönlichen Angelegenheit.« Gustav lächelte kühl und verbindlich. Der Friedländer aber begann:

»Ich pflege im Bette zu lesen, wann mich der Schlaf meidet. Gestern oder heute früh fand ich in einem französischen Memoirenwerke eine unterhaltende Geschichte. Eine wahrhaftige Geschichte mit wörtlicher Angabe der gerichtlichen Deposition des Admirals – ich meine den Admiral Coligny, den ich als Feldherrn zu schätzen weiß. Ich erzähle sie mit der Erlaubnis der Majestät. Bei dem Admiral trat eines Tages ein Partisan ein, Poltrot oder wie der Mensch hieß. Wie ein halb Wahnsinniger warf er sich auf einen Stuhl und begann ein Selbstgespräch, worin er sich über den politischen und militärischen Gegner des Admirals, Franz Guise, leidenschaftlich äußerte und davon redete, den Lothringer aus der Welt zu schaffen. Es war, wie gesagt, das Selbstgespräch eines Geistesabwesenden und es stand bei dem Admiral, welchen Wert er darauf legen wollte – ich möchte die Szene einem Dramatiker empfehlen, sie wäre wirksam. Der Admiral schwieg, da er das Gerede des Menschen für eine leere Prahlerei hielt, und Franz Guise fiel, von einer Kugel –«

»Hat Coligny so gehandelt«, unterbrach der König, »so tadle ich ihn. Er tat unmenschlich und unchristlich.«

»Und unritterlich«, höhnte der Friedländer kalt.

»Zur Sache, Hoheit«, bat der König.

»Majestät, etwas Ähnliches ist mir heute begegnet, nur hat der zum Mord sich Erbietende eine noch künstlichere Szene ins Werk gesetzt. Einer der Eurigen wurde gemeldet, und da ich eben beschäftigt war, ließ ich ihn in das Nebenzimmer führen. Als ich eintrat, war er in der schwülen Mittagsstunde entschlummert und sprach heftig im Traume. Nur wenige gestammelte Worte, aber ein Zusammenhang ließ sich erraten. Wenn ich daraus klug geworden bin, hätte ihn Eure Majestät, ich weiß nicht womit, tödlich beleidigt, und er wäre entschlossen, ja genötigt, den König von Schweden umzubringen um jeden Preis, oder wenigstens um einen anständigen Preis, was ihm leicht sein werde, da er in der Nähe der Majestät und in deren täglichem Umgang lebe. Ich weckte dann den Träumenden, ohne ein Wort mit ihm zu verlieren, wenn nicht daß ich nach seinem Begehr fragte. Es handelte sich um Auskunft über einen schon vor Jahren in kaiserlichem Dienste verschollenen Rheinländer, ob er noch lebe oder nicht. Eine Erbsache. Ich gab Bescheid und entließ den Listigen. Nach seinem Namen fragte ich ihn nicht; er hätte mir einen falschen angegeben. Ihn aber auf das Zeugnis abgerissener Worte einer gestammelten Traumrede zu verhaften, wäre untunlich und eine schreiende Ungerechtigkeit gewesen.«

»Freilich«, stimmte der König bei.

»Majestät«, sprach der Friedländer jede Silbe schwer betonend, »du bist gewarnt!«

Gustav sann. »Ich will meine Zeit nicht damit verlieren und mein Gemüt nicht damit vergiften«, sagte er, »so zweifelhaften und verwischten Spuren nachzugehen. Ich stehe in Gottes Hand. Hat die Hoheit keine weiteren Zeugen oder Indizien?«

Der Friedländer zog den Handschuh hervor. »Mein Ohr und diesen Lappen da! Ich vergaß der Majestät zu sagen, daß der Träumer schlank war und ein ganz charakterloses, nichtssagendes Gesicht, offenbar eine jener eng anschließenden Larven trug, wie sie in Venedig mit der größten Kunst verfertigt werden. Aber seine Stimme war angenehm markig, ein Bariton oder tiefer Alt, nicht unähnlich der Stimme Eures Pagen, und der Handschuh, der ihm entfiel und bei mir liegen blieb, sitzt selbigem Herrn wie angegossen.«

Der König lachte herzlich. »Ich will mein schlummerndes Haupt in den Schoß meines Leubelfings legen«, beteuerte er.

»Auch ich«, erwiderte der Friedländer, »kann den jungen Menschen nicht beargwöhnen. Er hat ein gutes ehrliches Gesicht, dasselbe kecke Bubengesicht, womit meine barfüßigen böhmischen Bauermädchen herumlaufen. Doch, Majestät, ich bürge für keinen Menschen. Ein Gesicht kann täuschen und – täuschte es nicht – ich möchte keinen Pagen um mich sehen, wäre es mein Liebling, dessen Stimme klingt wie die Stimme meines Hassers, und dessen Hand dasselbe Maß hat wie die Hand meines Meuchlers. Das ist dunkel. Das ist ein Verhängnis. Das kann verderben.«

Gustav lächelte. Er mochte sich denken, daß der großartige Emporkömmling jetzt, da er durch seinen ungeheuerlichen Pakt mit dem Habsburger das Reich des Unausführbaren und Chimärischen betreten hatte, mehr als je allen Arten von Aberglauben huldigte. Den innern Widerspruch durchschauend zwischen dem Glauben an ein Fatum und den Versuchen, dieses Fatum zu entkräften, wollte der seines lebendigen Gottes Gewisse mit keinem Worte, nicht mit einer Andeutung ein Gebiet berühren, wo das Blendwerk der Hölle, wie er glaubte, sein Spiel trieb. Er ließ das Gespräch fallen und erhob sich, dem Herzoge für sein loyales Benehmen dankend. Doch griff er dabei nach dem Handschuh, welchen der Friedländer nachlässig auf ein zwischen ihnen stehendes Tischchen geworfen hatte, aber mit einer so kurzsichtigen Gebärde, daß sie dem scharf blickenden Wallenstein, der sich gleichfalls erhoben hatte, seinerseits ein unwillkürliches Lächeln abnötigte.

»Ich sehe mit Vergnügen«, scherzte der König, den Friedländer gegen die Türe begleitend, »daß die Hoheit um mein Leben besorgt ist.«

»Wie sollt ich nicht?« erwiderte dieser. »Ob sich die Majestät und ich mit unsern Armaden bekriegen, gehören die Majestät und ich« – der Herzog wich höflich einem »wir« aus – »dennoch zusammen. Einer ist undenkbar ohne den andern und« – scherzte er seinerseits – »stürzte die Majestät oder ich von dem einen Ende der Weltschaukel, schlüge das andere unsanft zu Boden.«

Wieder sann der König und kam unwillkürlich auf die Vermutung, irgendeine himmlische Konjunktur, eine Sternstellung habe dem Friedländer ihre beiden Todesstunden im Zusammenhange gezeigt, eine der anderen folgend mit verstohlenen Schritten und verhülltem Haupte. Seltsamerweise gewann diese Vorstellung trotz seines Gottvertrauens plötzlich Gewalt über ihn. Jetzt fühlte der christliche König, daß die Atmosphäre des Aberglaubens, welche den Friedländer umgab, ihn anzustecken beginne. Er tat wieder einen Schritt gegen den Ausgang.

»Die Majestät«, endete der Friedländer fast gemütlich seinen Besuch, »sollte sich wenigstens ihrem Kinde erhalten. Die Prinzeß lernt brav, wie ich höre, und ist der

Majestät an das Herz gewachsen. Wenn man keine Söhne hat! Ich bin auch solch ein Mädchenpapa!« Damit empfahl sich der Herzog.

Noch sah der Page, welchem das belauschte Gespräch wie ein Gespenst die Haare zu Berge getrieben hatte, daß Gustav sich in seinen Sessel warf und mit dem Handschuh spielte. Er entfernte das Auge von der Spalte, und in die Kammer zurückwankend, warf er sich neben dem Lager nieder, den Himmel um die Bewahrung seines Helden anflehend, dem seine bloße Gegenwart – wie der Friedländer meinte und er selbst nun zu glauben begann – ein geheimnisvolles Unheil bereiten konnte. »Was es mich koste«, gelobte sich der Verzweifelnde, »ich will mich von ihm losreißen, ihn von mir befreien, damit ihn meine unheimliche Nähe nicht verderbe.«

Da er ungerufen blieb, schlich er sich erst wieder zum Könige in jener Freistunde, welche dann zu ihrer größern Hälfte in gleichgültigem Gespräche verfloß. Wenn nicht, daß der König einmal hinwarf: »Wo hast du dich heute gegen Mittag umgetrieben, Leubelfing? Ich rief dich und du fehltest.« Der Page antwortete dann der Wahrheit gemäß: er habe mit dem Bedürfnis, nach den erschütternden Szenen des Morgens freie Luft zu schöpfen, sich auf das Roß geworfen und es in der Richtung des Wallensteinischen Lagers, fast bis in die Tragweite seiner Kanonen getummelt. Er wollte sich einen freundlichen Verweis des Königs zuziehen, doch dieser blieb aus. Wieder nahm das Gespräch eine unbefangene Wendung und jetzt schlug die zehnte Stunde. Da hob Gustav mit einer zerstreuten Gebärde den Handschuh aus der Tasche und ihn betrachtend sagte er: »Dieser ist nicht der meinige. Hast du ihn verloren, Unordentlicher, und ich ihn aus Versehen eingesteckt? Laß schauen!« Er ergriff spielend die linke Hand des Pagen und zog ihm das weiche Leder über die Finger. »Er sitzt«, sagte er.

Der Page aber warf sich vor ihm nieder, ergriff seine Hände und überströmte sie mit Tränen. »Lebe wohl«, schluchzte er, »mein Herr, mein Alles! Dich behüte Gott und seine Scharen!« Dann jählings aufspringend, stürzte er hinaus wie ein Unsinniger. Gustav erhob sich, rief ihn zurück. Schon aber erklang der Hufschlag eines galoppierenden Pferdes und – seltsam – der König ließ weder in der Nacht noch am folgenden Tage Nachforschungen über die Flucht und das Verbleiben seines Pagen anstellen. Freilich hatte er alle Hände voll zu tun; denn er hatte beschlossen, das Lager bei Nüremberg aufzuheben.

Leubelfing hatte den gestreckten Lauf seines Tieres nicht angehalten, dieser ermüdete von selbst am äußersten Lagerende. Da beruhigten sich auch die erregten Sinne des Reiters. Der Mond schien taghell und das Roß ging im Schritt. Bei klarerer Überlegung erkannte jetzt der Flüchtling im Dunkel jenes Ereignisses, das ihn von der Seite des Königs vertrieben hatte, mit den scharfen Augen der Liebe und des Hasses seinen Doppelgänger. Es war der Lauenburger. Hatte er nicht gesehen, wie der Gebrandmarkte die Faust gegen die Gerechtigkeit des Königs geballt hatte? Besaß der Gestrafte nicht den Scheinklang seiner Stimme? War er selbst nicht Weibes genug, um in jenem fürchterlichen Augenblicke die Kleinheit der geballten fürstlichen Faust bemerkt zu haben? Gewiß, der Lauenburger sann Rache, sann Mord gegen das geliebte Haupt. Und in dieser Stunde unheimlicher Verfolgung und Beschleichung seines Königs hatte sich Leubelfing aus der Nähe des Bedrohten verbannt. Eine unendliche Sorge für das Liebste, was er besessen, preßte ihm das Herz zusammen und löste sich bei dem Gedanken, daß er es nicht mehr besitze, in ein beklommenes Schluchzen und dann in unbändig stürzende Tränen. Eine schwedische Wacht, ein Musketier mit schon ergreistem Knebelbarte, der den schlanken Reiter weinen sah, verzog den Mund zu einer lustigen Grimasse, fragte dann aber gutmütig: »Sinnt der junge Herr nach Hause?« Leubelfing nahm sich zusammen und langsam weiterreitend entschloß er sich mit jener Keckheit, die ihm die Natur gegeben und das Schlachtfeld verdoppelt hatte, nicht aus dem Lager zu weichen. »Der König wird es abbrechen«, sagte er sich, »ich komme in einem Regiment unter und bleibe während der Märsche und Ermüdungen unbekannt! Dann die Schlacht!«

Jetzt gewahrte er einen Oberst, welcher die Lagerstraßen wachsam abritt. Das Licht des Mondes war so kräftig, daß man einen Brief hätte entziffern können. So erkannte er auf den ersten Blick einen Freund seines Vaters, denselben, welcher dem Hauptmann Leubelfing in dem für ihn tödlichen Duell sekundiert hatte. Er trieb seinen Fuchs zu der Linken des Schweden. Der Oberst, der in der letzten Zeit meist auf Vorposten gelegen, betrachtete den jungen Reiter aufmerksam. »Entweder ich irre mich«, begann er dann, »oder ich habe Euer Gnaden, wenn auch auf einige Entfernung, als Pagen neben dem Könige reiten sehen? Wahrlich, jetzt erkenne ich Euch wieder, ob Ihr auch etwas mondenblaß und schwermütig ausschaut.« Dann, plötzlich von einer Erinnerung überrascht: »Seid Ihr ein Nüremberger«, fuhr er fort, »und mit dem seligen Hauptmann Leubelfing verwandt? Ihr gleichet ihm zum Erschrekken, oder eigentlich seinem Kinde, dem Wildfang, der Gustel, die bis in ihr sechzehntes Jahr mit uns geritten ist. Doch Mondenlicht trügt und hext. Steigen wir ab. Hier ist mein Zelt.« Und er übergab sein Roß und das des Pagen einem ihn erwartenden Diener mit plattgedrückter Nase und breitem Gesichte, welcher seinen Gebieter mit einem gutmütigen stupiden Lächeln empfing.

»Mache sich's der Herr bequem«, lud der Alte den Pagen ein, ihm einen Feldstuhl bietend und sich auf seinen harten Schragen niederlassend. Zwei Windlichter gaben eine schwankende Helle.

Jetzt fuhr der Oberst ohne Zeremonie mit seiner breiten ehrlichen Hand dem Pagen durch das Haar. Auf der bloßgelegten Stirnhöhle wurde eine alte, aber tiefeingeschnittene Narbe sichtbar. »Gustel, du Narre«, brach er los, »meinst, ich hätt's vergessen, wie dich das ungrische Fohlen, die Hinterhufen aufwerfend, über seinen Starrkopf schleuderte, daß du durch die Luft flogest und wir dreie dich für tot auflasen, die heulende Mutter, der Vater blaß wie ein Geist und ich selber herzlich erschrocken? Ein perfekter Soldat, der selige Leubelfing, mein bester Hauptmann und mein Herzensfreund! Nur ein bißchen toll, wie du es auch sein wirst, Gustel! Alle Wetter, Kind, wie lange schon treibst du dein Wesen um den König? Schaust übrigens akkurat wie ein Bube! Hast dir das blonde Kraushaar im Nakken wegrasiert, Kobold?« und er zupfte sie. »Mach dir nur nicht vor, du seiest das einzige Weibsbild im Lager! Sieh dir mal den Jakob Erichson an, meinen Kerl!« Der Bursche trat eben mit Flaschen und Gläsern ein. »Ein Mann wie du! Keine Angst, Gustel! Er hat nicht *ein* deutsches Wort erlernen können. Dazu ist er viel zu dumm. Aber ein kreuzbraves, gottesfürchtiges Weib! Und garstig! Übrigens die einfachste Geschichte von der Welt, Gustel: Sieben Schreihälse, der Ernährer ausgehoben, sein Weib für ihn eintretend. Der denkbar beste Kerl! Ich könnte ihn nur gar nicht mehr entbehren!« Der Page betrachtete das brave Geschöpf mit entschiedenem Widerwillen, während der Oberst weiterpolterte. »Allewege ein starkes Stück, Gustel, neben dem Könige dich einzunisten, der die Weibsen in Mannstracht verabscheut! Hast eine Fabel gespielt, was sie auf den Bänken von Upsala ein Monodrama nennen, wenn eine Person für sich mutterseelenallein jubelt, fürchtet, verzagt, empfindet, tragiert, imaginiert! Und hast dir Gott weiß wieviel darauf eingebildet, ohne daß eine sterbliche Seele etwas davon wußte oder sich einen Deut darum bekümmerte. Du blickst unmutig? Halsgefährlich, Kind, war es gerade nicht! Wurdest du entlarvt: ›Pack dich, dummes Ding!‹ hätte er dich gescholten und den nächsten Augenblick an etwas anderes gedacht. Ja, wenn dich die Königin demaskiert hätte! Puh! Nun sag ich: man soll die Kinder nicht küssen! So 'n Kuß schläft und lodert wieder auf, wann die Lippen wachsen und schwellen. Und wahr ist's und bleibt's, der König hat dich mir einmal von den Armen genommen, Patchen, und hat dich geherzt und abgeküßt, daß es nur so klatschte! Denn du warest ein keckes und hübsches

Kind.« Der Page wußte nichts mehr von dem Kuß, aber er empfand ihn wild errötend.
»Und nun, Wildfang, was soll werden?« Er sann einen Augenblick. »Kurz und gut, ich trete dir mein zweites Zelt ab! Du wirst mein Galopin, gibst mir dein Ehrenwort nicht auszureißen und reitest mit mir bis zum Frieden. Dann führ ich dich heim nach Schweden in mein Gehöft bei Gefle. Ich bin einzeln. Meine zwei Jüngern, der Axel und der Erich –« er zerdrückte eine Träne. »Für König und Vaterland!« sagte er. »Der überbliebene Älteste lebt mir in Falun, ein Diener am Wort mit einer fetten Pfründe. Da hast du dann die Wahl zwischen uns beiden.« Page Leubelfing gelobte seinem Paten, was er sich selbst schon gelobt hatte, und erzählte ihm darauf sein vollständiges Abenteuer mit jenem Wahrheitsbedürfnis, das sich nach lange getragener Larve so gebieterisch meldet, wie Hunger und Durst nach langem Fasten.
Der Alte dachte sich seine Sache und entlustigte sich dann besonders an dem Vetter Leubelfing, dessen Konterfei er sich von dem Pagen entwerfen ließ. »Der Flachskopf«, philosophierte er, »kann nichts dafür, eine Memme zu sein. Es liegt in den Säften. Auch mein Sohn, der Pfarrer in Falun, ist ein Hase. Er hat es von der Mutter.«

Von Sommerende bis nach beendigter Lese und bis an einem frostigen Morgen die ersten dünnen Flocken über der Heerstraße wirbelten, ritt Page Leubelfing in Züchten neben seinem Paten, dem Obersten Ake Tott, in die Kreuz und Quer, wie es die Wechselfälle eines Feldzuges mit sich bringen. Dem Hauptquartier und dem Könige begegnete er nicht, da der Oberst meist die Vor- oder Nachhut führte. Aber Gustav Adolf füllte die Augen seines Geistes, wenn auch in verklärter und unnahbarer Gestalt, jetzt da er aufgehört hatte ihm durch die Locken zu fahren und der Page den Gebieter nachts nicht mehr an seiner Seite, nur durch eine dünne Wand getrennt, sich umwenden und sich räuspern hörte. Da geschah es zufällig, daß Leubelfing seinen König wieder mit Augen sah. Es war auf dem Marktplatze von Naumburg, wo sich der Page eines Einkaufs halber verspätet hatte und eben seinem Obersten nachsprengen wollte, welcher, dieses Mal die Vorhut befehligend, die Stadt schon verlassen hatte. Von einer immer dichter werdenden Menge mit seinem Roß gegen die Häuser zurückgedrängt, sah er auf dem engen Platze ein Schauspiel, wie ein ähnliches nur erst einmal menschlichen Augen sich gezeigt hatte, da vor vielen hundert Jahren der Friedestifter auf einer Eselin Einzug hielt in Jerusalem. Freilich saß Gustav auf seinem stattlichen Streithengst, von geharnischten Hauptleuten auf mutigen Tieren umringt; aber Hunderte von leidenschaftlichen Gestalten, Weiber, die mit beiden gehobenen Armen ihre Kinder über die jubelnden Häupter emporhielten, Männer, welche die Hände streckten, um die Rechte Gustavs zu ergreifen und zu drücken, Mägde, die nur seine Steigbügel küßten, geringe Leute, die sich vor ihm auf die Kniee warfen, ohne Furcht vor dem Hufschlag seines Tieres, das übrigens sanft und ruhig schritt, ein Volk in kühnen und von einem Sturm der Liebe und der Begeisterung ergriffenen Gruppen umwogte den nordischen König, der ihm seine geistigen Güter gerettet hatte. Dieser, sichtlich gerührt, neigte sich von seinem

Rosse herab zu dem greisen Ortsgeistlichen, der ihm dicht vor den Augen Leubelfings die Hand küßte, ohne daß er es verwehren konnte, und sprach überlaut: »Die Leute ehren mich wie einen Gott! Das ist zu viel und gemahnt mich an mein Ende. Prediger, ich reite mit der heidnischen Göttin Victoria und mit dem christlichen Todesengel!«

Dem Pagen quollen die Tränen. Als er aber gegenüber an einem Fenster die Königin erblickte und ihr der König einen zärtlichen Abschied zuwinkte, schwoll ihm der Busen von einer brennenden Eifersucht.

Kaum eine Woche später, als die schwedischen Scharen auf dem blachen Felde von Lützen sich zusammenzogen, marschierte Ake Tott seitwärts unweit des Wagens, darin der König fuhr. Da erblickte Leubelfing einen Raubvogel, der unter zerrissenen Wolken schwebend auf das hartnäckigste sich über der königlichen Gruppe hielt und durch die Schüsse des Gefolges sich nicht erschrecken und nicht vertreiben ließ. Er gedachte des Lauenburgers, ob seine Rache über Gustav Adolf schwebe. Das arme Herz des Pagen ängstigte sich über alles Maß. Wie es frühe dunkelte, wuchs seine Angst, und da es finster geworden war, gab er, sein Ehrenwort brechend, dem Rosse die Sporen und verschwand aus den Augen des ihm »Treubrüchiger Bube!« nachrufenden Obersten.

In unaufhaltsamem Ritte erreichte er den Wagen des Königs und mischte sich unter das Gefolge, das am Vorabende der erwarteten großen Schlacht ihn nicht zu bemerken oder sich nicht um ihn zu kümmern schien. Der König gedachte dann die Nacht in seinem Wagen zuzubringen, wurde aber durch die Kälte genötigt, auszusteigen und in einem bescheidenen Bauerhause ein Unterkommen zu suchen. Mit Tagesanbruch drängten sich in der niedrigen Stube, wo der König schon über seinen Karten saß, die Ordonnanzen. Die Aufstellung der Schweden war beendigt. Es begann die der deutschen Regimenter. Page Leubelfing hatte sich, von dem Kammerdiener des Königs, der ihm wohlwollte, erkannt und nicht zur Rede gestellt, den in seinem Gestick das schwedische Wappen tragenden Schemel wiedererobert, auf welchem er sonst neben dem Könige gesessen, und sich in einer Ecke niedergelassen, wo er hinter den wechselnden kriegerischen Gestalten verborgen blieb.

Der König hatte jetzt seine letzten Befehle gegeben und war in der wunderbarsten Stimmung. Er erhob sich langsam und wendete sich gegen die Anwesenden, lauter Deutsche, unter ihnen mehr als einer von denjenigen, welche er im Lager bei Nüremberg mit so harten Worten gezüchtigt hatte. Ob ihn schon die Wahrheit und die Barmherzigkeit jenes Reiches berührte, dem er sich nahe glaubte? Er winkte mit der Hand und sprach leise, fast wie träumend, mehr mit den geisterhaften Augen als mit dem kaum bewegten Munde:

»Herren und Freunde, heute kommt wohl mein Stündlein. So möcht ich euch mein Testament hinterlassen. Nicht für den Krieg sorgend – da mögen die Lebenden zusehen. Sondern – neben meiner Seligkeit – für mein Gedächtnis unter euch! Ich bin über Meer gekommen mit allerhand Gedanken, aber alle überwog, ungeheuchelt, die Sorge um das reine Wort. Nach der Victorie von Breitenfeld konnte ich dem Kaiser einen läßlichen Frieden vorschreiben und nach gesichertem Evangelium mit meiner Beute mich wie ein Raubtier zwischen meine schwedischen Klippen zurückziehen. Aber ich bedachte die deutschen Dinge. Nicht ohne ein Gelüst nach eurer Krone, Herren! Doch, ungeheuchelt, meinen Ehrgeiz überwog die Sorge um das Reich! Dem Habsburger darf es unmöglich länger gehören, denn es ist ein evangelisches Reich. Doch ihr denket und sprechet: ein fremder König herrsche nicht über uns! Und ihr habet recht. Denn es steht geschrieben: Der Fremdling soll das Reich nicht ererben. Ich aber dachte letztlich an die Hand meines Kindes und an einen Dreizehnjährigen ...« Sein leises Reden wurde überwältigt von dem stürmischen Gesange eines thüringischen Reiterregimentes, das, vor dem Quartier des Königs vorbeiziehend, mit Begeisterung die Worte betonte:

»Er wird durch einen Gideon,
Den er wohl weiß, dir helfen schon ...«

Der König lauschte und ohne seine Rede zu beendigen, sagte er: »Es ist genug, alles ist in Ordnung«, und entließ die Herren. Dann sank er auf das Knie und betete. Da sah der Page Leubelfing mit einem rasenden Herzklopfen, wie der Lauenburger eintrat. Als ein gemeiner Reiter gekleidet, näherte er sich in kriechender und zerknirschter Haltung und reckte die Hände flehend gegen den König aus, der sich langsam erhob. Jetzt warf er sich vor ihm nieder, umfing seine Kniee, schluchzte und schrie ihn an mit den beweglichen Worten des verlorenen Sohnes: »Vater, ich habe gesündigt in den Himmel und vor dir!« und wiederum: »Ich habe gesündigt in den Himmel und vor dir, ich bin hinfort nicht mehr wert, daß ich dein Sohn heiße!« und er neigte das reuige Haupt. Der König aber hob ihn vom Boden und schloß ihn in seine Arme.

Vor den entsetzten Augen des Pagen schwammen die sich umschlungen Haltenden wie in einem Nebel. »War das, konnte das die Wahrheit sein? Hatte die Heiligkeit des Königs an einem Verworfenen ein Wunder gewirkt? Oder war es eine satanische Larve? Mißbrauchte der ruchloseste der Heuchler die Worte des reinsten Mundes?« So zweifelte sie mit irren Sinnen und hämmernden Schläfen. Der Augenblick verrann. Die Pferde wurden gemeldet und der König rief nach seinem Lederwams. Der Kammerdiener erschien, in der Linken den verlangten Gegenstand, in der Rechten aber einen an der Halsöffnung gefaßten blanken Harnisch haltend. Da entriß ihm der Page den kugelfesten Panzer und machte Miene, dem König behülflich zu sein, denselben anzulegen. Dieser aber, ohne über die Gegenwart des Pagen erstaunt zu sein, weigerte sich mit einem unbeschreiblich freundlichen Blick und fuhr Leubelfing durch das krause Stirnhaar, wie er es zu tun pflegte. »Gust«, sagte er, »das geht nicht. Er drückt. Gib das Wams.«

Kurz nachher sprengte der König davon, links und rechts hinter sich den Lauenburger und seinen Pagen Leubelfing.

V

In der Pfarre des hinter der schwedischen Schlachtlinie liegenden Dorfes Meuchen saß gegen Mitternacht der verwitwete Magister Todänus hinter seiner Foliobibel und las seiner Haushälterin, Frau Ida, einer zarten und ebenfalls verwitweten Person, die Bußpsalmen Davids vor. Der Magister – übrigens ein wehrhafter Mann mit einem derben, grauen Knebelbarte, der ein paar Jugendjahre unter den Waffen verlebt – betete dann inbrünstig mit Frau Ida für die Erhaltung des protestantischen Helden, der eben jetzt in kleiner Entfernung das Schlachtfeld, er wußte nicht, ob behauptet oder verloren hatte. Da pochte es heftig an das Hoftor und die geistergläubige Frau Ida erriet, daß sich ein Sterbender melde.

Es war so. Dem öffnenden Pfarrer wankte ein junger Mensch entgegen, bleich wie der Tod, mit weit geöffneten Fieberaugen, barhaupt, an der Stirn eine klaffende Wunde. Hinter ihm hob ein anderer einen Toten vom Pferde, einen schweren Mann. In diesem erkannte der Pfarrer trotz der entstellenden Wunden den König von Schweden, welchen er in Leipzig einziehen gesehen und dessen wohlgetroffener Holzschnitt hier in seinem Zimmer hing. Tief ergriffen bedeckte er das Gesicht mit den Händen und schluchzte.

In fieberischer Geschäftigkeit und mit hastiger Zunge begehrte der verwundete Jüngling, daß sein König im Chor der anstoßenden Kirche aufgebahrt werde. Zuerst aber forderte er laues Wasser und einen Schwamm, um das Haupt voll Blut und Wunden zu reinigen. Dann legte er mit der Hilfe des Gefährten den Toten, welcher seinen Armen zu schwer war, auf ein ärmliches Ruhebett, sank daran nieder und betrachtete das wachsfarbene Antlitz liebevoll. Als er es aber mit dem Schwamm berühren wollte, wurde er ohnmächtig und glitt vorwärts auf den Leichnam. Sein Gefährte hob ihn auf, sah näher zu und bemerkte außer der Stirnwunde eine zweite, eine Brustwunde. Durch einen frischen Riß im Rocke neben einem über dem Herzen liegenden geflickten Risse sickerte Blut. Das Gewand seines Kameraden vorsichtig öffnend, traute der schwedische Kornett seinen Augen nicht. »Hol mich! straf mich!« stotterte er, und Frau Ida, welche die Schüssel mit dem Wasser hielt, errötete über und über.

In diesem Augenblick wurde die Tür aufgerissen und der Oberste Ake Tott trat herein. In Proviantsachen rückwärts gesendet, war er nach verrichtetem Geschäfte dem Schlachtfelde wieder zugeeilt und hatte in der Dorfgasse, vor dem Kruge ein Glas Branntwein stürzend, die Mär vernommen von einem im Sattel wankenden Reiter, der einen Toten vor sich auf dem Pferde gehalten.

»Ist es wahr, ist es möglich?« schrie er und stürzte auf seinen König zu, dessen Hand er ergriff und mit Tränen benetzte. Nach einer Weile sich umwendend, erblickte er den Jüngling, welcher in einem Lehnsessel ausgestreckt lag, seiner Sinne unmächtig. »Alle Teufel«, rief er zornig, »so hat sich die Gustel doch wieder an den König gehängt!«

»Ich fand den jungen Herrn, meinen Kameraden«, bemerkte der Kornett vorsichtig, »wie er, den toten König vor sich auf dem Pferde haltend, über das Schlachtfeld sprengte. Er hat sich für die Majestät geopfert!«

»Nein, für mich!« unterbrach ihn ein langer Mensch mit einem Altweibergesicht. Es war der Kaufherr Laubfinger. Um eine beträchtliche durch den Krieg gefährdete Schuld einzutreiben, hatte er sich aus dem sichern Leipzig herausgewagt und unwissend dem

Schlachtfelde genähert. In die von Gepäckwagen gestaute Dorfgasse geraten, war er dann dem Obersten nachgegangen, ihn um eine salva guardia zu ersuchen. In einem überströmenden Gefühle von Dankbarkeit und von Erleichterung erzählte er jetzt den Anwesenden umständlich die Geschichte seiner Familie. »Gustel, Gustel«, weinte er, »kennst du noch dein leibliches Vetterchen? Wie kann ich dir's bezahlen, was du für mich getan hast?«

»Damit, Herr, daß Ihr das Maul haltet!« fuhr ihn der Oberst an.

Der Pfarrer aber trat in das Mittel und sprach mit ruhigem Ernst: »Herrschaften, ihr kennt diese Welt. Sie ist voller Lästerung.« Frau Ida seufzte. »Und da am meisten, wo ein großer und reiner Mensch eine große und reine Sache vertritt. Würde der leiseste Argwohn dieses Andenken trüben« – er zeigte den stillen König – »welches Fabelgeschöpf würde nicht die papistische Verleumdung aus dieser armen Mücke machen«, und er deutete auf den ohnmächtigen Pagen, »die sich die Flügel an der Sonne des Ruhmes verbrannt hat! Ich bin wie von meinem Dasein überzeugt, daß der selige König von diesem Mädchen nichts wußte.«

»Einverstanden, geistlicher Herr«, schwur der Oberst, »auch ich bin davon, wie von meiner Seligkeit nicht durch die Werke, sondern durch den Glauben überzeugt.«

»Sicherlich«, bestätigte Laubfinger. »Sonst hätte der König sie heimgeschickt und auf mich gefahndet.«

»Hol mich, straf mich!« beteuerte der Kornett und Frau Ida seufzte.

»Ich bin ein Diener am Wort, Ihr traget graues Haar,

Herr Oberst, Ihr, Kornett, seid ein Edelmann, es liegt in Eurem Nutzen und Vorteil, Herr Laubfinger, für Frau Ida bürge ich: wir schweigen.«

Jetzt öffnete der Page die sterbenden Augen. Sie irrten angstvoll umher und blieben auf Ake Tott haften: »Pate, ich habe dir nicht gehorsamt, ich konnte nicht – ich bin eine große Sünderin.«

»Ein großer Sünder«, unterbrach sie der Pfarrer streng. »Ihr redet irre! Ihr seid der Page August Leubelfing, ehelicher Sohn des nürembergischen Patriziers und Handelsherrn Arbogast Leubelfing, geboren den und den, Todes verblichen den siebten November eintausendsechshundertzweiunddreißig an seinen Tages vorher in der Schlacht bei Lützen empfangenen Wunden, pugnans cum rege Gustavo Adolpho.«

»Fortiter pugnans!« ergänzte der Kornett begeistert.

»So will ich auf Euren Grabstein setzen! Jetzt aber machet Euern Frieden mit Gott! Euer Stündlein ist gekommen.« Der Magister sagte das nicht ohne Härte, denn er konnte seinen Unmut gegen das abenteuerliche Kind, das den Ruf seines Helden gefährdet hatte, nicht verwinden, ob es schon in den letzten Zügen lag.

»Ich kann jetzt noch nicht sterben, ich habe noch viel zu reden!« röchelte der Page. »Der König ... im Nebel ... die Kugel des Lauenburgers –« der Tod schloß ihr den Mund, aber er konnte sie nicht hindern, mit einer letzten Anstrengung der brechenden Augen das Antlitz des Königs zu suchen.

Jeder der Anwesenden zog seinen Schluß und ergänzte den Satz nach seiner Weise. Der geistesgegenwärtige Pfarrer aber, dessen Patriotismus es beleidigte, den

Retter Deutschlands und der protestantischen Sache – für ihn ein und dasselbe – von einem deutschen Fürsten sich gemeuchelt zu denken, ermahnte sie alle eindringlich, dieses Bruchstück einer durch den Tod zertrümmerten Rede mit dem Pagen zu begraben.

Jetzt, da August Leubelfing sein Schicksal vollendet hatte und leblos neben seinem Könige lag, schluchzte der Vetter: »Nun die Base verewigt und der Erbgang eröffnet ist, nehme ich doch meinen Namen wieder an mich?« und er warf einen fragenden Blick auf die Umstehenden. Der Magister Todänus betrachtete eben das unschuldige Gesicht der tapferen Nürembergerin, das einen glücklichen Ausdruck hatte. Der strenge Mann konnte sich einer Rührung nicht erwehren. Jetzt entschied er: »Nein, Herr! Ihr bleibt ein Laubfinger. Euer Name wird die Ehre haben, auf dem Grabhügel eines hochgesinnten Mädchens zu stehen, das einen herrlichen Helden bis in den Tod geliebt hat. Ihr aber habt Euer höchstes Gut gerettet, das liebe Leben. Damit begnüget Euch.«

Die Kirche wurde gegen den Andrang der zuströmenden Menge gesperrt und verriegelt; denn das Gerücht hatte sich rasch verbreitet, hier liege der König. Die Toten wurden dann gewaschen und im Chore aufgebahrt.

Über alledem war es helle geworden. Als die Kirchtore den mit ungeduldigen Gebärden, aber ehrfürchtigen Mienen Eindringenden sich öffneten, lagen die beiden vor dem Altare gebettet auf zwei Schragen, der König höher, der Page niedriger, und in umgekehrter Richtung, so daß sein Haupt zu den Füßen des Königs ruhte. Ein Strahl der Morgensonne – dem gestrigen Nebeltage war ein blauer wolkenloser gefolgt – glitt durch das niedrige Kirchenfenster, verklärte das Heldenantlitz und sparte noch ein Schimmerchen für den Lockenkopf des Pagen Leubelfing.

DIE HOCHZEIT DES MÖNCHS

Es war in Verona. Vor einem breiten Feuer, das einen weiträumigen Herd füllte, lagerte in den bequemsten Stellungen, welche der Anstand erlaubt, ein junges Hofgesinde männlichen und weiblichen Geschlechtes um einen ebenso jugendlichen Herrscher und zwei blühende Frauen. Dem Herde zur Linken saß diese fürstliche Gruppe, welcher die übrigen in einem Viertelkreise sich anschlossen, die ganze andere Seite des Herdes nach höfischer Sitte frei lassend. Der Gebieter war derjenige Scaliger, welchen sie Cangrande nannten. Von den Frauen, in deren Mitte er saß, mochte die nächst dem Herd etwas zurück und ins Halbdunkel gelehnte sein Eheweib, die andere, vollbeleuchtete, seine Verwandte oder Freundin sein, und es wurden mit bedeutsamen Blicken und halblautem Gelächter Geschichten erzählt.

Jetzt trat in diesen sinnlichen und mutwilligen Kreis ein gravitätischer Mann, dessen große Züge und lange Gewänder aus einer andern Welt zu sein schienen. »Herr, ich komme, mich an deinem Herde zu wärmen«, sprach der Fremdartige halb feierlich, halb geringschätzig, und verschmähte hinzuzufügen, daß die lässige Dienerschaft trotz des frostigen Novemberabends vergessen oder versäumt hatte, Feuer in der hochgelegenen Kammer des Gastes zu machen.

»Setze dich neben mich, mein Dante«, erwiderte Cangrande, »aber wenn du dich gesellig wärmen willst, so blicke mir nicht nach deiner Gewohnheit stumm in die Flamme! Hier wird erzählt, und die Hand, welche heute Terzinen geschmiedet hat – auf meine astrologische Kammer steigend, hörte ich in der deinigen mit dumpfem Gesange Verse skandieren – diese wuchtige Hand darf es heute nicht verweigern, das Spielzeug eines kurzweiligen Geschichtchens, ohne es zu zerbrechen, zwischen ihre Finger zu nehmen. Beurlaube die Göttinnen« – er meinte wohl die Musen – »und vergnüge dich mit diesen schönen Sterblichen.« Der Scaliger zeigte seinem Gaste mit einer leichten Handbewegung die zwei Frauen, von welchen die größere, die scheinbar gefühllos im Schatten saß, nicht daran dachte zu rücken, während die kleinere und aufgeweckte dem Florentiner bereitwillig neben sich Raum machte. Aber dieser gab der Einladung seines Wirtes keine Folge, sondern wählte stolz den letzten Sitz, am Ende des Kreises. Ihm mißfiel entweder die Zweiweiberei des Fürsten – wenn auch vielleicht nur das Spiel eines Abends – oder dann ekelte ihn der Hofnarr, welcher, die Beine vor sich hingestreckt, neben dem Sessel Cangrandes auf dem herabgeglittenen Mantel desselben am Boden saß.

Dieser, ein alter zahnloser Mensch mit Glotzaugen und einem schlaffen, verschwätzten und vernaschten Maul – neben Dante der einzige Bejahrte der Gesellschaft – heiß Gocciola, das heißt das Tröpfchen, weil er die letzten klebrigen Tropfen aus den geleerten Gläsern zusammenzunaschen pflegte, und haßte den Fremdling mit kindischer Bosheit, denn er sah in Dante seinen Nebenbuhler um die nicht eben wählerische Gunst des Herrn. Er schnitt ein Gesicht und erfrechte sich, seine hübsche Nachbarin zur Linken auf das an der hellen Decke des hohen Gemaches sich abschattende Profil des Dichters höhnisch grinsend aufmerksam zu machen. Das Schattenbild Dantes glich einem Riesenweibe mit langgebogener Nase und hangender Lippe, einer Parze oder dergleichen. Das lebhafte Mädchen verwand ein kindliches Lachen. Ihr Nachbar, ein klug blickender Jüngling, der Ascanio hieß, half ihr dasselbe zu ersticken, indem er sich an Dante wendete mit jener maßvollen Ehrerbietung, in welcher dieser angeredet zu werden liebte.

»Verschmähe es nicht, du Homer und Virgil Italiens«, bat er, »dich in unser harmloses Spiel zu mischen. Laß dich zu uns herab und erzähle, Meister, statt zu singen.«

»Was ist euer Thema?« warf Dante hin, weniger ungesellig, als er begonnen hatte, aber immer noch mürrisch genug.

»Plötzlicher Berufswechsel«, antwortete der Jüngling bündig, »mit gutem oder schlechtem oder lächerlichem Ausgange.«

Dante besann sich. Seine schwermütigen Augen betrachteten die Gesellschaft, deren Zusammensetzung ihm nicht durchaus zu mißfallen schien; denn er entdeckte in derselben neben mancher flachen einige bedeutende Stirnen. »Hat einer unter euch den entkutteten Mönch behandelt?« äußerte der schon milder Gestimmte.

»Gewiß, Dante!« antwortete, sein Italienisch mit einem leichten deutschen Akzent aussprechend, ein Kriegsmann von treuherzigem Aussehen, Germano mit Namen, der einen Ringelpanzer und einen lang herabhangenden Schnurrbart trug. »Ich selbst erzählte den jungen Manuccio, welcher über die Mauern seines Klosters sprang, um Krieger zu werden.«

»Er tat recht«, erklärte Dante, »er hatte sich selbst getäuscht über seine Anlage.«

»Ich, Meister«, plauderte jetzt eine kecke, etwas üppige Paduanerin, namens Isotta, »habe die Helena Manente erzählt, welche eben die erste Locke unter der geweihten Schere verscherzt hatte, aber schnell die übrigen mit den beiden Händen deckte und ihr Nonnengelübde verschluckte, denn sie hatte ihren in barbareske Sklaverei geratenen und höchst wunderbar daraus erretteten Freund unter dem Volk im Schiff der Kirche erblickt, wie er die gelösten Ketten« – sie wollte sagen: an der Mauer aufhing, aber ihr Geschwätze wurde von dem Munde Dantes zerschnitten.

»Sie tat gut«, sagte er, »denn sie handelte aus der Wahrheit ihrer verliebten Natur. Von alledem ist hier die Rede nicht, sondern von einem ganz andern Falle: wenn nämlich ein Mönch nicht aus eigenem Triebe, nicht aus erwachter Weltlust oder Weltkraft, nicht weil er sein Wesen verkannt hätte, sondern einem andern zuliebe, unter dem Druck eines fremden Willens, wenn auch vielleicht aus heiligen Gründen der Pietät, untreu an sich wird, sich selbst mehr noch als der Kirche gegebene Gelübde bricht und eine Kutte abwirft, die ihm auf dem Leibe saß und ihn nicht drückte. Wurde das schon erzählt? Nein? Gut, so werde ich es tun. Aber sage mir, wie endet solches Ding, mein Gönner und Beschützer?« Er hatte sich ganz gegen Cangrande gewendet.

»Notwendig schlimm«, antwortete dieser ohne Besinnen. »Wer mit freiem Anlaufe springt, springt gut; wer gestoßen wird, springt schlecht.«

»Du redest die Wahrheit, Herr«, bestätigte Dante, »und nicht anders, wenn ich ihn verstehe, meint es auch der Apostel, wo er schreibt: daß Sünde sei, was nicht aus dem Glauben gehe, das heißt aus der Überzeugung und Wahrheit unserer Natur.«

»Muß es denn überhaupt Mönche geben?« kicherte eine gedämpfte Stimme aus dem Halbdunkel, als wollte sie sagen: jede Befreiung aus einem an sich unnatürlichen Stande ist eine Wohltat.

Die dreiste und ketzerische Äußerung erregte hier kein Ärgernis, denn an diesem Hofe wurde das kühnste Reden über kirchliche Dinge geduldet, ja belächelt, während ein freies oder nur unvorsichtiges Wort über den Herrscher, seine Person oder seine Politik, verderben konnte.

Dantes Auge suchte den Sprecher und entdeckte denselben in einem vornehmen jungen Kleriker, dessen Finger mit dem kostbaren Kreuze tändelten, welches er über dem geistlichen Gewande trug.

»Nicht meinetwegen«, gab der Florentiner bedächtig zur Antwort. »Mögen die Mönche aussterben, sobald ein Geschlecht ersteht, welches die beiden höchsten Kräfte der Menschenseele, die sich auszuschließen scheinen, die Gerechtigkeit und die Barmherzigkeit, vereinigen lernt. Bis zu jener späten Weltstunde verwalte der Staat die eine, die Kirche die andere. Da aber die Übung der Barmherzigkeit eine durchaus selbstlose Seele fordert, so sind die drei mönchischen Gelübde gerechtfertigt; denn es ist weniger schwer, wie die Erfahrung lehrt, der Lust ganz als halb zu entsagen.«

»Gibt es aber nicht mehr schlechte Mönche als gute?« fragte der geistliche Zweifler weiter.

»Nein«, behauptete Dante, »wenn man die menschliche Schwachheit berücksichtigt. Es müßte denn mehr ungerechte Richter als gerechte, mehr feige Krieger als beherzte, mehr schlechte Menschen als gute geben.«
»Und ist das nicht der Fall?« flüsterte der im Halbdunkel.
»Nein«, entschied Dante, und eine himmlische Verklärung erleuchtete seine strengen Züge. »Fragt und untersucht unsere Philosophie nicht: wie ist das Böse in die Welt gekommen? Wären die Bösen in der Mehrzahl, so frügen wir: wie kam das Gute in die Welt?«
Diese stolzen und dunklen Sätze imponierten der Gesellschaft, erregten aber auch die Besorgnis, der Florentiner möchte sich in seine Scholastik vertiefen statt in seine Geschichte.
Cangrande sah, wie seine junge Freundin ein hübsches Gähnen verwand. Unter solchen Umständen ergriff er das Wort und fragte: »Erzählst du uns eine wahre Geschichte, mein Dante, nach Dokumenten? oder eine Sage des Volksmundes? oder eine Erfindung deiner bekränzten Stirne?«
Dieser antwortete langsam betonend: »Ich entwickle meine Geschichte aus einer Grabschrift.«
»Aus einer Grabschrift?«
»Aus einer Grabschrift, die ich vor Jahren bei den Franziskanern in Padua gelesen habe. Der Stein, welcher sie trägt, lag in einem Winkel des Klostergartens, allerdings unter wildem Rosengesträuch versteckt, aber doch den Novizen zugänglich, wenn sie auf allen vieren krochen und sich eine von Dornen zerkritzte Wange nicht reuen ließen. Ich befahl dem Prior – will sagen,

ich ersuchte ihn, den fraglichen Stein in die Bibliothek zu versetzen und unter die Hut eines Greises zu stellen.«

»Was sagte denn der Stein?« ließ sich jetzt die Gemahlin des Fürsten nachlässig vernehmen.

»Die Inschrift«, erwiderte Dante, »war lateinisch und lautete: ›Hic jacet monachus Astorre cum uxore Antiope. Sepeliebat Azzolinus.‹«

»Was heißt denn das?« fragte die andere neugierig.

Cangrande übersetzte fließend: »Hier schlummert der Mönch Astorre neben seiner Gattin Antiope. Beide begrub Ezzelin.«

»Der abscheuliche Tyrann!« rief die Empfindsame. »Gewiß hat er die beiden lebendig begraben lassen, weil sie sich liebten, und das Opfer noch in der Gruft gehöhnt, indem er es die Gattin des Mörders nannte. Der Grausame!«

»Kaum«, meinte Dante. »Das hat sich in meinem Geiste anders gestaltet und ist auch nach der Geschichte unwahrscheinlich. Denn Ezzelin bedrohte wohl eher den kirchlichen Gehorsam als den Bruch geistlicher Gelübde. Ich nehme das ›sepeliebat‹ in freundlichem Sinne: er gab den beiden ein Begräbnis.«

»Recht«, rief Cangrande freudig, »du denkst wie ich, Florentiner! Ezzelino war eine Herrschernatur und, wie sie einmal sind, etwas rauh und gewaltsam. Neun Zehntel seiner Frevel haben ihm die Pfaffen und das fabelsüchtige Volk angedichtet.«

»Möchte dem so sein!« seufzte Dante. »Wo er übrigens in meiner Fabel auftritt, ist er noch nicht das Ungeheuer, welches uns, wahr oder falsch, die Chronik schildert, sondern seine Grausamkeit beginnt sich nur erst zu zeichnen, mit einem Zug um den Mund sozusagen –«

»Eine gebietende Gestalt«, vollendete Cangrande feurig das Bildnis, »mit gesträubtem schwarzen Stirnhaar, wie du ihn in deinem zwölften Gesange als einen Bewohner der Hölle malst. Woher hast du dieses schwarzhaarige Haupt?«

»Es ist das deinige«, versetzte Dante kühn, und Cangrande fühlte sich geschmeichelt.

»Auch die übrigen Gestalten der Erzählung«, fuhr er mit lächelnder Drohung fort, »werde ich, ihr gestattet es?« – und er wendete sich gegen die Umsitzenden – »aus eurer Mitte nehmen und ihnen eure Namen geben: euer Inneres lasse ich unangetastet, denn ich kann nicht darin lesen.«

»Meine Miene gebe ich dir preis«, sagte großartig die Fürstin, deren Gleichgültigkeit zu weichen begann.

Ein Gemurmel der höchsten Aufregung lief durch die Zuhörer, und: »Deine Geschichte, Dante!« raunte es von allen Seiten, »deine Geschichte!«

»Hier ist sie«, sagte dieser und erzählte.

Wo sich der Gang der Brenta in einem schlanken Bogen der Stadt Padua nähert, ohne diese jedoch zu berühren, glitt an einem himmlischen Sommertage unter gedämpftem Flötenschall eine bekränzte, von festlich Gekleideten überfüllte Barke auf dem schnellen, aber ruhigen Wasser. Es war die Brautfahrt des Umberto Vicedomini und der Diana Pizzaguerra. Der Paduaner hatte sich seine Verlobte aus einem am obern Laufe des Flusses gelegenen Kloster geholt, wohin, kraft einer alten städtischen Sitte, Mädchen von Stande vor ihrer Hochzeit zum Behufe frommer Übungen sich zurückzuziehen pflegten. Sie saß in der Mitte der Barke auf einem purpurnen Polster zwischen ihrem Bräutigam und den drei blühenden Knaben seines ersten Bettes. Umberto Vicedomini hatte vor fünf Jahren, da die Pest in Padua wütete, das Weib seiner Jugend begraben und, obwohl in der Kraft der Männlichkeit stehend, nur schwer und widerwillig, auf das tägliche Drängen eines alten und siechen Vaters, zu diesem zweiten Ehebunde sich entschlossen.

Mit eingezogenen Rudern fuhr die Barke, dem Willen des Stromes sich überlassend. Die Bootsknechte begleiteten die sanfte Musik mit einem halblauten Gesange. Da verstummten beide. Aller Augen hatten sich nach dem rechten Ufer gerichtet, an welchem ein großer Reiter seinen Hengst bändigte und mit einer weiten Gebärde nach der Barke herüber grüßte. Scheues Gemurmel durchlief die Reihen der Sitzenden. Die Ruderer rissen sich die roten Mützen vom Kopfe und das ganze Fest erhob sich in Furcht und Ehrerbietung, auch der Bräutigam, Diana und die Knaben. Untertänige Gebärden, grüßende Arme, halbgebogene Kniee wendeten sich gegen den Strand mit einem solchen Ungetüm und Übermaße der Bewegung, daß die Barke aus dem Gleichgewicht kam, sich nach rechts neigte und plötzlich überwog. Ein Schrei des Entsetzens, ein drehender Wirbel, eine leere Strommitte, die sich mit Auftauchenden, wieder Versinkenden und den schwimmenden Kränzen der verunglückten Barke bevölkerte. Hilfe war nicht ferne, denn wenig weiter unten lag ein kleiner Port, wo Fischer und Fährleute hausten und heute auch die Rosse und Sänften warteten, welche die Gesell-

schaft, die jetzt im Strome unterging, vollends nach Padua hätte bringen sollen.
Die zwei ersten der rettenden Kähne strebten sich von den entgegengesetzten Ufern zu. In dem einen stand neben einem alten Fergen mit struppigem Barte Ezzelin der Tyrann von Padua, der unschuldige Urheber des Verderbens, in dem andern, vom linken Ufer kommenden ein junger Mönch und sein Fährmann, welcher den staubigen Waller über den Strom stieß gerade in dem Augenblicke, da sich darauf das Unheil zutrug. Die beiden Boote erreichten sich. Zwischen ihnen schwamm im Flusse etwas wie eine Fülle blonden Haares, in das der Mönch entschlossen hineingriff, knielings, mit weit ausgestrecktem Arme, während sein Schiffer aus allen Kräften sich auf die andere Seite des Nachens zurückstemmte. An einer dicken Strähne hob der Mönch ein Haupt, das die Augen geschlossen hielt, und dann, mit Hilfe des dicht herangekommenen Ezzelin, die Last eines von triefendem Gewande beschwerten Weibes aus der Strömung. Der Tyrann war von seinem Nachen in den andern gesprungen und betrachtete jetzt das entseelte Haupt, das einen Ausdruck von Trotz und Unglück trug, mit einer Art von Wohlgefallen, sei es an den großen Zügen desselben, sei es an der Ruhe des Todes.
»Kennst du sie, Astorre?« fragte er den Mönch. Dieser schüttelte verneinend den Kopf und der andere fuhr fort: »Siehe, es ist das Weib deines Bruders.«
Der Mönch warf einen mitleidigen scheuen Blick auf das bleiche Antlitz, welches unter demselben langsam die schlummernden Augen öffnete.
»Bringe sie ans Ufer!« befahl Ezzelin, allein der Mönch

überließ sie seinem Fährmann. »Ich will meinen Bruder suchen«, rief er, »bis ich ihn finde.« »Ich helfe dir, Mönch«, sagte der Tyrann, »doch ich zweifle, daß wir ihn retten: ich sah ihn, wie er seine Knaben umschlang und, von den dreien umklammert, schwer in die Tiefe ging.«

Inzwischen hatte sich die Brenta mit Fahrzeugen bedeckt. Es wurde gefischt mit Stangen, Haken, Angeln, Netzen und in der rasch wechselnden Szene vervielfältigte sich über den Suchenden und den gehobenen Bürden die Gestalt des Herrschers.

»Komm, Mönch!« sagte er endlich. »Hier gibt es für dich nichts mehr zu tun. Umberto und seine Knaben liegen nunmehr zu lang in der Tiefe, um ins Leben zurückzukehren. Der Strom hat sie verschleppt. Er wird sie ans Ufer legen, wann er ihrer müde ist. Aber siehst du dort die Zelte?« Man hatte deren eine Zahl am Strande der Brenta zum Empfange der mit der Hochzeitsbarke Erwarteten aufgeschlagen und jetzt die Toten oder Scheintoten hineingelegt, welche von ihren schon aus dem nahen Padua herbeigeeilten Verwandten und Dienern umjammert wurden. »Dort, Mönch, verrichte, was deines Amtes ist: Werke der Barmherzigkeit! Tröste die Lebenden! Bestatte die Toten!«

Der Mönch hatte das Ufer betreten und den Reichsvogt aus den Augen verloren. Da kam ihm aus dem Gedränge Diana entgegen, die Braut und Witwe seines Bruders, trostlos, aber ihrer Sinne wieder mächtig. Noch trieften die schweren Haare, aber auf ein gewechseltes Gewand: ein mitleidiges Weib aus dem Volke hatte ihr im Gezelt das eigene gegeben und sich des kostbaren Hochzeitskleides bemächtigt. »Frommer Bruder«, wendete sie sich an Astorre, »ich bin verlassen: die mir bestimmte Sänfte ist in der Verwirrung mit einer andern, Lebenden oder Toten, in die Stadt zurückgekehrt. Begleite mich nach dem Hause meines Schwiegers, der dein Vater ist!«

Die junge Witwe täuschte sich. Nicht in der Bestürzung und Verwirrung, sondern aus Feigheit und Aberglauben hatte das Gesinde des alten Vicedomini sie im Stiche gelassen. Es fürchtete sich, dem jähzornigen Alten eine Wittib und mit ihr die Kunde von dem Untergange seines Hauses zu bringen.

Da der Mönch viele seinesgleichen unter den Zelten und im Freien mit barmherzigen Werken beschäftigt sah, willfahrte er dem Gesuch. »Gehen wir«, sagte er und schlug mit dem jungen Weibe die Straße nach der Stadt ein, deren Türme und Kuppeln auf dem blauen Himmel wuchsen. Der Weg war bedeckt mit Hunderten, die an den Strand eilten oder vom Strande zurückkehrten. Die beiden schritten, oft voneinander getrennt, aber sich immer wieder findend, in der Mitte der Straße, ohne miteinander zu reden, und wandelten jetzt schon durch die Vorstadt, wo die Gewerbe hausen. Hier standen überall – das Unglück auf der Brenta hatte die ganze Bevölkerung auf die Beine gebracht – laut plaudernde oder flüsternde Gruppen, welche das zufällige Paar, das den Bruder und den Bräutigam verloren hatte, mit teilnehmender Neugierde betrachteten.

Der Mönch und Diana waren Gestalten, die jedes Kind in Padua kannte. Astorre, wenn er nicht für einen Heiligen galt, hatte doch den Ruf des musterhaften Mönches. Er konnte der Stadtmönch von Padua heißen, den das Volk verehrte und auf den es stolz war. Und mit Grund: denn er hatte auf die Vorrechte seines hohen Adels und den unermeßlichen Besitz seines Hauses tapfer, ja freudig verzichtet und gab sein Leben in Zeiten der Seuche oder bei andern öffentlichen Fährlichkeiten, ohne zu markten, für den Geringsten und die Ärmste preis. Dabei war er mit seinem kastanienbraunen Kraushaar, seinen warmen Augen und seiner edeln Gebärde ein anmutender Mann, wie das Volk seine Heiligen liebt.

Diana war in ihrer Weise nicht weniger namhaft, schon durch die Vollkraft des Wuchses, welche das Volk mehr als die zarten Reize bewundert. Ihre Mutter war eine Deutsche gewesen, ja eine Staufin, wie einige behaupteten, freilich nur dem Blute, nicht dem Gesetze nach. Deutschland und Welschland hatten zusammen als gute Schwestern diese große Gestalt gebaut.

Wie herb und strenge Diana mit ihresgleichen umging, mit den Geringen war sie leutselig, ließ sich ihre Händel erzählen, gab kurzen und deutlichen Bescheid und küßte die zerlumptesten Kinder. Sie schenkte und spendete ohne Besinnen, wohl weil ihr Vater, der alte Pizzaguerra, nach Vicedomini der reichste Paduaner, zugleich der schmutzigste Geizhals war, und Diana sich des väterlichen Lasters schämte.

So verheiratete das ihr geneigte Volk in seinen Schenken und Plauderstuben Diana monatlich mit irgendeinem vornehmen Paduaner, doch die Wirklichkeit trug diesen frommen Wünschen keine Rechnung. Drei Hindernisse erschwerten eine Brautschaft: die hohen und oft finstern Brauen Dianas, die geschlossene Hand ihres Vaters und die blinde Anhänglichkeit ihres Bruders Germano an den Tyrannen, bei dessen möglichem Falle der treue Diener mit zugrunde gehen mußte, seine Sippe nach sich ziehend.

Endlich verlobte sich mit ihr, ohne Liebe wie es stadtkundig war, Umberto Vicedomini, der jetzt in der Brenta lag.

Übrigens waren die beiden so versunken in ihren gerechten Schmerz, daß sie das eifrige Geschwätze, welches sich an ihre Fersen heftete, entweder nicht vernahmen oder sich wenig um dasselbe bekümmerten. Nicht das gab Anstoß, daß der Mönch und das Weib nebeneinander schritten. Es erschien in der Ordnung, da der Mönch an ihr zu trösten hatte und sie wohl beide denselben Weg gingen: zu dem alten Vicedomini, als die nächsten und natürlichen Boten des Geschehenen.

Die Weiber bejammerten Diana, daß sie einen Mann habe heiraten müssen, der sie nur als Ersatz für eine teure Gestorbene genommen, und beklagten sie in demselben Atemzuge, daß sie diesen Mann vor der Ehe eingebüßt habe.

Die Männer dagegen erörterten mit wichtigen Gebärden und den schlausten Mienen eine brennende Frage, welche sich über den in der Brenta versunkenen vier Stammhaltern des ersten paduanischen Geschlechtes eröffnet hatte. Die Glücksgüter der Vicedomini waren sprichwörtlich. Das Familienhaupt, ein ebenso energischer als listiger Mensch, der es fertiggebracht hatte, mit beiden, dem fünffach gebannten Tyrannen von Padua und der diesen verdammenden Kirche, auf gutem Fuße zu bleiben, hatte sich lebelang nicht im geringsten mit etwas Öffentlichem beschäftigt, sondern ein zähes Dasein und prächtige Willenskräfte auf ein einziges Ziel gewendet: den Reichtum und das Gedeihen seines Stammes. Jetzt war dieser vernichtet. Sein Ältester und die Enkel lagen in der Brenta. Sein zweiter und dritter waren in ebendiesem Unglücksjahre, der eine vor zwei, der andere vor drei Monden von der Erde verschwunden. Den ältern hatte der Tyrann verbraucht und auf einem seiner wilden Schlachtfelder zurückgelassen. Der andere, aus welchem der vorurteilslose Vater einen großartigen Kaufmann in venezianischem Stile gemacht, hatte sich an einer morgenländischen Küste auf dem Kreuze verblutet, an welches ihn Seeräuber geschlagen, verspäteten Lösegeldes halber. Als vierter blieb Astorre der Mönch. Daß er diesen mit dem Aufwande seines letzten Pulses den Klostergelübden zu entreißen versuchen werde, daran zweifelten die schnellrechnenden Paduaner keinen Augenblick. Ob es ihm gelinge und der Mönch sich dazu hergebe, darüber stritt jetzt die aufgeregte Gasse.

Und sie stritt sich am Ende so laut und heftig, daß selbst der trauernde Mönch nicht mehr im Zweifel darüber bleiben konnte, wer mit dem »egli« und der »ella« gemeint sei, welche aus den versammelten Gruppen ertönten. Dergestalt schlug er, mehr noch seiner Gefährtin als seinethalben, eine mit Gras bewachsene verschattete Gasse ein, die seinen Sandalen wohlbekannt war, denn sie führte längs der verwitterten Ringmauer seines Klosters hin. Hier war es bis zum Schauder kühl, aber die ganz Padua erfüllende Schreckenskunde hatte selbst diese Schatten erreicht. Aus den offenen Fenstern des Refektoriums, das in die dicke Mauer gebaut war, scholl an der verspäteten Mittagstafel – die Katastrophe auf der Brenta hatte in der Stadt alle Zeiten und Stunden gestört – das Tischgespräch der Brüder so zänkisch und schreiend, so voller »-inibus« und »-atibus« – es wurde lateinisch geführt oder dann stritt man sich mit Zitaten aus den Dekretalen –, daß der Mönch unschwer erriet, auch hier werde dasselbe oder ein ähnliches Dilemma wie auf der Straße verhandelt. Und wenn er sich vielleicht nicht Rechenschaft gab, wovon, so wußte er doch, von wem die Rede war. Aber was er nicht entdeckte, waren –

Mitten im Sprechen suchte Dante unter den Zuhörern den vornehmen Kleriker, der sich hinter seinem Nachbar verbarg.

– waren zwei brennende hohle Augen, welche durch eine Luke in der Mauer auf ihn und das Weib an seiner Seite starrten. Diese Augen gehörten einer unseligen Kreatur, einem verlorenen Mönche, namens Serapion, welcher sich, Seele und Leib, im Kloster verzehrte. Mit seiner voreiligen Einbildungskraft hatte dieser auf der Stelle begriffen, daß sein Mitbruder Astorre zum längsten nach der Regel des heiligen Franziskus gedarbt und gefastet habe, und beneidete ihn rasend um den ihm von der Laune des Todes zugeworfenen Besitz weltlicher Güter und Freuden. Er lauerte auf den Heimkehrenden, um die Mienen desselben zu erforschen und darin zu lesen, was Astorre über sich beschlossen hätte. Seine Blicke verschlangen das Weib und hafteten an ihren Stapfen.
Astorre lenkte die Schritte und die seiner Schwägerin auf einen kleinen von vier Stadtburgen gebildeten Platz und trat mit ihr in das tiefe Tor der vornehmsten. Auf

einer Steinbank im Hofe erblickte er zwei Ruhende, einen vom Wirbel zur Zehe gepanzerten blutjungen Germanen und einen greisen Sarazenen. Der hingestreckte Deutsche hatte seinen schlummernden rotblonden Krauskopf in den Schoß des sitzenden Ungläubigen gelegt, der, ebenfalls schlummernd, mit seinem schneeweißen Barte väterlich auf ihn niedernickte. Die zweie gehörten zur Leibwache Ezzelins, welche sich in Nachahmung derjenigen seines Schwiegers, des Kaisers Friedrich, aus Deutschen und Sarazenen zu gleichen Teilen zusammensetzte. Der Tyrann war im Palaste. Er mochte es für seine Pflicht gehalten haben, den alten Vicedomini zu besuchen. In der Tat vernahmen Astorre und Diana schon auf der Wendeltreppe das Gespräch, welches Ezzelin in kurzen ruhigen Worten, der Alte dagegen, der gänzlich außer sich zu sein schien, mit schreiender und scheltender Stimme führte. Mönch und Weib blieben am Eingange des Saales unter dem bleichen Gesinde stehen. Die Diener zitterten an allen Gliedern. Der Greis hatte sie mit den heftigsten Verwünschungen überhäuft und dann mit geballten Fäusten weggejagt, weil sie ihm verspätete Botschaft vom Strande gebracht und dieselbe hervorzustottern sich kaum getraut. Überdies hatte dieses Gesinde der gefürchtete Schritt des Tyrannen versteinert. Es war bei Todesstrafe verboten, ihn anzumelden. Unaufgehalten wie ein Geist betrat er Häuser und Gemächer.

»Und das berichtest du so gelassen, Grausamer«, tobte der Alte in seiner Verzweiflung, »als erzähltest du den Verlust eines Rosses oder einer Ernte? Du hast mir die viere getötet, niemand anders als du! Was brauchtest du gerade zu jener Stunde am Strande zu reiten? Was brauchtest du auf die Brenta hinauszugrüßen? Das hast du mir zuleide getan! Hörst du wohl?«

»Schicksal«, antwortete Ezzelin.

»Schicksal?« schrie der Vicedomini. »Schicksal und Sterngucken und Beschwörungen und Verschwörungen und Enthauptungen, von der Zinne auf das Pflaster sich werfende Weiber und hundert pfeildurchbohrte Jünglinge vom Rosse sinkend in deinen verruchten waghalsigen Schlachten, das ist deine Zeit und Regierung, Ezzelin, du Verfluchter und Verdammter! Uns alle ziehst du in deine blutigen Gleise, alles Leben und Sterben wird neben dir gewaltsam und unnatürlich, und niemand endet mehr als reuiger Christ in seinem Bette!«

»Du tust mir unrecht«, versetzte der andere. »Ich zwar habe mit der Kirche nichts zu schaffen. Sie läßt mich gleichgültig. Aber dich und deinesgleichen habe ich nie gehindert, mit ihr zu verkehren. Das weißt du, sonst würdest du dich nicht erkühnen, mit dem Heiligen Stuhle Briefe zu wechseln. Was drehst du da in deinen Händen und verbirgst mir das päpstliche Siegel? Einen Ablaß? Ein Breve? Gib her! Wahrhaftig, ein Breve! Darf ich es lesen? Du erlaubst? Dein Gönner, der Heilige Vater, schreibt dir, daß, würde dein Stamm erlöschen bis auf deinen vierten und letzten, den Mönch, dieser ipso facto seiner Gelübde ledig sei, wenn er aus freiem Willen und eigenem Entschlusse in die Welt zurückkehre. Schlauer Fuchs, wie viele Unzen Goldes hat dich dieses Pergament gekostet?«

»Verhöhnst du mich?« heulte der Alte. »Was anderes blieb mir übrig nach dem Tode meines zweiten und dritten? für wen hätte ich gesammelt und gespeichert? für die Würmer? für dich? Willst du mich berauben? …

Nein? So hilf mir, Gevatter« – der noch ungebannte Ezzelin hatte den dritten Knaben Vicedominis aus der Taufe gehoben, denselben, der sich für ihn auf dem Schlachtfelde geopfert – »hilf mir den Mönch überwinden, daß er wieder weltlich werde und ein Weib nehme, befiehl es ihm, du Allgewaltiger, gib ihn mir statt des Sohnes, den du mir geschlachtet hast, halte mir den Daumen, wenn du mich liebst!«

»Das geht mich nichts an«, erwiderte der Tyrann ohne die geringste Erregung. »Das mache er mit sich selbst aus. ›Freiwillig‹, sagt das Breve. Warum sollte er, wenn er ein guter Mönch ist, wie ich glaube, seinen Stand wechseln? Damit das Blut der Vicedomini nicht versiege? Ist das eine Lebensbedingung der Welt? Sind die Vicedomini eine Notwendigkeit?«

Jetzt kreischte der andere in rasender Wut: »Du Böser, du Mörder meiner Kinder! Ich durchblicke dich! Du willst mich beerben und mit meinem Gelde deine wahnsinnigen Feldzüge führen!« Da gewahrte er seine Schwiegertochter, welche vor dem zögernden Mönche durch das Gesinde und über die Schwelle getreten war. Trotz seiner Leibesschwachheit stürzte er ihr mit wankenden Schritten entgegen, ergriff und riß ihre Hände, als wollte er sie zur Verantwortung ziehen für das über sie beide gekommene Unheil. »Wo hast du meinen Sohn, Diana?« keuchte er.

»Er liegt in der Brenta«, antwortete sie traurig und ihre blauen Augen dunkelten.

»Wo meine drei Enkel?«

»In der Brenta«, wiederholte sie.

»Und dich bringst du mir als Geschenk? Dich behalte ich?« lachte der Alte mißtönig.

»Wollte der Allmächtige«, sagte sie langsam, »mich zögen die Wellen und die andern stünden hier statt meiner!«
Sie schwieg. Dann geriet sie in einen jähen Zorn. »Beleidigt dich mein Anblick und bin ich dir überlästig, so halte dich an diesen: er hat mich, da ich schon gestorben war, an den Haaren gerissen und ins Leben zurückgezogen!«
Jetzt erst erblickte der Alte den Mönch, seinen Sohn, und sein Geist sammelte sich mit einer Kraft und Schnelligkeit, welche der schwere Jammer eher gestählt als gelähmt zu haben schien.
»Wirklich? Dieser hat dich aus der Brenta geholt? Hm! Merkwürdig! Die Wege Gottes sind doch wunderbar!«
Er ergriff den Mönch an Arm und Schulter, als wollte er sich desselben, Leib und Seele, bemächtigen, und schleppte ihn und sich gegen seinen Krankenstuhl, auf welchen er hinfiel, ohne den gepreßten Arm des nicht Widerstrebenden freizugeben. Diana folgte und kniete sich auf der andern Seite des Sessels nieder mit hangenden Armen und gefalteten Händen, das Haupt auf die Lehne legend, so daß nur der Knoten ihres blonden Haares wie ein lebloser Gegenstand sichtbar blieb. Der Gruppe gegenüber saß Ezzelin, die Rechte auf das gerollte Breve wie auf einen Feldherrnstab gestützt.
»Söhnchen, Söhnchen«, wimmerte der Alte mit einer aus Wahrheit und List gemischten Zärtlichkeit, »mein letzter und einziger Trost! Du Stab und Stecken meines Alters wirst mir nicht zwischen diesen zitternden Händen zerbrechen! ... Du begreifst«, fuhr er in einem schon trockneren, sachlichen Tone fort, »daß, wie die

Dinge einmal liegen, deines Bleibens im Kloster nicht länger sein kann. Ist es doch kanonisch, nicht wahr, Söhnchen, daß ein Mönch, dessen Vater verarmt oder versiecht, von seinem Prior beurlaubt wird, um das Erbgut zu bebauen und den Urheber seiner Tage zu ernähren. Ich aber brauche dich noch viel notwendiger. Deine Brüder und Neffen sind weg und jetzt bist du es, der die Lebensfackel unsers Hauses trägt! Du bist ein Flämmchen, das ich angezündet habe, und mir kann nicht dienen, daß es in einer Zelle verglimme und verrauche! Wisse eines« – er hatte in den warmen braunen Augen ein aufrichtiges Mitgefühl gelesen und die ehrerbietige Haltung des Mönches schien einen blinden Gehorsam zu versprechen – »ich bin kränker, als du denkst. Nicht wahr, Isaschar?« Er wendete sich rückwärts gegen eine schmale Gestalt, welche mit Fläschchen und Löffel in den Händen durch eine Nebentür leise hinter den Stuhl des Alten getreten war und jetzt mit dem blassen Haupte bestätigend nickte. »Ich fahre dahin, aber ich sage dir, Astorre: Lässest du mich meines Wunsches ungewährt, so weigert sich dein Väterchen, in den Kahn des Totenführers zu steigen und bleibt zusammengekauert am Dämmerstrande sitzen!« Der Mönch streichelte die fiebernde Hand des Alten zärtlich, antwortete aber mit Sicherheit zwei Worte: »Meine Gelübde!«
Ezzelin entfaltete das Breve.
»Deine Gelübde?« schmeichelte der alte Vicedomini. »Lose Stricke! Durchfeilte Fesseln! Mache eine Bewegung und sie fallen. Die heilige Kirche, welcher du Ehrfurcht und Gehorsam schuldig bist, erklärt sie für ungültig und nichtig. Da steht es geschrieben.« Sein dür-

rer Finger zeigte auf das Pergament mit dem päpstlichen Siegel.

Der Mönch näherte sich ehrerbietig dem Herrscher, empfing die Schrift und las, von vier Augen beobachtet. Schwindelnd tat er einen Schritt rückwärts, als stünde er auf einer Turmhöhe und sähe das Geländer plötzlich weichen.

Ezzelin griff dem Wankenden mit der kurzen Frage unter die Arme: »Wem hast du dein Gelübde gegeben, Mönch? dir? oder der Kirche?«

»Natürlich beiden!« schrie der Alte erbost. »Das sind verfluchte Spitzfindigkeiten! Nimm dich vor dem dort in acht, Söhnchen! Er will uns Vicedomini an den Bettelstab bringen!«

Ohne Zorn legte Ezzelin die Rechte auf den Bart und schwur: »Stirbt Vicedomini, so beerbt ihn der Mönch hier, sein Sohn, und stiftet – sollte das Geschlecht mit ihm erlöschen und wenn er mich und seine Vaterstadt liebhat – ein Hospital von einer gewissen Ausdehnung und Großartigkeit, um welches uns die hundert Städte« – er meinte die Städte Italiens – »beneiden sollen. Nun, Gevatter, da ich mich von dem Vorwurfe der Raubgier gereinigt habe, darf ich an den Mönch ein paar weitere Fragen richten? Du gestattest?«

Jetzt packte den Alten ein solcher Ingrimm, daß er in Krämpfe fiel. Noch aber ließ er den Arm des Mönches, welchen er wieder ergriffen hatte, nicht fahren.

Isaschar näherte den vollen, mit einer stark duftenden Essenz gefüllten Löffel vorsichtig den fahlen Lippen. Der Gefolterte wendete mit einer Anstrengung den Kopf ab. »Laß mich in Ruhe!« stöhnte er, »du bist auch der Arzt des Vogts!« und schloß die Augen.

Der Jude wandte die seinigen, welche glänzend schwarz und sehr klug waren, gegen den Tyrannen, als flehe er um Verzeihung für diesen Argwohn.
»Wird er zur Besinnung zurückkehren?« fragte Ezzelin.
»Ich glaube«, antwortete der Jude. »Noch lebt er und wird wieder erwachen, aber nicht für lange, fürchte ich. Diese Sonne sieht er nicht untergehen.«
Der Tyrann ergriff den Augenblick, mit Astorre zu sprechen, der um den ohnmächtigen Vater beschäftigt war.
»Stehe mir Rede, Mönch!« sagte Ezzelin und wühlte – seine Lieblingsgebärde – mit den gespreizten Fingern der Rechten in dem Gewelle seines Bartes. »Wieviel haben dich die drei Gelübde gekostet, die du vor zehn und einigen Jahren, ich gebe dir dreißig« – der Mönch nickte – »beschworen hast?«
Astorre schlug die lautern Augen auf und erwiderte ohne Bedenken: »Armut und Gehorsam nichts. Ich habe keinen Sinn für Besitz und gehorche leicht.« Er hielt inne und errötete.
Der Tyrann fand ein Wohlgefallen an dieser männlichen Keuschheit. »Hat dir dieser hier deinen Stand aufgenötigt oder dich dazu beschwatzt?« lenkte er ab.
»Nein«, erklärte der Mönch. »Seit langeher, wie der Stammbaum erzählt, wird in unserm Hause von dreien oder vieren der letzte geistlich, sei es damit wir Vicedomini einen Fürbitter besitzen oder um das Erbe und die Macht des Hauses zu wahren – gleichviel, der Brauch ist alt und ehrwürdig. Ich kannte mein Los, welches mir nicht zuwider war, von jung an. Mir wurde kein Zwang auferlegt.«

»Und das dritte?« holte Ezzelin nach – er meinte das dritte Gelübde. Astorre verstand ihn.
Mit einem neuen, aber dieses Mal schwachen Erröten erwiderte er: »Es ist mir nicht leicht geworden, doch ich vermochte es wie andere Mönche, wenn sie gut beraten sind, und das war ich. Von dem heiligen Antonius«, fügte er ehrfürchtig hinzu.

»Dieser verdienstliche Heilige, wie ihr wisset, Herrschaften, hat einige Jahre bei den Franziskanern in Padua gelebt«, erläuterte Dante.
»Wie sollten wir nicht?« scherzte einer unter den Zuhörern. »Haben wir doch die Reliquie verehrt, die in dem dortigen Klosterteiche herumschwimmt: ich meine den Hecht, welcher weiland der Predigt des Heiligen beiwohnte, sich bekehrte, der Fleischspeise entsagte, im Guten standhielt und jetzt noch in hohem Alter als strenger Vegetarier« – er verschluckte das Ende des Schwankes, denn Dante hatte gegen ihn die Stirn gerunzelt.

»Und was riet er dir?« fragte Ezzelin.
»Meinen Stand einfach zu fassen, schlecht und recht«, berichtete der Mönch, »als einen pünktlichen Dienst, etwa wie einen Kriegsdienst, welcher ja auch gehorsame Muskeln verlangt, und Entbehrungen, die ein wakkerer Krieger nicht einmal als solche fühlen darf: die Erde im Schweiße meines Angesichts zu graben, mäßig zu essen, mäßig zu fasten, weder Mädchen noch jungen Frauen Beichte zu sitzen, im Angesichte Gottes zu wandeln und seine Mutter nicht brünstiger anzubeten, als das Brevarium vorschreibt.«

Der Tyrann lächelte. Dann streckte er die Rechte gegen den Mönch aus, ermahnend oder segnend, und sprach: »Glücklicher! Du hast einen Stern! Dein Heute entsteht leicht aus deinem Gestern und wird unversehens zu deinem Morgen! Du bist etwas und nichts Geringes; denn du übst das Amt der Barmherzigkeit, das ich gelten lasse, wiewohl ich ein anderes bekleide. Würdest du in die Welt treten, die ihre eigenen Gesetze befolgt, welche zu lernen es für dich zu spät ist, so würde dein klarer Stern zum lächerlichen Irrwisch und zerplatzte zischend nach ein paar albernen Sprüngen unter dem Hohne der Himmlischen!

Noch eines, und dies rede ich als der, welcher ich bin: der Herr von Padua. Dein Wandel war meinem Volke eine Erbauung, ein Beispiel der Entsagung. Der Ärmste getröstete sich deiner, den er seine karge Kost und sein hartes Tagewerk teilen sah. Wirfst du die Kutte weg, freiest du ein Vornehmer eine Vornehme, schöpfst du mit vollen Händen aus dem Reichtume deines Hauses, so begehst du Raub an dem Volke, welches dich als einen seinesgleichen in Besitz genommen hat, du machst mir Unzufriedene und Ungenügsame, und entstünde daraus Zorn, Ungehorsam, Empörung, mich sollte es nicht wundern. Die Dinge verketten sich!

Ich und Padua können dich nicht entbehren! Mit deiner schönen und ritterlichen Gestalt stichst du der Menge in die Augen und hast auch mehr oder wenigstens einen edlern Mut als deine bäurischen Brüder. Wenn das Volk nach seiner rasenden Art diesen hier« – er deutete auf Isaschar – »ermorden will, weil er ihm Hilfe bringt, was dem Juden in der letzten Pestzeit – wenig fehlte – geschehen wäre, wer verteidigt ihn, wie du tatest, gegen die wahnsinnige Menge, bis ich da bin und Halt gebiete?

Isaschar, hilf mir den Mönch überzeugen!« wendete sich Ezzelin gegen den Arzt mit einem grausamen Lächeln. »Schon deinetwegen darf er sich nicht entkutten!«

»Herr«, lispelte dieser, »unter deinem Szepter wird sich die unvernünftige Szene, welche du so gerecht wie blutig gestraft hast, kaum wiederholen, und meinethalb, dessen Glaube die Dauer des Stammes als Gottes höchsten Segen preist, darf der Erlauchte« – so und schon nicht mehr den Ehrwürdigen nannte er den Mönch – »nicht unvermählt bleiben.«

Ezzelin lächelte über die Feinheit des Juden. »Und wohin gehen deine Gedanken, Mönch?« fragte er.

»Sie stehen und beharren! Doch ich wollte – Gott verzeihe mir die Sünde – der Vater erwachte nicht mehr, daß ich nicht hart gegen ihn sein muß! Hätte er nur schon die Zehrung empfangen!« Er küßte heftig die Wange des Ohnmächtigen, welcher darüber zur Besinnung kam.

Der Wiederbelebte tat einen schweren Seufzer, hob die müden Augenlider und richtete aus dem grauen Gebüsche seiner hangenden Brauen einen Blick des Flehens auf den Mönch. »Wie steht's?« fragte er. »Was hast du über mich verhängt, Geliebtester? Himmel oder Hölle?«

»Vater«, bat Astorre mit bewegter Stimme, »deine Zeit ist um! Dein Stündlein ist gekommen! Entschlage dich der weltlichen Dinge und Sorgen! Denke an die Seele! Siehe, deine Priester« – er meinte die der Pfarrkirche – »sind nebenan versammelt und harren mit den hochheiligen Sterbesakramenten.«

Es war so. Die Türe des Nebengemaches hatte sich sachte geöffnet, aus demselben schimmerte schwaches, in der Tageshelle kaum sichtbares Kerzenlicht, ein Chor präludierte gedämpft und das leise Schüttern eines Glöckchens wurde hörbar.
Jetzt klammerte sich der Alte, der seine Kniee schon in die kalte Flut der Lethe versinken fühlte, an den Mönch, wie weiland Sankt Petrus auf dem See Genezareth an den Heiland. »Du tust es mir!« lallte er.
»Könnte ich! Dürfte ich!« seufzte der Mönch. »Bei allen Heiligen, Vater, denke an die Ewigkeit! Laß das Irdische! Deine Stunde ist da!«
Diese verhüllte Weigerung entzündete das letzte Leben des Vicedomini zur lodernden Flamme. »Ungehorsamer! Undankbarer!« zürnte er.
Astorre winkte den Priestern.
»Bei allen Teufeln«, raste der Alte, »laßt mich zufrieden mit eurem Geknete und Gesalbe! Ich habe nichts zu verspielen, ich bin schon ein Verdammter und bliebe es mitten im himmlischen Reigen, wenn mein Sohn mich mutwillig verstößt und meinen Lebenskeim verdirbt!«
Der entsetzte Mönch, durch dieses grause Lästern im Tiefsten erschüttert, sah seinen Vater unwiderruflich der ewigen Unseligkeit anheimfallen. So meinte er und war fest davon überzeugt, wie ich es an seiner Stelle auch gewesen wäre. Er warf sich vor dem Sterbenden in dunkler Verzweiflung auf die Kniee und flehte unter stürzenden Tränen: »Herr, ich beschwöre Euch, habet Erbarmen mit Euch und mit mir!«
»Laß den Schlaukopf seiner Wege gehen!« raunte der Tyrann. Der Mönch vernahm es nicht.

Wieder gab er den erstaunten Priestern ein Zeichen und die Sterbelitanei wollte beginnen.
Da kauerte sich der Alte zusammen wie ein trotziges Kind und schüttelte das graue Haupt.
»Laß den Arglistigen seine Straße ziehen!« mahnte Ezzelin lauter.
»Vater, Vater!« schluchzte der Mönch und seine Seele zerfloß in Mitleid.
»Erlauchter Herr und christlicher Bruder«, fragte jetzt ein Priester mit unsicherer Stimme, »seid Ihr in der Verfassung, Euern Schöpfer und Heiland zu empfangen?« Der Alte schwieg.
»Steht Ihr fest im Glauben an die Heilige Dreifaltigkeit? Antwortet mir, Herr!« fragte der Geistliche zum andern Male und wurde bleich wie ein Tuch, denn: »Geleugnet und gelästert sei sie!« rief der Sterbende mit starker Stimme, »gelästert und –«
»Nicht weiter!« schrie der Mönch und war aufgesprungen. »Ich bin Euch zu Willen, Herr! Machet mit mir, was Ihr wollt! Nur daß Ihr Euch nicht in die Flammen stürzet!«
Der Alte seufzte wie nach einer schweren Anstrengung. Dann blickte er erleichtert, ich hätte fast gesagt vergnügt um sich. Er ergriff mit tastender Hand den blonden Schopf Dianas, zog das sich von den Knieen erhebende Weib in die Höhe, nahm ihre Hand, die sich nicht weigerte, öffnete die gekrampfte des Mönches und legte beide zusammen.
»Gültig! vor dem hochheiligen Sakramente!« frohlockte er und segnete das Paar. Der Mönch widersprach nicht und Diana schloß die Augen.
»Jetzt rasch, ehrwürdige Väter!« drängte der Alte, »es

eilt, wie ich meine, und ich bin in christlicher Verfassung.«

Der Mönch und seine Braut wollten hinter die priesterliche Schar zurücktreten. »Bleibt«, murmelte der Sterbende, »bleibt, daß euch meine getrösteten Augen zusammen sehen, bis sie brechen!« Astorre und Diana, kaum einige Schritte zurückweichend, mußten mit vereinigten Händen vor dem erlöschenden Blicke des hartnäckigen Greises verharren.

Dieser murmelte eine kurze Beichte, empfing die letzte Zehrung und verschied, während sie ihm die Sohlen salbten und der Priester den schon tauben Ohren jenes großartige: »Brich auf, christliche Seele!« zurief. Das gestorbene Antlitz trug den deutlichen Ausdruck triumphierender List.

Der Tyrann hatte, während ringsum alles auf den Knieen lag, die heilige Handlung sitzend und mit ruhiger Aufmerksamkeit betrachtet, etwa wie man eine fremde Sitte beschaut oder wie ein Gelehrter das auf einem Sarkophag abgebildete Opfer eines alten Volkes besichtigt. Er näherte sich dem Toten und drückte ihm die Augen zu.

Dann wendete er sich gegen Diana. »Edle Frau«, sagte er, »ich denke, wir gehen nach Hause. Eure Eltern, wenn auch von Eurer Rettung unterrichtet, werden nach Euch verlangen. Auch traget Ihr ein Gewand der Niedrigkeit, das Euch nicht kleidet.«

»Fürst, ich danke und folge Euch«, erwiderte Diana, ließ aber ihre Hand in der des Mönches ruhen, dessen Blick sie bis jetzt gemieden hatte. Nun schaute sie dem Gatten voll ins Gesicht und sprach mit einer tiefen, aber wohlklingenden Stimme, während ihre Wangen sich mit dunkler Glut bedeckten: »Mein Herr und Gebieter, wir durften die Seele des Vaters nicht umkommen lassen. So wurde ich Euer. Haltet mir bessere Treue als dem Kloster. Euer Bruder hat mich nicht geliebt. Vergebet mir, wenn ich so rede: ich sage die einfache Wahrheit. Ihr werdet an mir ein gutes und gehorsames Weib besitzen. Doch habe ich zwei Eigenschaften, welche Ihr schonen müßt. Ich bin jähzornig, wenn man mir Recht oder Ehre antastet, und darin peinlich, daß man mir nichts versprechen darf, ohne es zu halten. Schon als Kind habe ich das schwer oder nicht gelitten. Ich bin von wenig Wünschen und verlange nichts über das Alltägliche hinaus; nur wo mir einmal etwas gezeigt und zugesagt wurde, da bedarf ich der Erfüllung, sonst verliere ich den Glauben und kränke mich schwerer als andere Frauen über das Unrecht. Doch wie darf ich so zu Euch reden, mein Herr und Gebieter, den ich kaum kenne? Laßt mich verstummen. Lebet wohl, mein Gemahl, und gebet mir neun Tage, Euern Bruder zu betrauern.« Jetzt löste sie langsam die Hand aus der seinigen und verschwand mit dem Tyrannen. Inzwischen hatte die geistliche Schar den Leichnam weggehoben, um ihn in der Hauskapelle aufzubahren und einzusegnen.

Astorre stand allein in seinem verscherzten Mönchsgewande, welches eine von Reue erfüllte Brust bedeckte. Ein Heer von Dienern, das den seltsamen Vorgang belauscht und genügend begriffen hatten, näherte sich in unterwürfigen Stellungen und mit furchtsamen Gebärden seinem neuen Herrn, verblüfft und eingeschüchtert weniger noch durch den Wechsel der Herrschaft, als durch das vermeintliche Sakrilegium der gebrochenen

Gelübde – das leise gelesene Breve war nicht zu ihren Ohren gelangt – und durch die Verweltlichung des ehrwürdigen Mönches. Diesem gelang es nicht, seinen Vater zu betrauern. Ihn beschlich, jetzt da er seines Willens wieder mächtig war, der Argwohn, was sage ich, ihn überkam die empörende Gewißheit, daß ein Sterbender seinen guten Glauben betrogen und seine Barmherzigkeit mißbraucht habe. Er entdeckte in der Verzweiflung des Alten den Schlupfwinkel der List und in der wilden Lästerung das berechnete Spiel an der Schwelle des Todes. Unwillig, fast feindselig wandte sich sein Gedanke gegen das ihm zugefallene Weib. Ihn versuchte der verzwickte mönchische Einfall, dasselbe nicht aus eigenem Herzen, sondern nur als Stellvertreter seines entseelten Bruders zu lieben; aber sein gesunder Sinn und sein redliches Gemüt verwarfen die schmähliche Auskunft. Da er sie nun als die Seinige betrachtete, erwehrte er sich einer gewissen Verwunderung nicht, daß ihm sein Weib mit so bündiger Rede und harter Wahrheitsliebe entgegengetreten und so sachlich mit ihm sich auseinandergesetzt habe, ohne Schleier und Wolke, eine viel derbere und wirklichere Gestalt als die zarten Erscheinungen der Legende. Er hatte sich die Frauen weicher gedacht.

Jetzt gewahrte der Mönch plötzlich sein Ordenskleid und den Widerspruch seiner Gefühle und Betrachtungen mit demselben. Er schämte sich vor seiner Kutte und sie wurde ihm lästig. »Gebt mir weltliches Gewand!« befahl er. Geschäftige Diener umringten ihn, aus welchen er bald in der Tracht seines ertrunkenen Bruders, mit dem er ungefähr von gleichem Wuchse war, hervortrat.

In demselben Augenblicke warf sich ihm der Narr seines Vaters, mit Namen Gocciola, zu Füßen und huldigte ihm, nicht um wie die andern Verlängerung seines Dienstes sich zu erbitten, sondern seinen Abschied und die Erlaubnis, den Stand zu wechseln, denn er sei der Welt überdrüssig, seine Haare ergrauen und es stünde ihm schlecht an, mit der läutenden Schellenkappe ins Jenseits zu gehen. Mit diesen weinerlichen Worten bemächtigte er sich der abgeworfenen Kutte, welche das Gesinde zu berühren sich gescheut hatte. Aber sein buntscheckiges Gehirn schlug einen Purzelbaum und er fügte lüstern bei: »Einmal möchte ich noch Amarellen essen, ehe ich der Welt und ihren Täuschungen Valet sage! Hochzeit läßt hier nicht auf sich warten, ich glaube.« Er beleckte sich die Maulwinkel mit seiner fahlen Zunge. Dann bog er ein Knie vor dem Mönch, schüttelte seine Schellen und entsprang, die Kutte hinter sich herschleifend.

»Amarelle oder Amare«, erläuterte Dante, »heißt das paduanische Hochzeitsgebäck wegen seines bitteren Mandelgeschmackes und zugleich mit anmutiger Anspielung auf das Verbum der ersten Konjugation.« Hier machte der Erzähler eine Pause und verschattete Stirn und Augen mit der Hand, den weiteren Gang seiner Fabel übersinnend.

Inzwischen trat der Majordom des Fürsten, ein Alsatier, namens Burcardo, mit abgemessenen Schritten, umständlichen Bücklingen und weitläufigen Entschuldigungen, daß er die Unterhaltung stören müsse, vor Cangrande, welchen er in irgendeiner häuslichen Angelegenheit um Befehl bat. Deutsche waren dazumal an den ghibellinischen Höfen Italiens keine eben seltene Erscheinung, ja sie wurden gesucht und den Einheimischen vorgezogen wegen ihrer Redlichkeit und ihres angeborenen Verständnisses für Zeremonien und Gebräuche.

Als Dante das Haupt wieder hob, gewahrte er den Elsässer und hörte sein Welsch, das Weich und Hart beharrlich verwechselte, den Hof ergötzend, das feine Ohr des Dichters aber empfindlich beleidigend. Sein Blick verweilte dann mit sichtlichem Wohlgefallen auf den zwei Jünglingen, Ascanio und dem bepanzerten Krieger. Zuletzt ließ er ihn sinnend ruhen auf den beiden Frauen, der Herrin Diana, die sich belebt und deren marmorne Wange sich leicht gerötet hatte, und auf Antiope, der Freundin Cangrandes, einem hübschen und natürlichen Wesen. Dann fuhr er fort.

Hinter der Stadtburg der Vicedomini dehnte sich vormals – jetzt da das erlauchte Geschlecht längst erloschen ist, hat sich jener Platz völlig verändert – ein geräumiger Bezirk bis an den Fuß der festen und breiten Stadtmauer aus, so geräumig, daß er Weideplätze für Herden, Gehege für Hirsche und Rehe, mit Fischen gefüllte Teiche, tiefe Waldschatten und sonnige Weinlauben enthielt. An einem leuchtenden Morgen, sieben Tage nach der Totenfeier, saß im schwarzen Schatten einer Zeder, den Rücken an den Stamm gelehnt und die Schnäbel seiner Schuhe in das brennende Sonnenlicht streckend, der Mönch Astorre; denn diesen Namen behielt er unter den Paduanern, obwohl er weltlich geworden war, während seines kurzen Wandels auf der

Erde. Er saß oder lag einem Brunnen gegenüber, der aus dem Mund einer gleichgültigen Maske eine kühle Flut sprudelte, unfern einer Steinbank, welcher er das weiche Polster des schwellenden Rasens vorgezogen hatte.

Während er sann oder träumte ich weiß nicht was, sprangen auf dem beinahe schon mittäglich übersonnten Platze vor dem Palast zwei junge Leute von staubbedeckten Gäulen, der eine gepanzert, der andere mit Wahl gekleidet, obschon im Reisegewand. Ascanio und Germano, so hießen die Reiter, waren die Günstlinge des Vogtes und zugleich die Jugendgespielen des Mönches, mit welchen er brüderlich gelernt und sich ergötzt hatte bis zu seinem fünfzehnten Jahre, dem Beginne seines Noviziates. Ezzelin hatte sie an seinen Schwieger, Kaiser Friedrich, gesendet.

Dante hielt inne und verneigte sich vor dem großen Schatten.

Mit beantworteten Aufträgen kehrten die zweie zu dem Tyrannen zurück, welchem sie noch überdies die Neuigkeit des Tages mitbrachten: eine in der kaiserlichen Kanzlei verfertigte Abschrift des an den christlichen Klerus gerichteten Hirtenbriefes, worin der heilige Vater den geistvollen Kaiser vor dem Angesichte der Welt der äußersten Gottlosigkeit anklagt.

Obwohl mit wichtigen, vielleicht Eile heischenden Aufträgen und dem unheilschweren Dokumente betraut, brachten die beiden es nicht über sich, an dem Heim ihres Jugendgespielen vorbei nach dem Stadtturm ihres Tyrannen zu sprengen. Sie hatten in der letzten Herberge vor Padua, wo sie, ohne den Bügel zu verlassen, ihre Pferde fressen und saufen ließen, vor dem geschwätzigen Schenkwirt das große Stadtunglück und das größere Stadtärgernis: den Untergang der Hochzeitsbarke und die weggeschleuderte Kutte des Mönches erfahren, so ziemlich mit allen Umständen, ohne die vereinigten Hände Dianas und Astorres jedoch, welche noch nicht offenbar geworden waren. Unzerstörliche Bande die uns an die Gespielen unserer Kindheit fesseln! Von dem seltsamen Schicksale Astorres betroffen, konnten die beiden keine Ruhe finden, bis sie ihn mit Augen gesehen, den Wiedergewonnenen. Während langer Jahre waren sie nur dem Mönche begegnet, zufällig auf der Straße, ihn mit einem zwar freundlichen, aber durch aufrichtige Ehrfurcht vertieften und etwas fremden Kopfnicken begrüßend.

Gocciola, den sie im Hofe des Palastes fanden, wie er mit einer Semmel beschäftigt auf einem Mäuerlein saß die Beine baumeln ließ, führte sie in den Garten. Ihnen voranwandelnd unterhielt der Narr die Jünglinge nicht von dem tragischen Schicksale des Hauses, sondern nur von seinen eigenen Angelegenheiten, welche ihm als das weit wichtigere erschienen. Er erzählte, daß er brünstig nach seinem seligen Ende strebe, und verschluckte darüber den Rest der Semmel, ohne ihn mit seinen wackligen Zähnen gekaut zu haben, so daß er fast daran erstickte. Über die Gesichter, die er schnitt, und über seine Sehnsucht nach der Zelle brach Ascanio in ein so lustiges Gelächter aus, daß er damit den Himmel entwölkte, wenn dieser heute nicht schon aus eigener Freude in leuchtenden Farben geschwelgt hätte.

Ascanio versagte sich nicht das Tröpfchen zu foppen, schon um den lästigen Begleiter loszuwerden. »Ärmster«, begann er, »du wirst die Zelle nicht erreichen, denn, unter uns, im tiefsten Vertrauen, mein Ohm der Tyrann hat ein begehrliches Auge auf dich geworfen. Laß dir sagen: er besitzt vier Narren, den Stoiker, den Epikureer, den Platoniker, den Skeptiker, wie er sie benennt. Diese viere stellen sich, wann der Ernste spaßen will, auf seinen Wink in die vier Ecken des Saales, an dessen Wölbung der gestirnte Himmel und die Planetenbilder prangen. Der Ohm, im Hauskleide, tritt in die Mitte des Raumes, klatscht in die Hände und die Philosophen wechseln hopsend die Winkel. Vorgestern ist der Stoiker heulend und winselnd draufgegangen, weil der Unersättliche viele Pfunde Nudeln auf einmal verschlang. Der Ohm hat mir flüchtig angedeutet, er gedenke ihn zu ersetzen, und werde sich von dem Mönche deinem neuen Herrn als Erbsteuer dich, o Gocciola, erbitten. So steht es. Ezzelin fahndet nach dir. Wer weiß, ob er nicht hinter dir geht.« Dieses war eine Anspielung auf die Allgegenwart des Tyrannen, welche die Paduaner in Furcht und beständigem Zittern hielt. Gocciola stieß einen Schrei aus, als falle die Hand des Gewaltigen auf seine Schulter, blickte sich um, und obwohl niemand hinter ihm ging als sein kurzer Schatten, flüchtete er sich zähneklappernd in irgendein Versteck.

»Ich streiche die Narren Ezzelins«, unterbrach sich Dante mit einer griffelhaltenden Gebärde, als schriebe er seine Fabel, statt sie zu sprechen, wie er tat. »Der Zug ist unwahr oder dann log Ascanio. Es ist durchaus undenkbar, daß ein so ernster und ursprünglich edler

Geist wie Ezzelin Narren gefüttert und sich an ihrem Blödsinn ergötzt habe.« Diesen geraden Stich führte der Florentiner gegen seinen Gastfreund, auf dessen Mantel Gocciola saß, den Dichter angrinsend.
Cangrande tat nicht dergleichen. Er versprach sich im stillen, bei erster Gelegenheit mit Wucher heimzuzahlen.
Befriedigt, fast heiter setzte Dante seine Erzählung fort.

Endlich entdeckten die beiden den entmönchten Mönch, welcher, wie gesagt, den Rücken an den Stamm einer Pinie lehnte –

»An den Stamm einer Zeder, Dante«, verbesserte die aufmerksam gewordene Fürstin.

– einer Zeder lehnte und sich die Fußspitzen sonnte. Er bemerkte die sich ihm von beiden Seiten Nähernden nicht, so tief war er in sein leeres oder volles Träumen versunken. Jetzt bückte sich der mutwillige Ascanio nach einem Grashalm, brach denselben und kitzelte damit die Nase des Mönches, daß dieser dreimal kräftig nieste. Astorre ergriff freundlich die Hände seiner Jugendgespielen und zog sie rechts und links neben sich auf den Rasen nieder. »Nun, was sagt ihr dazu?« fragte er in einem Tone, der eher schüchtern als herausfordernd klang.
»Zuerst mein aufrichtiges Lob deines Priors und deines Klosters!« scherzte Ascanio. »Sie haben dich frisch bewahrt. Du schaust jugendlicher als wir beide. Freilich die knappe weltliche Tracht und das glatte Kinn mögen dich verjüngen. Weißt du, daß du ein schöner Mann

bist? Du liegst unter deiner Riesenzeder gleich dem ersten Menschen, den Gott, wie die Gelehrten behaupten, als einen Dreißigjährigen erschuf, und ich«, fuhr er mit einer unschuldigen Miene fort, da er den Mönch über seinen Mutwillen erröten sah, »bin wahrlich der letzte dich zu tadeln, daß du dich aus der Kutte befreitest, denn sein Geschlecht zu erhalten, ist der Wunsch alles Lebenden.«

»Es war nicht mein Wunsch noch freier Entschluß«, bekannte der Mönch wahrhaft. »Widerstrebend tat ich den Willen eines sterbenden Vaters.«

»Wirklich?« lächelte Ascanio. »Erzähle das niemandem, Astorre, als uns, die dich lieben. Andern würde dich diese Unselbständigkeit lächerlich oder gar verächtlich machen, Und, weil wir vom Lächerlichen reden, gib acht, ich bitte dich, Astorre, daß du den Menschen aus dem Mönche entwickelst, ohne den guten Geschmack zu beleidigen! Der heikle Übergang will sorgfältig geschont und abgestuft sein. Nimm Rat an! Du reisest ein Jährchen, zum Beispiel an den Hof des Kaisers, von wo nach Padua und zurück die Boten nicht zu laufen aufhören. Du lässest dich von Ezzelin nach Palermo senden! Dort lernst du neben dem vollkommensten Ritter und dem vorurteilslosesten Menschen – ich meine unsern zweiten Friedrich – auch die Weiber kennen und gewöhnst dir die Mönchsart ab, sie zu vergöttern oder geringzuschätzen. Das Gemüt des Herrschers färbt Hof und Stadt. Wie das Leben hier in Padua geworden ist, unter meinem Ohm dem Tyrannen, wild und übertrieben und gewalttätig, gibt es dir ein falsches Weltbild. Palermo, wo sich unter dem menschlichsten aller Herrscher Spiel und Ernst, Tugend und Lust, Treue und Unbestand, guter Glaube und kluges Mißtrauen in den richtigen Verhältnissen mischen, bietet das wahrere. Dort vertändelst du den Reigen eines Jahres mit unsern Freundinnen und Feindinnen in erlaubter oder läßlicher Weise« – der Mönch runzelte die Stirn – »machst etwa einen Feldzug mit, ohne jedoch unbesonnen dich auszusetzen – denke an deine Bestimmung – nur daß du dich wieder erinnerst, wie Pferd und Klinge geführt wird – als Knabe verstundest du das – behältst deine muntern braunen Augen. die – bei der Fackel der Aurora! – leuchten und sprühen, seit du das Kloster verlassen hast, überall offen und kehrst uns als ein Mann zurück, der sich und andere besitzt.«

»Er muß dort beim Kaiser eine Schwäbin heiraten«, riet der Gepanzerte gutmütig. »Sie sind frömmer und verläßlicher als unsere Weiber.«

»Schweigst du wohl?« drohte ihm Ascanio mit dem Finger. »Mache mir keine Langeweile mit semmelblonden Zöpfen!« Der Mönch aber drückte die Rechte Germanos, welche er noch nicht hatte fahrenlassen.

»Aufrichtig, Germano«, forschte er, »was sagst *du* dazu?«

»Wozu?« fragte dieser barsch.

»Nun, zu meinem neuen Stande?«

»Astorre, mein Freund«, antwortete der Schnurrbärtige etwas verlegen, »ist es getan, frägt man nicht mehr herum nach Beirat und Urteil. Man behauptet sich, wo man steht. Willst du aber meine Meinung durchaus wissen, nun, schau, Astorre, verletzte Treue, gebrochenes Wort, Fahnenflucht und so weiter, dem gibt man in Germanien grobe Namen. Natürlich bei dir ist's etwas ganz anderes, das läßt sich gar nicht vergleichen – und dann der sterbende Vater – Astorre, mein lieber Freund, du hast ganz hübsch gehandelt, nur wäre das Gegenteil noch hübscher gewesen. Das ist meine Meinung«, schloß er treuherzig.

»So hättest du mir, wärest du dagewesen, die Hand deiner Schwester verweigert, Germano?«

Dieser fiel aus den Wolken. »Die Hand meiner Schwester? der Diana? derselben, die deinen Bruder betrauert?«

»Derselben. Sie ist meine Verlobte.«

»O herrlich!« rief jetzt der weltkluge Ascanio, und: »Erfreulich!« fiel Germano bei. »Laß dich umarmen, Schwager!« Der Gepanzerte hatte trotz seiner Geradheit gute Lebensart. Aber er unterdrückte einen Seufzer. So herzlich er die herbe Schwester achtete, dem Mönche, wie dieser neben ihm saß, hätte er, nach seinem natürlichen Gefühle, ein anderes Weib gegeben.

So drehte er den Schnurrbart und Ascanio das Steuerruder des Gespräches. »Eigentlich, Astorre«, plauderte der Heitere, »müssen wir damit anfangen, uns wieder kennenzulernen; nicht weniger als deine fünfzehn beschaulichen Klosterjahre liegen zwischen unserer Kindheit und heute. Nicht daß wir inzwischen unser Wesen geändert hätten, wer ändert es? doch wir haben uns ausgewachsen. Dieser zum Beispiel« – er deutete gegen Germano – »freut sich jetzt schon eines schönen Waffenruhmes; aber ich habe ihn zu verklagen, daß er ein halber Deutscher geworden ist. Er« – Ascanio krümmte den Arm, als leere er den Becher – »und hernach wird er tiefsinnig oder händelsüchtig. Auch verachtet er unser süßes Italienisch. ›Ich werde deutsch mit

euch reden!‹ prahlt er und brummt die Bärenlaute einer unmenschlichen Sprache. Dann erbleicht sein Gesinde, seine Gläubiger fliehen und unsere Paduanerinnen kehren ihm die stattlichen Rücken zu. Dergestalt ist er vielleicht so jungfräulich geblieben als du, Astorre«, und er legte dem Mönch traulich die Hand auf die Schulter.
Germano lachte herzlich und erwiderte auf Ascanio zeigend: »Und dieser hat seine Bestimmung gefunden, indem er der perfekte Höfling wurde.«
»Da irrst du dich, Germano«, widersprach der Günstling Ezzelins. »Meine Bestimmung war, das Leben leicht und heiter zu genießen.« Und zum Beweise dessen rief er freundlich gebietend das Kind des Gärtners herbei, das er in einiger Entfernung sich vorüberstehlen und nach seiner neuen Herrschaft, dem Mönche, schielen sah. Das hübsche Ding trug einen mit Trauben und Feigen überhäuften Korb auf dem lachenden Haupte und schaute eher schelmisch als schüchtern. Ascanio war aufgesprungen. Er legte die Linke um die schlanke Seite des Mädchens und holte sich mit der Rechten aus dem Korb eine Traube. Zugleich suchte sein Mund die schwellenden Lippen. »Mich durstet«, sagte er. Das Mädchen tat schämig, hielt aber stille, weil es seine Früchte nicht verschütten wollte. Unmutig wendete sich der Mönch von den zwei Leichtsinnigen ab, und das erschreckende Dirnchen entrann, da es die harte mönchische Gebärde erblickte, den Pfad ihrer Flucht mit rollenden Früchten bestreuend. Ascanio, der seine Traube in der Hand hielt, hob hinter den flüchtigen Stapfen noch zwei andere auf, deren eine er Germano bot, welcher aber die ungekelterte verächtlich ins Gras warf. Die andere reichte der Mutwillige dem Mönche,

der sie eine Weile ebenfalls unberührt ließ, dann aber gedankenlos eine saftige Beere und bald noch eine zweite und die dritte kostete.

»Ein Höfling?« fuhr Ascanio fort, der sich, belustigt durch die Zimperlichkeit des dreißigjährigen Mönches, wieder neben ihn auf den Rasen geworfen hatte. »Glaube das nicht, Astorre! Glaube das Gegenteil! Ich bin der einzige, welcher meinem Ohm leise, aber verständlich zuredet, daß er nicht unbarmherzig werde, daß er ein Mensch bleibe.«

»Er ist nur gerecht und sich selbst getreu!« meinte Germano.

»Über seine Gerechtigkeit!« jammerte Ascanio, »und über seine Logik! Padua ist Reichslehen. Ezzelin ist Vogt. Wer ihm mißfällt, lehnt sich gegen das Reich auf. Hochverräter werden –« Er brachte es nicht über die Lippen. »Abscheulich!« murmelte er. »Und überhaupt: warum dürfen wir Welsche kein eigenes Leben unter unserer warmen Sonne führen? Warum dieses Nebelphantom des Reiches, daß uns den Atem beengt? Ich rede nicht für mich. Ich bin an den Ohm gefesselt. Stirbt der Kaiser, den Gott erhalte, so wirft sich ganz Italien mit Flüchen und Verwünschungen über den Tyrannen Ezzelin und den Neffen erwürgen sie so nebenbei.« Ascanio betrachtete über der üppigen Erde den strahlenden Himmel und stieß einen Seufzer aus.

»Uns beide«, ergänzte Germano kaltblütig. »Das aber hat Weile. Der Gebieter besitzt eine feste Prophezeiung. Der gelehrte Guido Bonatti und Paul von Bagdad, welcher mit seinem langen Barte den Staub der Gasse zusammenfegt, haben ihm, so sehr sich die aufeinander

Eifersüchtigen gewöhnlich widersprechen, ein neues seltsames Sternbild einmütig folgendergestalt enträtselt: in einer Kürze oder Länge wird ein Sohn der Halbinsel die ungeteilte Krone derselben erringen mit Hilfe eines germanischen Kaisers, der für sein Teil jenseits der Gebirge alles Deutsche in einem harten Reichsapfel zusammenballt. Ist Friedrich dieser Kaiser? Ist dieser König Ezzelin? Das weiß Gott, der Zeit und Stunde kennt, aber der Gebieter hat darauf seinen Ruhm und unsere Köpfe verwettet.«

»Geflechte von Vernunft und Wahn!« ärgerte sich Ascanio, während der Mönch erstaunte über die Macht der Sterne, den weiten Ehrgeiz der Herrscher und den alles mitreißenden Strom der Welt. Auch erschreckte ihn das Gespenst der beginnenden Grausamkeit Ezzelins, in welchem der Unschuldige die verkörperte Gerechtigkeit gesehen hatte.

Ascanio beantwortete seine schweigenden Zweifel, indem er fortfuhr: »Mögen sie beide einen bösen Tod finden, der stirnrunzelnde Guido und der bärtige Heide! Sie verleiten den Ohm, seinen Launen und Lüsten zu gehorchen, indem er das Notwendige zu tun glaubt. Hast du ihm schon zugeschaut, Germano, wie er bei seinem kargen Mahle in dem durchsichtigen Kristall des Bechers sein Wasser mit den drei oder vier blutroten Tropfen Sizilianers färbt, welche er sich gönnt? wie sein aufmerksamer Blick das Blut verfolgt, das sich langsam wölkt und durch den lautern Quell verbreitet? oder wie er den Toten die Lider zuzudrücken liebt, so daß es zur Höflichkeit geworden ist, den Vogt wie zu einem Fest an die Sterbelager zu bitten und ihm diese traurige Handlung zu überlassen? Ezzelin, mein Fürst,

werde mir nicht grausam!« rief der Jüngling aus, von seinem Gefühl überwältigt.
»Ich denke nicht, Neffe«, sprach es hinter ihm. Es war Ezzelin, welcher ungesehen herangetreten war und, obwohl kein Lauscher, den letzten schmerzlichen Ausruf Ascanios vernommen hatte.
Die drei Jünglinge erhoben sich rasch und begrüßten den Herrscher, der sich auf die Bank niederließ. Sein Gesicht war ruhig wie die Maske des Brunnens.
»Ihr meine Boten«, stellte er Ascanio und Germano zur Rede, »was kam euch an, diesen hier« – er nickte leicht gegen den Mönch – »vor mir aufzusuchen?«
»Er ist unser Jugendgespiele und hat Seltsames erfahren«, entschuldigte der Neffe und Ezzelin ließ es gelten. Er empfing die Briefschaften, die ihm Ascanio das Knie biegend überreichte. Alles schob er in den Busen außer der Bulle. »Siehe da«, sagte er, »das Neueste! Lies vor, Ascanio! Du hast jüngere Augen als ich.«
Ascanio rezitierte den apostolischen Brief, während Ezzelin die Rechte in den Bart vergrub und mit dämonischem Vergnügen zuhörte.
Zuerst gab der dreigekrönte Schriftsteller dem geistreichen Kaiser den Namen eines apokalyptischen Ungeheuers. »Ich kenne das, es ist absurd«, sagte der Tyrann. »Auch mich hat der Pontifex in seinen Briefen ausschweifend betitelt, bis ich ihn ermahnte, mich, welcher Ezzelin der Römer heißt, fortan in klassischer Sprache zu schelten. Wie nennt er mich dieses Mal? Ich bin neugierig. Suche nur die Stelle, Ascanio – es wird sich eine finden –, wo er meinem Schwieger seinen bösen Umgang vorhält. Gib her!« Er ergriff das Schreiben und fand bald den Ort: hier beschuldigte der Papst den

Kaiser, den Gatten seiner Tochter zu lieben, »Ezzelin da Romano, den größten Verbrecher der bewohnten Erde«.
»Korrekt!« lobte Ezzelin und gab Ascanio das Schreiben zurück. »Lies mir die Gottlosigkeiten des Kaisers, Neffe«, lächelte er.
Ascanio las, Friedrich habe geäußert, es gebe neben vielem Wahn nur zwei wahre Götter: Natur und Vernunft. Der Tyrann zuckte die Achseln.
Ascanio las ferner, Friedrich habe geredet: drei Gaukler, Moses, Mohammed und – er stockte – hätten die Welt betrogen. »Oberflächlich«, tadelte Ezzelin, »sie hatten ihre Sterne; aber, gesagt oder nicht, der Spruch gräbt sich ein und wiegt für den unter der Tiara ein Heer und eine Flotte. Weiter.«
Nun kam eine wunderliche Mär an die Reihe: Friedrich hätte, durch ein wogendes Kornfeld reitend, mit seinem Gefolge gescherzt und in lästerlicher Anspielung auf die heilige Speise den Dreireim zum besten gegeben:

So viele Ähren, so viele Götter sind,
Sie schießen empor in der Sonne geschwind
Und wiegen die goldenen Häupter im Wind –

Ezzelin besann sich. »Seltsam!« flüsterte er. »Mein Gedächtnis hat dieses Verschen aufbewahrt. Es ist durchaus authentisch. Der Kaiser hat es mir mit fröhlich lachendem Munde zugerufen, da wir zusammen im Angesichte der Tempeltrümmer von Enna jene strotzenden Ährenfelder durchritten, mit welchen Göttin Ceres die sizilische Scholle gesegnet hat. Darauf besinne ich mich mit derselben Klarheit, welche an jenem Sommertage über der Insel glänzte. Ich bin es nicht, der diesen heitern Scherz dem Pontifex mitgeteilt hat. Dazu bin ich zu ernsthaft. Wer tat es? Ich mache euch zu Richtern, Jünglinge. Wir ritten zu dreien und der dritte – auch dessen bin ich gewiß, wie dieser leuchtenden Sonne« – sie warf gerade einen Strahl durch das Laub – »war Petrus de Vinea, der Unzertrennliche des Kaisers. Hätte der fromme Kanzler für seine Seele gebangt und sein Gewissen durch einen Brief nach Rom erleichtert? Reitet ein Sarazene heute? Ja? Rasch, Ascanio. Ich diktiere dir eine Zeile.«

Dieser zog Täfelchen und Stift hervor, ließ sich auf das rechte Knie nieder und schrieb, das gebogene linke als Pult gebrauchend:

»Erhabener Herr und geliebter Schwieger! Ein schnelles Wort. Das Verschen in der Bulle – Ihr seid zu geistreich, um Euch zu wiederholen – haben nur vier Ohren gehört, die meinigen und die Eures Petrus, in den Kornfeldern von Enna, vor einem Jahre, da Ihr mich an Euern Hof beriefet und ich mit Euch die Insel durchritt. Kein Hahn krähte danach, wenn nicht der im Evangelium, welcher den Verrat des Petrus bekräftigte. Wenn Ihr mich und Euch liebet, Herr, so versuchet Euern Kanzler mit einer scharfen Frage.«

»Blutiges Wortspiel! Das schreibe ich nicht! Die Hand zittert mir!« rief der erblassende Ascanio. »Ich bringe den Kanzler nicht auf die Folter!« und er warf den Stift weg.

»Dienstsache«, bemerkte Germano trocken, hob den Stift auf und beendigte das Schreiben, welches er unter seine Eisenhaube schob. »Es läuft noch heute«, sagte

er. »Mir für meine einfache Person hat der Capuaner nie gefallen: er hat einen verhüllten Blick.«
Der Mönch Astorre schauderte zusammen trotz der Mittagssonne. Zum ersten Male griff der aus dem Klosterfrieden Geschiedene, gleichsam mit Händen wie die schlüpfrigen Windungen einer Natter, den Argwohn oder den Verrat der Welt. Aus seinem Brüten weckte ihn ein strenges Wort Ezzelins, welches dieser an ihn richtete, von seiner Steinbank sich erhebend.
»Sprich, Mönch, warum vergräbst du dich in dein Haus? Du hast es noch nie verlassen, seit du weltliches Gewand trägst. Du scheust die öffentliche Meinung? Tritt ihr entgegen! Sie weicht zurück. Machst du aber eine Bewegung der Flucht, so heftet sie sich an deine Sohle wie eine heulende Meute. Hast du deine Braut Diana besucht? Die Trauerwoche ist vorüber. Ich rate dir: heute noch lade deine Sippen, und heute noch vermähle dich mit Diana!«
»Und dann rasch mit euch auf dein entlegenstes Schloß!« beendigte Ascanio.
»Das rate ich nicht«, verbot der Tyrann. »Keine Furcht. Keine Flucht. Heute vermählst du dich, und morgen hältst du Hochzeit mit Masken. Valete!« Er schied, Germano winkend ihm zu folgen.

»Darf ich unterbrechen?« fragte Cangrande, der höflich genug gewesen war, eine natürliche Pause der Erzählung abzuwarten.
»Du bist der Herr«, versetzte der Florentiner mürrisch.
»Traust du dem unsterblichen Kaiser jenes Wort von den drei großen Gauklern zu?«
»Non liquet.«

»Ich meine: in deinem innersten Gefühle?«

Dante verneinte mit einer deutlichen Bewegung des Hauptes.

»Und doch hast du ihn als einen Gottlosen in den sechsten Kreis deiner Hölle verdammt. Wie durftest du das? Rechtfertige dich!«

»Herrlichkeit«, antwortete der Florentiner, »die Komödie spricht zu meinem Zeitalter. Dieses aber liest die fürchterlichste der Lästerungen mit Recht oder Unrecht auf jener erhabenen Stirne. Ich vermag nichts gegen die fromme Meinung. Anders vielleicht urteilen die Künftigen.«

»Mein Dante«, fragte Cangrande zum andern Mal, »glaubst du Petrus de Vinea unschuldig des Verrates an Kaiser und Reich?«

»Non liquet.«

»Ich meine: in deinem innersten Gefühle?«

Dante verneinte mit derselben Gebärde.

»Und du lässest den Verräter in deiner Komödie seine Unschuld beteuern?«

»Herr«, rechtfertigte sich der Florentiner, »werde ich, wo klare Beweise fehlen, einen Sohn der Halbinsel mehr des Verrates bezichtigen, da schon so viele Arglistige und Zweideutige unter uns sind?«

»Dante, mein Dante«, sagte der Fürst, »du glaubst nicht an die Schuld und du verdammst! Du glaubst an die Schuld und du sprichst frei!« Dann führte er die Erzählung in spielendem Scherze weiter:

»Auch der Mönch und Ascanio verließen jetzt den Garten und betraten die Halle.« Doch Dante nahm ihm das Wort.

Keineswegs, sondern sie stiegen in eine Turmstube, dieselbe, die Astorre als Knabe mit ungeschorenen Locken bewohnt: denn dieser mied die großen und prunkenden Gemächer, welche er sich erst gewöhnen mußte als sein Eigentum zu betrachten, wie er auch den ihm hinterlassenen goldenen Hort noch mit keinem Finger berührt hatte. Den beiden folgte, auf einen gebietenden Wink Ascanios, der Majordom Burcardo in gemessener Entfernung mit steifen Schritten und verdrießlichen Mienen.

Der gleichnamige Haushofmeister Cangrandes war nach verrichtetem Geschäfte neugierig lauschend in den Saal zurückgetreten, denn er hatte gemerkt, daß es sich um wohlbekannte Personen handle; da er nun sich selbst nennen hörte und unversehens und lebensgroß im Spiegel der Novelle erblickte, fand er diesen Mißbrauch seiner Ehrenperson verwegen und durchaus unziemlich im Munde des beherbergten Gelehrten und geduldeten Flüchtlings, welchem er in gerechter Erwägung der Verhältnisse und Unterschiede auf dem obern Stockwerke des fürstlichen Hauses eine denkbar einfache Kammer eingeräumt hatte. Was die andern lächelnd gelitten, empfand er als ein Ärgernis. Er runzelte die Brauen und rollte die Augen. Der Florentiner weidete sich mit ernsthaftem Gesichte an der Entrüstung des Pedanten und ließ sich in seiner Fabel nicht stören.

»Würdiger Herr«, befragte Ascanio den Majordom – habe ich gesagt, daß dieser von Geburt ein Alsatier war? – »wie heiratet man in Padua? Astorre und

ich sind unerfahrene Kinder in dieser Wissenschaft.«
Der Haushofmeister warf sich in Positur, starr seinen Herrn anschauend, ohne Ascanio, der ihm nach seinen Begriffen nichts zu befehlen hatte, eines Blickes zu würdigen.
»Distinguendum est«, sagte er feierlich. »Es ist auseinanderzuhalten: Werbung, Vermählung und Hochzeit.«
»Wo steht das geschrieben?« scherzte Ascanio.
»Ecce!« antwortete der Majordom, indem er ein großes Buch entfaltete, das ihn niemals verließ. »Hier!« und er wies mit dem gestreckten Finger der linken Hand auf den Titel, welcher lautete: »Die Zeremonien von Padova nach genauer Erforschung zu Nutz und Frommen aller Ehrbaren und Anständigen zusammengestellt von Messer Godoscalco Burcardo.« Er blätterte und las: »Erster Abschnitt: Die Werbung. Paragraph eins: Der ernsthafte Werber bringt einen Freund gleichen Standes als gültigen Zeugen mit –«
»Bei den überflüssigen Verdiensten meines Schutzheiligen«, unterbrach ihn Ascanio ungeduldig, »laß uns zufrieden mit ante und post, mit Werbung und Hochzeit, serviere uns das Mittelstück: wie vermählt man sich in Padua?«
»In Batova«, krähte der gereizte Alsatier, dessen barbarische Aussprache in der Gemütsbewegung noch mehr als gewöhnlich hervortrat, »werden zu den adeligen Sbosalizien geladen die zwölf großen Geschlechter« – er zählte sie aus dem Gedächtnisse her – »zehn Tage voraus, nicht früher, nicht später, von dem Majordome des Bräutigams, gefolgt von sechs Dienern. In dieser erlauchten Versammlung werden die Ringe ge-

wechselt. Man schlürft Cybrier und verzehrt als Hochzeitsgebäcke die Amarellen –«
»Gott gebe, daß wir uns nicht die Zähne ausbeißen!« lachte Ascanio, und dem Majordom das Buch entreißend, durchlief er die Namen, von welchen sechs Familienhäupter – sechse von zwölfen – und einige Jünglinge mit breiten Strichen ausgelöscht waren. Sie mochten sich in irgendeine Verschwörung gegen den Tyrannen verwickelt und darin den Untergang gefunden haben.
»Merk auf, Alter!« befahl Ascanio, für den Mönch handelnd, welcher in einen Sessel gesunken war und in Gedanken verloren die freundliche Bevormundung sich gefallen ließ. »Du hältst deinen Umgang mit den sechs Tagedieben zur Stunde, jetzt gleich, ohne Verzug, verstehst du? und ladest auf heute zur Vesperzeit.«
»Zehn Tage voraus«, wiederholte Herr Burcardo majestätisch, als verkünde er ein Reichsgesetz.
»Heute und auf heute, Starrkopf!«
»Unmöglich«, sprach der Majordom ruhig. »Ändert Ihr den Lauf der Gestirne und Jahreszeiten?«
»Du rebellierst? Jückt dich der Hals, Alter?« warnte Ascanio mit einem sonderbaren Lächeln.
Das genügte. Herr Burcardo erriet. Ezzelin hatte befohlen und der hartnäckigste der Pedanten fügte sich ohne Murren, so eisern war die Rute des Tyrannen.
»Dann ladest du die beiden Herrinnen Canossa nicht, die Olympia und die Antiope.«
»Warum diese nicht?« fragte der Mönch plötzlich, wie von einem Zauberstabe berührt. Die Luft färbte sich vor seinem Blicke und ein Bild entstand, dessen erster Umriß schon seine ganze Seele fesselte.
»Weil die Gräfin Olympia eine Törin ist, Astorre.

Kennst du die Geschichte des armen Weibes nicht? Doch du stakest ja damals noch in den Windeln, will sagen in der Kutte. Es war vor drei Jahren, da die Blätter gilbten.«

»Im Sommer, Ascanio. Eben jährt es sich«, widersprach der Mönch.

»Du hast recht – kennst du denn die Geschichte? Doch wie solltest du? Zu jener Zeit munkelte der Graf Canossa mit dem Legaten, wurde belauscht, ergriffen und verurteilt. Die Gräfin tat einen Fußfall vor dem Ohm, der sich in sein Schweigen hüllte. Sie wurde dann auf die sträflichste Weise von einem habgierigen Kämmerer getäuscht, welcher ihr Gewinnes wegen vorspiegelte, der Graf werde vor dem Blocke begnadigt werden. Das ging nicht in Erfüllung, und da man der Gräfin einen Enthaupteten brachte, warf sich ihm die aus der Hoffnung kopfüber in die Verzweiflung Geschleuderte durch das Fenster entgegen, wunderbarerweise ohne sich zu verletzen, außer daß sie sich den Fuß verstauchte. Aber von jenem Tage an war ihr Geist zerrüttet. Wenn natürliche Stimmungen sich unmerklich ineinander verlieren wie das erlöschende Licht in die wachsende Dämmerung, wechseln die ihrigen in rasendem Umschwung von Hell und Dunkel zwölfmal in zwölf Stunden. Von beständiger Unruhe gestachelt, eilt das elende Weib aus ihrem verödeten Stadtpalast auf ihr Landgut und aus diesem in die Stadt zurück, in ewigem Irrgange. Heute will sie ihr Kind einem Pächterssohn vermählen, weil nur Niedrigkeit Schutz und Frieden gewähre, morgen wäre ihr der edelste Freier, der übrigens aus Scheu vor einer solchen Mutter sich nicht einstellt, kaum vornehm genug –«

Hätte Ascanio, während seine Rede floß, den flüchtigen Blick auf den Mönch geworfen, er hätte staunend innegehalten, denn das Antlitz des Mönches verklärte sich vor Mitleid und Erbarmen.
»Wenn der Tyrann«, fuhr der Achtlose fort, »an der Behausung Olympias vorüber auf die Jagd reitet, stürzt sie ans Fenster und erwartet, er werde an ihrer Schwelle vom Pferde steigen und die in Ungnade Geratene, aber nun genug Geprüfte günstig und gnädig an seinen Hof zurückführen, wozu er wahrlich keine Lust hat. Eines andern Tages, oder noch an demselben, wähnt sie sich von Ezzelin, welcher sich nicht um sie bekümmert, verfolgt und geächtet. Sie glaubt sich verarmt und ihre Güter, die er unberührt ließ, eingezogen. So brennt und friert sie im Wechselfieber der schroffsten Gegensätze, ist nicht nur selbst verrückt, sondern verrückt auch, was sie in die wirbelnden Kreise ihres Kopfes zieht, und stiftet – denn sie ist nur eine halbe Törin und redet mitunter treffend und witzig – überall Unheil, wo ihr geglaubt wird. Es kann nicht die Rede davon sein, sie unter die Leute und an ein Fest zu bringen. Ein Wunder ist, daß ihr Kind, die Antiope, welches sie vergöttert und dessen Verheiratung sich im Mittelpunkte ihrer Phantasie dreht, auf diesem schwanken Boden den Verstand behält. Aber das Mädchen, das in seiner Frühblüte steht und leidlich hübsch ist, hat eine gute Natur ...«
So ging es noch eine Weile fort.
Astorre aber versank in seinem Traume. So sage ich, weil das Vergangene Traum ist. Denn der Mönch sah, was er vor drei Jahren erlebt hatte: einen Block, den Henker daneben, und sich selbst an der Stelle eines er-

krankten Mitmönches als geistlichen Tröster, der einen armen Sünder erwartet. Dieser – der Graf Canossa – erschien gefesselt, wollte aber durchaus nicht herhalten, sei es weil er wähnte, seine Begnadigung werde, jetzt da er vor dem Blocke stehe, nicht säumen, sei es einfach, weil er die Sonne liebte und die Gruft verabscheute. Er ließ den Mönch hart an und verschmähte seine Gebete. Ein entsetzliches Ringen stand bevor, wenn er fortfuhr, sich zu sträuben und zu stemmen; denn er hielt sein Kind an der Hand, welches ihm – von den Wachen unbemerkt – zugesprungen war und ihn umklammerte, die ausdrucksvollsten Augen und die flehendsten Blikke auf den Mönch heftend. Der Vater drückte das Mädchen fest an seine Brust und schien sich mit diesem jungen Leben gegen die Vernichtung decken zu wollen, wurde aber von dem Henker nieder und mit dem Haupte auf den Block gedrückt. Da legte das Kind Kopf und Nacken neben den väterlichen. Wollte es das Mitleid des Henkers erwecken? Wollte es den Vater ermutigen, das Unabwendbare zu leiden? Wollte es dem Unversöhnten den Namen eines Heiligen ins Ohr murmeln? Tat es das Unerhörte ohne Besinnung und Überlegung, aus überströmender kindlicher Liebe? Wollte es einfach mit ihm sterben?

Jetzt leuchteten die Farben so kräftig, daß der Mönch die zwei nebeneinander liegenden Hälse, den ziegelroten Nacken des Grafen und den schneeweißen des Kindes mit dem gekräuselten goldbraunen Flaume wenige Schritte vor sich in voller Lebenswahrheit erblickte. Das Hälschen war von der schönsten Bildung und ungewöhnlicher Schlankheit. Astorre bebte, das fallende Beil möchte sich irren, und fühlte sich in tiefster Seele

erschüttert, nicht anders als das erste Mal, nur daß ihm die Sinne nicht schwanden, wie sie ihm damals geschwunden waren, als die schreckliche Szene in Wahrheit und Wirklichkeit sich ereignete, und er erst wieder zu sich kam, als alles vorüber war.
»Hat mir mein Gebieter einen Auftrag zu geben,« störte den Verzückten die schnarrende Stimme des Majordoms, der es schwer ertrug, von Ascanio gemeistert zu werden.
»Burcardo«, antwortete Astorre mit weicher Stimme, »vergiß nicht, die zwei Frauen Canossa, Mutter und Tochter, zu laden. Es sei nicht gesagt, daß der Mönch die von der Welt Gemiedenen und Verlassenen von sich fernhält. Ich ehre das Recht einer Unglücklichen« – hier stimmte der Majordom mit eifrigem Nicken bei – »von mir geladen und empfangen zu werden. Würde sie übergangen, es dürfte sie schwer kränken, wie sie beschaffen ist.«
»Beileibe!« warnte Ascanio. »Tu dir doch das nicht zuleide! Dein Verlöbnis ist schon abenteuerlich genug! Und das Abenteuerliche begeistert die Törichten. Sie wird nach ihrer Art etwas Unglaubliches beginnen und irgendein tolles Wort in die Feier schleudern, welche sonst schon alle Paduanerinnen aufregt.«
Herr Burcardo aber, der die Berechtigung einer Canossa, ob sie bei Verstande sei oder nicht, sich zu den Zwölfen zu versammeln, mit den Zähnen festhielt und seinen Gehorsam dem Vicedomini und keinem andern verpflichtet glaubte, verbeugte sich tief vor dem Mönche. »Deiner Herrlichkeit allein wird gehorcht«, sprach er und entfernte sich.
»O Mönch, Mönch«, rief Ascanio, »der die Barmher-

zigkeit in eine Welt trägt, wo kaum die Güte ungestraft bleibt!«

»Doch wie wir Menschen sind«, flocht Dante ein, »oft zeigt uns ein prophetisches Licht den Rand eines Abgrundes, aber dann kommt der Witz und klügelt und lächelt und redet uns die Gefahr aus.«

Dergestalt fragte und beruhigte sich der Leichtsinnige: Welche Beziehung auf der Welt hat die Närrin zu dem Mönche, in dessen Leben sie nicht die geringste Rolle spielt? Und am Ende – wenn sie zu lachen gibt, so würzt sie uns die Amarellen! Er ahnte nicht von ferne, was sich in der Seele Astorres begab, aber auch wenn er geraten und geforscht, dieser hätte sein keusches Geheimnis dem Weltkinde nicht preisgegeben.
So ließ Ascanio es gut sein, und sich des andern Befehles des Tyrannen erinnernd, den Mönch unter die Leute zu bringen, fragte er lustig: »Ist für den Ehereif gesorgt, Astorre? Denn es steht in den Zeremonien geschrieben, Abschnitt zwei, Paragraph soundso: Die Reife werden gewechselt.« Dieser erwiderte, es werde sich dergleichen in dem Hausschatze finden.
»Nicht so, Astorre«, meinte Ascanio. »Wenn du mir folgst, kaufst du deiner Diana einen neuen. Wer weiß, was für Geschichten an den gebrauchten Ringen kleben. Wirf das Alte hinter dich. Auch schickt es sich ganz allerliebst: du kaufst ihr einen Ring bei dem Florentiner auf der Brücke. Kennst du den Mann? Doch wie solltest du! Höre: als ich heute in der Frühstunde mit Germano in die Stadt zurückkehrend unsere einzige Brücke über den Kanal beschritt – wir mußten absit-

zen und die Pferde führen, so dicht war dort das Gedränge – hatte, meiner Treu, auf dem verwitterten Kopfe des Brückenpfeilers ein Goldschmied seinen Laden aufgetan, und ganz Padua kramte und feilschte vor demselben. Warum auf der engen Brücke, Astorre, da wir so viele Plätze haben? Weil in Florenz die Schmuckläden auf der Arnobrücke stehen. Denn – bewundere die Logik der Mode! – wo kauft man feinen Schmuck, als bei einem Florentiner, und wo legt ein Florentiner aus, wenn nicht auf einer Brücke? Er tut es einmal nicht anders. Sonst wäre seine Ware ein plumpes Zeug und er selbst kein echter Florentiner. Doch dieser ist es, ich meine. Hat er doch mit riesigen Buchstaben über seine Bude geschrieben *Niccolò Lippo dei Lippi der Goldschmied, durch einen feilen und ungerechten Urteilsspruch*, *wie sie am Arno gebräuchlich sind, aus der Heimat vertrieben.* Auf, Astorre! gehen wir nach der Brücke!«

Dieser weigerte sich nicht, da er selbst das Bedürfnis fühlen mochte, den Bann des Hausbezirkes zu brechen, welchen er, seit er seine Kutte niedergestreift, nicht mehr verlassen hatte.

»Hast du Geld zu dir gesteckt, Freund Mönch?« scherzte Ascanio. »Dein Gelübde der Armut ist hinfällig und der Florentiner wird dich überfordern.« Er pochte an das Schiebfensterchen des im untern Flure, welchen die Jünglinge eben durchschritten, gelegenen Hauskontores. Es zeigte sich ein verschmitztes Gesicht, jede Falte ein Betrug, und der Verwalter der Vicedomini – ein Genuese, wenn ich recht berichtet bin – reichte seinem Herrn mit kriechender Verbeugung einen mit Goldbyzantinern gefüllten Beutel. Dann wurde der Mönch von einem Diener in den bequemen paduanischen Sommermantel mit Kapuze gehüllt. Auf der Straße zog sich Astorre dieselbe tief ins Gesicht, weniger gegen die brennenden Strahlen der Sonne, als aus langer Gewöhnung, und wandte sich freundlich gegen seinen Begleiter. »Nicht wahr, Ascanio«, sagte er, »diesen Gang tue ich allein? Einen einfachen Goldring zu kaufen, übersteigt meinen Mönchsverstand nicht? Das traust du mir noch zu? Auf Wiedersehen bei meiner Vermählung, wann es Vesper läutet!« Ascanio ging und rief noch über die Schulter zurück: »Einen, nicht zweie! Den deinigen gibt dir Diana! Merke dir das, Astorre!« Es war eine jener farbigen Seifenblasen, deren der Lustige mehr als eine täglich von den Lippen in die Luft jagte.

Fraget ihr mich, Herrschaften, warum der Mönch den Freund beurlaubte, so sage ich: er wollte den himmlischen Ton, welchen die junge Märtyrerin der Kindesliebe in seinem Gemüte geweckt hatte, rein ausklingen lassen.

Astorre hatte die Brücke erreicht, welche trotz des Sonnenbrandes randvoll war und von den nahen zwei Ufern ein doppeltes Menschengedränge vor dem Laden des Florentiners führte. Der Mönch blieb unter seinem Mantel unerkannt, ob auch hin und wieder ein Auge fragend auf dem unbedeckten Teile seines Gesichtes ruhte. Adel und Bürgerschaft suchte sich den Vortritt abzugewinnen. Vornehme Weiber stiegen aus ihren Sänften und ließen sich drängen und drücken, um ein Paar Armringe oder ein Stirnband von neuester Mache zu erhandeln. Der Florentiner hatte auf allen Plätzen

mit der Schelle verkündigen lassen, er schließe heute nach dem Ave Maria. Er dachte nicht daran. Doch was kostet einen Florentiner die Lüge!
Endlich stand der Mönch, von Menschen eingeengt, vor der Bude. Der bestürmte Händler, der sich verzehnfachte, streifte ihn mit einem erfahrenen Seitenblick und erriet sofort den Neuling. »Womit diene ich dem gebildeten Geschmacke der Herrlichkeit?« fragte er. »Gib mir einen einfachen Goldreif«, antwortete der Mönch. Der Kaufmann ergriff einen Becher, auf welchem, nach florentinischer Kunst und Art, in erhabener Arbeit irgend etwas Üppiges zu sehen war. Er schüttelte den Kelch, in dessen Bauche hundert Reife wimmelten, und bot ihn Astorre.
Dieser geriet in eine peinliche Verlegenheit. Er kannte den Umfang des Fingers nicht, welchen er mit einem Reife bekleiden sollte, und deren mehrere heraushebend, zauderte er sichtlich zwischen einem weitern und einem engern. Der Florentiner konnte den Spott nicht lassen, wie denn ein versteckter Hohn aus aller Rede am Arno hervorkichert. »Kennt der Herr die Gestalt des Fingers nicht, welchen er doch wohl zuweilen gedrückt hat?« fragte er mit einem unschuldigen Gesichte, aber als ein kluger Mann verbesserte er sich alsobald und in der heimischen Meinung, der Verdacht der Unwissenheit sei beleidigend, derjenige der Sünde aber schmeichle, gab er Astorre zwei Ringe, einen größern und einen kleinern, die er aus Daumen und Zeigefinger seiner beiden Hände geschickt zwischen die Daumen und Zeigefinger des Mönches hinübergleiten ließ. »Für die zwei Liebchen der Herrlichkeit«, wisperte er sich verneigend.

Ehe noch der Mönch über diese lose Rede ungehalten werden konnte, erhielt er einen harten Stoß. Es war das Schulterblatt eines Roßpanzers, das ihn so unsanft streifte, daß er den kleinen Ring fallen ließ. In demselben Augenblicke schmetterte ihm der betäubende Ton von acht Tuben ins Ohr. Die Feldmusik der germanischen Leibwache des Vogtes ritt in zwei Reihen, beide vier Rosse hoch, über die Brücke, den ganzen Menscheninhalt derselben auseinanderwerfend und gegen die steinernen Geländer pressend.

Sobald die Bläser vorüber waren, stürzte der Mönch, den festgehaltenen größern Ring rasch in seinem Gewande bergend, dem kleinern nach, welcher unter den Hufen der Gäule weggerollt war.

Das alte Bauwerk der Brücke war in der Mitte ausgefahren und vertieft, so daß der Reif die Höhlung hinab und dann durch seine eigene Bewegung getrieben die andere Seite hinanrollte. Hier hatte eine junge Zofe, namens Isotta oder, wie man in Padua den Namen kürzt, Sotte, das rollende und blitzende Ding gehascht, auf die Gefahr hin, von den Pferden zerstampft zu werden. »Ein Glücksring!« jubelte das unkluge Geschöpf und steckte einer jugendlichen Herrin, welcher sie das Begleite gab, mit kindischem Frohlocken den Fund an den schlanken Finger, den vierten der linken Hand, welcher ihr durch seine zierliche Bildung des engen Schmuckes besonders würdig und fähig schien. In Padua aber, wie auch hier in Verona, wenn mir recht ist, pflegt man den Trauring an der linken Hand zu tragen.

Das Edelfräulein zeigte sich unwillig über die Posse der Magd, war aber doch auch ein bißchen belustigt davon. Sie bemühte sich eifrig, den fremden Ring, der ihr wie angegossen saß, dem Finger wieder abzuziehen. Da stand unversehens der Mönch vor ihr und hob die Arme in freudiger Verwunderung. Seine Gebärde aber war, daß er die geöffnete rechte Hand vor sich hin streckte, die linke in die Höhe des Herzens hielt; denn er hatte, trotz der entfalteten Blüte, an der auffallenden Schlankheit des Halses und wohl mehr noch an der Bewegung seiner Seele das Kind wiedererkannt, dessen zartes Haupt er auf dem Blocke gesehen hatte.

Während das Mädchen bestürzte, fragende Augen auf den Mönch richtete und immerfort an dem widerspenstigen Ringe drehte, zauderte Astorre, denselben zurückzuverlangen. Doch es mußte geschehen. Er öffnete den Mund. »Junge Herrin«, begann er – und fühlte sich von zwei starken gepanzerten Armen umfaßt, die sich seiner bemächtigten und ihn emporzogen. Im Augenblicke sah er sich, mit Hilfe eines andern Gepanzerten, ein Bein rechts, ein Bein links, auf ein stampfendes Roß gesetzt. »Laß schauen«, schallte ein gutmütiges Gelächter, »ob du das Reiten nicht verlernt hast!« Es war Germano, welcher an der Spitze der von ihm befehligten deutschen Kohorte ritt, die der Vogt auf eine Ebene unweit Padua zur Musterung befohlen hatte. Da er unvermutet den Freund und Schwager im Freien erblickte, hatte er sich den unschuldigen Spaß gemacht, denselben neben sich auf ein Pferd zu heben, von welchem ein junger Schwabe auf seinen Wink abgesprungen war. Das feurige Tier, welches den veränderten Reiter spürte, tat ein paar wilde Sprünge, es entstand ein Rossegedräng auf der nicht geräumigen Brücke und Astorre, dem die Kapuze zurückgefallen war und der sich mit Mühe im Bügel hielt, wurde von dem entsetzt ausweichenden Volke erkannt. »Der Mönch! der Mönch!« rief und deutete es von allen Seiten, aber schon hatte der kriegerische Tumult die Brücke hinter sich und verschwand um eine Straßenecke. Der unbezahlt gebliebene Florentiner rannte nach, aber kaum zwanzig Schritte, denn ihm wurde bange um seine unter der schwachen Hut eines Jüngelchens gelassene Ware, und dann belehrte ihn der Zuruf der Menge, daß er es mit einer bekannten und leicht aufzufindenden Persönlichkeit zu tun habe. Er ließ sich den Palast Astorres bezeichnen und meldete sich dort heute, morgen, übermorgen. Die zwei ersten Male richtete er nichts aus, weil in der Behausung des Mönches alles drunter und drüber ging, das dritte Mal fand er die Siegel des Tyrannen an das verschlossene Tor geheftet. Mit diesem wollte der Feigling nichts zu schaffen haben und so ging er der Bezahlung verlustig.

Die Frauen aber – zu Antiope und der leichtfertigen Zofe hatte sich noch eine dritte, durch den Brückentumult von ihnen abgedrängte wiedergefunden – schritten in der entgegengesetzten Richtung. Diese war ein seltsam blickendes, vorzeitig wie es schien gealtertes Weib mit tiefen Furchen, grauen Haarbüscheln, aufgeregten Mienen, und schleppte ihr vernachlässigtes, aber vornehmes Gewand mitten durch den Straßenstaub.

Sotte erzählte eben der Alten, offenbar der Mutter des Fräuleins, mit dummem Jubel den Vorgang auf der Brücke: Astorre – auch ihr hatte der Zuruf des Volkes ihn genannt – Astorre der Mönch, der stadtkundig freien müsse, habe Antiope verstohlenerweise einen Goldring zugerollt, und als sie – Sotte – den Wink der

Vorsehung und die Schlauheit des Mönches verstehend, ihn dem lieben Mädchen angesteckt, sei der Mönch selbst vor dasselbe hingetreten, und da Antiope ihm den Ring in Züchten habe zurückgeben wollen, habe er – sie ahmte den Mönch nach – die Linke zärtlich auf das Herz gelegt, so! die Rechte aber zurückweisend ausgestreckt mit einer Gebärde, die in ganz Italien nichts anderes sage und bedeute als: Behalte, Schatz!

Endlich kam die erstaunte Antiope zu Worte und beschwor die Mutter, auf das alberne Geschwätz Isottens nichts zu geben, aber umsonst. Madonna Olympia erhob die Arme gen Himmel und dankte auf offener Straße dem heiligen Antonius mit Inbrunst, daß er ihre tägliche Bitte über alles Hoffen und Erwarten erhört und ihrem Kleinod einen ebenbürtigen und tugendhaften Mann, einen seiner eigenen Söhne beschert habe. Dabei gebärdete sie sich so abenteuerlich, daß die Vorbeigehenden lachend auf die Stirne wiesen. Die verwirrte Antiope gab sich alle erdenkliche Mühe, der Mutter das blendende Märchen auszureden; aber diese hörte nicht und baute leidenschaftlich an ihrem Luftschlosse weiter.

So langten die Frauen in dem Palaste Canossa an und begegneten im Torbogen einem steif geputzten Majordom, dem sechs verschwenderisch gekleidete Diener folgten. Herr Burcardo ließ, ehrerbietig zurücktretend, Madonna Olympia die Treppe voraufgehen, dann, in einer öden Halle angelangt, machte er drei abgezirkelte Verbeugungen, eine immer näher und tiefer als die andere, und redete langsam und feierlich: »Herrlichkeiten, mich sendet Astorre Vicedomini, hochdieselben untertänigst zu seinen Sbosalizien zu laden, heute« – er verschluckte schmerzhaft »in zehn Tagen« – »wann es Vesper läutet.«

Dante hielt inne. Seine Fabel lag in ausgeschütteter Fülle vor ihm; aber sein strenger Geist wählte und vereinfachte. Da rief ihn Cangrande.

»Mein Dante«, hub er an, »ich wundere mich, mit wie harten und ätzend scharfen Zügen du deinen Florentiner umrissen hast! Dein Niccolò Lippo dei Lippi ist verbannt durch ein feiles und ungerechtes Urteil. Er selbst aber ist ein Überteurer, ein Schmeichler, ein Lügner, ein Spötter, ein Schlüpfriger und eine Memme, alles, ›nach Art der Florentiner‹. Und das ist nur ein winziges Flämmchen aus dem Feuerregen von Verwünschungen, womit du dein Florenz überschüttest, nur eine tröpfelnde Neige jener bittern von Essig und Galle triefenden Terzinen, die du in deiner Komödie der Vaterstadt zu kosten gibst. Lasse dir sagen, es ist unedel, seine Wiege zu schmähen, seine Mutter zu beschämen! Es kleidet nicht gut! Glaube mir, es macht einen schlechten Eindruck!

Mein Dante, ich will dir erzählen von einem Puppenspiele, dem ich jüngst, verkappt unter dem Volke mich umtreibend in unserer Arena zuschaute. Du rümpfst die Nase, daß ich den niedrigen Geschmack habe, in müßigen Augenblicken an Puppen und Narren mich zu vergnügen. Dennoch begleite mich vor die kleine Bühne! Was schaust du da? Mann und Weib zanken sich. Sie wird geprügelt und weint. Ein Nachbar streckt den Kopf durch die Türspalte, predigt, straft, mischt sich ein. Doch siehe! das tapfere Weib erhebt sich gegen den

Eindringling und nimmt Partei für den Mann. ›Wenn es mir beliebt, geprügelt zu werden!‹ heult sie. Ähnlicherweise, mein Dante, spricht ein Hochherziger, welchen seine Vaterstadt mißhandelt: Ich will geschlagen sein!«

Viele junge und scharfe Augen hafteten auf dem Florentiner. Dieser verhüllte sich schweigend das Haupt. Was in ihm vorging, weiß niemand. Als er es wieder erhob, war seine Stirn vergrämter, sein Mund bitterer und seine Nase länger.

Dante lauschte. Der Wind pfiff um die Ecken der Burg und stieß einen schlecht verwahrten Laden auf. Monte Baldo hatte seine ersten Schauer gesendet. Man sah die Flocken stäuben und wirbeln, von der Flamme des Herdes beleuchtet. Der Dichter betrachtete den Schneesturm und seine Tage, welche er sich entschlüpfen fühlte, erschienen ihm unter der Gestalt dieser bleichen Jagd und Flucht durch eine unstete Röte. Er bebte vor Frost.

Und seine feinfühligen Zuhörer empfanden mit ihm, daß ihn kein eigenes Heim, sondern nur wandelbare Gunst wechselnder Gönner bedachte und vor dem Winter beschirme, welcher Landstraße und Feldweg mit Schnee bedeckte. Alle wurden es inne und Cangrande, der von großer Gesinnung war, zuerst: Hier sitzt ein Heimatloser!

Der Fürst erhob sich, den Narren wie eine Feder von seinem Mantel schüttelnd, trat auf den Verbannten zu, nahm ihn an der Hand und führte ihn an seinen eigenen Platz, nahe dem Feuer. »Er gebührt dir«, sagte er und Dante widersprach nicht. Cangrande aber bediente sich des freigewordenen Schemels. Er konnte dort bequem die beiden Frauen betrachten, zwischen welchen jetzt der Wanderer durch die Hölle saß, den das Feuer glühend beschien und der seine Erzählung folgendermaßen fortsetzte.

Während die mindern Glocken in Padua die Vesper läuteten, versammelte sich unter dem Zedergebälke des Prunksaales der Vicedomini, was von den zwölf Geschlechtern übriggeblieben war, den Eintritt des Hausherrn erwartend. Diana hielt sich zu Vater und Bruder. Ein leises Geschwätze lief um. Die Männer besprachen ernst und gründlich die politische Seite der Vermählung zweier großer städtischer Geschlechter. Die Jünglinge scherzten halblaut über den heiratenden Mönch. Die Frauen schauderten, trotz dem Breve des Papstes, vor dem Sakrilegium, welches nur die von knospenden Töchtern umringten in milderem Lichte sahen, mit dem Zwang der Umstände entschuldigten oder aus der Herzensgüte des Mönches erklärten. Die Mädchen waren lauter Erwartung.

Die Anwesenheit der Olympia Canossa erregte Verwunderung und Unbehagen, denn sie war in auffallendem, fast königlichem Staate, als ob ihr bei der bevorstehenden Feier eine Hauptrolle zustünde, und redete mit unheimlicher Zungenfertigkeit in Antiope hinein, welche bangen Herzens die aufgebrachte Mutter flüsternd und flehend zu beschwichtigen suchte. Madonna Olympia hatte sich schon auf den Treppen gewaltig geärgert, wo sie – Herr Burcardo beschäftigte sich eben mit dem Empfange zweier anderer Herrschaften – von Gocciola, der eine neue scharlachrote Kappe mit silbernen Schellen in der Hand hielt, ehrfürchtig willkom-

men geheißen wurde. Jetzt mit den andern im Kreise stehend, belästigte oder ängstigte sie durch ihr maßloses Gebärdenspiel ihre Standesgenossen. Mit Augenwinken und Kinnheben wurde auf die Ärmste gedeutet. Keiner hätte sie an des Mönches Statt geladen und jeder machte sich darauf gefaßt, sie werde diesem einen ihrer Streiche spielen.
Burcardo meldete den Hausherrn. Astorre hatte sich von den Germanen bald losgemacht, war auf die Brükke zurückgeeilt, ohne dort den Ring noch die Frauen mehr zu finden, und sich darüber Vorwürfe machend, obschon im Grunde nur der Zufall anzuklagen war, hatte er in der ihm bis zur Vesper bleibenden Stunde den Entschluß gefaßt, in Zukunft immerdar nach den Regeln der Klugheit zu handeln. Mit diesem Vorsatze trat er in den Saal und in die Mitte der Versammelten. Der Druck der auf ihn gerichteten Aufmerksamkeit und die sozusagen in der Luft fühlbaren Formen und Forderungen der Gesellschaft ließen ihn empfinden, daß er nicht die Wirklichkeit der Dinge sagen dürfe, energisch und mitunter häßlich wie sie ist, sondern ihr eine gemilderte und gefällige Gestalt geben müsse. So hielt er sich unwillkürlich in der Mitte zwischen Wahrheit und schönem Schein und redete untadelig.
»Herrschaften und Standesbrüder«, begann er, »der Tod hat eine reiche Ernte unter uns Vicedomini gehalten. Wie ich in Schwarz gekleidet vor euch stehe, trage ich Trauer um den Vater, drei Brüder und drei Neffen. Daß ich, von der Kirche freigelassen, den Wunsch eines sterbenden Vaters, in Sohn und Enkel fortzuleben, nach ernster Erwägung« – hier verhüllte sich der Klang seiner Stimme – »und gewissenhafter Prüfung vor Gott

nicht glaubte ungewährt lassen zu dürfen, dieses werdet ihr verschieden beurteilen, billigend oder tadelnd, nach der Gerechtigkeit oder Milde, die euch innewohnt. Darin aber werdet ihr einig gehen, daß es mir bei meiner Vergangenheit nicht angestanden hätte zu zaudern und zu wählen, und daß hier nur das Nächstliegende und Ungesuchte Gott gefällig sein konnte. Wer aber stand mir näher, als die schon mit mir durch die trostlose Trauer um meinen letzten Bruder vereinigte jungfräuliche Witwe desselben? Dergestalt ergriff ich über einem teuern Sterbebette diese Hand, wie ich sie jetzt ergreife« – er trat zu Diana und führte sie in die Mitte – »und ihr den Trauring um den Finger lege.« So tat er. Der Ring paßte. Diana tat dasselbe, indem sie dem Mönch einen goldenen Reif anlegte. »Es ist der meiner Mutter«, sagte sie, »die ein wahrhaftes und tugendsames Weib war. Ich gebe dir einen Ring, der Treue gehalten hat.« Ein feierlich gemurmelter Glückwunsch aller Anwesenden beschloß die ernste Handlung, und der alte Pizzaguerra, ein würdiger Greis – denn der Geiz ist ein gesundes Laster und läßt zu Jahren kommen – weinte die übliche Träne.

Madonna Olympia sah ihr Traumschloß auflodern und brennen mit sinkenden Säulen und krachenden Balken. Sie tat einen Schritt vorwärts, als wolle sie ihre Augen überführen, daß sie sich betrügen, dann einen zweiten in wachsender Wildheit, und jetzt stand sie dicht vor Astorre und Diana, die grauen Haare gesträubt, und ihre rasenden Worte rannten und stürzten, wie ein Volk in Aufruhr.

»Elender!« schrie sie. »Gegen den Ring an dem Finger dieser da zeugt ein anderer und zuerst gegebener.« Sie riß Antiope, welche ihr in wachsender Angst und mit den flehendsten Gebärden gefolgt war, hinter sich hervor und hob die Hand des Mädchens. »Den Ring hier hast du meinem Kinde vor nicht einer Stunde auf der Brücke bei dem Florentiner an den Finger gesteckt!« So hatte ihr ein falscher Spiegel den Vorgang verschoben. »Ruchloser Mensch! Ehebrecherischer Mönch! Öffnet sich die Erde nicht, dich zu verschlingen? Hängt den Bruder Pförtner, der im Rausche schnarchte und dich deiner Zelle entspringen ließ! Deinen Lüsten wolltest du frönen, aber du durftest dir eine andere Beute wählen, als eine ungerecht verfolgte, ratlose Wittib und eine unbeschützte Waise!« Die Marmordiele öffnete sich nicht und in den Blicken der Umstehenden las die Unglückliche, die einem gerechten Mutterzorne arme und schwache Worte zu geben glaubte, den hellen Hohn oder ein Mitleid anderer Art, als sie es zu finden hoffte. Sie vernahm hinter sich das verständlich geflüsterte Wort: »Närrin!« und ihr Zorn schlug in ein wahnsinniges Gelächter um. »Ei, seht mir einmal den Toren«, hohnlachte sie, »der so dumm zwischen diesen beiden wählen konnte! Ich mache euch zu Richtern, Herrschaften, und jeden, der Augen hat. Hier das herzige Köpfchen, die schwellende Jugend« – das übrige vergaß ich, aber ich weiß eines: alle Jünglinge im Saale Vicedominis, und mehr als einer unter ihnen mochte locker leben, alle Jünglinge, die enthaltsamen und die es nicht waren, wendeten Ohr und Auge ab von den empörenden Worten und Gebärden einer Mutter, welche Zucht und Scham unter die Füße trat vor dem Kinde, das sie geboren, und dieses preisgab wie eine Kupplerin.

Alle im Saale bemitleideten Antiope. Nur Diana, sowenig sie an der Treue des Mönches zweifelte, empfand ich weiß nicht welchen dumpfen Groll über die ihrem Bräutigam frech gezeigte Schönheit.

Antiope mochte es verschuldet haben dadurch, daß sie den unseligen Reif am Finger behielt. Vielleicht tat sie es, um die sich selbst betörende Mutter nicht zu reizen, in dem Gedanken, diese werde, durch die Wirklichkeit enttäuscht, aus dem Hochmut, nach ihrer Art, in Kleinmut verfallen und alles mit einem Augenrollen und ein paar gemurmelten Worten vorübergehen. Oder dann hatte die junge Antiope selbst eine Fingerspitze in den sprudelnden Märchenbrunnen getaucht. War die Begegnung auf der Brücke nicht wunderbar, und wäre ihre Erkiesung durch den Mönch wunderbarer gewesen, als das Schicksal, das ihn dem Kloster entriß?

Jetzt erlitt sie grausame Strafe. Soweit es eine zügellose Rede vermag, beraubte sie die eigene Mutter der schützenden Hüllen.

Eine dunkle Röte und eine noch dunklere fuhr ihr über Stirn und Nacken. Darauf begann sie in der allgemeinen Stille laut und bitterlich zu weinen.

Selbst die graue Mänade lauschte betroffen. Dann zuckte ihr ein entsetzlicher Schmerz über das Gesicht und verdoppelte ihre Wut. »Und die andere!« kreischte sie, auf Diana zeigend, »dieses kaum aus dem Rohen gehauene breite Stück Marmor! Diese verpfuschte Riesin, die Gott Vater stümperte, als er noch Gesell war und kneten lernte! Pfui über den plumpen Leib ohne Leben und Seele! Wer hätte ihr auch eine gespendet? Die Bastardin ihre Mutter? die stupide Orsola? Oder der dürre Knicker dort? Nur widerstrebend hat er ihr ein karges Almosen von Seele verabfolgt!«

Der alte Pizzaguerra blieb gelassen. Mit dem klaren Verstande der Geizigen vergaß er nicht, wen er vor sich hatte. Seine Tochter Diana aber vergaß es. Durch die rohe Verhöhnung ihres Leibes und ihrer Seele aufgebracht, tief empört, zog sie die Brauen zusammen und ballte die Hände. Jetzt geriet sie außer sich, da die Närrin ihre Eltern ins Spiel zog, ihr die Mutter im Grabe beschimpfte, den Vater an den Pranger stellte. Ein bleicher Jähzorn packte und übermannte sie.

»Hündin!« schrie sie und schlug – in Antiopes Angesicht; denn das verzweifelnde und beherzte Mädchen hatte sich vor die Mutter geworfen. Antiope stieß einen Laut aus, der den Saal und alle Herzen erschütterte.

Nun drehte sich das Rad in dem Kopfe der Törin vollständig um. Die höchste Wut ging unter in unsäglichem Jammer. »Sie haben mir mein Kind geschlagen!« stöhnte sie, sank auf die Kniee und schluchzte: »Gibt es keinen Gott mehr im Himmel?«

Jetzt war das Maß voll. Es wäre schon früher überlaufen, doch das Verhängnis schritt rascher, als mein Mund es erzählte, so rasch, daß weder der Mönch noch der nahe stehende Germano den gehobenen Arm Dianas ergreifen und aufhalten konnten. Ascanio umschlang die Törin, ein anderer Jüngling faßte sie bei den Füßen, die sich kaum Sträubende wurde fortgetragen, in ihre Sänfte gehoben und nach Hause gebracht.

Noch stunden sich Diana und Antiope gegenüber, eine bleicher als die andere, Diana reuig und zerknirscht nach schnell verrauchtem Jähzorn, Antiope nach Worten ringend; sie konnte nur nicht stammeln, sie bewegte lautlos die Lippen.

Wenn jetzt der Mönch Antiopes Hand ergriff, um der

von seinem verlobten Weibe Mißhandelten das Geleite zu geben, so erfüllte er damit nur die ritterliche und die gastwirtliche Pflicht. Alle fanden es selbstverständlich. Besonders Diana mußte wünschen, das Opfer ihrer Gewalttat aus den Augen zu verlieren. Auch sie entfernte sich dann mit Vater und Bruder. Die versammelten Gäste aber hielten es für das Zarteste, gleichfalls bis auf die letzte Ferse zu verschwinden.
Es klingelte unter dem mit Amarellen und Cyperwein bestellten Kredenztisch. Eine Narrenkappe kam zum Vorschein und Gocciola kroch auf allen vieren aus seinem leckern Verstecke hervor. Alles war köstlich verlaufen nach seiner Ansicht; denn er hatte jetzt die volle Freiheit, Amarellen zu naschen und ein Gläschen um das andere zu leeren. So vergnügte er sich eine Weile, bis er nahende Schritte vernahm. Er wollte entwischen, aber einen verdrießlichen Blick nach dem Störer werfend, erachtete er jede Flucht für unnötig. Es war der Mönch, der zurückkehrte, und der Mönch war ebenso frohlockend und ebenso berauscht wie er; denn der Mönch –

»Liebte Antiope«, unterbrach den Erzähler die Freundin des Fürsten mit einem krampfhaften Gelächter.
»Du sagst es, Herrin, er liebte Antiope«, wiederholte Dante in tragischem Tone.
»Natürlich!« »Wie anders?« »Es mußte so kommen!« »So geht es gewöhnlich!« scholl es dem Erzähler aus dem ganzen Hörerkreise entgegen.
»Sachte, Jünglinge«, murrte Dante. »Nein, so geht es nicht gewöhnlich. Meinet ihr denn, eine Liebe mit voller Hingabe des Lebens und der Seele sei etwas Alltägli-

ches, und glaubet wohl gar, so geliebt zu haben oder zu lieben? Enttäuschet euch! Jeder spricht von Geistern, doch wenige haben sie gesehen. Ich will euch einen unverwerflichen Zeugen bringen. Es schleppt sich hier im Hause ein modisches Märenbuch herum. Darin mit vorsichtigen Fingern blätternd, habe ich unter vielem Wuste ein wahres Wort gefunden. ›Liebe‹, heißt es an einer Stelle, ›ist selten und nimmt meistens ein schlimmes Ende.‹« Dieses hatte Dante ernst gesprochen. Dann spottete er: »Da ihr alle in der Liebe so ausgelernt und bewandert seid und es mir überdies nicht ansteht, einen von der Leidenschaft überwältigten Jüngling aus meinem zahnlosen Munde reden zu lassen, überspringe ich das verräterische Selbstgespräch des zurückkehrenden Astorre und sage kurz: da ihn der verständige Ascanio belauschte, erschrak er und predigte ihm Vernunft.

»Wirst du deine rührende Fabel so kläglich verstümmeln, mein Dante?« wendete sich die entzündliche Freundin des Fürsten mit bittenden Händen gegen den Florentiner. »Laß den Mönch reden, daß wir teilnehmend erfahren, wie er sich abwendete von einer Rohen zu einer Zarten, einer Kalten zu einer Fühlenden, von einem steinernen zu einem schlagenden Herzen –«

»Ja, Florentiner«, unterbrach die Fürstin in tiefer Bewegung und mit dunkel glühender Wange, »laß deinen Mönch reden, daß wir staunend vernehmen, wie es kommen konnte, daß Astorre, so unerfahren und täuschbar er war, ein edles Weib verriet für eine Verschmitzte – hast du nicht gemerkt, Dante, daß Antiope eine Verschmitzte ist? Du kennst die Weiber wenig! In Wahrheit, ich sage dir« – sie hob den kräftigen Arm und ballte die Faust – »auch ich hätte geschlagen, nicht die arme Törin, sondern wissentlich die Arglistige, die sich um jeden Preis dem Mönch vor das Angesicht bringen wollte!« Und sie führte den Schlag in die Luft. Die andere erbebte leise.

Cangrande, welcher die zwei Frauen, denen er jetzt gegenübersaß, nicht aufhörte zu betrachten, bewunderte seine Fürstin und freute sich ihrer großen Leidenschaft. In diesem Augenblicke fand er sie unvergleichlich schöner, als die kleinere und zarte Nebenbuhlerin, welche er ihr gegeben hatte, denn das Höchste und Tiefste der Empfindung erreicht seinen Ausdruck nur in einem starken Körper und in einer starken Seele.

Dante für sein Teil lächelte zum ersten und einzigen Mal an diesem Abende, da er die beiden Frauen so heftig auf der Schaukel seines Märchens sich wiegen sah. Er brachte es sogar zu einer Neckerei. »Herrinnen«, sagte er, »was verlangt ihr von mir? Selbstgespräch ist unvernünftig. Hat je ein weiser Mann mit sich selbst gesprochen?«

Nun erhob sich aus dem Halbdunkel ein mutwilliger Lockenkopf und ein Edelknabe, der hinter irgendeinem Sessel oder einer Schleppe in traulichem Verstecke mochte gekauert haben, rief herzhaft: »Großer Meister, wie wenig du dich kennst oder zu kennen vorgibst! Wisse, Dante, niemand plaudert geläufiger mit sich selbst als du, in dem Grade, daß du nicht nur uns dumme Buben übersiehst, sondern selbst das Schöne dicht an dir vorübergehen lässest, ohne es zu begrüßen.«

»Wirklich?« sagte Dante. »Wo war das? wo und wann?«

»Nun gestern auf der Etschbrücke«, lächelte der Knabe. »Du lehntest am Geländer. Da ging die reizende Lucrezia Nani vorüber, deine Toga streifend. Wir Knaben folgten, sie bewundernd, und ihr entgegen schritten zwei feurige Kriegsleute, nach einem Blicke aus ihren sanften Augen haschend. Sie aber suchte die deinigen: denn nicht jeder hat mit heiler Haut in der Hölle gelustwandelt! Du, Meister, betrachtetest eine rollende Welle, welche in der Mitte der Etsch daherfuhr, und murmeltest etwas.«
»Ich ließ das Meer grüßen. Die Woge war schöner als das Mädchen. Doch zurück zu den zwei Toren! Horch, sie sprechen miteinander! Und bei allen Musen, fortan unterbreche mich keiner mehr, sonst findet uns Mitternacht noch am Märchenherde.«

Als der Mönch, nachdem er Antiope heimgeführt, seinen Saal wieder betrat – doch ich vergaß zu sagen, daß er Ascanio nicht begegnete, obwohl dieser mit der Sänfte und Madonna Olympia darin denselben Weg gemacht hatte. Denn der Neffe, nachdem er die gänzlich Vernichtete ihrer Dienerschaft übergeben, war schleunig zu seinem Ohm dem Tyrannen geeilt, ihm den tollen Vorgang als frisches Gebäcke aufzutischen. Er hinterbrachte Ezzelin lieber eine Stadtgeschichte als eine Verschwörung.
Ich weiß nicht, ob der Mönch so wohlgestaltet war, wie der Spötter Ascanio ihn genannt hatte. Aber ich sehe ihn, der wie der blühendste Jüngling schreitet. Mit beflügelten Füßen durchschwebt er den Saal, als trüge ihn Zephyr oder führte ihn Iris. Seine Augen sind voller Sonne und er murmelt Laute aus der Sprache der Seli-

gen. Gocciola, der viel Cyperwein geschluckt hatte, fühlte sich gleichfalls beherzt und verjüngt. Auch unter seinen Sohlen löste sich der Marmorboden in weißes Gewölk auf. Er verspürte einen unbesiegbaren Durst, das Gemurmel auf den frischen Lippen Astorres, wie man sich über eine Quelle beugt, zu belauschen, und begann neben demselben die Länge des Saales zu durchmessen, bald mit gespreizten, bald mit hüpfenden Schritten, das Narrenszepter unter dem Arme.

»Das zärtliche Haupt, das sich für den Vater bot, hat sich auch für die Mutter geboten und gegeben!« lispelte Astorre. »Das schamhafte! wie es brannte! Das mißhandelte! wie es litt! Das geschlagene! wie es aufschrie! Hat es mich je verlassen, seit es auf dem Blocke lag? Es wohnte in meinem Geiste. Es begleitete mich allgegenwärtig, schwebte in meinem Gebete, strahlte in meiner Zelle, bettete sich auf mein Kissen! Lag das herzige Haupt mit dem weißen schmalen Hälschen nicht neben dem des heiligen Paulus –«

»Des heiligen Paulus?« kicherte das Tröpfchen.

»Des heiligen Paulus auf unserm Altarbilde –«

»Mit dem schwarzen Kraushaar und dem roten Hals auf dem breiten Blocke und dem Beile des Henkers darüber?« Gocciola verrichtete bei den Franziskanern zeitweilig seine Andacht.

Der Mönch nickte. »Sah ich lange hin, so zuckte das Beil und ich bebte zusammen. Habe ich es nicht dem Prior gebeichtet?«

»Und was sagte der Prior?« examinierte Gocciola.

»Mein Sohn«, sagte er, »was du sahest, war ein voraus geeiltes Kind des himmlischen Triumphzuges. Fürchte

nichts! Dem ambrosischen Hälschen geschieht kein Leid!«
»Aber«, reizte der böse Narr, »das Kind ist gewachsen, so hoch!« Er hob die Hand. Dann senkte er sie und hielt sie über dem Boden. »Und die Kutte Euer Herrlichkeit«, grinste er, »liegt so tief!«
Das Gemeine konnte den Mönch nicht berühren. Ein schöpferisches Feuer war aus der Hand Antiopes in die seinige gefahren und begann zuerst zart und sanft, dann immer heißer und schärfer in seinen Adern zu brennen.
»Gepriesen sei Gott Vater«, frohlockte er plötzlich, »der Mann und Weib geschaffen hat!«
»Die Eva?« fragte der Narr.
»Die Antiope!« antwortete der Mönch.
»Und die andere? die Große? Was fängst du mit der an? Schickst du sie betteln?« Gocciola wischte sich die Augen.
»Welche andere?« fragte der Mönch. »Gibt es ein Weib, das nicht Antiope wäre!« Dies war selbst dem Narren zu stark. Er glotzte Astorre erschreckt an, wurde aber von einer Faust am Kragen gepackt, gegen die Pforte geschleppt und auf den Flur gesetzt. Dieselbe Hand legte sich dann auf Astorres Schulter.
»Erwache, Traumwandler!« rief der zurückgekehrte Ascanio, welcher die letzte schwärmerische Rede des Mönches belauscht hatte. Er zog den Verzückten auf eine Fensterbank nieder, heftete fest Augen auf Augen, und: »Astorre, du bist von Sinnen!« sprach er ihn an.
Dieser wich zuerst den prüfenden Blicken wie geblendet aus, dann begegnete er ihnen mit den seinigen, die noch voller Jubel waren, um sie scheu niederzuschlagen. »Wunderst du dich?« sagte er dann.

»Sowenig als über das Lodern einer Flamme«, versetzte Ascanio. »Aber da du kein blindes Element, sondern eine Vernunft und ein Wille bist, so tritt die Flamme aus, sonst frißt sie dich und ganz Padua. Muß dir das Weltkind göttliches und menschliches Gesetz predigen? Du bist vermählt! So redet dieser Ring an deinem Finger. Wenn du, wie erst dein Gelübde, jetzt dein Verlöbnis brichst, brichst du Sitte, Pflicht, Ehre und den Stadtfrieden. Wenn du dir den Pfeil des blinden Gottes nicht rasch und heldenmütig aus dem Herzen ziehst, ermordet er dich, Antiope und noch ein paar andere, wen es gerade treffen wird. Astorre! Astorre!«
Ascanios mutwillige Lippen erstaunten über die großen und ernsten Worte, welche er in seiner Herzensangst ihnen zu reden gab. »Dein Name, Astorre«, sagte er dann halb scherzend, »schmettert wie eine Tuba und ruft dich zum Kampfe gegen dich selbst!«
Astorre ermannte sich. »Man hat mir ein Philtrum gegeben!« rief er aus. »Ich rase, ich bin ein Wahnsinniger! Ascanio, ich gebe dir Macht über mich, feßle mich!«
»An Dianen will ich dich fesseln!« sagte Ascanio. »Folge mir, daß wir sie suchen!«
»War es nicht Diana, die Antiope schlug?« fragte der Mönch.
»Das hast du geträumt! Du hast alles geträumt! Du warst deiner Sinne nicht mächtig! Komm! Ich beschwöre dich! Ich befehle es dir! Ich ergreife und führe dich!«
Wenn Ascanio die Wirklichkeit verjagen wollte, so führte sie der auf dem Flur klirrende Schritt Germanos zurück. Mit einem entschlossenen Gesichte trat der Bruder Dianens vor den Mönch und faßte seine Hand.

»Ein gestörtes Fest, Schwager!« sagte er. »Die Schwester schickt mich – ich lüge, sie schickt mich nicht. Denn sie hat sich in ihre Kammer eingeschlossen und drinnen flennt sie und verflucht ihren Jähzorn – heute ersaufen wir in Weibertränen! Sie liebt dich, nur bringt sie es nicht über die Lippen – es ist in der Familie: ich kann es auch nicht. An dir hat sie keinen Augenblick gezweifelt. Es ist einfach: du hast irgendwo einen Ring verschleudert – wenn es der deinige war, den die kleine Canossa – wie heißt sie doch? richtig: die Antiope! – am Finger trug. Die närrische Mutter fand ihn und hat daraus ihr Märchen gesponnen. Antiope ist natürlich an alledem unschuldig wie ein neugeborenes Kind – wer es anders meint, hat es mit mir zu tun!«
»Nicht ich!« rief Astorre. »Antiope ist rein wie der Himmel! Der Ring wurde von einem Zufall gerollt!« und er erzählte mit fliegenden Worten.
»Aber auch der Schwester, die zufuhr, darfst du es nicht anrechnen, Astorre«, behauptete Germano. »Ihr schoß das Blut zu Kopfe, sie sah nicht, wen sie vor sich hatte. Sie glaubte die Närrin zu treffen, die ihr die Eltern verhunzte, und schlug die liebe Unschuld. Diese aber muß vor Gott und Menschen wieder zu Ehren und Würden gezogen werden. Laß das meine Sache sein, Schwager! Ich bin der Bruder. Es ist einfach.«
»Du redest in einem fort und bleibst doch dunkel, Germano! Was hast du vor? Wie vergütest du es der Ärmsten?« fragte Ascanio.
»Es ist einfach«, wiederholte Germano. »Ich biete Antiope Canossa meine Hand und mache sie zu meinem Weibe.«
Ascanio griff sich an die Stirn. Der Streich betäubte ihn.

Als er dann aber, schnell besonnen, näher zusah, fand er das heroische Mittel gar nicht so übel; doch warf er einen ängstlichen Blick auf den Mönch. Dieser, seiner selbst wieder mächtig, hielt sich mäuschenstille und horchte aufmerksam. Das Ehrgefühl des Kriegers scholl wie ein heller Ruf durch die Wildnis seiner Seele.

»So treffe ich zwei Fliegen mit einem Schlage, Schwager«, erläuterte Germano. »Das Mädchen wird in ihren Züchten und Ehren hergestellt. Den möchte ich sehen, der hinter meinem Weibe zischelte! Dann stifte ich Frieden zwischen euch Eheleuten. Diana braucht sich nicht länger vor dir noch vor sich selbst zu schämen und ist von ihrem Jähzorne gründlich geheilt. Ich sage dir: sie ist davon genesen, zeitlebens!«

Astorre drückte ihm die Hand. »Du bist brav!« sagte er. Der Wille, seine himmlische oder irdische Lust tapfer zu überwinden, erstarkte in dem Mönche. Doch dieser Wille war nicht frei und diese Tugend nicht selbstlos; denn sie klammerte sich an einen gefährlichen Sophismus: nicht anders als ich selbst eine Ungeliebte umarmen werde, tröstete sich Astorre, wird auch Antiope von einem Manne sich umfangen lassen, welcher sie kurzer Dinge freit, um fremdes Unrecht gutzumachen. Wir verzichten alle! Entsagung und Kasteiung in der Welt wie im Kloster!

»Was geschehen muß, verschiebe ich nicht«, drängte Germano. »Sonst würde sie sich schlummerlos wälzen.« Ich weiß nicht, meinte er Diana oder Antiope. »Schwager, du begleitest mich als Zeuge: ich tue es in den Formen.«

»Nein, nein!« schrie Ascanio erschreckt. »Nicht Astorre! Nimm *mich*!«

Germano schüttelte den Kopf. »Ascanio, mein Freund«, sagte er, »dazu eignest du dich nicht. Du bist kein ernsthafter Zeuge in Ehesachen! Auch wird mein Bruder Astorre es sich nicht nehmen lassen, für mich zu werben. Es ist ja zum großen Teil seine eigene Angelegenheit. Nicht wahr, Astorre?« Dieser nickte. »So bereite dich, Schwager. Mache dich hübsch! Hänge dir eine Kette um!«

»Und«, scherzte Ascanio gezwungen, »wann du über den Hof gehst, tauche den Kopf in den Brunnen! Du selbst aber, Germano, trägst Panzer? So kriegerisch? Schickt sich das zur Freite?«

»Ich bin lange nicht aus der Rüstung gekommen und sie kleidet mich. Was betrachtest du mich von Kopf zu Füßen, Ascanio?«

»Ich frage mich, woher dieser Gepanzerte seine Sicherheit nimmt, nicht mitsamt der Sturmleiter in den Graben geworfen zu werden?«

»Das kann nicht in Frage stehen«, meinte Germano seelenruhig. »Wird sich eine Beschämte und Geschlagene einem Ritter verweigern? Da wäre sie eine noch größere Närrin als ihre Mutter. Das ist doch sonnenklar, Ascanio. Komm, Astorre.«

Während der Zurückbleibende mit verschlungenen Armen diese neue Wendung der Dinge bedachte, zweifelnd, ob dieselbe auf einen Spielplatz blühender Kinder oder auf ein Camposanto führe, schritten seine Jugendfreunde den nicht langen Weg zu dem Palaste Canossa.

Der wolkenlose Tag verglomm in einem reinglühenden Abendgolde, und horch! es läutete Ave. Der Mönch sprach innerlich die Gewohnheitsgebete und sein etwas erhöht liegendes Kloster verlängerte zufällig das vertraute Geläute um ein paar friedlich wehmütige Schläge, welchen die andern Stadtglocken den Luftraum nicht länger streitig machten. Auch der Mönch wurde des allgemeinen Friedens teilhaft.

Da traf sein Blick das Gesicht des Freundes und ruhte auf den wetterharten Zügen. Sie waren hell und freudig, von erfüllter Pflicht ohne Zweifel, aber doch auch von dem unbewußten oder unbewachten Glück, unter dem von Ehre geschwellten Segel einer ritterlichen Handlung den Port einer seligen Insel zu erreichen. »Die süße Unschuld!« seufzte der Krieger.

Rasend schnell begriff der Mönch, daß der Bruder Dianens sich selbst täuschte, wenn er sich für uneigennützig hielt, daß Germano Antiope zu lieben begann und sein Nebenbuhler war. Seine Brust empfand einen scharfen Biß, dann einen zweiten noch schärfern, daß er hätte aufschreien mögen. Und jetzt wühlte und wimmelte schon ein ganzes Nest grimmiger Schlangen in seinem Busen. Herrschaften, Gott möge uns alle, Männer und Weiber, vor der Eifersucht behüten! Sie ist die qualvollste der Peinen, und wer sie leidet, ist unseliger als meine Verdammten!

Mit verzogenem Gesichte und gepreßtem Herzen folgte der Mönch dem selbstbewußten Freier die Treppen des erreichten Palastes hinauf. Dieser stand leer und verwahrlost. Madonna Olympia mochte sich eingeschlossen haben. Kein Gesinde und alle Türen offen. Sie durchschritten ungemeldet eine Reihe schon dämmernder Gemächer: vor der Schwelle der letzten Kammer hielten sie stille, denn die junge Antiope saß am Fenster.

Sein in den Umriß eines Kleeblattes endigender Bogen war voller Abendglorie, welche die liebreizende Gestalt im Halbkreise von Brust zu Nacken umfing. Ihre gezauste Haarkrone ähnelte den Spitzen eines Dornenkranzes und die schmachtenden Lippen schlürften den Himmel. Das geschlagene Mädchen lag müde unter dem Druck der erduldeten Schande, mit zugefallenen Augendeckeln und erschlafften Armen; aber in der Stille ihres Herzens frohlockte sie und pries ihre Schmach, denn diese hatte sie mit Astorre auf ewig vereinigt.

Und entzündet sich nicht heute noch und bis ans Ende der Tage aus tiefstem Erbarmen höchste Liebe? Wer widersteht dem Anblicke des Schönen, wenn es ungerecht leidet? Ich lästere nicht und kenne die Unterschiede, aber auch das Göttliche wurde geschlagen und wir küssen seine Striemen und Wunden.

Antiope grübelte nicht, ob Astorre sie liebe. Sie wußte es. Da war kein Zweifel. Sie war davon überzeugter als von den Atemzügen ihrer Brust und den Schlägen ihres Herzens. Keine Silbe hatte sie mit Astorre gewechselt vom ersten Schritt des Weges an, den sie zusammen gingen. Die Hände hielten sich nicht fester beim letzten: sie verwuchsen, ohne sich zu drücken. Sie durchdrangen sich, wie zwei leichte geistige Flammen, und waren doch beim Scheiden wie die Wurzel aus der Erde kaum auseinanderzulösen.

Antiope vergriff sich an fremdem Eigentum und beging Raub an Dianen fast in Unschuld, denn sie hatte weder Gewissen mehr noch auch nur Selbstbewußtsein. Padua, das mit seinen Türmen vor ihr lag, Mutter, des Mönches Verlöbnis, Diana, die ganze Erde, alles war vernichtet: nichts als der Abgrund des Himmels, und dieser gefüllt mit Licht und Liebe.

Astorre hatte von der ersten zur letzten Stufe der Treppe mit sich gerungen und meinte den Sieg erkämpft zu haben. Ich werde das Opfer vollbringen, prahlte er gegen sich selbst, und Germano bei seiner Werbung zur Seite stehen. Auf dem obersten Tritte rief er noch alle seine Heiligen an, voraus Sankt Franziskus, den Meister der Selbstüberwindung. Er griff in die Brust und glaubte, durch den himmlischen Beistand stark wie Herkules, die Schlangen erwürgt zu haben. Aber der Heilige mit den vier Wundmalen hatte sich abgewendet von dem untreuen Jünger, der seinen Strick und seine Kutte verschmähte.

Der daneben stehende Germano entwarf indessen seine Rede, konnte aber nicht über die zwei Argumente hinauskommen, welche ihm gleich anfänglich eingeleuchtet hatten. Übrigens war er guten Mutes – hatte er doch schon öfter im Reiterkampfe seine Germanen angeredet – und fürchtete sich nicht vor einem Mädchen. Nur das Warten ertrug er ebensowenig als vor der Schlacht. Er klirrte leis mit dem Schwert an den Panzer.

Antiope schrak zusammen, blickte hin, erhob sich rasch und stand, den Rücken gegen das Fenster gewendet, mit dunklem Antlitz den sich im Dämmerlichte vor ihr verbeugenden Männern gegenüber.

»Sei getrost, Antiope Canossa!« redete Germano. »Ich bringe dir diesen mit, Astorre Vicedomini, welchen sie den Mönch nennen, den Gatten meiner Schwester Diana, als gültigen Zeugen: siehe, ich bin gekommen, dich – ohne Vater wie du bist und bei einer solchen Mutter – von dir selbst zum Weibe zu begehren. Meine Schwester hat sich gegen dich vergessen« – er sträubte sich, ein stärkeres Wort zu brauchen und damit Dianen, die er verehrte, preiszugeben – »und ich, der Bruder, bin da, gutzumachen, was die Schwester schlechtgemacht hat. Diana mit Astorre, du mit mir, so euch entgegenkommend, werdet ihr Weiber euch die Hände geben.«

Das empfindliche Gemüt des lauschenden Mönches verwundete diese rohe Gleichstellung des Mißhandelns und des Leidens, der Schlagenden und der Geschlagenen – oder krümmte sich eine Natter? – »Germano, so wirbt man nicht!« raunte er dem Gepanzerten zu.

Dieser vernahm es, und da die dunkle Antiope mäuschenstille blieb, verstimmte er sich. Er fühlte, daß er weicher reden sollte, und redete barscher. »Ohne Vater und mit einer solchen Mutter«, wiederholte er, »bedürfet Ihr einer männlichen Hut! Das konntet Ihr heute lernen, junge Herrin. Ihr werdet nicht zum andern Male vor ganz Padua beschämt und geschlagen werden wollen! Gebet Euch mir, wie Ihr seid, und ich schirme Euch vom Wirbel zur Zehe!« Germano dachte an seinen Panzer.

Astorre fand diese Werbung von empörender Härte: Germano, so schien ihm, behandelte Antiope wie seine Kriegsgefangene – oder zischte die Schlange? – »So wirbt man nicht, Germano!« keuchte er. Dieser wendete sich halb. »Wenn du es besser verstehst«, sagte er mißmutig, »wirb du für mich, Schwager.« Er trat raumgebend beiseite.

Da näherte sich Astorre, das Knie gebogen, hob die Hände mit sich einander berührenden Fingerspitzen und seine bangen Blicke befragten das zarte Haupt auf dem blassen Goldgrunde. »Findet Liebe Worte?«

stammelte er. Dämmerung und Schweigen. Endlich lispelte Antiope: »Für wen wirbst du, Astorre?« »Für diesen hier, meinen Bruder Germano«, preßte er hervor. Da barg sie das Antlitz mit den Händen.

Jetzt riß Germano die Geduld. »Ich werde deutsch mit ihr reden«, brach er los und: »Kurz und gut, Antiope Canossa«, ließ er das Mädchen rauh an, »wirst du mein Weib oder nicht?«

Antiope wiegte das kleine Haupt sanft und sachte, aber trotz der wachsenden Nacht mit deutlicher Verneinung.

»Ich habe meinen Korb«, sprach Germano trocken. »Komm, Schwager!« und er verließ den Saal mit ebenso festen Schritten, als er ihn betreten hatte. Der Mönch aber folgte ihm nicht.

Astorre verharrte in seiner flehenden Stellung. Dann ergriff er, selbst zitternd, Antiopes zitternde Hände und löste sie von dem Antlitz. Welcher Mund den andern suchte, weiß ich nicht, denn die Kammer war völlig finster geworden.

Auch wurde es darin so stille, daß, wäre ihr Ohr nicht voll stürmischen Jubels und seliger Chöre gewesen, die Liebenden leicht in einem anstoßenden Gelasse gemurmelte Gebete hätten vernehmen können. Das verhielt sich so: neben Antiopes Kammer, einige Stufen tiefer, lag die Hauskapelle, und morgen jährte sich zum dritten Male der Tod des Grafen Canossa. Nach überschrittener Mitternacht sollte in Gegenwart der Witwe und der Waise die Seelenmesse gelesen werden. Schon hatte sich der Priester eingestellt, den Ministranten erwartend.

Ebensowenig als das unterirdische Gemurmel vernahm

das Paar die schlurfenden Pantoffeln der Madonna Olympia, welche die Tochter suchte und nun bei dem spärlichen Scheine der Hausleuchte, die sie in der Hand trug, die Liebenden still und aufmerksam betrachtete. Daß die frechste Lüge einer ausschweifenden Einbildungskraft vor ihren Augen in diesen zärtlich verschlungenen Gestalten zu Tat und Wahrheit wurde, darüber wunderte sich Madonna Olympia nicht; aber, es sei der Törin zum Lobe gesagt, ebensowenig kostete sie einen Genuß der Rache. Sie weidete sich nicht an dem der gewalttätigen Diana bevorstehenden bittern Leiden, sondern es überwog die einfache mütterliche Freude, ihr Kind zu seinem Preise gewertet, begehrt und geliebt zu sehen.

Da jetzt, von einem scharfen Strahl aus ihrer Leuchte getroffen, die beiden verwundert aufblickten, fragte sie mit einer weichen und natürlichen Stimme: »Astorre Vicedomini, liebst du die Antiope Canossa?«

»Über alles, Madonna!« antwortete der Mönch.

»Und verteidigst sie?«

»Gegen eine Welt!« rief Astorre verwegen.

»So ist es recht«, begütigte sie, »aber nicht wahr, du meinst es redlich? Du verstoßest sie nicht, wie Dianen? Du närrst mich nicht? Du machst eine arme Törin, wie sie mich nennen, nicht unglücklich? Du lässest mein Kindchen nicht wieder zu Schanden kommen? Du suchst keine Ausflüchte noch Aufschübe? Du gibst den Augen die Gewißheit und führst die Antiope gleich, als ein frommer Christ und wackerer Edelmann, zum Altar? Auch hast du nicht weit nach dem Pfaffen zu gehen. Hörst du es murmeln? Da unten kniet einer.«

Und sie öffnete eine niedrige Tür, hinter welcher ein

paar steile Stufen in das häusliche Heiligtum hinabführten. Astorre warf einen Blick: unter dem plumpen Gewölbe vor einem kleinen Altar bei dem ungewissen Licht einer Kerze betete ein Barfüßer, welcher ihm an Alter und Gestalt nicht unähnlich war und auch die Kutte und den Strick des heiligen Franziskus trug.

Ich glaube, daß dieser Barfüßer hier und gerade zu dieser Stunde durch göttliche Schickung knieen und beten mußte, um Astorre zum letzten Male zu erschrecken und zu warnen. Doch in seinen lodernden Adern wurde die Arznei zum Gifte. Da er die Verkörperung seines Klosterlebens erblickte, kam ein trotziger Geist des Frevels und der Sicherheit über ihn. Mit gleichen Füßen habe ich über mein erstes Gelübde weggesetzt, lachte er, und siehe, die Schranke fiel unter meinem Sprunge – warum nicht über das zweite? Meine Heiligen haben mich unterliegen lassen! Vielleicht retten und beschützen sie den Sünder! Der Verwildernde bemächtigte sich Antiopes und trug sie, mehr als daß er sie führte, die Stufen hinunter; Madonna Olympia aber, die sich nach einem kurzen lichten Momente wieder verwirrte, schlug hinter dem Mönch und ihrem Kinde die schwere Türe zu, wie hinter einem gelungenen Fange, einer gehaschten Beute, und lauschte durch das Schlüsselloch.

Was sie sah, bleibt ungewiß. Nach der Meinung des Volkes hätte Astorre den Barfüßer mit gezogenem Schwerte bedroht und vergewaltigt. Das ist unmöglich, denn der Mann Astorre hat niemals den Leib mit einem Schwerte gegürtet. Der Wahrheit näher mag es kommen, daß der Barfüßer – traurig zu sagen – ein schlechter Mönch war und vielleicht derselbe Beutel unter seine Kutte wanderte, den Astorre zu sich gesteckt hatte, da er für Diana den Ehereif kaufen ging. Daß aber anfänglich der Priester sich sperrte, daß die zwei Mönche miteinander rangen, daß das schwere Gewölbe eine häßliche Szene verbarg – solches lese ich in dem verzerrten und entsetzten Gesichte der Lauscherin. Donna Olympia verstand, daß da unten ein Frevel begangen werde, daß sie als die Anstifterin und Mitschuldige desselben der Strenge des Gesetzes und der Rache der Verratenen sich preisgebe, und da sich die Hinrichtung des Grafen ihres Gemahls jährte, glaubte sie auch *ihr* törichtes Haupt dem Beile unrettbar verfallen. Sie wähnte den nahenden Schritt Ezzelins zu vernehmen: da floh sie und schrie: »Hilfe! Mörder!«

Die Gequälte stürzte auf den Flur und an das in den engen innern Hof blickende Fenster. »Mein Maultier! Meine Sänfte!« rief sie hinunter, und lachend über den doppelten Befehl – das Maultier war für das Land, die Sänfte für die Stadt – erhob sich das Gesinde der Törin langsam und bequem aus einem Winkel, wo es bei einer Kürbislaterne trank und würfelte. Ein alter Stallmeister, welcher allein der unglücklichen Herrin Treue hielt, sattelte bekümmert zwei Maultiere und führte sie durch den Torweg auf den an der Gasse liegenden Vorplatz des Palastes: er hatte Donna Olympia schon auf mancher Irrefahrt begleitet. Die andern folgten witzereißend mit der Sänfte.

Auf der großen Treppe stieß die flüchtige Törin, welche der auch bei den Unseligen übermächtige Trieb der Selbsterhaltung ihr geliebtes Kind vergessen ließ, gegen den besorgten Ascanio, der, ohne Nachricht gelassen und von Unruhe getrieben, auf Kundschaft ausgegangen war.

»Was ist geschehen, Signora?« fragte er eilig.
»Ein Unglück!« krächzte sie wie ein auffliegender Rabe, rannte die Treppe hinab, saß auf ihrem Tiere, stachelte es mit rasender Ferse und verschwand im Dunkel.
Ascanio suchte durch die finstern Gemächer bis in die von der stehengebliebenen Ampel der Madonna Olympia erhellte Kammer Antiopes. Wie er sich darin umblickte, wurde die Tür der Hauskapelle geöffnet und zwei schöne Gespenster entstiegen der Tiefe. Der Mutige begann zu zittern. »Astorre, du bist mit ihr vermählt!« Der schallvolle Name dröhnte im Echo des Gewölbes wie die Tuba jenes Tages. »Und trägst Dianens Ring am Finger!«
Astorre riß ihn ab und schleuderte ihn.
Ascanio stürzte an das offene Fenster, durch welches der Ring gesprungen war. »Er ist in eine Spalte zwischen zwei Quadern geglitscht«, sprach es aus der Gasse herauf. Ascanio erblickte Turbane und Eisenkappen. Es waren die Leute des Vogtes, welche ihre nächtliche Runde begannen.
»Auf ein Wort, Abu Mohammed!« rief er, rasch besonnen, einen weißbärtigen Greis, der höflich erwiderte: »Dein Wunsch ist mir Befehl!« und mit zwei andern Sarazenen und einem Deutschen im Tore des Palastes verschwand.
Abu-Mohammed-al-Tabîb überwachte nicht nur die Sicherheit der Straße, sondern betrat auch das Innerste der Häuser, um Reichsverräter – oder was der Vogt so benannte – zu verhaften. Kaiser Friedrich hatte ihn seinem Schwiegersohne dem Tyrannen gegeben, damit er diesem eine sarazenische Leibwache werbe, und an de-

ren Spitze war er in Padua verblieben. Abu Mohammed war eine feine Erscheinung und hatte gewinnende Formen. Er nahm Anteil an dem Schmerze der Familie, deren Glied er in den Kerker oder zum Blocke führte, und tröstete die betrübte in seinem gebrochenen Italienisch mit Sprüchen arabischer Dichter. Ich vermute, daß er seinen Beinamen »al Tabîb«, das ist der Arzt, wenn er auch einige chirurgische Kenntnisse und Griffe besitzen mochte, zuerst und voraus gewissen ärztlichen Manieren verdankte: ermutigenden Handgebärden, beruhigenden Worten, wie zum Beispiel: »Es tut nicht weh«, oder: »Es geht vorüber«, womit die Jünger Galens eine schmerzliche Operation einzuleiten pflegen. Kurz, Abu Mohammed behandelte das Tragische gelinde und war zur Zeit meiner Fabel trotz seines strengen und bittern Amtes in Padua keine verhaßte Persönlichkeit. Später, da der Tyrann eine Lust daran fand, menschliche Leiber zu martern, woran du nicht glauben kannst, Cangrande! verließ ihn Abu Mohammed, und kehrte zu seinem gütigen Kaiser zurück.
Auf der Schwelle des Gemaches winkte Abu Mohammed seinen drei Begleitern, stehenzubleiben. Der Deutsche, der die Fackel trug, ein trotzig blickender Geselle, verharrte nicht lange. Er hatte heute zur Vesperstunde Germano nach dem Palaste Vicedomini begleitet und dieser ihm zugelacht: »Laß mich jetzt! Ich verlobe hier mein Schwesterchen Diana dem Mönche!« Der Germane kannte die Schwester seines Hauptmanns und hatte eine Art stiller Neigung zu ihr, ihres hohen Wuchses und ihrer redlichen Augen halber. Da er nun den Mönch, welchem er heute mittag zur Seite geritten, Hand in Hand mit einem kleinen und zierlichen Weibe

sah, das ihm, neben dem großen Bilde Dianens, als eine Puppe erschien, witterte er Treuebruch, schmiß erzürnt die lodernde Fackel auf den Steinboden, wo sie der eine der Sarazenen behutsam aufhob, und eilte davon, Germano den Verrat des Mönches zu melden.
Ascanio, der den Deutschen erriet, bat Abu Mohammed, ihn zurückzurufen. Dieser aber weigerte sich. »Er würde nicht gehorchen«, sagte er sanft, »und mir zwei oder drei meiner Leute niederhauen. Mit welchem andern Dienste, Herr, bin ich dir gefällig? Verhafte ich diese blühenden Jugenden?«
»Astorre, sie wollen uns trennen!« schrie Antiope und suchte Schutz in den Armen des Mönches. Die am Altare Frevelnde hatte mit einer schuldlosen Seele auch die natürliche Beherztheit eingebüßt. Der Mönch, welchen seine Schuld vielmehr ermutigte und begeisterte, tat einen Schritt gegen den Sarazenen und riß ihm unversehens das Schwert aus der Scheide. »Vorsichtig, Knabe, du könntest dich schneiden«, warnte dieser gutmütig.
»Laß dir sagen, Abu Mohammed«, erklärte Ascanio, »dieser Rasende ist der Gespiele meiner Jugend und war lange Zeit der Mönch Astorre, den du sicherlich auf den Straßen Paduas gesehen hast. Der eigene Vater hat ihn um sein Klostergelübde geprellt und mit einem ungeliebten Weibe vermählt. Vor wenigen Stunden wechselte er mit ihr die Ringe, und jetzt, wie du ihn hier siehst, ist er der Gatte dieser andern.«
»Verhängnis!« urteilte der Sarazene mild.
»Und die Verratene«, fuhr Ascanio fort, »ist Diana Pizzaguerra, die Schwester Germanos! Du kennst ihn. Er glaubt und traut lange, sieht und greift er aber, daß er

ein Getäuschter und Betrogener ist, so spritzt ihm das Blut in die Augen und er tötet.«

»Nicht anders«, bestätigte Abu Mohammed. »Er ist von der Mutter her ein Deutscher und diese sind Kinder der Treue!«

»Rate mir, Sarazene. Ich weiß nur *eine* Auskunft: vielleicht eine Rettung. Wir bringen die Sache vor den Vogt. Ezzelin mag richten. Inzwischen bewachen deine Leute den Mönch in seinem eigenen festen Hause. Ich eile zum Ohm. Diese aber bringst *du*, Abu Mohammed, zu der Markgräfin Cunizza, der Schwester des Vogts, der frommen und leutseligen Domina, die hier seit einigen Wochen hofhält. Nimm die hübsche Sünderin! Ich anvertraue sie deinem weißen Barte.« »Du darfst es«, versicherte Mohammed.

Antiope umklammerte den Mönch und schrie noch kläglicher, als das erste Mal: »Sie wollen mich von dir trennen! Laß mich nicht, Astorre! keine Stunde! keinen Augenblick! Oder ich sterbe!« Der Mönch hob das Schwert.

Ascanio, der jede Gewalttat verabscheute, blickte den Sarazenen fragend an. Dieser betrachtete die sich umschlungen Haltenden mit väterlichen Augen. »Laß die Schatten sich umarmen!« sagte er dann weichgestimmt, sei es daß er ein Philosoph war und das Leben für Schein hielt, sei es daß er sagen wollte: vielleicht verurteilt sie morgen Ezzelin zum Tode, gönne den verliebten Faltern die Stunde!

Ascanio zweifelte nicht an der Wirklichkeit der Dinge; desto zugänglicher war er dem zweiten Sinne des Spruches. Nicht allein als der Leichtfertige der er war, sondern auch als ein Gütiger und Menschlicher zauderte er, die Liebenden auseinanderzureißen.

»Astorre«, fragte er, »kennst du mich?«
»Du warst mein Freund«, antwortete dieser.
»Und bin es noch. Du hast keinen treuern.«
»O trenne mich nicht von ihr!« flehte jetzt der Mönch in einem so ergreifenden Tone, daß Ascanio nicht widerstand. »So bleibet zusammen«, sagte er, »bis ihr vor das Gericht tretet.« Er flüsterte mit Abu Mohammed.
Dieser näherte sich dem Mönche, entwand ihm sachte das Schwert, Finger um Finger von dem Griffe lösend, und ließ es in die Scheide an seiner Hüfte zurückfallen. Dann trat er ans Fenster, winkte seiner Schar, und die Sarazenen bemächtigten sich der auf dem Vorplatze stehengebliebenen Sänfte Madonna Olympias.
Durch eine enge finstere Gasse bewegte sich die schleunige Flucht: Antiope voran, von vier Sarazenen getragen, ihr zur Seite der Mönch und Ascanio, dann die Turbane. Abu Mohammed schloß den Zug.
Dieser eilte an einem kleinen Platz und einer erhellten Kirche vorüber. In die dunkle Fortsetzung der Gasse einmündend, stieß er in hartem Anprall mit einem ihm entgegenkommenden andern, von zahlreichem Volke begleiteten Zuge zusammen. Heftiges Gezänk erhob sich. »Raum der Sposina!« rief die Menge. Chorknaben brachten aus der Kirche lange Kerzen herbei, deren wehende Flämmchen sie mit vorgehaltener Hand schützten. Der gelbe Schimmer zeigte eine geneigte Sänfte und eine umgestürzte Bahre. La Sposina war ein gestorbenes Bräutchen aus dem Volke, das zu Grabe getragen wurde. Die Tote regte sich nicht und ließ sich gelassen wieder auf ihre Bahre legen. Das versammelte Volk aber erblickte den Mönch, der die aus der Sänfte ge-

sprungene Antiope schirmend umfing, und es wußte doch, daß der Mönch heute mit Diana Pizzaguerra sich vermählt hatte. Abu Mohammed schaffte Ordnung. Ohne weitern Unfall erreichte man den Palast.

Astorre und Antiope wurden von der Dienerschaft mit erstaunten und bestürzten Blicken empfangen. Sie verschwanden im Tore, ohne von Abu Mohammed und Ascanio Abschied genommen zu haben. Dieser wickelte sich in sein Kleid und begleitete noch einige Schritte weit den Sarazenen, welcher die Stadtburg, die er bewachen sollte, umging, ihre Tore zählend und mit dem Blicke die Höhe ihrer Mauern messend.

»Ein gefüllter Tag«, sagte Ascanio.

»Eine selige Nacht«, erwiderte der Sarazene, den sternbesäten Himmel betrachtend. Die ewigen Lichter, ob sie nun unsere Schicksale beherrschen oder nicht, wanderten nach ihren stillen Gesetzen, bis ein junger Tag, der jüngste und letzte Astorres und Antiopes, die göttliche Fackel schwang.

In einer Morgenstunde desselben lauschte der Tyrann mit seinem Neffen durch ein kleines Rundbogenfenster seines Stadtturmes auf den anliegenden Platz hinunter, den eine aufgeregte Menge füllte, murmelnd und tosend wie die wechselnde Meereswoge.

Die gestrige Begegnung der Sänfte mit der Bahre und der daraus entstandene Tumult hatte blitzschnell durch die ganze Stadt verlautet. Alle Köpfe beschäftigten sich wachend und träumend mit nichts anderm mehr, als mit dem Mönche und seiner Hochzeit: nicht nur dem Himmel habe der Ruchlose sein Gelübde gebrochen, sondern jetzt auch der Erde, seine Braut habe er verraten, seinen Reif verschleudert, in rasend raschem

Wechsel mit einmal aufgeloderten Sinnen ein neues Weib gefreit, ein fünfzehnjähriges Mädchen, die Blüte des Lebens, und aus der zerrissenen Kutte sei ein gieriger Raubvogel aufgeflattert. Aber der gerechte Tyrann, der kein Ansehen der Person kenne, lasse das Haus, das den Verbrecher und die Verbrecherin verberge, von seinen Sarazenen bewachen; er werde heute, bald, jetzt die Missetat der zwei Vornehmen – denn die junge Sünderin Antiope sei eine Canossa – vor seinen Stuhl ziehen, der keuschen Diana ihr Recht schaffen und dem durch das schlechte Beispiel seines Adels beleidigten tugendhaften Volke die blutenden Köpfe der zwei Schuldigen durch das Fenster zuwerfen.

Der Tyrann ließ sich, während er einen beobachtenden Blick auf die gärende Menge warf, von Ascanio das Gestrige berichten. Die Verliebung rührte ihn nicht, nur der zugerollte Ring beschäftigte ihn einen Augenblick als eine neue Form des Schicksals. »Ich tadle«, sagte er, »daß du sie gestern nicht auseinandergerissen hast! Ich lobe, daß du sie bewachst! Die Vermählung mit Diana besteht zu Recht. Das mit dem Schwert erzwungene oder mit dem Beutel gekaufte Sakrament ist so nichtig als möglich. Der Pfaffe, der sich erschrecken oder bestechen ließ, verdient den Galgen, und wird er eingefangen, so baumelt er. Noch einmal: warum tratest du nicht zwischen den Unmündigen und das Kind? warum zerrtest du nicht einen Taumelnden aus den Armen einer Berauschten? Du gabest sie ihm! Jetzt sind sie Gatten.«

Ascanio, welcher sich wieder hell und leichtfertig geschlafen hatte, verbarg ein Lächeln. »Epikureer!« strafte ihn Ezzelin. Er aber schmeichelte: »Es ist geschehen, gestrenger Ohm. Wenn du den Fall in deinen Machtkreis ziehst, ist alles gerettet! Beide Parteien habe ich vor deinen Richterstuhl beschieden und auf diese neunte Stunde.« Ein gegenüberstehender Campanile schlug sie. »Wolle nur, Ezzelin, und deine feste und kluge Hand löst den Knoten spielend. Liebe verschwendet und Geiz kennt Ehre nicht. Der verliebte Mönch wird dem niederträchtigen Geizhals, als welchen wir alle diesen würdigen Pizzaguerra kennen, hinwerfen, was er verlangt. Germano freilich wird das Schwert ziehen, doch du heißest es ihn in die Scheide zurückstoßen. Er ist dein Mann. Er knirscht, aber er gehorcht.«

»Ich frage mich«, sagte Ezzelin, »ob ich recht tue, den Mönch dem Schwerte meines Germano zu entziehen. Darf Astorre leben? Kann er es, jetzt da er nach verschleuderter Sandale auch den angezogenen ritterlichen Schuh zur Schlarpe tritt und der Cantus firmus des Mönches in einem gellenden Gassenhauer vertönt? Ich – was an mir liegt – friste dem Wankelmütigen und Wertlosen das Dasein. Allein ich vermag nichts gegen sein Schicksal. Ist Astorre dem Schwerte Germanos bestimmt, so kann ich diesen es senken heißen, jener rennt doch hinein. Ich kenne das. Ich habe das erfahren.« Und er verfiel in ein Brüten.

Scheu wandte Ascanio den Blick seitwärts. Er wußte eine grausame Gesichte.

Einst hatte der Tyrann ein Kastell erobert und die Empörer, die es gehalten hatten, zum Schwerte verurteilt. Der erste beste Kriegsknecht schwang es. Da kniete, um den Todesstreich zu empfangen, ein schöner Knabe, dessen Züge den Tyrannen fesselten. Ezzelin glaubte die seinigen zu erkennen und fragte den Jüngling

nach seinem Ursprunge. Es war der Sohn eines Weibes, das Ezzelin in seiner Jugend sündig geliebt hatte. Er begnadigte den Verdammten. Dieser, von der eigenen Neugierde und den neidischen Sticheleien derer, welche ihre Söhne oder Verwandten durch jenes Bluturteil eingebüßt hatten, gereizt und verfolgt, ruhte nicht, bis er das Rätsel seiner Bevorzugung löste. Er soll den Dolch gegen die eigene Mutter gezückt haben und ihr das böse Geheimnis entrissen haben. Die enthüllte unehrliche Geburt vergiftete seine junge Seele. Er verschwur sich von neuem gegen den Tyrannen, überfiel ihn auf der Straße und wurde von demselben Kriegsknechte, der zufällig der erste war, Ezzelin zu Hilfe zu eilen, und mit demselben Schwerte niedergestoßen.
Ezzelin verbarg das Haupt eine Weile mit der Rechten und betrachtete den Untergang seines Sohnes. Dann erhob er es langsam und fragte: »Was aber wird aus Diana?«
Ascanio zuckte die Achseln. »Diana hat einen Unstern. Zwei Männer hat sie verloren, den einen an die Brenta, den andern an ein lieblicheres Weib. Und dazu der karge Vater! Sie geht ins Kloster. Was bliebe ihr sonst?«
Jetzt erhob sich drunten auf dem Platze ein Murren, ein Schelten, ein Verwünschen, ein Drohen. »Mordet den Mönch!« reizten einzelne Stimmen, doch da sie sich in einen allgemeinen Schrei vereinigen wollten, ging der Volkszorn auf eine seltsame Weise in ein erstauntes und bewunderndes »Ach!« über. »Ach, wie schön sie ist!«
Der Tyrann und Ascanio konnten durch ihr Fenster den Auftritt bequem beobachten: Sarazenen auf schlanken Berbern, den Mönch Astorre und sein junges Weib, die von Maultieren getragen wurden, umrin-

gend. Die neue Vicedomini ritt verhüllt. Aber wie die tausend Fäuste des Volkes sich gegen den Mönch ihren Gemahl ballten, hatte sie sich leidenschaftlich vor ihn geworfen. Die liebende Gebärde zerriß den Schleier. Es war nicht der Reiz ihres Antlitzes allein, noch die Jugend ihres Wuchses, sondern das volle Spiel der Seele, das gestaltete Gefühl, der Atem des Lebens, was die Menge entwaffnete und hinriß, wie gestern den Mönch, der jetzt als ein blühender Triumphator ohne die leiseste Furcht, denn er glaubte sich gefestet und gefeit, mit seiner warmen Beute einherzog.

Ezzelin betrachtete diesen Sieg der Schönheit fast verächtlich. Er wandte sein Auge teilnehmend gegen den zweiten Auftritt, welcher aus einer andern Gasse auf den Turmplatz mündete. Drei Vornehme, wie Astorre und Antiope zahlreich begleitet, suchten Bahn durch die Menge. In der Mitte ein schneeweißes Haupt: die würdige Erscheinung des alten Pizzaguerra. Ihm zur Linken Germano. Dieser hatte gestern schrecklich gezürnt, als ihm sein Deutscher die Kunde des Verrates brachte, und stürzte spornstreichs zur Rache, wurde aber von dem Sarazenen ereilt, welcher ihn, den Vater und die Schwester auf die nächste Frühstunde in den Turm und vor das Gericht des Vogtes lud. Er hatte darauf der Schwester den Frevel des Mönches, welchen er ihr lieber bis nach genommener Rache verheimlicht, offenbaren müssen und sich über ihre Fassung gewundert. Diana ritt zur Rechten des Vaters, keine andere als sonst, nur daß sie den breiten Nacken um einen schweren Gedanken tiefer als gestern trug.

Die Menge, welche die Gekränkte und ihr Recht Fordernde eine Minute früher mit zürnendem Jubel begrüßt hatte, begnügte sich jetzt, das Auge noch geblendet von dem Glanze Antiopes und den Verrat des Mönches begreifend und mitbegehend, der Gedrückten ein mitleidiges: »Arme! Ärmste! Immer Geopferte!« zuzumurmeln.

Jetzt erschienen die fünfe vor dem Tyrannen, der in einem nackten Saale auf einem nur um zwei Stufen über dem Boden erhöhten Stuhle saß. Vor ihm standen Kläger und Verklagte sich gegenüber: hier die beiden Pizzaguerra und, ein wenig beiseite, die große Gestalt Dianas, dort, Hand in Hand verschlungen, der Mönch und Antiope, alle in Ehrfurcht, während Ascanio an den hohen Sessel des Tyrannen lehnte, als wolle er seine Unparteilichkeit und die Mitte wahren zwischen zwei Jugendgespielen.

»Herrschaften«, begann Ezzelin, »ich werde euern Fall nicht als eine Staatssache, wo Treubruch Verrat, und Verrat Majestätsverbrechen ist, behandeln, sondern als eine läßliche Familienangelegenheit. In der Tat, die Pizzaguerra, die Vicedomini, die Canossa sind ebenso edeln Blutes als ich, nur daß die Erhabenheit des Kaisers mich zu ihrem Vogte in diesen ihren Ländern gemacht hat.« Ezzelin neigte das Haupt bei der Nennung der höchsten Macht; er konnte es nicht entblößen, da er dasselbe, wenn er es nicht mit dem Streithelm bedeckte, überall, selbst in Wind und Wetter, nach antiker Weise bar trug. »So bilden die zwölf Geschlechter eine große Familie, zu der auch ich durch eine meiner Ahnfrauen gehöre. Aber wie sind wir zusammengeschmolzen durch unselige Verblendungen und strafbare Auflehnung einiger unter uns gegen das höchste weltliche Amt! Wenn ihr mir glaubet, so sparen wir nach Kräften, was noch vorhanden ist. In diesem Sinne halte ich die Rache der Pizzaguerra gegen Astorre Vicedomini auf, obwohl ich sie ihrer Natur nach eine gerechte nenne. Seid ihr«, er wendete sich gegen die drei Pizzaguerra, »mit meiner Milde nicht einverstanden, so höret und bedenket eines: ich, Ezzelino da Romano, bin der erste und darum der Hauptschuldige. Hätte ich mein Roß nicht an einem gewissen Tage und zu einer gewissen Stunde längs der Brenta jagen lassen, Diana wäre standesgemäß vermählt und dieser hier murmelte sein Brevier. Hätte ich meine Deutschen nicht zur Musterung befohlen an einem gewissen Tage und zu einer gewissen Stunde, so hätte mein Germano den Mönch nicht unzeitig auf einen Gaul gehetzt und dieser der Frau, welche er jetzt an der Hand hält, den ihr von seinem bösen Dämon –«

»Von meinem guten!« frohlockte der Mönch.

»– von seinem Dämon zugerollten Brautring wieder vom Finger gezogen. Darum, Herrschaften, begünstigt mich, indem ihr mir die verwickelte Sache entwirren und schlichten helfet; denn bestündet ihr auf Strenge, so müßte ich auch mich und mich zuerst verurteilen!«

Diese ungewöhnliche Rede brachte den alten Pizzaguerra keineswegs aus der Fassung, und als ihn der Tyrann ansprach: »Edler Herr, Euer ist die Klage«, sagte er kurz und karg: »Herrlichkeit, Astorre Vicedomini verlobte sich öffentlich und ganz nach den Gebräuchen mit meinem Kinde Diana. Dann aber, ohne daß Diana sich gegen ihn vergangen hätte, brach er sein Verlöbnis. Unbegründet, ungesetzlich, kirchenschänderisch. Diese Tat wiegt schwer und verlangt, so nicht Blut, welches deine Herrlichkeit nicht vergossen sehen will, eine schwere Sühne«, und er machte die Gebärde eines Krämers, der Gewichtstein um Gewichtstein in eine Waagschale legt.

»Ohne daß Diana sich vergangen hätte?« wiederholte der Tyrann. »Mich dünkt, sie verging sich. Hatte sie nicht eine Wahnsinnige vor sich? Und Diana schilt und schlägt. Denn Diana ist jähzornig und unvernünftig, wenn sie sich in ihrem Rechte gekränkt glaubt.«

Da nickte Diana und sprach: »Du sagst die Wahrheit, Ezzelin.«

»Das ist es auch«, fuhr der Tyrann fort, »warum Astorre sein Herz von ihr abgekehrt hat: er erblickte eine Barbarin.«

»Nein, Herr«, widersprach der Mönch, die Verratene von neuem beleidigend, »ich habe Diana nicht angeschaut, sondern das süße Antlitz, das den Schlag empfing, und mein Eingeweide erbarmte sich.«

Der Tyrann zuckte die Achseln. »Du siehst, Pizzaguerra«, lächelte er, »der Mönch gleicht einem sittsamen Mädchen, das zum erstenmal einen starken Wein geschlürft hat und sich danach gebärdet. Wir aber sind alte nüchterne Leute. Sehen wir zu, wie die Sache sich austragen läßt.«

Pizzaguerra erwiderte: »Viel Ezzelin, täte ich dir zu Gefallen wegen deiner Verdienste um Padua. Doch läßt sich beleidigte Hausehre sühnen anders als mit gezogenem Schwerte?« So redete der Vater Dianens und machte mit dem Arm eine edle Bewegung, welche aber in eine Gebärde ausartete, die einer geöffneten, wo nicht hingehaltenen Hand zum Verwechseln ähnlich sah.

»Biete Astorre!« sagte der Vogt mit dem Doppelsinne:

Biete die Hand! oder: Biete Geld und Gut!
»Herr«, wendete sich jetzt der Mönch offen und edel gegen den Tyrannen, »wenn du einen Haltlosen, ja einen Sinnberaubten in mir erblickst, ich zürne dir es nicht, denn ein starker Gott, den ich leugnete, weil ich sein Dasein nicht ahnen konnte, hat sich an mir gerächt und mich überwältigt. Noch jetzt treibt er mich wie ein Sturm und jagt mir den Mantel über den Kopf. Muß ich mein Glück – bettelhaftes Wort! armselige Sprache! – muß ich das Höchste des Lebens mit dem Leben bezahlen: ich begreife es und finde den Preis niedrig gestellt! Darf ich aber leben und mit dieser leben, so markte ich nicht.« Er lächelte selig. »Nimm meine Habe, Pizzaguerra!«
»Herrschaften«, verfügte der Tyrann, »ich bevormunde diesen verschwenderischen Jüngling. Unterhandeln *wir* zusammen, Pizzaguerra. Du hörtest es: ich habe weite Vollmacht. Was denkst du von den Bergwerken der Vicedomini?«
Der ehrbare Greis schwieg, aber seine nahe zusammenliegenden Augen glitzerten wie zwei Diamanten.
»Nimm meine Perlfischereien dazu!« rief Astorre, doch Ascanio, der die Stufen heruntergeglitten kam, verschloß ihm den Mund.
»Edler Pizzaguerra«, versuchte jetzt Ezzelin den Alten, »nimm die Bergwerke! Ich weiß, die Ehre deines Hauses geht dir über alles und steht um keinen Preis feil, aber ich weiß ebenfalls, du bist ein guter Paduaner und tust dem Stadtfrieden etwas zuliebe.«
Der Alte schwieg hartnäckig.
»Nimm die Minen«, wiederholte Ezzelin, der das Wortspiel liebte, »und gib die Minne!«

»Die Bergwerke und die Fischereien?« fragte der Alte, als wäre er schwerhörig.

»Die Bergwerke, sagte ich, und damit gut. Sie ertragen viele tausend Pfunde. Würdest du mehr fordern, Pizzaguerra, so hätte ich mich in deiner Gesinnung betrogen und du setztest dich dem häßlichen Verdachte aus, um Ehre zu feilschen.«

Da der Geizhals den Tyrannen fürchtete und nicht mehr erlangen konnte, verschluckte er seinen Verdruß und bot dem Mönche die trockene Hand. »Ein schriftliches Wort, Lebens und Sterbens halber«, sagte er dann, zog Stift und Rechenbüchlein aus der Gürteltasche, entwarf mit zitternden Fingern die Urkunde »coram domino Azzolino« und ließ den Mönch unterzeichnen. Hierauf verbeugte er sich vor dem Vogt und bat, ihn zu entschuldigen, wenn er, obwohl einer aus den Zwölfen, Altersschwäche halber der Hochzeit des Mönches nicht beiwohne.

Germano hatte seine Wut verbeißend neben dem Vater gestanden. Jetzt löste er den einen seiner Eisenhandschuhe. Er schleuderte ihn dem Mönch ins Gesicht, hätte ihm nicht eine Machtgebärde des Tyrannen Halt geboten.

»Sohn, willst du den öffentlichen Frieden brechen?« mahnte jetzt auch der alte Pizzaguerra. »Mein gegebenes Wort enthält und verbürgt auch das deinige. Gehorche! Bei meinem Fluche! Bei deiner Enterbung!« drohte er.

Germano lachte. »Kümmert Euch um Eure schmutzigen Händel, Vater!« warf er verächtlich hin. »Doch auch du, Ezzelin, Herr von Padua, darfst es mir nicht verwehren! Es ist Mannesrecht und Privatsache. Verweigere ich dem Kaiser und dir seinem Vogte den Gehorsam, so enthauptet mich; aber du hinderst mich nicht, gerecht wie du bist, diesen Mönch zu erwürgen, der meine Schwester geäfft und mich beheuchelt hat. Wäre Untreue straflos, wer möchte leben? Es ist des Platzes auf der Erde zu wenig für den Mönch und mich. Das wird er selbst begreifen, wann er wieder zu Sinnen kommt.«

»Germano«, gebot Ezzelin, »ich bin dein Kriegsherr. Morgen vielleicht ruft die Tuba. Du bist nicht dein eigen, du gehörst dem Reich!«

Germano erwiderte nichts. Er befestigte den Handschuh. »Vorzeiten«, sagte er dann, »unter den blinden Heiden gab es eine Gottheit, welche gebrochene Treue rächte. Das wird sich mit dem Glockengeläute nicht geändert haben. Ihr befehle ich meine Sache!« Rasch erhob er die Hand.

»So steht es gut«, lächelte Ezzelin. »Heute abend wird im Palaste Vicedomini Hochzeit mit Masken gefeiert, ganz wie gebräuchlich. Ich gebe das Fest und lade euch ein, Germano und Diana. Ungepanzert, Germano! Mit kurzem Schwerte!«

»Grausamer!« stöhnte der Krieger. »Kommt, Vater! Wie möget Ihr länger das Schauspiel unserer Schande geben?« Er riß den Alten mit sich fort.

»Und du, Diana?« fragte Ezzelin, da er vor seinem Stuhle nur noch diese und die Neuvermählten sah. »Begleitest du nicht Vater und Bruder?«

»Wenn du es gestattest, Herr«, sagte sie, »habe ich ein Wort mit der Vicedomini zu reden.« An dem Mönche vorüber blickte sie fest auf Antiope.

Diese, deren Hand Astorre nicht losgab, hatte an dem

Gerichte des Tyrannen einen leidenden aber tief erregten Anteil genommen. Bald errötete das liebende Weib. Bald entfärbte sich eine Schuldige, die unter dem Lächeln und der Gnade Ezzelins sein wahres und ein sie verdammendes Urteil entdeckte. Bald jubelte ein der Strafe entwischtes Kind. Bald regte sich das erste Selbstgefühl der jungen Herrin, der neuen Vicedomini. Jetzt, von Diana ins Gesicht angeredet, warf sie ihr scheue und feindselige Blicke entgegen.

Diese ließ sich nicht beirren. »Schau her, Antiope!« sagte sie. »Hier mein Finger« – sie streckte ihn – »trägt den Ring deines Gatten. Den darfst du nicht vergessen. Ich bin nicht abergläubischer als andere, aber an deiner Stelle wäre mir schlimm zumute! Schwer hast du dich an mir versündigt, doch ich will gut und milde sein. Heute abend feierst du Hochzeit mit Masken nach den Gebräuchen. Ich werde dir erscheinen. Komme reuig und demütig und ziehe mir den Ring vom Finger!«

Antiope stieß einen Schrei der Angst aus und klammerte sich an ihren Gatten. Dann, in seinen Armen geborgen, redete sie stürmisch: »Ich soll mich erniedrigen? Was befiehlst du, Astorre? Meine Ehre ist deine Ehre! Ich bin nichts mehr als dein Eigentum, dein Herzklopfen, dein Atemzug und deine Seele. Wenn du willst und du gebietest, dann!«

Astorre sprach, sein Weib zärtlich beruhigend, gegen Diana: »Sie wird es tun. Möge dich ihre Demut versöhnen! und die meinige! Sei mein Gast heute nacht und bleibe meinem Hause günstig!« Er wendete sich zu Ezzelin, dankte ihm ehrerbietig für Gericht und Gnade, verneigte sich und entführte sein Weib. Auf der Schwelle aber wandte er sich noch fragend gegen Dia-

na: »Und in welcher Tracht wirst du bei uns erscheinen, daß wir dich kennen und dir Ehre bezeigen?«
Diese lächelte verächtlich. Wieder wendete sie sich gegen Antiope. »Kommen werde ich als die, welche ich mich nenne und welche ich bin: die Unberührte, die Jungfräuliche!« sagte sie stolz. Dann wiederholte sie: »Antiope, denke daran: reuig und demütig!«

»Du meinst es ehrlich, Diana? Du führst nichts im Schilde?« zweifelte der Tyrann, da ihm jetzt die Pizzaguerra allein gegenüberstand.

»Nichts«, erwiderte sie, jede Beteuerung verschmähend.

»Und was wird aus dir, Diana?« fragte er.

»Ezzelin«, antwortete sie bitter, »vor diesem deinem Richtstuhle hat mein Vater die Ehre und Rache seines Kindes um ein paar Erzklumpen verschachert. Ich bin nicht wert, daß mich die Sonne bescheine. Für solche ist die Zelle!« Und sie verließ den Saal.

»Allervortrefflichster Ohm!« jubelte Ascanio. »Du vermählst das seligste Paar in Padua und machst aus einer gefährlichen Geschichte ein reizendes Märchen, womit ich einst, als ein ehrwürdiger Greis, meine Enkel und Enkelinnen am Herdfeuer ergötzen werde!«

»Idyllischer Neffe!« spottete der Tyrann. Er trat ans Fenster und blickte auf den Platz hinunter, wo die Menge noch in fieberhafter Neugierde Stand hielt. Ezzelin hatte Befehl gegeben, die vor ihn Beschiedenen durch eine Hinterpforte zu entlassen.

»Paduaner!« redete er jetzt mit gewaltiger Stimme und Tausende schwiegen wie eine Einöde. »Ich habe den Handel untersucht. Er war verwickelt und die Schuld geteilt. Ich vergab, denn ich bin zur Milde geneigt je-

desmal, wo die Majestät des Reiches nicht berührt wird. Heute abend halten Hochzeit mit Masken Astorre Vicedomini und Antiope Canossa. Ich, Ezzelin, gebe das Fest und lade euch alle. Lasset es euch schmekken, ich bin der Wirt! Euch gehören Schenke und Gasse! Den Palast Vicedomini aber betrete noch gefährde mir keiner, sonst, bei meiner Hand! – und jetzt kehre ruhig jeder in das Seinige, wenn ihr mich liebhabet!«
Ein unbestimmtes Gemurmel drang empor. Es verrieselte und verrann.
»Wie sie dich lieben!« scherzte Ascanio.

Dante schöpfte Atem. Dann endigte er in raschen Sätzen.

Nachdem der Tyrann sein Gericht gehalten hatte, verritt er um Mittag nach einem seiner Kastelle, wo er baute. Er begehrte rechtzeitig nach Padua zurückzukehren, um die vor Diana sich demütigende Antiope zu betrachten.
Aber gegen Voraussicht und Willen wurde er auf der mehrere Miglien von der Stadt entfernten Burg festgehalten. Dorthin kam ihm ein staubbedeckter Sarazene nachgesprengt und überreichte ihm ein eigenhändiges Schreiben des Kaisers, das umgehende Antwort verlangte. Die Sache war von Bedeutung. Ezzelin hatte vor kurzem eine kaiserliche Burg im Ferraresischen, in deren Befehlshaber, einem Sizilianer, sein Scharfblick den Verräter argwöhnte, nächtlicherweile überfallen, eingenommen und den zweideutigen kaiserlichen Burgvogt in Fesseln gelegt. Nun verlangte der Staufe Rechenschaft über diesen klugen, aber verwegenen Ein-

griff in seinen Machtkreis. Die arbeitende Stirn in die Linke gelegt, ließ Ezzelin die Rechte über das Pergament gleiten und sein Stift zog ihn vom ersten zum zweiten und vom zweiten zu einem dritten. Gründlich unterhielt er sich mit dem erlauchten Schwiegervater über die Möglichkeiten und Ziele eines bevorstehenden oder wenigstens geplanten Feldzuges. So verschwand ihm Stunde und Zeitmaß. Erst als er sich wieder zu Pferde warf, erkannte er aus dem ihm vertrauten Wandel der Gestirne – sie blitzten in voller Klarheit – daß er Padua kaum vor Mitternacht erreichen werde. Sein Gefolge weit hinter sich lassend, schnell wie ein Gespenst, flog er über die nächtige Ebene. Doch er wählte seinen Weg und umritt vorsichtig einen wenig tiefen Graben, über welchen der kühne Reiter an einem andern Tage spielend gesetzt hätte: er verhinderte das Schicksal, seine Fahrt zu bedrohen und seinen Hengst zu stürzen. Wieder verschlang er auf gestrecktem Renner den Raum, aber Paduas Lichter wollten noch nicht schimmern.

Dort, vor der breiten Stadtfeste der Vicedomini, während sie sich in rasch wachsender Dämmerung schwärzte, hatte sich das trunkene Volk versammelt. Zügellose wechselten mit possierlichen Szenen auf dem nicht großen Platze. In der gedrängten Menge gor eine wilde, zornige Lust, ein bacchiantischer Taumel, welchem die ausgelassene Jugend der Hochschule ein Element des Spottes und Witzes beimischte.

Jetzt ließ sich eine schleppende Kantilene vernehmen, in der Art einer Litanei, wie unsere Landleute zu singen pflegen. Es war ein Zug Bauern, alt und jung, aus einem der zahlreichen Dörfer im Besitze der Vicedomini.

Dieses arme Volk, welches in seiner Abgelegenheit nichts von der Verweltlichung des Mönches, sondern nur in unbestimmten Umrissen die Vermählung des Erben erfahren, hatte sich vor Tagesanbruch mit den üblichen Hochzeitsgeschenken aufgemacht und erreichte nun sein Ziel nach einer langen Wallfahrt im Staube der Landstraße. Es hielt und duckte sich zusammen, langsam über den wogenden Platz vorrückend, hier ein lokkiger Knabe, fast noch ein Kind, mit einer goldenen Honigwabe, dort eine scheue, stolze Dirne, ein blökendes bebändertes Lämmchen in den sorglichen Armen. Alle verlangten sie sehnlich nach dem Angesichte ihres neuen Herrn.

Nun verschwanden sie nach und nach in der Wölbung des Tores, wo rechts und links die angezündeten Fakkeln in den Eisenringen loderten, mit der letzten Tageshelle streitend. Im Torwege befahl Ascanio, als Ordner des Festes, er der sonst so freundliche, mit einer schreienden und gereizten Stimme.

Von Stunde zu Stunde wuchs der Frevelmut des Volkes, und als endlich die vornehmen Masken anlangten, wurden sie gestoßen, dem Gesinde die Fackeln entrissen und auf den Steinplatten ausgetreten, die Edelweiber von ihren männlichen Begleitern abgedrängt und lüstern gehänselt, ungerächt von dem Schwertstiche, der an gewöhnlichen Abenden die Frechheit sofort gestraft hätte.

Dergestalt kämpfte unweit des Palasttores ein hohes Weib in der Tracht einer Diana mit einem immer enger sich schließenden Ringe von Klerikern und Schülern niedersten Ranges. Ein hagerer Mensch ließ seine mythologischen Kenntnisse glänzen. »Nicht Diana bist du«, näselte er verbuhlt, »du bist eine andere! Ich erkenne dich. Hier sitzt dein Täubchen!« und er zeigte auf den silbernen Halbmond über der Stirne der Göttin. Diese aber schmeichelte nicht wie Aphrodite, sondern zürnte wie Artemis. »Weg, Schweine!« schalt sie. »Ich bin eine reinliche Göttin und verabscheue die Kleriker!« »Gurr, gurr!« girrte die Hopfenstange und tastete mit den Knochenhänden, stieß aber auf der Stelle einen durchdringenden Schrei aus. Wimmernd hob der Elende die Hand und zeigte seinen Schaden. Sie war durch und durch gestochen und überquoll von Blut: das ergrimmte Mädchen hatte hinter sich in den Köcher gelangt – den entwendeten Jagdköcher ihres Bruders – und mit einem der scharf geschliffenen Pfeile die ekle Hand gezüchtigt.

Schon wurde der rasche Auftritt von einem andern ebenso grausamen wenn auch unblutigen verdrängt. Eine alle erdenklichen Widersprüche und schneidenden Mißtöne durcheinanderwerfende Musik, die einem rasenden Zanke der Verdammten in der Hölle glich, brach sich Bahn durch die betäubte und ergötzte Menge. Das niederste und schlimmste Volk – Beutelschneider, Kuppler, Dirnen, Betteljungen – blies, kratzte, paukte, pfiff, quiekte, meckerte und grunzte vor und hinter einem abenteuerlichen Paare. Ein großes, verwildertes Weib von zerstörter Schönheit ging Arm in Arm mit einem trunkenen Mönche in zerfetzter Kutte. Dieses war der Klosterbruder Serapion, der, von dem Beispiele Astorres aufgestachelt, nächtlicherweile aus der Zelle entsprungen war und sich seit einer Woche im Schlamm der Gasse wälzte. Vor einem aus der finstern Palastmauer vorspringenden erhellten Erker machte die Horde halt, und mit einer gellenden Stimme und der Gebärde eines öffentlichen Ausrufers schrie das Weib: »Kund und zu wissen, Herrschaften: Über ein kurzes schlummert der Mönch Astorre neben seiner Gattin Antiope!« Ein unbändiges Gelächter begleitete diese Verkündigung.

Jetzt nickte aus dem schmalen Bogenfenster des Erkers die läutende Schellenkappe Gocciolas und ein melancholisches Gesicht zeigte sich der Gasse.

»Gutes Weib, sei stille!« klagte der Narr weinerlich auf den Platz hinunter. »Du verletzest meine Erziehung und beleidigst mein Schamgefühl!«

»Guter Narr«, antwortete die Schamlose, »stoße dich nicht daran! Was die Vornehmen begehen, dem geben wir den Namen. Wir setzen die Titel auf die Büchsen der Apotheke!«

»Bei meinen Todsünden«, jubelte Serapion, »das tun wir! Bis Mitternacht soll die Hochzeit meines Brüderchens auf allen Plätzen Paduas ausgeschellt und hell verkündigt werden. Vorwärts, marsch. Hopsasa!« und er hob das nackte Bein mit der Sandale aus den hangenden Lumpen der besudelten Kutte.

Dieser von der Menge wütend beklatschte Schwank verscholl an den steilen Mauern der nächtigen Burg, deren Fenster und Gemächer zum großen Teil gegen die innern Hofräume gingen.

In einem stillen, geschützten Gemache wurde Antiope von ihren Zofen, Sotte und einer andern, gekleidet und geschmückt, während Astorre den nicht enden wollenden Schwarm der Gäste oben an den Treppen empfing. Sie schaute in ihre eigenen bangen Augen, die ihr aus einem Silberspiegel begegneten, welchen die Unterzofe

mit einem neidischen Gesicht in nackten frechen Armen hielt.
»Sotte«, flüsterte das junge Weib zu der Dienerin, die ihr die Haare flocht, »du ähnelst mir und hast meinen Wuchs: wechsle mit mir die Kleider, wenn du mich liebhast! Gehe hin und ziehe ihr den Ring vom Finger! Reuig und demütig! Verbeuge dich mit gekreuzten Armen vor der Pizzaguerra, wie die letzte Sklavin! Falle auf die Kniee! Wälze dich am Boden! Wirf dich ganz weg! Nur nimm ihr den Ring! Ich lohne fürstlich!« und da sie Sotte zaudern sah: »Nimm und behalte alles, was ich Köstliches trage!« flehte die Herrin, und dieser Versuchung widerstand die eitle Sotte nicht.
Astorre, welcher der Pflicht des Wirtes einen Augenblick entwendete, um sein Liebstes zu besuchen, fand im Gemache zwei sich umkleidende Frauen. Er erriet. »Nein, Antiope!« verbot er. »So darfst du nicht durchschlüpfen. Es muß Wort gehalten werden! Ich verlange es von deiner Liebe. Ich befehle es dir!« Indem er diesen strengen Spruch mit einem Kuß auf den geliebten Nakken zu einem Koseworte machte, wurde er weggerissen von dem herbeieilenden Ascanio, welcher ihm vorstellte, seine Bauern wünschten ihm ihre Gaben ohne Verzug zu überreichen, um in der Kühle der Nacht den Heimweg anzutreten. Da sich Antiope wendete, um den Gatten wiederzuküssen, küßte sie die Luft.
Jetzt ließ sie sich rasch fertig kleiden. Selbst die leichtfertige Sotte erschrak vor der Blässe des Angesichtes im Spiegel. Nichts lebte darin als die Angst der Augen und der Schimmer der zusammengepreßten Zähnchen. Ein roter Streif, der Schlag Dianens, wurde auf der weißen Stirne sichtbar.

Nach beendigtem Putze erhob sich das Weib Astorres mit klopfenden Pulsen und hämmernden Schläfen, verließ die sichere Kammer und durcheilte die Säle, Dianen suchend. Sie wurde gejagt von dem Mute der Furcht. Sie wollte jubelnd mit dem zurückeroberten Ringe ihrem Gatten entgegeneilen, dem sie den Anblick ihrer Buße erspart hätte.

Bald unterschied sie aus den Masken die hochgewachsene Göttin der Jagd, erkannte in ihr die Feindin und folgte, bebend und zornige Worte murmelnd, der gemessen Schreitenden, welche den Hauptsaal verließ und sich gnädig in eines der schwach beleuchteten und nur halb so hohen Nebengemächer verlor. Die Göttin schien nicht öffentliche Demütigung, sondern Demut des Herzens zu verlangen.

Jetzt neigte sich im Halbdunkel Antiope vor Diana. »Gib mir den Ring!« preßte sie hervor und tastete an dem kräftigen Finger.

»Demütig und reuig?« fragte Diana.

»Wie anders, Herrin?« fieberte die Unselige. »Aber du treibst dein Spiel mit mir, Grausame! Du biegst deinen Finger, jetzt krümmst du ihn!«

Ob Antiope es sich einbildete? Ob Diana wirklich dieses Spiel trieb? Wie wenig ist ein gekrümmter Finger! Cangrande, du hast mich der Ungerechtigkeit bezichtigt. Ich entscheide nicht.

Genug, die Vicedomini hob den geschmeidigen Leib und rief, die flammenden Augen auf die strengen der Pizzaguerra gerichtet: »Neckst du eine Frau, Mädchen?« Dann bog sie sich wieder und suchte mit beiden

Händen dem Finger den Ring zu entreißen – da durchfuhr sie ein Blitz. Ihr die linke Hand überlassend, hatte die strafende Diana mit der Rechten einen Pfeil aus dem Köcher gezogen und Antiope getötet. Diese sank zuerst auf die linke, dann auf die rechte Hand, drehte sich und lag, den Pfeil im Genick, auf die Seite gewendet.

Der Mönch, der nach Verabschiedung seiner ländlichen Gäste zurückgeeilt kam und sehnlich sein Weib suchte, fand eine Entseelte. Mit einem erstickten Schrei warf er sich neben sie nieder und zog ihr den Pfeil aus dem Halse. Ein Blutstrahl folgte. Astorre verlor die Besinnung.

Als er aus seiner Ohnmacht erwachte, stand Germano vor ihm mit gekreuzten Armen. »Bist du der Mörder?« fragte der Mönch.

»Ich morde keine Weiber«, antwortete der andere traurig. »Es ist meine Schwester, die ihr Recht gesucht hat.«

Astorre tastete nach dem Pfeile und fand ihn. Aufgesprungen in einem Satze und das lange Geschoß mit der blutigen Spitze wie eine Klinge handhabend, fiel er in blinder Wut den Jugendgespielen an. Der Krieger schauderte leicht vor dem schwarzgekleideten fahlen Gespenste mit den gesträubten Haaren und dem Pfeil in der Faust.

Er wich um einen Schritt. Das kurze Schwert ziehend, welches der Ungepanzerte heute trug, und den Pfeil damit festhaltend, sagte er mitleidig: »Geh in dein Kloster zurück, Astorre, das du nie hättest verlassen sollen!«

Da gewahrte er plötzlich den Tyrannen, der, gefolgt von dem ganzen Feste, welches dem längst Erwarteten bis ans Tor entgegengestürzt war, ihm gerade gegenüber durch die Tür trat.

Ezzelin streckte die Rechte, Friede gebietend, und Germano senkte ehrfürchtig seine Waffe vor dem Kriegsherrn. Diesen Augenblick ergriff der rasende Mönch und stieß dem Ezzelin Entgegenschauenden den Pfeil in die Brust. Aber auch sich traf er tödlich, von dem blitzschnell wieder gehobenen Schwerte des Kriegers erreicht.

Germano war stumm zusammengesunken. Der Mönch, von Ascanio gestützt, tat noch einige wankende Schritte nach seinem Weibe und bettete sich, von dem Freunde niedergelassen, zu ihr, Mund an Mund.

Die Hochzeitsgäste umstanden die Vermählten. Ezzelin betrachtete den Tod. Hernach ließ er sich auf ein Knie nieder und drückte erst Antiope, darauf Astorre die Augen zu. In die Stille klang es mißtönig herein durch ein offenes Fenster. Man verstand aus dem Dunkel: »Jetzt schlummert der Mönch Astorre neben seiner Gattin Antiope.« Und ein fernes Gelächter.

Dante erhob sich. »Ich habe meinen Platz am Feuer bezahlt«, sagte er, »und suche nun das Glück des Schlummers. Der Herr des Friedens behüte uns alle!« Er wendete sich und schritt durch die Pforte, welche ihm der Edelknabe geöffnet hatte. Aller Augen folgten ihm, der die Stufen einer fackelhellen Treppe langsam emporstieg.

Inhalt